ŒUVRES COMPLÈTES

DE

CHATEAUBRIAND

TOME II

PARIS — IMPRIMERIE DE J. CLAYE
RUE SAINT-BENOIT, 7

FRONTISPICE

Garnier Frères Éditeurs (Génie du Christianisme)

ŒUVRES COMPLÈTES

DE

CHATEAUBRIAND

NOUVELLE ÉDITION
REVUE AVEC SOIN SUR LES ÉDITIONS ORIGINALES

PRÉCÉDÉE D'UNE

ÉTUDE LITTÉRAIRE SUR CHATEAUBRIAND

PAR

M. SAINTE-BEUVE

DE L'ACADÉMIE FRANÇAISE

Vignettes dessinées par G. Staal, Racinet, etc., et gravées par F. Delannoy,
G. Thibault, Outhwaitte, Massard, etc.

GÉNIE DU CHRISTIANISME

PARIS
GARNIER FRÈRES, ÉDITEURS
6 RUE DES SAINTS-PÈRES 6

PRÉFACE

DE L'ÉDITION DE 1828.

Lorsque le *Génie du Christianisme* parut, la France sortoit du chaos révolutionnaire; tous les éléments de la société étoient confondus : la terrible main qui commençoit à les séparer n'avoit point encore achevé son ouvrage; l'ordre n'étoit point encore sorti du despotisme et de la gloire.

Ce fut donc, pour ainsi dire, au milieu des débris de nos temples que je publiai le *Génie du Christianisme,* pour rappeler dans ces temples les pompes du culte et les serviteurs des autels. Saint-Denis étoit abandonné : le moment n'étoit pas venu où Buonaparte devoit se souvenir qu'il lui falloit un tombeau ; il lui eût été difficile de deviner le lieu où la Providence avoit marqué le sien. Partout on voyoit des restes d'églises et de monastères que l'on achevoit de démolir : c'étoit même une sorte d'amusement d'aller se promener dans ces ruines.

Si les critiques du temps, les journaux, les pamphlets, les livres, n'attestoient l'effet du *Génie du Christianisme,* il ne me conviendroit pas d'en parler; mais n'ayant jamais rien rapporté à moi-même, ne m'étant jamais considéré que dans mes relations générales avec les destinées de mon pays, je suis obligé de reconnoître des faits qui ne sont contestés de personne : ils ont pu être différemment jugés; leur existence n'en est pas moins avérée.

La littérature se teignit en partie des couleurs du *Génie du Christianisme* : des écrivains me firent l'honneur d'imiter les phrases de *René* et d'*Atala,* de même que la chaire emprunta et emprunte encore tous les jours ce que j'ai dit des cérémonies, des missions et des bienfaits du christianisme.

Les fidèles se crurent sauvés par l'apparition d'un livre qui répondoit si bien à leurs dispositions intérieures : on avoit alors un besoin de foi, une avidité de consolations religieuses, qui venoit de la privation même de ces consolations depuis longues années. Que de force surnaturelle à demander pour tant d'adversités subies! Combien de familles mutilées avoient à chercher auprès du Père des hommes les enfants qu'elles avoient perdus! Combien de cœurs brisés, combien d'âmes devenues solitaires, appeloient une main divine pour les guérir! On se précipitoit dans la maison de Dieu comme on entre dans la maison du médecin le jour d'une contagion. Les victimes de nos troubles (et que de sortes de victimes!) se sauvoient à l'autel, de même que les naufragés s'attachent au rocher sur lequel ils cherchent leur salut.

Rempli des souvenirs de nos antiques mœurs, de la gloire et des monuments de nos rois, le *Génie du Christianisme* respiroit l'ancienne monarchie tout entière : l'héritier légitime étoit pour ainsi dire caché au fond du sanctuaire dont je soulevois le voile, et la couronne de saint Louis suspendue au-dessus de l'autel du Dieu de saint Louis. Les François apprirent à porter avec regret leur regard sur le passé; les voies de l'avenir furent préparées, et des espérances presque éteintes se ranimèrent.

Buonaparte, qui désiroit alors fonder sa puissance sur la première base de la société, et qui venoit de faire des arrangements avec la cour de Rome, ne mit aucun obstacle à la publication d'un ouvrage utile à la popularité de ses desseins. Il avoit à lutter contre les hommes qui l'entouroient, contre des ennemis déclarés de toutes concessions religieuses : il fut donc heureux d'être défendu au dehors par l'opinion que le *Génie du Christianisme* appeloit. Plus tard il se repentit de sa méprise; et au moment de sa chute il avoua que l'ouvrage qui avoit le plus nui à son pouvoir étoit le *Génie du Christianisme*.

Mais Buonaparte, qui aimoit la gloire, se laissoit prendre à ce qui en avoit l'air; le bruit lui imposoit, et quoiqu'il devînt promptement inquiet de toute renommée, il cherchoit d'abord à s'emparer de l'homme dans lequel il reconnoissoit une force. Ce fut par cette raison que l'Institut n'ayant pas compris le *Génie du Christianisme* dans les ouvrages qui concouroient pour le prix décennal, reçut l'ordre de faire un rapport sur cet ouvrage; et, bien qu'alors j'eusse blessé mortellement Buonaparte, ce maître du monde entretenoit tous les jours M. de Fontanes des places qu'il avoit l'intention de créer pour moi, des choses extraordinaires qu'il réservoit à ma fortune.

Ce temps est passé : vingt années ont fui, des générations nouvelles sont survenues, et un vieux monde qui étoit hors de France y est rentré.

Ce monde a joui des travaux achevés par d'autres que par lui, et n'a pas connu ce qu'ils avoient coûté : il a trouvé le ridicule que Voltaire avoit jeté sur la religion effacé, les jeunes gens osant aller à la messe, les prêtres respectés au nom de leur martyre, et ce vieux monde a cru que cela étoit arrivé tout seul, que personne n'y avoit mis la main.

Bientôt même on a senti une sorte d'éloignement pour celui qui avoit rouvert la porte des temples en prêchant la modération évangélique, pour celui qui avoit voulu faire aimer le christianisme par la beauté de son culte, par le génie de ses orateurs, par la science de ses docteurs, par les vertus de ses apôtres et de ses disciples. Il auroit fallu aller plus loin. Dans ma conscience je ne le pouvois pas.

Depuis vingt-cinq ans ma vie n'a été qu'un combat entre ce qui m'a paru faux en religion, en philosophie, en politique, contre les crimes ou les erreurs de mon siècle, contre les hommes qui abusoient du pouvoir pour corrompre ou pour enchaîner les peuples. Je n'ai jamais calculé le degré d'élévation de ces hommes; et depuis Buonaparte, qui faisoit trembler le monde, et qui ne m'a jamais fait trembler, jusqu'aux oppresseurs obscurs qui ne sont connus que par mon mépris, j'ai osé tout dire à qui osoit tout entreprendre. Partout où je l'ai pu j'ai tendu la main à l'infortune; mais je ne comprends rien à la prospérité : toujours prêt à me dévouer aux malheurs, je ne sais point servir les passions dans leur triomphe.

Auroit-on bien fait de suivre le chemin que j'avois tracé pour rendre à la religion sa salutaire influence? Je le crois. En entrant dans l'esprit de nos institutions, en se pénétrant de la connoissance du siècle, en tempérant les vertus de la foi par celle de la charité, on seroit arrivé sûrement au but. Nous vivons dans un temps où il faut beaucoup d'indulgence et de miséricorde. Une jeunesse généreuse est prête à se jeter dans les bras de quiconque lui prêchera les nobles sentiments qui s'allient si bien aux sublimes préceptes de l'Évangile; mais elle fuit la soumission servile, et, dans son ardeur de s'instruire, elle a un goût pour la raison tout à fait au-dessus de son âge.

Le *Génie du Christianisme* paroît maintenant dégagé des circonstances auxquelles on auroit pu attribuer une partie de son succès. Les autels sont relevés, les prêtres sont revenus de la captivité, les prélats sont revêtus des premières dignités de l'État. L'espèce de défaveur qui en général s'attache au pouvoir devroit pareillement s'attacher à tout ce qui a favorisé le rétablissement de ce pouvoir : on est ému du combat, on porte peu d'intérêt à la victoire.

Peut-être aussi l'auteur nuiroit-il à présent, dans un certain monde, à l'ouvrage. Je ne sais comment il arrive que les services que j'ai eu le bonheur de rendre aient rarement été une cause de bienveillance pour moi auprès de ceux à qui je les ai rendus, tandis que les hommes que j'ai combattus ont toujours, au contraire, montré du penchant pour mes écrits et même pour ma personne : ce ne sont pas mes ennemis qui m'ont calomnié. Y auroit-il dans les opinions que j'ai appuyées, parce que sous beaucoup de rapports elles sont les miennes, y auroit-il un certain fond d'ingratitude naturelle? Non, sans doute, et toute faute est de mon côté.

Par les diverses considérations de temps, de lieux, de personnes, je suis obligé de conclure que, si le *Génie du Christianisme* continue à trouver des lecteurs, on ne peut plus en chercher les raisons dans celles qui firent son premier succès : autant les chances lui furent favorables autrefois, autant elles lui sont contraires aujourd'hui. Cependant l'ouvrage se réimprime malgré la multitude des anciennes éditions, et je le regarde toujours comme mon premier titre à la bienveillance du public.

GÉNIE
DU
CHRISTIANISME

PREMIÈRE PARTIE.

DOGMES ET DOCTRINE.

LIVRE I.

MYSTÈRES ET SACREMENTS.

CHAPITRE PREMIER.

INTRODUCTION.

Depuis que le christianisme a paru sur la terre, trois espèces d'ennemis l'ont constamment attaqué : les hérésiarques, les sophistes, et ces hommes, en apparence frivoles, qui détruisent tout en riant. De nombreux apologistes ont victorieusement répondu aux subtilités et aux mensonges ; mais ils ont été moins heureux contre la dérision. Saint Ignace d'Antioche[1], saint Irénée, évêque de Lyon[2] ; Tertullien, dans son *Traité des Prescriptions*, que Bossuet appelle divin, combattirent les novateurs, dont les interprétations superbes corrompoient la simplicité de la foi.

La calomnie fut repoussée d'abord par Quadrat et Aristide, philosophes d'Athènes : on ne connoît rien de leurs apologies, hors un

---

1. Ignat., *in Patr. apost. Epist. ad Smyrn.*, n. I.
2. *In Hæres.*, lib. VI.

fragment de la première, conservé par Eusèbe. Saint Jérôme et l'évêque de Césarée parlent de la seconde comme d'un chef-d'œuvre [1].

Les païens reprochoient aux fidèles l'athéisme, l'inceste, et certains repas abominables où l'on mangeoit, disoit-on, la chair d'un enfant nouveau-né. Saint Justin plaida la cause des chrétiens après Quadrat et Aristide : son style est sans ornement, et les actes de son martyre prouvent qu'il versa son sang pour sa religion avec la même simplicité qu'il écrivit pour elle [2]. Athénagore a mis plus d'esprit dans sa défense ; mais il n'a ni la manière originale de Justin, ni l'impétuosité de l'auteur de l'*Apologétique*. Tertullien est le Bossuet africain et barbare ; Théophile, dans les trois livres à son ami Autolyque, montre de l'imagination et du savoir ; et l'*Octave* de Minucius Félix présente le beau tableau d'un chrétien et de deux idolâtres qui s'entretiennent de la religion et de la nature de Dieu en se promenant au bord de la mer [3].

Arnobe le rhéteur, Lactance, Eusèbe, saint Cyprien, ont aussi défendu le christianisme ; mais ils se sont moins attachés à en relever la beauté qu'à développer les absurdités de l'idolâtrie.

Origène combattit les sophistes ; il semble avoir eu l'avantage de l'érudition, du raisonnement et du style, sur Celse, son adversaire. Le grec d'Origène est singulièrement doux ; il est cependant mêlé d'hébraïsmes et de tours étrangers, comme il arrive assez souvent aux écrivains qui possèdent plusieurs langues.

L'Église, sous l'empereur Julien, fut exposée à une persécution du caractère le plus dangereux. On n'employa pas la violence contre les chrétiens, mais on leur prodigua le mépris. On commença par dépouiller les autels ; on défendit ensuite aux fidèles d'enseigner et d'étudier les lettres [4]. Mais l'empereur, sentant l'avantage des institutions chrétiennes, voulut, en les abolissant, les imiter : il fonda des hôpitaux et des monastères, et, à l'instar du culte évangélique, il essaya d'unir la morale à la religion, en faisant prononcer des espèces de sermons dans les temples [5].

Les sophistes dont Julien étoit environné se déchaînèrent contre le christianisme ; Julien même ne dédaigna pas de se mesurer avec les *galiléens*. L'ouvrage qu'il écrivit contre eux ne nous est pas parvenu ; mais saint Cyrille, patriarche d'Alexandrie, en cite des fragments dans

---

1. Eus., lib. IV, 3 ; Hieronym., *Epist.* 80 ; Fleury, *Hist. eccl.*, t. I ; Tillemont, *Mém. pour l'Hist. eccl.*, t. II.   2. Just.

3. Voyez, avec les auteurs cités ci-dessus, Dupin, Dom Cellier, et l'élégante traduction des anciens *Apologistes*, par M. l'abbé de Gourcy.

4. Soc. 3, cap. XII ; Greg. Naz., 3, pages 51-97, etc.   5. Voyez Fleury, *Hist. eccl.*

la réfutation qu'il en a faite et que nous avons encore. Lorsque Julien est sérieux, saint Cyrille triomphe du philosophe ; mais lorsque l'empereur a recours à l'ironie, le patriarche perd ses avantages. Le style de Julien est vif, animé, spirituel ; saint Cyrille s'emporte, il est bizarre, obscur et contourné. Depuis Julien jusqu'à Luther, l'Église, dans toute sa force, n'eut plus besoin d'apologistes. Quand le schisme d'Occident se forma, avec les nouveaux ennemis parurent de nouveaux défenseurs. Il le faut avouer, les protestants eurent d'abord la supériorité sur les catholiques, du moins par les formes, comme le remarque Montesquieu. Érasme même fut foible contre Luther, et Théodore de Bèze eut une légèreté de style qui manqua trop souvent à ses adversaires.

Mais, lorsque Bossuet descendit dans la carrière, la victoire ne demeura pas longtemps indécise ; l'hydre de l'hérésie fut de nouveau terrassée. L'*Histoire des Variations* et l'*Exposition de la Doctrine catholique* sont deux chefs-d'œuvre qui passeront à la postérité.

Il est naturel que le schisme mène à l'incrédulité, et que l'athéisme suive l'hérésie. Bayle et Spinosa s'élevèrent après Calvin ; ils trouvèrent dans Clarke et Leibnitz deux génies capables de réfuter leurs sophismes. Abbadie écrivit en faveur de la religion une apologie remarquable par la méthode et le raisonnement. Malheureusement le style en est foible, quoique les pensées n'y manquent pas d'un certain éclat. « Si les philosophes anciens, dit Abbadie, adoroient les vertus, ce n'étoit après tout qu'une belle idolâtrie. »

Tandis que l'Église triomphoit encore, déjà Voltaire faisoit renaître la persécution de Julien. Il eut l'art funeste, chez un peuple capricieux et aimable, de rendre l'incrédulité à la mode. Il enrôla tous les amours-propres dans cette ligue insensée ; la religion fut attaquée avec toutes les armes, depuis le pamphlet jusqu'à l'in-folio, depuis l'épigramme jusqu'au sophisme. Un livre religieux paroissoit-il, l'auteur étoit à l'instant couvert de ridicule, tandis qu'on portoit aux nues des ouvrages dont Voltaire étoit le premier à se moquer avec ses amis : il étoit si supérieur à ses disciples, qu'il ne pouvoit s'empêcher de rire quelquefois de leur enthousiasme irréligieux. Cependant le système destructeur alloit s'étendant sur la France. Il s'établissoit dans ces académies de province, qui ont été autant de foyers de mauvais goût et de factions. Des femmes de la société, de graves philosophes, avoient leurs chaires d'incrédulité. Enfin, *il fut reconnu* que le christianisme n'étoit qu'un système barbare, dont la chute ne pouvoit arriver trop tôt pour la liberté des hommes, le progrès des lumières, les douceurs de la vie et l'élégance des arts.

Sans parler de l'abîme où ces principes nous ont plongés, les conséquences immédiates de cette haine contre l'Évangile furent un retour plus affecté que sincère vers ces dieux de Rome et de la Grèce, auxquels on attribua les miracles de l'antiquité [1]. On ne fut point honteux de regretter ce culte, qui ne faisoit du genre humain qu'un troupeau d'insensés, d'impudiques, ou de bêtes féroces. On dut nécessairement arriver de là au mépris des écrivains du siècle de Louis XIV, qui ne s'élevèrent toutefois à une si haute perfection que parce qu'ils furent religieux. Si l'on n'osa pas les heurter de front, à cause de l'autorité de leur renommée, on les attaqua d'une manière indirecte. On fit entendre qu'ils avoient été *secrètement* incrédules, ou que du moins ils fussent devenus de bien plus grands hommes, *s'ils avoient vécu de nos jours*. Chaque auteur bénit son destin de l'avoir fait naître dans le beau siècle des Diderot et des d'Alembert, dans ce siècle où les documents de la sagesse humaine étoient rangés par ordre alphabétique dans l'*Encyclopédie*, cette Babel des sciences et de la raison [2].

Des hommes d'une grande doctrine et d'un esprit distingué essayèrent de s'opposer à ce torrent; mais leur résistance fut inutile : leur voix se perdit dans la foule, et leur victoire fut ignorée d'un monde frivole, qui cependant dirigeoit la France, et que par cette raison il étoit nécessaire de toucher [3].

Ainsi cette fatalité qui avoit fait triompher les sophistes sous Julien se déclara pour eux dans notre siècle. Les défenseurs des chrétiens tombèrent dans une faute qui les avoit déjà perdus : ils ne s'aperçurent pas qu'il ne s'agissoit plus de discuter tel ou tel dogme, puisqu'on rejetoit absolument les bases. En parlant de la mission de Jésus-Christ, et remontant de conséquence en conséquence, ils établissoient sans doute fort solidement les vérités de la foi; mais cette manière d'argumenter, bonne au XVIIe siècle, lorsque le fond n'étoit point contesté, ne valoit plus rien de nos jours. Il falloit prendre la route contraire : passer de l'effet à la cause, ne pas prouver que le christianisme est excellent parce qu'il vient de Dieu, mais qu'il vient de Dieu parce qu'il est excellent.

C'étoit encore une autre erreur que de s'attacher à répondre sérieusement à des sophistes, espèce d'hommes qu'il est impossible de convaincre, parce qu'ils ont toujours tort. On oublioit qu'ils ne cher-

---

1. Le siècle de Louis XIV aimoit et connoissoit l'antiquité mieux que nous, et il étoit chrétien.   2. Voyez la note I, à la fin du volume.

3. Les *Lettres de quelques Juifs portugais* eurent un moment de succès; mais elles disparurent bientôt dans le tourbillon irréligieux.

chent jamais de bonne foi la vérité, et qu'ils ne sont même attachés à leur système qu'en raison du bruit qu'il fait, prêts à en changer demain avec l'opinion.

Pour n'avoir pas fait cette remarque, on perdit beaucoup de temps et de travail. Ce n'étoient pas les sophistes qu'il falloit réconcilier à la religion, c'étoit le monde qu'ils égaroient. On l'avoit réduit en lui disant que le christianisme étoit un culte né du sein de la barbarie, absurde dans ses dogmes, ridicule dans ses cérémonies, ennemi des arts et des lettres, de la raison et de la beauté; un culte qui n'avoit fait que verser le sang, enchaîner les hommes et retarder le bonheur et les lumières du genre humain : on devoit donc chercher à prouver au contraire que de toutes les religions qui ont jamais existé la religion chrétienne est la plus poétique, la plus humaine, la plus favorable à la liberté, aux arts et aux lettres; que le monde moderne lui doit tout, depuis l'agriculture jusqu'aux sciences abstraites, depuis les hospices pour les malheureux jusqu'aux temples bâtis par Michel-Ange et décorés par Raphael. On devoit montrer qu'il n'y a rien de plus divin que sa morale, rien de plus aimable, de plus pompeux que ses dogmes, sa doctrine et son culte; on devoit dire qu'elle favorise le génie, épure le goût, développe les passions vertueuses, donne de la vigueur à la pensée, offre des formes nobles à l'écrivain, et des moules parfaits à l'artiste; qu'il n'y a point de honte à croire avec Newton et Bossuet, Pascal et Racine; enfin, il falloit appeler tous les enchantements de l'imagination et tous les intérêts du cœur au secours de cette même religion contre laquelle on les avoit armés.

Ici le lecteur voit notre ouvrage. Les autres genres d'apologies sont épuisés, et peut-être seroient-ils inutiles aujourd'hui. Qui est-ce qui liroit maintenant un ouvrage de théologie? Quelques hommes pieux qui n'ont pas besoin d'être convaincus, quelques vrais chrétiens déjà persuadés. Mais n'y a-t-il pas de danger à envisager la religion sous un jour purement humain? Et pourquoi? Notre religion craint-elle la lumière? Une grande preuve de sa céleste origine, c'est qu'elle souffre l'examen le plus sévère et le plus minutieux de la raison. Veut-on qu'on nous fasse éternellement le reproche de cacher nos dogmes dans une nuit sainte, de peur qu'on n'en découvre la fausseté? Le christianisme sera-t-il moins vrai quand il paroîtra plus beau? Bannissons une frayeur pusillanime; par excès de religion, ne laissons pas la religion périr. Nous ne sommes plus dans le temps où il étoit bon de dire : *Croyez, et n'examinez pas*; on examinera malgré nous; et notre silence timide, en augmentant le triomphe des incrédules, diminuera le nombre des fidèles.

Il est temps qu'on sache enfin à quoi se réduisent ces reproches d'*absurdité*, de *grossièreté*, de *petitesse*, qu'on fait tous les jours au christianisme ; il est temps de montrer que, loin de rapetisser la pensée, il se prête merveilleusement aux élans de l'âme, et peut enchanter l'esprit aussi divinement que les dieux de Virgile et d'Homère. Nos raisons auront du moins cet avantage qu'elles seront à la portée de tout le monde, et qu'il ne faudra qu'un bon sens pour en juger. On néglige peut-être un peu trop, dans les ouvrages de ce genre, de parler la langue de ses lecteurs : il faut être docteur avec le docteur, et poëte avec le poëte. Dieu ne défend pas les routes fleuries quand elles servent à revenir à lui, et ce n'est pas toujours par les sentiers rudes et sublimes de la montagne que la brebis égarée retourne au bercail.

Nous osons croire que cette manière d'envisager le christianisme présente des rapports peu connus : sublime par l'antiquité de ses souvenirs, qui remontent au berceau du monde, ineffable dans ses mystères, adorable dans ses sacrements, intéressant dans son histoire, céleste dans sa morale, riche et charmant dans ses pompes, il réclame toutes les sortes de tableaux. Voulez-vous le suivre dans la poésie ? le Tasse, Milton, Corneille, Racine, Voltaire, vous retracent ses miracles. Dans les belles-lettres, l'éloquence, l'histoire, la philosophie ? que n'ont point fait par son inspiration Bossuet, Fénelon, Massillon, Bourdaloue, Bacon, Pascal, Euler, Newton, Leibnitz ! Dans les arts ? que de chefs-d'œuvre ! Si vous l'examinez dans son culte, que de choses ne vous disent point et ses vieilles églises gothiques, et ses prières admirables, et ses superbes cérémonies ! Parmi son clergé, voyez tous ces hommes qui vous ont transmis la langue et les ouvrages de Rome et de la Grèce, tous ces solitaires de la Thébaïde, tous ces lieux de refuge pour les infortunés, tous ces missionnaires à la Chine, au Canada, au Paraguay, sans oublier les ordres militaires, d'où va naître la chevalerie ! Mœurs de nos aïeux, peinture des anciens jours, poésie, romans même, choses secrètes de la vie, nous avons tout fait servir à notre cause. Nous demandons des sourires au berceau et des pleurs à la tombe ; tantôt, avec le moine maronite, nous habitons les sommets du Carmel et du Liban ; tantôt, avec la fille de la Charité, nous veillons au lit du malade ; ici deux époux américains nous appellent au fond de leurs déserts ; là nous entendons gémir la vierge dans les solitudes du cloître ; Homère vient se placer auprès de Milton, Virgile à côté du Tasse ; les ruines de Memphis et d'Athènes contrastent avec les ruines des monuments chrétiens, les tombeaux d'Ossian avec nos cimetières de campagne ; à Saint-Denis nous visitons la cendre des rois ; et quand notre sujet nous force de parler du dogme de l'existence de Dieu, nous cherchons seulement nos preuves dans les merveilles de la nature; enfin, nous essayons de frapper au cœur de l'incrédule de toutes les manières, mais nous n'osons nous flatter de posséder cette verge miraculeuse de la religion, qui fait jaillir du rocher les sources d'eau vive.

Quatre parties, divisées chacune en six livres, composent notre ouvrage. La première traite des dogmes et de la doctrine.

La seconde et la troisième renferment la *poétique* du christianisme, ou les rapports de cette religion avec la poésie, la littérature et les arts.

La quatrième contient le culte, c'est-à-dire tout ce qui concerne les cérémonies de l'Église et tout ce qui regarde le clergé séculier et régulier.

Au reste, nous avons souvent rapproché les dogmes et la doctrine des autres cultes des dogmes, de la doctrine et du culte évangéliques: pour satisfaire toutes les classes de lecteurs, nous avons aussi touché de temps en temps la partie historique et mystique de la religion. Maintenant que le lecteur connoît le plan général de l'ouvrage, entrons dans l'examen *des Dogmes et de la Doctrine*; et, afin de passer aux mystères chrétiens, commençons par nous enquérir de la nature des choses mystérieuses.

CHAPITRE II.

DE LA NATURE DU MYSTÈRE.

Il n'est rien de beau, de doux, de grand dans la vie, que les choses mystérieuses. Les sentiments les plus merveilleux sont ceux qui nous agitent un peu confusément : la pudeur, l'amour chaste, l'amitié vertueuse, sont pleins de secrets. On diroit que les cœurs qui s'aiment s'entendent à demi-mot, et qu'ils ne sont que comme entr'ouverts. L'innocence, à son tour, qui n'est qu'une simple ignorance, n'est-elle pas le plus ineffable des mystères? L'enfance n'est si heureuse que parce qu'elle ne sait rien, la vieillesse si misérable que parce qu'elle sait tout; heureusement pour elle, quand les mystères de la vie finissent, ceux de la mort commencent.

S'il en est ainsi des sentiments, il en est ainsi des vertus : les plus angéliques sont celles qui, découlant immédiatement de Dieu, telles que la charité, aiment à se cacher au regard, comme leur source.

En passant aux rapports de l'esprit, nous trouvons que les plaisirs de la pensée sont aussi des secrets. Le secret est d'une nature si divine, que les premiers hommes de l'Asie ne parloient que par symboles. A quelle science revient-on sans cesse? A celle qui laisse toujours quelque chose à deviner et qui fixe nos regards sur une perspective infinie. Si nous nous égarons dans le désert, une sorte d'instinct nous fait éviter les plaines, où tout est vu d'un coup d'œil; nous allons chercher ces forêts, berceau de la religion, ces forêts dont l'ombre, les bruits et le silence sont remplis de prodiges, ces solitudes où les corbeaux et les abeilles nourrissoient les premiers Pères de l'Église, et où ces saints hommes goûtoient tant de délices, qu'ils s'écrioient : « *Seigneur, c'est assez : je mourrai de douceurs, si vous ne modérez ma joie!* » Enfin, on ne s'arrête pas au pied d'un monument moderne dont l'origine est connue; mais que dans une île déserte, au milieu de l'Océan, on trouve tout à coup une statue de bronze dont le bras déployé montre les régions où le soleil se couche, et dont la base soit chargée d'hiéroglyphes et rongée par la mer et le temps, quelle source de méditation pour le voyageur! Tout est caché, tout est inconnu dans l'univers. L'homme lui-même n'est-il pas un étrange mystère? D'où part l'éclair que nous appelons existence, et dans quelle nuit va-t-il s'éteindre? L'Éternel a placé la Naissance et la Mort, sous la forme de deux fantômes voilés, aux deux bouts de notre carrière : l'un produit l'inconcevable moment de notre vie, que l'autre s'empresse de dévorer.

Il n'est donc point étonnant, d'après le penchant de l'homme aux mystères, que les religions de tous les peuples aient eu leurs secrets impénétrables. Les Selles étudioient les paroles prodigieuses des colombes de Dodone; l'Inde, la Perse, l'Éthiopie, la Scythie, les Gaules, la Scandinavie, avoient leurs cavernes, leurs montagnes saintes, leurs chênes sacrés, où le brahmane, le mage, le gymnosophiste, le druide, prononçoient l'oracle inexplicable des Immortels.

A Dieu ne plaise que nous voulions comparer ces mystères aux mystères de la véritable religion, et les immuables profondeurs du Souverain qui est dans le ciel aux changeantes obscurités de *ces dieux, ouvrage de la main des hommes* [1]! Nous avons seulement voulu faire remarquer qu'il n'y a point de religion sans *mystères*; ce sont eux qui, avec le *sacrifice*, constituent essentiellement le culte : Dieu même est le grand secret de la nature; la divinité étoit voilée en Égypte, et le sphinx s'asseyoit sur le seuil de ses temples.

1. *Sap.*, cap. XIII, v. 10.

CHAPITRE III.

DES MYSTÈRES CHRÉTIENS. — DE LA TRINITÉ.

On découvre au premier coup d'œil, dans la partie des mystères, un grand avantage de la religion chrétienne sur les religions de l'antiquité. Les mystères de celles-ci n'avoient aucun rapport avec l'homme, et ne formoient tout au plus qu'un sujet de réflexion pour le philosophe, ou de chants pour le poëte. Nos mystères, au contraire, s'adressent à nous; ils contiennent les secrets de notre nature. Il ne s'agit plus d'un futile arrangement de nombres, mais du salut et du bonheur du genre humain. L'homme qui sent si bien chaque jour son ignorance et sa foiblesse pourroit-il rejeter les mystères de Jésus-Christ? ce sont ceux des infortunés!

La Trinité, premier mystère des chrétiens, ouvre un champ immense d'études philosophiques, soit qu'on la considère dans les attributs de Dieu, soit qu'on recherche les vestiges de ce dogme autrefois répandu dans l'Orient. C'est une très-méchante manière de raisonner que de rejeter ce qu'on ne peut comprendre. A partir des choses les plus simples dans la vie, il seroit aisé de prouver que nous ignorons tout : et nous voulons pénétrer dans les *ruses* de la Sagesse !

La Trinité fut peut-être connue des Égyptiens : l'inscription grecque du grand obélisque du *Cirque majeur*, à Rome, portoit :

Μέγας Θεὸς, *le grand Dieu*; Θεογένητος, *l'Engendré de Dieu*, et Παμφεγγής, *le Tout-Brillant* (Apollon, l'Esprit).

Héraclide de Pont et Porphyre rapportent un fameux oracle de Sérapis :

Πρῶτα Θεὸς, μετέπειτα λόγος, καὶ πνεῦμα σὺν αὐτοῖς.
. . . . Σύμφυτα δὴ τρία πάντα, καὶ εἰς ἓν ἐόντα.

Tout est Dieu dans l'origine; puis le Verbe et l'Esprit : trois Dieux coengendrés ensemble et se réunissant dans un seul.

Les Mages avoient une espèce de Trinité dans leur Métris, Oromasis et Araminis, ou Mitra, Oromase et Aramine.

Platon semble parler de ce dogme dans plusieurs endroits de ses ouvrages.

« Non-seulement, dit Dacier, on prétend qu'il a connu le Verbe, fils éternel de Dieu, on soutient même qu'il a connu le Saint-Esprit, et qu'ainsi il a eu quelque idée de la très-sainte Trinité, car il écrit au jeune Denys :

« *Il faut que je déclare à Archédémus ce qui est beaucoup plus précieux et plus divin, et que vous avez grande envie de savoir, puisque vous me l'avez envoyé exprès : car, selon ce qu'il m'a dit, vous ne croyez pas que je vous aie suffisamment expliqué ce que je pense sur la nature du premier principe : il faut vous l'écrire par énigmes, afin que, si ma lettre est interceptée sur terre ou sur mer, celui qui la lira n'y puisse rien comprendre. Toutes choses sont autour de leur roi; elles sont à cause de lui, et il est seul la cause des bonnes choses, second pour les secondes, et troisième pour les troisièmes*[1]. »

« Dans l'*Épinomis* et ailleurs, il établit pour principe le premier bien, le Verbe ou l'entendement, et l'âme. Le premier bien, c'est Dieu;... le Verbe, ou l'entendement, c'est le fils de ce premier bien, qui l'a engendré semblable à lui; et l'âme, qui est le terme entre le Père et le Fils, c'est le Saint-Esprit[2]. »

Platon avoit emprunté cette doctrine de la Trinité de Timée de Locres, qui la tenoit lui-même de l'école italique. Marsile Ficin, dans une de ses remarques sur Platon, montre, d'après Jamblique, Porphyre, Platon et Maxime de Tyr, que les pythagoriciens connoissoient aussi l'excellence du Ternaire; Pythagore l'a même indiqué dans ce symbole :

Πρετίμα τὸ σχῆμα, καὶ βῆμα, καὶ Τριώβολον.
Honorato in primis habitum, tribunal et Triobolum.

Aux Indes la Trinité est connue.

« Ce que j'ai vu de plus marqué et de plus étonnant dans ce genre, dit le père Calmette, c'est un texte tiré de Lamaastambam, l'un de leurs livres... Il commence ainsi : Le Seigneur, le bien, le grand Dieu; dans sa bouche est la parole. (Le terme dont ils se servent la personnifie.) Il parle ensuite du Saint-Esprit en ces termes : *Ventu, seu Spiritus perfectus,* et finit par la création, en l'attribuant à un seul Dieu[3]. »

Au Thibet.

« Voici ce que j'appris de la religion du Thibet : ils appellent Dieu *Konciosa,* et ils semblent avoir quelque idée de l'adorable Trinité : car tantôt ils le nomment *Koncikocick,* Dieu-un, et tantôt *Koncioksum,*

---

1. Voyez le *Platon de* Serranus, t. III, lettre II, p. 312.
2. *Œuvres de Platon,* traduites par Dacier, t. I, p. 194.
3. *Lettres édifiantes,* t. XIV, p. 9.

Dieu-trin. Ils se servent d'une espèce de chapelet, sur lequel ils prononcent ces paroles, *om*, *ha*, *hum*. Lorsqu'on leur en demande l'explication, ils répondent que *om* signifie intelligence, ou bras, c'est-à-dire puissance ; que *ha* est la parole ; que *hum* est le cœur ou l'amour, et que ces trois mots signifient Dieu [1]. »

Les missionnaires anglois à Otaïti ont trouvé quelques traces de la Trinité parmi les dogmes religieux des habitants de cette île.

Nous croyons d'ailleurs entrevoir dans la nature même une sorte de preuve physique de la Trinité. Elle est l'archétype de l'univers, ou, si l'on veut, sa divine charpente. Ne seroit-il pas possible que la forme extérieure et matérielle participât de l'arche intérieure et spirituelle qui la soutient, de même que Platon [2] représentoit les choses corporelles comme l'ombre des pensées de Dieu? Le nombre de Trois semble être dans la nature le terme par excellence. Le Trois n'est point engendré, et engendre toutes les autres fractions, ce qui le faisoit appeler le nombre *sans mère* par Pythagore [3].

On peut découvrir quelque tradition obscure de la Trinité jusque dans les fables du polythéisme.

Les Grâces l'avoient prise pour leur terme ; elle existoit au Tartare, pour la vie et la mort de l'homme, et pour la vengeance céleste ; enfin, trois dieux frères composoient, en se réunissant, la puissance entière de l'univers.

Les philosophes divisoient l'homme *moral* en trois parts, et les Pères de l'Église ont cru retrouver l'image de la Trinité spirituelle dans l'âme de l'homme.

« Si nous imposons silence à nos sens, dit Bossuet, et que nous nous renfermions pour un peu de temps au fond de notre âme, c'est-à-dire dans cette partie où la vérité se fait entendre, nous y verrons quelque image de la Trinité que nous adorons. La pensée, que nous sentons naître comme le germe de notre esprit, comme le fils de notre intelligence, nous donne quelque idée du Fils de Dieu conçu éternellement dans l'intelligence du Père céleste. C'est pourquoi ce fils de Dieu prend le nom de Verbe, afin que nous entendions qu'il naît dans le sein du

---

1. *Lettres édifiantes*, t. XII, p. 457.   2. *In Rep.*
3. Hier., *Comm. in Pyth*. Le 3, simple par lui-même, est le seul nombre qui se compose de simples, et qui fournit un nombre simple en se décomposant : vous ne pouvez composer un autre nombre complexe sans le 3, excepté le 2. Les générations du 3 sont magnifiques, et tiennent à cette puissante unité qui est le premier anneau de la chaine des nombres, et qui remplit l'univers. Les anciens faisoient un fort grand usage des nombres pris métaphysiquement ; et il ne faut pas se hâter de prononcer que Pythagore, Platon et les prêtres égyptiens, dont ils tiroient cette science, fussent des fous ou des imbéciles.

Père, non comme naissent les corps, mais comme naît dans notre âme cette parole intérieure que nous y sentons, quand nous contemplons la vérité.

« Mais la fécondité de notre esprit ne se termine pas à cette parole intérieure, à cette pensée intellectuelle, à cette image de la vérité qui se forme en nous. Nous aimons et cette parole intérieure, et l'esprit où elle naît; et en l'aimant nous sentons en nous quelque chose qui ne nous est pas moins précieux que notre esprit et notre pensée, qui est le fruit de l'un et de l'autre, qui les unit, qui s'unit à eux, et ne fait avec eux qu'une même vie.

« Ainsi, autant qu'il se peut trouver de rapport entre Dieu et l'homme, ainsi, dis-je, se produit en Dieu l'amour éternel, qui sort du Père qui pense, et du Fils qui est sa pensée, pour faire avec lui et sa pensée une même nature, également heureuse et parfaite[1]. »

Voilà un assez beau commentaire, à propos d'un seul mot de la Genèse : *Faisons l'homme*.

Tertullien, dans son *Apologétique*, s'exprime ainsi sur le grand mystère de notre religion :

« Dieu a créé le monde par sa *parole*, sa *raison* et sa *puissance*. Vos philosophes mêmes conviennent que *logos*, le verbe et la raison, est le créateur de l'univers. Les chrétiens ajoutent seulement que la propre substance du *verbe* et de la *raison*, cette substance par laquelle Dieu a tout produit, est *esprit*; que cette *parole*, ou le *verbe*, a dû être prononcé par Dieu; que Dieu, l'ayant prononcé, l'a engendré; que conséquemment il est *Fils* de Dieu, et *Dieu*, à cause de l'unité de substance. Si le soleil prolonge un rayon, sa substance n'est pas séparée, mais étendue. Ainsi le verbe est *esprit* d'un esprit, et *Dieu* de Dieu, comme une lumière allumée d'une autre lumière. Ainsi ce qui procède de *Dieu* est Dieu, et les deux avec leur esprit ne font qu'un, différant en propriété, non en nombre ; en ordre, non en nature : le Fils est sorti de son principe sans le quitter. Or, ce rayon de Dieu est descendu dans le sein d'une vierge; il s'est revêtu de chair; il s'est fait homme uni à Dieu. Cette chair, soutenue de l'esprit, se nourrit, croît, parle, enseigne, opère : c'est le Christ. »

Cette démonstration de la Trinité peut être comprise par les esprits les plus simples. Il se faut souvenir que Tertullien parloit à des hommes qui persécutoient Jésus-Christ, et qui n'auroient pas mieux aimé que de trouver moyen d'attaquer la doctrine, et même la personne de ses défenseurs. Nous ne pousserons pas plus loin ces preuves.

---

[1]. Boss., *Hist. univ.*, sec. part., p. 167 et 168, t. II, édit. stér.

et nous les abandonnons à ceux qui ont étudié la secte italique et la haute théologie chrétienne.

Quant aux images qui soumettent à la foiblesse de nos sens le plus grand des mystères, nous avons peine à concevoir ce que le redoutable triangle de feu imprimé dans la nue peut avoir de ridicule en poésie. Le Père, sous la figure d'un vieillard, ancêtre majestueux des temps, ou représenté comme une effusion de lumière, seroit-il donc une peinture si inférieure à celles de la mythologie? N'est-ce pas une chose merveilleuse de voir l'Esprit saint, l'esprit sublime de Jéhovah, porté par l'emblème de la douceur, de l'amour et de l'innocence? Dieu se sent-il travaillé du besoin de semer sa parole, l'Esprit n'est plus cette Colombe qui couvroit les hommes de ses ailes de paix, c'est un verbe visible, c'est une langue de feu qui parle tous les dialectes de la terre, et dont l'éloquence élève ou renverse des empires.

Pour peindre le Fils divin, il nous suffira d'emprunter les paroles de celui qui le contempla dans sa gloire. « Il étoit assis sur un trône, dit l'Apôtre ; son visage brilloit comme le soleil dans sa force, et ses pieds comme de l'airain fondu dans la fournaise ; ses yeux étoient deux flammes. Un glaive à deux tranchants sortoit de sa bouche ; dans la main droite il tenoit sept étoiles ; dans la gauche, un livre scellé de sept sceaux. Un fleuve de lumière étoit devant ses lèvres. Les sept esprits de Dieu brilloient devant lui comme sept lampes ; et de son marchepied sortoient des voix, des foudres et des éclairs[1]. »

CHAPITRE IV.

DE LA RÉDEMPTION.

De même que la Trinité renferme les secrets de l'ordre métaphysique, la Rédemption contient les merveilles de l'homme et l'histoire de ses fins et de son cœur. Avec quel étonnement, si l'on s'arrêtoit un peu dans de si hautes méditations, ne verroit-on pas s'avancer ces deux mystères qui cachent dans leurs ombres les premières intentions de Dieu et le système de l'univers! La Trinité confond notre petitesse, accable nos sens de sa gloire, et nous nous retirons anéantis devant elle. Mais la touchante Rédemption, en remplissant nos yeux de larmes, les empêche d'être trop éblouis, et nous permet du moins de les fixer un moment sur la croix.

1. *Apoc.*, cap. I et IV.

On voit d'abord sortir de ce mystère la doctrine du péché originel, qui explique l'homme. Sans l'admission de cette vérité, connue par tradition de tous les peuples, une nuit impénétrable nous couvre. Comment sans la tache primitive rendre compte du penchant vicieux de notre nature, combattu par une voix qui nous annonce que nous fûmes formés pour la vertu? Comment l'aptitude de l'homme à la douleur, comment ses sueurs qui fécondent un sillon terrible, comment les larmes, les chagrins, les malheurs du juste, comment les triomphes et les succès impunis du méchant, comment, dis-je, sans une chute première, tout cela pourroit-il s'expliquer? C'est pour avoir méconnu cette dégénération que les philosophes de l'antiquité tombèrent en d'étranges erreurs et qu'ils inventèrent le dogme de la réminiscence. Pour nous convaincre de la fatale vérité d'où naît le mystère qui nous rachète, nous n'avons pas besoin d'autres preuves que la malédiction prononcée contre Ève, malédiction qui s'accomplit chaque jour sous nos yeux. Que de choses dans ces brisements d'entrailles! et pourtant dans ce bonheur de la maternité quelles mystérieuses annonces de l'homme et de sa double destinée, prédite à la fois par la douleur et par la joie de la femme qui l'enfante! On ne peut se méprendre sur les voies du Très-Haut, en retrouvant les deux grandes fins de l'homme dans le travail de sa mère, et il faut reconnoître un Dieu jusque dans une malédiction.

Après tout, nous voyons chaque jour le fils puni pour le père, et le contre-coup du crime d'un méchant aller frapper un descendant vertueux : ce qui ne prouve que trop la doctrine du péché originel. Mais un Dieu de bonté et d'indulgence, sachant que nous périssons par cette chute, est venu nous sauver. Ne le demandons point à notre esprit, mais à notre cœur, nous tous foibles et coupables, comment un Dieu peut mourir. Si ce parfait modèle du bon fils, cet exemple des amis fidèles; si cette retraite au mont des Oliviers, ce calice amer, cette sueur de sang, cette douceur d'âme, cette sublimité d'esprit, cette croix, ce voile déchiré, ce rocher fendu, ces ténèbres de la nature; si ce Dieu, enfin, expirant pour les hommes, ne peut ni ravir notre cœur ni enflammer nos pensées, il est à craindre qu'on ne trouve jamais dans nos ouvrages, comme dans ceux du poëte, « des miracles éclatants », *speciosa miracula*.

« Des images ne sont pas des raisons, dira-t-on peut-être : nous sommes dans un siècle de lumière, qui n'admet rien sans preuves. »

Que nous soyons dans un siècle de lumière, c'est ce dont quelques personnes ont douté; mais nous ne serons point étonné, si l'on nous fait l'objection précédente. Quand on a voulu argumenter sérieusement contre le christianisme, les Origène, les Clarke, les Bossuet, ont répondu. Pressé par ces redoutables adversaires, on cherchoit à leur échapper, en reprochant au christianisme ces mêmes disputes métaphysiques dans lesquelles on voudroit nous entraîner. On disoit, comme Arius, Celse et Porphyre, que notre religion est un tissu de subtilités qui n'offrent rien à l'imagination ni au cœur, et qui n'ont pour sectaires que des *fous et des imbéciles*[1]. Se présente-t-il quelqu'un qui, répondant à ces derniers reproches, cherche à démontrer que le culte évangélique est celui du poëte, de l'âme tendre, on ne manquera pas de s'écrier : Eh! qu'est-ce que tout cela prouve, sinon que vous savez plus ou moins bien faire un tableau? Ainsi, voulez-vous peindre et toucher, on vous demande des *axiomes* et des *corollaires*. Prétendez-vous raisonner, il ne faut plus que des *sentiments* et des *images*. Il est difficile de joindre des ennemis aussi légers, et qui ne sont jamais au poste où ils vous défient. Nous hasarderons quelques mots sur la Rédemption, pour montrer que la théorie du christianisme n'est pas aussi absurde qu'on affecte de le penser.

Une tradition universelle nous apprend que l'homme a été créé dans un état plus parfait que celui où il existe à présent, et qu'il y a eu une chute. Cette tradition se fortifie de l'opinion des philosophes de tous temps et de tous pays, qui n'ont jamais pu se rendre compte de l'homme moral sans supposer un état primitif de perfection d'où la nature humaine est ensuite déchue par sa faute[2].

Si l'homme a été créé, il a été créé pour une fin quelconque : or, étant créé parfait, la fin à laquelle il étoit appelé ne pouvoit être que parfaite.

Mais la cause finale de l'homme a-t-elle été altérée par sa chute? Non, puisque l'homme n'a pas été créé de nouveau; non, puisque la race humaine n'a pas été anéantie, pour faire place à une autre race.

Ainsi l'homme, devenu mortel et imparfait par sa désobéissance, est resté toutefois avec ses fins immortelles et parfaites. Comment parviendra-t-il à ses fins dans son état actuel d'imperfection? Il ne le peut plus par sa propre énergie, par la même raison qu'un homme malade ne peut s'élever à la hauteur des pensées à laquelle un homme sain peut atteindre. Il y a donc disproportion entre la force et le poids

---

1. Orig., *C. Cel.*, l. III, p. 144. Arius appelle les chrétiens ὦ δειλοί. Arr. Antonin. *ap.* Tertul. *at. scap.*, cap. IV, lib. *in Joh. Malala Chronic.* Porphyre donne à la religion l'épithète de βάρβαρον τόλμημα. Porph. *ap.* Eus., *Hist. eccl.*, VI, c. IX.

2. *Vid.* Plat., Arist., Sén., les SS. PP., Pascal, Grot., Arn., etc.

à soulever par cette force : ici l'on entrevoit déjà la nécessité d'une aide ou d'une rédemption.

« Ce raisonnement, dira-t-on, seroit bon pour le premier homme ; mais nous, nous sommes capables de nos fins. Quelle injustice et quelle absurdité de penser que nous soyons tous punis de la faute de notre premier père ! »

Sans décider ici si Dieu a tort ou raison de nous rendre solidaires, tout ce que nous savons et tout ce qu'il nous suffit de savoir à présent, c'est que cette loi existe. Nous voyons que partout le fils innocent porte le châtiment dû au père coupable ; que cette loi est tellement liée au principe des choses, qu'elle se répète jusque dans l'ordre physique de l'univers. Quand un enfant vient à la vie, gangrené des débauches de son père, pourquoi ne se plaint-on pas de la nature ? car, enfin, qu'a fait cet innocent pour porter la peine des vices d'autrui ? Eh bien ! les maladies de l'âme se perpétuent comme les maladies du corps, et l'homme se trouve puni dans sa dernière postérité de la faute qui lui fit prendre le premier levain du crime.

La chute ainsi avérée par la tradition universelle, par la transmission ou la génération du mal moral et physique ; d'une autre part, les fins de l'homme étant restées aussi parfaites qu'avant la désobéissance, quoique l'homme lui-même soit dégénéré, il suit qu'une rédemption ou un moyen quelconque de rendre l'homme capable de ses fins est une conséquence naturelle de l'état où est tombée la nature humaine.

La nécessité d'une rédemption une fois admise, cherchons l'ordre où nous pourrons la trouver. Cet ordre peut être pris ou dans l'homme ou au-dessus de l'homme.

Dans l'homme. Pour supposer une rédemption, il faut que le prix soit au moins en raison de la chose à racheter. Or, comment supposer que l'homme imparfait et mortel se pût offrir lui-même pour regagner une fin parfaite et immortelle ? Comment l'homme, participant à la faute primitive, auroit-il pu suffire, tant pour la portion du péché qui le regarde que pour celle qui concerne le reste du genre humain ? Un tel dévouement ne demandoit-il pas un amour et une vertu au-dessus de la nature ? Il semble que le Ciel ait voulu laisser s'écouler quatre mille années depuis la chute jusqu'au rétablissement, afin de donner le temps aux hommes de juger par eux-mêmes combien leurs vertus dégradées étoient insuffisantes pour un pareil sacrifice.

Il ne reste donc que la seconde supposition : à savoir, que la rédemption devoit procéder d'une condition au-dessus de l'homme.

Voyons si elle pouvoit venir des êtres intermédiaires entre lui et Dieu.

Milton eut une belle idée lorsqu'il supposa qu'après le péché l'Éternel demanda au ciel consterné s'il y avoit quelque puissance qui voulût se dévouer pour le salut de l'homme. Les divines hiérarchies demeurèrent muettes, et parmi tant de séraphins, de trônes, d'ardeurs, de dominations, d'anges et d'archanges, nul ne se sentit assez de force pour s'offrir au sacrifice. Cette pensée du poëte est d'une rigoureuse vérité en théologie. En effet, où les anges auroient-ils pris pour l'homme l'immense amour que suppose le mystère de la croix? Nous dirons en outre que la plus sublime des puissances créées n'auroit pas même eu assez de force pour l'accomplir. Aucune substance angélique ne pouvoit, par la foiblesse de son essence, se charger de ces douleurs, qui, selon Massillon, unirent sur la tête de Jésus-Christ toutes les *angoisses physiques* que la punition de tous les péchés commis depuis le commencement des races pouvoit supposer, et toutes les *peines morales*, tous les *remords* qu'avoient dû éprouver les pécheurs en commettant le crime. Si le Fils de l'homme lui-même trouva le calice amer, comment un ange l'eût-il porté à ses lèvres? Il n'auroit jamais pu boire *la lie*, et le sacrifice n'eût point été consommé.

Nous ne pouvions donc avoir pour rédempteur qu'une des trois personnes existantes de toute éternité : or, de ces trois divines personnes, on voit que le Fils, par sa nature même, devoit être le seul à nous racheter. Amour qui lie entre elles les parties de l'univers, Milieu qui réunit les extrêmes, Principe vivifiant de la nature, il pouvoit seul réconcilier Dieu avec l'homme. Il vint, ce nouvel Adam, homme selon la chair par Marie, homme selon la morale par son Évangile, homme selon Dieu par son essence. Il naquit d'une vierge, pour ne point participer à la faute originelle et pour être une victime sans tache; il reçut le jour dans une étable, au dernier degré des conditions humaines, parce que nous étions tombés par l'orgueil : ici commence la profondeur du mystère; l'homme se trouble et les voiles s'abaissent.

Ainsi le but que nous pouvions atteindre avant la désobéissance nous est proposé de nouveau, mais la route pour y parvenir n'est plus la même. Adam innocent y seroit arrivé par des chemins enchantés : Adam pécheur n'y peut monter qu'au travers des précipices. La nature a changé depuis la faute de notre premier père, et la rédemption n'a pas eu pour objet de faire une création nouvelle, mais de trouver un salut final pour la première. Tout donc est resté dégénéré avec l'homme; et ce roi de l'univers, qui, d'abord né immortel, doit s'élever, sans changer d'existence, au bonheur des puissances célestes, ne peut plus maintenant jouir de la présence de Dieu sans passer par les *déserts du tombeau*, comme parle saint Chrysostome. Son âme a été sauvée de la destruction finale par la rédemption ; mais son corps, joignant à la fragilité naturelle de la matière la foiblesse accidentelle du péché, subit la sentence primitive dans toute sa rigueur : il tombe, il se fond, il se dissout. Dieu, après la chute de nos premiers pères, cédant à la prière de son Fils, et ne voulant pas détruire tout l'homme, inventa la mort comme un demi-néant, afin que le pécheur sentît l'horreur de ce néant entier, auquel il eût été condamné sans les prodiges de l'amour céleste.

Nous osons présumer que, s'il y a quelque chose de clair en métaphysique, c'est la chaîne de ce raisonnement. Ici point de mots mis à la torture, point de divisions et de subdivisions, point de termes obscurs ou barbares. Le christianisme n'est point composé de ces choses, comme les sarcasmes de l'incrédulité voudroient nous le faire croire. L'Évangile a été prêché au pauvre d'esprit, et il a été entendu du pauvre d'esprit ; c'est le livre le plus clair qui existe : sa doctrine n'a point son siège dans la tête, mais dans le cœur ; elle n'apprend point à disputer, mais à bien vivre. Toutefois, elle n'est pas sans secrets. Ce qu'il y a de véritablement ineffable dans l'Écriture, c'est ce mélange continuel des plus profonds mystères et de la plus extrême simplicité, caractère où naissent le touchant et le sublime. Il ne faut donc plus s'étonner que l'œuvre de Jésus-Christ parle si éloquemment ; et telles sont encore les vérités de notre religion, malgré leur peu d'appareil scientifique, qu'un seul point admis vous force d'admettre tous les autres. Il y a plus : si vous espérez échapper en niant le principe, tel, par exemple, que le péché originel, bientôt, poussés de conséquence en conséquence, vous serez forcés d'aller vous perdre dans l'athéisme : dès l'instant où vous reconnoissez un Dieu, la religion chrétienne arrive malgré vous avec tous ses dogmes, comme l'ont remarqué Clarke et Pascal. Voilà, ce nous semble, une des plus fortes preuves en faveur du christianisme.

Au reste, il ne faut pas s'étonner que celui qui fait rouler, sans les confondre, ces millions de globes sur nos têtes, ait répandu tant d'harmonie dans les principes d'un culte établi par lui ; il ne faut pas s'étonner qu'il fasse tourner les charmes et les grandeurs de ses mystères dans le cercle d'une logique inévitable, comme il fait revenir les astres sur eux-mêmes pour nous ramener ou les fleurs ou les foudres des saisons. On a peine à concevoir le déchaînement du siècle contre le christianisme. S'il est vrai que la religion soit nécessaire aux hommes, comme l'ont cru tous les philosophes, par quel culte veut-on remplacer celui de nos pères? On se rappellera longtemps ces jours où des hommes de sang prétendirent élever des autels aux vertus sur les ruines du christianisme. D'une main ils dressoient des échafauds; de l'autre, sur le frontispice de nos temples, ils garantissoient à Dieu l'*éternité*, et à l'homme la *mort;* et ces mêmes temples où l'on voyoit autrefois ce Dieu qui est connu de l'univers, ces images de Vierge qui consoloient tant d'infortunés, ces temples étoient dédiés à la *Vérité,* qu'aucun homme ne connoît, et à la *Raison,* qui n'a jamais séché une larme!

CHAPITRE V.

DE L'INCARNATION.

L'Incarnation nous présente le Souverain des cieux dans une bergerie, celui qui *lance la foudre, entouré de bandelettes de lin, celui que l'univers ne peut contenir, renfermé dans le sein d'une femme.* L'antiquité eût bien su tirer parti de cette merveille. Quels tableaux Homère et Virgile ne nous auroient-ils pas laissés de la nativité d'un Dieu dans une crèche, des pasteurs accourus au berceau, des mages conduits par une étoile, des anges descendant dans le désert, d'une vierge mère adorant son nouveau-né, et de tout ce mélange d'innocence, d'enchantement et de grandeur!

En laissant à part ce que nos mystères ont de direct et de sacré, on pourroit retrouver encore sous leurs voiles les vérités les plus ravissantes de la nature. Ces secrets du ciel, sans parler de leur partie mystique, sont peut-être le type des lois morales et physiques du monde : cela seroit très-digne de la gloire de Dieu, et l'on entreverroit alors pourquoi il lui a plu de se manifester dans ces mystères, de préférence à tout autre qu'il eût pu choisir. Jésus-Christ (par exemple, ou le monde moral) prenant naissance dans le sein d'une vierge nous enseigneroit le prodige de la création physique, et nous montreroit l'univers se formant dans le sein de l'amour céleste. Les paraboles et les figures de ces mystères seroient ensuite gravées dans chaque objet autour de nous. Partout en effet la force naît de la grâce : le fleuve sort de la fontaine; le lion est d'abord nourri d'un lait pareil à celui que suce l'agneau; et parmi les hommes, le Tout-Puissant a promis la gloire du ciel à ceux qui pratiquent les plus humbles vertus.

Ceux qui ne découvrirent dans la chaste Reine des anges que des mystères d'obscurité sont bien à plaindre. Il nous semble qu'on pourroit dire quelque chose d'assez touchant sur cette femme mortelle, devenue une mère immortelle d'un Dieu rédempteur, sur cette Marie à la fois vierge et mère, les deux états les plus divins de la femme, sur cette jeune fille de l'antique Jacob, qui vient au secours des misères humaines et sacrifie un fils pour sauver la race de ses pères. Cette tendre médiatrice entre nous et l'Éternel ouvre avec la douce vertu de son sexe un cœur plein de pitié à nos tristes confidences, et désarme un Dieu irrité : dogme enchanté, qui adoucit la terreur d'un Dieu en interposant la beauté entre notre néant et la majesté divine !

Les cantiques de l'Église nous peignent la bienheureuse Marie assise sur un trône de candeur, plus éclatant que la neige ; elle brille sur ce trône comme une *rose mystérieuse*[1], ou comme l'*étoile du matin, précurseur du soleil de la grâce*[2] ; les plus beaux anges la servent, les harpes et les voix célestes forment un concert autour d'elle ; on reconnoît dans cette fille des hommes *le refuge des pécheurs*[3], *la consolation des affligés*[4] ; elle ignore les saintes colères du Seigneur, elle est toute bonté, toute compassion, toute indulgence.

Marie est la divinité de l'innocence, de la foiblesse et du malheur. La foule de ses adorateurs dans nos églises se compose de pauvres matelots qu'elle a sauvés du naufrage, de vieux invalides qu'elle a arrachés à la mort, sous le fer des ennemis de la France, de jeunes femmes dont elle a calmé les douleurs. Celles-ci apportent leurs nourrissons devant son image, et le cœur du nouveau-né, qui ne comprend pas encore le Dieu du ciel, comprend déjà cette divine mère qui tient un enfant dans ses bras.

CHAPITRE VI.

LES SACREMENTS. — LE BAPTÊME ET LA CONFESSION.

Si les mystères accablent l'esprit par leur grandeur, on éprouve une autre sorte d'étonnement, mais qui n'est peut-être pas plus profond, en contemplant les sacrements de l'Église. La connoissance de l'homme civil et moral est renfermée tout entière dans ses institutions.

Le Baptême, le premier des sacrements que la religion confère à l'homme, selon la parole de l'Apôtre, *le revêt de Jésus-Christ*. Ce

---

1. *Rosa mystica.* 2. *Stella matutina.* 3. *Refugium peccatorum.*
4. *Consolatrix afflictorum.*

sacrement nous rappelle la corruption où nous sommes nés, les entrailles douloureuses qui nous portèrent, les tribulations qui nous attendent dans ce monde ; il nous dit que nos fautes rejailliront sur nos fils, que nous sommes tous solidaires : terrible enseignement, qui suffiroit seul, s'il étoit bien médité, pour faire régner la vertu parmi les hommes.

Voyez le néophyte debout au milieu des ondes du Jourdain : le solitaire du rocher verse l'eau lustrale sur sa tête ; le fleuve des patriarches, les chameaux de ses rives, le temple de Jérusalem, les cèdres du Liban, paroissent attentifs, ou plutôt regardent ce jeune enfant sur les fontaines sacrées. Une famille pleine de joie l'environne ; elle renonce pour lui au péché ; elle lui donne le nom de son aïeul, qui devient immortel dans cette renaissance perpétuée par l'amour de race en race. Déjà le père s'empresse de reprendre son fils, pour le reporter à une épouse impatiente, qui compte sous ses rideaux tous les coups de la cloche baptismale. On entoure le lit maternel : des pleurs d'attendrissement et de religion coulent de tous les yeux ; le nouveau nom de l'enfant, l'antique nom de son ancêtre, est répété de bouche en bouche ; et chacun, mêlant les souvenirs du passé aux joies présentes, croit reconnoître le vieillard dans le nouveau-né qui fait revivre sa mémoire. Tels sont les tableaux que présente le sacrement du baptême ; mais la religion, toujours morale, toujours sérieuse alors même qu'elle est plus riante, nous montre aussi le fils des rois dans sa pourpre, renonçant aux grandeurs de Satan, à la même piscine où l'enfant du pauvre en haillons vient abjurer des pompes auxquelles pourtant il ne sera point condamné.

On trouve dans saint Ambroise une description curieuse de la manière dont s'administroit le sacrement de baptême dans les premiers siècles de l'Église[1]. Le jour choisi pour la cérémonie étoit le samedi saint. On commençoit par toucher les narines et par ouvrir les oreilles du catéchumène, en disant *Ephpheta, ouvrez-vous*. On le faisoit ensuite entrer dans le Saint des Saints. En présence du diacre, du prêtre et de l'évêque, il renonçoit aux œuvres du démon. Il se tournoit vers l'occident, image des ténèbres, pour abjurer le monde, et vers l'orient, symbole de lumière, pour marquer son alliance avec Jésus-Christ. L'évêque faisoit alors la bénédiction du bain, dont les eaux, selon saint Ambroise, indiquent les mystères de l'Écriture : la

---

[1] AMBROS., *de Myst.* Tertullien, Origène, saint Jérôme, saint Augustin, parlent aussi du baptême, mais moins en détail que saint Ambroise. C'est dans les six livres des *Sacrements*, faussement attribués à ce Père, qu'on voit la circonstance des trois immersions et du *touchement* des narines que nous rapportons ici.

création, le déluge, le passage de la mer Rouge, la nuée, les eaux de Mara, Naaman et le paralytique de la piscine. Les eaux ayant été adoucies par le signe de la croix, on y plongeoit trois fois le catéchumène en l'honneur de la Trinité, et en lui enseignant que trois choses rendent témoignage dans le baptême : l'eau, le sang et l'esprit.

Au sortir du Saint des Saints, l'évêque faisoit à l'homme renouvelé l'onction sur la tête, afin de le sacrer de la race élue et de la nation sacerdotale du Seigneur. Puis on lui lavoit les pieds, on lui mettoit des habits blancs, comme un vêtement d'innocence; après quoi il recevoit dans le sacrement de Confirmation l'esprit de crainte divine, l'esprit de sagesse et d'intelligence, l'esprit de conseil et de force, l'esprit de doctrine et de piété. L'évêque prononçoit à haute voix les paroles de l'Apôtre : *Dieu le Père vous a marqué de son sceau. Jésus-Christ, notre Seigneur, vous a confirmé; il a donné à votre cœur les arrhes du Saint-Esprit.*

Le nouveau chrétien marchoit alors à l'autel pour y recevoir le pain des anges, en disant : *J'entrerai à l'autel du Seigneur, du Dieu qui réjouit ma jeunesse.* A la vue de l'autel couvert de vases d'or, de flambeaux, de fleurs, d'étoffes de soie, le néophyte s'écrioit avec le Prophète : *Vous avez préparé une table devant moi; c'est le Seigneur qui me nourrit, rien ne me manquera, il m'a établi dans un lieu abondant en pâturage.* La cérémonie se terminoit par le sacrifice de la messe. Ce devoit être une fête bien auguste que celle où les Ambroise donnoient au pauvre innocent la place qu'ils refusoient à l'empereur coupable !

S'il n'y a pas dans ce premier acte de la vie chrétienne un mélange divin de théologie et de morale, de mystères et de simplicité, rien ne sera jamais divin en religion.

Mais, considéré dans une sphère plus élevée, et comme figure du mystère de notre rédemption, le baptême est un bain qui rend à l'âme sa vigueur première. On ne peut se rappeler sans regret la beauté des anciens jours, alors que les forêts n'avoient pas assez de silence, les grottes pas assez de profondeur, pour les fidèles qui venoient y méditer les mystères. Ces chrétiens primitifs, témoins de la rénovation du monde, étoient occupés de pensées bien différentes de celles qui nous courbent aujourd'hui vers la terre, nous tous chrétiens vieillis dans le siècle, et non pas dans la foi. En ce temps-là la sagesse étoit sur les rochers, dans les antres avec les lions, et les rois alloient consulter le solitaire de la montagne. Jours trop tôt évanouis! Il n'y a plus de saint Jean au désert, et l'heureux catéchumène ne sentira plus couler sur lui ces flots du Jourdain, qui emportoient aux mers toutes ses souillures.

La Confession suit le Baptême, et l'Église, avec une prudence qu'elle seule possède, a fixé l'époque de la Confession à l'âge où l'idée du crime peut être conçue : il est certain qu'à sept ans l'enfant a les notions du bien et du mal. Tous les hommes, les philosophes mêmes, quelles qu'aient été d'ailleurs leurs opinions, ont regardé le sacrement de Pénitence comme une des plus fortes barrières contre le vice et comme le chef-d'œuvre de la sagesse. « Que de restitutions, « de réparations, dit Rousseau, la confession ne fait-elle point faire « chez les catholiques [1]! » Selon Voltaire, « la confession est une chose très-excellente, un frein au crime, inventé dans l'antiquité la plus reculée. On se confessoit dans la célébration de tous les anciens mystères. Nous avons imité et sanctifié cette sage coutume : elle est très-bonne pour engager les cœurs ulcérés de haine à pardonner [2]. »

Sans cette institution salutaire, le coupable tomberoit dans le désespoir. Dans quel sein déchargeroit-il le poids de son cœur? Seroit-ce dans celui d'un ami? Eh! qui peut compter sur l'amitié des hommes? Prendra-t-il les déserts pour confidents? « Les déserts retentissent toujours pour le crime du bruit de ces trompettes que le parricide Néron croyoit ouïr autour du tombeau de sa mère [3]. » Quand la nature et les hommes sont impitoyables, il est bien touchant de trouver un Dieu prêt à pardonner : il n'appartenoit qu'à la religion chrétienne d'avoir fait deux sœurs de l'innocence et du repentir.

CHAPITRE VII.

DE LA COMMUNION.

C'est à douze ans, c'est au printemps de l'année, que l'adolescent s'unit à son Créateur. Après avoir pleuré la mort du Rédempteur du monde avec les montagnes de Sion, après avoir rappelé les ténèbres qui couvrirent la terre, la chrétienté sort de la douleur : les cloches se raniment; les saints se dévoilent; le cri de la joie, l'antique *alleluia* d'Abraham et de Jacob, fait retentir le dôme des églises. De jeunes filles vêtues de lin, et des garçons parés de feuillages, marchent sur une

---

1. *Émile*, t. III, p. 201, dans la note.
2. *Questions encycl.*, t. III, p. 234, article *Curé de campagne*, sect. II.
3. TACIT., *Hist.*

route semée des premières fleurs de l'année; ils s'avancent vers le temple, en répétant de nouveaux cantiques; leurs parents les suivent; bientôt le Christ descend sur l'autel pour ces âmes délicates. Le froment des anges est déposé sur la langue véridique qu'aucun mensonge n'a encore souillée, tandis que le prêtre boit, dans le vin pur, le sang méritoire de l'Agneau.

Dans cette solennité, Dieu rappelle un sacrifice sanglant, sous les espèces les plus paisibles. Aux incommensurables hauteurs de ces mystères se mêlent les souvenirs des scènes les plus riantes. La nature ressuscite avec son Créateur, et l'ange du printemps semble lui ouvrir les portes du tombeau, comme cet Esprit de lumière qui dérangea la pierre du glorieux Sépulcre. L'âge des tendres communiants et celui de la naissante année confondent leurs jeunesses, leurs harmonies et leurs innocences. Le pain et le vin annoncent les dons des champs prêts à mûrir, et retracent les tableaux de l'agriculture; enfin, Dieu descend dans les âmes de ces enfants pour les féconder, comme il descend en cette saison dans le sein de la terre pour lui faire porter ses fleurs et ses richesses.

Mais, dira-t-on, que signifie cette communion mystique, où la *raison* est obligée de se soumettre à une *absurdité*, sans aucun profit pour les mœurs?

Qu'on nous permette d'abord de répondre, en général, pour tous les rites chrétiens, qu'ils sont de *la plus haute moralité*, par cela seul *qu'ils ont été pratiqués par nos pères*, par cela seul que *nos mères ont été chrétiennes* sur nos berceaux; enfin, parce que la religion a chanté autour du cercueil de nos aïeux et souhaité la paix à leurs cendres.

Ensuite, supposé même que la communion fût une cérémonie puérile, c'est du moins s'aveugler beaucoup de ne pas voir qu'une solennité qui doit être précédée d'une confession générale, qui ne peut avoir lieu qu'après une longue suite d'actions vertueuses, est très-favorable aux bonnes mœurs. Elle l'est même à un tel point, que si un homme approchoit dignement, une seule fois par mois, du sacrement d'Eucharistie, cet homme seroit, de nécessité, l'homme le plus vertueux de la terre. Transportez le raisonnement de l'individuel au collectif, de l'homme au peuple, et vous verrez que la communion est une législation tout entière.

« Voilà donc des hommes, dit Voltaire (dont l'autorité ne sera pas suspecte), voilà des hommes qui reçoivent Dieu dans eux, au milieu d'une cérémonie auguste, à la lueur de cent cierges, après une musique qui a enchanté leurs sens, au pied d'un autel brillant d'or. L'imagination est subjuguée, l'âme saisie et attendrie; on respire à peine, on est détaché de tout bien terrestre, on est uni avec Dieu, il est dans notre chair et dans notre sang. Qui osera, qui pourra commettre après cela une seule faute, en concevoir seulement la pensée ! Il étoit impossible sans doute d'imaginer un mystère qui retînt plus fortement les hommes dans la vertu[1]. »

Si nous nous exprimions nous-même avec cette force, on nous traiteroit de fanatique.

L'Eucharistie a pris naissance à la Cène ; et nous en appelons au peintre, pour la beauté du tableau où Jésus-Christ est représenté disant ces paroles : *Hoc est corpus meum.* Quatre choses sont ici :

1° Dans le pain et le vin *matériels*, on voit la consécration de la nourriture de l'homme, qui vient de Dieu, et que nous tenons de sa munificence. Quand il n'y auroit dans la communion que cette offrande des richesses de la terre à celui qui les dispense, cela seul suffiroit pour la comparer aux plus belles coutumes religieuses de la Grèce.

2° L'Eucharistie rappelle la Pâque des Israélites, qui remonte aux temps des Pharaons ; elle annonce l'abolition des sacrifices sanglants ; elle est aussi l'image de la vocation d'Abraham et de la première alliance de Dieu avec l'homme. Tout ce qu'il y a de grand en antiquité, en histoire, en législation, en figures sacrées, se trouve donc réuni dans la communion du chrétien.

3° L'Eucharistie annonce la réunion des hommes en une grande famille, elle enseigne la fin des inimitiés, l'égalité naturelle et l'établissement d'une nouvelle loi, qui ne connoîtra ni Juifs ni Gentils, et invitera tous les enfants d'Adam à la même table.

Enfin, la quatrième chose que l'on découvre dans l'Eucharistie, c'est le mystère direct et la présence réelle de Dieu dans le pain consacré. Ici il faut que l'âme s'envole un moment vers ce monde intellectuel qui lui fut ouvert avant sa chute.

Lorsque le Tout-Puissant eut créé l'homme à son image, et qu'il l'eut animé d'un souffle de vie, il fit alliance avec lui. Adam et Dieu s'entretenoient ensemble dans la solitude. L'alliance fut de droit rompue par la désobéissance. L'Être éternel ne pouvoit plus communiquer avec la Mort, la Spiritualité avec la Matière. Or, entre deux choses de propriétés différentes, il ne peut y avoir de point de contact que par un milieu. Le premier effort que l'amour divin fit pour se rapprocher de nous fut la vocation d'Abraham et l'établissement des sacrifices, figures qui annonçoient au monde l'avénement du Messie.

---

1. *Questions sur l'Encyclopédie*, t. IV, édit. de Genève.

Le Sauveur en nous rétablissant dans nos fins, comme nous l'avons observé au sujet de la rédemption, a dû nous rétablir dans nos priviléges, et le plus beau de ces priviléges sans doute étoit de communiquer avec le Créateur. Mais cette communication ne pouvoit plus avoir lieu immédiatement, comme dans le Paradis terrestre : premièrement, parce que notre origine est demeurée souillée ; en second lieu, parce que notre corps, maintenant sujet au tombeau, est resté trop foible pour communiquer directement avec Dieu sans mourir. Il falloit donc un moyen médiat, et c'est le Fils qui l'a fourni. Il s'est donné à l'homme dans l'Eucharistie, il est devenu la route sublime par qui nous nous réunissons de nouveau à celui dont notre âme est émanée.

Mais, si le Fils fût resté dans son essence primitive, il est évident que la même séparation eût existé ici-bas entre Dieu et l'homme, puisqu'il ne peut y avoir d'union entre la pureté et le crime, entre une réalité éternelle et le songe de notre vie. Or, le Verbe, en entrant dans le sein d'une femme, a daigné se faire semblable à nous. D'un côté, il touche à son Père par sa spiritualité ; de l'autre, il s'unit à la chair par son effigie humaine. Il devient donc ce rapprochement cherché entre l'enfant coupable et le père miséricordieux. En se cachant sous l'emblème du pain, il est pour l'œil du corps un objet sensible, tandis qu'il reste un objet intellectuel pour l'œil de l'âme. S'il a choisi le pain pour se voiler, c'est que le froment est un emblème noble et pur de la nourriture divine.

Si cette haute et mystérieuse théologie, dont nous nous contentons d'ébaucher quelques traits, effraie nos lecteurs, qu'ils remarquent toutefois combien cette métaphysique est lumineuse auprès de celles de Pythagore, de Platon, de Timée, d'Aristote, de Carnéade, d'Épicure. On n'y trouve aucune de ces abstractions d'idées pour lesquelles on est obligé de se créer un langage inintelligible au commun des hommes.

En résumant ce que nous avons dit sur la communion, nous voyons qu'elle présente d'abord une pompe charmante ; qu'elle enseigne la morale, parce qu'il faut être pur pour en approcher ; qu'elle est l'offrande des dons de la terre au Créateur, et qu'elle rappelle la sublime et touchante histoire du Fils de l'homme. Unie au souvenir de la Pâque et de la première alliance, la communion va se perdre dans la nuit des temps ; elle tient aux idées premières sur la nature de l'homme religieux et politique, et exprime l'antique égalité du genre humain ; enfin, elle perpétue la mémoire de notre chute primitive, de notre rétablissement et de notre réunion avec Dieu.

CHAPITRE VIII.

LA CONFIRMATION, L'ORDRE ET LE MARIAGE.
EXAMEN DU VŒU DE CÉLIBAT SOUS SES RAPPORTS MORAUX.

On ne cesse de s'étonner lorsqu'on remarque à quelle époque de la vie la religion a fixé le grand hyménée de l'homme et du Créateur. C'est le moment où le cœur va s'enflammer du feu des passions, le moment où il peut concevoir l'Être suprême : Dieu devient l'immense génie qui tourmente tout à coup l'adolescent, et qui remplit les facultés de son âme inquiète et agrandie. Mais le danger augmente ; il faut de nouveaux secours à cet étranger sans expérience, exposé sur le chemin du monde. La religion ne l'oubliera point ; elle tient en réserve un appui. La Confirmation vient soutenir ses pas tremblants comme le bâton dans la main du voyageur, ou comme ces sceptres qui passoient de race en race chez les rois antiques, et sur lesquels Évandre et Nestor, pasteurs des hommes, s'appuyoient en jugeant les peuples. Observons que la morale entière de la vie est renfermée dans le sacrement de Confirmation : quiconque a la force de confesser Dieu pratiquera nécessairement la vertu, puisque commettre le crime, c'est renier le Créateur.

Le même esprit de sagesse a placé l'Ordre et le Mariage immédiatement après la Confirmation.

L'enfant est maintenant devenu homme, et la religion, qui l'a suivi des yeux avec une tendre sollicitude dans l'état de nature, ne l'abandonnera pas dans l'état de société. Admirez ici la profondeur des vues du législateur des chrétiens ! Il n'a établi que deux sacrements sociaux, si nous osons nous exprimer ainsi : car, en effet, il n'y a que deux états dans la vie, le célibat et le mariage. Ainsi, sans s'embarrasser des distinctions civiles, inventées par notre étroite raison, Jésus-Christ divise la société en deux classes. A ces classes il ne donne point de lois politiques, mais des lois morales, et par là il se trouve d'accord avec toute l'antiquité. Les anciens sages de l'Orient, qui ont laissé une si merveilleuse renommée, n'assembloient pas des hommes pris au hasard pour méditer d'impraticables constitutions. Ces sages étoient de vénérables solitaires qui avoient voyagé longtemps, et qui chantoient les dieux sur la lyre. Chargés de richesses puisées chez les nations étrangères, plus riches encore des dons d'une vie sainte, le luth à la main, une couronne d'or dans leurs cheveux blancs, ces hommes divins, assis sous quelque platane, dictoient leurs leçons à tout un peuple ravi. Et quelles étoient ces institutions des Amphion, des Cadmus, des Orphée? Une belle musique appelée Loi, des danses, des cantiques, quelques arbres consacrés, des vieillards conduisant des enfants, un hymen formé auprès d'un tombeau, la religion et Dieu partout. C'est aussi ce que le christianisme a fait, mais d'une manière encore plus admirable.

Cependant les hommes ne s'accordent jamais sur les principes, et les institutions les plus sages ont trouvé des détracteurs. On s'est élevé dans ces derniers temps contre le vœu de célibat, attaché au sacrement d'Ordre. Les uns, cherchant partout des armes contre la religion, en ont cru trouver dans la religion même : ils ont fait valoir l'ancienne discipline de l'Église, qui, selon eux, permettoit le mariage du prêtre ; les autres se sont contentés de faire de la chasteté chrétienne l'objet de leurs railleries. Répondons d'abord aux esprits sérieux et aux objections morales.

Il est certain d'abord que le septième canon du second concile de Latran, l'an 1139, fixe sans retour le célibat du clergé catholique à une époque plus reculée : on peut citer quelques dispositions du concile de Latran[1], en 1123; de Tibur[2], en 895; de Troli[3], en 909; de Tolède[4], en 633, et de Calcédoine[5], en 451. Baronius prouve que le vœu de célibat étoit général parmi le clergé dès le VIe siècle[6]. Un canon du premier concile de Tours excommunie tout prêtre, diacre ou sous-diacre, qui auroit conservé sa femme après avoir reçu les ordres : *Si inventus fuerit presbyter cum sua presbytera, aut diaconus cum sua diaconissa, aut subdiaconus cum sua subdiaconissa, annum integrum excommunicatus habeatur*[7]. Dès le temps de saint Paul, la virginité étoit regardée comme l'état le plus parfait pour un chrétien.

Mais en admettant un moment que le mariage des prêtres eût été toléré dans la primitive Église, ce qui ne peut se soutenir ni historiquement ni canoniquement, il ne s'ensuivroit pas qu'il dût être permis à présent aux ecclésiastiques. Les mœurs modernes s'opposent à cette innovation, qui détruiroit d'ailleurs de fond en comble la discipline de l'Église.

Dans les anciens jours de la religion, jours de combats et de triomphes, les chrétiens, peu nombreux et remplis de vertu, vivoient fraternellement ensemble, goûtoient les mêmes joies, partageoient les mêmes tribulations à la table du Seigneur. Le pasteur auroit donc

---

1. Can. XXI. 2. Cap. XXVIII. 3. Cap. VIII. 4. Can. LII.
5. Can. XVI. 6. Baron., *An.* LXXXVIII, n° 18. 7. Can. XX.

pu, à la rigueur, avoir une famille au milieu de cette société sainte, qui étoit déjà sa famille ; il n'auroit point été détourné par ses propres enfants du soin de ses autres brebis, puisqu'ils auroient fait partie du troupeau ; il n'auroit pu trahir pour eux les secrets du pécheur, puisqu'on n'avoit point de crimes à cacher, et que les confessions se faisoient à haute voix dans ces *basiliques de la mort*[1] où les fidèles s'assembloient pour prier sur les cendres des martyrs. Ces chrétiens avoient reçu du Ciel un sacerdoce que nous avons perdu. C'étoit moins une assemblée du peuple qu'une communauté de lévites et de religieuses : le baptême les avoit tous créés prêtres et confesseurs de Jésus-Christ.

Saint Justin le Philosophe, dans sa première *Apologie*, fait une admirable description de la vie des fidèles de ce temps-là : « On nous accuse, dit-il, de troubler la tranquillité de l'État, et cependant un des principaux dogmes de notre foi est que rien n'est caché aux yeux de Dieu et qu'il nous jugera sévèrement un jour sur nos bonnes et nos mauvaises actions ; mais, ô puissant empereur ! les peines mêmes que vous avez décernées contre nous ne font que nous affermir dans notre culte, puisque toutes ces persécutions nous ont été prédites par notre maître, fils du souverain Dieu, père et seigneur de l'univers.

« Le jour du soleil (le dimanche), tous ceux qui demeurent à la ville et à la campagne s'assemblent en un lieu commun. On lit les saintes Écritures ; un *ancien*[2] exhorte ensuite le peuple à imiter de si beaux exemples. On s'élève, on prie de nouveau ; on présente l'eau, le pain et le vin ; le prélat fait l'action de grâces, l'assistance répond *Amen*. On distribue une partie des choses consacrées, et les diacres portent le reste aux absents. On fait une quête ; les riches donnent ce qu'ils veulent. Le prélat garde ces aumônes pour en assister les veuves, les orphelins, les malades, les prisonniers, les pauvres, les étrangers, en un mot, tous ceux qui sont dans le besoin, et dont le prélat est spécialement chargé. Si nous nous réunissons le jour du soleil, c'est que Dieu fit le monde ce jour-là, et que son Fils ressuscita à pareil jour, pour confirmer à ses disciples la doctrine que nous vous avons exposée.

« Si vous la trouvez bonne, respectez-la ; rejetez-la, si elle vous semble méprisable : mais ne livrez pas pour cela aux bourreaux des gens qui n'ont fait aucun mal : car nous osons vous annoncer que vous n'éviterez pas le jugement de Dieu, si vous demeurez dans l'injustice. Au reste, quel que soit notre sort, que la volonté de Dieu soit

---

1. S. Hieron.   2. Un prêtre.

faite. Nous aurions pu réclamer votre équité en vertu de la lettre de votre père, César Adrien, d'illustre et glorieuse mémoire; mais nous avons préféré nous confier en la justice de notre cause[1]. »

L'*Apologie* de Justin étoit bien faite pour surprendre la terre. Il venoit de révéler un âge d'or au milieu de la corruption, de découvrir un peuple nouveau dans les souterrains d'un antique empire. Ces mœurs durent paroître d'autant plus belles, qu'elles n'étoient pas connues aux premiers jours du monde, en harmonie avec la nature et les lois, et qu'elles formoient au contraire un contraste frappant avec le reste de la société. Ce qui rend surtout la vie de ces fidèles plus intéressante que la vie de ces hommes parfois chantés par la fable, c'est que ceux-ci sont représentés heureux, et que les autres se montrent à nous à travers les charmes du malheur. Ce n'est pas sous les feuillages des bois et au bord des fontaines que la vertu paroît avec le plus de puissance : il faut la voir à l'ombre des murs des prisons et parmi les flots de sang et de larmes. Combien la religion est divine, lorsqu'au fond d'un souterrain, dans le silence et la nuit des tombeaux, un pasteur que le péril environne célèbre, à la lueur d'une lampe, devant un petit troupeau de fidèles, les mystères d'un Dieu persécuté!

Il étoit nécessaire d'établir solidement cette innocence des chrétiens primitifs, pour montrer que si, malgré tant de pureté, on trouva des inconvénients au mariage des prêtres, il seroit tout à fait impossible de l'admettre aujourd'hui.

En effet, quand les chrétiens se multiplièrent, quand la corruption se répandit avec les hommes, comment le prêtre auroit-il pu vaquer en même temps aux soins de sa famille et de son église? Comment fût-il demeuré chaste avec une épouse qui eût cessé de l'être? Que si l'on objecte les pays protestants, nous dirons que dans ces pays on a été obligé d'abolir une grande partie du culte extérieur; qu'un ministre paroît à peine dans un temple deux ou trois fois par semaine; que presque toutes relations ont cessé entre le pasteur et le troupeau, et que le premier est trop souvent un homme du monde, qui donne des bals et des festins pour amuser ses enfants. Quant à quelques sectes moroses, qui affectent la simplicité évangélique, et qui veulent une *religion* sans *culte*, nous espérons qu'on ne nous les opposera pas. Enfin, dans les pays où le mariage des prêtres est établi, la confession, la plus belle des institutions morales, a cessé et a dû cesser à l'instant. Il est naturel qu'on n'ose plus rendre maître de ses secrets l'homme

---

1. Just., *Apol.*, édit. Marc., fol. 1742. Voir la note II, à la fin du volume.

qui a rendu une femme maîtresse des siens ; on craint avec raison de se confier au prêtre qui a rompu son contrat de fidélité avec Dieu, et répudié le Créateur pour épouser la créature.

Il ne reste plus qu'à répondre à l'objection que l'on tire de la loi générale de la population.

Or, il nous paroît qu'une des premières lois naturelles qui dut s'abolir à la nouvelle alliance fut celle qui favorisoit la population au delà de certaines bornes. Autre fut Jésus-Christ, autre Abraham : celui-ci parut dans un temps d'innocence, dans un temps où la terre manquoit d'habitants ; Jésus-Christ vint, au contraire, au milieu de la corruption des hommes, et lorsque le monde avoit perdu sa solitude. La pudeur peut donc fermer aujourd'hui le sein des femmes ; la seconde Ève, en guérissant les maux dont la première avoit été frappée, a fait descendre la virginité du ciel pour nous donner une idée de cet état de pureté et de joie qui précéda les antiques douleurs de la mère.

Le législateur des chrétiens naquit d'une vierge, et mourut vierge. N'a-t-il pas voulu nous enseigner par là, sous les rapports politiques et naturels, que la terre étoit arrivée à son complément d'habitants, et que, loin de multiplier les générations, il faudroit désormais les restreindre ? A l'appui de cette opinion, on remarque que les États ne périssent jamais par le défaut, mais par le trop grand nombre d'hommes. Une population excessive est le fléau des empires. Les barbares du Nord ont dévasté le globe quand leurs forêts ont été remplies ; la Suisse étoit obligée de verser ses industrieux habitants aux royaumes étrangers, comme elle leur verse ses rivières fécondes ; et sous nos propres yeux, au moment même où la France a perdu tant de laboureurs, la culture n'en paroît que plus florissante. Hélas ! misérables insectes que nous sommes ! bourdonnant autour d'une coupe d'absinthe, où par hasard sont tombées quelques gouttes de miel, nous nous dévorons les uns les autres lorsque l'espace vient à manquer à notre multitude. Par un malheur plus grand encore, plus nous nous multiplions, plus il faut de champ à nos désirs. De ce terrain qui diminue toujours, et de ces passions qui augmentent sans cesse, doivent résulter tôt ou tard d'effroyables révolutions [1].

Au reste, les systèmes s'évanouissent devant des faits. L'Europe est-elle déserte parce qu'on y voit un clergé catholique qui a fait vœu de célibat ? Les monastères mêmes sont favorables à la société, parce que les religieux, en consommant leurs denrées sur les lieux,

---

1. Voyez la note III, à la fin du volume.

répandent l'abondance dans la cabane du pauvre. Où voyoit-on en France des paysans bien vêtus et des laboureurs dont le visage annonçoit l'abondance et la joie, si ce n'étoit dans la dépendance de quelque riche abbaye? Les grandes propriétés n'ont-elles pas toujours cet effet; et les abbayes étoient-elles autre chose que des domaines où les propriétaires résidoient? Mais ceci nous mèneroit trop loin, et nous y reviendrons lorsque nous traiterons des ordres monastiques. Disons pourtant encore que le clergé favorisoit la population, en prêchant la concorde et l'union entre les époux, en arrêtant les progrès du libertinage, et en dirigeant les foudres de l'Église contre le système du petit nombre d'enfants, adopté par le peuple des villes.

Enfin, il semble à peu près démontré qu'il faut dans un grand État des hommes qui, séparés du reste du monde et revêtus d'un caractère auguste, puissent, sans enfants, sans épouse, sans les embarras du siècle, travailler aux progrès des lumières, à la perfection de la morale et au soulagement du malheur. Quels miracles nos prêtres et nos religieux n'ont-ils point opérés sous ces trois rapports dans la société! Qu'on leur donne une famille, et ces études et cette charité qu'ils consacroient à leur patrie, ils les détourneront au profit de leurs parents; heureux même, si, de vertus qu'elles sont, ils ne les transforment en vices!

Voilà ce que nous avions à répondre aux moralistes sur le célibat des prêtres. Voyons si nous trouverons quelque chose pour les poëtes : ici il nous faut d'autres raisons, d'autres autorités et un autre style.

CHAPITRE IX.

SUR LE SACREMENT D'ORDRE.

La plupart des sages de l'antiquité ont vécu dans le célibat; on sait combien les gymnosophistes, les brahmanes, les druides, ont tenu la chasteté à honneur. Les sauvages mêmes la regardent comme céleste : car les peuples de tous les temps et de tous les pays n'ont eu qu'un sentiment sur l'excellence de la virginité. Chez les anciens, les prêtres et les prêtresses, qui étoient censés commercer intimement avec le Ciel, devoient vivre solitaires; la moindre atteinte portée à leurs vœux étoit suivie d'un châtiment terrible. On n'offroit aux dieux que des génisses qui n'avoient point encore été mères. Ce qu'il y avoit de plus sublime et de plus doux dans la fable possédoit la virginité; on la donnoit à Vénus-Uranie et à Minerve, déesses du génie et de la sagesse; l'Amitié étoit une adolescente, et la Virginité elle-même, personnifiée sous les traits de la Lune, promenoit sa pudeur mystérieuse dans les frais espaces de la nuit.

Considérée sous ses autres rapports, la virginité n'est pas moins aimable. Dans les trois règnes de la nature, elle est la source des grâces et la perfection de la beauté. Les poëtes, que nous voulons surtout convaincre ici, nous serviront d'autorité contre eux-mêmes. Ne se plaisent-ils pas à reproduire partout l'idée de la virginité comme un charme à leurs descriptions et à leurs tableaux? Ils la retrouvent ainsi au milieu des campagnes, dans les roses du printemps et dans la neige de l'hiver; et c'est ainsi qu'ils la placent aux deux extrémités de la vie, sur les lèvres de l'enfant et sur les cheveux du vieillard. Ils la mêlent encore aux mystères de la tombe, et ils nous parlent de l'antiquité qui consacroit aux mânes des arbres sans semence, parce que la mort est stérile, ou parce que dans une autre vie les sexes sont inconnus, et que l'âme est une vierge immortelle. Enfin ils nous disent que, parmi les animaux, ceux qui se rapprochent le plus de notre intelligence sont voués à la chasteté. Ne croiroit-on pas en effet reconnoître dans la ruche des abeilles le modèle de ces monastères où des vestales composent un miel céleste avec la fleur des vertus?

Quant aux beaux-arts, la virginité en fait également les charmes, et les muses lui doivent leur éternelle jeunesse. Mais c'est surtout dans l'homme qu'elle déploie son excellence. Saint Ambroise a composé trois traités sur la virginité; il y a mis les charmes de son éloquence, et il s'en excuse en disant qu'il l'a fait ainsi pour gagner l'esprit des vierges par la douceur de ses paroles [1]. Il appelle la virginité *une exemption de toute souillure* [2]; il fait voir combien sa tranquillité est préférable aux soucis du mariage; il dit aux vierges : « La pudeur, en colorant vos joues, vous rend excellemment belles. Retirées loin de la vue des hommes, comme des roses solitaires, vos grâces ne sont point soumises à leurs faux jugements; toutefois vous descendez aussi dans la lice pour disputer le prix de la beauté, non de celle du corps, mais de celle de la vertu : beauté qu'aucune maladie n'altère, qu'aucun âge ne fane, et que la mort même ne peut ravir. Dieu seul s'établit juge de cette lutte des vierges, car il aime les belles âmes, même dans les corps hideux... Une vierge ne connoît ni les inconvénients de la gros-

---

1. *De Virginit.*, lib. I, cap. I, num. 4.   2. *Ibid.*, lib. II, cap. V.

sesse ni les douleurs de l'enfantement. Elle est le don du Ciel et la joie de ses proches. Elle exerce dans la maison paternelle le sacerdoce de la chasteté : c'est une victime qui s'immole chaque jour pour sa mère. »

Dans l'homme, la virginité prend un caractère sublime. Troublée par les orages du cœur, si elle résiste, elle devient céleste. « Une âme chaste, dit saint Bernard, est par vertu ce que l'ange est par nature. Il y a plus de bonheur dans la *chasteté* de l'ange, mais il y a plus de courage dans celle de l'homme. » Chez le religieux, elle se transforme en humanité, témoin ces *Pères de la Rédemption* et tous ces *ordres hospitaliers* consacrés au soulagement de nos douleurs. Elle se change en étude chez le savant ; elle devient méditation dans le solitaire : caractère essentiel de l'âme et de la force mentale, il n'y a point d'homme qui n'en ait senti l'avantage pour se livrer aux travaux de l'esprit : elle est donc la première des qualités, puisqu'elle donne une nouvelle vigueur à l'âme, et que l'âme est la plus belle partie de nous-mêmes.

Mais, si la chasteté est nécessaire quelque part, c'est dans le service de la Divinité. « Dieu, dit Platon, est la véritable mesure des choses ; et nous devons faire tous nos efforts pour lui ressembler[1]. » L'homme qui s'est dévoué à ses autels y est plus obligé qu'un autre. « Il ne s'agit pas ici, dit saint Chrysostome, du gouvernement d'un empire ou du commandement des soldats, mais d'une fonction qui demande une vertu angélique. L'âme d'un prêtre doit être plus pure que les rayons du soleil[2]. » — « Le ministre chrétien, dit encore saint Jérôme, est le truchement entre Dieu et l'homme. » Il faut donc qu'un prêtre soit un personnage divin : il faut qu'autour de lui règnent la vertu et le mystère ; retiré dans les saintes ténèbres du temple, qu'on l'entende sans l'apercevoir ; que sa voix solennelle, grave et religieuse, prononce des paroles prophétiques ou chante des hymnes de paix dans les sacrées profondeurs du tabernacle ; que ses apparitions soient courtes parmi les hommes, qu'il ne se montre au milieu du siècle que pour faire du bien aux malheureux : c'est à ce prix qu'on accorde au prêtre le respect et la confiance. Il perdra bientôt l'un et l'autre, si on le trouve à la porte des grands, s'il est embarrassé d'une épouse, si l'on se familiarise avec lui, s'il a tous les vices qu'on reproche au monde, et si l'on peut un moment le soupçonner homme comme les autres hommes.

Enfin, le vieillard chaste est une sorte de divinité : Priam, vieux comme le mont Ida, et blanchi comme le chêne du Gargare, Priam

---

[1]. *Resp.*

[2]. Lib. VI, *de Sacerd.*

dans son palais, au milieu de ses cinquante fils, offre le spectacle le plus auguste de la paternité ; mais Platon sans épouse et sans famille, assis au pied d'un temple sur la pointe d'un cap battu des flots, Platon enseignant l'existence de Dieu à ses disciples est un être bien plus divin : il ne tient point à la terre ; il semble appartenir à ces *démons*, à ces intelligences supérieures dont il nous parle dans ses écrits.

Ainsi la virginité, remontant depuis le dernier anneau de la chaîne des êtres jusqu'à l'homme, passe bientôt de l'homme aux anges, et des anges à Dieu, où elle se perd. Dieu brille à jamais unique dans les espaces de l'éternité, comme le soleil, son image, dans le temps.

Concluons que les poëtes et les hommes du goût le plus délicat ne peuvent objecter rien de raisonnable contre le célibat du prêtre, puisque la virginité fait partie du souvenir dans les choses antiques, des charmes dans l'amitié, du mystère dans la tombe, de l'innocence dans le berceau, de l'enchantement dans la jeunesse, de l'humanité dans le religieux, de la sainteté dans le prêtre et dans le vieillard, et de la divinité dans les anges et dans Dieu même.

CHAPITRE X.

LE MARIAGE.

L'Europe doit encore à l'Église le petit nombre de bonnes lois qu'elle possède. Il n'y a peut-être point de circonstance en matière civile qui n'ait été prévue par le droit canonique, fruit de l'expérience de quinze siècles et du génie des Innocent et des Grégoire. Les empereurs et les rois les plus sages, tels que Charlemagne et Alfred le Grand, ont cru ne pouvoir mieux faire que de recevoir dans le code civil une partie de ce code ecclésiastique où viennent se fondre la loi lévitique, l'Évangile et le droit romain. Quel vaisseau pourtant que cette Église ! qu'il est vaste, qu'il est miraculeux !

En élevant le mariage à la dignité de sacrement, Jésus-Christ nous a montré d'abord la grande figure de son union avec l'Église. Quand on songe que le mariage est le pivot sur lequel roule l'économie sociale, peut-on supposer qu'il soit jamais assez saint ? On ne sauroit trop admirer la sagesse de celui qui l'a marqué du sceau de la religion.

L'Église a multiplié ses soins pour un si grand acte de la vie. Elle a déterminé les degrés de parenté où l'union de deux époux seroit permise. Le droit canonique, reconnoissant les générations simples, en partant de la souche, a rejeté jusqu'à la quatrième le mariage[1] que le droit civil, en comptant les branches doubles, fixoit à la seconde : ainsi le vouloit la loi d'Arcade, insérée dans les *Institutes de Justinien*[2].

Mais l'Église, avec sa sagesse accoutumée, a suivi dans ce règlement le changement progressif des mœurs[3]. Dans les premiers siècles du christianisme, la prohibition de mariage s'étendoit jusqu'au septième degré ; quelques conciles même, tels que celui de Tolède[4] dans le VIe siècle, défendoient d'une manière illimitée toute union entre les membres d'une même famille.

L'esprit qui a dicté ces lois est digne de la pureté de notre religion. Les païens sont restés bien au-dessous de cette chasteté chrétienne. A Rome, le mariage entre cousins germains étoit permis ; et Claude, pour épouser Agrippine, fit porter une loi à la faveur de laquelle l'oncle pouvoit s'unir à la nièce[5]. Solon avoit laissé au frère la liberté d'épouser sa sœur utérine[6].

L'Église n'a pas borné là ses précautions. Après avoir suivi quelque temps le Lévitique, touchant les *Affins*, elle a fini par déclarer empêchements *dirimants* de mariage tous les degrés d'affinité correspondant aux degrés de parenté où le mariage est défendu[7]. Enfin, elle a prévu un cas qui avoit échappé à tous les jurisconsultes : ce cas est celui dans lequel un homme auroit entretenu un commerce illicite avec une femme. L'Église déclare qu'il ne peut choisir une épouse dans la famille de cette femme, au-dessus du second degré[8]. Cette

---

1. *Conc. Lat.*, an. 1205.
2. *Inst.* JUST., *de Nupt.*, tit. x.
3. *Concil. Duziac.*, an. 814. La loi canonique a dû varier selon les mœurs des peuples goth, vandale, anglois, franc, bourguignon, qui entroient tour à tour dans le sein de l'Église.
4. *Conc. Tol.*, can. v.
5. SUET., *in Claud.* A la vérité cette loi ne fut pas étendue, comme on l'apprend par les fragments d'Ulpien, tit. v et vi, et elle fut abrogée par le Code Théodose, ainsi que celle qui concernoit les cousins germains. Observons que, dans le christianisme, le pape a le droit de dispenser de la loi canonique, selon les circonstances. Comme une loi ne peut jamais être assez générale pour embrasser tous les cas, cette ressource des dispenses et des exceptions étoit imaginée avec beaucoup de prudence. Au reste, les mariages entre frères et sœurs dans l'Ancien Testament tenoient à cette loi générale de population, abolie, comme nous l'avons dit, à l'avénement de Jésus-Christ, lors du complément des races.
6. PLUT., *in Solon.*   7. *Conc. Lat.*   8. *Ibid.*, cap. IV, sess. 24.

loi, connue très-anciennement dans l'Église[1], mais fixée par le concile de Trente, a été trouvée si belle, que le code françois, en rejetant la totalité du concile, n'a pas laissé de recevoir le canon.

Au reste, les empêchements de mariage de parent à parent, si multipliés par l'Église, outre leurs raisons morales et spirituelles, tendent politiquement à diviser les propriétés et à empêcher qu'à la longue tous les biens de l'État ne s'accumulent sur quelques têtes.

L'Église a conservé les fiançailles, qui remontent à une grande antiquité. Aulu-Gelle nous apprend qu'elles furent connues du peuple du Latium[2]; les Romains les adoptèrent[3]; les Grecs les ont suivies; elles étoient en honneur sous l'ancienne alliance; et dans la nouvelle, Joseph fut fiancé à Marie. L'intention de cette coutume est de laisser aux deux époux le temps de se connoître avant de s'unir[4].

Dans nos campagnes, les fiançailles se montroient encore avec leurs grâces antiques. Par une belle matinée du mois d'août, un jeune paysan venoit chercher sa prétendue à la ferme de son futur beau-père. Deux ménétriers, rappelant nos anciens *minstrels*, ouvroient la pompe en jouant sur leurs violons des romances du temps de la chevalerie ou des cantiques des pèlerins. Les siècles, sortis de leurs tombeaux gothiques, sembloient accompagner cette jeunesse avec leurs vieilles mœurs et leurs vieux souvenirs. L'épousée recevoit du curé la bénédiction des fiançailles, et déposoit sur l'autel une quenouille entourée de rubans. On retournoit ensuite à la ferme; la dame et le seigneur du lieu, le curé et le juge du village s'asseyoient avec les futurs époux, les laboureurs et les matrones, autour d'une table où étoient servis le verrat d'Eumée et le veau gras des patriarches. La fête se terminoit par une ronde dans la grange voisine; la demoiselle du château dansoit, au son de la musette, une ballade avec le fiancé, tandis que les spectateurs étoient assis sur la gerbe nouvelle, avec les souvenirs des filles de Jéthro, des moissonneurs de Booz et des fiançailles de Jacob et de Rachel.

La publication des bans suit les fiançailles. Cette excellente coutume, ignorée de l'antiquité, est entièrement due à l'Église. Il faut la reporter au delà du XIVe siècle, puisqu'il en est fait mention dans une décrétale du pape Innocent III. Le même pape l'a transformée en règle générale dans le concile de Latran; le concile de Trente l'a renouvelée,

---

1. *Conc. Anc.*, cap. ult., an. 304.
2. *Noct. Act.*, lib. IV, cap. IV. 3. L. 2, ff., *de Spons.*
4. SAINT AUGUSTIN en rapporte une raison aimable : *Constitutum est ut jam pactæ sponsæ non statim tradantur, ne vilem habeat maritus datam, quam non suspiraverit sponsus dilatam.*

et l'ordonnance de Blois l'a fait recevoir parmi nous. L'esprit de cette loi est de prévenir les unions clandestines et d'avoir connoissance des empêchements de mariage qui peuvent se trouver entre les parties contractantes.

Mais enfin le mariage chrétien s'avance; il vient avec un tout autre appareil que les fiançailles. Sa démarche est grave et solennelle, la pompe silencieuse et auguste; l'homme est averti qu'il commence une nouvelle carrière. Les paroles de la bénédiction nuptiale (paroles que Dieu même prononça sur le premier couple du monde), en frappant le mari d'un grand respect, lui disent qu'il remplit l'acte le plus important de la vie; qu'il va, comme Adam, devenir le chef d'une famille, et qu'il se charge de tout le fardeau de la condition humaine. La femme n'est pas moins instruite. L'image des plaisirs disparoît à ses yeux devant celle des devoirs. Une voix semble lui crier du milieu de l'autel : « O Ève! sais-tu bien ce que tu fais? Sais-tu qu'il n'y a plus pour toi d'autre liberté que celle de la tombe? Sais-tu ce que c'est que de porter dans tes entrailles mortelles l'homme immortel et fait à l'image d'un Dieu? » Chez les anciens, un hyménée n'étoit qu'une cérémonie pleine de scandale et de joie, qui n'enseignoit rien des graves pensées que le mariage inspire : le christianisme seul en a rétabli la dignité.

C'est encore lui qui, connoissant avant la philosophie dans quelle proportion naissent les deux sexes, a vu le premier que l'homme ne peut avoir qu'une épouse, et qu'il doit la garder jusqu'à la mort. Le divorce est inconnu dans l'Église catholique, si ce n'est chez quelques petits peuples de l'Illyrie, soumis autrefois à l'État de Venise, et qui suivent le rit grec[1]. Si les passions des hommes se sont révoltées contre cette loi, si elles n'ont pas aperçu le désordre que le divorce porte au sein des familles, en troublant les successions, en dénaturant les affections paternelles, en corrompant le cœur, en faisant du mariage une prostitution civile, quelques mots que nous avons à dire ici ne seront pas sans doute écartés.

Sans entrer dans la profondeur de cette matière, nous observerons que, si par le divorce on croit rendre les époux plus heureux (et c'est aujourd'hui un grand argument), on tombe dans une étrange erreur. Celui qui n'a point fait le bonheur d'une première femme, qui ne s'est point attaché à son épouse par sa ceinture virginale ou sa maternité première, qui n'a pu dompter ses passions au joug de la famille, celui qui n'a pu renfermer son cœur dans sa couche nuptiale,

---

1. *Vid.* Fra Paolo, sur le concile de Trente.

celui-là ne fera jamais la félicité d'une seconde épouse : c'est en vain que vous y comptez. Lui-même ne gagnera rien à ces échanges : ce qu'il prend pour des différences d'humeur entre lui et sa compagne n'est que le penchant de son inconstance et l'inquiétude de son désir. L'habitude et la longueur du temps sont plus nécessaires au bonheur, et même à l'amour, qu'on ne pense. On n'est heureux dans l'objet de son attachement que lorsqu'on a vécu beaucoup de jours, et surtout beaucoup de mauvais jours, avec lui. Il faut se connoître jusqu'au fond de l'âme; il faut que le voile mystérieux dont on couvroit les deux époux dans la primitive Église soit soulevé par eux dans tous ses replis, tandis qu'il reste impénétrable aux yeux du monde. Quoi! sur le moindre caprice, il faudra que je craigne de me voir privé de ma femme et de mes enfants, que je renonce à l'espoir de passer mes vieux jours avec eux! Et qu'on ne dise pas que cette frayeur me forcera à devenir meilleur époux : non; on ne s'attache qu'au bien dont on est sûr, on n'aime point une propriété que l'on peut perdre.

Ne donnons point à l'Hymen les ailes de l'Amour; ne faisons point d'une sainte réalité un fantôme volage. Une chose détruira encore votre bonheur dans vos liens d'un instant : vous y serez poursuivi par vos remords, vous comparerez sans cesse une épouse à l'autre, ce que vous avez perdu à ce que vous avez trouvé ; et, ne vous y trompez pas, la balance sera toute en faveur des choses passées : ainsi Dieu a fait le cœur de l'homme. Cette distraction d'un sentiment par un autre empoisonnera toutes vos joies. Caresserez-vous votre nouvel enfant, vous songerez à celui que vous avez délaissé. Presserez-vous votre femme sur votre cœur, votre cœur vous dira que ce n'est pas la première. Tout tend à l'unité dans l'homme : il n'est point heureux, s'il se divise; et comme Dieu, qui le fit à son image, son âme cherche sans cesse à concentrer en un point le passé, le présent et l'avenir [1].

Voilà ce que nous avions à dire sur les sacrements d'Ordre et de Mariage. Quant aux tableaux qu'ils retracent, il seroit superflu de les décrire. Quelle imagination a besoin qu'on l'aide à se représenter ou le prêtre abjurant les joies de la vie pour se donner aux malheureux, ou la jeune fille se vouant au silence des solitudes pour trouver le silence du cœur, ou les époux promettant de s'aimer au pied des autels? L'épouse du chrétien n'est pas une simple mortelle : c'est un

---

1. On peut consulter le livre de M. DE BONALD sur le *Divorce* : c'est un des meilleurs ouvrages qui aient paru depuis longtemps.

être extraordinaire, mystérieux, angélique ; c'est la chair de la chair, le sang du sang de son époux. L'homme en s'unissant à elle ne fait que reprendre une partie de sa substance ; son âme ainsi que son corps sont incomplets sans la femme : il a la force; elle a la beauté ; il combat l'ennemi et laboure le champ de la patrie, mais il n'entend rien aux détails domestiques, la femme lui manque pour apprêter son repas et son lit. Il a des chagrins, et la compagne de ses nuits est là pour les adoucir ; ses jours sont mauvais et troublés, mais il trouve des bras chastes dans sa couche, et il oublie tous ses maux. Sans la femme, il seroit rude, grossier, solitaire. La femme suspend autour de lui les fleurs de la vie, comme ces lianes des forêts qui décorent le tronc des chênes de leurs guirlandes parfumées. Enfin, l'époux chrétien et son épouse vivent, renaissent et meurent ensemble ; ensemble ils élèvent les fruits de leur union ; en poussière ils retournent ensemble, et se retrouvent ensemble par delà les limites du tombeau.

CHAPITRE XI.

L'EXTRÊME ONCTION.

Mais c'est à la vue de ce tombeau, portique silencieux d'un autre monde, que le christianisme déploie sa sublimité. Si la plupart des cultes antiques ont consacré la cendre des morts, aucun n'a songé à préparer l'âme pour ces rivages inconnus dont on ne revient jamais.

Venez voir le plus beau spectacle que puisse présenter la terre ; venez voir mourir le fidèle. Cet homme n'est plus l'homme du monde, il n'appartient plus à son pays ; toutes ses relations avec la société cessent. Pour lui le calcul par le temps finit, et il ne date plus que de la grande ère de l'éternité. Un prêtre assis à son chevet le console. Ce ministre saint s'entretient avec l'agonisant de l'immortalité de son âme ; et la scène sublime que l'antiquité entière n'a présentée qu'une seule fois, dans le premier de ses philosophes mourants, cette scène se renouvelle chaque jour sur l'humble grabat du dernier des chrétiens qui expire.

Enfin le moment suprême est arrivé ; un sacrement a ouvert à ce juste les portes du monde, un sacrement va les clore ; la religion le balança dans le berceau de la vie ; ses beaux chants et sa main maternelle l'endormiront encore dans le berceau de la mort. Elle prépare le baptême de cette seconde naissance ; mais ce n'est plus l'eau qu'elle choisit; c'est l'huile, emblème de l'incorruptibilité céleste. Le sacrement libérateur rompt peu à peu les attaches du fidèle ; son âme, à moitié échappée de son corps, devient presque visible sur son visage. Déjà il entend les concerts des séraphins ; déjà il est prêt à s'envoler vers les régions où l'invite cette Espérance divine, fille de la Vertu et de la Mort. Cependant l'ange de la paix, descendant vers ce juste, touche de son sceptre d'or ses yeux fatigués et les ferme délicieusement à la lumière. Il meurt, et l'on n'a point entendu son dernier soupir; il meurt, et longtemps après qu'il n'est plus ses amis font silence autour de sa couche, car ils croient qu'il sommeille encore, tant ce chrétien a passé avec douceur.

FIN DU LIVRE PREMIER

LIVRE DEUXIÈME.

VERTUS ET LOIS MORALES.

CHAPITRE PREMIER.

VICES ET VERTUS SELON LA RELIGION.

La plupart des anciens philosophes ont fait le partage des vices et des vertus; mais la sagesse de la religion l'emporte encore ici sur celle des hommes.

Ne considérons d'abord que l'orgueil, dont l'Église fait le premier des vices. C'est le péché de Satan, c'est le premier péché du monde. L'orgueil est si bien le principe du mal, qu'il se trouve mêlé aux diverses infirmités de l'âme : il brille dans le souris de l'envie, il éclate dans les débauches de la volupté, il compte l'or de l'avarice, il étincelle dans les yeux de la colère et suit les grâces de la mollesse.

C'est l'orgueil qui fit tomber Adam; c'est l'orgueil qui arma Caïn de la massue fratricide; c'est l'orgueil qui éleva Babel et renversa Babylone. Par l'orgueil Athènes se perdit avec la Grèce; l'orgueil brisa le trône de Cyrus, divisa l'empire d'Alexandre et écrasa Rome enfin sous le poids de l'univers.

Dans les circonstances particulières de la vie, l'orgueil a des effets encore plus funestes. Il porte ses attentats jusque sur Dieu.

En recherchant les causes de l'athéisme, on est conduit à cette triste observation, que la plupart de ceux qui se révoltent contre le Ciel ont à se plaindre en quelque chose de la société ou de la nature (excepté toutefois des jeunes gens séduits par le monde, ou des écrivains qui ne veulent faire que du bruit). Mais comment ceux qui sont privés des frivoles avantages que le hasard donne ou ravit dans ses caprices ne savent-ils pas trouver le remède à ce léger malheur en se rapprochant de la Divinité? Elle est la véritable source des grâces : Dieu est si bien la beauté par excellence, que son nom seul prononcé avec amour suffit pour donner quelque chose de divin à l'homme le moins favorisé de la nature, comme on l'a remarqué de Socrate.

Laissons l'athéisme à ceux qui, n'ayant pas assez de noblesse pour s'élever au-dessus des injustices du sort, ne montrent dans leurs blasphèmes que le premier vice de l'homme chatouillé dans sa partie la plus sensible.

Si l'Église a donné la première place à l'orgueil dans l'échelle des dégradations humaines, elle n'a pas classé moins habilement les six autres vices capitaux. Il ne faut pas croire que l'ordre où nous les voyons rangés soit arbitraire : il suffit de l'examiner pour s'apercevoir que la religion passe excellemment de ces crimes qui attaquent la société en général à ces délits qui ne retombent que sur le coupable. Ainsi, par exemple, l'envie, la luxure, l'avarice et la colère, suivent immédiatement l'orgueil, parce que ce sont des vices qui s'exercent sur un sujet étranger et qui ne vivent que parmi les hommes, tandis que la gourmandise et la paresse, qui viennent les dernières, sont des inclinations solitaires et honteuses, réduites à chercher en elles-mêmes leurs principales voluptés.

Dans les vertus préférées par le christianisme, et dans le rang qu'il leur assigne, même connoissance de la nature. Avant Jésus-Christ l'âme de l'homme étoit un chaos ; le Verbe se fit entendre, aussitôt tout se débrouilla dans le monde intellectuel, comme à la même parole tout s'étoit jadis arrangé dans le monde physique : ce fut là création morale de l'univers. Les vertus montèrent comme des feux purs dans les cieux : les unes, soleils éclatants, appelèrent les regards par leur brillante lumière ; les autres, modestes étoiles, cherchèrent la pudeur des ombres, où cependant elles ne purent se cacher. Dès lors on vit s'établir une admirable balance entre les forces et les foiblesses ; la religion dirigea ses foudres contre l'orgueil, vice qui se nourrit de vertus : elle le découvrit dans les replis de nos cœurs, elle le poursuivit dans ses métamorphoses ; les sacrements marchèrent contre lui en une armée sainte, et l'Humilité, vêtue d'un sac, les reins ceints d'une corde, les pieds nus, le front couvert de cendre, les yeux baissés et en pleurs, devint une des premières vertus du fidèle.

CHAPITRE II.

DE LA FOI.

Et quelles étoient les vertus tant recommandées par les sages de la Grèce ? La force, la tempérance et la prudence. Jésus-Christ seul pouvoit enseigner au monde que la Foi, l'Espérance et la Charité, sont des vertus qui conviennent à l'ignorance comme à la misère de l'homme.

C'est une prodigieuse raison, sans doute, que celle qui nous a montré dans la *Foi* la source des vertus. Il n'y a de puissance que dans la conviction. Un raisonnement n'est fort, un poëme n'est divin, une peinture n'est belle, que parce que l'esprit ou l'œil qui en juge est convaincu d'une certaine vérité cachée dans ce raisonnement, ce poëme, ce tableau. Un petit nombre de soldats persuadés de l'habileté de leur général peuvent enfanter des miracles. Trente-cinq mille Grecs suivent Alexandre à la conquête du monde; Lacédémone se confie en Lycurgue, et Lacédémone devient la plus sage des cités; Babylone se présume faite pour les grandeurs, et les grandeurs se prostituent à sa foi mondaine; un oracle donne la terre aux Romains, et les Romains obtiennent la terre; Colomb, seul de tout un monde, s'obstine à croire un nouvel univers, et un nouvel univers sort des flots. L'amitié, le patriotisme, l'amour, tous les sentiments nobles, sont aussi une espèce de foi. C'est parce qu'ils ont *cru* que les Codrus, les Pylade, les Régulus, les Arrie, ont fait des prodiges. Et voilà pourquoi ces cœurs qui ne *croient* rien, qui traitent d'illusions les attachements de l'âme et de folie les belles actions, qui regardent en pitié l'imagination et la tendresse du génie, voilà pourquoi ces cœurs n'achèveront jamais rien de grand, de généreux : ils n'ont de foi que dans la matière et dans la mort, et ils sont déjà insensibles comme l'une et glacés comme l'autre.

Dans le langage de l'ancienne chevalerie, *bailler sa foi* étoit synonyme de tous les prodiges de l'honneur. Roland, Duguesclin, Bayard, étoient de *féaux* chevaliers, et les champs de Roncevaux, d'Auray, de Bresse, les descendants des Maures, des Anglais, des Lombards, disent encore aujourd'hui quels étoient ces hommes qui prêtoient *foi et hommage* à leur *Dieu*, leur *dame* et leur *roi*. Que d'idées antiques et touchantes s'attachent à notre seul mot de *foyer*, dont l'étymologie est si remarquable! Citerons-nous les martyrs, « ces héros qui, selon saint Ambroise, sans armées, sans légions, ont vaincu les tyrans, adouci les lions, ôté au feu sa violence et au glaive sa pointe[1] ! » La foi même envisagée sous ce rapport est une force si terrible, qu'elle bouleverseroit le monde, si elle étoit appliquée à des fins perverses. Il n'y a rien qu'un homme sous le joug d'une persuasion intime, et qui soumet sans condition sa raison à celle d'un autre homme, ne soit capable d'exécuter. Ce qui prouve que les plus éminentes vertus,

---

1. Ambros., *de Off.*, cap. xxxv.

quand on les sépare de Dieu, et qu'on les veut prendre dans leurs simples rapports moraux, touchent de près aux plus grands vices. Si les philosophes avoient fait cette observation, ils ne se seroient pas tant donné de peine pour fixer les limites du bien et du mal. Le christianisme n'a pas eu besoin, comme Aristote, d'inventer une échelle, pour y placer ingénieusement une vertu entre deux vices : il a tranché la difficulté d'une manière sûre, en nous montrant que les vertus ne sont des vertus qu'autant qu'elles refluent vers leur source, c'est-à-dire vers Dieu.

Cette vérité nous restera assurée si nous appliquons la foi à ces mêmes affaires humaines, mais en la faisant survenir par l'entremise des idées religieuses. De la foi vont naître les vertus de la société, puisqu'il est vrai, du consentement unanime des sages, que le dogme qui commande de croire en un Dieu rémunérateur et vengeur est le plus ferme soutien de la morale et de la politique.

Enfin, si vous employez la foi à son véritable usage[1], si vous la tournez entièrement vers le Créateur, si vous en faites l'œil intellectuel par qui vous découvrez les merveilles de la Cité sainte et l'empire des existences réelles, si elle sert d'ailes à votre âme pour vous élever au-dessus des peines de la vie, vous reconnoîtrez que les livres saints n'ont pas trop exalté cette vertu, lorsqu'ils ont parlé des prodiges qu'on peut faire avec elle. Foi céleste ! foi consolatrice ! tu fais plus que de transporter les montagnes, tu soulèves les poids accablants qui pèsent sur le corps de l'homme.

CHAPITRE III.

DE L'ESPÉRANCE ET DE LA CHARITÉ.

L'Espérance, seconde vertu théologale, a presque la même force que la foi ; le désir est le père de la puissance : quiconque désire fortement obtient. « Cherchez, a dit Jésus-Christ, et vous trouverez ; frappez, et l'on vous ouvrira. » Pythagore disoit, dans le même sens : *La puissance habite auprès de la nécessité* : car nécessité implique privation, et la privation marche avec le désir. Père de la puissance, le désir ou l'espérance est un véritable génie ; il a cette virilité qui enfante et cette soif qui ne s'éteint jamais. Un homme se voit-il trompé dans ses projets, c'est qu'il n'a pas désiré avec ardeur ; c'est qu'il a manqué de

---

1. Voyez la note IV, à la fin du volume.

cet amour qui saisit tôt ou tard l'objet auquel il aspire, de cet amour qui dans la Divinité embrasse tout et jouit de tous les mondes, par une immense espérance toujours satisfaite et qui renaît toujours.

Il y a cependant une différence essentielle entre la foi et l'espérance considérée comme force. La foi a son foyer hors de nous, elle nous vient d'un objet étranger; l'espérance, au contraire, naît au dedans de nous, pour se porter au dehors. On nous impose la première, notre propre désir fait naître la seconde; celle-là est une obéissance, celle-ci un amour. Mais comme la foi engendre plus facilement les autres vertus, comme elle découle directement de Dieu, que par conséquent, étant une émanation de l'Éternel, elle est plus belle que l'espérance, qui n'est qu'une partie de l'homme, l'Église a dû placer la foi au premier rang.

Mais l'espérance offre en elle-même un caractère particulier : c'est celui qui la met en rapport avec nos misères. Sans doute elle fut révélée par le ciel, cette religion qui fit une vertu de l'espérance ! Cette nourrice des infortunés, placée auprès de l'homme comme une mère auprès de son enfant malade, le berce dans ses bras, le suspend à sa mamelle intarissable et l'abreuve d'un lait qui calme ses douleurs. Elle veille à son chevet solitaire, elle l'endort par des chants magiques. N'est-il pas surprenant de voir l'espérance, qu'il est si doux de garder et qui semble un mouvement naturel de l'âme, de la voir se transformer pour le chrétien en une vertu rigoureusement exigée? En sorte que, quoi qu'il fasse, on l'oblige de boire à longs traits à cette coupe enchantée, où tant de misérables s'estimeroient heureux de mouiller un instant leurs lèvres. Il y a plus (et c'est ici la merveille), il sera *récompensé d'avoir espéré*, autrement, *d'avoir fait son propre bonheur*. Le fidèle, toujours militant dans la vie, toujours aux prises avec l'ennemi, est traité par la religion, dans sa défaite, comme ces généraux vaincus que le sénat romain recevoit en triomphe, par la seule raison qu'ils n'avoient pas désespéré du salut final. Mais si les anciens attribuoient quelque chose de merveilleux à l'homme que l'espoir n'abandonne jamais, qu'auroient-ils pensé du chrétien, qui, dans son étonnant langage, ne dit plus *entretenir*, mais *pratiquer* l'espérance?

Quant à la charité, fille de Jésus-Christ, elle signifie, au sens propre, *grâce et joie*. La religion, voulant réformer le cœur humain et tourner au profit des vertus nos affections et nos tendresses, a inventé une nouvelle *passion* : elle ne s'est servie pour l'exprimer ni du mot d'amour, qui n'est pas assez sévère, ni du mot amitié, qui se perd au tombeau, ni du mot de pitié, trop voisin de l'orgueil; mais elle a trouvé l'expression de *charitas*, *charité*, qui renferme les trois premières, et qui tient en même temps à quelque chose de céleste. Par là elle dirige nos penchants vers le ciel, en les épurant et les reportant au Créateur ; par là elle nous enseigne cette vérité merveilleuse, que les hommes doivent, pour ainsi dire, s'aimer à travers Dieu, qui spiritualise leur amour et ne laisse que l'immortelle essence, en lui servant de passage.

Mais si la charité est une vertu chrétienne, directement émanée de l'Éternel et de son Verbe, elle est aussi en étroite alliance avec la nature. C'est à cette harmonie continuelle du ciel et de la terre, de Dieu et de l'humanité, qu'on reconnoît le caractère de la vraie religion. Souvent les institutions morales et politiques de l'antiquité sont en contradiction avec les sentiments de l'âme. Le christianisme, au contraire, toujours d'accord avec les cœurs, ne commande point des vertus abstraites et solitaires, mais des vertus tirées de nos besoins et utiles à tous. Il a placé la charité comme un puits d'abondance dans les déserts de la vie. « La charité est patiente, dit l'Apôtre, elle est douce, elle ne cherche à surpasser personne, elle n'agit point avec témérité, elle ne s'enfle point.

« Elle n'est point ambitieuse, elle ne suit point ses intérêts, elle ne s'irrite point, elle ne pense point le mal.

« Elle ne se réjouit point dans l'injustice, mais elle se plaît dans la vérité.

« Elle tolère tout, elle croit tout, elle espère tout, elle souffre tout [1]. »

CHAPITRE IV.

DES LOIS MORALES OU DU DÉCALOGUE.

Il est humiliant pour notre orgueil de trouver que les maximes de la sagesse humaine peuvent se renfermer dans quelques pages. Et dans ces pages encore, combien d'erreurs ! Les lois de Minos et de Lycurgue ne sont restées debout, après la chute des peuples pour lesquels elles furent érigées, que comme les pyramides des déserts, immortels palais de la mort.

LOIS DU SECOND ZOROASTRE.

Le temps sans bornes et incréé est le créateur de tout. La parole fut sa fille; et de sa fille naquit *Orsmus*, dieu du bien, et *Arimhan*, dieu du mal.

---

1. S. Paul., *ad Corinth.*, cap. XIII, v. 4 et seq.

Invoque le taureau céleste, père de l'herbe et de l'homme.
L'œuvre la plus méritoire est de bien labourer son champ.
Prie avec pureté de pensée, de parole et d'action [1].
Enseigne le bien et le mal à ton fils âgé de cinq ans [2].
Que la loi frappe l'ingrat [3].
Qu'il meure, le fils qui a désobéi trois fois à son père.
La loi déclare impure la femme qui passe à un second hymen.
Frappe le faussaire de verges.
Méprise le menteur.
A la fin et au renouvellement de l'année, observe dix jours de fête.

LOIS INDIENNES.

L'univers est Wichnou.
Tout ce qui a été, c'est lui; tout ce qui est, c'est lui; tout ce qui sera, c'est lui.
Hommes, soyez égaux.
Aime la vertu pour elle; renonce au fruit de tes œuvres.
Mortel, sois sage, tu seras fort comme dix mille éléphants.
L'âme est Dieu.
Confesse les fautes de tes enfants au soleil et aux hommes, et purifie-toi dans l'eau du Gange [4].

LOIS ÉGYPTIENNES.

Chef, dieu universel, ténèbres inconnues, obscurité impénétrable.
Osiris est le dieu bon; Typhon, le dieu méchant.
Honore tes parents.
Suis la profession de ton père.
Sois vertueux; les juges du lac prononceront après ta mort sur tes œuvres.
Lave ton corps deux fois le jour et deux fois la nuit.
Vis de peu.
Ne révèle point les mystères [5].

LOIS DE MINOS.

Ne jure point par les dieux.
Jeune homme, n'examine point la loi.
La loi déclare infâme quiconque n'a point d'ami.
Que la femme adultère soit couronnée de laine et vendue.

---

1. *Zend-Avesta.* 2. Xenoph., *Cyr.*; Plat., *de Leg.*, lib. II. 3. Xenoph., *ib.*
4. *Pr. des Br. Hist. of Ind.*; Diod. Sic., etc.
5. Herod., lib. II; Plat., *de Leg.*; Plut., *de Is. et Os.*

Que vos repas soient publics, votre vie frugale, et vos danses guerrières[1].

(Nous ne donnerons point ici les lois de Lycurgue, parce qu'elles ne font en partie que répéter celles de Minos.)

LOIS DE SOLON.

Que l'enfant qui néglige d'ensevelir son père, que celui qui ne le défend point, meure.
Que le temple soit interdit à l'adultère.
Que le magistrat ivre boive la ciguë.
La mort au soldat lâche.
La loi permet de tuer le citoyen qui demeure neutre au milieu des dissensions civiles.
Que celui qui veut mourir le déclare à l'archonte et meure.
Que le sacrilége meure.
Épouse, guide ton époux aveugle.
L'homme sans mœurs ne pourra gouverner [2].

LOIS PRIMITIVES DE ROME.

Honore la petite fortune.
Que l'homme soit laboureur et guerrier.
Réserve le vin aux vieillards.
Condamne à mort le laboureur qui mange le bœuf [3].

LOIS DES GAULES OU DES DRUIDES.

L'univers est éternel, l'âme immortelle.
Honore la nature.
Défendez votre mère, votre patrie, la terre.
Admets la femme dans tes conseils.
Honore l'étranger, et mets à part sa portion dans ta récolte.
Que l'infâme soit enseveli dans la boue.
N'élève point de temple, et ne confie l'histoire du passé qu'à ta mémoire.
Homme, tu es libre : sois sans propriété.
Honore le vieillard, et que le jeune homme ne puisse déposer contre lui.
Le brave sera récompensé après la mort, et le lâche, puni [4].

---

1. Arist., *Pol.*; Plat., *de Leg.*   2. Plut., *in Vit. Sol.*; Tit. Liv.
3. Plut., *in Num.*; Tit. Liv.
4. Tac., *de Mor. Germ.*; Strab. Cæs., *Com. Edda*, etc.

LOIS DE PYTHAGORE.

Honore les dieux immortels, tels qu'ils sont établis par la loi.
Honore tes parents.
Fais ce qui n'affligera pas ta mémoire.
N'admets point le sommeil dans tes yeux avant d'avoir examiné trois fois dans ton âme les œuvres de ta journée.
Demande-toi : Où ai-je été? Qu'ai-je fait? Qu'aurois-je dû faire?
Ainsi, après une vie sainte, lorsque ton corps retournera aux éléments, tu deviendras immortel et incorruptible : tu ne pourras plus mourir [1].

Tel est à peu près tout ce qu'on peut recueillir de cette antique sagesse des temps, si fameuse. Là, Dieu est représenté comme quelque chose d'obscur, sans doute, mais à force de lumière : des ténèbres couvrent la vue lorsqu'on cherche à contempler le soleil. Ici, l'homme sans ami est déclaré infâme : ce législateur a donc déclaré infâmes presque tous les infortunés? Plus loin, le suicide devient loi; enfin, quelques-uns de ces sages semblent oublier entièrement un Être suprême. Et que de choses vagues, incohérentes, communes, dans la plupart de ces sentences! Les sages du Portique et de l'Académie énoncent tour à tour des maximes si contradictoires, qu'on peut souvent prouver par le même livre que son auteur croyoit et ne croyoit point en Dieu, qu'il reconnoissoit et ne reconnoissoit point une vertu positive, que la liberté est le premier des biens et le despotisme le meilleur des gouvernements.

Si au milieu de tant de perplexités on voyoit paroître un code de lois morales, sans contradictions, sans erreurs, qui fît cesser nos incertitudes, qui nous apprît ce que nous devons croire de Dieu et quels sont nos véritables rapports avec les hommes; si ce code s'annonçoit avec une assurance de ton et une simplicité de langage inconnues jusque alors, ne faudroit-il pas en conclure que ces lois ne peuvent émaner que du ciel? Nous les avons, ces préceptes divins : et quels préceptes pour le sage! et quel tableau pour le poëte!

Voyez cet homme qui descend de ces hauteurs brûlantes. Ses mains soutiennent une table de pierre sur sa poitrine, son front est orné de

---

1. On pourroit ajouter à cette table un extrait de la *République* de Platon, ou plutôt des douze livres de ses lois, qui sont à notre avis son meilleur ouvrage, tant pour le beau tableau des trois vieillards qui discourent en allant à la fontaine, que par la raison qui règne dans ce dialogue. Mais ces préceptes n'ont point été mis en pratique : ainsi nous nous abstiendrons d'en parler.

Quant au Coran, ce qui s'y trouve de saint et de juste est emprunté presque mot pour mot de nos livres sacrés; le reste est une compilation rabbinique.

deux rayons de feu, son visage resplendit des gloires du Seigneur, la terreur de Jéhovah le précède : à l'horizon se déploie la chaîne du Liban avec ses éternelles neiges et ses cèdres fuyant dans le ciel. Prosternée au pied de la montagne, la postérité de Jacob se voile la tête, dans la crainte de voir Dieu et de mourir. Cependant les tonnerres se taisent, et voici venir une voix :

Écoute, ô toi Israël, moi Jéhovah, *tes Dieux*[1], qui t'ai tiré de la terre de Mitzraïm, de la maison de servitude.

1. — Il ne sera point à toi d'autres Dieux devant ma face.

2. — Tu ne te feras point d'idole par tes mains, ni aucune image de ce qui est dans les *étonnantes eaux supérieures*, ni sur la terre au-dessous, ni dans les eaux sous la terre. Tu ne t'inclineras point devant les images, et tu ne les serviras point, car moi, je suis Jéhovah, *tes Dieux*, le Dieu fort, le Dieu jaloux, poursuivant l'iniquité des pères, l'iniquité de ceux qui me haïssent, sur les fils de la troisième et de la quatrième génération, et je fais mille fois grâce à ceux qui m'aiment et qui gardent mes commandements.

3. — Tu ne prendras point le nom de Jéhovah, *tes Dieux*, en vain ; car il ne déclarera point innocent celui qui prendra son nom en vain.

4. — Souviens-toi du jour du sabbat pour le sanctifier. Six jours tu travailleras, et tu feras ton ouvrage, et le jour septième de Jéhovah, *tes Dieux*, tu ne feras aucun ouvrage, ni toi, ni ton fils, ni ta fille, ni ton serviteur, ni ta servante, ni ton chameau, ni ton hôte, *devant tes portes ;* car en six jours Jéhovah fit les *merveilleuses eaux supérieures* [2], la terre et la mer, et tout ce qui est en elles, et se reposa le septième : or Jéhovah le bénit et le sanctifia.

5. — Honore ton père et ta mère, afin que tes jours soient longs sur la terre, et *par delà* la terre que Jéhovah, *tes Dieux*, t'a donnée.

6. — Tu ne tueras point.

7. — Tu ne seras point adultère.

8. — Tu ne voleras point.

9. — Tu ne porteras point contre ton voisin un faux témoignage.

10. — Tu ne désireras point la maison de ton voisin, ni la femme de ton voisin ni son serviteur, ni sa servante, ni son bœuf, ni son âne, ni rien de ce qui est à ton voisin.

---

1. On donne le Décalogue mot à mot de l'hébreu, à cause de cette expression, *tes Dieux*, qu'aucune version n'a rendue. Voyez la note V, à la fin du volume.

2. Cette traduction est loin de donner une idée de la magnificence du texte. *Shamajim* est une sorte de cri d'admiration, comme la voix d'un peuple qui en regardant le firmament s'écrieroit : *Voyez ces eaux miraculeuses suspendues en voûtes sur nos têtes ! ces dômes de cristal et de diamant !* On ne peut rendre en françois, dans la traduction d'une loi, cette poésie qu'exprime un seul mot.

Voilà les lois que l'Éternel a gravées, non-seulement sur la pierre de Sinaï, mais encore dans le cœur de l'homme. On est frappé d'abord du caractère d'universalité qui distingue cette table divine des tables humaines qui la précèdent. C'est ici la loi de tous les peuples, de tous les climats, de tous les temps. Pythagore et Zoroastre s'adressent à des Grecs et à des Mèdes; Jéhovah parle à tous les hommes : on reconnoît ce père tout-puissant qui veille sur la création, et qui laisse également tomber de sa main le grain de blé qui nourrit l'insecte et le soleil qui l'éclaire.

Rien n'est ensuite plus admirable, dans leur simplicité pleine de justice, que ces lois morales des Hébreux. Les païens ont recommandé d'honorer les auteurs de nos jours : Solon décerne la mort au mauvais fils. Que fait Dieu? il promet la vie à la piété filiale. Ce commandement est pris à la source même de la nature. Dieu fait un précepte de l'amour filial; il n'en fait pas un de l'amour paternel; il savoit que le fils, en qui viennent se réunir les souvenirs et les espérances du père, ne seroit souvent que trop aimé de ce dernier : mais au fils il commande d'aimer, car il connoissoit l'inconstance et l'orgueil de la jeunesse.

A la force du sens interne se joignent dans le Décalogue, comme dans les autres œuvres du Tout-Puissant, la majesté et la grâce des formes. Le Brahmane exprime lentement les trois présences de Dieu; le nom de *Jéhovah* les énonce en un seul mot; ce sont les trois temps du verbe *être*, unis par une combinaison sublime : *havah*, il fut; *hovah*, étant, ou il est, et *je*, qui lorsqu'il se trouve placé devant les trois lettres radicales d'un verbe indique le futur, en hébreu, *il sera*.

Enfin, les législateurs antiques ont marqué dans leurs codes les époques des fêtes des nations; mais le jour du repos d'Israël est le jour même du repos de Dieu. L'Hébreu, et son héritier le Gentil, dans les heures de son obscur travail, n'a rien moins devant les yeux que la création successive de l'univers. La Grèce, pourtant si poétique, n'a jamais songé à rapporter les soins du laboureur ou de l'artisan à ces fameux instants où Dieu créa la lumière, traça la route au soleil, et anima le cœur de l'homme.

Lois de Dieu, que vous ressemblez peu à celles des hommes! Éternelles comme le principe dont vous êtes émanées, c'est en vain que les siècles s'écoulent : vous résistez aux siècles, à la persécution et à la corruption même des peuples. Cette législation religieuse, organisée au sein des législations politiques (et néanmoins indépendante de leurs destinées), est un grand prodige. Tandis que les formes des royaumes passent et se modifient, que le pouvoir roule de main en main au gré du sort, quelques chrétiens, restés fidèles au milieu des inconstances de la fortune, continuent d'adorer le même Dieu, de se soumettre aux mêmes lois, sans se croire dégagés de leurs liens par les révolutions, le malheur et l'exemple. Quelle religion dans l'antiquité n'a pas perdu son influence morale en perdant ses prêtres et ses sacrifices? Où sont les mystères de l'antre de Trophonius et les secrets de Cérès-Éleusine? Apollon n'est-il pas tombé avec Delphes, Baal avec Babylone, Sérapis avec Thèbes, Jupiter avec le Capitole? Le christianisme seul a souvent vu s'écrouler les édifices où se célébraient ses pompes sans être ébranlé de la chute. Jésus-Christ n'a pas toujours eu des temples, mais tout est temple au Dieu vivant, et la maison des morts, et la caverne de la montagne, et surtout le cœur du juste; Jésus-Christ n'a pas toujours eu des autels de porphyre, des chaires de cèdre et d'ivoire, et des heureux pour serviteurs; mais une pierre au désert suffit pour y célébrer ses mystères, un arbre pour y prêcher ses lois, et un lit d'épines pour y pratiquer ses vertus.

FIN DU LIVRE DEUXIÈME.

LIVRE TROISIÈME.

VÉRITÉS DES ÉCRITURES; CHUTE DE L'HOMME.

CHAPITRE PREMIER.

SUPÉRIORITÉ DE LA TRADITION DE MOÏSE SUR TOUTES LES AUTRES COSMOGONIES.

Il y a des vérités que personne ne conteste, quoiqu'on n'en puisse fournir des preuves immédiates : la rébellion et la chute de l'esprit d'orgueil, la création du monde, le bonheur primitif et le péché de l'homme, sont au nombre de ces vérités. Il est impossible de croire qu'un mensonge absurde devienne une tradition universelle. Ouvrez les livres du second Zoroastre, les dialogues de Platon et ceux de Lucien, les traités moraux de Plutarque, les fastes des Chinois, la Bible des Hébreux, les Edda des Scandinaves; transportez-vous chez les Nègres de l'Afrique [1], ou chez les savants prêtres de l'Inde : tous vous feront le récit des crimes du dieu du mal; tous vous peindront les temps trop courts du bonheur de l'homme et les longues calamités qui suivirent la perte de son innocence.

Voltaire avance quelque part que nous avons la plus mauvaise copie de toutes les TRADITIONS sur l'origine du monde et sur les éléments physiques et moraux qui le composent. Préfère-t-il donc la cosmogonie des Égyptiens, le grand œuf ailé des prêtres de Thèbes [2]? Voici ce que débite gravement le plus ancien des historiens après Moïse :

« Le principe de l'univers étoit un air sombre et tempétueux, un vent fait d'un air sombre et d'un turbulent chaos. Ce principe étoit sans bornes, et n'avoit eu pendant longtemps ni limite ni figure. Mais quand ce vent devint amoureux de ses propres principes, il en résulta une mixtion, et cette mixtion fut appelée désir ou amour.

« Cette mixtion, étant complète, devint le commencement de toutes choses; mais le vent ne connoissoit point son propre ouvrage, la

---

1. Voyez la note VI, à la fin du volume. 2. Herod., lib. II; Diod. Sic.

mixtion. Celle-ci engendra à son tour, avec le vent son père, *môt* ou le *limon*, et de celui-ci sortirent toutes les générations de l'univers[1]. »

Si nous passons aux philosophes grecs, Thalès, fondateur de la secte Ionique, reconnoissoit l'eau comme principe universel[2]. Platon prétendoit que la Divinité avoit arrangé le monde, mais qu'elle n'avoit pu le créer[3]. Dieu, dit-il, a formé l'univers d'après le modèle existant de toute éternité en lui-même[4]. Les objets visibles ne sont que les ombres des idées de Dieu, seules véritables substances[5]. Dieu fit en outre couler un souffle de sa vie dans les êtres. Il en composa un troisième principe, à la fois esprit et matière, et ce principe est appelé *l'âme du monde*[6].

Aristote raisonnoit comme Platon sur l'origine de l'univers; mais il imagina le beau système de la chaîne des êtres, et, remontant d'action en action, il prouva qu'il existe quelque part un premier mobile[7].

Zénon soutenoit que le monde s'arrangea par sa propre énergie; que la nature est ce tout qui comprend tout; que ce tout se compose de deux principes, l'un actif, l'autre passif, non existant séparés, mais unis ensemble; que ces deux principes sont soumis à un troisième, *la fatalité*; que Dieu, la matière, la fatalité, ne font qu'un; qu'ils composent à la fois les roues, le mouvement, les lois de la machine, et obéissent comme *parties* aux lois qu'ils dictent comme *tout*[8].

Selon la philosophie d'Épicure, l'univers existe de toute éternité. Il n'y a que deux choses dans la nature, le corps et le vide[9].

Les corps se composent de l'agrégation de parties de matières infiniment petites, les atomes, qui ont un mouvement interne, la gravité : leur révolution se feroit dans le plan vertical, si, par une loi particulière, ils ne décrivoient une ellipse dans le vide[10].

Épicure supposa ce mouvement de déclinaison, pour éviter le système des fatalistes, qui se reproduiroit par le mouvement perpendiculaire de l'atome. Mais l'hypothèse est absurde; car si la déclinaison

---

1. Sanch. ap. Euseb., *Præp. Evang.*, lib. I, cap. x.
2. Cic., *de Nat. Deor.*, lib. I, n° 25.
3. *Tim.*, p. 28; Diog. Laert., lib. III; Plut., *de Gen. Anim.*, p. 78.
4. Plat., *Tim.*, p. 29.   5. *Id.*, *Rep.*, lib. VII, p. 516.   6. *Id.*, *Tim.*, p. 34.
7. Arist., *de Gen. An.*, lib. II, c. III; *Met.*, lib. XI, c. v; *de Cœl.*, lib. XI, cap. III, etc.
8. Laert., l. v; Stob., *Eccl. Phys.*, c. XIV; Senec., *Consol.*, c. XXIX; Cic., *de Nat. Deor.*; Anton., lib. VII.
9. Lucret., lib. II; Laert., lib. x.   10. *Loc. cit.*

de l'atome est une loi, elle est de nécessité, et comment une cause obligée produira-t-elle un effet libre?

La terre, le ciel, les planètes, les étoiles, les plantes, les minéraux, les animaux, en y comprenant l'homme, naquirent du concours fortuit de ces atomes; et lorsque la vertu productive du globe se fut évaporée, les races vivantes se perpétuèrent par la génération [1].

Les membres des animaux, formés au hasard, n'avoient aucune destination particulière; l'oreille concave n'étoit point creusée pour entendre, l'œil convexe arrondi pour voir; mais ces organes se trouvant propres à ces différents usages, les animaux s'en servirent machinalement et de préférence à un autre sens [2].

Après l'exposition de ces cosmogonies philosophiques, il seroit inutile de parler de celles des poëtes. Qui ne connoît Deucalion et Pyrrha, l'âge d'or et l'âge de fer? Quant aux traditions répandues chez les autres peuples de la terre : dans l'Inde un éléphant soutient le globe; le soleil a tout fait au Pérou; au Canada *le grand lièvre* est le père du monde; au Groënland l'homme est sorti d'un coquillage [3]; enfin, la Scandinavie a vu naître Arkus et Emla; Odin leur donna l'âme, Hœnerus la raison, et Lœdur le sang et la beauté :

> Askum et Emlam, omni conatu destitutos,
> Animam nec possidebant, rationem nec habebant,
> Nec sanguinem, nec sermonem, nec faciem venustam :
> Animam dedit Odinus, rationem dedit Hœnerus;
> Lœdur sanguinem addidit et faciem venustam [4].

Dans ces diverses cosmogonies, on est placé entre des contes d'enfants et des abstractions de philosophes : si l'on étoit obligé de choisir, mieux vaudroit encore se décider pour les premiers.

Pour découvrir l'original d'un tableau au milieu d'une foule de copies, il faut chercher celui qui, dans son unité ou la perfection de ses parties, décèle le génie du maître. C'est ce que nous trouvons dans la Genèse, original de ces peintures reproduites dans les traditions des peuples. Quoi de plus naturel, et cependant de plus magnifique, quoi de plus facile à concevoir et de plus d'accord avec la raison de l'homme, que le Créateur descendant dans la nuit antique pour faire la lumière avec une parole? Le soleil à l'instant se suspend dans les cieux, au

---

1. Lucret., lib. x-v; Cic., *de Nat. Deor.*, lib. i, cap. viii-ix.
2. Lucret., lib. iv-v.
3. *Vid.* Hesiod.; Ovid.; *Hist. of Hindost.*; Herrera, *Hist. de las Ind.*; Charlevoix, *Hist. de la Nouv.-France*; P. Lafit., *Mœurs des Indiens; Travel in Greenland by a Mission.*   4. Barthol., *Ant. Dan.*

centre d'une immense voûte d'azur; de ses invisibles réseaux il enveloppe les planètes, et les retient autour de lui comme sa proie; les mers et les forêts commencent leurs balancements sur le globe, et leurs premières voix s'élèvent pour annoncer à l'univers ce mariage de qui Dieu sera le prêtre, la terre le lit nuptial, et le genre humain la postérité [1].

CHAPITRE II.

CHUTE DE L'HOMME. LE SERPENT. UN MOT HÉBREU.

On est saisi d'admiration à cette autre vérité marquée dans les Écritures : *L'homme mourant pour s'être empoisonné avec le fruit de vie*; l'homme perdu pour avoir goûté au fruit de science, pour avoir su trop connoître le bien et le mal, pour avoir cessé d'être semblable à l'enfant de l'Évangile. Qu'on suppose toute autre défense de Dieu, relative à un penchant quelconque de l'âme : que deviennent la sagesse et la profondeur de l'ordre du Très-Haut? Ce n'est plus qu'un caprice indigne de la Divinité, et aucune moralité ne résulte de la désobéissance d'Adam. Toute l'histoire du monde, au contraire, découle de la loi imposée à notre premier père. Dieu a mis la science à sa portée : il ne pouvoit la lui refuser, puisque l'homme étoit né intelligent et libre; mais il lui prédit que s'il veut trop savoir, *la connoissance des choses* sera sa mort et celle de sa postérité. Le secret de l'existence politique et morale des peuples, les mystères les plus profonds du cœur humain, sont renfermés dans la tradition de cet arbre admirable et funeste.

Or, voici une suite très-merveilleuse à cette défense de la sagesse. L'homme tombe, et c'est le démon de l'orgueil qui cause sa chute. L'orgueil emprunte la voix de l'amour pour le séduire, et c'est pour une femme qu'Adam cherche à s'égaler à Dieu : profond développement des deux premières passions du cœur, la vanité et l'amour.

Bossuet, dans ses *Élévations à Dieu*, où l'on retrouve souvent l'auteur des *Oraisons funèbres*, dit, en parlant du mystère du serpent, que

---

1. Les Mémoires de la Société de Calcutta confirment les vérités de la Genèse. Ils nous montrent la mythologie partagée en trois branches, dont l'une s'étendoit aux Indes, l'autre en Grèce et la troisième chez les sauvages de l'Amérique septentrionale; enfin, cette mythologie venant se rattacher à une plus ancienne tradition, qui est celle même de Moïse. Les voyageurs modernes aux Indes trouvent partout des traces des faits rapportés dans l'Écriture; après en avoir longtemps contesté l'authenticité, on est obligé de la reconnoître.

« les anges conversoient avec l'homme, en telle forme que Dieu permettoit, et sous la figure des animaux. Ève donc ne fut point surprise d'entendre parler le serpent, comme elle ne le fut pas de voir Dieu même paroître sous une forme sensible ». Bossuet ajoute : « Pourquoi Dieu détermina-t-il l'ange superbe à paroître sous cette forme plutôt que sous une autre ? Quoiqu'il ne soit pas nécessaire de le savoir, l'Écriture nous l'insinue, en disant que le serpent étoit le plus fin de tous les animaux, c'est-à-dire celui qui représentoit mieux le démon dans sa malice, dans ses embûches, et ensuite dans son supplice. »

Notre siècle rejette avec hauteur tout ce qui tient de la merveille ; mais le serpent a souvent été l'objet de nos observations, et, si nous osons le dire, nous avons cru reconnoître en lui cet esprit pernicieux et cette subtilité que lui attribue l'Écriture. Tout est mystérieux, caché, étonnant, dans cet incompréhensible reptile. Ses mouvements diffèrent de ceux de tous les autres animaux ; on ne sauroit dire où gît le principe de son déplacement, car il n'a ni nageoires, ni pieds, ni ailes, et cependant il fuit comme une ombre, il s'évanouit magiquement, il reparoît, et disparoît ensuite, semblable à une petite fumée d'azur et aux éclairs d'un glaive dans les ténèbres. Tantôt il se forme en cercle, et darde une langue de feu ; tantôt, debout sur l'extrémité de sa queue, il marche dans une attitude perpendiculaire, comme par enchantement. Il se jette en orbe, monte et s'abaisse en spirale, roule ses anneaux comme une onde, circule sur les branches des arbres, glisse sous l'herbe des prairies, ou sur la surface des eaux. Ses couleurs sont aussi peu déterminées que sa marche : elles changent aux divers aspects de la lumière, et, commes ses mouvements, elles ont le faux brillant et les variétés trompeuses de la séduction.

Plus étonnant encore dans le reste de ses mœurs, il sait, ainsi qu'un homme souillé de meurtre, jeter à l'écart sa robe tachée de sang, dans la crainte d'être reconnu. Par une étrange faculté, il peut faire rentrer dans son sein les petits monstres que l'amour en a fait sortir. Il sommeille des mois entiers, fréquente des tombeaux, habite des lieux inconnus, compose des poisons qui glacent, brûlent ou tachent le corps de sa victime des couleurs dont il est lui-même marqué. Là il lève deux têtes menaçantes, ici il fait entendre une sonnette ; il siffle comme un aigle de montagne ; il mugit comme un taureau. Il s'associe naturellement aux idées morales ou religieuses, comme par une suite de l'influence qu'il eut sur nos destinées : objet d'horreur ou d'admiration, les hommes ont pour lui une haine implacable, ou tombent devant son génie ; le mensonge l'appelle, la prudence le réclame, l'envie le porte dans son cœur, et l'éloquence à son caducée. Aux enfers, il arme les fouets des furies; au ciel, l'éternité en fait son symbole. Il possède encore l'art de séduire l'innocence; ses regards enchantent les oiseaux dans les airs; et sous la fougère de la crèche, la brebis lui abandonne son lait. Mais il se laisse lui-même charmer par de doux sons, et pour le dompter le berger n'a besoin que de sa flûte.

Au mois de juillet 1791, nous voyagions dans le Haut-Canada, avec quelques familles sauvages de la nation des Onontagués. Un jour que nous étions arrêtés dans une grande plaine, au bord de la rivière Génésie, un serpent à sonnette entra dans notre camp. Il y avoit parmi nous un Canadien qui jouoit de la flûte; il voulut nous divertir, et s'avança contre le serpent avec son arme d'une nouvelle espèce. A l'approche de son ennemi, le reptile se forme en spirale, aplatit sa tête, enfle ses joues, contracte ses lèvres, découvre ses dents empoisonnées et sa gueule sanglante; il brandit sa double langue comme deux flammes; ses yeux sont deux charbons ardents; son corps gonflé de rage s'abaisse et s'élève comme les soufflets d'une forge; sa peau dilatée devient terne et écailleuse, et sa queue, dont il sort un bruit sinistre, oscille avec tant de rapidité, qu'elle ressemble à une légère vapeur.

Alors le Canadien commence à jouer sur sa flûte; le serpent fait un mouvement de surprise, et retire la tête en arrière. A mesure qu'il est frappé de l'effet magique, ses yeux perdent leur âpreté, les vibrations de sa queue se ralentissent, et le bruit qu'elle fait entendre s'affoiblit et meurt peu à peu. Moins perpendiculaires sur leur ligne spirale, les orbes du serpent charmé s'élargissent, et viennent tour à tour se poser sur la terre, en cercles concentriques. Les nuances d'azur, de vert, de blanc et d'or, reprennent leur éclat sur sa peau frémissante, et, tournant légèrement la tête, il demeure immobile, dans l'attitude de l'attention et du plaisir.

Dans ce moment le Canadien marche quelques pas, en tirant de sa flûte des sons doux et monotones; le reptile baisse son cou nuancé, entr'ouvre avec sa tête les herbes fines, et se met à ramper sur les traces du musicien qui l'entraîne, s'arrêtant lorsqu'il s'arrête, et recommençant à le suivre quand il commence à s'éloigner. Il fut ainsi conduit hors de notre camp, au milieu d'une foule de spectateurs, tant sauvages qu'européens, qui en croyoient à peine leurs yeux : à cette merveille de la mélodie, il n'y eut qu'une seule voix dans l'assemblée pour qu'on laissât le merveilleux serpent s'échapper.

A cette sorte d'éducation, tirée des mœurs du serpent, en faveur des vérités de l'Écriture, nous en ajouterions une autre, empruntée d'un mot hébreu. N'est-il pas fort extraordinaire, et en même temps bien philosophique, que le nom générique de l'homme, en hébreu, signifie la *fièvre* ou la *douleur?* Enosh, *homme*, vient, par sa racine, du verbe *anash, être dangereusement malade*. Dieu n'avoit point donné ce nom à notre premier père; il l'appeloit simplement Adam, *terre rouge* ou *limon*. Ce ne fut qu'après le péché que la postérité d'Adam prit ce nom d'*enosh* ou d'*homme*, qui convenoit si parfaitement à ses misères, et qui rappeloit d'une manière bien éloquente et la faute et le châtiment. Peut-être, dans un mouvement d'angoisse, Adam, témoin des labeurs de son épouse, et recevant dans ses bras Caïn, son premier-né, l'éleva vers le ciel, en s'écriant : Enosh! ô *douleur!* Triste exclamation, par laquelle on aura dans la suite désigné la race humaine.

CHAPITRE III.

CONSTITUTION PRIMITIVE DE L'HOMME. NOUVELLE PREUVE DU PÉCHÉ ORIGINEL.

Nous avons rappelé, au sujet du Baptême et de la Rédemption, quelques preuves morales du péché originel. Il ne faut pas glisser trop légèrement sur une matière aussi importante. « Le nœud de notre condition, dit Pascal, prend ses retours et ses replis dans cet abîme, de sorte que l'homme est plus inconcevable sans ce mystère que ce mystère n'est inconcevable à l'homme[1]. »

Il nous semble qu'on peut tirer de l'ordre de l'univers une preuve nouvelle de notre dégénération primitive.

Si l'on jette un regard sur le monde, on remarquera que, par une loi générale et en même temps particulière, les parties intégrantes, les mouvements intérieurs ou extérieurs, et les qualités des êtres, sont en un rapport parfait. Ainsi, les corps célestes accomplissent leurs révolutions dans une admirable unité, et chaque corps, sans se contrarier soi-même, décrit en particulier la courbe qui lui est propre. Un seul globe nous donne la lumière et la chaleur : ces deux accidents ne sont point répartis entre deux sphères : le soleil les confond dans son orbe, comme Dieu, dont il est l'image, unit au principe qui féconde le principe qui éclaire.

Dans les animaux, même loi : leurs *idées*, si on peut les appeler

---

1. *Pensées de* Pascal, c. III, pens. 8.

ainsi, sont toujours d'accord avec leurs *sentiments*, leur *raison* avec leurs *passions*. C'est pourquoi il n'y a chez eux ni accroissement ni diminution d'intelligence. Il sera aisé de suivre cette règle des accords dans les plantes et dans les minéraux.

Par quelle incompréhensible destinée l'homme seul est-il excepté de cette loi, si nécessaire à l'ordre, à la conservation, à la paix, au bonheur des êtres? Autant l'harmonie des qualités et des mouvements est visible dans le reste de la nature, autant leur désunion est frappante dans l'homme. Un choc perpétuel existe entre son entendement et son désir, entre sa raison et son cœur. Quand il atteint au plus haut degré de civilisation, il est au dernier échelon de la morale : s'il est libre, il est grossier; s'il polit ses mœurs, il se forge des chaînes. Brille-t-il par les sciences, son imagination s'éteint; devient-il poëte, il perd sa pensée : son cœur profite aux dépens de sa tête, et sa tête aux dépens de son cœur. Il s'appauvrit en idées à mesure qu'il s'enrichit en sentiments; il se resserre en sentiments à mesure qu'il s'étend en idées. La force le rend sec et dur; la faiblesse lui amène les grâces. Toujours une vertu lui conduit un vice, et toujours, en se retirant, un vice lui dérobe une vertu. Les nations considérées dans leur ensemble présentent les mêmes vicissitudes : elles perdent et recouvrent tour à tour la lumière. On diroit que le génie de l'homme, un flambeau à la main, vole incessamment autour de ce globe, au milieu de la nuit qui nous couvre; il se montre aux quatre parties de la terre, comme cet astre nocturne qui, croissant et décroissant sans cesse, diminue à chaque pas pour un peuple la clarté qu'il augmente pour un autre.

Il est donc raisonnable de soupçonner que l'homme, dans sa constitution primitive, ressembloit au reste de la création, et que cette constitution se formoit du parfait accord du sentiment et de la pensée, de l'imagination et de l'entendement. On en sera peut-être convaincu si l'on observe que cette réunion est encore nécessaire aujourd'hui pour goûter une ombre de cette félicité que nous avons perdue. Ainsi, par la seule chaîne du raisonnement et les probabilités de l'analogie, le péché originel est retrouvé, puisque l'homme tel que nous le voyons n'est vraisemblablement pas l'homme primitif. Il contredit la nature : déréglé quand tout est réglé, double quand tout est simple, mystérieux, changeant, inexplicable, il est visiblement dans l'état d'une chose qu'un accident a bouleversée : c'est un palais écroulé et rebâti avec ses ruines : on y voit des parties sublimes et des parties hideuses, de magnifiques péristyles qui n'aboutissent à rien, de hauts portiques et des voûtes abaissées, de fortes lumières et de profondes ténèbres :

en un mot, la confusion, le désordre de toutes parts, surtout au sanctuaire.

Or, si la constitution primitive de l'homme consistoit dans les accords, ainsi qu'ils sont établis dans les autres êtres, pour détruire un état dont la nature est l'harmonie, il suffit d'en altérer les contrepoids. La partie aimante et la partie pensante formoient en nous cette balance précieuse. Adam étoit à la fois le plus éclairé et le meilleur des hommes, le plus puissant en pensée et le plus puissant en amour. Mais tout ce qui est créé a nécessairement une marche progressive. Au lieu d'attendre de la révolution des siècles des *connoissances* nouvelles, qu'il n'auroit reçues qu'avec des *sentiments* nouveaux, Adam voulut tout connoître à la fois. Et remarquez une chose importante : l'homme pouvoit détruire l'harmonie de son être de deux manières, ou en voulant trop *aimer*, ou en voulant trop *savoir*. Il pécha seulement par la seconde : c'est qu'en effet nous avons beaucoup plus l'orgueil des sciences que l'orgueil de l'amour : celui-ci auroit été plus digne de pitié que de châtiment ; et si Adam s'étoit rendu coupable pour avoir voulu trop *sentir* plutôt que de trop *concevoir*, l'homme peut-être eût pu se racheter lui-même, et le Fils de l'Éternel n'eût point été obligé de s'immoler. Mais il en fut autrement : Adam chercha à comprendre l'univers, non avec le sentiment, mais avec la pensée ; et touchant à l'arbre de science, il admit dans son entendement un rayon trop fort de lumière. A l'instant l'équilibre se rompt, la confusion s'empare de l'homme. Au lieu de la clarté qu'il s'étoit promise, d'épaisses ténèbres couvrent sa vue : son péché s'étend comme un voile entre lui et l'univers. Toute son âme se trouble et se soulève ; les passions combattent le jugement, le jugement cherche à anéantir les passions ; et dans cette tempête effrayante, l'écueil de la mort vit avec joie le premier naufrage.

Tel fut l'incident qui changea l'harmonieuse et immortelle constitution de l'homme. Depuis ce jour les éléments de son être sont restés épars, et n'ont pu se réunir. L'habitude, nous dirions presque l'amour du tombeau, que la matière a contractée, détruit tout projet de réhabilitation dans ce monde, parce que nos années ne sont pas assez longues pour que nos efforts vers la perfection première puissent jamais nous y faire remonter [1].

---

[1] Et c'est en ceci que le système de *perfectibilité* est tout à fait défectueux. On ne s'aperçoit pas que si l'esprit gagnoit toujours en lumières et le cœur en sentiments ou en vertus morales, l'homme, dans un temps donné, se retrouvant au point d'où il est parti, seroit de nécessité immortel : car, tout principe de *division* venant à manquer en lui, tout principe de *mort* cesseroit. Il faut attribuer la longévité des

Mais comment le monde auroit-il pu contenir toutes les races, si elles n'avoient point été sujettes à la mort? Ceci n'est plus qu'une affaire d'imagination; c'est demander à Dieu compte de ses moyens, qui sont infinis. Qui sait si les hommes eussent été aussi multipliés qu'ils le sont de nos jours? Qui sait si la plus grande partie des générations ne fût point demeurée vierge [1], ou si ces millions d'astres qui roulent sur nos têtes ne nous étoient point réservés comme des retraites délicieuses où nous eussions été transportés par les anges? On pourroit même aller plus loin : il est impossible de calculer à quelle hauteur d'arts et de sciences l'homme parfait et toujours vivant sur la terre eût pu atteindre. S'il s'est rendu maître de bonne heure de trois éléments; si, malgré les plus grandes difficultés, il dispute aujourd'hui l'empire des airs aux oiseaux, que n'eût-il point tenté dans sa carrière immortelle? La nature de l'air, qui forme aujourd'hui un obstacle invincible au changement de planète, étoit peut-être différente avant le déluge. Quoi qu'il en soit, il n'est pas indigne de la puissance de Dieu et de la grandeur de l'homme de supposer que la race d'Adam fut destinée à parcourir les espaces et à animer tous ces soleils qui, privés de leurs habitants par le péché, ne sont restés que d'éclatantes solitudes.

patriarches et le don de prophétie chez les Hébreux à un rétablissement plus ou moins grand des équilibres de la nature humaine. Ainsi les matérialistes qui soutiennent le système de *perfectibilité* ne s'entendent pas eux-mêmes, puisqu'en effet cette doctrine, loin d'être celle du *matérialisme,* ramène aux idées les plus mystiques de la *spiritualité*.

1. C'est l'opinion de saint Chrysostome. Il prétend que Dieu eût trouvé des moyens de génération qui nous sont inconnus. Il y a, dit-il, devant le trône de Dieu une multitude d'anges qui ne sont point nés par la voie des hommes. *De Virginit.*, lib. II.

FIN DU LIVRE TROISIÈME.

LIVRE QUATRIÈME.

SUITE DES VÉRITÉS DE L'ÉCRITURE. OBJECTIONS CONTRE LE SYSTÈME DE MOISE.

CHAPITRE PREMIER.

CHRONOLOGIE.

Depuis que quelques savants ont avancé que le monde portoit dans l'histoire de l'homme, ou dans celle de la nature, des marques d'une trop grande antiquité pour avoir l'origine moderne que lui donne la Bible, on s'est mis à citer Sanchoniathon, Porphyre, les livres sanscrits, etc. Ceux qui font valoir ces autorités les ont-ils toujours consultées dans leurs sources ?

D'abord, il est un peu téméraire de vouloir nous persuader qu'Origène, Eusèbe, Bossuet, Pascal, Fénelon, Bacon, Newton, Leibnitz, Huet, et tant d'autres, étoient ou des ignorants, ou des simples, ou des pervers parlant contre leur conviction intime. Cependant, ils ont cru à la vérité de l'histoire de Moïse, et l'on ne peut disconvenir que ces hommes n'eussent une doctrine auprès de laquelle notre érudition est bien peu de chose.

Mais, pour commencer par la chronologie, les savants modernes ont donc dévoré, en se jouant, les insurmontables difficultés qui ont fait pâlir Scaliger, Peteau, Usher, Grotius. Ils riroient de notre ignorance si nous leur demandions quand ont commencé les olympiades ; comment elles s'accordent avec les manières de compter par archontes, par éphores, par édiles, par consuls, par règnes, jeux pythiques, néméens, séculaires ; comment se réunissent tous les calendriers des nations ; de quelle manière il faut opérer pour faire tomber l'ancienne année de Romulus, de dix mois, et de 354 jours, avec l'année de Numa, de 355 jours, et celle de Jules César, de 365 ; par quel moyen on évitera les erreurs, en rapportant ces mêmes années à la commune année attique de 354 jours, et à l'année embolismique de 384 jours ?

Et pourtant ce ne sont pas là les seules perplexités touchant les années. L'ancienne année juive n'avoit que 354 jours ; on ajoutoit quelquefois douze jours à la fin de l'an, et quelquefois un mois de trente jours après le mois Adar, afin d'avoir l'année solaire. L'année juive moderne compte douze mois, et prend sept années de treize mois en dix-neuf ans. L'année syriaque varie également, et se forme de 365 jours. L'année turque ou arabe reconnoît 354 jours, et reçoit onze mois intercalaires en vingt-neuf ans. L'année égyptienne se divise en douze mois de trente jours, et ajoute cinq jours au dernier ; l'année persane, nommée yezdegerdic, lui ressemble [1].

Outre ces mille manières de mesurer les temps, toutes ces années n'ont ni les mêmes commencements, ni les mêmes heures, ni les mêmes jours, ni les mêmes divisions. L'année civile des Juifs (ainsi que toutes celles des Orientaux) s'ouvre à la nouvelle lune de septembre, et leur année ecclésiastique à la nouvelle lune de mars. Les Grecs comptent le premier mois de leur année de la nouvelle lune qui suit le solstice d'été. C'est à notre mois de juin que correspond le premier mois de l'année des Perses, et la Chine et l'Inde partent de la première lune de mars. Nous voyons ensuite des mois astronomiques et civils qui se subdivisent en lunaires et solaires, en synodiques et périodiques ; nous voyons des sections de mois en kalendes, ides, décades, semaines ; nous voyons des jours de deux espèces, artificiels et naturels, et qui commencent, ceux-ci au soleil levant, comme chez les anciens Babyloniens, Syriens, Perses ; ceux-là au soleil couchant, ainsi qu'en Chine, dans l'Italie moderne, et comme autrefois chez les Athéniens, les Juifs et les barbares du Nord. Les Arabes commencent leur jour à midi, et la France actuelle à minuit, de même que l'Angleterre, l'Allemagne, l'Espagne et le Portugal. Enfin, il n'y a pas jusqu'aux heures qui ne soient embarrassantes en chronologie, en se distinguant en babyloniennes, italiennes et astronomiques ; et si l'on vouloit insister davantage, nous ne verrions plus soixante minutes dans une heure européenne, mais mille quatre-vingts scrupules dans l'heure chaldéenne et arabe.

On a dit que la chronologie est le flambeau de l'histoire [2] : plût à Dieu que nous n'eussions que celui-là pour nous éclairer sur les crimes des hommes ! Que seroit-ce si, pour surcroît de perplexité, nous allions

---

1. La seconde année persane, appelée gélaléan, et qui commença l'an du monde 1089, est la plus exacte des années civiles, en ce qu'elle ramène les solstices et les équinoxes précisément aux mêmes jours. Elle se compose au moyen d'une intercalation répétée six ou sept fois dans quatre, et ensuite une fois dans cinq ans.

2. Voyez la note VII, à la fin du volume.

nous engager dans les périodes, les ères ou les époques? La période victorienne, qui parcourt cinq cent trente-deux années, est formée de la multiplication des cycles du soleil et de la lune. Les mêmes cycles, multipliés par celui d'indication, produisent les sept mille neuf cent quatre-vingts années de la période julienne. La période de Constantinople, à son tour, renferme un égal nombre d'années à celui de la période julienne, mais ne commence pas à la même époque. Quant aux ères, ici on compte par l'année de la création [1], là par olympiade [2], par la fondation de Rome [3], par la naissance de Jésus-Christ, par l'époque d'Eusèbe, par celle des Séleucides [4], celle de Nabonassar [5], celle des martyrs [6]. Les Turcs ont leur hégire [7], les Persans leur yezdegerdic [8]. On compte encore par les ères julienne, grégorienne, ibérienne [9] et actienne [10]. Nous ne parlerons point des marbres d'Arundel, des médailles et des monuments de toutes les sortes, qui introduisent de nouveaux désordres dans la chronologie. Est-il un homme de bonne foi qui, en jetant seulement un coup d'œil sur ces pages, ne convienne que tant de manières indécises de calculer les temps suffisent pour faire de l'histoire un épouvantable chaos? Les annales des Juifs, de l'aveu même des savants, sont les seules dont la chronologie soit simple, régulière et lumineuse. Pourquoi donc aller, par un zèle ardent d'impiété, se consumer l'esprit sur des chicanes de temps, aussi arides qu'indéchiffrables, lorsque nous avons le fil le plus certain pour nous guider dans l'histoire? Nouvelle évidence en faveur des Écritures.

CHAPITRE II.

LOGOGRAPHIE ET FAITS HISTORIQUES.

Après les objections chronologiques contre la Bible viennent celles qu'on prétend tirer des faits mêmes de l'histoire. On rapporte la tradition des prêtres de Thèbes qui donnoit dix-huit mille ans au royaume

---

1. Cette époque se subdivise en grecque, juive, alexandrine, etc.
2. Les historiens grecs. 3. Les historiens latins.
4. L'historien Josèphe. 5. Ptolémée et quelques autres.
6. Les premiers chrétiens jusqu'en 532, A. D., et de nos jours par les chrétiens d'Abyssinie et d'Égypte. 7. Les Orientaux ne la placent pas comme nous.
8. Nom d'un roi de Perse tué dans une bataille contre les Sarrasins, l'an de notre ère 632.
9. Suivie dans les conciles et sur les vieux monuments de l'Espagne.
10. Qui tire son nom de la bataille d'Actium, et dont se sont servis Ptolémée, Josèphe, Eusèbe et Censorinus.

d'Égypte, et l'on cite la liste des dynasties de ces rois, qui existe encore.

Plutarque, qu'on ne soupçonnera pas de *christianisme*, se chargea d'une partie de la réponse. « Encore, dit-il en parlant des Égyptiens, que leur année ait été de quatre mois, selon quelques auteurs, elle n'était d'abord composée que d'un seul, et ne contenoit que le cours d'une seule lune. Et ainsi, faisant d'un seul mois une année, cela est cause que le temps qui s'est écoulé depuis leur origine paroît extrêmement long, et que, bien qu'ils habitent nouvellement leur pays, ils passent pour les plus anciens des peuples [1]. » Nous savons d'ailleurs, par Hérodote [2], Diodore de Sicile [3], Justin [4], Jablonsky [5], Strabon [6], que les Égyptiens mettent leur orgueil à égarer leur origine dans les temps, et, pour ainsi dire, à cacher leur berceau sous les siècles.

Le nombre de leurs règnes ne peut guère embarrasser. On sait que les dynasties égyptiennes sont composées de rois contemporains; d'ailleurs, le même mot, dans les langues orientales, se lit de cinq à six manières différentes, et notre ignorance a souvent fait de la même personne cinq ou six personnages divers [7]. Et c'est aussi ce qui est arrivé par rapport aux traductions d'un seul nom. L'*Athoth* des Égyptiens est traduit, dans Érosthène, par Ἑρμογενής, ce qui signifie en grec le *lettré*, comme *Athoth* l'exprime en Égyptien : on n'a pas manqué de faire deux rois d'*Athoth* et d'*Hermès* ou *Hermogène*. Mais l'Athoth de Manethon se multiplie encore ; il devient *Thoth* dans Platon, et le texte de Sanchoniathon prouve en effet que c'est le nom primitif. La lettre *A* est une de ces lettres qu'on retranche et qu'on ajoute à volonté dans les langues orientales : ainsi l'historien Josèphe traduit par *Apachnas* le nom du même homme qu'Africanus appelle *Pachnas*. Voici donc *Thoth*, *Athoth*, *Hermès*, ou *Hermogène*, ou *Mercure*, cinq hommes fameux qui vont composer entre eux près de deux siècles ; et cependant ces cinq rois n'étoient qu'un *seul* Égyptien, qui n'a peut-être pas vécu soixante ans [8].

Après tout, qu'est-il besoin de s'appesantir sur des disputes logo-

---

1. PLUT., *in Num.*, 30. 2. HEROD., lib. II. 3. DIOD., lib. I.
4. JUST., lib. I. 5. JABLONSK., *Panth. Égypt.*, lib. II.
6. STRAB., lib. XVII.
7. Pour citer un exemple entre mille, le monogramme de *Fo-hi*, divinité des Chinois, est exactement le même que celui de *Menès*, divinité de l'Égypte ; et il est assez prouvé d'ailleurs que les caractères orientaux ne sont que des signes généraux d'idées, que chacun traduit dans sa langue, comme le chiffre arabe parmi nous. Ainsi, par exemple, l'Italien prononce *duodecimo*, le même nombre que l'Anglois exprime par le mot *twelve*, et que le François rend par celui de *douze*.
8. Des personnes, qui pouvoient d'ailleurs être fort instruites, ont accusé les Juifs

graphiques, lorsqu'il suffit d'ouvrir l'histoire pour se convaincre de l'origine moderne des hommes? On a beau former des complots avec des siècles *inventés,* dont le temps n'est point le père; on a beau multiplier et *supposer* la mort pour en emprunter les ombres, tout cela n'empêche pas que le genre humain ne soit que d'hier. Les noms des inventeurs des arts nous sont aussi familiers que ceux d'un frère ou d'un aïeul. C'est *Hypsuranius* qui bâtit ces huttes de roseaux où logea la primitive innocence; *Usoüs* couvrit sa nudité de peaux de bêtes, et affronta la mer sur un tronc d'arbre [1]. Tubalcaïn mit le fer dans la main des hommes [2]; Noé ou Bacchus planta la vigne, Caïn ou Triptolème courba la charrue, Agrotès [3] où Cérès recueillit la première moisson. L'histoire, la médecine, la géométrie, les beaux-arts, les lois, ne sont pas plus anciennement au monde, et nous les devons à

d'avoir corrompu les noms historiques. Comment ne savent-elles pas que ce sont les Grecs, au contraire, qui ont défiguré tous les noms d'hommes et de lieux, et en particulier ceux d'Orient *? Les Grecs, à cet égard comme à beaucoup d'autres, ressembloient fort aux François. Croit-on que si *Livius* revenoit au monde il se reconnût sous le nom de *Tite Live?* Il y a plus : *Tyr* porte encore aujourd'hui parmi les Orientaux le nom d'*Asur,* de *Sour* ou de *Sur.* Les Athéniens eux-mêmes devoient prononcer *Tur* ou *Tour,* puisque cette lettre qu'il nous plaît d'appeler *y* grec et de faire siffler comme un *i,* n'est autre que l'*upsilon* ou l'*u parvum* des Grecs.

Il n'est pas plus difficile de retrouver *Darius* dans *Assuerus.* L'A initial n'est d'abord, comme nous l'avons dit, qu'une de ces lettres mobiles, tantôt souscrites, tantôt supprimées. Reste donc *Suerus.* Or, le *delta* ou le D majuscule des Grecs se rapproche du *sameck* ou de l'S majuscule des Hébreux. Le premier est un triangle, et le second un parallélogramme obtusangle, souvent même un parallélogramme curviligne. Le *delta* dans les vieux manuscrits, sur les médailles et sur les monuments, n'est presque jamais fermé dans ses angles. L'S hébraïque s'est donc transformée en D chez les Grecs, changement de lettre si commun dans toute l'antiquité.

Si vous joignez à ces erreurs de figures les erreurs de prononciation, vous aurez une grande probabilité de plus. Supposons qu'un François, entendant le mot *through* (*à travers*) dans la bouche d'un Anglois, voulût le prononcer et l'écrire sans connoître la puissance et la forme de *th,* il écriroit nécessairement ou *zrou,* ou *dsrou,* ou simplement *trou.* Il en est ainsi du *sameck* ou de l'S en hébreu. Le son de cette lettre, en suivant les points massorétiques, est mixte et participe fortement du D. Les Grecs, qui avoient le *th* comme les Anglois, mais non pas l'S comme les Israélites, ont dû prononcer et écrire *Duerus* au lieu de *Suerus.* De *Duerus* à *Darius* la conversion est facile; car on sait que les voyelles sont à peu près nulles en étymologie, puisqu'il est vrai que chaque peuple en varie les sons à l'infini. Lorsqu'on veut être plaisant aux dépens de la religion, de la morale universelle, du repos des nations et du bonheur général des hommes, avant de se livrer à une gaieté si funeste il faudroit au moins être bien sûr de ne pas tomber soi-même dans de grandes ignorances.

1. Sanch. ap. Eus., *Præparat. Evang.*, lib. I, cap. x.
2. *Gen.*, cap IV, v. 22.   3. Sanch., *loc. cit.*

* *Vid.* Boch., Geog., Sac., Cumb. ou Sanch.; Saur., *sur al Bible*; Danet, Bayle, etc., etc.

Hérodote, Hippocrate, Thalès, Homère, Dédale, Minos. Quant à l'origine des rois et des villes, l'histoire nous en a été conservée par Moïse, Platon, Justin et quelques autres, et nous savons quand et pourquoi les diverses formes de gouvernement se sont établies chez les peuples [1].

Que si pourtant on est étonné de trouver tant de grandeur et de magnificence dans les premières cités de l'Asie, cette difficulté cède sans peine à une observation tirée du génie des Orientaux. Dans tous les âges, ces peuples ont bâti des villes immenses, sans qu'on en puisse rien conclure en faveur de leur civilisation, et conséquemment de leur antiquité. L'Arabe, échappé des sables brûlants où il s'estimoit heureux d'enfermer une ou deux toises d'ombre sous une tente de peaux de brebis, cet Arabe a élevé, presque sous nos yeux, des cités gigantesques, vastes métropoles où ce citoyen des déserts semble avoir voulu enclore la solitude. Les Chinois, si peu avancés dans les arts, ont aussi les plus grandes villes du globe, avec des jardins, des murailles, des palais, des lacs, des canaux artificiels, comme ceux de l'ancienne Babylone [2]. Nous-mêmes, enfin, ne sommes-nous pas un exemple frappant de la rapidité avec laquelle les peuples se civilisent? Il n'y a guère plus de douze siècles que nos ancêtres étoient aussi barbares que les Hottentots, et nous surpassons aujourd'hui la Grèce dans les raffinements du goût, du luxe et des arts.

La logique générale des langues ne peut fournir aucune raison valide en faveur de l'ancienneté des hommes. Les idiomes du primitif Orient, loin d'annoncer des peuples vieillis en société, décèlent au contraire des hommes fort près de la nature. Le mécanisme en est d'une extrême simplicité : l'hyperbole, l'image, les figures poétiques, s'y reproduisent sans cesse, tandis qu'on y trouve à peine quelques mots pour la métaphysique des idées. Il seroit impossible d'énoncer clairement en hébreu la théologie des dogmes chrétiens [3]. Ce n'est que chez les Grecs et chez les Arabes modernes qu'on rencontre les termes composés propres au développement des abstractions de la pensée. Tout le monde sait qu'Aristote est le premier philosophe qui ait inventé des catégories, où les idées viennent se ranger de force, quelle que soit leur classe ou leur nature [4].

---

1. *Vid.* Moys., *Pent.;* Plat., *de Leg. et Tim.;* Just., lib. II; Herod.; Plut., *in Thes.*, *Num.*, *Lycurg.*, *Solon*, etc., etc.

2. *Vid.* le P. du Hald, *Hist. de la Ch.; Lettres édif.;* lord Mac., *Amb. to Ch.*, etc.

3. On s'en peut assurer en lisant les Pères qui ont écrit en syriaque, tels que saint Éphrem, diacre d'Édesse.

4. Si les langues demandent tant de temps pour leur entière confection, pour-

Enfin, l'on prétend qu'avant que les Égyptiens eussent bâti ces temples dont il nous reste de si belles ruines, les peuples pasteurs gardoient déjà leurs troupeaux sur d'autres ruines laissées par une nation inconnue : ce qui supposeroit une très-grande antiquité.

Pour décider cette question il faudroit savoir au juste qui étoient et d'où venoient les peuples pasteurs. M. Bruce, qui voyoit tout en Éthiopie, les fait sortir de ce pays. Et cependant les Éthiopiens, loin de pouvoir répandre au loin des colonies, étoient eux-mêmes à cette époque un peuple nouvellement établi. *Æthiopes,* dit Eusèbe, *ab Indo flumine consurgentes, juxta Ægyptum consederunt.* Manéthon, dans sa sixième dynastie, appelle les pasteurs Φοινίκες ξένοι, *Phéniciens étrangers.* Eusèbe place leur arrivée en Égypte sous le règne d'Aménophis : d'où il faut tirer ces deux conséquences : 1° que l'Égypte n'étoit pas alors barbare, puisque Inachus, Égyptien, portoit vers ce temps-là les lumières dans la Grèce ; 2° que l'Égypte n'étoit pas couverte de ruines, puisque Thèbes étoit bâtie, puisque Aménophis était père de ce Sésostris qui éleva la gloire des Égyptiens à son comble. Au rapport de l'historien Josèphe, ce fut Thetmosis qui contraignit les pasteurs à abandonner entièrement les bords du Nil [1].

Mais quels nouveaux arguments n'auroit-on point formés contre l'Écriture si on avoit connu un autre prodige historique qui tient également à des ruines, hélas ! comme toute l'histoire des hommes ? On a découvert depuis quelques années, dans l'Amérique septentrionale, des monuments extraordinaires sur les bords du Muskingum,

---

quoi les sauvages du Canada ont-ils des dialectes si subtils et si compliqués ? Les verbes de la langue huronne ont toutes les inflexions des verbes grecs. Ils se distinguent, comme les derniers, par la caractéristique, l'augment, etc. ; ils ont trois modes, trois genres, trois nombres, et par-dessus tout cela un certain dérangement de lettres particulier aux verbes des langues orientales. Mais ce qu'ils ont de plus inconcevable, c'est un quatrième pronom personnel, qui se place entre la seconde et la troisième personne, au singulier et au pluriel. Nous ne connoissons rien de pareil dans les langues mortes ou vivantes dont nous pouvons avoir quelque teinture.

1. MANET. ad JOSEPH. et AFRIC. ; HEROD., lib. II, cap. C ; DIOD., lib. I, ps. 48 ; EUSEB., *Chron.*, lib. I, p. 13.

Au reste, l'invasion de ces peuples, rapportée par les auteurs profanes, nous explique ce qu'on lit dans la Genèse au sujet de Jacob et de ses fils : *Ut habitare possitis in terra Gessen, quia detestantur Ægyptii omnes pastores ovium* (Gen., cap. XLVI, v. 34).

D'où l'on peut aussi deviner le nom grec du Pharaon sous lequel Israël entra en Égypte, et le nom du second Pharaon sous lequel il en sortit. L'Écriture, loin de contrarier les autres histoires, leur sert évidemment de preuve.

du Miani, du Wabache, de l'Ohio, et surtout du Scioto[1], où ils occupent un espace de plus de vingt lieues en longueur. Ce sont des murs en terre avec des fossés, des glacis, des lunes, demi-lunes, et de grands cônes qui servent de sépulcres. On a demandé, mais sans succès, quel peuple a laissé de pareilles traces? L'homme est suspendu dans le présent, entre le passé et l'avenir, comme sur un rocher entre deux gouffres; derrière lui, devant lui, tout est ténèbres; à peine aperçoit-il quelques fantômes qui, remontant du fond des deux abîmes, surnagent un instant à leur surface, et s'y replongent.

Quelles que soient les conjectures sur ces ruines américaines, quand on y joindroit les visions d'un monde primitif et les chimères d'une Atlantide, la nation civilisée qui a peut-être promené la charrue dans la plaine où l'Iroquois poursuit aujourd'hui les ours n'a pas eu besoin, pour consommer ses destinées, d'un temps plus long que celui qui a dévoré les empires de Cyrus, d'Alexandre et de César. Heureux du moins ce peuple qui n'a point laissé de nom dans l'histoire et dont l'héritage n'a été recueilli que par les chevreuils des bois et les oiseaux du ciel! Nul ne viendra renier le Créateur dans ces retraites sauvages, et, la balance à la main, peser la poudre des morts, pour prouver l'éternité de la race humaine.

Pour moi, amant solitaire de la nature et simple confesseur de la Divinité, je me suis assis sur ces ruines. Voyageur sans renom, j'ai causé avec ces débris comme moi-même ignorés. Les souvenirs confus des hommes et les vagues rêveries du désert se mêloient au fond de mon âme. La nuit étoit au milieu de sa course; tout étoit muet, et la lune, et les bois, et les tombeaux. Seulement, à longs intervalles, on entendoit la chute de quelque arbre que la hache du temps abattoit dans la profondeur des forêts : ainsi tout tombe, tout s'anéantit.

Nous ne nous croyons pas obligé de parler sérieusement des *quatre jogues*, ou âges indiens, dont le premier a duré trois millions deux cent mille ans, le second un million d'années, le troisième seize cent mille ans, et le quatrième, ou l'âge actuel, qui durera quatre cent mille ans.

Si l'on joint à toutes ces difficultés de chronologie, de logographie et de faits, les erreurs qui naissent des passions de l'historien ou des hommes qui vivent dans ses fastes; si on y ajoute les fautes de copistes, et mille accidents de temps et de lieux, il faudra, de nécessité, convenir que toutes les raisons en faveur de l'antiquité du globe

---

1. Voyez la note VIII, à la fin du volume.

par l'histoire sont aussi peu satisfaisantes qu'inutiles à rechercher. Et certes on ne peut nier que c'est assez mal établir la durée du monde que d'en prendre la base dans la vie humaine. Quoi! c'est par la succession rapide d'ombres d'un moment que l'on prétend nous démontrer la permanence et la réalité des choses! c'est par des décombres qu'on veut nous prouver une société sans commencement et sans fin! Faut-il donc beaucoup de jours pour amasser beaucoup de ruines? Que le monde seroit vieux si l'on comptoit ses années par ses débris!

CHAPITRE III.

ASTRONOMIE.

On cherche dans l'histoire du firmament les secondes preuves de l'antiquité du monde et des erreurs de l'Écriture. Ainsi, les *cieux, qui racontent la gloire du Très-Haut* à tous les hommes, et dont le *langage est entendu de tous les peuples* [1], ne disent rien à l'incrédule. Heureusement ce ne sont pas les astres qui sont muets, ce sont les athées qui sont sourds.

L'astronomie doit sa naissance à des pasteurs. Dans les déserts de la création nouvelle, les premiers humains voyoient se jouer autour d'eux leurs familles et leurs troupeaux. Heureux jusqu'au fond de l'âme, une prévoyance inutile ne détruisoit point leur bonheur. Dans le départ des oiseaux de l'automne ils ne remarquoient point la fuite des années, et la chute des feuilles ne les avertissoit que du retour des frimas. Lorsque le coteau prochain avoit donné toutes ses herbes à leurs brebis, montés sur leurs chariots couverts de peaux, avec leurs fils et leurs épouses, ils alloient à travers les bois chercher quelque fleuve ignoré, où la fraîcheur des ombrages et la beauté des solitudes les invitoient à se fixer de nouveau.

Mais il falloit une boussole pour se conduire dans ces forêts sans chemins et le long de ces fleuves sans navigateurs; on se confia naturellement à la foi des étoiles, on se dirigea sur leurs cours. Législateurs et guides, ils réglèrent la tonte des brebis et les migrations lointaines. Chaque famille s'attacha aux pas d'une constellation; chaque astre marchoit à la tête d'un troupeau. A mesure que les pasteurs se livroient à ces études, ils découvroient de nouvelles lois. En ce temps-là Dieu se plaisoit à dévoiler les routes du soleil aux habi-

---

1. Ps. XVIII, v. 1-3.

tants des cabanes, et la fable raconta qu'Apollon étoit descendu chez les bergers.

De petites colonnes de briques servoient à conserver le souvenir des observations : jamais plus grand empire n'eut une histoire plus simple. Avec le même instrument dont il avoit percé sa flûte, au pied du même autel où il avoit immolé le chevreau premier-né, le pâtre gravoit sur un rocher ses immortelles découvertes. Il plaçoit ailleurs d'autres témoins de cette pastorale astronomie ; il échangeoit d'annales avec le firmament ; et, de même qu'il avoit écrit les fastes des étoiles parmi ses troupeaux, il écrivoit les fastes de ses troupeaux parmi les étoiles. Le soleil, en voyageant, ne se reposa plus que dans les bergeries ; le taureau annonça par ses mugissements le passage du Père du jour, et le bélier l'attendit pour le saluer au nom de son maître. On vit au ciel des vierges, des enfants, des épis de blé, des instruments de labourage, des agneaux, et jusqu'au chien du berger ; la sphère entière devint comme une grande maison rustique habitée par le pasteur des hommes.

Ces beaux jours s'évanouirent ; les hommes en gardèrent une mémoire confuse dans ces histoires de l'âge d'or, où l'on trouve le règne des astres mêlé à celui des troupeaux. L'Inde est encore aujourd'hui astronome et pastorale, comme l'Égypte l'étoit autrefois. Cependant, avec la corruption naquit la propriété, et avec la propriété la mensuration, second âge de l'astronomie. Mais, par une destinée assez remarquable, ce furent encore les peuples les plus simples qui connurent le mieux le système céleste : le pasteur du Gange tomba dans des erreurs moins grossières que le savant d'Athènes ; on eût dit que la muse de l'astronomie avoit retenu un secret penchant pour les bergers, ses premières amours.

Durant les longues calamités qui accompagnèrent et qui suivirent la chute de l'empire romain, les sciences n'eurent d'autre retraite que le sanctuaire de cette Église qu'elles profanent aujourd'hui avec tant d'ingratitude. Recueillies dans le silence des cloîtres, elles durent leur salut à ces mêmes solitaires qu'elles affectent maintenant de mépriser. Un moine Bacon, un évêque Albert, un cardinal Cusa, ressuscitoient dans leurs veilles le génie d'Eudoxe, de Timocharis, d'Hipparque, de Ptolémée. Protégées par les papes, qui donnoient l'exemple aux rois, les sciences s'envolèrent enfin de ces lieux sacrés où la religion les avoit réchauffées sous ses ailes. L'astronomie renaît de toutes parts : Grégoire XIII réforme le calendrier ; Copernic rétablit le système du monde ; Tycho-Brahé, au haut de sa tour, rappelle la mémoire des antiques observateurs babyloniens ; Kepler détermine la forme des orbites planétaires. Mais Dieu confond encore l'orgueil de l'homme, en accordant aux jeux de l'innocence ce qu'il refuse aux recherches de la philosophie : des enfants découvrent le télescope. Galilée perfectionne l'instrument nouveau ; alors les chemins de l'immensité s'abrègent, le génie de l'homme abaisse la hauteur des cieux, et les astres descendent pour se faire mesurer.

Tant de découvertes en annonçoient de plus grandes encore, et l'on étoit trop près du sanctuaire de la nature pour qu'on fût longtemps sans y pénétrer. Il ne manquoit plus que des méthodes propres à décharger l'esprit des calculs énormes dont il étoit écrasé. Bientôt Descartes osa transporter au grand Tout les lois physiques de notre globe ; et, par un de ces traits de génie dont on compte à peine quatre ou cinq dans l'histoire, il força l'algèbre à s'unir à la géométrie, comme la parole à la pensée. Newton n'eut plus qu'à mettre à l'œuvre les matériaux que tant de mains lui avoient préparés, mais il le fit en artiste sublime ; et des divers plans sur lesquels il pouvoit relever l'édifice des globes, il choisit peut-être le dessein de Dieu. L'esprit connut l'ordre que l'œil admiroit ; les balances d'or, qu'Homère et l'Écriture donnent au souverain Arbitre, lui furent rendues ; la comète se soumit ; à travers l'immensité la planète attira la planète ; la mer sentit la pression de deux vastes vaisseaux qui flottent à des millions de lieues de sa surface ; depuis le soleil jusqu'au moindre atome, tout se maintint dans un admirable équilibre : il n'y eut plus que le cœur de l'homme qui manqua de contre-poids dans la nature.

Qui l'auroit pu penser ? le moment où l'on découvrit tant de nouvelles preuves de la grandeur et de la sagesse de la Providence fut celui-là même où l'on ferma davantage les yeux sur la lumière : non toutefois que ces hommes immortels, Copernic, Tycho-Brahé, Kepler, Leibnitz, Newton, fussent des athées ; mais leurs successeurs, par une fatalité inexplicable, s'imaginèrent tenir Dieu dans leurs creusets et dans leurs télescopes, parce qu'ils y voyoient quelques-uns des éléments sur lesquels l'Intelligence universelle a fondé les mondes. Lorsqu'on a été témoin des jours de notre révolution ; lorsqu'on songe que c'est à la vanité du savoir que nous devons presque tous nos malheurs, n'est-on pas tenté de croire que l'homme a été sur le point de périr de nouveau pour avoir porté une seconde fois la main sur le fruit de la science ? et que ceci nous soit matière de réflexion sur la faute originelle : *les siècles savants* ont toujours touché *aux siècles de destruction*.

Il nous semble pourtant bien infortuné, l'astronome qui passe les nuits à lire dans les astres sans y découvrir le nom de Dieu. Quoi ! dans des figures si variées, dans une si grande diversité de *caractères*, on ne peut trouver les *lettres* qui suffisent à son nom ! Le problème de la Divinité n'est-il point résolu dans le calcul mystérieux de tant de soleils ? une algèbre aussi brillante ne peut-elle servir à dégager la grande *Inconnue* ?

La première objection astronomique que l'on fait au système de Moïse se tire de la sphère céleste : « Comment le monde est-il si nouveau ! s'écrie-t-on. La seule composition de la sphère suppose des millions d'années. »

Aussi est-il vrai que l'astronomie est une des premières sciences que les hommes aient cultivées. M. Bailly prouve que les patriarches avant Noé connoissoient la période de six cents ans, l'année de 365 jours 5 heures 51 minutes 36 secondes ; enfin, qu'ils avoient nommé les six jours de la création d'après l'ordre planétaire[1]. Puisque les races primitives étoient déjà si savantes dans l'histoire du ciel, n'est-il pas très-probable que les temps écoulés depuis le déluge ont été plus que suffisants pour nous donner le système astronomique tel que nous l'avons aujourd'hui ? Il est impossible, d'ailleurs, de rien prononcer de certain sur le temps nécessaire au développement d'une science. Depuis Copernic jusqu'à Newton, l'astronomie a plus fait de progrès en moins d'un siècle qu'elle n'en avoit fait auparavant dans le cours de trois mille ans. On peut comparer les sciences à des régions coupées de plaines et de montagnes : on avance à grands pas dans les premières, mais quand on est parvenu au pied des secondes, on perd un temps infini à découvrir les sentiers et à franchir les sommets d'où l'on descend dans l'autre plaine. Il ne faut donc pas conclure que, puisque l'astronomie est restée quatre mille ans dans son âge moyen, elle a dû être des myriades de siècles dans son berceau : cela contredit tout ce qu'on sait de l'histoire et de la marche de l'esprit humain.

La seconde objection se déduit des époques historiques liées aux observations astronomiques des peuples, et en particulier de celles des Chaldéens et des Indiens.

Nous répondons, à l'égard des premières, qu'on sait que les sept cent vingt mille ans dont ils se vantoient se réduisent à mille neuf cent trois ans[2].

Quant aux observations des Indiens, celles qui sont appuyées sur

---

1. BAIL., *Hist. de l'Astr. anc.*
2. Les tables de ces observations, faites à Babylone avant l'arrivée d'Alexandre, furent envoyées par Callisthène à Aristote. Voyez BAILLY.

des faits incontestables ne remontent qu'à l'an 3102 avant notre ère. Cette antiquité est sans doute fort grande, mais enfin elle rentre dans des bornes connues. C'est à cette époque que commence la quatrième *jogue,* ou âge indien. M. Bailly, en dépouillant les trois premiers âges et les réunissant au quatrième, démontre que toute la chronologie des brahmes se renferme dans un intervalle d'environ soixante-dix siècles[1], ce qui s'accorde parfaitement avec la chronologie des Septante. Il prouve jusqu'à l'évidence que les fastes des Égyptiens, des Chaldéens, des Chinois, des Perses, des Indiens, se rangent avec une exactitude singulière sous les époques de l'Écriture[2]. Nous citons d'autant plus volontiers M. Bailly, que ce savant est mort victime des principes que nous avons entrepris de combattre. Lorsque cet homme infortuné écrivoit, à propos d'*Hypatia,* jeune femme astronome, massacrée par les habitants d'Alexandrie, que *les modernes épargnent au moins la vie, en déchirant la réputation,* il ne se doutoit guère qu'il seroit lui-même une preuve lamentable de la fausseté de son assertion, et qu'il renouvelleroit l'histoire d'*Hypatia!*

Au reste, tous ces calculs infinis de générations et de siècles, que l'on retrouve chez plusieurs peuples, ont leur source dans une foiblesse naturelle au cœur humain. Les hommes, qui sentent en eux-mêmes un principe d'immortalité, sont comme tout honteux de la brièveté de leur existence; il leur semble qu'en entassant tombeaux sur tombeaux ils cacheront ce vice capital de leur nature, qui est de durer peu, et qu'en ajoutant du néant à du néant ils parviendront à faire une éternité. Mais ils se trahissent eux-mêmes, et découvrent ce qu'ils prétendent dérober; car plus la pyramide funèbre est élevée, plus la statue vivante placée au sommet diminue, et la vie paroît encore bien plus petite quand l'énorme fantôme de la mort l'exhausse dans ses bras.

CHAPITRE IV.

HISTOIRE NATURELLE; DÉLUGE.

L'astronomie n'étant donc pas suffisante pour détruire la chronologie de l'Écriture[3], on revient à l'attaquer par l'histoire naturelle : les

---

1. Voyez la note IX, à la fin du volume.
2. BAIL., *Astr. Ind.* Discours préliminaire, part. XI, p. 126, etc.
3. On rit de Josué qui commande au soleil de s'arrêter. Nous n'aurions pas cru être obligé d'apprendre à notre siècle *que le soleil n'est pas immobile,* quoique centre

uns nous parlent de certaines époques où l'univers entier se rajeunit; les autres nient les grandes catastrophes du globe, telles que le déluge universel; ils disent : « Les pluies ne sont que les vapeurs des mers; or, toutes les mers ne suffiroient pas pour couvrir la terre à la hauteur dont parlent les Écritures. » Nous pourrions répondre que raisonner ainsi, c'est aller contre ces mêmes lumières dont on fait tant de bruit, puisque la chimie moderne nous apprend que l'air peut être transmué en eau : alors quel effroyable déluge! Mais nous renonçons volontiers à ces raisons empruntées des sciences, qui rendent compte de tout à l'esprit sans rendre compte de rien au cœur. Nous nous contenterons de répondre que pour noyer la partie terrestre du globe il suffit que l'Océan franchisse ses rivages, en entraînant l'eau de ses gouffres. D'ailleurs, hommes présomptueux, avez-vous pénétré dans *les trésors de la grêle*[1], et connoissez-vous les réservoirs de cet abîme où le Seigneur a puisé la mort au jour de ses vengeances?

Soit que Dieu, soulevant le bassin des mers, ait versé sur les continents l'Océan troublé, soit que, détournant le soleil de sa route, il lui ait commandé de se lever sur le pôle avec des signes funestes, il est certain qu'un affreux déluge a ravagé la terre.

En ce temps-là la race humaine fut presque anéantie; toutes les querelles des nations finirent, toutes les révolutions cessèrent. Rois, peuples, armées ennemies, suspendirent leurs haines sanglantes et s'embrassèrent, saisis d'une mortelle frayeur. Les temples se remplirent de suppliants qui avoient peut-être renié la Divinité toute leur vie; mais la Divinité les renia à son tour, et bientôt on annonça que l'Océan tout entier étoit aussi à la porte des temples. En vain les mères se sauvèrent avec leurs enfants sur le sommet des montagnes; en vain l'amant crut trouver un abri pour sa maîtresse dans la même grotte où il avoit trouvé un asile pour ses plaisirs; en vain les amis disputèrent aux ours effrayés la cime des chênes; l'oiseau même, chassé de branche en branche par le flot toujours croissant, fatigua inutilement ses ailes sur des plaines d'eau sans rivages. Le soleil, qui n'éclairoit plus que la mort au travers des nues livides, se montroit terne et violet comme un énorme cadavre noyé dans les cieux; les volcans s'éteignirent, en vomissant de tumultueuses fumées, et l'un des quatre éléments, le feu, périt avec la lumière.

On a excusé Josué en disant qu'il parloit exprès comme le vulgaire : il eût été aussi simple de dire qu'il parloit comme Newton. Si vous vouliez arrêter une montre, vous ne briseriez pas une petite roue, mais le grand ressort, dont le repos fixeroit subitement le système.

1. Job, cap. xxxviii, v. 22.

Ce fut alors que le monde se couvrit d'horribles ombres, d'où sortoient d'effrayantes clameurs ; ce fut alors qu'au milieu des humides ténèbres le reste des êtres vivants, le tigre et l'agneau, l'aigle et la colombe, le reptile et l'insecte, l'homme et la femme, gagnèrent tous ensemble la roche la plus escarpée du globe : l'Océan les y suivit, et, soulevant autour d'eux sa menaçante immensité, fit disparoître sous ses solitudes orageuses le dernier point de la terre.

Dieu, ayant accompli sa vengeance, dit aux mers de rentrer dans l'abîme ; mais il voulut imprimer sur ce globe des traces éternelles de son courroux ; les dépouilles de l'éléphant des Indes s'entassèrent dans les régions de la Sibérie ; les coquillages magellaniques vinrent s'enfouir dans les carrières de la France ; des bancs entiers de corps marins s'arrêtèrent au sommet des Alpes, du Taurus et des Cordillères, et ces montagnes elles-mêmes furent les monuments que Dieu laissa dans les trois mondes pour marquer son triomphe sur les impies, comme un monarque plante un trophée dans le champ où il a défait ses ennemis.

Dieu ne se contenta pas de ces attestations générales de sa colère passée : sachant combien l'homme perd aisément la mémoire du malheur, il en multiplia les souvenirs dans sa demeure. Le soleil n'eut plus pour trône au matin, et pour lit au soir, que l'élément humide, où il sembla s'éteindre tous les jours, ainsi qu'au temps du déluge. Souvent les nuages du ciel imitèrent des vagues amoncelées, des sables ou des écueils blanchissants. Sur la terre, les rochers laissèrent tomber des cataractes ; la lumière de la lune, les vapeurs blanches du soir, couvrirent quelquefois les vallées des apparences d'une nappe d'eau ; il naquit dans les lieux les plus arides des arbres dont les branches affaissées pendirent pesamment vers la terre, comme si elles sortoient encore toutes trempées du sein des ondes ; deux fois par jour la mer reçut ordre de se lever de nouveau dans son lit et d'envahir ses grèves ; les antres des montagnes conservèrent de sourds bourdonnements et des voix lugubres ; la cime des bois présenta l'image d'une mer roulante, et l'Océan sembla avoir laissé ses bruits dans la profondeur des forêts.

CHAPITRE V.

JEUNESSE ET VIEILLESSE DE LA TERRE.

Nous touchons à la dernière objection sur l'origine moderne du globe. On dit : « La terre est une vieille nourrice dont tout annonce la caducité. Examinez ses fossiles, ses marbres, ses granits, ses laves, et vous y lirez ses années innombrables[1] marquées par cercles, par couches ou par branches, comme celles du serpent à sa sonnette, du cheval à sa dent ou du cerf à ses rameaux. »

Cette difficulté a été cent fois résolue par cette réponse : *Dieu a dû créer et a sans doute créé le monde avec toutes les marques de vétusté et de complément que nous lui voyons.*

En effet, il est vraisemblable que l'auteur de la nature planta d'abord de vieilles forêts et de jeunes taillis; que les animaux naquirent, les uns remplis de jours, les autres parés des grâces de l'enfance. Les chênes, en perçant le sol fécondé, portèrent sans doute à la fois les vieux nids des corbeaux et la nouvelle postérité des colombes. Ver, chrysalide et papillon, l'insecte rampa sur l'herbe, suspendit son œuf d'or aux forêts ou trembla dans le vague des airs. L'abeille, qui pourtant n'avoit vécu qu'un matin, comptoit déjà son ambroisie par générations de fleurs. Il faut croire que la brebis n'étoit pas sans son agneau, la fauvette sans ses petits; que les buissons cachoient des rossignols étonnés de chanter leurs premiers airs, en échauffant les fragiles espérances de leurs premières voluptés.

Si le monde n'eût été à la fois jeune et vieux, le grand, le sérieux, le moral, disparoissoient de la nature, car ces sentiments tiennent par essence aux choses antiques. Chaque site eût perdu ses merveilles. Le rocher en ruine n'eût plus pendu sur l'abîme avec ses longues graminées; les bois, dépouillés de leurs accidents, n'auroient point montré ce touchant désordre d'arbres inclinés sur leurs tiges, de troncs penchés sur le cours des fleuves. Les pensées inspirées, les bruits vénérables, les voix magiques, la sainte horreur des forêts, se fussent évanouis avec les voûtes qui leur servent de retraites, et les solitudes de la terre et du ciel seroient demeurées nues et désenchantées en perdant ses colonnes de chênes qui les unissent. Le jour même où l'Océan épandit ses premières vagues sur ses rives, il baigna, n'en doutons point, des écueils déjà rongés par les flots, des grèves semées de débris de coquillages et des caps décharnés qui soutenoient contre les eaux les rivages croulants de la terre.

Sans cette vieillesse originaire, il n'y auroit eu ni pompe, ni majesté dans l'ouvrage de l'Éternel; et, ce qui ne sauroit être, la nature dans son innocence eût été moins belle qu'elle ne l'est aujourd'hui dans sa corruption. Une insipide enfance de plantes, d'animaux, d'éléments, eût couronné une terre sans poésie. Mais Dieu ne fut pas

---

1. Voyez la note X, à la fin du volume.

un si méchant dessinateur des bocages d'Éden que les incrédules le prétendent. L'homme-roi naquit lui-même à trente années, afin de s'accorder par sa majesté avec les antiques grandeurs de son nouvel empire, de même que sa compagne compta sans doute seize printemps, qu'elle n'avóit pourtant point vécu, pour être en harmonie avec les fleurs, les oiseaux, l'innocence, les amours et toute la jeune partie de l'univers.

FIN DU LIVRE QUATRIÈME.

LIVRE CINQUIÈME.

EXISTENCE DE DIEU PROUVÉE PAR LES MERVEILLES
DE LA NATURE.

CHAPITRE PREMIER.

OBJET DE CE LIVRE.

Un des principaux dogmes chrétiens nous reste encore à examiner : *l'état des peines et des récompenses dans l'autre vie*. Mais on ne peut traiter cet important sujet sans parler d'abord des deux colonnes qui soutiennent l'édifice de toutes les religions : *l'existence de Dieu* et *l'immortalité de l'âme*.

Nous sommes, d'ailleurs, appelés à cette étude par le développement naturel de notre matière, puisque ce n'est qu'après avoir suivi la foi ici-bas qu'on peut l'accompagner à ces tabernacles où elle s'envole en quittant la terre. Toujours fidèle à notre plan, nous écarterons des preuves de l'existence de Dieu et de l'immortalité de l'âme les idées abstraites, pour n'employer que les raisons poétiques et les raisons de sentiment, c'est-à-dire les merveilles de la nature et les évidences morales. Platon et Cicéron chez les anciens, Clarke et Leibnitz chez les modernes, ont prouvé métaphysiquement, et presque géométriquement, l'existence du souverain Être[1] ; les plus grands génies dans tous les siècles ont admis ce dogme consolateur. Que s'il est rejeté par quelques sophistes, Dieu peut bien exister sans leur suffrage. La mort seule, à quoi les athées veulent tout réduire, a besoin qu'on écrive en faveur de ses droits, car elle a peu de réalité pour l'homme. Laissons-lui donc ses déplorables partisans, qui, d'ailleurs, ne s'entendent pas même entre eux ; car si les hommes qui croient à la Providence s'accordent sur les chefs principaux de leur doctrine, ceux, au contraire, qui nient le Créateur ne cessent de se disputer sur les bases

---

1. Voyez la note XI, à la fin du volume.

de leur néant; ils ont devant eux un abîme : pour le combler, il leur manque la pierre du fond, mais ils ne savent où la prendre. De plus, il y a dans l'erreur un certain vice de nature qui fait que quand cette erreur n'est pas la nôtre elle nous choque et nous révolte à l'instant : de là les querelles interminables des athées.

CHAPITRE II.

SPECTACLE GÉNÉRAL DE L'UNIVERS.

Il est un Dieu; les herbes de la vallée et les cèdres de la montagne le bénissent, l'insecte bourdonne ses louanges, l'éléphant le salue au lever du jour, l'oiseau le chante dans le feuillage, la foudre fait éclater sa puissance, et l'Océan déclare son immensité. L'homme seul a dit : Il n'y a point de Dieu.

Il n'a donc jamais, celui-là, dans ses infortunes, levé les yeux vers le ciel, ou, dans son bonheur, abaissé ses regards vers la terre? La nature est-elle si loin de lui qu'il ne l'ait pu contempler, ou la croit-il le simple résultat du hasard? Mais quel hasard a pu contraindre une matière désordonnée et rebelle à s'arranger dans un ordre si parfait?

On pourroit dire que l'homme est *la pensée manifestée de Dieu*, et que l'univers est *son imagination rendue sensible*. Ceux qui ont admis la beauté de la nature comme preuve d'une intelligence supérieure auroient dû faire remarquer une chose qui agrandit prodigieusement la sphère des merveilles : c'est que le mouvement et le repos, les ténèbres et la lumière, les saisons, la marche des astres, qui varient les décorations du monde, ne sont pourtant successifs qu'en apparence, et sont permanents en réalité. La scène qui s'efface pour nous se colore pour un autre peuple; ce n'est pas le spectacle, c'est le spectateur qui change. Ainsi Dieu a su réunir dans son ouvrage la durée *absolue* et la durée *progressive* : la première est placée dans le *temps*, la seconde dans l'*étendue* : par celle-là les grâces de l'univers sont unes, infinies, toujours les mêmes; par celle-ci elles sont multiples, finies et renouvelées : sans l'une, il n'y eût point eu de grandeur dans la création; sans l'autre, il y eût eu monotonie.

Ici le temps se montre à nous sous un rapport nouveau; la moindre de ses fractions devient un *tout complet*, qui comprend tout, et dans lequel toutes choses se modifient, depuis la mort d'un insecte jusqu'à la naissance d'un monde : chaque minute est en soi une petite éternité. Réunissez donc en un même moment, par la pensée, les plus beaux accidents de la nature; supposez que vous voyez à la fois toutes les heures du jour et toutes les saisons, un matin de printemps et un matin d'automne, une nuit semée d'étoiles et une nuit couverte de nuages, des prairies émaillées de fleurs, des forêts dépouillées par les frimas, des champs dorés par les moissons : vous aurez alors une idée juste du spectacle de l'univers. Tandis que vous admirez ce soleil qui se plonge sous les voûtes de l'occident, un autre observateur le regarde sortir des régions de l'aurore. Par quelle inconcevable magie ce vieil astre qui s'endort fatigué et brûlant dans la poudre du soir est-il en ce moment même ce jeune astre qui s'éveille humide de rosée dans les voiles blanchissantes de l'aube? A chaque moment de la journée le soleil se lève, brille à son zénith, et se couche sur le monde; ou plutôt nos sens nous abusent, et il n'y a ni orient, ni midi, ni occident vrai. Tout se réduit à un point fixe d'où le flambeau du jour fait éclater à la fois trois lumières en une seule substance. Cette triple splendeur est peut-être ce que la nature a de plus beau; car en nous donnant l'idée de la perpétuelle magnificence et de la toute-puissance de Dieu, elle nous montre aussi une image éclatante de sa glorieuse Trinité.

Conçoit-on bien ce que seroit une scène de la nature si elle étoit abandonnée au seul mouvement de la matière? Les nuages, obéissant aux lois de la pesanteur, tomberoient perpendiculairement sur la terre, ou monteroient en pyramides dans les airs; l'instant d'après, l'atmosphère seroit trop épaisse ou trop raréfiée pour les organes de la respiration. La lune, trop près ou trop loin de nous, tour à tour seroit invisible, tour à tour se montreroit sanglante, couverte de taches énormes ou remplissant seule de son orbe démesuré le dôme céleste. Saisie comme d'une étrange folie, elle marcheroit d'éclipse en éclipse, ou, se roulant d'un flanc sur l'autre, elle découvriroit enfin cette autre face que la terre ne connoît pas. Les étoiles sembleroient frappées du même vertige; ce ne seroit plus qu'une suite de conjonctions effrayantes : tout à coup un signe d'été seroit atteint par un signe d'hiver, le Bouvier conduiroit les Pléiades, et le Lion rugiroit dans le Verseau; là des astres passeroient avec la rapidité de l'éclair, ici ils pendroient immobiles; quelquefois, se pressant en groupes, ils formeroient une nouvelle voie lactée, puis, disparoissant tous ensemble et déchirant le rideau des mondes, selon l'expression de Tertullien, ils laisseroient apercevoir les abîmes de l'éternité.

Mais de pareils spectacles n'épouvanteront point les hommes avant le jour où Dieu, lâchant les rênes de l'univers, n'aura besoin pour le détruire que de l'abandonner.

CHAPITRE III.

ORGANISATION DES ANIMAUX ET DES PLANTES.

Descendons de ces notions générales à des idées particulières; voyons si nous pouvons découvrir dans les parties de l'ouvrage cette même sagesse si bien exprimée dans le tout. Nous nous servirons d'abord du témoignage d'une classe d'hommes que les sciences et l'humanité réclament également; nous voulons parler des médecins.

Le docteur Nieuwentyt, dans son *Traité de l'Existence de Dieu*[1], s'est attaché à démontrer la réalité des causes finales. Sans le suivre dans toutes ses observations, nous nous contenterons d'en rapporter quelques-unes.

En parlant des quatre éléments, qu'il considère dans leurs harmonies avec l'homme et la création en général, il fait voir, par rapport à l'air, comment nos corps sont miraculeusement conservés sous une colonne atmosphérique égale dans sa pression à un poids de vingt mille livres. Il prouve qu'une seule qualité changée, soit en raréfaction, soit en densité, dans l'élément qu'on respire, suffiroit pour détruire les êtres vivants. C'est l'air qui fait monter les fumées, c'est l'air qui retient les liquides dans les vaisseaux; par ses mouvements il épure les cieux et porte aux continents les nuages de la mer.

Nieuwentyt démontre ensuite la nécessité de l'eau par une foule d'expériences. Qui n'admireroit le prodige de cet élément en ascension, contre les lois de la pesanteur, dans un élément plus léger que lui, afin de nous donner les pluies et les rosées? La disposition des montagnes pour faire circuler les fleuves, la topographie de ces montagnes dans les îles et sur les continents, les ouvertures des golfes, des baies, des méditerranées, les innombrables utilités des mers, rien n'échappe à la sagacité de ce bon et savant homme. C'est de la même manière qu'il découvre l'excellence de la terre comme élément et ses

---

1. Dans tout ce que nous citons ici du traité de Nieuwentyt, nous avons pris la liberté de refondre et d'animer un peu son sujet. Le docteur est savant, sage, judicieux, mais sec. Nous avons aussi mêlé quelques observations aux siennes.

belles lois comme planète. Il décrit les avantages du feu et le secours qu'en a su tirer l'industrie humaine [1].

Quand il passe aux animaux, il observe que ceux que nous appelons domestiques naissent précisément avec le degré d'instinct nécessaire pour s'apprivoiser, tandis que les animaux inutiles à l'homme retiennent toujours leur naturel sauvage. Est-ce donc le hasard qui inspire aux bêtes douces et utiles la résolution de vivre en société au milieu de nos champs, et aux bêtes malfaisantes celle d'errer solitaires dans les lieux infréquentés? Pourquoi ne voit-on pas des troupeaux de tigres conduits au son d'une musette par un pasteur? Et pourquoi les lions ne se jouent-ils pas dans nos parcs parmi le *thym et la rosée*, comme ces légers animaux chantés par Jean La Fontaine? Ces animaux féroces n'ont jamais pu servir qu'à traîner le char de quelque triomphateur aussi cruel qu'eux, ou à dévorer des chrétiens dans un amphithéâtre [2] : les tigres ne se civilisent pas à l'école des hommes, mais les hommes se font quelquefois sauvages à l'école des tigres.

Les oiseaux ne présentent pas à notre naturaliste un sujet d'observation moins intéressant. Leurs ailes, convexes en dessus et creusées en dessous, sont des rames parfaitement taillées pour l'élément qu'elles doivent fendre. Le roitelet, qui se plaît dans ces haies de ronces et d'arbousiers qui sont pour lui de grandes solitudes, est pourvu d'une double paupière, afin de préserver ses yeux de tout accident. Mais, admirables fins de la nature! cette paupière est transparente, et le chantre des chaumières peut abaisser ce voile diaphane sans être privé de la vue. La Providence n'a pas voulu qu'il s'égarât en portant une goutte d'eau ou le grain de mil à son nid, et qu'il y eût sous le buisson une petite famille qui se plaignît d'elle.

Et quels ingénieux ressorts font mouvoir les pieds de l'oiseau! Ce n'est point par un jeu de muscles que détermine sa volonté qu'il se tient ferme sur la branche : son pied est construit de sorte que lorsqu'il vient à être pressé dans le centre ou le talon, les doigts se referment naturellement sur le corps qui le presse [3]. Il résulte de ce mécanisme que les serres de l'oiseau se collent plus ou moins à l'objet sur lequel il repose, en raison des mouvements plus ou moins rapides de cet objet : car, dans le balancement du rameau, ou c'est le rameau qui

---

1. La physique moderne pourra relever quelques erreurs; mais les progrès de cette science, loin de renverser les causes finales, fournissent de nouvelles preuves de la bonté de la Providence.

2. On connoît ce fameux cri de la populace romaine : *Les chrétiens aux lions!* Voyez TERT., *Apolog.*

3. On en peut faire l'essai sur un oiseau mort.

repousse le pied, ou c'est le pied qui repousse le rameau: ce qui dans les deux cas oblige les doigts du volatile à se contracter plus fortement. Ainsi, quand nous voyons à l'entrée de la nuit, pendant l'hiver, des corbeaux perchés sur la cime dépouillée de quelque chêne, nous supposons que toujours veillants, attentifs, ils ne se maintiennent qu'avec des fatigues inouïes au milieu des tourbillons et des nuages; et cependant, insouciants du péril et appelant la tempête, tous les vents leur apportent le sommeil : l'aquilon les attache lui-même à la branche d'où nous croyons qu'il va les précipiter, et, comme de vieux nochers de qui la couche mobile est suspendue aux mâts agités d'un vaisseau, plus ils sont bercés par les orages, plus ils dorment profondément.

Quant à l'organisation des poissons, leur seule existence dans l'élément de l'eau, le changement relatif de leur pesanteur, changement par lequel ils flottent dans une eau plus légère comme dans une eau plus pesante, et descendent de la surface de l'abîme au plus profond de ses gouffres, sont des miracles perpétuels; vraie machine hydrostatique, le poisson fait voir mille phénomènes au moyen d'une simple vessie, qu'il vide ou remplit d'air à volonté.

Les prodiges de la floraison dans les plantes, l'usage des feuilles et des racines, sont examinés curieusement par Nieuwentyt. Il fait cette belle observation, que les semences des plantes sont tellement disposées par leurs figures et leurs poids, qu'elles tombent toujours sur le sol dans la position où elles doivent germer.

Or, si tout étoit le produit du hasard, les causes finales ne seroient-elles pas quelquefois altérées? Pourquoi n'y auroit-il pas des poissons qui manqueroient de la vessie qui les fait flotter? Et pourquoi l'aiglon, qui n'a pas encore besoin d'armes, ne briseroit-il pas la coquille de son berceau avec le bec d'une colombe? Jamais une méprise, jamais un accident de cette espèce dans l'*aveugle* nature! De quelque manière que vous jetiez les dés, ils amèneront toujours les mêmes points? Voilà une étrange *fortune!* nous soupçonnons qu'avant de tirer les mondes de l'urne de l'éternité, elle a *secrètement* arrangé les SORTS.

Cependant, il y a des monstres dans la nature, et ces monstres ne sont que des êtres privés de quelques-unes de leurs causes finales. Il est digne de remarque que ces êtres nous font horreur : tant l'instinct de Dieu est fort chez les hommes! tant ils sont effrayés aussitôt qu'ils n'aperçoivent pas la marque de l'Intelligence suprême! On a voulu faire naître de ces désordres une objection contre la Providence : nous les regardons, au contraire, comme une preuve manifeste de cette même Providence. Il nous semble que Dieu a permis les productions de la matière pour nous apprendre ce que c'est que la création *sans lui* : c'est l'ombre qui fait ressortir la lumière; c'est un échantillon de ces lois du hasard qui selon les athées doivent avoir enfanté l'univers.

CHAPITRE IV.

INSTINCT DES ANIMAUX.

Après avoir reconnu dans l'organisation des êtres un plan régulier, qu'on ne peut attribuer au hasard et qui suppose un ordonnateur, il nous reste à examiner d'autres causes finales, qui ne sont ni moins fécondes ni moins merveilleuses que les premières. Ici nous ne suivrons personne. Nous avions consacré à l'histoire naturelle des études que nous n'eussions jamais suspendues, si la Providence ne nous eût appelé à d'autres travaux. Nous voulions opposer une *Histoire Naturelle Religieuse* à ces livres scientifiques modernes où l'on ne voit que la *matière*. Pour qu'on ne nous reprochât pas dédaigneusement notre ignorance, nous avions pris le parti de voyager et de voir tout par nous-même. Nous rapporterons donc quelques-unes de nos observations sur les instincts des animaux et des plantes, sur leurs habitudes, leurs migrations, leurs amours, etc. : le champ de la nature ne peut s'épuiser, et l'on y trouve toujours des moissons nouvelles. Ce n'est point dans une ménagerie où l'on tient en cage les secrets de Dieu qu'on apprend à connoître la sagesse divine : il faut l'avoir surprise, cette sagesse, dans les déserts, pour ne plus douter de son existence; on ne revient point impie des royaumes de la solitude, *regna solitudinis*; malheur au voyageur qui auroit fait le tour du globe, et qui rentreroit athée sous le toit de ses pères!

Nous l'avons visitée au milieu de la nuit, la vallée solitaire habitée par des castors, ombragée par des sapins et rendue toute silencieuse par la présence d'un astre aussi paisible que le peuple dont elle éclairoit les travaux. Et je n'aurois vu dans cette vallée aucune trace de l'Intelligence divine! Qui donc auroit mis l'équerre et le niveau dans l'œil de cet animal qui sait bâtir une digue en talus du côté des eaux et perpendiculaire sur le flanc opposé? Savez-vous le nom du physicien qui a enseigné à ce singulier ingénieur les lois de l'hydraulique, qui l'a rendu si habile avec ses deux dents incisives et sa queue aplatie? Réaumur n'a jamais prédit les vicissitudes des saisons avec l'exactitude de ce castor, dont les magasins, plus ou moins abondants, indiquent au mois de juin le plus ou le moins de durée des glaces de janvier. A force de disputer à Dieu ses miracles, on est parvenu à frapper de stérilité l'œuvre entière du Tout-Puissant ; les athées ont prétendu allumer le feu de la nature à leur haleine glacée, et ils n'ont fait que l'éteindre ; en soufflant sur le flambeau de la création, ils ont versé sur lui les ténèbres de leur sein.

D'autres instincts, plus communs et que nous pouvons observer chaque jour, n'en sont pas moins merveilleux. La poule si timide, par exemple, devient aussi courageuse qu'un aigle quand il faut défendre ses poussins. Rien n'est plus intéressant que ses alarmes lorsque, trompée par les trésors d'un autre nid, de petits étrangers lui échappent et courent se jouer dans une eau voisine. La mère, effrayée, rôde autour du bassin, bat des ailes, rappelle l'imprudente couvée; elle marche précipitamment, s'arrête, tourne la tête avec inquiétude, et ne cesse de s'agiter qu'elle n'ait recueilli dans son sein la famille boiteuse et mouillée qui va bientôt la désoler encore.

Entre ces divers instincts que le Maître du monde a répartis dans la nature, un des plus étonnants sans doute, c'est celui qui amène chaque année les poissons du pôle aux douces latitudes de nos climats : ils viennent, sans s'égarer dans la solitude de l'Océan, trouver à jour nommé le fleuve où doit se célébrer leur hymen. Le printemps prépare sur nos bords la pompe nuptiale ; il couronne les saules de verdure, il étend des lits de mousse dans les grottes et déploie les feuilles du nénuphar sur les ondes, pour servir de rideaux à ces couches de cristal. A peine ces préparatifs sont-ils achevés, qu'on voit paroître les légions émaillées. Ces navigateurs étrangers animent tous nos rivages : les uns, comme de légères bulles d'air, remontent perpendiculairement du fond des eaux ; les autres se balancent mollement sur les vagues, ou divergent d'un centre commun, comme d'innombrables traits d'or ; ceux-ci dardent obliquement leurs formes glissantes à travers l'azur fluide ; ceux-là dorment dans un rayon de soleil qui pénètre la gaze argentée des flots. Tous s'égarent, reviennent, nagent, plongent, circulent, se forment en escadron, se séparent, se réunissent encore ; et l'habitant des mers, inspiré par un souffle de vie, suit en bondissant la trace de feu que sa compagne a laissée pour lui dans les ondes.

CHAPITRE V.

CHANT DES OISEAUX; QU'IL EST FAIT POUR L'HOMME.
LOI RELATIVE AUX CRIS DES ANIMAUX.

La nature a ses temps de solennité, pour lesquels elle convoque des musiciens des différentes régions du globe. On voit accourir de savants artistes avec des sonates merveilleuses, de vagabonds troubadours qui ne savent chanter que des ballades à refrain, des pèlerins qui répètent mille fois les couplets de leurs longs cantiques. Le loriot siffle, l'hirondelle gazouille, le ramier gémit; le premier, perché sur la plus haute branche d'un ormeau, défie notre merle, qui ne le cède en rien à cet étranger; la seconde, sous un toit hospitalier, fait entendre son ramage confus ainsi qu'au temps d'Évandre; le troisième, caché dans le feuillage d'un chêne, prolonge ses roucoulements, semblables aux sons onduleux d'un cor dans les bois; enfin, le rouge-gorge répète sa petite chanson sur la porte de la grange où il a placé son gros nid de mousse. Mais le rossignol dédaigne de perdre sa voix au milieu de cette symphonie : il attend l'heure du recueillement et du repos, et se charge de cette partie de la fête qui se doit célébrer dans les ombres.

Lorsque les premiers silences de la nuit et les derniers murmures du jour luttent sur les coteaux, au bord des fleuves, dans les bois et dans les vallées; lorsque les forêts se taisent par degrés, que pas une feuille, par une mousse ne soupire, que la lune est dans le ciel, que l'oreille de l'homme est attentive, le premier chantre de la création entonne ses hymnes à l'Éternel. D'abord il frappe l'écho des brillants éclats du plaisir : le désordre est dans ses chants; il saute du grave à l'aigu, du doux au fort; il fait des pauses; il est lent, il est vif : c'est un cœur que la joie enivre, un cœur qui palpite sous le poids de l'amour. Mais tout à coup la voix tombe, l'oiseau se tait. Il recommence! Que ses accents sont changés! quelle tendre mélodie! Tantôt ce sont des modulations languissantes, quoique variées; tantôt c'est un air un peu monotone, comme celui de ces vieilles romances françoises, chefs-d'œuvre de simplicité et de mélancolie. Le chant est aussi souvent la marque de la tristesse que de la joie : l'oiseau qui a perdu ses petits chante encore; c'est encore l'air du temps du bonheur qu'il redit, car il n'en sait qu'un, mais, par un coup de son art, le musicien n'a fait que changer la clef, et la cantate du plaisir est devenue la complainte de la douleur.

Ceux qui cherchent à déshériter l'homme, à lui arracher l'empire de la nature, voudroient bien prouver que rien n'est fait pour nous. Or, le chant des oiseaux, par exemple, est tellement commandé pour notre oreille, qu'on a beau persécuter les hôtes des bois, ravir leurs nids, les poursuivre, les blesser avec des armes ou dans des piéges, on peut les remplir de douleur, mais on ne peut les forcer au silence. En dépit de nous, il faut qu'ils nous charment, il faut qu'ils accomplissent l'ordre de la Providence. Esclaves dans nos maisons, ils multiplient leurs accords : il y a sans doute quelque harmonie cachée dans le malheur, car tous les infortunés sont enclins au chant. Enfin que des oiseleurs, par un raffinement barbare, crèvent les yeux à un rossignol, sa voix n'en devient que plus harmonieuse. Cet Homère des oiseaux gagne sa vie à chanter et compose ses plus beaux airs après avoir perdu la vue. « Démodocus, dit le poëte de Chio, en se peignant sous les traits du chantre des Phéaciens, étoit le favori de la muse; mais elle avoit mêlé pour lui le bien et le mal, et l'avoit rendu aveugle en lui donnant la douceur des chants. »

Τὸν περὶ μοῦσ' ἐφίλησε, δίδου δ' ἀγατόν τε κακόν τε.
Ὀφθαλμῶν μὲν ἄμηρσε δίδου δ' ἡδεῖαν ἀοιδήν.

L'oiseau semble le véritable emblème du chrétien ici-bas : il préfère, comme le fidèle, la solitude au monde, le ciel à la terre, et sa voix bénit sans cesse les merveilles du Créateur.

Il y a quelques lois relatives aux cris des animaux qui, ce nous semble, n'ont point encore été observées, et qui mériteroient bien de l'être. Le divers langage des hôtes du désert nous paroît calculé sur la grandeur ou le charme du lieu où ils vivent et sur l'heure du jour à laquelle ils se montrent. Le rugissement du lion, fort, sec, âpre, est en harmonie avec les sables embrasés où il se fait entendre; tandis que le mugissement de nos bœufs charme les échos champêtres de nos vallées; la chèvre a quelque chose de tremblant et de sauvage dans la voix, comme les rochers et les ruines où elle aime à se suspendre; le cheval belliqueux imite les sons grêles du clairon, et, comme s'il sentoit qu'il n'est point fait pour les soins rustiques, il se tait sous l'aiguillon du laboureur et hennit sous le frein du guerrier. La nuit, tour à tour charmante et sinistre, a le rossignol et le hibou : l'un chante pour le zéphyr, les bocages, la lune, les amants; l'autre pour les vents, les vieilles forêts, les ténèbres et les morts. Enfin, presque tous les animaux qui vivent de sang ont un cri particulier, qui ressemble à celui de leurs victimes : l'épervier glapit comme le lapin et miaule comme les jeunes chats; le chat lui-même a une espèce de murmurs semblable à celui des petits oiseaux de nos jardins; le loup bêle, mugit ou aboie; le renard glousse ou crie; le tigre a le mugissement du taureau, et l'ours marin une sorte d'affreux râlement tel que le bruit des récifs battus de vagues où il cherche sa proie. Cette loi est fort étonnante, et cache peut-être un secret terrible. Observons que les monstres parmi les hommes suivent la loi des bêtes carnassières : plusieurs tyrans ont eu des traces de sensibilité sur le visage et dans la voix, et ils affectoient au dehors le langage des malheureux qu'ils songeoient intérieurement à déchirer : néanmoins la Providence n'a pas voulu qu'on s'y méprît tout à fait, et pour peu qu'on examine de près les hommes féroces, on trouve sous leurs feintes douceurs un air faux et dévorant, mille fois plus hideux que leur furie.

CHAPITRE VI.

NIDS DES OISEAUX.

Une admirable Providence se fait remarquer dans les nids des oiseaux. On ne peut contempler sans être attendri cette bonté divine qui donne l'industrie au foible et la prévoyance à l'insouciant.

Aussitôt que les arbres ont développé leurs fleurs, mille ouvriers commencent leurs travaux. Ceux-ci portent de longues pailles dans le trou d'un vieux mur, ceux-là maçonnent des bâtiments aux fenêtres d'une église; d'autres dérobent un crin à une cavale, ou le brin de laine que la brebis a laissé suspendu à la ronce. Il y a des bûcherons qui croisent des branches dans la cime d'un arbre; il y a des filandières qui recueillent la soie sur un chardon. Mille palais s'élèvent, et chaque palais est un nid; chaque nid voit des métamorphoses charmantes : un œuf brillant, ensuite un petit couvert de duvet. Ce nourrisson prend des plumes; sa mère lui apprend à se soulever sur sa couche. Bientôt il va jusqu'à se pencher sur le bord de son berceau, d'où il jette un premier coup d'œil sur la nature. Effrayé et ravi, il se précipite parmi ses frères, qui n'ont point encore vu ce spectacle; mais rappelé par la voix de ses parents, il sort une seconde fois de sa couche, et ce jeune roi des airs, qui porte encore la couronne de l'enfance autour de sa tête, ose déjà contempler le vaste ciel, la cime ondoyante des pins et les abîmes de verdure au-dessous du chêne paternel. Et pourtant, tandis que les forêts se réjouissent en recevant leur nouvel hôte, un vieil oiseau, qui se sent abandonné de ses ailes, vient s'abattre auprès d'un courant d'eau : là, résigné et solitaire, il attend tranquillement la mort au bord du même fleuve où il chanta ses amours et dont les arbres portent encore son nid et sa postérité harmonieuse.

C'est ici le lieu de remarquer une autre loi de la nature. Dans la classe des petits oiseaux, les œufs sont ordinairement peints d'une des couleurs dominantes du mâle. Le bouvreuil niche dans les aubépines, dans les groseilliers et dans les buissons de nos jardins : ses œufs sont ardoisés comme la chape de son dos. Nous nous rappelons avoir trouvé une fois un de ces nids dans un rosier; il ressembloit à une conque de nacre contenant quatre perles bleues. Une rose pendoit au-dessus, tout humide; le bouvreuil mâle se tenoit immobile sur un arbuste voisin, comme une fleur de pourpre et d'azur. Ces objets étoient répétés dans l'eau d'un étang avec l'ombrage d'un noyer, qui servoit de fond à la scène, et derrière lequel on voyoit se lever l'aurore. Dieu nous donna dans ce petit tableau une idée des grâces dont il a paré la nature.

Parmi les grands volatiles, la loi de la couleur des œufs varie. Nous soupçonnons qu'en général l'œuf est blanc chez les oiseaux où le mâle a plusieurs femelles, ou chez ceux dont le plumage n'a point de couleur fixe pour l'espèce. Dans les classes aquatiques et forestières, qui font leur nid les unes sur les mers, les autres dans la cime des arbres, l'œuf est communément d'un vert bleuâtre et pour ainsi dire teint des éléments dont il est environné. Certains oiseaux qui se cantonnent au haut des tours et dans les clochers ont des œufs verts comme les lierres [1] ou rougeâtres comme les maçonneries qu'ils habitent[2]. C'est donc une loi qui peut passer pour constante, que l'oiseau étale sur son œuf la livrée de ses amours et le symbole de ses mœurs et de ses destinées. On peut au seul aspect de ce monument fragile dire à peu près quel étoit le peuple auquel il a appartenu, quels étoient son costume, ses habitudes, ses goûts, s'il passoit des jours de danger sur les mers, ou si, plus heureux, il menoit une vie pastorale; s'il étoit civilisé ou sauvage, habitant de la montagne ou de la vallée. L'antiquaire des forêts s'appuie sur une science moins équivoque que celle de l'antiquaire des cités : un chêne exfolié ou chargé de mousse annonce bien mieux celui qui lui donna la croissance qu'une colonne en ruine ne dit quel fut l'architecte qui l'éleva. Les tombeaux, parmi les hommes, sont les feuillets de leur histoire; la nature, au contraire, n'imprime que sur la vie : il ne lui faut ni

---

1. Le choucas, etc.   2. La grande chevêche, etc.

granit, ni marbre, pour éterniser ce qu'elle écrit. Le temps a rongé les fastes des rois de Memphis sur leurs pyramides funèbres, et il n'a pu effacer une seule lettre de l'histoire que l'ibis égyptien porte gravée sur la coquille de son œuf.

CHAPITRE VII.

MIGRATION DES OISEAUX. OISEAUX AQUATIQUES; LEURS MŒURS. BONTÉ DE LA PROVIDENCE.

On connaît ces vers charmants de Racine le fils sur les migrations des oiseaux :

> Ceux qui, de nos hivers redoutant le courroux,
> Vont se réfugier dans des climats plus doux,
> Ne laisseront jamais la saison rigoureuse
> Surprendre parmi nous leur troupe paresseuse.
> Dans un sage conseil par les chefs assemblé,
> Du départ général le grand jour est réglé ;
> Il arrive : tout part ; le plus jeune peut-être
> Demande, en regardant les lieux qui l'ont vu naître,
> Quand viendra ce printemps par qui tant d'exilés
> Dans les champs paternels se verront rappelés.

Nous avons vu quelques infortunés à qui ce dernier trait faisoit venir les larmes aux yeux. Il n'en est pas des exils que la nature prescrit comme des exils commandés par des hommes. L'oiseau n'est banni un moment que pour son bonheur ; il part avec ses voisins, avec son père et sa mère, avec ses sœurs et ses frères ; il ne laisse rien après lui : il emporte tout son cœur. La solitude lui a préparé le vivre et le couvert ; les bois ne sont point armés contre lui : il retourne enfin mourir aux bords qui l'ont vu naître ; il y retrouve le fleuve, l'arbre, le nid, le soleil paternel. Mais le mortel chassé de ses foyers y rentre-t-il jamais ? Hélas ! l'homme ne peut dire en naissant quel coin de l'univers gardera ses cendres, ni de quel côté le souffle de l'adversité les portera. Encore si on le laissoit mourir tranquille ! Mais, aussitôt qu'il est malheureux, tout le persécute ; l'injustice particulière dont il est l'objet devient une injustice générale. Il ne trouve pas, ainsi que l'oisiveté, l'hospitalité sur la route : il frappe, et l'on n'ouvre pas ; il n'a pour appuyer ses os fatigués que la colonne du chemin public ou la borne de quelque héritage. Souvent même on lui dispute ce lieu de repos, qui placé entre deux champs sembloit n'ap-

partenir à personne ; on le force à continuer sa route vers de nouveaux
déserts : le ban qui l'a mis hors de son pays semble l'avoir mis hors
du monde. Il meurt, et il n'a personne pour l'ensevelir. Son corps gît
délaissé sur un grabat, d'où le juge est obligé de le faire enlever, non
comme le corps d'un homme, mais comme une immondice dangereuse
aux vivants. Ah ! plus heureux lorsqu'il expire dans quelque fossé au
bord d'une grande route, et que la charité du Samaritain jette en passant un peu de terre étrangère sur ce cadavre ! N'espérons donc que
dans le ciel, et nous ne craindrons plus l'exil : il y a dans la religion
toute une patrie.

Tandis qu'une partie de la création publie chaque jour aux mêmes
lieux les louanges du Créateur, une autre partie voyage pour raconter
ses merveilles. Des courriers traversent les airs, se glissent dans les
eaux, franchissent les monts et les vallées. Ceux-ci arrivent sur les
ailes du printemps, et bientôt, disparoissant avec les zéphyrs,
suivent de climat en climat leur mobile patrie ; ceux-là s'arrêtent à
l'habitation de l'homme : voyageurs lointains, ils réclament l'antique
hospitalité. Chacun suit son inclination dans le choix d'un hôte : le
rouge-gorge s'adresse aux cabanes ; l'hirondelle frappe aux palais :
cette fille de roi semble encore aimer les grandeurs, mais les grandeurs tristes, comme sa destinée ; elle passe l'été aux ruines de Versailles et l'hiver à celles de Thèbes.

A peine a-t-elle disparu, qu'on voit s'avancer sur les vents du nord
une colonie qui vient remplacer les voyageurs du midi, afin qu'il ne
reste aucun vide dans nos campagnes. Par un temps grisâtre d'automne,
lorsque la bise souffle sur les champs, que les bois perdent leurs dernières feuilles, une troupe de canards sauvages, tous rangés à la file,
traversent en silence un ciel mélancolique. S'ils aperçoivent du haut des
airs quelque manoir gothique environné d'étangs et de forêts, c'est là
qu'ils se préparent à descendre : ils attendent la nuit, et font des évo-
lutions au-dessus des bois. Aussitôt que la vapeur du soir enveloppe
la vallée, le cou tendu et l'aile sifflante, ils s'abattent tout à coup sur
les eaux, qui retentissent. Un cri général, suivi d'un profond silence,
s'élève dans les marais. Guidés par une petite lumière, qui peut-être
brille à l'étroite fenêtre d'une tour, les voyageurs s'approchent des
murs à la faveur des roseaux et des ombres. Là, battant des ailes et
poussant des cris par intervalles, au milieu du murmure des vents et
des pluies, ils saluent l'habitation de l'homme.

Un des plus jolis habitants de ces retraites, mais dont les pèlerinages sont moins lointains, c'est la poule d'eau. Elle se montre au
bord des joncs, s'enfonce dans leur labyrinthe, reparoît et disparoît

encore en poussant un petit cri sauvage : elle se promène dans les fossés du château; elle aime à se percher sur les armoiries sculptées dans les murs. Quand elle s'y tient immobile, on la prendroit, avec son plumage noir et le cachet blanc de sa tête, pour un oiseau en blason tombé de l'écu d'un ancien chevalier. Aux approches du printemps, elle se retire à des sources écartées. Une racine de saule minée par les eaux lui offre un asile; elle s'y dérobe à tous les yeux. Le convolvulus, les mousses, les capillaires d'eau, suspendent devant son nid des draperies de verdure; le cresson et la lentille lui fournissent une nourriture délicate; l'eau murmure doucement à son oreille; de beaux insectes occupent ses regards, et les naïades du ruisseau, pour mieux cacher cette jeune mère, plantent autour d'elle leurs quenouilles de roseaux, chargées d'une laine empourprée.

Parmi ces passagers de l'aquilon, il s'en trouve qui s'habituent à nos mœurs et refusent de retourner dans leur patrie : les uns, comme les compagnons d'Ulysse, sont captivés par la douceur de quelques fruits; les autres, comme les déserteurs du vaisseau de Cook, sont séduits par des enchanteresses qui les retiennent dans leurs îles. Mais la plupart nous quittent après un séjour de quelques mois : ils s'attachent aux vents et aux tempêtes qui ternissent l'éclat des flots et leur livrent la proie qui leur échapperoit dans des eaux transparentes; ils n'aiment que les retraites ignorées, et font le tour de la terre par un cercle de solitudes.

Ce n'est pas toujours en troupes que ces oiseaux visitent nos demeures. Quelquefois deux beaux étrangers, aussi blancs que la neige, arrivent avec les frimas : ils descendent au milieu des bruyères, dans un lieu découvert et dont on ne peut approcher sans être aperçu; après quelques heures de repos, ils remontent sur les nuages. Vous courez à l'endroit d'où ils sont partis, et vous n'y trouvez que quelques plumes, seules marques de leur passage, que le vent a déjà dispersées. Heureux le favori des muses qui, comme le cygne, a quitté la terre sans y laisser d'autres débris et d'autres souvenirs que quelques plumes de ses ailes!

Des convenances pour les scènes de la nature, ou des rapports d'utilité pour l'homme, déterminent les différentes migrations des animaux. Les oiseaux qui paroissent dans les mois des tempêtes ont des voix tristes et des mœurs sauvages comme la saison qui les amène; ils ne viennent point pour se faire entendre, mais pour écouter : il y a dans le sourd mugissement des bois quelque chose qui charme les oreilles. Les arbres qui balancent tristement leurs cimes dépouillées ne portent que de noires légions qui se sont associées pour passer l'hiver : elles ont leurs sentinelles et leurs gardes avancées ; souvent une corneille centenaire, antique sibylle du désert, se tient seule perchée sur un chêne avec lequel elle a vieilli : là, tandis que ses sœurs font silence, immobile et comme pleine de pensées, elle abandonne aux vents des monosyllabes prophétiques.

Il est remarquable que les sarcelles, les canards, les oies, les bécasses, les pluviers, les vanneaux, qui servent à notre nourriture, arrivent quand la terre est dépouillée, tandis que les oiseaux étrangers qui nous viennent dans la saison des fruits n'ont avec nous que des relations de plaisirs : ce sont des musiciens envoyés pour charmer nos banquets. Il en faut excepter quelques-uns, tels que la caille et le ramier, dont toutefois la chasse n'a lieu qu'après la récolte, et qui s'engraissent dans nos blés pour servir à notre table. Ainsi, les oiseaux du Nord sont la manne des aquilons, comme les rossignols sont les dons des zéphyrs : de quelque point de l'horizon que le vent souffle, il nous apporte un présent de la Providence.

CHAPITRE VIII.

OISEAUX DES MERS ; COMMENT UTILES A L'HOMME. QUE LES MIGRATIONS DES OISEAUX SERVOIENT DE CALENDRIER AUX LABOUREURS DANS LES ANCIENS JOURS.

Les oies, les sarcelles, les canards, étant de race domestique, habitent partout où il peut y avoir des hommes. Les navigateurs ont trouvé des bataillons innombrables de ces oiseaux jusque sous le pôle antarctique et sur les côtes de la Nouvelle-Zélande. Nous en avons rencontré nous-même des milliers depuis le golfe Saint-Laurent jusqu'à la pointe de l'isthme de la Floride. Nous vîmes un jour aux Açores une compagnie de sarcelles bleues, que la lassitude contraignit de s'abattre sur un figuier. Cet arbre n'avoit point de feuilles, mais il portoit des fruits rouges enchaînés deux à deux comme des cristaux. Quand il fut couvert de cette nuée d'oiseaux, qui laissoient pendre leurs ailes fatiguées, il offrit un spectacle singulier : les fruits paroissoient d'une pourpre éclatante sur les rameaux ombragés, tandis que l'arbre, par un prodige, sembloit avoir poussé tout à coup un feuillage d'azur.

Les oiseaux de mer ont des lieux de rendez-vous, où ils semblent délibérer en commun des affaires de leur république : c'est ordinairement un écueil au milieu des flots. Nous allions souvent nous asseoir, dans l'île Saint-Pierre[1], sur la côte opposée à une petite île que les habitants ont appelée *le Colombier*, parce qu'elle en a la forme et qu'on y vient chercher des œufs au printemps.

La multitude des oiseaux rassemblés sur ce rocher étoit si grande, que souvent nous distinguions leurs cris pendant le mugissement des tempêtes. Ces oiseaux avoient des voix extraordinaires, comme celles qui sortoient des mers ; si l'Océan a sa Flore, il a aussi sa Philomèle : lorsqu'au coucher du soleil le courlis siffle sur la pointe d'un rocher et que le bruit sourd des vagues l'accompagne, c'est une des harmonies les plus plaintives qu'on puisse entendre ; jamais l'épouse de Céix n'a rempli de tant de douleurs les rivages témoins de ses infortunes.

Une parfaite intelligence régnoit dans la république du *Colombier*. Aussitôt qu'un citoyen étoit né, sa mère le précipitoit dans les vagues, comme ces peuples barbares qui plongeoient leurs enfants dans les fleuves, pour les endurcir contre les fatigues de la vie. Des courriers partoient sans cesse de cette Tyr avec des gardes nombreuses, qui, par ordre de la Providence, se dispersoient sur les mers pour secourir les vaisseaux. Les uns se placent à quarante ou cinquante lieues d'une terre inconnue, et deviennent un indice certain pour le pilote qui les découvre flottants sur l'onde comme les bouées d'une ancre ; d'autres se cantonnent sur un rescif, et, sentinelles vigilantes, élèvent pendant la nuit une voix lugubre, pour écarter les navigateurs ; d'autres encore, par la blancheur de leur plumage, sont de véritables phares sur la noirceur des rochers. Nous présumons que c'est pour la même raison que la bonté de Dieu a rendu l'écume des flots phosphorique, et toujours plus éclatante parmi les brisants, en raison de la violence de la tempête : beaucoup de vaisseaux périroient dans les ténèbres sans ces fanaux miraculeux allumés par la Providence sur les écueils.

Tous les accidents des mers, le flux et le reflux, le calme et l'orage, sont prédits par les oiseaux. La mauve descend sur une grève, retire son cou dans sa plume, cache une patte dans son duvet, et, se tenant immobile sur l'autre, avertit le pêcheur de l'instant où les vagues se lèvent ; l'alouette marine, qui court le long du flot en poussant un cri doux et triste, annonce au contraire le moment du reflux ; enfin, les procellarias s'établissent au milieu de l'Océan. Compagnes des mariniers, elles suivent la course des navires et prophétisent la tempête. Le matelot leur attribue quelque chose de sacré, et leur donne religieusement l'hospitalité quand le vent les jette à bord ; c'est de même que le laboureur respecte le rouge-gorge, qui lui prédit

---

[1] Île à l'entrée du golfe Saint-Laurent, sur la côte de Terre-Neuve.

les beaux jours, et c'est ainsi qu'il les reçoit sous son toit de chaume pendant les rigueurs de l'hiver. Ces hommes malheureux, placés dans les deux conditions les plus dures de la vie, ont des amis que leur a préparés la Providence; ils trouvent dans un être foible le conseil ou l'espérance, qu'ils chercheroient souvent en vain chez leurs semblables. Ce commerce de bienfaits entre de petits oiseaux et des hommes infortunés est un de ces traits touchants qui abondent dans les œuvres de Dieu. Entre le rouge-gorge et le laboureur, entre la procellaria et le matelot, il y a une ressemblance de mœurs et de destinées tout à fait attendrissante. Oh! que la nature est sèche expliquée par des sophistes! mais combien elle paroît pleine et fertile aux cœurs simples qui n'en recherchent les merveilles que pour glorifier le Créateur!

Si le temps et le lieu nous le permettoient, nous aurions bien d'autres migrations à peindre, bien d'autres secrets de la Providence à révéler. Nous parlerions des grues des Florides, dont les ailes rendent des sons si harmonieux, et qui font de si beaux voyages au-dessus des lacs, des savanes, des cyprières et des bocages d'orangers et de palmiers; nous montrerions le pélican des bois, visitant les morts de la solitude, ne s'arrêtant qu'aux cimetières indiens et aux *monts* des tombeaux; nous rapporterions les raisons de ces migrations, toujours relatives à l'homme; nous dirions les vents, les saisons que les oiseaux choisissent pour changer de climat, les aventures qu'ils éprouvent, les obstacles qu'ils ont à surmonter, les naufrages qu'ils font; comment ils abordent quelquefois loin du pays qu'ils cherchent, sur des côtes inconnues; comment ils périssent en passant sur des forêts embrasées par la foudre ou sur des plaines où les sauvages ont mis le feu.

Dans les premiers âges du monde, c'étoit sur la floraison des plantes, sur la chute des feuilles, sur le départ et l'arrivée des oiseaux que les laboureurs et les bergers régloient leurs travaux. De là l'art de la divination chez certains peuples : on supposa que les animaux qui prédisoient les saisons et les tempêtes ne pouvoient être que les interprètes de la Divinité. Les anciens naturalistes et les poëtes (à qui nous sommes redevables du peu de simplicité qui reste encore parmi nous) nous montrent combien étoit merveilleuse cette manière de compter par les fastes de la nature, et quel charme elle répandoit sur la vie. Dieu est un profond secret; l'homme, créé à son image, est pareillement incompréhensible : c'étoit donc une ineffable harmonie de voir les périodes de ses jours réglées par des horloges aussi mystérieuses que lui-même.

Sous les tentes de Jacob ou de Booz, l'arrivée d'un oiseau mettoit tout en mouvement ; le patriarche faisoit le tour de son champ, à la tête de ses serviteurs, armés de faucilles. Si le bruit se répandoit que les petits de l'alouette avoient été vus voltigeant, à cette grande nouvelle tout un peuple, sur la foi de Dieu, commençoit avec joie la moisson. Ces aimables signes, en dirigeant les soins de la saison présente, avoient l'avantage de prédire les vicissitudes de la saison prochaine. Les oies et les sarcelles arrivoient-elles en abondance, on savoit que l'hiver seroit long. La corneille commençoit-elle à bâtir son nid au mois de janvier, les pasteurs espéroient en avril les roses de mai. Le mariage d'une jeune fille, au bord d'une fontaine, avoit tel rapport avec l'épanouissement d'une plante ; et les vieillards, qui meurent ordinairement en automne, tomboient avec les glands et les fruits mûrs. Tandis que le philosophe, tronquant ou allongeant l'année, promenoit l'hiver sur le gazon du printemps, le laboureur ne craignoit point que l'astronome qui lui venoit du ciel se trompât. Il savoit que le rossignol ne prendroit point le mois des frimas pour celui des fleurs et ne feroit point entendre au solstice d'hiver les chansons de l'été. Aussi les soins, les jeux, les plaisirs de l'homme champêtre étoient déterminés non par le calendrier incertain d'un savant, mais par les calculs infaillibles de celui qui a tracé la route du soleil. Ce souverain Régulateur voulut lui-même que les fêtes de son culte fussent assujetties aux simples époques empruntées de ses propres ouvrages, et dans ces jours d'innocence, selon les saisons et les travaux, c'étoit la voix du zéphyr ou de la tempête, de l'aigle ou de la colombe, qui appeloit l'homme au temple du Dieu de la nature.

Nos paysans se servent encore quelquefois de ces tables charmantes où sont gravés les temps des travaux rustiques. Les peuples de l'Inde en font le même usage, et les nègres, et les sauvages américains gardent cette manière de compter. Un Siminole de la Floride vous dit : « La fille s'est mariée à l'arrivée du *colibri*. — L'enfant est mort quand la *non-pareille* a mué. — Cette mère a autant de fils qu'il y a d'œufs dans le nid du *pélican*. »

Les sauvages du Canada marquent la sixième heure du soir par le moment où les ramiers boivent aux sources, et les sauvages de la Louisiane par celui où l'*éphémère* sort des eaux. Le passage des divers oiseaux règle la saison des chasses, et le temps des récoltes du maïs, du sucre d'érable, de la folle-avoine, est annoncé par certains animaux qui ne manquent jamais d'accourir à l'heure du banquet.

CHAPITRE IX.

QUADRUPÈDES.

Les migrations sont plus fréquentes dans la classe des poissons et des oiseaux que dans celle des quadrupèdes, à cause de la multiplicité des premiers et de la facilité de leurs voyages à travers deux éléments qui enveloppent la terre ; il n'y a d'étonnant que la manière dont ils abordent, sans s'égarer, aux rivages qu'ils cherchent. On conçoit qu'un animal chassé par la faim abandonne le pays qu'il habite, en quête de nourriture et d'abri ; mais conçoit-on que la *matière* le fasse aller *ici* plutôt que *là*, et le conduise, avec une exactitude miraculeuse, précisément au lieu où se trouvent cette nourriture et cet abri ? Pourquoi connoît-il les vents et les marées, les équinoxes et les solstices ? Nous ne doutons point que si les races voyageuses étoient un seul moment abandonnées à leur *propre instinct*, elles ne périssent presque toutes. Celles-ci, en voulant passer dans les latitudes froides, arriveroient sous les tropiques ; celles-là, en comptant se rendre à la ligne, se trouveraient sous le pôle. Nos rouge-gorge, au lieu de traverser l'Alsace et la Germanie, en cherchant de petits insectes, deviendroient eux-mêmes en Afrique la proie de quelque énorme scarabée ; le Groënlandois entendroit une plainte sortir des rochers et verroit un oiseau grisâtre chanter et mourir : ce seroit la pauvre Philomèle.

Dieu ne permet pas de pareilles méprises. Tout a ses convenances et ses rapports dans la nature : aux fleurs les zéphyrs, aux hivers les tempêtes, au cœur de l'homme la douleur. Les plus habiles pilotes manqueront longtemps le port désiré avant que le poisson se trompe sur la longitude du moindre des écueils de l'abîme : la Providence est son étoile polaire, et quelque part qu'il se dirige il aperçoit toujours cet astre, qui ne se couche jamais.

L'univers est comme une immense hôtellerie, où tout est en mouvement. On en voit sortir, on y voit entrer une multitude de voyageurs. Il n'y a peut-être rien de plus beau, dans les migrations des quadrupèdes, que les bisons à travers les savanes de la Louisiane et du Nouveau-Mexique. Quand le temps de changer de climat est venu, pour aller porter l'abondance à des peuples sauvages, quelque buffle, conducteur des troupeaux du désert, appelle autour de lui ses fils et ses filles. Le rendez-vous est au bord du Meschacebé ; l'instant de la marche est fixé vers la fin du jour. La troupe s'assemble, le moment arrive. Le chef, secouant sa crinière, qui pend de toutes parts sur ses yeux et ses cornes recourbées, salue le soleil couchant en baissant la tête et en élevant son dos comme une montagne ; un bruit sourd, signal du départ, sort en même temps de sa profonde poitrine, et tout à coup il plonge dans les vagues écumantes, suivi de la multitude des génisses et des taureaux qui mugissent d'amour après lui.

Tandis que cette puissante famille de quadrupèdes traverse à grand bruit les fleuves et les forêts, une flotte paisible, sur un lac solitaire, vogue en silence à la faveur des zéphyrs et à la clarté des étoiles. De petits écureuils noirs, après avoir dépouillé les noyers du voisinage, se sont résolus à chercher fortune et à s'embarquer pour une autre forêt. Aussitôt, élevant leur queue et déployant au vent cette voile de soie, la race hardie tente fièrement l'inconstance des ondes, pirates imprudents que l'amour des richesses transporte. La tempête se lève, la flotte va périr. Elle essaye de gagner le havre prochain ; mais quelquefois une armée de castors s'oppose à la descente, dans la crainte que ces étrangers ne viennent piller les moissons. En vain les légers escadrons débarqués sur la rive se sauvent en montant sur les arbres et insultent du haut de ces remparts à la marche pesante des ennemis. Le génie l'emporte sur la ruse : des sapeurs s'avancent, minent le chêne, et le font tomber avec tous ses écureuils, comme une tour chargée de soldats, abattue par le bélier antique.

Il arrive bien d'autres malheurs à nos aventuriers, qui s'en consolent avec quelques fruits et quelques jeux. Athènes, prise par les Lacédémoniens, n'en fut ni moins aimable ni moins frivole. En remontant la rivière du nord, sur le paquebot de New-York à Albany, nous vîmes un de ces infortunés qui essayoit inutilement de traverser le fleuve. On le retira de l'eau à demi noyé ; il étoit charmant, d'un noir d'ébène, et sa queue avoit deux fois la longueur de son corps ; il fut rendu à la vie, mais il perdit la liberté : une jeune passagère en fit son esclave.

Les rennes du nord de l'Europe, les caribous et les orignaux de l'Amérique septentrionale ont leur temps de migrations toujours correspondant aux besoins de l'homme. Il n'y a pas jusqu'aux ours blancs de Terre-Neuve, dont la fourrure est si nécessaire aux Esquimaux, qui ne soient envoyés à ces sauvages par une Providence miraculeuse. Ces monstres marins abordent aux côtes du Labrador, sur des glaces flottantes ou sur des débris de navire, où ils se tiennent comme de forts matelots sauvés du naufrage.

Les éléphants voyagent aussi en Asie ; la terre tremble sous leurs pas, et cependant il n'y a rien à craindre : chaste, intelligent, sensible, Behmot est doux parce qu'il est fort, paisible parce qu'il est puissant. Premier serviteur de l'homme, et non son esclave, il tient le second rang dans l'ordre de la création : après la chute originelle, les animaux s'éloignèrent du toit de l'homme ; mais on pourroit croire que les éléphants, naturellement généreux, se retirèrent avec le plus de regret, car ils sont toujours restés aux environs du berceau du monde. Ils sortent de temps en temps de leur désert, et s'avancent vers un pays habité, afin de remplacer leurs compagnons morts, sans se reproduire, au service des fils d'Adam [1].

CHAPITRE X.

AMPHIBIES ET REPTILES.

On trouve au pied des monts Apalaches, dans les Florides, des fontaines qu'on appelle *puits naturels*. Chaque puits est creusé au centre d'un monticule planté d'orangers, de chênes-verts et de catalpas. Ce monticule s'ouvre en forme de croissant, du côté de la savane, et un courant d'eau sort du puits par cette ouverture. Les arbres, en s'inclinant sur la fontaine, rendent sa surface toute noire au-dessous ; mais à l'endroit où le courant d'eau s'échappe de la base du cône, un rayon du jour, pénétrant par le lit du canal, tombe sur un seul point du miroir de la fontaine, qui imite l'effet de la glace dans la *chambre obscure* du peintre. Cette charmante retraite est ordinairement habitée par un énorme crocodile, qui se tient immobile au milieu

---

1. Les plumes éloquentes qui ont décrit les mœurs de ces animaux nous dispensent de nous étendre sur ce sujet. Nous dirons seulement que les éléphants ne nous paroissent d'une structure si étrange que parce que nous les voyons séparés des végétaux, des sites, des eaux, des montagnes, des couleurs, de la lumière, des ombres et des cieux qui leur sont propres. Les productions de nos latitudes, mesurées sur une petite échelle, les formes généralement rondes des objets, la finesse de nos herbes, la dentelure légère de nos feuillages, l'élégance du port de nos arbres, nos jours trop pâles, nos nuits trop fraîches, les teintes trop fuyardes de nos verdures, enfin la couleur même, le vêtement, l'architecture de l'Européen, n'ont aucune concordance avec l'éléphant. Si les voyageurs observoient plus exactement, nous saurions comment ce quadrupède se marie à la nature qui le produit. Pour nous, nous croyons entrevoir quelques-unes de ces relations. La trompe de l'éléphant, par exemple, a des rapports marqués avec les cierges, les aloès, les lianes, les rotins, et, dans le règne animal, avec les longs serpents des Indes ; ses oreilles sont taillées comme les feuilles du figuier oriental ; sa peau est écailleuse, molle, et pourtant rigide comme

du bassin¹ : à son écaille verdoyante, à ses larges naseaux qui lancent les ondes en deux ellipses colorées, vous le prendriez pour un dragon de bronze dans quelque grotte des bosquets de Versailles.

Les crocodiles ou caïmans des Florides ne vivent pas toujours solitaires. Dans certains temps de l'année ils s'assemblent en troupes, et se mettent en embuscade pour attaquer des voyageurs qui doivent arriver de l'Océan. Lorsque ceux-ci ont remonté les fleuves, que l'eau manque à leur multitude, qu'ils meurent échoués sur les rivages et menacent de répandre la peste dans l'air, la Providence les livre tout à coup à une armée de quatre ou cinq mille crocodiles. Les monstres, poussant un cri et faisant claquer leurs mâchoires, fondent sur les étrangers. Bondissant de toutes parts, les combattants se joignent, se saisissent, s'entrelacent. Ils se plongent au fond des gouffres, se roulent dans les limons, remontent à la surface de l'eau. Le fleuve taché de sang se couvre de corps mutilés et d'entrailles fumantes. Rien ne peut donner une idée de ces scènes extraordinaires, décrites par les voyageurs, et que le lecteur est toujours tenté de prendre pour de vaines exagérations².

Rompues, dispersées, pleines d'épouvante, les légions étrangères, poursuivies jusqu'à l'Océan, sont forcées de rentrer dans les abîmes, afin que, désormais utiles à nos besoins, elles nous servent sans nous nuire³.

Ces espèces de monstres ont quelquefois révolté la sagesse de l'athée : ils sont pourtant nécessaires dans le plan général. Ils n'habitent que les déserts où l'absence de l'homme commande leur présence ; ils y sont placés pour détruire, jusqu'à l'arrivée du grand destructeur. Aussitôt que nous apparaissons sur une côte, ils nous cèdent l'empire, certains qu'un seul de nous fera plus de ravages que dix mille d'entre eux⁴.

la bourre qui enveloppe une partie du tronc du palmier, ou plutôt comme la filasse ligneuse du coco ; beaucoup de plantes grasses des tropiques s'appuient sur la terre comme ses pieds et en ont la forme lourde et carrée ; son cri est à la fois grêle et fort comme celui du Cafre, ou comme le cri de guerre du cipaye. Lorsque, couvert de riches tapis, chargé d'une tour, semblable aux minarets d'une pagode, l'éléphant apporte quelque pieux monarque aux débris de ces temples qu'on trouve dans la presqu'île des Indes, la colonne de ses pieds, sa figure irrégulière, sa pompe barbare, s'allient avec cette architecture colossale formée de quartiers de roche entassés les uns sur les autres : la bête et le monument en ruine semblent être deux restes du temps des géants.

1. Voyez BARTRAM, *Voyage dans les Carolines et dans les Florides.*
2. Voyez BARTRAM, au *Voyage* cité.
3. Les immenses avantages que l'homme tire des migrations des poissons sont si connus que nous ne nous y arrêtons pas.
4. On a observé que dans les Carolines, où les caïmans ont été détruits, les rivières

Et pourquoi Dieu fait-il des êtres superflus qui obligent ensuite à des destructions? Par la raison que Dieu n'agit pas, comme nous, d'une manière bornée ; il se contente de dire : *Croissez et multipliez;* et l'infini est dans ces deux mots. Dorénavant pour être sage il faudra peut-être que la Divinité soit médiocre ; l'infini sera un attribut que nous lui retrancherons ; tout ce qui sera immense sera rejeté. Nous dirons : « Cela est de trop dans la nature, » parce que notre esprit ne pourra le comprendre. Et que si Dieu s'avise de placer plus d'un certain nombre de soleils dans la voûte céleste, nous tiendrons l'excédant comme non avenu, et, en conséquence de cette prodigalité d'univers, nous déclarerons le Créateur convaincu de folie et d'impuissance.

Considérés en eux-mêmes, quelle que soit la difformité de ces êtres que nous appelons des monstres, on peut encore reconnaître sous leurs horribles traits quelques marques de la bonté divine. Un crocodile, un serpent, ne sont pas moins tendres pour leurs petits qu'un rossignol, une colombe. C'est d'abord un contraste miraculeux et touchant de voir un crocodile bâtir un nid et pondre un œuf comme une poule, et un petit monstre sortir d'une coquille comme un poussin. La femelle du crocodile montre ensuite pour sa famille la plus tendre sollicitude. Elle se promène entre les nids de ses sœurs, qui forment des cônes d'œufs et d'argile, et qui sont rangés comme les tentes d'un camp au bord d'un fleuve. L'amazone fait une garde vigilante et laisse agir les feux du jour; car si la délicate affection de la mère est comme représentée par l'œuf du crocodile, la force et les mœurs de ce puissant animal se peignent, pour ainsi dire, dans le soleil qui couve cet œuf et dans le limon qui lui sert de levain. Aussitôt qu'une des meules a germé, la femelle prend sous sa protection les monstres naissants : ce ne sont pas toujours ses propres fils ; mais elle fait par ce moyen l'apprentissage de la maternité, et rend son habileté égale à ce que sera sa tendresse. Quand enfin sa famille vient à éclore, elle la conduit au fleuve, la lave dans une eau pure, lui apprend à nager, pêche pour elle de petits poissons, et la protège contre les mâles qui veulent souvent la dévorer.

Un Espagnol des Florides nous a conté qu'ayant enlevé la couvée d'un crocodile, et la faisant emporter dans un panier par des nègres, la femelle le suivit avec des cris pitoyables. On posa deux des petits à terre : la mère aussitôt se mit à les pousser avec ses mains et son

---

sont souvent infectées par la multitude des poissons qui remontent de l'Océan, et qui meurent, faute d'eau, pendant les jours caniculaires.

museau, tantôt se tenant derrière eux pour les défendre, tantôt marchant à leur tête pour leur montrer le chemin. Les petits se traînoient, en gémissant, sur les traces de leur mère, et ce reptile énorme, qui naguère ébranloit le rivage de ses rugissements, faisoit alors entendre une sorte de bêlement aussi doux que celui d'une chèvre qui allaite ses chevreaux.

Le serpent à sonnettes le dispute au crocodile en affection maternelle : ce reptile, qui donne aux hommes des leçons de générosité[1], leur en donne encore de tendresse. Quand sa famille est poursuivie, il la reçoit dans sa gueule[2] : peu content des lieux où il la pourroit cacher, il la fait rentrer en lui, ne trouvant point pour des enfants d'asile plus sûr que le sein d'une mère. Exemple d'un dévouement sublime, il ne survit point à la perte de ses petits, car pour les lui ravir il faut les arracher de ses entrailles.

Parlerons-nous du poison de ce serpent, toujours plus violent au temps où il a une famille? Raconterons-nous la tendresse de l'ours, qui, semblable à la femme sauvage, pousse l'amour maternel jusqu'à allaiter ses enfants après leur mort[3]?

Qu'on suive ces prétendus monstres dans leurs instincts; qu'on étudie leurs formes, leurs armures; qu'on fasse attention à l'anneau qu'ils occupent dans la chaîne de la création; qu'on les examine dans leurs propres rapports et dans ceux qu'ils ont avec l'homme, nous osons assurer que les causes finales sont peut-être plus visibles dans cette classe d'êtres qu'elles ne le sont dans les espèces plus favorisées de la nature, de même que dans un ouvrage barbare les traits de génie brillent davantage au milieu des ombres qui les environnent.

L'objection que l'on fait contre les lieux que ces monstres habitent ne nous paroît pas mieux fondée. Les marais, tout nuisibles qu'ils semblent, ont cependant de grandes utilités. Ce sont les urnes des fleuves dans les pays de plaines, et les réservoirs des pluies dans les contrées éloignées de la mer. Leur limon et les cendres de leurs herbes fournissent des engrais aux laboureurs; leurs roseaux donnent le feu et le toit à de pauvres familles; frêle couverture, en harmonie avec la vie de l'homme, et qui ne dure pas plus que nos jours.

Ces lieux ont même une certaine beauté qui leur est propre : frontière de la terre et de l'eau, ils ont des végétaux, des sites et des habitants particuliers : tout y participe du mélange des deux éléments. Les glaïeuls tiennent le milieu entre l'herbe et l'arbuste, entre

---

1. Il n'attaque jamais le premier.
2. Voyez les *Voyages de Carver* (*Carver's Travels*) dans le Canada.
3. Voyez les *Voyages de Cook*.

le poireau des mers et la plante terrestre ; quelques-uns des insectes fluviatiles ressemblent à de petits oiseaux : quand la *demoiselle*, avec son corsage bleu et ses ailes transparentes, se repose sur la fleur du nénuphar blanc, on croiroit voir l'oiseau-mouche des Florides sur une rose de magnolia. En automne, ces marais sont plantés de joncs desséchés, qui donnent à la stérilité même l'air des plus opulentes moissons ; au printemps, ils présentent des bataillons de lances verdoyantes. Un bouleau, un saule isolé où la brise a suspendu quelques flocons de plumes, domine ces mouvantes campagnes ; le vent glissant sur ces roseaux incline tour à tour leurs cimes : l'une s'abaisse, tandis que l'autre se relève ; puis soudain, toute la forêt venant à se courber à la fois, on découvre ou le butor doré, ou le héron blanc, qui se tient immobile sur une longue patte comme sur un épieu.

CHAPITRE XI.

DES PLANTES ET DE LEURS MIGRATIONS.

Nous entrons à présent dans ce règne où les merveilles de la nature prennent un caractère plus riant et plus doux. En s'élevant dans les airs et sur le sommet des monts, on diroit que les plantes empruntent quelque chose du ciel, dont elles se rapprochent. On voit souvent par un profond calme, au lever de l'aurore, les fleurs d'une vallée immobiles sur leurs tiges ; elles se penchent de diverses manières, et regardent tous les points de l'horizon. Dans ce moment même où il semble que tout est tranquille, un mystère s'accomplit : la nature conçoit ; et ces plantes sont autant de jeunes mères tournées vers la région mystérieuse d'où leur doit venir la fécondité. Les sylphes ont des sympathies moins aériennes, des communications moins invisibles ; le narcisse livre aux ruisseaux sa race virginale, la violette confie aux zéphyrs sa modeste postérité, une abeille cueille du miel de fleur en fleur, et, sans le savoir, féconde toute une prairie ; un papillon porte un peuple entier sur son aile. Cependant les amours des plantes ne sont pas également tranquilles ; il en est d'orageuses comme celles des hommes : il faut des tempêtes pour marier sur des hauteurs inaccessibles le cèdre du Liban au cèdre du Sinaï, tandis qu'au bas de la montagne le plus doux vent suffit pour établir entre les fleurs un commerce de volupté. N'est-ce pas ainsi que le souffle des passions agite les rois de la terre sur leur trône, tandis que les bergers vivent heureux à leurs pieds ?

La fleur donne le miel : elle est la fille du matin, le charme du printemps, la source des parfums, la grâce des vierges, l'amour des poëtes ; elle passe vite comme l'homme, mais elle rend doucement ses feuilles à la terre. Chez les anciens, elle couronnoit la coupe du banquet et les cheveux blancs du sage ; les premiers chrétiens en couvroient les martyrs et l'autel des catacombes ; aujourd'hui, et en mémoire de ces antiques jours, nous la mettons dans nos temples. Dans le monde, nous attribuons nos affections à ses couleurs : l'espérance à sa verdure, l'innocence à sa blancheur, la pudeur à ses teintes de rose ; il y a des nations entières où elle est l'interprète des sentiments ; livre charmant, qui ne renferme aucune erreur dangereuse et ne garde que l'histoire fugitive des révolutions du cœur !

En mettant les sexes sur des individus différents dans plusieurs familles de plantes, la Providence a multiplié les mystères et les beautés de la nature. Par là la loi des migrations se reproduit dans un règne qui sembloit dépourvu de toute faculté de se mouvoir. Tantôt c'est la graine ou le fruit, tantôt c'est une portion de la plante ou même la plante entière qui voyage. Les cocotiers croissent souvent sur des rochers au milieu de la mer : quand la tempête survient, leurs fruits tombent, et les flots les roulent à des côtes habitées, où ils se transforment en beaux arbres ; symbole de la vertu qui s'élève sur des écueils exposés aux orages : plus elle est battue des vents, plus elle prodigue de trésors aux hommes.

On nous a montré au bord de l'*Yar*, petite rivière du comté de Suffolk en Angleterre, une espèce de cresson fort curieux : il change de place et s'avance comme par bonds et par sauts. Il porte plusieurs chevelus dans ses cimes ; lorsque ceux qui se trouvent à l'une des extrémités de la masse sont assez longs pour atteindre au fond de l'eau, ils y prennent racine. Tirées par l'action de la plante qui s'abaisse sur son nouveau pied, les griffes du côté opposé lâchent prise, et la cressonnière, tournant sur son pivot, se déplace de toute la longueur de son banc. Le lendemain on cherche la plante dans l'endroit où on l'a laissée la veille, et on l'aperçoit plus haut ou plus bas sur le cours de l'onde, formant, avec le reste des familles fluviatiles, de nouveaux effets et de nouvelles harmonies. Nous n'avons vu ni la floraison ni la fructification de ce cresson singulier, que nous avons nommé MIGRATOR, *voyageur*, à cause de nos propres destinées.

Les plantes marines sont sujettes à changer de climat ; elles semblent partager l'esprit d'aventure de ces peuples insulaires que leur position géographique a rendus commerçants. Le *fucus giganteus* sort des antres du Nord avec les tempêtes ; il s'avance sur la mer en enfermant dans ses bras des espaces immenses. Comme un filet tendu de l'un à l'autre rivage de l'Océan, il entraîne avec lui les moules, les phoques, les raies, les tortues qu'il prend sur sa route. Quelquefois, fatigué de nager sur les vagues, il allonge un pied au fond de l'abîme et s'arrête debout; puis, recommençant sa navigation avec un vent favorable, après avoir flotté sous mille latitudes diverses, il vient tapisser les côtes du Canada des guirlandes enlevées aux rochers de la Norvège.

Les migrations des plantes marines, qui au premier coup d'œil ne paroissent que de simples jeux du hasard, ont cependant des relations touchantes avec l'homme.

En nous promenant un soir à Brest, au bord de la mer, nous aperçûmes une pauvre femme qui marchoit courbée entre des rochers; elle considéroit attentivement les débris d'un naufrage, et surtout les plantes attachées à ces débris, comme si elle eût cherché à deviner par leur plus ou moins de vieillesse l'époque certaine de son malheur. Elle découvrit sous des galets une de ces boîtes de matelot qui servent à mettre des flacons. Peut-être l'avoit-elle remplie elle-même autrefois, pour son époux, de cordiaux achetés du fruit de ses épargnes; du moins nous le jugeâmes ainsi, car elle se prit à essuyer ses larmes avec le coin de son tablier. Des mousserons de mer remplaçoient maintenant ces présents de sa tendresse. Ainsi, tandis que le bruit du canon apprend aux grands le naufrage des grands du monde, la Providence en annonçant aux mêmes bords quelque deuil aux petits et aux foibles leur dépêche secrètement quelques brins d'herbe et un débris.

CHAPITRE XII.

DEUX PERSPECTIVES DE LA NATURE.

Ce que nous venons de dire des animaux et des plantes nous mène à considérer les tableaux de la nature sous un rapport plus général. Tâchons de faire parler ensemble ces merveilles, qui prises séparément nous ont déjà dit tant de choses de la Providence.

Nous présenterons aux lecteurs deux perspectives de la nature, l'une marine et l'autre terrestre; l'une au milieu des mers Atlantiques, l'autre dans les forêts du Nouveau Monde, afin qu'on ne puisse attribuer la majesté de ces scènes aux monuments des hommes.

Le vaisseau sur lequel nous passions en Amérique s'étant élevé au-dessus du gisement des terres, bientôt l'espace ne fut plus tendu que du double azur de la mer et du ciel, comme une toile préparée pour recevoir les futures créations de quelque grand peintre. La couleur des eaux devint semblable à celle du verre liquide. Une grosse houle venoit du couchant, bien que le vent soufflât de l'est ; d'énormes ondulations s'étendoient du nord au midi, et ouvroient dans leurs vallées de longues échappées de vue sur les déserts de l'Océan. Ces mobiles paysages changeoient d'aspect à toute minute : tantôt une multitude de tertres verdoyants représentoient des sillons de tombeaux dans un cimetière immense ; tantôt des lames en faisant moutonner leurs cimes imitoient des troupeaux blancs répandus sur des bruyères ; souvent l'espace sembloit borné, faute de point de comparaison ; mais si une vague venoit à se lever, un flot à se courber comme une côte lointaine, un escadron de chiens de mer à passer à l'horizon, l'espace s'ouvroit subitement devant nous. On avoit surtout l'idée de l'étendue lorsqu'une brume légère rampoit à la surface de la mer et sembloit accroître l'immensité même. Oh ! qu'alors les aspects de l'Océan sont grands et tristes ! Dans quelles rêveries ils vous plongent, soit que l'imagination s'enfonce sur les mers du Nord au milieu des frimas et des tempêtes, soit qu'elle aborde sur les mers du Midi à des îles de repos et de bonheur !

Il nous arrivoit souvent de nous lever au milieu de la nuit et d'aller nous asseoir sur le pont, où nous ne trouvions que l'officier de quart et quelques matelots qui fumoient leur pipe en silence. Pour tout bruit on entendoit le froissement de la proue sur les flots, tandis que des étincelles de feu couroient avec une blanche écume le long des flancs du navire. Dieu des chrétiens ! c'est surtout dans les eaux de l'abîme et dans les profondeurs des cieux que tu as gravé bien fortement les traits de ta toute-puissance : des millions d'étoiles rayonnant dans le sombre azur du dôme céleste, la lune au milieu du firmament, une mer sans rivages, l'infini dans le ciel et sur les flots ! Jamais tu ne m'as plus troublé de ta grandeur que dans ces nuits où, suspendu entre les astres et l'Océan, j'avois l'immensité sur ma tête et l'immensité sous mes pieds !

Je ne suis rien : je ne suis qu'un simple solitaire. J'ai souvent entendu les savants disputer sur le premier Être, et je ne les ai point compris ; mais j'ai toujours remarqué que c'est à la vue des grandes scènes de la nature que cet Être inconnu se manifeste au cœur de l'homme. Un soir (il faisoit un profond calme) nous nous trouvions dans ces belles mers qui baignent les rivages de la Virginie ; toutes les voiles étoient pliées ; j'étois occupé sous le pont, lorsque j'entendis la cloche qui appeloit l'équipage à la prière : je me hâtai d'aller mêler mes vœux à ceux de mes compagnons de voyage. Les officiers étoient sur le château de poupe avec les passagers ; l'aumônier, un livre à la main, se tenoit un peu en avant d'eux ; les matelots étoient répandus pêle-mêle sur le tillac : nous étions tous debout, le visage tourné vers la proue du vaisseau, qui regardoit l'occident.

Le globe du soleil, prêt à se plonger dans les flots, apparoissoit entre les cordages du navire au milieu des espaces sans bornes. On eût dit, par les balancements de la poupe, que l'astre radieux changeoit à chaque instant d'horizon. Quelques nuages étoient jetés sans ordre dans l'orient, où la lune montoit avec lenteur ; le reste du ciel étoit pur : vers le nord, formant un glorieux triangle avec l'astre du jour et celui de la nuit, une trombe, brillante des couleurs du prisme, s'élevoit de la mer comme un pilier de cristal supportant la voûte du ciel.

Il eût été bien à plaindre, celui qui dans ce spectacle n'eût point reconnu la beauté de Dieu. Des larmes coulèrent malgré moi de mes paupières, lorsque mes compagnons, ôtant leur chapeau goudronné, vinrent à entonner d'une voix rauque leur simple cantique à *Notre-Dame de Bon-Secours*, patronne des mariniers. Qu'elle étoit touchante, la prière de ces hommes qui sur une planche fragile, au milieu de l'Océan, contemploient le soleil couchant sur les flots ! Comme elle alloit à l'âme, cette invocation du pauvre matelot à la Mère de Douleur ! La conscience de notre petitesse à la vue de l'infini, nos chants s'étendant au loin sur les vagues, la nuit s'approchant avec ses embûches, la merveille de notre vaisseau au milieu de tant de merveilles, un équipage religieux saisi d'admiration et de crainte, un prêtre auguste en prière, Dieu penché sur l'abîme, d'une main retenant le soleil aux portes de l'occident, de l'autre élevant la lune dans l'orient, et prêtant, à travers l'immensité, une oreille attentive à la voix de sa créature : voilà ce qu'on ne sauroit peindre, et ce que tout le cœur de l'homme suffit à peine pour sentir.

Passons à la scène terrestre.

Un soir je m'étois égaré dans une forêt, à quelque distance de la cataracte de Niagara ; bientôt je vis le jour s'éteindre autour de moi, et je goûtai, dans toute sa solitude, le beau spectacle d'une nuit dans les déserts du Nouveau Monde.

Une heure après le coucher du soleil la lune se montra au-dessus des arbres, à l'horizon opposé. Une brise embaumée, que cette reine des nuits amenoit de l'orient avec elle, sembloit la précéder dans les forêts, comme sa fraîche haleine. L'astre solitaire monta peu à peu dans le ciel : tantôt il suivoit paisiblement sa course azurée, tantôt il reposoit sur des groupes de nues qui ressembloient à la cime de hautes montagnes couronnées de neige. Ces nues, ployant et déployant leurs voiles, se dérouloient en zones diaphanes de satin blanc, se dispersoient en légers flocons d'écume, ou formoient dans les cieux des bancs d'une ouate éblouissante, si doux à l'œil, qu'on croyoit ressentir leur mollesse et leur élasticité.

La scène sur la terre n'étoit pas moins ravissante : le jour bleuâtre et velouté de la lune descendoit dans les intervalles des arbres, et poussoit des gerbes de lumière jusque dans l'épaisseur des plus profondes ténèbres. La rivière qui couloit à mes pieds tour à tour se perdoit dans le bois, tour à tour reparoissoit brillante des constellations de la nuit, qu'elle répétoit dans son sein. Dans une savane, de l'autre côté de la rivière, la clarté de la lune dormoit sans mouvement sur les gazons; des bouleaux agités par les brises et dispersés çà et là formoient des îles d'ombres flottantes sur cette mer immobile de lumière. Auprès tout auroit été silence et repos sans la chute de quelques feuilles, le passage d'un vent subit, le gémissement de la hulotte; au loin, par intervalles, on entendoit les sourds mugissements de la cataracte du Niagara, qui, dans le calme de la nuit, se prolongeoient de désert en désert et expiroient à travers les forêts solitaires.

La grandeur, l'étonnante mélancolie de ce tableau ne sauroient s'exprimer dans les langues humaines ; les plus belles nuits en Europe ne peuvent en donner une idée. En vain dans nos champs cultivés l'imagination cherche à s'étendre ; elle rencontre de toutes parts les habitations des hommes ; mais dans ces régions sauvages l'âme se plaît à s'enfoncer dans un océan de forêts, à planer sur le gouffre des cataractes, à méditer au bord des lacs et des fleuves, et, pour ainsi dire, à se trouver seule devant Dieu.

CHAPITRE XIII.

L'HOMME PHYSIQUE.

Pour achever ces vues des causes finales, ou des preuves de l'existence de Dieu tirées des merveilles de la nature, il ne nous reste plus qu'à considérer l'homme *physique*. Nous laisserons parler les maîtres qui ont approfondi cette matière.

Cicéron décrit ainsi le corps de l'homme :

A l'égard des sens[1], par qui les objets extérieurs viennent à la connoissance de l'âme, leur structure répond merveilleusement à leur destination,

---

1. *De Nat. Deor.*, t. II, 56, 57 et 58, trad. de D'OLIVET.

et ils ont leur siége dans la tête comme dans un lieu fortifié. Les yeux, ainsi que des sentinelles, occupent la place la plus élevée, d'où ils peuvent, en découvrant les objets, faire leur charge. Un lieu éminent convenoit aux oreilles, parce qu'elles sont destinées à recevoir le son, qui monte naturellement. Les narines devoient être dans la même situation, parce que l'odeur monte aussi; et il les falloit près de la bouche, parce qu'elles nous aident beaucoup à juger du boire et du manger. Le goût, qui doit nous faire sentir la qualité de ce que nous prenons, réside dans cette partie de la bouche par où la nature donne passage au solide et au liquide. Pour le tact, il est généralement répandu dans tout le corps, afin que nous ne puissions recevoir aucune impression ni être attaqués du froid ou du chaud sans le sentir. Et comme un architecte ne mettra point sous les yeux ni sous le nez du maître les égouts d'une maison, de même la nature a éloigné de nos sens ce qu'il y a de semblable à cela dans le corps humain.

Mais quel autre ouvrier que la nature, dont l'adresse est incomparable, pourroit avoir si artistement formé nos sens? Elle a entouré les yeux de tuniques fort minces, transparentes en avant, afin que l'on pût voir à travers; fermes dans leur tissure, afin de tenir les yeux en état. Elle les a fait glissants et mobiles pour leur donner moyen d'éviter ce qui pourroit les offenser et de porter aisément leurs regards où ils veulent. La prunelle, où se réunit ce qui fait la force de la vision, est si petite, qu'elle se dérobe sans peine à ce qui seroit capable de lui faire mal. Les paupières, qui sont les couvertures des yeux, ont une surface polie et douce pour ne point les blesser. Soit que la peur de quelque accident oblige à les fermer, soit qu'on veuille les ouvrir, les paupières sont faites pour s'y prêter, et l'un ou l'autre de ces mouvements ne leur coûte qu'un instant; elles sont, pour ainsi dire, fortifiées d'une palissade de poils qui leur sert à repousser ce qui viendroit attaquer les yeux quand ils sont ouverts, et à les envelopper, afin qu'ils reposent paisiblement quand le sommeil les ferme et nous les rend inutiles. Nos yeux ont de plus l'avantage d'être cachés et défendus par des éminences; car, d'un côté, pour arrêter la sueur qui coule de la tête et du front, ils ont le haut des sourcils; et de l'autre, pour se garantir par le bas, ils ont les joues, qui avancent un peu. Le nez est placé entre les deux comme un mur de séparation.

Quant à l'ouïe, elle demeure toujours ouverte, parce que nous en avons toujours besoin, même en dormant. Si quelque son la frappe alors, nous en sommes réveillés. Elle a des conduits tortueux, de peur que s'ils étoient droits et unis, quelque chose ne s'y glissât...

Mais nos mains, de quelle commodité ne sont-elles pas, et de quelle utilité dans les arts? Les doigts s'allongent ou se plient sans la moindre difficulté, tant leurs jointures sont flexibles. Avec leurs secours, les mains usent du pinceau et du ciseau; elles jouent de la lyre, de la flûte : voilà pour l'agréable. Pour le nécessaire, elles cultivent les champs, bâtissent des maisons, font des étoffes, des habits, travaillent en cuivre, en fer. L'esprit invente, les sens examinent, la main exécute; tellement que si nous sommes logés, si nous sommes vêtus et à couvert, si nous avons des villes, des murs, des habitations, des temples, c'est aux mains que nous les devons, etc.

Il faut convenir que la matière seule n'a pas plus fait le corps de l'homme pour tant de fins admirables, que ce beau discours de l'orateur romain n'a été composé par un écrivain sans éloquence et sans art [1].

Plusieurs auteurs ont prouvé, et en particulier le médecin Nieuwentyt [2], que les bornes dans lesquelles nos sens sont renfermés sont les véritables limites qui leur conviennent, et que nous serions exposés à une foule d'inconvénients et de dangers si ces sens avoient plus ou moins d'étendue [3]. Galien, saisi d'admiration au milieu d'une analyse anatomique du corps humain, laisse échapper le scalpel et s'écrie :

O toi qui nous a faits! en composant un discours si saint je crois chanter un véritable hymne à ta gloire! Je t'honore plus en découvrant la beauté de tes ouvrages qu'en te sacrifiant des hécatombes entières de taureaux ou en faisant fumer tes temples de l'encens le plus précieux. La véritable piété consiste à me connoître moi-même, ensuite à enseigner aux autres quelle est la grandeur de ta bonté, de ton pouvoir, de ta sagesse. Ta bonté se montre dans l'égale distribution de tes présents, ayant réparti à chaque homme les organes qui lui sont nécessaires; ta sagesse se voit dans l'excellence de tes dons, et ta puissance dans l'exécution de tes desseins [4].

CHAPITRE XIV.

INSTINCT DE LA PATRIE.

De même que nous avons considéré les instincts des animaux, il nous faut dire quelque chose de ceux de l'homme *physique*; mais comme il réunit en lui les sentiments des diverses races de la création, tels que la tendresse paternelle, etc., il faut en choisir un qui lui soit particulier.

Or, cet instinct affecté à l'homme, le plus beau, le plus moral des

---

1. Cicéron a pris dans Aristote ce qu'il dit du service de la main. En combattant la philosophie d'Anaxagore, le Stagyrite observe, avec sa sagacité accoutumée, que l'homme n'est pas supériuer aux animaux parce qu'il a une main, mais qu'il a une main parce qu'il est supérieur aux animaux. (*De Part. Anim.*, lib. III, cap. X.) Platon cite aussi la structure du corps humain comme une preuve de l'intelligence divine (*In Tim.*), et Job a quelques versets sublimes sur le même sujet.
2. *Exist. de Dieu*, liv. I, ch. XIII, p. 131.
3. Voyez la note XII, à la fin du volume.   4. GAL, *de Usu part.*, lib. III, cap. X.

instincts, c'est *l'amour de la patrie*. Si cette loi n'étoit soutenue par un miracle toujours subsistant, et auquel, comme à tant d'autres, nous ne faisons aucune attention, les hommes se précipiteroient dans les zones tempérées, en laissant le reste du globe désert. On peut se figurer quelles calamités résulteroient de cette réunion du genre humain sur un seul point de la terre. Afin d'éviter ces malheurs, la Providence a, pour ainsi dire, attaché les pieds de chaque homme à son sol natal par un aimant invincible : les glaces de l'Islande et les sables embrasés de l'Afrique ne manquent point d'habitants.

Il est même digne de remarque que plus le sol d'un pays est ingrat, plus le climat en est rude, ou, ce qui revient au même, plus on a souffert de persécutions dans ce pays, plus il a de charmes pour nous. Chose étrange et sublime, qu'on s'attache par le malheur, et que l'homme qui n'a perdu qu'une chaumière soit celui-là même qui regrette davantage le toit paternel! La raison de ce phénomène, c'est que la prodigalité d'une terre trop fertile détruit, en nous enrichissant, la simplicité des liens naturels qui se forment de nos besoins; quand on cesse d'aimer ses parents parce qu'ils ne nous sont plus nécessaires, on cesse en effet d'aimer sa patrie.

Tout confirme la vérité de cette remarque. Un sauvage tient plus à sa hutte qu'un prince à son palais, et le montagnard trouve plus de charme à sa montagne que l'habitant de la plaine à son sillon. Demandez à un berger écossois s'il voudroit changer son sort contre le premier potentat de la terre. Loin de sa tribu chérie, il en garde partout le souvenir; partout il redemande ses troupeaux, ses torrents, ses nuages. Il n'aspire qu'à manger du pain d'orge, à boire le lait de la chèvre, à chanter dans la vallée ces ballades que chantoient aussi ses aïeux. Il dépérit s'il ne retourne au lieu natal. C'est une plante de la montagne, il faut que sa racine soit dans le rocher; elle ne peut prospérer si elle n'est battue des vents et des pluies : la terre, les abris et le soleil de la plaine la font mourir.

Avec quelle joie il reverra son toit de bruyère! comme il visitera les saintes reliques de son indigence!

> Doux trésors ! se dit-il, chers gages, qui jamais
> N'attirâtes sur vous l'envie et le mensonge,
> Je vous reprends : sortons de ces riches palais,
> Comme l'on sortiroit d'un songe.

Qu'y a-t-il de plus heureux que l'Esquimaux dans son épouvantable patrie? Que lui font les fleurs de nos climats auprès des neiges du Labrador, nos palais auprès de son trou enfumé? Il s'embarque au printemps avec son épouse sur quelque glace flottante [1]. Entraîné par les courants, il s'avance en pleine mer sur ce trône du Dieu des tempêtes. La montagne balance sur les flots ses sommets lumineux et ses arbres de neige; les loups marins se livrent à l'amour dans ses vallées, et les baleines accompagnent ses pas sur l'Océan. Le hardi sauvage, dans les abris de son écueil mobile, presse sur son cœur la femme que Dieu lui a donnée, et trouve avec elle des joies inconnues dans ce mélange de volupté et de périls.

Ce barbare a d'ailleurs de fort bonnes raisons pour préférer son pays et son état aux nôtres. Toute dégradée que nous paraisse sa nature, on reconnoît soit en lui, soit dans les arts qu'il pratique, quelque chose qui décèle encore la dignité de l'homme. L'Européen se perd tous les jours sur un vaisseau, chef-d'œuvre de l'industrie humaine, au même bord où l'Esquimau, flottant dans une peau de veau marin, se rit de tous les dangers. Tantôt il entend gronder l'Océan, qui le couvre, à cent pieds au-dessus de sa tête; tantôt il assiège les cieux sur la cime des vagues : il se joue dans son outre au milieu des flots comme un enfant se balance sur des branches unies dans les paisibles profondeurs d'une forêt. En plaçant cet homme dans la région des orages, Dieu lui a mis une marque de royauté : « Va, lui a-t-il crié du milieu du tourbillon, je te jette nu sur la terre ; mais afin que, tout misérable que tu es, on ne puisse méconnoître tes destinées, tu dompteras les monstres de la mer avec un roseau et tu mettras les tempêtes sous tes pieds. »

Ainsi, en nous attachant à la patrie la Providence justifie toujours ses voies, et nous avons pour notre pays mille raisons d'amour. L'Arabe n'oublie point le puits du chameau, la gazelle, et surtout le cheval compagnon de ses courses; le Nègre se rappelle toujours sa case, sa zagaye, son bananier, et le sentier du zèbre et de l'éléphant.

On raconte qu'un mousse anglois avoit conçu un tel attachement pour un vaisseau à bord duquel il étoit né, qu'il ne pouvoit souffrir d'en être séparé un moment. Quand on vouloit le punir, on le menaçoit de l'envoyer à terre ; il couroit alors se cacher à fond de cale ; en poussant des cris. Qu'est-ce qui avoit donné à ce matelot cette tendresse pour une planche battue des vents? Certes, ce n'étoient pas des convenances purement locales et physiques. Étoient-ce quelques conformités morales entre les destinées de l'homme et celles du vaisseau? ou plutôt trouvoit-il un charme à concentrer ses joies et ses peines, pour ainsi dire, dans son berceau? Le cœur aime naturellement à se

---

1. Voyez CHARLEVOIX, *Hist. de la Nouv. France*.

resserrer; moins il se montre au dehors, moins il offre de surface aux blessures : c'est pourquoi les hommes très-sensibles, comme le sont en général les infortunés, se complaisent à habiter de petites retraites. Ce que le sentiment gagne en force, il le perd en étendue : quand la république romaine finissoit au mont Aventin, ses enfants mouroient avec joie pour elle; ils cessèrent de l'aimer lorsque ses limites atteignirent les Alpes et le Taurus. C'étoit sans doute quelque raison de cette espèce qui nourrissoit chez le mousse anglois cette prédilection pour son vaisseau paternel. Passager inconnu sur l'océan de la vie, il voyoit s'élever les mers entre lui et nos douleurs : heureux de n'apercevoir que de loin les tristes rivages du monde!

Chez les peuples civilisés l'amour de la patrie a fait des prodiges. Dans les desseins de Dieu il y a toujours une suite; il a fondé sur la nature l'affection pour le lieu natal, et l'animal partage en quelque degré cet instinct avec l'homme; mais l'homme le pousse plus loin, et transforme en vertu ce qui n'étoit qu'un sentiment de convenance universelle : ainsi, les lois physiques et morales de l'univers se tiennent par une chaîne admirable. Nous doutons qu'il soit possible d'avoir une seule vraie vertu, un seul véritable talent, sans amour de la patrie. A la guerre, cette passion fait des prodiges; dans les lettres, elle a formé Homère et Virgile. Le poëte aveugle peint de préférence les mœurs de l'Ionie, où il reçut le jour, et le Cygne de Mantoue ne s'entretient que des souvenirs de son lieu natal. Né dans une cabane et chassé de l'héritage de ses aïeux, ces deux circonstances semblent avoir singulièrement influé sur son génie : elles lui ont donné cette teinte de tristesse qui en fait un des principaux charmes; il rappelle sans cesse ces événements, et l'on voit qu'*il se souvient toujours de cet Argos* où il passa sa jeunesse :

Et dulces moriens reminiscitur Argos [1].

Mais la religion chrétienne est encore venue rendre à l'amour de la patrie sa véritable mesure. Ce sentiment a produit des crimes chez les anciens, parce qu'il étoit poussé à l'excès. Le christianisme en a fait un amour *principal*, et non pas un amour *exclusif* : avant tout, il nous ordonne d'être justes; il veut que nous chérissions la famille d'Adam, puisqu'elle est la nôtre, quoique nos concitoyens aient le premier droit à notre attachement. Cette morale étoit inconnue avant la mission du Législateur des chrétiens; c'est à tort qu'on a prétendu qu'il voulût anéantir les passions : Dieu ne détruit point son ouvrage. L'Évangile n'est

---

1. *Æn.*, lib. x, v. 782.

point la mort du cœur : il en est la règle. Il est à nos sentiments ce que le goût est aux arts : il en retranche ce qu'ils peuvent avoir d'exagéré, de faux, de commun, de trivial ; il leur laisse ce qu'ils ont de beau, de vrai, de sage. La religion chrétienne bien entendue n'est que la nature primitive lavée de la tache originelle.

C'est lorsque nous sommes éloignés de notre pays que nous sentons surtout l'instinct qui nous y attache. Au défaut de réalité, on cherche à se repaître des songes ; le cœur est expert en tromperies ; quiconque a été nourri au sein de la femme a bu à la coupe des illusions. Tantôt c'est une cabane qu'on aura disposée comme le toit paternel ; tantôt c'est un bois, un vallon, un coteau, à qui l'on fera porter quelques-unes de ces douces appellations de la patrie. Andromaque donne le nom de *Simoïs* à un *ruisseau*. Et quelle touchante vérité dans *ce petit ruisseau* qui retrace un *grand fleuve* de la terre natale ! Loin des bords qui nous ont vus naître, la nature est comme diminuée et ne nous paroît plus que l'ombre de celle que nous avons perdue.

Une autre ruse de l'instinct de la patrie, c'est de mettre un grand prix à un objet en lui-même de peu de valeur, mais qui vient de notre pays et que nous avons emporté dans l'exil. L'âme semble se répandre jusque sur les choses inanimées qui ont partagé nos destins : une partie de notre vie reste attachée à la couche où reposa notre bonheur, et surtout à celle où veilla notre infortune.

Pour peindre cette langueur d'âme qu'on éprouve hors de sa patrie, le peuple a dit : *Cet homme a le mal du pays.* C'est véritablement un mal, et qui ne peut se guérir que par le retour. Mais pour peu que l'absence ait été de quelques années, que retrouve-t-on aux lieux qui nous ont vus naître ? Combien existe-t-il d'hommes, de ceux que nous y avons laissés pleins de vie ? Là sont des tombeaux où étoient des palais, là des palais où étoient des tombeaux ; le champ paternel est livré aux ronces ou à une charrue étrangère, et l'arbre sous lequel on fut nourri est abattu.

Il y avoit à la Louisiane une négresse et une sauvage, esclaves chez deux colons voisins. Ces deux femmes avoient chacune un enfant : la négresse une fille de deux ans, et l'Indienne un garçon du même âge ; celui-ci vint à mourir. Les deux mères étant convenues d'un endroit au désert s'y rendirent pendant trois nuits de suite. L'une apportoit son enfant mort, l'autre son enfant vivant ; l'une son *Manitou*, l'autre son *Fétiche* ; elles ne s'étonnoient point de se trouver ainsi la même religion, étant toutes deux misérables. L'Indienne faisoit les honneurs de la solitude : « C'est l'arbre de mon pays, disoit-elle à son amie : assieds-toi pour pleurer. » Ensuite, selon l'usage des funérailles chez les Sauvages, elles suspendoient leurs enfants aux branches d'un érable ou d'un sassafras, et les balançoient en chantant des airs de leur pays.

Ces jeux maternels, qui souvent endormoient l'innocence, ne pouvoient réveiller la mort! Ainsi se consoloient ces deux femmes, dont l'une avoit perdu son enfant et sa liberté, l'autre sa liberté et sa patrie : on se console par les larmes.

On dit qu'un François obligé de fuir pendant la Terreur avoit acheté de quelques deniers qui lui restoient une barque sur le Rhin; il s'y étoit logé avec sa femme et ses deux enfants. N'ayant point d'argent, il n'y avoit point pour lui d'hospitalité. Quand on le chassoit d'un rivage, il passoit, sans se plaindre, à l'autre bord; souvent poursuivi sur les deux rives, il étoit obligé de jeter l'ancre au milieu du fleuve. Il pêchoit pour nourrir sa famille, mais les hommes lui disputoient encore les secours de la Providence. La nuit il alloit cueillir des herbes sèches pour faire un peu de feu, et sa femme demeuroit dans de mortelles angoisses jusqu'à son retour. Obligée de se faire sauvage entre quatre nations civilisées, cette famille n'avoit pas sur le globe un seul coin de terre où elle osât mettre le pied : toute sa consolation étoit, en errant dans le voisinage de la France, de respirer quelquefois un air qui avoit passé sur son pays.

Si l'on nous demandoit : Quelles sont donc ces fortes attaches par qui nous sommes enchaînés au lieu natal, nous aurions de la peine à répondre. C'est peut-être le souris d'une mère, d'un père, d'une sœur; c'est peut-être le souvenir du vieux précepteur qui nous éleva, des jeunes compagnons de notre enfance; c'est peut-être les soins que nous avons reçus d'une nourrice, d'un *domestique* âgé, partie si essentielle de la maison (*domus*); enfin, ce sont les circonstances les plus simples, si l'on veut même, les plus triviales : un chien qui aboyoit la nuit dans la campagne, un rossignol qui revenoit tous les ans dans le verger, le nid de l'hirondelle à la fenêtre, le clocher de l'église qu'on voyoit au-dessus des arbres, l'if du cimetière, le tombeau gothique : voilà tout; mais ces petits moyens démontrent d'autant mieux la réalité d'une Providence, qu'ils ne pourroient être la source de l'amour de la patrie et des grandes vertus que cet amour fait naître si une volonté suprême ne l'avoit ordonné ainsi.

FIN DU LIVRE CINQUIÈME.

LIVRE SIXIÈME.

IMMORTALITÉ DE L'AME PROUVÉE PAR LA MORALE
ET LE SENTIMENT.

CHAPITRE PREMIER.

DÉSIR DE BONHEUR DANS L'HOMME.

Quand il n'y auroit d'autres preuves de l'existence de Dieu que les merveilles de la nature, ces preuves sont si fortes qu'elles suffiroient pour convaincre tout homme qui ne cherche que la vérité. Mais si ceux qui nient la Providence ne peuvent expliquer sans elle les miracles de la création, ils sont encore plus embarrassés pour répondre aux objections de leur propre cœur. En renonçant à l'Être suprême ils sont obligés de renoncer à une autre vie, et cependant leur âme les agite; elle se présente pour ainsi dire devant eux, et les force, en dépit des sophistes, à confesser son existence et son immortalité.

Qu'on nous dise d'abord si l'âme s'éteint au tombeau, d'où nous vient ce désir de bonheur qui nous tourmente. Nos passions ici-bas se peuvent aisément rassasier : l'amour, l'ambition, la colère, ont une plénitude assurée de jouissance; le besoin de félicité est le seul qui manque de satisfaction comme d'objet, car on sait ce que c'est que cette félicité qu'on désire. Il faut convenir que si tout est *matière*, la *nature* s'est ici étrangement trompée : elle a fait un sentiment qui ne s'applique à rien.

Il est certain que notre âme demande éternellement; à peine a-t-elle obtenu l'objet de sa convoitise, qu'elle demande encore : l'univers entier ne la satisfait point. L'infini est le seul champ qui lui convienne : elle aime à se perdre dans les nombres, à concevoir les plus grandes comme les plus petites dimensions. Enfin, gonflée et non rassasiée de ce qu'elle a dévoré, elle se précipite dans le sein de Dieu, où viennent se réunir les idées de l'infini, en perfection, en temps et en espace; mais elle ne se plonge dans la Divinité que parce que cette Divinité est pleine de ténèbres, *Deus absconditus*[1]. Si elle en obtenoit une vue distincte, elle la dédaigneroit, comme tous les objets qu'elle mesure. On pourroit même dire que ce seroit avec quelque raison, car si l'âme s'expliquoit bien le principe éternel, elle seroit ou supérieure à ce principe, ou du moins son égale. Il n'en est pas de l'ordre des choses divines comme de l'ordre des choses humaines : un homme peut comprendre la puissance d'un roi sans être un roi, mais un homme qui comprendroit Dieu seroit Dieu.

Or les animaux ne sont point troublés par cette espérance que manifeste le cœur de l'homme ; ils atteignent sur-le-champ à leur suprême bonheur : un peu d'herbe satisfait l'agneau, un peu de sang rassasie le tigre. Si l'on soutenoit, d'après quelques philosophes, que la diverse conformation des organes fait la seule différence entre nous et la brute, on pourroit tout au plus admettre ce raisonnement pour les actes purement matériels ; mais qu'importe ma main à ma pensée lorsque, dans le calme de la nuit, je m'élance dans les espaces pour y trouver l'Ordonnateur de tant de mondes? Pourquoi le bœuf ne fait-il pas comme moi? Ses yeux lui suffisent ; et quand il auroit mes pieds ou mes bras, ils lui seroient pour cela fort inutiles. Il peut se coucher sur la verdure, lever la tête vers les cieux et appeler par ses mugissements l'Être inconnu qui remplit cette immensité. Mais non : préférant le gazon qu'il foule, il n'interroge point, au haut du firmament, ces soleils qui sont la grande évidence de l'existence de Dieu. Il est insensible au spectacle de la nature, sans se douter qu'il est jeté lui-même sous l'arbre où il repose, comme une petite preuve de l'intelligence divine.

Donc la seule créature qui cherche au dehors, et qui n'est pas à soi-même son tout, c'est l'homme. On dit que le peuple n'a point cette inquiétude : il est sans doute moins malheureux que nous, car il est distrait de ses désirs par ses travaux, il éteint dans ses sueurs sa soif de félicité. Mais quand vous le voyez se consumer six jours de la semaine pour jouir de quelques plaisirs du septième ; quand, toujours espérant le repos et ne le trouvant jamais, il arrive à la mort sans cesser de désirer, direz-vous qu'il ne partage pas la secrète aspiration de tous les hommes à un bien-être inconnu? Que si l'on prétend que ce souhait est du moins borné pour lui aux choses de la terre, cela n'est rien moins que certain : donnez à l'homme le plus pauvre les trésors du monde, suspendez ses travaux, satisfaites ses besoins, avant que quelques mois se soient écoulés il en sera encore aux ennuis et à l'espérance.

---

1. Is., XLV, 15.

D'ailleurs est-il vrai que le peuple, même dans son état de misère, ne connoisse pas ce désir de bonheur qui s'étend au delà de la vie? D'où vient cet instinct mélancolique qu'on remarque dans l'homme champêtre? Souvent le dimanche et les jours de fête, lorsque le village étoit allé prier ce Moissonneur qui sépare *le bon grain de l'ivraie*, nous avons vu quelque paysan resté seul à la porte de sa chaumière : il prêtoit l'oreille au son de la cloche, son attitude étoit pensive, il n'étoit distrait ni par les passereaux de l'aire voisine ni par les insectes qui bourdonnoient autour de lui. Cette noble figure de l'homme, plantée comme la statue d'un dieu sur le seuil d'une chaumière, ce front sublime, bien que chargé de soucis, ces épaules ombragées d'une noire chevelure, et qui sembloient encore s'élever comme pour soutenir le ciel, quoique courbées sous le fardeau de la vie, tout cet être si majestueux, bien que misérable, ne pensoit-il à rien, ou songeoit-il seulement aux choses d'ici-bas? Ce n'étoit pas l'expression de ces lèvres entr'ouvertes, de ce corps immobile, de ce regard attaché à la terre : le souvenir de Dieu étoit là avec le son de la cloche religieuse.

S'il est impossible de nier que l'homme espère jusqu'au tombeau, s'il est certain que les biens de la terre, loin de combler nos souhaits, ne font que creuser l'âme et en augmenter le vide, il faut en conclure qu'il y a quelque chose au delà du temps. *Vincula hujus mundi*, dit saint Augustin, *asperitatem habent veram, jucunditatem falsam, certum dolorem, incertam voluptatem, durum laborem, timidam quietem, rem plenam miseriæ, spem beatitudinis inanem.* « Le monde a des liens pleins d'une véritable âpreté et d'une fausse douceur, des douleurs certaines, des plaisirs incertains, un travail dur, un repos inquiet, des choses pleines de misère, et une espérance vide de bonheur [1]. » Loin de nous plaindre que le désir de félicité ait été placé dans ce monde et son but dans l'autre, admirons en cela la bonté de Dieu. Puisqu'il faut tôt ou tard sortir de la vie, la Providence a mis au delà du terme un charme qui nous attire, afin de diminuer nos terreurs du tombeau : quand une mère veut faire franchir une barrière à son enfant, elle lui tend de l'autre côté un objet agréable, pour l'engager à passer.

---

1. *Epist.* 30.

CHAPITRE II.

DU REMORDS ET DE LA CONSCIENCE.

La conscience fournit une seconde preuve de l'immortalité de notre âme. Chaque homme a au milieu du cœur un tribunal où il commence par se juger soi-même, en attendant que l'Arbitre souverain confirme la sentence. Si le vice n'est qu'une conséquence physique de notre organisation, d'où vient cette frayeur qui trouble les jours d'une prospérité coupable? Pourquoi le remords est-il si terrible, qu'on préfère de se soumettre à la pauvreté et à toute la rigueur de la vertu, plutôt que d'acquérir des biens illégitimes? Pourquoi y a-t-il une voix dans le sang, une parole dans la pierre? Le tigre déchire sa proie, et dort; l'homme devient homicide, et veille. Il cherche les lieux déserts, et cependant la solitude l'effraye : il se traîne autour des tombeaux, et cependant il a peur des tombeaux. Son regard est mobile et inquiet ; il n'ose regarder le mur de la salle du festin, dans la crainte d'y lire des caractères funestes. Ses sens semblent devenir meilleurs pour le tourmenter : il voit, au milieu de la nuit, des lueurs menaçantes ; il est toujours environné de l'odeur du carnage ; il découvre le goût du poison dans les mets qu'il a lui-même apprêtés ; son oreille, d'une étrange subtilité, trouve le bruit où tout le monde trouve le silence ; et sous les vêtements de son ami, lorsqu'il l'embrasse, il croit sentir un poignard caché.

O conscience ! ne serois-tu qu'un fantôme de l'imagination, ou la peur des châtiments des hommes? Je m'interroge ; je me fais cette question : Si tu pouvois par un seul désir tuer un homme à la Chine et hériter de sa fortune en Europe, avec la conviction surnaturelle qu'on n'en sauroit jamais rien, consentirois-tu à former ce désir? J'ai beau m'exagérer mon indigence ; j'ai beau vouloir atténuer cet homicide en supposant que par mon souhait le Chinois meurt tout à coup sans douleur, qu'il n'a point d'héritier, que même à sa mort ses biens seront perdus pour l'État ; j'ai beau me figurer cet étranger comme accablé de maladies et de chagrins ; j'ai beau me dire que la mort est un bien pour lui, qu'il l'appelle lui-même, qu'il n'a plus qu'un instant à vivre : malgré mes vains subterfuges, j'entends au fond de mon cœur une voix qui crie si fortement contre la seule pensée d'une telle supposition, que je ne puis douter un instant de la réalité de la conscience.

C'est donc une triste nécessité que d'être obligé de nier le remords pour nier l'immortalité de l'âme et l'existence d'un Dieu vengeur. Toutefois nous n'ignorons pas que l'athéisme poussé à bout a recours à cette dénégation honteuse. Le sophiste, dans le paroxysme de la goutte, s'écrioit : « O douleur ! je n'avouerai jamais que tu sois un mal ! » Et quand il seroit vrai qu'il se trouvât des hommes assez infortunés pour étouffer le cri du remords, qu'en résulteroit-il ? Ne jugeons point celui qui a l'usage de ses membres par le paralytique qui ne se sert plus des siens ; le crime à son dernier degré est un poison qui cautérise la conscience : en renversant la religion on a détruit le seul remède qui pouvoit rétablir la sensibilité dans les parties mortes du cœur. Cette étonnante religion du Christ étoit une sorte de supplément à ce qui manquoit aux hommes. Devenoit-on coupable *par excès*, par trop de prospérité, par violence de caractère, elle étoit là pour nous avertir de l'inconstance de la fortune et du danger des emportements. Étoit-ce, au contraire, *par défaut* qu'on étoit exposé, par indigence de biens, par indifférence d'âme, elle nous apprenoit à mépriser les richesses, en même temps qu'elle réchauffoit nos glaces et nous donnoit, pour ainsi dire, des passions. Avec le criminel surtout, sa charité étoit inépuisable : il n'y avoit point d'homme si souillé qu'elle n'admît à repentir ; point de lépreux si dégoûtant qu'elle ne touchât de ses mains pures. Pour le passé elle ne demandoit qu'un remords, pour l'avenir qu'une vertu : *Ubi autem abundavit delictum,* disoit-elle, *superabundavit gratia* : « La grâce a surabondé où avoit abondé le crime [1]. » Toujours prêt à avertir le pécheur, le Fils de Dieu avoit établi sa religion comme une seconde conscience pour le coupable qui auroit eu le malheur de perdre la conscience naturelle, conscience évangélique, pleine de pitié et de douceur, et à laquelle Jésus-Christ avoit accordé le droit de faire grâce, que n'a pas la première.

Après avoir parlé du remords qui suit le crime, il seroit inutile de parler de la satisfaction qui accompagne la vertu. Le contentement intérieur qu'on éprouve en faisant une bonne œuvre n'est pas plus une combinaison de la matière que le reproche de la conscience lorsqu'on commet une méchante action n'est la crainte des lois.

Si des sophistes soutiennent que la vertu n'est qu'un amour-propre déguisé, et que la pitié n'est qu'un amour de soi-même, ne leur demandons point s'ils n'ont jamais rien senti dans leurs entrailles après avoir soulagé un malheureux, ou si c'est la crainte de retomber en enfance qui les attendrit sur l'innocence du nouveau-né. La vertu et les larmes sont pour les hommes la source de l'espérance et la base

---

1. *Rom.*, c. v, v. 20.

de la foi : or, comment croiroit-il en Dieu, celui qui ne croit ni à la réalité de la vertu ni à la vérité des larmes ?

Nous penserions faire injure aux lecteurs en nous arrêtant à montrer comment l'immortalité de l'âme et l'existence de Dieu se prouvent par cette voix intérieure appelée conscience. « Il y a dans l'homme, dit Cicéron [1], une puissance qui porte au bien et détourne du mal, non-seulement antérieure à la naissance des peuples et des villes, mais aussi ancienne que ce Dieu par qui le ciel et la terre subsistent et sont gouvernés : car la raison est un attribut essentiel de l'intelligence divine ; et cette raison, qui est en Dieu, détermine nécessairement ce qui est vice ou vertu. »

CHAPITRE III.

QU'IL N'Y A POINT DE MORALE S'IL N'Y A POINT D'AUTRE VIE. PRÉSOMPTION EN FAVEUR DE L'AME, TIRÉE DU RESPECT DE L'HOMME POUR LES TOMBEAUX.

La morale est la base de la société ; mais si tout est matière en nous, il n'y a réellement ni vice ni vertu, et conséquemment plus de morale. Nos lois, toujours *relatives* et *changeantes*, ne peuvent servir de point d'appui à la morale, toujours *absolue* et *inaltérable* ; il faut donc qu'elle ait sa source dans un monde plus stable que celui-ci, et des garants plus sûrs que des récompenses précaires ou des châtiments passagers. Quelques philosophes ont cru que la religion avoit été *inventée* pour la soutenir ; ils ne se sont pas aperçus qu'ils prenoient l'effet pour la cause. Ce n'est pas la religion qui découle de la morale, c'est la morale qui naît de la religion, puisqu'il est certain, comme nous venons de le dire, que la morale ne peut avoir son principe dans l'homme *physique* ou la *simple matière* ; puisqu'il est certain que quand les hommes perdent l'idée de Dieu, ils se précipitent dans tous les crimes en dépit des lois et des bourreaux.

Une religion qui a voulu s'élever sur les ruines du christianisme, et qui a cru mieux faire que l'Évangile, a déroulé dans nos églises ce précepte du Décalogue : *Enfants, honorez vos pères et mères.* Pourquoi les *théophilanthropes* ont-ils retranché la dernière partie du précepte, *afin de vivre longuement ?* C'est qu'une misère secrète leur a appris que l'homme qui n'a rien ne peut rien donner. Comment auroit-il promis

---

1. Ad. Attic., XII, 28, trad. de D'Olivet.

des années, celui qui n'est pas assuré de vivre deux moments? Tu me fais présent de la vie, lui auroit-on dit, et tu ne vois pas que tu tombes en poussière? Comme Jéhovah, tu m'assures une longue existence ; et as-tu, comme lui, l'éternité pour y puiser des jours? Imprudent! l'heure où tu vis n'est pas même à toi; tu ne possèdes en propre que la mort : que tireras-tu donc du fond de ton sépulcre, hors le néant, pour récompenser ma vertu?

Enfin, il y a une autre preuve morale de l'immortalité de l'âme, sur laquelle il faut insister : c'est la vénération des hommes pour les tombeaux. Là par un charme invincible la vie est attachée à la mort ; là la nature humaine se montre supérieure au reste de la création et déclare ses hautes destinées. La bête connoît-elle le cercueil et s'inquiète-t-elle de ses cendres? Que lui font les ossements de son père? ou plutôt sait-elle quel est son père, après que les besoins de l'enfance sont passés? D'où nous vient donc la puissante idée que nous avons du trépas? Quelques grains de poussière mériteroient-ils nos hommages? Non, sans doute : nous respectons les cendres de nos ancêtres parce qu'une voix nous dit que tout n'est pas éteint en eux. Et c'est cette voix qui consacre le culte funèbre chez tous les peuples de la terre : tous sont également persuadés que le sommeil n'est pas durable, même au tombeau, et que la mort n'est qu'une transfiguration glorieuse.

CHAPITRE IV.

DE QUELQUES OBJECTIONS.

Sans entrer trop avant dans les preuves métaphysiques, que nous avons pris soin d'écarter, nous tâcherons pourtant de répondre à quelques objections qu'on reproduit éternellement.

Cicéron ayant avancé, d'après Platon, qu'il n'y a point de peuples chez lesquels on n'ait trouvé quelque notion de la Divinité, ce consentement universel des nations, que les anciens philosophes regardoient comme une loi de nature, a été nié par les incrédules modernes ; ils ont soutenu que certains sauvages n'ont aucune connoissance de Dieu.

Les athées se tourmentent en vain pour couvrir la foiblesse de leur cause : il résulte de leurs arguments que leur système n'est fondé que sur des *exceptions*, tandis que le déisme suit la *règle générale*. Si l'on dit que le genre humain croit en Dieu, l'incrédule vous oppose d'abord tels sauvages, ensuite telle personne, et quelquefois lui-même. Soutient-on que le hasard n'a pu former le monde, parce qu'il n'y auroit eu qu'une seule chance favorable contre d'incalculables impossibilités, l'incrédule en convient, mais il répond que *cette chance existoit.* C'est en tout la même manière de raisonner. De sorte que d'après l'athée la nature est un livre où la vérité se trouve toujours dans la note, et jamais dans le texte, une langue dont les barbarismes forment seuls l'essence et le génie.

Quand on vient d'ailleurs à examiner ces prétendues exceptions, on découvre ou qu'elles tiennent à des causes locales, ou qu'elles rentrent même dans la loi établie. Ici, par exemple, il est faux qu'il y ait des sauvages qui n'aient aucune notion de la Divinité. Les voyageurs qui avoient avancé ce fait ont été démentis par d'autres voyageurs, mieux instruits. Parmi les incrédules *des bois* on avoit cité les hordes canadiennes : eh bien, nous les avons vus, ces sophistes *de la hutte*, qui devoient avoir appris dans le livre de la nature, comme nos philosophes dans les leurs, qu'il n'y a ni Dieu ni avenir pour l'homme ; ces Indiens sont d'absurdes barbares, qui voient l'âme d'un enfant dans une colombe ou dans une touffe de sensitives. Les mères chez eux sont assez insensées pour épancher leur lait sur le tombeau de leur fils, et elles donnent à l'homme au sépulcre la même attitude qu'il avoit dans le sein maternel. Elles prétendent enseigner ainsi que la mort n'est qu'une seconde mère, qui nous enfante à une autre vie. L'athéisme ne fera jamais rien de ces peuples qui doivent à la Providence le logement, l'habit et la nourriture ; et nous conseillons aux incrédules de se défier de ces alliés corrompus qui reçoivent secrètement des présents de l'ennemi.

Autre objection.

« Puisque l'esprit croît et décroît avec l'âge, puisqu'il suit les altérations de la matière, il est donc lui-même de nature matérielle, conséquemment divisible et sujet à périr. »

Ou l'esprit et le corps sont deux êtres différents, ou ils ne sont que le même être. S'ils sont *deux*, il vous faut convenir que l'esprit est renfermé dans le corps : il en résulte qu'aussi longtemps que durera cette union, l'esprit sera en quelques degrés soumis aux liens qui le pressent. Il paroîtra s'élever ou s'abaisser dans les proportions de son enveloppe.

L'objection ne subsiste donc plus dans l'hypothèse où l'esprit et le corps sont considérés comme *deux substances distinctes.*

Dans celle où vous supposez qu'ils ne sont qu'*un* et *tout*, partageant même vie et même mort, *vous êtes tenus à prouver l'assertion.* Or, il est depuis longtemps démontré que l'esprit est essentiellement différent du *mouvement* et des autres propriétés de la matière, n'étant ni étendu ni *divisible*.

Ainsi l'objection se renverse de fond en comble, puisque tout se réduit à savoir si la matière et la pensée sont *une et même chose;* ce qui ne se peut soutenir sans absurdité.

Au surplus, il ne faut pas s'imaginer qu'en employant la prescription pour écarter cette difficulté, il soit impossible de l'attaquer par le fond. On peut prouver qu'alors même que l'esprit semble suivre les accidents du corps, il conserve les caractères distinctifs de son essence. Les athées, par exemple, produisent en triomphe la folie, les blessures au cerveau, les fièvres délirantes : afin d'étayer leur système, ces hommes sont obligés d'enrôler pour auxiliaires dans leur cause les malheurs de l'humanité. Eh bien, donc, ces fièvres, cette folie (que l'athéisme, c'est-à-dire le génie du mal, a raison d'appeler en preuve de sa réalité), que démontrent-elles, après tout? Je vois une *imagination* déréglée, mais un *entendement réglé*. Le fou et le malade aperçoivent des objets qui *n'existent pas;* mais raisonnent-ils *faux* sur ces objets? Ils tirent d'une cause infirme des conséquences saines.

Pareille chose arrive à l'homme attaqué de la fièvre : son âme est offusquée dans la partie où se réfléchissent les images, parce que l'imbécillité des sens ne lui transmet que des notions trompeuses; mais la région des idées reste entière et inaltérable. Et de même qu'un feu allumé dans une vile matière n'en est pas moins un feu pur, quoique nourri d'impurs aliments, ainsi la pensée, flamme celeste, s'élance incorruptible et immortelle du milieu de la corruption et de la mort.

Quant à l'influence des climats sur l'esprit, qui a été alléguée comme une preuve de la matérialité de la pensée, nous prions nos lecteurs de faire quelque attention à notre réponse; car, au lieu de résoudre une objection, nous allons tirer de la chose même qu'on nous oppose une preuve de l'immortalité de l'âme.

On a remarqué que la nature se montre plus forte au septentrion et au midi : c'est entre les tropiques que se trouvent les plus grands quadrupèdes, les plus grands reptiles, les plus grands oiseaux, les plus grands fleuves, les plus hautes montagnes; c'est dans les régions du Nord que vivent les puissants cétacés, qu'on rencontre l'énorme fucus et le *pin gigantesque*. Si tout est effet de matière, combinaison d'éléments, force de soleil, résultat du froid et du chaud, du sec et de l'humide, pourquoi l'homme seul est-il excepté de la loi générale? Pourquoi sa capacité physique et morale ne se dilate-t-elle pas avec celle de l'éléphant sous la ligne et de la baleine sous le pôle? Dira-t-on qu'il est, comme le bœuf, un animal de tous les pays? Mais le bœuf conserve son *instinct* en tout climat, et nous voyons par rapport à l'homme une chose bien différente.

Loin de suivre la loi générale des êtres, loin de se fortifier là où la matière est supposée plus active, l'homme, au contraire, s'affoiblit en raison de l'accroissement de la création animale autour de lui. L'Indien, le Péruvien, le Nègre au Midi, l'Esquimau, le Lapon au Nord, en sont la preuve. Il y a plus : l'Amérique, où le mélange des limons et des eaux donne à la végétation la vigueur d'une terre primitive, l'Amérique est pernicieuse aux races d'hommes, quoiqu'elle le devienne moins chaque jour, en raison de l'affoiblissement du principe matériel. L'homme n'a toute son énergie que dans les régions où les éléments, moins vifs, laissent un plus libre cours à la pensée, où cette pensée, pour ainsi dire dépouillée de son vêtement terrestre, n'est gênée dans aucun de ses mouvements, dans aucune de ses facultés.

Il faut donc reconnoître ici quelque chose en opposition directe avec la nature passive : or, cette chose est notre âme immortelle. Elle répugne aux opérations de la matière; elle est malade, elle languit quand elle est trop touchée. Cet état de langueur de l'âme produit à son tour la débilité du corps; le corps qui, s'il eût été seul, eût profité sous les feux du soleil, est contrarié par l'abattement de l'esprit. Que si l'on disoit que c'est, au contraire, le corps qui, ne pouvant supporter les extrémités du froid et du chaud, fait dégénérer l'âme en dégénérant lui-même, ce seroit une seconde fois prendre l'effet pour la cause. Ce n'est pas le vase qui agit sur la liqueur, c'est la liqueur qui tourmente le vase, et ces prétendus effets du corps sur l'âme sont les effets de l'âme sur le corps.

La double débilité mentale et physique des peuples du Nord et du Midi, la mélancolie dont ils semblent frappés, ne peuvent donc, selon nous, être attribuées à une fibre trop relâchée ou trop tendue, puisque les mêmes accidents ne produisent pas le même effet dans les zones tempérées. Cette affection plaintive des habitants du pôle et des tropiques est une véritable tristesse intellectuelle, produite par la position de l'âme et par ses combats contre les forces de la matière. Ainsi, non-seulement Dieu a marqué sa sagesse par les avantages que le globe retire de la diversité des latitudes; mais en plaçant l'homme sur cette échelle il nous a démontré presque mathématiquement l'immortalité de notre essence, puisque l'âme se fait le plus sentir là où la matière agit le moins, et que l'homme diminue où la brute augmente.

Touchons une dernière objection :

« Si l'idée de Dieu est naturellement empreinte dans nos âmes, elle doit devancer l'éducation, prévenir le raisonnement, se montrer dès l'enfance : or, les enfants n'ont point l'idée de Dieu : donc, etc. »

Dieu étant *esprit*, et ne pouvant être entendu que par l'*esprit*, un enfant chez qui la pensée n'est pas encore développée ne sauroit concevoir le souverain Être. Ne demandons point au cœur sa fonction la plus noble lorsqu'il n'est pas achevé, lorsque le merveilleux ouvrage est encore entre les mains de l'ouvrier.

Mais d'ailleurs on peut soutenir que l'enfant a du moins l'*instinct* de son Créateur. Nous en prenons à témoin ses petites rêveries, ses inquiétudes, ses craintes dans la nuit, son penchant à lever les yeux vers le ciel. Un enfant joint ses deux mains innocentes et répète après sa mère une prière au *bon Dieu* : pourquoi ce jeune ange de la terre balbutie-t-il avec tant d'amour et de pureté le nom de ce souverain Être qu'il ne connoît pas?

Voyez ce nouveau-né qu'une nourrice porte dans ses bras. Qu'a-t-il pour donner tant de joie à ce vieillard, à cet homme fait, à cette femme? Deux ou trois syllabes à demi formées, que personne n'a comprises : et voilà des êtres raisonnables transportés d'allégresse, depuis l'aïeul, qui sait toutes les choses de la vie, jusqu'à la jeune mère, qui les ignore encore! Qui donc a mis cette puissance dans le verbe de l'homme? Pourquoi le son d'une voix humaine vous remue-t-il si impérieusement? Ce qui vous subjugue ici est un mystère qui tient à des causes plus relevées qu'à l'intérêt qu'on peut prendre à l'âge de cet enfant : quelque chose vous dit que ces paroles inarticulées sont les premiers bégayements d'une pensée immortelle.

CHAPITRE V.

DANGER ET INUTILITÉ DE L'ATHÉISME.

Il y a deux sortes d'athées bien distinctes : les premiers, conséquents dans leurs principes, déclarent sans hésiter qu'il n'y a point de Dieu, par conséquent point de différence essentielle entre le bien et le mal ; que le monde appartient aux plus forts et aux plus habiles, etc. Les seconds sont les honnêtes gens de l'athéisme, les hypocrites de l'incrédulité : absurdes personnages, qui avec une douceur feinte se porteroient à tous les excès pour soutenir leur système ; ils vous appelleroient *mon frère* en vous égorgeant; les mots de morale et d'humanité sont incessamment dans leur bouche : ils sont triplement méchants, car ils joignent aux vices de l'athée l'intolérance du sectaire et l'amour-propre de l'auteur.

Ces hommes prétendent que l'athéisme ne détruit ni le bonheur ni la vertu, et qu'il n'y a point de condition où il ne soit aussi profitable d'être incrédule que d'être religieux : c'est ce qu'il convient d'examiner.

Si une chose doit être estimée en raison de son plus ou moins d'utilité, l'athéisme est bien méprisable, car il n'est bon à personne.

Parcourons la vie humaine; commençons par les pauvres et les infortunés, puisqu'ils font la majorité sur la terre. Eh bien, innombrable famille des misérables, est-ce à vous que l'athéisme est utile? Répondez. Quoi, pas une voix! pas une seule voix! J'entends un cantique d'espérance et des soupirs qui montent vers le Seigneur! Ceux-ci croient : passons aux heureux.

Il nous semble que l'homme heureux n'a aucun intérêt à être athée. Il est si doux pour lui de songer que ses jours se prolongeront au delà de la vie! Avec quel désespoir ne quitteroit-il pas ce monde s'il croyoit se séparer pour toujours du bonheur! En vain tous les biens du siècle s'accumuleroient sur sa tête : ils ne serviroient qu'à lui rendre le néant plus affreux. Le riche peut aussi se tenir assuré que la religion augmentera ses plaisirs, en y mêlant une tendresse ineffable; son cœur ne s'endurcira point, il ne sera point rassasié par la jouissance, inévitable écueil des longues prospérités. La religion prévient la sécheresse de l'âme; c'est ce que vouloit dire cette huile sainte avec laquelle le christianisme consacroit la royauté, la jeunesse et la mort, pour les empêcher d'être stériles.

Le guerrier s'avance au combat : sera-t-il athée, cet enfant de la gloire? Celui qui cherche une vie sans fin consentira-t-il à finir? Paroissez sur vos nues tonnantes, innombrables soldats, antiques légions de la patrie! Fameuses milices de la France, et maintenant milices du ciel, paroissez! Dites aux héros de notre âge, du haut de la Cité sainte, que le brave n'est pas tout entier au tombeau, et qu'il reste après lui quelque chose de plus qu'une vaine renommée.

Les grands capitaines de l'antiquité ont été remarquables par leur religion : Épaminondas, libérateur de sa patrie, passoit pour le plus religieux des hommes; Xénophon, ce guerrier philosophe, étoit le modèle de la piété; Alexandre, éternel exemple des conquérants, se disoit fils de Jupiter; chez les Romains, les anciens consuls de la république, Cincinnatus, Fabius, Papirius Cursor, Paul Émile, Scipion, ne mettoient leur espérance que dans la divinité du Capitole; Pompée marchoit aux combats en invoquant l'assistance divine; César vouloit descendre d'une race céleste; Caton, son rival, étoit convaincu de l'immortalité de l'âme; Brutus, son assassin, croyoit aux puissances surnaturelles, et Auguste, son successeur, ne régna qu'au nom des dieux.

Parmi les nations modernes, étoit-ce un incrédule que ce fier Sicambre, vainqueur de Rome et des Gaules, qui, tombant aux pieds d'un prêtre, jetoit les fondements de l'empire françois! Étoit-ce un incrédule que ce saint Louis, arbitre des rois et révéré même des Infidèles? Du Guesclin, dont le cercueil prenoit des villes, Bayard, chevalier sans peur et sans reproche, le vieux connétable de Montmorency, qui disoit son chapelet au milieu des camps, étoient-ils des hommes sans foi? O temps plus merveilleux encore, où un Bossuet ramenoit un Turenne dans le sein de l'Église!

Il n'est point de caractère plus admirable que celui du héros chrétien : le peuple qu'il défend le regarde comme son père; il protège le laboureur et les moissons, il écarte les injustices : c'est une espèce d'ange de la guerre que Dieu envoie pour adoucir ce fléau. Les villes ouvrent leurs portes au seul bruit de sa justice, les remparts tombent devant ses vertus; il est l'amour du soldat et l'idole des nations; il mêle au courage du guerrier la charité évangélique; sa conversation touche et instruit, ses paroles ont une grâce de simplicité parfaite; on est étonné de trouver tant de douceur dans un homme accoutumé à vivre au milieu des périls : ainsi le miel se cache sous l'écorce d'un chêne qui a bravé les orages.

Concluons que sous aucun rapport l'athéisme n'est bon au guerrier.

Nous ne voyons pas qu'il soit plus utile dans les états de la nature que dans les conditions de la société. Si la morale porte tout entière sur le dogme de l'existence de Dieu et de l'immortalité de l'âme, un père, un fils, des époux, n'ont aucun intérêt à être incrédules. Eh! comment, par exemple, concevoir qu'une femme puisse être athée? Qui appuiera ce roseau, si la religion n'en soutient la fragilité? Être le plus foible de la nature, toujours à la veille de la mort ou de la perte de ses charmes, qui le soutiendra, cet être qui sourit et qui meurt, si son espoir n'est point au delà d'une existence éphémère? Par le seul intérêt de sa beauté, la femme doit être pieuse. Douceur, soumission, aménité, tendresse, sont une partie des charmes que le Créateur prodigua à notre première mère, et la philosophie est mortelle à cette sorte d'attraits.

La femme, qui a naturellement l'instinct du mystère, qui prend plaisir à se voiler, qui ne découvre jamais qu'une moitié de ses grâces et de sa pensée, qui peut être devinée, mais non connue, qui, comme mère et comme vierge, est pleine de secrets, qui séduit surtout par son ignorance, qui fut formée pour la vertu et le sentiment le plus mystérieux, la pudeur et l'amour; cette femme, renonçant au doux instinct de son sexe, ira d'une main foible et téméraire chercher à soulever l'épais rideau qui couvre la Divinité! A qui pense-t-elle plaire par cet effort sacrilége? Croit-elle, en joignant ses ridicules blasphèmes et sa frivole métaphysique aux imprécations des Spinosa et aux sophismes des Bayle, nous donner une grande idée de son génie? Sans doute elle n'a pas dessein de se choisir un époux : quel homme de bon sens voudroit s'associer à une compagne impie?

L'épouse incrédule a rarement l'idée de ses devoirs; elle passe ses jours ou à raisonner sur la vertu sans la pratiquer, ou à suivre ses plaisirs dans le tourbillon du monde. Sa tête est vide, son âme creuse; l'ennui la dévore; elle n'a ni Dieu ni soins domestiques pour remplir l'abîme de ses moments.

Le jour vengeur approche; le Temps arrive, menant la vieillesse par la main. Le spectre aux cheveux blancs, aux épaules voûtées, aux mains de glace, s'assied sur le seuil du logis de la femme incrédule; elle l'aperçoit et pousse un cri. Mais qui peut entendre sa voix? Est-ce un époux! Il n'y en a plus pour elle : depuis longtemps il s'est éloigné du théâtre de son déshonneur. Sont-ce des enfants? Perdus par une éducation impie et par l'exemple maternel, se soucient-ils de leur mère? Si elle regarde dans le passé, elle n'aperçoit qu'un désert où ses vertus n'ont point laissé de traces. Pour la première fois, sa triste pensée se tourne vers le ciel; elle commence à croire qu'il eût été plus doux d'avoir une religion. Regret inutile! la dernière punition de l'athéisme dans ce monde est de désirer la foi sans pouvoir l'obtenir. Quand, au bout de sa carrière, on reconnoît les mensonges d'une fausse philosophie, quand le néant, comme un astre funeste, commence à se lever sur l'horizon de la mort, on voudroit revenir à Dieu, et il n'est plus temps : l'esprit abruti par l'incrédulité rejette toute conviction. Oh! qu'alors la solitude est profonde, lorsque la Divinité et les hommes se retirent à la fois! Elle meurt, cette femme, elle expire entre les bras d'une garde payée ou d'un homme dégoûté par ses souffrances, qui trouve qu'elle a résisté au mal bien des jours. Un chétif cercueil renferme toute l'infortunée; on ne voit à ses funérailles ni une fille échevelée ni des gendres et des petits-fils en pleurs; digne cortége qui, avec la bénédiction du peuple et le chant des prêtres, accompagne au tombeau la mère de famille. Peut-être seulement un fils inconnu, qui ignore le honteux secret de sa naissance, rencontre par hasard le convoi, il s'étonne de l'abandon de cette bière;

et demande le nom du mort à ceux qui vont jeter aux vers le cadavre qui leur fut promis par la femme athée.

Que différent est le sort de la femme religieuse ! Ses jours sont environnés de joie, sa vie est pleine d'amour : son époux, ses enfants, ses domestiques, la respectent et la chérissent ; tous reposent en elle une aveugle confiance, parce qu'ils croient fermement à la fidélité de celle qui est fidèle à son Dieu. La foi de cette chrétienne se fortifie par son bonheur, et son bonheur par sa foi ; elle croit en Dieu parce qu'elle est heureuse, et elle est heureuse parce qu'elle croit en Dieu.

Il suffit qu'une mère voie sourire son enfant pour être convaincue de la réalité d'une félicité suprême. La bonté de la Providence se montre tout entière dans le berceau de l'homme. Quels accords touchants ! ne seroient-ils que les effets d'une insensible matière ? L'enfant naît, la mamelle est pleine ; la bouche du jeune convive n'est point armée, de peur de blesser la coupe du banquet maternel ; il croît, le lait devient plus nourrissant ; on le sèvre, la merveilleuse fontaine tarit. Cette femme si foible a tout à coup acquis des forces qui lui font surmonter des fatigues que ne pourroit supporter l'homme le plus robuste. Qu'est-ce qui la réveille au milieu de la nuit, au moment même où son fils va demander le repas accoutumé ? D'où lui vient cette adresse qu'elle n'avoit jamais eue ? Comme elle touche cette tendre fleur sans la briser ! Ses soins semblent être le fruit de l'expérience de toute sa vie, et cependant c'est là son premier-né ! Le moindre bruit épouvantoit la vierge : où sont les armées, les foudres, les périls, qui feront pâlir la mère ? Jadis il falloit à cette femme une nourriture délicate, une robe fine, une couche molle ; le moindre souffle de l'air l'incommodoit : à présent un pain grossier, un vêtement de bure, une poignée de paille, la pluie et les vents, ne lui importent guère, tandis qu'elle a dans sa mamelle une goutte de lait pour nourrir son fils, et dans ses haillons un coin de manteau pour l'envelopper.

Tout étant ainsi, il faudroit être bien obstiné pour ne pas embrasser le parti où non-seulement la raison trouve le plus grand nombre de preuves, mais où la morale, le bonheur, l'espérance, l'instinct même et les désirs de l'âme nous portent naturellement ; car s'il étoit vrai, comme il est faux, que l'esprit tînt la balance égale entre Dieu et l'athéisme, encore est-il certain qu'elle pencheroit beaucoup du côté du premier : outre la moitié de sa raison, l'homme met de plus dans le bassin de Dieu tout le poids de son cœur.

On sera convaincu de cette vérité si l'on examine la manière dont l'athéisme et la religion procèdent dans leurs démonstrations.

La religion ne se sert que de preuves générales ; elle ne juge que sur l'ordonnance des cieux, sur les lois de l'univers ; elle ne voit que les grâces de la nature, les instincts charmants des animaux et leurs convenances avec l'homme.

L'athéisme ne vous apporte que de honteuses exceptions ; il n'aperçoit que des désordres, des marais, des volcans, des bêtes nuisibles ; et, comme s'il cherchoit à se cacher dans la boue, il interroge les reptiles et les insectes, pour lui fournir des preuves contre Dieu.

La religion ne parle que de la grandeur et de la beauté de l'homme :

L'athéisme a toujours la lèpre et la peste à vous offrir.

La religion tire ses raisons de la sensibilité de l'âme, des plus doux attachements de la vie, de la piété filiale, de l'amour conjugal, de la tendresse maternelle :

L'athéisme réduit tout à l'instinct de la bête ; et pour premier argument de son système, il vous étale un cœur que rien ne peut toucher.

Enfin, dans le culte du chrétien, on nous assure que nos maux auront un terme ; on nous console, on essuie nos pleurs, on nous promet une autre vie :

Dans le culte de l'athée, les douleurs humaines font fumer l'encens, la mort est le sacrificateur, l'autel un cercueil, et le néant la divinité.

CHAPITRE VI.

FIN DES DOGMES DU CHRISTIANISME
ÉTAT DES PEINES ET DES RÉCOMPENSES DANS UNE AUTRE VIE.
ÉLYSÉE ANTIQUE, ETC.

L'existence d'un Être Suprême une fois reconnue et l'immortalité de l'âme accordée, il n'y a plus, quant au fond, de difficulté à admettre un état de récompenses et de châtiments après cette vie : les deux premiers dogmes entraînent de nécessité le troisième. Il ne s'agit donc que de faire voir combien celui-ci est moral et poétique dans les opinions chrétiennes, et combien la religion évangélique se montre encore ici supérieure à tous les cultes de la terre.

Dans l'Élysée des anciens on ne trouve que des héros et des hommes qui avoient été heureux ou éclatants dans le monde ; les enfants, et apparemment les esclaves et les hommes obscurs (c'est-à-dire l'infortune et l'innocence) étoient relégués aux enfers. Et quelles récompenses pour la vertu que ces banquets et ces danses dont l'éternelle durée suffiroit pour en faire un des tourments du Tartare ?

Mahomet promet d'autres jouissances. Son paradis est une terre de musc et de la plus pure farine de froment, qu'arrosent le fleuve de vie et l'Acawtar, rivière qui prend sa source sous les racines du *Tuba*, ou l'arbre du bonheur. Des fontaines dont les grottes sont d'ambre gris et les bords d'aloès murmurent sous des palmiers d'or. Sur les rives d'un lac quadrangulaire reposent mille coupes faites d'étoiles, dont les âmes prédestinées se servent pour puiser l'onde. Les élus, assis sur des tapis de soie à l'entrée de leurs tentes, mangent le globe de la terre, transformé par Allah en un merveilleux gâteau. Des eunuques et soixante-douze filles aux yeux noirs leur servent dans trois cents plats d'or le poisson Nun et les côtes du buffle Bâlam. L'ange Israfîl chante de beaux cantiques; les houris mêlent leurs voix à ses concerts, et les âmes des poëtes vertueux, retirées dans la *glotte* de certains oiseaux qui voltigent sur l'*arbre du bonheur*, accompagnent le chœur céleste. Cependant des cloches de cristal, suspendues aux palmiers d'or, sont mélodieusement agitées par un vent sorti du trône de Dieu [1].

Les joies du ciel des Scandinaves étoient sanglantes; mais il y avoit de la grandeur dans les plaisirs attribués aux ombres guerrières; elles assembloient les orages et dirigeoient les tourbillons : ce paradis étoit le résultat du genre de vie que menoit le barbare du Nord. Errant sur des grèves sauvages et prêtant l'oreille à cette voix qui sort de l'Océan, il tomboit peu à peu dans la rêverie; égaré de pensée en pensée, comme les flots de murmure en murmure, dans le vague de ses désirs; il se mêloit aux éléments, montoit sur les nues fugitives, balançoit les forêts dépouillées, et voloit sur les mers avec les tempêtes.

Les enfers des nations infidèles sont aussi capricieux que leur ciel : nous parlerons du Tartare dans la partie littéraire de notre ouvrage, où nous allons entrer à l'instant. Quoi qu'il en soit, les récompenses que le christianisme promet à la vertu, et les châtiments qu'il annonce au crime, se font reconnoître au premier coup d'œil pour les véritables. Le ciel et l'enfer des chrétiens ne sont point imaginés d'après les mœurs particulières d'un peuple, mais ils sont fondés sur des idées générales qui conviennent à toutes les nations et à toutes les classes de la société. Écoutez ce qu'il y a de plus simple et de plus sublime en quelques mots : — Le bonheur du juste consistera, dans l'autre vie, à posséder Dieu avec plénitude; — le malheur de l'impie sera de connoître les perfections de Dieu, et d'en être à jamais privé.

On dira peut-être que le christianisme ne fait que répéter ici les leçons des écoles de Platon et de Pythagore. On convient donc au

---

1. Le *Coran* et les poëtes arabes.

moins que la religion chrétienne n'est pas la religion des *petits esprits*, puisqu'on avoue que ses dogmes sont ceux des *sages*?

En effet, les gentils reprochoient aux premiers fidèles de n'être qu'une secte de philosophes; mais, fût-il certain, ce qui n'est pas prouvé, que l'antiquité eut touchant un état futur les mêmes notions que le christianisme, autre est toutefois une vérité renfermée dans un petit cercle de disciples choisis, autre une vérité qui est devenue la manne commune du peuple. Ce que les beaux génies de la Grèce ont trouvé par un dernier effort de la raison s'enseigne publiquement aux carrefours de nos cités, et le manœuvre peut acheter pour quelques deniers, dans le catéchisme de ses enfants, les secrets les plus sublimes des sectes antiques.

Nous ne dirons rien à présent du purgatoire, parce que nous le considérons ailleurs sous ses rapports moraux et poétiques. Quant au principe qui établit ce lieu d'expiation, il est fondé sur la raison même, puisqu'il y a un état de tiédeur entre le vice et la vertu, qui ne mérite ni les peines de l'enfer ni les récompenses du ciel.

CHAPITRE VII.

JUGEMENT DERNIER.

Les Pères ont été de différentes opinions sur l'état immédiat de l'âme du juste après sa séparation d'avec le corps. Saint Augustin pense qu'elle va dans un séjour de paix, en attendant qu'elle se réunisse à sa chair incorruptible[1]. Saint Bernard croit qu'elle est reçue dans le ciel, où elle contemple l'humanité de Jésus-Christ, mais non sa divinité, dont elle ne jouira qu'après sa résurrection[2]; dans quelques autres endroits de ses sermons, il assure qu'elle entre immédiatement dans la plénitude du bonheur céleste[3] : c'est le sentiment que l'Église paroît avoir adopté.

Mais comme il est juste que le corps et l'âme qui ont commis ou pratiqué ensemble ou la faute, ou la vertu, souffrent ou soient récompensés ensemble, la religion nous enseigne que celui qui nous tira de la poussière nous en rappellera une seconde fois pour comparoître à son tribunal. L'école stoïque croyoit, ainsi que les chrétiens,

---

1. *De Trinit.*, lib. xv, cap. xxv.
2. *Serm. in Sanct. omn.* 1-2-3, *De Considerat.*, lib. v, cap. iv.
3. *Serm.* ii *de S. Malac.*, n° 5. *Serm. de S. Vict.*, n° 4.

à l'enfer, au paradis, au purgatoire et à la résurrection des corps[1], et l'idée confuse de ce dernier dogme étoit répandue chez les mages[2]. Les Égyptiens espéroient revivre après avoir passé mille ans dans la tombe[3]; les vers sibyllins parlent de la résurrection, du jugement dernier[4], etc.

Pline, en se moquant de Démocrite, nous apprend quelle étoit l'opinion de ce philosophe touchant une résurrection : *Similis et de asservandis corporibus hominum, ac reviviscendi promissa a Democrito vanitas, qui non vixit ipse*[5].

La résurrection est clairement exprimée dans ces vers de Phocylide, sur la cendre des morts :

> Οὐ καλὸν ἁρμονίην ἀναλυέμεν ἀνθρώποιο,
> Καὶ τάχα δ' ἐκ γαίης ἐλπίζομεν ἐς φάος ἐλθεῖν,
> Λείψαν' ἀποιχομένων, ὀπίσω τε θεοὶ τελέθονται.

« Il est impie de disperser les restes de l'homme, car la cendre et les ossements des morts retourneront à la lumière, et deviendront semblables aux Dieux. »

Virgile parle obscurément du dogme de la résurrection dans le sixième livre de l'Énéide.

Mais comment des atomes dispersés dans les éléments pourront-ils se réunir pour former les mêmes corps? Il y a longtemps que cette objection a été faite, et la plupart des Pères y ont répondu[6]. «Explique-moi comment tu es, dit Tertullien, et je te dirai comment tu seras[7]. »

Rien n'est plus frappant et plus formidable que ce moment de la fin des siècles annoncé par le christianisme.

En ce temps-là des signes se manifesteront dans les cieux : le puits de l'abîme s'ouvrira; les sept anges verseront les sept coupes pleines de colère; les peuples s'entre-tueront; les mères entendront leurs fruits se plaindre dans leur sein, et la Mort parcourra les royaumes sur son cheval pâle[8].

Cependant la terre chancelle sur ses bases, la lune se couvre d'un voile sanglant, les astres pendent à demi détachés de leur voûte : l'agonie du monde commence. Tout à coup l'heure fatale vient à frap-

---

1. Senec., *Epist.* xc; *Id. ad Marc.*, Laert., lib. vii; Plut., *in Resig. Stoïc. et in fac. lun.*   2. Hyde, *Relig. Pers.*; Plut., *de Is. et Osir.*   3. Diod. et Herod.
4. Bocchus, *in Solin.*, cap. viii; Lact., lib. vii, cap. xxix; lib. iv, cap. xv, xviii et xix.   5. Lib. vii, cap. lv.
6. S. Cyrille, évêque de Jérusalem, *Catéch.* xviii; S. Greg. Nic., *Orat. pro Res. carn.*; S. August., *de Civ. Dei*, lib. xx; S. Chrys., *Homel. in Resur. carn.*; S. Greg., pap., *Dial.* iv; S. Amb., *Serm. in Fid. res.*; S. Epiph. Ancyrot., p. 58.
7. *In Apologet.*   8. *Apoc.*, cap. vi, v. 8.

per; Dieu suspend les flots de la création, et le monde a passé comme un fleuve tari.

Alors se fait entendre la trompette de l'ange du jugement; il crie: *Morts, levez-vous!* Surgite, mortui! Les sépulcres se fendent, le genre humain sort du tombeau, et les races s'assemblent dans Josaphat.

Le Fils de l'Homme apparoît sur les nuées; les puissances de l'enfer remontent du fond de l'abîme pour assister au dernier arrêt prononcé sur les siècles; les boucs et les brebis sont séparés, les méchants s'enfoncent dans le gouffre, les justes montent dans les cieux; Dieu rentre dans son repos, et partout règne l'éternité.

CHAPITRE VIII.

BONHEUR DES JUSTES.

On demande quelle est cette plénitude de bonheur céleste promise à la vertu par le christianisme; on se plaint de sa trop grande mysticité: « Du moins dans le système mythologique, dit-on, on pouvoit se former une image des plaisirs des ombres heureuses: mais comment comprendre la félicité des élus? »

Fénelon l'a cependant devinée, cette félicité, lorsqu'il fait descendre Télémaque au séjour des mânes: son Élysée est visiblement un paradis chrétien. Comparez sa description à l'Élysée de l'Énéide, et vous verrez quels progrès le christianisme a fait faire à la raison et au cœur de l'homme.

« Une lumière pure et douce se répand autour du corps de ces hommes justes et les environne de ses rayons comme d'un vêtement: cette lumière n'est point semblable à la lumière sombre qui éclaire les yeux des misérables mortels, et qui n'est que ténèbres; c'est plutôt une gloire céleste qu'une lumière: elle pénètre plus subtilement les corps les plus épais que les rayons du soleil ne pénètrent le plus pur cristal; elle n'éblouit jamais: au contraire, elle fortifie les yeux et porte dans le fond de l'âme je ne sais quelle sérénité: c'est d'elle seule que les hommes bienheureux sont nourris; elle sort d'eux, et elle y entre: elle les pénètre et s'incorpore à eux comme les aliments s'incorporent à nous. Ils la voient, ils la sentent, ils la respirent; elle fait naître en eux une source intarissable de paix et de joie. Ils sont plongés dans cet abîme de délices comme les poissons dans la mer; ils ne veulent plus rien; ils ont tout sans rien avoir, car le goût de lumière pure apaise la faim de leur cœur. . . . .

Une jeunesse éternelle, une félicité sans fin, une gloire toute divine est peinte sur leur visage, mais leur joie n'a rien de folâtre ni d'indécent : c'est une joie douce, noble, pleine de majesté; c'est un goût sublime de la vérité et de la vertu qui les transporte : ils sont sans interruption, à chaque moment, dans le même saisissement de cœur où est une mère qui revoit son cher fils qu'elle avoit cru mort; et cette joie, qui échappe bientôt à la mère, ne s'enfuit jamais du cœur de ces hommes [1]. »

Les plus belles pages du *Phédon* sont moins divines que cette peinture; et cependant Fénelon, resserré dans les bornes de sa fiction, n'a pu attribuer aux ombres tout le bonheur qu'il eût retracé dans les véritables élus [2].

Le plus pur de nos sentiments dans ce monde, c'est l'admiration; mais cette admiration terrestre est toujours mêlée de foiblesse, soit dans l'objet qui admire, soit dans l'objet admiré. Qu'on imagine donc un être parfait, source de tous les êtres, en qui se voit clairement et saintement tout ce qui fut, est et sera; que l'on suppose en même temps une âme exempte d'envie et de besoins, incorruptible, inaltérable, infatigable, capable d'une attention sans fin; qu'on se la figure contemplant le Tout-Puissant, découvrant sans cesse en lui de nouvelles connoissances et de nouvelles perfections, passant d'admiration en admiration, et ne s'apercevant de son existence que par le sentiment prolongé de cette admiration même; concevez de plus Dieu comme souveraine beauté, comme principe universel d'amour; représentez-vous toutes les amitiés de la terre venant se perdre ou se réunir dans cet abîme de sentiments, ainsi que des gouttes d'eau dans la mer, de sorte que l'âme fortunée aime Dieu uniquement, sans pourtant cesser d'aimer les amis qu'elle eut ici-bas; persuadez-vous, enfin, que le prédestiné a la conviction intime que son bonheur ne finira point [3] : alors vous aurez une idée, à la vérité très-imparfaite, de la félicité des justes; alors vous comprendrez que tout ce que le chœur des bienheureux peut faire entendre, c'est ce cri : *Saint! Saint! Saint!* qui meurt et renaît éternellement dans l'extase éternelle des cieux.

---

1. Lib. xix.   2. Voyez aussi le *Sermon sur le ciel*, par l'abbé Poulle.
3. Saint Augustin.

FIN DE LA PREMIÈRE PARTIE.

DEUXIÈME PARTIE.

POÉTIQUE DU CHRISTIANISME.

LIVRE I.

VUE GÉNÉRALE DES ÉPOPÉES CHRÉTIENNES.

CHAPITRE PREMIER.

QUE LA POÉTIQUE DU CHRISTIANISME SE DIVISE
EN TROIS BRANCHES : POÉSIE, BEAUX-ARTS, LITTÉRATURE;
QUE LES SIX LIVRES DE CETTE SECONDE PARTIE
TRAITENT SPÉCIALEMENT DE LA POÉSIE.

Le bonheur des élus, chanté par l'Homère chrétien, nous mène naturellement à parler des effets du christianisme dans la poésie. En traitant du génie de cette religion, comment pourrions-nous oublier son influence sur les lettres et sur les arts? influence qui a, pour ainsi dire, changé l'esprit humain et créé dans l'Europe moderne des peuples tout différents des peuples antiques.

Les lecteurs aimeront peut-être à s'égarer sur Oreb et Sinaï, sur les sommets de l'Ida et du Taygète, parmi les fils de Jacob et de Priam, au milieu des dieux et des bergers. Une voix poétique s'élève des ruines qui couvrent la Grèce et l'Idumée, et crie de loin au voyageur : « Il n'est que deux belles sortes de noms et de souvenirs dans l'histoire, ceux des Israélites et des Pélasges. »

Les douze livres que nous avons consacrés à ces recherches littéraires composent, comme nous l'avons dit, la seconde et la troisième partie de notre ouvrage, et séparent les six livres du *dogme* des six livres du *culte*.

Nous jetterons d'abord un coup d'œil sur les poëmes où la religion chrétienne tient la place de la mythologie, parce que l'épopée est la première des compositions poétiques. Aristote, il est vrai, a prétendu que le poëme épique est tout entier dans la tragédie : mais ne pourroit-on pas croire, au contraire, que c'est le drame qui est tout entier dans l'épopée? Les adieux d'Hector et d'Andromaque, Priam dans la tente d'Achille, Didon à Carthage, Énée chez Évandre, ou renvoyant le corps du jeune Pallas, Tancrède et Herminie, Adam et Ève, sont de véritables tragédies, où il ne manque que la division des scènes et le nom des interlocuteurs. D'ailleurs, la tragédie même n'est-elle pas née de l'*Iliade,* comme la comédie est sortie du *Margitès*? Mais si Calliope emprunte les ornements de Melpomène, la première a des charmes que la seconde ne peut imiter : le *merveilleux,* les *descriptions,* les *épisodes,* ne sont point du ressort dramatique. Toute espèce de ton, même le ton comique, toute harmonie poétique, depuis la lyre jusqu'à la trompette; peuvent se faire entendre dans l'épopée. L'épopée a donc des parties qui manquent au drame; elle demande donc un talent plus universel; elle est donc une œuvre plus complète que la tragédie. En effet, on peut avancer, avec quelque vraisemblance, qu'il est moins difficile de faire les cinq actes d'un *Œdipe roi* que de créer les vingt-quatre livres d'une *Iliade.* Autre chose est de produire un ouvrage de quelques mois de travail, autre chose est d'élever un monument qui demande les labeurs de toute une vie. Sophocle et Euripide étoient sans doute de beaux génies; mais ont-ils obtenu dans les siècles cette admiration, cette hauteur de renommée dont jouissent si justement Homère et Virgile? Enfin, si le drame est la première des compositions, et que l'épopée ne soit que la seconde, comment se fait-il que depuis les Grecs jusqu'à nous on ne compte que cinq ou six poëmes épiques, tandis qu'il n'y a pas de nations qui ne se vantent de posséder plusieurs bonnes tragédies?

CHAPITRE II.

VUE GÉNÉRALE DES POEMES
OU LE MERVEILLEUX DU CHRISTIANISME REMPLACE LA MYTHOLOGIE.
L'ENFER DU DANTE, LA JÉRUSALEM DÉLIVRÉE.

Posons d'abord quelques principes.

Dans toute épopée les hommes et leurs passions sont faits pour occuper la première et la plus grande place.

Ainsi, tout poëme où une religion est employée comme *sujet* et non comme *accessoire,* où le *merveilleux* est le *fond* et non l'*accident* du tableau, pèche essentiellement par la base.

Si Homère et Virgile avoient établi leurs scènes dans l'Olympe, il est douteux, malgré leur génie, qu'ils eussent pu soutenir jusqu'au bout l'intérêt dramatique. D'après cette remarque, il ne faut plus attribuer au christianisme la langueur qui règne dans le poëme dont les principaux personnages sont des êtres surnaturels : cette langueur tient au vice même de la composition. Nous verrons, à l'appui de cette vérité, que plus le poëte dans l'épopée garde un juste milieu entre les choses divines et les choses humaines, plus il devient *divertissant*, pour parler comme Despréaux. *Divertir* afin d'*enseigner* est la première qualité requise en poésie.

Sans rechercher quelques poëmes écrits dans un latin barbare, le premier ouvrage qui s'offre à nous est la *Divina Commedia* du Dante. Les beautés de cette production bizarre découlent presque entièrement du christianisme ; ses défauts tiennent au siècle et au mauvais goût de l'auteur. Dans le pathétique et dans le terrible, le Dante a peut-être égalé les plus grands poëtes. Nous reviendrons sur les détails.

Il n'y a dans les temps modernes que deux beaux sujets de poëme épique : les *Croisades* et la *Découverte du Nouveau Monde*. Malfilâtre se proposoit de chanter la dernière ; les muses regrettent encore que ce jeune poëte ait été surpris par la mort avant d'avoir exécuté son dessein. Toutefois ce sujet a pour un François le défaut d'être étranger. Or, c'est un autre principe de toute vérité, qu'il faut travailler sur un fonds antique, ou, si l'on choisit une histoire moderne, qu'il faut chanter sa nation.

Les croisades rappellent *La Jérusalem délivrée* : ce poëme est un modèle parfait de composition. C'est là qu'on peut apprendre à mêler les sujets sans les confondre : l'art avec lequel le Tasse vous transporte d'une bataille à une scène d'amour, d'une scène d'amour à un conseil, d'une procession à un palais magique, d'un palais magique à un camp, d'un assaut à la grotte d'un solitaire, du tumulte d'une cité assiégée à la cabane d'un pasteur, cet art, disons-nous, est admirable. Le dessin des caractères n'est pas moins savant : la férocité d'Argant est opposée à la générosité de Tancrède, la grandeur de Soliman à l'éclat de Renaud, la sagesse de Godefroi à la ruse d'Aladin ; il n'y a pas jusqu'à l'ermite Pierre, comme l'a remarqué Voltaire, qui ne fasse un beau contraste avec l'enchanteur Ismen. Quant aux femmes, la coquetterie est peinte dans Armide, la sensibilité dans Herminie, l'indifférence dans Clorinde. Le Tasse eût parcouru le cercle entier des caractères de femmes s'il eût représenté *la mère*. Il faut peut-être chercher la raison de cette omission dans la nature de son talent, qui avoit plus d'enchantement que de vérité et plus d'éclat que de tendresse.

Homère semble avoir été particulièrement doué de génie, Virgile de sentiment, le Tasse d'imagination. On ne balanceroit pas sur la place que le poëte italien doit occuper s'il faisoit quelquefois rêver sa muse, en imitant les soupirs du Cygne de Mantoue. Mais le Tasse est presque toujours faux quand il fait parler le cœur ; et comme les traits de l'âme sont les véritables beautés, il demeure nécessairement au-dessous de Virgile.

Au reste, si la *Jérusalem* a une fleur de poésie exquise, si l'on y respire l'âge tendre, l'amour et les plaisirs du grand homme infortuné qui composa ce chef-d'œuvre dans sa jeunesse, on y sent aussi les défauts d'un âge qui n'étoit pas assez mûr pour la haute entreprise d'une épopée. L'octave du Tasse n'est presque jamais pleine, et son vers, trop vite fait, ne peut être comparé au vers de Virgile, cent fois retrempé au feu des muses. Il faut encore remarquer que les idées du Tasse ne sont pas d'une aussi belle *famille* que celles du poëte latin. Les ouvrages des anciens se font reconnoître nous dirions presque à leur *sang*. C'est moins chez eux, ainsi que parmi nous, quelques pensées éclatantes au milieu de beaucoup de choses communes, qu'une belle troupe de pensées qui se conviennent et qui ont toutes comme un air de parenté : c'est le groupe des enfants de Niobé, nus, simples, pudiques, rougissants, se tenant par la main avec un doux sourire, et portant, pour seul ornement, dans leurs cheveux une couronne de fleurs.

D'après la *Jérusalem* on sera du moins obligé de convenir qu'on peut faire quelque chose d'excellent sur un sujet chrétien. Et que seroit-ce donc si le Tasse eût osé employer les grandes machines du christianisme ? Mais on voit qu'il a manqué de hardiesse. Cette timidité l'a forcé d'user des petits ressorts de la magie, tandis qu'il pouvoit tirer un parti immense du tombeau de Jésus-Christ, qu'il nomme à peine, et d'une terre consacrée par tant de prodiges. La même timidité l'a fait échouer dans son *Ciel*. Son *Enfer* a plusieurs traits de mauvais goût. Ajoutons qu'il ne s'est pas assez servi du mahométisme, dont les rites sont d'autant plus curieux qu'ils sont peu connus. Enfin il auroit pu jeter un regard sur l'ancienne Asie, sur cette Égypte si fameuse, sur cette grande Babylone, sur cette superbe Tyr, sur les temps de Salomon et d'Isaïe. On s'étonne que sa muse ait oublié la harpe de David en parcourant Israel. N'entend-on plus sur le sommet du Liban la voix des prophètes? Leurs ombres n'apparoissent-elles pas quelquefois sous les cèdres et parmi les pins? Les anges ne chantent-ils plus sur Golgotha, et le torrent de Cédron a-t-il cessé de gémir? On est fâché que le Tasse n'ait pas donné quelque souvenir aux patriarches : le berceau du monde dans un petit coin de la *Jérusalem* feroit un assez bel effet.

CHAPITRE III.

PARADIS PERDU.

On peut reprocher au *Paradis perdu* de Milton, ainsi qu'à l'*Enfer* du Dante, le défaut dont nous avons parlé : le *merveilleux* est le *sujet* et non la *machine* de l'ouvrage, mais on y trouve des beautés supérieures, qui tiennent essentiellement à notre religion.

L'ouverture du poëme se fait aux enfers, et pourtant ce début n'a rien qui choque la règle de simplicité prescrite par Aristote. Pour un édifice si étonnant il falloit un portique extraordinaire, afin d'introduire le lecteur dans ce monde inconnu dont il ne devoit plus sortir.

Milton est le premier poëte qui ait conclu l'épopée par le malheur du principal personnage, contre la règle généralement adoptée. Qu'on nous permette de penser qu'il y a quelque chose de plus intéressant, de plus grave, de plus semblable à la condition humaine, dans un poëme qui aboutit à l'infortune, que dans celui qui se termine au bonheur. On pourroit même soutenir que la catastrophe de l'*Iliade* est tragique. Car si le fils de Pélée atteint le but de ses désirs, toutefois la conclusion du poëme laisse un sentiment profond de tristesse [1] : on vient de voir les funérailles de Patrocle, Priam rachetant le corps d'Hector, la douleur d'Hécube et d'Andromaque, et l'on aperçoit dans le lointain la mort d'Achille et la chute de Troie.

Le berceau de Rome chanté par Virgile est un grand sujet sans doute; mais que dire du sujet d'un poëme qui peint une catastrophe dont nous sommes nous-mêmes les victimes, qui ne nous montre pas le fondateur de telle ou telle société, mais le père du genre humain? Milton ne vous entretient ni de batailles, ni de jeux funèbres, ni de camps, ni de villes assiégées; il retrace la première pensée de Dieu, manifestée dans la création du monde, et les premières pensées de l'homme au sortir des mains du Créateur.

---

1. Ce sentiment vient peut-être de l'intérêt qu'on prend à Hector. Hector est autant le héros du poëme qu'Achille : c'est le défaut de l'*Iliade*. Il est certain que l'amour des lecteurs se porte sur les Troyens, contre l'intention du poëte, parce que les scènes dramatiques se passent toutes dans les murs d'Ilion. Ce vieux monarque, dont le seul crime est d'aimer trop un fils coupable; ce généreux Hector, qui connoît la faute de son frère, et qui cependant défend son frère; cette Andromaque, cet Astyanax, cette Hécube, attendrissent le cœur, tandis que le camp des Grecs n'offre qu'avarice, perfidie et férocité : peut-être aussi le souvenir de l'*Énéide* agit-il secrètement sur le lecteur moderne, et l'on se range sans le vouloir du côté des héros chantés par Virgile.

Rien de plus auguste et de plus intéressant que cette étude des premiers mouvements du cœur de l'homme. Adam s'éveille à la vie, ses yeux s'ouvrent : il ne sait d'où il sort. Il regarde le firmament ; par un mouvement de désir, il veut s'élancer vers cette voûte, et il se trouve debout, la tête levée vers le ciel. Il touche ses membres, il court, il s'arrête ; il veut parler, et il parle. Il nomme naturellement ce qu'il voit, et s'écrie : « *O toi, soleil, et vous, arbres, forêts, collines, vallées, animaux divers !* » et les noms qu'il donne sont les vrais noms des êtres. Et pourquoi Adam s'adresse-t-il au soleil, aux arbres ? « *Soleil, arbres*, dit-il, *savez-vous le nom de celui qui m'a créé ?* » Ainsi, le premier sentiment que l'homme éprouve est le sentiment de l'existence de l'Être suprême ; le premier besoin qu'il manifeste est le besoin de Dieu ! Que Milton est sublime dans ce passage ! Mais se fût-il élevé à ces pensées s'il n'eût connu la religion de Jésus-Christ ?

Dieu se manifeste à Adam ; la créature et le Créateur s'entretiennent ensemble : *ils parlent de la solitude.* Nous supprimons les réflexions. La solitude ne *vaut rien à l'homme*. Adam s'endort : Dieu tire du sein même de notre premier père une nouvelle créature, et la lui présente à son réveil : « La grâce est dans sa démarche, le ciel dans ses yeux, et la dignité et l'amour dans tous ses mouvements. Elle s'appelle la *femme* ; elle est née de l'homme. L'homme quittera pour elle son père et sa mère. » Malheur à celui qui ne sentiroit pas là-dedans la Divinité !

Le poëte continue à développer ces grandes vues de la nature humaine, cette sublime raison du christianisme. Le caractère de la femme est admirablement tracé dans la fatale chute. Ève tombe par amour-propre : elle se vante d'être assez forte pour s'exposer seule ; elle ne veut pas qu'Adam l'accompagne dans le lieu où elle cultive des fleurs. Cette belle créature, qui se croit invincible en raison même de sa foiblesse, ne sait pas qu'un seul mot peut la subjuguer. L'Écriture nous peint toujours la femme esclave de sa vanité. Quand Isaïe menace les filles de Jérusalem : « Vous perdrez, leur dit-il, vos boucles d'oreilles, vos bagues, vos bracelets, vos voiles. » On a remarqué de nos jours un exemple frappant de ce caractère. Telles femmes pendant la Révolution ont donné des preuves multipliées d'héroïsme, et leur vertu est venue depuis échouer contre un bal, une parure, une fête. Ainsi s'explique une de ces mystérieuses vérités cachées dans les Écritures : en condamnant la femme à enfanter avec douleur, Dieu lui a donné une très-grande force contre la peine, mais en même temps, et en punition de sa faute, il l'a laissée foible contre le plaisir. Aussi Milton appelle-t-il la femme *fair defect of nature*, « beau défaut de la nature. »

La manière dont le poëte anglois a conduit la chute de nos premiers pères mérite d'être examinée. Un esprit ordinaire n'auroit pas manqué de renverser le monde au moment où Ève porte à sa bouche le fruit fatal; Milton s'est contenté de faire pousser un soupir à la terre qui vient d'enfanter la mort : on est beaucoup plus surpris, parce que cela est beaucoup moins surprenant. Quelles calamités cette tranquillité présente de la nature ne fait-elle point entrevoir dans l'avenir! Tertullien, cherchant pourquoi l'univers n'est point dérangé par les crimes des hommes, en apporte une raison sublime : cette raison, c'est la PATIENCE de Dieu.

Lorsque la mère du genre humain présente le fruit de science à son époux, notre premier père ne se roule point dans la poudre, ne s'arrache point les cheveux, ne jette point de cris. Un tremblement le saisit, il reste muet, la bouche entr'ouverte et les yeux attachés sur son épouse. Il aperçoit l'énormité du crime : d'un côté, s'il désobéit, il devient sujet à la mort; de l'autre, s'il reste fidèle, il garde son immortalité, mais il perd sa compagne, désormais condamnée au tombeau. Il peut refuser le fruit, mais peut-il vivre sans Ève? Le combat n'est pas long : tout un monde est sacrifié à l'amour. Au lieu d'accabler son épouse de reproches, Adam la console et prend de sa main la pomme fatale. A cette consommation du crime rien ne s'altère encore dans la nature : les passions seulement font gronder leurs premiers orages dans le cœur du couple malheureux.

Adam et Ève s'endorment, mais ils n'ont plus cette innocence qui rend les songes légers. Bientôt ils sortent de ce sommeil agité comme on sortiroit d'une pénible insomnie (*as from unrest*). C'est alors que le péché se présente à eux. « *Qu'avons-nous fait?* s'écrie Adam ; *pourquoi es-tu nue? Couvrons-nous, de peur qu'on ne nous voie dans cet état.* » Le vêtement ne cache point une nudité dont on s'est aperçu.

Cependant la faute est connue au ciel, une sainte tristesse saisit les anges, mais *that sadness mixt with pity : did not alter their bliss* « cette tristesse mêlée *à la pitié* n'altéra point leur bonheur; » mot chrétien et d'une tendresse sublime. Dieu envoie son Fils pour juger les coupables; le juge descend; il appelle Adam : « Où es-tu? » lui dit-il. Adam se cache. « Seigneur, je n'ose me montrer à vous, parce que je suis nu. » — « Comment sais-tu que tu es nu? Aurois-tu mangé du fruit de science? » Quel dialogue! cela n'est point d'invention humaine. Adam confesse son crime ; Dieu prononce la sentence : « Homme, tu mangeras ton pain à la sueur de ton front; tu déchireras péniblement le sein de la terre; sorti de la poudre, tu retourneras en poudre. — Femme, tu enfanteras avec douleur. » Voilà l'histoire du genre humain en quelques mots. Nous ne savons pas si le lecteur est frappé comme nous, mais nous trouvons dans cette scène de la Genèse quelque chose de si extraordinaire et de si grand, qu'elle se dérobe à toutes les explications du critique ; l'admiration manque de termes, et l'art rentre dans le néant.

Le Fils de Dieu remonte au ciel, après avoir laissé des vêtements aux coupables. Alors commence ce fameux drame entre Adam et Ève, dans lequel on prétend que Milton a consacré un événement de sa vie, un raccommodement entre lui et sa première femme. Nous sommes persuadé que les grands écrivains ont mis leur histoire dans leurs ouvrages. On ne peint bien que son propre cœur, en l'attribuant à un autre, et la meilleure partie du génie se compose de souvenirs.

Adam s'est retiré seul pendant la nuit sous un ombrage : la nature de l'air est changée : des vapeurs froides, des nuages épais obscurcissent les cieux ; la foudre a embrasé les arbres ; les animaux fuient à la vue de l'homme ; le loup commence à poursuivre l'agneau, le vautour à déchirer la colombe. Adam tombe dans le désespoir ; il désire de rentrer dans le sein de la terre. Mais un doute le saisit... s'il avoit en lui quelque chose d'immortel? si ce souffle de vie qu'il a reçu de Dieu ne pouvoit périr? si la mort ne lui étoit d'aucune ressource? s'il étoit condamné à être éternellement malheureux? La philosophie ne peut demander un genre de beautés plus élevées et plus graves. Non-seulement les poëtes antiques n'ont jamais fondé un désespoir sur de pareilles bases, mais les moralistes eux-mêmes n'ont rien d'aussi grand.

Ève a entendu les gémissements de son époux : elle s'avance vers lui ; Adam la repousse ; Ève se jette à ses pieds, les baigne de larmes. Adam est touché : il relève la mère des hommes. Ève lui propose de vivre dans la continence, ou de se donner la mort, pour sauver sa postérité. Ce désespoir, si bien attribué à une femme, tant par son excès que par sa générosité, frappe notre premier père. Que va-t-il répondre à son épouse? « Ève, l'espoir que tu fondes sur le tombeau et ton mépris pour la mort me prouvent que tu portes en toi quelque chose qui n'est pas soumis au néant. »

Le couple infortuné se décide à prier Dieu et à se recommander à la miséricorde éternelle. Il se prosterne et élève un cœur et une voix humiliés vers celui qui pardonne. Ces accents montent au séjour céleste, et le Fils se charge lui-même de les présenter à son Père. On admire avec raison dans l'*Iliade* les *Prières boiteuses*, qui suivent l'*Injure* pour réparer les maux qu'elle a faits. Cependant Milton lutte ici sans trop de désavantage contre cette fameuse allégorie : ces premiers soupirs d'un cœur contrit, qui trouvent la route que tous les soupirs du monde doivent bientôt suivre ; ces humbles vœux qui viennent se mêler à l'encens qui fume devant le Saint des saints ; ces larmes pénitentes qui réjouissent les esprits célestes, ces larmes qui sont offertes à l'Éternel par le Rédempteur du genre humain, ces larmes qui touchent Dieu lui-même (tant a de puissance la première prière de l'homme repentant et malheureux!), toutes ces beautés réunies ont en soi quelque chose de si moral, de si solennel, de si attendrissant, qu'elles ne sont peut-être point effacées par les *Prières* du chantre d'Ilion.

Le Très-Haut se laisse fléchir et accorde le salut final de l'homme. Milton s'est emparé avec beaucoup d'art de ce premier mystère des Écritures ; il a mêlé partout l'histoire d'un Dieu qui dès le commencement des siècles se dévoue à la mort pour racheter l'homme de la mort. La chute d'Adam devient plus puissante et plus tragique quand on la voit envelopper dans ses conséquences jusqu'au Fils de l'Éternel.

Outre ces beautés, qui appartiennent au fond du *Paradis perdu*, il y a une foule de beautés de détail dont il seroit trop long de rendre compte. Milton a surtout le mérite de l'expression. On connoît *les ténèbres visibles, le silence ravi*, etc. Ces hardiesses, lorsqu'elles sont bien sauvées, comme les dissonnances en musique, font un effet très-brillant ; elles ont un faux air de génie : mais il faut prendre garde d'en abuser : quand on les recherche, elles ne deviennent plus qu'un jeu de mots puéril, pernicieux à la langue et au goût.

Nous observerons encore que le chantre d'Éden, à l'exemple du chantre de l'Ausonie, est devenu original en s'appropriant des richesses étrangères : l'écrivain original n'est pas celui qui n'imite personne, mais celui que personne ne peut imiter.

Cet art de s'emparer des beautés d'un autre temps pour les accommoder aux mœurs du siècle où l'on vit a surtout été connu du poëte de Mantoue. Voyez, par exemple, comme il a transporté à la mère d'Euryale les plaintes d'Andromaque sur la mort d'Hector. Homère, dans ce morceau, a quelque chose de plus naïf que Virgile, auquel il a fourni d'ailleurs tous les traits frappants, tels que l'ouvrage échappant des mains d'Andromaque, l'évanouissement, etc. (et il en a quelques autres qui ne sont point dans l'*Énéide*, comme le pressentiment du malheur et cette tête qu'Andromaque échevelée avance à travers les créneaux). Mais aussi l'épisode d'Euryale est plus pathétique et plus tendre. Cette mère qui, seule de toutes les Troyennes, a voulu suivre les destinées d'un fils; ces habits devenus inutiles, dont elle occupoit son amour maternel, son exil, sa vieillesse et sa solitude, au moment même où l'on promenoit la tête du jeune homme sous les remparts du camp, ce *femineo ululatu*, sont des choses qui n'appartiennent qu'à l'âme de Virgile. Les plaintes d'Andromaque, plus étendues, perdent de leur force; celles de la mère d'Euryale, plus resserrées, tombent avec tout leur poids sur le cœur. Cela prouve qu'une grande différence existoit déjà entre les temps de Virgile et ceux d'Homère, et qu'au siècle du premier tous les arts, même celui d'aimer, avoient acquis plus de perfection.

CHAPITRE IV.

DE QUELQUES POEMES FRANÇOIS ET ÉTRANGERS.

Quand le christianisme n'auroit donné à la poésie que *Le Paradis perdu*; quand son génie n'auroit inspiré ni *La Jérusalem délivrée*, ni *Polyeucte*, ni *Esther*, ni *Athalie*, ni *Zaïre*, ni *Alzire*, on pourroit encore soutenir qu'il est favorable aux muses. Nous placerons dans ce chapitre, entre *Le Paradis perdu* et *La Henriade*, quelques poëmes françois et étrangers dont nous n'avons qu'un mot à dire.

Les morceaux remarquables répandus dans le *Saint Louis* du Père Lemoine ont été si souvent cités, que nous ne les répéterons point ici. Ce poëme informe a pourtant quelques beautés qu'on chercheroit en vain dans *La Jérusalem*. Il y règne une sombre imagination, très-propre à la peinture de cette Égypte pleine de souvenirs et de tombeaux, et qui vit passer tour à tour les Pharaons, les Ptolomées, les solitaires de la Thébaïde et les Soudans des barbares.

La Pucelle de Chapelain, le *Moïse sauvé* de Saint-Amand et le *David* de Coras, ne sont plus connus que par les vers de Boileau. On peut cependant tirer quelque fruit de la lecture de ces ouvrages : le *David* surtout mérite d'être parcouru.

Le prophète Samuel raconte à David l'histoire des rois d'Israel :

> Jamais, dit le grand saint, la fière tyrannie
> Devant le Roi des rois ne demeure impunie,
> Et de nos derniers chefs le juste châtiment
> En fournit à toute heure un triste monument.
> . . . .
> Contemple donc Héli, le chef du tabernacle,
> Que Dieu fit de son peuple et le juge et l'oracle :

> Son zèle à sa patrie eût pu servir d'appui,
> S'il n'eût produit deux fils trop peu dignes de lui.
> . . . .
> Mais Dieu fait sur ces fils, dans le vice obstinés,
> Tonner l'arrêt des coups qui leur sont destinés,
> Et par un saint héros, dont la voix les menace,
> Leur annonce leur perte et celle de leur race.
> O Ciel! quand tu lanças ce terrible décret,
> Quel ne fut point d'Héli le deuil et le regret!
> Mes yeux furent témoins de toutes ses alarmes,
> Et mon front bien souvent fut mouillé de ses larmes.

Ces vers sont remarquables, parce qu'ils sont assez beaux comme *vers*. Le mouvement qui les termine pourroit être avoué d'un grand poëte.

L'épisode de Ruth, raconté dans la grotte sépulcrale où sont ensevelis les anciens patriarches, a de la simplicité :

> On ne sait qui des deux, ou l'épouse ou l'époux,
> Eut l'âme la plus pure et le sort le plus doux.
> . . . .

Enfin Coras réussit quelquefois dans le vers *descriptif*. Cette image du soleil à son midi est pittoresque :

> Cependant le soleil, couronné de splendeur,
> Amoindrissant sa forme, augmentoit son ardeur.

Saint-Amand, presque vanté par Boileau, qui lui accorde du génie, est néanmoins inférieur à Coras. La composition du *Moïse sauvé* est languissante, le vers lâche et prosaïque, le style plein d'antithèses et de mauvais goût. Cependant on y remarque quelques morceaux d'un sentiment vrai, et c'est sans doute ce qui avoit adouci l'humeur du chantre de l'*Art poétique*.

Il seroit inutile de nous arrêter à l'*Araucana*, avec ses trois parties et ses trente-cinq chants originaux, sans oublier les chants supplémentaires de *Don Diego de Santistevan Ojozio*. Il n'y a point de *merveilleux chrétien* dans cet ouvrage; c'est une narration historique de quelques faits arrivés dans les montagnes du Chili. La chose la plus intéressante du poëme est d'y voir figurer Ercilla lui-même, qui se bat et qui écrit. L'*Araucana* est mesuré en octaves, comme l'*Orlando* et la *Jérusalem*. La littérature italienne donnoit alors le ton aux diverses littératures de l'Europe. Ercilla chez les Espagnols et Spencer chez les Anglois ont fait des stances et imité l'Arioste jusque dans son exposition. Ercilla dit :

> No las damas, amor, no gentilezas,
> De cavalleros canto enamorados,
> Ni las muestras, regalos y ternezas
> De amorosos afectos y cuydados :
> Mas el valor, los hechos, las proezas
> De aquelos Espanoles esforçados,
> Que a la cerviz de Arauco no domada
> Pusieron duro yugo por la espada.

C'étoit encore un bien riche sujet d'épopée que celui de *La Lusiade*. On a de la peine à concevoir comment un homme du génie du Camoëns n'en a pas su tirer un plus grand parti. Mais enfin il faut se rappeler que ce poëte fut le premier poëte épique moderne, qu'il vivoit dans un siècle barbare, qu'il y a des choses touchantes[1] et quelquefois sublimes dans ses vers, et qu'après tout il fut le plus infortuné des mortels. C'est un sophisme digne de la dureté de notre siècle d'avoir avancé que les bons ouvrages se font dans le malheur : il n'est pas vrai qu'on puisse bien écrire quand on souffre. Les hommes qui se consacrent au culte des muses se laissent plus vite submerger à la douleur que les esprits vulgaires : un génie puissant use bientôt le corps qui le renferme : les grandes âmes, comme les grands fleuves, sont sujettes à dévaster leurs rivages.

Le mélange que le Camoëns a fait de la fable et du christianisme nous dispense de parler du *merveilleux* de son poëme.

Klopstock est tombé dans le défaut d'avoir pris le *merveilleux* du christianisme pour *sujet* de son poëme. Son premier personnage est un Dieu : cela seul suffiroit pour détruire l'intérêt tragique. Toutefois il y a de beaux traits dans *Le Messie*. Les deux amants ressuscités par le Christ offrent un épisode charmant que n'auroient pu fournir les fables mythologiques. Nous ne nous rappelons point de personnages arrachés au tombeau, chez les anciens, si ce n'est Alceste, Hippolyte et Hérès de Pamphylie[2].

---

1. Néanmoins nous différons encore ici des critiques : l'épisode d'Inès nous semble pur, touchant, mais bien loin d'avoir les développements dont il étoit susceptible.

2. Dans le dixième livre de la *République* de PLATON.

Voilà ce que portoit la première édition. Depuis ce temps, l'un de nos meilleurs philologues, aussi savant que poli, M. Boissonade, m'a envoyé la note suivante des hommes ressuscités dans l'antiquité païenne par le secours des dieux ou de l'art d'Esculape :

« Esculape, qui ressuscita Hippolyte, avoit fait d'autres miracles. Apollodore

L'abondance et la grandeur caractérisent le merveilleux du *Messie*. Ces globes habités par des êtres différents de l'homme, cette profusion d'anges, d'esprits de ténèbres, d'âmes à naître ou d'âmes qui ont déjà passé sur la terre, jettent l'esprit dans l'immensité. Le caractère d'Abbadona, l'ange repentant, est une conception heureuse. Klopstock a aussi créé une sorte de séraphins mystiques inconnus avant lui.

Gessner nous a laissé dans *La Mort d'Abel* un ouvrage plein d'une tendre majesté. Malheureusement il est gâté par cette teinte doucereuse de l'idylle, que les Allemands répandent presque toujours sur les sujets tirés de l'Écriture. Leurs poëtes pèchent contre une des plus grandes lois de l'épopée, *la vraisemblance des mœurs*, et transforment en innocents bergers d'Arcadie les rois pasteurs de l'Orient.

Quant à l'auteur du poëme de *Noé*, il a succombé sous la richesse de son sujet. Pour une imagination vigoureuse, c'étoit pourtant une belle carrière à parcourir qu'un monde antédiluvien. On n'étoit pas même obligé de créer toutes les merveilles : en fouillant le Critias, les chronologies d'Eusèbe, quelques traités de Lucien et de Plutarque, on eût trouvé une ample moisson. Scaliger cite un fragment de Polyhistor touchant certaines tables écrites avant le déluge et conservées à *Sippary*, la même vraisemblablement que la *Sipphara* de Ptolomée[1]. Les muses parlent et entendent toutes les langues : que de choses ne pouvoient-elles pas lire sur ces tables !

CHAPITRE V.

LA HENRIADE.

Si un plan sage, une narration vive et pressée, de beaux vers, une diction élégante, un goût pur, un style correct, sont les seules qualités nécessaires à l'épopée, *La Henriade* est un poëme achevé ; mais cela ne suffit pas : il faut encore une action héroïque et surnaturelle. Et

« (*Bibl.* III, 10, 3,) dit, sur le témoignage de différents auteurs, qu'il rendit la vie à
« Capanée, à Lycurgue, à Tyndare, à Hyménéus, à Glaucus. Télésarque, cité par le
« Scoliaste d'Euripide (*Alc.* 2), parle encore de la résurrection d'Orion tentée par
« Esculape. Voyez les notes de MM. Heyne et Clavier sur le passage d'Apollodore, et
« celles de M. Walckenaër sur l'*Hippolyte* d'Euripide, p. 318. »

1. A moins qu'on ne fasse venir *Sippary* du mot hébreu *Sepher*, qui signifie bibliothèque. JOSÈPHE, lib. I, ch. II, *de Antiq. Jud.*, parle de deux colonnes, l'une de brique et l'autre de pierre, sur lesquelles les enfants de Seth avoient gravé les sciences humaines, afin qu'elles ne périssent point au déluge qui avoit été prédit par Adam. Ces deux colonnes subsistèrent longtemps après Noé.

comment Voltaire eût-il fait un usage heureux du *merveilleux* du christianisme, lui dont les efforts tendoient sans cesse à détruire ce merveilleux ? Telle est néanmoins la puissance des idées religieuses que l'auteur de *La Henriade* doit au culte même qu'il a persécuté les morceaux les plus frappants de son poëme épique, comme il lui doit les plus belles scènes de ses tragédies.

Une philosophie modérée, une morale froide et sérieuse, conviennent à la muse de l'histoire; mais cet esprit de sévérité, transporté à l'épopée, est peut-être un contre-sens. Ainsi, lorsque Voltaire s'écrie, dans l'invocation de son poëme :

> Descends du haut des cieux, auguste *Vérité!*

il est tombé, ce nous semble, dans une méprise. La poésie épique

> Se soutient par la fable et vit de fiction.

Le Tasse, qui traitoit un sujet chrétien, a fait ces vers charmants, d'après Platon et Lucrèce [1] :

> Sai che là torre in mondo, ove più versi
> Di sue dolcezze il lusinghier Parnaso, etc.

Là il n'y a point de poésie où il n'y a point de menterie, dit Plutarque [2]. Est-ce que cette France à demi barbare n'étoit plus assez couverte de forêts pour qu'on n'y rencontrât pas quelques-uns de ces châteaux du vieux temps, avec des machicoulis, des souterrains, des tours verdies par le lierre et pleines d'histoires merveilleuses? Ne pouvoit-on trouver quelque temple gothique dans une vallée, au milieu des bois? Les montagnes de la Navarre n'avoient-elles point encore quelque druide qui sous le chêne, au bord du torrent, au murmure de la tempête, chantoit les souvenirs des Gaules et pleuroit sur la tombe des héros? Je m'assure qu'il y avoit quelque chevalier du règne du François Ier qui regrettoit dans son manoir les tournois de la vieille cour et ces temps où la France s'en alloit en guerre contre les mécréants et les infidèles. Que de choses à tirer de cette révolution

---

1. « Comme le médecin qui, pour sauver le malade, mêle à des breuvages flatteurs les remèdes propres à le guérir, et jette au contraire des drogues amères dans les aliments qui lui sont nuisibles, etc. » PLAT., *de Leg.*, lib. I. *Ac veluti pueris absinthia tetra medentes, etc.* LUCRET., lib. V.

2. Si l'on disoit que le Tasse a aussi invoqué la Vérité, nous répondrions qu'il ne l'a pas fait comme Voltaire. La Vérité du Tasse est une muse, un ange, je ne sais quoi jeté dans le vague, quelque chose qui n'a pas de nom, *un être chrétien*, et non pas la *Vérité directement personnifiée*, comme celle de *La Henriade*.

des Bataves, voisine et, pour ainsi dire, sœur de la Ligue! Les Hollandois s'établissoient aux Indes, et Philippe recueilloit les premiers trésors du Pérou; Coligny même avoit envoyé une colonie dans la Caroline; le chevalier de Gourgues offroit à l'auteur de *La Henriade* l'épisode le plus touchant : une épopée doit renfermer l'univers.

L'Europe, par le plus heureux des contrastes, présentoit au poète le peuple pasteur en Suisse, le peuple commerçant en Angleterre et le peuple des arts en Italie; la France se trouvoit à son tour à l'époque la plus favorable pour la poésie épique; époque qu'il faut toujours choisir, comme Voltaire l'avoit fait, à la fin d'un âge, et à la naissance d'un autre âge, entre les anciennes mœurs et les mœurs nouvelles. La barbarie expiroit, l'aurore du siècle de Louis commençoit à poindre; Malherbe étoit venu, et ce héros, à la fois barde et chevalier, pouvoit conduire les François au combat en chantant des hymnes à la victoire.

On convient que les *caractères* dans *La Henriade* ne sont que des *portraits*, et l'on a peut-être trop vanté cet art de peindre dont Rome en décadence a donné les premiers modèles. Le *portrait* n'est point épique; il ne fournit que des beautés sans action et sans mouvement.

Quelques personnes doutent aussi que la *vraisemblance des mœurs* soit poussée assez loin dans *La Henriade*. Les héros de ce poëme débitent de beaux vers, qui servent à développer les principes philosophiques de Voltaire; mais représentent-ils bien les guerriers tels qu'ils étoient au xvie siècle? Si les discours des Ligueurs respirent l'esprit du temps, ne pourroit-on pas se permettre de penser que c'étoient les actions des personnages encore plus que leurs paroles qui devoient déceler cet esprit? Du moins, le chantre d'Achille n'a pas mis l'*Iliade* en harangues.

Quant au *merveilleux*, il est, sauf erreur, à peu près nul dans *La Henriade*. Si l'on ne connoissoit le malheureux système qui glaçoit le génie poétique de Voltaire, on ne comprendroit pas comment il a préféré des divinités allégoriques au *merveilleux* du christianisme. Il n'a répandu quelque chaleur dans ses inventions qu'aux endroits mêmes où il cesse d'être philosophe pour devenir chrétien : aussitôt qu'il a touché à la religion, source de toute poésie, la source a abondamment coulé.

Le serment des Seize dans le souterrain, l'apparition du fantôme de Guise qui vient armer Clément d'un poignard, sont des machines fort épiques et puisées dans les superstitions mêmes d'un siècle ignorant et malheureux.

Le poëte ne s'est-il pas encore un peu trompé lorsqu'il a transporté la philosophie dans le ciel? Son *Éternel* est sans doute un Dieu fort équitable, qui juge avec impartialité le bonze et le derviche, le juif et le mahométan; mais étoit-ce bien cela qu'on attendoit de sa muse? Ne lui demandoit-on pas de la *poésie*, un *ciel chrétien*, des cantiques, Jéhovah, enfin le *mens divinior*, la religion?

Voltaire a donc brisé lui-même la corde la plus harmonieuse de sa lyre en refusant de chanter cette milice sacrée, cette armée des martyrs et des anges, dont ses talents auroient pu tirer un parti admirable. Il eût trouvé parmi nos saintes des puissances aussi grandes que celles des déesses antiques, et des noms aussi doux que ceux des Grâces. Quel dommage qu'il n'ait rien voulu dire de ces bergères transformées par leurs vertus en bienfaisantes divinités; de ces Geneviève qui du haut du ciel protègent avec une houlette, l'empire de Clovis et de Charlemagne! Il nous semble qu'il y a quelque enchantement pour les muses à voir le peuple le plus spirituel et le plus brave consacré par la religion à la Fille de la simplicité et de la paix. De qui la *Gaule* tiendroit-elle ses troubadours, son esprit naïf et son penchant aux grâces, si ce n'étoit du chant pastoral, de l'innocence et de la beauté de sa patronne?

Des critiques judicieux ont observé qu'il y a deux hommes dans Voltaire: l'un plein de goût, de savoir, de raison; l'autre qui pèche par les défauts contraires à ces qualités. On peut douter que l'auteur de *La Henriade* ait eu autant de génie que Racine, mais il avoit peut-être un esprit plus varié et une imagination plus flexible. Malheureusement la mesure de ce que nous pouvons n'est pas toujours la mesure de ce que nous faisons. Si Voltaire eût été animé par la religion comme l'auteur d'*Athalie*; s'il eût étudié comme lui les Pères et l'antiquité; s'il n'eût pas voulu embrasser tous les genres et tous les sujets, sa poésie fût devenue plus nerveuse, et sa prose eût acquis une décence et une gravité qui lui manquent trop souvent. Ce grand homme eut le malheur de passer sa vie au milieu d'un cercle de littérateurs médiocres, qui, toujours prêts à l'applaudir, ne pouvoient l'avertir de ses écarts. On aime à se le représenter dans la compagnie des Pascal, des Arnaud, des Nicole, des Boileau, des Racine : c'est alors qu'il eût été forcé de changer de ton. On auroit été indigné à Port-Royal des plaisanteries et des blasphèmes de Ferney; on y détestoit les ouvrages faits à la hâte; on y travailloit avec loyauté, et l'on n'eût pas voulu pour tout au monde tromper le public en lui donnant un poëme qui n'eût pas coûté au moins douze bonnes années de labeur. Et ce qu'il y avoit de très-merveilleux, c'est qu'au milieu de tant d'occupations, ces excellents hommes trouvoient encore le secret de remplir les plus petits devoirs de leur religion et de porter dans la société l'urbanité de leur grand siècle.

C'étoit une telle école qu'il falloit à Voltaire. Il est bien à plaindre d'avoir eu ce double génie qui force à la fois à l'admirer et à le haïr. Il édifie et renverse ; il donne les exemples et les préceptes les plus contraires ; il élève aux nues le siècle de Louis XIV, et attaque ensuite en détail la réputation des grands hommes de ce siècle : tour à tour il encense et dénigre l'antiquité ; il poursuit, à travers soixante-dix volumes, ce qu'il appelle l'*infâme* ; et les morceaux les plus beaux de ses écrits sont inspirés par la *religion*. Tandis que son imagination vous ravit, il fait luire une fausse raison qui détruit le merveilleux, rapetisse l'âme et borne la vue. Excepté dans quelques-uns de ses chefs-d'œuvre, il n'aperçoit que le côté ridicule des choses et des temps, et montre sous un jour hideusement gai l'homme à l'homme. Il charme et fatigue par sa mobilité, il vous enchante et vous dégoûte ; on ne sait quelle est la forme qui lui est propre : il seroit insensé s'il n'étoit si sage, et méchant si sa vie n'étoit remplie de traits de bienfaisance. Au milieu de ses impiétés, on peut remarquer qu'il haïssoit les sophistes[1]. Il aimoit naturellement les beaux-arts, les lettres et la grandeur, et il n'est pas rare de le surprendre dans une sorte d'admiration pour la cour de Rome. Son amour-propre lui fit jouer toute sa vie un rôle pour lequel il n'étoit point fait, et auquel il étoit fort supérieur. Il n'avoit rien en effet de commun avec MM. Diderot, Raynal et d'Alembert. L'élégance de ses mœurs, ses belles manières, son goût pour la société, et surtout son humanité, l'auroient vraisemblablement rendu un des plus grands ennemis du régime révolutionnaire. Il est très-décidé en faveur de l'ordre social, sans s'apercevoir qu'il le sape par les fondements en attaquant l'ordre religieux. Ce qu'on peut dire sur lui de plus raisonnable, c'est que son incrédulité l'a empêché d'atteindre à la hauteur où l'appeloit la nature, et que ses ouvrages, excepté ses poésies fugitives, sont demeurés au-dessous de son véritable talent : exemple qui doit à jamais effrayer quiconque suit la carrière des lettres. Voltaire n'a flotté parmi tant d'erreurs, tant d'inégalités de style et de jugement, que parce qu'il a manqué du grand contre-poids de la religion : il a prouvé que des mœurs graves et une pensée pieuse sont encore plus nécessaires dans le commerce des muses qu'un beau génie.

1. Voyez la note XIII, à la fin du volume.

FIN DU LIVRE PREMIER.

LIVRE DEUXIÈME.

POÉSIE DANS SES RAPPORTS AVEC LES HOMMES.
CARACTÈRES.

CHAPITRE PREMIER.

CARACTÈRES NATURELS.

Passons de cette revue générale des épopées aux détails des compositions poétiques. Avant d'examiner les caractères *sociaux*, tels que ceux du prêtre et du guerrier, considérons les caractères *naturels*, tels que ceux de l'époux, du père, de la mère, etc., et partons d'abord d'un principe incontestable.

Le christianisme est une religion pour ainsi dire double : s'il s'occupe de la nature de l'être intellectuel, il s'occupe aussi de notre propre nature; il fait marcher de front les mystères de la Divinité et les mystères du cœur humain : en dévoilant le véritable Dieu, il dévoile le véritable homme.

Une telle religion doit être plus favorable à la peinture des *caractères* qu'un culte qui n'entre point dans le secret des passions. La plus belle moitié de la poésie, la moitié dramatique, ne recevoit aucun secours du polythéisme; la morale étoit séparée de la mythologie [1]. Un dieu montoit sur son char, un prêtre offroit un sacrifice; mais ni le dieu ni le prêtre n'enseignoient ce que c'est que l'homme, d'où il vient, où il va, quels sont ses penchants, ses vices, ses fins dans cette vie, ses fins dans l'autre.

Dans le christianisme, au contraire, la religion et la morale sont une seule et même chose. L'Écriture nous apprend notre origine, nous instruit de notre nature; les mystères chrétiens nous regardent : c'est nous qu'on voit de toutes parts; c'est pour nous que le Fils de Dieu s'est immolé. Depuis Moïse jusqu'à Jésus-Christ, depuis les Apôtres jusqu'aux derniers Pères de l'Église, tout offre le tableau de l'homme inté-

---

1. Voyez la note XIV, à la fin du volume.

rieur, tout tend à dissiper la nuit qui le couvre; et c'est un des caractères distinctifs du christianisme d'avoir toujours mêlé l'homme à Dieu, tandis que les fausses religions ont séparé le Créateur de la créature.

Voilà donc un avantage incalculable, que les poëtes auroient dû remarquer dans la religion chrétienne, au lieu de s'obstiner à la décrier. Car si elle est aussi belle que le polythéisme dans le *merveilleux* ou dans les rapports des *choses surnaturelles*, comme nous essayerons de le montrer dans la suite, elle a de plus une partie dramatique et morale que le polythéisme n'avoit pas.

Appuyons cette vérité sur des exemples; faisons des rapprochements qui servent à nous attacher à la religion de nos pères par les charmes du plus divin de tous les arts.

Nous commencerons l'étude des *caractères naturels* par celui des *époux*, et nous opposerons à l'amour conjugal d'Ève et d'Adam l'amour conjugal d'Ulysse et de Pénélope. On ne nous accusera pas de choisir exprès des sujets médiocres dans l'antiquité pour faire briller les sujets chrétiens.

CHAPITRE II.

DES ÉPOUX. — ULYSSE ET PÉNÉLOPE.

Les princes ayant été tués par Ulysse, Euryclée va réveiller Pénélope, qui refuse longtemps de croire les merveilles que sa nourrice lui raconte. Cependant elle se lève, et, *descendant les degrés, elle franchit le seuil de pierre, et va s'asseoir à la lueur du feu en face d'Ulysse, qui étoit lui-même assis au pied d'une colonne, les yeux baissés, attendant ce que lui diroit son épouse. Mais elle demeuroit muette et l'étonnement avoit saisi son cœur* [1].

Télémaque accuse sa mère de froideur; Ulysse sourit, et excuse Pénélope. La princesse doute encore et, pour éprouver son époux, elle ordonne de préparer la couche d'Ulysse hors de la chambre nuptiale. Aussitôt le héros s'écrie : « *Qui donc a déplacé ma couche?... N'est-elle plus attachée au tronc de l'olivier autour duquel j'avois moi-même bâti une salle dans ma cour, etc.* »

Ὣς φάτο· τῆς δ'. . . . .

. . . . . μελεδήματα θυμοῦ [2].

1. *Odyss.*, lib. XXIII, v. 88.   2. *Odyss.*, lib. XXIII.

Il dit, et soudain le cœur et les genoux de Pénélope lui manquent à la fois ; elle reconnoît Ulysse à cette marque certaine. Bientôt, courant à lui tout en larmes, elle suspend ses bras au cou de son époux ; elle baise sa tête sacrée ; elle s'écrie : « Ne sois point irrité, toi qui fus toujours le plus prudent des hommes !. . . . .
Ne sois point irrité, ne t'indigne point, si j'ai hésité à me jeter dans tes bras. Mon cœur frémissoit de crainte qu'un étranger ne vînt surprendre ma foi par des paroles trompeuses. . . . .
Mais à présent j'ai une preuve manifeste de toi-même, par ce que tu viens de dire de notre couche : aucun autre homme que toi ne l'a visitée : elle n'est connue que de nous deux et d'une seule esclave, Actoris, que mon père me donna lorsque je vins en Ithaque, et qui garde les portes de notre chambre nuptiale. Tu rends la confiance à ce cœur devenu défiant par le chagrin. »

Elle dit ; et Ulysse, pressé du besoin de verser des larmes, pleure sur cette chaste et prudente épouse, en la serrant contre son cœur. Comme des matelots contemplent la terre désirée, lorsque Neptune a brisé leur rapide vaisseau, jouet des vents et des vagues immenses, un petit nombre, flottant sur l'antique mer, gagne la terre à la nage, et, tout couvert d'une écume salée, aborde, plein de joie, sur les grèves, en échappant à la mort : ainsi Pénélope attache ses regards charmés sur Ulysse ; elle ne peut arracher ses beaux bras du cou du héros ; et l'Aurore aux doigts de rose auroit vu les larmes de ces époux si Minerve n'eût retenu le soleil dans la mer. . . . .
. . . .

Cependant Eurynome, un flambeau à la main, précédant les pas d'Ulysse et de Pénélope, les conduit à la chambre nuptiale. . . . .
Les deux époux, après s'être livrés aux premiers transports de leur tendresse, s'enchantèrent par le récit mutuel de leurs peines. . . . .
Ulysse achevoit à peine les derniers mots de son histoire, qu'un sommeil bienfaisant se glissa dans ses membres fatigués, et vint suspendre les soucis de son âme [1].

1. Madame Dacier a trop altéré ce morceau. Elle paraphrase des vers tels que ceux-ci :

Ὣς φάτο· τῆς δ' αὐτοῦ λύτο γούνατα καὶ φίλον ἦτορ, etc.

A ces mots, la reine tomba presque évanouie ; les genoux et le cœur lui manquent à la fois, elle ne doute plus que ce ne soit son cher Ulysse. Enfin, revenue de sa foiblesse, elle court à lui le visage baigné de pleurs, et l'embrassant avec toutes les marques d'une véritable tendresse, etc. Elle ajoute des choses dont il n'y a pas un mot dans le texte ; enfin elle supprime quelquefois les idées d'Homère, et les remplace par ses propres idées ; et c'est ainsi qu'elle change ces vers charmants :

Τὼ δ' ἐπεὶ οὖν φιλότητος ἐταρπήτην ἐρατεινῆς,
Τερπέσθην μύθοισι πρὸς ἀλλήλους ἐνέποντε.

Elle dit : *Ulysse et Pénélope, à qui le plaisir de se retrouver ensemble après une si*

Cette reconnoissance d'Ulysse et de Pénélope est peut-être une des plus belles compositions du génie antique. Pénélope assise en silence, Ulysse immobile au pied d'une colonne, la scène éclairée à la flamme du foyer : voilà d'abord un tableau tout fait pour un peintre, et où la grandeur égale la simplicité du dessin. Et comment se fera la reconnoissance ? Par une circonstance rappelée du lit nuptial! C'est encore une autre merveille que ce lit fait de la main d'un *roi* sur le tronc d'un olivier, arbre de paix et de sagesse, digne d'être le fondement de cette couche qu'aucun *autre homme qu'Ulysse n'a visitée*. Les transports qui suivent la reconnoissance des deux époux; cette comparaison si touchante d'une veuve qui retrouve son époux à un matelot qui découvre la terre au moment du naufrage; le couple conduit au flambeau dans son appartement; les plaisirs de l'amour suivis des *joies de la douleur* ou de la confidence des peines passées; la double volupté du bonheur présent et du malheur en souvenir; le sommeil qui vient par degrés fermer les yeux et la bouche d'Ulysse tandis qu'il raconte ses aventures à Pénélope attentive, ce sont autant de traits du grand maître; on ne les sauroit trop admirer.

Il y auroit une étude intéressante à faire : ce seroit de tâcher de découvrir comment un auteur moderne auroit rendu tel morceau des ouvrages d'un auteur ancien. Dans le tableau précédent, par exemple, on peut soupçonner que la scène, au lieu de se passer en action entre Ulysse et Pénélope, eût été racontée par le poëte. Il n'auroit pas manqué de semer son récit de réflexions philosophiques, de vers frappants, de mots heureux. Au lieu de cette manière brillante et laborieuse, Homère vous présente deux époux qui se retrouvent après vingt ans d'absence, et qui, sans jeter de grands cris, ont l'air de

longue absence tenoit lieu de sommeil, se racontèrent réciproquement leurs peines. Mais ces fautes, si ce sont des fautes, ne conduisent qu'à des réflexions qui nous remplissent de plus en plus d'une profonde estime pour ces laborieux hellénistes du siècle des Lefebvre et des Pétau. Madame Dacier a tant de peur de faire injure à Homère, que si le vers implique plusieurs sens renfermés dans le sens principal, elle retourne, commente, paraphrase, jusqu'à ce qu'elle ait épuisé le mot grec, à peu près comme dans un dictionnaire on donne toutes les acceptions dans lesquelles un mot peut être pris. Les autres défauts de la traduction de cette savante dame tiennent pareillement à une loyauté d'esprit, à une candeur de mœurs, à une sorte de simplicité particulière à ces temps de notre littérature. Ainsi, trouvant qu'Ulysse reçoit trop froidement les caresses de Pénélope, elle ajoute, avec une grande naïveté, qu'*il répondoit à ces marques d'amour avec toutes les marques de la plus grande tendresse*. Il faut admirer de telles infidélités. S'il fut jamais un siècle propre à fournir des traducteurs d'Homère, c'étoit sans doute celui-là, où non-seulement l'esprit et le goût, mais encore le cœur, étoient *antiques,* et où les mœurs de l'âge d'or ne s'altéroient point en passant par l'âme de leurs interprètes.

s'être à peine quittés de la veille. Où est donc la beauté de la peinture ? Dans la vérité.

Les modernes sont en général plus savants, plus délicats, plus déliés, souvent même plus intéressants dans leurs compositions que les anciens ; mais ceux-ci sont plus simples, plus augustes, plus tragiques, plus abondants et surtout plus vrais que les modernes. Ils ont un goût plus sûr, une imagination plus noble : ils ne savent travailler que l'ensemble, et négligent les ornements ; un berger qui se plaint, un vieillard qui raconte, un héros qui combat, voilà pour eux tout un poëme ; et l'on ne sait comment il arrive que ce poëme, où il n'y a rien, est cependant mieux rempli que nos romans chargés d'incidents et de personnages. L'art d'écrire semble avoir suivi l'art de la peinture : la palette du poëte moderne se couvre d'une variété infinie de teintes et de nuances : le poëte antique compose ses tableaux avec les trois couleurs de Polygnote. Les Latins, placés entre la Grèce et nous, tiennent à la fois des deux manières : à la Grèce, par la simplicité des fonds, à nous par l'art des détails. C'est peut-être cette heureuse harmonie des deux goûts qui fait la perfection de Virgile.

Voyons maintenant le tableau des amours de nos premiers pères : Ève et Adam, par l'aveugle d'Albion, feront un assez beau pendant à Ulysse et Pénélope, par l'aveugle de Smyrne.

CHAPITRE III.

SUITE DES ÉPOUX. — ADAM ET ÈVE.

Satan a pénétré dans le paradis terrestre. Au milieu des animaux de la création,

He saw
Two of far nobler aspect erect and tall
. . . .
. . . . . *of her daughters, Eve* [1].

Il aperçoit deux êtres d'une forme plus noble, d'une stature droite et élevée, comme celle des esprits immortels. Dans tout l'honneur primitif de leur naissance, une majestueuse nudité les couvre : on les prendroit pour les souverains de ce nouvel univers, et ils semblent dignes de l'être. A travers leurs regards divins brillent les attributs de leur glorieux Créateur : la vérité, la sagesse, la sainteté rigide et pure, vertu dont émane l'autorité réelle de

---

1. *Par. lost,* book IV, v. 288, 314, un vers de passé. Glasc., édit. 1770.

l'homme. Toutefois ces créatures célestes diffèrent entre elles, ainsi que leurs sexes le déclarent : IL est créé pour la contemplation et la valeur ; ELLE est formée pour la mollesse et les grâces : Lui pour Dieu seulement, Elle pour Dieu, en Lui. Le front ouvert, l'œil sublime du premier, annoncent la puissance absolue : ses cheveux d'hyacinthe, se partageant sur son front, pendent noblement en boucles des deux côtés, mais sans flotter au-dessous de ses larges épaules. Sa compagne, au contraire, laisse descendre comme un voile d'or ses longues tresses sur sa ceinture, où elles forment de capricieux anneaux : ainsi la vigne courbe ses tendres ceps autour d'un fragile appui ; symbole de la sujétion où est née notre mère, sujétion à un sceptre bien léger ; obéissance accordée par Elle et reçue par Lui plutôt qu'exigée ; empire cédé volontairement, et pourtant à regret ; cédé avec un modeste orgueil, et je ne sais quels amoureux délais, pleins de craintes et de charmes ! Ni vous non plus, mystérieux ouvrages de la nature, vous n'étiez point cachés alors ; alors toute honte coupable, toute honte criminelle étoit inconnue. Fille du Péché, Pudeur impudique, combien n'avez-vous point troublé les jours de l'homme par une vaine apparence de pureté ! Ah ! vous avez banni de votre vie ce qui seul est la véritable vie, la simplicité et l'innocence. Ainsi marchent nus ces deux grands époux dans Éden solitaire. Ils n'évitent ni l'œil de Dieu ni les regards des anges, car ils n'ont point la pensée du mal. Ainsi passe, en se tenant par la main, le plus superbe couple qui s'unit jamais dans les embrassements de l'amour : Adam, le meilleur de tous les hommes qui furent sa postérité ; Ève, la plus belle de toutes les femmes entre celles qui naquirent ses filles.

Nos premiers pères se retirent sous l'ombrage, au bord d'une fontaine. Ils prennent leur repas du soir, au milieu des animaux de la création, qui se jouent autour de leur roi et de leur reine. Satan, caché sous la forme d'une de ces bêtes, contemple les deux époux, et se sent presque attendri par leur beauté, leur innocence, et par la pensée des maux qu'il va faire succéder à tant de bonheur : trait admirable. Cependant Adam et Ève conversent doucement auprès de la fontaine, et Ève parle ainsi à son époux :

> That day I often remember, when from sleep
> . . . . her silver mantle threw [1].

Je me rappelle souvent ce jour où, sortant du premier sommeil, je me trouvai couchée parmi les fleurs, sous l'ombrage, ne sachant où j'étois, qui j'étois, quand et comment j'avois été amenée en ces lieux. Non loin de là une onde murmuroit dans le creux d'une roche. Cette onde, se déployant en nappe humide, fixoit bientôt ses flots, purs comme les espaces du firmament.

---

1. *Par. lost*, book IV, v. 449-502 inclusivement ; ensuite, depuis le 591e vers jusqu'au 609e.

Je m'avançai vers ce lieu, avec une pensée timide; je m'assis sur la rive verdoyante, pour regarder dans le lac transparent, qui sembloit un autre ciel. A l'instant où je m'inclinois sur l'onde, une ombre parut dans la glace humide, se penchant vers moi, comme moi vers elle. Je tressaillis, elle tressaillit; j'avançai la tête de nouveau, et la douce apparition revint aussi vite, avec des regards de sympathie et d'amour. Mes yeux seroient encore attachés sur cette image, je m'y serois consumée d'un vain désir, si une voix dans le désert : « L'objet que tu vois, belle créature, est toi-même ; avec toi il fuit, il revient. Suis-moi, je te conduirai où une ombre vaine ne trompera point tes embrassements, où tu trouveras celui dont tu es l'image ; à toi il sera pour toujours, tu lui donneras une multitude d'enfants semblables à toi-même, et tu seras appelée *la Mère du genre humain.* »

Que pouvois-je faire après ces paroles ? Obéir et marcher invisiblement conduite. Bientôt je t'entrevis sous un platane. Oh! que tu me parus grand et beau ! et pourtant je trouvai je ne sais quoi de moins beau, de moins tendre, que le gracieux fantôme enchaîné dans le repli de l'onde. Je voulus fuir; tu me suivis, et, élevant la voix, tu t'écrias : « Retourne, belle Ève ! sais-tu qui tu fuis ? Tu es la chair et les os de celui que tu évites. Pour te donner l'être, j'ai puisé dans mon flanc la vie la plus près de mon cœur, afin de t'avoir ensuite éternellement à mon côté. O moitié de mon âme, je te cherche ! ton autre moitié te réclame. » En parlant ainsi, ta douce main saisit la mienne : je cédai; et depuis ce temps j'ai connu combien la grâce est surpassée par une mâle beauté et par la sagesse, qui seule est véritablement belle.

Ainsi parla la mère des hommes. Avec des regards pleins d'amour, et dans un tendre abandon, elle se penche, embrassant à demi notre premier père. La moitié de son sein, qui se gonfle, vient mystérieusement, sous l'or de ses tresses flottantes, toucher de sa voluptueuse nudité la nudité du sein de son époux. Adam, ravi de sa beauté et de ses grâces soumises, sourit avec un supérieur amour : tel est le sourire que le ciel laisse au printemps tomber sur les nuées, et qui fait couler la vie dans ces nuées grosses de la semence des fleurs. Adam presse ensuite d'un baiser pur les lèvres fécondes de la mère des hommes. . . . .
. . . .

Cependant le soleil étoit tombé au-dessous des Açores, soit que ce premier orbe du ciel, dans son incroyable vitesse, eût roulé vers ces rivages, soit que la terre, moins rapide, se retirant dans l'orient par un plus court chemin, eût laissé l'astre du jour à la gauche du monde. Il avoit déjà revêtu de pourpre et d'or les nuages qui flottent autour de son trône occidental ; le soir s'avançoit tranquille, et par degrés un doux crépuscule enveloppoit les objets de son ombre uniforme. Les oiseaux du ciel reposoient dans leurs nids, les animaux de la terre sur leur couche ; tout se taisoit, hors le rossignol, amant des veilles : il remplissoit la nuit de ses plaintes amoureuses, et le Silence étoit ravi. Bientôt le firmament étincela de vivants saphirs : l'étoile du soir, à la tête de l'armée des astres, se montra longtemps la plus brillante ; mais enfin la reine des nuits, se levant avec majesté à travers les nuages, répandit sa tendre lumière, et jeta son manteau d'argent sur le dos des ombres [1].

Adam et Ève se retirent au berceau nuptial, après avoir offert leur prière à l'Éternel. Ils pénètrent dans l'obscurité du bocage, et se couchent sur un lit de fleurs. Alors le poëte, resté comme à la porte du berceau, entonne, à la face du firmament et du pôle chargé d'étoiles, un cantique à l'Hymen. Il commence ce magnifique épithalame sans préparation et par un mouvement inspiré, à la manière antique :

> Hail, wedded love, mysterious law, true source
> Of human offspring...

« Salut, amour conjugal, loi mystérieuse, source de la postérité! » C'est ainsi que l'armée des Grecs chante tout à coup, après la mort d'Hector :

> Ἠράμεθα μέγα κῦδος, ἐπέφνομεν Ἕκτορα δῖον, etc.

Nous avons remporté une gloire signalée! nous avons tué le divin Hector; c'est de même que les Saliens, célébrant la fête d'Hercule, s'écrient brusquement dans Virgile : *Tu nubigenas, invicte, bimembres, etc.* « C'est toi qui domptas les deux centaures, fils d'une nuée, etc. »

Cet hymen met le dernier trait au tableau de Milton, et achève la peinture des amours de nos premiers pères [2].

Nous ne craignons pas qu'on nous reproche la longueur de cette citation. « Dans tous les autres poëmes, dit Voltaire, l'amour est regardé comme une foiblesse; dans Milton seul il est une vertu. Le poëte a su lever d'une main chaste le voile qui couvre ailleurs les plaisirs de cette passion. Il transporte le lecteur dans le jardin des délices. Il semble lui faire goûter les voluptés pures dont Adam et Ève sont remplis. Ils ne s'élève pas au-dessus de la nature humaine, mais

---

1. Ceux qui savent l'anglois sentiront combien la traduction de ce morceau est difficile. On nous pardonnera la hardiesse des tours dont nous nous sommes servi, en faveur de la lutte contre le texte. Nous avons fait aussi disparaître quelques traits de mauvais goût, en particulier la comparaison *allégorique* du sourire de Jupiter, que nous avons remplacée par un sens *propre*.

2. Il y a encore un autre passage où ces amours sont décrites : c'est au VIIIe livre, lorsque Adam raconte à Raphael les premières sensations de sa vie, ses conversations avec Dieu sur la solitude, la formation d'Ève et sa première entrevue avec elle. Ce morceau n'est point inférieur à celui que nous venons de citer, et doit aussi sa beauté à une religion sainte et pure.

au-dessus de la nature humaine corrompue; et comme il n'y a pas d'exemple d'un pareil amour, il n'y en a point d'une pareille poésie [1]. »

Si l'on compare les amours d'Ulysse et de Pénélope à celles d'Adam et d'Ève, on trouve que la simplicité d'Homère est plus ingénue, celle de Milton plus magnifique. Ulysse, bien que roi et héros, a toutefois quelque chose de rustique; ses ruses, ses attitudes, ses paroles ont un caractère agreste et naïf. Adam, quoiqu'à peine né et sans expérience, est déjà le parfait modèle de l'homme : on sent qu'il n'est point sorti des entrailles infirmes d'une femme, mais des mains vivantes de Dieu. Il est noble, majestueux, et tout à la fois plein d'innocence et de génie; il est tel que le peignent les livres saints, digne d'être respecté par les anges et de se promener dans la solitude avec son Créateur.

Quant aux deux épouses, si Pénélope est plus réservée et ensuite plus tendre que notre première mère, c'est qu'elle a été éprouvée par le malheur, et que le malheur rend défiant et sensible. Ève, au contraire, s'abandonne; elle est communicative et séduisante; elle a même un léger degré de coquetterie. Et pourquoi seroit-elle sérieuse et prudente comme Pénélope? Tout ne lui sourit-il pas? Si le chagrin ferme l'âme, la félicité la dilate : dans le premier cas, on n'a pas assez de déserts où cacher ses peines; dans le second pas assez de cœurs à qui raconter ses plaisirs. Cependant Milton n'a pas voulu peindre son Ève parfaite; il l'a représentée irrésistible par les charmes, mais un peu indiscrète et amante de paroles, afin qu'on prévît le malheur où ce défaut va l'entraîner. Au reste, les amours de Pénélope et d'Ulysse sont pures et sévères comme doivent l'être celles de deux époux.

C'est ici le lieu de remarquer que, dans la peinture des voluptés, la plupart des poëtes antiques ont à la fois une nudité et une chasteté qui étonnent. Rien de plus pudique que leur pensée, rien de plus libre que leur expression : nous, au contraire, nous bouleversons les sens en ménageant les yeux et les oreilles. D'où naît cette magie des anciens, et pourquoi une Vénus de Praxitèle toute nue charme-t-elle plus notre esprit que nos regards? C'est qu'il y a un beau idéal qui touche plus à l'âme qu'à la matière. Alors le génie seul, et non le corps, devient amoureux; c'est lui qui brûle de s'unir étroitement au chef-d'œuvre. Toute ardeur terrestre s'éteint et est remplacée par une tendresse divine : l'âme échauffée se replie autour de l'objet aimé, et spiritualise jusqu'aux termes grossiers dont elle est obligée de se servir pour exprimer sa flamme.

Mais ni l'amour de Pénélope et d'Ulysse, ni celui de Didon pour

---

1. *Essai sur la Poésie épique*, ch. ix.

Énée, ni celui d'Alceste pour Admète, ne peut être comparé au sentiment qu'éprouvent l'un pour l'autre les deux nobles personnages de Milton : la vraie religion a pu seule donner le caractère d'une tendresse aussi sainte, aussi sublime. Quelle association d'idées ! l'univers naissant, les mers s'épouvantant pour ainsi dire de leur propre immensité, les soleils hésitant comme effrayés dans leurs nouvelles carrières, les anges attirés par ces merveilles, Dieu regardant encore son récent ouvrage, et deux Êtres, moitié esprit, moitié argile, étonnés de leur corps, plus étonnés de leur âme, faisant à la fois l'essai de leurs premières pensées et l'essai de leurs premières amours.

Pour rendre le tableau parfait, Milton a eu l'art d'y placer l'esprit de ténèbres, comme une grande ombre. L'ange rebelle épie les deux époux : il apprend de leur bouche le fatal secret ; il se réjouit de leur malheur à venir, et toute cette peinture de la félicité de nos pères n'est réellement que le premier pas vers d'affreuses calamités. Pénélope et Ulysse rappellent un malheur passé : Ève et Adam annoncent des maux près d'éclore. Tout drame pèche essentiellement par la base s'il offre des joies sans mélange de chagrins inouïs ou de chagrins à naître. Un bonheur absolu nous ennuie, un malheur absolu nous repousse ; le premier est dépouillé de souvenirs et de pleurs, le second d'espérances et de sourires. Si vous remontez de la douleur au plaisir, comme dans la scène d'Homère, vous serez plus touchant, plus mélancolique, parce que l'âme ne fait que rêver au passé et se repose dans le présent ; si vous descendez, au contraire, de la prospérité aux larmes, comme dans la peinture de Milton, vous serez plus triste, plus poignant, parce que le cœur s'arrête à peine dans le présent, et anticipe les maux qui le menacent. Il faut donc toujours, dans nos tableaux, unir le bonheur à l'infortune et faire la somme des maux un peu plus forte que celle des biens, comme dans la nature. Deux liqueurs sont mêlées dans la coupe de la vie, l'une douce et l'autre amère : mais, outre l'amertume de la seconde, il y a encore la lie que les deux liqueurs déposent également au fond du vase.

CHAPITRE IV.

LE PÈRE. — PRIAM.

Du caractère de l'*époux* passons à celui de *père* ; considérons la paternité dans les deux positions les plus sublimes et les plus touchantes de la vie, la vieillesse et le malheur. Priam, ce monarque tombé du sommet de la gloire, et dont les grands de la terre avoient recherché les faveurs *dum fortuna fuit;* Priam, les cheveux souillés de cendres, le visage baigné de pleurs, seul au milieu de la nuit, a pénétré dans le camps des Grecs. Humilié aux genoux de l'impitoyable Achille, baisant les mains terribles, les mains dévorantes (ἀνδροφόνους, *qui dévorent les hommes*) qui fumèrent tant de fois du sang de ses fils, il redemande le corps de son Hector :

Μνῆσαι πατρὸς σοῖο. . . . .
. . . .
. . . . . ποτὶ στόμα χεῖρ' ὀρέγεσται.

Souvenez-vous de votre père, ô Achille, semblable aux dieux! il est courbé, comme moi, sous le poids des années, et comme moi il touche au dernier terme de la vieillesse. Peut-être en ce moment même est-il accablé par de puissants voisins, sans avoir auprès de lui personne pour le défendre. Et cependant, lorsqu'il apprend que vous vivez, il se réjouit dans son cœur; chaque jour il espère revoir son fils de retour de Troie. Mais moi, le plus infortuné des pères, de tant de fils que je comptois dans la grande Ilion, je ne crois pas qu'un seul me soit resté. J'en avois cinquante quand les Grecs descendirent sur ces rivages. Dix-neuf étoient sortis des mêmes entrailles, différentes captives m'avoient donné les autres; la plupart ont fléchi sous le cruel Mars. Il y en avoit un qui, seul, défendoit ses frères et Troie. Vous venez de le tuer, combattant pour sa patrie... Hector, c'est pour lui que je viens à la flotte des Grecs; je viens racheter son corps, et je vous apporte une immense rançon. Respectez les dieux, ô Achille! Ayez pitié de moi; souvenez-vous de votre père. Oh! combien je suis malheureux! nul infortuné n'a jamais été réduit à cet excès de misère : je baise les mains qui ont tué mes fils!

Que de beautés dans cette prière! quelle scène étalée aux yeux du lecteur! la nuit, la tente d'Achille, ce héros pleurant Patrocle auprès du fidèle Automédon, Priam apparoissant au milieu des ombres, et se précipitant aux pieds du fils de Pélée! Là sont arrêtés, dans les ténèbres, les chars qui apportent les présents du souverain de Troie; et à quelque distance les restes défigurés du généreux Hector sont abandonnés, sans honneur, sur le rivage de l'Hellespont.

Étudiez le discours de Priam : vous verrez que le second mot prononcé par l'infortuné monarque est celui de *père*, πατρὸς; la seconde pensée, dans le même vers, est un éloge pour l'orgueilleux Achille, θεοῖς ἐπιείκελ' Ἀχιλλεῦ, *Achille semblable aux dieux.* Priam doit se faire une grande violence pour parler ainsi au meurtrier d'Hector : il y a une profonde connoissance du cœur humain dans tout cela.

Le souvenir le plus tendre que l'on pût offrir au fils de Pélée, après lui avoir rappelé son père, étoit sans doute l'âge de ce même père. Jusque là Priam n'a pas encore osé dire un mot de lui-même; mais soudain se présente un rapport qu'il saisit avec une simplicité touchante : *Comme moi*, dit-il, *il touche au dernier terme de la vieillesse*. Ainsi Priam ne parle encore de lui qu'en se confondant avec Pélée; il force Achille à ne voir que son propre père dans un roi suppliant et malheureux. L'image du délaissement du vieux monarque *peut-être accablé par de puissants voisins* pendant l'absence de son fils, la peinture de ses chagrins soudainement oubliés lorsqu'il apprend que ce fils est *plein de vie*, enfin, cette comparaison des peines passagères de Pelée avec les maux irréparables de Priam, offrent un mélange admirable de douleur, d'adresse, de bienséance et de dignité.

Avec quelle respectable et sainte habileté le vieillard d'Ilion n'amène-t-il pas ensuite le superbe Achille jusqu'à écouter paisiblement l'éloge même d'Hector ! D'abord il se garde bien de nommer le héros troyen; il dit seulement : *il y en avoit un*; et il ne nomme Hector à son vainqueur qu'après lui avoir dit qu'il *l'a tué combattant pour la patrie* :

> Τὸν σὺ πρώην κτεῖνας ἀμυνόμενον περὶ πάτρης ;

il ajoute alors le simple mot *Hector*, Ἕκτορα. Il est remarquable que ce nom isolé n'est pas même compris dans la période poétique; il est rejeté au commencement d'un vers, où il coupe la mesure, suspend l'esprit et l'oreille, forme un sens complet; il ne tient en rien à ce qui suit :

> Τὸν σὺ πρώην κτεῖνας ἀμυνόμενον περὶ πάτρης,
> Ἕκτορα.

Ainsi le fils de Pélée se souvient de sa vengeance avant de se rappeler son ennemi. Si Priam eût d'abord nommé Hector, Achille eût songé à Patrocle; mais ce n'est plus Hector qu'on lui présente, c'est un cadavre déchiré, ce sont de misérables restes livrés aux chiens et aux vautours; encore ne les lui montre-t-on qu'avec une excuse : *Il combattoit pour la patrie*, ἀμυνόμενον περὶ πάτρης. L'orgueil d'Achille est satisfait d'avoir triomphé d'un héros qui seul défendoit *ses frères* et *les murs de Troie*.

Enfin Priam, après avoir parlé des hommes au fils de Thétis, lui rappelle les *justes* dieux, et il le ramène une dernière fois au souvenir de Pélée. Le trait qui termine la prière du monarque d'Ilion est du plus haut sublime dans le genre pathétique.

CHAPITRE V.

SUITE DU PÈRE. — LUSIGNAN.

Nous trouverons dans *Zaïre* un père à opposer à *Priam*. A la vérité, les deux scènes ne se peuvent comparer, ni pour la composition, ni pour la force du dessin, ni pour la beauté de la poésie; mais le triomphe du christianisme n'en sera que plus grand, puisque lui seul, par le charme de ses souvenirs, peut lutter contre tout le génie d'Homère. Voltaire lui-même ne se défend pas d'avoir cherché son succès dans la puissance de ce charme, puisqu'il écrit, en parlant de *Zaïre* : « *Je tâcherai de jeter dans cet ouvrage tout ce que la religion chrétienne semble avoir de plus pathétique et de plus intéressant*[1]. » Un antique Croisé, chargé de malheur et de gloire, le vieux Lusignan, resté fidèle à sa religion au fond des cachots, supplie une jeune fille amoureuse d'écouter la voix du Dieu de ses pères : scène merveilleuse, dont le ressort gît tout entier dans la morale évangélique et dans les sentiments chrétiens :

> Mon Dieu ! j'ai combattu soixante ans pour ta gloire ;
> J'ai vu tomber ton temple et périr ta mémoire ;
> Dans un cachot affreux abandonné vingt ans,
> Mes larmes t'imploraient pour mes tristes enfants :
> Et lorsque ma famille est par toi réunie,
> Quand je trouve une fille, elle est ton ennemie !
> Je suis bien malheureux ! — C'est ton père, c'est moi,
> C'est ma seule prison qui t'a ravi ta foi...
> Ma fille, tendre objet de mes dernières peines,
> Songe au moins, songe au sang qui coule dans tes veines :
> C'est le sang de vingt rois, tous chrétiens comme moi ;
> C'est le sang des héros, défenseurs de ma loi,
> C'est le sang des martyrs. — O fille encor trop chère !
> Connais-tu ton destin ? Sais-tu quelle est ta mère ?
> Sais-tu bien qu'à l'instant que son flanc mit au jour
> Ce triste et dernier fruit d'un malheureux amour,
> Je la vis massacrer par la main forcenée,
> Par la main des brigands à qui tu t'es donnée ?
> Tes frères, ces martyrs égorgés à mes yeux,
> T'ouvrent leurs bras sanglants, tendus du haut des cieux.
> Ton Dieu que tu trahis, ton Dieu que tu blasphèmes,
> Pour toi, pour l'univers, est mort en ces lieux mêmes,
> En ces lieux où mon bras le servit tant de fois,
> En ces lieux où son sang te parle par ma voix.
> Vois ces murs, vois ce temple envahi par tes maîtres :

[1]. OEuvres complètes de Voltaire, t. LXXVIII, *Corresp. gén.*; let. LVII, page 119, édit. 1785.

Tout annonce le Dieu qu'ont vengé tes ancêtres.
Tourne les yeux : sa tombe est près de ce palais,
C'est ici la montagne où, lavant nos forfaits,
Il voulut expirer sous les coups de l'impie ;
C'est là que de sa tombe il rappela sa vie.
Tu ne saurais marcher dans cet auguste lieu,
Tu n'y peux faire un pas sans y trouver ton Dieu,
Et tu n'y peux rester sans renier ton père...

Une religion qui fournit de pareilles beautés à son ennemi mériteroit pourtant d'être entendue avant d'être condamnée. L'antiquité ne présente rien de cet intérêt, parce qu'elle n'avoit pas un pareil culte. Le polythéisme, ne s'opposant point aux passions, ne pouvoit amener ces combats intérieurs de l'âme, si communs sous la loi évangélique, et d'où naissent les situations les plus touchantes. Le caractère pathétique du christianisme accroît encore puissamment le charme de la tragédie de Zaïre. Si Lusignan ne rappeloit à sa fille que des dieux heureux, les banquets et les joies de l'Olympe, cela seroit d'un foible intérêt pour elle, et ne formeroit qu'un dur contre-sens avec les tendres émotions que le poëte cherche à exciter. Mais les malheurs de Lusignan, mais son sang, mais ses souffrances se mêlent aux malheurs, au sang et aux souffrances de Jésus-Christ. Zaïre pourroit-elle renier son Rédempteur au lieu même où il s'est sacrifié pour elle ? La cause d'un père et celle d'un Dieu se confondent ; les vieux ans de Lusignan, les tourments des martyrs deviennent une partie même de l'autorité de la religion : la Montagne et le Tombeau crient ; ici tout est tragique, les lieux, l'homme et la Divinité.

CHAPITRE VI.

LA MÈRE. — ANDROMAQUE.

Vox in Rama audita est, dit Jérémie[1], *ploratus et ululatus multus ; Rachel plorans filios suos, et noluit consolari, quia non sunt*. « Une voix a été entendue sur la montagne, avec des pleurs et beaucoup de gémissements : c'est Rachel pleurant ses fils, et elle n'a pas voulu être consolée, *parce qu'ils ne sont plus*. » Comme ce *quia non sunt* est beau[2] ! Une religion qui a consacré un pareil mot connoît bien le cœur maternel.

1. Cap. XXXI, v. 15.
2. Nous avons suivi le latin de l'Évangile de saint Matthieu (c. II, v. 18). Nous ne voyons pas pourquoi Sacy a traduit *Rama* par *rama*, une ville. *Rama* hébreu (d'où

Le culte de la Vierge et l'amour de Jésus-Christ pour les enfants prouvent assez que l'esprit du christianisme a une tendre sympathie avec le génie des mères. Ici nous proposons d'ouvrir un nouveau sentier à la critique ; nous chercherons dans les sentiments d'une mère *païenne*, peinte par un auteur *moderne*, les traits *chrétiens* que cet auteur a pu répandre dans son tableau, sans s'en apercevoir lui-même. Pour démontrer l'influence d'une institution morale ou religieuse sur le cœur de l'homme, il n'est pas nécessaire que l'exemple rapporté soit pris à la racine même de cette institution : il suffit qu'il en décèle le génie : c'est ainsi que l'*Élysée*, dans le *Télémaque*, est visiblement un *paradis chrétien*.

Or, les sentiments les plus touchants de l'Andromaque de Racine émanent pour la plupart d'un poëte *chrétien*. L'Andromaque de l'*Iliade* est plus épouse que mère ; celle d'Euripide a un caractère à la fois rampant et ambitieux, qui détruit le caractère maternel ; celle de Virgile est tendre et triste, mais c'est moins encore la mère que l'épouse : la veuve d'Hector ne dit pas : *Astyanax ubi est,* mais : *Hector ubi est.*

L'Andromaque de Racine est plus sensible, plus intéressante que l'Andromaque antique. Ce vers si simple et si aimable :

> Je ne l'ai point encore embrassé d'aujourd'hui,

est le mot d'une femme chrétienne : cela n'est point dans le goût des Grecs, et encore moins des Romains. L'Andromaque d'Homère gémit sur les malheurs futurs d'Astyanax, mais elle songe à peine à lui dans le présent ; la mère, sous notre culte, plus tendre, sans être moins prévoyante, oublie quelquefois ses chagrins, en donnant un baiser à son fils. Les anciens n'arrêtoient pas longtemps les yeux sur l'enfance ; il semble qu'ils trouvoient quelque chose de trop naïf dans le langage du berceau. Il n'y a que le Dieu de l'Évangile qui ait osé nommer sans rougir les *petits enfants*[1] (*parvuli*), et qui les ait offerts en exemple aux hommes :

Et accipiens puerum, statuit eum in medio eorum : quem cum complexus esset, ait illis:

« Quisquis unum ex hujusmodi pueris receperit in nomine meo me recipit. »

---

le mot ῥάδαμνος des Grecs) se dit d'une branches d'arbre, d'un bras de mer, d'une chaîne de montagnes. Ce dernier sens est celui de l'hébreu, et la Vulgate le dit dans Jérémie, *vox in excelso*.   1. Math., cap. xviii, v. 3.

Et ayant pris un petit enfant, il l'assit au milieu d'eux, et l'ayant embrassé, il leur dit :

« Quiconque reçoit en mon nom un petit enfant me reçoit [1]. »

Lorsque la veuve d'Hector dit à Céphise, dans Racine :

> Qu'il ait de ses aïeux un souvenir modeste :
> Il est du sang d'Hector, mais il en est le reste,

qui ne reconnoît la chrétienne ? C'est le *deposuit potentes de sede*. L'antiquité ne parle pas de la sorte, car elle n'imite que les sentiments *naturels* : or, les sentiments exprimés dans ces vers de Racine *ne sont point purement dans la nature* ; ils contredisent au contraire la voix du cœur. Hector ne conseille point à son fils d'avoir *de ses aïeux un souvenir modeste* ; en élevant Astyanax vers le ciel, il s'écrie :

> Ζεῦ, ἄλλοι τε θεοί, δότε δὴ καὶ τόνδε γενέσθαι,
> Παῖδ' ἐμόν, ὡς καὶ ἐγὼ περ' ἀριπρεπέα Ἡρώεσσιν.
> Ὧδε βίην τ' ἀγαθὸν τε καὶ Ἰλίου ἶφι ἀνάσσειν.
> Καί ποτέ τις εἴπῃσι, « πατρὸς δ' ὅγε πολλὸν ἀμείνων, »
> Ἐκ πολέμου ἀνιόντα, etc [2].

« O Jupiter, et vous tous, dieux de l'Olympe, que mon fils règne, comme moi, sur Ilion ; faites qu'il obtienne l'empire entre les guerriers ; qu'en le voyant revenir chargé des dépouilles de l'ennemi, on s'écrie : Celui-ci est encore plus vaillant que son père ! »

Énée dit à Ascagne :

> . . . . Et te, animo repetentem exempla tuorum,
> Et pater Æneas, et avunculus excitet Hector [3].

A la vérité l'Andromaque moderne s'exprime à peu près comme Virgile sur les aïeux d'Astyanax. Mais après ce vers :

> Dis-lui par quels exploits leurs noms ont éclaté,

elle ajoute :

> Plutôt ce qu'ils ont fait que ce qu'ils ont été.

---

1. Marc, cap. ix, v. 35, 36.   2. *Iliad.*, lib. vi, v. 476.
3. *Æn.*, lib. xii, v. 439, 440.

Or, de tels préceptes sont directement opposés au cri de l'orgueil : on y voit la nature corrigée, la nature plus belle, la nature évangélique. Cette humilité que le christianisme a répandue dans les sentiments, et qui a changé pour nous le rapport des passions, comme nous le dirons bientôt, perce à travers tout le rôle de la moderne Andromaque. Quand la veuve d'Hector, dans l'*Iliade,* se représente la destinée qui attend son fils, la peinture qu'elle fait de la future misère d'Astyanax a quelque chose de bas et de honteux ; l'humilité, dans notre religion, est bien loin d'avoir un pareil langage : elle est aussi noble qu'elle est touchante. Le chrétien se soumet aux conditions les plus dures de la vie ; mais on sent qu'il ne cède que par un principe de vertu, qu'il ne s'abaisse que sous la main de Dieu, et non sous celle des hommes ; il conserve sa dignité dans les fers : fidèle à son maître sans lâcheté, il méprise des chaînes qu'il ne doit porter qu'un moment, et dont la mort viendra bientôt le délivrer ; il n'estime les choses de la vie que comme des songes, et supporte sa condition sans se plaindre, parce que la liberté et la servitude, la prospérité et le malheur, le diadème et le bonnet de l'esclave, sont peu différents à ses yeux.

CHAPITRE VII.

LE FILS. — GUZMAN.

Voltaire va nous fournir encore le modèle d'un autre caractère chrétien, le caractère du *fils.* Ce n'est ni le docile Télémaque avec Ulysse, ni le fougueux Achille avec Pélée : c'est un jeune homme passionné, dont la religion combat et subjugue les penchants.

Alzire, malgré le peu de vraisemblance des mœurs, est une tragédie fort attachante ; on y plane au milieu de ces régions de la morale chrétienne, qui, s'élevant au-dessus de la morale vulgaire, est d'elle-même une divine poésie. La paix qui règne dans l'âme d'Alvarez n'est point la seule paix de la nature. Supposez que Nestor cherche à modérer les passions d'Antiloque, il citera d'abord des exemples de jeunes gens qui se sont perdus pour n'avoir pas voulu écouter leurs pères ; puis, joignant à ces exemples quelques maximes connues sur l'indocilité de la jeunesse et sur l'expérience des vieillards, il couronnera ses remontrances par son propre éloge et par un regret sur les jours du vieux temps.

L'autorité qu'emploie Alvarez est d'une autre espèce : il met en oubli son âge et son pouvoir paternel, pour ne parler qu'au nom de la religion. Il ne cherche pas à détourner Guzman d'un crime *particulier*; il lui conseille une vertu *générale*, la *charité*, sorte d'humanité céleste, que le Fils de l'Homme a fait descendre sur la terre, et qui n'y habitoit point avant l'établissement du christianisme [1]. Enfin Alvarez, commandant à son fils comme *père*, et lui obéissant comme *sujet*, est un de ces traits de haute morale, aussi supérieure à la morale des anciens que les Évangiles surpassent les dialogues de Platon pour l'enseignement des vertus.

Achille mutile son ennemi, et l'insulte après l'avoir abattu. Guzman est aussi fier que le fils de Pélée : percé de coups par la main de Zamore, expirant à la fleur de l'âge, perdant à la fois une épouse adorée et le commandement d'un vaste empire, voici l'arrêt qu'il prononce sur son rival et son meurtrier, triomphe éclatant de la religion et de l'exemple paternel sur un *fils chrétien* :

(*A Alvarez.*)

Le Ciel qui veut ma mort et qui l'a suspendue,
Mon père, en ce moment m'amène à votre vue.
Mon âme fugitive et prête à me quitter
S'arrête devant vous... mais pour vous imiter.
Je meurs; le voile tombe, un nouveau jour m'éclaire :
Je ne me suis connu qu'au bout de ma carrière.
J'ai fait jusqu'au moment qui me plonge au cercueil
Gémir l'humanité du poids de mon orgueil.
Le Ciel venge la terre : il est juste, et ma vie
Ne peut payer le sang dont ma main s'est rougie.
Le bonheur m'aveugla, la mort m'a détrompé;
Je pardonne à la main par qui Dieu m'a frappé :
J'étois maître en ces lieux, seul j'y commande encore,
Seul je puis faire grâce, et la fais à Zamore.
Vis, superbe ennemi; sois libre, et te souvien
Quel fut et le devoir et la mort d'un chrétien.

(*A Montèze, qui se jette à ses pieds.*)

Montèze, Américains, qui fûtes mes victimes,
Songez que ma clémence a surpassé mes crimes;
Instruisez l'Amérique, apprenez à ses rois
Que les chrétiens sont nés pour leur donner des lois.

(*A Zamore.*)

Des dieux que nous servons connois la différence :
Les tiens t'ont commandé le meurtre et la vengeance,

---

1. Les anciens eux-mêmes devoient à leur culte le peu d'humanité qu'on remarque chez eux : l'hospitalité, le respect pour les suppliants et pour les malheureux tenoient à des idées religieuses. Pour que le misérable trouvât quelque pitié sur la terre, il falloit que Jupiter s'en déclarât le protecteur; tant l'homme est féroce sans la religion!

> Et le mien, quand ton bras vient de m'assassiner,
> M'ordonne de te plaindre et de te pardonner.

A quelle religion appartiennent cette morale et cette mort? Il règne ici un *idéal de vérité* au-dessus de tout *idéal poétique*. Quand nous disons un *idéal de vérité,* ce n'est point une exagération; on sait que ces vers :

> Des dieux que nous servons connois la différence, etc.,

sont les paroles mêmes de François de Guise [1]. Quant au reste de la tirade, c'est la substance de la morale évangélique :

> Je ne me suis connu qu'au bout de ma carrière.
> J'ai fait jusqu'au moment qui me plonge au cercueil
> Gémir l'humanité du poids de mon orgueil.
> . . . .

Un trait seul n'est pas chrétien dans ce morceau :

> Instruisez l'Amérique, apprenez à ses rois
> Que les chrétiens sont nés pour leur donner des lois.

Le poëte a voulu faire reparoître ici la nature et le caractère orgueilleux de Guzman : l'intention dramatique est heureuse; mais prise comme beauté *absolue,* le sentiment exprimé dans ce vers est bien petit, au milieu des hauts sentiments dont il est environné! Telle se montre toujours la *pure nature* auprès de la *nature chrétienne.* Voltaire est bien ingrat d'avoir calomnié un culte qui lui a fourni ses plus beaux titres à l'immortalité. Il auroit toujours dû se rappeler ce vers, qu'il avoit fait sans doute par un mouvement involontaire d'admiration :

> Quoi donc! les vrais chrétiens auroient tant de vertus!

Ajoutons tant de *génie.*

---

1. On ignore assez généralement que Voltaire ne s'est servi des paroles de François de Guise qu'en les empruntant d'un autre poëte : Rowe en avoit fait usage avant lui dans son *Tamerlan,* et l'auteur d'*Alzire* s'est contenté de traduire mot pour mot le tragique anglois :

> Now learn the difference, 'wixt thy faith and mine...
> Thine bids thee lift thy dagger to my throat;
> Mine can forgive the wrong, and bid thee live.

CHAPITRE VIII.

LA FILLE. — IPHIGÉNIE.

Iphigénie et Zaïre offrent, pour le caractère de la *fille*, un parallèle intéressant. L'une et l'autre, sous le joug de l'autorité paternelle, se dévouent à la religion de leur pays. Agamemnon, il est vrai, exige d'Iphigénie le double sacrifice de son amour et de sa vie, et Lusignan ne demande à Zaïre que d'oublier son amour; mais pour une femme passionnée vivre et renoncer à l'objet de ses vœux, c'est peut-être une condition plus douloureuse que la mort. Les deux situations peuvent donc se balancer quant à l'intérêt *naturel* : voyons s'il en est ainsi de l'intérêt *religieux*.

Agamemnon, en obéissant aux dieux, ne fait, après tout, qu'immoler sa fille à son ambition. Pourquoi la jeune Grecque se dévoueroit-elle à Neptune? N'est-ce pas un tyran qu'elle doit détester? Le spectateur prend parti pour Iphigénie contre le Ciel. La pitié et la terreur s'appuient donc uniquement, dans cette situation, sur l'intérêt *naturel*; et si vous pouviez retrancher la religion de la pièce, il est évident que l'effet théâtral resteroit le même.

Mais dans *Zaïre,* si vous touchez à la religion, tout est détruit. Jésus-Christ n'a pas soif de sang; il ne veut pas le sacrifice d'une passion. A-t-il le droit de le demander, ce sacrifice? Eh! qui pourroit en douter? N'est-ce pas pour racheter Zaïre qu'il a été attaché à une croix, qu'il a supporté l'insulte, les dédains et les injustices des hommes, qu'il a bu jusqu'à la lie le calice d'amertume? Et Zaïre iroit donner son cœur et sa main à ceux qui ont persécuté ce Dieu charitable! à ceux qui tous les jours immolent les chrétiens! à ceux qui retiennent dans les fers ce successeur de Bouillon, ce défenseur de la foi, ce *père* de Zaïre! Certes, la religion n'est pas inutile ici, et qui la supprimeroit anéantiroit la pièce.

Au reste, il nous semble que *Zaïre,* comme *tragédie,* est encore plus intéressante qu'*Iphigénie,* pour une raison que nous essayerons de développer. Ceci nous oblige de remonter au principe de l'art.

Il est certain qu'on ne doit élever sur le cothurne que les personnages pris dans les hauts rangs de la société. Cela tient à de certaines convenances, que les beaux-arts, d'accord avec le cœur humain, savent découvrir. Le tableau des infortunes que nous éprouvons nous-mêmes nous afflige sans nous instruire. Nous n'avons pas besoin d'aller au spectacle pour y apprendre les secrets de notre famille; la fiction ne peut nous plaire quand la triste réalité habite sous notre toit. Aucune morale ne se rattache d'ailleurs à une pareille imitation : bien au contraire, car en voyant le tableau de notre état ou nous tombons dans le désespoir, ou nous envions un état qui n'est pas le nôtre. Conduisez le peuple au théâtre : ce ne sont pas des hommes sous le chaume et des représentations de sa propre indigence qu'il lui faut : il vous demande des grands sur la pourpre ; son oreille veut être remplie de noms éclatants et son œil occupé du malheur de rois.

La morale, la curiosité, la noblesse de l'art, la pureté du goût, et peut-être la nature envieuse de l'homme, obligent donc de prendre les acteurs de la tragédie dans une condition élevée. Mais si la personne doit être *distinguée,* sa douleur doit être *commune,* c'est-à-dire d'une nature à être sentie de *tous.* Or, c'est en ceci que Zaïre nous paroît plus touchante qu'Iphigénie.

Que la fille d'Agamemnon meure pour faire partir une flotte, le spectateur ne peut guère s'intéresser à ce motif. Mais la raison presse dans Zaïre, et chacun peut éprouver le combat d'une passion contre un devoir. De là dérive cette règle dramatique : qu'il faut, autant que possible, fonder l'intérêt de la tragédie non sur une *chose,* mais sur un *sentiment,* et que le personnage doit être *éloigné* du spectateur par *son rang,* mais *près* de lui par *son malheur.*

Nous pourrions maintenant chercher dans le sujet d'*Iphigénie* traité par Racine les traits du pinceau chrétien ; mais le lecteur est sur la voie de ces études, et il peut la suivre : nous ne nous arrêterons plus que pour faire une observation.

Le père Brumoy a remarqué qu'Euripide en donnant à Iphigénie la frayeur de la mort et le désir de se sauver a mieux parlé selon la nature que Racine, dont l'Iphigénie semble trop résignée. L'observation est bonne en soi ; mais ce que le père Brumoy n'a pas vu, c'est que l'Iphigénie moderne est la *fille chrétienne.* Son père et le Ciel ont parlé, il ne reste plus qu'à obéir. Racine n'a donné ce courage à son héroïne que par l'impulsion secrète d'une institution religieuse qui a changé le fond des idées et de la morale. Ici le christianisme va plus loin que la nature, et par conséquent est plus d'accord avec la belle poésie, qui agrandit les objets et aime un peu l'exagération. La fille d'Agamemnon, étouffant sa passion et l'amour de la vie, intéresse bien davantage qu'Iphigénie pleurant son trépas. Ce ne sont pas toujours les choses purement naturelles qui touchent : il est naturel de craindre la mort, et cependant une victime qui se lamente sèche les pleurs qu'on versoit pour elle. Le cœur humain veut plus qu'il ne peut ;

il veut surtout admirer : il a en soi-même un élan vers une beauté inconnue, pour laquelle il fut créé dans son origine.

La religion chrétienne est si heureusement formée, qu'elle est elle-même une sorte de poésie, puisqu'elle place les caractères dans le beau idéal : c'est ce que prouvent nos martyrs chez nos peintres, les chevaliers chez nos poëtes, etc. Quant à la peinture du vice, elle peut avoir dans le christianisme la même vigueur que celle de la vertu, puisqu'il est vrai que le crime augmente en raison du plus grand nombre de liens que le coupable a rompus. Ainsi les muses, qui haïssent le genre médiocre et tempéré, doivent s'accommoder infiniment d'une religion qui montre toujours ses personnages au-dessus ou au-dessous de l'homme.

Pour achever le cercle des caractères *naturels*, il faudroit parler de l'amitié fraternelle, mais ce que nous avons dit du *fils* et de la *fille* s'applique également à deux *frères*, ou à un *frère* et à une *sœur*. Au reste, c'est dans l'Écriture qu'on trouve l'histoire de Caïn et d'Abel, cette grande et première tragédie qu'ait vue le monde : nous parlerons ailleurs de Joseph et de ses frères.

En un mot, le christianisme n'enlève rien au poëte des caractères *naturels*, tels que pouvoit les représenter l'antiquité, et il offre, de plus, son *influence* sur ces mêmes caractères. Il augmente donc nécessairement la *puissance*, puisqu'il augmente le *moyen*, et multiplie les *beautés* dramatiques, en multipliant les *sources* dont elles émanent.

CHAPITRE IX.

CARACTÈRES SOCIAUX. — LE PRÊTRE.

Ces caractères, que nous avons nommés *sociaux*, se réduisent à deux pour le poëte, ceux du *prêtre* et du *guerrier*.

Si nous n'avions pas consacré à l'histoire du clergé et de ses bienfaits la quatrième partie de notre ouvrage, il nous seroit aisé de faire voir à présent combien le caractère du prêtre, dans notre religion, offre plus de variété et de grandeur que le même caractère dans le polythéisme. Que de tableaux à tracer depuis le pasteur du hameau jusqu'au pontife qui ceint la triple couronne pastorale ; depuis le curé de la ville jusqu'à l'anachorète du rocher ; depuis le Chartreux et le Trappiste jusqu'au docte Bénédictin ; depuis le Missionnaire et cette foule de religieux consacrés aux maux de l'humanité jusqu'au prophète de l'antique Sion ! L'ordre des vierges n'est ni moins varié ni moins nombreux : ces filles hospitalières qui consument leur jeunesse et leurs grâces au service de nos douleurs, ces habitantes du cloître qui élèvent à l'abri des autels les épouses futures des hommes, en se félicitant de porter elles-mêmes les chaînes du plus doux des époux, toute cette innocente famille sourit agréablement aux neuf Sœurs de la Fable. Un grand-prêtre, un devin, une vestale, une sibylle, voilà tout ce que l'antiquité fournissoit au poëte ; encore ces personnages n'étoient-ils mêlés qu'accidentellement au sujet, tandis que le prêtre chrétien peut jouer un des rôles les plus importants de l'épopée.

M. de La Harpe a montré, dans sa *Mélanie*, ce que peut devenir le caractère d'un simple curé, traité par un habile écrivain. Shakespeare, Richardson, Goldsmith, ont mis le prêtre en scène avec plus ou moins de bonheur. Quant aux pompes extérieures, nulle religion n'en offrit jamais de plus magnifiques que les nôtres. La Fête-Dieu, Noël, Pâques, la Semaine-Sainte, la fête des Morts, les Funérailles, la Messe et mille autres cérémonies fournissent un sujet inépuisable de descriptions [1]. Certes, les Muses modernes qui se plaignent du christianisme n'en connoissent pas les richesses. Le Tasse a décrit une procession dans la *Jérusalem*, et c'est un des plus beaux tableaux de son poëme. Enfin, le sacrifice antique n'est pas même banni du sujet chrétien, car il n'y a rien de plus facile, au moyen d'un épisode, d'une comparaison ou d'un souvenir, que de rappeler un sacrifice de l'ancienne loi.

CHAPITRE X.

SUITE DU PRÊTRE. LA SIBYLLE. JOAD. PARALLÈLE DE VIRGILE ET DE RACINE.

Énée va consulter la Sibylle : arrêté au soupirail de l'antre, il attend les paroles de la prophétesse.

. . . . . Cum virgo : Poscere fata, etc.

« Alors la vierge : Il est temps d'interroger le destin. Le dieu ! voilà le dieu ! Elle dit, etc. »

Énée adresse sa prière à Apollon ; la Sibylle lutte encore ; enfin le dieu la dompte, les cent portes de l'antre s'ouvrent en mugissant,

---

1. Nous parlerons de toutes ces fêtes dans la partie du *Culte*.

et ces paroles se répandent dans les airs : *Ferunt responsa per auras.*

O tandem magnis pelagi defuncte periclis!

« Ils ne sont plus, les périls de la mer : mais quel danger sur la terre! etc. »

Remarquez la rapidité de ces mouvements : *Deus, ecce deus!* La Sibylle touche, saisit l'Esprit, elle en est surprise : *Le dieu! voilà le dieu!* c'est son cri. Ces expressions : *Non vultus, non color unus*, peignent excellemment le trouble de la prophétesse. Les tours *négatifs* sont particuliers à Virgile, et l'on peut remarquer en général qu'ils sont fort multipliés chez les écrivains d'un génie mélancolique. Ne seroit-ce point que les âmes tendres et tristes sont naturellement portées à se plaindre, à désirer, à douter, à exprimer avec une sorte de timidité, et que la plainte, le désir, le doute et la timidité, sont les *privations* de quelque chose? L'homme que l'adversité a rendu sensible aux peines d'autrui ne dit pas avec assurance : *Je connois les maux*, mais il dit, comme Didon : *Non ignara mali*. Enfin, les images favorites des poëtes enclins à la rêverie sont presque toutes empruntées d'objets *négatifs*, tels que le silence des nuits, l'ombre des bois, la solitude des montagnes, la paix des tombeaux, qui ne sont que l'absence du bruit, de la lumière, des hommes et des inquiétudes de la vie [1].

Quelle que soit la beauté des vers de Virgile, la poésie chrétienne nous offre encore quelque chose de supérieur. Le grand-prêtre des

---

1. Ainsi Euryale, en parlant de sa mère, dit :

. . . . Genitrix. . . . .
. . . . quam miseram tenuit *non* Ilia tellus
Mecum excedentem, *non* mœnia regis Acestæ.

« Ma mère infortunée qui a suivi mes pas, et que n'ont pu retenir *ni* les rivages de la patrie, *ni* les murs du roi Aceste.

Il ajoute un instant après :

. . . . . . *Nequeam* lacrymas perferre parentis.

« Je ne pourrois résister aux larmes de ma mère. »

Volcens va percer Euryale ; Nisus s'écrie :

Me, me : adsum qui feci : . . . .
. . . . mea fraus omnis : *nihil* iste *nec* ausus
Nec potuit. . . . .

Le mouvement qui termine cet admirable épisode est aussi de nature négative.

Hébreux, prêt à couronner Joas, est saisi de l'esprit divin dans le temple de Jérusalem :

> Voilà donc quels vengeurs s'arment pour ta querelle !
> Des prêtres, des enfants !... ô Sagesse éternelle !
> Mais si tu les soutiens, qui peut les ébranler ?
> Du tombeau, quand tu veux, tu sais nous rappeler ;
> Tu frappes et guéris, tu perds et ressuscites.
> Ils ne s'assurent point en leurs propres mérites,
> Mais en ton nom, sur eux invoqué tant de fois,
> En tes serments jurés au plus saint de leurs rois,
> En ce temple où tu fais ta demeure sacrée,
> Et qui doit du soleil égaler la durée.
> Mais d'où vient que mon cœur frémit d'un saint effroi ?
> Est-ce l'Esprit divin qui s'empare de moi ?
> C'est lui-même : il m'échauffe ; il parle ; mes yeux s'ouvrent,
> Et les siècles obscurs devant moi se découvrent.
> . . . .
> Cieux, écoutez ma voix ; Terre, prête l'oreille :
> Ne dis plus, ô Jacob ! que ton Seigneur sommeille ;
> Pécheurs, disparoissez, le Seigneur se réveille.
> . . . .
> Comment en un plomb vil l'or pur s'est-il changé ?
> Quel est dans le lieu saint ce pontife égorgé...
> Pleure, Jérusalem, pleure, cité perfide,
> Des prophètes divins malheureuse homicide !
> De son amour pour toi ton Dieu s'est dépouillé ;
> Ton encens à ses yeux est un encens souillé...
> . . . . Où menez-vous ces enfants et ces femmes ?
> Le Seigneur a détruit la reine des cités ;
> Ses prêtres sont captifs, ses rois sont rejetés :
> Dieu ne veut plus qu'on vienne à ses solennités.
> Temple, renverse-toi ; cèdres, jetez des flammes.
>   Jérusalem, objet de ma douleur,
> Quelle main en un jour t'a ravi tous tes charmes ?
> Qui changera mes yeux en deux sources de larmes,
>   Pour pleurer ton malheur ?

Il n'est pas besoin de commentaire.

Puisque Virgile et Racine reviennent si souvent dans notre critique, tâchons de nous faire une idée juste de leur talent et de leur génie. Ces deux grands poëtes ont tant de ressemblance, qu'ils pourroient tromper jusqu'aux yeux de la muse, comme ces jumeaux de l'*Énéide* qui causoient de douces méprises à leur mère.

Tous deux polissent leurs ouvrages avec le même soin, tous deux sont pleins de goût, tous deux hardis, et pourtant naturels dans l'expression, tous deux sublimes dans la peinture de l'amour ; et, comme s'ils s'étoient suivis pas à pas, Racine fait entendre dans *Esther* je ne sais quelle suave mélodie dont Virgile a pareillement rempli sa seconde églogue, mais toutefois avec la différence qui se trouve entre la voix de la jeune fille et celle de l'adolescent, entre les soupirs de l'innocence et ceux d'une passion criminelle.

Voilà peut-être en quoi Virgile et Racine se ressemblent : voici peut-être en quoi ils diffèrent.

Le second est en général supérieur au premier dans l'invention des caractères : Agamemnon, Achille, Oreste, Mithridate, Acomat, sont fort au-dessus des héros de l'*Énéide*. Énée et Turnus ne sont beaux que dans deux ou trois moments ; Mézence seul est fièrement dessiné.

Cependant, dans les peintures douces et tendres, Virgile retrouve son génie : Évandre, ce vieux roi d'Arcadie qui vit sous le chaume et que défendent deux chiens de berger, au même lieu où les Césars, entourés de prétoriens, habiteront un jour leurs palais ; le jeune Pallas, le beau Lausus, Nisus et Euryale, sont des personnages divins.

Dans les caractères de femmes, Racine reprend la supériorité : Agrippine est plus ambitieuse qu'Amate, Phèdre plus passionnée que Didon.

Nous ne parlons point d'*Athalie*, parce que Racine dans cette pièce ne peut être comparé à personne : c'est l'œuvre le plus parfait du génie inspiré par la religion.

Mais, d'un autre côté, Virgile a pour certains lecteurs un avantage sur Racine : sa voix, si nous osons nous exprimer ainsi, est plus gémissante et sa lyre plus plaintive. Ce n'est pas que l'auteur de *Phèdre* n'eût été capable de trouver cette sorte de mélodie des soupirs ; le rôle d'Andromaque, *Bérénice* tout entière, quelques stances des cantiques imités de l'Écriture, plusieurs strophes des chœurs d'*Esther* et d'*Athalie*, montrent ce qu'il auroit pu faire dans ce genre ; mais il vécut trop à la ville, pas assez dans la solitude. La cour de Louis XIV en lui donnant la majesté des formes et en épurant son langage lui fut peut-être nuisible sous d'autres rapports : elle l'éloigna trop des champs et de la nature.

Nous avons déjà remarqué [1] qu'une des premières causes de la mélancolie de Virgile fut sans doute le sentiment des malheurs qu'il éprouva dans sa jeunesse. Chassé du toit paternel, il garda toujours le souvenir de sa Mantoue ; mais ce n'étoit plus le Romain de la république, aimant son pays à la manière dure et âpre des Brutus : c'étoit le Romain de la monarchie d'Auguste, le rival d'Homère et le nourrisson des Muses.

---

1. Part. 1re, liv. v, avant-dernier chapitre.

Virgile cultiva ce genre de tristesse en vivant seul au milieu des bois. Peut-être faut-il encore ajouter à cela des accidents particuliers. Nos défauts moraux ou physiques influent beaucoup sur notre humeur, et sont souvent la cause du tour particulier que prend notre caractère. Virgile avoit une difficulté de prononciation[1]; il étoit foible de corps, rustique d'apparence. Il semble avoir eu dans sa jeunesse des passions vives, auxquelles ces imperfections naturelles purent mettre des obstacles. Ainsi des chagrins de famille, le goût des champs, un amour-propre en souffrance et des passions non satisfaites s'unirent pour lui donner cette rêverie qui nous charme dans ses écrits.

On ne trouve point dans Racine le *diis aliter visum*, le *dulces moriens reminiscitur Argos*, le *Disce, puer, virtutem ex me — fortunam ex aliis*, le *Lyrnessi domus alta : sola Laurente sepulcrum*. Il n'est peut-être pas inutile d'observer que ces mots attendrissants se trouvent presque tous dans les six derniers livres de l'*Énéide*, ainsi que les épisodes d'Évandre et de Pallas, de Mézence et de Lausus, de Nisus et d'Euryale. Il semble qu'en approchant du tombeau le Cygne de Mantoue mit dans ses accents quelque chose de plus céleste, comme les cygnes de l'Eurotas, consacrés aux Muses, qui avant d'expirer avoient, selon Pythagore, une vision de l'Olympe, et témoignoient leur ravissement par des chants harmonieux.

Virgile est l'ami du solitaire, le compagnon des heures secrètes de la vie. Racine est peut-être au-dessus du poëte latin, parce qu'il a fait *Athalie*; mais le dernier a quelque chose qui remue plus doucement le cœur. On admire plus l'un, on aime plus l'autre; le premier a des douleurs trop royales, le second parle davantage à tous les rangs de la société. En parcourant les tableaux des vicissitudes humaines tracés par Racine, on croit errer dans les parcs abandonnés de Versailles : ils sont vastes et tristes, mais à travers leur solitude on distingue la main régulière des arts et les vestiges des grandeurs :

> Je ne vois que des tours que la cendre a couvertes,
> Un fleuve teint de sang, des campagnes désertes.

Les tableaux de Virgile, sans être moins nobles, ne sont pas bornés à de certaines perspectives de la vie; ils représentent toute la nature : ce sont les profondeurs des forêts, l'aspect des montagnes, les rivages

---

1. *Sermone tardissimum ac pene indocto similem... Facie rusticana*, etc. Donat., *de P. Virgilii Maronis Vita*.

de la mer, où des femmes exilées *regardent, en pleurant, l'immensité des flots :*

> . . . . . Cunctæque profundum
> Pontum adspectabant flentes.

CHAPITRE XI.

LE GUERRIER. — DÉFINITION DU BEAU IDÉAL.

Les siècles héroïques sont favorables à la poésie, parce qu'ils ont cette vieillesse et cette incertitude de tradition que demandent les Muses, naturellement un peu menteuses. Nous voyons chaque jour se passer sous nos yeux des choses extraordinaires sans y prendre aucun intérêt ; mais nous aimons à entendre raconter des faits obscurs qui sont déjà loin de nous. C'est qu'au fond les plus grands événements de la terre sont petits en eux-mêmes : notre âme, qui sent ce vice des affaires humaines, et qui tend sans cesse à l'immensité, tâche de ne les voir que dans le vague pour les agrandir.

Or, l'esprit des siècles héroïques se forme du mélange d'un état civil encore grossier et d'un état religieux porté à son plus haut point d'influence. La barbarie et le polythéisme ont produit les héros d'Homère ; la barbarie et le christianisme ont enfanté les chevaliers du Tasse.

Qui des *héros* ou des *chevaliers* méritent la préférence, soit en morale, soit en poésie ? C'est ce qu'il convient d'examiner.

En faisant abstraction du génie particulier des deux poëtes et ne comparant qu'homme à homme, il nous semble que les personnages de la *Jérusalem* sont supérieurs à ceux de l'*Iliade*.

Quelle différence en effet entre les chevaliers si francs, si désintéressés, si humains, et des guerriers perfides, avares, cruels, insultant aux cadavres de leurs ennemis, poétiques enfin par leurs vices, comme les premiers le sont par leurs vertus !

Si par héroïsme on entend un effort contre les passions en faveur de la vertu, c'est sans doute Godefroi, et non pas Agamemnon, qui est le véritable héros. Or, nous demandons pourquoi le Tasse en peignant des chevaliers a tracé le modèle du parfait guerrier, tandis qu'Homère en représentant les hommes des temps héroïques n'a fait que des espèces de monstres ? C'est que le christianisme a fourni dès sa naissance le *beau idéal moral* ou le *beau idéal des caractères*, et que le polythéisme n'a pu donner cet avantage au chantre d'Ilion. Nous arrêterons un peu le lecteur sur ce sujet : il importe trop au fond de notre ouvrage pour hésiter à le mettre dans tout son jour.

Il y a deux sortes de *beau idéal* : le beau idéal *moral*, et le beau idéal *physique* : l'un et l'autre sont nés de la société.

L'homme très-près de la nature, tel que le sauvage, ne le connoît pas ; il se contente, dans ses chansons, de rendre fidèlement ce qu'il voit. Comme il vit au milieu des déserts, ses tableaux sont nobles et simples ; on n'y trouve point de mauvais goût, mais aussi ils sont monotones, et les actions qu'ils expriment ne vont pas jusqu'à l'héroïsme.

Le siècle d'Homère s'éloignoit déjà de ces premiers temps. Qu'un Canadien perce un chevreuil de ses flèches, qu'il le dépouille au milieu des forêts, qu'il étende la victime sur les charbons d'un chêne embrasé : tout est poétique dans ces mœurs. Mais dans la tente d'Achille il y a déjà des *bassins*, des *broches*, des *vases* ; quelques détails de plus, et Homère tomboit dans la bassesse des descriptions, ou bien il entroit dans la route du beau idéal en commençant à *cacher* quelque chose.

Ainsi, à mesure que la société multiplia les besoins de la vie, les poëtes apprirent qu'il ne falloit plus, comme par le passé, peindre tout aux yeux, mais voiler certaines parties du tableau.

Ce premier pas fait, ils virent encore qu'il falloit *choisir*, ensuite que la chose choisie étoit susceptible d'une forme plus belle, ou d'un plus bel effet dans telle ou telle position.

Toujours *cachant* et *choisissant*, *retranchant* ou *ajoutant*, ils se trouvèrent peu à peu dans des formes qui n'étoient plus naturelles, mais qui étoient plus parfaites que la nature : les artistes appelèrent ces formes *le beau idéal*.

On peut donc définir le *beau idéal* l'art *de choisir et de cacher*.

Cette définition s'applique également au beau idéal *moral* et au beau idéal *physique*. Celui-ci se forme en cachant avec adresse la partie infirme des objets ; l'autre, en dérobant à la vue certains côtés foibles de l'âme : l'*âme* a ses besoins honteux et ses bassesses comme le corps.

Et nous ne pouvons nous empêcher de remarquer qu'il n'y a que l'homme qui soit susceptible d'être représenté plus parfait que nature et comme approchant de la Divinité. On ne s'avise pas de peindre le *beau idéal* d'un cheval, d'un aigle, d'un lion. Ceci nous fait entrevoir une preuve merveilleuse de la grandeur de nos fins et de l'immortalité de notre âme.

La société où la morale parvint le plus tôt à son développement dut atteindre le plus vite au *beau idéal moral*, ou, ce qui revient au même, au *beau idéal des caractères* : or, c'est ce qui distingue éminemment les sociétés formées dans la religion chrétienne. Il est étrange, et cependant rigoureusement vrai, que tandis que nos pères étoient des barbares pour tout le reste, la morale, au moyen de l'Évangile, s'étoit élevée chez eux à son dernier point de perfection : de sorte que l'on vit des hommes, si nous osons parler ainsi, à la fois sauvages par le corps et civilisés par l'âme.

C'est ce qui fait la beauté des temps chevaleresques, et ce qui leur donne la supériorité tant sur les siècles héroïques que sur les siècles tout à fait modernes.

Car si vous entreprenez de peindre les premiers âges de la Grèce, autant la simplicité des mœurs vous offrira des choses agréables, autant la barbarie des caractères vous choquera ; le polythéisme ne fournit rien pour changer la nature sauvage et l'insuffisance des vertus primitives.

Si au contraire vous chantez l'âge moderne, vous serez obligé de bannir la vérité de votre ouvrage et de vous jeter à la fois dans le beau idéal *moral* et dans le beau idéal *physique*. Trop loin de la nature et de la religion sous tous les rapports, on ne peut représenter fidèlement l'intérieur de nos ménages, et moins encore le fond de nos cœurs.

La chevalerie seule offre le beau mélange de la *vérité* et de la *fiction*.

D'une part, vous pouvez offrir le tableau des mœurs dans toute sa naïveté : un vieux château, un large foyer, des tournois, des joutes, des chasses, le son du cor, le bruit des armes, n'ont rien qui heurte le goût, rien qu'on doive ou *choisir* ou *cacher*.

Et, d'un autre côté, le poëte chrétien, plus heureux qu'Homère, n'est point forcé de ternir sa peinture en y plaçant l'homme barbare ou l'homme *naturel* : le christianisme lui donne le parfait héros.

Ainsi, tandis que le Tasse est dans la nature relativement aux objets physiques, il est au-dessus de cette nature par rapport aux objets moraux.

Or, le *vrai* et l'*idéal* sont les deux sources de l'intérêt poétique : le *touchant* et le *merveilleux*.

CHAPITRE XII.

SUITE DU GUERRIER.

Montrons à présent que ces vertus du chevalier, qui élèvent son caractère jusqu'au *beau idéal*, sont des vertus véritablement chrétiennes.

Si elles n'étoient que de simples vertus morales imaginées par le poëte, elles seroient sans mouvement et sans ressort. On en peut juger par Énée, dont Virgile a fait un héros philosophe.

Les vertus purement morales sont froides par essence : ce n'est pas quelque chose d'ajouté à l'âme, c'est quelque chose de retranché de la nature; c'est l'absence du vice plutôt que la présence de la vertu.

Les vertus religieuses ont des ailes, elles sont passionnées. Non contentes de s'abstenir du mal, elles veulent faire le bien : elles ont l'activité de l'amour, et se tiennent dans une région supérieure et un peu exagérée. Telles étoient les vertus des chevaliers.

La foi ou la fidélité étoit leur première vertu ; la fidélité est pareillement la première vertu du christianisme.

Le chevalier ne mentoit jamais. — Voilà le chrétien.

Le chevalier étoit pauvre et le plus désintéressé des hommes. — Voilà le disciple de l'Évangile.

Le chevalier s'en alloit à travers le monde, secourant la veuve et l'orphelin. — Voilà la charité de Jésus-Christ.

Le chevalier étoit tendre et délicat. Qui lui auroit donné cette douceur, si ce n'étoit une religion humaine qui porte toujours au respect pour la foiblesse? Avec quelle bénignité Jésus-Christ lui-même ne parle-t-il pas aux femmes dans l'Évangile!

Agamemnon déclare brutalement qu'il aime autant Briséis que son épouse, parce qu'elle fait d'aussi beaux ouvrages.

Un chevalier ne parle pas ainsi.

Enfin le christianisme a produit l'honneur ou la bravoure des héros modernes, si supérieure à celle des héros antiques.

La véritable religion nous enseigne que ce n'est pas par la force du corps que l'homme se doit mesurer, mais par la grandeur de l'âme. D'où il résulte que le plus foible des chevaliers ne tremble jamais devant un ennemi; et, fût-il certain de recevoir la mort, il n'a pas même la pensée de la fuite.

Cette haute valeur est devenue si commune, que le moindre de nos fantassins est plus courageux que les Ajax, qui fuyoient devant Hector, qui fuyoit à son tour devant Achille. Quant à la clémence du chevalier chrétien envers les vaincus, qui peut nier qu'elle découle du christianisme?

Les poëtes modernes ont tiré une foule de traits nouveaux du caractère chevaleresque. Dans la *tragédie* il suffit de nommer Bayard, Tancrède, Nemours, Couci; Nérestan apporte la rançon de ses frères d'armes, et se vient rendre prisonnier parce qu'il ne peut satisfaire à la somme nécessaire pour se racheter lui-même. Les belles mœurs chrétiennes! Et qu'on ne dise pas que c'est une pure invention poétique : il y a cent exemples de chrétiens qui se sont remis entre les mains des Infidèles ou pour délivrer d'autres chrétiens, ou parce qu'ils ne pouvoient compter l'argent qu'ils avoient promis.

On sait combien le caractère chevaleresque est favorable à l'épopée. Qu'ils sont aimables, tous ces chevaliers de la *Jérusalem*, ce Renaud si brillant, ce Tancrède si généreux, ce vieux Raymond de Toulouse, toujours abattu et toujours relevé! On est avec eux sous les murs de Solyme; on croit entendre le jeune Bouillon s'écrier, au sujet d'Armide : « Que dira-t-on à la cour de France quand on saura que nous avons refusé notre bras à la beauté? » Pour juger de la différence qui se trouve entre les héros d'Homère et ceux du Tasse, il suffit de jeter les yeux sur le camp de Godefroi et sur les remparts de Sion. D'un côté sont les *chevaliers,* et de l'autre les *héros antiques*. Soliman même n'a tant d'éclat que parce que le poëte lui a donné quelques traits de la générosité du chevalier : ainsi le principal héros infidèle emprunte lui-même sa majesté du christianisme.

Mais c'est dans Godefroi qu'il faut admirer le chef-d'œuvre du caractère héroïque. Si Énée veut échapper à la séduction d'une femme, il tient les yeux baissés : *Immota tenebat lumina;* il cache son trouble; il répond des choses vagues : « Reine, je ne nie point tes bontés, je me souviendrai d'Élise, » *Meminisse Elisæ.*

Ce n'est pas de cet air que le capitaine chrétien repousse les adresses d'Armide : il résiste, car il connoît les fragiles appas du monde; il continue son vol vers le ciel, *comme l'oiseau rassasié qui ne s'abat point où une nourriture trompeuse l'appelle.*

Qual saturo augel, che non si cali
Ove il cibo mostrando altri l'invita

Faut-il combattre, délibérer, apaiser une sédition, Bouillon est partout grand, partout auguste. Ulysse frappe Thersite de son sceptre (σκήπτρῳ δὲ μετάφρενον, ἠδὲ καὶ ὤμῳ πλῆξεν), et arrête les Grecs prêts à rentrer dans leurs vaisseaux : ces mœurs sont naïves et pittoresques. Mais voyez Godefroi se montrant seul à un camp furieux qui l'accuse d'avoir fait assassiner un héros. Quelle beauté noble et touchante dans la prière de ce capitaine plein de la conscience de sa vertu! comme cette prière fait ensuite éclater l'intrépidité du général, qui désarmé et tête nue se présente à une soldatesque effrénée!

Au combat, une sainte et majestueuse valeur, inconnue aux guerriers d'Homère et de Virgile, anime le guerrier chrétien. Énée, couvert de ses armes divines, et debout sur la poupe de sa galère, qui approche du rivage rutule, est dans une attitude héroïque ; Agamemnon, semblable au Jupiter foudroyant, présente une image pleine de grandeur : cependant Godefroi n'est inférieur ni au père des Césars ni au chef des Atrides, dans le dernier chant de *la Jérusalem.*

Le soleil vient de se lever ; les armées sont en présence, les bannières se déroulent aux vents, les plumes flottent sur les casques ; les habits, les franges, les harnois, les armes, les couleurs, l'or et le fer étincellent aux premiers feux du jour. Monté sur un coursier rapide, Godefroi parcourt les rangs de son armée ; il parle, et son discours est un modèle d'éloquence guerrière. Sa tête rayonne, son visage brille d'un éclat inconnu, l'ange de la victoire le couvre invisiblement de ses ailes. Bientôt il se fait un profond silence ; les légions se prosternent en adorant celui qui fit tomber Goliath par la main d'un jeune berger. Soudain la trompette sonne, les soldats chrétiens se relèvent, et, pleins de la fureur du Dieu des armées, ils se précipitent sur les bataillons ennemis.

FIN DU LIVRE DEUXIÈME

LIVRE TROISIÈME.

SUITE DE LA POÉSIE
DANS SES RAPPORTS AVEC LES HOMMES. PASSIONS.

CHAPITRE PREMIER.

QUE LE CHRISTIANISME A CHANGÉ LES RAPPORTS DES PASSIONS EN CHANGEANT LES BASES DU VICE ET DE LA VERTU.

De l'examen des *caractères* nous venons à celui des *passions*. On sent qu'en traitant des premiers il nous a été impossible de ne pas toucher un peu aux secondes, mais ici nous nous proposons d'en parler plus amplement.

S'il existoit une religion qui s'occupât sans cesse de mettre un frein aux passions de l'homme, cette religion augmenteroit nécessairement le jeu des passions dans le drame et dans l'épopée; elle seroit plus favorable à la peinture des sentiments que toute institution religieuse qui, ne connoissant point des délits du cœur, n'agiroit sur nous que par des scènes extérieures. Or, c'est ici le grand avantage de notre culte sur les cultes de l'antiquité : la religion chrétienne est un vent céleste qui enfle les voiles de la vertu et multiplie les orages de la conscience autour du vice.

Les bases de la morale ont changé parmi les hommes, du moins parmi les hommes chrétiens, depuis la prédication de l'Évangile. Chez les anciens, par exemple, l'humilité passoit pour bassesse, et l'orgueil pour grandeur ; chez les chrétiens, au contraire, l'orgueil est le premier des vices, et l'humilité une des premières vertus. Cette seule transmutation de principes montre la nature humaine sous un jour nouveau, et nous devons découvrir dans les passions des rapports que les anciens n'y voyoient pas.

Donc pour nous la racine du mal est la *vanité*, et la racine du bien la *charité*, de sorte que les passions vicieuses sont toujours un composé d'orgueil, et les passions vertueuses un composé d'amour.

Faites l'application de ce principe, vous en reconnoîtrez la justesse.

Pourquoi les passions qui tiennent au courage sont-elles plus belles chez les modernes que chez les anciens? pourquoi avons-nous donné d'autres proportions à la valeur et transformé un mouvement brutal en une vertu? C'est par le mélange de la vertu chrétienne directement opposée à ce mouvement, l'*humilité*. De ce mélange est née la *magnanimité*, ou la *générosité poétique*, sorte de passion (car les chevaliers l'ont poussée jusque là) totalement inconnue des anciens.

Un de nos plus doux sentiments, et peut-être le seul qui appartienne absolument à l'âme (les autres ont quelque mélange des sens dans leur nature ou dans leur but), c'est l'amitié. Et combien le christianisme n'a-t-il point encore augmenté les charmes de cette passion céleste, en lui donnant pour fondement la *charité?* Jésus-Christ dormit dans le sein de Jean; et sur la croix, avant d'expirer, l'amitié l'entendit prononcer ce mot digne d'un Dieu : *Mater, ecce filius tuus; discipule, ecce mater tua*[1]. « Mère, voilà ton fils; disciple, voilà ta mère. »

Le christianisme, qui a révélé notre double nature et montré les contradictions de notre être, qui a fait voir le haut et le bas de notre cœur, qui lui-même est plein de contrastes comme nous, puisqu'il nous présente un Homme-Dieu, un Enfant maître des mondes, le créateur de l'univers sortant du sein d'une créature, le christianisme, disons-nous, vu sous ce jour des contrastes, est encore par excellence la religion de l'amitié. Ce sentiment se fortifie autant par les oppositions que par les ressemblances. Pour que deux hommes soient parfaits amis, ils doivent s'attirer et se repousser sans cesse par quelque endroit; il faut qu'ils aient des génies d'une même force, mais d'une différente espèce; des opinions opposées, des principes semblables; des haines et des amours diverses, mais au fond la même sensibilité; des humeurs tranchantes, et pourtant des goûts pareils; en un mot, de grands contrastes de caractère et de grandes harmonies de cœur.

Cette chaleur que la *charité* répand dans les passions vertueuses leur donne un caractère divin. Chez les hommes de l'antiquité l'avenir des sentiments ne passoit pas le tombeau, où il venoit faire naufrage. Amis, frères, époux, se quittoient aux portes de la mort, et sentoient que leur séparation étoit éternelle; le comble de la félicité pour les Grecs et pour les Romains se réduisoit à mêler leurs cendres ensemble: mais combien elle devoit être douloureuse, une urne qui ne renfermoit que des souvenirs! Le polythéisme avoit établi l'homme dans les

---

1. Joan., *Evang.*, cap. XIX, v. 26 et 27.

régions du passé; le christianisme l'a placé dans les champs de l'espérance. La jouissance des sentiments honnêtes sur la terre n'est que l'avant-goût des délices dont nous serons comblés. Le principe de nos amitiés n'est point dans ce monde : deux êtres qui s'aiment ici-bas sont seulement dans la route du ciel, où ils arriveront ensemble, si la vertu les dirige. De manière que cette forte expression des poëtes : *exhaler son âme dans celle de son ami,* est littéralement vraie pour deux chrétiens, en se dépouillant de leur corps, ils ne font que se dégager d'un obstacle qui s'opposoit à leur union intime, et leurs âmes vont se confondre dans le sein de l'Éternel.

Ne croyons pas toutefois qu'en nous découvrant les bases sur lesquelles reposent les passions le christianisme ait désenchanté la vie. Loin de flétrir l'imagination en lui faisant tout toucher et tout connoître, il a répandu le doute et les ombres sur les choses inutiles à nos fins; supérieur en cela à cette imprudente philosophie qui cherche trop à pénétrer la nature de l'homme et à trouver le fond partout. Il ne faut pas toujours laisser tomber la sonde dans les abîmes du cœur : les vérités qu'il contient sont du nombre de celles qui demandent le demi-jour et la perspective. C'est une imprudence que d'appliquer sans cesse son jugement à la partie aimante de son être, de porter l'esprit raisonnable dans les passions. Cette curiosité conduit peu à peu à douter des choses généreuses; elle dessèche la sensibilité et tue, pour ainsi dire, l'âme; les mystères du cœur sont comme ceux de l'antique Égypte : le profane qui cherchoit à les découvrir sans y être initié par la religion étoit subitement frappé de mort.

CHAPITRE II.

AMOUR PASSIONNÉ. — DIDON.

Ce que nous appelons proprement amour parmi nous est un sentiment dont l'antiquité a ignoré jusqu'au nom. Ce n'est que dans les siècles modernes qu'on a vu se former ce mélange des sens et de l'âme, cette espèce d'amour dont l'amitié est la partie morale. C'est encore au christianisme que l'on doit ce sentiment perfectionné ; c'est lui qui, tendant sans cesse à épurer le cœur, est parvenu à jeter de la spiritualité jusque dans le penchant qui en paroissoit le moins susceptible. Voilà donc un nouveau moyen de situations poétiques que cette religion si dénigrée a fourni aux auteurs mêmes qui l'insultent : on peut voir dans une foule de romans les beautés qu'on a tirées de cette passion demi-chrétienne. Le caractère de Clémentine[1], par exemple, est un chef-d'œuvre dont la Grèce n'offre point de modèle. Mais pénétrons dans ce sujet, et avant de parler de l'*amour champêtre* considérons l'*amour passionné*.

Cet amour n'est ni aussi saint que la piété conjugale, ni aussi gracieux que le sentiment des bergers; mais, plus poignant que l'un et l'autre, il dévaste les âmes où il règne. Ne s'appuyant point sur la gravité du mariage ou sur l'innocence des mœurs champêtres, ne mêlant aucun autre prestige au sien, il est à soi-même sa propre illusion, sa propre folie, sa propre substance. Ignorée de l'artisan trop occupé et du laboureur trop simple, cette passion n'existe que dans ces rangs de la société où l'oisiveté nous laisse surchargés du poids de notre cœur avec son immense amour-propre et ses éternelles inquiétudes.

Il est si vrai que le christianisme jette une éclatante lumière dans l'abîme de nos passions, que ce sont les orateurs de l'Église qui ont peint les désordres du cœur humain avec le plus de force et de vivacité. Quel tableau Bourdaloue ne fait-il point de l'ambition! Comme Massillon a pénétré dans les replis de nos âmes et exposé au jour nos penchants et nos vices! « C'est le caractère de cette passion, dit cet homme éloquent en parlant de l'amour, de remplir le cœur tout entier, etc. : on ne peut plus s'occuper que d'elle; on en est possédé, enivré; on la retrouve partout; tout en retrace les funestes images; tout en réveille les injustes désirs : le monde, la solitude, la présence, l'éloignement, les objets les plus indifférents, les occupations les plus sérieuses, le temple saint lui-même, les autels sacrés, les mystères terribles en rappellent le souvenir[2]. »

« C'est un désordre, s'écrie le même orateur dans *la Pécheresse*[3], d'aimer pour lui-même ce qui ne peut être ni notre bonheur, ni notre perfection, ni par conséquent notre repos; car aimer, c'est chercher la félicité dans ce qu'on aime; c'est vouloir trouver dans l'objet aimé tout ce qui manque à notre cœur; c'est l'appeler au secours de ce vide affreux que nous sentons en nous-mêmes et nous flatter qu'il sera capable de le remplir; c'est le regarder comme la ressource de tous nos besoins, le remède de tous nos maux, l'auteur de nos biens...[4]. Mais cet amour des créatures est suivi des plus cruelles incertitudes : on doute toujours si l'on est aimé comme l'on aime; on est ingénieux à se rendre malheureux et à former à soi-même des craintes, des soupçons, des jalousies; plus on est de bonne foi,

---

1. RICHARDSON.   2. MASSILLON, *l'Enfant prodigue*, première partie, t. II.
3. Première partie.   4. *Id., ibid.*, seconde partie.

plus on souffre; on est le martyr de ses propres défiances : vous le savez, et ce n'est pas à moi à venir vous parler ici le langage de vos passions insensées [1]. »

Cette maladie de l'âme se déclare avec fureur aussitôt que paroît l'objet qui doit en développer le germe. Didon s'occupe encore des travaux de sa cité naissante : la tempête s'élève et apporte un héros. La reine se trouble, un *feu secret* coule dans ses veines : les imprudences commencent; les plaisirs suivent; le désenchantement et le remords viennent après eux. Bientôt Didon est abandonnée; elle regarde avec horreur autour d'elle, et ne voit que des abîmes. Comment s'est-il évanoui, cet édifice de bonheur dont une imagination exaltée avoit été l'amoureux architecte? palais de nuages que dore quelques instants un soleil prêt à s'éteindre! Didon vole, cherche, appelle Énée :

> Dissimulare etiam sperasti? etc. [2].

Perfide! espérois-tu me cacher tes desseins et t'échapper clandestinement de cette terre? Ni notre amour, ni cette main que je t'ai donnée, ni Didon prête à étaler de cruelles funérailles, ne peuvent arrêter tes pas! etc.

Quel trouble, quelle passion, quelle vérité dans l'éloquence de cette femme trahie! Les sentiments se pressent tellement dans son cœur, qu'elle les produit en désordre, incohérents et séparés, tels qu'ils s'accumulent sur ses lèvres. Remarquez les autorités qu'elle emploie dans ses prières. Est-ce au nom des dieux, au nom d'un sceptre, qu'elle parle? Non : elle ne fait pas même valoir *Didon dédaignée*; mais, plus humble et plus aimante, elle n'implore le fils de Vénus que par des larmes, que par la propre main du perfide. Si elle y joint le souvenir de l'amour, ce n'est encore qu'en l'étendant sur Énée : *par notre hymen, par notre union commencée*, dit-elle :

> Per connubia nostra, per inceptos hymenæos [3].

Elle atteste aussi les lieux témoins de son bonheur, car c'est une coutume des malheureux d'associer à leurs sentiments les objets qui les environnent; abandonnés des hommes, ils cherchent à se créer des appuis en animant de leurs douleurs les êtres insensibles autour d'eux. Ce toit, ce foyer hospitalier, où naguère elle accueillit l'ingrat, sont donc les vrais dieux pour Didon. Ensuite, avec l'adresse d'une femme,

---

1. MASSILLON, *l'Enfant prodigue*, seconde partie, t. II.
2. *Æneid.*, lib. IV, v. 305.   3. *Æneid.*, lib. IV, v. 316.

et d'une femme amoureuse, elle rappelle tour à tour le souvenir de Pygmalion et celui de Iarbe, afin de réveiller ou la générosité ou la jalousie du héros troyen. Bientôt, pour dernier trait de passion et de misère, la superbe souveraine de Carthage va jusqu'à souhaiter qu'un *petit Énée, parvulus Æneas* [1], reste au moins auprès d'elle pour consoler sa douleur, même en portant témoignage à sa honte! Elle s'imagine que tant de larmes, tant d'imprécations, tant de prières, sont des raisons auxquelles Énée ne pourra résister : dans ces moments de folie, les passions, incapables de plaider leur cause avec succès, croient faire usage de tous leurs moyens lorsqu'elles ne font entendre que tous leurs accents.

CHAPITRE III.

LA PHÈDRE DE RACINE.

Nous pourrions nous contenter d'opposer à Didon la Phèdre de Racine, plus passionnée que la reine de Carthage : elle n'est en effet qu'une *épouse chrétienne*. La crainte des flammes vengeresses et de l'éternité formidable de notre enfer perce à travers le rôle de cette femme criminelle [2], et surtout dans la scène de la jalousie, qui, comme on le sait, est de l'invention du poëte moderne. L'inceste n'étoit pas une chose si rare et si monstrueuse chez les anciens pour exciter de pareilles frayeurs dans le cœur du coupable. Sophocle fait mourir Jocaste, il est vrai, au moment où elle apprend son crime, mais Euripide la fait vivre longtemps après. Si nous en croyons Tertullien, les malheurs d'Œdipe [3] n'excitoient chez les Macédoniens que les plaisanteries des spectateurs. Virgile ne place pas Phèdre aux enfers, mais seulement dans ces bocages de myrtes, dans ces *champs des pleurs, lugentes campi,* où vont errant ces amantes *qui même dans la mort n'ont pas perdu leurs soucis* :

..... Curæ non ipsa in morte relinquunt [4].

---

1. *Æneid.*, lib. IV, v. 328 et 329. Le vieux *Loïs des Masures, Tournisien* qui nous a laissé les quatre premiers livres de l'*Énéide* en *carmes françois,* a traduit ainsi ce morceau :

..... Si d'un petit Énée,
Avec ses yeux, m'estoit faveur donnée,
Qui seulement te ressemblas de vis,
Point ne serois du tout, à mon advis,
Prinse et de toi laissée entièrement.

2. Cette crainte du Tartare est foiblement indiquée dans Euripide.
3. Tertull., *Apolog.* 4. *Æneid.*, lib. VI, v. 444.

Aussi la Phèdre d'Euripide, comme celle de Sénèque, craint-elle plus Thésée que le Tartare. Ni l'une ni l'autre ne parle, comme la Phèdre de Racine :

> Moi jalouse ! et Thésée est celui que j'implore !
> Mon époux est vivant : et moi je brûle encore !
> Pour qui ? quel est le cœur où prétendent mes vœux ?
> Chaque mot sur mon front fait dresser mes cheveux.
> Mes crimes désormais ont comblé la mesure :
> Je respire à la fois l'inceste et l'imposture ;
> Mes homicides mains, promptes à me venger,
> Dans le sang innocent brûlent de se plonger.
> Misérable ! et je vis ! et je soutiens la vue
> De ce sacré soleil dont je suis descendue !
> J'ai pour aïeul le père et le maître des dieux ;
> Le ciel, tout l'univers est plein de mes aïeux :
> Où me cacher ? Fuyons dans la nuit infernale.
> Mais que dis-je ! mon père y tient l'urne fatale ;
> Le sort, dit-on, l'a mise en ses sévères mains :
> Minos juge aux Enfers tous les pâles humains.
> Ah ! combien frémira son ombre épouvantée
> Lorsqu'il verra sa fille, à ses yeux présentée,
> Contrainte d'avouer tant de forfaits divers
> Et des crimes peut-être inconnus aux Enfers !
> Que diras-tu, mon père, à ce spectacle horrible ?
> Je crois voir de ta main tomber l'urne terrible ;
> Je crois te voir cherchant un supplice nouveau,
> Toi-même de ton sang devenir le bourreau !
> Pardonne. Un dieu cruel a perdu ta famille :
> Reconnois sa vengeance aux fureurs de ta fille.
> Hélas ! du crime affreux dont la honte me suit
> Jamais mon triste cœur n'a recueilli le fruit.

Cet incomparable morceau offre une gradation de sentiments, une science de la tristesse, des angoisses et des transports de l'âme, que les anciens n'ont jamais connus. Chez eux on trouve, pour ainsi dire, des ébauches de sentiments, mais rarement un sentiment achevé : ici, c'est tout le cœur :

> C'est Vénus tout entière à sa proie attachée !

et le cri le plus énergique que la passion ait jamais fait entendre est peut-être celui-ci :

> Hélas ! du crime affreux dont la honte me suit
> Jamais mon triste cœur n'a recueilli le fruit.

Il y a là-dedans un mélange des sens et de l'âme, de désespoir et de fureur amoureuse, qui passe toute expression. Cette femme, qui se *consoleroit d'une éternité de souffrance si elle avoit joui d'un instant de bonheur,* cette femme n'est pas dans le *caractère antique* : c'est la *chrétienne réprouvée,* c'est la pécheresse tombée vivante dans les mains de Dieu ; son mot est le mot du damné.

CHAPITRE IV.

JULIE D'ÉTANGE; CLÉMENTINE.

Nous changeons de couleurs : l'amour passionné, terrible dans la Phèdre *chrétienne,* ne fait plus entendre chez la *dévote* Julie que de mélodieux soupirs : c'est une voix troublée qui sort du sanctuaire de paix, un cri d'amour que prolonge, en l'adoucissant, l'écho religieux des tabernacles.

Le pays des chimères est en ce monde le seul digne d'être habité ; et tel est le néant des choses humaines, que hors l'Être existant par lui-même, il n'y a rien de beau que ce qui n'est pas. . . . .
. . . .
Une langueur secrète s'insinue au fond de mon cœur ; je le sens vide et gonflé, comme vous disiez autrefois du vôtre ; l'attachement que j'ai pour ce qui m'est cher ne suffit pas pour l'occuper : il lui reste une force inutile dont il ne sait que faire. Cette peine est bizarre, j'en conviens, mais elle n'est pas moins réelle. Mon ami, je suis trop heureuse, le bonheur m'ennuie. . . .
. . . .
Ne trouvant donc rien ici-bas qui lui suffise, mon âme avide cherche ailleurs de quoi la remplir ; en s'élevant à la source du sentiment et de l'être, elle y perd sa sécheresse et sa langueur : elle y renaît, elle s'y ranime, elle y trouve un nouveau ressort, elle y puise une nouvelle vie ; elle y prend une autre existence, qui ne tient plus aux passions du corps, ou plutôt elle n'est plus en moi-même, elle est toute dans l'Être immense qu'elle contemple ; et, dégagée un moment de ses entraves, elle se console d'y rentrer, par cet essai d'un état plus sublime qu'elle espère être un jour le sien. . . . .
. . . .
En songeant à tous les bienfaits de la Providence, j'ai honte d'être sensible à de si foibles chagrins et d'oublier de si grandes grâces. . . . .
Quand la tristesse m'y suit malgré moi (*dans son oratoire*), quelques pleurs versés dans celui qui console soulagent mon cœur à l'instant. Mes réflexions ne sont jamais amères ni douloureuses, mon repentir même est exempt d'alarmes ; mes fautes me donnent moins d'effroi que de honte : j'ai des regrets et non des remords.

Le Dieu que je sers est un Dieu clément, un père ; ce qui me touche, c'est sa bonté : elle efface à mes yeux tous ses autres attributs ; elle est le seul que je conçois. Sa puissance m'étonne, son immensité me confond, sa justice... Il a fait l'homme foible ; puisqu'il est juste, il est clément. Le Dieu vengeur est le Dieu des méchants. Je ne puis ni le craindre pour moi ni l'implorer contre un autre. O Dieu de paix, Dieu de bonté ! c'est toi que j'adore : c'est de toi, je le sens, que je suis l'ouvrage, et j'espère te retrouver au jugement dernier tel que tu parles à mon cœur durant la vie.

Comme l'amour et la religion sont heureusement mêlés dans ce tableau ! Ce style, ces sentiments n'ont point de modèle dans l'antiquité[1]. Il faudroit être insensé pour repousser un culte qui fait sortir du cœur des accents si tendres, et qui a, pour ainsi dire, ajouté de nouvelles cordes à l'âme.

Voulez-vous un autre exemple de ce nouveau langage des passions, inconnu sous le polythéisme ? Écoutez parler Clémentine ; ses expressions sont peut-être encore plus naturelles, plus touchantes et plus sublimement naïves que celles de Julie :

Je consens, monsieur, du fond de mon cœur (c'est très-sérieusement, comme vous voyez), que vous n'ayez que de la haine, du mépris, de l'horreur pour la malheureuse Clémentine ; mais je vous conjure, pour l'intérêt de votre âme immortelle, de vous attacher à la véritable Église. Eh bien, monsieur, que me répondez-vous (en suivant de son charmant visage le mien, que je tenois encore tourné, car je ne me sentois pas la force de la regarder) ? Dites, monsieur, que vous y consentez ; je vous ai toujours cru le cœur honnête et sensible : dites qu'il se rend à la vérité. Ce n'est pas pour moi que je vous sollicite ; je vous ai déclaré que je prends le mépris pour mon partage : il ne sera pas dit que vous vous serez rendu aux instances d'une femme ; non, monsieur, votre seule conscience en aura l'honneur. Je ne vous cacherai point ce que je médite pour moi-même. Je demeurerai dans une paix profonde (elle se leva ici avec un air de dignité, que l'esprit de religion sembloit encore augmenter), et lorsque l'ange de la mort paroîtra, je lui tendrai la main : Approche, lui dirai-je, ô toi, ministre de paix ! je te suis au rivage où je brûle d'arriver, et j'y vais retenir une place pour l'homme à qui je ne la souhaite pas de longtemps, mais auprès duquel je veux être éternellement assise.

Ah ! le christianisme est surtout un baume pour nos blessures quand les passions, d'abord soulevées dans notre sein, commencent à

---

1. Il y a toutefois dans ce morceau un mélange vicieux d'expressions métaphysiques et de langage naturel. *Dieu*, le *Tout-Puissant*, le *Seigneur*, vaudroient beaucoup mieux que la *source de l'être*, etc.

s'apaiser, ou par l'infortune, ou par la durée. Il endort la douleur, il fortifie la résolution chancelante, il prévient les rechutes, en combattant, dans une âme à peine guérie, le dangereux pouvoir des souvenirs; il nous environne de paix et de lumière; il rétablit pour nous cette harmonie des choses célestes que Pythagore entendoit dans le silence de ses passions. Comme il promet toujours une récompense pour un sacrifice, on croit ne rien lui céder en lui cédant tout; comme il offre à chaque pas un objet plus beau à nos désirs, il satisfait à l'inconstance naturelle de nos cœurs : on est toujours avec lui dans le ravissement d'un amour qui commence, et cet amour a cela d'ineffable, que ses mystères sont ceux de l'innocence et de la pureté.

CHAPITRE V.

HÉLOÏSE ET ABEILARD.

Julie a été ramenée à la religion par des malheurs ordinaires : elle est restée dans le monde, et, contrainte de lui cacher sa passion, elle se réfugie en secret auprès de Dieu, sûre qu'elle est de trouver dans ce père indulgent une pitié que lui refuseroient les hommes. Elle se plaît à se confesser au tribunal suprême, parce que lui seul la peut absoudre, et peut-être aussi (reste involontaire de foiblesse!) parce que c'est toujours parler de son amour.

Si nous trouvons tant de charmes à révéler nos peines à quelque homme supérieur, à quelque conscience tranquille qui nous fortifie et nous fasse participer au calme dont elle jouit, quelles délices n'est-ce pas de parler de passions à l'Être impassible que nos confidences ne peuvent troubler, de foiblesse à l'Être tout-puissant qui peut nous donner un peu de sa force! On conçoit les transports de ces hommes saints qui, retirés sur le sommet des montagnes, mettoient toute leur vie aux pieds de Dieu, perçoient à force d'amour les voûtes de l'éternité, et parvenoient à contempler la lumière primitive. Julie, sans le savoir, approche de sa fin, et les ombres du tombeau, qui commencent à s'entr'ouvrir pour elle, laissent éclater à ses yeux un rayon de l'excellence divine. La voix de cette femme mourante est douce et triste; ce sont les derniers bruits du vent qui va quitter les forêts, les derniers murmures d'une mer qui déserte ses rivages.

La voix d'Héloïse a plus de force. Femme d'Abeilard, elle vit, et elle vit pour Dieu. Ses malheurs ont été aussi imprévus que terribles. Précipitée du monde au désert, elle est entrée soudaine, et avec tous ses feux, dans les glaces monastiques. Là religion et l'amour exercent à la fois leur empire sur son cœur : c'est la nature rebelle saisie toute vivante par la grâce, et qui se débat vainement dans les embrassements du ciel. Donnez Racine pour interprète à Héloïse, et le tableau de ses souffrances va mille fois effacer celui des malheurs de Didon par l'effet tragique, le lieu de la scène et je ne sais quoi de formidable que le christianisme imprime aux objets où il mêle sa grandeur.

> Hélas ! tels sont les lieux où, captive, enchaînée,
> Je traine dans les pleurs ma vie infortunée.
> Cependant, Abeilard, dans cet affreux séjour,
> Mon cœur s'enivre encor du poison de l'amour.
> Je n'y dois mes vertus qu'à ta funeste absence,
> Et j'ai maudit cent fois ma pénible innocence.
> . . . .
> O funeste ascendant ! ô joug impérieux !
> Quels sont donc mes devoirs, et qui suis-je en ces lieux ?
> Perfide ! de quel nom veux-tu que l'on te nomme ?
> Toi, l'épouse d'un Dieu, tu brûles pour un homme !
> Dieu cruel, prends pitié du trouble où tu me vois,
> A mes sens mutinés ose imposer tes lois.
> . . . .
> Le pourras-tu ? grand Dieu ! mon désespoir, mes larmes,
> Contre un cher ennemi te demandent des armes,
> Et cependant, livrée à de contraires vœux,
> Je crains plus tes bienfaits que l'excès de mes feux [1].

Il étoit impossible que l'antiquité fournît une pareille scène, parce qu'elle n'avoit pas une pareille religion. On aura beau prendre pour héroïne une vestale grecque ou romaine, jamais on n'établira ce combat entre la chair et l'esprit, qui fait le merveilleux de la position d'Héloïse et qui appartient au dogme et à la morale du christianisme. Souvenez-vous que vous voyez ici réunies la plus fougueuse des passions et une religion menaçante qui n'entre jamais en traité avec nos penchants. Héloïse aime, Héloïse brûle ; mais là s'élèvent des murs glacés, là tout s'éteint sous des marbres insensibles, là des flammes éternelles ou des récompenses sans fin attendent sa chute ou son triomphe. Il n'y a point d'accommodement à espérer : la créature et le Créateur ne peuvent habiter ensemble dans la même âme. Didon ne perd qu'un amant ingrat. Oh ! qu'Héloïse est travaillée d'un tout autre soin ! il faut qu'elle choisisse entre Dieu et un amant fidèle dont elle a causé les malheurs ! Et qu'elle ne croie pas pouvoir détourner

---

1. COLARD., *Ép. d'Hél.*

secrètement au profit d'Abeilard la moindre partie de son cœur : le Dieu de Sinaï est un Dieu jaloux, un Dieu qui veut être aimé de préférence ; il punit jusqu'à l'ombre d'une pensée, jusqu'au songe qui s'adresse à d'autres qu'à lui.

Nous nous permettrons de relever ici une erreur de Colardeau, parce qu'elle tient de l'esprit de son siècle et qu'elle peut jeter quelque lumière sur le sujet que nous traitons. Son épître d'Héloïse a une teinte philosophique qui n'est point dans l'original de Pope. Après le morceau que nous avons cité, on lit ces vers :

> Chères sœurs, de mes fers compagnes innocentes,
> Sous ces portiques saints colombes gémissantes,
> Vous qui ne connoissez que ces *foibles* vertus
> Que la religion donne... et que je n'ai plus ;
> Vous qui, dans les *langueurs d'un esprit monastique*,
> Ignorez de l'amour l'empire tyrannique ;
> Vous, enfin, qui, n'ayant que Dieu seul pour amant,
> Aimez par *habitude* et non par sentiment,
> Que vos cœurs sont heureux, puisqu'ils sont insensibles !
> Tous vos jours sont sereins, toutes vos nuits paisibles ;
> Le cri des passions n'en trouble point le cours.
> Ah ! qu'Héloïse envie et vos nuits et vos jours !

Ces vers, qui d'ailleurs ne manquent point d'abandon et de mollesse, ne sont point de l'auteur anglois. On en découvre à peine quelques traces dans ce passage, que nous traduisons mot à mot :

Heureuse la vierge sans tache qui oublie le monde et que le monde oublie ! L'éternelle joie de son âme est de sentir que toutes ses prières sont exaucées, tous ses vœux résignés. Le travail et le repos partagent également ses jours ; son sommeil facile cède sans effort aux pleurs et aux veilles. Ses désirs sont réglés, ses goûts toujours les mêmes ; elle s'enchante par ses larmes, et ses soupirs sont pour le ciel. La grâce répand autour d'elle ses rayons les plus sereins ; des anges lui *soufflent*[1] tout bas les plus beaux songes. Pour elle l'époux prépare l'anneau nuptial ; pour elle de blanches vestales entonnent des chants d'hyménée ; c'est pour elle que fleurit la rose d'Éden, qui ne se fane jamais, et que les séraphins répandent les parfums de leurs ailes. Elle meurt enfin au son des harpes célestes, et s'évanouit dans les visions d'un jour éternel.

Nous sommes encore à comprendre comment un *poëte* a pu se tromper au point de substituer à cette description un lieu commun

---

[1] *L'anglois,* PROMPT.

sur les *langueurs monastiques*. Qui ne sent combien elle est belle et dramatique, cette opposition que Pope a voulu faire entre les chagrins et l'amour d'Héloïse, et le calme et la chasteté de la vie religieuse ? Qui ne sent combien cette transition repose agréablement l'âme agitée par les passions, et quel nouveau prix elle donne ensuite aux mouvements renaissants de ces mêmes passions ? Si la philosophie est bonne à quelque chose, ce n'est sûrement pas au tableau des troubles du cœur, puisqu'elle est directement inventée pour les apaiser. Héloïse philosophant sur les *foibles* vertus de la religion ne parle ni comme la vérité, ni comme son siècle, ni comme la femme, ni comme l'amour : on ne voit que le poëte, et, ce qui est pire encore, l'âge des sophismes et de l déclamation.

C'est ainsi que l'esprit irréligieux détruit la vérité et gâte les mouvements de la nature. Pope, qui touchoit à de meilleurs temps, n'est pas tombé dans la faute de Colardeau. Il conservoit la bonne tradition du siècle de Louis XIV, dont le siècle de la reine Anne ne fut qu'une espèce de prolongement ou de reflet. Revenons aux idées religieuses, si nous attachons quelque prix aux œuvres du génie : la religion est la vraie philosophie des beaux-arts, parce qu'elle ne sépare point, comme la sagesse humaine, la poésie de la morale et la tendresse de la vertu.

Au reste, il y auroit d'autres observations intéressantes à faire sur Héloïse, par rapport à la maison solitaire où la scène se trouve placée. Ces cloîtres, ces voûtes, ces tombeaux, ces mœurs austères en contraste avec l'amour, en doivent augmenter la force et la tristesse. Autre chose est de consumer promptement sa vie sur un bûcher, comme la reine de Carthage ; autre chose de se brûler avec lenteur, comme Héloïse, sur l'autel de la religion. Mais comme dans la suite nous parlerons beaucoup des monastères, nous sommes forcé, pour éviter les répétitions, de nous arrêter ici.

CHAPITRE VI.

AMOUR CHAMPÊTRE. — LE CYCLOPE ET GALATÉE.

Nous prendrons pour objet de comparaison chez les anciens, dans les amours champêtres, l'idylle du Cyclope et de Galatée. Ce poëme est un des chefs-d'œuvre de Théocrite ; celui de la *Magicienne* lui est peut-être supérieur par l'ardeur de la passion, mais il est moins pastoral.

Le Cyclope, assis sur un rocher, aux bords des mers de Sicile, chante ainsi ses déplaisirs, en promenant ses yeux sur les flots :

Ὦ λευκά Γαλάτεια, etc. [1] . . . . . .

Charmante Galatée, pourquoi repousser les soins d'un amant, toi dont le visage est blanc comme le lait pressé dans mes corbeilles de jonc; toi qui es plus tendre que l'agneau, plus voluptueuse que la génisse, plus fraîche que la grappe non encore amollie par les feux du jour? Tu te glisses sur ces rivages lorsque le doux sommeil m'enchaîne; tu fuis lorsque le doux sommeil me fuit; tu me redoutes comme l'agneau craint le loup blanchi par les ans. Je n'ai cessé de t'adorer depuis le jour que tu vins avec ma mère ravir les jeunes hyacinthes à la montagne : c'étoit moi qui te traçois le chemin. Depuis ce moment, après ce moment, et encore aujourd'hui, vivre sans toi m'est impossible. Et cependant te soucies-tu de ma peine? au nom de Jupiter, te soucies-tu de ma peine?... Mais, tout hideux que je suis, j'ai pourtant mille brebis dont ma main presse les riches mamelles et dont je bois le lait écumant. L'été, l'automne et l'hiver trouvent toujours des fromages dans ma grotte; mes réseaux en sont toujours pleins. Nul Cyclope ne pourroit aussi bien que moi te chanter sur la flûte, ô vierge nouvelle! Nul ne sauroit avec autant d'art, la nuit, durant les orages, célébrer tous tes attraits.

Pour toi je nourris onze biches, qui sont prêtes à donner leurs faons. J'élève aussi quatre oursins, enlevés à leurs mères sauvages : viens, tu posséderas ces richesses. Laisse la mer se briser follement sur ses grèves; tes nuits seront plus heureuses si tu les passes à mes côtés dans mon antre. Des lauriers et des cyprès allongés y murmurent; le lierre noir et la vigne chargée de grappes en tapissent l'enfoncement obscur; tout auprès coule une onde fraîche, source que l'Etna blanchi verse de ses sommets de neiges et de ses flancs couverts de brunes forêts. Quoi! préférerois-tu encore les mers et leurs mille vagues? Si ma poitrine hérissée blesse ta vue, j'ai du bois de chêne et des restes de feux épandus sous la cendre; brûle même (tout me sera doux de ta main), brûle, si tu le veux, mon œil unique, cet œil qui m'est plus cher que la vie. Hélas! que ma mère ne m'a-t-elle donné, comme au poisson, des rames légères pour fendre les ondes! Oh! comme je descendrois vers ma Galatée! comme je baiserois sa main, si elle me refusoit ses lèvres! Oui, je te porterois ou des lis blancs, ou de tendres pavots à feuilles de pourpre; les premiers croissent en été, et les autres fleurissent en hiver : ainsi je ne pourrois te les offrir en même temps...

C'étoit de la sorte que Polyphème appliquoit sur la blessure de son cœur le dictame immortel des Muses, soulageant ainsi plus doucement sa vie que par tout ce qui s'achète au poids de l'or.

Cette idylle respire la passion. Le poëte ne pouvoit faire un choix de mots plus délicats ni plus harmonieux. Le dialecte dorique ajoute

---

1. Theocr., idyll. xi, v. 19 et seq.

encore à ces vers un ton de simplicité qu'on ne peut faire passer dans notre langue. Par le jeu d'une multitude d'*A* et d'une prononciation large et ouverte, on croiroit sentir le calme des tableaux de la nature et entendre le parler naïf d'un pasteur [1].

Observez ensuite le naturel des plaintes du Cyclope. Polyphème parle du cœur, et l'on ne se doute pas un moment que ses soupirs ne sont que l'imitation d'un poëte. Avec quelle naïveté passionnée le malheureux amant ne fait-il point la peinture de sa propre laideur? Il n'y a pas jusqu'à cet œil effroyable dont Théocrite n'ait su tirer un trait touchant : tant est vraie la remarque d'Aristote, si bien rendue par ce Despréaux, qui eut du génie à force d'avoir de la raison :

> D'un pinceau délicat l'artifice agréable
> Du plus affreux objet fait un objet aimable.

On sait que les modernes, et surtout les François, ont peu réussi dans le genre pastoral [2]. Cependant Bernardin de Saint-Pierre nous semble avoir surpassé les bucoliastes de l'Italie et de la Grèce. Son

---

1. On peut remarquer que la première voyelle de l'alphabet se trouve dans presque tous les mots qui peignent les scènes de la campagne, comme dans *charrue, vache, cheval, labourage, vallée, montagne, arbre, pâturage, laitage,* etc., et dans les épithètes qui accompagnent ordinairement ces mots, telles que *pesante, champêtre, laborieux, grasse, agreste, frais, délectable,* etc. Cette observation tombe avec la même justesse sur tous les idiomes connus. La lettre *A* ayant été découverte la première, comme étant la première émission naturelle de la voix, les hommes, alors pasteurs, l'ont employée dans les mots qui composoient le simple dictionnaire de leur vie. L'égalité de leurs mœurs et le peu de variété de leurs idées nécessairement teintes des images des champs, devoient aussi rappeler le retour des mêmes sons dans le langage. Le son de l'*A* convient au calme d'un cœur champêtre et à la paix des tableaux rustiques. L'accent d'une âme passionnée est aigu, sifflant, précipité, l'*A* est trop long pour elle : il faut une bouche pastorale, qui puisse prendre le temps de le prononcer avec lenteur. Mais toutefois il entre fort bien encore dans les plaintes, dans les larmes amoureuses et dans les naïfs *hélas* d'un chevrier. Enfin, la nature fait entendre cette lettre rurale dans ses bruits, et une oreille attentive peut la reconnoître diversement accentuée, dans les murmures de certains ombrages, comme dans celui du tremble et du lierre, dans la première voix ou dans la finale du bêlement des troupeaux, et la nuit dans les aboiements du chien rustique.

2. La révolution nous a enlevé un homme qui promettoit un rare talent dans l'églogue : c'étoit M. André Chénier[*]. Nous avons vu de lui un recueil d'idylles manuscrites, où l'on trouve des choses dignes de Théocrite. Cela explique le mot de cet infortuné jeune homme sur l'échafaud ; il disoit en se frappant le front : *Mourir ! j'avois quelque chose là !* C'étoit la muse qui lui révéloit son talent au moment de la mort.

---

[*] Voyez la note XV, à la fin du volume.

roman, ou plutôt son poëme de *Paul et Virginie,* est du petit nombre de ces livres qui deviennent assez antiques en peu d'années pour qu'on ose les citer sans craindre de compromettre son jugement.

CHAPITRE VII.

PAUL ET VIRGINIE[1].

Le vieillard, assis sur la montagne, fait l'histoire des deux familles exilées ; il raconte les travaux, les amours, les soucis de leur vie :

Paul et Virginie n'avoient ni horloges, ni almanachs, ni livres de chronologie, d'histoire et de philosophie. Les périodes de leur vie se régloient sur celles de la nature. Ils connoissoient les heures du jour par l'ombre des arbres ; les saisons par le temps où elles donnent leurs fleurs ou leurs fruits, et les années par le nombre de leurs récoltes. Ces douces images répandoient les plus grands charmes dans leurs conversations. « Il est temps de dîner, disoit Virginie à la famille : les ombres des bananiers sont à leurs pieds, » ou bien : « La nuit s'approche : les tamarins ferment leurs feuilles. — Quand viendrez-vous nous voir ? lui disoient quelques amies du voisinage. — Aux cannes de sucre, répondoit Virginie. — Votre visite nous sera encore plus douce et plus agréable, » reprenoient ces jeunes filles. Quand on l'interrogeoit sur son âge et sur celui de Paul : « Mon frère, disoit-elle, est de l'âge du grand cocotier de la fontaine, et moi de celui du plus petit. Les manguiers ont donné douze fois leurs fruits, et les orangers vingt-quatre fois leurs fleurs, depuis que je suis au monde. » Leur vie sembloit attachée à celle des arbres, comme celle des faunes et des dryades. Ils ne connoissoient d'autres époques historiques que celles de la vie de leurs mères, d'autre chronologie que celle de leurs vergers, et d'autre philosophie que de faire du bien à tout le monde et de se résigner à la volonté de Dieu. . . . .
. . . .
Quelquefois, seul avec elle (*Virginie*), il (*Paul*) lui disoit au retour de ses travaux : « Lorsque je suis fatigué, ta vue me délasse. Quand du haut de la montagne je t'aperçois au fond de ce vallon, tu me parois au milieu de nos vergers, comme un bouton de rose. . . . .
Quoique je te perde de vue à travers les arbres, je n'ai pas besoin de te voir pour te retrouver : quelque chose de toi que je ne puis dire reste pour moi dans l'air où tu passes, sur l'herbe où tu t'assieds. . . . .
Dis-moi par quel charme tu as pu m'enchanter. Est-ce par ton esprit ? Mais nos mères en ont plus que nous deux. Est-ce par tes caresses ? Mais elles

---

1. Il eût été peut-être plus exact de comparer *Daphnis et Chloé* à *Paul et Virginie ;* mais ce roman est trop libre pour être cité.

m'embrassent plus souvent que toi. Je crois que c'est par ta bonté. Tiens, ma bien-aimée, prends cette branche fleurie de citronnier, que j'ai cueillie dans la forêt. Tu la mettras la nuit près de ton lit. Mange ce rayon de miel, je l'ai pris pour toi au haut d'un rocher, mais auparavant repose-toi sur mon sein, et je serai délassé. »

Virginie lui répondoit : « O mon frère ! les rayons de soleil au matin, au haut de ces rochers, me donnent moins de joie que ta présence. . . . .

Tu me demandes pourquoi tu m'aimes? Mais tout ce qui a été élevé ensemble s'aime. Vois nos oiseaux : élevés dans les mêmes nids, ils s'aiment comme nous; ils sont toujours ensemble comme nous. Écoute comme ils s'appellent et se répondent d'un arbre à un autre. De même, quand l'écho me fait entendre les airs que tu joues sur ta flûte, j'en répète les paroles au fond de ce vallon.

Je prie Dieu tous les jours pour ma mère, pour la tienne, pour toi, pour nos pauvres serviteurs; mais quand je prononce ton nom, il me semble que ma dévotion augmente. Je demande si instamment à Dieu qu'il ne t'arrive pas de mal ! Pourquoi vas-tu si loin et si haut me chercher des fruits et des fleurs? N'en avons-nous pas assez dans le jardin ! Comme te voilà fatigué ! tu es tout en nage. » Et avec son petit mouchoir blanc elle lui essuyoit le front et les joues, et elle lui donnoit plusieurs baisers.

Ce qu'il nous importe d'examiner dans cette peinture, ce n'est pas pourquoi elle est supérieure au tableau de *Galatée* (supériorité trop évidente pour n'être pas reconnue de tout le monde), mais pourquoi elle doit son excellence à la religion, et en un mot comment elle est chrétienne.

Il est certain que le charme de *Paul et Virginie* consiste en une certaine morale mélancolique, qui brille dans l'ouvrage, et qu'on pourroit comparer à cet éclat uniforme que la lune répand sur une solitude parée de fleurs. Or, quiconque a médité l'Évangile doit convenir que ses préceptes divins ont précisément ce caractère triste et tendre. Bernardin de Saint-Pierre, qui dans ses *Études de la Nature* cherche à justifier les voies de Dieu et à prouver la beauté de la religion, a dû nourrir son génie de la lecture des livres saints. Son églogue n'est si touchante que parce qu'elle représente deux familles chrétiennes exilées, vivant sous les yeux du Seigneur, entre sa parole dans la Bible et ses ouvrages dans le désert. Joignez-y l'indigence et ces infortunes de l'âme dont la religion est le seul remède, et vous aurez tout le sujet du poëme. Les personnages sont aussi simples que l'intrigue : ce sont deux beaux enfants dont on aperçoit le berceau et la tombe, deux fidèles esclaves et deux pieuses maîtresses. Ces honnêtes gens ont un historien digne de leur vie : un vieillard demeuré

PAUL ET VIRGINIE.

Garnier frères Éditeurs.

(Génie du Christianisme
Page 210)

seul dans la montagne, et qui survit à ce qu'il aima, raconte à un voyageur les malheurs de ses amis, sur les débris de leurs cabanes.

Ajoutons que ces bucoliques australes sont pleines du souvenir des Écritures. Là c'est Ruth, là Séphora, ici Éden et nos premiers pères : ces sacrées réminiscences vieillissent pour ainsi dire les mœurs du tableau, en y mêlant les mœurs de l'antique Orient. La messe, les prières, les sacrements, les cérémonies de l'Église, que l'auteur rappelle à tous moments, augmentent aussi les beautés religieuses de l'ouvrage. Le songe de madame de La Tour n'est-il pas essentiellement lié à ce que nos dogmes ont de plus grand et de plus attendrissant? On reconnoît encore le chrétien dans ces préceptes de résignation à la volonté de Dieu, d'obéissance à ses parents, de charité envers les pauvres, en un mot dans cette douce théologie que respire le poëme de Bernardin de Saint-Pierre. Il y a plus; c'est en effet la religion qui détermine la catastrophe : Virginie meurt pour conserver une des premières vertus recommandées par l'Évangile. Il eût été absurde de faire mourir une Grecque pour ne vouloir pas dépouiller ses vêtements. Mais l'amante de Paul est une vierge *chrétienne*, et le dénoûment, ridicule sous une croyance moins pure, devient ici sublime.

Enfin, cette pastorale ne ressemble ni aux idylles de Théocrite, ni aux églogues de Virgile, ni tout à fait aux grandes scènes rustiques d'Hésiode, d'Homère et de la Bible; mais elle rappelle quelque chose d'ineffable, comme la parabole du *bon Pasteur,* et l'on sent qu'il n'y a qu'un chrétien qui ait pu soupirer les évangéliques amours de Paul et de Virginie.

On nous fera peut-être une objection : on dira que ce n'est pas le charme emprunté des livres saints qui donne à Bernardin de Saint-Pierre la supériorité sur Théocrite, mais son talent pour peindre la nature. Eh bien, nous répondrons qu'il doit encore ce talent, ou du moins le développement de ce talent, au christianisme; car cette religion, chassant de petites divinités des bois et des eaux, a seule rendu au poëte la liberté de représenter les déserts dans leur majesté primitive. C'est ce que nous essayerons de prouver quand nous traiterons de la mythologie; à présent nous allons continuer notre examen des passions.

CHAPITRE VIII.

LA RELIGION CHRÉTIENNE CONSIDÉRÉE ELLE-MÊME COMME PASSION.

Non contente d'augmenter le jeu des passions dans le drame et dans l'épopée, la religion chrétienne est elle-même une sorte de passion, qui a ses transports, ses ardeurs, ses soupirs, ses joies, ses larmes, ses amours du monde et du désert. Nous savons que le siècle appelle cela le *fanatisme*; nous pourrions lui répondre par ces paroles de Rousseau : « Le fanatisme, quoique *sanguinaire et cruel* [1], est pourtant une passion grande et forte, qui élève le cœur de l'homme et qui lui fait mépriser la mort, qui lui donne un ressort prodigieux, et qu'il ne faut que mieux diriger pour en tirer les plus sublimes vertus; au lieu que l'*irréligion*, et en général l'esprit *raisonneur et philosophique*, attache à la vie, efféminé, avilit les âmes, concentre toutes les passions dans la bassesse de l'intérêt particulier, dans l'abjection du moi humain, et sape ainsi à petit bruit les vrais fondements de toute société : car ce que les intérêts particuliers ont de commun est si peu de chose qu'il ne balancera jamais ce qu'ils ont d'opposé [2]. »

Mais ce n'est pas encore là la question : il ne s'agit à présent que d'effets dramatiques. Or, le christianisme considéré lui-même comme passion fournit des trésors immenses au poëte. Cette passion religieuse est d'autant plus énergique qu'elle est en contradiction avec toutes les autres, et que pour subsister il faut qu'elle les dévore. Comme toutes les grandes affections, elle a quelque chose de sérieux et de triste; elle nous traîne à l'ombre des cloîtres et sur les montagnes. La beauté que le chrétien adore n'est pas une beauté périssable; c'est cette éternelle beauté pour qui les disciples de Platon se hâtoient de quitter la terre. Elle ne se montre à ses amants ici-bas que voilée; elle s'enveloppe dans les replis de l'univers comme dans un manteau; car, si un seul de ses regards tomboit directement sur le cœur de l'homme, il ne pourroit le soutenir : il se fendroit de délices.

Pour arriver à la jouissance de cette beauté suprême, les chrétiens prennent une autre route que les philosophes d'Athènes : ils restent dans ce monde afin de multiplier les sacrifices et de se rendre plus dignes, par une longue purification, de l'objet de leurs désirs.

---

1. La *philosophie* l'est-elle moins ?   2. *Émile*, t. III, p. 193, liv. IV, note.

Quiconque, selon l'expression des Pères, n'eut avec son corps que le moins de commerce possible et descendit vierge au tombeau, celui-là, délivré de ses craintes et de ses doutes, s'envole au *lieu de vie*, où il contemple à jamais ce qui est vrai, toujours le même et au-dessus de l'opinion. Que de martyrs cette espérance de posséder Dieu n'a-t-elle point faits! Quelle solitude n'a point entendu les soupirs de ces rivaux qui se disputoient entre eux l'objet des adorations des séraphins et des anges! Ici c'est un Antoine qui élève un autel au désert, et qui pendant quarante ans s'immole inconnu des hommes; là c'est un saint Jérôme qui quitte Rome, traverse les mers, et va, comme Élie, chercher une retraite au bord du Jourdain. L'enfer ne l'y laisse pas tranquille, et la figure de Rome, avec tous ses charmes, lui apparoît pour le tourmenter. Il soutient des assauts terribles, il combat corps à corps avec ses passions. Ses armes sont les pleurs, les jeûnes, l'étude, la pénitence et surtout l'amour. Il se précipite aux pieds de la beauté divine, il lui demande de le secourir. Quelquefois, comme un forçat, il charge ses épaules d'un lourd fardeau, pour dompter une chair révoltée et éteindre dans les sueurs les infidèles désirs qui s'adressent à la créature.

Massillon, peignant cet amour, s'écrie : « Le Seigneur tout seul[1] lui paroît bon, véritable, fidèle, constant dans ses promesses, aimable dans ses ménagements, magnifique dans ses dons, réel dans sa tendresse, indulgent même dans sa colère, seul assez grand pour remplir toute l'immensité de notre cœur, seul assez puissant pour en satisfaire tous les désirs, seul assez généreux pour en adoucir toutes les peines, seul immortel, et qu'on aimera toujours; enfin le seul qu'on ne se repent jamais que d'avoir aimé trop tard. »

L'auteur de l'*Imitation de Jésus-Christ* a recueilli chez saint Augustin et dans les autres Pères ce que le langage de l'amour divin a de plus mystique et de plus brûlant[2].

« Certes, l'amour est une grande chose, l'amour est un bien admirable, puisque lui seul rend léger ce qui est pesant, et qu'il souffre avec une égale tranquillité les divers accidents de cette vie : il porte sans peine ce qui est pénible, et il rend doux et agréable ce qui est amer.

« L'amour de Dieu est généreux, il pousse les âmes à de grandes actions, et les excite à désirer ce qu'il y a de plus parfait.

« L'amour tend toujours en haut, et il ne souffre point d'être retenu par les choses basses.

---

1. Le jeudi de la Passion, *la Pécheresse*, première partie.
2. *Imitation de Jésus-Christ*, liv. III, chap. V.

« L'amour veut être libre et dégagé des affections de la terre, de peur que sa lumière intérieure ne se trouve offusquée et qu'il ne se trouve ou embarrassé dans les biens, ou abattu par les maux du monde.

« Il n'y a rien, ni dans le ciel ni sur la terre, qui soit ou plus doux, ou plus fort, ou plus élevé, ou plus étendu, ou plus agréable, ou plus plein, ou meilleur que l'amour, parce que l'amour est né de Dieu, et que s'élevant au-dessus de toutes les créatures, il ne peut se reposer qu'en Dieu.

« Celui qui aime est toujours dans la joie : il court, il vole, il est libre, et rien ne le retient ; il donne tout pour tous et possède tout en tous, parce qu'il se repose dans ce bien unique et souverain qui est au-dessus de tout et d'où découlent et procèdent tous les biens.

« Il ne s'arrête jamais aux dons qu'on lui fait, mais il s'élève de tout son cœur vers celui qui les lui donne.

« Il n'y a que celui qui aime qui puisse comprendre les cris de l'amour, et ces paroles de feu qu'une âme vivement touchée de Dieu lui adresse lorsqu'elle lui dit : Vous êtes mon Dieu, vous êtes mon amour, vous êtes tout à moi et je suis toute à vous.

« Étendez mon cœur afin qu'il vous aime davantage, et que j'apprenne, par un goût intérieur et spirituel, combien il est doux de vous aimer, de nager et de se perdre, pour ainsi dire, dans cet océan de votre amour.

« Celui qui aime généreusement, ajoute l'auteur de l'*Imitation*, demeure ferme dans les tentations et ne se laisse point surprendre aux persuasions artificieuses de son ennemi. »

Et c'est cette passion chrétienne, c'est cette querelle immense entre les amours de la terre et les amours du ciel, que Corneille a peint dans cette scène de *Polyeucte* [1] (car ce grand homme, moins délicat que les esprits du jour, n'a pas trouvé le christianisme au-dessous de son génie) :

POLYEUCTE.

. . . .
. . . .
Si mourir pour son prince est un illustre sort,
Quand on meurt pour son Dieu, quelle sera la mort !

PAULINE.

Quel Dieu ?

POLYEUCTE.

Tout beau, Pauline, il entend vos paroles ;

---

1. Acte IV, scène III.

Et ce n'est pas un Dieu comme vos dieux frivoles,
Insensibles et sourds, impuissants, mutilés,
De bois, de marbre ou d'or, comme vous le voulez ;
C'est le Dieu des chrétiens, c'est le mien, c'est le vôtre,
Et la terre et le ciel n'en connoissent point d'autre.

PAULINE.

Adorez-le dans l'âme et n'en témoignez rien.

POLYEUCTE.

Que je sois tout ensemble idolâtre et chrétien !

PAULINE.

Ne feignez qu'un moment, laissez partir Sévère,
Et donnez lieu d'agir aux bontés de mon père.

POLYEUCTE.

Les bontés de mon Dieu sont bien plus à chérir :
Il m'ôte des dangers que j'aurois pu courir,
Et, sans me laisser lieu de tourner en arrière,
Sa faveur me couronne, entrant dans la carrière ;
Du premier coup de vent il me conduit au port,
Et sortant du baptême il m'envoie à la mort.
Si vous pouviez comprendre et le peu qu'est la vie,
Et de quelles douceurs cette mort est suivie !
. . . .
Seigneur, de vos bontés il faut que je l'obtienne,
Elle a trop de vertu pour n'être pas chrétienne ;
Avec trop de mérite il vous plut la former
Pour ne vous pas connoître et ne vous pas aimer,
Pour vivre des enfers esclave infortunée,
Et sous leur triste joug mourir comme elle est née !

PAULINE.

Que dis-tu, malheureux ! qu'oses-tu souhaiter ?

POLYEUCTE.

Ce que de tout mon sang je voudrois acheter.

PAULINE.

Que plutôt !...

POLYEUCTE.

C'est en vain qu'on se met en défense :
Ce Dieu touche les cœurs lorsque moins on y pense.
Ce bienheureux moment n'est pas encore venu ;
Il viendra, mais le temps ne m'en est pas connu.

PAULINE.

Quittez cette chimère, et m'aimez.

POLYEUCTE.

Je vous aime
Beaucoup moins que mon Dieu, mais bien plus que moi-même.

PAULINE.

Au nom de cet amour, ne m'abandonnez pas.

POLYEUCTE.
Au nom de cet amour, daignez suivre mes pas.
PAULINE.
C'est peu de me quitter, tu veux donc me séduire ?
POLYEUCTE.
C'est peu d'aller au ciel, je veux vous y conduire.
PAULINE.
Imaginations !
POLYEUCTE.
Célestes vérités !
PAULINE.
Etrange aveuglement !
POLYEUCTE.
Eternelles clartés !
PAULINE.
Tu préfères la mort à l'amour de Pauline !
POLYEUCTE.
Vous préférez le monde à la bonté divine, etc., etc

Voilà ces admirables dialogues, à la manière de Corneille, où la franchise de la repartie, la rapidité du tour et la hauteur des sentiments ne manquent jamais de ravir le spectateur. Que Polyeucte est sublime dans cette scène ! Quelle grandeur d'âme, quel divin enthousiasme, quelle dignité ! La gravité et la noblesse du caractère chrétien sont marquées jusque dans ces *vous* opposés aux *tu* de la fille de Félix : cela seul met déjà tout un monde entre le martyr Polyeucte et la païenne Pauline.

Enfin, Corneille a déployé la puissance de la passion chrétienne dans ce *dialogue admirable et toujours applaudi*, comme parle Voltaire.

Félix propose à Polyeucte de sacrifier aux faux dieux ; Polyeucte le refuse :

FÉLIX.
Enfin ma bonté cède à ma juste fureur :
Adore-les, ou meurs !
POLYEUCTE.
Je suis chrétien.
FÉLIX.
Impie !
Adore-les, te dis-je, ou renonce à la vie !
POLYEUCTE.
Je suis chrétien.
FÉLIX.
Tu l'es ? O cœur trop obstiné !
Soldats, exécutez l'ordre que j'ai donné.

PAULINE.

Où le conduisez-vous ?

FÉLIX.

A la mort.

POLYEUCTE.

A la gloire [1] !

Ce mot, *je suis chrétien,* deux fois répété, égale les plus beaux mots des *Horaces.* Corneille, qui se connoissoit si bien en sublime, a senti que l'amour pour la religion pouvoit s'élever au dernier degré d'enthousiasme, puisque le chrétien aime Dieu comme sa souveraine beauté et le ciel comme sa patrie.

Qu'on essaye maintenant de donner à un idolâtre quelque chose de l'ardeur de Polyeucte. Sera-ce pour une déesse impudique qu'il se passionnera, ou pour un dieu abominable qu'il courra à la mort ? Les religions qui peuvent échauffer les âmes sont celles qui se rapprochent plus ou moins du dogme de l'unité d'un Dieu ; autrement, le cœur et l'esprit partagés entre une multitude de divinités ne peuvent aimer fortement ni les unes ni les autres. Il ne peut, en outre, y avoir d'amour durable que pour la vertu. La passion dominante de l'homme sera toujours la vérité ; quand il aime l'erreur, c'est que cette erreur, au moment qu'il y croit, est pour lui comme une chose vraie. Nous ne chérissons pas le mensonge, bien que nous y tombions sans cesse ; cette foiblesse ne nous vient que de notre dégradation originelle : nous avons perdu la puissance en conservant le désir, et notre cœur cherche encore la lumière que nos yeux n'ont plus la force de supporter.

La religion chrétienne, en nous rouvrant, par les mérites du Fils de l'homme, les routes éclatantes que la mort avoit couvertes de ses ombres, nous a rappelés à nos primitives amours. Héritier des bénédictions de Jacob, le chrétien brûle d'entrer dans cette Sion céleste vers qui monte ses soupirs. Et c'est cette passion que nos poëtes peuvent chanter, à l'exemple de Corneille ; source de beautés que les anciens temps n'ont point connue et que n'auroient pas négligée les Sophocle et les Euripide.

1. Acte V, scène III.

CHAPITRE IX.

DU VAGUE DES PASSIONS.

Il reste à parler d'un état de l'âme qui, ce nous semble, n'a pas encore été bien observé : c'est celui qui précède le développement des passions, lorsque nos facultés, jeunes, actives, entières, mais renfermées, ne se sont exercées que sur elles-mêmes, sans but et sans objet. Plus les peuples avancent en civilisation, plus cet état du *vague* des passions augmente ; car il arrive alors une chose fort triste : le grand nombre d'exemples qu'on a sous les yeux, la multitude de livres qui traitent de l'homme et de ses sentiments rendent habile sans expérience. On est détrompé sans avoir joui ; il reste encore des désirs, et l'on n'a plus d'illusions. L'imagination est riche, abondante et merveilleuse ; l'existence pauvre, sèche et désenchantée. On habite avec un cœur plein un monde vide, et sans avoir usé de rien on est désabusé de tout.

L'amertume que cet état de l'âme répand sur la vie est incroyable ; le cœur se retourne et se replie en cent manières, pour employer des forces qu'il sent lui être inutiles. Les anciens ont peu connu cette inquiétude secrète, cette aigreur des passions étouffées qui fermentent toutes ensemble : une grande existence politique, les jeux du gymnase et du Champ-de-Mars, les affaires du Forum et de la place publique, remplissoient leurs moments et ne laissoient aucune place aux ennuis du cœur.

D'une autre part, ils n'étoient pas enclins aux exagérations, aux espérances, aux craintes sans objets, à la mobilité des idées et des sentiments, à la perpétuelle inconstance, qui n'est qu'un dégoût constant ; dispositions que nous acquérons dans la société des femmes. Les femmes, indépendamment de la passion directe qu'elles font naître chez les peuples modernes, influent encore sur les autres sentiments. Elles ont dans leur existence un certain abandon qu'elles font passer dans le nôtre ; elles rendent notre caractère d'homme moins décidé, et nos passions, amollies par le mélange des leurs, prennent à la fois quelque chose d'incertain et de tendre.

Enfin, les Grecs et les Romains, n'étendant guère leurs regards au delà de la vie et ne soupçonnant point des plaisirs plus parfaits que ceux de ce monde, n'étoient point portés comme nous aux méditations et aux désirs par le caractère de leur culte. Formée pour nos misères et pour nos besoins, la religion chrétienne nous offre sans cesse le double tableau des chagrins de la terre et des joies célestes, et par ce moyen elle fait dans le cœur une source de maux présents et d'espérances lointaines, d'où découlent d'inépuisables rêveries. Le chrétien se regarde toujours comme un voyageur qui passe ici-bas dans une vallée de larmes et qui ne se repose qu'au tombeau. Le monde n'est point l'objet de ses vœux, car il sait que l'*homme vit peu de jours,* et que cet objet lui échapperoit vite.

Les persécutions qu'éprouvèrent les premiers fidèles augmentèrent en eux ce dégoût des choses de la vie. L'invasion des barbares y mit le comble, et l'esprit humain en reçut une impression de tristesse et peut-être même une teinte de misanthropie qui ne s'est jamais bien effacée. De toutes parts s'élevèrent des couvents, où se retirèrent des malheureux trompés par le monde et des âmes qui aimoient mieux ignorer certains sentiments de la vie que de s'exposer à les voir cruellement trahis. Mais de nos jours, quand les monastères ou la vertu qui y conduit ont manqué à ces âmes ardentes, elles se sont trouvées étrangères au milieu des hommes. Dégoûtées par leur siècle, effrayées par leur religion, elles sont restées dans le monde sans se livrer au monde : alors elles sont devenues la proie de mille chimères ; alors on a vu naître cette coupable mélancolie qui s'engendre au milieu des passions, lorsque ces passions, sans objet, se consument d'elles-mêmes dans un cœur solitaire [1].

---

1. Ici se trouvoit l'épisode de *René,* formant le quatrième livre de la seconde partie du *Génie du Christianisme.*

FIN DU LIVRE TROISIÈME.

LIVRE QUATRIÈME.

DU MERVEILLEUX, OU DE LA POÉSIE DANS SES RAPPORTS AVEC LES ÊTRES SURNATURELS.

CHAPITRE PREMIER.

QUE LA MYTHOLOGIE RAPETISSOIT LA NATURE ; QUE LES ANCIENS N'AVOIENT POINT DE POÉSIE PROPREMENT DITE DESCRIPTIVE.

Nous avons fait voir dans les livres précédents que le christianisme en se mêlant aux affections de l'âme a multiplié les ressorts dramatiques. Encore une fois, le polythéisme ne s'occupoit point des vices et des vertus; il étoit totalement séparé de la morale. Or, voilà un côté immense que la religion chrétienne embrasse de plus que l'idolâtrie. Voyons si dans ce qu'on appelle le *merveilleux* elle ne le dispute point en beauté à la mythologie même.

Nous ne nous dissimulons pas que nous avons à combattre ici un des plus anciens préjugés de l'école. Les autorités sont contre nous, et l'on peut nous citer vingt vers de l'*Art poétique* qui nous condamnent :

> Et quel objet enfin à présenter aux yeux, etc.
> C'est donc bien vainement que nos auteurs déçus, etc.

Quoi qu'il en soit, il n'est pas impossible de soutenir que la mythologie si vantée, loin d'embellir la nature, en détruit les véritables charmes, et nous croyons que plusieurs littérateurs distingués sont à présent de cet avis.

Le plus grand et le premier vice de la mythologie étoit d'abord de rapetisser la nature et d'en bannir la vérité. Une preuve incontestable de ce fait, c'est que la poésie que nous appelons *descriptive* a été inconnue de l'antiquité[1]; les poëtes mêmes qui ont chanté la nature, comme Hésiode, Théocrite et Virgile, n'en ont point fait de *description*

---

1. Voyez la note XVI, à la fin du volume.

dans le sens que nous attachons à ce mot. Ils nous ont sans doute laissé d'admirables peintures des travaux, des mœurs et du bonheur de la vie rustique; mais quant à ces tableaux des campagnes, des saisons, des accidents du ciel, qui ont enrichi la muse moderne, on en trouve à peine quelques traits dans leurs écrits.

Il est vrai que ce peu de traits est excellent, comme le reste de leurs ouvrages. Quand Homère a décrit la grotte du Cyclope, il ne l'a pas tapissée de *lilas* et de *roses;* il y a planté, comme Théocrite, des *lauriers* et de *longs pins.* Dans les jardins d'Alcinoüs, il fait couler des fontaines et fleurir des arbres utiles; il parle ailleurs de la colline *battue des vents et couverte de figuiers,* et il représente la fumée des palais de Circé s'élevant au-dessus d'une forêt de chênes.

Virgile a mis la même vérité dans ses peintures. Il donne au pin l'épithète d'*harmonieux,* parce qu'en effet le pin a une sorte de doux gémissement quand il est foiblement agité; les nuages, dans les *Géorgiques,* sont comparés à des flocons de laine roulés par les vents, et les hirondelles, dans l'*Énéide,* gazouillent sous le chaume du roi Évandre ou rasent les portiques des palais. Horace, Tibulle, Properce, Ovide, ont aussi crayonné quelques vues de la nature; mais ce n'est jamais qu'un ombrage favorisé de Morphée, un vallon où Cythérée doit descendre, une fontaine où Bacchus repose dans le sein des naïades.

L'âge philosophique de l'antiquité ne changea rien à cette manière. L'Olympe, auquel on ne croyoit plus, se réfugia chez les poëtes, qui protégèrent à leur tour les dieux qui les avoient protégés. Stace et Silius Italicus n'ont pas été plus loin qu'Homère et Virgile en poésie descriptive; Lucain seul avoit fait quelque progrès dans cette carrière, et l'on trouve dans la *Pharsale* la peinture d'une forêt et d'un désert qui rappelle les couleurs modernes[1].

Enfin les naturalistes furent aussi sobres que les poëtes, et suivirent à peu près la même progression. Ainsi Pline et Columelle, qui vinrent les derniers, se sont plus attachés à décrire la nature qu'Aristote. Parmi les historiens et les philosophes, Xénophon, Tacite, Plutarque, Platon et Pline le jeune[2], se font remarquer par quelques beaux tableaux.

On ne peut guère supposer que des hommes aussi sensibles que

---

1. Cette description est pleine d'enflure et de mauvais goût, mais il ne s'agit ici que du genre, et non de l'exécution du morceau.

2. Voyez, dans Xénophon, la *Retraite des Dix-mille* et le *Traité de la Chasse;* dans Tacite, la description du camp abandonné où Varus fut massacré avec ses légions (*Annal.,* liv. I); dans Plutarque, la *Vie de Brutus et de Pompée;* dans Platon, l'ouverture du *Dialogue des lois;* dans Pline, la description de son jardin.

les anciens eussent manqué d'yeux pour voir la nature et de talent pour la peindre si quelque cause puissante ne les avoit aveuglés. Or cette cause étoit la mythologie, qui, peuplant l'univers d'élégants fantômes, ôtoit à la création sa gravité, sa grandeur et sa solitude. Il a fallu que le christianisme vînt chasser ce peuple de faunes, de satyres et de nymphes, pour rendre aux grottes leur silence et aux bois leur rêverie. Les déserts ont pris sous notre culte un caractère plus triste, plus grave, plus sublime : le dôme des forêts s'est exhaussé; les fleuves ont brisé leurs petites urnes, pour ne plus verser que les eaux de l'abîme du sommet des montagnes : le vrai Dieu, en rentrant dans ses œuvres, a donné son immensité à la nature.

Le spectacle de l'univers ne pouvoit faire sentir aux Grecs et aux Romains les émotions qu'il porte à notre âme. Au lieu de ce soleil couchant, dont le rayon allongé tantôt illumine une forêt, tantôt forme une tangente d'or sur l'arc roulant des mers; au lieu de ces accidents de lumière qui nous retracent chaque matin le miracle de la création, les anciens ne voyoient partout qu'une uniforme machine d'opéra.

Si le poëte s'égaroit dans les vallées du Taygète, au bord du Sperchius, sur le Ménale aimé d'Orphée, ou dans les campagnes d'Élore, malgré la douceur de ces dénominations, il ne rencontroit que des faunes, il n'entendoit que des dryades; Priape étoit là sur un tronc d'olivier, et Vertumne avec les zéphyrs menoit des danses éternelles. Des sylvains et des naïades peuvent frapper agréablement l'imagination, pourvu qu'ils ne soient pas sans cesse reproduits; nous ne voulons point

> . . . . Chasser les tritons de l'empire des eaux,
> Oter à Pan sa flûte, aux Parques leurs ciseaux...

Mais, enfin, qu'est-ce que tout cela laisse au fond de l'âme? qu'en résulte-t-il pour le cœur? quel fruit peut en tirer la pensée? Oh! que le poëte chrétien est plus favorisé dans la solitude où Dieu se promène avec lui! Libres de ce troupeau de dieux ridicules qui les bornoient de toutes parts, les bois se sont remplis d'une Divinité immense. Le don de prophétie et de sagesse, le mystère et la religion, semblent résider éternellement dans leurs profondeurs sacrées.

Pénétrez dans ces forêts américaines aussi vieilles que le monde : quel profond silence dans ces retraites quand les vents reposent! quelles voix inconnues quand les vents viennent à s'élever! Êtes-vous immobile, tout est muet; faites-vous un pas, tout soupire. Là nuit s'approche, les ombres s'épaississent : on entend des troupeaux de bêtes sauvages passer dans les ténèbres; la terre murmure sous vos pas ; quelques coups de foudre font mugir les déserts ; la forêt s'agite, les arbres tombent, un fleuve inconnu coule devant vous. La lune sort enfin de l'Orient ; à mesure que vous passez au pied des arbres, elle semble errer devant vous dans leur cime et suivre tristement vos yeux. Le voyageur s'assied sur le tronc d'un chêne pour attendre le jour ; il regarde tour à tour l'astre des nuits, les ténèbres, le fleuve ; il se sent inquiet, agité, et, dans l'attente de quelque chose d'inconnu, un plaisir inouï, une crainte extraordinaire font palpiter son sein comme s'il alloit être admis à quelque secret de la Divinité : il est seul au fond des forêts, mais l'esprit de l'homme remplit aisément les espaces de la nature, et toutes les solitudes de la terre sont moins vastes qu'une seule pensée de son cœur.

Oui, quand l'homme renieroit la Divinité, l'être pensant, sans cortége et sans spectateur, seroit encore plus auguste au milieu des mondes solitaires que s'il y paroissoit environné des petites déités de la fable ; le désert vide auroit encore quelques convenances avec l'étendue de ses idées, la tristesse de ses passions et le dégoût même d'une vie sans illusion et sans espérance.

Il y a dans l'homme un instinct qui le met en rapport avec les scènes de la nature. Eh ! qui n'a passé des heures entières assis, sur le rivage d'un fleuve, à voir s'écouler les ondes ! Qui ne s'est plu, au bord de la mer, à regarder blanchir l'écueil éloigné ! Il faut plaindre les anciens, qui n'avoient trouvé dans l'Océan que le palais de Neptune et la grotte de Protée ; il étoit dur de ne voir que les aventures des tritons et des néréides dans cette immensité des mers, qui semble nous donner une mesure confuse de la grandeur de notre âme, dans cette immensité qui fait naître en nous un vague désir de quitter la vie pour embrasser la nature et nous confondre avec son auteur.

CHAPITRE II.

DE L'ALLÉGORIE.

Mais quoi ! dira-t-on, ne trouvez-vous rien de beau dans les allégories antiques ?

Il faut faire une distinction.

L'allégorie *morale*, comme celle des *Prières* dans Homère, est belle en tout temps, en tout pays, en toute religion : le christianisme ne l'a pas bannie. Nous pouvons, autant qu'il nous plaira, placer au pied du trône du souverain Arbitre les deux tonneaux du bien et du mal. Nous aurons même cet avantage, que notre Dieu n'agira pas injustement et au hasard, comme Jupiter : il répandra les flots de la douleur sur la tête des mortels, non par caprice, mais pour une fin à lui seul connue. Nous savons que notre bonheur ici-bas est coordonné à un bonheur général dans une chaîne d'êtres et de mondes qui se dérobent à notre vue ; que l'homme, en harmonie avec les globes, marche d'un pas égal avec eux à l'accomplissement d'une révolution que Dieu cache dans son éternité.

Mais si l'allégorie *morale* est toujours existante pour nous, il n'en est pas ainsi de l'allégorie *physique*. Que Junon soit l'*air*, que Jupiter soit l'*éther*, et qu'ainsi frère et sœur ils soient encore époux et épouse, où est le charme de cette personnification ? Il y a plus : cette sorte d'allégorie est contre les principes du goût, et même de la saine logique.

On ne doit jamais personnifier qu'une *qualité* ou qu'une *affection* d'un être, et non pas cet *être lui-même* : autrement ce n'est plus une véritable personnification, c'est seulement avoir fait changer de nom à l'objet. Je peux faire prendre la parole à une pierre, mais que gagnerai-je à appeler cette pierre d'un nom allégorique ? Or, l'âme, dont la nature est la vie, a essentiellement la faculté de produire ; de sorte qu'un de ses vices, une de ses vertus, peuvent être considérés ou comme son *fils*, ou comme sa *fille*, puisqu'elle les a véritablement engendrés. Cette passion, active comme sa mère, peut à son tour croître, se développer, prendre des traits, devenir un être distinct. Mais l'*objet physique*, être passif de son essence, qui n'est susceptible ni de plaisir ni de douleur, qui n'a que des *accidents* et point de *passions*, et des accidents aussi morts que lui-même, ne présente rien qu'on puisse animer. Sera-ce la *dureté* du caillou, ou la *sève* du chêne, dont vous ferez un être allégorique ? Remarquez même que l'esprit est moins choqué de la création des *dryades*, des *naïades*, des *zéphyrs*, des *échos*, que de celle des nymphes attachées à des objets muets et immobiles : c'est qu'il y a dans les arbres, dans l'eau et dans l'air un mouvement et un bruit qui rappellent l'idée de la vie, et qui peuvent par conséquent fournir une allégorie comme le *mouvement* de l'âme. Mais, au reste, cette sorte de *petite allégorie* matérielle, quoiqu'un peu moins mauvaise que la *grande allégorie physique*, est toujours d'un genre médiocre, froid et incomplet ; elle ressemble tout au plus aux fées des Arabes et aux génies des Orientaux.

Quant à ces dieux vagues que les anciens plaçoient dans les bois déserts et sur les sites agrestes, ils étoient d'un bel effet sans doute, mais ils ne tenoient plus au système mythologique : l'esprit humain retomboit ici dans la religion naturelle. Ce que le voyageur tremblant adoroit en passant dans ces solitudes étoit quelque chose d'*ignoré*, quelque chose dont il ne savoit point le nom, et qu'il appeloit la *divinité du lieu*; quelquefois il lui donnoit le nom de Pan, et Pan étoit le *Dieu universel*. Ces grandes émotions qu'inspire la nature sauvage n'ont point cessé d'exister, et les bois conservent encore pour nous leur formidable divinité.

Enfin, il est si vrai que l'*allégorie physique*, ou *les dieux de la fable*, détruisoient les charmes de la nature, que les anciens n'ont point eu de vrais peintres de paysage[1], par la même raison qu'ils n'avoient point de poésie descriptive. Or, chez les autres peuples idolâtres qui ont ignoré le système mythologique cette poésie a plus ou moins été connue; c'est ce que prouvent les poëmes sanskrits, les contes arabes, les Edda, les chansons des nègres et des sauvages[2]. Mais comme les nations infidèles ont toujours mêlé leur fausse religion (et par conséquent leur mauvais goût) à leurs ouvrages, ce n'est que sous le christianisme qu'on a su peindre la nature dans sa vérité.

CHAPITRE III.

PARTIE HISTORIQUE DE LA POÉSIE DESCRIPTIVE CHEZ LES MODERNES.

Les Apôtres avoient à peine commencé de prêcher l'Évangile au monde, qu'on vit naître la poésie descriptive. Tout rentra dans la vérité *devant celui qui tient la place de la vérité sur la terre*, comme parle saint Augustin. La nature cessa de se faire entendre par l'organe mensonger des idoles; on connut ses fins, on sut qu'elle avoit été faite premièrement pour Dieu, et ensuite pour l'homme. En effet, elle ne dit jamais que deux choses : Dieu glorifié par ses œuvres, et les besoins de l'homme satisfaits.

Cette découverte fit changer de face à la création; par sa partie intellectuelle, c'est-à-dire par cette pensée de Dieu que la nature montre de toutes parts, l'âme reçut abondance de nourriture; et par la partie matérielle du monde le corps s'aperçut que tout avoit été formé pour lui. Les vains simulacres attachés aux êtres insensibles s'évanouirent, et les rochers furent bien plus réellement animés, les

---

1. Les faits sur lesquels cette assertion est appuyée sont développés dans la note XXII, à la fin du volume.   2. Voyez la note XVII, à la fin du volume.

chênes rendirent des oracles bien plus certains, les vents et les ondes élevèrent des voix bien plus touchantes, quand l'homme eut puisé dans son propre cœur la vie, les oracles et les voix de la nature.

Jusqu'à ce moment la solitude avoit été regardée comme affreuse; mais les chrétiens lui trouvèrent mille charmes. Les anachorètes écrivirent de la douceur du rocher et des délices de la contemplation : c'est le premier pas de la poésie descriptive. Les religieux qui publièrent la vie des Pères du désert furent à leur tour obligés de faire le tableau des retraites où ces illustres inconnus avoient caché leur gloire. On voit encore dans les ouvrages de saint Jérôme et de saint Athanase[1] des descriptions de la nature qui prouvent qu'ils savoient observer et faire aimer ce qu'ils peignoient.

Ce nouveau genre, introduit par le christianisme dans la littérature, se développa rapidement. Il se répandit jusque dans le style historique, comme on le remarque dans la collection appelée *la Byzantine*, et surtout dans les histoires de Procope. Il se propagea de même, mais il se corrompit, parmi les romanciers grecs du Bas-Empire et chez quelques poëtes latins en Occident[2].

Constantinople ayant passé sous le joug des Turcs, on vit se former en Italie une nouvelle poésie descriptive, composée des débris du génie maure, grec et italien. Pétrarque, l'Arioste et le Tasse l'élevèrent à un haut degré de perfection; mais cette description manque de vérité : elle consiste en quelques épithètes répétées sans fin, et toujours appliquées de la même manière. Il fut impossible de sortir d'un *bois touffu*, d'un *antre frais* ou des bords d'une *claire fontaine*. Tout se remplit de bocages d'*orangers*, de berceaux de *jasmins* et de buissons de *roses*.

Flore revint avec sa corbeille, et les éternels *Zéphyrs* ne manquèrent pas de l'accompagner; mais ils ne retrouvèrent dans les bois ni les *naïades*, ni les *faunes*; et s'ils n'eussent rencontré les *fées* et les *géants* des Maures, ils couroient risque de se perdre dans cette immense solitude de la nature chrétienne. Quand l'esprit humain fait un pas, il faut que tout marche avec lui; tout change avec ses clartés ou ses ombres : ainsi il nous fait peine à présent d'admettre de petites divinités là où nous ne voyons plus que de grands espaces. On aura beau placer l'amante de Tithon sur un char et la couvrir de fleurs et de rosée, rien ne peut empêcher qu'elle ne paroisse disproportionnée en promenant sa foible lumière dans ces cieux infinis que le christianisme a déroulés : qu'elle laisse donc le soin d'éclairer le monde à celui qui l'a fait.

---

1. Hieron., *in Vit. Paul.*; S. Athan., *in Vit. Anton.*   2. Boèce, etc.

Cette poésie descriptive *italienne* passa en France, et fut favorablement accueillie de Ronsard, de Lemoine, de Coras, de Saint-Amand et de nos vieux romanciers. Mais les grands écrivains du siècle de Louis XIV, dégoûtés de ces peintures, où ils ne voyoient aucune vérité, les bannirent de leur prose et de leurs vers, et c'est un des caractères distinctifs de leurs ouvrages, qu'on n'y trouve presque aucune trace de ce que nous appelons *poésie descriptive* [1].

Ainsi repoussée en France, la muse des champs se réfugia en Angleterre, où Spencer, Waller et Milton l'avoient déjà fait connoître. Elle y perdit par degrés ses manières affectées, mais elle tomba dans un autre excès. En ne peignant plus que la vraie nature, elle voulut tout peindre, et surchargea ses tableaux d'objets trop petits ou de circonstances bizarres. Thomson même, dans son chant de l'*Hiver*, si supérieur aux trois autres, a des détails d'une mortelle longueur. Telle fut la seconde époque de la poésie descriptive.

D'Angleterre elle revint en France avec les ouvrages de Pope et du chantre des *Saisons*. Elle eut de la peine à s'y introduire, car elle fut combattue par l'ancien genre italique, que Dorat et quelques autres avoient fait revivre : elle triompha pourtant, et ce fut à Delille et à Saint-Lambert qu'elle dut la victoire. Elle se perfectionna sous la muse françoise, se soumit aux règles du goût, et atteignit sa troisième époque.

Disons toutefois qu'elle s'étoit maintenue pure, quoique ignorée, dans les ouvrages de quelques naturalistes du temps de Louis XIV, tels que Tournefort et le père Dutertre. Celui-ci à une imagination vive joint un génie tendre et rêveur; il se sert même, ainsi que La Fontaine, du mot de *mélancolie* dans le sens où nous l'employons aujourd'hui. Ainsi le siècle de Louis XIV n'a pas été totalement privé du véritable genre descriptif, comme on seroit d'abord tenté de le croire; il étoit seulement relégué dans les lettres de nos missionnaires [2]. Et c'est là que nous avons puisé cette espèce de style que nous croyons si nouveau aujourd'hui.

Au reste, les tableaux répandus dans la Bible peuvent servir à prouver doublement que la poésie descriptive est née parmi nous du christianisme. Job, les prophètes, l'Ecclésiastique, et surtout les Psaumes, sont remplis de descriptions magnifiques. Le Psaume *Benedic, anima mea*, est un chef-d'œuvre dans ce genre.

---

1. Il faut en excepter Fénelon, La Fontaine et Chaulieu. Racine fils, père de cette nouvelle école poétique, dans laquelle M. Delille a excellé, peut être aussi regardé comme le fondateur de la poésie descriptive en France.
2. On en verra de beaux exemples lorsque nous parlerons des Missions.

Mon âme, bénis le Seigneur; Seigneur, mon Dieu, que vous êtes grand dans vos œuvres!. . . . .

Vous répandez les ténèbres, et la nuit est sur la terre : c'est alors que les bêtes des forêts marchent dans l'ombre, que les rugissements des lionceaux appellent la proie et demandent à Dieu la nourriture promise aux animaux.

Mais le soleil s'est levé, et déjà les bêtes sauvages se sont retirées.

L'homme alors sort pour le travail du jour, et accomplit son œuvre jusqu'au soir. . . . .

Comme elle est vaste, cette mer qui étend au loin ses bras spacieux! Des animaux sans nombre se meuvent dans son sein, les plus petits avec les plus grands, et les vaisseaux passent sur ses ondes [1].

Horace et Pindare sont restés bien loin de cette poésie.

Nous avons donc eu raison de dire que c'est au christianisme que Bernardin de Saint-Pierre doit son talent pour peindre les scènes de la solitude : il le lui doit parce que nos dogmes, en détruisant les divinités mythologiques, ont rendu la vérité et la majesté au désert; il le lui doit parce qu'il a trouvé dans le système de Moïse le véritable système de la nature.

Mais ici se présente un autre avantage du poëte chrétien : si sa religion lui donne une nature *solitaire*, il peut avoir encore une nature *habitée*. Il est le maître de placer des anges à la garde des forêts, aux cataractes de l'abîme, ou de leur confier les soleils et les mondes. Ceci nous ramène aux *êtres surnaturels* ou au *merveilleux* du christianisme.

CHAPITRE IV.

SI LES DIVINITÉS DU PAGANISME ONT POÉTIQUEMENT LA SUPÉRIORITÉ SUR LES DIVINITÉS CHRÉTIENNES.

Toute chose a deux faces. Des personnes impartiales pourront nous dire : « On vous accorde que le christianisme a fourni, quant aux hommes, une partie dramatique qui manquoit à la mythologie; que de plus il a produit la véritable poésie descriptive. Voilà deux avantages que nous reconnoissons, et qui peuvent à quelques égards justifier vos principes et balancer les beautés de la fable. Mais à présent, si vous êtes de bonne foi, vous devez convenir que les divinités du paga-

---

1. *Psautier françois*, p. 140, in-8º; traduction de La Harpe.

nisme, lorsqu'elles agissent *directement* et *pour elles-mêmes*, sont plus poétiques et plus dramatiques que les divinités chrétiennes. »

On pourroit en juger ainsi à la première vue. Les dieux des anciens partageant nos vices et nos vertus, ayant comme nous des corps sujets à la douleur, des passions irritables comme les nôtres, se mêlant à la race humaine et laissant ici-bas une mortelle postérité, ces dieux ne sont qu'une espèce d'hommes supérieurs, qu'on est libre de faire agir comme les autres hommes. On seroit donc porté à croire qu'ils fournissent plus de ressources à la poésie que les divinités incorporelles et impassibles du christianisme ; mais en y regardant de plus près on trouve que cette supériorité dramatique se réduit à peu de chose.

Premièrement, il y a toujours eu dans toute religion, pour le poëte et le philosophe, deux espèces de déités. Ainsi l'Être abstrait dont Tertullien et saint Augustin ont fait de si belles peintures n'est pas le *Jéhovah* de David ou d'Isaïe ; l'un et l'autre sont fort supérieurs au *Theos* de Platon et au *Jupiter* d'Homère. Il n'est donc pas rigoureusement vrai que les divinités poétiques des chrétiens soient privées de toute passion. Le Dieu de l'Écriture se repent, il est jaloux, il aime, il hait ; sa colère monte comme un tourbillon ; le Fils de l'Homme a pitié de nos souffrances ; la Vierge, les saints et les anges sont émus par le spectacle de nos misères ; en général le *Paradis* est beaucoup plus occupé des hommes que l'*Olympe*.

Il y a donc des *passions* chez nos puissances célestes, et ces passions ont cet avantage sur les passions des dieux du paganisme, qu'elles n'entraînent jamais après elles une idée de désordre et de mal. C'est une chose miraculeuse, sans doute, qu'en peignant la *colère* ou la *tristesse* du ciel chrétien, on ne puisse détruire dans l'imagination du lecteur le sentiment de la tranquillité et de la joie : tant il y a de sainteté et de justice dans le Dieu présenté par notre religion !

Ce n'est pas tout ; car si l'on vouloit absolument que le Dieu des chrétiens fût un être impassible, on pourroit encore avoir des divinités passionnées aussi dramatiques et aussi méchantes que celles des anciens : l'enfer rassemble toutes les passions des hommes. Notre système théologique nous paroît plus beau, plus régulier, plus savant que la doctrine fabuleuse qui confondoit hommes, dieux et démons. Le poëte trouve dans notre ciel des êtres parfaits, mais sensibles, et disposés dans une brillante hiérarchie d'amour et de pouvoir ; l'abîme garde ses dieux passionnés et puissants dans le mal comme les dieux mythologiques ; les hommes occupent le milieu, touchant au ciel par leurs vertus, aux enfers par leurs vices ; aimés des anges, haïs des démons ; objet infortuné d'une guerre qui ne doit finir qu'avec le monde.

Ces ressorts sont grands, et le poëte n'a pas lieu de se plaindre. Quant aux actions des intelligences chrétiennes, il ne nous sera pas difficile de prouver bientôt qu'elles sont plus vastes et plus fortes que celles des dieux mythologiques. Le Dieu qui régit les mondes, qui crée l'univers et la lumière, qui embrasse et comprend tous les temps, qui lit dans les plus secrets replis du cœur humain, ce Dieu peut-il être comparé à un dieu qui se promène sur un char, qui habite un palais d'or sur une montagne, et qui ne prévoit pas même clairement l'avenir? Il n'y a pas jusqu'au foible avantage de la différence des sexes et de la forme visible que nos divinités ne partagent avec celles de la Grèce, puisque nous avons des saintes et des vierges, et que les anges de l'Écriture empruntent souvent la figure humaine.

Mais comment préférer une sainte, dont l'histoire blesse quelquefois l'élégance et le goût, à une naïade attachée aux sources d'un ruisseau? Il faut séparer la vie terrestre de la vie céleste de cette sainte : sur la terre, elle ne fut qu'une femme ; sa divinité ne commence qu'avec son bonheur dans les régions de la lumière éternelle. D'ailleurs il faut toujours se souvenir que la naïade détruisoit la *poésie descriptive*; qu'un ruisseau représenté dans son cours naturel est plus agréable que dans sa peinture allégorique, et que nous gagnons d'un côté ce que nous semblons perdre de l'autre.

Quant aux combats, ce qu'on a dit contre les anges de Milton peut se rétorquer contre les dieux d'Homère : de l'une et de l'autre part ce sont des divinités pour lesquelles on ne peut craindre, puisqu'elles ne peuvent mourir. Mars renversé, et couvrant de son corps neuf arpents, Diane donnant des soufflets à Vénus sont aussi ridicules qu'un ange coupé en deux et qui se renoue comme un serpent. Les puissances surnaturelles peuvent encore présider aux combats de l'épopée ; mais il nous semble qu'elles ne doivent plus en venir aux mains, hors dans certains cas, qu'il n'appartient qu'au goût de déterminer : c'est ce que la raison supérieure de Virgile avoit déjà senti il y a plus de dix-huit cents ans.

Au reste, il n'est pas tout à fait vrai que les divinités chrétiennes soient ridicules dans les batailles. Satan s'apprêtant à combattre Michel dans le paradis terrestre est superbe ; le Dieu des armées marchant dans une nuée obscure à la tête des légions fidèles n'est pas une petite image ; le glaive exterminateur se dévoilant tout à coup aux yeux de l'impie frappe d'étonnement et de terreur ; les saintes milices du ciel sapant les fondements de Jérusalem font presque un aussi grand effet que les dieux ennemis de Troie assiégeant le palais de Priam ; enfin, il n'est rien de plus sublime dans Homère que le combat d'Emmanuel contre les mauvais anges dans Milton, quand, les précipitant au fond de l'abîme, le Fils de l'Homme retient *à moitié sa foudre, de peur de les anéantir.*

CHAPITRE V.

CARACTÈRE DU VRAI DIEU.

C'est une chose merveilleuse que le Dieu de Jacob soit aussi le Dieu de l'Évangile ; que le Dieu qui lance la foudre soit encore le Dieu de paix et d'innocence.

> Il donne aux fleurs leur aimable peinture :
> Il fait naître et mûrir les fruits,
> Et leur dispense avec mesure
> Et la chaleur des jours et la fraîcheur des nuits.

Nous croyons n'avoir pas besoin de preuves pour montrer combien le Dieu des chrétiens est *poétiquement* supérieur au Jupiter antique. A la voix du premier les fleuves rebroussent leur cours, le ciel se roule comme un livre, les mers s'entr'ouvrent, les murs des cités se renversent, les morts ressuscitent, les plaies descendent sur les nations. En lui le sublime existe de soi-même, et il épargne le soin de le chercher. Le Jupiter d'Homère, ébranlant le ciel d'un signe de ses sourcils, est sans doute fort majestueux ; mais Jéhovah descend dans le chaos, et lorsqu'il prononce le *fiat lux*, le fabuleux fils de Saturne s'abîme et rentre dans le néant.

Si Jupiter veut donner aux autres dieux une idée de sa puissance, il les menace de les enlever au bout d'une chaîne : il ne faut à Jéhovah ni chaîne ni essai de cette nature.

> Et quel besoin son bras a-t-il de nos secours ?
> Que peuvent contre lui tous les rois de la terre ?
> En vain ils s'uniroient pour lui faire la guerre :
> Pour dissiper leur ligue, il n'a qu'à se montrer ;
> Il parle, et dans la poudre il les fait tous rentrer.
> Au seul son de sa voix la mer fuit, le ciel tremble ;
> Il voit comme un néant tout l'univers ensemble,
> Et les foibles mortels, vains jouets du trépas,
> Sont tous devant ses yeux comme s'ils nétoient pas [1].

---

1. RACINE, *Esther.*

Achille va paroître pour venger Patrocle. Jupiter déclare aux Immortels qu'ils peuvent se mêler au combat et prendre parti dans la mêlée. Aussitôt l'Olympe s'ébranle :

Δεινὸν, etc. ¹.

« Le père des dieux et des hommes fait gronder sa foudre. Neptune, soulevant les ondes, ébranle la terre immense; l'Ida secoue ses fondements et ses cimes; ses fontaines débordent : les vaisseaux des Grecs, la ville des Troyens, chancellent sur le sol flottant. »

Pluton sort de son trône; il pâlit, il s'écrie, etc.

Ce morceau a été cité par les critiques comme le dernier effort du sublime. Les vers grecs sont admirables; ils deviennent tour à tour le foudre de Jupiter, le trident de Neptune et le cri de Pluton. Il semble qu'on entende les gorges de l'Ida répéter le son des tonnerres :

Δεινὸν δ' ἐβρόντησε πατὴρ ἀνδρῶν τε θεῶν τε.

Ces *R* et ces consonnances en *ôn*, dont le vers est rempli, imitent le roulement de la foudre, interrompu par des espèces de silence, ῶν, τε, θε, ῶν, τε : c'est ainsi que la voix du ciel, dans une tempête, meurt et renaît tour à tour dans la profondeur des bois. Un silence subit et pénible, des images vagues et fantastiques, succèdent au tumulte des premiers mouvements : on sent, après le cri de Pluton, qu'on est entré dans la région de la mort; les expressions d'Homère se décolorent; elles deviennent froides, muettes et sourdes, et une multitude d'*S* sifflantes imitent le murmure de la voix inarticulée des ombres.

Où prendrons-nous le parallèle, et la poésie chrétienne a-t-elle assez de moyens pour s'élever à ces beautés? Qu'on en juge. C'est l'Éternel qui se peint lui-même :

« Sa colère a monté comme un tourbillon de fumée; son visage a paru comme la flamme, et son courroux comme un feu ardent. Il a abaissé les cieux, il est descendu, et les nuages étoient sous ses pieds. Il a pris son vol sur les ailes des Chérubins; il s'est élancé sur les vents. Les nuées amoncelées formoient autour de lui un pavillon de ténèbres : l'éclat de son visage les a dissipées, et une pluie de feu est tombée de leur sein. Le Seigneur a tonné du haut des cieux. Le Très-Haut a fait entendre sa voix; sa voix a éclaté comme un orage brûlant. Il a lancé ses flèches et dissipé mes ennemis; il a redoublé ses foudres, qui les ont renversés. Alors les eaux ont été

---

1. HOMÈRE, *Iliad.*, lib. xx, v. 56.

dévoilées dans leurs sources; les fondements de la terre ont paru à découvert, parce que vous les avez menacés, Seigneur, et qu'ils ont senti le souffle de votre colère. »

« Avouons-le, dit La Harpe, dont nous empruntons la traduction, il y a aussi loin de ce sublime à tout autre sublime, que de l'esprit de Dieu à l'esprit de l'homme. On voit ici la conception du grand dans son principe : le reste n'en est qu'une ombre, comme l'intelligence créée n'est qu'une foible émanation de l'intelligence créatrice ; comme la fiction, quand elle est belle, n'est encore que l'ombre de la vérité, et tire tout son mérite d'un fond de ressemblance. »

CHAPITRE VI.

DES ESPRITS DE TÉNÈBRES.

Les dieux du polythéisme, à peu près égaux en puissance, partageoient les mêmes haines et les mêmes amours. S'ils se trouvoient quelquefois opposés les uns aux autres, c'étoit seulement dans les querelles des mortels : ils se réconcilioient bientôt en buvant le nectar ensemble.

Le christianisme, au contraire, en nous instruisant de la vraie constitution des êtres surnaturels, nous a montré l'empire de la vertu éternellement séparé de celui du vice. Il nous a révélé des esprits de ténèbres machinant sans cesse la perte du genre humain, et des esprits de lumière uniquement occupés des moyens de le sauver. De là un combat éternel, dont l'imagination peut tirer une foule de beautés.

Ce *merveilleux*, d'un fort grand caractère, en fournit ensuite un second, d'une moindre espèce, à savoir : *la magie*. Celle-ci a été connue des anciens[1], mais sous notre culte elle a acquis comme machine poétique plus d'importance et d'étendue. Toutefois, on doit en user sobrement, parce qu'elle n'est pas d'un goût assez pur ; elle manque surtout de grandeur, car en empruntant quelque chose de son pouvoir aux hommes, ceux-ci lui communiquent leur petitesse.

Un autre trait distinctif de nos êtres surnaturels, surtout chez les

---

1. La magie des anciens différoit en ceci de la nôtre, qu'elle s'opéroit par les seules vertus des plantes et des philtres, tandis que parmi nous elle découle d'une puissance surnaturelle, quelquefois bonne, mais presque toujours méchante. On sent qu'il n'est pas question ici de la partie historique et philosophique de la magie considérée comme l'*art des mages*.

puissances infernales, c'est l'attribution d'un caractère. Nous verrons incessamment quel usage Milton a fait du caractère d'orgueil donné par le christianisme au prince des ténèbres. Le poëte, pouvant en outre attacher un ange du mal à chaque vice, dispose ainsi d'un essaim de divinités infernales. Il a même alors la véritable allégorie, sans avoir la sécheresse qui l'accompagne, ces esprits pervers étant en effet des êtres *réels* et tels que la religion nous permet de les croire.

Mais si les démons se multiplient autant que les crimes des hommes, ils peuvent aussi présider aux accidents terribles de la nature; tout ce qu'il y a de coupable et d'irrégulier dans le monde moral et dans le monde physique est également de leur ressort. Il faudra seulement prendre garde, en les mêlant aux tremblements de terre, aux volcans ou aux ombres d'une forêt, de donner à ces scènes un caractère majestueux. Il faut qu'avec un goût exquis le poëte sache faire distinguer le tonnerre du Très-Haut du vain bruit que fait éclater un esprit perfide; que le foudre ne s'allume que dans la main de Dieu, qu'il ne brille jamais dans une tempête excitée par l'enfer; que celle-ci soit toujours sombre et sinistre; que les nuages n'en soient point rougis par la *colère* et poussés par le vent de la *justice*, mais que leurs teintes soient blafardes et livides, comme celles du *désespoir*, et qu'ils ne se meuvent qu'au souffle impur de la *haine*. On doit sentir dans ces orages une puissance forte seulement pour détruire; on y doit trouver cette incohérence, ce désordre, cette sorte d'énergie du mal, qui a quelque chose de disproportionné et de gigantesque, comme le chaos dont elle tire son origine.

CHAPITRE VII.

DES SAINTS.

Il est certain que les poëtes n'ont pas su tirer du *merveilleux* chrétien tout ce qu'il peut fournir aux muses. On se moque des saints et des anges; mais les anciens eux-mêmes n'avoient-ils pas leurs demi-dieux? Pythagore, Platon, Socrate recommandent le culte de ces hommes qu'ils appellent des *héros*. *Honore les héros pleins de bonté et de lumière*, dit le premier dans ses *Vers dorés*. Et pour qu'on ne se méprenne pas à ce nom de *héros*, Hiéroclès l'interprète exactement comme le christianisme explique le nom de *saint*. « Ces héros pleins « de bonté et de lumière pensent toujours à leur Créateur, et sont « tout éclatants de la lumière qui rejaillit de la félicité dont ils jouissent « en lui. » — Et plus loin, « *héros* vient d'un mot grec qui signifie

« *amour*, pour marquer que, pleins d'amour pour Dieu, les héros ne
« cherchent qu'à nous aider à passer de cette vie terrestre à une vie
« divine et à devenir citoyens du ciel [1]. » Les Pères de l'Église
appellent à leur tour les saints des *héros* : c'est ainsi qu'ils disent que
le baptême est le sacerdoce des laïques, et qu'il fait de tous les chrétiens *des rois et des prêtres de Dieu* [2].

Et sans doute ce sont des héros, ces martyrs, qui, domptant les
passions de leur cœur et bravant la méchanceté des hommes, ont
mérité par ces travaux de monter au rang des puissances célestes.
Sous le polythéisme, des sophistes ont paru quelquefois plus moraux
que la religion de leur patrie : mais parmi nous jamais un philosophe,
si sage qu'il ait été, n'a pu s'élever au-dessus de la morale chrétienne.
Tandis que Socrate honoroit la mémoire des justes, le paganisme
offroit à la vénération des peuples des brigands dont la force corporelle étoit la seule vertu et qui s'étoient souillés de tous les crimes.
Si quelquefois on accordoit l'apothéose aux bons rois, Tibère et Néron
avoient aussi leurs prêtres et leurs temples. Sacrés mortels, que
l'Église de Jésus-Christ nous commande d'honorer, vous n'étiez ni des
forts ni des puissants entre les hommes ! Nés souvent dans la cabane
du pauvre, vous n'avez étalé aux yeux du monde que d'humbles jours
et d'obscurs malheurs ! N'entendra-t-on jamais que des blasphèmes
contre une religion qui, déifiant l'indigence, l'infortune, la simplicité
et la vertu, a fait tomber à leurs pieds la richesse, le bonheur, la grandeur et le vice ?

Et qu'ont donc de si odieux à la poésie ces solitaires de la Thébaïde,
avec leur bâton blanc et leur habit de feuilles de palmier ? Les oiseaux
du ciel les nourrissent [3], les lions portent leurs messages [4] ou creusent
leurs tombeaux [5] ; en commerce familier avec les anges, ils remplissent
de miracles les déserts où fut Memphis [6]. Horeb et Sinaï, le Carmel et
le Liban, le torrent de Cédron et la vallée de Josaphat, redisent encore
la gloire de l'habitant de la cellule et de l'anachorète du rocher. Les
Muses aiment à rêver dans ces monastères remplis des ombres d'Antoine, de Pacôme, de Benoît, de Basile. Les premiers apôtres prêchant
l'Évangile aux premiers fidèles dans les catacombes ou sous le dattier
de Béthanie n'ont pas paru à Michel-Ange et à Raphael des sujets si
peu favorables au génie.

---

1. Hierocl., *Comm. in Pyth.*, trad. de Dac., t. II, p. 29.
2. Hieron., *Dial. c. Lucif.*, t. II, p. 136.
3. Hieron., *in Vit. Paul.*   4. Theod., *Hist rel.*, cap. vi.
5. Id., *ibid.*
6. Nous passerons rapidement sur ces solitaires, parce que nous en parlerons ailleurs.

Nous tairons à présent, parce que nous en parlerons dans la suite, ces bienfaiteurs de l'humanité qui fondèrent les hôpitaux et se vouèrent à la pauvreté, à la peste, à l'esclavage, pour secourir des hommes ; nous nous renfermerons dans les seules Écritures, de peur de nous égarer dans un sujet si vaste et si intéressant. Josué, Élie, Isaïe, Jérémie, Daniel, tous ces prophètes enfin qui vivent d'une éternelle vie ne pourroient-ils pas faire entendre dans un poëme leurs sublimes lamentations? L'urne de Jérusalem ne se peut-elle encore remplir de leurs larmes? N'y a-t-il plus de saules de Babylone pour y suspendre les harpes détendues? Pour nous, qui à la vérité ne sommes pas poëte, il nous semble que ces enfants de la vision feroient d'assez beaux groupes sur les nuées : nous les peindrions avec un tête flamboyante; une barbe argentée descendroit sur leur poitrine immortelle, et l'esprit divin éclateroit dans leurs regards.

Mais quel essaim de vénérables ombres, à la voix d'une muse chrétienne, se réveille dans la caverne de Membré? Abraham, Isaac, Jacob, Rebecca, et vous tous, enfants de l'Orient, rois, patriarches, aïeux de Jésus-Christ, chantez l'antique alliance de Dieu et des hommes! Redites-nous cette histoire chère au ciel, l'histoire de Joseph et de ses frères. Le chœur des saints rois, David à leur tête; l'armée des confesseurs et martyrs vêtus de robes éclatantes nous offriroient aussi leur *merveilleux*. Ces derniers présentent au pinceau le genre tragique dans sa plus grande élévation; après la peinture de leurs tourments, nous dirions ce que Dieu fit pour ces victimes, et le don des miracles dont il honora leurs tombeaux.

Nous placerions auprès de ces illustres chœurs les chœurs des vierges célestes, les Geneviève de Brabant, les Pulchérie, les Rosalie, les Cécile, les Lucile, les Isabelle, les Eulalie. Le *merveilleux* du christianisme est plein de concordance ou de contrastes gracieux. On sait comment Neptune,

> . . . . . S'élevant sur la mer,
> D'un mot calme les flots. . . . .

Nos dogmes fournissent un autre genre de poésie. Un vaisseau est prêt à périr : l'aumônier, par des paroles qui délient les âmes, remet à chacun la peine de ses fautes ; il adresse au ciel la prière qui, dans un tourbillon, envoie l'esprit du naufragé au Dieu des orages. Déjà l'Océan se creuse pour engloutir les matelots ; déjà les vagues élevant leur triste voix entre les rochers, semblent commencer les chants funèbres ; tout à coup un trait de lumière perce la tempête : l'*Étoile des mers*, Marie, patronne des mariniers, paroît au milieu de la nue. Elle tient son enfant dans les bras, et calme les flots par un sourire : charmante religion, qui oppose à ce que la nature a de plus terrible ce que le ciel a de plus doux ! aux tempêtes de l'Océan, un petit enfant et une tendre mère !

CHAPITRE VIII.

DES ANGES.

Tel est le *merveilleux* qu'on peut tirer de nos *saints,* sans parler des diverses histoires de leur vie. On découvre ensuite dans la hiérarchie des *anges*, doctrine aussi ancienne que le monde, mille tableaux pour le poëte. Non-seulement les messagers du Très-Haut portent ses décrets d'un bout de l'univers à l'autre ; non-seulement ils sont les invisibles gardiens des hommes, ou prennent pour se manifester à eux les formes les plus aimables ; mais encore la religion nous permet d'attacher des anges protecteurs à la belle nature ainsi qu'aux sentiments vertueux. Quelle innombrable troupe de divinités vient donc tout à coup peupler les mondes !

Chez les Grecs le ciel finissoit au sommet de l'Olympe, et leurs dieux ne s'élevoient pas plus haut que les vapeurs de la terre. Le *merveilleux* chrétien, d'accord avec la raison, les sciences et l'expansion de notre âme, s'enfonce de monde en monde, d'univers en univers, dans des espaces où l'imagination, effrayée, frissonne et recule. En vain les télescopes fouillent tous les coins du ciel, en vain ils poursuivent la comète au delà de notre système, la comète enfin leur échappe ; mais elle n'échappe pas à *l'archange* qui la roule à son pôle inconnu, et qui au siècle marqué la ramènera par des voies mystérieuses jusque dans le foyer de notre soleil.

Le poëte chrétien est le seul initié au secret de ces merveilles. De globe en globe, de soleil en soleil, avec les *Séraphins,* les *Trônes,* les *Ardeurs,* qui gouvernent les mondes, l'imagination fatiguée redescend enfin sur la terre comme un fleuve qui par une cascade magnifique épanche ses flots d'or à l'aspect d'un couchant radieux. On passe alors de la grandeur à la douceur des images : sous l'ombrage des forêts on parcourt l'empire de *l'Ange de la solitude;* on retrouve dans la clarté de la lune le *Génie des rêveries du cœur;* on entend ses soupirs dans le frémissement des bois et dans les plaintes de Philomèle. Les roses de l'aurore ne sont que la chevelure de l'*Ange du matin.* L'*Ange de la nuit* repose au milieu des cieux, où il ressemble à la lune endormie sur un nuage ; ses yeux sont couverts d'un bandeau d'étoiles ; ses talons et son front sont un peu rougis de la pourpre de l'aurore et de celle du crépuscule ; l'*Ange du silence* le précède, et *celui du mystère* le suit. Ne faisons pas l'injure aux poëtes de penser qu'ils regardent l'*Ange des mers*, l'*Ange des tempêtes*, l'*Ange du temps*, l'*Ange de la mort*, comme des génies désagréables aux Muses. C'est l'*Ange des saintes amours* qui donne aux vierges un regard céleste, et c'est l'*Ange des harmonies* qui leur fait présent des grâces ; l'honnête homme doit son cœur à l'*Ange de la vertu*, et ses lèvres à *celui de la persuasion*. Rien n'empêche d'accorder à ces esprits bienfaisants des marques distinctives de leurs pouvoirs et de leurs offices : l'*Ange de l'amitié*, par exemple, pourroit porter une écharpe merveilleuse où l'on verroit fondus, par un travail divin, les consolations de l'âme, les dévouements sublimes, les paroles secrètes du cœur, les joies innocentes, les chastes embrassements, la religion, le charme des tombeaux et l'immortelle espérance.

CHAPITRE IX.

APPLICATION DES PRINCIPES ÉTABLIS DANS LES CHAPITRES PRÉCÉDENTS. — CARACTÈRE DE SATAN.

Des préceptes passons aux exemples. En reprenant ce que nous avons dit dans les précédents chapitres, nous commencerons par le caractère attribué aux mauvais anges, et nous citerons le Satan de Milton. Avant le poëte anglois, le Dante et le Tasse avoient peint le monarque de l'enfer. L'imagination du Dante, épuisée par neuf cercles de tortures, n'a fait de Satan enclavé au centre de la terre qu'un monstre odieux ; le Tasse, en lui donnant des cornes, l'a presque rendu ridicule. Entraîné par ces autorités, Milton a eu un moment le mauvais goût de mesurer son Satan, mais il se relève bientôt d'une manière sublime. Écoutez le prince des ténèbres s'écrier, du haut de la montagne de feu d'où il contemple pour la première fois son empire :

« Adieu, champs fortunés qu'habitent les joies éternelles ! Horreurs ! je vous salue ! je vous salue, monde infernal ! Abîme, reçois ton nouveau monarque. Il t'apporte un esprit que ni temps ni lieux ne changeront jamais. Du moins ici nous serons libres, ici nous régnerons : régner même aux enfers est digne de mon ambition [1]. »

---

1. *Parad. lost*, book I, v. 49, etc.

Quelle manière de prendre possession des gouffres de l'enfer !

Le conseil infernal étant assemblé, le poëte représente Satan au milieu de son sénat :

« Ses formes conservoient une partie de leur primitive splendeur ; ce n'étoit rien moins encore qu'un archange tombé, une gloire un peu obscurcie, comme lorsque le soleil levant, dépouillé de ses rayons, jette un regard horizontal à travers les brouillards du matin, ou tel que, dans une éclipse, cet astre, caché derrière la lune, répand sur une moitié des peuples un crépuscule funeste et tourmente les rois par la frayeur des révolutions. Ainsi paroissoit l'archange obscurci, mais encore brillant, au-dessus des compagnons de sa chute : toutefois, son visage étoit labouré par les cicatrices de la foudre, et les chagrins veilloient sur ses joues décolorées [1]. »

Achevons de connoître le caractère de Satan. Échappé de l'enfer, et parvenu sur la terre, il est saisi de désespoir en contemplant les merveilles de l'univers ; il apostrophe le soleil [2] :

« O toi qui, couronné d'une gloire immense, laisses du haut de ta domination solitaire tomber tes regards comme le Dieu de ce nouvel univers ; toi devant qui les étoiles cachent leur tête humiliée, j'élève une voix vers toi, mais non pas une voix amie ; je ne prononce ton nom, ô soleil ! que pour te dire combien je hais tes rayons. Ah ! ils me rappellent de quelle hauteur je suis tombé, et combien jadis je brillois glorieux au-dessus de ta sphère ! L'orgueil et l'ambition m'ont précipité. J'osai, dans le ciel même, déclarer la guerre au Roi du ciel. Il ne méritoit pas un pareil retour, lui qui m'avoit fait ce que j'étois dans un rang éminent... Élevé si haut, je dédaignai d'obéir ; je crus qu'un pas de plus me porteroit au rang suprême et me déchargeroit en un moment de la dette immense d'une reconnoissance éternelle... Oh ! pourquoi sa volonté toute-puissante ne me créa-t-elle au rang de quelque ange inférieur ! je serois encore heureux, mon ambition n'eût point été nourrie par une espérance illimitée... Misérable ! où fuir une colère infinie, un désespoir infini ? L'enfer est partout où je suis, moi-même je suis l'enfer... O Dieu, ralentis tes coups ! N'est-il aucune voie laissée au repentir, aucune à la miséricorde, hors l'obéissance ? L'obéissance ! L'orgueil me défend ce mot. Quelle honte pour moi devant les esprits de l'abîme ! Ce n'étoit pas par des promesses de soumission que je les séduisis, lorsque j'osai me vanter de subjuguer le Tout-Puissant. Ah ! tandis qu'ils m'adorent sur le trône des enfers, ils savent peu combien je paye cher ces paroles superbes, combien je gémis intérieurement sous le fardeau de mes douleurs... Mais si je me repentois, si, par un acte de la grâce divine, je remontois à ma première place ?... Un rang élevé rappelleroit bientôt des pensées ambitieuses ; les serments d'une feinte soumission seroient bientôt démentis ! Le tyran le sait ; il est

---

1. *Parad. lost*, book I, v. 591, etc.   2. Voyez la note XVIII, à la fin du volume.

aussi loin de m'accorder la paix que je suis loin de demander grâce. **Adieu donc, espérance, et avec toi, adieu, crainte et remords !** tout est perdu pour moi. Mal, sois mon unique bien ! Par toi du moins avec le Roi du ciel je partagerai l'empire ; peut-être même régnerai-je sur plus d'une moitié de l'univers, comme l'homme et ce monde nouveau l'apprendront en peu de temps [1]. »

Quelle que soit notre admiration pour Homère, nous sommes obligé de convenir qu'il n'a rien de comparable à ce passage de Milton. Lorsque, avec la grandeur du sujet, la beauté de la poésie, l'élévation naturel des personnages, on montre une connoissance aussi profonde des passions, il ne faut rien demander de plus au génie. Satan se repentant à la vue de la lumière qu'il hait, parce qu'elle lui *rappelle combien il fut élevé au-dessus d'elle*, souhaitant ensuite d'avoir été créé dans un rang inférieur, puis s'endurcissant dans le crime par orgueil, par honte, par méfiance même de son caractère ambitieux ; enfin, pour tout fruit de ses réflexions, et comme pour expier un moment de remords, se chargeant de l'empire du mal pendant toute une éternité : voilà, certes, si nous ne nous trompons, une des conceptions les plus sublimes et les plus pathétiques qui soient jamais sorties du cerveau d'un poëte.

Nous sommes frappé dans ce moment d'une idée que nous ne pouvons taire. Quiconque a quelque critique et un bon sens pour l'histoire pourra reconnoître que Milton a fait entrer dans le caractère de son Satan les perversités de ces hommes qui, vers le commencement du dix-septième siècle, couvrirent l'Angleterre de deuil : on y sent la même obstination, le même enthousiasme, le même orgueil, le même esprit de rébellion et d'indépendance ; on retrouve dans le monarque infernal ces fameux niveleurs qui, se séparant de la religion de leur pays, avoient secoué le joug de tout gouvernement légitime et s'étoient révoltés à la fois contre Dieu et contre les hommes. Milton lui-même avoit partagé cet esprit de perdition ; et pour imaginer un Satan aussi détestable il falloit que le poëte en eût vu l'image dans ces réprouvés qui firent si longtemps de leur patrie le vrai séjour des démons.

---

1. *Parad. lost*, book IV. From the 33th v. to the 113th.

CHAPITRE X.

MACHINES POÉTIQUES. — VÉNUS DANS LES BOIS DE CARTHAGE.
RAPHAEL AU BERCEAU D'ÉDEN.

Venons aux exemples des machines poétiques. Vénus se montrant à Énée dans les bois de Carthage est un morceau achevé dans le genre gracieux. *Cui mater media, etc.* « A travers la forêt, sa mère, suivant le même sentier, s'avance au-devant de lui. Elle avoit l'air et le visage d'une vierge, et elle étoit armée à la manière des filles de Sparte, etc. »

Cette poésie est délicieuse ; mais le chantre d'Éden en a beaucoup approché lorsqu'il a peint l'arrivée de l'ange Raphael au bocage de nos premiers pères :

« Pour ombrager ses formes divines, le Séraphin porte six ailes. Deux attachées à ses épaules sont ramenées sur son sein, comme les pans d'un manteau royal ; celles du milieu se roulent autour de lui comme une écharpe étoilée... les deux dernières, teintes d'azur, battent à ses talons rapides. Il secoue ses plumes qui répandent des odeurs célestes.

« Il s'avance dans le jardin du bonheur, au travers des bocages de myrtes et des nuages de nard et d'encens ; solitudes de parfums où la nature dans sa jeunesse se livre à tous ses caprices... Adam, assis à la porte de son berceau, aperçut le divin messager. Aussitôt il s'écrie : Ève, accours ! viens voir ce qui est digne de ton admiration ! Regarde vers l'orient, parmi ces arbres. Aperçois-tu cette forme glorieuse qui semble se diriger vers notre berceau ? On la prendroit pour une autre aurore, qui se lève au milieu du jour... »

Ici Milton, presque aussi gracieux que Virgile, l'emporte sur lui par la sainteté et la grandeur. Raphael est plus beau que Vénus, Éden plus enchanté que les bois de Carthage, et Énée est un froid et triste personnage auprès du majestueux Adam.

Voici un ange mystique de Klopstock :

. . . . . Dann eilet der thronen [1].

« Soudain le premier-né des trônes descend vers Gabriel, pour le conduire vers le Très-Haut. L'Éternel le nomme *Élu*, et le ciel *Éloa*. Plus parfait que tous les êtres créés, il occupe la première place près de l'Être infini. Une de ses pensées est belle comme l'âme entière de l'homme, lorsque, digne

---

1. *Messias Erst.*, Ges., v. 286, etc.

de son immortalité, elle médite profondément. Son regard est plus beau que le matin d'un printemps, plus doux que la clarté des étoiles, lorsque, brillantes de jeunesse, elles se balancèrent près du trône céleste avec tous leurs flots de lumière. Dieu le créa le premier. Il puisa dans une gloire céleste son corps aérien. Lorsqu'il naquit, tout un ciel de nuages flottoit autour de lui ; Dieu lui-même le souleva dans ses bras, et lui dit en le bénissant : « *Créature, me voici.* »

Raphaël est l'ange *extérieur*, Éloa l'ange *intérieur* : les Mercure et les Apollon de la mythologie nous semblent moins divins que ces génies du christianisme.

Plusieurs fois les dieux en viennent aux mains dans Homère ; mais, comme nous l'avons déjà remarqué, on ne trouve rien dans l'*Iliade* qui soit supérieur au combat que Satan s'apprête à livrer à Michel dans le Paradis terrestre, ni à la déroute des légions foudroyées par Emmanuel : plusieurs fois les divinités païennes sauvent leurs héros favoris en les couvrant d'une nuée ; mais cette machine a été très-heureusement transportée par le Tasse à la poésie chrétienne, lorsqu'il introduit Soliman dans Jérusalem. Ce char enveloppé de vapeurs, ce voyage invisible d'un enchanteur et d'un héros au travers du camp des chrétiens, cette porte secrète d'Hérode, ces souvenirs des temps antiques jetés au milieu d'une narration rapide, ce guerrier qui assiste à un conseil sans être vu, et qui se montre seulement pour déterminer Solyme aux combats, tout ce merveilleux, quoique du genre magique, est d'une excellence singulière.

On objectera peut-être que dans les peintures voluptueuses le paganisme doit au moins avoir la préférence. Et que ferons-nous donc d'Armide? Dirons-nous qu'elle est sans charmes, lorsque, penchée sur le front de Renaud endormi, le poignard échappe à sa main, et que sa haine se change en amour? Préférerons-nous Ascagne caché par Vénus dans les bois de Cythère au jeune héros du Tasse enchaîné avec des fleurs et transporté sur un nuage aux îles Fortunées? Ces jardins, dont le seul défaut est d'être trop enchantés, ces amours, qui ne manquent que d'un voile, ne sont pas assurément des tableaux si sévères. On retrouve dans cet épisode jusqu'à la ceinture de Vénus, tant et si justement regrettée. Au surplus, si des critiques chagrins vouloient absolument bannir la magie, les anges des ténèbres pourroient exécuter eux-mêmes ce qu'Armide fait par leur moyen. On y est autorisé par l'histoire de quelques-uns de nos saints, et le démon des voluptés a toujours été regardé comme un des plus dangereux et des plus puissants de l'abîme.

CHAPITRE XI.

SUITE DES MACHINES POÉTIQUES. — SONGE D'ÉNÉE, SONGE D'ATHALIE.

Il ne nous reste plus qu'à parler de deux machines poétiques : *les voyages des dieux* et *les songes*.

En commençant par les derniers, nous choisirons le songe d'Énée dans la nuit fatale de Troie ; le héros le raconte lui-même à Didon :

> Tempus erat, etc.

> C'étoit l'heure où, du jour adoucissant les peines,
> Le sommeil, grâce aux dieux, se glisse dans nos veines ;
> Tout à coup, le front pâle et chargé de douleurs,
> Hector, près de mon lit, a paru tout en pleurs,
> Et tel qu'après son char la victoire inhumaine,
> Noir de poudre et de sang, le traîna sur l'arène.
> Je vois ses pieds encore et meurtris et percés
> Des indignes liens qui les ont traversés.
> Hélas ! qu'en cet état de lui-même il diffère !
> Ce n'est plus cet Hector, ce guerrier tutélaire,
> Qui, des armes d'Achille orgueilleux ravisseur,
> Dans les murs paternels revenoit en vainqueur,
> Ou, courant assiéger les vingt rois de la Grèce,
> Lançoit sur leurs vaisseaux la flamme vengeresse.
> Combien il est changé ! le sang de toutes parts
> Souilloit sa barbe épaisse et ses cheveux épars,
> Et son sein étaloit à ma vue attendrie
> Tous les coups qu'il reçut autour de sa patrie.
> Moi-même il me sembloit qu'au plus grand des héros,
> L'œil de larmes noyé, je parlois en ces mots :

> « O des enfants d'Ilus la gloire et l'espérance !
> Quels lieux ont si longtemps prolongé ton absence ?
> Oh ! qu'on t'a souhaité ! mais, pour nous secourir,
> Est-ce ainsi qu'à nos yeux Hector devoit s'offrir,
> Quand à ses longs travaux Troie entière succombe !
> Quand presque tous les tiens sont plongés dans la tombe !
> Pourquoi ce sombre aspect, ces traits défigurés,
> Ces blessures sans nombre, et ces flancs déchirés ? »

> Hector ne répond point ; mais du fond de son âme
> Tirant un long soupir : « Fuis les Grecs et la flamme,
> Fils de Vénus, dit-il, le destin t'a vaincu ;
> Fuis, hâte-toi : Priam et Pergame ont vécu.
> Jusqu'en leurs fondements nos murs vont disparoître ;

> Ce bras nous eût sauvés, si nous avions pu l'être.
> Cher Énée ! ah ! du moins, dans ses derniers adieux,
> Pergame à ton amour recommande ses dieux !
> Porte au delà des mers leur image chérie,
> Et fixe-toi près d'eux dans une autre patrie. »
> Il dit ; et dans ses bras emporte à mes regards
> La puissante Vesta qui gardoit nos remparts,
> Et ses bandeaux sacrés, et la flamme immortelle
> Qui veilloit dans son temple et brûloit devant elle [1].

Ce songe est une espèce d'abrégé du génie de Virgile : l'on y trouve dans un cadre étroit tous les genres de beautés qui lui sont propres.

Observez d'abord le contraste entre cet effroyable songe et l'heure paisible où les dieux l'envoient à Énée. Personne n'a su marquer les temps et les lieux d'une manière plus touchante que le poëte de Mantoue. Ici c'est un tombeau, là une aventure attendrissante, qui déterminent la limite d'un pays ; une ville nouvelle porte une appellation antique ; un ruisseau étranger prend le nom d'un fleuve de la patrie. Quant aux heures, Virgile a presque toujours fait briller la plus douce sur l'événement le plus malheureux. De ce contraste plein de tristesse résulte cette vérité, que la nature accomplit ses lois sans être troublée par les foibles révolutions des hommes.

De là nous passons à la peinture de l'ombre d'Hector. Ce fantôme qui regarde Énée en silence, ces *larges* pleurs, ces pieds *enflés*, sont les petites circonstances que choisit toujours le grand peintre, pour mettre l'objet sous les yeux. Le cri d'Énée : *quantum mutatus ab illo!* est le cri d'un héros, qui relève la dignité d'Hector. *Squalentem barbam et concretos sanguine crines.* Voilà le spectre. Mais Virgile fait soudain un retour à sa manière. — *Vulnera... circum plurima muros accepit patrios.* Tout est là-dedans : éloge d'Hector, souvenirs de ses malheurs et de ceux de la patrie pour laquelle il reçut *tant de blessures.* Ces locutions, *ô lux Dardaniæ ! Spes ô fidissima Teucrum !* sont pleines de chaleur ; autant elles remuent le cœur, autant elles rendent déchirantes les paroles qui suivent. *Ut te post multa tuorum funera... adspicimus!* Hélas ! c'est l'histoire de ceux qui ont quitté leur patrie ; à leur retour, on peut dire comme Énée à Hector : *Faut-il vous revoir après les funérailles de vos proches !* Enfin, le silence d'Hector, son soupir, suivi du *fuge, eripe flammis,* font dresser les cheveux sur la tête. Le dernier trait du tableau mêle la double poésie du songe et de la vision ; en emportant dans ses bras la statue de Vesta et le feu sacré, on croit voir le spectre emporter Troie de la terre.

---

1. Nous devons cette belle traduction à M. de Fontanes.

Ce songe offre d'ailleurs une beauté prise dans la nature même de la chose. Énée se réjouit d'abord de voir Hector qu'il croit vivant ; ensuite il parle des malheurs de Troie arrivés depuis la *mort* même du héros. L'état où il le revoit ne peut lui rappeler sa destinée ; il demande au fils de Priam *d'où lui viennent ses blessures*, et il vous a dit qu'*on l'a vu ainsi le jour qu'il fut traîné autour d'Ilion.* Telle est l'incohérence des pensées, des sentiments et des images d'un songe.

Il nous est singulièrement agréable de trouver parmi les poëtes chrétiens quelque chose qui balance, et qui peut-être surpasse ce songe : poésie, religion, intérêt dramatique, tout est égal dans l'une et l'autre peinture, et Virgile s'est encore une fois reproduit dans Racine.

Athalie, sous le portique du temple de Jérusalem, raconte son rêve à Abner et à Mathan :

> C'étoit pendant l'horreur d'une profonde nuit ;
> Ma mère Jézabel devant moi s'est montrée,
> Comme au jour de sa mort pompeusement parée ;
> Ses malheurs n'avoient point abattu sa fierté :
> Même elle avoit encor cet éclat emprunté
> Dont elle eut soin de peindre et d'orner son visage
> Pour réparer des ans l'irréparable outrage.
> « Tremble ! m'a-t-elle dit, fille digne de moi ;
> Le cruel Dieu des Juifs l'emporte aussi sur toi :
> Je te plains de tomber dans ses mains redoutables,
> Ma fille ! » En achevant ces mots épouvantables,
> Son ombre vers mon lit a paru se baisser,
> Et moi, je lui tendois les mains pour l'embrasser ;
> Mais je n'ai plus trouvé qu'un horrible mélange
> D'os et de chairs meurtris et traînés dans la fange,
> Des lambeaux pleins de sang, et des membres affreux
> Que des chiens dévorants se disputoient entre eux.

Il seroit malaisé de décider ici entre Virgile et Racine. Les deux songes sont pris également à la source des différentes religions des deux poëtes : Virgile est plus triste, Racine plus terrible : le dernier eût manqué son but, et auroit mal connu le génie sombre des dogmes hébreux, si, à l'exemple du premier, il eût amené le rêve d'Athalie dans une heure pacifique. Comme il va tenir beaucoup, il promet beaucoup par ce vers :

> C'étoit pendant l'horreur d'une profonde nuit.

Dans Racine il y a concordance, et dans Virgile contraste d'images.
La scène annoncée par l'apparition d'Hector, c'est-à-dire la nuit fatale d'un grand peuple et la fondation de l'empire romain, seroit

plus magnifique que la chute d'une seule reine, si Joas, en *rallumant le flambeau de David*, ne nous montroit dans le lointain le Messie et la révolution de toute la terre.

La même perfection se remarque dans les vers des deux poëtes : toutefois, la poésie de Racine nous semble plus belle. Tel Hector paroît au premier moment devant Énée, tel il se montre à la fin ; mais la pompe, mais l'*éclat emprunté* de Jézabel,

> Pour réparer des ans l'irréparable outrage,

suivi tout à coup non d'une forme entière, mais

> . . . . De lambeaux affreux
> Que des chiens dévorants se disputoient entre eux,

est une sorte de changement d'état, de péripétie, qui donne au songe de Racine une beauté qui manque à celui de Virgile. Enfin, cette ombre d'une mère qui se baisse vers le lit de sa fille, comme pour s'y cacher, et qui se transforme tout à coup en *os et en chairs meurtris*, est une de ces beautés vagues, de ces circonstances effrayantes de la vraie nature du fantôme.

CHAPITRE XII.

SUITE DES MACHINES POÉTIQUES.
VOYAGES DES DIEUX HOMÉRIQUES. SATAN ALLANT A LA DÉCOUVERTE DE LA CRÉATION.

Nous touchons à la dernière des machines poétiques, c'est-à-dire aux *voyages* des êtres surnaturels. C'est une des parties du *merveilleux* dans laquelle Homère s'est montré le plus sublime. Tantôt il raconte que le char du dieu vole comme la pensée d'un voyageur qui se rappelle, en un instant, les lieux qu'il a parcourus ; tantôt il dit :

> Autant qu'un homme assis au rivage des mers
> Voit, d'un roc élevé, d'espace dans les airs,
> Autant des Immortels les coursiers intrépides
> En franchissent d'un saut [1].

Quoi qu'il en soit du génie d'Homère et de la majesté de ses *dieux*, son *merveilleux* et sa grandeur vont encore s'éclipser devant le *merveilleux* du christianisme.

---

1. BOILEAU, dans *Longin*, chap. VII.

DEUXIÈME PARTIE. 247

Satan arrivé aux portes de l'enfer, que le Péché et la Mort lui ont ouvertes, se prépare à aller à la découverte de la création.

. . . . Like a furnace mouth [1].
. . . .
. . . . The sudden view
Of all this world at once.

« *Les portes de l'enfer s'ouvrent...* vomissant, comme la bouche d'une fournaise, des flocons de fumée et des flammes rouges. Soudain, aux regards de Satan se dévoilent les secrets de l'antique abîme ; océan sombre et sans bornes, où les temps, les dimensions et les lieux viennent se perdre, où l'ancienne Nuit et le Chaos, aïeux de la Nature, maintiennent une éternelle anarchie au milieu d'une éternelle guerre, et règnent par la confusion. Satan, arrêté sur le seuil de l'enfer, regarde dans le vaste gouffre, berceau et peut-être tombeau de la Nature ; il pèse en lui-même les dangers du voyage. Bientôt, déployant ses ailes, et repoussant du pied le seuil fatal, il s'élève dans des tourbillons de fumée. Porté sur ce siége nébuleux, longtemps il monte avec audace ; mais la vapeur, graduellement dissipée, l'abandonne au milieu du vide. Surpris, il redouble en vain le mouvement de ses ailes, et comme un poids mort, il tombe.

« L'instant où je chante verroit encore sa chute si l'explosion d'un nuage tumultueux rempli de soufre et de flamme ne l'eût élancé à des hauteurs égales aux profondeurs où il étoit descendu. Jeté sur des terres molles et tremblantes, à travers les éléments épais ou subtils,... il marche, il vole, il nage, il rampe. A l'aide de ses bras, de ses pieds, de ses ailes, il franchit les syrtes, les détroits, les montagnes. Enfin une universelle rumeur, des voix et des sons confus viennent avec violence assaillir son oreille. Il tourne aussitôt son vol de ce côté, résolu d'aborder l'Esprit inconnu de l'abîme, qui réside dans ce bruit, et d'apprendre de lui le chemin de la lumière.

« Bientôt il aperçoit le trône du Chaos, dont le sombre pavillon s'étend au loin sur le gouffre immense. La Nuit, revêtue d'une robe noire, est assise à ses côtés : fille aînée des Êtres, elle est l'épouse du Chaos. Le Hasard, le Tumulte, la Confusion, la Discorde aux mille bouches, sont les ministres de ces divinités ténébreuses. Satan paroît devant eux sans crainte.

« Esprits de l'abîme, leur dit-il, Chaos, et vous, antique Nuit, je ne viens point pour épier les secrets de vos royaumes... Apprenez-moi le chemin de la lumière, etc. »

« Le vieux Chaos répond en mugissant : « Je te connois, ô étranger !... Un monde nouveau pend au-dessus de mon empire, du côté où tes légions tombèrent. Vole, et hâte-toi d'accomplir tes desseins. Ravages, dépouilles, ruines, vous êtes les espérances du Chaos ! »

« Il dit ; Satan plein de joie... s'élève avec une nouvelle vigueur ; il perce

---

1. *Par. lost*, book II, v. 888-1050 ; book III, v. 501-544. Des vers passés çà et là.

comme une pyramide de feu l'atmosphère ténébreuse... Enfin l'influence sacrée de la lumière commence à se faire sentir. Parti des murailles du ciel, un rayon pousse au loin dans le sein des ombres une douteuse et tremblante aurore ; ici la Nature commence, et le Chaos se retire. Guidé par ces mobiles blancheurs, Satan, comme un vaisseau longtemps battu de la tempête, reconnoît le port avec joie, et glisse plus doucement sur les vagues calmées. A mesure qu'il avance vers le jour, l'empyrée, avec ses tours d'opale et ses portes de vivants saphirs, se découvre à sa vue.

« Enfin il aperçoit au loin une haute structure, dont les marches magnifiques s'élèvent jusqu'aux remparts du ciel... Perpendiculairement au pied des degrés mystiques s'ouvre un passage vers la terre... Satan s'élance sur la dernière marche, et, plongeant tout à coup ses regards dans les profondeurs au-dessous de lui, il découvre avec un immense étonnement tout l'univers à la fois. »

Pour tout homme impartial, une religion qui a fourni un tel *merveilleux*, et qui de plus a donné l'idée des amours d'Adam et d'Ève, n'est pas une religion *anti-poétique*. Qu'est-ce que Junon allant aux *bornes* de la terre en *Éthiopie*, auprès de Satan remontant du fond du chaos jusqu'aux frontières de la nature ? Il y a même dans l'original un effet singulier que nous n'avons pu rendre, et qui tient pour ainsi dire au défaut général du morceau : les longueurs que nous avons retranchées semblent allonger la course du prince des ténèbres, et donner au lecteur un sentiment vague de cet infini au travers duquel il a passé.

CHAPITRE XIII.

L'ENFER CHRÉTIEN.

Entre plusieurs différences qui distinguent l'enfer chrétien du Tartare, une surtout est remarquable : ce sont les tourments qu'éprouvent eux-mêmes les démons. Pluton, les Juges, les Parques et les Furies ne souffroient point avec les coupables. Les douleurs de nos puissances infernales sont donc un *moyen de plus* pour l'imagination, et conséquemment un *avantage poétique* de notre enfer sur l'enfer des anciens.

Dans les champs Cimmériens de l'*Odyssée,* le vague des lieux, les ténèbres, l'incohérence des objets, la fosse où les ombres viennent boire le sang, donnent au tableau quelque chose de formidable, et qui peut-être ressemble plus à l'enfer chrétien que le Ténare de Virgile. Dans celui-ci l'on remarque les progrès des dogmes philosophiques de la Grèce. Les Parques, le Cocyte, le Styx, se retrouvent dans les ouvrages de Platon. Là commence une distribution de châtiments et de récompenses inconnue à Homère. Nous avons déjà fait remarquer[1] que le malheur, l'indigence et la foiblesse étoient, après le trépas, relégués par les païens dans un monde aussi pénible que celui-ci. La religion de Jésus-Christ n'a point ainsi sevré nos âmes. Nous savons qu'au sortir de ce monde de tribulations, nous autres misérables, nous trouverons un lieu de repos, et, si nous avons eu soif de la justice dans le temps, nous en serons rassasiés dans l'éternité. *Sitiunt justitiam... ipsi saturabuntur*[2].

Si la philosophie est satisfaite, il ne nous sera pas très-difficile peut-être de convaincre les Muses. A la vérité nous n'avons point d'enfer chrétien traité d'une manière irréprochable. Ni le Dante, ni le Tasse, ni Milton, ne sont parfaits dans la peinture des lieux de douleur. Cependant quelques morceaux excellents, échappés à ces grands maîtres, prouvent que si toutes les parties du tableau avoient été retouchées avec le même soin, nous posséderions des enfers aussi poétiques que ceux d'Homère et de Virgile.

CHAPITRE XIV.

PARALLÈLE DE L'ENFER ET DU TARTARE.
ENTRÉE DE L'AVERNE. PORTE DE L'ENFER DU DANTE. DIDON.
FRANÇOISE DE RIMINI. TOURMENTS DES COUPABLES.

L'entrée de l'Averne, dans le sixième livre de l'*Énéide*, offre des vers d'un travail achevé.

> Ibant obscuri sola sub nocte per umbram,
> Perque domos Ditis vacuas et inania regna.
> . . . .
> Pallentesque habitant Morbi, tristisque Senectus,
> Et Metus, et malesuada Fames, et turpis Egestas,
> Terribiles visu formæ; Lethumque Laborque,
> Tum consanguineus Lethi Sopor, et mala mentis
> Gaudia...   (Lib. vi, v. 268 et seq.)

---

1. Première partie, sixième livre.
2. L'injustice des dogmes infernaux étoit si manifeste chez les anciens, que Virgile même n'a pu s'empêcher de la remarquer :

> . . . . . Sortemque animo miseratus iniquam.
> (*Æn.*, lib. vi, v. 332.)

Il suffit de savoir lire le latin pour être frappé de l'harmonie lugubre de ces vers. Vous entendez d'abord mugir la caverne où marchent la Sibylle et Énée : *Ibant obscuri sola sub nocte per umbram*; puis tout à coup vous entrez dans des *espaces déserts*, dans les *royaumes du vide; Perque domos Ditis vacuas et inania regna.* Viennent ensuite des syllabes sourdes et pesantes, qui rendent admirablement les pénibles soupirs des enfers. *Tristisque Senectus, et Metus. — Lethumque Laborque*; consonnances qui prouvent que les anciens n'ignoroient pas l'espèce de beauté attachée à la rime. Les Latins, ainsi que les Grecs, employoient la répétition des sons dans les peintures pastorales et dans les harmonies tristes.

Le Dante, comme Énée, erre d'abord dans une forêt qui cache l'entrée de son enfer: rien n'est plus effrayant que cette solitude. Bientôt il arrive à la porte, où se lit la fameuse inscription :

> Per me si va nella città dolente,
> Per me si va nell' eterno dolore :
> Per me si va tra la perduta gente.
> . . . .
> Lasciate ogni speranza, voi ch' entrate.

Voilà précisément la même sorte de beautés que dans le poëte latin. Toute oreille sera frappée de la cadence monotone de ces rimes redoublées, où semble retentir et expirer cet éternel cri de douleur qui remonte du fond de l'abîme. Dans les trois *per me si va*, on croit entendre le *glas* de l'agonie du chrétien. Le *lasciate ogni speranza* est comparable au plus grand trait de l'enfer de Virgile.

Milton, à l'exemple du poëte de Mantoue, a placé la Mort à l'entrée de son enfer (*Lethum*), et le Péché, qui n'est que le *mala mentis gaudia, les joies coupables du cœur*. Il décrit ainsi la première :

> . . . . The other shape, etc.

« L'autre forme, si l'on peut appeler de ce nom ce qui n'avoit point de formes, se tenoit debout à la porte. Elle étoit sombre comme la nuit, hagarde comme dix furies; sa main brandissoit un dard affreux, et sur cette partie qui sembloit sa tête elle portoit l'apparence d'une couronne. »

Jamais fantôme n'a été représenté d'une manière plus vague et plus terrible. L'origine de la Mort, racontée par le Péché, la manière dont les échos de l'enfer répètent le nom redoutable lorsqu'il est prononcé pour la première fois, tout cela est une sorte de noir sublime, inconnu de l'antiquité[1].

En avançant dans les enfers, nous suivrons Énée au champ des larmes, *lugentes campi*. Il y rencontre la malheureuse Didon; il l'aperçoit dans les ombres d'une forêt, *comme on voit, ou comme on croit voir la lune nouvelle se lever à travers les nuages :*

> Qualem primo qui surgere mense
> Aut videt, aut vidisse putat, per nubila lunam.

Ce morceau est d'un goût exquis; mais le Dante est peut-être aussi touchant dans la peinture des *campagnes des pleurs*. Virgile a placé les amants au milieu des bois de myrtes et dans des allées solitaires; le Dante a jeté les siens dans un air vague et parmi des tempêtes qui les entraînent éternellement; l'un a donné pour punition à l'amour ses propres rêveries, l'autre en a cherché le supplice dans l'image des désordres que cette passion fait naître. Le Dante arrête un couple malheureux au milieu d'un tourbillon : Françoise de Rimini, interrogée par le poëte, lui raconte ses malheurs et son amour :

> Noi leggevamo, etc.

« Nous lisions un jour, dans un doux loisir, comment l'amour vainquit Lancelot. J'étois seule avec mon amant, et nous étions sans défiance : plus d'une fois nos visages pâlirent, et nos yeux troublés se rencontrèrent, mais un seul instant nous perdit tous deux. Lorsque enfin l'heureux Lancelot cueille le baiser désiré, alors celui qui ne me sera plus ravi colla sur ma

---

[1]. M. Harris, dans son *Hermès*, a remarqué que le genre masculin, attribué à la mort par Milton, forme ici une grande beauté. S'il avoit dit *shook* her *dart*, *shook* his *dart*, une partie du sublime disparoissoit. La mort est aussi du genre masculin en grec, θάνατος; Racine même la fait de ce genre dans notre langue :

> La mort est le *seul* dieu que j'osois implorer.

Que penser maintenant de la critique de Voltaire, qui n'a pas su ou qui a feint d'ignorer que la mort, *death* en anglois, pouvoit être à volonté du genre masculin, féminin ou neutre? car on lui peut appliquer également les trois pronoms, *her*, *his* et *its*. Voltaire n'est pas plus heureux sur le mot *sin*, *péché*, dont le genre féminin le scandalise. Pourquoi ne se fâchoit-il pas aussi contre ces vaisseaux, *ships*, *men of war*, qui sont (ainsi qu'en latin et en vieux françois) si bizarrement du genre féminin? En général, tout ce qui a *étendue*, *capacité* (c'est la remarque de M. Harris), tout ce qui est de nature à contenir, se met en anglois au féminin; et cela par une logique simple, et même touchante, car elle découle de la *maternité*; tout ce qui implique *foiblesse* ou *séduction* suit la même loi. De là Milton a pu et dû, en personnifiant le péché, le faire du genre féminin.

bouche ses lèvres tremblantes, et nous laissâmes échapper le livre par qui nous fut révélé le mystère de l'amour [1]. »

Quelle simplicité admirable dans le récit de Françoise! quelle délicatesse dans le trait qui le termine! Virgile n'est pas plus chaste dans le quatrième livre de l'*Énéide*, lorsque Junon donne le signal, *dant signum*. C'est encore au christianisme que ce morceau doit une partie de son pathétique. Françoise est punie pour n'avoir pas su résister à son amour, et pour avoir trompé la foi conjugale : la justice inflexible de la religion contraste avec la pitié que l'on ressent pour une foible femme.

Non loin du champ des larmes, Énée voit le champ des guerriers; il y rencontre *Déiphobe* cruellement mutilé. Son histoire est intéressante, mais le seul nom d'Ugolin rappelle un morceau fort supérieur. On conçoit que Voltaire n'ait vu dans les feux d'un enfer chrétien que des objets burlesques; cependant ne vaut-il pas mieux pour le poëte y trouver le comte Ugolin, et matière à des vers aussi beaux, à des épisodes aussi tragiques?

Lorsque nous passons de ces détails à une vue générale de l'*Enfer* et du *Tartare*, nous voyons dans celui-ci les Titans foudroyés, Ixion menacé de la chute d'un rocher, les Danaïdes avec leur tonneau, Tantale trompé par les ondes, etc.

Soit que l'on commence à s'accoutumer à l'idée de ces tourments, soit qu'ils n'aient rien en eux-mêmes qui produise le terrible, parce qu'ils se mesurent sur des fatigues connues dans la vie, il est certain qu'ils font peu d'impression sur l'esprit. Mais voulez-vous être remué, voulez-vous savoir jusqu'où l'imagination de la douleur peut s'étendre, voulez-vous connoître la poésie des tortures et les hymnes de la chair et du sang, descendez dans l'Enfer du Dante. Ici des ombres sont ballottées par des tourbillons d'une tempête, là des sépulcres embrasés renferment les fauteurs de l'hérésie. Les tyrans sont plongés dans un fleuve de sang tiède; les suicides, qui ont dédaigné la noble nature de l'homme, ont rétrogradé vers la plante : ils sont transformés en arbres rachitiques, qui croissent dans un sable brûlant, et dont les harpies arrachent sans cesse des rameaux. Ces âmes ne reprendront point leurs corps au jour de la résurrection; elles les traîneront dans

---

1. Nous empruntons la traduction de Rivarol. Si toutefois nous osions proposer nos doutes, peut-être que ce tour élégant, *nous laissâmes échapper le livre par qui nous fut révélé le mystère de l'amour*, ne rend pas tout à fait la naïveté de ce vers:

Quel giorno piu non vi leggemmo avante.

l'affreuse forêt pour les suspendre aux branches des arbres auxquelles elles sont attachées.

Si l'on dit qu'un auteur grec ou romain eût pu faire un Tartare aussi formidable que l'Enfer du Dante, cela d'abord ne concluroit rien contre les moyens poétiques de la religion chrétienne; mais il suffit d'ailleurs d'avoir quelque connoissance du génie de l'antiquité pour convenir que le ton sombre de l'Enfer du Dante ne se trouve point dans la théologie païenne, et qu'il appartient aux dogmes menaçants de notre foi.

CHAPITRE XV.

DU PURGATOIRE.

On avouera du moins que le *purgatoire* offre aux poëtes chrétiens un genre de *merveilleux* inconnu à l'antiquité[1]. Il n'y a peut-être rien de plus favorable aux muses que ce lieu de purification, placé sur les confins de la douleur et de la joie, où viennent se réunir les sentiments confus du bonheur et de l'infortune. La gradation des souffrances en raison des fautes passées, ces âmes plus ou moins heureuses, plus ou moins brillantes, selon qu'elles approchent plus ou moins de la double éternité des plaisirs ou des peines, pourroient fournir des sujets touchants au pinceau. Le purgatoire surpasse en poésie le ciel et l'enfer, en ce qu'il présente un avenir qui manque aux deux premiers.

Dans l'Élysée antique le fleuve du Léthé n'avoit point été inventé sans beaucoup de grâce; mais toutefois on ne sauroit dire que les ombres qui renaissoient à la vie sur ses bords présentassent la même progression poétique vers le bonheur que les âmes du *purgatoire*. Quitter les campagnes des mânes heureux pour revenir dans ce monde, c'étoit passer d'un état parfait à un état qui l'étoit moins; c'étoit rentrer dans le cercle, renaître pour mourir, voir ce qu'on avoit vu. Toute chose dont l'esprit peut mesurer l'étendue est petite : le cercle, qui chez les anciens exprimoit l'éternité, pouvoit être une image grande et vraie; cependant il nous semble qu'elle tue l'imagination, en la forçant de tourner dans ce cerceau redoutable. La ligne droite prolongée sans fin seroit peut-être plus belle, parce qu'elle jetteroit la

---

[1]. On trouve quelque trace de ce dogme dans Platon et dans la doctrine de Zénon. (Voy. Diog. Laert.) Les poëtes paroissent aussi en avoir eu quelque idée (*Æneid.*, lib. vi). Mais tout cela est vague, sans suite et sans but. Voyez la note XIX, à la fin du volume.

pensée dans un vague effrayant, et feroit marcher de front trois choses qui paroissent s'exclure, l'espérance, la mobilité et l'éternité.

Le rapport à établir entre le châtiment et l'offense peut produire ensuite dans le purgatoire tous les charmes du sentiment. Que de peines ingénieuses réservées à une mère trop tendre, à une fille trop crédule, à un jeune homme trop ardent! Et certes, puisque les vents, les feux, les glaces prêtent leurs violences aux tourments de l'enfer, pourquoi ne trouveroit-on pas des souffrances plus douces dans les chants du rossignol, dans les parfums des fleurs, dans le bruit des fontaines, ou dans les affections purement morales? Homère et Ossian ont chanté les plaisirs *de la douleur* :

κρυεροῦ τεταρπόμεστα γοοίο, *the joy of grief.*

Une autre source de poésie qui découle du purgatoire est ce dogme par qui nous sommes enseignés que les prières et les bonnes œuvres des mortels hâtent la délivrance des âmes. Admirable commerce entre le fils vivant et le père décédé! entre la mère et la fille, entre l'époux et l'épouse, entre la vie et la mort! Que de choses attendrissantes dans cette doctrine! Ma vertu, à moi chétif mortel, devient un bien commun pour tous les chrétiens; et de même que j'ai été atteint du péché d'Adam, ma justice est passée en compte aux autres. Poëtes chrétiens, les prières de vos Nisus atteindront un Euryale au delà du tombeau; vos riches pourront partager leur superflu avec le pauvre; et pour le plaisir qu'ils auront eu à faire cette simple, cette agréable action, Dieu les en récompensera encore, en retirant leur père et leur mère d'un lieu de peines! C'est une belle chose d'avoir, par l'attrait de l'amour, forcé le cœur de l'homme à la vertu, et de penser que le même denier qui donne le pain du moment au misérable donne peut-être à une âme délivrée une place éternelle à la table du Seigneur.

CHAPITRE XVI.

LE PARADIS.

Le trait qui distingue essentiellement le *Paradis* de l'*Élysée*, c'est que dans le premier les âmes saintes habitent le ciel avec Dieu et les anges, et que dans le dernier les ombres heureuses sont séparées de l'Olympe. Le système philosophique de Platon et de Pythagore qui divise l'âme en deux essences, le *char subtil* qui s'envole au-dessous de la lune, et l'*esprit* qui remonte vers la Divinité; ce système, disons-nous, n'est pas de notre compétence, et nous ne parlons que de la théologie poétique.

Nous avons fait voir dans plusieurs endroits de cet ouvrage la différence qui existe entre la félicité des élus et celle des mânes de l'Élysée. Autre est de danser et de faire des festins, autre de connoître la nature des choses, de lire dans l'avenir, de voir les révolutions des globes, enfin d'être comme associé à l'omni-science, sinon à la toute-puissance de Dieu. Il est pourtant extraordinaire qu'avec tant d'avantages les poëtes chrétiens aient échoué dans la peinture du ciel. Les uns ont péché par timidité, comme le Tasse et Milton; les autres par fatigue, comme le Dante; par philosophie, comme Voltaire; ou par abondance, comme Klopstock[1]. Il y a donc un écueil caché dans ce sujet; voici quelles sont nos conjectures à cet égard.

Il est de la nature de l'homme de ne sympathiser qu'avec les choses qui ont des rapports avec lui, et qui le saisissent par un certain côté, tel, par exemple, que le malheur. Le ciel, où règne une félicité sans bornes, est trop au-dessus de la condition humaine pour que l'âme soit fort touchée du bonheur des élus : on ne s'intéresse guère à des êtres parfaitement heureux. C'est pourquoi les poëtes ont mieux réussi dans la description des enfers; du moins l'humanité est ici, et les tourments des coupables nous rappellent les chagrins de notre vie; nous nous attendrissons sur les infortunes des autres, comme les esclaves d'Achille, qui en répandant beaucoup de larmes sur la mort de Patrocle pleuroient secrètement leurs propres malheurs.

Pour éviter la froideur qui résulte de l'éternelle et toujours semblable félicité des justes, on pourroit essayer d'établir dans le ciel une espérance, une attente quelconque de plus de bonheur, ou d'une époque inconnue dans la révolution des êtres; on pourroit rappeler davantage les choses humaines, soit en tirant des comparaisons, soit en donnant des affections et même des passions aux élus : l'Écriture nous parle des *espérances* et des saintes *tristesses du ciel*. Pourquoi donc n'y auroit-il pas dans le paradis des pleurs tels que les saints peuvent en répandre[2]? Par ces divers moyens, on feroit naître des harmonies entre notre nature bornée et une constitution plus sublime, entre nos fins rapides et les choses éternelles : nous serions moins

---

1. C'est une chose assez bizarre que Chapelain, qui a créé des chœurs de martyrs, de vierges et d'apôtres, ait seul placé le paradis chrétien dans son véritable jour.

2. Milton a saisi cette idée, lorsqu'il représente les anges consternés à la nouvelle de la chute de l'homme; et Fénelon donne le même mouvement de pitié aux ombres heureuses.

portés à regarder comme une fiction un bonheur qui, semblable au nôtre, seroit mêlé de changements et de larmes.

D'après ces considérations sur l'usage du *merveilleux* chrétien dans la poésie, on peut du moins douter que le *merveilleux* du paganisme ait sur le premier un avantage aussi grand qu'on l'a généralement supposé. On oppose toujours Milton avec ses défauts à Homère avec ses beautés ; mais supposons que le chantre d'*Eden* fût né en France sous le siècle de Louis XIV, et qu'à la grandeur naturelle de son génie il eût joint le goût de Racine et de Boileau : nous demandons quel fût devenu alors le *Paradis perdu*, et si le *merveilleux* de ce poëme n'eût pas égalé celui de l'*Iliade* et de l'*Odyssée*. Si nous jugions la mythologie d'après la *Pharsale*, ou même d'après l'*Énéide*, en aurions-nous la brillante idée que nous en a laissée le père des Grâces, l'inventeur de la ceinture de Vénus ? Quand nous aurons sur un sujet chrétien un ouvrage aussi parfait dans son genre que les ouvrages d'Homère, nous pourrons nous décider en faveur du *merveilleux* de la fable, ou du *merveilleux* de notre religion ; jusque alors il sera permis de douter de la vérité de ce précepte de Boileau :

> De la foi d'un chrétien les mystères terribles
> D'ornements égayés ne sont point susceptibles.
> *Art poét.*, ch. III.

Au reste, nous pouvions nous dispenser de faire lutter le christianisme avec la mythologie sous le seul rapport du *merveilleux*. Nous ne sommes entré dans cette étude que par surabondance de moyens, et pour montrer les ressources de notre cause. Nous pouvions trancher la question d'une manière simple et péremptoire ; car fût-il certain, comme il est douteux, que le christianisme ne pût fournir un *merveilleux* aussi riche que celui de la fable, encore est-il vrai qu'il y a une certaine poésie de l'âme, une sorte d'imagination du cœur, dont on ne trouve aucune trace dans la mythologie. Or, les beautés touchantes qui émanent de cette source feroient seules une ample compensation pour les ingénieux mensonges de l'antiquité.

Tout est machine et ressort, tout est extérieur, tout est fait pour les yeux dans les tableaux du paganisme ; tout est sentiment et pensée, tout est intérieur, tout est créé pour l'âme dans les peintures de la religion chrétienne. Quel charme de méditation ! quelle profondeur de rêverie ! Il y a plus d'enchantement dans une de ces larmes que le christianisme fait répandre au fidèle que dans toutes les riantes erreurs de la mythologie. Avec une *Notre-Dame des Douleurs*, une *Mère de Pitié*, quelque saint obscur, patron de l'aveugle et de l'orphelin, un auteur peut écrire une page plus attendrissante qu'avec tous les dieux du Panthéon. C'est bien là aussi de la *poésie!* c'est bien là du *merveilleux!* Mais voulez-vous du *merveilleux* plus sublime, contemplez la vie et les douleurs du Christ, et souvenez-vous que votre *Dieu* s'est appelé le *Fils de l'Homme!* Nous osons le prédire : un temps viendra que l'on sera étonné d'avoir pu méconnoître les beautés qui existent dans les seuls noms, dans les seules expressions du christianisme; l'on aura de la peine à comprendre comment on a pu se moquer de cette religion de la raison et du malheur.

Ici finissent les relations directes du christianisme et des Muses, puisque nous avons achevé de l'envisager *poétiquement* dans ses rapports avec les *hommes* et dans ses rapports avec les *êtres surnaturels.* Nous couronnerons ce que nous avons dit sur ce sujet par une vue générale de l'Écriture : c'est la source où Milton, le Dante, le Tasse et Racine ont puisé une partie de leurs merveilles, comme les poëtes de l'antiquité ont emprunté leurs grands traits d'Homère.

FIN DU LIVRE QUATRIÈME.

LIVRE CINQUIÈME.

LA BIBLE ET HOMÈRE.

CHAPITRE PREMIER.

DE L'ÉCRITURE ET DE SON EXCELLENCE.

C'est un corps d'ouvrage bien singulier que celui qui commence par la Genèse et qui finit par l'Apocalypse ; qui s'annonce par le style le plus clair et qui se termine par le ton le plus figuré. Ne diroit-on pas que tout est grand et simple dans Moïse, comme cette création du monde et cette innocence des hommes primitifs qu'il nous peint ; et que tout est terrible et hors de la nature dans le dernier prophète, comme ces sociétés corrompues et cette fin du monde qu'il nous représente ?

Les productions les plus étrangères à nos mœurs, les livres sacrés des nations infidèles, le Zend-Avesta des Parsis, le Veidam des Brahmes, le Coran des Turcs, les Edda des Scandinaves, les Maximes de Confucius, les poëmes sanskrits, ne nous surprennent point : nous y retrouvons la chaîne ordinaire des idées humaines ; ils ont quelque chose de commun entre eux, et dans le ton et dans la pensée. La Bible seule ne ressemble à rien : c'est un monument détaché des autres. Expliquez-la à un Tartare, à un Cafre, à un Canadien ; mettez-la entre les mains d'un bonze ou d'un derviche : ils en seront également étonnés. Fait qui tient du miracle ! Vingt auteurs, vivant à des époques très-éloignées les unes des autres, ont travaillé aux livres saints, et quoiqu'ils aient employé vingt styles divers, ces styles, toujours inimitables, ne se rencontrent dans aucune composition. Le Nouveau Testament, si différent de l'Ancien par le ton, partage néanmoins avec celui-ci cette étonnante originalité.

Ce n'est pas la seule chose extraordinaire que les hommes s'accordent à trouver dans l'Écriture : ceux qui ne veulent pas croire à l'authenticité de la Bible croient pourtant, en dépit d'eux-mêmes, à quelque chose dans cette même Bible. Déistes et athées, grands et petits, attirés par je ne sais quoi d'inconnu, ne laissent pas de feuilleter sans cesse l'ouvrage que les uns admirent et que les autres dénigrent. Il n'y a pas une position dans la vie pour laquelle on ne puisse rencontrer dans la Bible un verset qui semble dicté tout exprès. On nous persuadera difficilement que tous les événements possibles, heureux ou malheureux, aient été prévus avec toutes leurs conséquences dans un livre écrit de la main des hommes. Or, il est certain qu'on trouve dans l'Écriture :

L'origine du monde et l'annonce de sa fin ;

La base des sciences humaines ;

Les préceptes politiques depuis le gouvernement du père de famille jusqu'au despotisme ; depuis l'âge pastoral jusqu'au siècle de corruption ;

Les préceptes moraux applicables à la prospérité et à l'infortune, aux rangs les plus élevés comme aux rangs les plus humbles de la vie ;

Enfin, toutes les sortes de styles ; styles qui, formant un corps unique de cent morceaux divers, n'ont toutefois aucune ressemblance avec les styles des hommes.

CHAPITRE II.

QU'IL Y A TROIS STYLES PRINCIPAUX DANS L'ÉCRITURE.

Entre ces styles divins, trois surtout se font remarquer :

1° Le style historique, tel que celui de la Genèse, du Deutéronome, de Job, etc. ;

2° La poésie sacrée telle qu'elle existe dans les psaumes, dans les prophètes et dans les traités moraux, etc. ;

3° Le style évangélique.

Le premier de ces trois styles, avec un charme plus grand qu'on ne peut dire, tantôt imite la narration de l'épopée, comme dans l'aventure de Joseph, tantôt emprunte des mouvements de l'ode, comme après le passage de la mer Rouge ; ici soupire les élégies du saint Arabe, là chante avec Ruth d'attendrissantes bucoliques. Ce peuple, dont tous les pas sont marqués par des phénomènes, ce peuple pour qui le soleil s'arrête, le rocher verse des eaux, le ciel prodigue la manne, ce peuple ne pouvoit avoir des fastes ordinaires. Les formes connues changent à son égard : ses révolutions sont tour à tour racontées avec la trompette, la lyre et le chalumeau ; et le style de son histoire est lui-même un continuel miracle qui porte témoignage de la vérité des miracles dont il perpétue le souvenir.

On est merveilleusement étonné d'un bout de la Bible à l'autre. Qu'y a-t-il de comparable à l'ouverture de la Genèse? Cette simplicité de langage, en raison inverse de la magnificence des faits, nous semble le dernier effort du génie.

In principio creavit Deus cœlum et terram.

Terra autem erat inanis et vacua, et tenebræ erant super faciem abyssi; et spiritus Dei ferebatur super aquas.

Dixitque Deus : Fiat lux. Et facta est lux. Et vidit Deus lucem quod esset bona; et divisit lucem a tenebris[1].

On ne montre pas comment un pareil style est beau ; et si quelqu'un le critiquoit, on ne sauroit que répondre. Nous nous contenterons d'observer que Dieu qui voit la lumière, et qui, comme un *homme* content de son ouvrage, s'applaudit lui-même et la trouve bonne, est un de ces traits qui ne sont point dans l'ordre des choses humaines ; cela ne tombe point naturellement dans l'esprit. Homère et Platon, qui parlent des dieux avec tant de sublimité, n'ont rien de semblable à cette naïveté imposante : c'est Dieu qui s'abaisse au langage des hommes pour leur faire comprendre ses merveilles, mais c'est toujours Dieu.

Quand on songe que Moïse est le plus ancien historien du monde; quand on remarque qu'il n'a mêlé aucune fable à ses récits; quand on le considère comme le libérateur d'un grand peuple, comme l'auteur d'une des plus belles législations connues et comme l'écrivain le plus sublime qui ait jamais existé; lorsqu'on le voit flotter dans son berceau sur le Nil, se cacher ensuite dans les déserts pendant plusieurs années, puis revenir pour entr'ouvrir la mer, faire couler les sources du rocher, s'entretenir avec Dieu dans la nue, et disparoître enfin sur le sommet d'une montagne, on entre dans un grand étonnement. Mais lorsque, sous les rapports chrétiens, on vient à penser que l'histoire des Israélites est non-seulement l'histoire réelle des anciens jours, mais encore la figure des temps modernes; que chaque fait est double et contient en lui-même une *vérité historique* et un *mystère;* que le peuple juif est un abrégé symbolique de la race humaine, représentant dans ses aventures tout ce qui est arrivé et tout ce qui doit arriver dans l'univers; que Jérusalem doit être toujours prise pour une autre cité, Sion pour une autre montagne, la Terre Promise pour une autre terre, et la vocation d'Abraham pour une autre vocation; lorsqu'on fait réflexion que l'homme *moral* est aussi caché sous l'homme *physique* dans cette histoire; que la chute d'Adam, le sang d'Abel, la nudité voilée de Noé, et la malédiction de ce père sur un fils, se mani-

---

1. Voyez la note XX, à la fin du volume.

festent encore aujourd'hui dans l'enfantement douloureux de la femme, dans la misère et l'orgueil de l'homme, dans les flots de sang qui inondent le globe depuis le fratricide de Caïn, dans les races maudites descendues de Cham, qui habitent une des plus belles parties de la terre[1] ; enfin, quand on voit le fils promis à David venir à point nommé rétablir la vraie morale et la vraie religion, réunir les peuples, substituer le sacrifice de l'homme intérieur aux holocaustes sanglants, alors on manque de paroles, ou l'on est prêt à s'écrier avec le prophète : « Dieu est notre roi avant tous les temps. » *Deus autem rex noster ante sæcula.*

C'est dans Job que le style historique de la Bible prend, comme nous l'avons dit, le ton de l'élégie. Aucun écrivain n'a poussé la tristesse de l'âme au degré où elle a été portée par le saint Arabe, pas même Jérémie, *qui peut seul égaler les lamentations aux douleurs,* comme parle Bossuet. Il est vrai que les images empruntées de la nature du Midi, les sables brûlants du désert, le palmier solitaire, la montagne stérile, conviennent singulièrement au langage et au sentiment d'un cœur malheureux ; mais il y a dans la mélancolie de Job quelque chose de surnaturel. L'homme *individuel,* si misérable qu'il soit, ne peut tirer de tels soupirs de son âme. Job est la figure de l'*humanité souffrante,* et l'écrivain inspiré a trouvé assez de plaintes pour la multitude des maux partagés entre la race humaine. De plus, comme dans l'Écriture tout a un rapport final avec la nouvelle alliance, on pourroit croire que les élégies de Job se préparoient aussi pour les jours de deuil de l'Église de Jésus-Christ : Dieu faisoit composer par ses prophètes des cantiques funèbres dignes des morts chrétiens, deux mille ans avant que ces morts sacrés eussent conquis la vie éternelle.

« Puisse périr le jour où je suis né, et la nuit en laquelle il a été dit : Un homme a été conçu[2] ! »

Étrange manière de gémir ! Il n'y a que l'Écriture qui ait jamais parlé ainsi.

« Je dormirois dans le silence, et je reposerois dans mon sommeil[3]. »

Cette expression, *je reposerois dans* MON *sommeil,* est une chose frappante ; mettez *le* sommeil, tout disparoît. Bossuet a dit : *Dormez*

---

1. Les Nègres.
2. Job, chap. III, v. 3. Nous nous servons de la traduction de Sacy, à cause des personnes qui y sont accoutumées ; cependant nous nous en éloignerons quelquefois lorsque l'hébreu, les Septante et la Vulgate nous donneront un sens plus fort et plus beau.   3. Job, v. 13.

VOTRE *sommeil, riches de la terre, et demeurez dans* VOTRE *poussière*[1].

« Pourquoi le jour a-t-il été donné au misérable, et la vie à ceux qui sont dans l'amertume du cœur[2] ? »

Jamais les entrailles de l'homme n'ont fait sortir de leur profondeur un cri plus douloureux.

« L'homme né de la femme vit peu de temps, et il est rempli de beaucoup de misères[3]. »

Cette circonstance, *né de la femme*, est une redondance merveilleuse ; on voit toutes les infirmités de l'homme dans celles de sa mère. Le style le plus recherché ne peindroit pas la vanité de la vie avec la même force que ce peu de mots : « Il vit *peu de temps*, et il est rempli de *beaucoup* de misères. »

Au reste, tout le monde connoît ce passage où Dieu daigne justifier sa puissance devant Job en confondant la raison de l'homme : c'est pourquoi nous n'en parlons point ici.

Le troisième caractère sous lequel il nous resteroit à envisager le style *historique* de la Bible est le caractère pastoral ; mais nous aurons occasion d'en traiter avec quelque étendue dans les deux chapitres suivants.

Quant au second style général des saintes lettres, à savoir la *poésie sacrée*, une foule de critiques s'étant exercés sur ce sujet, il seroit superflu de nous y arrêter. Qui n'a lu les chœurs d'*Esther* et d'*Athalie*, les odes de Rousseau et de Malherbe ? Le traité du docteur Lowth est entre les mains de tous les littérateurs, et La Harpe a donné en prose une traduction estimée du Psalmiste.

Enfin, le troisième et dernier style des livres saints est celui du *Nouveau Testament*. C'est là que la sublimité des prophètes se change en une tendresse non moins sublime ; c'est là que parle l'amour divin ; c'est là que le *Verbe* s'est réellement *fait chair*. Quelle onction ! quelle simplicité !

Chaque évangéliste a un caractère particulier, excepté saint Marc, dont l'Évangile ne semble être que l'abrégé de celui de saint Matthieu. Saint Marc, toutefois, étoit disciple de saint Pierre, et plusieurs ont pensé qu'il a écrit sous la dictée de ce prince des apôtres. Il est

---

1. *Orais. fun. du chancelier Le Tellier.*
2. JOB, chap. III, v. 20.
3. JOB, chap. XIV, v. 1.

digne de remarque qu'il a raconté aussi la faute de son maître. Cela nous semble un mystère sublime et touchant, que Jésus-Christ ait choisi pour chef de son Église précisément le seul de ses disciples qui l'eût renié. Tout l'esprit du christianisme est là : saint Pierre est l'Adam de la nouvelle loi ; il est le père coupable et repentant des nouveaux Israélistes. Sa chute nous enseigne en outre que la religion chrétienne est une religion de miséricorde, et que Jésus-Christ a établi sa loi parmi les hommes sujets à l'erreur, moins encore pour l'innocence que pour le repentir.

L'Évangile de saint Matthieu est surtout précieux pour la morale. C'est cet apôtre qui nous a transmis le plus grand nombre de ces préceptes en sentiments qui sortoient avec tant d'abondance des entrailles de Jésus-Christ.

Saint Jean a quelque chose de plus doux et de plus tendre. On reconnoît en lui *le disciple que Jésus aimoit,* le disciple qu'il voulut avoir auprès de lui, au jardin des Oliviers, pendant son agonie. Sublime distinction sans doute! car il n'y a que l'ami de notre âme qui soit digne d'entrer dans le mystère de nos douleurs. Jean fut encore le seul des apôtres qui accompagna le Fils de l'Homme jusqu'à la croix. Ce fut là que le Sauveur lui légua sa mère. *Mulier, ecce filius tuus; deinde dixit discipulo : Ecce mater tua.* Mot céleste, parole ineffable! Le disciple bien aimé, qui avoit dormi sur le sein de son Maître, avoit gardé de lui une image ineffaçable : aussi le reconnut-il le premier après sa résurrection. Le cœur de Jean ne put se méprendre aux traits de son divin ami, et la foi lui vint de la charité.

Au reste, l'esprit de tout l'Évangile de saint Jean est renfermé dans cette maxime qu'il alloit répétant dans sa vieillesse : cet apôtre, rempli de jours et de bonnes œuvres, ne pouvant plus faire de longs discours au nouveau peuple qu'il avoit enfanté à Jésus-Christ, se contentoit de lui dire : *Mes petits enfants, aimez-vous les uns les autres.*

Saint Jérôme prétend que saint Luc étoit médecin, profession si noble et si belle dans l'antiquité, et que son Évangile est la médecine de l'âme. Le langage de cet apôtre est pur et élevé : on voit que c'étoit un homme versé dans les lettres et qui connoissoit les affaires et les hommes de son temps. Il entre dans son récit à la manière des anciens historiens ; vous croyez entendre Hérodote :

« 1º Comme plusieurs ont entrepris d'écrire l'histoire des choses qui se sont accomplies parmi nous ;

« 2º Suivant le rapport que nous en ont fait ceux qui dès le commencement les ont vues de leurs propres yeux, et qui ont été les ministres de la parole ;

« 3° J'ai cru que je devois aussi, très-excellent Théophile, après avoir été exactement informé de toutes ces choses, depuis leur commencement, vous en écrire par ordre toute l'histoire. »

Notre ignorance est telle aujourd'hui, qu'il y a peut-être des *gens de lettres* qui seront étonnés d'apprendre que saint Luc est un très-grand écrivain, dont l'Évangile respire le génie de l'antiquité grecque et hébraïque. Qu'y a-t-il de plus beau que tout le morceau qui précède la naissance de Jésus-Christ?

« Au temps d'Hérode, roi de Judée, il y avoit un prêtre nommé Zacharie, du sang d'Abia ; sa femme étoit aussi de la race d'Aaron ; elle s'appeloit Élisabeth.

« Ils étoient tous deux justes devant Dieu... Ils n'avoient point d'enfants, parce que Élisabeth étoit stérile et qu'ils étoient tous deux avancés en âge. »

Zacharie offre un sacrifice ; un ange lui *apparoît debout à côté de l'autel des parfums*. Il lui prédit qu'il aura un fils, et que ce fils s'appellera Jean ; qu'il sera le précurseur du Messie *et qu'il réunira le cœur des pères et des enfants*. Le même ange va trouver ensuite *une vierge qui demeuroit en Israel*, et lui dit : « Je vous salue, ô pleine de grâce ! le Seigneur est avec vous. » Marie *s'en va dans les montagnes de Judée*; elle rencontre Élisabeth, et l'enfant que celle-ci portoit dans son sein tressaille à la voix de la vierge qui devoit mettre au jour le Sauveur du monde. Élisabeth, remplie tout à coup de l'Esprit saint, élève la voix et s'écrie : « Vous êtes bénie entre toutes les femmes, et le fruit de votre sein sera béni.

« D'où me vient le bonheur que la mère de mon Sauveur vienne vers moi?

« Car, lorsque vous m'avez saluée, votre voix n'a pas plus tôt frappé mon oreille, que mon enfant a tressailli de joie dans mon sein. »

Marie entonne alors le magnifique cantique : « O mon âme ! glorifie le Seigneur. »

L'histoire de la crèche et des bergers vient ensuite. *Une troupe nombreuse de l'armée céleste* chante pendant la nuit : *Gloire à Dieu dans le ciel, et paix sur la terre aux hommes de bonne volonté!* mot digne des anges, et qui est comme l'abrégé de la religion chrétienne.

Nous croyons connoître un peu l'antiquité, et nous osons assurer qu'on chercheroit longtemps chez les plus beaux génies de Rome et de la Grèce avant d'y trouver rien qui soit à la fois aussi simple et aussi merveilleux.

Quiconque lira l'Évangile avec un peu d'attention y découvrira à tous moments des choses admirables et qui échappent d'abord, à cause de leur extrême simplicité. Saint Luc, par exemple, en donnant la généalogie du Christ, remonte jusqu'à la naissance du monde. Arrivé aux premières générations et continuant à nommer les races, il dit : *Cainan qui fuit Henos, qui fuit Seth, qui fuit Adam, qui fuit* Dei. Le simple mot *qui fuit* Dei, jeté là sans commentaire et sans réflexion, pour raconter la création, l'origine, la nature, les fins et le mystère de l'homme, nous semble de la plus grande sublimité.

La religion du fils de Marie est comme l'essence des diverses religions ou ce qu'il y a de plus céleste en elles. On peut peindre en quelques mots le caractère du style évangélique : c'est un ton d'autorité paternelle mêlé à je ne sais quelle indulgence de frère, à je ne sais quelle considération d'un Dieu qui pour nous racheter a daigné devenir fils et frère des hommes.

Au reste, plus on lit les Épîtres des Apôtres, surtout celles de saint Paul, et plus on est étonné : on ne sait quel est cet homme qui dans une espèce de prône commun dit familièrement des mots sublimes, jette les regards les plus profonds sur le cœur humain, explique la nature du souverain Être et prédit l'avenir[1].

CHAPITRE III.

PARALLÈLE DE LA BIBLE ET D'HOMÈRE.
TERMES DE COMPARAISON.

On a tant écrit sur la Bible, on l'a tant de fois commentée, que le seul moyen qui reste peut-être aujourd'hui d'en faire sentir les beautés, c'est de la rapprocher des poëmes d'Homère. Consacrés par les siècles, ces poëmes ont reçu du temps une espèce de sainteté qui justifie le parallèle et écarte toute idée de profanation. Si Jacob et Nestor ne sont pas de la même famille, ils sont du moins l'un et l'autre des premiers jours du monde, et l'on sent qu'il n'y a qu'un pas des palais de Pylos aux tentes d'Ismael.

Comment la Bible est plus belle qu'Homère ; quelles sont les ressemblances et les différences qui existent entre elle et les ouvrages de ce poëte : voilà ce que nous nous proposons de rechercher dans ces chapitres. Considérons ces deux monuments, qui, comme deux colonnes

---

1. Voyez la note XXI, à la fin du volume.

solitaires, sont placés à la porte du temple du Génie et en forment le simple péristyle.

Et d'abord, c'est une chose assez curieuse de voir lutter de front les deux langues les plus anciennes du monde; langues dans lesquelles Moïse et Lycurgue ont publié leurs lois, et Pindare et David chanté leurs hymnes.

L'hébreu, concis, énergique, presque sans inflexions dans ses verbes, exprimant vingt nuances de la pensée par la seule apposition d'une lettre, annonce l'idiome d'un peuple qui, par une alliance remarquable, unit à la simplicité primitive une connoissance approfondie des hommes.

Le grec montre dans ses conjugaisons perplexes, dans ses inflexions, dans sa diffuse éloquence, une nation d'un génie imitatif et sociable, une nation gracieuse et vaine, mélodieuse et prodigue de paroles.

L'hébreu veut-il composer un verbe, il n'a besoin que de connoître les trois lettres radicales qui forment au singulier la troisième personne du prétérit. Il a à l'instant même tous les temps et tous les modes, en ajoutant quelques lettres *serviles* avant, après ou entre les trois lettres radicales.

Bien plus embarrassée est la marche du grec. Il faut considérer la *caractéristique,* la *terminaison,* l'*augment* et la *pénultième* de certaines *personnes* des *temps* des verbes; choses d'autant plus difficiles à connoître, que la *caractéristique* se perd, se transpose ou se charge d'une lettre inconnue, selon la lettre même devant laquelle elle se trouve placée.

Ces deux conjugaisons hébraïque et grecque, l'une si simple et si courte, l'autre si composée et si longue, semblent porter l'empreinte de l'esprit et des mœurs des peuples qui les ont formées : la première retrace le langage concis du patriarche qui va seul visiter son voisin au puits du palmier; la seconde rappelle la prolixe éloquence du Pélasge qui se présente à la porte de son hôte.

Si vous prenez au hasard quelque substantif grec ou hébreu, vous découvrirez encore mieux le génie des deux langues. *Nesher,* en hébreu, signifie un *aigle* : il vient du verbe *shur, contempler,* parce que l'aigle fixe le soleil.

Aigle, en grec, se rend par αἰετός, *vol rapide.*

Israel a été frappé de ce que l'aigle a de plus sublime : il l'a vu immobile sur le rocher de la montagne, regardant l'astre du jour à son réveil.

Athènes n'a aperçu que le vol de l'aigle, sa fuite impétueuse, et ce mouvement qui convenoit au propre mouvement du génie des Grecs.

Telles sont précisément ces images de *soleil*, de *feux*, de *montagnes*, si souvent employées dans la Bible, et ces peintures de *bruits*, de *courses*, de *passages*, si multipliées dans Homère [1].

Nos termes de comparaison seront :

La simplicité ;

L'antiquité des mœurs ;

La narration ;

La description ;

Les comparaisons ou les images ;

Le sublime.

Examinons le premier terme.

1° *Simplicité.*

La simplicité de la Bible est plus courte et plus grave ; la simplicité d'Homère plus longue et plus riante.

La première est sentencieuse, et revient aux mêmes locutions pour exprimer des choses nouvelles.

La seconde aime à s'étendre en paroles, et répète souvent dans les mêmes phrases ce qu'elle vient déjà de dire.

La simplicité de l'Écriture est celle d'un antique prêtre qui, plein des sciences divines et humaines, dicte du fond du sanctuaire les oracles précis de la sagesse.

La simplicité du poëte de Chio est celle d'un vieux voyageur qui raconte au foyer de son hôte ce qu'il a appris dans le cours d'une vie longue et traversée.

2° *Antiquité des mœurs.*

Les fils des pasteurs d'Orient gardent les troupeaux comme les fils des rois d'Ilion ; mais, lorsque Pâris retourne à Troie, il habite un palais parmi des esclaves et des voluptés.

Une tente, une table frugale, des serviteurs rustiques, voilà tout ce qui attend les enfants de Jacob chez leur père.

Un hôte se présente-t-il chez un prince dans Homère, des femmes, et quelquefois la fille même du roi, conduisent l'étranger au bain. On le parfume, on lui donne à laver dans des aiguières d'or et d'argent, on le revêt d'un manteau de pourpre, on le conduit dans la salle du festin, on le fait s'asseoir dans une belle chaise d'ivoire, ornée d'un beau marche-pied. Des esclaves mêlent le vin et l'eau dans les coupes

---

[1]. Αἰετός paroît tenir à l'hébreu HAIT, s'élancer avec fureur, à moins qu'on ne le dérive d'ATE, devin ; ATH, prodige : on retrouveroit ainsi l'art de la divination dans une étymologie. L'*aquila* des Latins vient manifestement de l'hébreu *aouik*, *animal à serres*. L'*a* n'est qu'une terminaison latine ; *u* se doit prononcer *ou*. Quant à la transposition du *k* et son changement en *q*, c'est peu de chose.

et lui présentent les dons de Cérès dans une corbeille ; le maître du lieu lui sert le dos succulent de la victime, dont il lui fait une part cinq fois plus grande que celle des autres. Cependant on mange avec une grande joie, et l'abondance a bientôt chassé la faim. Le repas fini, on prie l'*étranger* de raconter son histoire. Enfin, à son départ, on lui fait de riches présents, si mince qu'ait paru d'abord son équipage ; car on suppose que c'est un dieu qui vient, ainsi déguisé, surprendre le cœur des rois, ou un homme tombé dans l'infortune, et par conséquent le favori de Jupiter.

Sous la tente d'Abraham, la réception se passe autrement. Le patriarche sort pour aller au-devant de son hôte : il le salue, et puis adore Dieu. Les fils du lieu emmènent les chameaux, et les filles leur donnent à boire. On lave les pieds du *voyageur* : il s'assied à terre, et prend en silence le repas de l'hospitalité. On ne lui demande point son histoire, on ne le questionne point ; il demeure ou continue sa route à volonté. A son départ, on fait alliance avec lui, et l'on élève la pierre du témoignage. Cet autel doit dire aux siècles futurs que deux hommes des anciens jours se rencontrèrent dans le chemin de la vie ; qu'après s'être traités comme deux frères, ils se quittèrent pour ne se revoir jamais et pour mettre de grandes régions entre leurs tombeaux.

Remarquons que l'hôte inconnu est un *étranger* chez Homère et un *voyageur* dans la Bible. Quelles différentes vues de l'humanité! Le grec ne porte qu'une idée politique et locale où l'hébreu attache un sentiment moral et universel.

Chez Homère, les œuvres civiles se font avec fracas et parade : un juge, assis au milieu de la place publique, prononce à haute voix ses sentences ; Nestor, au bord de la mer, fait des sacrifices ou harangue les peuples. Une noce a des flambeaux, des épithalames, des couronnes suspendues aux portes ; une armée, un peuple entier, assistent aux funérailles d'un roi ; un serment se fait au nom des Furies, avec des imprécations terribles, etc.

Jacob, sous un palmier, à l'entrée de sa tente, distribue la justice à ses pasteurs. « Mettez la main sur ma cuisse[1], dit Abraham à son serviteur, et jurez d'aller en Mésopotamie. » Deux mots suffisent pour conclure un mariage au bord de la fontaine. Le domestique amène

---

1. *Femur meum*. Cette coutume de jurer par la génération des hommes est une naïve image des mœurs des premiers jours du monde, alors que la terre avoit encore d'immenses déserts et que l'homme étoit pour l'homme ce qu'il y avoit de plus cher et de plus grand. Les Grecs connurent aussi cet usage, comme on le voit dans la *Vie de Cratès*. Diog. Laërt., lib. vi.

l'accordée au fils de son maître, ou le fils du maître s'engage à garder pendant sept ans les troupeaux de son beau-père, pour obtenir sa fille. Un patriarche est porté par ses fils, après sa mort, à la cave de ses pères, dans le champ d'Éphron. Ces mœurs-là sont plus vieilles encore que les mœurs homériques, parce qu'elles sont plus simples : elles ont aussi un calme et une gravité qui manquent aux premières.

3° *La narration.*

La narration d'Homère est coupée par des digressions, des discours, des descriptions de vases, de vêtements, d'armes et de sceptres; par des généalogies d'hommes ou de choses. Les noms propres y sont hérissés d'épithètes; un héros manque rarement d'être *divin, semblable aux Immortels* ou *honoré des peuples comme un dieu.* Une princesse a toujours *de beaux bras*; elle est toujours comme *la tige du palmier de Délos,* et elle doit sa chevelure à la *plus jeune des Grâces.*

La narration de la Bible est rapide, sans digression, sans discours : elle est semée de sentences, et les personnages y sont nommés sans flatterie. Les noms reviennent sans fin, et rarement le pronom les remplace, circonstance qui, jointe au retour fréquent de la conjonction *et,* annonce par cette simplicité une société bien plus près de l'état de nature que la société peinte par Homère. Les amours-propres sont déjà éveillés dans les hommes de l'*Odyssée,* ils dorment encore chez les hommes de la Genèse.

4° *Description.*

Les descriptions d'Homère sont longues, soit qu'elles tiennent du caractère tendre ou terrible, ou triste, ou gracieux, ou fort ou sublime.

La Bible, dans tous ses genres, n'a ordinairement qu'un seul trait; mais ce trait est frappant, et met l'objet sous les yeux.

5° *Les comparaisons.*

Les comparaisons homériques sont prolongées par des circonstances incidentes : ce sont de petits tableaux suspendus au pourtour d'un édifice, pour délasser la vue de l'élévation des dômes, en l'appelant sur des scènes de paysages et de mœurs champêtres.

Les comparaisons de la Bible sont généralement exprimées en quelques mots : c'est un lion, un torrent, un orage, un incendie, qui rugit, tombe, ravage, dévore. Toutefois, elle connoît aussi les comparaisons détaillées, mais alors elle prend un tour oriental, et personnifie l'objet, comme l'orgueil dans le cèdre, etc.

6° *Le sublime.*

Enfin, le sublime dans Homère naît ordinairement de l'ensemble des parties, et arrive graduellement à son terme.

Dans la Bible il est presque toujours inattendu; il fond sur vous comme l'éclair; vous restez fumant et sillonné par la foudre avant de savoir comment elle vous a frappé.

Dans Homère, le sublime se compose encore de la magnificence des mots en harmonie avec la majesté de la pensée.

Dans la Bible, au contraire, le plus haut sublime provient souvent d'un contraste entre la grandeur de l'idée et la petitesse, quelquefois même la trivialité du mot qui sert à la rendre. Il en résulte un ébranlement, un froissement incroyable pour l'âme : car lorsque, exalté par la pensée, l'esprit s'élance dans les plus hautes régions, soudain l'expression, au lieu de le soutenir, le laisse tomber du ciel en terre et le précipite du sein de Dieu dans le limon de cet univers. Cette sorte de sublime, le plus impétueux de tous, convient singulièrement à un Être immense et formidable qui touche à la fois aux plus grandes et aux plus petites choses.

CHAPITRE IV.

SUITE DU PARALLÈLE DE LA BIBLE ET D'HOMÈRE. — EXEMPLES.

Quelques exemples achèveront maintenant le développement de ce parallèle. Nous prendrons l'ordre inverse de nos premières bases, c'est-à-dire que nous commencerons par les lieux d'oraison dont on peut citer des traits courts et détachés (tels que le *sublime* et les *comparaisons*), pour finir par la *simplicité* et l'*antiquité des mœurs*.

Il y a un endroit remarquable par le sublime dans l'*Iliade* : c'est celui où Achille, après la mort de Patrocle, paroît désarmé sur le retranchement des Grecs, et épouvante les bataillons troyens par ses cris[1]. Le nuage d'or qui ceint le front du fils de Pélée, la flamme qui s'élève sur sa tête, la comparaison de cette flamme à un feu placé la nuit au haut d'une tour assiégée, les trois cris d'Achille, qui trois fois jettent la confusion dans l'armée troyenne, tout cela forme ce sublime homérique, qui, comme nous l'avons dit, se compose de la réunion de plusieurs beaux accidents et de la magnificence des mots.

Voici un sublime bien différent, c'est le mouvement de l'ode dans son plus haut délire :

« Prophétie contre la vallée de Vision.

« D'où vient que tu montes ainsi en foule sur les toits,

---

1. *Iliad.*, liv. XVIII, v. 204.

« Ville pleine de tumulte, ville pleine de peuple, ville triomphante? Les enfants sont tués, et ils ne sont point morts par l'épée; ils ne sont point tombés par la guerre...

« Le Seigneur vous couronnera d'une couronne de maux. Il vous jettera comme une balle dans un champ large et spacieux. Vous mourrez là : et c'est à quoi se réduira le char de votre gloire [1]. »

Dans quel monde inconnu le prophète vous jette tout à coup! Où vous transporte-t-il? Quel est celui qui parle, et à qui la parole est-elle adressée? Le mouvement suit le mouvement, et chaque verset s'étonne du verset qui l'a précédé. La ville n'est plus un assemblage d'édifices, c'est une femme, ou plutôt un personnage mystérieux, car son sexe n'est pas désigné. Il monte sur *les toits pour gémir*; le prophète, partageant son désordre, lui dit au singulier : *pourquoi montes-tu?* et il ajoute, *en foule*, collectif. « Il vous jettera *comme une balle* dans *un champ spacieux*, et c'est *à quoi se réduira le char de votre gloire :* » voilà des alliances de mots et une poésie bien extraordinaires.

Homère a mille façons sublimes de peindre une mort violente; mais l'Écriture les a toutes surpassées par ce seul mot : « *Le premier-né de la mort* dévorera sa beauté. »

Le premier-né de la mort, pour dire *la mort la plus affreuse,* est une de ces figures qu'on ne trouve que dans la Bible. On ne sait pas où l'esprit humain a été chercher cela; les routes pour arriver à ce sublime sont inconnues [2].

C'est ainsi que l'Écriture appelle encore la mort *le roi des épouvantements;* c'est ainsi qu'elle dit, en parlant du méchant : « *Il a conçu la douleur et enfanté l'iniquité* [3]. »

Quand le même Job veut relever la grandeur de Dieu, il s'écrie : « *L'enfer est nu devant ses yeux* [4]; — *c'est lui qui lie les eaux dans les nuées* [5]; — *il ôte le baudrier aux rois et ceint leurs reins d'une corde* [6]. »

Le devin Théoclymène, au festin de Pénélope, est frappé des présages sinistres qui les menacent.

Ἀ δειλοί, etc. [7].

« Ah, malheureux! que vous est-il arrivé de funeste? quelles ténèbres sont répandues sur vos têtes, sur votre visage et autour de vos genoux

---

1. Is., chap. xii, v. 1-2, 18.
2. Job, chap. xviii, v. 13. Nous avons suivi le sens de l'hébreu avec la Polyglotte de Ximenès, les versions de Sanctes Pagnin, d'Arius Montanus, etc. La Vulgate porte : *la mort aînée, primogenita mors.*   3. *Id.*, chap. xv, v. 35.
4. *Id.*, chap. xxvi, v. 6.   5. *Id.*, chap. xvi, v. 12.
6. *Id.*, chap. xii, v. 18.   7. *Odyss.*, liv. xx, v. 351-57.

débiles ! Un hurlement se fait entendre, vos joues sont couvertes de pleurs. Les murs, les lambris, sont teints de sang ; cette salle, ce vestibule, sont pleins de larves qui descendent dans l'Érèbe, à travers l'ombre. Le soleil s'évanouit dans le ciel, et la nuit des enfers se lève. »

Tout formidable que soit ce sublime, il le cède encore à la vision du livre de Job :

« Dans l'horreur d'une vision de nuit, lorsque le sommeil endort le plus profondément les hommes,

« Je fus saisi de crainte et de tremblement, et la frayeur pénétra jusqu'à mes os.

« *Un esprit passa devant ma face*, et le poil de ma chair se hérissa d'horreur.

« Je vis celui dont je ne connoissois point le visage. Un spectre parut devant mes yeux, et j'entendis un voix comme un petit souffle [1]. »

Il y a là beaucoup moins de sang, de ténèbres, de larves que dans Homère ; mais ce *visage inconnu* et *ce petit souffle* sont en effet beaucoup plus terribles.

Quant à ce sublime qui résulte du choc d'une grande pensée et d'une petite image, nous allons en voir un bel exemple en parlant des comparaisons.

Si le chantre d'Ilion peint un jeune homme abattu par la lance de Ménélas, il le compare à un jeune olivier couvert de fleurs, planté dans un verger loin des feux du soleil, parmi la rosée et les zéphyrs ; tout à coup un vent impétueux le renverse sur le sol natal, et il tombe au bord des eaux nourricières qui portoient la sève à ses racines. Voilà la longue comparaison homérique avec ces détails charmants :

$$\text{Καλόν, τηλεθάον, τὸ δέ τε πνοιαὶ δονέουσι}$$
$$\text{Παντοίων ἀνέμων, καὶ τε βρύει ἄνθεϊ λευκῷ [2].}$$

On croit entendre les soupirs du vent dans la tige du jeune olivier. *Quam flatus motant omnium ventorum.*

La Bible pour tout cela n'a qu'un trait : « L'impie, dit-elle, se flétrira comme la vigne tendre, comme l'olivier qui laisse tomber sa fleur [3]. »

---

1. Job, chap. IV, v. 13, 14, 15, 16. Les mots en italique indiquent les endroits où nous différons de Sacy. Il traduit : *Un esprit vint se présenter devant moi, et les cheveux m'en dressèrent à la tête*. On voit combien l'hébreu est plus énergique.

2. Iliad., liv. XVII, v. 55-56.   3. Job, chap. XV, v. 33.

« La terre, s'écrie Isaïe, chancellera comme un homme ivre ; elle sera transportée comme une tente dressée pour une nuit¹. »

Voilà le sublime en contraste. Sur la phrase *elle sera transportée* l'esprit demeure suspendu et attend quelque grande comparaison, lorsque le prophète ajoute : *comme une tente dressée pour une nuit*. On voit la terre, qui nous paroît si vaste, déployée dans les airs comme un petit pavillon, ensuite emportée avec aisance par le *Dieu fort* qui l'a tendue, et pour qui la durée des siècles est à peine comme une nuit rapide.

La seconde espèce de comparaison que nous avons attribuée à la Bible, c'est-à-dire la *longue* comparaison, se rencontre ainsi dans Job :

« Vous verriez l'impie humecté avant le lever du soleil et réjouir sa tige dans son jardin. Ses racines se multiplient dans un tas de pierres et s'y affermissent ; si on l'arrache de sa place, le lieu même où il étoit le renoncera, et lui dira : « Je ne t'ai point connu². »

Combien cette comparaison ou plutôt cette figure prolongée est admirable ! C'est ainsi que les méchants sont reniés par ces cœurs stériles, par *ces tas de pierres* sur lesquels, dans leur coupable prospérité, ils jettent follement leurs racines. Ces cailloux qui prennent la parole offrent de plus une sorte de personnification presque inconnue au poëte de l'Ionie³.

Ézéchiel prophétisant la ruine de Tyr s'écrie : « Les vaisseaux trembleront, maintenant que vous êtes saisie de frayeur ; et les îles seront épouvantées dans la mer en voyant que personne ne sort de vos portes⁴. »

Y a-t-il rien de plus effrayant que cette image ? On croit voir cette ville, jadis si commerçante et si peuplée, debout encore avec ses tours et ses édifices, tandis qu'aucun être vivant ne se promène dans ses rues solitaires ou ne passe sous ses portes désertes.

Venons aux exemples de narrations, où nous trouverons réunis *le sentiment, la description, l'image, la simplicité* et *l'antiquité des mœurs*.

Les passages les plus fameux, les traits les plus connus et les plus admirés dans Homère, se retrouvent presque mot pour mot dans la Bible, et toujours avec une supériorité incontestable.

Ulysse est assis au festin du roi Alcinoüs, Démodocus chante la guerre de Troie et les malheurs des Grecs :

Αὐτὰρ Ὀδυσσεὺς, etc. ⁵.

---

1. Is., chap. XXIV, v. 20.　　2. Job, chap. VIII, v. 16, 17, 18.
3. Homère a fait pleurer le rivage de l'Hellespont.
4. Ézéchiel, chap. XXVI, v. 18.　　5. *Odyss.*, liv. VIII, v. 83, etc.

« Ulysse, prenant dans sa forte main un pan de son superbe manteau de pourpre, le tiroit sur sa tête pour cacher son noble visage et pour dérober aux Phéaciens les pleurs qui lui tomboient des yeux. Quand le chantre divin suspendoit ses vers, Ulysse essuyoit ses larmes, et, prenant une coupe, il faisoit des libations aux dieux. Quand Démodocus recommençoit ses chants et que les anciens l'excitoient à continuer (car ils étoient charmés de ses paroles), Ulysse s'enveloppoit la tête de nouveau, et recommençoit à pleurer. »

Ce sont des beautés de cette nature qui de siècle en siècle ont assuré à Homère la première place entre les plus grands génies. Il n'y a point de honte à sa mémoire de n'avoir été vaincu par de pareils tableaux que par des hommes écrivant sous la dictée du Ciel. Mais vaincu, il l'est sans doute, et d'une manière qui ne laisse aucun subterfuge à la critique.

Ceux qui ont vendu Joseph, les propres frères de cet homme puissant, retournent vers lui sans le reconnoître, et lui amènent le jeune Benjamin, qu'il avoit demandé.

« Joseph les salua aussi en leur faisant bon visage, et il leur demanda : Votre père, ce vieillard dont vous parliez, vit-il encore, se porte-t-il bien ?

« Ils lui répondirent : Notre père, votre serviteur, est encore en vie, et il se porte bien ; et, en se baissant profondément, ils l'adorèrent.

« Joseph, levant les yeux, vit Benjamin, son frère, fils de Rachel, sa mère, et il leur dit : Est-ce là le plus jeune de vos frères dont vous m'aviez parlé ? Mon fils, ajouta-t-il, je prie Dieu qu'il vous soit toujours favorable.

« Et il se hâta de sortir, parce que ses entrailles avoient été émues en voyant son frère, et *qu'il ne pouvoit plus retenir ses larmes* : passant donc dans une autre chambre, *il pleura.*

« Et après *s'être lavé le visage,* il revint, et, se faisant violence, dit à ses serviteurs : Servez à manger [1]. »

Voilà les larmes de Joseph en opposition à celles d'Ulysse ; voilà des beautés semblables, et cependant quelle différence de pathétique ! Joseph, pleurant à la vue de ses frères ingrats et du jeune et innocent Benjamin, cette manière de demander des nouvelles d'un père, cette adorable simplicité, ce mélange d'amertume et de douceur, sont des choses ineffables ; les larmes en viennent aux yeux, et l'on se sent prêt à pleurer comme Joseph.

Ulysse caché chez Eumée se fait reconnaître à Télémaque ; il sort de la maison du pasteur, dépouille ses haillons, et, reprenant sa beauté par un coup de baguette de Minerve, il rentre pompeusement vêtu.

Θάμβησε δέ μιν φίλος υἱὸς, etc. [2]

---

1. *Odyss.*, chap. XLIII, v. 27 et suiv.   2. *Genèse*, chap. XVI, v. 178 et suiv.

« Son fils bien aimé l'admire, et se hâte de détourner sa vue, dans la crainte que ce ne soit un dieu. Faisant un effort pour parler, il lui adresse rapidement ces mots : Étranger, tu me parois bien différent de ce que tu étois avant d'avoir ces habits, et tu n'es plus semblable à toi-même. Certes, tu es quelqu'un des dieux habitants du secret Olympe; mais sois-nous favorable, nous t'offrirons des victimes sacrées et des ouvrages d'or merveilleusement travaillés.

« Le divin Ulysse, pardonnant à son fils, répondit : Je ne suis point un dieu. Pourquoi me compares-tu aux dieux? *Je suis ton père,* pour qui tu supportes mille maux et les violences des hommes. Il dit, et il embrasse son fils, et les larmes qui coulent le long de ses joues viennent mouiller la terre; jusqu'alors il avoit eue la force de les retenir. »

Nous reviendrons sur cette reconnoissance; il faut voir auparavant celle de Joseph et de ses frères.

Joseph, après avoir fait mettre une coupe dans le sac de Benjamin, ordonne d'arrêter les enfants de Jacob; ceux-ci sont consternés; Joseph feint de vouloir retenir le coupable : Juda s'offre en otage pour Benjamin; il raconte à Joseph que Jacob lui avoit dit, avant de partir pour l'Égypte :

« Vous savez que j'ai eu deux fils de Rachel, ma femme.

« L'un d'eux étant allé aux champs, vous m'avez dit qu'une bête l'avoit dévoré; il ne paroît point jusqu'à cette heure.

« Si vous emmenez encore celui-ci, et qu'il lui arrive quelque accident dans le chemin, vous accablerez ma vieillesse d'une affliction qui la conduira au tombeau.

« Joseph ne pouvant plus se retenir, et parce qu'il étoit environné de plusieurs personnes, il commanda que l'on fît sortir tout le monde, afin que nul étranger ne fût présent lorsqu'il se feroit reconnoître de ses frères.

« Alors les larmes lui tombant des yeux, il éleva fortement sa voix, qui fut entendue des Égyptiens et de toute la maison de Pharaon.

« Il dit à ses frères : Je suis Joseph : mon père vit-il encore? Mais ses frères ne purent lui répondre, tant ils étoient saisis de frayeur.

« Il leur parla avec douceur, et leur dit : Approchez-vous de moi; et s'étant approchés de lui, il ajouta : Je suis Joseph votre frère, que vous avez vendu pour l'Égypte.

« Ne craignez point. Ce n'est point par votre conseil que j'ai été envoyé ici, mais par la volonté de Dieu. Hâtez-vous d'aller trouver mon père.

«... Et s'étant jeté au cou de Benjamin, son frère, il pleura, et Benjamin pleura aussi en le tenant embrassé.

« Joseph embrassa aussi tous ses frères, et il pleura sur chacun d'eux [1]. »

---

1. *Genèse,* chap. XLIV, v. 27 et suiv.; chap. XLV, v. 1 et suiv.

La voilà, cette histoire de Joseph, et ce n'est point dans l'ouvrage d'un sophiste qu'on la trouve (car rien de ce qui est fait avec le cœur et les larmes n'appartient à des sophistes); on la trouve, cette histoire, dans le livre qui sert de base à une religion dédaignée des esprits forts, et qui serait bien en droit de leur rendre mépris pour mépris. Voyons comment la reconnoissance de Joseph et de ses frères l'emporte sur celle d'Ulysse et de Télémaque.

Homère, ce nous semble, est d'abord tombé dans une erreur en employant le *merveilleux*. Dans les scènes dramatiques, lorsque les passions sont émues, et que tous les miracles doivent sortir de l'âme, l'intervention d'une divinité refroidit l'action, donne aux sentiments l'air de la fable, et décèle le mensonge du poëte où l'on ne pensoit trouver que la vérité. Ulysse se faisant reconnoître sous ses haillons à quelque marque naturelle eût été plus touchant. C'est ce qu'Homère lui-même avoit senti, puisque le roi d'Ithaque se découvre à sa nourrice Euryclée par une ancienne cicatrice, et à Laërte par la circonstance des treize poiriers que le vieillard avoit donnés à Ulysse enfant. On aime à voir que les entrailles du *destructeur des villes* sont formées comme celles du commun des hommes, et que les affections simples en composent le fond.

La reconnoissance est mieux amenée dans la Genèse : une coupe est mise par la plus innocente vengeance dans le sac d'un jeune frère innocent; des frères coupables se désolent en pensant à l'affliction de leur père; l'image de la douleur de Jacob brise tout à coup le cœur de Joseph, et le force à se découvrir plus tôt qu'il ne l'avoit résolu. Quant au mot fameux : *Je suis Joseph,* on sait qu'il faisoit pleurer d'admiration Voltaire lui-même. Le Πατὴρ τεὸς εἰμι, *Je suis ton père,* est bien inférieur à l'*Ego sum Joseph.* Ulysse retrouve dans Télémaque un fils soumis et fidèle. Joseph parle à des frères qui l'*ont vendu;* il ne leur dit pas *Je suis votre frère:* il leur dit seulement : Je suis *Joseph,* et tout est pour eux dans ce nom de *Joseph.* Comme Télémaque, ils sont troublés; mais ce n'est pas la majesté du ministre de Pharaon qui les étonne, c'est quelque chose au fond de leur conscience.

Ulysse fait à Télémaque un long raisonnement pour lui prouver qu'il est son père : Joseph n'a pas besoin de tant de paroles avec les fils de Jacob. Il *les appelle auprès de lui :* car, s'il a *élevé* la voix *assez haut* pour être entendu de toute la maison de Pharaon, lorsqu'il a dit *Je suis Joseph,* ses frères doivent être maintenant les *seuls* à entendre l'explication qu'il va ajouter à *voix basse : Ego sum Joseph,* FRATER VESTER, QUEM VENDIDISTIS IN ÆGYPTUM : c'est la délicatesse, la générosité et la simplicité poussées au plus haut degré.

N'oublions pas de remarquer avec quelle bonté Joseph console ses frères, les excuses qu'il leur fournit en leur disant que, loin de l'avoir rendu misérable, ils sont au contraire la cause de sa grandeur. C'est à quoi l'Écriture ne manque jamais, de placer la Providence dans la perspective de ses tableaux. Ce grand conseil de Dieu, qui conduit les affaires humaines alors qu'elles semblent le plus abandonnées aux lois du hasard, surprend merveilleusement l'esprit. On aime cette main cachée dans la nue, qui travaille incessamment les hommes ; on aime à se croire quelque chose dans les projets de la Sagesse et à sentir que le moment de notre vie est un dessein de l'éternité.

Tout est grand avec Dieu, tout est petit sans Dieu : cela s'étend jusque sur les sentiments. Supposez que tout se passe dans l'histoire de Joseph comme il est marqué dans la Genèse ; admettez que le fils de Jacob soit aussi bon, aussi sensible qu'il l'est, mais qu'il soit *philosophe*, et qu'ainsi, au lieu de dire : Je *suis ici par la volonté du* Seigneur, il dise : La *fortune m'a été favorable,* les objets diminuent, le cercle se rétrécit, et le pathétique s'en va avec les larmes.

Enfin Joseph embrasse ses frères comme Ulysse embrasse Télémaque, mais il commence par Benjamin. Un auteur moderne n'eût pas manqué de le faire se jeter de préférence au cou du frère le plus coupable, afin que son héros fût un vrai personnage de tragédie. La Bible a mieux connu le cœur humain : elle a su comment apprécier cette exagération de sentiment par qui un homme a toujours l'air de s'efforcer d'atteindre à ce qu'il croit une grande chose ou de dire ce qu'il pense un grand mot. Au reste, la comparaison qu'Homère a faite des sanglots de Télémaque et d'Ulysse aux cris d'un aigle et de ses aiglons (comparaison que nous avons supprimée) nous semble encore de trop dans ce lieu ; « et, *s'étant jeté au cou de Benjamin pour l'embrasser, il pleura ; et Benjamin pleura aussi en le tenant embrassé :* » c'est là la seule magnificence de style convenable en de telles occasions.

Nous trouverions dans l'Écriture plusieurs autres morceaux de narration de la même excellence que celui de Joseph, mais le lecteur peut aisément en faire la comparaison avec des passages d'Homère. Il comparera, par exemple, le livre de Ruth et le livre de la réception d'Ulysse chez Eumée. Tobie offre des ressemblances touchantes avec quelques scènes de l'*Iliade* et de l'*Odyssée* : Priam est conduit par Mercure sous la forme d'un jeune homme, comme le fils de Tobie l'est par un ange sous le même déguisement. Il ne faut pas oublier le chien qui court annoncer à de vieux parents le retour d'un fils chéri ; et cet autre chien qui, resté fidèle parmi des serviteurs ingrats, accomplit ses destinées dès qu'il a reconnu son maître sous les lambeaux de l'infortune. Nausicaa et la fille de Pharaon vont laver leurs robes aux fleuves : l'une y trouve Ulysse, et l'autre Moïse.

Il y a surtout dans la Bible de certaines façons de s'exprimer plus touchantes, selon nous, que toute la poésie d'Homère. Si celui-ci veut peindre la vieillesse, il dit :

. . . . . Τοῖσι δὲ Νέστωρ, etc. [1].

« Nestor, cet orateur des Pyliens, cette bouche éloquente dont les paroles étoient plus douces que le miel, se leva au milieu de l'assemblée. Déjà il avoit charmé par ses discours deux générations d'hommes entre lesquels il avoit vécu dans la grande Pylos, et il régnoit maintenant sur la troisième. »

Cette phrase est de la plus belle antiquité comme de la plus douce mélodie. Le second vers imite la douceur du miel et l'éloquence onctueuse d'un vieillard :

Τοῦ καὶ ἀπὸ γλώσσης μέλιτος γλυκίων ῥέεν αὐδή.

Pharaon ayant interrogé Jacob sur son âge, le patriarche répond :

« Il y a cent trente ans que je suis voyageur. Mes jours ont été courts et mauvais, et ils n'ont point égalé ceux de mes pères [2]. »

Voilà deux sortes d'antiquités bien différentes : l'une est en images, l'autre en sentiments ; l'une réveille des idées riantes, l'autre des pensées tristes ; l'une, représentant le chef d'un peuple, ne montre le vieillard que relativement à une position de la vie ; l'autre le considère individuellement et tout entier : en général Homère fait plus réfléchir sur les hommes, et la Bible sur l'homme.

Homère a souvent parlé des joies de deux époux, mais l'a-t-il fait de cette sorte ?

« Isaac fit entrer Rébecca dans la tente de Sara, sa mère, et il la prit pour épouse ; et il eut tant de joie en elle, que la douleur qu'il avoit ressentie de la mort de sa mère fut tempérée [3]. »

---

1. *Iliad.*, lib. I, v. 247-62.   *Genèse*, chap. XLVII, v. 9.
3. *Genèse*, chap. XXIII, v. 67

Nous terminerons ce parallèle et notre poétique chrétienne par un essai qui fera comprendre dans un instant la différence qui existe entre le style de la Bible et celui d'Homère ; nous prendrons un morceau de la première pour la peindre des couleurs du second. Ruth parle ainsi à Noémi :

« Ne vous opposez point à moi en me forçant à vous quitter et à m'en aller : en quelque lieu que vous alliez, j'irai avec vous. Je mourrai où vous mourrez ; votre peuple sera mon peuple et votre Dieu sera mon Dieu [1]. »

Tâchons de traduire ce verset en langue homérique :

« La belle Ruth répondit à la sage Noémi, honorée des peuples comme une déesse : Cessez de vous opposer à ce qu'une divinité m'inspire ; je vous dirai la vérité telle que je la sais et sans déguisement. Je suis résolue de vous suivre. Je demeurerai avec vous, soit que vous restiez chez les Moabites, habiles à lancer le javelot, soit que vous retourniez au pays de Juda, si fertile en oliviers. Je demanderai avec vous l'hospitalité aux peuples qui respectent les suppliants. Nos cendres seront mêlées dans la même urne, et je ferai au Dieu qui vous accompagne toujours des sacrifices agréables.

« Elle dit : et comme, lorsque le violent zéphyr amène une pluie tiède du côté de l'occident, les laboureurs préparent le froment et l'orge et font des corbeilles de jonc très-proprement entrelacées, car ils prévoient que cette ondée va amollir la glèbe et la rendre propre à recevoir les dons précieux de Cérès, ainsi les paroles de Ruth, comme une pluie féconde, attendriront le cœur de Noémi. »

Autant que nos foibles talents nous ont permis d'imiter Homère, voilà peut-être l'ombre du style de cet immortel génie. Mais le verset de Ruth, ainsi délayé, n'a-t-il pas perdu ce charme original qu'il a dans l'Écriture ? Quelle poésie peut jamais valoir ce seul tour : « *Populus tuus populus meus, Deus tuus Deus meus.* » Il sera aisé maintenant de prendre un passage d'Homère, d'en effacer les couleurs et de n'en laisser que le fond à la manière de la Bible.

Par là nous espérons (du moins aussi loin que s'étendent nos lumières) avoir fait connoître aux lecteurs quelques-unes des innombrables beautés des livres saints : heureux si nous avons réussi à leur faire admirer cette grande et sublime pierre qui porte l'Église de Jésus-Christ !

« Si l'Écriture, dit saint Grégoire le Grand, renferme des mystères capables d'exercer les plus éclairés, elle contient aussi des vérités

---

1. *Ruth.*, chap. i, v. 6.

simples, propres à nourrir les humbles et les moins savants : elle porte à l'extérieur de quoi allaiter les enfants, et dans ses plus secrets replis de quoi saisir d'admiration les esprits les plus sublimes. Semblable à un fleuve dont les eaux sont si basses en certains endroits qu'un agneau pourroit y passer, et en d'autres si profondes qu'un éléphant y nageroit. »

FIN DE LA DEUXIÈME PARTIE.

TROISIÈME PARTIE.

BEAUX-ARTS ET LITTÉRATURE.

LIVRE I.

BEAUX-ARTS.

CHAPITRE PREMIER.

MUSIQUE. — DE L'INFLUENCE DU CHRISTIANISME DANS LA MUSIQUE.

Frères de la poésie, les beaux-arts vont être maintenant l'objet de nos études : attachés aux pas de la religion chrétienne, ils la reconnurent pour leur mère aussitôt qu'elle parut au monde ; ils lui prêtèrent leurs charmes terrestres ; elle leur donna sa divinité. La musique nota ses chants, la peinture la représenta dans ses douloureux triomphes, la sculpture se plut à rêver avec elle sur les tombeaux, et l'architecture lui bâtit des temples sublimes et mystérieux comme sa pensée.

Platon a merveilleusement défini la nature de la musique : « On ne doit pas, dit-il, juger de la musique par le plaisir, ni rechercher celle qui n'auroit d'autre objet que le plaisir, mais celle qui contient en soi la ressemblance du beau. »

En effet, la musique considérée comme art est une imitation de la nature : sa perfection est donc de représenter *la plus belle nature possible*. Or le plaisir est une chose d'opinion, qui varie selon les temps, les mœurs et les peuples, et qui ne peut être le *beau*, puisque le *beau* est un et existe absolument. De là toute institution qui sert à purifier l'âme, à en écarter le trouble et les dissonances, à y faire naître la *vertu*, est, par cette qualité même, propice à la plus *belle* musique, ou à l'imitation la plus parfaite du *beau*. Mais si cette institution est en outre de nature religieuse, elle possède alors les deux conditions essentielles à l'harmonie, le *beau* et le *mystérieux*. Le chant nous vient des anges, et la source des concerts est dans le ciel.

C'est la religion qui fait gémir, au milieu de la nuit, la vestale sous ses dômes tranquilles ; c'est la religion qui chante si doucement au bord du lit de l'infortuné. Jérémie lui dut ses lamentations et David ses pénitences sublimes. Plus fière sous l'ancienne alliance, elle ne peignit que les douleurs de monarques et de prophètes ; plus modeste et non moins royale sous la nouvelle loi, ses soupirs conviennent également aux puissants et aux foibles, parce qu'elle a trouvé dans Jésus-Christ l'humilité unie à la grandeur.

Ajoutons que la religion chrétienne est essentiellement mélodieuse, par la seule raison qu'elle aime la solitude. Ce n'est pas qu'elle soit ennemie du monde, elle s'y montre au contraire très-aimable ; mais cette céleste Philomèle préfère les retraites ignorées. Elle est un peu étrangère sous les toits des hommes ; elle aime mieux les forêts, qui sont les palais de son père et son ancienne patrie. C'est là qu'elle élève la voix vers le firmament, au milieu des concerts de la nature : la nature publie sans cesse les louanges du Créateur, et il n'y a rien de plus religieux que les cantiques que chantent avec les vents les chênes et les roseaux du désert.

Ainsi le musicien qui veut suivre la religion dans ses rapports est obligé d'apprendre l'imitation des harmonies de la solitude. Il faut qu'il connoisse les sons que rendent les arbres et les eaux ; il faut qu'il ait entendu le bruit du vent dans les cloîtres et ces murmures qui règnent dans les temples gothiques, dans l'herbe des cimetières et dans les souterrains des morts.

Le christianisme a inventé l'orgue et donné des soupirs à l'airain même. Il a sauvé la musique dans les siècles barbares : là où il a placé son trône, là s'est formé un peuple qui chante naturellement comme les oiseaux. Quand il a civilisé les sauvages, ce n'a été que par des cantiques ; et l'Iroquois, qui n'avoit point cédé à ses dogmes, a cédé à ses concerts. Religion de paix! vous n'avez pas, comme les autres cultes, dicté aux humains des préceptes de haine et de discorde ; vous leur avez seulement enseigné l'amour et l'harmonie.

CHAPITRE II.

DU CHANT GRÉGORIEN.

Si l'histoire ne prouvoit pas que le chant grégorien est le reste de cette musique antique dont on raconte tant de miracles, il suffiroit d'examiner son échelle pour se convaincre de sa haute origine. Avant Güi Arétin, elle ne s'élevoit pas au-dessus de la quinte, en commençant par l'*ut, ré, mi, fa, sol*. Ces cinq tons sont la gamme naturelle de la voix, et donnent une phrase musicale pleine et agréable.

M. Burette nous a conservé quelques airs grecs. En les comparant au plain-chant, on y reconnoît le même système. La plupart des psaumes sont sublimes de gravité, particulièrement le *Dixit Dominus Domino meo*, le *Confitebor tibi* et le *Laudate, pueri*. L'*In exitu*, arrangé par Rameau, est d'un caractère moins ancien; il est peut-être du temps de l'*Ut queant laxis*, c'est-à-dire du siècle de Charlemagne.

Le christianisme est sérieux comme l'homme, et son sourire même est grave. Rien n'est beau comme les soupirs que nos maux arrachent à la religion. L'office des morts est un chef-d'œuvre; on croit entendre les sourds retentissements du tombeau. Si l'on en croit une ancienne tradition, le *chant qui délivre les morts*, comme l'appelle un de nos meilleurs poëtes, est celui-là même que l'on chantoit aux pompes funèbres des Athéniens vers le temps de Périclès.

Dans l'office de la Semaine Sainte on remarque la passion de saint Matthieu. Le récitatif de l'historien, les cris de la populace juive, la noblesse des réponses de Jésus, forment un drame pathétique.

Pergolèze a déployé dans le *Stabat Mater* la richesse de son art; mais a-t-il surpassé le simple chant de l'Église? Il a varié la musique sur chaque strophe; et pourtant le caractère essentiel de la tristesse consiste dans la répétition du même sentiment et, pour ainsi dire, dans la monotonie de la douleur. *Diverses* raisons peuvent faire couler les larmes, mais les larmes ont toujours une *semblable* amertume; d'ailleurs, il est rare qu'on pleure à la fois pour une foule de maux; et quand les blessures sont multipliées, il y en a toujours une plus cuisante que les autres, qui finit par absorber les moindres peines. Telle est la raison du charme de nos vieilles romances françoises. Ce chant *pareil* qui revient à chaque couplet sur des paroles variées imite parfaitement la nature : l'homme qui souffre promène ainsi ses pensées sur différentes images, tandis que le fond de ses chagrins reste le même.

Pergolèze a donc méconnu cette vérité qui tient à la théorie des passions, lorsqu'il a voulu que pas un soupir de l'âme ne ressemblât au soupir qui l'avait précédé. Partout où il y a variété il y a distraction, et partout où il y a distraction il n'y a plus de tristesse : tant l'unité est nécessaire au sentiment ! tant l'homme est foible dans cette partie même où gît toute sa force, nous voulons dire dans la douleur !

La leçon des Lamentations de Jérémie porte un caractère particulier : elle peut avoir été retouchée par les modernes, mais le fond nous en paroît hébraïque, car il ne ressemble point aux airs grecs du plain-chant. Le Pentateuque se chantoit à Jérusalem, comme des bucoliques, sur un mode plein et doux ; les prophéties se disoient d'un ton rude et pathétique, et les psaumes avoient un mode extatique qui leur étoit particulièrement consacré[1]. Ici nous retombons dans ces grands souvenirs que le culte catholique rappelle de toutes parts. Moïse et Homère, le Liban et le Cythéron, Solyme et Rome, Babylone et Athènes, ont laissé leurs dépouilles à nos autels.

Enfin, c'est l'enthousiasme même qui inspira le *Te Deum*. Lorsque, arrêtée sur les plaines de Lens ou de Fontenoy, au milieu des foudres et du sang fumant encore, aux fanfares des clairons et des trompettes, une armée françoise, sillonnée des feux de la guerre, fléchissoit le genou et entonnoit l'hymne au Dieu des batailles ; ou bien lorsqu'au milieu des lampes, des masses d'or, des flambeaux, des parfums, aux soupirs de l'orgue, au balancement des cloches, au frémissement des serpents et des basses, cette hymne faisoit résonner les vitraux, les souterrains et les dômes d'une basilique, alors il n'y avoit point d'homme qui ne se sentît transporté, point d'homme qui n'éprouvât quelque mouvement de ce délire qui faisoit éclater Pindare aux bois d'Olympie ou David au torrent de Cédron.

Au reste, en ne parlant que des chants grecs de l'Église, on sent que nous n'employons pas tous nos moyens, puisque nous pourrions montrer les Ambroise, les Damase, les Léon, les Grégoire, travaillant eux-mêmes au rétablissement de l'art musical ; nous pourrions citer ces chefs-d'œuvre de la musique moderne composés pour les fêtes chrétiennes ; les Vinci, les Léo, les Hasse, les Galuppi, les Durante, élevés, formés ou protégés dans les oratoires de Venise, de Naples, de Rome, et à la cour des souverains pontifes.

---

1. Bonnet, *Hist. de la Musique et de ses effets.*

CHAPITRE III.

PARTIE HISTORIQUE DE LA PEINTURE CHEZ LES MODERNES.

La Grèce raconte qu'une jeune fille, apercevant l'ombre de son amant sur un mur, dessina les contours de cette ombre. Ainsi, selon l'antiquité, une passion volage produisit l'art des plus parfaites illusions.

L'école chrétienne a cherché un autre maître ; elle le reconnoît dans cet artiste qui, pétrissant un peu de limon entre ses mains puissantes, prononça ces paroles : *Faisons l'homme à notre image*. Donc, pour nous, le premier trait du dessin a existé dans l'idée éternelle de Dieu, et la première statue que vit le monde fut cette fameuse argile animée du souffle du Créateur.

Il y a une force d'erreur qui contraint au silence, comme la force de vérité : l'une et l'autre, poussées au dernier degré, emportent conviction, la première négativement, la seconde affirmativement. Ainsi, lorsqu'on entend soutenir que le christianisme est l'ennemi des arts, on demeure muet d'étonnement, car à l'instant même on ne peut s'empêcher de se rappeler Michel-Ange, Raphael, Carrache, Dominique, Le Sueur, Poussin, Coustou et tant d'autres artistes dont les seuls noms rempliroient des volumes.

Vers le milieu du quatrième siècle, l'empire romain, envahi par les barbares et déchiré par l'hérésie, tomba en ruine de toutes parts. Les arts ne trouvèrent plus de retraites qu'auprès des chrétiens et des empereurs orthodoxes. Théodose, par une loi spéciale *De excusatione artificium*, déchargea les peintres et leurs familles de tout tribut et du logement d'hommes de guerre. Les Pères de l'Église ne tarissent point sur les éloges qu'ils donnent à la peinture. Saint Grégoire s'exprime d'une manière remarquable : *Vidi sæpius inscriptionis imaginem, et sine lacrymis transire non potui, cum tam efficaciter ob oculos poneret historiam*[1] ; c'étoit un tableau représentant le sacrifice d'Abraham.

Saint Basile va plus loin, car il assure que les peintres *font autant par leurs tableaux que les orateurs par leur éloquence*[2]. Un moine nommé Méthodius peignit dans le huitième siècle ce *Jugement dernier* qui convertit Bogoris, roi des Bulgares[3]. Les prêtres avoient rassemblé au collége de l'Orthodoxie, à Constantinople, la plus belle biblio-

---

1. *Deuxième Conc. de Nic.*, act. XI.   2. SAINT BASILE, *hom.* XX.
3. CUROPAL., CEDREN., ZONAR., MAIMB., *Hist. des Iconocl.*

thèque du monde et les chefs-d'œuvre des arts : on y voyoit en particulier la Vénus de Praxitèle [1], ce qui prouve au moins que les fondateurs du culte catholique n'étoient pas des *barbares* sans goût, des *moines bigots* livrés à une *absurde superstition*.

Ce collége fut dévasté par les empereurs iconoclastes. Les professeurs furent brûlés vifs, et ce ne fut qu'au péril de leurs jours que des *chrétiens* parvinrent à sauver la peau de dragon, de cent vingt pieds de longueur, où les œuvres d'*Homère* étoient écrites en lettres d'or. On livra aux flammes les tableaux des églises. De stupides et furieux hérésiarques, assez semblables aux puritains de Cromwell, hachèrent à coups de sabre les mosaïques de l'église de *Notre-Dame* de Constantinople et du palais des *Blaquernes*. Les persécutions furent poussées si loin, qu'elles enveloppèrent les peintres eux-mêmes : on leur défendit, sous peine de mort, de continuer leurs études. Le *moine* Lazare eut le courage d'être le martyr de son art. Ce fut en vain que Théophile lui fit brûler les mains pour l'empêcher de tenir le pinceau. Caché dans le souterrain de l'église de *Saint-Jean-Baptiste*, le religieux peignit avec ses doigts mutilés le grand saint dont il étoit le suppliant [2], digne sans doute de devenir le patron des peintres et d'être reconnu de cette famille sublime que le souffle de l'esprit ravit au-dessus des hommes.

Sous l'empire des Goths et des Lombards, le christianisme continua de tendre une main secourable aux talents. Ces efforts se remarquent surtout dans les églises bâties par Théodoric, Luitprand et Didier. Le même esprit de religion inspira Charlemagne ; et l'église des *Apôtres*, élevée par ce grand prince à Florence, passe encore, même aujourd'hui, pour un assez beau monument [3].

Enfin, vers le treizième siècle, la religion chrétienne, après avoir lutté contre mille obstacles, ramena en triomphe le chœur des Muses sur la terre. Tout se fit pour les églises et par la protection des pontifes et des princes religieux. Bouchet, Grec d'origine, fut le premier architecte, Nicolas le premier sculpteur et Cimabué le premier peintre, qui tirèrent le goût antique des ruines de Rome et de la Grèce. Depuis ce temps les arts, entre diverses mains et par divers génies, parvinrent jusqu'à ce siècle de Léon X, où éclatèrent comme des soleils Raphaël et Michel-Ange.

On sent qu'il n'est pas de notre sujet de faire l'histoire complète de l'art. Tout ce que nous devons montrer, c'est en quoi le christianisme est plus favorable à la peinture qu'une autre religion. Or, il est aisé de

---

1. Cedren., Zonar., Constant. et Maimb., *Hist. des Iconocl.*, etc.
2. Maimb., *Hist. des Iconocl.*, Cedren., Curopal.   3. Vasari, *Poem. del Vit.*

prouver trois choses : 1° que la religion chrétienne, étant d'une nature spirituelle et mystique, fournit à la peinture un *beau idéal* plus parfait et plus divin que celui qui naît d'un culte matériel ; 2° que, corrigeant la laideur des passions ou les combattant avec force, elle donne des tons plus sublimes à la figure humaine et fait mieux sentir l'âme dans les muscles, et les liens de la matière ; 3°, enfin, qu'elle a fourni aux arts des sujets plus beaux, plus riches, plus dramatiques, plus touchants que les sujets mythologiques.

Les deux premières propositions ont été amplement développées dans notre examen de la poésie : nous ne nous occuperons donc que de la troisième.

CHAPITRE IV.

DES SUJETS DE TABLEAUX.

Vérités fondamentales :

1° Les sujets antiques sont restés sous la main des peintres modernes : ainsi, avec les scènes mythologiques, ils ont de plus les scènes chrétiennes.

2° Ce qui prouve que le christianisme parle plus au génie que la fable, c'est qu'en général nos grands peintres ont mieux réussi dans les fonds sacrés que dans les fonds profanes.

3° Les costumes modernes conviennent peu aux arts d'imitation ; mais le culte catholique a fourni à la peinture des costumes aussi nobles que ceux de l'antiquité[1].

Pausanias[2], Pline[3] et Plutarque[4] nous ont conservé la description des tableaux de l'école grecque[5]. Zeuxis avoit pris pour sujet de ses trois principaux ouvrages Pénélope, Hélène et l'Amour. Polygnote avoit figuré sur les murs du temple de Delphes le sac de Troie et la descente d'Ulysse aux enfers. Euphanor peignit les douze dieux, Thésée donnant des lois et les batailles de Cadmée, de Leuctres et de

---

1. Et ces costumes des Pères et des premiers chrétiens, costumes qui sont passés à nos religieux, ne sont autres que la robe des anciens philosophes grecs, appelée περιβόλαιον ou *pallium*. Ce fut même un sujet de persécution pour les fidèles ; lorsque les Romains ou les Juifs les apercevoient ainsi vêtus, ils s'écrioient : Ὁ γραικὸς ἐπιθέτης ! *ô l'imposteur grec !* (Hier., *ep.* x, *ad Furiam.*) On peut voir Kortholt, *de Morib. christ.*, cap. iii, p. 23, et Bar., an. lvi, n° 11. Tertullien a écrit un livre entier (*de Pallio*) sur ce sujet.   2. Paus., liv. v.
3. Plin., liv. xxxv, chap. viii, ix.   4. Plut., *in Hipp. Pomp. Lucul.*, etc.
5. Voyez la note XXII, à la fin du volume.

Mantinée. Apelles représenta Vénus Anadyomène sous les traits de Campaspe; Ætion, les noces d'Alexandre et de Roxane, et Timanthe, le sacrifice d'Iphigénie.

Rapprochez ces sujets des sujets chrétiens, et vous en sentirez l'infériorité. Le sacrifice d'Abraham, par exemple, est aussi touchant et d'un goût plus simple que celui d'Iphigénie : il n'y a là ni soldats, ni groupe, ni tumulte, ni ce mouvement qui sert à distraire de la scène. C'est le sommet d'une montagne; c'est un patriarche qui compte ses années par siècles; c'est un couteau levé sur un *fils unique*; c'est le bras de Dieu arrêtant le bras paternel. Les histoires de l'Ancien Testament ont rempli nos temples de pareils tableaux, et l'on sait combien les mœurs patriarcales, les costumes de l'Orient, la grande nature des animaux et des solitudes de l'Asie sont favorables au pinceau.

Le Nouveau Testament change le génie de la peinture. Sans lui rien ôter de sa sublimité, il lui donne plus de tendresse. Qui n'a cent fois admiré les *Nativités*, les *Vierges et l'Enfant*, les *Fuites dans le désert*, les *Couronnements d'épines*, les *Sacrements*, les *Missions* des apôtres, les *Descentes de croix*, les *Femmes au saint Sépulcre!* Des Bacchanales, des fêtes de Vénus, des rapts, des métamorphoses, peuvent-ils toucher le cœur comme les tableaux tirés de l'Écriture? Le christianisme nous montre partout la vertu et l'infortune, et le polythéisme est un culte de crimes et de prospérité. Notre religion à nous, c'est notre histoire; c'est pour nous que tant de spectacles tragiques ont été donnés au monde : nous sommes parties dans les scènes que le pinceau nous étale, et les accords les plus moraux et les plus touchants se reproduisent dans les sujets chrétiens. Soyez à jamais glorifiée, religion de Jésus-Christ, vous qui aviez représenté au Louvre *le Roi des rois crucifié*, *le Jugement dernier* au plafond de la salle de nos juges, *une Résurrection* à l'hôpital général, et *la Naissance du Sauveur* à la maison de ces orphelins délaissés de leurs pères et de leurs mères!

Au reste, nous pouvons dire ici des sujets de tableaux ce que nous avons dit ailleurs des sujets de poëmes : le christianisme a fait naître pour le peintre une partie dramatique très-supérieure à celle de la mythologie. C'est aussi la religion qui nous a donné les Claude le Lorrain, comme elle nous a fourni les Delille et les Saint-Lambert[1]. Mais tant de raisonnements sont inutiles : parcourez la galerie du Louvre, et dites encore, si vous le pouvez, que le génie du christianisme est peu favorable aux beaux-arts.

---

1. Voyez la note XXIII, à la fin du volume.

CHAPITRE V.

SCULPTURE.

A quelques différences près, qui tiennent à la partie technique de l'art, ce que nous avons dit de la peinture s'applique également à la sculpture.

La statue de Moïse, par Michel-Ange, à Rome; Adam et Ève, par Baccio, à Florence; le groupe du Vœu de Louis XIII, par Coustou, à Paris; le saint Denis, du même; le tombeau du cardinal de Richelieu, ouvrage du double génie de Le Brun et de Girardon; le monument de Colbert, exécuté d'après le dessin de Le Brun, par Coyzevox et Tuby; le Christ, la Mère de pitié, les huit Apôtres de Bouchardon, et plusieurs autres statues du genre pieux, montrent que le christianisme ne sauroit pas moins animer le marbre que la toile.

Cependant, il est à désirer que les sculpteurs bannissent à l'avenir de leurs compositions funèbres ces squelettes qu'ils ont placés au monument : ce n'est point là le génie du christianisme, qui peint le trépas si beau pour le juste.

Il faut également éviter de représenter des cadavres[1] (quel que soit d'ailleurs le mérite de l'exécution), ou l'humanité succombant sous de longues infirmités[2]. Un guerrier expirant au champ d'honneur dans la force de l'âge peut être superbe, mais un corps usé de maladies est une image que les arts repoussent, à moins qu'il ne s'y mêle un miracle, comme dans le tableau de saint Charles Borromée[3]. Qu'on place donc au monument d'un chrétien, d'un côté, les pleurs de la famille et les regrets des hommes; de l'autre, le sourire de l'espérance et les joies célestes : un tel sépulcre, des deux bords duquel on verroit ainsi les scènes du temps et de l'éternité, seroit admirable. La mort pourroit y paroître, mais sous les traits d'un ange à la fois doux et sévère : car le tombeau du juste doit toujours faire s'écrier avec saint Paul : *O mort ! où est ta victoire ? qu'as-tu fait de ton aiguillon*[4] ?

---

1. Comme au mausolée de François Ier et d'Anne de Bretagne.
2. Comme au tombeau du duc d'Harcourt.
3. La peinture souffre plus facilement la représentation du cadavre que la sculpture, parce que dans celle-ci le marbre, offrant des forces palpables et glacées, ressemble trop à la vérité.   4. *I Cor.*, chap. XV, v. 55.

CHAPITRE VI.

ARCHITECTURE. — HÔTEL DES INVALIDES.

En traitant de l'influence du christianisme dans les arts, il n'est besoin ni de subtilité ni d'éloquence : les monuments sont là pour répondre aux détracteurs du culte évangélique. Il suffit, par exemple, de nommer Saint-Pierre de Rome, Sainte-Sophie de Constantinople et Saint-Paul de Londres, pour prouver qu'on est redevable à la religion des trois chefs-d'œuvre de l'architecture moderne.

Le christianisme a rétabli dans l'architecture, comme dans les autres arts, les véritables proportions. Nos temples, moins petits que ceux d'Athènes et moins gigantesques que ceux de Memphis, se tiennent dans ce sage milieu où règnent le beau et le goût par excellence. Au moyen du *dôme,* inconnu des anciens, la religion a fait un heureux mélange de ce que l'ordre gothique a de hardi et de ce que les ordres grecs ont de simple et de gracieux.

Ce dôme, qui se change en *clocher,* dans la plupart de nos églises, donne à nos hameaux et à nos villes un caractère moral que ne pouvoient avoir les cités antiques. Les yeux du voyageur viennent d'abord s'attacher sur cette flèche religieuse dont l'aspect réveille une foule de sentiments et de souvenirs : c'est la pyramide funèbre autour de laquelle dorment les aïeux ; c'est le monument de joie où l'airain sacré annonce la vie du fidèle ; c'est là que les époux s'unissent ; c'est là que les chrétiens se prosternent au pied des autels, le foible pour prier le Dieu de force, le coupable pour implorer le Dieu de miséricorde, l'innocent pour chanter le Dieu de bonté. Un paysage paroît-il nu, triste, désert, placez-y un clocher champêtre : à l'instant tout va s'animer ; les douces idées de *pasteur* et de *troupeau*, d'asile pour le voyageur, d'aumône pour le pèlerin, d'hospitalité et de fraternité chrétienne, vont naître de toutes parts.

Plus les âges qui ont élevé nos monuments ont eu de piété et de foi, plus ces moments ont été frappants par la grandeur et la noblesse de leur caractère. On en voit un exemple remarquable dans l'hôtel des *Invalides* et dans l'*École militaire :* on diroit que le premier a fait monter ses voûtes dans le ciel à la voix du siècle religieux, et que le second s'est abaissé vers la terre à la parole du siècle athée.

Trois corps de logis, formant avec l'église un carré long, composent l'édifice des *Invalides.* Mais quel goût dans cette simplicité ! quelle beauté dans cette cour, qui n'est pourtant qu'un cloître militaire, où l'art a mêlé les idées guerrières aux idées religieuses et marié l'image d'un camp de vieux soldats aux souvenirs attendrissants d'un hospice ! C'est à la fois le monument du *Dieu des armées* et du *Dieu de l'Évangile*. La rouille des siècles qui commence à le couvrir lui donne de nobles rapports avec ces vétérans, ruines animées, qui se promènent sous ses vieux portiques. Dans les avant-cours tout retrace l'idée des combats : fossés, glacis, remparts, canons, tentes, sentinelles. Pénétrez-vous plus avant, le bruit s'affoiblit par degrés et va se perdre à l'église, où règne un profond silence. Ce bâtiment religieux est placé derrière les bâtiments militaires comme l'image du repos et de l'espérance au fond d'une vie pleine de troubles et de périls.

Le siècle de Louis XIV est peut-être le seul qui ait bien connu ces convenances morales et qui ait toujours fait dans les arts ce qu'il falloit faire, rien de moins, rien de plus. L'or du commerce a élevé les fastueuses colonnades de l'hôpital de *Greenwich*, en Angleterre ; mais il y a quelque chose de plus fier et de plus imposant dans la masse des *Invalides*. On sent qu'une nation qui bâtit de tels palais pour la vieillesse de ses armées a reçu la puissance du glaive ainsi que le sceptre des arts.

CHAPITRE VII.

VERSAILLES.

La peinture, l'architecture, la poésie et la grande éloquence ont toujours dégénéré dans les siècles philosophiques. C'est que l'esprit raisonneur, en détruisant l'imagination, sape les fondements des beaux-arts. On croit être plus habile parce qu'on redresse quelques erreurs de physique (qu'on remplace par toutes les erreurs de la raison) ; et l'on rétrograde en effet, puisqu'on perd une des plus belles facultés de l'esprit.

C'est dans Versailles que les pompes de l'âge religieux de la France s'étoient réunies. Un siècle s'est à peine écoulé, et ces bosquets qui retentissoient du bruit des fêtes ne sont plus animés que par la voix de la cigale et du rossignol. Ce palais qui lui seul est comme une grande ville, ces escaliers de marbre qui semblent monter dans les nues, ces statues, ces bassins, ces bois, sont maintenant ou croulants, ou couverts de mousse, ou desséchés, ou abattus, et pourtant cette demeure des rois n'a jamais paru ni plus pompeuse ni moins solitaire. Tout étoit vide autrefois dans ces lieux ; la petitesse de la dernière cour (avant que cette cour eût pour elle la grandeur de son infortune) sembloit trop à l'aise dans les vastes réduits de Louis XIV.

Quand le temps a porté un coup aux empires, quelque grand nom s'attache à leurs débris et les couvre. Si la noble misère du guerrier succède aujourd'hui dans Versailles à la magnificence des cours, si des tableaux de miracles et de martyres y remplacent de profanes peintures, pourquoi l'ombre de Louis XIV s'en offenseroit-elle? Il rendit illustres la religion, les arts et l'armée : il est beau que les ruines de son palais servent d'abri aux ruines de l'armée, des arts et de la religion.

CHAPITRE VIII.

DES ÉGLISES GOTHIQUES.

Chaque chose doit être mise en son lieu, vérité triviale à force d'être répétée, mais sans laquelle, après tout, il ne peut y avoir rien de parfait. Les Grecs n'auroient pas plus aimé un temple égyptien à Athènes que les Égyptiens un temple grec à Memphis. Ces deux monuments changés de place auroient perdu leur principale beauté, c'est-à-dire leurs rapports avec les institutions et les habitudes des peuples. Cette réflexion s'applique pour nous aux anciens monuments du christianisme. Il est même curieux de remarquer que dans ce siècle incrédule les poëtes et les romanciers, par un retour naturel vers les mœurs de nos aïeux, se plaisent à introduire dans leurs fictions des souterrains, des fantômes, des châteaux, des temples gothiques : tant ont de charmes les souvenirs qui se lient à la religion et à l'histoire de la patrie! Les nations ne jettent pas à l'écart leurs antiques mœurs comme on se dépouille d'un vieil habit. On leur en peut arracher quelques parties, mais il en reste des lambeaux, qui forment avec les nouveaux vêtements une effroyable bigarrure.

On aura beau bâtir des temples grecs bien élégants, bien éclairés, pour rassembler le *bon peuple* de saint Louis et lui faire adorer un Dieu *métaphysique*, il regrettera toujours ces *Notre-Dame* de Reims et de Paris, ces basiliques toutes moussues, toutes remplies des générations des décédés et des âmes de ses pères; il regrettera toujours la tombe de quelques messieurs de Montmorency, sur laquelle il *souloit* se mettre à genoux durant la messe, sans oublier les sacrées fontaines où il fut porté à sa naissance. C'est que tout cela est essentiellement lié à nos mœurs; c'est qu'un monument n'est vénérable qu'autant qu'une longue histoire du passé est pour ainsi dire empreinte sous ses voûtes toutes noires de siècles. Voilà pourquoi il n'y a rien de merveilleux dans un temple qu'on a vu bâtir et dont les échos et les dômes se sont formés sous nos yeux. Dieu est la loi éternelle ; son origine et tout ce qui tient à son culte doit se perdre dans la nuit des temps.

On ne pouvoit entrer dans une église gothique sans éprouver une sorte de frissonnement et un sentiment vague de la Divinité. On se trouvoit tout à coup reporté à ces temps où les cénobites, après avoir médité dans les bois de leurs monastères, se venoient prosterner à l'autel et chanter les louanges du Seigneur dans le calme et le silence de la nuit. L'ancienne France sembloit revivre : on croyoit voir ces costumes singuliers, ce peuple si différent de ce qu'il est aujourd'hui ; on se rappeloit et les révolutions de ce peuple, et ses travaux et ses arts. Plus ces temps étoient éloignés de nous, plus ils nous paroissoient magiques, plus ils nous remplissoient de ces pensées qui finissent toujours par une réflexion sur le néant de l'homme et la rapidité de la vie.

L'ordre gothique, au milieu de ces proportions barbares, a toutefois une beauté qui lui est particulière [1].

Les forêts ont été les premiers temples de la Divinité, et les hommes ont pris dans les forêts la première idée de l'architecture. Cet art a donc dû varier selon les climats. Les Grecs ont tourné l'élégante colonne corinthienne avec son chapiteau de feuilles sur le modèle du palmier [2]. Les énormes piliers du vieux style égyptien représentent le sycomore, le figuier oriental, le bananier et la plupart des arbres gigantesques de l'Afrique et de l'Asie.

Les forêts des Gaules ont passé à leur tour dans les temples de nos pères, et nos bois de chênes ont ainsi maintenu leur origine sacrée. Ces voûtes ciselées en feuillages, ces jambages qui appuient les murs et finissent brusquement comme des troncs brisés, la fraîcheur des voûtes, les ténèbres du sanctuaire, les ailes obscures, les passages secrets, les portes abaissées, tout retrace les labyrinthes des bois dans l'église gothique, tout en fait sentir la religieuse horreur, les

---

1. On pense qu'il nous vient des Arabes, ainsi que la sculpture du même style. Son affinité avec les monuments de l'Égypte nous porteroit plutôt à croire qu'il nous a été transmis par les premiers chrétiens d'Orient, mais nous aimons mieux encore rapporter son origine à la nature.

2. Vitruve raconte autrement l'invention du chapiteau, mais cela ne détruit pas ce principe général, que l'architecture est née dans les bois. On peut seulement s'étonner qu'on n'ait pas, d'après la variété des arbres, mis plus de variété dans la colonne. Nous concevons, par exemple, une colonne qu'on pourroit appeler *palmiste*, et qui seroit la représentation naturelle du palmier. Un orbe de feuilles un peu recourbées et sculptées au haut d'un léger fût de marbre feroit, ce nous semble, un effet charmant dans un portique.

mystères et la divinité. Les deux tours hautaines plantées à l'entrée de l'édifice surmontent les ormes et les ifs du cimetière et font un effet pittoresque sur l'azur du ciel. Tantôt le jour naissant illumine leurs têtes jumelles ; tantôt elles paroissent couronnées d'un chapiteau de nuages ou grossies dans une atmosphère vaporeuse. Les oiseaux eux-mêmes semblent s'y méprendre et les adopter pour les arbres de leurs forêts : des corneilles voltigent autour de leurs faîtes et se perchent sur leurs galeries. Mais tout à coup des rumeurs confuses s'échappent de la cime de ces tours et en chassent les oiseaux effrayés. L'architecte chrétien, non content de bâtir des forêts, a voulu, pour ainsi dire, en imiter les murmures, et au moyen de l'orgue et du bronze suspendu il a attaché au temple gothique jusqu'au bruit des vents et des tonnerres, qui roulent dans la profondeur des bois. Les siècles, évoqués par ces sons religieux, font sortir leurs antiques voix du sein des pierres et soupirent dans la vaste basilique : le sanctuaire mugit comme l'antre de l'ancienne Sibylle, et tandis que l'airain se balance avec fracas sur votre tête, les souterrains voûtés de la mort se taisent profondément sous vos pieds.

FIN DU LIVRE PREMIER.

LIVRE DEUXIÈME.

PHILOSOPHIE.

CHAPITRE I.

ASTRONOMIE ET MATHÉMATIQUES.

Considérons maintenant les effets du christianisme dans la littérature en général. On peut la classer sous ces trois chefs principaux : philosophie, histoire, éloquence.

Par *philosophie* nous entendons ici l'étude de toutes espèces de sciences.

On verra qu'en défendant la religion nous n'attaquons point la *sagesse* : nous sommes loin de confondre la morgue sophistique avec les saines connoissances de l'esprit et du cœur. La *vraie philosophie* est l'innocence de la vieillesse des peuples, lorsqu'ils ont cessé d'avoir des vertus par instinct et qu'ils n'en ont plus que par raison : cette seconde innocence est moins sûre que la première, mais lorsqu'on y peut atteindre, elle est plus sublime.

De quelque côté qu'on envisage le culte évangélique, on voit qu'il agrandit la pensée et qu'il est propre à l'expansion des sentiments. Dans les sciences, ses dogmes ne s'opposent à aucune vérité naturelle ; sa doctrine ne défend aucune étude. Chez les anciens, un philosophe rencontroit toujours quelque divinité sur sa route ; il étoit, sous peine de mort ou d'exil, condamné, par les prêtres d'Apollon ou de Jupiter, à être absurde toute sa vie. Mais comme le Dieu des chrétiens ne s'est pas logé à l'étroit dans un soleil, il a livré les astres aux vaines recherches des savants ; *il a jeté le monde devant eux comme une pâture pour leurs disputes*[1]. Le physicien peut peser l'air dans son tube sans craindre d'offenser *Junon*. Ce n'est pas des éléments de notre corps, mais des vertus de notre âme, que le souverain Juge nous demandera compte un jour.

Nous savons qu'on ne manquera pas de rappeler quelques bulles

---

1. *Ecclésiast.*, III, v. 11.

du saint-siége ou quelques décrets de la Sorbonne qui condamnent telle ou telle découverte philosophique : mais aussi combien ne pourroit-on pas citer d'arrêts de la cour de Rome en faveur de ces mêmes découvertes? Qu'est-ce donc à dire, sinon que les prêtres, qui sont hommes comme nous, se sont montrés plus ou moins éclairés selon le cours naturel des siècles? Il suffit que le christianisme *lui-même* ne prononce rien contre les sciences pour que nous soyons fondé à soutenir notre première assertion.

Au reste, remarquons bien que l'Église a presque toujours protégé les arts, quoiqu'elle ait découragé quelquefois les études abstraites : en cela elle a montré sa sagesse accoutumée. Les hommes ont beau se tourmenter, ils n'entendront jamais rien à la nature, parce que ce ne sont pas eux qui ont dit à la mer : *Vous viendrez jusque là, vous ne passerez pas plus loin, et vous briserez ici l'orgueil de vos flots* [1]. Les systèmes succéderont éternellement aux systèmes, et la vérité restera toujours inconnue. *Que ne plaît-il un jour à la nature*, s'écrie Montaigne, *de nous ouvrir son sein! O Dieu! quels abus, quels mécomptes nous trouverions en notre pauvre science* [2]!

Les anciens législateurs, d'accord sur ce point comme sur beaucoup d'autres avec les principes de la religion chrétienne, s'opposoient aux philosophes [3] et combloient d'honneurs les artistes [4]. Ces prétendues persécutions du christianisme contre les sciences doivent donc être aussi reprochées aux anciens, à qui toutefois nous reconnoissons tant de sagesse. L'an de Rome 591, le sénat rendit un décret pour bannir les philosophes de la ville, et six ans après Caton se hâta de faire renvoyer Carnéade, ambassadeur des Athéniens, « de peur, disoit-il, que la jeunesse, en prenant du goût pour les subtilités des Grecs, ne perdît la simplicité des mœurs antiques ». Si le système de Copernic fut méconnu de la cour de Rome, n'éprouva-t-il pas un pareil sort chez les Grecs? « Aristarchus, dit Plutarque, estimoit que les Grecs devoient mettre en justice Cléanthe le Samien et le condamner de blasphème encontre les dieux, comme remuant le foyer du monde; d'autant que cest homme taschant à sauver les apparences supposoit que le ciel demeuroit immobile et que c'estoit la terre qui se mouvoit par le cercle oblique du zodiaque, tournant à l'entour de son aixieu [5]. »

---

1. Job, XXXVII, v. 11.   2. *Essais*, liv. II, chap. XII.
3. Xenoph., *Hist. Græc.*; Plut., *Mor.*; Plat., *in Phæd., in Repub.*
4. Les Grecs poussèrent cette haine des philosophes jusqu'au crime, puisqu'ils firent mourir Socrate.
5. Plut., *De la face qui apparoist dedans le rond de la lune*; chap. IX. On sait qu'il y a erreur dans le texte de Plutarque, et que c'étoit, au contraire, Aristarque de

Encore est-il vrai que Rome moderne se montra plus sage, puisque le même tribunal ecclésiastique qui condamna d'abord le système de Copernic permit six ans après de l'enseigner comme hypothèse [1]. D'ailleurs pouvoit-on attendre plus de lumières astronomiques d'un prêtre romain que de Tycho-Brahé, qui continuoit à nier le mouvement de la terre ? Enfin un pape Grégoire, réformateur du calendrier, un moine Bacon, peut-être inventeur du télescope, un cardinal Cuza, un prêtre Gassendi, n'ont-ils pas été ou les protecteurs ou les lumières de l'astronomie ?

Platon, ce génie si amoureux des hautes sciences, dit formellement, dans un de ses plus beaux ouvrages, *que les hautes études ne sont pas utiles à tous, mais seulement à un petit nombre;* et il ajoute cette réflexion, confirmée par l'expérience, « qu'une ignorance absolue n'est ni le mal le plus grand ni le plus à craindre, et qu'un amas de connoissances mal digérées est bien pis encore [2]. »

Ainsi, si la religion avoit besoin d'être justifiée à ce sujet, nous ne manquerions pas d'autorités chez les anciens ni même chez les modernes. Hobbes a écrit plusieurs traités [3] contre l'incertitude de la science la plus certaine de toutes, celle des mathématiques. Dans celui qui a pour titre : *Contra Geometras, sive contra phastum professorum,* il reprend une à une les définitions d'Euclide et montre ce qu'elles ont de faux, de vague ou d'arbitraire. La manière dont il s'énonce est remarquable : *Itaque per hanc epistolam hoc ago ut ostendam tibi non minorem esse dubitandi causam in scriptis mathematicorum quam in scriptis physicorum, ethicorum* [4], etc. « Je te ferai voir dans ce traité qu'il n'y a pas moins de sujets de doute en mathématiques qu'en physique, en morale, etc. »

Bacon s'est exprimé d'une manière encore plus forte contre les sciences, même en paroissant en prendre la défense. Selon ce grand homme, il est prouvé « qu'une légère teinture de philosophie peut conduire à méconnoître l'essence première, mais qu'un savoir plus plein mène l'homme à Dieu [5]. »

Si cette idée est véritable, qu'elle est terrible ! car pour un seul génie capable d'arriver à cette *plénitude* de savoir demandée par Bacon, et où, selon Pascal, *on se rencontre dans une autre ignorance,*

Samos que Cléanthe vouloit faire persécuter pour son opinion sur le mouvement de la terre ; cela ne change rien à ce que nous voulons prouver.

1. Voyez la note XXIV, à la fin du volume.
2. *De Leg.*, lib. VII.
3. *Examinatio et emendatio mathematicæ hodiernæ,* Dial. VI, *contra Geometras.*
4. HOBB., *Opera omnia.* Amstel., édit. 1667.   5. *De Aug. scient.*, lib. V.

que d'esprits médiocres n'y parviendront jamais et resteront dans ces nuages de la science qui cachent la Divinité!

Ce qui perdra toujours la foule, c'est l'orgueil : c'est qu'on ne pourra jamais lui persuader qu'elle ne sait rien au moment où elle croit tout savoir. Les grands hommes peuvent seuls comprendre ce dernier point des connoissances humaines où l'on voit s'évanouir les trésors qu'on avoit amassés et où l'on se retrouve dans sa pauvreté originelle. C'est pourquoi la plupart des sages ont pensé que les études philosophiques avoient un extrême danger pour la multitude. Locke emploie les trois premiers chapitres du quatrième livre de son *Essai sur l'entendement humain* à montrer les bornes de notre connoissance, qui sont réellement effrayantes, tant elles sont rapprochées de nous.

« Notre connoissance, dit-il, étant resserrée dans des bornes si étroites, comme je l'ai montré, pour mieux voir l'état présent de notre esprit, il ne sera peut-être pas inutile... de prendre connoissance de notre ignorance, qui... peut servir beaucoup à terminer les disputes... si, après avoir découvert jusqu'où nous avons des idées claires... nous ne nous engageons pas dans cet abîme de ténèbres (où nos yeux nous sont entièrement inutiles, et où nos facultés ne sauroient nous faire apercevoir quoi que ce soit), *entêtés de cette folle pensée que rien n'est au-dessus de notre compréhension*[1]. »

Enfin, on sait que Newton, dégoûté de l'étude des mathématiques, fut plusieurs années sans vouloir en entendre parler ; et de nos jours même Gibbon, qui fut si longtemps l'apôtre des idées nouvelles, a écrit : « Les sciences exactes nous ont accoutumés à dédaigner l'évidence morale, si féconde en belles sensations, et qui est faite pour déterminer les opinions et les actions de notre vie. »

En effet, plusieurs personnes ont pensé que la science entre les mains de l'homme dessèche le cœur, désenchante la nature, mène les esprits foibles à l'athéisme et de l'athéisme au crime ; que les beaux-arts, au contraire, rendent nos jours merveilleux, attendrissent nos âmes, nous font pleins de foi envers la Divinité et conduisent par la religion à la pratique des vertus.

Nous ne citerons pas Rousseau, dont l'autorité pourroit être suspecte ici : mais Descartes, par exemple, s'est exprimé d'une manière bien étrange sur la science qui a fait une partie de sa gloire.

« Il ne trouvoit rien effectivement, dit le savant auteur de sa vie, qui lui parût moins solide que de s'occuper de nombres tout simples et de figures imaginaires, comme si l'on devoit s'en tenir à ces *baga-*

---

1. LOCKE, *Entend. hum.*, liv. IV, chap. III, art. IV, trad. de Coste.

telles sans porter la vue au delà. Il y voyoit même quelque chose de plus qu'inutile ; il croyoit qu'il étoit dangereux de s'appliquer trop sérieusement à ces démonstrations superficielles que l'industrie et l'expérience fournissent moins souvent que le hasard [1]. Sa maxime étoit que cette application nous désaccoutume insensiblement de l'usage de notre raison et nous expose à perdre la route que la lumière nous trace [2]. »

Cette opinion de l'auteur de l'application de l'algèbre à la géométrie est une chose digne d'attention.

Le père Castel, à son tour, semble se plaire à rabaisser le sujet sur lequel il a lui-même écrit. « En général, dit-il, on estime trop les mathématiques... La géométrie a des vérités hautes, des objets peu développés, des points de vue qui ne sont que comme échappés. Pourquoi dissimuler? Elle a des paradoxes, des apparences de contradiction, des conclusions de système et de concession, des opinions de sectes, des conjectures même et même des paralogismes [3]. »

Si nous en croyons Buffon, « *ce qu'on appelle vérités mathématiques se réduit à des identités d'idées et n'a aucune réalité* [4]. » Enfin l'abbé de Condillac, affectant pour les géomètres le même mépris qu'Hobbes, dit en parlant d'eux : « Quand ils sortent de leurs calculs pour entrer dans des recherches d'une nature différente, on ne leur trouve plus la même clarté, la même précision ni la même étendue d'esprit. Nous avons quatre métaphysiciens célèbres, Descartes, Malebranche, Leibnitz et Loke ; le dernier est le seul qui ne fût pas géomètre, et de combien n'est-il pas supérieur aux trois autres [5]! »

Ce jugement n'est pas exact. En métaphysique pure, Malebranche et Leibnitz ont été beaucoup plus loin que le philosophe anglois. Il est vrai que les esprits géométriques sont souvent faux dans le train ordinaire de la vie, mais cela vient même de leur extrême justesse. Ils veulent trouver partout des vérités absolues, tandis qu'en morale et en politique les vérités sont relatives. Il est rigoureusement vrai que deux et deux font quatre, mais il n'est pas de la même évidence qu'une bonne loi à Athènes soit une bonne loi à Paris. Il est de fait que la liberté est une chose excellente : d'après cela, faut-il verser des torrents de sang pour l'établir chez un peuple en tel degré que ce peuple ne la comporte pas?

---

1. Lettres de 1638, p. 412, Cartesii l. *de Direct. ingen. regula*, n° 5.
2. Œuvres de Desc., t. I, p. 112. 3. *Math. univ.*, p. 3, 5.
4. *Hist. nat.*, t. I, prem. disc., p. 77.
5. *Essai sur l'origine des connoissances humaines*, t. II, sect. II, chap. IV, p. 239, édit. Amst. 1783.

En mathématiques on ne doit regarder que le principe, en morale que la conséquence. L'une est une vérité simple, l'autre une vérité complexe. D'ailleurs rien ne dérange le compas du géomètre, et tout dérange le cœur du philosophe. Quand l'instrument du second sera aussi sûr que celui du premier, nous pourrons espérer de connoître le fond des choses : jusque là il faut compter sur des erreurs. Celui qui voudroit porter la rigidité géométrique dans les rapports sociaux deviendroit le plus stupide ou le plus méchant des hommes.

Les mathématiques, d'ailleurs, loin de prouver l'étendue de l'esprit dans la plupart des hommes qui les emploient, doivent être considérées, au contraire, comme l'appui de leur foiblesse, comme le supplément de leur insuffisante capacité, comme une méthode d'abréviation propre à classer des résultats dans une tête incapable d'y arriver d'elle-même. Elles ne sont en effet que des signes généraux d'idées qui nous épargnent la peine d'en avoir, des étiquettes numériques d'un trésor que l'on n'a pas compté, des instruments avec lesquels on opère, et non les choses sur lesquelles on agit. Supposons qu'une pensée soit représentée par A et une autre par B : quelle prodigieuse différence n'y aura-t-il pas entre l'homme qui développera ces deux pensées dans leurs divers rapports moraux, politiques et religieux, et l'homme qui, la plume à la main, multipliera patiemment son A et son B en trouvant des combinaisons curieuses, mais sans avoir autre chose devant l'esprit que les propriétés de deux lettres stériles?

Mais si, exclusivement à toute autre science, vous endoctrinez un enfant dans cette science qui donne peu d'idées, vous courez les risques de tarir la source des idées mêmes de cet enfant, de gâter le plus beau naturel, d'éteindre l'imagination la plus féconde, de rétrécir l'entendement le plus vaste. Vous remplissez cette jeune tête d'un fatras de nombres et de figures qui ne lui représentent rien du tout; vous l'accoutumez à se satisfaire d'une somme donnée, à ne marcher qu'à l'aide d'une théorie, à ne faire jamais usage de ses forces, à soulager sa mémoire et sa pensée par des opérations artificielles, à ne connoître et finalement à n'aimer que ces principes rigoureux et ces vérités absolues qui bouleversent la société.

On a dit que les mathématiques servent à rectifier dans la jeunesse les erreurs du raisonnement; mais on a répondu très-ingénieusement et très-solidement à la fois que pour classer des idées il falloit premièrement en avoir; que prétendre arranger l'*entendement* d'un enfant, c'étoit vouloir arranger une chambre vide. Donnez-lui d'abord des notions claires de ses devoirs moraux et religieux, enseignez-lui les lettres humaines et divines; ensuite, quand vous aurez donné les soins nécessaires à l'éducation du cœur de votre élève, quand son cerveau sera suffisamment rempli d'objets de comparaison et de principes certains, mettez-y de l'ordre, si vous le voulez, avec la géométrie.

En outre, est-il bien vrai que l'étude des mathématiques soit si nécessaire dans la vie? S'il faut des magistrats, des ministres, des classes civiles et religieuses, que font à leur état les propriétés d'un cercle ou d'un triangle? On ne veut plus, dit-on, que des choses positives. Eh! grand Dieu! qu'y a-t-il de moins positif que les sciences dont les systèmes changent plusieurs fois par siècle? Qu'importe au laboureur que l'élément de la terre ne soit pas *homogène*, ou au bûcheron que le bois ait une substance *pyroligneuse?* Une page éloquente de Bossuet sur la morale est plus utile et plus difficile à écrire qu'un volume d'abstractions philosophiques.

Mais on applique, dit-on, les découvertes des sciences aux arts mécaniques; ces grandes découvertes ne produisent presque jamais l'effet qu'on en attend. La perfection de l'agriculture, en Angleterre, est moins le résultat de quelques expériences scientifiques que celui du travail patient et de l'industrie du fermier obligé de tourmenter sans cesse un sol ingrat.

Nous attribuons faussement à nos sciences ce qui appartient au progrès naturel de la société. Les bras et les animaux rustiques se sont multipliés: les manufactures et les produits de la terre ont dû augmenter et s'améliorer en proportion. Qu'on ait des charrues plus légères, des machines plus parfaites pour les métiers, c'est un avantage : mais croire que le génie et la sagesse humaine se renferment dans un cercle d'inventions mécaniques, c'est prodigieusement errer.

Quant aux mathématiques proprement dites, il est démontré qu'on peut apprendre dans un temps assez court ce qu'il est utile d'en savoir pour devenir un bon ingénieur. Au delà de cette géométrie pratique, le reste n'est plus qu'une *géométrie spéculative* qui a ses jeux, ses inutilités et, pour ainsi dire ses romans comme les autres sciences. « Il faut bien distinguer, dit Voltaire, entre la géométrie utile et la géométrie curieuse... Carrez des courbes tant qu'il vous plaira, vous montrerez une extrême sagacité. Vous ressemblez à un arithméticien qui examine les propriétés des nombres au lieu de calculer sa fortune. Lorsque Archimède trouva la pesanteur spécifique des corps, il rendit service au genre humain : mais de quoi vous servira de trouver trois nombres tels que la différence des carrés de deux, ajoutée au nombre trois, fasse toujours un carré, et que la somme des trois différences, ajoutée au même cube, fasse toujours un carré? *Nugæ difficiles*[1]. »

---

1. *Quest. sur l'Encycl.*, Géom.

Toute pénible que cette vérité puisse être pour les mathématiciens, il faut cependant le dire : la nature ne les a pas faits pour occuper le premier rang. Hors quelques géomètres *inventeurs,* elle les a condamnés à une triste obscurité ; et ces génies inventeurs eux-mêmes sont menacés de l'oubli si l'historien ne se charge de les annoncer au monde : Archimède doit sa gloire à Polybe, et Voltaire a créé parmi nous la renommée de Newton. Platon et Pythagore vivent comme moralistes et législateurs, Leibnitz et Descartes comme métaphysiciens, peut-être encore plus que comme géomètres. D'Alembert auroit aujourd'hui le sort de Varignon et de Duhamel, dont les noms, encore respectés de l'école, n'existent plus pour le monde que dans les éloges académiques, s'il n'eût mêlé la réputation de l'écrivain à celle du savant. Un poëte avec quelques vers passe à la postérité, immortalise son siècle et porte à l'avenir les hommes qu'il a daigné chanter sur sa lyre : le savant, à peine connu pendant sa vie, est oublié le lendemain de sa mort. Ingrat malgré lui, il ne peut rien pour le grand homme, pour le héros qui l'aura protégé. En vain il placera son nom dans un fourneau de chimiste ou dans une machine de physicien : estimables efforts dont pourtant il ne sortira rien d'illustre. La gloire est née sans ailes ; il faut qu'elle emprunte celles des Muses quand elle veut s'envoler aux cieux. C'est Corneille, Racine, Boileau ; ce sont les orateurs, les historiens, les artistes, qui ont immortalisé Louis XIV, bien plus que les savants qui brillèrent aussi dans son siècle. Tous les temps, tous les pays offrent le même exemple. Que les mathématiciens cessent donc de se plaindre si les peuples, par un instinct général, font marcher les lettres avant les sciences ! C'est qu'en effet l'homme qui a laissé un seul précepte moral, un seul sentiment touchant à la terre, est plus utile à la société que le géomètre qui a découvert les plus belles propriétés du triangle.

Au reste, il n'est peut-être pas difficile de mettre d'accord ceux qui déclament contre les mathématiques et ceux qui les préfèrent à tout. Cette différence d'opinions vient de l'erreur commune, qui confond un *grand* avec un *habile* mathématicien. Il y a une géométrie *matérielle,* qui se compose de lignes, points, d'$A+B$; avec du temps et de la persévérance, l'esprit le plus médiocre peut y faire des prodiges. C'est alors une espèce de machine géométrique qui exécute d'elle-même des opérations compliquées, comme la machine arithmétique de Pascal. Dans les sciences, celui qui vient le dernier est toujours le plus instruit : voilà pourquoi tel écolier de nos jours est plus avancé que Newton en mathématiques ; voilà pourquoi tel qui passe pour savant aujourd'hui sera traité d'ignorant par la génération future. Entêtés de leurs calculs, les géomètres-manœuvres ont un mépris ridicule pour les arts d'imagination : ils sourient de pitié quand on leur parle de littérature, de morale, de religion ; ils *connoissent,* disent-ils, la nature. N'aime-t-on pas autant l'*ignorance* de Platon, qui appelle cette même nature une *poésie mystérieuse?*

Heureusement il existe une autre géométrie, une géométrie intellectuelle. C'est celle-là qu'il falloit savoir pour entrer dans l'école des disciples de Socrate; elle voit Dieu derrière le cercle et le triangle, et elle a créé Pascal, Leibnitz, Descartes et Newton. En général les géomètres inventeurs ont été religieux.

Mais on ne peut se dissimuler que cette géométrie des grands hommes ne soit fort rare. Pour un seul génie qui marche par les voies sublimes de la science, combien d'autres se perdent dans ses inextricables sentiers! Observons ici une de ces réactions si communes dans les lois de la Providence : les âges irréligieux conduisent nécessairement aux sciences, et les sciences amènent nécessairement les âges irréligieux. Lorsque, dans un siècle impie, l'homme vient à méconnoître l'existence de Dieu, comme c'est néanmoins la seule vérité qu'il possède à fond, et qu'il a un besoin impérieux des vérités positives, il cherche à s'en créer de nouvelles et croit les trouver dans les abstractions des sciences. D'une autre part, il est naturel que des esprits communs ou des jeunes gens peu réfléchis, en rencontrant les vérités mathématiques dans l'univers, en les voyant dans le ciel avec Newton, dans la chimie avec Lavoisier, dans les minéraux avec Haüy, il est naturel, disons-nous, qu'ils les prennent pour le principe même des choses, et qu'ils ne voient rien au delà. Cette simplicité de la nature qui devroit leur faire supposer, comme Aristote, un *premier mobile,* et comme Platon, un *éternel géomètre,* ne sert qu'à les égarer : Dieu n'est bientôt pour eux que les propriétés des corps, et la chaîne même des nombres leur dérobe la grande unité.

CHAPITRE II.

CHIMIE ET HISTOIRE NATURELLE.

Ce sont ces excès qui ont donné tant d'avantages aux ennemis des sciences et qui ont fait naître les éloquentes déclamations de Rousseau et de ses sectateurs. Rien n'est plus admirable, disent-ils, que les découvertes de Spallanzani, de Lavoisier, de Lagrange : mais ce qui perd tout, ce sont les conséquences que des esprits faux prétendent en tirer. Quoi! parce qu'on sera parvenu à démontrer la simplicité des sucs digestifs ou à déplacer ceux de la génération ; parce que la chimie aura augmenté, ou, si l'on veut, diminué le nombre des éléments ; parce que la loi de la gravitation sera connue du moindre écolier; parce qu'un enfant pourra barbouiller des figures de géométrie ; parce que tel ou tel écrivain sera un subtil *idéologue*, il faudra nécessairement en conclure qu'il n'y a ni Dieu ni véritable religion ! Quel abus de raisonnement !

Une autre observation a fortifié chez les esprits timides le dégoût des études philosophiques. Ils disent : « Si ces découvertes étoient certaines, invariables, nous pourrions concevoir l'orgueil qu'elles inspirent non-seulement aux hommes estimables qui les ont faites, mais à la foule qui en jouit. Cependant, dans ces sciences appelées positives, l'expérience du jour ne détruit-elle pas l'expérience de la veille? Les erreurs de l'ancienne physique ont leurs partisans et leurs défenseurs. Un bel ouvrage de littérature reste dans tous les temps, les siècles même lui ajoutent un nouveau lustre ; mais les sciences qui ne s'occupent que des propriétés des *corps* voient vieillir dans un instant leur système le plus fameux. En chimie, par exemple, on pensoit avoir une nomenclature régulière[1], et l'on s'aperçoit maintenant qu'on s'est trompé. Encore un certain nombre de faits, et il faudra briser les cases de la chimie moderne. Qu'aura-t-on gagné à bouleverser les noms, à appeler l'air vital, *oxygène*, etc.? Les sciences sont un labyrinthe où l'on s'enfonce plus avant au moment même où l'on croyoit en sortir. »

Ces objections sont spécieuses, mais elles ne regardent pas plus la chimie que les autres sciences. Lui reprocher de se détromper elle-même par ses expériences, c'est l'accuser de sa bonne foi et de n'être pas dans le secret de l'essence des choses. Et qui donc est dans ce secret, sinon cette intelligence première qui existe de toute éternité? La brièveté de notre vie, la foiblesse de nos sens, la grossièreté de nos instruments et de nos moyens, s'opposent à la découverte de cette for-

---

[1]. Par les terminaisons des acides en *eux* et en *iques* : on a démontré récemment que l'acide nitrique et l'acide sulfurique n'étoient point le résultat d'une addition d'oxygène *à l'acide nitreux et à l'acide sulfureux*. Il y avoit toujours dès le principe un vide dans le système par l'acide muriatique, qui n'avoit pas de positif en *eux*. M. Berthollet est, dit-on, sur le point de prouver que l'*azote*, regardé jusqu'à présent comme une simple essence combinée avec le *calorique*, est une substance composée. Il n'y a qu'un fait certain en chimie, fixé par Boerhaave et développé par Lavoisier, savoir : que le *calorique*, ou la substance qui unie à la lumière compose le feu, tend sans cesse à distendre les corps ou à écarter les unes des autres leurs molécules constitutives.

mule générale que Dieu nous cache à jamais. On sait que nos sciences *décomposent* et *recomposent*, mais qu'elles ne peuvent *composer*. C'est cette impuissance de créer qui découvre le côté foible et le néant de l'homme. Quoi qu'il fasse, il ne peut rien, tout lui résiste; il ne peut plier la matière à son usage, qu'elle ne se plaigne et ne gémisse : il semble attacher ses soupirs et son cœur tumultueux à tous ses ouvrages!

Dans l'œuvre du Créateur, au contraire, tout est muet, parce qu'il n'y a point d'effort; tout est silencieux, parce que tout est soumis : il a parlé, le chaos s'est tu, les globes se sont glissés sans bruit dans l'espace. Les puissances unies de la matière sont à une seule parole de Dieu comme rien est à tout, comme les choses créées sont à la nécessité. Voyez l'homme à ses travaux : quel effrayant appareil de machines! Il aiguise le fer, il prépare le poison, il appelle les éléments à son secours; il fait mugir l'eau, il fait siffler l'air, ses fourneaux s'allument. Armé du feu, que va tenter ce nouveau Prométhée? Va-t-il créer un monde? Non; il va détruire : il ne peut enfanter que la mort!

Soit préjugé d'éducation, soit habitude d'errer dans les déserts et de n'apporter que notre cœur à l'étude de la nature, nous avouons qu'il nous fait quelque peine de voir l'esprit d'analyse et de *classification* dominer dans les sciences aimables, où l'on ne devrait rechercher que la beauté et la bonté de la Divinité. S'il nous est permis de le dire, c'est, ce nous semble, une grande pitié que de trouver aujourd'hui l'homme *mammifère* rangé, d'après le système de Linnæus, avec les singes, les chauves-souris et les paresseux. Ne valoit-il pas autant le laisser à la tête de la création, où l'avoient placé Moïse, Aristote, Buffon et la nature? Touchant de son âme aux cieux et de son corps à la terre, on aimoit à le voir former, dans la chaîne des êtres, l'anneau qui lie le monde visible au monde invisible, le temps à l'éternité.

« Dans ce siècle même, dit Buffon, où les sciences paroissent être cultivées avec soin, je crois qu'il est aisé de s'apercevoir que la philosophie est négligée, et peut-être plus que dans aucun siècle; les arts qu'on veut appeler scientifiques ont pris sa place; les méthodes de calcul et de géométrie, celles de botanique et d'histoire naturelle, les formules, en un mot, et les dictionnaires occupent presque tout le monde : on s'imagine savoir davantage parce qu'on a augmenté le nombre des expressions symboliques et des phrases savantes, et on ne fait point attention que tous ces arts ne sont que des échafaudages pour arriver à la science, et non pas la science elle-même; qu'il ne faut s'en servir que lorsqu'on ne peut s'en passer, et qu'on doit toujours se défier qu'ils ne viennent à nous manquer lorsque nous voudrons les appliquer à l'édifice [1]. »

Ces remarques sont judicieuses, mais il nous semble qu'il y a dans les *classifications* un danger encore plus pressant. Ne doit-on pas craindre que cette fureur de ramener nos connoissances à des signes physiques, de ne voir dans les races diverses de la création que des doigts, des dents, des becs, ne conduise insensiblement la jeunesse au matérialisme? Si pourtant il est quelque science où les inconvénients de l'incrédulité se fassent sentir dans leur plénitude, c'est en histoire naturelle. On flétrit alors ce qu'on touche : les parfums, l'éclat des couleurs, l'élégance des formes, disparoissent dans les plantes pour le botaniste qui n'y attache ni moralité ni tendresse. Lorsqu'on n'a point de religion ; le cœur est insensible et il n'y plus de beauté, car la beauté n'est point un être existant hors de nous: c'est dans le cœur de l'homme que sont les grâces de la nature.

Quant à celui qui étudie les animaux, qu'est-ce autre chose, s'il est incrédule, que d'étudier des cadavres? A quoi ses recherches le mènent-elles? quel peut être son but? Ah ! c'est pour lui qu'on a formé ces cabinets, écoles où la Mort, la faux à la main, est le démonstrateur; cimetières au milieu desquels on a placé des horloges pour compter des minutes à des squelettes, pour marquer des heures à l'éternité!

C'est dans ces tombeaux où le néant a rassemblé ses merveilles, où la dépouille du singe insulte à la dépouille de l'homme, c'est là qu'il faut chercher la raison de ce phénomène, un *naturaliste athée :* à force de se promener dans l'atmosphère des sépulcres, son âme a gagné la mort.

Lorsque la science étoit pauvre et solitaire ; lorsqu'elle erroit dans la vallée et dans la forêt, qu'elle épioit l'oiseau portant à manger à ses petits ou le quadrupède retournant à sa tanière ; que son laboratoire étoit la nature, son amphithéâtre les cieux et les champs; qu'elle étoit simple et merveilleuse comme les déserts où elle passoit sa vie, alors elle étoit religieuse. Assise à l'ombre d'un chêne, couronnée de fleurs qu'elle avoit cueillies sur la montagne, elle se contentoit de peindre les scènes qui l'environnoient. Ses livres n'étoient que des catalogues de remèdes pour les infirmités du corps, ou des recueils de cantiques dont les paroles apaisoient les douleurs de l'âme. Mais quand des congrégations de savants se formèrent, quand les philosophes, cherchant la réputation et non la nature, voulurent parler des œuvres de Dieu sans les avoir aimées, l'incrédulité naquit avec

---

1. Buff., *Hist. nat.*, t. I, prem. disc., p. 79.

l'amour-propre, et la science ne fut plus que le petit instrument d'une petite renommée.

L'Église n'a jamais parlé aussi sévèrement contre les études philosophiques que les divers philosophes que nous avons cités dans ces chapitres. Si on l'accuse de s'être un peu méfiée de ces lettres *qui ne guérissent de rien*, comme parle Sénèque, il faut aussi condamner cette foule de législateurs, d'hommes d'État, de moralistes, qui se sont élevés beaucoup plus fortement que la religion chrétienne contre le danger, l'incertitude et l'obscurité des sciences.

Où découvrira-t-elle la vérité? Sera-ce dans Locke, placé si haut par Condillac? dans Leibnitz, qui trouvoit Locke si foible en *idéologie*, ou dans Kant, qui a, de nos jours, attaqué et Locke et Condillac? En croira-t-elle Minos, Lycurgue, Caton, J.-J. Rousseau, qui chassent les sciences de leurs républiques, ou adoptera-t-elle le sentiment des législateurs qui les tolèrent? Quelles effrayantes leçons, si elle jette les yeux autour d'elle! Quelle ample matière de réflexions sur cette histoire de l'*arbre de science, qui produit la mort!* Toujours les siècles de philosophie ont touché aux siècles de destruction.

L'Église ne pouvoit donc prendre, dans une question qui a partagé la terre, que le parti même qu'elle a pris : retenir ou lâcher les rênes, selon l'esprit des choses et des temps ; opposer la morale à l'abus que l'homme fait des lumières, et tâcher de lui conserver, pour son bonheur, un cœur simple et une humble pensée.

Concluons que le défaut du jour est de séparer un peu trop les études abstraites des études littéraires. Les unes appartiennent à l'esprit, les autres au cœur; or, il se faut donner de garde de cultiver le premier à l'exclusion du second, et de sacrifier la partie qui aime à celle qui raisonne. C'est par une heureuse combinaison des connoissances physiques et morales, et surtout par le concours des idées religieuses, qu'on parviendra à redonner à notre jeunesse cette éducation qui jadis a formé tant de grands hommes. Il ne faut pas croire que notre sol soit épuisé. Ce beau pays de France pour prodiguer de nouvelles moissons n'a besoin que d'être cultivé un peu à la manière de nos pères : c'est une de ces terres heureuses où règnent ces *génies* protecteurs des hommes et ce *souffle divin* qui, selon Platon, décèle les climats favorables à la vertu [1].

---

1. PLAT., *de Leg.*, lib. v.

CHAPITRE III.

DES PHILOSOPHES CHRÉTIENS. — MÉTAPHYSICIENS.

Les exemples viennent à l'appui des principes ; et une religion qui réclame Bacon, Newton, Bayle, Clarke, Leibnitz, Grotius, Pascal, Arnauld, Nicole, Malebranche, La Bruyère (sans parler des Pères de l'Église, ni de Bossuet, ni de Fénelon, ni de Massillon, ni de Bourdaloue, que nous voulons bien ne compter ici que comme orateurs), une telle religion peut se vanter d'être favorable à la philosophie.

Bacon doit sa célébrité à son traité *On the Advancement of Learning* et à son *Novum Organum Scientiarum*. Dans le premier il examine le cercle des sciences, classant chaque objet sous sa faculté ; facultés dont il reconnoît quatre : l'*âme* ou la *sensation*, la *mémoire*, l'*imagination*, l'*entendement*. Les sciences s'y trouvent réduites à trois : la *poésie*, l'*histoire*, la *philosophie*.

Dans le second ouvrage, il rejette la manière de raisonner par syllogisme, et propose la physique expérimentale pour seul guide dans la nature. On aime encore à lire la profession de foi de l'illustre chancelier d'Angleterre et la prière qu'il avoit coutume de dire avant de se mettre au travail. Cette naïveté chrétienne dans un grand homme est bien touchante. Quand Newton et Bossuet découvroient avec simplicité leur tête auguste en prononçant le nom de Dieu, ils étoient peut-être plus admirables dans ce moment que lorsque le premier pesoit ces mondes dont l'autre enseignoit à mépriser la poussière.

Clarke dans son *Traité de l'existence de Dieu*, Leibnitz dans sa *Théodicée*, Malebranche dans sa *Recherche de la vérité* se sont élevés si haut en métaphysique, qu'ils n'ont rien laissé à faire après eux.

Il est assez singulier que notre siècle se soit cru supérieur en métaphysique et en dialectique au siècle qui l'a précédé. Les faits déposent contre nous : certainement Condillac, qui n'a rien dit de nouveau, ne peut seul balancer Locke, Descartes, Malebranche et Leibnitz. Il ne fait que démembrer le premier, et il s'égare toutes les fois qu'il marche sans lui. Au reste, la métaphysique du jour diffère de celle de l'antiquité, en ce qu'elle sépare, autant qu'il est possible, l'imagination des perceptions abstraites. Nous avons isolé les facultés de notre entendement, réservant la pensée pour telle matière, le raisonnement pour telle autre, etc. D'où il résulte que nos ouvrages n'ont plus d'ensemble, et que notre esprit, ainsi divisé par chapitres, offre les inconvénients de ces histoires où chaque sujet est traité à part. Tandis qu'on recommence un nouvel article, le précédent nous échappe; nous cessons de voir les liaisons que les faits ont entre eux; nous retombons dans la confusion à force de méthode, et la multitude des conclusions particulières nous empêche d'arriver à la conclusion générale.

Quand il s'agit, comme dans l'ouvrage de Clarke, d'attaquer des hommes qui se piquent de raisonnement et auxquels il est nécessaire de prouver qu'on raisonne aussi bien qu'eux, on fait merveilleusement d'employer la manière ferme et serrée du docteur anglois; mais dans tout autre cas pourquoi préférer cette sécheresse à un style clair, quoique animé? Pourquoi ne pas mettre son cœur dans un ouvrage sérieux, comme dans un livre purement agréable? On lit encore la métaphysique de Platon, parce qu'elle est colorée par une imagination brillante. Nos derniers *idéologues* sont tombés dans une grande erreur en séparant l'histoire de l'esprit humain de l'histoire des choses divines, en soutenant que la dernière ne mène à rien de positif et qu'il n'y a que la première qui soit d'un usage immédiat. Où est donc la nécessité de connoître les opérations de la pensée de l'homme, si ce n'est pour les rapporter à Dieu? Que me revient-il de savoir que je reçois ou non mes idées par les sens? Condillac s'écrie : « Les métaphysiciens mes devanciers se sont perdus dans les mondes chimériques, moi seul j'ai trouvé le vrai; ma science est de la plus grande utilité. Je vais vous dire ce que c'est que la conscience, l'attention, la réminiscence. » Et à quoi cela me conduira-t-il? Une chose n'est bonne, une chose n'est positive qu'autant qu'elle renferme une intention morale; or, toute *métaphysique* qui n'est pas *théologie*, comme celle des anciens et des chrétiens, toute métaphysique qui creuse un abîme entre l'homme et Dieu, qui prétend que le dernier n'étant que ténèbres, on ne doit pas s'en occuper, cette métaphysique est futile et dangereuse, parce qu'elle manque de but.

L'autre, au contraire, en m'associant à la Divinité, en me donnant une noble idée de ma grandeur et de la perfection de mon être, me dispose à bien penser et à bien agir. Les fins morales viennent par cet anneau se rattacher à cette métaphysique, qui n'est alors qu'un chemin plus sublime pour arriver à la vertu. C'est ce que Platon appeloit par excellence *la science des dieux*, et Pythagore *la géométrie divine*. Hors de là, la métaphysique n'est qu'un microscope qui nous découvre curieusement quelques petits objets que n'auroit pu saisir la vue simple, mais qu'on peut ignorer ou connoître sans qu'ils forment ou qu'ils remplissent un vide dans l'existence.

CHAPITRE IV.

SUITE DES PHILOSOPHES CHRÉTIENS. — PUBLICISTES.

Nous avons fait dans ces derniers temps, un grand bruit de notre science en politique : on diroit qu'avant nous le monde moderne n'avoit jamais entendu parler de liberté ni des différentes formes sociales. C'est apparemment pour cela que nous les avons essayées les unes après les autres avec tant d'habileté et de bonheur. Cependant, Machiavel, Thomas Morus, Mariana, Bodin, Grotius, Puffendorf et Locke, philosophes chrétiens, s'étoient occupés de la nature des gouvernements bien avant Mably et Rousseau.

Nous ne ferons point l'analyse des ouvrages de ces publicistes, dont il nous suffit de rappeler les noms pour prouver que tous les genres de gloire littéraire appartiennent au christianisme : nous montrerons ailleurs ce que la liberté du genre humain doit à cette même religion qu'on accuse de prêcher l'esclavage.

Il seroit bien à désirer, si l'on s'occupe encore d'écrits de politique (ce qu'à Dieu ne plaise!), qu'on retrouvât pour ces sortes d'ouvrages les grâces que leur prêtoient les anciens. La *Cyropédie* de Xénophon, la *République* et les *Lois* de Platon sont à la fois de graves traités et des livres pleins de charmes. Platon excelle à donner un tour merveilleux aux discussions les plus stériles ; il sait mettre de l'agrément jusque dans l'énoncé d'une loi. Ici ce sont trois vieillards qui discourent en allant de Gnosse à l'antre de Jupiter, et qui se reposent sous des cyprès et dans de riantes prairies ; là c'est le meurtrier involontaire qui, un pied dans la mer, fait des libations à Neptune ; plus loin un poëte étranger est reçu avec des chants et des parfums ; on l'appelle un homme divin, on le couronne de lauriers et on le conduit, chargé d'honneurs, hors du territoire de la république. Ainsi Platon a cent manières ingénieuses de proposer ses idées ; il adoucit jusqu'aux sentences les plus sévères, en considérant les délits sous un jour religieux.

Remarquons que les publicistes modernes ont vanté le gouvernement républicain, tandis que les écrivains politiques de la Grèce ont généralement donné la préférence à la monarchie. Pourquoi cela? Parce que les uns et les autres haïssoient ce qu'ils avoient et aimoient ce qu'ils n'avoient pas : c'est l'histoire de tous les hommes.

Au reste, les sages de la Grèce envisageoient la société sous les rapports moraux ; nos derniers philosophes l'ont considérée sous les rapports politiques. Les premiers vouloient que le gouvernement découlât des mœurs ; les seconds que les mœurs dérivassent du gouvernement. La philosophie des uns s'appuyoit sur la religion, la philosophie des autres sur l'athéisme. Platon et Socrate crioient aux peuples : « Soyez vertueux, vous serez libres ; » nous leur avons dit : « Soyez libres, vous serez vertueux. » La Grèce avec de tels sentiments fut heureuse. Qu'obtiendrons-nous avec les principes opposés ?

CHAPITRE V.

MORALISTES. — LA BRUYÈRE.

Les écrivains du même siècle, quelque différents qu'ils soient par le génie, ont cependant quelque chose de commun entre eux. On reconnoît ceux du bel âge de la France à la fermeté de leur style, au peu de recherche de leurs expressions, à la simplicité de leurs tours, et pourtant à une certaine construction de phrase grecque et latine qui, sans nuire au génie de la langue françoise, annonce les modèles dont ces hommes s'étoient nourris.

De plus, les littérateurs se divisent, pour ainsi dire, en parties qui suivent tel ou tel maître, telle ou telle école. Ainsi les écrivains de *Port-Royal* se distinguent des écrivains de la *Société*; ainsi Fénelon, Massillon et Fléchier se touchent par quelques points, et Pascal, Bossuet et La Bruyère par quelques autres. Ces derniers sont remarquables par une sorte de brusquerie de pensée et de style qui leur est particulière. Mais il faut convenir que La Bruyère, qui imite volontiers Pascal[1], affoiblit quelquefois les preuves et la manière de ce grand génie. Quand l'auteur des *Caractères*, voulant démontrer la petitesse de l'homme, dit : « Vous êtes placé, ô Lucile ! quelque part sur cet atome, etc., » il reste bien loin de ce morceau de l'auteur des *Pensées* : « Qu'est-ce qu'un homme dans l'infini ? qui le peut comprendre ? »

La Bruyère dit encore : « Il n'y a pour l'homme que trois événements : naître, vivre et mourir ; il ne se sent pas naître, il souffre à mourir, et il oublie de vivre. » Pascal fait mieux sentir notre néant. « Le dernier acte est toujours sanglant, quelque belle que soit la comédie en tout le reste. On jette enfin de la terre sur la tête, et en voilà pour jamais. » Comme ce dernier mot est effrayant ! On voit d'abord la *comédie*, et puis la *terre*, et puis l'*éternité*. La négligence avec

---

1. Surtout dans le chapitre des *Esprits forts*.

laquelle la phrase est jetée montre tout le peu de valeur de la vie. Quelle amère indifférence dans cette courte et froide histoire de l'homme[1] !

Quoi qu'il en soit, La Bruyère est un des beaux écrivains du siècle de Louis XIV. Aucun homme n'a su donner plus de variété à son style, plus de formes diverses à sa langue, plus de mouvement à sa pensée. Il descend de la haute éloquence à la familiarité, et passe de la plaisanterie au raisonnement sans jamais blesser le goût ni le lecteur. L'ironie est son arme favorite : aussi philosophe que Théophraste, son coup d'œil embrasse un plus grand nombre d'objets, et ses remarques sont plus originales et plus profondes. Théophraste conjecture, La Rochefoucauld devine et La Bruyère montre ce qui se passe au fond des cœurs.

C'est un grand triomphe pour la religion que de compter parmi ses philosophes un Pascal et un La Bruyère. Il faudroit peut-être, d'après ces exemples, être un peu moins prompt à avancer qu'il n'y a que de *petits esprits* qui puissent être chrétiens.

« Si ma religion étoit fausse, dit l'auteur des *Caractères,* je l'avoue, voilà le piége le mieux dressé qu'il soit possible d'imaginer : il étoit inévitable de ne pas donner tout au travers et de n'y être pas pris. Quelle majesté! quel éclat de mystères! quelle suite et quel enchaînement de toute la doctrine! quelle raison éminente! Quelle candeur! quelle innocence de mœurs! Quelle force invincible et accablante de témoignages rendus successivement et pendant trois siècles entiers par des millions de personnes les plus sages, les plus modérées qui fussent alors sur la terre, et que le sentiment d'une même vérité soutient dans l'exil, dans les fers, contre la vue de la mort et du dernier supplice! »

Si La Bruyère revenoit au monde, il seroit bien étonné de voir cette religion, dont les grands hommes de son siècle confessoient la beauté et l'excellence, traitée d'*infâme,* de *ridicule,* d'*absurde.* Il croiroit sans doute que les *esprits forts* sont des hommes très-supérieurs aux écrivains qui les ont précédés, et que devant eux Pascal, Bossuet, Fénelon, Racine, sont des auteurs sans génie. Il ouvriroit

---

1. Cette pensée est supprimée dans la petite édition de Pascal avec les notes; les éditeurs n'ont pas apparemment trouvé que cela fût d'un *beau style.* Nous avons entendu critiquer la prose du siècle de Louis XIV, comme manquant d'harmonie, d'élégance et de justesse dans l'expression. Nous avons entendu dire : « Si Bossuet et Pascal revenoient, ils n'écriroient plus comme cela. » C'est nous, prétend-on, qui sommes les écrivains en prose *par excellence* et qui sommes bien plus habiles dans l'art d'arranger des mots. Ne seroit-ce point que nous exprimons des pensées communes en style recherché, tandis que les écrivains du siècle de Louis XIV disoient tout simplement de grandes choses?

leurs ouvrages avec un respect mêlé de frayeur. Nous croyons le voir s'attendant à trouver à chaque ligne quelque grande découverte de l'esprit humain, quelque haute pensée, peut-être même quelque fait historique auparavant inconnu qui prouve invinciblement la fausseté du christianisme. Que diroit-il, que penseroit-il dans son second étonnement, qui ne tarderoit pas à suivre le premier?

La Bruyère nous manque ; la révolution a renouvelé le fond des caractères. L'avarice, l'ignorance, l'amour-propre, se montrent sous un jour nouveau. Ces vices, dans le siècle de Louis XIV, se composoient avec la religion et la politesse ; maintenant ils se mêlent à l'impiété et à la rudesse des formes : ils devoient donc avoir dans le dix-septième siècle des teintes plus fines, des nuances plus délicates ; ils pouvoient être ridicules alors, ils sont odieux aujourd'hui.

CHAPITRE VI.

SUITE DES MORALISTES.

Il y avoit un homme qui à douze ans avec des *barres* et des *ronds*, avoit créé les mathématiques; qui à seize avoit fait le plus savant traité des coniques qu'on eût vu depuis l'antiquité ; qui à dix-neuf réduisit en machine une science qui existe tout entière dans l'entendement ; qui à vingt-trois ans démontra les phénomènes de la pesanteur de l'air, et détruisit une des grandes erreurs de l'ancienne physique ; qui à cet âge où les autres hommes commencent à peine de naître, ayant achevé de parcourir le cercle des sciences humaines, s'aperçut de leur néant, et tourna ses pensées vers la religion ; qui depuis ce moment jusqu'à sa mort, arrivée dans sa trente-neuvième année, toujours infirme et souffrant, fixa la langue que parlèrent Bossuet et Racine, donna le modèle de la plus parfaite plaisanterie comme du raisonnement le plus fort ; enfin, qui, dans les courts intervalles de ses maux, résolut par abstraction un des plus hauts problèmes de géométrie et jeta sur le papier des pensées qui tiennent autant du dieu que de l'homme : cet effrayant génie se nommoit *Blaise Pascal*.

Il est difficile de ne pas rester confondu d'étonnement lorsqu'en ouvrant les *Pensées* du philosophe chrétien on tombe sur les six chapitres où il traite de la nature de l'homme. Les sentiments de Pascal sont remarquables surtout par la profondeur de leur tristesse et par je ne sais quelle immensité : on est suspendu au milieu de ces sentiments comme dans l'infini. Les métaphysiciens parlent de cette *pensée abstraite* qui n'a aucune propriété de la matière, qui touche à tout sans se déplacer, qui vit d'elle-même, qui ne peut périr parce qu'elle est invisible, et qui prouve péremptoirement l'immortalité de l'âme : cette définition de la pensée semble avoir été suggérée aux métaphysiciens par les écrits de Pascal.

Il y a un monument curieux de la philosophie chrétienne et de la philosophie du jour : ce sont les *Pensées* de Pascal commentées par les éditeurs[1]. On croit voir les ruines de Palmyre, restes superbes du génie et du temps, au pied desquelles l'Arabe du désert a bâti sa misérable hutte.

Voltaire a dit : « Pascal, fou sublime, né un siècle trop tôt. »

On entend ce que signifie ce *siècle trop tôt*. Une seule observation suffira pour faire voir combien Pascal *sophiste* eût été inférieur à Pascal *chrétien*.

Dans quelle partie de ses écrits le solitaire de Port-Royal s'est-il élevé au-dessus des plus grands génies? Dans ses six chapitres sur l'homme. Or, ces six chapitres, qui roulent entièrement sur la chute originelle, *n'existeroient pas si Pascal eût été incrédule*.

Il faut placer ici une observation importante. Parmi les personnes qui ont embrassé les opinions philosophiques, les unes ne cessent de décrier le siècle de Louis XIV; les autres, se piquant d'impartialité, accordent à ce siècle les *dons de l'imagination* et lui refusent les *facultés de la pensée*. C'est le dix-huitième siècle, s'écrie-t-on, qui est le siècle *penseur* par excellence.

Un homme impartial qui lira attentivement les écrivains du siècle de Louis XIV s'apercevra bientôt que *rien n'a échappé à leur vue*; mais que, contemplant les objets de plus haut que nous, ils ont dédaigné les routes où nous sommes entrés, et au bout desquelles leur œil perçant avoit découvert un abîme.

Nous pouvons appuyer cette assertion de mille preuves. Est-ce faute d'avoir connu les objections contre la religion que tant de grands hommes ont été religieux? Oublie-t-on que Bayle publioit à cette époque même ses doutes et ses sophismes? Ne sait-on plus que Clarke et Leibnitz n'étoient occupés qu'à combattre l'incrédulité; que Pascal *vouloit défendre* la religion; que La Bruyère faisoit son chapitre des *Esprits forts* et Massillon son sermon de *la Vérité d'un avenir*; que Bossuet, enfin, lançoit ces paroles foudroyantes sur les athées : « Qu'ont-ils vu, ces *rares génies*, qu'ont-ils vu *plus que les*

---

1. Voyez la note XXV, à la fin du volume.

autres? Quelle ignorance est la leur, et qu'il seroit aisé de les confondre, si, foibles et présomptueux, ils ne craignoient point d'être instruits! car pensent-ils avoir vu mieux les difficultés à cause qu'ils y succombent, et que les autres qui LES ONT VUES les ont méprisées? Ils n'ont rien vu, ils n'entendent rien, ils n'ont pas même de quoi établir le néant auquel ils espèrent après cette vie, et ce misérable partage ne leur est pas assuré. »

Et quels rapports moraux, politiques ou religieux se sont dérobés à Pascal? quel côté de choses n'a-t-il point saisi? S'il considère la nature humaine en général, il en fait cette peinture si connue et si étonnante : « La première chose qui s'offre à l'homme quand il se regarde, c'est son corps, etc. » Et ailleurs : « L'homme n'est qu'un roseau pensant, etc. » Nous demandons si dans tout cela Pascal s'est montré un foible *penseur?*

Les écrivains modernes se sont fort étendus sur la puissance de l'opinion, et c'est Pascal qui le premier l'avoit observée. Une des choses les plus fortes que Rousseau ait hasardées en politique se lit dans le *Discours sur l'inégalité des conditions* : « Le premier, dit-il, qui, ayant clos un terrain, s'avisa de dire : *Ceci est à moi,* fut le vrai fondateur de la société civile. » Or, c'est presque mot pour mot l'effrayante idée que le solitaire de Port-Royal exprime avec une tout autre énergie : « Ce chien *est à moi,* disoient ces pauvres enfants ; c'est ma place au soleil : voilà le commencement et l'image de l'usurpation de toute la terre. »

Et voilà une de ces pensées qui font trembler pour Pascal. Quel ne fût point devenu ce grand homme s'il n'avoit été chrétien ! Quel frein adorable que cette religion qui, sans nous empêcher de jeter de vastes regards autour de nous, nous empêche de nous précipiter dans le gouffre!

C'est le même Pascal qui a dit encore : « Trois degrés d'élévation du pôle renversent toute la jurisprudence. Un méridien décide de la vérité ou de peu d'années de possession. Les lois fondamentales changent, le droit a ses époques ; plaisante justice qu'une rivière ou une montagne borne ; vérité au deçà des Pyrénées, erreur au delà. »

Certes, le penseur le plus hardi de ce siècle, l'écrivain le plus déterminé à généraliser les idées pour bouleverser le monde, n'a rien dit d'aussi fort contre la justice des gouvernements et les préjugés des nations.

Les insultes que nous avons prodiguées par philosophie à la nature humaine ont été plus ou moins puisées dans les écrits de Pascal. Mais en dérobant à ce rare génie la *misère* de l'homme nous n'avons pas su comme lui en apercevoir la *grandeur*. Bossuet et Fénelon, le premier dans son *Histoire universelle*, dans ses *Avertissements* et dans sa *Politique tirée de l'Écriture sainte*, le second dans son *Télémaque*, ont dit sur les gouvernements toutes les choses essentielles. Montesquieu lui-même n'a souvent fait que développer les principes de l'évêque de Meaux, comme on l'a très-bien remarqué. On pourroit faire des volumes des divers passages favorables à la liberté et à l'amour de la patrie qui se trouvent dans les auteurs du dix-septième siècle.

Et que n'a-t-on point tenté dans ce siècle[1]? L'égalité des poids et mesures, l'abolition des coutumes provinciales, la réformation du Code civil et criminel, la répartition égale de l'impôt : tous ces projets dont nous nous vantons ont été proposés, examinés, exécutés même quand les avantages de la réforme en ont paru balancer les inconvénients. Bossuet n'a-t-il pas été jusqu'à vouloir réunir l'Église protestante à l'Église romaine? Quand on songe que Bagnoli, Le Maître, Arnauld, Nicole, Pascal s'étoient consacrés à l'éducation de la jeunesse, on aura de la peine à croire sans doute que cette éducation est plus belle et plus savante de nos jours. Les meilleurs livres classiques que nous ayons sont encore ceux de Port-Royal, et nous ne faisons que les répéter, souvent en cachant nos larcins dans nos ouvrages élémentaires.

Notre supériorité se réduit donc à quelques progrès dans les études naturelles; progrès qui appartiennent à la marche du temps, et qui ne compensent pas, à beaucoup près, la perte de l'imagination qui en est la suite. La *pensée* est la même dans tous les siècles, mais elle est accompagnée plus particulièrement ou des arts ou des sciences; elle n'a toute sa grandeur poétique et toute sa beauté morale qu'avec les premiers.

Mais si le siècle de Louis XIV a conçu les idées *libérales*[2], pourquoi donc n'en a-t-il pas fait le même usage que nous? Certes, ne nous vantons pas de notre essai. Pascal, Bossuet, Fénelon, ont vu plus loin que nous, puisqu'en connoissant comme nous, et mieux que nous, la nature des choses, ils ont senti le danger des innovations. Quand leurs ouvrages ne prouveroient pas qu'ils ont eu des idées philosophiques, pourroit-on croire que ces grands hommes n'ont pas été frappés des abus qui se glissent partout et qu'ils ne connoissoient pas le foible et le fort des affaires humaines? Mais tel étoit leur principe, qu'il ne *faut pas faire un petit mal, même pour obtenir un grand bien*[3],

---

1. Voyez la note XXVI, à la fin du volume.
2. Barbarisme que la philosophie a emprunté des Anglois. Comment se fait-il que notre *prodigieux amour* de la patrie aille toujours chercher ses mots dans un dictionnaire étranger?   3. *Hist. de Port-Royal.*

à plus forte raison pour des systèmes dont le résultat est presque toujours effroyable. Ce n'étoit pas par défaut de génie sans doute que ce Pascal, qui, comme nous l'avons montré, connoissoit si bien le vice des lois dans le *sens absolu*, disoit dans le *sens relatif* : « Que l'on a bien fait de distinguer les hommes par les qualités extérieures ! Qui passera de nous deux ? Qui cédera la place à l'autre ? Le moins habile ? Mais je suis aussi habile que lui : il faudra se battre pour cela. Il a quatre laquais, et je n'en ai qu'un ; cela est visible, il n'y a qu'à compter : c'est à moi à céder, et je suis un sot si je le conteste. »

Cela répond à des volumes de sophismes. L'auteur des *Pensées*, se soumettant aux *quatre laquais,* est bien autrement philosophe que ces *penseurs* que les quatre laquais ont révoltés.

En un mot, le siècle de Louis XIV est resté paisible, non parce qu'il n'a point aperçu telle ou telle chose, mais parce qu'en la voyant il l'a pénétrée jusqu'au fond ; parce qu'il en a considéré toutes les faces et connu tous les périls. S'il ne s'est point plongé dans les idées du jour, c'est qu'il leur a été supérieur : nous prenons sa puissance pour sa foiblesse ; son secret et le nôtre sont renfermés dans cette pensée de Pascal :

« Les sciences ont deux extrémités qui se touchent : la première est la pure ignorance naturelle où se trouvent les hommes en naissant ; l'autre extrémité est celle où arrivent les grandes âmes, qui, ayant parcouru tout ce que les hommes peuvent savoir, trouvent qu'ils ne savent rien et se rencontrent dans cette même ignorance d'où ils sont partis ; mais c'est une ignorance savante qui se connoît. Ceux d'entre eux qui sont sortis de l'ignorance naturelle et n'ont pu arriver à l'autre ont quelque teinture de cette science suffisante, et font les entendus. Ceux-là troublent le monde et jugent plus mal que tous les autres. Le peuple et les habiles composent pour l'ordinaire le train du monde ; les autres les méprisent et en sont méprisés. »

Nous ne pouvons nous empêcher de faire ici un triste retour sur nous-même. Pascal avoit entrepris de donner au monde l'ouvrage dont nous publions aujourd'hui une si petite et si foible partie. Quel chef-d'œuvre ne seroit point sorti des mains d'un tel maître ! Si Dieu ne lui a pas permis d'exécuter son dessein, c'est qu'apparemment il n'est pas bon que certains doutes sur la foi soient éclaircis, afin qu'il reste matière à ces tentations et à ces épreuves qui font les saints et les martyrs.

FIN DU LIVRE DEUXIÈME.

LIVRE TROISIÈME.

HISTOIRE.

CHAPITRE PREMIER.

DU CHRISTIANISME DANS LA MANIÈRE D'ÉCRIRE L'HISTOIRE.

Si le christianisme a fait faire tant de progrès aux idées philosophiques, il doit être nécessairement favorable au génie de l'histoire, puisque celle-ci n'est qu'une branche de la philosophie morale et politique. Quiconque rejette les notions sublimes que la religion nous donne de la nature et de son auteur se prive volontairement d'un moyen fécond d'images et de pensées.

En effet, celui-là connoîtra mieux les hommes, qui aura longtemps médité les desseins de la Providence; celui-là pourra démasquer la sagesse humaine, qui aura pénétré les *ruses* de la sagesse divine. Les desseins des rois, les abominations des cités, les voies iniques et détournées de la politique, le remuement des cœurs par le fil secret des passions, ces inquiétudes qui saisissent parfois les peuples, ces transmutations de puissance du roi au sujet, du noble au plébéien, du riche au pauvre : tous ces ressorts resteront inexplicables pour vous, si vous n'avez, pour ainsi dire, assisté au conseil du Très-Haut, avec ces divers esprits de force, de prudence, de foiblesse et d'erreur, qu'il envoie aux nations qu'il veut ou sauver ou perdre.

Mettons donc l'éternité au fond de l'histoire des temps; rapportons tout à Dieu, comme à la cause universelle. Qu'on vante tant qu'on voudra celui qui, démêlant les secrets de nos cœurs, fait sortir les plus grands événements des sources les plus misérables : Dieu attentif aux royaumes des hommes ; l'impiété, c'est-à-dire l'absence des vertus morales, devenant la raison immédiate des malheurs des peuples : voilà, ce nous semble, une base historique bien plus noble et aussi bien plus certaine que la première.

Et pour en montrer un exemple dans notre révolution, qu'on nous dise si ce furent des causes ordinaires qui, dans le cours de quelques années, dénaturèrent nos affections et affectèrent parmi nous la simplicité et la grandeur particulières au cœur de l'homme. L'esprit de Dieu s'étant retiré du milieu du peuple, il ne resta de force que dans la tache originelle, qui reprit son empire, comme au jour de Caïn et de sa race. Quiconque vouloit être raisonnable sentoit en lui je ne sais quelle impuissance du bien; quiconque étendoit une main pacifique voyoit cette main subitement séchée : le drapeau rouge flotte aux remparts des cités; la guerre est déclarée aux nations : alors s'accomplissent les paroles du prophète : *Les os des rois de Juda, les os des prêtres, les os des habitants de Jérusalem seront jetés hors de leur sépulcre*[1]. Coupable envers les souvenirs, on foule aux pieds les institutions antiques; coupable envers les espérances, on ne fonde rien pour la postérité : les tombeaux et les enfants sont également profanés. Dans cette ligne de vie qui nous fut transmise par nos ancêtres et que nous devons prolonger au delà de nous, on ne saisit que le point présent; et chacun, se consacrant à sa propre corruption, comme un sacerdoce abominable, vit tel que si rien ne l'eût précédé et que rien ne le dût suivre.

Tandis que cet esprit de perte dévore intérieurement la France, un esprit de salut la défend au dehors. Elle n'a de prudence et de grandeur que sur sa frontière; au dedans tout est abattu, à l'extérieur tout triomphe. La patrie n'est plus dans ses foyers, elle est dans un camp sur le Rhin, comme au temps de la race de Mérovée; on croit voir le peuple juif chassé de la terre de Gessen et domptant les nations barbares dans le désert.

Une telle combinaison de choses n'a point de principe naturel dans les événements humains. L'écrivain religieux peut seul découvrir ici un profond conseil du Très-Haut : si les puissances coalisées n'avoient voulu que faire cesser les violences de la révolution et laisser ensuite la France réparer ses maux et ses erreurs, peut-être eussent-elles réussi. Mais Dieu vit l'iniquité des cours, et il dit au soldat étranger : Je briserai le glaive dans ta main, et tu ne détruiras point le peuple de saint Louis.

Ainsi la religion semble conduire à l'explication des faits les plus incompréhensibles de l'histoire. De plus, il y a dans le nom de Dieu quelque chose de superbe, qui sert à donner au style une certaine emphase merveilleuse, en sorte que l'écrivain le plus religieux est presque toujours le plus éloquent. Sans religion on peut avoir de l'esprit, mais il est difficile d'avoir du génie. Ajoutez qu'on sent dans

---

1. Jérém., chap. VIII, v. 1.

l'historien de foi un ton, nous dirions presque un goût d'honnête homme, qui fait qu'on est disposé à croire ce qu'il raconte. On se défie au contraire de l'historien sophiste; car, représentant presque toujours la société sous un jour odieux, on est incliné à le regarder lui-même comme un méchant et un trompeur.

CHAPITRE II.

CAUSES GÉNÉRALES QUI ONT EMPÊCHÉ LES ÉCRIVAINS MODERNES DE RÉUSSIR DANS L'HISTOIRE. — PREMIÈRE CAUSE : BEAUTÉS DES SUJETS ANTIQUES.

Il se présente ici une objection : si le christianisme est favorable au génie de l'histoire, pourquoi donc les écrivains modernes sont-ils généralement inférieurs aux anciens dans cette profonde et importante partie des lettres?

D'abord le fait supposé par cette objection n'est pas d'une vérité rigoureuse, puisqu'un des plus beaux monuments historiques qui existent chez les hommes, le *Discours sur l'Histoire universelle*, a été dicté par l'esprit du christianisme. Mais, en écartant un moment cet ouvrage, les causes de notre infériorité en histoire, si cette infériorité existe, méritent d'être recherchées.

Elles nous semblent être de deux espèces : les unes tiennent à l'*histoire*, les autres à l'*historien*.

L'histoire ancienne offre un tableau que les temps modernes n'ont point reproduit. Les Grecs ont surtout été remarquables par la grandeur des hommes, les Romains par la grandeur des choses. Rome et Athènes, parties de l'état de nature pour arriver au dernier degré de civilisation, parcourent l'échelle entière des vertus et des vices, de l'ignorance et des arts. On voit croître l'homme et sa pensée : d'abord enfant, ensuite attaqué par les passions dans la jeunesse, fort et sage dans son âge mûr, foible et corrompu dans sa vieillesse. L'état suit l'homme, passant du gouvernement royal ou paternel au gouvernement républicain, et tombant dans le despotisme avec l'âge de la décrépitude.

Bien que les peuples modernes présentent, comme nous le dirons ientôt, quelques époques intéressantes, quelques règnes fameux, quelques portraits brillants, quelques actions éclatantes, cependant il faut convenir qu'ils ne fournissent pas à l'historien cet ensemble de choses, cette hauteur de leçons qui font de l'histoire ancienne un tout complet et une peinture achevée. Ils n'ont point commencé par le premier pas ; ils ne se sont point formés eux-mêmes par degrés : ils ont été transportés du fond des forêts et de l'état sauvage au milieu des cités et de l'état civil ; ce ne sont que de jeunes branches entées sur un vieux tronc. Aussi tout est ténèbres dans leur origine : vous y voyez à la fois de grands vices et de grandes vertus, une grossière ignorance et des coups de lumière, des notions vagues de justice et de gouvernement, un mélange confus de mœurs et de langage : ces peuples n'ont passé ni par cet état où les bonnes mœurs font les lois, ni par cet autre où les bonnes lois font les mœurs.

Quand ces nations viennent à se rasseoir sur les débris du monde antique, un autre phénomène arrête l'historien : tout paroît subitement réglé, tout prend une face uniforme ; des monarchies partout ; à peine de petites républiques, qui se changent elles-mêmes en principautés ou qui sont absorbées par les royaumes voisins. En même temps les arts et les sciences se développent, mais tranquillement, mais dans les ombres. Ils se préparent, pour ainsi dire, des destinées humaines ; ils n'influent plus sur le sort des empires. Relégués chez une classe de citoyens, ils deviennent plutôt un objet de luxe et de curiosité qu'un sens de plus chez les nations.

Ainsi les gouvernements se consolident à la fois. Une balance religieuse et politique tient de niveau les diverses parties de l'Europe. Rien ne s'y détruit plus ; le plus petit État moderne peut se vanter d'une durée égale à celle des empires des Cyrus et des Césars. Le christianisme a été l'ancre qui a fixé tant de nations flottantes ; il a retenu dans le port ces États qui se briseront peut-être s'ils viennent à rompre l'anneau commun où la religion les tient attachés.

Or, en répandant sur les peuples cette uniformité et pour ainsi dire cette monotonie de mœurs que les lois donnoient à l'Égypte et donnent encore aujourd'hui aux Indes et à la Chine, le christianisme a rendu nécessairement les couleurs de l'histoire moins vives. Ces vertus générales, telles que l'humanité, la pudeur, la charité, qu'il a substituées aux douteuses vertus politiques, ces vertus, disons-nous, ont aussi un jeu moins grand sur le théâtre du monde. Comme elles sont véritablement des vertus, elles évitent la lumière et le bruit : il y a chez les peuples modernes un certain silence des affaires qui déconcerte l'historien. Donnons-nous de garde de nous en plaindre ; l'homme moral parmi nous est bien supérieur à l'homme moral des anciens. Notre raison n'est pas pervertie par un culte abominable, nous n'adorons pas des monstres ; l'impudicité ne marche pas le front levé chez les chrétiens ; nous n'avons ni gladiateurs ni esclaves.

Il n'y a pas encore bien longtemps que le sang nous faisoit horreur. Ah ! n'envions pas aux Romains leur Tacite, s'il faut l'acheter par leur Tibère !

CHAPITRE III.

SECONDE CAUSE : LES ANCIENS ONT ÉPUISÉ TOUS LES GENRES D'HISTOIRE, HORS LE GENRE CHRÉTIEN.

A cette première cause de l'infériorité de nos historiens, tirée du fond même des sujets, il en faut joindre une seconde, qui tient à la manière dont les anciens ont écrit l'histoire ; ils ont épuisé toutes les couleurs, et si le christianisme n'avoit pas fourni un caractère nouveau de réflexions et de pensées, l'histoire demeureroit à jamais fermée aux modernes.

Jeune et brillante sous Hérodote, elle étala aux yeux de la Grèce la peinture de la naissance de la société et des mœurs primitives des hommes. On avoit alors l'avantage d'écrire les annales de la fable en écrivant celles de la vérité. On n'étoit obligé qu'à peindre et non pas à réfléchir ; les vices et les vertus des nations n'en étoient encore qu'à leur âge poétique.

Autre temps, autres mœurs. Thucydide fut privé de ces tableaux du berceau du monde, mais il entra dans un champ encore inculte de l'histoire. Il retraça avec sévérité les maux causés par les dissensions politiques, laissant à la postérité des exemples dont elle ne profite jamais.

Xénophon découvrit à son tour une route nouvelle. Sans s'appesantir et sans rien perdre de l'élégance attique, il jeta des regards pieux sur le cœur humain, et devint le père de l'histoire morale.

Placé sur un plus grand théâtre, et dans le seul pays où l'on connût deux sortes d'éloquence, celle du barreau et celle du *Forum*, Tite Live les transporta dans ses récits : il fut l'orateur de l'histoire comme Hérodote en est le poëte.

Enfin, la corruption des hommes, les règnes de Tibère et de Néron, firent naître le dernier genre de l'histoire, le genre philosophique. Les causes des événements, qu'Hérodote avoit cherchées chez les dieux, Thucydide dans les constitutions politiques, Xénophon dans la morale, Tite Live dans ces diverses causes réunies, Tacite les vit dans la méchanceté du cœur humain.

Ce n'est pas, au reste, que ces grands historiens brillent exclusivement dans le genre que nous nous sommes permis de leur attribuer, mais il nous a paru que c'est celui qui domine dans leurs écrits. Entre ces caractères primitifs de l'histoire se trouvent des nuances, qui furent saisies par les historiens d'un rang inférieur. Ainsi Polybe se place entre le politique Thucydide et le philosophe Xénophon ; Salluste tient à la fois de Tacite et de Tite Live ; mais le premier le surpasse par la force de la pensée, et l'autre par la beauté de la narration. Suétone conta l'anecdote sans réflexion et sans voile, Plutarque y joignit la moralité ; Velleius Paterculus apprit à généraliser l'histoire sans la défigurer ; Florus en fit l'abrégé philosophique ; enfin, Diodore de Sicile, Trogue Pompée, Denys d'Halicarnasse, Cornelius-Nepos, Quinte Curce, Aurelius Victor, Ammien Marcellin, Justin, Eutrope et d'autres que nous taisons ou qui nous échappent, conduisirent l'histoire jusqu'aux temps où elle tomba entre les mains des auteurs chrétiens, époque où tout changea dans les mœurs des hommes.

Il n'en est pas des vérités comme des illusions : celles-ci sont inépuisables, et le cercle des premières est borné ; la poésie est toujours nouvelle, parce que l'erreur ne vieillit jamais, et c'est ce qui fait sa grâce aux yeux des hommes. Mais en morale et en histoire on tourne dans le champ étroit de la vérité ; il faut, quoi qu'on fasse, retomber dans des observations connues. Quelle route historique non encore parcourue restoit-il donc à prendre aux modernes ? Ils ne pouvoient qu'imiter ; et dans ces imitations plusieurs causes les empêchoient d'atteindre à la hauteur de leurs modèles. Comme poésie, l'origine des Cattes, des Tenctères, des Mattiaques, n'offroit rien de ce brillant Olympe, de ces villes bâties au son de la lyre et de cette enfance enchantée des Hellènes et des Pélasges ; comme politique, le régime féodal interdisoit les grandes leçons ; comme éloquence, il n'y avoit que celle de la chaire ; comme philosophie, les peuples n'étoient pas encore assez malheureux ni assez corrompus pour qu'elle eût commencé de paroître.

Toutefois on imita avec plus ou moins de bonheur. Bentivoglio, en Italie, calqua Tite Live, et seroit éloquent s'il n'étoit affecté. Davila, Guicciardini et Fra Paolo eurent plus de simplicité, et Mariana, en Espagne, déploya d'assez beaux talents ; malheureusement ce fougueux jésuite déshonora un genre de littérature dont le premier mérite est l'impartialité. Hume, Robertson et Gibbon ont plus ou moins suivi ou Salluste ou Tacite ; mais ce dernier historien a produit deux hommes aussi grands que lui-même, Machiavel et Montesquieu.

Néanmoins Tacite doit être choisi pour modèle avec précaution ; il y a moins d'inconvénients à s'attacher à Tite Live. L'éloquence du premier lui est trop particulière pour être tentée par quiconque n'a pas son génie. Tacite, Machiavel et Montesquieu ont formé une école dangereuse, en introduisant ces mots ambitieux, ces phrases sèches, ces tours prompts qui, sous une apparence de brièveté, touchent à l'obscur et au mauvais goût.

Laissons donc ce style à ces génies immortels, qui, par diverses causes, se sont créé un genre à part; genre qu'eux seuls pouvoient soutenir et qu'il est périlleux d'imiter. Rappelons-nous que les écrivains des beaux siècles littéraires ont ignoré cette concision affectée d'idées et de langage. Les pensées des Tite Live et des Bossuet sont abondantes et enchaînées les unes aux autres; chaque mot chez eux naît du mot qui l'a précédé et devient le germe du mot qui va le suivre. Ce n'est pas par bonds, par intervalles et en ligne droite que coulent les grands fleuves (si nous pouvons employer cette image) : ils amènent longuement de leur source un flot qui grossit sans cesse; leurs détours sont larges dans les plaines; ils embrassent de leurs orbes immenses les cités et les forêts, et portent à l'Océan agrandi des eaux capables de combler ces gouffres.

CHAPITRE IV.

POURQUOI LES FRANÇOIS N'ONT QUE DES MÉMOIRES.

Autre question qui regarde entièrement les François : pourquoi n'avons-nous que des mémoires au lieu d'histoire, et pourquoi ces mémoires sont-ils pour la plupart excellents?

Le François a été dans tous les temps, même lorsqu'il étoit barbare, vain, léger et sociable. Il réfléchit peu sur l'ensemble des objets, mais il observe curieusement les détails, et son coup d'œil est prompt, sûr et délié : il faut toujours qu'il soit en scène, et il ne peut consentir, même comme historien, à disparoître tout à fait. Les mémoires lui laissent la liberté de se livrer à son génie. Là, sans quitter le théâtre, il rapporte ses observations, toujours fines et quelquefois profondes. Il aime à dire : *J'étois là, le roi me dit... J'appris du prince... Je conseillai, je prévis le bien, le mal.* Son amour-propre se satisfait ainsi; il étale son esprit devant le lecteur, et le désir qu'il a de se montrer penseur ingénieux le conduit souvent à bien penser. De plus, dans ce genre d'histoire il n'est pas obligé de renoncer à ses passions, dont il se détache avec peine. Il s'enthousiasme pour telle ou telle cause, tel ou tel personnage; et, tantôt insultant le parti opposé, tantôt se raillant du sien, il exerce à la fois sa vengeance et sa malice.

Depuis le sire de Joinville jusqu'au cardinal de Retz, depuis les mémoires du temps de la Ligue jusqu'aux mémoires du temps de la Fronde, ce caractère se montre partout ; il perce même jusque dans le grave Sully. Mais quand on veut transporter à l'histoire cet art des détails, les rapports changent ; les petites nuances se perdent dans de grands tableaux, comme de légères rides sur la face de l'Océan. Contraints alors de généraliser nos observations, nous tombons dans l'esprit de système. D'une autre part, ne pouvant parler de nous à découvert, nous nous cachons derrière nos personnages. Dans la narration, nous devenons secs et minutieux, parce que nous causons mieux que nous ne racontons ; dans les réflexions générales, nous sommes chétifs ou vulgaires, parce que nous ne connoissons bien que l'homme de notre société[1].

Enfin, la vie privée des François est peu favorable au génie de l'histoire. Le repos de l'âme est nécessaire à quiconque veut écrire sagement sur les hommes : or, nos gens de lettres, vivant la plupart sans famille ou hors de leur famille, portant dans le monde des passions inquiètes et des jours misérablement consacrés à des succès d'amour-propre, sont par leurs habitudes en contradiction directe avec le sérieux de l'histoire. Cette coutume de mettre notre existence dans un cercle borne nécessairement notre vue et rétrécit nos idées. Trop occupés d'une nature de convention, la vraie nature nous échappe ; nous ne raisonnons guère sur celle-ci qu'à force d'esprit et comme au hasard, et quand nous rencontrons juste, c'est moins un fait d'expérience qu'une chose devinée.

Concluons donc que c'est au changement des affaires humaines, à un autre ordre de choses et de temps, à la difficulté de trouver des routes nouvelles en morale, en politique et en philosophie, que l'on doit attribuer le peu de succès des modernes en histoire ; et quant aux François, s'ils n'ont en général que de bons mémoires, c'est dans leur propre caractère qu'il faut chercher le motif de cette singularité.

On a voulu la rejeter sur des causes politiques : on a dit que si l'his-

---

1. Nous savons qu'il y a des exceptions à tout cela, et que quelques écrivains françois se sont distingués comme historiens. Nous rendrons tout à l'heure justice à leur mérite, mais il nous semble qu'il seroit injuste de nous les opposer, et de faire des objections qui ne détruiroient pas un fait général. Si l'on en venoit là, quels jugements seroient vrais en critique? Les théories générales ne sont pas de la nature de l'homme : le vrai le plus pur a toujours en soi un mélange de faux. La vérité humaine est semblable à un triangle qui ne peut avoir qu'un seul angle droit, comme si la nature avoit voulu graver une image de notre insuffisante rectitude dans la seule science réputée certaine parmi nous.

toire ne s'est point élevée parmi nous aussi haut que chez les anciens, c'est que son génie indépendant a toujours été enchaîné. Il nous semble que cette assertion va directement contre les faits. Dans aucun temps, dans aucun pays, sous quelque forme de gouvernement que ce soit, jamais la liberté de penser n'a été plus grande qu'en France au temps de sa monarchie. On pourroit citer sans doute quelques actes d'oppression, quelques censures rigoureuses ou injustes[1], mais ils ne balanceroient pas le nombre des exemples contraires. Qu'on ouvre nos mémoires, et l'on y trouvera à chaque page les vérités les plus dures, et souvent les plus outrageantes, prodiguées aux rois, aux nobles, aux prêtres. Le François n'a jamais ployé servilement sous le joug ; il s'est toujours dédommagé, par l'indépendance de son opinion, de la contrainte que les formes monarchiques lui imposoient. Les *Contes* de Rabelais, le traité *De la Servitude volontaire* de La Béotie, les *Essais* de Montaigne, *la Sagesse* de Charron, *les Républiques* de Bodin, les écrits en faveur de la Ligue, le traité où Mariana va jusqu'à défendre le régicide, prouvent assez que ce n'est pas d'aujourd'hui seulement qu'on ose tout examiner. Si c'étoit le titre de citoyen plutôt que celui de sujet qui fît exclusivement l'historien, pourquoi Tacite, Tite Live même, et parmi nous l'évêque de Meaux et Montesquieu ont-ils fait entendre leurs sévères leçons sous l'empire des maîtres les plus absolus de la terre? Sans doute en censurant les choses déshonnêtes et en louant les bonnes, ces grands génies n'ont pas cru que la liberté d'écrire consistât à fronder les gouvernements et à ébranler les bases du devoir ; sans doute s'ils eussent fait un usage si pernicieux de leur talent, Auguste, Trajan et Louis les auroient forcés au silence ; mais cette espèce de dépendance n'est-elle pas plutôt un bien qu'un mal? Quand Voltaire s'est soumis à une censure légitime, il nous a donné *Charles XII* et le *Siècle de Louis XIV*; lorsqu'il a rompu tout frein, il n'a enfanté que l'*Essai sur les Mœurs*. Il y a des vérités qui sont la source des plus grands désordres, parce qu'elles remuent les passions ; et cependant, à moins qu'une juste autorité ne nous ferme la bouche, ce sont celles-là même que nous nous plaisons à révéler, parce qu'elles satisfont à la fois et la malignité de nos cœurs corrompus par la chute, et notre penchant primitif à la vérité.

1. Voyez la note XXVII, à la fin du volume.

CHAPITRE V.

BEAU CÔTÉ DE L'HISTOIRE MODERNE.

Il est juste maintenant de considérer le revers des choses et de montrer que l'histoire moderne pourroit encore devenir intéressante si elle étoit traitée par une main habile. L'établissement des Francs dans les Gaules, Charlemagne, les croisades, la chevalerie, une bataille de Bouvines, un combat de Lépante, un Conradin à Naples, un Henri IV en France, un Charles Ier en Angleterre, sont au moins des époques mémorables, des mœurs singulières, des événements fameux, des catastrophes tragiques. Mais la grande vue à saisir pour l'historien moderne, c'est le changement que le christianisme a opéré dans l'ordre social. En donnant de nouvelles bases à la morale, l'Évangile a modifié le caractère des nations et créé en Europe des hommes tout différents des anciens par les opinions, les gouvernements, les coutumes, les usages, les sciences et les arts.

Et que de traits caractéristiques n'offrent point ces nations nouvelles! Ici ce sont les Germains : peuples où la corruption des grands n'a jamais influé sur les petits, où l'indifférence des premiers pour la patrie n'empêche point les seconds de l'aimer; peuples où l'esprit de révolte et de fidélité, d'esclavage et d'indépendance, ne s'est jamais démenti depuis les jours de Tacite.

Là ce sont ces Bataves qui ont de l'esprit par bon sens, du génie par industrie, des vertus par froideur et des passions par raison.

L'Italie aux cent princes et aux magnifiques souvenirs contraste avec la Suisse, obscure et républicaine.

L'Espagne, séparée des autres nations, présente encore à l'historien un caractère plus original : l'espèce de stagnation de mœurs dans laquelle elle repose lui sera peut-être utile un jour; et lorsque les peuples européens seront usés par la corruption, elle seule pourra reparoître avec éclat sur la scène du monde, parce que le fond des mœurs subsiste chez elle.

Mélange du sang allemand et du sang françois, le peuple anglois décèle de toutes parts sa double origine. Son gouvernement formé de royauté et d'aristocratie, sa religion moins pompeuse que la catholique et plus brillante que la luthérienne, son militaire à la fois lourd et actif, sa littérature et ses arts, chez lui enfin le langage, les traits même et jusqu'aux formes du corps, tout participe des deux sources dont il découle. Il réunit à la simplicité, au calme, au bon sens, à la lenteur germanique, l'éclat, l'emportement et la vivacité de l'esprit françois.

Les Anglois ont l'esprit public, et nous l'honneur national; nos belles qualités sont plutôt des dons de la faveur divine que les fruits d'une éducation politique : comme les demi-dieux, nous tenons moins de la terre que du ciel.

Fils aînés de l'antiquité, les François, Romains par le génie, sont Grecs par le caractère. Inquiets et volages dans le bonheur, constants et invincibles dans l'adversité, formés pour les arts, civilisés jusqu'à l'excès, durant le calme de l'État; grossiers et sauvages dans les troubles politiques, flottants comme des vaisseaux sans lest au gré des passions; à présent dans les cieux, l'instant d'après dans les abîmes; enthousiastes et du bien et du mal, faisant le premier sans en exiger de reconnoissance, et le second sans en sentir de remords; ne se souvenant ni de leurs crimes ni de leurs vertus; amants pusillanimes de la vie pendant la paix; prodigues de leurs jours dans les batailles; vains, railleurs, ambitieux, à la fois routiniers et novateurs, méprisant tout ce qui n'est pas eux; individuellement les plus aimables des hommes, en corps les plus désagréables de tous; charmants dans leur propre pays, insupportables chez l'étranger; tour à tour plus doux, plus innocents que l'agneau, et plus impitoyables, plus féroces que le tigre : tels furent les Athéniens d'autrefois, et tels sont les François d'aujourd'hui.

Ainsi, après avoir balancé les avantages et les désavantages de l'histoire ancienne et moderne, il est temps de rappeler au lecteur que si les historiens de l'antiquité sont en général supérieurs aux nôtres, cette vérité souffre toutefois de grandes exceptions. Grâce au génie du christianisme, nous allons montrer qu'en histoire l'esprit françois a presque atteint la même perfection que dans les autres branches de la littérature.

CHAPITRE VI.

VOLTAIRE HISTORIEN.

« Voltaire, a dit Montesquieu, n'écrira jamais une bonne histoire : il est comme les moines, qui n'écrivent pas pour le sujet qu'ils traitent, mais pour la gloire de leur ordre. Voltaire écrit pour son couvent. »

Ce jugement, appliqué au *Siècle de Louis XIV* et à l'*Histoire de Charles XII*, est trop rigoureux, mais il est juste quant à l'*Essai sur les Mœurs des nations*[1]. Deux noms surtout effrayoient ceux qui combattoient le christianisme, Pascal et Bossuet. Il falloit donc les attaquer et tâcher de détruire indirectement leur autorité. De là l'édition de Pascal avec des notes et l'*Essai*, qu'on prétendoit opposer au *Discours sur l'Histoire universelle*. Mais jamais le parti antireligieux, d'ailleurs trop habile, ne fit une telle faute et n'apprêta un plus grand triomphe au christianisme. Comment Voltaire, avec tant de goût et un esprit si juste, ne comprit-il pas le danger d'une lutte corps à corps avec Bossuet et Pascal? Il lui est arrivé en histoire ce qui lui arrive toujours en poésie : c'est qu'en déclamant contre la religion, ses plus belles pages sont des pages chrétiennes, témoin ce portrait de saint Louis :

« Louis IX, dit-il, paroissoit un prince destiné à réformer l'Europe, si elle avoit pu l'être, à rendre la France triomphante et policée et à être en tout le modèle des hommes. Sa piété, qui étoit celle d'un anachorète, ne lui ôta aucune vertu du roi. Une sage économie ne déroba rien à sa libéralité. Il sut accorder une politique profonde avec une justice exacte, et peut-être est-il le seul souverain qui mérite cette louange. Prudent et ferme dans le conseil, intrépide dans les combats, sans être emporté, compatissant comme s'il n'avoit jamais été que malheureux, il n'est pas donné à l'homme de pousser plus loin la vertu... Attaqué de la peste devant Tunis... il se fit étendre sur la cendre et expira, à l'âge de cinquante-cinq ans, avec la piété d'un religieux et le courage d'un grand homme. »

Dans ce portrait, d'ailleurs si élégamment écrit, Voltaire, en parlant d'anachorète, a-t-il cherché à rabaisser son héros? On ne peut guère se le dissimuler; mais voyez quelle méprise! C'est précisément le contraste des vertus religieuses et des vertus guerrières, de l'humanité chrétienne et de la grandeur royale, qui fait ici le dramatique et la beauté du tableau.

Le christianisme rehausse nécessairement l'éclat des peintures historiques, en détachant pour ainsi dire les personnages de la toile et faisant trancher les couleurs vives des passions sur un fond calme et doux. Renoncer à sa morale tendre et triste, ce seroit renoncer au seul moyen nouveau d'éloquence que les anciens nous aient laissé. Nous ne doutons point que Voltaire, s'il avoit été religieux, n'eût excellé en histoire; il ne lui manque que de la gravité, et, malgré ses imperfections, c'est peut-être encore, après Bossuet, le premier historien de la France.

---

1. Un mot échappé à Voltaire dans sa *Correspondance* montre avec quelle vérité historique et dans quelle intention il écrivoit cet *Essai* : « J'ai pris les deux hémisphères en ridicule : *c'est un coup sûr.* » (An 1754, *Corresp. gén.*, t. V, p. 94.)

CHAPITRE VII.

PHILIPPE DE COMMINES ET ROLLIN.

Un chrétien a éminemment les qualités qu'un ancien demande de l'historien... *un bon sens pour les choses du monde et une agréable expression*[1].

Comme écrivain des *Vies*, Philippe de Commines ressemble singulièrement à Plutarque; sa simplicité est même plus franche que celle du biographe antique : Plutarque n'a souvent que le bon esprit d'être simple; il court volontiers après la pensée : ce n'est qu'un agréable imposteur en tours naïfs.

A la vérité il est plus instruit que Commines, et néanmoins le vieux seigneur gaulois, avec l'Évangile et sa foi dans les ermites, a laissé, tout ignorant qu'il étoit, des mémoires pleins d'enseignement. Chez les anciens il falloit être docte pour écrire; parmi nous, un simple chrétien, livré, pour seule étude, à l'amour de Dieu, a souvent composé un admirable volume; c'est ce qui a fait dire à saint Paul : « *Celui qui, dépourvu de la charité, s'imagine être éclairé, ne sait rien.* »

Rollin est le Fénelon de l'histoire, et, comme lui, il a embelli l'Égypte et la Grèce. Les premiers volumes de l'*Histoire ancienne* respirent le génie de l'antiquité : la narration du vertueux recteur est pleine, simple et tranquille, et le christianisme, attendrissant sa plume, lui a donné quelque chose qui remue les entrailles. Ses écrits décèlent *cet homme de bien dont le cœur est une fête continuelle*[2], selon l'expression merveilleuse de l'Écriture. Nous ne connoissons point d'ouvrages qui reposent plus doucement l'âme. Rollin a répandu sur les crimes des hommes le calme d'une conscience sans reproche et l'onctueuse charité d'un apôtre de Jésus-Christ. Ne verrons-nous jamais renaître ces temps où l'éducation de la jeunesse et l'espérance de la postérité étoient confiées à de pareilles mains!

---

1. Lucien, *Comment il faut écrire l'histoire,* traduct. de Racine.
2. *Ecclésiast.*, cap. xxx, v. 27.

CHAPITRE VIII.

BOSSUET HISTORIEN.

Mais c'est dans le *Discours sur l'Histoire universelle* que l'on peut admirer l'influence du génie du christianisme sur le génie de l'histoire. Politique comme Thucydide, moral comme Xénophon, éloquent comme Tite Live, aussi profond et aussi grand peintre que Tacite, l'évêque de Meaux a de plus une parole grave et un tour sublime dont on ne trouve ailleurs aucun exemple, hors dans le début du livre des Machabées.

Bossuet est plus qu'un historien, c'est un Père de l'Église, c'est un prêtre inspiré, qui souvent a le rayon de feu sur le front, comme le législateur des Hébreux. Quelle revue il fait de la terre ! il est en mille lieux à la fois ! Patriarche sous le palmier de Tophel, ministre à la cour de Babylone, prêtre à Memphis, législateur à Sparte, citoyen à Athènes et à Rome, il change de temps et de place à son gré ; il passe avec la rapidité et la majesté des siècles. La verge de la loi à la main, avec une autorité incroyable, il chasse pêle-mêle devant lui et Juifs et Gentils au tombeau ; il vient enfin lui-même à la suite du convoi de tant de générations, et, marchant appuyé sur Isaïe et sur Jérémie, il élève ses lamentations prophétiques à travers la poudre et les débris du genre humain[1].

La première partie du *Discours sur l'Histoire universelle* est admirable par la narration, la seconde par la sublimité du style et la haute métaphysique des idées, la troisième par la profondeur des vues morales et politiques. Tite Live et Salluste ont-ils rien de plus beau sur les anciens Romains que ces paroles de l'évêque de Meaux ?

« Le fond d'un Romain, pour ainsi parler, étoit l'amour de sa liberté et de sa patrie ; une de ces choses lui faisoit aimer l'autre, car, parce qu'il aimoit sa liberté, il aimoit aussi sa patrie comme une mère qui le nourrissoit dans des sentiments également généreux et libres.

« Sous ce nom de liberté les Romains se figuroient, avec les Grecs, un état où personne ne fût sujet que de la loi et où la loi fût plus puissante que personne. »

A nous entendre déclamer contre la religion, on croiroit qu'un prêtre est nécessairement un esclave, et que nul avant nous n'a su

---

1. Voyez la note XXVIII, à la fin du volume.

raisonner dignement sur la liberté : qu'on lise donc Bossuet à l'article des Grecs et des Romains.

Quel autre a mieux parlé que lui et des vices et des vertus? Quel autre a plus justement estimé les choses humaines? Il lui échappe de temps en temps quelques-uns de ces traits qui n'ont point de modèle dans l'éloquence antique et qui naissent du génie même du christianisme. Par exemple, après avoir vanté les pyramides d'Égypte, il ajoute : « Quelque effort que fassent les hommes, leur néant paroît partout. Ces pyramides étoient des tombeaux; encore ces rois qui les ont bâties n'ont-ils pas eu le pouvoir d'y être inhumés, et ils n'ont pu jouir de leur sépulcre [1]. »

On ne sait qui l'emporte ici de la grandeur de la pensée ou de la hardiesse de l'expression. Ce mot *jouir*, appliqué à un *sépulcre*, déclare à la fois la magnificence de ce sépulcre, la vanité des pharaons qui l'élevèrent, la rapidité de notre existence, enfin l'incroyable néant de l'homme, qui, ne pouvant posséder pour bien réel ici-bas qu'un tombeau, est encore privé quelquefois de ce stérile patrimoine.

Remarquons que Tacite a parlé des pyramides [2], et que sa philosophie ne lui a rien fourni de comparable à la réflexion que la religion a inspirée à Bossuet : influence bien frappante du génie du christianisme sur la pensée d'un grand homme.

Le plus beau portrait historique dans Tacite est celui de Tibère, mais il est effacé par le portrait de Cromwell, car Bossuet est encore historien dans ses *Oraisons funèbres*. Que dirons-nous du cri de joie que pousse Tacite en parlant des Bructères, qui s'égorgeoient à la vue d'un camp romain? « Par la faveur des dieux, nous eûmes le plaisir de contempler ce combat sans nous y mêler. Simples spectateurs, nous vîmes, ce qui est admirable, soixante mille hommes s'égorger sous nos yeux pour notre amusement. Puissent, puissent les nations, au défaut d'amour pour nous, entretenir ainsi dans leur cœur les unes contre les autres une haine éternelle [3] ! »

Écoutons Bossuet :

« Ce fut après le déluge que parurent ces ravageurs de provinces que l'on a nommés *conquérants*, qui, poussés par la seule gloire du commandement, ont exterminé tant d'innocents... Depuis ce temps l'ambition s'est jouée, sans aucune borne, de la vie des hommes; ils en sont venus à ce point de s'entre-tuer sans se haïr : le comble de la gloire et le plus beau de tous les arts a été de se tuer les uns les autres [4]. »

---

1. *Disc. sur l'Hist. univ.*, IIIe part.   2. *Ann.*, lib. II, 61.
3. TACITE, *Mœurs des Germains*, XXXIII.   4. *Disc. sur l'Hist. univ.*

Il est difficile de s'empêcher d'adorer une religion qui met une telle différence entre la morale d'un Bossuet et d'un Tacite.

L'historien romain, après avoir raconté que Thrasylle avoit prédit l'empire à Tibère, ajoute : « D'après ces faits et quelques autres, je ne sais si les choses de la vie sont... assujetties aux lois d'une immuable nécessité, ou si elles ne dépendent que du hasard [1]. »

Suivent les opinions des philosophes, que Tacite rapporte gravement, donnant assez à entendre qu'il croit aux prédictions des astrologues.

La raison, la saine morale et l'éloquence nous semblent encore du côté du prêtre chrétien.

« Ce long enchaînement des causes particulières qui font et défont les empires dépend des ordres secrets de la divine Providence. Dieu tient, du plus haut des cieux, les rênes de tous les royaumes ; il a tous les cœurs en sa main. Tantôt il retient les passions, tantôt il leur lâche la bride, et par là il remue tout le genre humain... Il connoît la sagesse humaine, toujours courte par quelque endroit ; il l'éclaire, il étend ses vues, et puis il l'abandonne à ses ignorances. Il l'aveugle, il la précipite, il la confond par elle-même : elle s'enveloppe, elle s'embarrasse dans ses propres subtilités, et ses précautions lui sont un piége... C'est lui (Dieu) qui prépare ces effets dans les causes les plus éloignées, et qui frappe ces grands coups dont le contre-coup porte si loin... Mais que les hommes ne s'y trompent pas, Dieu redresse, quand il lui plaît, le sens égaré ; et celui qui insultoit à l'aveuglement des autres tombe lui-même dans des ténèbres plus épaisses, sans qu'il faille souvent autre chose pour lui renverser le sens que de longues prospérités. »

Que l'éloquence de l'antiquité est peu de chose auprès de cette éloquence chrétienne !

1. *Ann.*, lib. VI, 22.

FIN DU LIVRE TROISIÈME.

LIVRE QUATRIÈME.

ÉLOQUENCE.

CHAPITRE PREMIER.

DU CHRISTIANISME DANS L'ÉLOQUENCE.

Le christianisme fournit tant de preuves de son excellence, que, quand on croit n'avoir plus qu'un sujet à traiter, soudain il s'en présente un autre sous votre plume. Nous parlions des philosophes, et voilà que les orateurs viennent nous demander si nous les oublions. Nous raisonnions sur le christianisme dans les sciences et dans l'histoire, et le christianisme nous appeloit pour faire voir au monde les plus grands effets de l'éloquence connus. Les modernes doivent à la religion catholique cet art du discours qui, en manquant à notre littérature, eût donné au génie antique une supériorité décidée sur le nôtre. C'est ici un des grands triomphes de notre culte; et quoi qu'on puisse dire à la louange de Cicéron et de Démosthène, Massillon et Bossuet peuvent sans crainte leur être comparés.

Les anciens n'ont connu que l'éloquence judiciaire et politique : l'éloquence morale, c'est-à-dire l'éloquence de tout temps, de tout gouvernement, de tout pays, n'a paru sur la terre qu'avec l'Évangile. Cicéron défend un client; Démosthène combat un adversaire ou tâche de rallumer l'amour de la patrie chez un peuple dégénéré : l'un et l'autre ne savent que remuer les passions, et fondent leur espérance de succès sur le trouble qu'ils jettent dans les cœurs. L'éloquence de la chaire a cherché sa victoire dans une région plus élevée. C'est en combattant les mouvements de l'âme qu'elle prétend la séduire; c'est en apaisant les passions qu'elle s'en veut faire écouter. Dieu et la charité, voilà son texte, toujours le même, toujours inépuisable. Il ne lui faut ni les cabales d'un parti, ni des émotions populaires, ni de grandes circonstances, pour briller; dans la paix la plus profonde, sur le cercueil du citoyen le plus obscur, elle trouvera ses mouvements les plus sublimes; elle saura intéresser pour une vertu ignorée; elle fera couler des larmes pour un homme dont on n'a jamais entendu parler. Incapable de crainte et d'injustice, elle donne des leçons aux rois, mais sans les insulter ; elle console le pauvre, mais sans flatter ses vices. La politique et les choses de la terre ne lui sont point inconnues ; mais ces choses, qui faisoient les premiers motifs de l'éloquence antique, ne sont pour elle que des raisons secondaires ; elle les voit des hauteurs où elle domine, comme un aigle aperçoit du sommet de la montagne les objets abaissés de la plaine.

Ce qui distingue l'éloquence chrétienne de l'éloquence des Grecs et des Romains, *c'est cette tristesse évangélique qui en est l'âme,* selon La Bruyère, cette majestueuse mélancolie dont elle se nourrit. On lit une fois, deux fois peut-être les *Verrines* et les *Catilinaires* de Cicéron, l'Oraison pour la *Couronne* et les *Philippiques* de Démosthène ; mais on médite sans cesse, on feuillette nuit et jour les *Oraisons funèbres* de Bossuet et les *Sermons* de Bourdaloue et de Massillon. Les discours des orateurs chrétiens sont des livres, ceux des orateurs de l'antiquité ne sont que des discours. Avec quel goût merveilleux les saints docteurs ne réfléchissent-ils point sur les vanités du monde ! « Toute votre vie, disent-ils, n'est qu'une ivresse d'un jour, et vous employez cette journée à la poursuite des plus folles illusions. Vous atteindrez au comble de vos vœux, vous jouirez de tous vos désirs, vous deviendrez roi, empereur, maître de la terre : un moment encore, et la mort effacera ces néants avec votre néant. »

Ce genre de méditations, si grave, si solennel, si naturellement porté au sublime, fut totalement inconnu des orateurs de l'antiquité. Les païens se consumoient *à la poursuite des ombres de la vie* [1] ; ils ne savoient pas que la véritable existence ne commence qu'à la mort. La religion chrétienne a seule fondé cette grande école de la tombe où s'instruit l'apôtre de l'Évangile : elle ne permet plus que l'on prodigue, comme les demi-sages de la Grèce, l'immortelle pensée de l'homme à des choses d'un moment.

Au reste, c'est la religion qui dans tous les siècles et dans tous les pays a été la source de l'éloquence. Si Démosthène et Cicéron ont été de grands orateurs, c'est qu'avant tout ils étoient religieux [2]. Les membres de la Convention, au contraire, n'ont offert que des talents tronqués et des lambeaux d'éloquence, parce qu'ils attaquoient la foi de leurs pères et s'interdisoient ainsi les inspirations du cœur [3].

1. Jon.
2. Ils ont sans cesse le nom des dieux à la bouche : voyez l'invocation du premier aux mânes des héros de Marathon, et l'apothéose du second aux dieux dépouillés par Verrès.
3. Qu'on ne dise pas que les François n'avoient pas eu le temps de s'exercer dans

CHAPITRE II.

DES ORATEURS. — LES PÈRES DE L'ÉGLISE.

L'éloquence des docteurs de l'Église a quelque chose d'imposant, de fort, de royal, pour ainsi parler, et dont l'autorité vous confond et vous subjugue. On sent que leur mission vient d'en haut et qu'ils enseignent par l'ordre exprès du Tout-Puissant. Toutefois, au milieu de ces inspirations, leur génie conserve le calme et la majesté.

Saint Ambroise est le Fénelon des Pères de l'Église latine. Il est fleuri, doux, abondant, et à quelques défauts près, qui tiennent à son siècle, ses ouvrages offrent une lecture aussi agréable qu'instructive; pour s'en convaincre, il suffit de parcourir le *Traité de la Virginité*[1] et l'*Éloge des Patriarches*.

Quand on nomme un *saint* aujourd'hui, on se figure quelque moine grossier et fanatique, livré, par imbécillité ou par caractère, à une superstition ridicule. Augustin offre pourtant un autre tableau : un jeune homme ardent et plein d'esprit s'abandonne à ses passions ; il épuise bientôt les voluptés, et s'étonne que les amours de la terre ne puissent remplir le vide de son cœur. Il tourne son âme inquiète vers le ciel : quelque chose lui dit que c'est là qu'habite cette souveraine beauté après laquelle il soupire : Dieu lui parle tout bas, et cet homme du siècle, que le siècle n'avoit pu satisfaire, trouve enfin le repos et la plénitude de ses désirs dans le sein de la religion.

Montaigne et Rousseau nous ont donné leurs *Confessions*. Le premier s'est moqué de la bonne foi de son lecteur; le second a révélé de honteuses turpitudes, en se proposant, même au jugement de Dieu, pour un modèle de vertu. C'est dans les *Confessions* de saint Augustin qu'on

---

la nouvelle lice où ils venoient de descendre : l'éloquence est un fruit des révolutions ; elle y croît spontanément et sans culture ; le sauvage et le nègre ont quelquefois parlé comme Démosthène. D'ailleurs, on ne manquoit pas de modèles, puisqu'on avoit entre les mains les chefs-d'œuvre du forum antique et ceux de ce forum sacré où l'orateur chrétien explique la loi éternelle. Quand M. de Montlosier s'écrioit, à propos du clergé, dans l'Assemblée constituante : « *Vous les chassez de leurs palais, ils se retireront dans la cabane du pauvre qu'ils ont nourri; vous voulez leurs croix d'or, ils prendront une croix de bois : c'est une croix de bois qui a sauvé le monde!* » ce mouvement n'a pas été inspiré par la démagogie, mais par la religion. Enfin Vergniaud ne s'est élevé à la grande éloquence, dans quelques passages de son discours pour Louis XVI, que parce que son sujet l'a entraîné dans la région des idées religieuses : les pyramides, les morts, le silence et les tombeaux.

1. Nous en avons cité quelques morceaux.

apprend à connoître l'homme tel qu'il est. Le saint ne se confesse point à la terre, il se confesse au ciel; il ne cache rien à celui qui voit tout. C'est un chrétien à genoux dans le tribunal de la pénitence, qui déplore ses fautes, et qui les découvre, afin que le médecin applique le remède sur la plaie. Il ne craint point de fatiguer par des détails celui dont il a dit ce mot sublime : *Il est patient, parce qu'il est éternel.* Et quel portrait ne nous fait-il point du Dieu auquel il confie ses erreurs!

« Vous êtes infiniment grand, dit-il, infiniment bon, infiniment miséricordieux, infiniment juste; votre beauté est incomparable, votre force irrésistible, votre puissance sans bornes. Toujours en action, toujours en repos, vous soutenez, vous remplissez, vous conservez l'univers; vous aimez sans passion, vous êtes jaloux sans trouble; vous changez vos opérations et jamais vos desseins... Mais que vous dis-je ici, ô mon Dieu! et que peut-on dire en parlant de vous? »

Le même homme qui a tracé cette brillante image du vrai Dieu va nous parler à présent avec la plus aimable naïveté des erreurs de sa jeunesse :

« Je partis enfin pour Carthage. Je n'y fus pas plus tôt arrivé que je me vis assiégé d'une foule de coupables amours, qui se présentoient à moi de toutes parts... Un état tranquille me sembloit insupportable, et je ne cherchois que les chemins pleins de piéges et de précipices.

« Mais mon bonheur eût été d'être aimé aussi bien que d'aimer; car on veut trouver la vie dans ce qu'on aime... Je tombai enfin dans les filets où je désirois d'être pris : je fus aimé, et je possédai ce que j'aimois. Mais, ô mon Dieu! vous me fîtes alors sentir votre bonté et votre miséricorde en m'accablant d'amertume; car, au lieu des douceurs que je m'étois promises, je ne connus que jalousie, soupçons, craintes, colère, querelles et emportements. »

Le ton simple, triste et passionné de ce récit, ce retour vers la Divinité et le calme du ciel au moment où le saint semble le plus agité par les illusions de la terre et par le souvenir des erreurs de sa vie, tout ce mélange de regrets et de repentir est plein de charmes. Nous ne connoissons point de mot de sentiment plus délicat que celui-ci : « Mon bonheur eût été d'être aimé aussi bien que d'aimer, *car on veut trouver la vie dans ce qu'on aime.* » C'est encore saint Augustin qui a dit cette parole : « Une âme contemplative se fait à elle-même une solitude. » *La Cité de Dieu,* les épîtres et quelques traités du même Père sont pleins de ces sortes de pensées.

Saint Jérôme brille par une imagination vigoureuse, que n'avoit pu éteindre chez lui une immense érudition. Le recueil de ses lettres est un des monuments les plus curieux de la littérature des Pères. Ainsi que saint Augustin, il trouva son écueil dans les voluptés du monde.

Il aime à peindre la nature et la solitude. Du fond de sa grotte de Bethléem, il voyoit la chute de l'empire romain : vaste sujet de réflexions pour un saint anachorète! Aussi la mort et la vanité de nos jours sont-elles sans cesse présentes à saint Jérôme!

« Nous mourons et nous changeons à toute heure, écrit-il à un de ses amis, et cependant nous vivons comme si nous étions immortels. Le temps même que j'emploie ici à dicter, il le faut retrancher de mes jours. Nous nous écrivons souvent, mon cher Héliodore; nos lettres passent les mers, et à mesure que le vaisseau fuit notre vie s'écoule : chaque flot en emporte un moment[1]. »

De même que saint Ambroise est le Fénelon des Pères, Tertullien en est le Bossuet. Une partie de son plaidoyer en faveur de la religion pourroit encore servir aujourd'hui dans la même cause. Chose étrange, que le christianisme soit maintenant obligé de se défendre devant ses enfants, comme il se défendoit autrefois devant ses bourreaux, et que l'*Apologétique aux* GENTILS soit devenue l'*Apologétique aux* CHRÉTIENS!

Ce qu'on remarque de plus frappant dans cet ouvrage, c'est le développement de l'esprit humain : on entre dans un nouvel ordre d'idées; on sent que ce n'est plus la première antiquité ou le bégayement de l'homme qui se fait entendre.

Tertullien parle comme un moderne; ses motifs d'éloquence sont pris dans le cercle des vérités éternelles, et non dans les raisons de passion et de circonstance employées à la tribune romaine ou sur la place publique des Athéniens. Ces progrès du génie philosophique sont évidemment le fruit de notre religion. Sans le renversement des faux dieux et l'établissement du vrai culte, l'homme auroit vieilli dans une enfance interminable; car étant toujours dans l'erreur par rapport au premier principe, ses autres notions se fussent plus ou moins ressenties du vice fondamental.

Les autres traités de Tertullien, en particulier ceux *de la Patience, des Spectacles, des Martyrs, des Ornements des Femmes* et *de la Résurrection de la Chair*, sont semés d'une foule de beaux traits. « Je ne sais (dit l'orateur en reprochant le luxe aux femmes chrétiennes), je ne sais si des mains accoutumées aux bracelets pourront supporter le poids des chaînes; si des pieds ornés de bandelettes s'accoutumeront à la douleur des entraves. Je crains bien qu'une tête couverte de réseaux de perles et de diamants ne laisse aucune place à l'épée[2]. »

1. Hieron. *Epist.*
2. *Locum spathæ non det.* On peut traduire, *ne plie sous l'épée.* J'ai préféré l'autre

Ces paroles, adressées à des femmes qu'on conduisoit tous les jours à l'échafaud, étincellent de courage et de foi.

Nous regrettons de ne pouvoir citer tout entière l'Épître aux Martyrs, devenue plus intéressante pour nous depuis la persécution de Robespierre : « Illustres confesseurs de Jésus-Christ, s'écrie Tertullien, un chrétien trouve dans la prison les mêmes délices que les prophètes trouvoient au désert... Ne l'appelez plus un cachot, mais une solitude. Quand l'âme est dans le ciel, le corps ne sent point la pesanteur des chaînes : elle emporte avec soi tout l'homme! »

Ce dernier trait est sublime.

C'est du prêtre de Carthage que Bossuet a emprunté ce passage si terrible et si admiré : « Notre chair change bientôt de nature, notre corps prend un autre nom ; *même celui de cadavre, dit Tertullien, parce qu'il nous montre encore quelque forme humaine, ne lui demeure pas longtemps : il devient un je ne sais quoi qui n'a plus de nom dans aucune langue*[1] ; tant il est vrai que tout meurt en lui, jusqu'à ces termes funèbres par lesquels on exprime ses malheureux restes! »

Tertullien étoit fort savant, bien qu'il s'accuse d'ignorance, et l'on trouve dans ses écrits des détails sur la vie privée des Romains qu'on chercheroit vainement ailleurs. De fréquents barbarismes, une latinité africaine, déshonorent les ouvrages de ce grand orateur. Il tombe souvent dans la déclamation, et son goût n'est jamais sûr. « Le style de Tertullien est de fer, disoit Balzac, mais avouons qu'avec ce fer il a forgé d'excellentes armes. »

Selon Lactance, surnommé le Cicéron chrétien, saint Cyprien est le premier Père *éloquent de l'Église latine*. Mais saint Cyprien imite presque partout Tertullien, *en affoiblissant également les défauts et les beautés de son modèle*. C'est le jugement de La Harpe, dont il faut toujours citer l'autorité en critique.

Parmi les Pères de l'Église grecque deux seuls sont très-éloquents, saint Chrysostome et saint Basile. Les homélies du premier sur *la Mort* et sur *la Disgrâce d'Eutrope* sont des chefs-d'œuvre[2]. La diction de saint Chrysostome est pure, mais laborieuse ; il fatigue son style à la manière d'Isocrate : aussi Libanius lui destinoit-il sa chaire de rhétorique avant que le jeune orateur fût devenu chrétien.

Avec plus de simplicité, saint Basile a moins d'élévation que saint

---

sens, comme plus littéral et plus énergique. *Spatha*, emprunté du grec, est l'étymologie de notre mot *épée*.

1. *Orais. fun. de la duch. d'Orl.*
2. Voyez la note XXIX, à la fin du volume.

Chrysostome. Il se tient presque toujours dans le ton mystique et dans la paraphrase de l'Écriture[1].

Saint Grégoire de Nazianze[2], surnommé le Théologien, outre ses ouvrages en prose, nous a laissé quelques poëmes sur les mystères du christianisme.

« Il étoit toujours en sa solitude d'Arianze, dans son pays natal, dit Fleury : un jardin, une fontaine, des arbres qui lui donnoient du couvert, faisoient toutes ses délices. Il jeûnoit, il prioit avec abondance de larmes... Ces saintes poésies furent les occupations de saint Grégoire dans sa dernière retraite. Il y fait l'histoire de sa vie et de ses souffrances... Il prie, il enseigne, il explique les mystères et donne des règles pour les mœurs... Il vouloit donner à ceux qui aiment la poésie et la musique des sujets utiles pour se divertir, et ne pas laisser aux païens l'avantage de croire qu'ils fussent les seuls qui pussent réussir dans les belles-lettres[3]. »

Enfin, celui qu'on appeloit le dernier des Pères avant que Bossuet eût paru, saint Bernard, joint à beaucoup d'esprit une grande doctrine. Il réussit surtout à peindre les mœurs, et il avoit reçu quelque chose du génie de Théophraste et de La Bruyère.

« L'orgueilleux, dit-il, a le verbe haut et le silence boudeur; il est dissolu dans la joie, furieux dans la tristesse, déshonnête au dedans, honnête au dehors; il est roide dans sa démarche, aigre dans ses réponses, toujours fort pour attaquer, toujours foible pour se défendre; il cède de mauvaise grâce, il importune pour obtenir; il ne fait pas ce qu'il peut et ce qu'il doit faire, mais il est prêt à faire ce qu'il ne doit pas et ce qu'il ne peut pas[4]. »

N'oublions pas cette espèce de phénomène du XIIIe siècle, le livre de l'*Imitation de Jésus-Christ*. Comment un moine renfermé dans son cloître a-t-il trouvé cette mesure d'expression, a-t-il acquis cette fine connoissance de l'homme au milieu d'un siècle où les passions étoient grossières et le goût plus grossier encore? Qui lui avoit révélé dans sa solitude ces mystères du cœur et de l'éloquence? Un seul maître : Jésus-Christ.

---

1. On a de lui une lettre fameuse sur la solitude; c'est la première de ses épîtres; elle a servi de fondement à sa règle.
2. Il avoit un fils du même nom et de la même sainteté que lui.
3. FLEURY, *Hist. Eccl.*, t. IV, liv. XIX, p. 557, chap. IX.
4. *De Mor.*, lib. XXXIV, cap. XVI.

TROISIÈME PARTIE.

CHAPITRE III.

MASSILLON.

Si nous franchissons maintenant plusieurs siècles, nous arriverons à des orateurs dont les seuls noms embarrassent beaucoup certaines gens ; car ils sentent que des sophismes ne suffisent pas pour détruire l'autorité qu'emportent avec eux Bossuet, Fénelon, Massillon, Bourdaloue, Fléchier, Mascaron, l'abbé Poulle.

Il nous est dur de courir rapidement sur tant de richesses et de ne pouvoir nous arrêter à chacun de ces orateurs. Mais comment choisir au milieu de ces trésors? Comment citer au lecteur des choses qui lui soient inconnues? Ne grossirions-nous pas trop ces pages en les chargeant de ces illustres preuves de la beauté du christianisme? Nous n'emploierons donc pas toutes nos armes ; nous n'abuserons pas de nos avantages, de peur de jeter, en pressant trop l'évidence, les ennemis du christianisme dans l'obstination, dernier refuge de l'esprit de sophisme poussé à bout.

Ainsi, nous ne ferons paraître à l'appui de nos raisonnements ni Fénelon, si plein d'onction dans les méditations chrétiennes, ni Bourdaloue, force et victoire de la doctrine évangélique ; nous n'appellerons à notre secours ni les savantes compositions de Fléchier ni la brillante imagination du dernier des orateurs chrétiens, l'abbé Poulle. O religion ! quels ont été tes triomphes ! qui pouvoit douter de ta beauté lorsque Fénelon et Bossuet occupoient tes chaires, lorsque Bourdaloue instruisoit d'une voix grave un monarque alors heureux, à qui dans ses revers le Ciel miséricordieux réservoit le doux Massillon !

Non toutefois que l'évêque de Clermont n'ait en partage que la tendresse du génie : il sait aussi faire entendre des sons mâles et vigoureux. Il nous semble qu'on a vanté trop exclusivement son *Petit Carême* : l'auteur y montre sans doute une grande connoissance du cœur humain, des vues fines sur les vices des cours, des moralités écrites avec une élégance qui ne bannit pas la simplicité ; mais il y a certainement une éloquence plus pleine, un style plus hardi, des mouvements plus pathétiques et des pensées plus profondes dans quelques-uns de ses autres sermons, tels que ceux sur *la mort*, sur *l'impénitence finale*, sur *le petit nombre des élus*, sur la *mort du pécheur*, sur la *nécessité d'un avenir*, sur la *Passion de Jésus-Christ*. Lisez, par exemple, cette peinture du pécheur mourant :

« Enfin, au milieu de ses tristes efforts, ses yeux se fixent, ses traits changent, son visage se défigure, sa bouche livide s'entr'ouvre d'elle-même, tout son esprit frémit, et par ce dernier effort son âme s'arrache avec regret de ce corps de boue, et se trouve seule au pied du tribunal de la pénitence[1]. »

A ce tableau de l'homme impie dans la mort joignez celui des choses du monde dans le néant :

« Regardez le monde tel que vous l'avez vu dans vos premières années et tel que vous le voyez aujourd'hui : une nouvelle cour a succédé à celle que vos premiers ans ont vue ; de nouveaux personnages sont montés sur la scène, les grands rôles sont remplis par de nouveaux acteurs ; ce sont de nouveaux événements, de nouvelles intrigues, de nouvelles passions, de nouveaux héros, dans la vertu comme dans le vice, qui sont le sujet des louanges, des dérisions, des censures publiques. Rien ne demeure, tout change, tout s'use, tout s'éteint : Dieu seul demeure toujours le même. Le torrent des siècles qui entraîne tous les siècles coule devant ses yeux, et il voit avec indignation de foibles mortels emportés par ce cours rapide l'insulter en passant. »

L'exemple de la vanité des choses humaines, tiré du siècle de Louis XIV, qui venoit de finir (et cité peut-être devant des vieillards qui en avoient vu la gloire), est bien pathétique ! le mot qui termine la période semble être échappé à Bossuet, tant il est franc et sublime.

Nous donnerons encore un exemple de ce genre ferme d'éloquence qu'on paroît refuser à Massillon, en ne parlant que de son abondance et de sa douceur. Pour cette fois nous prendrons un passage où l'orateur abandonne son style favori, c'est-à-dire le sentiment et les usages, pour n'être qu'un simple argumentateur. Dans le sermon sur la *vérité d'un avenir*, il presse ainsi l'incrédule :

« Que dirai-je encore ? Si tout meurt avec nous, les soins du nom et de la postérité sont donc frivoles ; l'honneur qu'on rend à la mémoire des hommes illustres, une erreur puérile, puisqu'il est ridicule d'honorer ce qui n'est plus ; la religion des tombeaux une illusion vulgaire ; les cendres de nos pères et de nos amis une vile poussière qu'il faut jeter au vent et qui n'appartient à personne ; les dernières intentions des mourants, si sacrées parmi les peuples les plus barbares, le dernier son d'une machine qui se dissout ; et, pour tout dire en un mot, si tout meurt avec nous, les lois sont donc une servitude insensée ; les rois et les souverains, des fantômes que la foiblesse des

---

1. Mass., *Avent, Mort du Pécheur*, 1re part.

peuples a élevés ; la justice, une usurpation sur la liberté des hommes ; la loi des mariages, un vain scrupule ; la pudeur, un préjugé ; l'honneur et la probité, des chimères ; les incestes, les parricides, les perfidies noires, des jeux de la nature et des noms que la politique des législateurs a inventés.

« Voilà où se réduit la philosophie sublime des impies ; voilà cette force, cette raison, cette sagesse qu'ils nous vantent éternellement. Convenez de leurs maximes, et l'univers entier retombe dans un affreux chaos, et tout est confondu sur la terre, et toutes les idées du vice et de la vertu sont renversées, et les lois les plus inviolables de la société s'évanouissent, et la discipline des mœurs périt, et le gouvernement des États et des empires n'a plus de règle, et toute l'harmonie des corps politiques s'écroule, et le genre humain n'est plus qu'un assemblage d'insensés, de barbares, de fourbes, de dénaturés, qui n'ont plus d'autres lois que la force, plus d'autre frein que leurs passions et la crainte de l'autorité, plus d'autre lien que l'irréligion et l'indépendance, plus d'autres dieux qu'eux-mêmes : voilà le monde des impies ; et si ce plan de république vous plaît, formez, si vous le pouvez, une société de ces hommes monstrueux : tout ce qui nous reste à vous dire, c'est que vous êtes dignes d'y occuper une place. »

Que l'on compare Cicéron à Massillon, Bossuet à Démosthène, et l'on trouvera toujours entre leur éloquence les différences que nous avons indiquées ; dans les orateurs chrétiens, un ordre d'idées plus général, une connoissance du cœur humain plus profonde, une chaîne de raisonnements plus claire, enfin une éloquence religieuse et triste, ignorée de l'antiquité.

Massillon a fait quelques oraisons funèbres ; elles sont inférieures à ses autres discours. Son Éloge de Louis XIV n'est remarquable que par la première phrase : « Dieu seul est grand, mes frères ! » C'est un beau mot que celui-là, prononcé en regardant le cercueil de *Louis le Grand*[1].

CHAPITRE IV.

BOSSUET ORATEUR.

Mais que dirons-nous de Bossuet comme orateur ? à qui le comparerons-nous ? et quels discours de Cicéron et de Démosthène ne s'éclipsent point devant ses *Oraisons funèbres ?* C'est pour l'orateur

---

1. Voyez la note XXX, à la fin du volume.

chrétien que ces paroles d'un roi semblent avoir été écrites : *L'or et les perles sont assez communs, mais les lèvres savantes sont un vase rare et sans prix*[1]. Sans cesse occupé du tombeau, et comme penché sur les gouffres d'une autre vie, Bossuet aime à laisser tomber de sa bouche ces grands mots de *temps* et de *mort*, qui retentissent dans les abîmes silencieux de l'éternité. Il se plonge, il se noie dans des tristesses incroyables, dans d'inconcevables douleurs. Les cœurs, après plus d'un siècle, retentissent encore du fameux cri : *Madame se meurt, Madame est morte!* Jamais les rois ont-ils reçu de pareilles leçons? jamais la philosophie s'exprima-t-elle avec autant d'indépendance? Le diadème n'est rien aux yeux de l'orateur ; par lui le pauvre est égalé au monarque, et le potentat le plus absolu du globe est obligé de s'entendre dire devant des milliers de témoins que ses grandeurs ne sont que vanité, que sa puissance n'est que songe et qu'il n'est lui-même que poussière.

Trois choses se succèdent continuellement dans les discours de Bossuet : le trait de génie ou d'éloquence; la citation, si bien fondue avec le texte qu'elle ne fait plus qu'un avec lui ; enfin, la réflexion ou le coup d'œil d'aigle sur les causes de l'événement rapporté. Souvent aussi cette lumière de l'Église porte la clarté dans la discussion de la plus haute métaphysique ou de la théologie la plus sublime; rien ne lui est ténèbres. L'évêque de Meaux a créé une langue que lui seul a parlée, où souvent le terme le plus simple et l'idée la plus relevée, l'expression la plus commune et l'image la plus terrible servent, comme dans l'Écriture, à se donner des dimensions énormes et frappantes.

Ainsi lorsqu'il s'écrie, en montrant le cercueil de Madame : *La voilà, malgré ce grand cœur, cette princesse si admirée et si chérie! la voilà telle que la mort nous l'a faite!* pourquoi frissonne-t-on à ce mot si simple, *telle que la mort nous l'a faite?* C'est par l'opposition qui se trouve entre ce *grand cœur*, cette *princesse si admirée*, et cet accident inévitable de la mort qui lui est arrivé comme à la plus misérable des femmes; c'est parce que ce verbe *faire* appliqué à la mort, qui *défait* tout, produit une contradiction dans les mots et un choc dans les pensées, qui ébranlent l'âme; comme si pour peindre cet événement malheureux les termes avoient changé d'acception et que le langage fût bouleversé comme le cœur.

Nous avons remarqué qu'à l'exception de Pascal, de Bossuet, de Massillon, de La Fontaine, les écrivains du siècle de Louis XIV, faute d'avoir assez vécu dans la retraite, ont ignoré cette espèce de sen-

---

1. *Prov.*, cap. xx, v. 15.

timent mélancolique dont on fait aujourd'hui un si étrange abus.

Mais comment donc l'évêque de Meaux, sans cesse au milieu des pompes de Versailles, a-t-il connu cette profondeur de rêverie? C'est qu'il a trouvé dans la religion une solitude; c'est que son corps étoit dans le monde et son esprit au désert; c'est qu'il avoit mis son cœur à l'abri dans les tabernacles sacrés du Seigneur; c'est, comme il l'a dit lui-même de Marie-Thérèse d'Autriche, « qu'on *le voyoit* courir aux autels pour y goûter avec David un humble repos, et s'enfoncer dans son oratoire, où, malgré le tumulte de la cour, *il* trouvoit le Carmel d'Élie, le désert de Jean et la montagne si souvent témoin des gémissements de Jésus. »

Les *Oraisons funèbres* de Bossuet ne sont pas d'un égal mérite, mais toutes sont sublimes par quelque côté. Celle de la reine d'Angleterre est un chef-d'œuvre de style et un modèle d'écrit philosophique et politique.

Celle de la duchesse d'Orléans est la plus étonnante, parce qu'elle est entièrement créée de génie. Il n'y avoit là ni ces tableaux de troubles des nations, ni ces développements des affaires publiques qui soutiennent la voix de l'orateur. L'intérêt que peut inspirer une princesse expirant à la fleur de son âge semble se devoir épuiser vite. Tout consiste en quelques oppositions vulgaires de la beauté, de la jeunesse, de la grandeur et de la mort; et c'est pourtant sur ce fond stérile que Bossuet a bâti un des plus beaux monuments de l'éloquence; c'est de là qu'il est parti pour montrer la misère de l'homme par son côté périssable et sa grandeur par son côté immortel. Il commence par le ravaler au-dessous des vers qui le rongent au sépulcre, pour le peindre ensuite glorieux avec la vertu dans des royaumes incorruptibles.

On sait avec quel génie, dans l'oraison funèbre de la princesse Palatine, il est descendu, sans blesser la majesté de l'art oratoire, jusqu'à l'interprétation d'un songe, en même temps qu'il a déployé dans ce discours sa haute capacité pour les abstractions philosophiques.

Si pour Marie-Thérèse et pour le chancelier de France ce ne sont plus les mouvements des premiers éloges, les idées du panégyriste sont-elles prises dans un cercle moins large, dans une nature moins profonde? — « Et maintenant, dit-il, ces deux âmes pieuses (Michel Le Tellier et Lamoignon), touchées sur la terre du désir de faire régner les lois, contemplent ensemble à découvert les lois éternelles d'où les nôtres sont dérivées : et si quelques légères traces de nos foibles distinctions paroît encore dans une si simple et si claire vision, elles adorent Dieu en qualité de justice et de règle. »

Au milieu de cette théologie, combien d'autres genres de beautés, ou sublimes, ou gracieuses, ou tristes, ou charmantes! Voyez le tableau de la Fronde : « La monarchie ébranlée jusqu'aux fondements, la guerre civile, la guerre étrangère, le feu au dedans et au dehors... Étoient-ce là de ces tempêtes par où le ciel a besoin de se décharger quelquefois?... ou bien étoit-ce comme un travail de la France, prête à enfanter le règne miraculeux de Louis[1]? » Viennent des réflexions sur l'illusion des amitiés de la terre, qui « s'en vont avec les années et les intérêts, » et sur l'obscurité du cœur de l'homme, « qui ne sait jamais ce qu'il voudra, qui souvent ne sait pas bien ce qu'il veut, et qui n'est pas moins caché ni moins trompeur à lui-même qu'aux autres[2]. »

Mais la trompette sonne, et Gustave paroît : « Il paroît à la Pologne surprise et trahie, comme un lion qui tient sa proie dans ses ongles, tout prêt à la mettre en pièces. Qu'est devenue cette redoutable cavalerie qu'on voit fondre sur l'ennemi avec la vitesse d'un aigle? Où sont ces armes guerrières, ces marteaux d'armes tant vantés et ces arcs qu'on ne vit jamais tendus en vain? Ni les chevaux ne sont vites, ni les hommes ne sont adroits que pour fuir devant le vainqueur[3]. »

Je passe, et mon oreille retentit de la voix d'un prophète. Est-ce Isaïe, est-ce Jérémie qui apostrophe l'île de la Conférence et les pompes nuptiales de Louis?

« Fêtes sacrées, mariage fortuné, voile nuptial, bénédiction, sacrifice, puis-je mêler aujourd'hui vos cérémonies, vos pompes avec ces pompes funèbres, et le comble des grandeurs avec leurs ruines[4]? »

Le poëte (on nous pardonnera de donner à Bossuet un titre qui fait la gloire de David), le poëte continue de se faire entendre ; il ne touche plus la corde inspirée, mais, baissant sa lyre d'un ton jusqu'à ce mode dont Salomon se servit pour chanter les troupeaux du mont Galaad, il soupire ces paroles paisibles : « Dans la solitude de Sainte-Fare, autant éloignée des voix du siècle que sa bienheureuse situation la sépare de tout commerce du monde; dans cette sainte montagne, que Dieu avoit choisie depuis mille ans, où les épouses de Jésus-Christ faisoient revivre la beauté des anciens jours; où les joies de la terre étoient inconnues; où les vestiges des hommes du monde, des curieux et des vagabonds ne paroissoient pas; sous la conduite de la sainte abbesse, qui savoit donner le lait aux enfants aussi bien que le pain aux forts, les commencements de la princesse Anne étoient heureux[5]. »

---

1. *Orais. fun. d'Anne de Gonz.*   2. *Ibid.*   3. *Ibid.*
4. *Orais. fun. de Marie-Thér. d'Autr.*   5. *Orais. fun. d'Anne de Gonz.*

Cette page, que l'on diroit extraite du livre de Ruth, n'a point épuisé le pinceau de Bossuet ; il lui reste encore assez de cette antique et douce couleur pour peindre une mort heureuse. « Michel Le Tellier, dit-il, commença l'hymne des divines *miséricordes* : Misericordias Domini in æternum cantabo : *Je chanterai éternellement les miséricordes du Seigneur*. Il expire en disant ces mots, et il continue avec les anges le sacré cantique. »

Nous avions cru pendant quelque temps que l'oraison funèbre du prince de Condé, à l'exception du mouvement qui la termine, étoit généralement trop louée ; nous pensions qu'il étoit plus aisé, comme il l'est en effet, d'arriver aux formes d'éloquence du commencement de cet éloge qu'à celles de l'oraison de Madame Henriette ; mais quand nous avons lu ce discours avec attention ; quand nous avons vu l'orateur emboucher la trompette épique pendant une moitié de son récit et donner comme en se jouant un chant d'Homère ; quand, se retirant à Chantilly avec Achille en repos, il rentre dans le ton évangélique et retrouve les grandes pensées, les vues chrétiennes qui remplissent les premières oraisons funèbres ; lorsque après avoir mis Condé au cercueil il appelle les peuples, les princes, les prélats, les guerriers au catafalque du héros ; lorsque, enfin, s'avançant lui-même avec ses cheveux blancs, il fait entendre les accents du cygne, montre Bossuet un pied dans la tombe et le siècle de Louis, dont il a l'air de faire les funérailles, prêt à s'abîmer dans l'éternité, à ce dernier effort de l'éloquence humaine les larmes de l'admiration ont coulé de nos yeux et le livre est tombé de nos mains.

CHAPITRE V.

QUE L'INCRÉDULITÉ EST LA PRINCIPALE CAUSE DE LA DÉCADENCE DU GOUT ET DU GÉNIE.

Ce que nous avons dit jusque ici a pu conduire le lecteur à cette réflexion, *que l'incrédulité est la principale cause de la décadence du goût et du génie*. Quand on ne crut plus rien à Athènes et à Rome, les talents disparurent avec les dieux, et les muses livrèrent à la barbarie ceux qui n'avoient plus de foi en elles.

Dans un siècle de lumières, on ne sauroit croire jusqu'à quel point les bonnes mœurs sont dépendantes du bon goût et le bon goût des bonnes mœurs. Les ouvrages de Racine, devenant toujours plus purs à mesure que l'auteur devient plus religieux, se terminent enfin à *Athalie*. Remarquez, au contraire, comment l'impiété et le génie de Voltaire se décèlent à la fois dans ses écrits par un mélange de choses exquises et de choses odieuses. Le mauvais goût, quand il est incorrigible, est une fausseté de jugement, un biais naturel dans les idées ; or, comme l'esprit agit sur le cœur, il est difficile que les voies du second soient droites quand celles du premier ne le sont pas. Celui qui aime la laideur, dans un temps où mille chefs-d'œuvre peuvent avertir et redresser son goût, n'est pas loin d'aimer le vice ; quiconque est insensible à la beauté pourroit bien méconnoître la vertu.

Un écrivain qui refuse de croire en un Dieu auteur de l'univers et juge des hommes dont il a fait l'âme immortelle bannit d'abord l'infini de ses ouvrages. Il renferme sa pensée dans un cercle de boue, dont il ne peut plus sortir. Il ne voit rien de noble dans la nature, tout s'y opère par d'impurs moyens de corruption et de régénération. L'abîme n'est qu'un peu d'eau *bitumineuse* ; les montagnes sont des *protubérances* de pierres *calcaires* ou *vitrescibles*, et le ciel, où le jour prépare une immense solitude, comme pour servir de camp à l'armée des astres que la nuit y amène en silence, le ciel, disons-nous, n'est plus qu'une étroite voûte momentanément suspendue par la main capricieuse du hasard.

Si l'incrédule se trouve ainsi borné dans les choses de la nature, comment peindra-t-il l'homme avec éloquence ? Les mots pour lui manquent de richesse et les trésors de l'expression lui sont fermés. Contemplez, au fond de ce tombeau, ce cadavre enseveli, cette statue du néant, voilée d'un linceul : c'est l'homme de l'athée ! Fœtus né du corps impur de la femme, au-dessous des animaux pour l'instinct, poudre comme eux et retournant comme eux en poudre, n'ayant point de passion, mais des appétits, n'obéissant point à des lois morales, mais à des ressorts physiques, voyant devant lui, pour toute fin, le sépulcre et des vers : tel est cet être qui se disoit animé d'un souffle immortel ! Ne nous parlez plus de mystères de l'âme, du charme secret de la vertu ; grâces de l'enfance, amours de la jeunesse, noble amitié, élévation de pensées, charme des tombeaux et de la patrie, vos enchantements sont détruits !

Nécessairement encore l'incrédulité introduit l'esprit raisonneur, les définitions abstraites, le style scientifique, et avec lui le néologisme, choses mortelles au goût et à l'éloquence.

Il est possible que la somme de talents départie aux auteurs du xviiie siècle soit égale à celle qu'avoient reçue les écrivains du

XVIIe[1]. Pourquoi donc le second siècle est-il au-dessous du premier? Car, il n'est plus temps de le dissimuler, les écrivains de notre âge ont été en général placés trop haut. S'il y a tant de choses à reprendre, comme on en convient, dans les ouvrages de Rousseau et de Voltaire, que dire de ceux de Raynal et de Diderot[2]? On a vanté, sans doute avec raison, la méthode de nos derniers métaphysiciens. Toutefois on auroit dû remarquer qu'il y a deux sortes de *clartés* : l'une tient à un ordre vulgaire d'idées (un lieu commun s'explique nettement); l'autre vient d'une admirable faculté de concevoir et d'exprimer clairement une pensée forte et composée. Des cailloux au fond d'un ruisseau se voient sans peine, parce que l'eau n'est pas profonde; mais l'ambre, le corail et les perles appellent l'œil du plongeur à des profondeurs immenses sous les flots transparents de l'abîme.

Or, si notre siècle littéraire est inférieur à celui de Louis XIV, n'en cherchons d'autre cause que notre religion. Nous avons déjà montré combien Voltaire eût gagné à être chrétien : il disputeroit aujourd'hui la palme des Muses à Racine. Ses ouvrages auroient pris cette teinte morale sans laquelle rien n'est parfait : on y trouveroit aussi ces souvenirs du vieux temps, dont l'absence y forme un si grand vide. Celui qui renie le Dieu de son pays est presque toujours un homme sans respect pour la mémoire de ses pères; les tombeaux sont sans intérêt pour lui; les institutions de ses aïeux ne lui semblent que des coutumes barbares; il n'a aucun plaisir à se rappeler les sentences, la sagesse et les goûts de sa mère.

Cependant, il est vrai que la majeure partie du génie se compose de cette espèce de souvenirs. Les plus belles choses qu'un auteur puisse mettre dans un livre sont les sentiments qui lui viennent, par réminiscence, des premiers jours de sa jeunesse. Voltaire a bien péché contre ces règles critiques (pourtant si douces!), lui qui s'est éternellement moqué des mœurs et des coutumes de nos ancêtres. Comment se fait-il que ce qui enchante les autres hommes soit précisément ce qui dégoûte un incrédule?

La religion est le plus puissant motif de l'amour de la patrie; les écrivains pieux ont toujours répandu ce noble sentiment dans leurs écrits. Avec quel respect, avec quelle magnifique opinion les écrivains du siècle de Louis XIV ne parlent-ils pas toujours de la France! Mal-

---

1. Nous accordons ceci pour la force de l'argument, mais nous sommes bien loin de le croire. Pascal et Bossuet, Molière et La Fontaine, sont quatre hommes tout à fait incomparables, et qu'on ne retrouvera plus. Si nous ne mettons pas Racine de ce nombre, c'est qu'il a un rival dans Virgile.

2. Voyez la note XXXI, à la fin du volume.

heur à qui insulte son pays ! Que la patrie se lasse d'être ingrate avant que nous nous lassions de l'aimer ; ayons le cœur plus grand que ses injustices.

Si l'homme religieux aime sa patrie, c'est que son esprit est simple et que les sentiments naturels qui nous attachent aux champs de nos aïeux sont comme le fond et l'habitude de son cœur. Il donne la main à ses pères et à ses enfants ; il est planté dans le sol natal, comme le chêne qui voit au-dessous de lui ses vieilles racines s'enfoncer dans la terre et à son sommet des boutons naissants qui aspirent vers le ciel.

Rousseau est un des écrivains du xviiie siècle dont le style a le plus de charme, parce que cet homme, bizarre à dessein, s'étoit au moins créé une ombre de religion. Il avoit foi en quelque chose qui n'étoit pas le *Christ*, mais qui pourtant étoit l'*Évangile*; ce fantôme de christianisme tel quel a quelquefois donné beaucoup de grâces à son génie. Lui qui s'est élevé avec tant de force contre les sophistes, n'eût-il pas mieux fait de s'abandonner à la tendresse de son âme que de se perdre comme eux dans des systèmes dont il n'a fait que rajeunir les vieilles erreurs[1] ?

Il ne manqueroit rien à Buffon s'il avoit autant de sensibilité que d'éloquence. Remarque étrange, que nous avons lieu de faire à tous moments, que nous répétons jusqu'à satiété, et dont nous ne saurions trop convaincre le siècle : sans religion, *point de sensibilité*. Buffon surprend par son style, mais rarement il attendrit. Lisez l'admirable article du chien ; tous les chiens y sont : le chien chasseur, le chien berger, le chien sauvage, le chien grand seigneur, le chien petit-maître, etc. Qu'y manque-t-il enfin ? Le chien de l'aveugle. Et c'est celui-là dont se fût d'abord souvenu un chrétien.

En général, les rapports tendres ont échappé à Buffon. Et néanmoins rendons justice à ce grand peintre de la nature : son style est d'une perfection rare. Pour garder aussi bien les convenances, pour n'être jamais ni trop haut ni trop bas, il faut avoir soi-même beaucoup de mesure dans l'esprit et dans la conduite. On sait que Buffon respectoit tout ce qu'il faut respecter. Il ne croyoit pas que la philosophie consistât à afficher l'incrédulité, à insulter aux autels de vingt-quatre millions d'hommes. Il étoit régulier dans ses devoirs de chrétien et donnoit l'exemple à ses domestiques. Rousseau, s'attachant au fond et rejetant les formes du culte, montre dans ses écrits la tendresse de la religion avec le mauvais ton du sophiste ; Buffon, par la raison contraire, a la sécheresse de la philosophie avec les bienséances de la

---

1. Voyez la note XXXII, à la fin du volume.

religion. Le christianisme a mis au dedans du style du premier le charme, l'abandon et l'amour, et au dehors du style du second l'ordre, la clarté et la magnificence. Ainsi les ouvrages de ces hommes célèbres portent, en bien et en mal, l'empreinte de ce qu'ils ont choisi et de ce qu'ils ont rejeté eux-mêmes de la religion.

En nommant Montesquieu, nous rappelons le véritable grand homme du xviiie siècle. L'*Esprit des Lois* et les *Considérations sur les causes de la grandeur des Romains et de leur décadence* vivront aussi longtemps que la langue dans laquelle ils sont écrits. Si Montesquieu, dans un ouvrage de sa jeunesse, laissa tomber sur la religion quelques-uns des traits qu'il dirigeoit contre nos mœurs, ce ne fut qu'une erreur passagère, une espèce de tribut payé à la corruption de la Régence[1]. Mais dans le livre qui a placé Montesquieu au rang des hommes illustres, il a magnifiquement réparé ses torts en faisant l'éloge du culte qu'il avoit eu l'imprudence d'attaquer. La maturité de ses années et l'intérêt même de sa gloire lui firent comprendre que pour élever un monument durable il falloit en creuser les fondements dans un sol moins mouvant que la poussière de ce monde ; son génie, qui embrassoit tous les temps, s'est appuyé sur la seule religion à qui tous les temps sont promis.

Il résulte de nos observations que les écrivains du xviiie siècle doivent la plupart de leurs défauts à un système trompeur de philosophie, et qu'en étant plus religieux ils eussent approché davantage de la perfection.

Il y a eu dans notre âge, à quelques exceptions près, une sorte d'avortement général des talents. On diroit même que l'impiété, qui rend tout stérile, se manifeste aussi par l'appauvrissement de la nature physique. Jetez les yeux sur les générations qui succédèrent au siècle de Louis XIV. Où sont ces hommes aux figures calmes et majestueuses, au port et aux vêtements nobles, au langage épuré, à l'air guerrier et classique, conquérant et inspiré des arts ? On les cherche, et on ne les trouve plus. De petits hommes inconnus se promènent comme des pygmées sous les hauts portiques des monuments d'un autre âge. Sur leur front dur respirent l'égoïsme et le mépris de Dieu ; ils ont perdu et la noblesse de l'habit et la pureté du langage : on les prendroit, non pour les fils, mais pour les baladins de la grande race qui les a précédés.

Les disciples de la nouvelle école flétrissent l'imagination avec je ne sais quelle vérité, qui n'est point la véritable vérité. Le style de

---

1. Voyez la note XXXIII, à la fin du volume.

ces hommes est sec, l'expression sans franchise, l'imagination sans amour et sans flamme ; ils n'ont nulle onction, nulle abondance, nulle simplicité. On ne sent point quelque chose de plein et de nourri dans leurs ouvrages ; l'immensité n'y est point, parce que la Divinité y manque. Au lieu de cette tendre religion, de cet instrument harmonieux dont les auteurs du siècle de Louis XIV se servoient pour trouver le ton de leur éloquence, les écrivains modernes font usage d'une étroite philosophie, qui va divisant toute chose, mesurant les sentiments au compas, soumettant l'âme au calcul et réduisant l'univers, Dieu compris, à une soustraction passagère du néant.

Aussi le xviiie siècle diminue-t-il chaque jour dans la perspective, tandis que le xviie semble s'élever à mesure que nous nous en éloignons ; l'un s'affaisse, l'autre monte dans les cieux. On aura beau chercher à ravaler le génie de Bossuet et de Racine, il aura le sort de cette grande figure d'Homère qu'on aperçoit derrière les âges : quelquefois elle est obscurcie par la poussière qu'un siècle fait en s'écroulant, mais aussitôt que le nuage s'est dissipé, on voit reparoître la majestueuse figure, qui s'est encore agrandie pour dominer les ruines nouvelles[1].

---

1. Voyez la note XXXIV, à la fin du volume.

FIN DU LIVRE QUATRIEME

LIVRE CINQUIÈME.

HARMONIES DE LA RELIGION CHRÉTIENNE AVEC LES SCÈNES DE LA NATURE ET LES PASSIONS DU CŒUR HUMAIN.

CHAPITRE PREMIER.

DIVISION DES HARMONIES.

Avant de passer à la description du culte, il nous reste à examiner quelques sujets que nous n'avons pu suffisamment développer dans les livres précédents. Ces sujets se rapportent au côté physique ou au côté moral des arts. Ainsi, par exemple, les sites des monastères, les ruines des monuments religieux, etc., tiennent à la partie matérielle de l'architecture, tandis que les effets de la doctrine chrétienne, avec les passions du cœur de l'homme et les tableaux de la nature, rentrent dans la partie dramatique et descriptive de la poésie.

Tels sont les sujets que nous réunissons dans ce livre, sous le titre général d'*Harmonies*, etc.

CHAPITRE II.

HARMONIES PHYSIQUES. — SUITE DES MONUMENTS RELIGIEUX, COUVENTS MARONITES, COPHTES, ETC.

Il y a dans les choses humaines deux espèces de natures, placées l'une au commencement, l'autre à la fin de la société. S'il n'en étoit ainsi, l'homme, en s'éloignant toujours de son origine, seroit devenu une sorte de monstre; mais, par une loi de la Providence, plus il se civilise, plus il se rapproche de son premier état : il advient que la science au plus haut degré est l'ignorance et que les arts parfaits sont la nature.

Cette dernière nature, ou cette *nature de la société*, est la plus belle : le génie en est l'instinct, et la vertu l'innocence, car le génie et la vertu de l'homme civilisé ne sont que l'instinct et l'innocence perfectionnés du sauvage. Or, personne ne peut comparer un Indien du Canada à Socrate, bien que le premier soit, rigoureusement parlant, aussi moral que le second ; ou bien il faudroit soutenir que la paix des passions non développées dans l'enfant a la même excellence que la paix des passions domptées dans l'homme ; que l'être à pures sensations est égal à l'être pensant, ce qui reviendroit à dire que foiblesse est aussi belle que force. Un petit lac ne ravage pas ses bords, et personne n'en est étonné : son impuissance fait son repos ; mais on aime le calme sur la mer, parce qu'elle a le pouvoir des orages, et l'on admire le silence de l'abîme, parce qu'il vient de la profondeur même des eaux.

Entre les siècles de nature et ceux de civilisation il y en a d'autres, que nous avons nommés siècles de *barbarie*. Les anciens ne les ont point connus ; ils se composent de la réunion subite d'un peuple policé et d'un peuple sauvage. Ces âges doivent être remarquables par la corruption du goût. D'un côté, l'homme sauvage, en s'emparant des arts, n'a pas assez de finesse pour les porter jusqu'à l'élégance, et l'homme social pas assez de simplicité pour redescendre à la seule nature.

On ne peut alors espérer rien de pur que dans les sujets où une cause morale agit par elle-même, indépendamment des causes temporaires. C'est pourquoi les premiers solitaires, livrés à ce goût délicat et sûr de la religion, qui ne trompe jamais lorsqu'on n'y mêle rien d'étranger, ont choisi dans les diverses parties du monde les sites les plus frappants pour y fonder leurs monastères[1]. Il n'y a point d'ermite qui ne saisisse aussi bien que Claude le Lorrain ou Le Nôtre le rocher où il doit placer sa grotte.

On voit çà et là, dans la chaîne du Liban, des couvents maronites bâtis sur des abîmes. On pénètre dans les uns par de longues cavernes, dont on ferme l'entrée avec des quartiers de roche ; on ne peut monter dans les autres qu'au moyen d'une corbeille suspendue. Le *fleuve saint* sort du pied de la montagne ; la forêt de cèdres noirs domine le tableau, et elle est elle-même surmontée par des croupes arrondies, que la neige drape de sa blancheur. Le miracle ne s'achève qu'au moment où l'on arrive au monastère : au dedans sont des vignes, des ruisseaux, des bocages ; au dehors, une nature horrible, et la terre qui se perd et s'enfuit avec ses fleuves, ses campagnes et ses mers, dans de bleuâtres profondeurs. Nourris par la religion, entre la terre

---

1. Voyez la note XXXV, à la fin du volume.

et le firmament, sur ces roches escarpées, c'est là que de pieux solitaires prennent leur vol vers le ciel comme les aigles de la montagne.

Les cellules rondes et séparées des couvents égyptiens sont renfermées dans l'enceinte d'un mur qui les défend des Arabes. Du haut de la tour bâtie au milieu de ces couvents on découvre des landes de sable d'où s'élèvent les têtes grisâtres des pyramides, ou des bornes qui marquent le chemin au voyageur. Quelquefois une caravane abyssinienne, des Bedouins vagabonds, passent dans le lointain à l'un des horizons de la mouvante étendue; quelquefois le souffle du midi noie la perspective dans une atmosphère de poudre. La lune éclaire un sol nu où des brises muettes ne trouvent pas même un brin d'herbe pour en former une voix. Le désert sans arbres se montre de toutes parts sans ombre; ce n'est que dans les bâtiments du monastère qu'on retrouve quelques voiles de la nuit.

Sur l'isthme de Panama en Amérique, le cénobite peut contempler du faîte de son couvent les deux mers qui baignent les deux rives du Nouveau Monde : l'une souvent agitée quand l'autre repose, et présentant aux méditations le double tableau du calme et de l'orage.

Les couvents situés dans les Andes voient s'aplanir au loin les flots de l'océan Pacifique. Un ciel transparent abaisse le cercle de ses horizons sur la terre et sur les mers, et semble enfermer l'édifice de la religion sous un globe de cristal. La fleur capucine, remplaçant le lierre religieux, brode de ses chiffres de pourpre les murs sacrés ; le Lamaz traverse le torrent sur un pont flottant de lianes, et le Péruvien infortuné vient prier le Dieu de Las Casas.

Tout le monde a vu en Europe de vieilles abbayes cachées dans les bois où elles ne se décèlent aux voyageurs que par leurs clochers perdus dans la cime des chênes. Les monuments ordinaires reçoivent leur grandeur des paysages qui les environnent; la religion chrétienne embellit au contraire le théâtre où elle place ses autels et suspend ses saintes décorations. Nous avons parlé des couvents européens dans l'histoire de *René* et retracé quelques-uns de leurs effets au milieu des scènes de la nature; pour achever de montrer au lecteur ces monuments, nous lui donnerons ici un morceau précieux que nous devons à l'amitié. L'auteur y a fait de si grands changements, que c'est, pour ainsi dire, un nouvel ouvrage. Ces beaux vers prouveront aux poëtes que leurs muses gagneroient plus à rêver dans les cloîtres qu'à se faire l'écho de l'impiété.

LA CHARTREUSE DE PARIS.

Vieux cloître où de Bruno les disciples cachés
Renferment tous leurs vœux sur le ciel attachés;
Cloître saint, ouvre-moi tes modestes portiques.
Laisse-moi m'égarer dans ces jardins rustiques
Où venoit Catinat méditer quelquefois,
Heureux de fuir la cour et d'oublier les rois.

J'ai trop connu Paris : mes légères pensées,
Dans son enceinte immense au hasard dispersées,
Veulent enfin rejoindre et lier tous les jours
Leur fil demi-formé, qui se brise toujours.
Seul, je viens recueillir mes vagues rêveries.
Fuyez, brillants remparts, pompeuses Tuileries,
Louvre, dont le portique à mes yeux éblouis
Vante après cent hivers la grandeur de Louis !
Je préfère ces lieux où l'âme, moins distraite,
Même au sein de Paris peut goûter la retraite :
La retraite me plaît, elle eut mes premiers vers.
Déjà, de feux moins vifs éclairant l'univers,
Septembre loin de nous s'enfuit et décolore
Cet éclat dont l'année un moment brille encore.
Il redouble la paix qui m'attache en ces lieux;
Son jour mélancolique et si doux à nos yeux,
Son vert plus rembruni, son grave caractère,
Semblent se conformer au deuil du monastère.
Sous ces bois jaunissants j'aime à m'ensevelir,
Couché sur un gazon qui commence à pâlir,
Je jouis d'un air pur, de l'ombre et du silence.

Ces chars tumultueux où s'assied l'opulence,
Tous ces travaux, ce peuple à grands flots agité,
Ces sons confus qu'élève une vaste cité,
Des enfants de Bruno ne troublent point l'asile ;
Le bruit les environne, et leur âme est tranquille.
Tous les jours, reproduit sous des traits inconstants,
Le fantôme du siècle emporté par le temps
Passe et roule autour d'eux ses pompes mensongères.
Mais c'est en vain : du siècle ils ont fui les chimères :
Hormis l'éternité, tout est songe pour eux.
Vous déplorez pourtant leur destin malheureux !
Quel préjugé funeste à des lois si rigides
Attacha, dites-vous, ces pieux suicides?
Ils meurent longuement, rongés d'un noir chagrin;
L'autel garde leurs vœux sur des tables d'airain,
Et le seul désespoir habite leurs cellules.

Eh bien, vous qui plaignez ces victimes crédules,
Pénétrez avec moi ces murs religieux :

TROISIÈME PARTIE.

N'y respirez-vous pas l'air paisible des cieux ?
Vos chagrins ne sont plus, vos passions se taisent,
Et du cloître muet les ténèbres vous plaisent.

Mais quel lugubre son, du haut de cette tour,
Descend et fait frémir les dortoirs d'alentour?
C'est l'airain qui, du temps formidable interprète,
Dans chaque heure qui fuit, à l'humble anachorète
Redit en longs échos : Songe au dernier moment!
Le son sous cette voûte expire lentement,
Et, quand il a cessé, l'âme en frémit encore.
La méditation qui, seule dès l'aurore,
Dans ces sombres parvis marche en baissant son œil,
A ce signal s'arrête et lit sur un cercueil
L'épitaphe à demi par les ans effacée
Qu'un gothique écrivain dans la pierre a tracée.
O tableaux éloquents! oh! combien à mon cœur
Plaît ce dôme noirci d'une divine horreur,
Et le lierre embrassant ces débris de murailles
Où croasse l'oiseau chantre des funérailles !
Les approches du soir, et ces ifs attristés
Où glissent du soleil les dernières clartés,
Et ce buste pieux que la mousse environne,
Et la cloche d'airain à l'accent monotone,
Ce temple où chaque aurore entend de saints concerts
Sortir d'un long silence et monter dans les airs ;
Un martyr dont l'autel a conservé les restes,
Et le gazon qui croît sur ces tombeaux modestes
Où l'heureux cénobite a passé sans remord
Du silence du cloître à celui de la mort!

Cependant sur ces murs l'obscurité s'abaisse,
Leur deuil est redoublé, leur ombre est plus épaisse;
Les hauteurs de Meudon me cachent le soleil,
Le jour meurt, la nuit vient; le couchant, moins vermeil,
Voit pâlir de ses feux la dernière étincelle.
Tout à coup se rallume une aurore nouvelle
Qui monte avec lenteur sur les dômes noircis
De ce palais voisin qu'éleva Médicis [1];
Elle en blanchit le faîte, et ma vue enchantée
Reçoit par ces vitraux la lueur argentée.
L'astre touchant des nuits verse du haut des cieux
Sur les tombes du cloître un jour mystérieux,
Et semble y réfléchir cette douce lumière
Qui des morts bienheureux doit charmer la paupière.
Ici je ne vois plus les horreurs du trépas :
Son aspect attendrit et n'épouvante pas.
Me trompé-je? Écoutons : sous ces voûtes antiques
Parviennent jusqu'à moi d'invisibles cantiques,

1. Le Luxembourg.

Et la religion, le front voilé, descend ;
Elle approche : déjà son calme attendrissant
Jusqu'au fond de votre âme en secret s'insinue.
Entendez-vous un Dieu dont la voix inconnue
Vous dit tout bas : Mon fils, viens ici, viens à moi ;
Marche au fond du désert, j'y serai près de toi ?

Maintenant, du milieu de cette paix profonde,
Tournez les yeux : voyez dans les routes du monde
S'agiter les humains que travaille sans fruit
Cet espoir obstiné du bonheur qui les fuit.
Rappelez-vous les mœurs de ces siècles sauvages
Où, sur l'Europe entière apportant les ravages,
Des Vandales obscurs, de farouches Lombards,
Des Goths, se disputoient le sceptre des Césars.
La force étoit sans frein, le foible sans asile :
Parlez, blâmerez-vous les Benoît, les Basile,
Qui, loin du siècle impie, en ces temps abhorrés,
Ouvrirent au malheur des refuges sacrés ?
Déserts de l'Orient, sables, sommets arides,
Catacombes, forêts, sauvages Thébaïdes,
Oh ! que d'infortunés votre noire épaisseur
A dérobés jadis au fer de l'oppresseur !
C'est là qu'ils se cachoient, et les chrétiens fidèles,
Que la religion protégeoit de ses ailes,
Vivant avec Dieu seul dans leurs pieux tombeaux,
Pouvoient au moins prier sans craindre les bourreaux.
Le tyran n'osoit plus y chercher ses victimes.
Et que dis-je ? accablé de l'horreur de ses crimes,
Souvent dans ces lieux saints l'oppresseur désarmé
Venoit demander grâce aux pieds de l'opprimé.
D'héroïques vertus habitoient l'ermitage.
Je vois dans les débris de Thèbes, de Carthage,
Au creux des souterrains, au fond des vieilles tours,
D'illustres pénitents fuir le monde et les cours.
La voix des passions se tait sous leurs cilices,
Mais leurs austérités ne sont point sans délices :
Celui qu'ils ont cherché ne les oubliera pas ;
Dieu commande au désert de fleurir sous leurs pas.
Palmier qui rafraîchis la plaine de Syrie,
Ils venoient reposer sous ton ombre chérie !
Prophétique Jourdain, ils erroient sur tes bords !
Et vous qu'un roi charmoit de ses divins accords,
Cèdres du haut Liban, sur votre cime altière,
Vous portiez jusqu'au ciel leur ardente prière !
Cet antre protégeoit leur paisible sommeil ;
Souvent le cri de l'aigle avança leur réveil ;
Ils chantoient l'Éternel sur le roc solitaire,
Au bruit sourd du torrent dont l'eau les désaltère,
Quand tout à coup un ange, en dévoilant ses traits,

Leur porte, au nom du ciel, un message de paix.
Et cependant leurs jours n'étoient point sans orages.
Cet éloquent Jérôme, honneur des premiers âges,
Voyoit sous le cilice, et de cendres couvert,
Les voluptés de Rome assiéger son désert.
Leurs combats exerçoient son austère sagesse.
Peut-être, comme lui, déplorant sa foiblesse,
Un mortel trop sensible habita ce séjour.
Hélas! plus d'une fois les soupirs de l'amour
S'élevoient dans la nuit du fond des monastères;
En vain, le repoussant de ses regards austères,
La pénitence veille à côté d'un cercueil :
Il entre déguisé sous les voiles du deuil;
Au Dieu consolateur en pleurant il se donne;
A Comminge, à Rancé, Dieu sans doute pardonne :
A Comminge, à Rancé, qui ne doit quelques pleurs?
Qui n'en sait les amours? qui n'en plaint les malheurs?
Et toi dont le nom seul trouble l'âme amoureuse,
Des bois du Paraclet vestale malheureuse,
Toi qui, sans prononcer de vulgaires serments,
Fis connoître à l'amour de nouveaux sentiments;
Toi que l'homme sensible, abusé par lui-même,
Se plaît à retrouver dans la femme qu'il aime,
Héloïse! à ton nom quel cœur ne s'attendrit?
Tel qu'un autre Abeilard ton amant te chérit.
Que de fois j'ai cherché, loin d'un monde volage,
L'asile où dans Paris s'écoula ton jeune âge,
Ces vénérables tours qu'allonge vers les cieux
La cathédrale antique où prioient nos aïeux!
Ces tours ont conservé ton amoureuse histoire.
Là tout m'en parle encor [1]; là revit ta mémoire;
Là du toit de Fulbert j'ai revu les débris.
On dit même, en ces lieux par ton ombre chéris,
Qu'un long gémissement s'élève chaque année
A l'heure où se forma ton funeste hyménée.
La jeune fille alors lit, au déclin du jour,
Cette lettre éloquente où brûle ton amour :
Son trouble est aperçu de l'amant qu'elle adore,
Et des feux que tu peins son feu s'accroît encore.
Mais que fais-je, imprudent? quoi! dans ce lieu sacré
J'ose parler d'amour, et je marche entouré
Des leçons du tombeau, des menaces suprêmes!
Ces murs, ces longs dortoirs, se couvrent d'anathèmes,
De sentences de mort qu'aux yeux épouvantés
L'ange exterminateur écrit de tous côtés;
Je lis à chaque pas : *Dieu*, l'*enfer*, la *vengeance*.
Partout est la rigueur, nulle part la clémence.

---

[1]. Héloïse vivoit dans le cloître Notre-Dame; on y voit encore la maison de son oncle le chanoine Fulbert.

Cloître sombre, où l'amour est proscrit par le ciel,
Où l'instinct le plus cher est le plus criminel,
Déjà, déjà ton deuil plaît moins à ma pensée.
L'imagination, vers tes murs élancée,
Chercha le saint repos, leur long recueillement :
Mais mon âme a besoin d'un plus doux sentiment.
Ces devoirs rigoureux font trembler ma foiblesse.
Toutefois, quand le temps, qui détrompe sans cesse,
Pour moi des passions détruira les erreurs
Et leurs plaisirs trop courts souvent mêlés de pleurs ;
Quand mon cœur nourrira quelque peine secrète,
Dans ces moments plus doux et si chers au poëte,
Où, fatigué du monde, il veut, libre du moins,
Et jouir de lui-même et rêver sans témoins,
Alors je reviendrai, solitude tranquille,
Oublier dans ton sein les ennuis de la ville
Et retrouver encor sous ces lambris déserts
Les mêmes sentiments retracés dans ces vers.

CHAPITRE III.

LES RUINES EN GÉNÉRAL. — QU'IL Y EN A DE DEUX ESPÈCES.

De l'examen des *sites* des monuments chrétiens nous passons aux effets des *ruines* de ces monuments. Elles fournissent au cœur de majestueux souvenirs et aux arts des compositions touchantes. Consacrons quelques pages à cette poétique des morts.

Tous les hommes ont un secret attrait pour les ruines. Ce sentiment tient à la fragilité de notre nature, à une conformité secrète entre ces monuments détruits et la rapidité de notre existence. Il s'y joint en outre une idée qui console notre petitesse, en voyant que des peuples entiers, des hommes quelquefois si fameux, n'ont pu vivre cependant au delà du peu de jours assignés à notre obscurité. Ainsi les ruines jettent une grande moralité au milieu des scènes de la nature ; quand elles sont placées dans un tableau, en vain on cherche à porter les yeux autre part : ils reviennent toujours s'attacher sur elles. Et pourquoi les ouvrages des hommes ne passeroient-ils pas, quand le soleil qui les éclaire doit lui-même tomber de sa voûte ? Celui qui le plaça dans les cieux est le seul souverain dont l'empire ne connoisse point de ruines.

Il y a deux sortes de ruines : l'une, ouvrage du temps ; l'autre, ouvrage des hommes. Les premières n'ont rien de désagréable, parce que la nature travaille auprès des ans. Font-ils des décombres, elle y sème des fleurs ; entr'ouvrent-ils un tombeau, elle y place le nid d'une colombe : sans cesse occupée à reproduire, elle environne la mort des plus douces illusions de la vie.

Les secondes ruines sont plutôt des dévastations que des ruines ; elles n'offrent que l'image du néant, sans une puissance réparatrice. Ouvrage du malheur et non des années, elles ressemblent aux cheveux blancs sur la tête de la jeunesse. Les destructions des hommes sont d'ailleurs plus violentes et plus complètes que celles des âges ; les seconds minent, les premiers renversent. Quand Dieu, pour des raisons qui nous sont inconnues, veut hâter les ruines du monde, il ordonne au Temps de prêter sa faux à l'homme, et le temps nous voit avec épouvante ravager dans un clin d'œil ce qu'il eût mis des siècles à détruire.

Nous nous promenions un jour derrière le palais du Luxembourg, et nous nous trouvâmes près de cette même Chartreuse que M. de Fontanes a chantée. Nous vîmes une église dont les toits étaient enfoncés, les plombs des fenêtres arrachés, et les portes fermées avec des planches mises debout. La plupart des autres bâtiments du monastère n'existoient plus. Nous nous promenâmes longtemps au milieu des pierres sépulcrales de marbre noir semées çà et là sur la terre ; les unes étoient totalement brisées, les autres offroient encore quelques restes d'épitaphes. Nous entrâmes dans le cloître intérieur : deux pruniers sauvages y croissoient parmi de hautes herbes et des décombres. Sur les murailles on voyoit des peintures, à demi effacées, représentant la vie de saint Bruno ; un cadran étoit resté sur un des pignons de l'église, et dans le sanctuaire, au lieu de cette hymne de paix qui s'élevoit jadis en l'honneur des morts, on entendoit crier l'instrument du manœuvre qui scioit des tombeaux.

Les réflexions que nous fîmes dans ce lieu, tout le monde les peut faire. Nous en sortîmes le cœur flétri, et nous nous enfonçâmes dans le faubourg voisin, sans savoir où nous allions. La nuit approchoit : comme nous passions entre deux murs dans une rue déserte, tout à coup le son d'un orgue vint frapper notre oreille, et les paroles du cantique *Laudate Dominum, omnes gentes,* sortirent du fond d'une église voisine ; c'étoit alors l'octave du Saint-Sacrement. Nous ne saurions peindre l'émotion que nous causèrent ces chants religieux ; nous crûmes ouïr une voix du ciel qui disoit : « Chrétien sans foi, pourquoi perds-tu l'espérance ? Crois-tu donc que je change mes desseins comme les hommes ; que j'abandonne parce que je punis ? Loin d'accuser mes décrets, imite ces serviteurs fidèles qui bénissent les coups de ma main jusque sous les débris où je les écrase. »

Nous entrâmes dans l'église au moment où le prêtre donnoit la bénédiction. De pauvres femmes, des vieillards, des enfants étoient prosternés. Nous nous précipitâmes sur la terre, au milieu d'eux ; nos larmes couloient ; nous dîmes, dans le secret de notre cœur : Pardonne, ô Seigneur, si nous avons murmuré en voyant la désolation de ton temple ; pardonne à notre raison ébranlée ! L'homme n'est lui-même qu'un édifice tombé, qu'un débris du péché et de la mort ; son amour tiède, sa foi chancelante, sa charité bornée, ses sentiments incomplets, ses pensées insuffisantes, son cœur brisé, tout chez lui n'est que ruines [1].

CHAPITRE IV.

EFFET PITTORESQUE DES RUINES. — RUINES DE PALMYRE, D'ÉGYPTE, ETC.

Les ruines, considérées sous le rapport du paysage, sont plus pittoresques dans un tableau que le monument frais et entier. Dans les temples que les siècles n'ont point percés les murs masquent une partie du site et des objets extérieurs, et empêchent qu'on ne distingue les colonnades et les cintres de l'édifice ; mais quand ces temples viennent à crouler, il ne reste que des débris isolés, entre lesquels l'œil découvre au haut et au loin les astres, les nues, les montagnes, les fleuves et les forêts. Alors, par un jeu de l'optique, l'horizon recule et les galeries suspendues en l'air se découpent sur les fonds du ciel et de la terre. Ces effets n'ont point été inconnus des anciens : ils élevoient des cirques sans masses pleines, pour laisser un libre accès aux illusions de la perspective.

Les ruines ont ensuite des harmonies particulières avec leurs déserts, selon le style de leur architecture, les lieux où elles sont placées et les règnes de la nature au méridien qu'elles occupent.

Dans les pays chauds, peu favorables aux herbes et aux mousses, elles sont privées de ces graminées qui décorent nos châteaux gothiques et nos vieilles tours ; mais aussi de plus grands végétaux se marient aux plus grandes formes de leur architecture. A Palmyre, le dattier fend les *têtes d'homme et de lion* qui soutiennent les chapiteaux du *temple du Soleil ;* le palmier remplace par sa colonne la colonne tombée, et le pêcher, que les anciens consacroient à Harpocrate, s'élève dans la demeure du silence. On y voit encore une espèce d'arbre dont le feuillage échevelé et les fruits en cristaux forment

---

1. Voyez la note XXXVI, à la fin du volume.

avec les débris pendants de beaux accords de tristesse. Quelquefois une caravane arrêtée dans ces déserts y multiplie les effets pittoresques : le costume oriental allie bien sa noblesse à la noblesse de ces ruines, et les chameaux semblent en accroître les dimensions, lorsque, couchés entre des fragments de maçonnerie, ils ne laissent voir que leurs têtes fauves et leurs dos bossus.

Les ruines changent de caractère en Égypte : souvent elles offrent dans un petit espace diverses sortes d'architecture et de souvenirs. Les colonnes du vieux style égyptien s'élèvent auprès de la colonne corinthienne; un morceau d'ordre toscan s'unit à une tour arabe, un monument du peuple pasteur à un monument des Romains. Des Sphinx, des Anubis, des statues brisées, des obélisques rompus, sont roulés dans le Nil, enterrés dans le sol, cachés dans des rizières, des champs de fèves et des plaines de trèfle. Quelquefois, dans les débordements du fleuve, ces ruines ressemblent sur les eaux à une grande flotte; quelquefois des nuages, jetés en ondes sur les flancs des pyramides, les partagent en deux moitiés. Le chacal, monté sur un piédestal vide, allonge son museau de loup derrière le buste d'un Pan à tête de belier; la gazelle, l'autruche, l'ibis, la gerboise, sautent parmi les décombres, tandis que la poule sultane se tient immobile sur quelque débris, comme un oiseau hiéroglyphique de granit et de porphyre.

La vallée de Tempé, le bois de l'Olympe, les côtes de l'Attique et du Péloponèse étalent les ruines de la Grèce. Là commencent à paroître les mousses, les plantes grimpantes et les fleurs saxatiles. Une guirlande vagabonde de jasmin embrasse une Vénus, comme pour lui rendre sa ceinture; une barbe de mousse blanche descend du menton d'une Hébé; le pavot croît sur les feuillets du livre de Mnémosyne : symbole de la renommée passée et de l'oubli présent de ces lieux. Les flots de l'Égée, qui viennent expirer sous de croulants portiques, Philomèle qui se plaint, Alcyon qui gémit, Cadmus qui roule ses anneaux autour d'un autel, le cygne qui fait son nid dans le sein de quelque Léda, mille accidents, produits comme par les Grâces, enchantent ces poétiques débris : on diroit qu'un souffle divin anime encore la poussière des temples d'Apollon et des Muses; le paysage entier, baigné par la mer, ressemble à un tableau d'Apelles consacré à Neptune et suspendu à ses rivages [1].

1. Voyez la note XXXVII, à la fin du volume.

CHAPITRE V.

RUINES DES MONUMENTS CHRÉTIENS.

Les ruines des monuments chrétiens n'ont pas la même élégance que les ruines des monuments de Rome et de la Grèce ; mais sous d'autres rapports elles peuvent supporter le parallèle. Les plus belles que l'on connoisse dans ce genre sont celles que l'on voit en Angleterre, au bord du lac du Cumberland, dans les montagnes d'Écosse et jusque dans les Orcades. Les bas côtés du chœur, les arcs des fenêtres, les ouvrages ciselés des voussures, les pilastres des cloîtres et quelques pans de la tour des cloches sont en général les parties qui ont le plus résisté aux efforts du temps.

Dans les ordres grecs, les voûtes et les cintres suivent parallèlement les arcs du ciel, de sorte que, sur la tenture grise des nuages ou sur un paysage obscur, ils se perdent dans les fonds ; dans l'ordre gothique, au contraire, les pointes contrastent avec les arrondissements des cieux et les courbures de l'horizon. Le gothique, étant tout composé de *vides*, se décore ensuite plus aisément d'herbes et de fleurs que les pleins des ordres grecs. Les filets redoublés des pilastres, les dômes découpés en feuillage ou creusés en forme de cueilloir, deviennent autant de corbeilles où les vents portent, avec la poussière, les semences des végétaux. La joubarbe se cramponne dans le ciment, les mousses emballent d'inégaux décombres dans leur bourre élastique, la ronce fait sortir ses cercles bruns de l'embrasure d'une fenêtre, et le lierre, se traînant le long des cloîtres septentrionaux, retombe en festons dans les arcades.

Il n'est aucune ruine d'un effet plus pittoresque que ces débris : sous un ciel nébuleux, au milieu des vents et des tempêtes, au bord de cette mer dont Ossian a chanté les orages, leur architecture gothique a quelque chose de grand et de sombre comme le Dieu de Sinaï, dont elle perpétue le souvenir. Assis sur un autel brisé, dans les Orcades, le voyageur s'étonne de la tristesse de ces lieux ; un océan sauvage, des syrtes embrumées, des vallées où s'élève la pierre d'un tombeau, des torrents qui coulent à travers la bruyère, quelques pins rougeâtres jetés sur la nudité d'un *morne* flanqué de couches de neige, c'est tout ce qui s'offre aux regards. Le vent circule dans les ruines, et leurs innombrables jours deviennent autant de tuyaux d'où s'échappent des plaintes ; l'orgue avoit jadis moins de soupirs sous ces voûtes religieuses. De longues herbes tremblent aux ouvertures des dômes. Derrière ces ouvertures on voit fuir la nue et planer l'oiseau des terres boréales. Quelquefois égaré dans sa route, un vaisseau caché sous ses voiles arrondies, comme un esprit des eaux voilé de ses ailes, sillonne les vagues désertes ; sous le souffle de l'aquilon, il semble se prosterner à chaque pas et saluer les mers qui baignent les débris du temple de Dieu.

Ils ont passé sur ces plages inconnues, ces hommes qui adoroient la *Sagesse* qui s'est promenée sous les flots. Tantôt, dans leurs solennités, ils s'avançoient le long des grèves en chantant avec le Psalmiste : « Comme elle est vaste, cette mer qui étend au loin ses bras spacieux[1] ! » tantôt, assis dans la grotte de *Fingal,* près des soupiraux de l'Océan, ils croyoient entendre cette voix qui disoit à Job : « Savez-vous qui a enfermé la mer dans des digues, lorsqu'elle se débordoit en sortant du sein de sa mère, *quasi de vulva procedens*[2] ? » La nuit, quand les tempêtes de l'hiver étoient descendues, quand le monastère disparoissoit dans des tourbillons, les tranquilles cénobites, retirés au fond de leurs cellules, s'endormoient au murmure des orages ; heureux de s'être embarqués dans ce vaisseau du Seigneur, qui ne périra point[3] !

Sacrés débris des monuments chrétiens, vous ne rappelez point, comme tant d'autres ruines, du sang, des injustices et des violences ! vous ne racontez qu'une histoire paisible, ou tout au plus que les souffrances mystérieuses du Fils de l'Homme ! Et vous, saints ermites, qui pour arriver à des retraites plus fortunées vous étiez exilés sous les glaces du pôle, vous jouissez maintenant du fruit de vos sacrifices ! S'il est parmi les anges, comme parmi les hommes, des campagnes habitées et des lieux déserts, de même que vous ensevelites vos vertus dans les solitudes de la terre, vous aurez sans doute choisi les solitudes célestes pour y cacher votre bonheur !

CHAPITRE VI

HARMONIES MORALES. — DÉVOTIONS POPULAIRES.

Nous quittons les harmonies physiques des monuments religieux et des scènes de la nature pour entrer dans les harmonies morales du christianisme. Il faut placer au premier rang *ces dévotions popu-*

---

1. *Ps.* CIII, v. 25.   2. JOB, cap. XXXVIII, v. 8.
3. Voyez la note XXXVIII à la fin du volume.

laires qui consistent en de certaines croyances et de certains rites pratiqués par la foule, sans être ni avoués ni absolument proscrits par l'Église. Ce ne sont en effet que des harmonies de la religion et de la nature. Quand le peuple croit entendre la voix des morts dans les vents, quand il parle des fantômes de la nuit, quand il va en pèlerinage pour le soulagement de ses maux, il est évident que ces opinions ne sont que des relations touchantes entre quelques scènes naturelles, quelques dogmes sacrés et la misère de nos cœurs. Il suit de là que plus un culte a de ces *dévotions populaires,* plus il est poétique, puisque la poésie se fonde sur les mouvements de l'âme et les accidents de la nature, rendus tout mystérieux par l'intervention des idées religieuses.

Il faudroit nous plaindre si, voulant tout soumettre aux règles de la raison, nous condamnions avec rigueur ces croyances qui aident au peuple à supporter les chagrins de la vie et qui lui enseignent une morale que les meilleures lois ne lui apprendront jamais. Il est bon, il est beau, quoi qu'on en dise, que toutes nos actions soient pleines de Dieu et que nous soyons sans cesse environnés de ses miracles.

Le peuple est bien plus sage que les philosophes. Chaque fontaine, chaque croix dans un chemin, chaque soupir du vent de la nuit, porte avec lui un prodige. Pour l'homme de foi, la nature est une constante merveille. Souffre-t-il, il prie sa petite image, et il est soulagé. A-t-il besoin de revoir un parent, un ami, il fait un vœu, prend le bâton et le bourdon du pèlerin ; il franchit les Alpes ou les Pyrénées, visite Notre-Dame de Lorette ou Saint-Jacques en Galice ; il se prosterne, il prie le saint de lui rendre un fils (pauvre matelot peut-être errant sur les mers), de sauver une épouse, de prolonger les jours d'un père. Son cœur se trouve allégé. Il part pour retourner à sa chaumière : chargé de coquillages, il fait retentir les hameaux du son de sa conque, et chante dans une complainte naïve la bonté de Marie, mère de Dieu. Chacun veut avoir quelque chose qui ait appartenu au pèlerin. Que de maux guéris par un seul ruban consacré ! Le pèlerin arrive à son village, la première personne qui vient au-devant de lui, c'est sa femme relevée de couches, c'est son fils retrouvé, c'est son père rajeuni.

Heureux, trois et quatre fois heureux ceux qui croient ! ils ne peuvent sourire sans compter qu'ils souriront toujours ; ils ne peuvent pleurer sans penser qu'ils touchent à la fin de leurs larmes. Leurs pleurs ne sont point perdus : la religion les reçoit dans son urne, et les présente à l'Éternel.

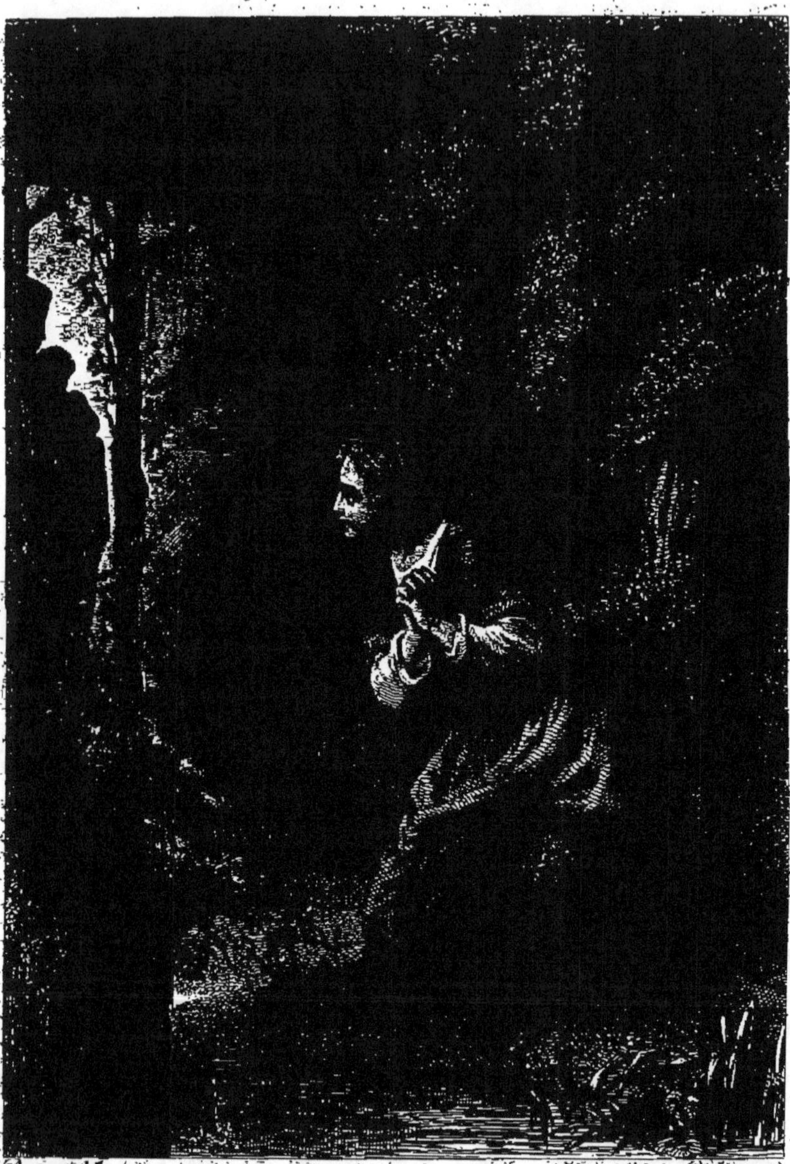

Racinet del.

NOTRE-DAME DES BOIS.

Garnier frères, Editeurs.

Génie du Christianisme. Page [illegible]

Les pas du vrai croyant ne sont jamais solitaires; un bon ange veille à ses côtés, il lui donne des conseils dans ses songes, il le défend contre le mauvais ange. Ce céleste ami lui est si dévoué, qu'il consent pour lui à s'exiler sur la terre.

Trouvoit-on chez les anciens rien de plus admirable qu'une foule de pratiques usitées jadis dans notre religion? Si l'on rencontroit au coin d'une forêt le corps d'un homme assassiné, on plantoit une croix dans ce lieu en signe de miséricorde. Cette croix demandoit au Samaritain une larme pour un infortuné, et à l'habitant de la cité fidèle une prière pour son frère. Et puis ce voyageur étoit peut-être un étranger tombé loin de son pays, comme cet illustre inconnu sacrifié par la main des hommes, loin de sa patrie céleste! Quel commerce entre nous et Dieu! quelle élévation cela ne donnoit-il pas à la nature humaine! qu'il étoit étonnant d'oser trouver des conformités entre nos jours mortels et l'éternelle existence du Maître du monde!

Nous ne parlerons point de ces jubilés substitués aux jeux séculaires, qui plongent les chrétiens dans la piscine du repentir, rajeunissent les consciences et appellent les pécheurs à l'amnistie de la religion. Nous ne dirons point non plus comment dans les calamités publiques les grands et les petits s'en alloient pieds nus d'église en église, pour tâcher de désarmer la colère de Dieu. Le pasteur marchoit à leur tête, la corde au cou, humble victime dévouée pour le salut du troupeau.

Mais le peuple ne nourrissoit point la crainte de ces fléaux quand il avoit sous son toit le Christ d'ébène, le laurier bénit, l'image du saint protecteur de la famille. Que de fois on s'est prosterné devant ces reliques pour demander des secours qu'on n'avoit point obtenus des hommes!

Qui ne connoît *Notre-Dame des Bois*, cette habitante du tronc de la vieille épine ou du creux moussu de la fontaine? Elle est célèbre dans le hameau par ses miracles. Maintes matrones vous diront que leurs douleurs dans l'enfantement ont été moins grandes depuis qu'elles ont invoqué la *bonne Marie des Bois*. Les filles qui ont perdu leurs fiancés ont souvent, au clair de la lune, aperçu les âmes de ces jeunes hommes dans ce lieu solitaire; elles ont reconnu leurs voix dans les soupirs de la fontaine. Les colombes qui boivent ses eaux ont toujours des œufs dans leur nid, et les fleurs qui croissent sur ses bords, toujours des boutons sur leur tige. Il étoit convenable que la sainte des forêts fît des miracles doux comme les mousses qu'elle habite, charmants comme les eaux qui la voilent.

C'est dans les grands événements de la vie que les coutumes religieuses offrent aux malheureux leurs consolations. Nous avons été une fois spectateur d'un naufrage. En arrivant sur la grève, les matelots dépouillèrent leurs vêtements et ne conservèrent que eurs pantalons et leurs chemises mouillées. Ils avoient fait un vœu à la Vierge pendant la tempête. Ils se rendirent en procession à une petite chapelle dédiée à saint Thomas. Le capitaine marchoit à leur tête, et le peuple suivoit en chantant avec eux l'*Ave, maris Stella*. Le prêtre célébra la messe des naufragés, et les matelots suspendirent leurs habits trempés d'eau de mer, en *ex voto*, aux murs de la chapelle. La philosophie peut remplir ses pages de paroles magnifiques, mais nous doutons que les infortunés viennent jamais suspendre leurs vêtements à son temple.

La mort, si poétique parce qu'elle touche aux choses immortelles, si mystérieuse à cause de son silence, devoit avoir mille manières de s'annoncer pour le peuple. Tantôt un trépas se faisoit prévoir par les tintements d'une cloche qui sonnoit d'elle-même, tantôt l'homme qui devoit mourir entendoit frapper trois coups sur le plancher de sa chambre. Une religieuse de Saint-Benoît, près de quitter la terre, trouvoit une couronne d'épine blanche sur le seuil de sa cellule. Une mère perdoit-elle un fils dans un pays lointain, elle en étoit instruite à l'instant par ses songes. Ceux qui nient les pressentiments ne connoîtront jamais les routes secrètes par où deux cœurs qui s'aiment communiquent d'un bout du monde à l'autre. Souvent le mort chéri, sortant du tombeau, se présentoit à son ami, lui recommandoit de dire des prières pour le racheter des flammes et le conduire à la félicité des élus. Ainsi la religion avoit fait partager à l'amitié le beau privilège que Dieu a de donner une éternité de bonheur.

Des opinions d'une espèce différente, mais toujours d'un caractère religieux, inspiroient l'humanité : elles sont si naïves qu'elles embarrassent l'écrivain. Toucher au nid d'une hirondelle, tuer un rouge-gorge, un roitelet, un grillon, hôte du foyer champêtre, un chien devenu caduc au service de la famille, c'étoit une sorte d'impiété qui ne manquoit point, disoit-on, d'attirer après soi quelque malheur. Par un admirable respect pour la vieillesse, on croyoit que les personnes âgées étoient d'un heureux augure dans une maison, et qu'un ancien domestique portoit bonheur à son maître. On retrouve ici quelques traces du culte touchant des *lares*, et l'on se rappelle la fille de Laban emportant ses dieux paternels.

Le peuple étoit persuadé que nul ne commet une méchante action sans se condamner à avoir le reste de sa vie d'effroyables apparitions à ses côtés. L'antiquité, plus sage que nous, se seroit donné de garde de détruire ces utiles harmonies de la religion, de la conscience et de la morale. Elle n'auroit point rejeté cette autre opinion, par laquelle il étoit tenu pour certain que tout homme qui jouit d'une prospérité mal acquise a fait un pacte avec l'esprit des ténèbres et légué son âme aux enfers.

Enfin, les vents, les pluies, les soleils, les saisons, les cultures, les arts, la naissance, l'enfance, l'hymen, la vieillesse, la mort, tout avoit ses saints et ses images, et jamais peuple ne fut plus environné de divinités amies que ne l'étoit le peuple chrétien.

Il ne s'agit pas d'examiner rigoureusement ces croyances. Loin de rien ordonner à leur sujet, la religion servoit au contraire à en prévenir l'abus et à en corriger l'excès. Il s'agit seulement de savoir si leur but est moral, si elles tendent mieux que les lois elles-mêmes à conduire la foule à la vertu. Et quel homme sensé peut en douter? A force de déclamer contre la superstition, on finira par ouvrir la voie à tous les crimes. Ce qu'il y aura d'étonnant pour les sophistes, c'est qu'au milieu des maux qu'ils auront causés, ils n'auront pas même la satisfaction de voir le peuple plus incrédule. S'il cesse de soumettre son esprit à la religion, il se fera des opinions monstrueuses. Il sera saisi d'une terreur d'autant plus étrange qu'il n'en connoîtra pas l'objet : il tremblera dans un cimetière où il aura gravé que *la mort est un sommeil éternel*; et en affectant de mépriser la puissance divine il ira interroger la bohémienne ou chercher ses destinées dans les bigarrures d'une carte.

Il faut du merveilleux, un avenir, des espérances à l'homme, parce qu'il se sent fait pour l'immortalité. Les *conjurations*, la *nécromancie*, ne sont chez le peuple que l'instinct de la religion, et une des preuves les plus frappantes de la nécessité d'un culte. On est bien près de tout croire quand on ne croit rien ; on a des devins quand on n'a plus de prophètes, des sortiléges quand on renonce aux cérémonies religieuses, et l'on ouvre les antres des sorciers quand on ferme les temples du Seigneur.

FIN DE LA TROISIÈME PARTIE.

QUATRIÈME PARTIE.

CULTE.

LIVRE I.

ÉGLISES, ORNEMENTS, CHANTS, PRIÈRES, SOLENNITÉS, ETC.

CHAPITRE PREMIER.

DES CLOCHES.

Nous allons maintenant nous occuper du culte chrétien. Ce sujet est pour le moins aussi riche que celui des trois premières parties, avec lesquelles il forme un tout complet.

Or, puisque nous nous préparons à entrer dans le temple, parlons premièrement de la cloche qui nous y appelle.

C'étoit d'abord, ce nous semble, une chose assez merveilleuse d'avoir trouvé le moyen, par un seul coup de marteau, de faire naître, à la même minute, un même sentiment dans mille cœurs divers, et d'avoir forcé les vents et les nuages à se charger des pensées des hommes. Ensuite, considérée comme harmonie, la cloche a indubitablement une beauté de la première sorte, celle que les artistes appellent *le grand*. Le bruit de la foudre est sublime, et ce n'est que par sa grandeur ; il en est ainsi des vents, des mers, des volcans, des cataractes, de la voix de tout un peuple.

Avec quel plaisir Pythagore, qui prêtoit l'oreille au marteau du forgeron, n'eût-il point écouté le bruit de nos cloches la veille d'une solennité de l'Église ! L'âme peut être attendrie par les accords d'une lyre, mais elle ne sera pas saisie d'enthousiasme, comme lorsque la foudre des combats la réveille ou qu'une pesante sonnerie proclame dans la région des nuées les triomphes du Dieu des batailles.

Et pourtant ce n'étoit pas là le caractère le plus remarquable du son des cloches, ce son avoit une foule de relations secrètes avec nous. Combien de fois, dans le calme des nuits, les tintements d'une agonie, semblables aux lentes pulsations d'un cœur expirant, n'ont-ils point surpris l'oreille d'une épouse adultère! Combien de fois ne sont-ils point parvenus jusqu'à l'athée, qui, dans sa veille impie, osoit peut-être écrire qu'il n'y a point de Dieu! La plume échappe de sa main; il écoute avec effroi le glas de la mort, qui semble lui dire : *Est-ce qu'il n'y a point de Dieu?* Oh! que de pareils bruits n'effrayèrent-ils le sommeil de nos tyrans! Étrange religion, qui au seul coup d'un airain magique peut changer en tourments les plaisirs, ébranler l'athée et faire tomber le poignard des mains de l'assassin!

Des sentiments plus doux s'attachoient aussi au bruit des cloches. Lorsque, avec le chant de l'alouette, vers le temps de la coupe des blés, on entendoit au lever de l'aurore les petites sonneries de nos hameaux, on eût dit que l'ange des moissons, pour réveiller les laboureurs, soupiroit, sur quelque instrument des Hébreux, l'histoire de Séphora ou de Noémi. Il nous semble que si nous étions poëte, nous ne dédaignerions point cette cloche *agitée par les fantômes* dans la vieille chapelle de la forêt, ni celle qu'une religieuse frayeur balançoit dans nos campagnes pour écarter le tonnerre, ni celle qu'on sonnoit la nuit, dans certains ports de mer, pour diriger le pilote à travers les écueils. Les carillons des cloches, au milieu de nos fêtes, sembloient augmenter l'allégresse publique; dans des calamités, au contraire, ces mêmes bruits devenoient terribles. Les cheveux dressent encore sur la tête au souvenir de ces jours de meurtre et de feu, retentissant des clameurs du tocsin. Qui de nous a perdu la mémoire de ces hurlements, de ces cris aigus, entrecoupés de silences, durant lesquels on distinguoit de rares coups de fusil, quelque voix lamentable et solitaire, et surtout le bourdonnement de la cloche d'alarme ou le son de l'horloge qui frappoit tranquillement l'heure écoulée?

Mais dans une société bien ordonnée, le bruit du tocsin, rappelant une idée de secours, frappoit l'âme de pitié et de terreur, et faisoit couler ainsi les deux sources des sensations tragiques.

Tels sont à peu près les sentiments que faisoient naître les sonneries de nos temples; sentiments d'autant plus beaux qu'il s'y mêloit un souvenir du ciel. Si les cloches eussent été attachées à tout autre monument qu'à des églises, elles auroient perdu leur sympathie morale avec nos cœurs. C'étoit Dieu même qui commandoit à l'ange des victoires de lancer les *volées* qui publioient nos triomphes, ou à l'ange de la mort de sonner le départ de l'âme qui venoit de remonter à lui. Ainsi, par mille voix secrètes une société chrétienne correspondoit avec la Divinité, et ses institutions alloient se perdre mystérieusement à la source de tout mystère.

Laissons donc les cloches rassembler les fidèles, car la voix de l'homme n'est pas assez pure pour convoquer au pied des autels le repentir, l'innocence et le malheur. Chez les sauvages de l'Amérique, lorsque des suppliants se présentent à la porte d'une cabane, c'est l'enfant du lieu qui introduit ces infortunés au foyer de son père : si les cloches nous étoient interdites, il faudroit choisir un enfant pour nous appeler à la maison du Seigneur.

CHAPITRE II.

DU VÊTEMENT DES PRÊTRES ET DES ORNEMENTS DE L'ÉGLISE.

On ne cesse de se récrier sur les institutions de l'antiquité, et l'on ne veut pas s'apercevoir que le culte évangélique est le seul débris de cette antiquité qui soit parvenu jusqu'à nous; tout dans l'Église retrace ces temps éloignés dont les hommes ont depuis longtemps quitté les rivages, et où ils aiment encore à égarer leurs pensées. Si l'on fixe les yeux sur le prêtre chrétien, à l'instant on est transporté dans la patrie de Numa, de Lycurgue ou de Zoroastre. La *tiare* nous montre le Mède errant sur les débris de Suze et d'Ecbatane; l'*aube*, dont le nom latin rappelle et le lever du jour et la blancheur virginale, offre de douces consonnances avec les idées religieuses; toujours un majestueux souvenir ou une agréable harmonie s'attache aux tissus de nos autels.

Et ces autels chrétiens, modelés comme des tombeaux antiques, et ces images du soleil vivant renfermées dans nos tabernacles, ont-ils quelque chose qui blesse les yeux ou qui choque le goût? Nos calices avoient cherché leurs noms parmi les plantes, et le lis leur avoit prêté sa forme; gracieuse concordance entre l'Agneau et les fleurs.

Comme la marque la plus directe de la foi, la croix est aussi l'objet le plus ridicule à de certains yeux. Les Romains s'en étoient moqués, ainsi que les nouveaux ennemis du christianisme; et Tertullien leur avoit montré qu'ils employoient eux-mêmes ce signe dans leurs faisceaux d'armes. L'attitude que la croix fait prendre au Fils de l'Homme est sublime : l'affaissement du corps et la tête penchée font un contraste divin avec les bras étendus vers le ciel. Au reste, la nature n'a pas été aussi délicate que les incrédules; elle n'a pas craint de mouler la croix dans une multitude de ses ouvrages : il y a une famille entière de fleurs qui appartient à cette forme, et cette famille se distingue par une inclination à la solitude ; la main du Tout-Puissant a aussi placé l'étendard de notre salut parmi les soleils.

L'urne qui renfermoit les parfums imitoit la forme d'une navette ; des feux et d'odorantes vapeurs flottoient dans un vase à l'extrémité d'une longue chaîne : là se voyoient les candélabres de bronze doré, ouvrage d'un Cafieri ou d'un Vassé, et images des chandeliers mystiques du roi-poëte ; ici les vertus cardinales, assises, soutenoient le lutrin triangulaire ; des lyres accompagnoient ses faces, un globe terrestre le couronnoit, et un aigle d'airain, surmontant ces belles allégories, sembloit, sur ses ailes déployées, emporter nos prières vers les cieux. Partout se présentoient et des chaires légèrement suspendues, et des vases surmontés de flammes, et des balcons, et de hautes torchères, et des balustres en marbre, et des stalles sculptées par les Charpentier et les Dugoulon, et des lampadaires arrondis par les Ballin ; et des Saints-Sacrements de vermeil dessinés par les Bertrand et les Cotte. Quelquefois les débris des temples des dieux du mensonge servoient à décorer le temple du vrai Dieu ; les bénitiers de Saint-Sulpice étoient deux urnes sépulcrales apportées d'Alexandrie ; les bassins, les patènes, les eaux lustrales, rappeloient les sacrifices antiques ; et toujours venoient se mêler, sans se confondre, les souvenirs de la Grèce et d'Israel.

Enfin, les lampes et les fleurs qui décoroient nos églises servoient à perpétuer la mémoire de ces temps de persécution où les fidèles se rassembloient pour prier dans les tombeaux. On croyoit voir ces premiers chrétiens allumer furtivement leur flambeau sous des arches funèbres, et les jeunes filles apporter des fleurs pour parer l'autel des catacombes : un pasteur, éclatant d'indigence et de bonnes œuvres, consacroit ces dons au Seigneur. C'étoit alors le véritable règne de Jésus-Christ, le Dieu des petits et des misérables ; son autel étoit pauvre comme ses serviteurs. Mais si, les *calices étoient de bois*, les *prêtres étoient d'or*, comme parle saint Boniface ; et jamais on n'a vu tant de vertus évangéliques que dans ces âges où pour bénir le Dieu de la lumière et de la vie il falloit se cacher dans la nuit et dans la mort.

CHAPITRE III.

DES CHANTS ET DES PRIÈRES.

On reproche au culte catholique d'employer dans ses chants et ses prières une langue étrangère au peuple, comme si l'on prêchoit en latin et que l'office ne fût pas traduit dans tous les livres d'église. D'ailleurs, si la religion, aussi mobile que les hommes, eût changé d'idiome avec eux, comment aurions-nous connu les ouvrages de l'antiquité? Telle est l'inconséquence de notre humeur, que nous blâmons ces mêmes coutumes auxquelles nous sommes redevables d'une partie de nos sciences et de nos plaisirs.

Mais, à ne considérer l'usage de l'Église romaine que sous ses rapports immédiats, nous ne voyons pas ce que la langue de Virgile, conservée dans notre culte (et même en certains temps et en certains lieux la langue d'Homère), peut avoir de si déplaisant. Nous croyons qu'une langue antique et mystérieuse, une langue qui ne varie plus avec les siècles, convenoit assez bien au culte de l'Être éternel, incompréhensible, immuable. Et puisque le sentiment de nos maux nous force d'élever vers le Roi des rois une voix suppliante, n'est-il pas naturel qu'on lui parle dans le plus bel idiome de la terre, et dans celui-là même dont se servoient les nations prosternées pour adresser leurs prières aux Césars?

De plus, et c'est une chose remarquable, les oraisons en langue latine semblent redoubler le sentiment religieux de la foule. Ne seroit-ce point un effet naturel de notre penchant au secret? Dans le tumulte de ses pensées et des misères qui assiègent sa vie, l'homme, en prononçant des mots peu familiers ou même inconnus, croit demander les choses qui lui manquent et qu'il ignore; le vague de sa prière en fait le charme, et son âme inquiète, qui sait peu ce qu'elle désire, aime à former des vœux aussi mystérieux que ses besoins.

Il reste donc à examiner ce qu'on appelle la *barbarie* des cantiques saints.

On convient assez généralement que dans le genre lyrique les Hébreux sont supérieurs aux autres peuples de l'antiquité : ainsi l'Église, qui chante tous les jours les psaumes et les leçons des prophètes, a donc premièrement un très-beau fonds de cantiques.

On ne devine pas trop, par exemple, ce que ceux-ci peuvent avoir de *ridicule* ou de *barbare* :

> N'espérons plus, mon âme, aux promesses du monde, etc. [1]
>
> Qu'aux accents de ma voix la terre se réveille, etc.
>
> J'ai vu mes tristes journées
> Décliner vers leur penchant, etc. [2].

L'Église trouve une autre source de chants dans les évangiles et dans les épîtres des apôtres. Racine, en imitant ces *proses* [3], a pensé comme Malherbe et Rousseau, qu'elles étoient dignes de sa muse. Saint Chrysostome, saint Grégoire, saint Ambroise, saint Thomas d'Aquin, Coffin, Santeul, ont réveillé la lyre grecque et latine dans les tombeaux d'Alcée et d'Horace. Vigilante à louer le Seigneur, la religion mêle au matin ses concerts à ceux de l'aurore :

> *Splendor paternæ gloriæ*, etc.
>
> Source ineffable de lumière,
> Verbe en qui l'Éternel contemple sa beauté,
> Astre dont le soleil n'est que l'ombre grossière,
> Sacré jour, dont le jour emprunte sa clarté,
> Lève-toi, soleil adorable, etc.

Avec le soleil couchant l'Église chante encore [4] :

> *Cœli Deus sanctissime*, etc.
>
> Grand Dieu, qui fais briller sur la voûte étoilée
> Ton trône glorieux,
> Et d'une blancheur vive, à la pourpre mêlée,
> Peins le cintre des cieux.

Cette musique d'Israël, sur la lyre de Racine, ne laisse pas d'avoir quelque charme : on croit moins entendre un son *réel* que cette voix *intérieure et mélodieuse* qui, selon Platon, réveille au matin les hommes épris de la vertu, *en chantant de toute sa force dans leurs cœurs*.

Mais, sans avoir recours à ces hymnes, les prières les plus communes de l'église sont admirables ; il n'y a que l'habitude de les répéter dès notre enfance qui nous puisse empêcher d'en sentir la

---

1. Malh., liv. I, ode III.   2. Rouss., liv. I, odes III et X.
3. Voyez le cantique tiré de saint Paul.
4. Voyez la note XXXIX, à la fin du volume.

beauté. Tout retentiroit d'acclamations si l'on trouvoit dans Platon ou dans Sénèque une profession de foi aussi simple, aussi pure, aussi claire que celle-ci :

« Je crois en un seul Dieu, père tout-puissant, créateur du ciel et de la terre et de toutes les choses visibles et invisibles. »

L'Oraison dominicale est l'ouvrage d'un Dieu qui connoissoit tous nos besoins : qu'on en pèse bien les paroles :

« *Notre Père qui es aux cieux;* »

Reconnoissance d'un Dieu unique.

« *Que ton nom soit sanctifié;* »

Culte qu'on doit à la Divinité; vanité des choses du monde; Dieu seul mérite d'être sanctifié.

« *Que ton règne nous arrive;* »

Immortalité de l'âme.

« *Que ta volonté soit faite sur la terre comme au ciel;* »

Mot sublime, qui comprend les attributs de la Divinité; sainte résignation, qui embrasse l'ordre physique et moral de l'univers.

« *Donne-nous aujourd'hui notre pain quotidien;* »

Comme cela est touchant et philosophique! Quel est le seul besoin réel de l'homme? Un peu de pain; encore il ne le lui faut qu'*aujourd'hui (hodie)*; car demain existera-t-il?

« *Et pardonne-nous nos offenses, comme nous les pardonnons à ceux qui nous ont offensés;* »

C'est la morale et la charité en deux mots.

« *Ne nous laisse point succomber à la tentation, mais délivre-nous du mal.* »

Voilà le cœur humain tout entier; voilà l'homme et sa foiblesse! Qu'il ne demande point des forces pour vaincre, qu'il ne prie que pour n'être point attaqué, que pour ne point souffrir. Celui qui a créé l'homme pouvoit seul le connoître aussi bien.

Nous ne parlerons point de la Salutation angélique, véritablement pleine de grâce, ni de cette confession que le chrétien fait chaque jour aux pieds de l'Éternel. Jamais les lois ne remplaceront la moralité d'une telle coutume. Songe-t-on quel frein c'est pour l'homme que cet aveu pénible qu'il renouvelle matin et soir : *J'ai péché par mes pensées, par mes paroles, par mes œuvres?* Pythagore avoit recommandé une pareille confession à ses disciples : il étoit réservé au christianisme de réaliser ces songes de vertu que rêvoient les sages de Rome et d'Athènes.

En effet, le christianisme est à la fois une sorte de secte philosophique et une antique législation. De là lui viennent les abstinences, les jeûnes, les veilles, dont on retrouve des traces dans les anciennes républiques, et que pratiquoient les écoles savantes de l'Inde, de l'Égypte et de la Grèce : plus on examine le fond de la question, plus on est convaincu que la plupart des insultes prodiguées au culte chrétien retombent sur l'antiquité. Mais revenons aux prières.

Les actes de foi, d'espérance, de charité, de contrition, disposoient encore le cœur à la vertu : les oraisons des cérémonies chrétiennes relatives à des objets civils ou religieux, ou même à de simples accidents de la vie, présentoient des convenances parfaites, des sentiments élevés, de grands souvenirs et un style à la fois simple et magnifique. A la messe des noces, le prêtre lisoit l'épître de saint Paul : « *Mes frères, que les femmes soient soumises à leurs maris comme au Seigneur.* » Et à l'évangile : « *En ce temps-là, les Pharisiens s'approchèrent de Jésus pour le tenter, et lui dirent : Est-il permis à un homme de quitter sa femme? Il leur répondit : Il est écrit que l'homme quittera son père et sa mère, et s'attachera à sa femme.* »

A la bénédiction nuptiale, le célébrant, après avoir répété les paroles que Dieu même prononça sur Adam et Ève : *Crescite et multiplicamini*, ajoutoit :

« O Dieu, unissez, s'il vous plaît, les esprits de ces époux, et versez dans leurs cœurs une sincère amitié. Regardez d'un œil favorable votre servante... Faites que son joug soit un joug d'amour et de paix; faites que, chaste et fidèle, elle suive toujours l'exemple des femmes fortes; qu'elle se rende aimable à son mari comme Rachel; qu'elle soit sage comme Rebecca; qu'elle jouisse d'une longue vie, et qu'elle soit fidèle comme Sara;... qu'elle obtienne une heureuse fécondité; qu'elle mène une vie pure et irréprochable, afin d'arriver au repos des saints et au royaume du ciel; faites, Seigneur, qu'ils voient tous deux les enfants de leurs enfants jusqu'à la troisième et quatrième génération, et qu'ils parviennent à une heureuse vieillesse. »

A la cérémonie des *relevailles*, on chantoit le psaume *Nisi Dominus* : « Si l'Éternel ne bâtit la maison, c'est en vain que travaillent ceux qui la bâtissent. »

Au commencement du carême, à la cérémonie de la *commination*, ou de la dénonciation de la colère céleste, on prononçoit ces malédictions du Deutéronome :

« Maudit celui qui a méprisé son père et sa mère.

« Maudit celui qui égare l'aveugle en chemin, etc. »

Dans la visite aux malades, le prêtre disoit en entrant :

« *Paix à cette maison et à ceux qui l'habitent.* » Puis au chevet du lit de l'infirme :

« Père de miséricorde, conserve et retiens ce malade dans le corps de ton Église, comme un de ses membres. Aie égard à sa contrition, reçois ses larmes, soulage ses douleurs. »

Ensuite il lisoit le psaume *In te, Domine :*

« Seigneur, je me suis retiré vers toi, délivre-moi par ta justice. »

Quand on se rappelle que c'étoient presque toujours des misérables que le prêtre alloit visiter ainsi, sur la paille où ils étoient couchés, combien ces oraisons chrétiennes paroissent encore plus divines!

Tout le monde connoît les belles prières des *Agonisants*. On lit d'abord l'oraison Proficiscere : *Sortez de ce monde, âme chrétienne*; ensuite cet endroit de la Passion : *En ce temps-là Jésus, étant sorti, s'en alla à la montagne des Oliviers*, etc.; puis le psaume *Miserere mei*; puis cette lecture de l'Apocalypse : *En ces jours-là j'ai vu des morts, grands et petits, qui comparurent devant le trône*, etc. ; enfin la vision d'Ézéchiel : *La main du Seigneur fut sur moi, et m'ayant mené dehors par l'esprit du Seigneur, elle me laissa au milieu d'une campagne qui étoit couverte d'ossements. Alors le Seigneur me dit : Prophétise à l'esprit; fils de l'homme, dis à l'esprit : Venez des quatre vents, et soufflez sur ces morts, afin qu'ils revivent*, etc.

Pour les incendies, pour les pestes, pour les guerres, il y avoit des prières marquées. Nous nous souviendrons toute notre vie d'avoir entendu lire, pendant un naufrage où nous nous trouvions nous-même engagé, le psaume *Confitemini Domino* : « Confessez le Seigneur, parce qu'il est bon... »

« Il commande, et le souffle de la tempête s'est élevé, et les vagues se sont amoncelées... Alors les mariniers crient vers le Seigneur, dans leur détresse, et il les tire de danger. »

« Il arrête la tourmente, et la change en calme, et les flots de la mer s'apaisent. »

Vers le temps de Pâques, Jérémie se réveilloit dans la poudre de Sion pour pleurer le Fils de l'Homme. L'Église empruntoit ce qu'il y a de plus beau et de plus triste dans les Pères et dans la Bible, afin d'en composer les chants de cette semaine consacrée au plus grand des martyrs, qui est aussi la plus grande des douleurs. Il n'y avoit pas jusqu'aux litanies qui n'eussent des cris ou des élans admirables; témoin ces versets des *litanies de la Providence* :

« Providence de Dieu, consolation de l'âme pèlerine ;
« Providence de Dieu, espérance du pécheur délaissé ;
« Providence de Dieu, calme dans les tempêtes ;
« Providence de Dieu, repos du cœur, etc.,
« Ayez pitié de nous. »

Enfin nos cantiques gaulois, les noëls mêmes de nos aïeux, avoient aussi leur mérite ; on y sentoit la naïveté et comme la fraîcheur de la foi. Pourquoi, dans nos missions de campagne, se sentoit-on attendri lorsque des laboureurs venoient à chanter au *salut* :

> « Adorons tous, ô mystère ineffable !
> « Un Dieu caché, etc. » ?

C'est qu'il y avoit dans ces voix champêtres un accent irrésistible de vérité et de conviction. Les noëls, qui peignoient les scènes rustiques, avoient un tour plein de grâce dans la bouche de la paysanne. Lorsque le bruit du fuseau accompagnoit ses chants, que ses enfants, appuyés sur ses genoux, écoutoient avec une grande attention l'histoire de l'Enfant-Jésus et de sa crèche, on auroit en vain cherché des airs plus doux et une religion plus convenable à une mère.

CHAPITRE IV.

DES SOLENNITÉS DE L'ÉGLISE. — DU DIMANCHE.

Nous avons déjà fait remarquer[1] la beauté de ce septième jour, qui correspond à celui du repos du Créateur ; cette division du temps fut connue de la plus haute antiquité. Il importe peu de savoir à présent si c'est une obscure tradition de la création transmise au genre humain par les enfants de Noé, ou si les pasteurs retrouvèrent cette division par l'observation des planètes ; mais il est du moins certain qu'elle est la plus parfaite qu'aucun législateur ait employée. Indépendamment de ses justes relations avec la force des hommes et des animaux, elle a ces harmonies géométriques que les anciens cherchoient toujours à établir entre les lois particulières et les lois générales de l'univers ; elle donne le six pour le travail ; et le six, par deux multiplications, engendre les trois cent soixante jours de l'année antique, et les trois cent soixante degrés de la circonférence. On pouvoit donc trouver magnificence et philosophie dans cette loi religieuse, qui divisoit le cercle de nos labeurs ainsi que le cercle décrit par les astres dans leur révolution ; comme si l'homme n'avoit d'autre terme de ses fatigues que la consommation des siècles, ni de moindres espaces à remplir de ses douleurs que tous les temps.

Le calcul décimal peut convenir à un peuple mercantile ; mais il

---

1. Première partie, liv. II, chap. I.

n'est ni beau ni commode dans les autres rapports de la vie et dans les équations célestes. La nature l'emploie rarement : il gêne l'année et le cours du soleil ; et la loi de la pesanteur ou de la gravitation, peut-être l'unique loi de l'univers, s'accomplit par le *carré*, et non par le *quintuple* des distances. Il ne s'accorde pas davantage avec la naissance, la croissance et le développement des espèces : presque toutes les femelles portent par le trois, le neuf, le douze, qui appartient au calcul seximal [1].

On sait maintenant, par expérience, que le cinq est un jour trop près, et le dix un jour trop loin pour le repos. La terreur, qui pouvoit tout en France, n'a jamais pu forcer le paysan à remplir la décade, parce qu'il y a impuissance dans les forces humaines, et même, comme on l'a remarqué, dans les forces des animaux. Le bœuf ne peut labourer neuf jours de suite ; au bout du sixième, ses mugissements semblent demander les heures marquées par le Créateur pour le repos général de la créature [2].

Le dimanche réunissoit deux grands avantages : c'étoit à la fois un jour de plaisir et de religion. Il faut sans doute que l'homme se délasse de ses travaux ; mais comme il ne peut être atteint dans ses loisirs par la loi civile, le soustraire en ce moment à la loi religieuse, c'est le délivrer de tout frein, c'est le replonger dans l'état de nature, et lâcher une espèce de sauvage au milieu de la société. Pour prévenir ce danger, les anciens mêmes avoient fait aussi du jour de *repos* un jour *religieux*; et le christianisme avoit consacré cet exemple.

Cependant cette journée de la bénédiction de la terre, cette journée du repos de Jéhovah, choqua les esprits d'une Convention *qui avoit fait alliance avec la mort, parce qu'elle étoit digne d'une telle société* [3]. Après six mille ans d'un consentement universel, après soixante siècles d'Hosannah, la sagesse des Danton, levant la tête, osa juger mauvais l'ouvrage que l'Éternel avoit trouvé bon. Elle crut qu'en nous replongeant dans le chaos, elle pourroit substituer la tradition de ses ruines et de ses ténèbres à celle de la naissance de la lumière et de l'ordre des mondes ; elle voulut séparer le peuple françois des autres peuples, et en faire, comme les Juifs, une caste ennemie du genre humain : un dixième jour, auquel s'attachoit pour tout honneur la mémoire de Robespierre, vint remplacer cet antique sabbath, lié au souvenir du berceau des temps, ce jour sanctifié par la religion de nos pères,

---

1. *Vid.* Buffon.
2. Les paysans disoient : « Nos bœufs connoissent le dimanche, et ne veulent pas travailler ce jour-là. »   3. *Sap.*, cap. i, v. 16.

chômé par cent millions de chrétiens sur la surface du globe, fêté par les saints et les milices célestes, et, pour ainsi dire, gardé par Dieu même dans les siècles de l'éternité.

CHAPITRE V.

EXPLICATION DE LA MESSE.

Il y a un argument si simple et si naturel en faveur des cérémonies de la messe, que l'on ne conçoit pas comment il est échappé aux catholiques dans leurs disputes avec les protestants. Qu'est-ce qui constitue le culte dans une religion quelconque? C'est le *sacrifice*. Une religion qui n'a pas de sacrifice n'a pas de culte proprement dit. Cette vérité est incontestable, puisque chez les divers peuples de la terre les cérémonies religieuses sont nées du sacrifice, et que ce n'est pas le sacrifice qui est sorti des cérémonies religieuses. D'où il faut conclure que le seul peuple chrétien qui ait un culte est celui qui conserve une immolation.

Le principe étant reconnu, on s'attachera peut-être à combattre la forme. Si l'objection se réduit à ces termes, il n'est pas difficile de prouver que la messe est le plus beau, le plus mystérieux et le plus divin des sacrifices.

Une tradition universelle nous apprend que la créature s'est jadis rendue coupable envers le Créateur. Toutes les nations ont cherché à apaiser le ciel; toutes ont cru qu'il falloit une victime; toutes en ont été si persuadées, qu'elles ont commencé par offrir l'homme lui-même en holocauste : c'est le sauvage qui eut d'abord recours à ce terrible sacrifice, comme étant plus près, par sa nature, de la sentence originelle, qui demandoit la mort de l'homme.

Aux victimes humaines on substitua dans la suite le sang des animaux; mais dans les grandes calamités on revenoit à la première coutume; des oracles revendiquoient les enfants même des rois : la fille de Jephté, Isaac, Iphigénie, furent réclamés par le ciel; Curtius et Codrus se dévouèrent pour Rome et Athènes.

Cependant le sacrifice humain dut s'abolir le premier, parce qu'il appartenoit à l'état de nature, où l'homme est presque tout *physique*. On continua longtemps à immoler des animaux; mais quand la société commença à vieillir, quand on vint à réfléchir sur l'ordre des choses divines, on s'aperçut de l'insuffisance du sacrifice matériel ; on comprit que le sang des boucs et des génisses ne pouvoit racheter un être intelligent et capable de vertu. On chercha donc une hostie plus digne de la nature humaine. Déjà les philosophes enseignoient que les dieux ne se laissent point toucher par des hécatombes, et qu'ils n'acceptent que l'offrande d'un cœur humilié : Jésus-Christ confirma ces notions vagues de la raison. L'Agneau mystique, dévoué pour le salut universel, remplaça le premier-né des brebis; et à l'immolation de l'homme *physique* fut à jamais substituée l'immolation des passions, ou le sacrifice de l'homme *moral*.

Plus on approfondira le christianisme, plus on verra qu'il n'est que le développement de lumières naturelles et le résultat nécessaire de la vieillesse de la société. Qui pourroit aujourd'hui souffrir le sang infect des animaux autour d'un autel, et croire que la dépouille d'un bœuf rend le ciel favorable à nos prières? Mais l'on conçoit fort bien qu'une victime spirituelle, offerte chaque jour pour les péchés des hommes, peut être agréable au Seigneur.

Toutefois, pour la conservation du culte extérieur, il falloit un signe, symbole de la victime morale. Jésus-Christ, avant de quitter la terre, pourvut à la grossièreté de nos sens, qui ne peuvent se passer de l'objet matériel : il institua l'Eucharistie, où, sous les espèces visibles du pain et du vin, il cacha l'offrande invisible de son sang et de nos cœurs. Telle est l'explication du sacrifice chrétien, explication qui ne blesse ni le bon sens ni la philosophie; et si le lecteur veut la méditer un moment, peut-être lui ouvrira-t-elle quelques nouvelles vues sur les saints abîmes de nos mystères.

CHAPITRE VI

CÉRÉMONIES ET PRIÈRES DE LA MESSE.

Il ne reste donc plus qu'à justifier les rites du sacrifice [1]. Or, supposons que la messe soit une cérémonie antique dont on trouve les prières et la description dans les jeux séculaires d'Horace, ou dans quelques tragédies grecques : comme nous ferions admirer ce dialogue qui ouvre le sacrifice chrétien !

℣. *Je m'approcherai de l'autel de Dieu.*

℟. *Du Dieu qui réjouit ma jeunesse.*

℣. *Faites luire votre lumière et votre vérité ; elles m'ont conduit dans vos tabernacles et sur votre montagne sainte.*

---

1. Voyez la note XL, à la fin du volume.

℟. *Je m'approcherai de l'autel de Dieu, du Dieu qui réjouit ma jeunesse.*

℣. *Je chanterai vos louanges sur la harpe, ô Seigneur! Mais, mon âme, d'où vient ta tristesse, et pourquoi me troubles-tu?*

℟. *Espérez en Dieu,* etc.

Ce dialogue est un véritable poëme lyrique entre le prêtre et le catéchumène : le premier, plein de jours et d'expérience, gémit sur la misère de l'homme pour lequel il va offrir le sacrifice; le second, rempli d'espoir et de jeunesse, chante la victime par qui il sera racheté.

Vient ensuite le *Confiteor*, prière admirable par sa moralité. Le prêtre implore la miséricorde du Tout-Puissant pour le peuple et pour lui-même.

Le dialogue recommence.

℣. *Seigneur, écoutez ma prière!*

℟. *Et que mes cris s'élèvent jusqu'à vous.*

Alors le sacrificateur monte à l'autel, s'incline, et baise avec respect la pierre qui dans les anciens jours cachoit les os des martyrs.

Souvenir des catacombes.

En ce moment le prêtre est saisi d'un feu divin : comme les prophètes d'Israel, il entonne le cantique chanté par les anges sur le berceau du Sauveur, et dont Ézéchiel entendit une partie dans la nue.

« Gloire à Dieu dans les hauteurs du ciel, et paix aux hommes de bonne volonté sur la terre! Nous vous louons, nous vous bénissons, nous vous adorons, Roi du ciel, dans votre gloire immense! etc. »

L'épître succède au cantique. L'ami du Rédempteur du monde, Jean, fait entendre des paroles pleines de douceur, où le sublime Paul, insultant à la mort, découvre les mystères de Dieu. Prêt à lire une leçon de l'Évangile, le prêtre s'arrête et supplie l'Éternel de purifier ses lèvres avec le charbon de feu dont il toucha les lèvres d'Isaïe. Alors les paroles de Jésus-Christ retentissent dans l'assemblée : c'est le jugement sur la femme adultère; c'est le Samaritain versant le baume dans les plaies du voyageur; ce sont les petits enfants bénis dans leur innocence.

Que peuvent faire le prêtre et l'assemblée, après avoir entendu de telles paroles? Déclarer sans doute qu'ils croient fermement à l'existence d'un Dieu qui laissa de tels exemples à la terre. Le symbole de la foi est donc chanté en triomphe. La philosophie, qui se pique d'applaudir aux grandes choses, auroit dû remarquer que c'est la première fois que tout un peuple a professé publiquement le dogme de l'unité d'un Dieu : *Credo in unum Deum.*

Cependant le sacrificateur prépare l'hostie *pour lui, pour les vivants,* pour les morts. Il présente le calice : « *Seigneur, nous vous offrons la coupe de notre salut.* » Il bénit le pain et le vin. « *Venez, Dieu éternel, bénissez ce sacrifice.* » Il lave ses mains.

« *Je laverai mes mains entre les innocents... Oh! ne me faites point finir mes jours parmi ceux qui aiment le sang.* »

Souvenir des persécutions.

Tout étant préparé, le célébrant se tourne vers le peuple, et dit :

« *Priez, mes frères.* »

Le peuple répond :

« *Que le Seigneur reçoive de vos mains ce sacrifice.* »

Le prêtre reste un moment en silence, puis tout à coup annonçant l'éternité : *Per omnia sæcula sæculorum*, il s'écrie :

« *Élevez vos cœurs!* »

Et mille voix répondent :

« *Habemus ad Dominum : Nous les élevons vers le Seigneur.* »

Là préface est chantée sur l'antique mélopée ou récitatif de la tragédie grecque; les Dominations, les Puissances, les Vertus, les Anges et les Séraphins sont invités à descendre avec la grande victime, et à répéter avec le chœur des fidèles le triple *Sanctus* et l'*Hosannah* éternel.

Enfin, l'on touche au moment redoutable. Le *canon*, où la loi éternelle est gravée, vient de s'ouvrir : la consécration s'achève par les paroles mêmes de Jésus-Christ. « *Seigneur,* dit le prêtre en s'inclinant profondément, *que l'hostie sainte vous soit agréable comme les dons d'Abel le juste, comme le sacrifice d'Abraham notre patriarche, comme celui de votre grand-prêtre Melchisédech. Nous vous supplions d'ordonner que ces dons soient portés à votre autel sublime par les mains de votre ange, en présence de votre divine majesté.* »

A ces mots le mystère s'accomplit, l'Agneau descend pour être immolé :

« O moment solennel! ce peuple prosterné,
Ce temple dont la mousse a couvert les portiques,
Ses vieux murs, son jour sombre et ses vitraux gothiques,
Cette lampe d'airain qui, dans l'antiquité
Symbole du soleil et de l'éternité,
Luit devant le Très-Haut jour et nuit suspendue;
La majesté d'un Dieu parmi nous descendue,
Les pleurs, les vœux, l'encens qui monte vers l'autel,
Et de jeunes beautés qui, sous l'œil maternel,
Adoucissent encor par leur voix innocente
De la religion la pompe attendrissante;
Cet orgue qui se tait, ce silence pieux,
L'invisible union de la terre et des cieux,
Tout enflamme, agrandit, émeut l'homme sensible :

Il croit avoir franchi ce monde inaccessible
Où sur des harpes d'or l'immortel Séraphin
Aux pieds de Jéhovah chante l'hymne sans fin.
Alors de toutes parts un Dieu se fait entendre ;
Il se cache au savant, se révèle au cœur tendre :
Il doit moins se prouver qu'il ne doit se sentir [1]. »

CHAPITRE VII.

LA FÊTE-DIEU.

Il n'en est pas des fêtes chrétiennes comme des cérémonies du paganisme : on n'y traîne pas en triomphe un bœuf-dieu, un bouc sacré : on n'est pas obligé, sous peine d'être mis en prison, d'adorer un chat ou un crocodile, ou de se rouler ivre dans les rues en commettant toutes sortes d'abominations pour Vénus, Flore ou Bacchus : dans nos solennités, tout est essentiellement moral. Si l'Église en a seulement banni les danses [2], c'est qu'elle sait combien de passions se cachent sous ce plaisir en apparence innocent. Le Dieu des chrétiens ne demande que les élans du cœur et les mouvements égaux d'une âme qui règle le paisible concert des vertus. Et quelle est, par exemple, la solennité païenne qu'on peut opposer à la fête où nous célébrons le nom du Seigneur [3] ?

Aussitôt que l'aurore a annoncé la fête du Roi du monde, les maisons se couvrent de tapisseries de laine et de soie, les rues se jonchent de fleurs, et les cloches appellent au temple la troupe des fidèles. Le signal est donné : tout s'ébranle, et la pompe commence à défiler.

On voit paroître d'abord les corps qui composent la société des peuples. Leurs épaules sont chargées de l'image des protecteurs de leurs tribus et quelquefois des reliques de ces hommes qui, nés dans une classe inférieure, ont mérité d'être adorés des rois par leurs vertus : sublime leçon que la religion chrétienne a seule donnée à la terre.

Après ces groupes populaires, on voit s'élever l'étendard de Jésus-

---

1. *Le Jour des Morts,* par M. DE FONTANES. La Harpe a dit que ce sont là vingt des plus beaux vers de la langue françoise ; nous ajouterons qu'ils peignent avec la dernière exactitude le sacrifice chrétien. Voyez la note XLI, à la fin du volume.

2. Elles sont cependant en usage dans quelques pays, comme dans l'Amérique méridionale, parce que parmi les sauvages chrétiens il règne encore une grande innocence.

3. Voyez la note XLII, à la fin du volume.

Christ, qui n'est plus un signe de douleur, mais une marque de joie. A pas lents s'avance sur deux files une longue suite de ces époux de la solitude, de ces enfants du torrent et du rocher, dont l'antique vêtement retrace à la mémoire d'autres mœurs et d'autres siècles. Le clergé séculier vient après ces solitaires; quelquefois des prélats, revêtus de la pourpre romaine, prolongent encore la chaîne religieuse. Enfin le pontife de la fête apparoît seul dans le lointain. Ses mains soutiennent la radieuse Eucharistie, qui se montre sous un dais à l'extrémité de la pompe, comme on voit quelquefois le soleil briller sous un nuage d'or au bout d'une avenue illuminée de ses feux.

Cependant des groupes d'adolescents marchent entre les rangs de la procession : les uns présentent les corbeilles de fleurs, les autres les vases des parfums. Au signal répété par le maître des pompes, les choristes se retournent vers l'image du Soleil éternel et font voler des roses effeuillées sur son passage. Des lévites, en tuniques blanches, balancent l'encensoir devant le Très-Haut. Alors des chants s'élèvent le long des lignes saintes; le bruit des cloches et le roulement des canons annoncent que le Tout-Puissant a franchi le seuil de son temple. Par intervalles, les voix et les instruments se taisent, et un silence aussi majestueux que celui des *grandes mers*[1] dans un jour de calme règne parmi cette multitude recueillie : on n'entend plus que ses pas mesurés sur les pavés retentissants.

Mais où va-t-il, ce Dieu redoutable dont les puissances de la terre proclament ainsi la majesté? Il va se reposer sous des tentes de lin, sous des arches de feuillages, qui lui présentent, comme au jour de l'ancienne alliance, des temples innocents et des retraites champêtres. Les humbles de cœur, les pauvres, les enfants le précèdent; les juges, les guerriers, les potentats le suivent. Il marche entre la simplicité et la grandeur, comme, en ce mois qu'il a choisi pour sa fête, il se montre aux hommes entre la saison des fleurs et celle des foudres.

Les fenêtres et les murs de la cité sont bordés d'habitants dont le cœur s'épanouit à cette fête du Dieu de la patrie : le nouveau-né tend les bras au Jésus de la montagne, et le vieillard, penché vers la tombe, se sent tout à coup délivré de ses craintes; il ne sait quelle assurance de vie le remplit de joie à la vue du Dieu vivant.

Les solennités du christianisme sont coordonnées d'une manière admirable aux scènes de la nature. La fête du Créateur arrive au moment où la terre et le ciel déclarent sa puissance, où les bois et les champs fourmillent de générations nouvelles : tout est uni par les

---

1. *Bibl. Sacr.*

plus doux liens; il n'y a pas une seule plante veuve dans les campagnes.

La chute des feuilles, au contraire, amène la fête des Morts pour l'homme qui tombe comme les feuilles des bois.

Au printemps, l'Église déploie dans nos hameaux une autre pompe. La Fête-Dieu convient aux splendeurs des cours, les Rogations aux naïvetés du village. L'homme rustique sent avec joie son âme s'ouvrir aux influences de la religion et sa glèbe aux rosées du ciel : heureux celui qui portera des moissons utiles et dont le cœur humble s'inclinera sous ses propres vertus, comme le chaume sous le grain dont il est chargé!

CHAPITRE VIII.

LES ROGATIONS.

Les cloches du hameau se font entendre, les villageois quittent leurs travaux : le vigneron descend de la colline, le laboureur accourt de la plaine, le bûcheron sort de la forêt; les mères, fermant leurs cabanes, arrivent avec leurs enfants, et les jeunes filles laissent leurs fuseaux, leurs brebis et les fontaines pour assister à la fête.

On s'assemble dans le cimetière de la paroisse, sur les tombes verdoyantes des aïeux. Bientôt on voit paroître tout le clergé destiné à la cérémonie : c'est un vieux pasteur qui n'est connu que sous le nom de *curé*, et ce nom vénérable, dans lequel est venu se perdre le sien, indique moins le ministre du temple que le père laborieux du troupeau. Il sort de sa retraite, bâtie auprès de la demeure des morts, dont il surveille la cendre. Il est établi dans son presbytère comme une garde avancée aux frontières de la vie, pour recevoir ceux qui entrent et ceux qui sortent de ce royaume des douleurs. Un puits, des peupliers, une vigne autour de sa fenêtre, quelques colombes, composent l'héritage de ce roi des sacrifices.

Cependant l'apôtre de l'Évangile, revêtu d'un simple surplis, assemble ses ouailles devant la grande porte de l'église; il leur fait un discours, fort beau sans doute, à en juger par les larmes de l'assistance. On lui entend souvent répéter : *Mes enfants, mes chers enfants*, et c'est là tout le secret de l'éloquence du Chrysostome champêtre.

Après l'exhortation, l'assemblée commence à marcher en chantant : « *Vous sortirez avec plaisir, et vous serez reçu avec joie ; les collines bondiront et vous entendront avec joie.* » L'étendard des saints, antique bannière des temps chevaleresques, ouvre la carrière au troupeau, qui suit pêle-mêle avec son pasteur. On entre dans des chemins ombragés et coupés profondément par la roue des chars rustiques; on franchit de hautes barrières formées d'un seul tronc de chêne; on voyage le long d'une haie d'aubépine où bourdonne l'abeille et où sifflent les bouvreuils et les merles. Les arbres sont couverts de leurs fleurs ou parés d'un naissant feuillage. Les bois, les vallons, les rivières, les rochers entendent tour à tour les hymnes des laboureurs. Étonnés de ces cantiques, les hôtes des champs sortent des blés nouveaux, et s'arrêtent à quelque distance pour voir passer la pompe villageoise.

La procession rentre enfin au hameau. Chacun retourne à son ouvrage : la religion n'a pas voulu que le jour où l'on demande à Dieu les biens de la terre fût un jour d'oisiveté. Avec quelle espérance on enfonce le soc dans le sillon, après avoir imploré celui qui dirige le soleil et qui garde dans ses *trésors* les vents du midi et les tièdes ondées! Pour bien achever un jour si saintement commencé, les anciens du village viennent, à l'entrée de la nuit, converser avec le curé, qui prend son repas du soir sous les peupliers de sa cour. La lune répand alors les dernières harmonies sur cette fête que ramènent chaque année le mois le plus doux et le cours de l'astre le plus mystérieux. On croit entendre de toutes parts les blés germer dans la terre et les plantes croître et se développer; des voix inconnues s'élèvent dans le silence des bois, comme le chœur des anges champêtres dont on a imploré le secours, et les soupirs du rossignol parviennent à l'oreille des vieillards assis non loin des tombeaux[1].

CHAPITRE IX.

DE QUELQUES FÊTES CHRÉTIENNES. — LES ROIS, NOEL, ETC.

Ceux qui n'ont jamais reporté leur cœur vers ces temps de foi où un acte de religion étoit une fête de famille, et qui méprisent des plaisirs qui n'ont pour eux que leur innocence, ceux-là, sans mentir, sont bien à plaindre. Du moins, en nous privant de ces simples amusements, nous donneront-ils quelque chose? Hélas! ils l'ont essayé. La Convention eut ses jours sacrés : alors la famine étoit appelée *sainte*, et l'*Hosannah* étoit changé dans le cri de *vive la mort!* Chose étrange! des hommes puissants, parlant au nom de l'égalité et des passions, n'ont jamais pu fonder une fête, et le saint le plus obscur

---

1. Voyez la note XLIII, à la fin du volume.

qui n'avoit jamais prêché que pauvreté, obéissance, renoncement aux biens de la terre, avoit sa solennité au moment même où la pratique de son culte exposoit la vie. Apprenons par là que toute fête qui se rallie à la religion et à la mémoire des bienfaits est la seule qui soit durable. Il ne suffit pas de dire aux hommes : *Réjouissez-vous,* pour qu'ils se réjouissent : on ne crée pas des jours de plaisir comme des jours de deuil, et l'on ne commande pas les ris aussi facilement qu'on peut faire couler les larmes.

Tandis que la statue de Marat remplaçoit celle de saint Vincent de Paul, tandis qu'on célébroit ces pompes dont les anniversaires seront marqués dans nos fastes comme des jours d'éternelle douleur, quelque pieuse famille chômoit en secret une fête chrétienne, et la religion mêloit encore un peu de joie à tant de tristesse. Les cœurs simples ne se rappellent point sans attendrissement ces heures d'épanchement où les familles se rassembloient autour des gâteaux qui retraçoient les présents des Mages. L'aïeul, retiré pendant le reste de l'année au fond de son appartement, reparoissoit dans ce jour comme la divinité du foyer paternel. Ses petits-enfants, qui depuis longtemps ne rêvoient que la fête attendue, entouroient ses genoux et le rajeunissoient de leur jeunesse. Les fronts respiroient la gaieté, les cœurs étoient épanouis; la salle du festin étoit merveilleusement décorée, et chacun prenoit un vêtement nouveau. Au choc des verres, aux éclats de la joie, on tiroit au sort ces royautés qui ne coûtoient ni soupirs ni larmes ; on se passoit ces sceptres qui ne pesoient point dans la main de celui qui les portoit. Souvent une fraude, qui redoubloit l'allégresse des sujets et n'excitoit que les plaintes de la souveraine, faisoit tomber la fortune à la fille du lieu et au fils du voisin, dernièrement arrivé de l'armée. Les jeunes gens rougissoient, embarrassés qu'ils étoient de leur couronne; les mères sourioient, et l'aïeul vidoit sa coupe à la nouvelle reine.

Or, le curé présent à la fête recevoit, pour la distribuer avec d'autres secours, cette première part appelée *la part des pauvres.* Des jeux de l'ancien temps, un bal dont quelque vieux serviteur étoit le premier musicien, prolongeoient les plaisirs, et la maison entière, nourrices, enfants, fermiers, domestiques et maîtres, dansoient ensemble la ronde antique.

Ces scènes se répétoient dans toute la chrétienté; depuis le palais jusqu'à la chaumière, il n'y avoit point de laboureur qui ne trouvât moyen d'accomplir ce jour-là le souhait du Béarnois. Et quelle succession de jours heureux! Noël, le premier jour de l'an, la fête des Mages, les plaisirs qui précèdent la pénitence! En ce temps-là les fermiers renouveloient leur bail, les ouvriers recevoient leur paiement ; c'étoit le moment des mariages, des présents, des charités, des visites ; le client voyoit le juge, le juge le client ; les corps de métiers, les confréries, les prévôtés, les cours de justice, les universités, les mairies, s'assembloient selon les usages gaulois et de vieilles cérémonies ; l'infirme et le pauvre étoient soulagés. L'obligation où l'on étoit de recevoir son voisin à cette époque faisoit qu'on vivoit bien avec lui le reste de l'année, et par ce moyen la paix et l'union régnoient dans la société.

On ne peut douter que ces institutions ne servissent puissamment au maintien des mœurs, en entretenant la cordialité et l'amour entre les parents. Nous sommes déjà bien loin de ces temps où une femme à la mort de son mari venoit trouver son fils aîné, lui remettoit les clefs et lui rendoit les comptes de la maison comme au chef de la famille. Nous n'avons plus cette haute idée de la dignité de l'homme que nous inspiroit le christianisme. Les mères et les enfants aiment mieux tout devoir aux articles d'un contrat que de se fier aux sentiments de la nature, et la loi est mise partout à la place des mœurs.

Ces fêtes chrétiennes avoient d'autant plus de charmes qu'elles existoient de toute antiquité, et l'on trouvoit avec plaisir, en remontant dans le passé, que nos aïeux s'étoient réjouis à la même époque que nous. Ces fêtes étant d'ailleurs très-multipliées, il en résultoit encore que, malgré les chagrins de la vie, la religion avoit trouvé moyen de donner de race en race à des millions d'infortunés quelques moments de bonheur.

Dans la nuit de la naissance du Messie, les troupes d'enfants qui adoroient la crèche, les églises illuminées et parées de fleurs, le peuple qui se pressoit autour du berceau de son Dieu, les chrétiens qui, dans une chapelle retirée, faisoient leur paix avec le Ciel, les *alleluia* joyeux, le bruit de l'orgue et des cloches, offroient une pompe pleine d'innocence et de majesté.

Immédiatement après le dernier jour de folie, trop souvent marqué par nos excès, venoit la cérémonie des Cendres, comme la mort le lendemain des plaisirs. « *O homme !* disoit le prêtre, *souviens-toi que tu es poussière et que tu retourneras en poussière.* » L'officier qui se tenoit auprès des rois de Perse pour leur rappeler qu'ils étoient mortels, ou le soldat romain qui abaissoit l'orgueil du triomphateur, ne donnoit pas de plus puissantes leçons.

Un volume ne suffiroit pas pour peindre en détail les seules cérémonies de la Semaine-Sainte ; on sait de quelle magnificence elles étoient dans la capitale du monde chrétien : aussi nous n'entreprendrons point de les décrire. Nous laissons aux peintres et aux poëtes le soin de représenter dignement ce clergé en deuil, ces autels, ces temples voilés, cette musique sublime, ces voix célestes chantant les douleurs de Jérémie, cette Passion mêlée d'incompréhensibles mystères, ce saint sépulcre environné d'un peuple abattu, ce pontife lavant les pieds des pauvres, ces ténèbres, ces silences entrecoupés de bruits formidables, ce cri de victoire échappé tout à coup du tombeau, enfin ce Dieu qui ouvre la route du ciel aux âmes délivrées et laisse aux chrétiens sur la terre, avec une religion divine, d'intarissables espérances.

CHAPITRE X.

FUNÉRAILLES. — POMPES FUNÈBRES DES GRANDS.

Si l'on se rappelle ce que nous avons dit dans la première partie de cet ouvrage sur le dernier sacrement des chrétiens, on conviendra d'abord qu'il y a dans cette seule cérémonie plus de véritables beautés que dans tout ce que nous connoissons du culte des morts chez les anciens. Ensuite la religion chrétienne, n'envisageant dans l'homme que ses fins divines, a multiplié les honneurs autour du tombeau ; elle a varié les pompes funèbres selon le rang et les destinées de la victime. Par ce moyen elle a rendu plus douce à chacun cette dure mais salutaire pensée de la mort dont elle s'est plu à nourrir notre âme : ainsi la colombe amollit dans son bec le froment qu'elle présente à ses petits.

La religion a-t-elle à s'occuper des funérailles de quelque puissance de la terre, ne craignez pas qu'elle manque de grandeur. Plus l'objet pleuré aura été malheureux, plus elle étalera de pompe autour de son cercueil, plus ses leçons seront éloquentes : elle seule pourra mesurer la hauteur et la chute et dire ces sommets et ces abîmes d'où tombent et où disparoissent les rois.

Quand donc l'une des douleurs a été ouverte et qu'elle s'est remplie des larmes des monarques et des reines ; quand de grandes cendres et de grands malheurs ont englouti leurs doubles vanités dans un étroit cercueil, la religion assemble les fidèles dans quelque temple. Les voûtes de l'église, les autels, les colonnes, les saints se retirent sous des voiles funèbres. Au milieu de la nef s'élève un cercueil environné de flambeaux. La messe des funérailles s'est célébrée aux pieds de celui qui n'est point né et qui ne mourra point : maintenant tout est muet. Debout dans la chaire de vérité, un prêtre seul, vêtu de blanc au milieu du deuil général, le front chauve, la figure pâle, les yeux fermés, les mains croisées sur la poitrine, est recueilli dans les profondeurs de Dieu; tout à coup ses yeux s'ouvrent, ses mains se déploient et ces mots tombent de ses lèvres :

« Celui qui règne dans les cieux et de qui relèvent tous les empires, à qui seul appartient la gloire, la majesté et l'indépendance, est aussi le seul qui se glorifie de faire la loi aux rois et de leur donner quand il lui plaît de grandes et de terribles leçons : soit qu'il élève les trônes, soit qu'il les abaisse, soit qu'il communique sa puissance aux princes, soit qu'il la retire lui-même et ne leur laisse que leur propre foiblesse, il leur apprend leurs devoirs d'une manière souveraine et digne de lui[1]...

« Chrétiens, que la mémoire d'une grande reine, fille, femme, mère de rois si puissants et souveraine de trois royaumes, appelle à cette triste cérémonie, ce discours vous fera paroître un de ces exemples redoutables qui étalent aux yeux du monde sa vanité tout entière. Vous verrez dans une seule vie toutes les extrémités des choses humaines : la félicité sans bornes aussi bien que les misères; une longue et pénible jouissance d'une des plus nobles couronnes de l'univers. Tout ce que peuvent donner de plus glorieux la naissance et la grandeur accumulées sur une tête qui ensuite est exposée à tous les outrages de la fortune; la rébellion, longtemps retenue, à la fin tout à fait maîtresse; nul frein à la licence; les lois abolies; la majesté violée par des attentats jusque alors inconnus, un trône indignement renversé... voilà les enseignements que Dieu donne aux rois. »

Souvenirs d'un grand siècle, d'une princesse infortunée et d'une révolution mémorable, oh! combien la religion vous a rendus touchants et sublimes en vous transmettant à la postérité!

CHAPITRE XI.

FUNÉRAILLES DU GUERRIER, CONVOIS DES RICHES, COUTUMES, ETC.

Une noble simplicité présidoit aux obsèques du guerrier chrétien. Lorsqu'on croyoit encore à quelque chose, on aimoit à voir un aumônier dans une tente ouverte, près d'un champ de bataille, célébrer une messe des morts sur un autel formé de tambours. C'étoit un assez beau spectacle de voir le Dieu des armées descendre, à la voix d'un

---

1. Bossuet, *Orais. fun. de la reine de la Gr. Bret.*

prêtre, sur les tentes d'un camp françois, tandis que de vieux soldats, qui avoient tant de fois bravé la mort, tomboient à genoux devant un cercueil, un autel et un ministre de paix. Aux roulements des tambours drapés, aux salves interrompues du canon, des grenadiers portoient le corps de leur vaillant capitaine à la tombe qu'ils avoient creusée pour lui avec leurs baïonnettes. Au sortir de ces funérailles on n'alloit point courir pour des trépieds, pour de doubles coupes, pour des peaux de lion aux ongles d'or, mais on s'empressoit de chercher, au milieu des combats, des jeux funèbres et une arène plus glorieuse; et si l'on n'immoloit point une génisse noire aux mânes du héros, du moins on répandoit en son honneur un sang moins stérile, celui des ennemis de la patrie.

Parlerons-nous de ces enterrements faits à la lueur des flambeaux dans nos villes, de ces chapelles ardentes, de ces chars tendus de noir, de ces chevaux parés de plumes et de draperies, de ce silence interrompu par les versets de l'hymne de la colère, *Dies iræ?*

La religion conduisoit à ces convois des grands de pauvres orpheins sous la livrée pareille de l'infortune : par là elle faisoit sentir à des enfants qui n'avoient point de père quelque chose de la piété filiale; elle montroit en même temps à l'extrême misère ce que c'est que des biens qui viennent se perdre au cercueil, et elle enseignoit au riche qu'il n'y a point de plus puissante médiation auprès de Dieu que celle de l'innocence et de l'adversité.

Un usage particulier avoit lieu au décès des prêtres : on les enterroit le visage découvert : le peuple croyoit lire sur les traits de son pasteur l'arrêt du souverain Juge et reconnoître les joies du prédestiné à travers l'ombre d'une sainte mort, comme dans les voiles d'une nuit pure on découvre les splendeurs du ciel.

La même coutume s'observoit dans les couvents. Nous avons vu une jeune religieuse ainsi couchée dans sa bière. Son front se confondoit par sa pâleur avec le bandeau de lin dont il étoit à demi couvert, une couronne de roses blanches étoit sur sa tête et un flambeau brûloit entre ses mains : les grâces et la paix du cœur ne sauvent point de la mort, et l'on voit se faner les lis malgré la candeur de leur sein et la tranquillité des vallées qu'ils habitent.

Au reste, la simplicité des funérailles étoit réservée au nourricier, comme au défenseur de la patrie. Quatre villageois précédés du curé, transportoient sur leurs épaules l'homme des champs au tombeau de ses pères. Si quelques laboureurs rencontroient le convoi dans les campagnes, ils suspendoient leurs travaux, découvroient leurs têtes et honoroient d'un signe de croix leur compagnon décédé. On voyoit de loin ce mort rustique voyager au milieu des blés jaunissants, qu'il avoit peut-être semés. Le cercueil, couvert d'un drap mortuaire, se balançoit comme un pavot noir au-dessus des froments d'or et des fleurs de pourpre et d'azur. Des enfants, une veuve éplorée, formoient tout le cortége. En passant devant *la croix du chemin* ou *la sainte du rocher*, on se délassoit un moment : on posoit la bière sur la borne d'un héritage, on invoquoit la *Notre-Dame* champêtre au pied de laquelle le laboureur décédé avoit tant de fois prié pour une bonne mort ou pour une récolte abondante. C'étoit là qu'il mettoit ses bœufs à l'ombre au milieu du jour; c'étoit là qu'il prenoit son repas de lait et de pain bis, au chant des cigales et des alouettes. Que bien différent d'alors il s'y repose aujourd'hui! Mais du moins les sillons ne seront plus arrosés de ses sueurs; du moins son sein paternel a perdu ses sollicitudes, et par ce même chemin où les jours de fête il se rendoit à l'église il marche maintenant au tombeau, entre les touchants monuments de sa vie, des enfants vertueux et d'innocentes moissons.

CHAPITRE XII.

DES PRIÈRES POUR LES MORTS.

Chez les anciens, le cadavre du pauvre ou de l'esclave étoit abandonné presque sans honneurs; parmi nous, le ministre des autels est obligé de veiller au cercueil du villageois comme au catafalque du monarque. L'indigent de l'Évangile, en exhalant son dernier soupir, devient soudain (chose sublime!) un être auguste et sacré. A peine le mendiant qui languissoit à nos portes, objet de nos dégoûts et de nos mépris, a-t-il quitté cette vie, que la religion nous force à nous incliner devant lui. Elle nous rappelle à une égalité formidable, ou plutôt elle nous commande de respecter un juste racheté du sang de Jésus-Christ, et qui, d'une condition obscure et misérable, vient de monter à un trône céleste : c'est ainsi que le grand nom de chrétien met tout de niveau dans la mort, et l'orgueil du plus puissant potentat ne peut arracher à la religion d'autre prière que celle-là même qu'elle offre pour le dernier manant de la cité.

Mais qu'elles sont admirables, ces prières! Tantôt ce sont des cris de douleur, tantôt des cris d'espérance : le mort se plaint, se réjouit, tremble, se rassure, gémit et supplie.

Exibit spiritus ejus, etc.

« Le jour qu'ils ont rendu l'esprit, ils retournent à leur terre originelle, et toutes leurs vaines pensées périssent[1]. »

Delicta juventutis meæ, etc.

« O mon Dieu! ne vous souvenez ni des fautes de ma jeunesse ni de mes ignorances[2]! »

Les plaintes du roi-prophète sont entrecoupées par les soupirs du saint Arabe.

« O Dieu! cessez de m'affliger, puisque mes jours ne sont que néant! Qu'est-ce que l'homme pour mériter tant d'égards et pour que vous y attachiez votre cœur?...

« Lorsque vous me chercherez le matin, vous ne me trouverez plus[3].

« La vie m'est ennuyeuse; je m'abandonne aux plaintes et aux regrets... Seigneur, vos jours sont-ils comme les jours des mortels, et vos années éternelles comme les années passagères de l'homme[4]?

« Pourquoi, Seigneur, détournez-vous votre visage et me traitez-vous comme votre ennemi? Devez-vous employer toute votre puissance contre une feuille que le vent emporte, et poursuivre une feuille séchée[5]?

« L'homme né de la femme vit peu de temps, et il est rempli de beaucoup de misère; il fuit comme une ombre qui ne demeure jamais dans un même état.

« Mes années coulent avec rapidité, et je marche par une voie par laquelle je ne reviendrai jamais[6].

« Mes jours sont passés, toutes mes pensées sont évanouies, toutes les espérances de mon cœur dissipées... Je dis au sépulcre: Vous serez mon père; et aux vers: Vous serez ma mère et mes sœurs. »

De temps en temps le dialogue du prêtre et du chœur interrompt la suite des cantiques.

Le Prêtre. « Mes jours se sont évanouis comme la fumée; mes os sont tombés en poudre. »

Le Chœur. « Mes jours ont décliné comme l'ombre. »

Le Prêtre. « Qu'est-ce que la vie? Une petite vapeur. »

Le Chœur. « Mes jours ont décliné comme l'ombre. »

Le Prêtre. « Les morts sont endormis dans la poudre. »

Le Chœur. « Ils se réveilleront, les uns dans l'éternelle gloire, les autres dans l'opprobre, pour y demeurer à jamais. »

---

1. *Office des Morts*, ps. CLIV. 2. *Ibid.*, ps. XXIV.
3. *Ibid.*, 1re leçon. 4. *Ibid.*, IIe leçon.
5. *Ibid.*, IVe leçon. 6. *Ibid.*, VIIe leçon.

Le Prêtre. « Ils ressusciteront tous, mais non pas tous comme ils étoient. »

Le Chœur. « Ils se réveilleront. »

A la communion de la messe, le prêtre dit :

« Heureux ceux qui meurent dans le Seigneur : ils se reposent dès à présent de leurs travaux, car leurs bonnes œuvres les suivent. »

Au lever du cercueil, on entonne le psaume des douleurs et des espérances. « Seigneur, je crie vers vous du fond de l'abîme : que mes cris parviennent jusqu'à vous. »

En portant le corps, on recommence le dialogue : *Qui dormiunt;* « Ils dorment dans la poudre ; ils se réveilleront. »

Si c'est pour un prêtre, on ajoute : « Une victime a été immolée avec joie dans le tabernacle du Seigneur. »

En descendant le cercueil dans la fosse : « Nous rendons la terre à la terre, la cendre à la cendre, la poudre à la poudre. »

Enfin, au moment où l'on jette la terre sur la bière, le prêtre s'écrie, dans les paroles de l'Apocalypse : *Une voix d'en haut fut entendue, qui disoit : Bienheureux sont les morts !*

Et cependant ces superbes prières n'étoient pas les seules que l'Église offrît pour les trépassés : de même qu'elle avoit des voiles sans tache et des couronnes de fleurs pour le cercueil de l'enfant, de même elle avoit des oraisons analogues à l'âge et au sexe de la victime. Si quatre vierges, vêtues de lin et parées de feuillages, apportoient la dépouille d'une de leurs compagnes dans une nef tendue de rideaux blancs, le prêtre récitoit à haute voix sur cette jeune cendre une hymne à la virginité. Tantôt c'étoit l'*Ave, maris Stella,* cantique où il règne une grande fraîcheur et où l'heure de la mort est représentée comme l'accomplissement de l'espérance ; tantôt c'étoient des images tendres et poétiques empruntées de l'Écriture : *Elle a passé comme l'herbe des champs; ce matin elle fleurissoit dans toute sa grâce, le soir nous l'avons vue séchée.* N'est-ce pas là la fleur *qui languit touchée par le tranchant de la charrue; le pavot qui penche sa tête abattue par une pluie d'orage?* PLUVIA CUM FORTE GRAVANTUR.

Et quelle oraison funèbre le pasteur prononçoit-il sur l'enfant décédé dont une mère en pleurs lui présentoit le petit cercueil? Il entonnoit l'hymne que les trois enfants hébreux chantoient dans la fournaise et que l'église répète le dimanche au lever du jour : *Que tout bénisse les œuvres du Seigneur !* La religion bénit Dieu d'avoir couronné l'enfant par la mort, d'avoir délivré ce jeune ange des chagrins de la vie. Elle invite la nature à se réjouir autour du tombeau de l'innocence : ce ne son point des cris de douleur, ce sont des cris d'allégresse qu'elle fait entendre. C'est dans le même esprit qu'elle chante encore le *Laudate, pueri, Dominum*, qui finit par cette strophe : *Qui habitare facit sterilem in domo matrem filiorum lætantem.* « Le Seigneur, qui rend féconde une maison stérile et qui fait que la mère se réjouit dans ses fils. » Quel cantique pour des parents affligés! L'Église leur montre l'enfant qu'ils viennent de perdre vivant au bienheureux séjour, et leur promet d'autres enfants sur la terre!

Enfin, non satisfaite d'avoir donné cette attention à chaque cercueil, la religion a couronné les choses de l'autre vie par une cérémonie générale, où elle réunit la mémoire des innombrables habitants du sépulcre[1] ; vaste communauté de morts, où le grand est couché auprès du petit ; république de parfaite égalité, où l'on n'entre point sans ôter son casque ou sa couronne pour passer par la porte abaissée du tombeau. Dans ce jour solennel où l'on célèbre les funérailles de la famille entière d'Adam, l'âme mêle ses tribulations pour les anciens morts aux peines qu'elle ressent pour ses amis nouvellement perdus. Le chagrin prend par cette union quelque chose de souverainement beau, comme une moderne douleur prend le caractère antique quand celui qui l'exprime a nourri son génie des vieilles tragédies d'Homère. La religion seule étoit capable d'élargir assez le cœur de l'homme pour qu'il pût contenir des soupirs et des amours égaux en nombre à la multitude des morts qu'il avoit à honorer.

1. Voyez la note XLIV, à la fin du volume.

FIN DU LIVRE PREMIER.

LIVRE DEUXIÈME.

TOMBEAUX.

CHAPITRE PREMIER.

TOMBEAUX ANTIQUES. — L'ÉGYPTE.

Les derniers devoirs qu'on rend aux hommes seroient bien tristes s'ils étoient dépouillés des signes de la religion. La religion a pris naissance aux tombeaux, et les tombeaux ne peuvent se passer d'elle : il est beau que le cri de l'espérance s'élève du fond du cercueil, et que le prêtre du Dieu vivant escorte au monument la cendre de l'homme : c'est en quelque sorte l'immortalité qui marche à la tête de la mort.

Des funérailles nous passons aux tombeaux, qui tiennent une si grande place dans l'histoire des hommes. Afin de mieux apprécier le culte dont on les honore chez les chrétiens, voyons dans quel état ils ont subsisté chez les peuples idolâtres.

Il existe un pays sur la terre qui doit une partie de sa célébrité à ses tombeaux. Deux fois attirés par la beauté des ruines et des souvenirs, les François ont tourné leurs pas vers cette contrée : ce peuple de saint Louis est travaillé intérieurement d'une certaine grandeur qui le force à se mêler, dans tous les coins du globe, aux choses grandes comme lui-même. Cependant est-il certain que des momies soient des objets fort dignes de notre curiosité ? On diroit que l'ancienne Égypte ait craint que la postérité ignorât un jour ce que c'étoit que la mort, et qu'elle ait voulu, à travers les temps, lui faire parvenir des échantillons de cadavres.

Vous ne pouvez faire un pas dans cette terre sans rencontrer un monument. Voyez-vous un obélisque, c'est un tombeau; les débris d'une colonne, c'est un tombeau; une cave souterraine, c'est encore un tombeau. Et lorsque la lune, se levant derrière la grande pyramide, vient à paroître sur le sommet de ce sépulcre immense, vous croyez apercevoir le phare même de la mort et errer véritablement sur le rivage où jadis le nautonier des enfers passoit les ombres.

CHAPITRE II.

LES GRECS ET LES ROMAINS.

Chez les Grecs et les Romains les morts ordinaires reposoient à l'entrée des villes, le long des chemins publics, apparemment parce que les tombeaux sont les vrais monuments du voyageur. On ensevelissoit souvent les morts fameux au bord de la mer.

Ces espèces de signaux funèbres, qui annonçoient de loin le rivage et l'écueil au navigateur, étoient pour lui sans doute un sujet de réflexions bien sérieuses. Oh! que la mer devoit lui paroître un élément sûr et fidèle auprès de cette terre où l'orage avoit brisé tant de hautes fortunes, englouti tant d'illustres vies! Près de la cité d'Alexandre on apercevoit le petit monceau de sable élevé par la piété d'un affranchi et d'un vieux soldat aux mânes du grand Pompée; non loin des ruines de Carthage on découvroit sur un rocher la statue armée consacrée à la mémoire de Caton; sur les côtes de l'Italie le mausolée de Scipion marquoit le lieu où ce grand homme mourut dans l'exil, et la tombe de Cicéron indiquoit la place où le père de la patrie fut indignement massacré.

Mais, tandis que la fatale Rome érigeoit sur le rivage de la mer ces témoignages de son injustice, la Grèce, consolant l'humanité, plaçoit au bord des mêmes flots de plus riants souvenirs. Les disciples de Platon et de Pythagore, en voguant sur la terre d'Égypte, où ils alloient s'instruire touchant les dieux, passoient devant l'île d'Io, à la vue du tombeau d'Homère. Il étoit naturel que le chantre d'Achille reposât sous la protection de Thétis; on pouvoit supposer que l'ombre du poëte se plaisoit encore à raconter les malheurs d'Ilion aux Néréides, ou que, dans les douces nuits de l'Ionie, elle disputoit aux Sirènes le prix des concerts.

CHAPITRE III.

TOMBEAUX MODERNES. — LA CHINE ET LA TURQUIE.

Les Chinois ont une coutume touchante : ils enterrent leurs proches dans leurs jardins. Il est assez doux d'entendre dans les bois la voix des ombres de ses pères et d'avoir toujours quelques souvenirs au désert.

A l'autre extrémité de l'Asie, les Turcs ont à peu près le même usage. Le détroit des Dardanelles présente un spectacle bien philosophique :

d'un côté s'élèvent les promontoires de l'Europe avec toutes ses ruines; de l'autre, les côtes de l'Asie, bordées de cimetières islamistes. Que de mœurs diverses ont animé ces rivages! Que de peuples y sont ensevelis, depuis les jours où la lyre d'Orphée y rassembla des sauvages jusqu'aux jours qui ont rendu ces contrées à la barbarie! Pélasges, Hellènes, Grecs, Méoniens, peuples d'Illus, de Sarpédon, d'Énée, habitants de l'Ida, du Tmolus, du Méandre et du Pactole, sujets de Mithridate, esclaves des césars romains, Vandales, hordes de Goths, de Huns, de Francs, d'Arabes, vous avez tous sur ces bords étalé le culte des tombeaux, et en cela seul vos mœurs ont été pareilles. La mort, se jouant à son gré des choses et des destinées humaines, a prêté le catafalque d'un empereur romain à la dépouille d'un Tartare, et dans le tombeau d'un Platon logé les cendres d'un mollah.

CHAPITRE IV.

LA CALÉDONIE OU L'ANCIENNE ÉCOSSE.

Quatre pierres couvertes de mousse marquent sur les bruyères de la Calédonie la tombe des guerriers de Fingal. Oscar et Malvina ont passé, mais rien n'est changé dans leur solitaire patrie. Le montagnard écossois se plaît encore à redire les chants de ses ancêtres; il est encore brave, sensible, généreux; ses mœurs modernes sont comme le souvenir de ses mœurs antiques; ce n'est plus, qu'on nous pardonne l'image, ce n'est plus la main du barde même qu'on entend sur la harpe, c'est ce frémissement des cordes produit par le toucher d'une ombre, lorsque la nuit, dans une salle déserte, elle annonçoit la mort d'un héros.

Carril accompanied his voice. The music was like the memory of joys that are past, pleasant, and mournful to the soul. The ghosts of departed bards heard it from Slimora's side, soft sounds spread along the wood, and the silent valley of night rejoice. So when he sits, in the silence of noon, in the valley of his breeze, the humming of the mountain's bee comes to Ossian's ear: the gale drowns it often in its course; but the pleasant sound returns again. « Carril accompagnoit sa voix. Leur musique, pleine de douceur et de tristesse, ressembloit au souvenir des joies qui ne sont plus. Les ombres des bardes décédés l'entendirent sur les flancs de Slimora. De foibles sons se prolongèrent le long des bois, et les vallées silencieuses de la nuit se réjouirent. Ainsi, pendant le silence de midi, lorsque Ossian est assis dans la vallée de ses brises;

le murmure de l'abeille de la montagne parvient à son oreille; souvent le zéphyr, dans sa course, emporte[1] le son léger, mais bientôt il revient encore. »

CHAPITRE V.

OTAÏTI.

L'homme ici-bas ressemble à l'aveugle Ossian, assis sur les tombeaux des rois de Morven : quelque part qu'il étende sa main dans l'ombre, il touche les cendres de ses pères.

Lorsque les navigateurs pénétrèrent pour la première fois dans l'océan Pacifique, ils virent se dérouler au loin des flots que caressent éternellement des brises embaumées. Bientôt du sein de l'immensité s'élevèrent des îles inconnues. Des bosquets de palmiers, mêlés à de grands arbres, qu'on eût pris pour de hautes fougères, couvroient les côtes, et descendoient jusqu'au bord de la mer en amphithéâtre : les cimes bleues des montagnes couronnoient majestueusement ces forêts. Ces îles, environnées d'un cercle de coraux, sembloient se balancer comme des vaisseaux à l'ancre dans un port, au milieu des eaux les plus tranquilles : l'ingénieuse antiquité auroit cru que Vénus avoit noué sa ceinture autour de ces nouvelles Cythères pour les défendre des orages.

Sous ces ombrages ignorés, la nature avoit placé un peuple beau comme le ciel qui l'avoit vu naître : les Otaïtiens portoient pour vêtements une draperie d'écorce de figuier; ils habitoient sous des toits de feuilles de mûrier, soutenus par des piliers de bois odorants, et ils faisoient voler sur les ondes de doubles canots aux voiles de jonc, aux banderoles de fleurs et de plumes. Il y avoit des danses et des sociétés consacrées aux plaisirs; les chansons et les drames de l'amour n'étoient point inconnus sur ces bords. Tout s'y ressentoit de la mollesse de la vie, et un jour plein de calme, et une nuit dont rien ne troubloit le silence. Se coucher près des ruisseaux, disputer de paresse avec leurs ondes, marcher avec des chapeaux et des manteaux de feuillages, c'étoit toute l'existence des tranquilles sauvages d'Otaïti. Les soins qui chez les autres hommes occupent leurs pénibles journées étoient ignorés de ces insulaires; en errant à travers les bois, ils trouvoient le lait et le pain suspendus aux branches des arbres.

1. *Drowns,* noie.

Telle apparut Otaïti à Wallis, à Cook et à Bougainville. Mais en approchant de ces rivages ils distinguèrent quelques monuments des arts, qui se marioient à ceux de la nature : c'étoient les poteaux des moraï. Vanité des plaisirs des hommes! Le premier pavillon qu'on découvre sur ces rives enchantées est celui de la mort, qui flotte au-dessus de toutes les félicités humaines.

Donc ne pensons pas que ces lieux, où l'on ne trouve au premier coup d'œil qu'une vie insensée, soient étrangers à ces sentiments graves, nécessaires à tous les hommes. Les Otaïtiens, comme les autres peuples, ont des rites religieux et des cérémonies funèbres; ils ont surtout attaché une grande pensée de mystère à la mort. Lorsqu'on porte un esclave au moraï, tout le monde fuit sur son passage; le maître de la pompe murmure alors quelques mots à l'oreille du décédé. Arrivé au lieu du repos, on ne descend point le corps dans la terre, mais on le suspend dans un berceau qu'on recouvre d'un canot renversé, symbole du naufrage de la vie. Quelquefois une femme vient gémir auprès du moraï; elle s'assied les pieds dans la mer, la tête baissée, et ses cheveux retombant sur son visage : les vagues accompagnent le chant de sa douleur, et sa voix monte vers le Tout-Puissant avec la voix du tombeau et celle de l'océan Pacifique.

CHAPITRE VI.

TOMBEAUX CHRÉTIENS.

En parlant du sépulcre dans notre religion, le ton s'élève et la voix se fortifie : on sent que c'est là le vrai tombeau de l'homme. Le monument de l'idolâtre ne vous entretient que du passé; celui du chrétien ne vous parle que de l'avenir. Le christianisme a toujours fait en tout le mieux possible; jamais il n'a eu de ces demi-conceptions si fréquentes dans les autres cultes. Ainsi, par rapport aux sépulcres, négligeant les idées intermédiaires, qui tiennent aux accidents et aux lieux, il s'est distingué des autres religions par une coutume sublime; il a placé la cendre des fidèles dans l'ombre des temples du Seigneur, et déposé les morts dans le sein du Dieu vivant.

Lycurgue n'avoit pas craint d'établir les tombeaux au milieu de Lacédémone; il avoit pensé, comme notre religion, que la cendre des pères, loin d'abréger les jours des fils, prolonge en effet leur existence, en leur enseignant la modération et la vertu, qui conduisent à une heureuse vieillesse. Les raisons humaines qu'on a opposées à ces raisons divines sont bien loin d'être convaincantes. Meurt-on moins en France que dans le reste de l'Europe, où les cimetières sont encore dans les villes?

Lorsque autrefois parmi nous on sépara les tombeaux des églises, le peuple, qui n'est pas si prudent que les beaux esprits, qui n'a pas les mêmes raisons de craindre le bout de la vie, le peuple s'opposa à l'abandon des antiques sépultures. Et qu'avoient en effet les modernes cimetières qui pût le disputer aux anciens? Où étoient leurs lierres, leurs ifs, leurs gazons nourris depuis tant de siècles des biens de la tombe? Pouvoient-ils montrer les os sacrés des aïeux, le temple, la maison du médecin spirituel, enfin cet appareil de religion qui promettoit, qui assuroit même une renaissance très-prochaine? Au lieu de ces cimetières fréquentés, on nous assigna dans quelque faubourg un enclos solitaire abandonné des vivants et des souvenirs, et où la mort, privée de tout signe d'espérance, sembloit devoir être éternelle.

Qu'on nous en croie : c'est lorsqu'on vient à toucher à ces bases fondamentales de l'édifice que les royaumes trop remués s'écroulent [1]. Encore si l'on s'étoit contenté de changer simplement le lieu des sépultures! mais, non satisfait de cette première atteinte portée aux mœurs, on fouilla les cendres de nos pères, on enleva leurs restes, comme le manant enlève dans son tombereau les boues et les ordures de nos cités.

Il fut réservé à notre siècle de voir ce qu'on regardoit comme le plus grand malheur chez les anciens, ce qui étoit le dernier supplice dont on punissoit les scélérats, nous entendons la dispersion des cendres; de voir, disons-nous, cette dispersion applaudie comme le chef-d'œuvre de la philosophie. Et où étoit donc le crime de nos aïeux, pour traiter ainsi leurs restes, sinon d'avoir mis au jour des fils tels que nous! Mais écoutez la fin de tout ceci, et voyez l'énormité de la sagesse humaine : dans quelques villes de France, on bâtit des cachots sur l'emplacement des cimetières; on éleva les prisons des hommes sur le champ où Dieu avoit décrété la fin de tout esclavage; on édifia des lieux de douleur pour remplacer les demeures où toutes les peines viennent finir; enfin, il ne resta qu'une ressemblance, à la vérité

---

1. Les anciens auroient cru un État renversé si l'on eût violé l'asile des morts. On connoît les belles lois de l'Égypte sur les sépultures. Les lois de Solon séparoient le violateur des tombeaux de la communion du temple, et l'abandonnoient aux Furies. Les *Institutes* de JUSTINIEN règlent jusqu'aux legs, l'héritage, la vente et le rachat d'un sépulcre, etc.

effroyable, entre ces prisons et ces cimetières : c'est là que s'exercèrent les jugements iniques des hommes, là où Dieu avoit prononcé les arrêts de son inviolable justice [1].

CHAPITRE VII.

CIMETIÈRES DE CAMPAGNE.

Les anciens n'ont point eu de lieux de sépulture plus agréables que nos cimetières de campagne : des prairies, des champs, des eaux, des bois, une riante perspective, marioient leurs simples images avec les tombeaux des laboureurs. On aimoit à voir le gros if qui ne végétoit plus que par son écorce, les pommiers du presbytère, le haut gazon, les peupliers, l'ornement des morts, et les buis, et les petites croix de consolation et de grâce. Au milieu des paisibles monuments, le temple villageois élevoit sa tour surmontée de l'emblème rustique de la vigilance. On n'entendoit dans ces lieux que le chant du rouge-gorge et le bruit des brebis qui broutoient l'herbe de la tombe de leur ancien pasteur.

Les sentiers qui traversoient l'enclos bénit aboutissoient à l'église ou à la maison du curé : ils étoient tracés par le pauvre et le pèlerin, qui alloient prier le Dieu des miracles ou demander le pain de l'aumône à l'homme de l'Évangile : l'indifférent ou le riche ne passoit point sur ces tombeaux.

On y lisoit pour toute épitaphe : *Guillaume* ou *Paul, né en telle année, mort en telle autre.* Sur quelques-uns il n'y avoit pas même de nom. Le laboureur chrétien repose oublié dans la mort, comme ces végétaux utiles au milieu desquels il a vécu ; la nature ne grave pas le nom des chênes sur leurs troncs abattus dans les forêts.

---

[1]. Nous passons sous silence les abominations commises pendant les jours révolutionnaires. Il n'y a point d'animal domestique qui, chez une nation étrangère un peu civilisée, ne fût inhumé avec plus de décence que le corps d'un citoyen françois. On sait comment les enterrements s'exécutoient, et comment pour quelques deniers on faisoit jeter un père, une mère ou une épouse à la voirie. Encore ces morts sacrés n'y étoient-ils pas en sûreté ; car il y avoit des hommes qui faisoient métier de dérober le linceul, le cercueil, ou les cheveux du cadavre. Il ne faut rapporter toutes ces choses qu'à un conseil de Dieu ; c'étoit une suite de la première violation sous la monarchie. Il est bien à désirer qu'on rende au cercueil les signes de religion dont on l'a privé, et surtout qu'on ne fasse plus garder les cimetières par des chiens. Tel est l'excès de la misère où l'homme tombe quand il perd la vue de Dieu, que, n'osant plus se confier à l'homme, dont rien ne garantit la foi, il se voit réduit à placer ses cendres sous la protection des animaux.

Cependant, en errant un jour dans un cimetière de campagne, nous aperçûmes une épitaphe latine sur une pierre qui annonçoit le tombeau d'un enfant. Surpris de cette magnificence, nous nous en approchâmes, pour connoître l'érudition du curé du village ; nous lûmes ces mots de l'Évangile ;

Sinite parvulos venire ad me.

Laissez les petits enfants venir à moi.

Les cimetières de la Suisse sont quelquefois placés sur des rochers[1], d'où ils commandent les lacs, les précipices et les vallées. Le chamois et l'aigle y fixent leur demeure, et la mort croît sur ces sites escarpés, comme ces plantes alpines dont la racine est plongée dans des glaces éternelles. Après son trépas, le paysan de Glaris ou de Saint-Gall est transporté sur ces hauts lieux par son pasteur. Le convoi a pour pompe funèbre la pompe de la nature et pour musique sur les croupes des Alpes ces airs bucoliques qui rappellent au Suisse exilé son père, sa mère, ses sœurs et les bêlements des troupeaux de sa montagne.

L'Italie présente au voyageur ses catacombes, ou l'humble monument d'un martyr dans les jardins de Mécène et de Lucullus. L'Angleterre a ses morts vêtus de laine, et ses tombeaux semés de réséda. Dans ces cimetières d'Albion, nos yeux attendris ont quelquefois rencontré un nom françois au milieu des épitaphes étrangères : revenons aux tombeaux de la patrie.

CHAPITRE VIII.

TOMBEAUX DANS LES ÉGLISES.

Rappelez-vous un moment les vieux monastères ou les cathédrales gothiques telles qu'elles existoient autrefois ; parcourez ces ailes du chœur, ces chapelles, ces nefs, ces cloîtres pavés par la mort, ces sanctuaires remplis de sépulcres. Dans ce labyrinthe de tombeaux, quels sont ceux qui vous frappent davantage? Sont-ce ces monuments modernes, chargés de figures allégoriques, qui écrasent de leurs marbres glacés des cendres moins glacées qu'elles? Vains simulacres qui semblent partager la double léthargie du cercueil où il sont assis et des cœurs mondains qui les ont fait élever ! A peine y jetez-vous un

---

[1]. Voyez la note XLV, à la fin du volume.

coup d'œil : mais vous vous arrêtez devant ce tombeau poudreux, sur lequel est couchée la figure gothique de quelque évêque revêtu de ses habits pontificaux, les mains jointes, les yeux fermés; vous vous arrêtez devant ce monument où un abbé, soulevé sur le coude, et la tête appuyée sur la main, semble rêver à la mort. Le sommeil du prélat et l'attitude du prêtre ont quelque chose de mystérieux : le premier paroît profondément occupé de ce qu'il voit dans ces rêves de la tombe; le second, comme un homme en voyage, n'a pas voulu se coucher entièrement, tant le moment où il doit se relever est proche !

Et quelle est cette grande dame qui repose ici près de son époux? L'un et l'autre sont habillés dans toute la pompe gauloise; un coussin supporte leurs têtes, et leurs têtes semblent si appesanties par les pavots de la mort qu'elles ont fait fléchir cet oreiller de pierre : heureux si ces deux époux n'ont point eu de confidences pénibles à se faire sur le lit de leur hymen funèbre ! Au fond de cette chapelle retirée, voici quatre écuyers de marbre, bardés de fer, armés de toutes pièces, les mains jointes, et à genoux aux quatre coins de l'entablement d'un tombeau. Est-ce toi, Bayard, qui rendois la rançon aux vierges, pour les marier à leurs amants? Est-ce toi, Beaumanoir, qui buvois ton sang dans le combat des Trente? Est-ce quelque autre chevalier qui sommeille ici? Ces écuyers semblent prier avec ferveur, car ces vaillants hommes, antique honnour du nom françois, tout guerriers qu'ils étoient, n'en craignoient pas moins Dieu du fond du cœur; c'étoit en criant : *Montjoie et saint Denis,* qu'ils arrachoient la France aux Anglois, et faisoient des miracles de vaillance pour l'Église, leur dame et leur roi. N'y a-t-il donc rien de merveilleux dans ces temps des Roland, des Godefroi, des sires de Coucy et de Joinville; dans ces temps des Maures, des Sarrasins, des royaumes de Jérusalem et de Chypre; dans ces temps où l'Orient et l'Asie échangeoient d'armes et de mœurs avec l'Europe et l'Occident; dans ces temps où Thibaud chantoit, où les troubadours se mêloient aux armes, les danses à la religion et les tournois aux siéges et aux batailles [1]?

---

1. On a sans doute de grandes obligations à l'artiste qui a rassemblé les débris de nos anciens sépulcres; mais quant aux effets de ces monuments, on sent trop qu'ils sont détruits. Resserrés dans un petit espace, divisés par siècles, privés de leurs harmonies avec l'antiquité des temples et du culte chrétien, ne servant qu'à l'histoire de l'art, et non à celle des mœurs et de la religion; n'ayant pas même gardé leur poussière, ils ne disent plus rien ni à l'imagination ni au cœur. Quand des hommes abominables eurent l'idée de violer l'asile des morts et de disperser leurs cendres pour effacer le souvenir du passé, la chose, tout horrible qu'elle est, pouvoit avoir aux yeux de la folie humaine une certaine mauvaise grandeur; mais c'étoit prendre l'engagement de bouleverser le monde, de ne pas laisser en France pierre sur pierre,

Sans doute ils étoient merveilleux ces temps, mais ils sont passés. La religion avoit averti les chevaliers de cette vanité des choses humaines, lorsqu'à la suite d'une longue énumération de titres pompeux : *Haut et puissant seigneur, messire Anne de Montmorency, connétable de France, etc., etc.*, elle avoit ajouté : *Priez pour lui, pauvre pécheur.* C'est tout le néant [2].

Quant aux sépultures souterraines, elles étoient généralement réservées aux rois et aux religieux. Lorsqu'on vouloit se nourrir de sérieuses et d'utiles pensées, il falloit descendre dans les caveaux des couvents, et contempler ces solitaires endormis, qui n'étoient pas plus calmes dans leurs demeures funèbres, qu'ils ne l'avoient été sur la terre. Que votre sommeil soit profond sous ces voûtes, hommes de paix, qui aviez partagé votre héritage mortel à vos frères, et qui, comme le héros de la Grèce, partant pour la conquête d'un autre univers, ne vous étiez réservé que l'espérance !

CHAPITRE IX.

SAINT-DENIS.

On voyoit autrefois, près de Paris, des sépultures fameuses entre les sépultures des hommes. Les étrangers venoient en foule visiter les merveilles de Saint-Denis. Ils y puisoient une profonde vénération pour la France, et s'en retournoient en disant en dedans d'eux-mêmes, comme saint Grégoire : *Ce royaume est réellement le plus grand parmi les nations*; mais il s'est élevé un vent de la colère autour de l'édifice de la Mort; les flots des peuples ont été poussés sur lui, et les hommes étonnés se demandent encore : *Comment le temple d'*Ammon *a disparu sous les sables des déserts.*

L'abbaye gothique où se rassembloient ces grands vassaux de la mort ne manquoit point de gloire : les richesses de la France étoient à ses portes ; la Seine passoit à l'extrémité de sa plaine ; cent endroits célèbres remplissoient, à quelque distance, tous les sites de beaux

---

et de parvenir, au travers des ruines, à des institutions inconnues. Se plonger dans ces excès pour rester dans des routes communes, et pour ne montrer qu'ineptie et absurdité, c'est avoir les fureurs du crime sans en avoir la puissance. Qu'est-il arrivé à ces spoliateurs de tombeaux ! Qu'ils sont tombés dans les gouffres qu'ils avoient ouverts, et que leurs cadavres sont restés comme un gage à la mort pour ceux qu'ils lui avoient dérobés.

1. Johnson, dans son *Traité des Épitaphes*, cite ce simple mot de la religion comme sublime.

noms, tous les champs de beaux souvenirs; la ville de Henri IV et de Louis le Grand étoit assise dans le voisinage; et la sépulture royale de Saint-Denis se trouvoit au centre de notre puissance et de notre luxe, comme un trésor où l'on déposoit les débris du temps et la surabondance des grandeurs de l'empire françois.

C'est là que venoient tour à tour s'engloutir les rois de la France. Un d'entre eux, et toujours le dernier descendu dans ces abîmes, restoit sur les degrés du souterrain, comme pour inviter sa postérité à descendre. Cependant Louis XIV a vainement attendu ses deux derniers fils : l'un s'est précipité au fond de la voûte, en laissant son ancêtre sur le seuil; l'autre, ainsi qu'Œdipe, a disparu dans une tempête. Chose digne de méditation! le premier monarque que les envoyés de la justice divine rencontrèrent fut ce Louis si fameux par l'obéissance que les nations lui portoient. Il étoit encore tout entier dans son cercueil. En vain pour défendre son trône il parut se lever avec la majesté de son siècle et une arrière-garde de huit siècles de rois; en vain son geste menaçant épouvanta les ennemis des morts, lorsque, précipité dans une fosse commune, il tomba sur le sein de Marie de Médicis : tout fut détruit. Dieu, dans l'effusion de sa colère, avoit juré par lui-même de châtier la France : ne cherchons point sur la terre les causes de pareils événements; elles sont plus haut.

Dès le temps de Bossuet, dans le souterrain *de ces princes anéantis*, on pouvoit à peine déposer madame Henriette, « *tant les rangs y sont pressés,* s'écrie le plus éloquent des orateurs, *tant la mort est prompte à remplir ces places!* » En présence des âges, dont les flots écoulés semblent gronder encore dans ces profondeurs, les esprits sont abattus par le poids des pensées qui les oppressent. L'âme entière frémit en contemplant tant de néant et tant de grandeur. Lorsqu'on cherche une expression assez magnifique pour peindre ce qu'il y a de plus élevé, l'autre moitié de l'objet sollicite le terme le plus bas, pour exprimer ce qu'il y a de plus vil. Ici les ombres des vieilles voûtes s'abaissent, pour se confondre avec les ombres des vieux tombeaux; là des grilles de fer entourent inutilement ces bières, et ne peuvent défendre la mort des empressements des hommes. Écoutez le sourd travail du ver du sépulcre, qui semble filer dans ces cercueils les indestructibles réseaux de la mort! Tout annonce qu'on est descendu à l'empire des ruines; et, à je ne sais quelle odeur de vétusté répandue sous ces arches funèbres, on croiroit, pour ainsi dire, respirer la poussière des temps passés.

Lecteurs chrétiens, pardonnez aux larmes qui coulent de nos yeux en errant au milieu de cette famille de saint Louis et de Clovis. Si tout à coup, jetant à l'écart le drap mortuaire qui les couvre, ces monarques alloient se dresser dans leurs sépulcres et fixer sur nous leurs regards, à la lueur de cette lampe!... Oui, nous les voyons tous se lever à demi, ces spectres des rois; nous les reconnoissons, nous osons interroger ces majestés du tombeau. Hé bien, peuple royal de fantômes, dites-le-nous : voudriez-vous revivre maintenant au prix d'une couronne? Le trône vous tente-t-il encore?... Mais d'où vient ce profond silence? D'où vient que vous êtes tous muets sous ces voûtes? Vous secouez vos têtes royales, d'où tombe un nuage de poussière; vos yeux se referment, et vous vous recouchez lentement dans vos cercueils !

Ah! si nous avions interrogé ces morts champêtres, dont naguère nous visitions les cendres, ils auroient percé le gazon de leurs tombeaux; et, sortant du sein de la terre comme des vapeurs brillantes, ils nous auroient répondu : « Si Dieu l'ordonne ainsi, pourquoi refuserions-nous de revivre? Pourquoi ne passerions-nous pas encore des jours résignés dans nos chaumières? Notre hoyau n'étoit pas si pesant que vous le pensez; nos sueurs mêmes avoient leurs charmes, lorsqu'elles étoient essuyées par une tendre épouse ou bénies par la religion. »

Mais où nous entraîne la description de ces tombeaux déjà effacés de la terre? Elles ne sont plus, ces sépultures! Les petits enfants se sont joués avec les os des puissants monarques : Saint-Denis est désert; l'oiseau l'a pris pour passage, l'herbe croît sur ses autels brisés : et au lieu du cantique de la mort, qui retentissoit sous ses dômes, on n'entend plus que les gouttes de pluie qui tombent par son toit découvert, la chute de quelque pierre qui se détache de ses murs en ruine, ou le son de son horloge, qui va roulant dans les tombeaux vides et les souterrains dévastés[1].

1. Voyez la note XLVI, à la fin du volume.

FIN DU LIVRE DEUXIÈME.

LIVRE TROISIÈME.

VUE GÉNÉRALE DU CLERGÉ.

CHAPITRE PREMIER.

DE JÉSUS-CHRIST ET DE SA VIE.

Vers le temps de l'apparition du Rédempteur sur la terre, les nations étoient dans l'attente de quelque personnage fameux. « Une ancienne et constante opinion, dit Suétone, étoit répandue dans l'Orient, qu'un homme s'élèveroit de la Judée et obtiendroit l'empire universel[1]. » Tacite raconte le même fait presque dans les mêmes mots. Selon cet historien, « la plupart des Juifs étoient convaincus, d'après un oracle conservé dans les anciens livres de leurs prêtres, que dans ce temps-là (le temps de Vespasien), l'Orient prévaudroit, et que quelqu'un, sorti de Judée, régneroit sur le monde[2]. »

Josèphe, parlant de la ruine de Jérusalem, rapporte que les Juifs furent principalement poussés à la révolte contre les Romains par une obscure[3] prophétie qui leur annonçoit que vers cette époque *un homme s'élèveroit parmi eux, et soumettroit l'univers*[4].

Le Nouveau Testament offre aussi des traces de cette espérance répandue dans Israel : la foule qui court au désert demande à saint Jean-Baptiste s'il est le *grand Messie*, le *Christ de Dieu*, depuis long-temps attendu : les disciples d'Emmaüs sont saisis de tristesse lorsqu'ils reconnoissent que Jean *n'est pas l'homme qui doit racheter Israel*. Les soixante-dix semaines de Daniel, ou les quatre cent quatre-vingt-dix ans depuis la reconstruction du Temple, étoient accomplis. Enfin

---

[1]. *Percrebuerat Oriente toto vetus et constans opinio esse in fatis ut eo tempore Judæa profecti rerum potirentur.* (Suet., *in Vespas.*, c. iv.)

[2]. *Pluribus persuasio inerat antiquis sacerdotum litteris contineri eo ipso tempore fore ut valesceret Oriens, profectique Judæa rerum potirentur.*
(Tacit., *Hist.*, lib. v, c. xiii.)

[3]. Ἀμφίβολος, applicable à plusieurs personnes; et voilà pourquoi les historiens latins l'attribuent à Vespasien. [4]. Joseph., *de Bell. Judaic.*, p. 183.

Origène, après avoir rapporté ces traditions des Juifs, ajoute « qu'un grand nombre d'entre eux avouèrent Jésus-Christ pour le libérateur promis par les prophètes [1] ».

Cependant le ciel prépare les voies du Fils de l'Homme. Les nations, longtemps désunies de mœurs, de gouvernement, de langage, entretenoient des inimitiés héréditaires ; tout à coup le bruit des armes cesse, et les peuples, réconciliés ou vaincus, viennent se perdre dans le peuple romain.

D'un côté, la religion et les mœurs sont parvenues à ce degré de corruption qui produit de force un changement dans les affaires humaines ; de l'autre, les dogmes de l'unité d'un Dieu et de l'immortalité de l'âme commencent à se répandre [2] : ainsi les chemins s'ouvrent à la doctrine évangélique, qu'une langue universelle va servir à propager.

Cet empire romain se compose de nations, les unes sauvages, les autres policées, la plupart infiniment malheureuses : la simplicité du Christ pour les premières, ses vertus morales pour les secondes ; pour toutes, sa miséricorde et sa charité, sont des moyens de salut que le ciel ménage. Et ces moyens sont si efficaces. que, deux siècles après le Messie, Tertullien disoit aux juges de Rome : « Nous ne sommes que d'hier, et nous remplissons tout, vos cités, vos îles, vos forteresses, vos colonies, vos tribus, vos décuries, vos conseils, le palais, le sénat, le forum ; nous ne vous laissons que vos temples ; » *Sola relinquimus templa* [3].

A la grandeur des préparations naturelles s'unit l'éclat des prodiges : les vraies oracles, depuis longtemps muets dans Jérusalem, recouvrent la voix, et les fausses sibylles se taisent. Une nouvelle étoile se montre dans l'Orient, Gabriel descend vers Marie, et un chœur d'esprits bienheureux chante au haut du ciel, pendant la nuit : *Gloire à Dieu, paix aux hommes !* Tout à coup le bruit se répand que le Sauveur a vu le jour dans la Judée : il n'est point né dans la pourpre, mais dans l'asile de l'indigence ; il n'a point été annoncé aux grands et aux superbes, mais les anges l'ont révélé aux petits et aux simples ; il n'a pas réuni autour de son berceau les heureux du monde, mais les infortunés ; et par ce premier acte de sa vie il s'est déclaré de préférence le Dieu des misérables.

Arrêtons-nous ici pour faire une réflexion. Nous voyons depuis le

---

1. Καὶ πεποιθέναι αὐτὸν εἶναι τὸν προφητευόμενον.
(Orig., *cont. Cels.*, p. 127.)
2. Voyez la note XLVII, à la fin du volume.
3. Tertull., *Apologet.*, cap. xxxvii.

commencement des siècles, les rois, les héros, les hommes éclatants, devenir les dieux des nations. Mais voici que le fils d'un charpentier, dans un petit coin de la Judée, est un modèle de douleurs et de misère : il est flétri publiquement par un supplice ; il choisit ses disciples dans les rangs les moins élevés de la société ; il ne prêche que sacrifices, que renoncement aux pompes du monde, au plaisir, au pouvoir : il préfère l'esclave au maître, le pauvre au riche, le lépreux à l'homme sain ; tout qui ce pleure, tout ce qui a des plaies, tout ce qui est abandonné du monde fait ses délices : la puissance, la fortune et le bonheur sont au contraire menacés par lui. Il renverse les notions communes de la morale ; il établit des relations nouvelles entre les hommes, un nouveau droit des gens, une nouvelle foi publique : il élève ainsi sa divinité, triomphe de la religion des césars, s'assied sur leur trône, et parvient à subjuguer la terre. Non, quand la voix du monde entier s'élèveroit contre Jésus-Christ, quand toutes les lumières de la philosophie se réuniroient contre ses dogmes, jamais on ne nous persuadera qu'une religion fondée sur une pareille base soit une religion humaine. Celui qui a pu faire adorer une *croix*, celui qui a offert pour objet de culte aux hommes *l'humanité souffrante, la vertu persécutée*, celui-là, nous le jurons, ne sauroit être qu'un Dieu.

Jésus-Christ apparoît au milieu des hommes, plein de grâce et de vérité ; l'autorité et la douceur de sa parole entraînent. Il vient pour être le plus malheureux des mortels, et tous ses prodiges sont pour les misérables. *Ses miracles*, dit Bossuet, *tiennent plus de la bonté que de la puissance*. Pour inculquer ses préceptes, il choisit l'apologue ou la parabole, qui se grave aisément dans l'esprit des peuples. C'est en marchant dans les campagnes qu'il donne ses leçons. En voyant les fleurs d'un champ, il exhorte ses disciples à espérer dans la Providence, qui supporte les foibles plantes et nourrit les petits oiseaux ; en apercevant les fruits de la terre, il instruit à juger l'homme par ses œuvres. On lui apporte un enfant, et il recommande l'innocence ; se trouvant au milieu des bergers, il se donne à lui-même le titre de *pasteur des âmes*, et se représente rapportant sur ses épaules la brebis égarée. Au printemps, il s'assied sur une montagne, et tire des objets environnants de quoi instruire la foule assise à ses pieds. Du spectacle même de cette foule pauvre et malheureuse, il fait naître ses béatitudes : *Bienheureux ceux qui pleurent ; bienheureux ceux qui ont faim et soif, etc.* Ceux qui observent ses préceptes et ceux qui les méprisent sont comparés à deux hommes qui bâtissent deux maisons, l'une sur le roc, l'autre sur un sable mouvant : selon quelques interprètes, il montroit, en parlant ainsi, un hameau florissant sur une colline, et au bas de cette colline des cabanes détruites par une inondation [1]. Quand il demande de l'eau à la femme de Samarie, il lui peint sa doctrine sous la belle image d'une source d'eau vive.

Les plus violents ennemis de Jésus-Christ n'ont jamais osé attaquer sa personne. Celse, Julien, Volusien [2], avouent ses miracles, et Porphyre raconte que les oracles mêmes des païens l'appeloient un homme illustre par sa piété [3]. Tibère avoit voulu le mettre au rang des dieux [4]; selon Lampridius, Adrien lui avoit élevé des temples, et Alexandre Sévère le révéroit avec les images des âmes saintes, entre Orphée et Abraham [5]. Pline a rendu un illustre témoignage à l'innocence de ces premiers chrétiens qui suivoient de près les exemples du Rédempteur. Il n'y a point de philosophie de l'antiquité à qui l'on n'ait reproché quelques vices : les patriarches mêmes ont eu des foiblesses; le Christ seul est sans tache : c'est la plus brillante copie de cette beauté souveraine qui réside sur le trône des cieux. Pur et sacré comme le tabernacle du Seigneur, ne respirant que l'amour de Dieu et des hommes, infiniment supérieur à la vaine gloire du monde, il poursuivoit, à travers les douleurs, la grande affaire de notre salut, forçant les hommes, par l'ascendant de ses vertus, à embrasser sa doctrine et à imiter une vie qu'ils étoient contraints d'admirer [6].

Son caractère étoit aimable, ouvert et tendre, sa charité sans bornes. L'Apôtre nous en donne une idée en deux mots : *Il alloit faisant le bien.* Sa résignation à la volonté de Dieu éclate dans tous les moments de sa vie; il aimoit, il connoissoit l'amitié : l'homme qu'il tira du tombeau, Lazare, étoit son ami; ce fut pour le plus grand sentiment de la vie qu'il fit son plus grand miracle. L'amour de la patrie trouva chez lui un modèle : « *Jérusalem! Jérusalem!* s'écrioit-il, en pensant au jugement qui menaçoit cette cité coupable, *j'ai voulu rassembler tes enfants, comme la poule rassemble ses poussins sous ses ailes; mais tu ne l'as pas voulu!* » Du haut d'une colline, jetant les yeux sur cette ville condamnée, pour ses crimes, à une horrible destruction, il ne put retenir ses larmes : *Il vit la cité*, dit l'Apôtre, *et il pleura!* Sa tolérance ne fut pas moins remarquable quand ses disciples le prièrent de faire descendre le feu sur un village de Samaritains qui

---

1. FORTIN., *on the truth of the Christ. Relig.*, p. 218.
2. ORIG., *cont. Cels.*, I, II; JUL., *ap. Cyril.*, liv. VI; AUG., ep. III, IV, t. II.
3. EUSEB., *Dem.* III, ev. 3.   4. TERT., *Apologet.*
5. LAMP., *in Alex. Sev.*, cap. IV et XXXI.
6. Voyez la note XLVIII, à la fin du volume.

lui avoit refusé l'hospitalité. Il répondit avec indignation : *Vous ne savez pas ce que vous demandez!*

Si le Fils de l'Homme étoit sorti du ciel avec toute sa force, il eût eu sans doute peu de peine à pratiquer tant de vertus, à supporter tant de maux ; mais c'est ici la gloire du mystère : le Christ ressentoit des douleurs ; son cœur se brisoit comme celui d'un homme ; il ne donna jamais aucun signe de colère que contre la dureté de l'âme et l'insensibilité. Il répétoit éternellement : *Aimez-vous les uns les autres.* *Mon père,* s'écrioit-il sous le fer des bourreaux, *pardonnez-leur, car ils ne savent ce qu'ils font.* Prêt à quitter ses disciples bien aimés, il fondit tout à coup en larmes ; il ressentit les terreurs du tombeau et les angoisses de la croix : une sueur de sang coula le long de ses joues divines ; il se plaignit que son Père l'avoit abandonné. Lorsque l'ange lui présenta le calice, il dit : *O mon Père! fais que ce calice passe loin de moi ; cependant, si je dois le boire, que ta volonté soit faite.* Ce fut alors que ce mot, où respire la sublimité de la douleur, échappa à sa bouche : *Mon âme est triste jusqu'à la mort.* Ah! si la morale la plus pure et le cœur le plus tendre, si une vie passée à combattre l'erreur et à soulager les maux des hommes, sont les attributs de la divinité, qui peut nier celle de Jésus-Christ? Modèle de toutes vertus, l'amitié le voit endormi dans le sein de saint Jean, ou léguant sa mère à ce disciple ; la charité l'admire dans le jugement de la femme adultère ; partout la pitié le trouve bénissant les pleurs de l'infortuné ; dans son amour pour les enfants, son innocence et sa candeur se décèlent ; la force de son âme brille au milieu des tourments de la croix, et son dernier soupir est un soupir de miséricorde.

CHAPITRE II.

CLERGÉ SÉCULIER. — HIÉRARCHIE.

Le Christ, ayant laissé ses enseignements à ses disciples, monta sur le Thabor et disparut. Dès ce moment l'Église subsiste dans les apôtres : elle s'établit à la fois chez les Juifs et chez les Gentils. Saint Pierre, dans une seule prédication, convertit cinq mille hommes à Jérusalem, et saint Paul reçoit sa mission pour les nations infidèles. Bientôt le prince des Apôtres jette dans la capitale de l'empire romain les fondements de la puissance ecclésiastique [1]. Les premiers césars régnoient

---

1. Voyez la note XLIX, à la fin du volume.

encore, et déjà circuloit au pied de leur trône, dans la foule, le prêtre inconnu qui devoit les remplacer au Capitole. La hiérarchie commence ; Lin succède à Pierre, Clément à Lin : cette chaîne de pontifes, héritiers de l'autorité apostolique, ne s'interrompt plus pendant dix-huit siècles, et nous unit à Jésus-Christ [1].

Avec la dignité épiscopale, on voit s'établir dès le principe les deux autres grandes divisions de la hiérarchie, le *sacerdoce*, et le *diaconat*. Saint Ignace exhorte les Magnésiens *à agir en unité avec leur évêque, qui tient la place de Jésus-Christ, leurs prêtres, qui représentent les apôtres, et leurs diacres, qui sont chargés du soin des autels* [2]. Pie, Clément d'Alexandrie, Origène et Tertullien, confirment ces degrés [3].

Quoiqu'il ne soit fait mention pour la première fois des métropolitains ou des archevêques qu'au concile de Nicée, néanmoins ce concile parle de cette dignité comme d'un degré hiérarchique établi depuis longtemps [4]. Saint Athanase [5] et saint Augustin [6] citent des métropolitains existant avant la date de cette assemblée. Dès le second siècle Lyon est qualifié, dans les actes civils, de ville métropolitaine, et saint Irénée, qui en étoit évêque, gouvernoit toute l'*Église* (παροχίον) gallicane [7].

Quelques auteurs ont pensé que les archevêques mêmes sont d'institution apostolique [8] ; en effet, Eusèbe et saint Chrysostome disent que Tite, évêque, avoit la surintendance des évêques de Crète [9].

Les opinions varient sur l'origine du patriarcat ; Baronius, de Marca et Richerius la font remonter aux apôtres ; mais il paroît néanmoins qu'il ne fut établi dans l'Église que vers l'an 385, quatre ans après le concile général de Constantinople.

Le nom de cardinal se donnoit d'abord indistinctement aux premiers titulaires des églises [10]. Comme ces chefs du clergé étoient ordinairement des hommes distingués par leur science et leur vertu, les papes les consultoient dans les affaires délicates ; ils devinrent peu à peu le conseil permanent du saint-siége, et le droit d'élire le souverain

---

1. Voyez la note L, à la fin du volume.
2. IGNAT., *Ep. ad Magnes*, n° VI.
3. PIUS, ep. II ; CLEM. ALEX., *Strom.*, lib. VI, p. 667 ; ORIG., hom. II, *in Num.*, hom. *in Cantic.*, TERTULL., *de Monogam.*, cap. XI ; *de Fuga*, cap. XLI ; *de Baptismo*, cap. XVII.
4. *Conc. Nicen.*, can. VI.   5. ATHAN., *de Sentent. Dionys.*, t. I, p. 552.
6. AUG., *Brevis Collat. tert. die*, cap. XVI.
7. EUSEB., *H. E.*, lib. V, cap. XXIII. De παροχίον nous avons fait *paroisse*.
8. USHER., *de Orig. Episc. et Metrop. Revereg. cod. can. vind.*, lib. II, cap VI, n° 12 ; HAMM., *Pref. to Titus in Dissert. 4 cont. Blondel*, cap. V.
9. EUSEB., *H. E.*, lib. III, cap. IV ; CHRYS., *Hom.* I, *in Tit.*
10. HÉRICOURT, *Lois eccl. de France*, p. 205.

pontife passa dans leur sein, quand la communion des fidèles devint trop nombreuse pour être assemblée.

Les mêmes causes qui avoient donné naissance aux cardinaux près des papes produisirent les chanoines près des évêques : c'étoit un certain nombre de prêtres qui composoient la cour épiscopale. Les affaires du diocèse augmentant, les membres du synode furent obligés de se partager le travail. Les uns furent appelés vicaires, les autres grands-vicaires, etc., selon l'étendue de leur charge. Le conseil entier prit le nom de *chapitre*, et les conseillers celui de *chanoines*, qui ne veut dire qu'administrateur canonique.

De simples prêtres, et même des laïques, nommés par les évêques à la direction d'une communauté religieuse, furent la source de l'ordre des abbés. Nous verrons combien les abbayes furent utiles aux lettres, à l'agriculture, et en général à la civilisation de l'Europe.

Les paroisses se formèrent à l'époque où les ordres principaux du clergé se subdivisèrent. Les évêchés étant devenus trop vastes pour que les prêtres de la métropole pussent porter les secours spirituels et temporels aux extrémités du diocèse, on éleva des églises dans les campagnes. Les ministres attachés à ces temples champêtres ont pris longtemps après le nom de curé, peut-être du latin *cura*, qui signifie *soin, fatigue*. Le nom du moins n'est pas orgueilleux, et on auroit dû le leur pardonner, puisqu'ils en remplissoient si bien les conditions[1].

Outre ces églises paroissiales, on bâtit encore des chapelles sur le tombeau des martyrs et des solitaires. Ces temples particuliers s'appeloient *martyrium* ou *memoria*; et, par une idée encore plus douce et plus philosophique, on les nommoit aussi *cimetières*, d'un mot grec qui signifie *sommeil*[2].

Enfin, les bénéfices séculiers durent leur origine aux *agapes*, ou repas des premiers chrétiens. Chaque fidèle apportoit quelques aumônes pour l'entretien de l'évêque, du prêtre et du diacre et pour le soulagement des malades et des étrangers[3]. Des hommes riches, des princes, des villes entières, donnèrent dans la suite des terres à l'église, pour remplacer ces aumônes incertaines. Ces biens partagés en divers lots, par le conseil des supérieurs ecclésiastiques, prirent le nom de prébende, de canonicat, de commende, de bénéfices-cures, de bénéfices manuels, simples, claustraux, selon les degrés hiérarchiques de l'administrateur aux soins duquel ils furent confiés[4].

---

1. S. Athanase, dans sa seconde *Apologie*, dit que de son temps il y avoit déjà dix églises paroissiales établies dans le Maréotis, qui relevoit du diocèse d'Alexandrie.
2. Fleury, *Hist. eccl.* 3. S. Just., *Apol.*
4. Héric., *Lois eccl.*, p. 204-13.

Quant aux fidèles en général, le corps des chrétiens primitifs se distinguoit en πιστοί, *croyants* ou *fidèles,* et κατηχούμενοι, *catéchumènes*[1]. Le privilége des *croyants* étoit d'être reçus à la sainte table, d'assister aux prières de l'église et de prononcer l'Oraison dominicale[2], que saint Augustin appelle pour cette raison *oratio fidelium* et saint Chrysostome εὐχὴ πιστῶν. Les catéchumènes ne pouvoient assister à toutes les cérémonies, et l'on ne traitoit des mystères devant eux qu'en paraboles obscures[3].

Le nom de laïque fut inventé pour distinguer l'homme qui n'étoit pas engagé dans les ordres du corps général du clergé. Le titre de *clerc* se forma en même temps : *laici* et κληρικὸς se lisent à chaque page des anciens auteurs. On se servoit de la dénomination d'*ecclésiastique* tantôt en parlant des chrétiens en opposition aux Gentils[4], tantôt en désignant le clergé, par rapport au reste des fidèles. Enfin, le titre de *catholique,* ou d'universelle, fut attribué à l'Église dès sa naissance. Eusèbe, Clément d'Alexandrie et saint Ignace en portent témoignage[5]. Poleimon, le juge, ayant demandé à Pionos, martyr, de quelle Église il étoit, le confesseur répondit : *De l'Église catholique, car Jésus-Christ n'en connoît point d'autre*[6].

N'oublions pas, dans le développement de cette hiérarchie, que saint Jérôme compare à celle des anges, n'oublions pas les voies par où la chrétienté signaloit sa sagesse et sa force, nous voulons dire les conseils et les persécutions. « Rappelez en votre mémoire, dit La Bruyère, rappelez ce grand et premier concile, où les Pères qui le composoient étoient remarquables chacun par quelques membres mutilés, ou par les cicatrices qui leur étoient restées des fureurs de la persécution : ils sembloient tenir de leurs plaies le droit de s'asseoir dans cette assemblée générale de toute l'Église. »

Déplorable esprit de parti! Voltaire, qui montre souvent l'horreur du sang et l'amour de l'humanité, cherche à persuader qu'il y eut peu de martyrs dans l'Église primitive[7]; et comme s'il n'eût jamais lu les historiens romains, il va presque jusqu'à nier cette première persécution dont Tacite nous a fait une si affreuse peinture. L'auteur de *Zaïre*, qui connoissoit la puissance du malheur, a craint qu'on ne se laissât

---

1. Eus., *Demonst. Evang.*, lib. vii, cap. ii.
2. *Constit. Apost.*, lib. viii, cap. viii et xii.
3. Théodor., *Epit. div. dog.*, cap. xxiv; Aug., *Serm. ad Neophytos, in append.*, t. X, p. 845.   4. Eus., lib. v, cap. vii, cap. xxvii; Cyril., *Catech.* xv, n° 4.
5. Eus., lib. iv, cap. xv; Clem. Alex., *Strom.*, lib. vii; Ignat., cap. *ad Smyrn.*, n° 8.
6. Act. Pion., *ap. Bar.*, an. 254, n° 9.
7. Dans son *Essai sur les Mœurs*. Voyez la note LI, à la fin du volume.

toucher par le tableau des souffrances des chrétiens ; il a voulu leur arracher une couronne de martyre qui les rendoit intéressants aux cœurs sensibles, et leur ravir jusqu'au charme de leurs pleurs.

Ainsi nous avons tracé le tableau de la hiérarchie apostolique : joignez-y le clergé régulier, dont nous allons bientôt nous entretenir, et vous aurez l'Église entière de Jésus-Christ. Nous osons l'avancer : aucune autre religion sur la terre n'a offert un pareil système de bienfaits, de prudence et de prévoyance, de force et de douceur, de lois morales et de lois religieuses. Rien n'est plus sagement ordonné que ces cercles qui, partant du dernier chantre de village, s'élèvent jusqu'au trône pontifical, qu'ils supportent et qui les couronne. L'Église ainsi, par ses différents degrés, touchoit à nos divers besoins : arts, lettres, sciences, législation, politique, institutions littéraires, civiles et religieuses, fondations pour l'humanité, tous ces magnifiques bienfaits nous arrivoient par les rangs supérieurs de la hiérarchie, tandis que les détails de la charité et de la morale étoient répandus par les degrés inférieurs chez les dernières classes du peuple. Si jadis l'Église fut pauvre, depuis le dernier échelon jusqu'au premier, c'est que la chrétienté étoit indigente comme elle. Mais on ne sauroit exiger que le clergé fût demeuré pauvre quand l'opulence croissoit autour de lui. Il auroit alors perdu toute considération, et certaines classes de la société avec lesquelles il n'auroit pu vivre se fussent soustraites à son autorité morale. Le chef de l'Église étoit prince, pour pouvoir parler aux princes ; les évêques, marchant de pair avec les grands, osoient les instruire de leurs devoirs ; les prêtres séculiers et réguliers, au-dessus des nécessités de la vie, se mêloient aux riches, dont ils épuroient les mœurs, et le simple curé se rapprochoit des pauvres, qu'il étoit destiné à soulager par ses bienfaits et à consoler par son exemple.

Ce n'est pas que le plus indigent des prêtres ne pût aussi instruire les grands du monde et les rappeler à la vertu ; mais il ne pouvoit ni les suivre dans les habitudes de leur vie, comme le haut clergé, ni leur tenir un langage qu'ils eussent parfaitement entendu. La considération même dont ils jouissoient venoit en partie des ordres supérieurs de l'Église. Il convient d'ailleurs à de grands peuples d'avoir un culte honorable et des autels où l'infortuné puisse trouver des secours.

Au reste, il n'y a rien d'aussi beau dans l'histoire des institutions civiles et religieuses que ce qui concerne l'autorité, les devoirs et l'investiture du prélat parmi les chrétiens. On y voit la parfaite image du pasteur des peuples et du ministre des autels. Aucune classe d'hommes n'a plus honoré l'humanité que celle des évêques, et l'on ne pourroit trouver ailleurs plus de vertus, de grandeur et de génie.

Le chef apostolique devoit être sans défaut de corps et pareil au prêtre sans tache que Platon dépeint dans ses *Lois*. Choisi dans l'assemblée du peuple, il étoit peut-être le seul magistrat légal qui existât dans les temps barbares. Comme cette place entraînoit une responsabilité immense, tant dans cette vie que dans l'autre, elle étoit loin d'être briguée. Les Basile et les Ambroise fuyoient au désert, dans la crainte d'être élevés à une dignité dont les devoirs effrayoient même leurs vertus.

Non-seulement l'évêque étoit obligé de remplir ses fonctions religieuses, comme d'enseigner la morale, d'administrer les sacrements, d'ordonner les prêtres, mais encore le poids des lois civiles et des débats politiques retomboit sur lui. C'étoit un prince à apaiser, une guerre à détourner, une ville à défendre. L'évêque de Paris, au IXe siècle, en sauvant par son courage la capitale de la France, empêcha peut-être la France entière de passer sous le joug des Normands.

« On étoit si convaincu, dit d'Héricourt, que l'obligation de recevoir les étrangers étoit un devoir dans l'épiscopat, que saint Grégoire voulut, avant de consacrer Florentinus, évêque d'Ancône, qu'on exprimât si c'étoit par impuissance ou par avarice qu'il n'avoit point exercé jusque alors l'hospitalité envers les étrangers[1]. »

On vouloit que l'évêque haït le péché et non le pécheur[2]; qu'il supportât le foible; qu'il eût un cœur de père pour les pauvres[3]. Il devoit néanmoins garder quelque mesure dans ses dons et ne point entretenir de profession dangereuse ou inutile, comme les baladins et les chasseurs[4] : véritable loi politique qui frappoit d'un côté le vice dominant des Romains, et de l'autre la passion des barbares.

Si l'évêque avoit des parents dans le besoin, il lui étoit permis de les préférer à des étrangers, mais non pas de les enrichir; « car, dit le canon, c'est leur état d'indigence et non les liens du sang qu'il doit regarder en pareil cas[5]. »

Faut-il s'étonner qu'avec tant de vertus les évêques obtinssent la vénération des peuples? On courboit la tête sous leur bénédiction; on chantoit *Hosannah* devant eux; on les appeloit *très-saints, très-chers à Dieu*, et ces titres étoient d'autant plus magnifiques qu'ils étoient justement acquis.

Quand les nations se civilisèrent, les évêques, plus circonscrits

---

1. *Lois eccl. de France*, p. 751.   2. *Id. ib.*, can. *Odio*.
3. *Id.*, loc. cit.   4. *Id. ib.*, can. *Don. qui venatoribus*.
5. *Lois eccl.*, p. 742, can. *Est probanda*.

dans leurs devoirs religieux, jouirent du bien qu'ils avoient fait aux hommes et cherchèrent à leur en faire encore en s'appliquant plus particulièrement au maintien de la morale, aux œuvres de charité et aux progrès des lettres. Leurs palais devinrent le centre de la politesse et des arts. Appelés par leurs souverains au ministère public et revêtus des premières dignités de l'Église, ils y déployèrent des talents qui firent l'admiration de l'Europe. Jusque dans ces derniers temps les évêques de France ont été des exemples de modération et de lumière. On pourroit sans doute citer quelques exceptions ; mais tant que les hommes seront sensibles à la vertu, on se souviendra que plus de soixante évêques catholiques ont erré fugitifs chez des peuples protestants, et qu'en dépit des préjugés religieux et des préventions qui s'attachent à l'infortune, ils se sont attiré le respect et la vénération de ces peuples ; on se souviendra que le disciple de Luther et de Calvin est venu entendre le prélat romain exilé prêcher, dans quelque retraite obscure, l'amour de l'humanité et le pardon des offenses ; on se souviendra enfin que tant de nouveaux Cypriens, persécutés pour leur religion, que tant de courageux Chrysostomes se sont dépouillés du titre qui faisoit leurs combats et leur gloire, sur un simple mot du chef de l'Église : heureux de sacrifier avec leur prospérité première l'éclat de douze ans de malheur à la paix de leur troupeau.

Quant au clergé inférieur, c'étoit à lui qu'on étoit redevable de ce reste de bonnes mœurs que l'on trouvoit encore dans les villes et dans les campagnes. Le paysan sans religion est une bête féroce ; il n'a aucun frein d'éducation ni de respect humain : une vie pénible a aigri son caractère ; la propriété lui a enlevé l'innocence du sauvage ; il est timide, grossier, défiant, avare, ingrat surtout. Mais, par un miracle frappant, cet homme, naturellement pervers, devient excellent dans les mains de la religion. Autant il étoit lâche, autant il est brave ; son penchant à trahir se change en une fidélité à toute épreuve, son ingratitude en un dévouement sans bornes, sa défiance en une confiance absolue. Comparez ces paysans impies, profanant les églises, dévastant les propriétés, brûlant à petit feu les femmes, les enfants et les prêtres ; comparez-les aux Vendéens défendant le culte de leurs pères, et seuls libres quand la France étoit abattue sous le joug de la terreur ; comparez-les, et voyez la différence que la religion peut mettre entre les hommes.

On a pu reprocher aux curés des préjugés d'état ou d'ignorance ; mais, après tout, la simplicité du cœur, la sainteté de la vie, la pauvreté évangélique, la charité de Jésus-Christ, en faisoient un des ordres les plus respectables de la nation. On en a vu plusieurs qui sembloient moins des hommes que des esprits bienfaisants descendus sur la terre pour soulager les misérables. Souvent ils se refusèrent le pain pour nourrir le nécessiteux, et se dépouillèrent de leurs habits pour en couvrir l'indigent. Qui oseroit reprocher à de tels hommes quelque sévérité d'opinion? Qui de nous, superbes philanthropes, voudroit durant les rigueurs de l'hiver être réveillé au milieu de la nuit pour aller administrer au loin dans les campagnes le moribond expirant sur la paille? Qui de nous voudroit avoir sans cesse le cœur brisé du spectacle d'une misère qu'on ne peut secourir, se voir environné d'une famille dont les joues hâves et les yeux creux annoncent l'ardeur de la faim et de tous les besoins? Consentirions-nous à suivre les curés de Paris, ces anges d'humanité, dans le séjour du crime et de la douleur, pour consoler le vice sous les formes les plus dégoûtantes, pour verser l'espérance dans un cœur désespéré? Qui de nous enfin voudroit se séquestrer du monde des heureux pour vivre éternellement parmi les souffrances et ne recevoir en mourant pour tant de bienfaits que l'ingratitude du pauvre et la calomnie du riche?

CHAPITRE III.

CLERGÉ RÉGULIER. — ORIGINE DE LA VIE MONASTIQUE.

S'il est vrai, comme on pourroit le croire, qu'une chose soit poétiquement belle en raison de l'antiquité de son origine, il faut convenir que la vie monastique a quelques droits à notre admiration. Elle remonte aux premiers âges du monde. Le prophète Élie, fuyant la corruption d'Israel, se retira le long du Jourdain, où il vécut d'herbes et de racines, avec quelques disciples. Sans avoir besoin de fouiller plus avant dans l'histoire, cette source des ordres religieux nous semble assez merveilleuse. Que n'eussent point dit les poëtes de la Grèce s'ils avoient trouvé pour fondateur des colléges sacrés un homme ravi au ciel dans un char de feu, et qui doit reparoître sur la terre au jour de la consommation des siècles?

De là la vie monastique, par un héritage admirable, descend à travers les prophètes et saint Jean-Baptiste jusqu'à Jésus-Christ, qui se déroboit souvent au monde pour aller prier sur les montagnes. Bientôt les Thérapeutes[1], embrassant les perfections de la retraite,

---

1. Voltaire se moque d'Eusèbe, *qui prend,* dit-il, *les Thérapeutes pour des moines chrétiens.* Eusèbe étoit plus près de ces moines que Voltaire, et certainement plus

offrirent, près du lac Mœris en Égypte, les premiers modèles des monastères chrétiens. Enfin, sous Paul, Antoine et Pacôme, paroissent ces saints de la Thébaïde qui remplirent le Carmel et le Liban des chefs-d'œuvre de la pénitence. Une voix de gloire et de merveille s'éleva du fond des plus affreuses solitudes. Des musiques divines se mêloient au bruit des cascades et des sources ; les Séraphins visitoient l'anachorète du rocher, ou enlevoient son âme brillante sur les nues ; les lions servoient de messager au solitaire et les corbeaux lui apportoient la manne céleste. Les cités jalouses virent tomber leur réputation antique : ce fut le temps de la renommée du désert.

Marchant ainsi d'enchantement en enchantement dans l'établissement de la vie religieuse, nous trouvons une seconde sorte d'origines que nous appelons *locales*, c'est-à-dire certaines fondations d'ordres et de couvents : ces origines ne sont ni moins curieuses ni moins agréables que les premières. Aux portes même de Jérusalem on voit un monastère bâti sur l'emplacement de la maison de Pilate ; au mont Sinaï, le couvent de la *Transfiguration* marque le lieu où Jéhovah dicta ses lois aux Hébreux, et plus loin s'élève un autre couvent sur la montagne où Jésus-Christ disparut de la terre.

Et que de choses admirables l'Occident ne nous montre-t-il pas à son tour dans les fondations des communautés, monuments de nos antiquités gauloises, lieux consacrés par d'intéressantes aventures ou par des actes d'humanité ! L'histoire, les passions du cœur, la bienfaisance se disputent l'origine de nos monastères. Dans cette gorge des Pyrénées, voilà l'hôpital de Roncevaux, que Charlemagne bâtit à l'endroit même où la fleur des chevaliers, Roland, termina ses hauts faits : un asile de paix et de secours marque dignement le tombeau du preux qui défendit l'orphelin et mourut pour sa patrie. Aux plaines de Bovines, devant ce petit temple du Seigneur, j'apprends à mépriser les arcs de triomphe des Marius et des Césars ; je contemple avec orgueil ce couvent qui vit un roi françois proposer la couronne au plus digne. Mais aimez-vous les souvenirs d'une autre sorte ? Une femme d'Albion, surprise par un sommeil mystérieux, croit voir en songe la lune se pencher vers elle : bientôt il lui naît une fille chaste et triste comme le flambeau des nuits, et qui, fondant un monastère, devient l'astre charmant de la solitude.

On nous accuseroit de chercher à surprendre l'oreille par de doux sons si nous rappelions ces couvents d'*Aqua-Bella*, de *Bel-Monte*, de

---

versé que lui dans les antiquités chrétiennes. Montfaucon, Fleury, Héricourt, Hélyot et une foule d'autres savants se sont rangés à l'opinion de l'évêque de Césarée.

Vallombreuse, ou celui de *la Colombe*, ainsi nommé à cause de son fondateur, colombe céleste qui vivoit dans les bois. La Trappe et le Paraclet gardoient le nom et le souvenir de Comminges et d'Héloïse. Demandez à ce paysan de l'antique Neustrie quel est ce monastère qu'on aperçoit au sommet de la colline. Il vous répondra : « C'est le prieuré *des deux Amants* : un jeune gentilhomme étant devenu amoureux d'une jeune damoiselle, fille du châtelain de Malmain, ce seigneur consentit à accorder sa fille à ce pauvre gentilhomme, s'il pouvoit la porter jusqu'au haut du mont. Il accepta le marché, et, chargé de sa dame, il monta tout au sommet de la colline, mais il mourut de fatigue en y arrivant : sa prétendue trépassa bientôt par grand déplaisir ; les parents les enterrèrent ensemble dans ce lieu, et ils y firent le prieuré que vous voyez. »

Enfin, les cœurs tendres auront dans les origines de nos couvents de quoi se satisfaire, comme l'antiquaire et le poëte. Voyez ces retraites de la *Charité*, des *Pèlerins*, du *Bien-Mourir*, des *Enterreurs de Morts*, des *Insensés*, des *Orphelins* ; tâchez, si vous le pouvez, de trouver dans le long catalogue des misères humaines une seule infirmité de l'âme ou du corps pour qui la religion n'ait pas fondé son lieu de soulagement ou son hospice !

Au reste, les persécutions des Romains contribuèrent d'abord à peupler les solitudes ; ensuite les barbares s'étant précipités sur l'empire, et ayant brisé tous les liens de la société, il ne resta aux hommes que Dieu pour espérance et les déserts pour refuges. Des congrégations d'infortunés se formèrent dans les forêts et dans les lieux les plus inaccessibles. Les plaines fertiles étoient en proie à des sauvages qui ne savoient pas les cultiver, tandis que sur les crêtes arides des monts habitoit un autre monde, qui, dans ces roches escarpées, avoit sauvé comme d'un déluge les restes des arts et de la civilisation. Mais de même que les fontaines découlent des lieux élevés pour fertiliser les vallées, ainsi les premiers anachorètes descendirent peu à peu de leurs hauteurs pour porter aux barbares la parole de Dieu et les douceurs de la vie.

On dira peut-être que les causes qui donnèrent naissance à la vie monastique n'existant plus parmi nous, les couvents étoient devenus des retraites inutiles. Et quand donc ces causes ont-elles cessé? N'y a-t-il plus d'orphelins, d'infirmes, de voyageurs, de pauvres, d'infortunés? Ah ! lorsque les maux des siècles barbares se sont évanouis, la société, si habile à tourmenter les âmes et si ingénieuse en douleur, a bien su faire naître mille autres raisons d'adversité qui nous jettent dans la solitude ! Que de passions trompées, que de sentiments trahis, que de dégoûts amers nous entraînent chaque jour hors du monde! C'étoit une chose fort belle que ces maisons religieuses où l'on trouvoit une retraite assurée contre les coups de la fortune et les orages de son propre cœur. Une orpheline abandonnée de la société, à cet âge où de cruelles séductions sourient à la beauté et à l'innocence, savoit du moins qu'il y avoit un asile où l'on ne se feroit pas un jeu de la tromper. Comme il étoit doux pour cette pauvre étrangère sans parents d'entendre retentir le nom de sœur à ses oreilles! Quelle nombreuse et paisible famille la religion ne venoit-elle pas de lui rendre! un père céleste lui ouvroit sa maison et la recevoit dans ses bras.

C'est une philosophie bien barbare et une politique bien cruelle que celles-là qui veulent obliger l'infortuné à vivre au milieu du monde. Des hommes ont été assez peu délicats pour mettre en commun leurs voluptés ; mais l'adversité a un plus noble égoïsme : elle se cache toujours pour jouir de ses plaisirs, qui sont ses larmes. S'il est des lieux pour la santé du corps, ah! permettez à la religion d'en avoir aussi pour la santé de l'âme, elle qui est bien plus sujette aux maladies, et dont les infirmités sont bien plus douloureuses, bien plus longues et bien plus difficiles à guérir.

Des gens se sont avisés de vouloir qu'on élevât des retraites *nationales* pour ceux *qui pleurent*. Certes, ces philosophes sont profonds dans la connoissance de la nature, et les choses du cœur humain leur ont été révélées, c'est-à-dire qu'ils veulent confier le malheur à la pitié des hommes et mettre les chagrins sous la protection de ceux qui les causent. Il faut une charité plus magnifique que la nôtre pour soulager l'indigence d'une âme infortunée ; Dieu seul est assez riche pour lui faire l'aumône.

On a prétendu rendre un grand service aux religieux et aux religieuses en les forçant de quitter leurs retraites : qu'en est-il advenu? Les femmes qui ont pu trouver un asile dans des monastères étrangers s'y sont réfugiées ; d'autres se sont réunies pour former entre elles des monastères au milieu du monde ; plusieurs enfin sont mortes de chagrin ; et ces Trappistes si *à plaindre*, au lieu de profiter des charmes de la liberté et de la vie, ont été continuer leurs macérations dans les bruyères de l'Angleterre et dans les déserts de la Russie.

Il ne faut pas croire que nous soyons tous également nés pour manier le hoyau ou le mousquet, et qu'il n'y ait point d'homme d'une délicatesse particulière, qui soit formé pour le labeur de la pensée, comme un autre pour le travail des mains. N'en doutons point, nous avons au fond du cœur mille raisons de solitude : quelques-uns y sont entraînés par une pensée tournée à la contemplation ; d'autres, par une certaine pudeur craintive qui fait qu'ils aiment à habiter en eux-mêmes ; enfin, il est des âmes trop excellentes qui cherchent en vain dans la nature les autres âmes auxquelles elles sont faites pour s'unir, et qui semblent condamnées à une sorte de virginité morale ou de veuvage éternel.

C'étoit surtout pour ces âmes solitaires que la religion avoit élevé ses retraites.

CHAPITRE IV.

DES CONSTITUTIONS MONASTIQUES.

On doit sentir que ce n'est pas l'histoire particulière des ordres religieux que nous écrivons, mais seulement leur histoire morale.

Ainsi, sans parler de saint Antoine, père des cénobites, de saint Paul, premier des anachorètes, de sainte Synclétique, fondatrice des monastères de filles ; sans nous arrêter à l'ordre de Saint-Augustin, qui comprend les chapitres connus sous le nom de *réguliers* ; à celui de Saint-Basile, adopté par les religieux et les religieuses d'Orient ; à la règle de Saint-Benoît, qui réunit la plus grande partie des monastères occidentaux ; à celle de Saint-François, pratiquée par les ordres mendiants, nous confondrons tous les religieux dans un tableau général, où nous tâcherons de peindre leurs costumes, leurs usages, leurs mœurs, leur vie active ou contemplative et les services sans nombre qu'ils ont rendus à la société.

Cependant nous ne pouvons nous empêcher de faire une observation. Il y a des personnes qui méprisent, soit par ignorance, soit par préjugés, ces constitutions sous lesquelles un grand nombre de cénobites ont vécu depuis plusieurs siècles. Ce mépris n'est rien moins que philosophique, et surtout dans un temps où l'on se pique de connoître et d'étudier les hommes. Tout religieux qui, au moyen d'une haire et d'un sac, est parvenu à rassembler sous ses lois plusieurs milliers de disciples, n'est point un homme ordinaire, et les ressorts qu'il a mis en usage, l'esprit qui domine dans ses institutions, valent bien la peine d'être examinés.

Il est digne de remarque, sans doute, que de toutes ces règles monastiques les plus rigides ont été les mieux observées : les chartreux ont donné au monde l'unique exemple d'une congrégation qui a existé sept cents ans sans avoir besoin de réforme. Ce qui prouve que plus le législateur combat les penchants naturels, plus il assure la durée de son ouvrage. Ceux au contraire qui prétendent élever des sociétés en employant les passions comme matériaux de l'édifice ressemblent à ces architectes qui bâtissent des palais avec cette sorte de pierre qui se fond à l'impression de l'air.

Les ordres religieux n'ont été, sous beaucoup de rapports, que des sectes philosophiques assez semblables à celles des Grecs. Les moines étoient appelés *philosophes* dans les premiers temps; ils en portoient la robe et en imitoient les mœurs. Quelques-uns même avoient choisi pour seule règle le manuel d'Épictète. Saint Basile établit le premier les vœux *de pauvreté, de chasteté* et *d'obéissance*. Cette loi est profonde; et si l'on y réfléchit, on verra que le génie de Lycurgue est renfermé dans ces trois préceptes.

Dans la règle de Saint-Benoît, tout est prescrit, jusqu'aux plus petits détails de la vie : lit, nourriture, promenade, conversation, prière. On donnoit aux foibles des travaux plus délicats, aux robustes de plus pénibles; en un mot, la plupart de ces lois religieuses décèlent une connoissance incroyable dans l'art de gouverner les hommes. Platon n'a fait que rêver des républiques, sans pouvoir rien exécuter : saint Augustin, saint Basile, saint Benoît, ont été de véritables législateurs et les patriarches de plusieurs grands peuples.

On a beaucoup déclamé dans ces derniers temps contre la perpétuité des vœux; mais il n'est peut-être pas impossible de trouver en sa faveur des raisons puisées dans la nature des choses et dans les besoins mêmes de notre âme.

L'homme est surtout malheureux par son inconstance et par l'usage de ce libre arbitre qui fait à la fois sa gloire et ses maux, et qui fera sa condamnation. Il flotte de sentiment en sentiment, de pensée en pensée; ses amours ont la mobilité de ses opinions, et ses opinions lui échappent comme ses amours. Cette inquiétude le plonge dans une misère dont il ne peut sortir que quand une force supérieure l'attache à un seul objet. On le voit alors porter avec joie sa chaîne; car l'homme infidèle hait pourtant l'infidélité. Ainsi, par exemple, l'artisan est plus heureux que le riche désoccupé, parce qu'il est soumis à un travail impérieux qui ferme autour de lui toutes les voies du désir ou de l'inconstance. La même soumission à la puissance fait le bien-être des enfants, et la loi qui défend le divorce a moins d'inconvénients pour la paix des familles que la loi qui le permet.

Les anciens législateurs avoient reconnu cette nécessité d'imposer un joug à l'homme. Les républiques de Lycurgue et de Minos n'étoient en effet que des espèces de communautés où l'on étoit engagé en naissant par des vœux perpétuels. Le citoyen y étoit condamné à une existence uniforme et monotone. Il étoit assujetti à des règles fatigantes, qui s'étendoient jusque sur ses repas et ses loisirs; il ne pouvoit disposer ni des heures de sa journée, ni des âges de sa vie; on lui demandoit un sacrifice rigoureux de ses goûts; il falloit qu'il aimât, qu'il pensât, qu'il agît d'après la loi; en un mot, on lui avoit retiré sa volonté pour le rendre heureux.

Le vœu perpétuel, c'est-à-dire la soumission à une règle inviolable, loin de nous plonger dans l'infortune, est donc, au contraire, une disposition favorable au bonheur, surtout quand ce vœu n'a d'autre but que de nous défendre contre les illusions du monde, comme dans les ordres monastiques. Les passions ne se soulèvent guère dans notre sein avant notre quatrième lustre; à quarante ans elles sont déjà éteintes ou détrompées : ainsi le serment indissoluble nous prive tout au plus de quelques années de désirs, pour faire ensuite la paix de notre vie, pour nous arracher aux regrets ou aux remords le reste de nos jours. Or, si vous mettez en balance les maux qui naissent des passions avec le peu de moments de joie qu'elles vous donnent, vous verrez que le vœu perpétuel est encore un plus grand bien, même dans les plus beaux instants de la jeunesse.

Supposons, d'ailleurs, qu'une religieuse pût sortir de son cloître à volonté, nous demandons si cette femme seroit heureuse. Quelques années de retraite auroient renouvelé pour elle la face de la société. Au spectacle du monde, si nous détournons un moment la tête, les décorations changent, les palais s'évanouissent; et lorsque nous reportons les yeux sur la scène, nous n'apercevons plus que des déserts et des acteurs inconnus.

On verroit incessamment la folie du siècle entrer par caprice dans les couvents et en sortir par caprice. Les cœurs agités ne seroient plus assez longtemps auprès des cœurs paisibles pour prendre quelque chose de leur repos, et les âmes sereines auroient bientôt perdu leur calme dans le commerce des âmes troublées. Au lieu de promener en silence leurs chagrins passés dans les abris du cloître, les malheureux iroient se racontant leurs naufrages et s'excitant peut-être à braver encore les écueils. Femme du monde, femme de la solitude, l'infidèle épouse de Jésus-Christ ne seroit propre ni à la solitude ni au monde; ce flux et reflux des passions, ces vœux tour à tour rompus et formés, banniroient des monastères la paix, la subordination, la décence. Ces retraites sacrées, loin d'offrir un port assuré à nos inquiétudes, ne seroient plus que des lieux où nous viendrions pleurer un moment l'inconstance des autres et méditer nous-mêmes des inconstances nouvelles.

Mais, ce qui rend le vœu perpétuel de la religion bien supérieur à l'espèce de vœu politique du Spartiate et du Crétois, c'est qu'il vient de nous-mêmes ; qu'il ne nous est imposé par personne, et qu'il présente au cœur une compensation pour ces amours terrestres que l'on sacrifie. Il n'y a rien que de grand dans cette alliance d'une âme immortelle avec le principe éternel ; ce sont deux natures qui se conviennent et qui s'unissent. Il est sublime de voir l'homme né libre chercher en vain son bonheur dans sa volonté, puis, fatigué de ne rien trouver ici-bas qui soit digne de lui, se jurer d'aimer à jamais l'Être suprême et se créer, comme Dieu, dans son propre serment, une *nécessité*.

CHAPITRE V.

TABLEAU DES MŒURS ET DE LA VIE RELIGIEUSE. MOINES, COPHTES, MARONITES, ETC.

Venons maintenant au tableau de la vie religieuse, et posons d'abord un principe. Partout où se trouve beaucoup de mystère, de solitude, de contemplation, de silence, beaucoup de pensées de Dieu, beaucoup de choses vénérables dans les costumes, les usages et les mœurs, là se doit trouver une abondance de toutes les sortes de beautés. Si cette observation est juste, on va voir qu'elle s'applique merveilleusement au sujet que nous traitons.

Remontons encore aux solitaires de la Thébaïde. Ils habitoient des cellules appelées *laures,* et portoient, comme leur fondateur Paul, des robes de feuilles de palmier ; d'autres étoient vêtus de cilices tissus de poil de gazelle ; quelques-uns, comme le solitaire Zénon, jetoient seulement sur leurs épaules la dépouille des bêtes sauvages ; et l'anachorète Séraphion marchoit enveloppé du linceul qui devoit le couvrir dans la tombe. Les religieux maronites, dans les solitudes du Liban, les ermites nestoriens, répandus le long du Tigre, ceux d'Abyssinie, aux cataractes du Nil et sur les rivages de la mer Rouge, tous, enfin, mènent une vie aussi extraordinaire que les déserts où ils l'ont cachée. Le moine cophte, en entrant dans son monastère, renonce aux plaisirs, consume son temps en travail, en jeûnes, en prières, et à la pratique de l'hospitalité. Il couche sur la dure, dort à peine quelques instants, se relève et, sous le beau firmament d'Égypte, fait entendre sa voix parmi les débris de Thèbes et de Memphis. Tantôt l'écho des Pyramides redit aux ombres des Pharaons les cantiques de cet enfant de la famille de Joseph ; tantôt ce pieux solitaire chante au matin les louanges du vrai Soleil, au même lieu où des statues harmonieuses soupiroient le réveil de l'aurore. C'est là qu'il cherche l'Européen égaré à la poursuite de ces ruines fameuses; c'est là que, le sauvant de l'Arabe, il l'enlève dans sa tour et prodigue à cet inconnu la nourriture qu'il se refuse à lui-même. Les savants vont bien visiter les débris de l'Égypte, mais d'où vient que, comme les moines chrétiens objet de leur mépris, ils ne vont pas s'établir dans ces mers de sable, au milieu de toutes les privations, pour donner un verre d'eau au voyageur et l'arracher au cimeterre du Bedouin?

Dieu des chrétiens, quelles choses n'as-tu point faites! Partout où l'on tourne les yeux, on ne voit que les monuments de tes bienfaits. Dans les quatre parties du monde la religion a distribué ses milices et placé ses vedettes pour l'humanité. Le moine maronite appelle, par le claquement de deux planches suspendues à la cime d'un arbre, l'étranger que la nuit a surpris dans les précipices du Liban; ce pauvre et ignorant artiste n'a pas de plus riche moyen de se faire entendre; le moine abyssinien vous attend dans ce bois, au milieu des tigres; le missionnaire américain veille à votre conservation dans ses immenses forêts. Jeté par un naufrage sur des côtes inconnues, tout à coup vous apercevez une croix sur un rocher. Malheur à vous si ce signe de salut ne fait pas couler vos larmes! Vous êtes en pays d'amis; ici ce sont des chrétiens. Vous êtes François, il est vrai, et ils sont Espagnols, Allemands, Anglois peut-être! Et qu'importe? n'êtes-vous pas de la grande famille de Jésus-Christ? Ces étrangers vous reconnoîtront pour frère; c'est vous qu'ils invitent par cette croix; ils ne vous ont jamais vu, et cependant ils pleurent de joie en vous voyant sauvé du désert.

Mais le voyageur des Alpes n'est qu'au milieu de sa course. La nuit approche, les neiges tombent : seul, tremblant, égaré, il fait quelques pas et se perd sans retour. C'en est fait, la nuit est venue : arrêté au bord d'un précipice, il n'ose ni avancer, ni retourner en arrière. Bientôt le froid le pénètre, ses membres s'engourdissent, un funeste sommeil cherche ses yeux; ses dernières pensées sont pour ses enfants et son épouse! Mais n'est-ce pas le son d'une cloche qui frappe son oreille à travers le murmure de la tempête, ou bien est-ce le *glas* de la mort que son imagination effrayée croit ouïr au milieu des vents? Non : ce sont des sons réels, mais inutiles! car les pieds de ce voyageur refusent maintenant de le porter... Un autre bruit se fait entendre; un chien jappe sur les neiges; il approche, il arrive, il hurle de joie; un solitaire le suit.

Ce n'étoit donc pas assez d'avoir mille fois exposé sa vie pour sauver des hommes et de s'être établi pour jamais au fond des plus affreuses solitudes? Il falloit encore que les animaux mêmes apprissent à devenir l'instrument de ces œuvres sublimes, qu'ils s'embrasassent, pour ainsi dire, de l'ardente charité de leurs maîtres, et que leurs cris sur le sommet des Alpes proclamassent aux échos les miracles de notre religion.

Qu'on ne dise pas que l'humanité seule puisse conduire à de tels actes; car d'où vient qu'on ne trouve rien de pareil dans cette belle antiquité, pourtant si sensible? On parle de la philanthropie! c'est la religion chrétienne qui est seule philanthrope par excellence. Immense et sublime idée, qui fait du chrétien de la Chine un ami du chrétien de la France, du sauvage néophyte un frère du moine égyptien! Nous ne sommes plus étrangers sur la terre, nous ne pouvons plus nous y égarer. Jésus-Christ nous a rendu l'héritage que le péché d'Adam nous avoit ravi. Chrétien! il n'est plus d'Océan ou de déserts inconnus pour toi : tu trouveras partout la cabane de tes aïeux et la cabane de ton père!

CHAPITRE VI.

TRAPPISTES, CHARTREUX, SŒURS DE SAINTE-CLAIRE, PÈRES DE LA RÉDEMPTION, MISSIONNAIRES, FILLES DE LA CHARITÉ, ETC.

Telles sont les mœurs et les coutumes de quelques-uns des ordres religieux de la vie contemplative; mais ces choses, néanmoins, ne sont si belles que parce qu'elles sont unies aux méditations et aux prières : ôtez le nom et la présence de Dieu de tout cela, et le charme est presque détruit.

Voulez-vous maintenant vous transporter à la Trappe et contempler ces moines vêtus d'un sac qui bêchent leurs tombes? Voulez-vous les voir errer comme des ombres dans cette grande forêt de Mortagne et au bord de cet étang solitaire? Le silence marche à leurs côtés, ou s'ils se parlent quand ils se rencontrent, c'est pour se dire seulement : *Frères, il faut mourir.* Ces ordres rigoureux du christianisme étoient des écoles de morale en action : institués au milieu des plaisirs du siècle, ils offroient sans cesse des modèles de pénitence et de grands exemples de la misère humaine aux yeux du vice et de la prospérité.

Quel spectacle que celui du trappiste mourant! quelle sorte de haute philosophie! quel avertissement pour les hommes! Étendu sur un peu de paille et de cendre dans le sanctuaire de l'église, ses frères rangés en silence autour de lui, il les appelle à la vertu, tandis que la cloche funèbre sonne ses dernières agonies. Ce sont ordinairement les vivants qui engagent l'infirme à quitter courageusement la vie; mais ici c'est une chose plus sublime, c'est le mourant qui parle de la mort. Aux portes de l'éternité, il la doit mieux connaître qu'un autre, et, d'une voix qui résonne déjà entre des ossements, il appelle avec autorité ses compagnons, ses supérieurs mêmes à la pénitence. Qui ne frémiroit en voyant ce religieux qui vécut d'une manière si sainte douter encore de son salut à l'approche du passage terrible? Le christianisme a tiré du fond du sépulcre toutes les moralités qu'il renferme. C'est par la mort que la morale est entrée dans la vie : si l'homme, tel qu'il est aujourd'hui après sa chute, fût demeuré immortel, peut-être n'eût-il jamais connu la vertu[1].

Ainsi s'offrent de toutes parts dans la religion les scènes les plus instructives ou les plus attachantes : là de saints muets, comme un peuple enchanté par un philtre, accomplissent sans paroles les travaux des moissons et des vendanges; ici les filles de Claire foulent de leurs pieds nus les tombes glacées de leur cloître. Ne croyez pas toutefois qu'elles soient malheureuses au milieu de leurs austérités; leurs cœurs sont purs et leurs yeux tournés vers le ciel en signe de désir et d'espérance. Une robe de laine grise est préférable à des habits somptueux achetés au prix des vertus; le pain de la charité est plus sain que celui de la prostitution. Eh! de combien de chagrins ce simple voile baissé entre ces filles et le monde ne les sépare-t-il pas!

En vérité, nous sentons qu'il nous faudroit un tout autre talent que le nôtre pour nous tirer dignement des objets qui se présentent à nos yeux. Le plus bel éloge que nous pourrions faire de la vie monastique seroit de présenter le catalogue des travaux auxquels elle s'est consacrée. La religion, laissant à notre cœur le soin de nos joies, ne s'est occupée, comme une tendre mère, que du soulagement de nos douleurs; mais dans cette œuvre immense et difficile elle a appelé tous ses fils et toutes ses filles à son secours. Aux uns elle a confié le soin de nos maladies, comme à cette multitude de religieux et de religieuses dévoués au service des hôpitaux; aux autres elle a délégué les pauvres, comme aux sœurs de la Charité. Le père de la Rédemption s'embarque à Marseille : où va-t-il seul ainsi avec son bréviaire et son bâton? Ce conquérant marche à la délivrance de l'humanité, et les armées qui l'accompagnent sont invisibles. La bourse de la charité à la main, il court affronter la peste, le martyre et l'esclavage. Il aborde le dey d'Alger, il lui parle au nom de ce roi céleste dont il est l'ambassadeur. Le barbare s'étonne à la vue de cet Européen qui ose

---

1. Voyez la note LII, à la fin du volume.

seul, à travers les mers et les orages, venir lui redemander des captifs : dompté par une force inconnue, il accepte l'or qu'on lui présente, et l'héroïque libérateur, satisfait d'avoir rendu des malheureux à leur patrie, obscur et ignoré, reprend humblement à pied le chemin de son monastère.

Partout c'est le même spectacle : le missionnaire qui part pour la Chine rencontre au port le missionnaire qui revient, glorieux et mutilé, du Canada; la sœur grise court administrer l'indigent dans sa chaumière; le père capucin vole à l'incendie; le frère hospitalier lave les pieds du voyageur; le frère du *Bien-Mourir* console l'agonisant sur sa couche; le frère *Enterreur* porte le corps du pauvre décédé; la sœur de la Charité monte au septième étage pour prodiguer l'or, le vêtement et l'espérance: ces filles, si justement appelées *Filles-Dieu*, portent et reportent çà et là les bouillons, la charpie, les remèdes; la fille du *Bon-Pasteur* tend les bras à la fille prostituée, et lui crie : *Je ne suis point venue pour appeler les justes, mais les pécheurs!* L'orphelin trouve un père, l'insensé un médecin, l'ignorant un instructeur. Tous ces ouvriers en œuvres célestes se précipitent, s'animent les uns les autres. Cependant la religion, attentive et tenant une couronne immortelle, leur crie : « Courage, mes enfants! courage! hâtez-vous, soyez plus prompts que les maux dans la carrière de la vie! méritez cette couronne que je vous prépare : elle vous mettra vous-mêmes à l'abri de tous maux et de tous besoins. »

Au milieu de tant de tableaux qui mériteroient chacun des volumes de détails et de louanges, sur quelle scène particulière arrêterons-nous nos regards? Nous avons déjà parlé de ces hôtelleries que la religion a placées dans les solitudes des quatre parties du monde; fixons donc à présent les yeux sur des objets d'une autre sorte.

Il y a des gens pour qui le seul nom de capucin est un objet de risée. Quoi qu'il en soit, un religieux de l'ordre de Saint-François étoit souvent un personnage noble et simple.

Qui de nous n'a vu un couple de ces hommes vénérables voyageant dans les campagnes, ordinairement vers la fête des Morts, à l'approche de l'hiver, au temps de la *quête des vignes*? Ils s'en alloient, demandant l'hospitalité, dans les vieux châteaux sur leur route. A l'entrée de la nuit, les deux pèlerins arrivoient chez le châtelain solitaire : ils montoient un antique perron, mettoient leurs longs bâtons et leurs besaces derrière la porte, frappoient au portique sonore et demandoient l'hospitalité. Si le maître refusoit ces hôtes du Seigneur, ils faisoient un profond salut, se retiroient en silence, reprenoient leurs besaces et leurs bâtons, et, secouant la poussière de leurs sandales, ils s'en alloient, à travers la nuit, chercher la cabane du laboureur. Si, au contraire, ils étoient reçus, après qu'on leur avoit donné à laver, à la façon des temps de Jacob et d'Homère, ils venoient s'asseoir au foyer hospitalier. Comme aux siècles antiques, afin de se rendre les maîtres favorables (et parce que, comme Jésus-Christ, ils aimoient aussi les enfants), ils commençoient par caresser ceux de la maison ; ils leur présentoient des reliques et des images. Les enfants, qui s'étoient d'abord enfuis tout effrayés, bientôt attirés par ces merveilles, se familiarisoient jusqu'à se jouer entre les genoux des bons religieux. Le père et la mère, avec un sourire d'attendrissement, regardoient ces scènes naïves et l'intéressant contraste de la gracieuse jeunesse de leurs enfants et de la vieillesse chenue de leurs hôtes.

Or la pluie et le *coup de vent des morts* battoient au dehors les bois dépouillés, les cheminées, les créneaux du château gothique ; la chouette crioit sur ses faîtes. Auprès d'un large foyer, la famille se mettoit à table : le repas étoit cordial et les manières affectueuses. La jeune demoiselle du lieu interrogeoit timidement ses hôtes, qui louoient gravement sa beauté et sa modestie. Les bons pères entretenoient la famille par leurs agréables propos : ils racontoient quelque histoire bien touchante, car ils avoient toujours appris des choses remarquables dans leurs missions lointaines, chez les sauvages de l'Amérique ou chez les peuples de la Tartarie. A la longue barbe de ces pères, à leur robe de l'antique Orient, à la manière dont ils étoient venus demander l'hospitalité, on se rappeloit ces temps où les Thalès et les Anacharsis voyageoient ainsi dans l'Asie et dans la Grèce.

Après le souper du château, la dame appeloit ses serviteurs, et l'on invitoit un des pères à faire en commun la prière accoutumée ; ensuite les deux religieux se retiroient à leur couche, en souhaitant toutes sortes de prospérités à leurs hôtes. Le lendemain on cherchoit les vieux voyageurs, mais ils s'étoient évanouis, comme ces saintes apparitions qui visitent quelquefois l'homme de bien dans sa demeure.

Étoit-il quelque chose qui pût briser l'âme, quelque commission dont les hommes ennemis des larmes n'osassent se charger, de peur de compromettre leurs plaisirs, c'étoit aux enfants du cloître qu'elle étoit aussitôt dévolue, et surtout aux Pères de l'ordre de Saint-François ; on supposoit que des hommes qui s'étoient voués à la misère devoient être naturellement les hérauts du malheur. L'un étoit obligé d'aller porter à une famille la nouvelle de la perte de sa fortune ; l'autre de lui apprendre le trépas de son fils unique. Le grand Bourdaloue remplit lui-même ce triste devoir : il se présentoit en silence à la porte du père, croisoit les mains sur sa poitrine, s'inclinoit profondément et se retiroit muet, comme la mort, dont il étoit l'interprète.

Croit-on qu'il y eût beaucoup de plaisirs (nous entendons de ces plaisirs à la façon du monde), croit-on qu'il fût fort doux pour un Cordelier, un Carme, un Franciscain, d'aller au milieu des prisons annoncer la sentence au criminel, l'écouter, le consoler et avoir pendant des journées entières l'âme transpercée des scènes les plus déchirantes? On a vu dans ces actes de dévouement la sueur tomber à grosses gouttes du front de ces compatissants religieux et mouiller ce froc qu'elle a pour toujours rendu sacré, en dépit des sarcasmes de la philosophie. Et pourtant quel honneur, quel profit revenoit-il à ces moines de tant de sacrifices, sinon la dérision du monde et les injures même des prisonniers qu'ils consoloient! Mais du moins les hommes, tout ingrats qu'ils sont, avoient confessé leur nullité dans ces grandes rencontres de la vie, puisqu'ils les avoient abandonnées à la religion, seul véritable secours au dernier degré du malheur. O apôtre de Jésus-Christ! de quelles catastrophes n'étiez-vous point témoin, vous qui près du bourreau ne craigniez point de vous couvrir du sang des misérables et qui étiez leur dernier ami! Voici un des plus hauts spectacles de la terre : aux deux coins de cet échafaud, les deux justices sont en présence, la justice humaine et la justice divine : l'une, implacable et appuyée sur un glaive, est accompagnée du désespoir; l'autre, tenant un voile trempé de pleurs, se montre entre la pitié et l'espérance; l'une a pour ministre un homme de sang, l'autre un homme de paix; l'une condamne, l'autre absout; innocente ou coupable, la première dit à la victime : « Meurs! » La seconde lui crie : « Fils de l'innocence ou du repentir, *montez au ciel!* »

FIN DU LIVRE TROISIÈME.

LIVRE QUATRIÈME.

MISSIONS.

CHAPITRE PREMIER.

IDÉE GÉNÉRALE DES MISSIONS.

Voici encore une de ces grandes et nouvelles idées qui n'appartiennent qu'à la religion chrétienne. Les cultes idolâtres ont ignoré l'enthousiasme divin qui anime l'apôtre de l'Évangile. Les anciens philosophes eux-mêmes n'ont jamais quitté les avenues d'Académus et les délices d'Athènes pour aller, au gré d'une impulsion sublime, humaniser le sauvage, instruire l'ignorant, guérir le malade, vêtir le pauvre et semer la concorde et la paix parmi des nations ennemies : c'est ce que les religieux chrétiens ont fait et font encore tous les jours. Les mers, les orages, les glaces du pôle, les feux du tropique, rien ne les arrête : ils vivent avec l'Esquimau dans son outre de peau de vache marine ; ils se nourrissent d'huile de baleine avec le Groënlandois ; avec le Tartare ou l'Iroquois ils parcourent la solitude ; ils montent sur le dromadaire de l'Arabe ou suivent le Cafre errant dans ses déserts embrasés ; le Chinois, le Japonois, l'Indien, sont devenus leurs néophytes ; il n'est point d'île ou d'écueil dans l'Océan qui ait pu échapper à leur zèle, et comme autrefois les royaumes manquoient à l'ambition d'Alexandre, la terre manque à leur charité.

Lorsque l'Europe régénérée n'offrit plus aux prédicateurs de la foi qu'une famille de frères, ils tournèrent les yeux vers les régions où des âmes languissoient encore dans les ténèbres de l'idolâtrie. Ils furent touchés de compassion en voyant cette dégradation de l'homme ; ils se sentirent pressés du désir de verser leur sang pour le salut de ces étrangers. Il falloit percer des forêts profondes, franchir des marais impraticables, traverser des fleuves dangereux, gravir des rochers inaccessibles ; il falloit affronter des nations cruelles, superstitieuses et jalouses ; il falloit surmonter dans les unes l'ignorance de la barbarie, dans les autres les préjugés de la civilisation : tant d'obstacles ne purent les arrêter. Ceux qui ne croient plus à la religion de leurs pères conviendront du moins que si le missionnaire est fermement persuadé qu'il n'y a de salut que dans la religion chrétienne, l'acte par lequel il se condamne à des maux inouïs pour sauver un idolâtre est au-dessus des plus grands dévouements.

Qu'un homme, à la vue de tout un peuple, sous les yeux de ses parents et de ses amis, s'expose à la mort pour sa patrie, il échange quelques jours de vie pour des siècles de gloire ; il illustre sa famille et l'élève aux richesses et aux honneurs. Mais le missionnaire dont la vie se consume au fond des bois, qui meurt d'une mort affreuse, sans spectateurs, sans applaudissements, sans avantages pour les siens, obscur, méprisé, traité de fou, d'absurde, de fanatique, et tout cela pour donner un bonheur éternel à un sauvage inconnu... de quel nom faut-il appeler cette mort, ce sacrifice ?

Diverses congrégations religieuses se consacroient aux missions : les Dominicains, l'ordre de Saint-François, les Jésuites et les prêtres des Missions étrangères.

Il y avoit quatre sortes de missions :

Les missions du Levant, qui comprenoient l'Archipel, Constantinople, la Syrie, l'Arménie, la Crimée, l'Éthiopie, la Perse et l'Égypte ;

Les missions de l'Amérique, commençant à la baie d'Hudson et remontant par le Canada, la Louisiane, la Californie, les Antilles et la Guiane, jusqu'aux fameuses *Réductions* ou peuplades du Paraguay ;

Les missions de l'Inde, qui renfermoient l'Indostan, la presqu'île en deçà et au delà du Gange, et qui s'étendoient jusqu'à Manille et aux Nouvelles-Philippines ;

Enfin, *les missions de la Chine*, auxquelles se joignent celles de Tong-King, de la Cochinchine et du Japon.

On comptoit de plus quelques églises en Islande et chez les Nègres de l'Afrique, mais elles n'étoient pas régulièrement suivies. Des ministres presbytériens ont tenté dernièrement de prêcher l'Évangile à Otaïti.

Lorsque les Jésuites firent paroître la correspondance connue sous le nom de *Lettres édifiantes*, elle fut citée et recherchée par tous les auteurs. On s'appuyoit de son autorité, et les faits qu'elle contenoit passoient pour indubitables. Mais bientôt la mode vint de décrier ce qu'on avoit admiré. Ces lettres étoient écrites par des prêtres chrétiens : pouvoient-elles valoir quelque chose ? On ne rougit pas de préférer, ou plutôt de feindre de préférer aux Voyages des Dutertre et des Charlevoix ceux d'un baron de La Hontan, ignorant et menteur. Des savants qui avoient été à la tête des premiers tribunaux de la

Chine, qui avoient passé trente et quarante années à la cour même des empereurs, qui parloient et écrivoient la langue du pays, qui fréquentoient les petits, qui vivoient familièrement avec les grands, qui avoient parcouru, vu et étudié en détail les provinces, les mœurs, la religion et les lois de ce vaste empire, ces savants, dont les travaux nombreux ont enrichi les Mémoires de l'Académie des Sciences, se virent traités d'imposteurs par un homme qui n'étoit pas sorti du quartier des Européens à Canton, qui ne savoit pas un mot de chinois et dont tout le mérite consistoit à contredire grossièrement les récits des missionnaires. On le sait aujourd'hui, et l'on rend une tardive justice aux Jésuites. Des ambassades faites à grands frais par des nations puissantes nous ont-elles appris quelque chose que les Duhalde et les Le Comte nous eussent laissé ignorer, ou nous ont-elles révélé quelques mensonges de ces Pères?

En effet, un missionnaire doit être un excellent voyageur. Obligé de parler la langue des peuples auxquels il prêche l'Évangile, de se conformer à leurs usages, de vivre longtemps avec toutes les classes de la société, de chercher à pénétrer dans les palais et dans les chaumières, n'eût-il reçu de la nature aucun génie, il parviendroit encore à recueillir une multitude de faits précieux. Au contraire, l'homme qui passe rapidement avec un interprète, qui n'a ni le temps ni la volonté de s'exposer à mille périls pour apprendre le secret des mœurs, cet homme eût-il tout ce qu'il faut pour bien voir et pour bien observer, ne peut cependant acquérir que des connoissances très-vagues sur des peuples qui ne font que rouler et disparoître à ses yeux.

Le Jésuite avoit encore sur le voyageur ordinaire l'avantage d'une éducation savante. Les supérieurs exigeoient plusieurs qualités des élèves qui se destinoient aux missions. Pour le Levant, il falloit savoir le grec, le cophte, l'arabe, le turc, et posséder quelques connoissances en médecine ; pour l'Inde et la Chine, on vouloit des astronomes, des mathématiciens, des géographes, des mécaniciens ; l'Amérique étoit réservée aux naturalistes [1]. Et à combien de saints déguisements, de pieuses ruses, de changements de vie et de mœurs n'étoit-on pas obligé d'avoir recours pour annoncer la vérité aux hommes ! A Maduré, le missionnaire prenoit l'habit du pénitent indien, s'assujettissoit à ses usages, se soumettoit à ses austérités, si rebutantes ou si puériles qu'elles fussent ; à la Chine, il devenoit

---

1. Voyez les *Lettres édifiantes* et l'ouvrage de l'abbé FLEURY sur les qualités nécessaires à un missionnaire.

mandarin et lettré ; chez l'Iroquois, il se faisoit chasseur et sauvage.

Presque toutes les missions françoises furent établies par Colbert et Louvois, qui comprirent de quelle ressource elles seroient pour les arts, les sciences et le commerce. Les pères Fontenay, Tachard, Gerbillon, Le Comte, Bouvet et Visdelou, furent envoyés aux Indes par Louis XIV : ils étoient mathématiciens, et le roi les fit recevoir de l'Académie des Sciences avant leur départ.

Le père Brédevent, connu par sa dissertation physico-mathématique, mourut malheureusement en parcourant l'Éthiopie ; mais on a joui d'une partie de ses travaux. Le père Sicard visita l'Égypte avec des dessinateurs que lui avoit fournis M. de Maurepas. Il acheva un grand ouvrage sous le titre de *Description de l'Égypte ancienne et moderne*. Ce manuscrit précieux, déposé à la maison professe des Jésuites, fut dérobé sans qu'on en ait jamais pu découvrir aucune trace. Personne sans doute ne pouvoit mieux nous faire connoître la Perse et le fameux Thamas Koulikan que le moine Bazin, qui fut le premier médecin de ce conquérant et le suivit dans ses expéditions. Le père Cœur-Doux nous donna des renseignements sur les toiles et les teintures indiennes. La Chine nous fut connue comme la France ; nous eûmes les manuscrits originaux et les traductions de son histoire ; nous eûmes des herbiers chinois, des géographies, des mathématiques chinoises ; et pour qu'il ne manquât rien à la singularité de cette mission, le père Ricci écrivit des livres de morale dans la langue de Confucius et passe encore pour un auteur élégant à Pékin.

Si la Chine nous est aujourd'hui fermée, si nous ne disputons pas aux Anglois l'empire des Indes, ce n'est pas la faute des Jésuites, qui ont été sur le point de nous ouvrir ces belles régions. « Ils avoient réussi en Amérique, dit Voltaire, en enseignant à des sauvages les arts nécessaires ; ils réussirent à la Chine en enseignant les arts les plus relevés à une nation spirituelle [1]. »

L'utilité dont ils étoient à leur patrie dans les échelles du Levant n'est pas moins avérée. En veut-on une preuve authentique? Voici un certificat dont les signatures sont assez belles.

BREVET DU ROI.

« Aujourd'hui, septième de juin mil six cent soixante-dix-neuf, le roi étant à Saint-Germain-en-Laye, voulant gratifier et favorablement traiter les Pères Jésuites françois, missionnaires au Levant, en

---

1. *Essai sur les Missions chrétiennes*, cap. CXCV.

considération de leur zèle pour la religion *et des avantages que ses sujets qui résident et qui trafiquent dans toutes les échelles reçoivent de leurs instructions*, Sa Majesté les a retenus et retient pour ses chapelains dans l'église et chapelle consulaire de la ville d'Alep en Syrie, etc.

« *Signé* LOUIS.

« *Et plus bas*, COLBERT [1]. »

C'est à ces mêmes missionnaires que nous devons l'amour que les sauvages portent encore au nom françois dans les forêts de l'Amérique. Un mouchoir blanc suffit pour passer en sûreté à travers les hordes ennemies et pour recevoir partout l'hospitalité. C'étoient les Jésuites du Canada et de la Louisiane qui avoient dirigé l'industrie des colons vers la culture et découvert de nouveaux objets de commerce pour les teintures et les remèdes. En naturalisant sur notre sol des insectes, des oiseaux et des arbres étrangers [2], ils ont ajouté des richesses à nos manufactures, des délicatesses à nos tables et des ombrages à nos bois.

Ce sont eux qui ont décrit les annales élégantes ou naïves de nos colonies. Quelle excellente histoire que celle des Antilles par le père Dutertre, ou celle de la Nouvelle-France par Charlevoix ! Les ouvrages de ces hommes pieux sont pleins de toutes sortes de sciences : dissertations savantes, peintures de mœurs, plans d'amélioration pour nos établissements, objets utiles, réflexions morales, aventures intéressantes, tout s'y trouve ; l'histoire d'un acacia ou d'un saule de la Chine s'y mêle à l'histoire d'un grand empereur réduit à se poignarder, et le récit de la conversion d'un pariah à un traité sur les mathématiques des brahmes. Le style de ces relations, quelquefois sublime, est souvent admirable par sa simplicité. Enfin, les missions fournissoient chaque année à l'astronomie, et surtout à la géographie, de nouvelles lumières. Un Jésuite rencontra en Tartarie une femme huronne qu'il avoit connue au Canada : il conclut de cette étrange aventure que le continent de l'Amérique se rapproche au nord-ouest du continent de l'Asie, et il devina ainsi l'existence du détroit qui longtemps après a fait la gloire de Behring et de Cook. Une grande partie du Canada et toute la Louisiane avoient été découvertes par nos missionnaires. En appelant au christianisme les sauvages

---

1. *Lettres édifiantes*, t. I, p. 129, édition de 1780. Voyez la note LIII, à la fin du volume.

2. Deux moines, sous le règne de Justinien, apportèrent du Serinde des vers à soie à Constantinople. Les dindes, et plusieurs arbres et arbustes étrangers naturalisés en Europe, sont dus à des missionnaires.

de l'Acadie, ils nous avoient livré ces côtes où s'enrichissoit notre commerce et se formoient nos marins : telle est une foible partie des services que ces hommes, aujourd'hui si méprisés, savoient rendre à leur pays.

CHAPITRE II.

MISSIONS DU LEVANT.

Chaque mission avoit un caractère qui lui étoit propre et un genre de souffrance particulier. Celles du Levant présentoient un spectacle bien philosophique. Combien elle étoit puissante cette voix chrétienne qui s'élevoit des tombeaux d'Argos et des ruines de Sparte et d'Athènes ! Dans les îles de Naxos et de Salamine, d'où partoient ces brillantes théories qui charmoient et enivroient la Grèce, un pauvre prêtre catholique, déguisé en Turc, se jette dans un esquif, aborde à quelque méchant réduit pratiqué sous des tronçons de colonnes, console sur la paille le descendant des vainqueurs de Xerxès, distribue des aumônes au nom de Jésus-Christ, et, faisant le bien comme on fait le mal, en se cachant dans l'ombre, retourne secrètement au désert.

Le savant qui va mesurer les restes de l'antiquité dans les solitudes de l'Afrique et de l'Asie a sans doute des droits à notre admiration; mais nous voyons une chose encore plus admirable et plus belle : c'est quelque Bossuet inconnu expliquant la parole des prophètes sur les débris de Tyr et de Babylone.

Dieu permettoit que les moissons fussent abondantes dans un sol si riche; une pareille poussière ne pouvoit être stérile. « Nous sortîmes de Serpho, dit le père Xavier, plus consolés que je ne puis vous l'exprimer ici, le peuple nous comblant de bénédictions et remerciant Dieu mille fois de nous avoir inspiré le dessein de venir les chercher au milieu de leurs rochers[1]. »

Les montagnes du Liban, comme les sables de la Thébaïde, étoient témoins du dévouement des missionnaires. Ils ont une grâce infinie à rehausser les plus petites circonstances. S'ils décrivent les cèdres du Liban, ils vous parlent de quatre autels de pierre qui se voient au pied de ces arbres et où les moines maronites célèbrent une messe solennelle le jour de la Transfiguration; on croit entendre les accents religieux qui se mêlent au murmure de ces bois chantés par Salomon et Jérémie et au fracas des torrents qui tombent des montagnes.

Parlent-ils de la vallée où coule le fleuve *saint*, ils disent : « Ces

---

1. *Lettres édifiantes*, t. I, p. 15.

rochers renferment de profondes grottes qui étoient autrefois autant de cellules d'un grand nombre de solitaires qui avoient choisi ces retraites pour être les seuls témoins sur terre de la rigueur de leur pénitence. Ce sont les larmes de ces saints pénitents qui ont donné au fleuve dont nous venons de parler le nom de fleuve *saint*. Sa source est dans les montagnes du Liban. La vue de ces grottes et de ce fleuve dans cet affreux désert inspire de la componction, de l'amour pour la pénitence et de la compassion pour ces âmes sensuelles et mondaines qui préfèrent quelques jours de joie et de plaisir à une éternité bienheureuse[1]. »

Cela nous semble parfait, et comme style et comme sentiment.

Ces missionnaires avoient un instinct merveilleux pour suivre l'infortune à la trace et la forcer, pour ainsi dire, jusque dans son dernier gîte. Les bagnes et les galères pestiférés n'avoient pu échapper à leur charité; écoutons parler le père Tarillon dans sa lettre à M. de Pontchartrain :

« Les services que nous rendons à ces pauvres gens (les esclaves chrétiens au bagne de Constantinople) consistent à les entretenir dans la crainte de Dieu et dans la foi, à leur procurer des soulagements de la charité des fidèles, à les assister dans leurs maladies et enfin à leur aider à bien mourir. Si tout cela demande beaucoup de sujétion et de peine, je puis assurer que Dieu y attache en récompense de grandes consolations. . . . .

« Dans les temps de peste, comme il faut être à portée de secourir ceux qui en sont frappés, et que nous n'avons ici que quatre ou cinq missionnaires, notre usage est qu'il n'y a qu'un seul père qui entre au bagne et qui y demeure tout le temps que la maladie dure. Celui qui en obtient la permission du supérieur s'y dispose pendant quelques jours de retraite, et prend congé de ses frères comme s'il devoit bientôt mourir. Quelquefois il y consomme son sacrifice, et quelquefois il échappe au danger[2]. »

Le père Jacques Cachod écrit au père Tarillon :

« Maintenant je me suis mis au-dessus de toutes les craintes que donnent les maladies contagieuses; et, s'il plaît à Dieu, je ne mourrai pas de ce mal, après les hasards que je viens de courir. Je sors du bagne, où j'ai donné les derniers sacrements à quatre-vingt-six personnes... Durant le jour, je n'étois, ce me semble, étonné de rien; il n'y avoit que la nuit, pendant le peu de sommeil qu'on me laissoit prendre, que je me sentois l'esprit tout rempli d'idées effrayan-

---

1. *Lettres édifiantes*, t. I, p. 285.   2. *Ibid.*, t. I, p. 19 et 21.

tes. Le plus grand péril que j'aie couru, et que je courrai peut-être de ma vie, a été à fond de cale d'une sultane de quatre-vingt-deux canons. Les esclaves, de concert avec les gardiens, m'y avoient fait entrer sur le soir pour les confesser toute la nuit et leur dire la messe de grand matin. Nous fûmes enfermés à double cadenas comme c'est la coutume. De cinquante-deux esclaves que je confessai douze étoient malades et trois moururent avant que je fusse sorti. Jugez quel air je pouvois respirer dans ce lieu renfermé et sans la moindre ouverture! Dieu, qui par sa bonté m'a sauvé de ce pas-là, me sauvera de bien d'autres[1]. »

Un homme qui s'enferme volontairement dans un bagne en temps de peste, qui avoue ingénument ses terreurs et qui pourtant les surmonte par charité, qui s'introduit ensuite à prix d'argent, comme pour goûter des plaisirs illicites, à fond de cale d'un vaisseau de guerre, afin d'assister des esclaves pestiférés, avouons-le, un tel homme ne suit pas une impulsion naturelle : il y a quelque chose ici de plus que l'*humanité*; les missionnaires en conviennent, et ils ne prennent point sur eux le mérite de ces œuvres sublimes : « C'est Dieu qui nous donne cette force, répètent-ils souvent, nous n'y avons aucune part. »

Un jeune missionnaire, non encore aguerri contre les dangers comme ces vieux chefs tout chargés de fatigues et de palmes évangéliques, est étonné d'avoir échappé au premier péril: il craint qu'il n'y ait de sa faute : il en paroît humilié. Après avoir fait à son supérieur le récit d'une peste où souvent il avoit été obligé de *coller son oreille sur la bouche des malades pour entendre leurs paroles mourantes,* il ajoute : « Je n'ai pas mérité, mon révérend père, que Dieu ait bien voulu recevoir le sacrifice de ma vie, que je lui avois offert. Je vous demande donc vos prières pour obtenir de Dieu qu'il oublie mes péchés et me fasse la grâce de mourir pour lui. »

C'est ainsi que le père Bouchet écrit des Indes : « Notre mission est plus florissante que jamais; nous avons eu *quatre grandes persécutions* cette année. »

C'est ce même père Bouchet qui a envoyé en Europe les tables des brahmes, dont M. Bailly s'est servi dans son *Histoire de l'Astronomie*. La Société angloise de Calcutta n'a jusqu'à présent fait paroître aucun monument des sciences indiennes que nos missionnaires n'eussent découvert ou indiqué; et cependant les savants Anglois, souverains de plusieurs grands royaumes, favorisés par tous les secours de l'art et de la puissance, devroient avoir bien d'autres moyens de succès qu'un

---

1. *Lettres édifiantes*, t. I. p. 23.

pauvre Jésuite, seul, errant et persécuté. « Pour peu que nous parussions librement en public, écrit le père Royer, il seroit aisé de nous reconnoître à l'air et à la couleur du visage. Ainsi, pour ne point susciter de persécution plus grande à la religion, il faut se résoudre à demeurer caché le plus qu'on peut. Je passe les jours entiers ou enfermé dans un bateau, d'où je ne sors que la nuit pour visiter les villages qui sont proches des rivières, ou retiré dans quelque maison éloignée[1]. »

Le bateau de ce religieux étoit tout son observatoire; mais on est bien riche et bien habile quand on a la charité.

CHAPITRE III.

MISSIONS DE LA CHINE.

Deux religieux de l'ordre de Saint-François, l'un Polonois, l'autre François de nation, furent les premiers Européens qui pénétrèrent à la Chine, vers le milieu du XIIe siècle. Marc Paole, Vénitien, et Nicolas et Mathieu Paole, de la même famille, y firent ensuite deux voyages. Les Portugais ayant découvert la route des Indes, s'établirent à Macao, et le père Ricci, de la compagnie de Jésus, résolut de s'ouvrir cet empire du *Cathai* dont on racontoit tant de merveilles. Il s'appliqua d'abord à l'étude de la langue chinoise, l'une des plus difficiles du monde. Son ardeur surmonta tous les obstacles, et, après bien des dangers et plusieurs refus, il obtint des magistrats chinois, en 1682, la permission de s'établir à Chouachen.

Ricci, élève de Cluvius, et lui-même très-habile en mathématiques, se fit, à l'aide de cette science, des protecteurs parmi les mandarins. Il quitta l'habit des bonzes et prit celui des lettrés. Il donnoit des leçons de géométrie où il mêloit avec art les leçons, plus précieuses, de la morale chrétienne. Il passa successivement à Chouachen, Nemchem, Pékin, Nankin, tantôt maltraité, tantôt reçu avec joie, opposant aux revers une patience invincible et ne perdant jamais l'espérance de faire fructifier la parole de Jésus-Christ. Enfin, l'empereur lui-même, charmé des vertus et des connoissances du missionnaire, lui permit de résider dans la capitale, et lui accorda, ainsi qu'aux compagnons de ses travaux, plusieurs priviléges. Les Jésuites mirent une grande discrétion dans leur conduite, et montrèrent une connoissance profonde

---

1. *Lettres édifiantes*, t. I, p. 8.

du cœur humain. Ils respectèrent les usages des Chinois, et s'y conformèrent en tout ce qui ne blessoit pas les lois évangéliques. Ils furent traversés de tous côtés. « Bientôt la jalousie, dit Voltaire, corrompit les fruits de leur sagesse, et cet esprit d'inquiétude et de contention attaché en Europe aux connoissances et aux talents renversa les plus grands desseins [1]. »

Ricci suffisoit à tout. Il répondoit aux accusations de ses ennemis en Europe, il veilloit aux églises naissantes de la Chine. Il donnoit des leçons de mathématiques, il écrivoit en chinois des livres de controverse contre les lettrés qui l'attaquoient, il cultivoit l'amitié de l'empereur, et se ménageoit à la cour, où sa politesse le faisoit aimer des grands. Tant de fatigues abrégèrent ses jours. Il termina à Pékin une vie de cinquante-sept années, dont la moitié avoit été consumée dans les travaux de l'apostolat.

Après la mort du père Ricci, sa mission fut interrompue par les révolutions qui arrivèrent à la Chine. Mais lorsque l'empereur tartare Cun-chi monta sur le trône, il nomma le père Adam Schall président du tribunal des mathématiques. Cun-chi mourut, et pendant la minorité de son fils, Cang-hi, la religion chrétienne fut exposée à de nouvelles persécutions.

A la majorité de l'empereur, le calendrier se trouvant dans une grande confusion, il fallut rappeler les missionnaires. Le jeune prince s'attacha au père Verbiest, successeur du père Schall. Il fit examiner le christianisme par le tribunal des états de l'empire, et minuta de sa propre main le mémoire des Jésuites. Les juges, après un mûr examen, déclarèrent que la religion chrétienne étoit bonne, qu'elle ne contenoit rien de contraire à la pureté des mœurs et à la prospérité des empires.

Il étoit digne des disciples de Confucius de prononcer une pareille sentence en faveur de la loi de Jésus-Christ. Peu de temps après ce décret, le père Verbiest appela de Paris ces savants Jésuites qui ont porté l'honneur du nom françois jusqu'au centre de l'Asie.

Le Jésuite qui partoit pour la Chine s'armoit du télescope et du compas. Il paroissoit à la cour de Pékin avec l'urbanité de la cour de Louis XIV et environné du cortége des sciences et des arts. Déroulant des cartes, tournant des globes, traçant des sphères, il apprenoit aux mandarins étonnés et le véritable cours des astres et le véritable nom de celui qui les dirige dans leurs orbites. Il ne dissipoit les erreurs de la physique que pour attaquer celles de la morale; il repla-

---

1. *Essai sur les Mœurs,* chap. cxcv.

çoit dans le cœur, comme dans son véritable siége, la simplicité qu'il bannissoit de l'esprit, inspirant à la fois par ses mœurs et son savoir une profonde vénération pour son Dieu et une haute estime pour sa patrie.

Il étoit beau pour la France de voir ces simples religieux régler à la Chine les fastes d'un grand empire. On se proposoit des questions de Pékin à Paris; la chronologie, l'astronomie, l'histoire naturelle fournissoient des sujets de discussions curieuses et savantes. Les livres chinois étoient traduits en françois, les françois en chinois. Le père Parennin, dans sa lettre adressée à Fontenelle, écrivoit à l'Académie des Sciences :

« MESSIEURS,

« Vous serez peut-être surpris que je vous envoie de si loin un traité d'anatomie, un cours de médecine et des questions de physique écrites en une langue qui sans doute vous est inconnue : mais votre surprise cessera quand vous verrez que ce sont vos propres ouvrages que je vous envoie habillés à la tartare [1]. »

Il faut lire d'un bout à l'autre cette lettre, où respirent ce ton de politesse et ce style des honnêtes gens presque oubliés de nos jours. « Le Jésuite nommé Parennin, dit Voltaire, homme célèbre par ses connoissances et par la sagesse de son caractère, parloit très-bien le chinois et le tartare... C'est lui qui est principalement connu parmi nous par les réponses sages et instructives sur les sciences de la Chine aux difficultés savantes d'un de nos meilleurs philosophes [2]. »

En 1711, l'empereur de la Chine donna aux Jésuites trois inscriptions qu'il avoit composées lui-même pour une église qu'ils faisoient élever à Pékin. Celle du frontispice portoit :

« Au principe de toutes choses. »

Sur l'une des deux colonnes du péristyle on lisoit :

« Il est infiniment bon et infiniment juste, il éclaire, il soutient, il règle tout avec une suprême autorité et avec une souveraine justice. »

La dernière colonne étoit couverte de ces mots :

« Il n'a point eu de commencement, il n'aura point de fin; il a produit toutes choses dès le commencement; c'est lui qui les gouverne et qui en est le véritable Seigneur. »

Quiconque s'intéresse à la gloire de son pays ne peut s'empêcher d'être vivement ému en voyant de pauvres missionnaires françois

---

1. *Lettres édif.*, t. XIX, p. 257. 2. *Siècle de Louis XIV*, chap. XXXIX.

donner de pareilles idées de Dieu au chef de plusieurs millions d'hommes : quel noble usage de la religion !

Le peuple, les mandarins, les lettrés, embrassoient en foule la nouvelle doctrine : les cérémonies du culte avoient surtout un succès prodigieux. « Avant la communion, dit le père Prémare, cité par le père Fouquet, je prononçai tout haut les actes qu'on fait faire en approchant de ce divin sacrement. Quoique la langue chinoise ne soit pas féconde en affections du cœur, cela eut beaucoup de succès... Je remarquai sur les visages de ces bons chrétiens une dévotion que je n'avois pas encore vue [1]. »

« Loukang, ajoute le même missionnaire, m'avoit donné du goût pour les missions de la campagne. Je sortis de la bourgade, et je trouvai tous ces pauvres gens qui travailloient de côté et d'autre ; j'en abordai un d'entre eux, qui me parut avoir la physionomie heureuse, et je lui parlai de Dieu. Il me parut content de ce que je disois, et m'invita par honneur à aller dans la salle des ancêtres. C'est la plus belle maison de la bourgade ; elle est commune à tous les habitants, parce que, s'étant fait depuis longtemps une coutume de ne point s'allier hors de leur pays, ils sont tous parents aujourd'hui et ont les mêmes aïeux. Ce fut donc là que plusieurs, quittant leur travail, accoururent pour entendre la sainte doctrine [2]. »

N'est-ce pas là une scène de l'Odyssée ou plutôt de la Bible ?

Un empire dont les mœurs inaltérables usoient depuis deux mille ans le temps, les révolutions et les conquêtes, cet empire change à la voix d'un moine chrétien parti seul du fond de l'Europe. Les préjugés les plus enracinés, les usages les plus antiques, une croyance religieuse consacrée par les siècles, tout cela tombe et s'évanouit au seul nom du Dieu de l'Évangile. Au moment même où nous écrivons, au moment où le christianisme est persécuté en Europe, il se propage à la Chine. Ce feu qu'on avoit cru éteint s'est ranimé, comme il arrive toujours après les persécutions. Lorsqu'on massacroit le clergé en France et qu'on le dépouilloit de ses biens et de ses honneurs, les ordinations secrètes étoient sans nombre ; les évêques proscrits furent souvent obligés de refuser la prêtrise à des jeunes gens qui vouloient voler au martyre. Cela prouve, pour la millième fois, combien ceux qui ont cru anéantir le christianisme en allumant les bûchers ont méconnu son esprit. Au contraire des choses humaines, dont la nature est de périr dans les tourments, la véritable religion s'accroît dans l'adversité : Dieu l'a marquée du même sceau que la vertu.

---

1. *Lettres édif.*, t. XVII, p. 149.
2. *Ibid.*, t. XVII, p. 152 et suiv. Voyez la note LIV, à la fin du volume.

CHAPITRE IV.

MISSIONS DU PARAGUAY. — CONVERSION DES SAUVAGES [1].

Tandis que le christianisme brilloit au milieu des adorateurs de Fo-hi, que d'autres missionnaires l'annonçoient aux nobles Japonois ou le portoient à la cour des sultans, on le vit se glisser, pour ainsi dire, jusque dans les nids des forêts du Paraguay, afin d'apprivoiser ces nations indiennes qui vivoient comme des oiseaux sur les branches des arbres. C'est pourtant un culte bien étrange que celui-là qui réunit, quand il lui plaît, les forces politiques aux forces morales, et qui crée, par surabondance de moyens, des gouvernements aussi sages que ceux de Minos et de Lycurgue. L'Europe ne possédoit encore que des constitutions barbares, formées par le temps et le hasard, et la religion chrétienne faisoit revivre au Nouveau-Monde les miracles des législations antiques. Les hordes errantes des sauvages du Paraguay se fixoient, et une république évangélique sortoit, à la parole de Dieu, du plus profond des déserts.

Et quels étoient les grands génies qui reproduisoient ces merveilles? De simples Jésuites, souvent traversés dans leurs desseins par l'avarice de leurs compatriotes.

C'étoit une coutume généralement adoptée dans l'Amérique espagnole de réduire les Indiens en *commande* et de les sacrifier aux travaux des mines. En vain le clergé séculier et régulier avoit réclamé contre cet usage, aussi impolitique que barbare. Les tribunaux du Mexique et du Pérou, la cour de Madrid, retentissoient des plaintes des missionnaires [2]. « Nous ne prétendons pas, disoient-ils aux colons, nous opposer au profit que vous pouvez faire avec les Indiens par des voies légitimes; mais vous savez que l'intention du roi n'a jamais été que vous les regardiez comme des esclaves et que la loi de Dieu vous le défend... Nous ne croyons pas qu'il soit permis d'attenter à leur liberté, à laquelle ils ont un droit naturel que rien n'autorise à leur contester [3]. »

---

1. Voyez pour les deux chapitres suivants les huitième et neuvième volumes des *Lettres édifiantes*; l'*Histoire du Paraguay*, par CHARLEVOIX, in-4°, édit. 1744; LOZANO, *Historia de la Compania de Jesus en la provincia del Paraguay*, in-fol., 2 vol., Madrid, 1753; MURATORI, *Il Cristianesimo felice*, et MONTESQUIEU, *Esprit des Lois*.
2. ROBERTSON, *Histoire de l'Amérique*.
3. CHARLEVOIX, *Histoire du Paraguay*, t. II, p. 26 et 27.

Il restoit encore au pied des Cordillères, vers le côté qui regarde l'Atlantique, entre l'*Orénoque* et *Rio de la Plata*, un pays rempli de sauvages, où les Espagnols n'avoient point porté la dévastation. Ce fut dans ces forêts que les missionnaires entreprirent de former une république chrétienne, et de donner du moins à un petit nombre d'Indiens le bonheur qu'ils n'avoient pu procurer à tous.

Ils commencèrent par obtenir de la cour d'Espagne la liberté des sauvages qu'ils parviendroient à réunir. A cette nouvelle, les colons se soulevèrent : ce ne fut qu'à force d'esprit et d'adresse que les Jésuites surprirent, pour ainsi dire, la permission de verser leur sang dans les déserts du Nouveau-Monde. Enfin, ayant triomphé de la cupidité et de la malice humaines, méditant un des plus nobles desseins qu'ait jamais conçus un cœur d'homme, ils s'embarquèrent pour *Rio de la Plata*.

C'est dans ce fleuve que vient se perdre l'autre fleuve qui a donné son nom au pays et aux missions dont nous retraçons l'histoire. *Paraguay* dans la langue des sauvages signifie *le fleuve couronné*, parce qu'il prend sa source dans le lac *Xarayès*, qui lui sert comme de couronne. Avant d'aller grossir *Rio de la Plata*, il reçoit les eaux du *Parama* et de l'*Uruguay*. Des forêts qui renferment dans leur sein d'autres forêts tombées de vieillesse, des marais et des plaines entièrement inondées dans la saison des pluies, des montagnes qui élèvent des déserts sur des déserts, forment une partie des régions que le *Paraguay* arrose. Le gibier de toutes espèces y abonde, ainsi que les tigres et les ours. Les bois sont remplis d'abeilles, qui font une cire fort blanche et un miel très-parfumé. On y voit des oiseaux d'un plumage éclatant, et qui ressemblent à de grandes fleurs rouges et bleues sur la verdure des arbres. Un missionnaire françois qui s'étoit égaré dans ces solitudes en fait la peinture suivante :

« Je continuai ma route sans savoir à quel terme elle devoit aboutir, et sans qu'il y eût personne qui pût me l'enseigner. Je trouvois quelquefois au milieu de ces bois des endroits enchantés. Tout ce que l'étude et l'industrie des hommes ont pu imaginer pour rendre un lieu agréable n'approche point de ce que la simple nature y avoit rassemblé de beautés.

« Ces lieux charmants me rappelèrent les idées que j'avois eues autrefois en lisant les Vies des anciens solitaires de la Thébaïde. Il me vint en pensée de passer le reste de mes jours dans ces forêts, où la Providence m'avoit conduit, pour y vaquer uniquement à l'affaire de mon salut, loin de tout commerce avec les hommes; mais comme je n'étois pas le maître de ma destinée, et que les ordres du Seigneur m'étoient certainement marqués par ceux de mes supérieurs, je rejetai cette pensée comme une illusion[1]. »

Les Indiens que l'on rencontroit dans ces retraites ne leur ressembloient que par le côté affreux. Race indolente, stupide et féroce, elle montroit dans toute sa laideur l'homme primitif dégradé par sa chute. Rien ne prouve davantage la dégénération de la nature humaine que la petitesse du sauvage dans la grandeur du désert.

Arrivés à *Buenos-Ayres*, les missionnaires remontèrent *Rio de la Plata*, et, entrant dans les eaux du *Paraguay*, se dispersèrent dans les bois. Les anciennes relations nous les représentent un bréviaire sous le bras gauche, une grande croix à la main droite, et sans autre provision que leur confiance en Dieu. Elles nous les peignent se faisant jour à travers les forêts, marchant dans les terres marécageuses, où ils avoient de l'eau jusqu'à la ceinture, gravissant des roches escarpées et furetant dans les antres et les précipices, au risque d'y trouver des serpents et des bêtes féroces au lieu des hommes qu'ils y cherchoient.

Plusieurs d'entre eux y moururent de faim et de fatigue; d'autres furent massacrés et dévorés par les sauvages. Le père *Lizardi* fut trouvé percé de flèches sur un rocher; son corps étoit à demi dévoré par les oiseaux de proie, et son bréviaire étoit ouvert auprès de lui à l'office des morts. Quand un missionnaire rencontroit ainsi les restes d'un de ses compagnons, il s'empressoit de leur rendre les honneurs funèbres, et, plein d'une grande joie, il chantoit un *Te Deum* solitaire sur le tombeau du martyr.

De pareilles scènes, renouvelées à chaque instant, étonnoient les hordes barbares. Quelquefois elles s'arrêtoient autour du prêtre inconnu qui leur parloit de Dieu, et elles regardoient le ciel, que l'apôtre leur montroit; quelquefois elles le fuyoient comme un enchanteur, et se sentoient saisies d'une frayeur étrange : le religieux les suivoit en leur tendant les mains au nom de Jésus-Christ. S'il ne pouvoit les arrêter, il plantoit sa croix dans un lieu découvert, et s'alloit cacher dans les bois. Les sauvages s'approchoient peu à peu pour examiner l'étendard de paix élevé dans la solitude : un aimant secret sembloit les attirer à ce signe de leur salut. Alors le missionnaire, sortant tout à coup de son embuscade, et profitant de la surprise des barbares, les invitoit à quitter une vie misérable, pour jouir des douceurs de la société.

Quand les Jésuites se furent attachés quelques Indiens, ils eurent

---

1. *Lettres édif.*, t. VIII, p. 381.

recours à un autre moyen pour gagner des âmes. Ils avoient remarqué que les sauvages de ces bords étoient fort sensibles à la musique : on dit même que les eaux du *Paraguay* rendent la voix plus belle. Les missionnaires s'embarquèrent donc sur des pirogues avec les nouveaux catéchumènes ; ils remontèrent les fleuves en chantant des cantiques. Les néophytes répétoient les airs, comme des oiseaux privés chantent pour attirer dans les rets de l'oiseleur les oiseaux sauvages. Les Indiens ne manquèrent point de se venir prendre au doux piège. Ils descendoient de leur montagne, et accouroient au bord des fleuves pour mieux écouter ces accents ; plusieurs d'entre eux se jetoient dans les ondes et suivoient à la nage la nacelle enchantée. L'arc et la flèche échappoient à la main du sauvage : l'avant-goût des vertus sociales et les premières douceurs de l'humanité entroient dans son âme confuse ; il voyoit sa femme et son enfant pleurer d'une joie inconnue ; bientôt, subjugué par un attrait irrésistible, il tomboit au pied de la croix, et mêloit des torrents de larmes aux eaux régénératrices qui couloient sur sa tête.

Ainsi la religion chrétienne réalisoit dans les forêts de l'Amérique ce que la fable raconte des Amphion et des Orphée : réflexion si naturelle, qu'elle s'est présentée même aux missionnaires[1] : tant il est certain qu'on ne dit ici que la vérité, en ayant l'air de raconter une fiction !

CHAPITRE V.

SUITE DES MISSIONS DU PARAGUAY. RÉPUBLIQUE CHRÉTIENNE. BONHEUR DES INDIENS.

Les premiers sauvages qui se rassemblèrent à la voix des Jésuites furent les *Guaranis*, peuples répandus sur les bords du *Paranapané*, du *Pirapé* et de l'*Uruguay*. Ils composèrent une bourgade sous la direction des pères *Maceta* et *Cataldino*, dont il est juste de conserver les noms parmi ceux des bienfaiteurs des hommes. Cette bourgade fut appelée *Lorette*; et dans la suite, à mesure que les églises indiennes s'élevèrent, elles furent comprises sous le nom général de *réductions*. On en compta jusqu'à trente en peu d'années, et elles formèrent entre elles cette *république chrétienne* qui sembloit un reste de l'antiquité découverte au Nouveau-Monde. Elles ont confirmé sous nos yeux cette vérité connue de Rome et de la Grèce, que c'est avec la religion, et non

---

1. CHARLEVOIX.

avec des principes abstraits de philosophie, qu'on civilise les hommes et qu'on fonde les empires.

Chaque bourgade étoit gouvernée par deux missionnaires, qui dirigeoient les affaires spirituelles et temporelles des petites républiques. Aucun étranger ne pouvoit y demeurer plus de trois jours; et pour éviter toute intimité qui eût pu corrompre les mœurs des nouveaux chrétiens, il étoit défendu d'apprendre à parler la langue espagnole, mais les néophytes savoient la lire et l'écrire correctement.

Dans chaque *réduction* il y avoit deux écoles : l'une pour les premiers éléments des lettres, l'autre pour la danse et la musique. Ce dernier art, qui servoit aussi de fondement aux lois des anciennes républiques, étoit particulièrement cultivé par les *Guaranis*. Ils savoient faire eux-mêmes des orgues, des harpes, des flûtes, des guitares et nos instruments guerriers.

Dès qu'un enfant avoit atteint l'âge de sept ans, les deux religieux étudioient son caractère. S'il paroissoit propre aux emplois mécaniques, on le fixoit dans un des ateliers de la *réduction*, et dans celui-là même où son inclination le portoit. Il devenoit orfèvre, doreur, horloger, serrurier, charpentier, menuisier, tisserand, fondeur. Ces ateliers avoient eu pour premiers instituteurs les Jésuites eux-mêmes. Ces pères avoient appris exprès les arts utiles pour les enseigner à leurs Indiens sans être obligés de recourir à des étrangers.

Les jeunes gens qui préféroient l'agriculture étoient enrôlés dans la tribu des laboureurs, et ceux qui retenoient quelque humeur vagabonde de leur première vie erroient avec les troupeaux.

Les femmes travailloient, séparées des hommes, dans l'intérieur de leurs ménages. Au commencement de chaque semaine, on leur distribuoit une certaine quantité de laine et de coton, qu'elles devoient rendre le samedi au soir, toute prête à être mise en œuvre; elles s'employoient aussi à des soins champêtres, qui occupoient leurs loisirs sans surpasser leurs forces.

Il n'y avoit point de marchés publics dans les bourgades : à certains jours fixes, on donnoit à chaque famille les choses nécessaires à la vie. Un des deux missionnaires veilloit à ce que les parts fussent proportionnées au nombre d'individus qui se trouvoient dans chaque cabane.

Les travaux commençoient et cessoient au son de la cloche. Elle se faisoit entendre au premier rayon de l'aurore. Aussitôt les enfants s'assembloient à l'église, où leur concert matinal duroit, comme celui des petits oiseaux, jusqu'au lever du soleil. Les hommes et les femmes assistoient ensuite à la messe, d'où ils se rendoient à leurs travaux.

Au baisser du jour, la cloche rappeloit les nouveaux citoyens à l'autel, et l'on chantoit la prière du soir à deux parties et en grande musique.

La terre étoit divisée en plusieurs lots, et chaque famille cultivoit un de ces lots pour ses besoins. Il y avoit, en outre, un champ public appelé *la Possession de Dieu*[1]. Les fruits de ces terres communales étoient destinés à suppléer aux mauvaises récoltes et à entretenir les veuves, les orphelins et les infirmes. Ils servoient encore de fonds pour la guerre. S'il restoit quelque chose du trésor public au bout de l'année, on appliquoit ce superflu aux dépenses du culte et à la décharge du tribut de l'écu d'or que chaque famille payoit au roi d'Espagne[2].

Un *cacique* ou chef de guerre, un *corregidor* pour l'administration de la justice, des *regidores* et des *alcaldes* pour la police et la direction des travaux publics, formoient le corps militaire, civil et politique des *réductions*. Ces magistrats étoient nommés par l'assemblée générale des citoyens; mais il paroît qu'on ne pouvoit choisir qu'entre les sujets proposés par les missionnaires : c'étoit une loi empruntée du sénat et du peuple romain. Il y avoit, en outre, un chef nommé *fiscal*, espèce de censeur public élu par les vieillards. Il tenoit un registre des hommes en âge de porter les armes. Un *teniente* veilloit sur les enfants; il les conduisoit à l'église et les accompagnoit aux écoles, en tenant une longue baguette à la main; il rendoit compte aux missionnaires des observations qu'il avoit faites sur les mœurs, le caractère, les qualités et les défauts de ses élèves.

Enfin, la bourgade étoit divisée en plusieurs quartiers, et chaque quartier avoit un surveillant. Comme les Indiens sont naturellement indolents et sans prévoyance, un chef d'agriculture étoit chargé de visiter les charrues et d'obliger les chefs de famille à ensemencer leurs terres.

En cas d'infraction aux lois, la première faute étoit punie par une réprimande secrète des missionnaires; la seconde, par une pénitence publique à la porte de l'église, comme chez les premiers fidèles; la troisième, par la peine du fouet. Mais pendant un siècle et demi qu'a duré cette république, on trouve à peine un exemple d'un Indien qui ait mérité ce dernier châtiment. « Toutes leurs fautes sont des fautes d'enfants, dit le père Charlevoix : ils le sont toute leur vie en bien des choses, et ils en ont d'ailleurs toutes les bonnes qualités. »

---

1. Montesquieu s'est trompé quand il a cru qu'il y avoit communauté de biens au Paraguay : on voit ici ce qui l'a jeté dans l'erreur.
2. CHARLEVOIX, *Hist. du Parag.* Montesquieu a évalué ce tribut à un cinquième des biens.

Les paresseux étoient condamnés à cultiver une plus grande portion du champ commun : ainsi une sage économie avoit fait tourner les défauts même de ces hommes innocents au profit de la prospérité publique.

On avoit soin de marier les jeunes gens de bonne heure, pour éviter le libertinage. Les femmes qui n'avoient pas d'enfants se retiroient, pendant l'absence de leur mari, à une maison particulière, appelée *maison de refuge*. Les deux sexes étoient à peu près séparés, comme dans les républiques grecques; ils avoient des bancs distincts à l'église et des portes différentes par où ils sortoient sans se confondre.

Tout étoit réglé, jusqu'à l'habillement, qui convenoit à la modestie sans nuire aux grâces. Les femmes portoient une tunique blanche rattachée par une ceinture; leurs bras et leurs jambes étoient nus; elles laissoient flotter leur chevelure, qui leur servoit de voile.

Les hommes étoient vêtus comme les anciens Castillans. Lorsqu'ils alloient au travail, ils couvroient ce noble habit d'un sarrau de toile blanche. Ceux qui s'étoient distingués par des traits de courage ou de vertu portoient un sarrau couleur de pourpre.

Les Espagnols, et surtout les Portugais du Brésil, faisoient des courses sur les terres de la *République chrétienne*, et enlevoient souvent des malheureux, qu'ils réduisoient en servitude. Résolus de mettre fin à ce brigandage, les Jésuites, à force d'habileté, obtinrent de la cour de Madrid la permission d'armer leurs néophytes. Ils se procurèrent des matières premières, établirent des fonderies de canons, des manufactures de poudre, et dressèrent à la guerre ceux qu'on ne vouloit pas laisser en paix. Une milice régulière s'assembla tous les lundis pour manœuvrer et passer la revue devant un cacique. Il y avoit des prix pour les archers, les porte-lance, les frondeurs, les artilleurs, les mousquetaires. Quand les Portugais revinrent, au lieu de quelques laboureurs timides et dispersés, ils trouvèrent des bataillons qui les taillèrent en pièces et les chassèrent jusqu'au pied de leurs forts. On remarqua que la nouvelle troupe ne reculoit jamais, et qu'elle se ralliait sans confusion sous le feu de l'ennemi. Elle avoit même une telle ardeur, qu'elle s'emportoit dans ses exercices militaires, et l'on étoit souvent obligé de les interrompre de peur de quelque malheur.

On voyoit ainsi au *Paraguay* un État qui n'avoit ni les dangers d'une constitution toute guerrière, comme celle des Lacédémoniens, ni les inconvénients d'une société toute pacifique, comme la fraternité des Quakers. Le problème politique étoit résolu : l'agriculture, qui fonde, et les armes, qui conservent, se trouvoient réunies. Les *Guaranis* étoient cultivateurs sans avoir d'esclaves et guerriers sans être féroces ; immenses et sublimes avantages qu'ils devoient à la religion chrétienne, et dont n'avoient pu jouir, sous le polythéisme, ni les Grecs ni les Romains.

Ce sage milieu étoit partout observé : la *République chrétienne* n'étoit point absolument agricole, ni tout à fait tournée à la guerre, ni privée entièrement des lettres et du commerce ; elle avoit un peu de tout, mais surtout des fêtes en abondance. Elle n'étoit ni morose comme Sparte, ni frivole comme Athènes ; le citoyen n'étoit ni accablé par le travail, ni enchanté par le plaisir. Enfin, les missionnaires, en bornant la foule aux premières nécessités de la vie, avoient su distinguer dans le troupeau les enfants que la nature avoit marqués pour de plus hautes destinées. Ils avoient, ainsi que le conseille Platon, mis à part ceux qui annonçoient du génie, afin de les initier dans les sciences et les lettres. Ces enfants choisis s'appeloient *la congrégation* : ils étoient élevés dans une espèce de séminaire, et soumis à la rigidité du silence, de la retraite et des études des disciples de Pythagore. Il régnoit entre eux une si grande émulation, que la seule menace d'être renvoyé aux écoles communes jetoit un élève dans le désespoir. C'étoit de cette troupe excellente que devoient sortir un jour les prêtres, les magistrats et les héros de la patrie.

Les bourgades des *réductions* occupoient un assez grand terrain, généralement au bord d'un fleuve et sur un beau site. Les maisons étoient uniformes, à un seul étage, et bâties en pierres ; les rues étoient larges et tirées au cordeau. Au centre de la bourgade se trouvoit la place publique, formée par l'église, la maison des Pères, l'arsenal, le grenier commun, la maison de refuge et l'hospice pour les étrangers. Les églises étoient fort belles et fort ornées ; des tableaux, séparés par des festons de verdure naturelle, couvroient les murs. Les jours de fête on répandoit des eaux de senteur dans la nef, et le sanctuaire étoit jonché de fleurs de lianes effeuillées.

Le cimetière, placé derrière le temple, formoit un carré long environné de murs à hauteur d'appui ; une allée de palmiers et de cyprès régnoit tout autour, et il étoit coupé dans sa longueur par d'autres allées de citronniers et d'orangers ; celle du milieu conduisoit à une chapelle où l'on célébroit tous les lundis une messe pour les morts.

Des avenues des plus beaux et des plus grands arbres partoient de l'extrémité des rues du hameau et alloient aboutir à d'autres chapelles bâties dans la campagne, et que l'on voyoit en perspective. Ces monuments religieux servoient de termes aux processions les jours de grandes solennités.

Le dimanche après la messe on faisoit les fiançailles et les mariages, et le soir on baptisoit les catéchumènes et les enfants.

Ces baptêmes se faisoient, comme dans la primitive Église, par les trois immersions, les chants et le vêtement de lin.

Les principales fêtes de la religion s'annonçoient par une pompe, extraordinaire. La veille on allumoit des feux de joie ; les rues étoient illuminées, et les enfants dansoient sur la place publique. Le lendemain, à la pointe du jour, la milice paroissoit en armes. Le cacique de guerre, qui la précédoit, étoit monté sur un cheval superbe, et marchoit sous un dais que deux cavaliers portoient à ses côtés. A midi, après l'office divin, on faisoit un festin aux étrangers, s'il s'en trouvoit quelques-uns dans la république, et l'on avoit permission de boire un peu de vin. Le soir, il y avoit des courses de bagues, où les deux Pères assistoient pour distribuer les prix aux vainqueurs. A l'entrée de la nuit ils donnoient le signal de la retraite, et les familles, heureuses et paisibles, alloient goûter les douceurs du sommeil.

Au centre de ces forêts sauvages, au milieu de ce petit peuple antique, la fête du Saint-Sacrement présentoit surtout un spectacle extraordinaire. Les Jésuites y avoient introduit les danses, à la manière des Grecs, parce qu'il n'y avoit rien à craindre pour les mœurs chez les chrétiens d'une si grande innocence. Nous ne changerons rien à la description que le père Charlevoix en a faite :

« J'ai dit qu'on ne voyoit rien de précieux à cette fête ; toutes les beautés de la simple nature sont ménagées avec une variété qui la représente dans son lustre ; elle y est même, si j'ose ainsi parler, toute vivante, car sur les fleurs et les branches des arbres qui composent les arcs de triomphe sous lesquels le Saint-Sacrement passe on voit voltiger des oiseaux de toutes les couleurs, qui sont attachés par les pattes à des fils si longs, qu'ils paroissent avoir toute leur liberté et être venus d'eux-mêmes pour mêler leur gazouillement au chant des musiciens et de tout le peuple, et bénir à leur manière celui dont la Providence ne leur manque jamais. . . . .
. . . .

« D'espace en espace, on voit des tigres et des lions bien enchaînés, afin qu'ils ne troublent point la fête, et de très-beaux poissons qui se jouent dans de grands bassins remplis d'eau : en un mot, toutes les espèces de créatures vivantes y assistent, comme par députation, pour y rendre hommage à l'Homme-Dieu dans son auguste sacrement.

« On fait entrer aussi dans cette décoration toutes les choses dont on se régale dans les grandes réjouissances, les prémices de toutes les récoltes pour les offrir au Seigneur, et le grain qu'on doit semer, afin qu'il donne sa bénédiction. Le chant des oiseaux, le rugissement des lions, le frémissement des tigres, tout s'y fait entendre sans confusion, et forme un concert unique. . . . .

. . . .

« Dès que le Saint-Sacrement est rentré dans l'église, on présente aux missionnaires toutes les choses comestibles qui ont été exposées sur son passage. Ils en font porter aux malades tout ce qu'il y a de meilleur; le reste est partagé à tous les habitants de la bourgade. Le soir on tire un feu d'artifice, ce qui se pratique dans toutes les grandes solennités et au jour des réjouissances publiques. »

Avec un gouvernement si paternel et si analogue au génie simple et pompeux du sauvage, il ne faut pas s'étonner que les nouveaux chrétiens fussent les plus purs et les plus heureux des hommes. Le changement de leurs mœurs étoit un miracle opéré à la vue du Nouveau Monde. Cet esprit de cruauté et de vengeance, cet abandon aux vices les plus grossiers, qui caractérisent les hordes indiennes, s'étoient transformés en un esprit de douceur, de patience et de chasteté. On jugera de leurs vertus par l'expression naïve de l'évêque de *Buenos-Ayres*. « Sire, écrivoit-il à Philippe V, dans ces peuplades nombreuses, composées d'Indiens, naturellement portés à toutes sortes de vices, il règne une si grande innocence que je ne crois pas qu'il s'y commette un seul péché mortel. »

Chez les sauvages chrétiens on ne voyoit ni procès ni querelles, le *tien* et le *mien* n'y étoient pas même connus; car, ainsi que l'observe Charlevoix, c'est n'avoir rien à soi que d'être toujours disposé à partager le peu qu'on a avec ceux qui sont dans le besoin. Abondamment pourvus des choses nécessaires à la vie; gouvernés par les mêmes hommes qui les avoient tirés de la barbarie, et qu'ils regardoient, à juste titre, comme des espèces de divinités; jouissant, dans leurs familles et dans leur patrie, des plus doux sentiments de la nature; connoissant les avantages de la vie civile sans avoir quitté le désert et les charmes de la société sans avoir perdu ceux de la solitude, ces Indiens se pouvoient vanter de jouir d'un bonheur qui n'avoit point eu d'exemple sur la terre. L'hospitalité, l'amitié, la justice et les tendres vertus découloient naturellement de leur cœur à la parole de la religion, comme des oliviers laissent tomber leurs fruits mûrs au souffle des brises. Muratori a peint d'un seul mot cette république chrétienne, en intitulant la description qu'il en a faite: *Il Cristianesimo felice.*

Il nous semble qu'on n'a qu'un désir en lisant cette histoire, c'est celui de passer les mers et d'aller, loin des troubles et des révolutions, chercher une vie obscure dans les cabanes de ces sauvages et un paisible tombeau sous les palmiers de leurs cimetières. Mais ni les déserts ne sont assez profonds, ni les mers assez vastes pour dérober l'homme aux douleurs qui le poursuivent. Toutes les fois qu'on fait le tableau de la félicité d'un peuple, il faut toujours en venir à la catastrophe : au milieu des peintures les plus riantes, le cœur de l'écrivain est serré par cette réflexion qui se présente sans cesse : *Tout cela n'existe plus.* Les missions du *Paraguay* sont détruites ; les sauvages, rassemblés avec tant de fatigues, sont errants de nouveau dans les bois, ou plongés vivants dans les entrailles de la terre. On a applaudi à la destruction d'un des plus beaux ouvrages qui fût sorti de la main des hommes. C'étoit une création du christianisme, une moisson engraissée du sang des apôtres : elle ne méritoit que haine et mépris ! Cependant, alors même que nous triomphions en voyant des Indiens retomber au Nouveau Monde dans la servitude, tout retentissoit en Europe du bruit de notre philanthropie et de notre amour de liberté. Ces honteuses variations de la nature humaine, selon qu'elle est agitée de passions contraires, flétrissent l'âme et rendroient méchant, si on y arrêtoit trop longtemps les yeux. Disons donc plutôt que nous sommes foibles et que les voies de Dieu sont profondes, et qu'il se plaît à exercer ses serviteurs. Tandis que nous gémissons ici, les simples chrétiens du *Paraguay,* maintenant ensevelis dans les mines du Potose, adorent sans doute la main qui les a frappés, et par des souffrances patiemment supportées ils acquièrent une place dans cette république des saints qui est à l'abri des persécutions des hommes.

CHAPITRE VI.

MISSIONS DE LA GUIANE.

Si ces missions étonnent par leurs grandeurs, il en est d'autres qui pour être ignorées n'en sont pas moins touchantes. C'est souvent dans la cabane obscure et sur la tombe du pauvre que le Roi des rois aime à déployer les richesses de sa grâce et de ses miracles. En remontant vers le nord, depuis le Paraguay jusqu'au fond du Canada, on rencontroit une foule de petites missions où le néophyte ne s'étoit pas civilisé pour s'attacher à l'apôtre, mais où l'apôtre s'étoit fait sauvage pour suivre le néophyte. Les religieux françois étoient à la tête de ces églises errantes, dont les périls et la mobilité sembloient être faits pour notre courage et notre génie.

Le père Creuilli, jésuite, fonda les missions de Cayenne. Ce qu'il fit pour le soulagement des nègres et des sauvages paroît au-dessus de l'humanité. Les pères Lombard et Ramette, marchant sur les traces de ce saint homme, s'enfoncèrent dans les marais de la Guiane. Ils se rendirent aimables aux Indiens *Galibis* à force de se dévouer à leurs douleurs, et parvinrent à obtenir d'eux quelques enfants qu'ils élevèrent dans la religion chrétienne. De retour dans leurs forêts, ces jeunes enfants civilisés prêchèrent l'Évangile à leurs vieux parents sauvages, qui se laissèrent aisément toucher par l'éloquence de ces nouveaux missionnaires. Les catéchumènes se rassemblèrent dans un lieu appelé *Kourou*, où le père Lombard avoit bâti une case avec deux nègres. La bourgade augmentant tous les jours, on résolut d'avoir une église. Mais comment payer l'architecte, charpentier de Cayenne, qui demandoit quinze cents francs pour les frais de l'entreprise? Les missionnaires et ses néophytes, riches en vertus, étoient d'ailleurs les plus pauvres des hommes. La foi et la charité sont ingénieuses : les Galibis s'engagèrent à creuser sept pirogues que le charpentier accepta sur le pied de deux cents livres chacune. Pour compléter le reste de la somme, les femmes filèrent autant de coton qu'il en falloit pour faire huit hamacs. Vingt autres sauvages se firent esclaves volontaires d'un colon pendant que ses deux nègres, qu'il consentoit à prêter, furent occupés à scier les planches du toit de l'édifice. Ainsi tout fut arrangé, et Dieu eut un temple au désert.

Celui qui de toute éternité a préparé les voies des choses vient de découvrir sur ces bords un de ces desseins qui échappent dans leur principe à la sagacité des hommes, et dont on ne pénètre la profondeur qu'à l'instant même où ils s'accomplissent. Quand le père Lombard jetoit, il y a plus d'un siècle, les fondements de sa mission chez les Galibis, il ne savoit pas qu'il ne faisoit que disposer des sauvages à recevoir des martyrs de la foi, et qu'il préparoit les déserts d'une nouvelle Thébaïde à la religion persécutée. Quel sujet de réflexion! Billaud de Varennes et Pichegru, le tyran et la victime, dans la même case à Synnamary, l'extrémité de la misère n'ayant pas même uni les cœurs ; des haines immortelles vivant parmi les compagnons des mêmes fers, et les cris de quelques infortunés prêts à se déchirer se mêlant aux rugissements des tigres dans les forêts du Nouveau Monde!

Voyez au milieu de ce trouble des passions le calme et la sérénité évangéliques des confesseurs de Jésus-Christ jetés chez les néophytes de la Guiane, et trouvant parmi des barbares chrétiens la pitié que leur refusoient les François; de pauvres religieuses hospitalières, qui sembloient ne s'être exilées dans un climat destructeur que pour attendre un Collot-d'Herbois sur son lit de mort et lui prodiguer les soins de la charité chrétienne; ces saintes femmes, confondant l'innocent et le coupable dans leur amour de l'humanité, versant des pleurs sur tous, priant Dieu de secourir et les persécuteurs de son nom et les martyrs de son culte : quelle leçon ! quel tableau ! que les hommes sont malheureux! et que la religion est belle !

CHAPITRE VII.

MISSION DES ANTILLES.

L'établissement de nos colonies aux Antilles ou Ant-Iles, ainsi nommées parce qu'on les rencontre les premières à l'entrée du golfe Mexicain, ne remonte qu'à l'an 1627, époque à laquelle M. d'Enambuc bâtit un fort et laissa quelques familles sur l'île Saint-Christophe.

C'étoit alors l'usage de donner des missionnaires pour curés aux établissements lointains, afin que la religion partageât en quelque sorte cet esprit d'intrépidité et d'aventure qui distinguoit les premiers chercheurs de fortune au Nouveau Monde. Les *Frères Prêcheurs* de la congrégation de Saint-Louis, les *Pères Carmes*, les *Capucins* et les *Jésuites* se consacrèrent à l'instruction des Caraïbes et des nègres et à tous les travaux qu'exigeoient nos colonies naissantes de Saint-Christophe, de la Guadeloupe, de la Martinique et de Saint-Domingue.

On ne connoît encore aujourd'hui rien de plus satisfaisant et de plus complet sur les Antilles que l'histoire du père Dutertre, missionnaire de la congrégation de Saint-Louis.

« Les Caraïbes, dit-il, sont grands rêveurs; ils portent sur leur visage une physionomie triste et mélancolique; ils passent des demi-journées entières assis sur la pointe d'un roc ou sur la rive, les yeux fixés en terre ou sur la mer, sans dire un seul mot. . . . . Ils sont d'un naturel bénin, doux, affable et compatissant, bien souvent même jusqu'aux larmes, aux maux de nos François, n'étant cruels qu'à leurs ennemis jurés.

« Les mères aiment tendrement leurs enfants et sont toujours en alarme pour détourner tout ce qui peut leur arriver de funeste; elles les tiennent presque toujours pendus à leurs mamelles, même la nuit, et c'est une merveille que, couchant dans des lits suspendus qui sont fort incommodes, elles n'en étouffent jamais aucun... Dans tous les voyages qu'elles font, soit sur mer, soit sur terre, elle les portent avec elles, sous leurs bras, dans un petit lit de coton qu'elles ont en écharpe, lié par-dessus l'épaule, afin d'avoir toujours devant les yeux l'objet de leurs soucis [1]. »

On croit lire un morceau de Plutarque traduit par Amyot.

Naturellement enclin à voir les objets sous un rapport simple et tendre, le père Dutertre ne peut manquer d'être fort touchant quand il parle des nègres. Cependant il ne les représente point à la manière des philanthropes, comme les plus vertueux des hommes; mais il y a une sensibilité, une bonhomie, une raison admirable dans la peinture qu'il fait de leur sentiments.

« L'on a vu, dit-il, à la Guadeloupe une jeune négresse si persuadée de la misère de sa condition, que son maître ne put jamais la faire consentir à se marier au nègre qu'il lui présentoit. . . . . Elle attendit que le père (*à l'autel*) lui demandât si elle vouloit un tel pour son mari, car pour lors elle répondit avec une fermeté qui nous étonna : Non, mon père, je ne veux ni de celui-là ni même d'aucun autre; je me con-contente d'être misérable en ma personne, sans mettre des enfants au monde qui seroient peut-être plus malheureux que moi, et dont les peines me seroient beaucoup plus sensibles que les miennes propres. Elle est aussi toujours constamment demeurée dans son état de fille, et on l'appeloit ordinairement *la Pucelle des Iles.* »

Le bon père continue à peindre les mœurs des nègres, à décrire leurs petits ménages, à faire aimer leur tendresse pour leurs enfants; il entremêle son récit des sentences de Sénèque, qui parle de la simplicité des cabanes où vivoient les peuples de l'âge d'or; puis il cite Platon, ou plutôt Homère, qui dit que les dieux ôtent à l'esclavage une moitié de sa vertu : *Dimidium mentis Jupiter illis aufert*; il compare le Caraïbe sauvage dans la liberté au nègre sauvage dans la servitude, et il montre combien le christianisme aide au dernier à supporter ses maux.

La mode du siècle a été d'accuser les prêtres d'aimer l'esclavage et de favoriser l'oppression parmi les hommes; il est pourtant certain que personne n'a élevé la voix avec autant de courage et de force en faveur des esclaves, des petits et des pauvres, que les écrivains ecclésiastiques. Ils ont constamment soutenu que la liberté est un droit imprescriptible du chrétien. Le colon protestant, convaincu de cette vérité,

---

1. *Hist. des Ant.*, t. II, p. 375.

pour arranger sa cupidité et sa conscience, ne baptisoit ses nègres qu'à l'article de la mort; souvent même, dans la crainte qu'ils ne revinssent de leur maladie et qu'ils ne réclamassent ensuite, comme *chrétiens*, leur liberté, il les laissoit mourir dans l'idolâtrie [1] : la religion se montre ici aussi belle que l'avarice paroît hideuse.

Le ton sensible et religieux dont les missionnaires parloient des nègres de nos colonies étoit le seul qui s'accordât avec la raison et l'humanité. Il rendoit les maîtres plus pitoyables et les esclaves plus vertueux; il servoit la cause du genre humain sans nuire à la patrie et sans bouleverser l'ordre et les propriétés. Avec de grands mots on a tout perdu; on a éteint jusqu'à la pitié, car qui oseroit encore plaider la cause des noirs après les crimes qu'ils ont commis? tant nous avons fait de mal! tant nous avons perdu les plus belles causes et les plus belles choses!

Quant à l'histoire naturelle, le père Dutertre vous montre quelquefois tout un animal d'un seul trait; il appelle l'oiseau-mouche *une fleur céleste;* c'est le vers du père Commire sur le papillon :

> Florem putares nare per liquidum æthera.

« Les plumes du flambant ou du flamant, dit-il ailleurs, sont de couleur incarnate; et quand il vole à l'opposite du soleil, il paroît tout flamboyant comme un brandon de feu [2]. »

Buffon n'a pas mieux peint le vol d'un oiseau que l'historien des Antilles : « Cet oiseau (la *frégate*) a beaucoup de peine à se lever de dessus les branches; mais quand il a une fois pris son vol, on lui voit fendre l'air d'un vol paisible, tenant ses ailes étendues sans presque les remuer ni se fatiguer aucunement. Si quelquefois la pesanteur de la pluie ou l'impétuosité des vents l'importune, pour lors il brave les nues, se guinde dans la moyenne région de l'air, et se dérobe à la vue des hommes [3]. »

Il représente la femelle du colibri faisant son nid :

« . . . . Elle carde, s'il faut ainsi dire, tout le coton que lui apporte le mâle, et le remue quasi poil à poil avec son bec et ses petits pieds; puis elle forme son nid, qui n'est pas plus grand que la moitié de la coque d'un œuf de pigeon. A mesure qu'elle élève le petit édifice, elle fait mille petits tours, polissant avec sa gorge la bordure du nid et le dedans avec sa queue.

« . . . . Je n'ai jamais pu remarquer en

---

1. *Hist. des Ant.*, t. II, p. 503.   2. *Ibid.*, p. 268.   3. *Ibid.*, p. 269.

quoi consiste la becquée que la mère leur apporte, sinon qu'elle leur donne sa langue à sucer, que je crois être tout emmiellée du suc qu'elle tire des fleurs. »

Si la perfection dans l'art de peindre consiste à donner une idée précise des objets, en les offrant toutefois sous un jour agréable, le missionnaire des Antilles a atteint cette perfection.

CHAPITRE VIII.

MISSIONS DE LA NOUVELLE-FRANCE.

Nous ne nous arrêterons point aux missions de la Californie, parce qu'elles n'offrent aucun caractère particulier, ni à celles de la Louisiane, qui se confondent avec ces terribles missions du Canada où l'intrépidité des apôtres de Jésus-Christ a paru dans toute sa gloire.

Lorsque les François, sous la conduite de Champlain, remontèrent le fleuve Saint-Laurent, ils trouvèrent les forêts du Canada habitées par des sauvages bien différents de ceux qu'on avoit découverts jusque alors au Nouveau-Monde. C'étoient des hommes robustes, courageux, fiers de leur indépendance, capables de raisonnement et de calcul, n'étant étonnés ni des mœurs des Européens ni de leurs armes [1], et qui, loin de nous admirer comme les innocents Caraïbes, n'avoient pour nos usages que du dégoût et du mépris.

Trois nations se partageoient l'empire du désert : l'Algonquine, la plus ancienne et la première de toutes, mais qui, s'étant attiré la haine par sa puissance, étoit prête à succomber sous les armes des deux autres; la Huronne, qui fut notre alliée, et l'Iroquoise, notre ennemie.

Ces peuples n'étoient pas vagabonds; ils avoient des établissements fixes, des gouvernements réguliers. Nous avons eu nous-même occasion d'observer chez les Indiens du Nouveau-Monde toutes les formes de constitutions des peuples civilisés : ainsi les Natchez, à la Louisiane, offroient le despotisme dans l'état de nature, les Creecks de la Floride la monarchie, et les Iroquois, au Canada, le gouvernement républicain.

Ces derniers et les Hurons représentoient encore les Spartiates et

---

1. Dans le premier combat de Champelain contre les Iroquois, ceux-ci soutinrent le feu des François sans donner d'abord le moindre signe de frayeur ou d'étonnement.

les Athéniens dans la condition sauvage : les Hurons, spirituels, gais, légers, dissimulés toutefois, braves, éloquents gouvernés par des femmes, abusant de la fortune et soutenant mal les revers, ayant plus d'honneur que d'amour de la patrie; les Iroquois, séparés en cantons que dirigeoient des vieillards, ambitieux, politiques, taciturnes, sévères, dévorés du désir de dominer, capables des plus grands vices et des plus grandes vertus, sacrifiant tout à la patrie; les plus féroces et les plus intrépides des hommes.

Aussitôt que les François et les Anglois parurent sur ces rivages, par un instinct naturel les Hurons s'attachèrent aux premiers; les Iroquois se donnèrent aux seconds, mais sans les aimer : ils ne s'en servoient que pour se procurer des armes. Quand leurs nouveaux alliés devenoient trop puissants, ils les abandonnoient; ils s'unissoient à eux de nouveau quand les François obtenoient la victoire. On vit ainsi un petit troupeau de sauvages se ménager entre deux grandes nations civilisées, chercher à détruire l'une par l'autre, toucher souvent au moment d'accomplir ce dessein et d'être à la fois le maître et le libérateur de cette partie du Nouveau Monde.

Tels furent les peuples que nos missionnaires entreprirent de nous concilier par la religion. Si la France vit son empire s'étendre en Amérique par delà les rives du Meschacebé, si elle conserva si longtemps le Canada contre les Iroquois et les Anglois unis, elle dut presque tous ses succès aux Jésuites. Ce furent eux qui sauvèrent la colonie au berceau, en plaçant pour boulevard devant elle un village de Hurons et d'Iroquois chrétiens, en prévenant des coalitions générales d'Indiens, en négociant des traités de paix, en allant seuls s'exposer à la fureur des Iroquois pour traverser les desseins des Anglois. Les gouverneurs de la Nouvelle-Angleterre ne cessent dans leurs dépêches de peindre nos missionnaires comme leurs plus dangereux ennemis : « Ils déconcertent, disent-ils, les projets de la puissance britannique ; ils découvrent ses secrets, et lui enlèvent le cœur et les armes des sauvages. »

La mauvaise administration du Canada, les fausses démarches des commandants, une politique étroite ou oppressive, mettoient souvent plus d'entraves aux bonnes intentions des Jésuites que l'opposition de l'ennemi. Présentoient-ils les plans les mieux concertés pour la prospérité de la colonie, on les louoit de leur zèle, et l'on suivoit d'autres avis. Mais aussitôt que les affaires devenoient difficiles on recouroit à ces mêmes hommes qu'on avoit si dédaigneusement repoussés. On ne balançoit point à les employer dans des négociations dangereuses, sans être arrêté par la considération du péril auquel on les exposoit :

l'histoire de la Nouvelle-France en offre un exemple remarquable.

La guerre étoit allumée entre les François et les Iroquois : ceux-ci avoient l'avantage; ils s'étoient avancés jusque sous les murs de Québec, massacrant et dévorant les habitants des campagnes. Le père Lamberville étoit en ce moment même missionnaire chez les Iroquois. Quoique sans cesse exposé à être brûlé vif par les vainqueurs, il n'avoit pas voulu se retirer, dans l'espoir de les ramener à des mesures pacifiques et de sauver les restes de la colonie : les vieillards l'aimoient et l'avoient protégé contre les guerriers.

Sur ces entrefaites il reçoit une lettre du gouverneur du Canada, qui le supplie d'engager les sauvages à envoyer des ambassadeurs au fort Catarocouy pour traiter de la paix. Le missionnaire court chez les anciens, et fait tant par ses remontrances et ses prières, qu'il les décide à accepter la trêve et à députer leurs principaux chefs. Ces chefs, en arrivant au rendez-vous, sont arrêtés, mis aux fers, et envoyés en France aux galères.

Le père Lamberville avoit ignoré le dessein secret du commandant, et il avoit agi de si bonne foi qu'il étoit demeuré au milieu des sauvages. Quand il apprit ce qui étoit arrivé, il se crut perdu. Les anciens le firent appeler; il les trouva assemblés au conseil, le visage sévère et l'air menaçant. Un d'entre eux lui raconta avec indignation la trahison du gouverneur, puis il ajouta :

« On ne sauroit disconvenir que toutes sortes de raisons ne nous autorisent à te traiter en ennemi, mais nous ne pouvons nous y résoudre. Nous te connoissons trop pour n'être pas persuadés que ton cœur n'a point de part à la trahison que tu nous as faite, et nous ne sommes pas assez injustes pour te punir d'un crime dont nous te croyons innocent et que tu détestes sans doute autant que nous... Il n'est pourtant pas à propos que tu restes ici : tout le monde ne t'y rendroit peut-être pas la même justice; et quand une fois notre jeunesse aura chanté la guerre, elle ne verra plus en toi qu'un perfide qui a livré nos chefs à un dur et rude esclavage, et elle n'écoutera plus que sa fureur à laquelle nous ne serions plus les maîtres de te soustraire [1]. »

Après ce discours, on contraignit le missionnaire de partir, et on lui donna des guides qui le conduisirent par des routes détournées au delà de la frontière. Louis XIV fit relâcher les Indiens aussitôt qu'il eut appris la manière dont on les avoit arrêtés. Le chef qui avoit harangué le père Lamberville se convertit peu de temps après, et se retira à

---

1. CHARLEVOIX, *Hist. de la Nouv.-France*, in-4°, t. I, liv. XI, p. 511.

Québec. Sa conduite en cette occasion fut le premier fruit des vertus du christianisme qui commençoit à germer dans son cœur.

Mais aussi quels hommes que les Brébeuf, les Lallemant, les Jogues, qui réchauffèrent de leur sang les sillons glacés de la Nouvelle-France ! J'ai rencontré moi-même un de ces apôtres au milieu des solitudes américaines. Un matin que je cheminois lentement dans les forêts, j'aperçus venant à moi un grand vieillard à barbe blanche, vêtu d'une longue robe, lisant attentivement dans un livre et marchant appuyé sur un bâton; il étoit tout illuminé par un rayon de l'aurore qui tomboit sur lui à travers le feuillage des arbres : on eût cru voir Thermosiris sortant du bois sacré des Muses, dans les déserts de la Haute-Égypte. C'étoit un missionnaire de la Louisiane; il revenoit de la Nouvelle-Orléans, et retournoit aux Illinois, où il dirigeoit un petit troupeau de François et de sauvages chrétiens. Il m'accompagna pendant plusieurs jours : quelque diligent que je fusse au matin, je trouvois toujours le vieux voyageur levé avant moi et disant son bréviaire en se promenant dans la forêt. Ce saint homme avoit beaucoup souffert; il racontoit bien les peines de sa vie; il en parloit sans aigreur, et surtout sans plaisir, mais avec sérénité : je n'ai point vu un sourire plus paisible que le sien. Il citoit agréablement et souvent des vers de Virgile et même d'Homère, qu'il appliquoit aux belles scènes qui se succédoient sous nos yeux ou aux pensées qui nous occupoient. Il me parut avoir des connoissances en tous genres, qu'il laissoit à peine apercevoir sous sa simplicité évangélique; comme ses prédécesseurs les apôtres, sachant tout, il avoit l'air de tout ignorer. Nous eûmes un jour une conversation sur la révolution françoise, et nous trouvâmes quelque charme à causer des troubles des hommes dans les lieux les plus tranquilles. Nous étions assis dans une vallée, au bord d'un fleuve dont nous ne savions pas le nom, et qui depuis nombre de siècles rafraîchissoit de ses eaux cette rive inconnue : j'en fis faire la remarque au vieillard qui s'attendrit; les larmes lui vinrent aux yeux à cette image d'une vie ignorée sacrifiée dans les déserts à d'obscurs bienfaits.

Le père Charlevoix nous décrit ainsi un des missionnaires du Canada :

« Le père Daniel étoit trop près de Québec pour n'y pas faire un tour avant de reprendre le chemin de sa mission. . . . .
. . . .
Il arriva au port dans un canot, l'aviron à la main, accompagné de trois ou quatre sauvages, les pieds nus, épuisé de force, une chemise pourrie et une soutane toute déchirée sur son corps décharné, mais avec un visage content et charmé de la vie qu'il menoit, et inspirant,

par son air et par ses discours, l'envie d'aller partager avec lui des croix auxquelles le Seigneur attachoit tant d'onction[1]. »

Voilà de ces joies et de ces larmes telles que Jésus-Christ les a véritablement promises à ses élus.

Écoutons encore l'historien de la Nouvelle-France :

« Rien n'étoit plus apostolique que la vie qu'ils menoient (les missionnaires chez les Hurons). Tous leurs moments étoient comptés par quelque action héroïque, par des conversions ou par des souffrances, qu'ils regardoient comme de vrais dédommagements, lorsque leurs travaux n'avoient pas produit tout le fruit dont ils s'étoient flattés. Depuis quatre heures du matin qu'ils se levoient, lorsqu'ils n'étoient pas en course, jusqu'à huit, ils demeuroient ordinairement renfermés : c'étoit le temps de la prière et le seul qu'ils eussent de libre pour leurs exercices de piété. A huit heures chacun alloit où son devoir l'appeloit : les uns visitoient les malades ; les autres suivoient, dans les campagnes, ceux qui travailloient à cultiver la terre ; d'autres se transportoient dans les bourgades voisines qui étoient destituées de pasteurs. Ces causes produisoient plusieurs bons effets ; car, en premier lieu, il ne mouroit point ou il mouroit bien peu d'enfants sans baptême ; des adultes mêmes, qui avoient refusé de se faire inscrire tandis qu'ils étoient en santé, se rendoient dès qu'ils étoient malades ; ils ne pouvoient tenir contre l'industrieuse et constante charité de leurs médecins[2]. »

Si l'on trouvoit de pareilles descriptions dans le *Télémaque,* on se récrieroit sur le goût simple et touchant de ces choses ; on loueroit avec transport la fiction du poëte, et l'on est insensible à la vérité présentée avec les mêmes attraits.

Ce n'étoit là que les moindres travaux de ces hommes évangéliques : tantôt ils suivoient les sauvages dans des chasses qui duroient plusieurs années, et pendant lesquelles ils se trouvoient obligés de manger jusqu'à leur vêtement. Tantôt ils étoient exposés aux caprices de ces Indiens, qui, comme des enfants, ne savent jamais résister à un mouvement de leur imagination ou de leurs désirs. Mais les missionnaires s'estimoient récompensés de leurs peines s'ils avoient durant leurs longues souffrances acquis une âme à Dieu, ouvert le ciel à un enfant, soulagé un malade, essuyé les pleurs d'un infortuné. Nous avons déjà vu que la patrie n'avoit point de citoyens plus fidèles ; l'honneur d'être François leur valut souvent la persécution et la mort :

---

1. CHARLEVOIX, *Hist. de la Nouv.-France,* in-4°, t. I, liv. v, p. 200.
2. *Ibid.*, p. 217.

les sauvages les reconnoissoient pour être *de la chair blanche de Québec*, à l'intrépidité avec laquelle ils supportoient les plus affreux supplices.

Le ciel, touché de leurs vertus, accorda à plusieurs d'entre eux cette palme qu'ils avoient tant désirée et qui les a fait monter au rang des premiers apôtres. La bourgade huronne où le père Daniel[1] étoit missionnaire fut surprise par les Iroquois au matin du 4 juillet 1648 ; les jeunes guerriers étoient absents. Le Jésuite, dans ce moment même, disoit la messe à ses néophytes. Il n'eut que le temps d'achever la consécration et de courir à l'endroit d'où partoient les cris. Une scène lamentable s'offrit à ses yeux : femmes, enfants, vieillards, gisoient pêle-mêle expirants. Tout ce qui vivoit encore tombe à ses pieds et lui demande le baptême. Le Père trempe un voile dans l'eau, et, le secouant sur la foule à genoux, procure la vie des cieux à ceux qu'il ne pouvoit arracher à la mort temporelle. Il se ressouvint alors d'avoir laissé dans les cabanes quelques malades qui n'avoient point encore reçu le sceau du christianisme ; il y vole, les met au nombre des rachetés, retourne à la chapelle, cache les vases sacrés, donne une absolution générale aux Hurons qui s'étoient réfugiés à l'autel, les presse de fuir, et, pour leur en laisser le temps, marche à la rencontre des ennemis. A la vue de ce prêtre, qui s'avançoit seul contre une armée, les barbares, étonnés, s'arrêtent et reculent quelques pas ; n'osant approcher du saint, ils le percent de loin avec leurs flèches. « Il en étoit tout hérissé, dit Charlevoix, qu'il parloit encore avec une action surprenante, tantôt à Dieu, à qui il offroit son sang pour le troupeau, tantôt à ses meurtriers, qu'il menaçoit de la colère du ciel, en les assurant néanmoins qu'ils trouveroient toujours le Seigneur disposé à les recevoir en grâce s'ils avoient recours à sa clémence[2]. » Il meurt, et sauve une partie de ses néophytes en arrêtant ainsi les Iroquois autour de lui.

Le père Garnier montra le même héroïsme dans une autre bourgade : il étoit tout jeune encore et s'étoit arraché nouvellement aux pleurs de sa famille pour sauver des âmes dans les forêts du Canada. Atteint de deux balles sur le champ de carnage, il est renversé sans connoissance : un Iroquois le croyant mort le dépouille. Quelque temps après le Père revient de son évanouissement ; il soulève la tête et voit à quelque distance un Huron qui rendoit le dernier soupir. L'apôtre fait un effort pour aller absoudre le catéchumène ; il se traîne,

---

1. Le même dont Charlevoix nous a fait le portrait.
2. *Hist. de la Nouv.-France*, t. I, liv. VII, p. 286.

il retombe : un barbare l'aperçoit, accourt, et lui fend les entrailles de deux coups de hache : « Il expire, dit encore Charlevoix, dans l'exercice et pour ainsi dire dans le sein même de la charité[1]. » Enfin, le père Brébeuf, oncle du poëte du même nom, fut brûlé avec ces tourments horribles que les Iroquois faisoient subir à leurs prisonniers.

« Ce père, que vingt années de travaux les plus capables de faire mourir tous les sentiments naturels, un caractère d'esprit d'une fermeté à l'épreuve de tout, une vertu nourrie dans la vue toujours prochaine d'une mort cruelle, et portée jusqu'à en faire l'objet de ses vœux les plus ardents, prévenu d'ailleurs par plus d'un avertissement céleste que ses vœux seroient exaucés, se rioit également des menaces et des tortures; mais la vue de ses chers néophytes cruellement traités à ses yeux répandoit une grande amertume sur la joie qu'il ressentoit de voir ses espérances accomplies. . . . .

« Les Iroquois connurent bien d'abord qu'ils avoient affaire à un homme à qui ils n'auroient pas le plaisir de voir échapper la moindre foiblesse ; et comme s'ils eussent appréhendé qu'il ne communiquât aux autres son intrépidité, ils le séparèrent, après quelque temps, de la troupe des prisonniers, le firent monter seul sur un échafaud et s'acharnèrent de telle sorte sur lui, qu'ils paroissoient hors d'eux-mêmes de rage et de désespoir.

« Tout cela n'empêchoit point le serviteur de Dieu de parler d'une voix forte, tantôt aux Hurons qui ne le voyoient plus, mais qui pouvoient encore l'entendre, tantôt à ses bourreaux, qu'il exhortoit à craindre la colère du ciel s'ils continuoient à persécuter les adorateurs du vrai Dieu. Cette liberté étonna les barbares ; ils voulurent lui imposer silence, et, n'en pouvant venir à bout, ils lui coupèrent la lèvre inférieure et l'extrémité du nez, lui appliquèrent par tout le corps des torches allumées, lui brûlèrent les gencives, etc.[2]. »

On tourmentoit auprès du père Brébeuf un autre missionnaire, nommé le père Lallemant, et qui ne faisoit que d'entrer dans la carrière évangélique. La douleur lui arrachoit quelquefois des cris involontaires ; il demandoit de la force au vieil apôtre, qui, ne pouvant plus parler, lui faisoit de douces inclinations de tête et sourioit avec ses lèvres mutilées pour encourager le jeune martyr ; les fumées des bûchers montoient ensemble vers le ciel, et affligeoient et réjouissoient les anges. On fit un collier de haches ardentes au père Brébeuf;

---

1. *Hist. de la Nouv.-France*, t. I, liv. VII, p. 298.
2. CHARLEVOIX, t. I, liv. VII, p. 292.

on lui coupa des lambeaux de chair, que l'on dévora à ses yeux, en lui disant que la chair des François était excellente[1] ; puis, continuant ces railleries : « Tu nous assurois tout à l'heure, crioient les barbares, que plus on souffre sur la terre, plus on est heureux dans le ciel : c'est par amitié pour toi que nous nous étudions à augmenter tes souffrances[2]. »

Lorsqu'on portoit dans Paris des cœurs de prêtres au bout des piques, on chantoit : *Ah ! il n'est point de fête quand le cœur n'en est pas.*

Enfin, après avoir souffert plusieurs autres tourments que nous n'oserions transcrire, le père Brébeuf rendit l'esprit, et son âme s'envola au séjour de celui qui guérit toutes les plaies de ses serviteurs.

C'étoit en 1649 que ces choses se passoient en Canada, c'est-à-dire au moment de la plus grande prospérité de la France et pendant les fêtes de Louis XIV : tout triomphoit alors, le missionnaire et le soldat.

Ceux pour qui un prêtre est un objet de haine et de risée se réjouiront de ces tourments des confesseurs de la foi. Les sages, avec un esprit de prudence et de modération, diront qu'après tout les missionnaires étoient les victimes de leur fanatisme ; ils demanderont, avec une pitié superbe, *ce que les moines alloient faire dans les déserts de l'Amérique.* A la vérité, nous convenons qu'ils n'alloient pas, sur un plan de savants, tenter de grandes découvertes philosophiques ; ils obéissoient seulement à ce maître qui leur avoit dit : « Allez et enseignez, *Docete omnes gentes;* » et sur la foi de ce commandement, avec une simplicité extrême, ils quittoient les délices de la patrie pour aller, au prix de leur sang, révéler à un barbare qu'ils n'avoient jamais vu... Quoi ? — Rien, selon le monde, presque rien : *L'existence de Dieu et l'immortalité de l'âme;* Docete omnes gentes!

CHAPITRE IX.

FIN DES MISSIONS.

Ainsi, nous avons indiqué les voies que suivoient les différentes missions : voies de simplicité, voies de science, voies de législation, voies d'héroïsme. Il nous semble que c'étoit un juste sujet d'orgueil pour l'Europe, et surtout pour la France, qui fournissoit le plus grand nombre de missionnaires, de voir tous les ans sortir de son sein des

---

1. *Hist. de la Nouv.-France*, p. 293 et 294. 2. *Ibid.*, p. 294.

hommes qui alloient faire éclater les miracles des arts, des lois, de l'humanité et du courage, dans les quatre parties de la terre. De là provenoit la haute idée que les étrangers se formoient de notre nation et du Dieu qu'on y adoroit. Les peuples les plus éloignés vouloient entrer en liaison avec nous ; l'ambassadeur du sauvage de l'Occident rencontroit à notre cour l'ambassadeur des nations de l'Aurore. Nous ne nous piquons pas du don de prophétie, mais on se peut tenir assuré, et l'expérience le prouvera, que jamais des savants dépêchés aux pays lointains avec les instruments et les plans d'une académie ne feront ce qu'un pauvre moine parti à pied de son couvent exécutoit seul avec son chapelet et son bréviaire.

FIN DU LIVRE QUATRIÈME.

LIVRE CINQUIÈME.

ORDRES MILITAIRES DE CHEVALERIE.

CHAPITRE PREMIER.

CHEVALIERS DE MALTE.

Il n'y a pas un beau souvenir, pas une belle institution dans les siècles modernes que le christianisme ne réclame. Les seuls temps poétiques de notre histoire, les temps chevaleresques, lui appartiennent encore; la vraie religion a le singulier mérite d'avoir créé parmi nous l'âge de la féerie et des enchantements.

M. de Sainte-Palaye semble vouloir séparer la chevalerie militaire de la chevalerie religieuse, et tout invite au contraire à les confondre. Il ne croit pas qu'on puisse faire remonter l'institution de la première au delà du xie siècle [1] : or, c'est précisément l'époque des croisades qui donna naissance aux Hospitaliers, aux Templiers et à l'Ordre Teutonique [2]. La loi formelle par laquelle la chevalerie militaire s'engageoit à défendre la foi, la ressemblance de ses cérémonies avec celles des sacrements de l'Église, ses jeûnes, ses ablutions, ses confessions, ses prières, ses engagements monastiques [3], montrent suffisamment que tous les chevaliers avoient la même origine religieuse. Enfin, le vœu de célibat, qui paroît établir une différence essentielle entre des héros chastes et des guerriers qui ne parlent que d'amour, n'est pas une chose qui doive arrêter; car ce vœu n'étoit pas général dans les ordres militaires chrétiens. Les chevaliers de Saint-Jacques-de-l'Épée, en Espagne, pouvoient se marier [4], et dans l'ordre de Malte on n'est obligé de renoncer au lien conjugal

---

1. *Mém. sur l'anc. chev.*, t. I, IIe part., p. 66.
2. Hén., *Hist. de France*, t. I, p. 167; Fleury, *Hist. ecclés.*, t. XIV, p. 387; t. XV, p. 604; Hélyot, *Hist. des Ordres relig.*, t. III, p. 74, 143.
3. Sainte-Palaye, *loc. cit.*, et la note 11.
4. Fleury, *Hist. ecclés.*, t. XV, liv. LXXII, p. 403, édit. 1719, in-4°.

qu'en passant aux dignités de l'ordre ou en entrant en jouissance de ses bénéfices.

D'après l'abbé Giustiniani, ou sur le témoignage plus certain, mais moins agréable, du frère Hélyot, on trouve trente ordres religieux militaires : neuf sous la règle de Saint-Basile, quatorze sous celle de Saint-Augustin et sept attachés à l'institut de Saint-Benoît. Nous ne parlerons que des principaux, à savoir : les Hospitaliers ou chevaliers de Malte en Orient, les Teutoniques à l'Occident et au nord, et les chevaliers de Calatrava (en y comprenant ceux d'Alcantara et de Saint-Jacques-de-l'Épée) au midi de l'Europe.

Si les historiens sont exacts, on peut compter encore plus de vingt-huit autres ordres militaires qui, n'étant point soumis à des règles particulières, ne sont considérés que comme d'illustres confréries religieuses : tels sont ces chevaliers du Lion, du Croissant, du Dragon, de l'Aigle-Blanche, du Lis, du Fer-d'Or, et ces chevalières de la Hache, dont les noms rappellent les Roland, les Roger, les Renaud, les Clorinde, les Bradamante, et les prodiges de la Table ronde.

Quelques marchands d'Amalfi, dans le royaume de Naples, obtiennent de Romensor, calife d'Égypte, la permission de bâtir une église latine à Jérusalem; ils y ajoutent un hôpital pour y recevoir les étrangers et les pèlerins : Gérard de Provence les gouverne. Les croisades commencent. Godefroi de Bouillon arrive, il donne quelques terres aux nouveaux *Hospitaliers*. Boyant-Roger succède à Gérard, Raymond-Dupuy à Roger. Dupuy prend le titre de grand-maître, divise les Hospitaliers en *chevaliers*, pour assurer les chemins aux pèlerins et pour combattre les infidèles; en *chapelains*, consacrés au service des autels, et en *frères servants*, qui devoient aussi prendre les armes.

L'Italie, l'Espagne, la France, l'Angleterre, l'Allemagne et la Grèce, qui, tour à tour ou toutes ensemble viennent aborder aux rivages de la Syrie, sont soutenues par les braves Hospitaliers. Mais la fortune change sans changer la valeur : Saladin reprend Jérusalem. Acre ou Ptolémaïde est bientôt le seul port qui reste aux Croisés en Palestine. On y voit réunis le roi de Jérusalem et de Chypre, le roi de Naples et de Sicile, le roi d'Arménie, le prince d'Antioche, le comte de Jaffa, le patriarche de Jérusalem, les chevaliers du Saint-Sépulcre, le légat du pape, le comte de Tripoli, le prince de Galilée, les Templiers, les Hospitaliers, les chevaliers Teutoniques, ceux de Saint-Lazare, les Vénitiens, les Génois, les Pisans, les Florentins, le prince de Tarente et le duc d'Athènes. Tous ces princes, tous ces peuples, tous ces ordres ont leur quartier séparé, où ils vivent indépendants les uns des autres : « En sorte, dit l'abbé Fleury, qu'il y avoit cinquante-huit tribunaux qui jugeoient à mort[1]. »

Le trouble ne tarda pas à se mettre parmi tant d'hommes de mœurs et d'intérêts divers. On en vient aux mains dans la ville. Charles d'Anjou et Hugues III, roi de Chypre, prétendant tous deux au royaume de Jérusalem, augmentent encore la confusion. Le soudan Mélec-Messor profite de ces querelles intestines, et s'avance avec une puissante armée, dans le dessein d'arracher aux Croisés leur dernier refuge. Il est empoisonné par un de ses émirs en sortant d'Égypte ; mais avant d'expirer il fait jurer à son fils de ne point donner de sépulture aux cendres paternelles qu'il n'ait fait tomber Ptolémaïde.

Mélec-Séraph exécute la dernière volonté de son père : Acre est assiégée et emportée d'assaut le 18 de mai 1291. Des religieuses donnèrent alors un exemple effrayant de la chasteté chrétienne : elles se mutilèrent le visage, et furent trouvées dans cet état par les infidèles, qui en eurent horreur et les massacrèrent.

Après la réduction de Ptolémaïde les Hospitaliers se retirèrent dans l'île de Chypre, où ils demeurèrent dix-huit ans. Rhodes, révoltée contre Andronic, empereur d'Orient, appelle les Sarrasins dans ses murs. Villaret, grand-maître des Hospitaliers, obtient d'Andronic l'investiture de l'île, en cas qu'il puisse la soustraire au joug des Mahométans. Ses chevaliers se couvrent de peaux de brebis et, se traînant sur les mains au milieu d'un troupeau, ils se glissent dans la ville pendant un épais brouillard, se saisissent d'une des portes, égorgent la garde, et introduisent dans les murs le reste de l'armée chrétienne.

Quatre fois les Turcs essayent de reprendre l'île de Rhodes sur les chevaliers, et quatre fois ils sont repoussés. Au troisième effort, le siége de la ville dura cinq ans, et au quatrième, Mahomet battit les murs avec seize canons d'un calibre tel qu'on n'en avoit point encore vu en Europe.

Ces mêmes chevaliers, à peine échappés à la puissance ottomane, en devinrent les protecteurs. Un prince Zizime, fils de ce Mahomet II qui naguère foudroyoit les remparts de Rhodes, implore le secours des chevaliers contre Bajazet, son frère, qui l'avoit dépouillé de son héritage. Bajazet, qui craignoit une guerre civile, se hâte de faire la paix avec l'ordre, et consent à lui payer une certaine somme tous les ans, pour la pension de Zizime. On vit alors, par un de ces jeux si communs de la fortune, un puissant empereur des Turcs tributaire de quelques Hospitaliers chrétiens.

---

1. *Hist. ecclés.*

Enfin, sous le grand-maître Villiers de l'Ile-Adam, Soliman s'empare de Rhodes après avoir perdu cent mille hommes devant ses murs. Les chevaliers se retirent à Malte, que leur abandonne Charles Quint. Ils y sont attaqués de nouveau par les Turcs; mais leur courage les délivre, et ils restent paisibles possesseurs de l'île sous le nom de laquelle ils sont encore connus aujourd'hui [1].

CHAPITRE II.

ORDRE TEUTONIQUE.

A l'autre extrémité de l'Europe la chevalerie religieuse jetoit les fondements de ces États qui sont devenus de puissants royaumes.

L'Ordre Teutonique avoit pris naissance pendant le premier siége d'Acre par les chrétiens, vers l'an 1190. Dans la suite, le duc de Massovie et de Pologne l'appela à la défense de ses États contre les incursions des Prussiens. Ceux-ci étoient des peuples barbares, qui sortoient de temps en temps de leurs forêts pour ravager les contrées voisines. Ils avoient réduit la province de Culm en une affreuse solitude et n'avoient laissé debout sur la Vistule que le seul château de Plotzko. Les chevaliers teutoniques, pénétrant peu à peu dans les bois de la Prusse, y bâtirent des forteresses. Les Warmiens, les Barthes, les Natangues subirent tour à tour le joug, et la navigation des mers du Nord fut assurée.

Les chevaliers de Porte-glaive, qui de leur côté avoient travaillé à la conquête des pays septentrionaux, en se réunissant aux chevaliers teutoniques leur donnèrent une puissance vraiment royale. Les progrès de l'ordre furent cependant retardés par la division qui régna longtemps entre les chevaliers et les évêques de Livonie; mais enfin tout le nord de l'Europe s'étant soumis, Albert, marquis de Brandebourg, embrassa la doctrine de Luther, chassa les chevaliers de leurs gouvernements, et se rendit seul maître de la Prusse, qui prit alors le nom de Prusse ducale. Ce nouveau duché fut érigé en royaume en 1701, sous l'aïeul du grand Frédéric.

Les restes de l'ordre teutonique subsistent encore en Allemagne, et c'est le prince Charles qui en est grand-maître aujourd'hui [2].

---

1. Vert., *Hist. des Chev. de Malte*; Fleury, *Hist. eccl.*; Giustiniani, *Ist. cron. dell' or. degli Ord. milit.*; Hélyot, *Hist. des Ord. relig.*, t. III.
2. Shoonbeck, *Ord. milit.*; Giustiniani, *Ist. cronol. dell' or. degli Ord. milit.*; Hélyot, *Hist. des Ord. relig.*, t. III; Fleury, *Hist. eccl.*

CHAPITRE III.

CHEVALIERS DE CALATRAVE ET DE SAINT-JACQUES-DE-L'ÉPÉE, EN ESPAGNE.

La chevalerie faisoit au centre de l'Europe les mêmes progrès qu'aux deux extrémités de cette partie du monde.

Vers l'an 1147, Alphonse le Batailleur, roi de Castille, enlève aux Maures la place de Calatrave en Andalousie. Huit ans après les Maures se préparent à la reprendre sur don Sanche, successeur d'Alphonse. Don Sanche, effrayé de ce dessein, fait publier qu'il donne la place à quiconque voudra la défendre. Personne n'ose se présenter, hors un bénédictin de l'ordre de Cîteaux, dom Didace Vilasquès, et Raymond son abbé. Ils se jettent dans Calatrave avec les paysans et les familles qui dépendoient de leur monastère de Fitero ; ils font prendre les armes aux frères convers, et fortifient la ville menacée. Les Maures étant informés de ces préparatifs renoncent à leur entreprise : la place demeure à l'abbé Raymond, et les frères convers se changent en chevaliers du nom de *Calatrava*.

Ces nouveaux chevaliers firent dans la suite plusieurs conquêtes sur les Maures de Valence et de Jaën : Favera, Maella, Macalon, Valdetormo, la Fresueda, Valderobbes, Calenda, Aqua-Viva, Ozpipa, tombèrent tour à tour entre leurs mains. Mais l'ordre reçut un échec irréparable à la bataille d'Alarcos, que les Maures d'Afrique gagnèrent en 1195 sur le roi de Castille. Les chevaliers de Calatrave y périrent presque tous avec ceux d'Alcantara et de Saint-Jacques-de-l'Épée.

Nous n'entrerons dans aucun détail touchant ces derniers, qui eurent aussi pour but de combattre les Maures et de protéger les voyageurs contre les incursions des infidèles[1].

Il suffit de jeter les yeux sur l'histoire à l'époque de l'institution de la chevalerie religieuse pour reconnoître les importants services qu'elle a rendus à la société. L'ordre de Malte, en Orient, a protégé le commerce et la navigation renaissante, et a été pendant plus d'un siècle le seul boulevard qui empêchât les Turcs de se précipiter sur l'Italie ; dans le Nord, l'Ordre Teutonique, en subjuguant les peuples errants sur les bords de la Baltique, a éteint le foyer de ces terribles éruptions qui ont tant de fois désolé l'Europe : il a donné le temps à la civilisation de faire des progrès et de perfectionner ces nouvelles

---

1. SHOONBECK, GIUSTINIANI, HÉLYOT, FLEURY et MARIANA.

armes qui nous mettent pour jamais à l'abri des Alaric et des Attila.

Ceci ne paroîtra point une vaine conjecture si l'on observe que les courses des Normands n'ont cessé que vers le xe siècle, et que les chevaliers teutoniques, à leur arrivée dans le Nord, trouvèrent une population réparée et d'innombrables barbares, qui s'étoient déjà débordés autour d'eux. Les Turcs descendant de l'Orient, les Livoniens, les Prussiens, les Poméraniens, arrivant de l'Occident et du Septentrion, auroient renouvelé dans l'Europe à peine reposée les scènes des Huns et des Goths.

Les chevaliers teutoniques rendirent même un double service à l'humanité, car en domptant des sauvages ils les contraignirent de s'attacher à la culture et d'embrasser la vie sociale. Chrisbourg, Bartenstein, Wissembourg, Wesel, Brumberg, Thorn, la plupart des villes de la Prusse, de la Courlande et de la Sémigalie, furent fondées par cet ordre militaire religieux; et tandis qu'il peut se vanter d'avoir assuré l'existence des peuples de la France et de l'Angleterre, il peut aussi se glorifier d'avoir civilisé le nord de la Germanie.

Un autre ennemi étoit encore peut-être plus dangereux que les Turcs et les Prussiens, parce qu'il se trouvoit au centre même de l'Europe : les Maures ont été plusieurs fois sur le point d'asservir la chrétienté. Et quoique ce peuple paroisse avoir eu dans ses mœurs plus d'élégance que les autres barbares, il avoit toutefois dans sa religion, qui admettoit la polygamie et l'esclavage, dans son tempérament despotique et jaloux, il avoit, disons-nous, un obstacle invincible aux lumières et au bonheur de l'humanité.

Les ordres militaires de l'Espagne en combattant ces infidèles ont donc, ainsi que l'Ordre Teutonique et celui de Saint-Jean de Jérusalem, prévenu de très-grands malheurs. Les chevaliers chrétiens remplacèrent en Europe les troupes soldées, et furent une espèce de milice régulière, qui se transportoit où le danger étoit le plus pressant. Les rois et les barons, obligés de licencier leurs vassaux au bout de quelques mois de service, avoient été souvent surpris par les barbares : ce que l'expérience et le génie des temps n'avoient pu faire, la religion l'exécuta; elle associa des hommes qui jurèrent, au nom de Dieu, de verser leur sang pour la patrie : les chemins devinrent libres, les provinces furent purgées des brigands qui les infestoient, et les ennemis du dehors trouvèrent une digue à leurs ravages.

On a blâmé les chevaliers d'avoir été chercher les infidèles jusque dans leurs foyers. Mais on n'observe pas que ce n'étoit, après tout, que de justes représailles contre des peuples qui avoient attaqué les premiers les peuples chrétiens : les Maures, que Charles-Martel extermina, justifient les croisades. Les disciples du Coran sont-ils demeurés tranquilles dans les déserts de l'Arabie, et n'ont-ils pas porté leur loi et leurs ravages jusqu'aux murailles de Delhi et jusqu'aux remparts de Vienne? Il falloit peut-être attendre que le repaire de ces bêtes féroces se fût rempli de nouveau, et parce qu'on a marché contre elles sous la bannière de la religion, l'entreprise n'étoit ni juste ni nécessaire! Tout étoit bon, Teutatès, Odin, Allah, pourvu qu'on n'eût pas Jésus-Christ [1] !

CHAPITRE IV.

VIE ET MŒURS DES CHEVALIERS.

Les sujets qui parlent le plus à l'imagination ne sont pas les plus faciles à peindre, soit qu'ils aient dans leur ensemble un certain vague plus charmant que les descriptions qu'on en peut faire, soit que l'esprit du lecteur aille toujours au delà de vos tableaux. Le seul mot de *chevalerie*, le seul nom d'un illustre *chevalier*, est proprement une merveille, que les détails les plus intéressants ne peuvent surpasser ; tout est là-dedans, depuis les fables de l'Arioste jusqu'aux exploits des véritables paladins, depuis le palais d'Alcine et d'Armide jusqu'aux tourelles de Cœuvre et d'Anet.

Il n'est guère possible de parler, même historiquement, de la chevalerie sans avoir recours aux troubadours qui l'ont chantée, comme on s'appuie de l'autorité d'Homère en ce qui concerne les anciens héros : c'est ce que les critiques les plus sévères ont reconnu. Mais alors on a l'air de ne s'occuper que de fictions. Nous sommes accoutumés à une vérité si stérile, que tout ce qui n'a pas la même sécheresse nous paraît mensonge : comme ces peuples nés dans les glaces du pôle, nous préférons nos tristes déserts à ces champs où

> La terra molle e lieta e dilettosa
> Simili a se gli abitator produce [2].

L'éducation du chevalier commençoit à l'âge de sept ans[3]. Du Guesclin encore enfant s'amusoit, dans les avenues du château de son père, à représenter des siéges et des combats avec des petits paysans de son âge. On le voyoit courir dans les bois, lutter contre les vents, sauter de larges fossés, escalader les ormes et les chênes, et déjà

---

1. Voyez la note LV, à la fin du volume.
2. Tass., cant. I, ott. 62.
3. Sainte-Palaye, t. I, 1re part.

montrer dans les landes de la Bretagne le héros qui devoit sauver la France[1].

Bientôt on passoit à l'office de page ou de *damoiseau* dans le château de quelque baron. C'étoit là qu'on prenoit les premières leçons sur la foi gardée à Dieu et aux dames[2]. Souvent le jeune page y commençoit pour la fille du seigneur une de ces durables tendresses que des miracles de vaillance devoient immortaliser. De vastes architectures gothiques, de vieilles forêts, de grands étangs solitaires, nourrissoient, par leur aspect romanesque, ces passions que rien ne pouvoit détruire et qui devenoient des espèces de sort et d'enchantement.

Excité par l'amour au courage, le page poursuivoit les mâles exercices qui lui ouvroient la route de l'honneur. Sur un coursier indompté il lançoit, dans l'épaisseur des bois, les bêtes sauvages, ou, rappelant le faucon du haut des cieux, il forçoit le tyran des airs à venir, timide et soumis, se poser sur sa main assurée. Tantôt, comme Achille enfant, il faisoit voler des chevaux sur la plaine, s'élançant de l'un à l'autre, d'un saut franchissant leur croupe ou s'asseyant sur leur dos; tantôt il montoit tout armé jusqu'au haut d'une tremblante échelle, et se croyoit déjà sur la brèche, criant : *Montjoie et Saint-Denis*[3] ! Dans la cour de son baron, il recevoit les instructions et les exemples propres à former sa vie. Là se rendoient sans cesse des chevaliers connus ou inconnus, qui s'étoient voués à des aventures périlleuses, qui revenoient seuls des royaumes du Cathay, des confins de l'Asie et de tous ces lieux incroyables où ils redressoient les torts et combattoient les infidèles.

« On veoit, dit Froissart parlant de la maison du duc de Foix, on veoit en la salle, en la chambre, en la cour, chevaliers et escuyers d'honneur aller et marcher, et les oyoit-on parler d'armes et d'amour : tout honneur étoit là dedans treuvé, toute nouvelle, de quelque pays ne de quelque royaume que ce fust, là dedans on y apprenoit, car de tout pays, pour la vaillance du seigneur, elles y venoient. »

Au sortir de page on devenoit écuyer, et la religion présidoit toujours à ces changements. De puissants parrains ou de belles marraines promettoient à l'autel pour le héros futur religion, fidélité et amour. Le service de l'écuyer consistoit, en paix, à trancher à table, à servir lui-même les viandes, comme les guerriers d'Homère, à donner à laver aux convives. Les plus grands seigneurs ne rougissoient point de rem-

---

1. *Vie de Duguesclin.*   2. SAINTE-PALAYE, t. I, p. 7.
3. SAINTE-PALAYE, t. I, part. II.

plir ces offices. « A une table devant le roi, dit le sire de Joinville, mangeoit le roi de Navarre, qui moult estoit paré et aourné de drap d'or, en cotte et mantel, la ceinture, le fermail et chapel d'or fin, devant lequel je tranchoys. »

L'écuyer suivoit le chevalier à la guerre, portoit sa lance et son heaume élevé sur le pommeau de la selle, et conduisoit ses chevaux en les tenant par la droite. « Quand il entra dans la forest, il rencontra quatre escuyers qui menoient quatre blancs dextriers en dextre. » Son devoir, dans les duels et batailles, étoit de fournir des armes à son chevalier, de le relever quand il étoit abattu, de lui donner un cheval frais, de parer les coups qu'on lui portoit, mais sans pouvoir combattre lui-même.

Enfin, lorsqu'il ne manquoit plus rien aux qualités du *poursuivant d'armes*, il étoit admis aux honneurs de la chevalerie. Les lices d'un tournoi, un champ de bataille, le fossé d'un château, la brèche d'une tour, étoient souvent le théâtre honorable où se conféroit l'ordre des vaillants et des preux. Dans le tumulte d'une mêlée, de braves écuyers tomboient aux genoux du roi ou du général, qui les créoit chevaliers en leur frappant sur l'épaule trois coups du plat de son épée. Lorsque Bayard eut conféré la chevalerie à François Ier : « Tu es bien heureuse, dit-il en s'adressant à son épée, d'avoir aujourd'hui, à un si beau et si puissant roi, donné l'ordre de la chevalerie; certes, ma bonne épée, vous serez comme reliques gardée, et sur toute autre honorée. » Et puis, ajoute l'historien, fit deux saults ; et après remit au fourreau son espée.

A peine le nouveau chevalier jouissoit-il de toutes ses armes, qu'il brûloit de se distinguer par quelques faits éclatants. Il alloit par *monts* et par *vaux*, cherchant périls et aventures ; il traversoit d'antiques forêts, de vastes bruyères, de profondes solitudes. Vers le soir il s'approchoit d'un château dont il apercevoit les tours solitaires ; il espéroit achever dans ce lieu quelque terrible fait d'armes. Déjà il baissoit sa visière et se recommandoit à la dame de ses pensées, lorsque le son d'un cor se faisoit entendre. Sur les faîtes du château s'élevoit un *hequme*, enseigne éclatante de la demeure d'un chevalier hospitalier. Les ponts-levis s'abaissoient, et l'aventureux voyageur entroit dans ce manoir écarté. S'il vouloit rester inconnu, il couvroit son écu d'une *housse*, ou d'un *voile vert*, ou d'une *guimpe plus fine que fleur de lys*. Les dames et les damoiselles s'empressoient de le désarmer, de lui donner de riches habits, de lui servir des vins précieux dans des vases de cristal. Quelquefois il trouvoit son hôte dans la joie : « Le seigneur Amanieu des Escas, au sortir de table, étant l'hiver auprès d'un bon feu, dans la salle bien jonchée ou tapissée de nattes, ayant autour de lui ses écuyers, s'entretenoit avec eux d'armes et d'amour, car tout dans sa maison, jusqu'aux derniers *varlets,* se mêloit d'aimer[1]. »

Ces fêtes de châteaux avoient toujours quelque chose d'énigmatique : c'étoit le festin de *la licorne,* le *vœu du paon* ou *du faisan.* On y voyoit des convives non moins mystérieux, les chevaliers du Cygne, de l'Écu-Blanc, de la Lance-d'Or, du Silence ; guerriers qui n'étoient connus que par les devises de leurs boucliers et par les pénitences auxquelles ils s'étoient soumis[2].

Des troubadours, ornés de plumes de paon, entroient dans la salle vers la fin de la fête, et chantoient des *lays* d'amour :

>   Armes, amours, déduit, joie et plaisance,
>   Espoir, désir, souvenir, hardement,
>   Jeunesse, aussi manière et contenance,
>   Humble regard, trait amoureusement,
>   Gents corps, jolis, parez très-richement,
>   Avisez bien ceste saison nouvelle ;
>   Le jour de may, cette grand'feste et belle,
>   Qui par le roy se fait à Sainct-Denys ;
>   A bien jouter gardez vostre querelle,
>   Et vous serez honorez et chéris.

Le principe du métier des armes chevaleresques étoit

> « Grand bruit au champ, et grand' joie au logis. »
> *Bruits es chans, et joie à l'ostel.*

Mais le chevalier arrivé au château n'y trouvoit pas toujours des fêtes ; c'étoit quelquefois l'habitation d'une piteuse dame qui gémissoit dans les fers d'un jaloux : *Le biau sire, noble, courtois et preux,* à qui l'on avoit refusé l'entrée du manoir, passoit la nuit au pied d'une tour d'où il entendoit les soupirs de quelque Gabrielle qui appeloit en vain le malheureux Couci. Le chevalier, aussi tendre que brave, juroit, par sa *durandal* et son *aquilain,* sa fidèle épée et son coursier rapide, de défier en combat singulier le félon qui tourmentoit la beauté contre toute loi d'honneur et de chevalerie.

S'il étoit reçu dans ces sombres forteresses, c'étoit alors qu'il avoit besoin de tout son grand cœur. Des varlets silencieux, aux regards farouches, l'introduisoient, par de longues galeries à peine éclairées, dans la chambre solitaire qu'on lui destinoit. C'étoit quelque donjon qui gardoit le souvenir d'une fameuse histoire ; on l'appeloit la

---

1. SAINTE-PALAYE.   2. *Hist. du maréchal de Boucicault.*

chambre du *roi Richard,* ou de la *dame des Sept Tours.* Le plafond en étoit marqueté de vieilles armoiries peintes, et les murs couverts de tapisseries à grands personnages, qui sembloient suivre des yeux le chevalier, et qui servoient à cacher des portes secrètes. Vers minuit, on entendoit un bruit léger, les tapisseries s'agitoient, la lampe du paladin s'éteignoit, un cercueil s'élevoit auprès de sa couche.

La lance et la masse d'armes étant inutiles contre les morts, le chevalier avoit recours à des vœux de pèlerinage. Délivré par la faveur divine, il ne manquoit point d'aller consulter l'ermite du rocher, qui lui disoit : « Si tu avois autant de possessions comme en avoit le roi Alexandre, et de sens comme le sage Salomon, et de chevalerie comme le preux Hector de Troie ; seul orgueil, s'il régnoit en toi, détruiroit tout [1]. »

Le bon chevalier comprenoit par ces paroles que les visions qu'il avoit eues n'étoient que la punition de ses fautes, et il travailloit à se rendre *sans peur et sans reproche.*

Ainsi chevauchant, il mettoit à fin par cent coups de lance toutes ces aventures chantées par nos poëtes et recordées dans nos chroniques. Il délivroit des princesses retenues dans des grottes, punissoit des mécréants, secouroit les orphelins et les veuves, et se défendoit à la fois de la perfidie des nains et de la force des géants. Conservateur des mœurs comme protecteur des foibles, quand il passoit devant le château d'une dame de mauvaise renommée, il faisoit aux portes une note d'infamie [2]. Si, au contraire, la dame de céans avoit bonne grâce et vertu, il lui crioit : « Ma bonne amie, ou ma bonne dame, ou damoiselle, je prie à Dieu que en ce bien et en cet honneur il vous veuille maintenir au nombre des bonnes, car bien devez être louée et honorée. »

L'honneur de ces chevaliers alloit quelquefois jusqu'à cet excès de vertu qu'on admire et qu'on déteste dans les premiers Romains. Quand la reine Marguerite, femme de saint Louis, apprit à Damiette, où elle étoit près d'accoucher, la défaite de l'armée chrétienne et la prise du roi son époux, « elle fit vuidier hors toute sa chambre, dit Joinville, fors le chevalier (un chevalier âgé de quatre-vingts ans), et s'agenouilla devant li, et li requist un don : et le chevalier li otria par son serment : elle li dit : *Je vous demande,* fist-elle, *par la foy que vous m'avez baillée, que se les Sarrazins prennent ceste ville, que vous me copez la teste avant qu'ils me preignent.* Et le chevalier respondit :

1. SAINTE-PALAYE.   2. DU CANGE, *Gloss.*

Soiés certeinne que je le ferai volontiers, car je l'avoie jà bien enpensé que vous occiroie avant qu'ils vous eussent prins[1]. »

Les entreprises solitaires servoient au chevalier comme d'échelons pour arriver au plus haut degré de gloire. Averti par les ménestriers des tournois qui se préparoient au gentil pays de France, il se rendoit aussitôt au rendez-vous des braves. Déjà les lices sont préparées; déjà les dames, placées sur des échafauds élevés en forme de tours, cherchent des yeux les guerriers parés de leurs couleurs. Des troubadours vont chantant :

> Servants d'amour, regardez doulcement
> Aux eschafaux, anges de paradis,
> Lors jousterez fort et joyeusement,
> Et vous serez honorez et chéris.

Tout à coup un cri s'élève : « *Honneur aux fils des preux !* » Les fanfares sonnent, les barrières s'abaissent. Cent chevaliers s'élancent des deux extrémités de la lice, et se rencontrent au milieu. Les lances volent en éclats; front contre front, les chevaux se heurtent et tombent. Heureux le héros qui, ménageant ses coups et ne frappant, en loyal chevalier, que de la ceinture à l'épaule, a renversé sans le blesser son adversaire ! Tous les cœurs sont à lui, toutes les dames veulent lui envoyer de nouvelles faveurs pour orner ses armes. Cependant des hérauts crient au chevalier : *Souviens-toi de qui tu es fils, et ne forligne pas !* Joutes, castilles, pas d'armes, combats à la foule, font tour à tour briller la vaillance, la force et l'adresse des combattants. Mille cris mêlés au fracas des armes montent jusqu'aux cieux. Chaque dame encourage son chevalier, et lui jette un bracelet, une boucle de cheveux, une écharpe. Un Sargine jusque alors éloigné du champ de la gloire, mais transformé en héros par l'amour, un brave inconnu qui a combattu sans armes et sans vêtements, et qu'on distingue à *sa camise sanglante*[2], sont proclamés vainqueurs de la joute; ils reçoivent un baiser de leur dame, et l'on crie : « L'amour des dames, la mort des hérauts[3], louenge et priz aux chevaliers. »

C'étoit dans ces fêtes qu'on voyoit briller la vaillance ou la courtoisie de La Trémouille, de Boucicault, de Bayard, de qui les hauts faits ont rendu probables les exploits des Perceforest, des Lancelot et des Gandifer. Il en coûtoit cher aux chevaliers étrangers pour oser s'attaquer aux chevaliers de France. Pendant les guerres du règne de

---

1. JOINVILLE, édit. de Capperonnier, p. 84.
2. SAINTE-PALAYE, *Histoire des trois chevaliers de la Chanise.*   3. Héros.

Charles VI Sampi et Boucicault soutinrent seuls les défis que les vainqueurs leur portoient de toutes parts; et, joignant la générosité à la valeur, ils rendoient les chevaux et les armes aux téméraires qui les avoient appelés en champ clos.

Le roi vouloit empêcher ses chevaliers de *relever le gant* et de ressentir ces insultes particulières. Mais ils lui dirent : « Sire, l'honneur de la France est si naturellement cher à ses enfants que si le diable lui-même sortoit de l'enfer pour un défi de valeur, il se trouveroit des gens pour le combattre. »

« Et en ce temps aussi, dit un historien, estoient chevaliers d'Espagne et de Portugal, dont trois de Portugal, bien renommés de chevalerie, prindrent, par je ne sais quelle folle entreprinse, champ de bataille encontre trois chevaliers de France; mais, en bonne vérité de Dieu, ils ne mirent pas tant de temps à aller de la porte Saint-Martin à la porte Saint-Antoine à cheval que les Portugallois ne fussent déconfits par les trois François[1]. »

Les seuls champions qui pussent tenir devant les chevaliers de France étoient les chevaliers d'Angleterre. Et ils avoient de plus pour eux la fortune, car nous nous déchirions alors de nos propres mains. La bataille de Poitiers, si funeste à la France, fut encore honorable à la chevalerie. Le prince Noir, qui ne voulut jamais, par respect, s'asseoir à la table du roi Jean, son prisonnier, lui dit : « Il m'est advis que avez grand raison de vous eliesser, combien que la journée ne soit tournée à votre gré; car vous avez aujourd'huy conquis le haut nom de prouësse, et avez passé aujourd'huy tous les mieux faisants de votre costé : je ne le die mie, cher sire, pour vous louer, car tous ceux de nostre patrie qui ont veu les uns et les autres se sont par pleine conscience à ce accordez, et vous en donnent le prix et chapelet. »

Le chevalier de Ribaumont, dans une action qui se passoit aux portes de Calais, abattit deux fois à ses genoux Édouard III, roi d'Angleterre; mais le monarque, se relevant toujours, força enfin Ribaumont à lui rendre son épée. Les Anglois, étant demeurés vainqueurs, rentrèrent dans la ville avec leurs prisonniers. Édouard, accompagné du prince de Galles, donna un grand repas aux chevaliers françois, et, s'approchant de Ribaumont, il lui dit : « Vous êtes le chevalier au monde que je visse oncques plus vaillamment assaillir ses ennemis. Adonc print le roi son chapelet qu'il portoit sur son chef (qui étoit bon et riche), et le mit sur le chef de monseigneur Eustache, et dit : Monseigneur

---

1. *Journal de Paris*, sous Charles VI et VII.

Eustache, je vous donne ce chapelet pour le mieux combattant de la journée. Je sais que vous êtes gay et amoureux, et que volontiers vous trouverez entre dames et damoiselles : si, dites partout où vous irez que je le vous ai donné. Si, vous quitte votre prison, et vous en pouvez partir demain s'il vous plaist[1]. »

Jeanne d'Arc ranima l'esprit de la chevalerie en France ; on prétend que son bras étoit armé de la fameuse *joyeuse* de Charlemagne, qu'elle avoit retrouvée dans l'église Sainte-Catherine-de-Fierbois, en Touraine.

Si donc nous fûmes quelquefois abandonnés de la fortune, le courage ne nous manqua jamais. Henri IV à la bataille d'Ivry crioit à ses gens qui plioient : « Tournez la tête, si ce n'est pour combattre, du moins pour me voir mourir. » Nos guerriers ont toujours pu dire dans leur défaite ce mot, qui fut inspiré par le génie de la nation au dernier chevalier françois à Pavie : « Tout est perdu, *fors* l'honneur. »

Tant de vertus et de vaillance méritoient bien d'être honorées. Si le héros recevoit la mort dans les champs de la patrie, la chevalerie en deuil lui faisoit d'illustres funérailles ; s'il succomboit au contraire dans les entreprises lointaines, s'il ne lui restoit aucun frère d'armes, aucun écuyer pour prendre soin de sa sépulture, le ciel lui envoyoit pour l'ensevelir quelqu'un de ces solitaires qui habitoient alors dans les déserts, et qui

. . . . . Su 'l Libano spesso, e su 'l Carmelo
In aerea magion fan dimoranza.

C'est ce qui a fourni au Tasse son épisode de Suénon : tous les jours un solitaire de la Thébaïde ou un ermite du Liban recueilloit les cendres de quelque chevalier massacré par les infidèles ; le chantre de Solyme ne fait que prêter à la vérité le langage des Muses.

« Soudain de ce beau globe, ou de ce soleil de la nuit, je vis descendre un rayon qui, s'allongeant comme un trait d'or, vint toucher le corps du héros. . . . .

« Le guerrier n'étoit point prosterné dans la poudre, mais, de même qu'autrefois tous ses désirs tendoient aux régions étoilées, son visage étoit tourné vers le ciel, comme le lieu de son unique espérance. Sa main droite étoit fermée, son bras raccourci ; il serroit le fer, dans l'attitude d'un homme qui va frapper ; son autre main, d'une manière humble et pieuse, reposoit sur sa poitrine et sembloit demander pardon à Dieu. . . . .

« Bientôt un nouveau miracle vint attirer mes regards.

---

1. FROISSART.

« Dans l'endroit où mon maître gisoit étendu s'élève tout à coup un grand sépulcre, qui, sortant du sein de la terre, embrasse le corps du jeune prince, et se referme sur lui... Une courte inscription rappelle au voyageur le nom et les vertus du héros. Je ne pouvois arracher mes yeux de ce monument, et je contemplois tour à tour et les caractères et le marbre funèbre.

« Ici, dit le vieillard, le corps de ton général reposera auprès de ses fidèles amis, tandis que leurs âmes généreuses jouiront, en s'aimant dans les cieux, d'une gloire et d'un bonheur éternel [1]. »

Mais le chevalier qui avoit formé dans sa jeunesse ces liens héroïques qui ne se brisoient pas même avec la vie n'avoit point à craindre de mourir seul dans les déserts : au défaut des miracles du ciel, ceux de l'amitié le suivoient. Constamment accompagné de son *frère d'armes*, il trouvoit en lui des mains guerrières pour creuser sa tombe et un bras pour le venger. Ces unions étoient confirmées par les plus redoutables serments : quelquefois les deux amis se faisoient tirer du sang, et le mêloient dans la même coupe ; ils portoient pour gage de leur foi mutuelle ou un cœur d'or, ou une chaîne, ou un anneau. L'amour pourtant, si cher aux chevaliers, n'avoit dans ces occasions que le second droit sur leurs âmes, et l'on secouroit son ami de préférence à sa maîtresse.

Une chose néanmoins pouvoit dissoudre ces nœuds, c'étoit l'inimitié des patries. Deux frères d'armes de diverses nations cessoient d'être unis dès que leurs pays ne l'étoient plus. Hue de Carvalay, chevalier anglois, avoit été l'ami de Bertrand Du Guesclin : lorsque le prince Noir eut déclaré la guerre au roi Henri de Castille, Hue fut obligé de se séparer de Bertrand ; il vint lui faire ses adieux, et lui dit :

« Gentil sire, il nous convient despartir. Nous avons été ensemble en bonne compagnie, et avons toujours eu du vostre à nostre (de l'argent en commun), si pense bien que j'ai plus receu que vous : et pour ce vous prie que nous en comptions ensemble... — Si, dit Bertrand, ce n'est qu'un sermon, je n'ai point pensé à ce compte... il n'y a que du bien à faire : raison donne que vous suiviez votre maître. Ainsi le doit faire tout preudhomme : bonne amour fust l'amour de nous, et aussi en sera la despartie, dont me poise qu'il convient qu'elle soit. Lors le baisa Bertrand et tous ses compagnons aussi : moult fut piteuse la despartie [2]. »

Ce désintéressement des chevaliers, cette élévation d'âme, qui mérita à quelques-uns le glorieux surnom de *sans reproche*, couronnera le tableau de leurs vertus chrétiennes. Ce même Du Guesclin, la fleur et

---

1. *Ger. Lib.*, cant. VIII.   2. *Vie de Bertrand Du Guesclin.*

l'honneur de la chevalerie, étant prisonnier du prince Noir, égala la magnanimité de Porus entre les mains d'Alexandre. Le prince l'ayant rendu maître de sa rançon, Bertrand la porta à une somme excessive. « Où prendrez-vous tout cet or? dit le héros anglois, étonné. Chez mes amis, repartit le fier connétable : il n'y a pas de *fileresse* en France qui ne filât sa quenouille pour me tirer de vos mains. »

La reine d'Angleterre, touchée des vertus de Du Guesclin, fut la première à donner une grosse somme pour hâter la liberté du plus redoutable ennemi de sa patrie. « Ah! madame! s'écria le chevalier breton en se jetant à ses pieds, j'avois cru jusque ici estre le plus laid homme de France, mais je commence à n'avoir pas si mauvaise opinion de moi, puisque les dames me font de tels présents. »

FIN DU LIVRE CINQUIÈME.

LIVRE SIXIÈME.

SERVICES RENDUS A LA SOCIÉTÉ PAR LE CLERGÉ ET LA RELIGION CHRÉTIENNE EN GÉNÉRAL.

CHAPITRE PREMIER.

IMMENSITÉ DES BIENFAITS DU CHRISTIANISME[1].

Ce ne seroit rien connoître que de connoître vaguement les bienfaits du christianisme : c'est le détail de ses bienfaits, c'est l'art avec lequel la religion a varié ses dons, répandu ses secours, distribué ses trésors, ses remèdes, ses lumières ; c'est ce détail, c'est cet art qu'il faut pénétrer. Jusqu'aux délicatesses des sentiments, jusqu'aux amours-propres, jusqu'aux foiblesses, la religion a tout ménagé en soulageant tout. Pour nous, qui depuis quelques années nous occupons de ces recherches, tant de traits de charité, tant de fondations admirables, tant d'inconcevables sacrifices sont passés sous nos yeux, que nous croyons qu'il y a dans ce seul mérite du christianisme de quoi expier tous les crimes des hommes : culte céleste, qui nous force d'aimer cette triste humanité qui le calomnie.

Ce que nous allons citer est bien peu de chose, et nous pourrions remplir plusieurs volumes de ce que nous rejetons ; nous ne sommes pas même sûr d'avoir choisi ce qu'il y a de plus frappant : mais, dans l'impossibilité de tout décrire et de juger qui l'emporte en vertu par un si grand nombre d'œuvres charitables, nous recueillons presque au hasard ce que nous donnons ici.

Pour se faire d'abord une idée de l'immensité des bienfaits de la religion, il faut se représenter la chrétienté comme une vaste république où tout ce que nous rapportons d'une partie se passe en même

---

1. Voyez, pour toute cette partie, HÉLYOT, *Hist. des Ordres relig. et milit.*, 8 vol. in-4°; HERMANT, *Étab. des Ordres relig.*; BONNANI, *Catal. omn. Ord. relig.*; GIUSTINIANI, MENNEHIUS et SHOONBECK, dans leur *Hist. des Ordres milit.*; SAINT-FOIX, *Essais sur Paris*; *Vie de saint Vincent de Paul*; *Vie des Pères du Désert*; S. BASILE, *Oper.*; LOBINEAU, *Hist. de Bretagne*.

temps dans une autre. Ainsi, quand nous parlerons des hôpitaux, des missions, des colléges de la France, il faut aussi se figurer les hôpitaux, les missions, les colléges de l'Italie, de l'Espagne, de l'Allemagne, de la Russie, de l'Angleterre, de l'Amérique, de l'Afrique et de l'Asie ; il faut voir deux cents millions d'hommes au moins chez qui se pratiquent les mêmes vertus et se font les mêmes sacrifices ; il faut se ressouvenir qu'il y a dix-huit cents ans que ces vertus existent et que les mêmes actes de charité se répètent : calculez maintenant, si votre esprit ne s'y perd, le nombre d'individus soulagés et éclairés par le christianisme chez tant de nations et pendant une aussi longue suite de siècles !

CHAPITRE II.

HÔPITAUX.

La charité, vertu absolument chrétienne et inconnue des anciens, a pris naissance dans Jésus-Christ ; c'est la vertu qui le distingua principalement du reste des mortels, et qui fut en lui le sceau de la rénovation de la nature humaine. Ce fut par la charité, à l'exemple de leur divin Maître, que les apôtres gagnèrent si rapidement les cœurs et séduisirent saintement les hommes.

Les premiers fidèles, instruits dans cette grande vertu, mettoient en commun quelques deniers pour secourir les nécessiteux, les malades et les voyageurs : ainsi commencèrent les hôpitaux. Devenue plus opulente, l'Église fonda pour nos maux des établissements dignes d'elle. Dès ce moment les œuvres de miséricorde n'eurent plus de retenue : il y eut comme un débordement de la charité sur les misérables, jusque alors abandonnés sans secours par les heureux du monde. On demandera peut-être comment faisoient les anciens, qui n'avoient point d'hôpitaux ? Ils avoient pour se défaire des pauvres et des infortunés deux moyens que les chrétiens n'ont pas : l'infanticide et l'esclavage.

Les *maladreries* ou *léproseries* de Saint-Lazare semblent avoir été en Orient les premières maisons de refuge. On y recevoit ces lépreux qui, renoncés de leurs proches, languissoient aux carrefours des cités, en horreur à tous les hommes. Ces hôpitaux étoient desservis par des religieux de l'ordre de Saint-Basile.

Nous avons dit un mot des *Trinitaires*, ou des pères de la *Rédemption des captifs*. Saint Pierre de Nolasque en Espagne imita saint Jean de Matha en France. On ne peut lire sans attendrissement les règles austères de ces ordres. Par leur première constitution, les trinitaires ne pouvoient manger que des légumes et du laitage. Et pourquoi cette vie rigoureuse? Parce que plus ces pères se privoient des nécessités de la vie, plus il restoit de trésors à prodiguer aux barbares; parce que s'il falloit des victimes à la colère céleste, on espéroit que le Tout-Puissant recevroit les expiations de ces religieux en échange des maux dont ils délivroient les prisonniers.

L'ordre de *la Merci* donna plusieurs saints au monde. Saint Pierre Pascal, évêque de Jaën, après avoir employé ses revenus au rachat des captifs et au soulagement des pauvres, passa chez les Turcs, où il fut chargé de fers. Le clergé et le peuple de son église lui envoyèrent une somme d'argent pour sa rançon. « Le saint, dit Hélyot, la reçut avec beaucoup de reconnoissance; mais, au lieu de l'employer à se procurer la liberté, il en racheta quantité de femmes et d'enfants dont la foiblesse lui faisoit craindre qu'ils n'abandonnassent la religion chrétienne, et il demeura toujours entre les mains de ces barbares, qui lui procurèrent la couronne du martyre en 1300. »

Il se forma aussi dans cet ordre une congrégation de femmes qui se dévouoient au soulagement des pauvres étrangères. Une des fondatrices de ce tiers ordre étoit une grande dame de Barcelone, qui distribua son bien aux malheureux; son nom de famille s'est perdu; elle n'est plus connue aujourd'hui que par le nom de *Marie* du Secours, que les pauvres lui avoient donné.

L'ordre des *religieuses pénitentes,* en Allemagne et en France, retiroit du vice de malheureuses filles exposées à périr dans la misère après avoir vécu dans le désordre. C'étoit une chose tout à fait divine de voir la religion, surmontant ses dégoûts par un excès de charité, exiger jusqu'aux preuves du vice, de peur qu'on ne trompât ses institutions et que l'innocence, sous la forme du repentir, n'usurpât une retraite qui n'étoit pas établie pour elle. « Vous savez, dit Jehan Simon, évêque de Paris, dans les constitutions de cet ordre, qu'aucunes sont venues à nous qui étoient vierges..., à la suggestion de leurs mères et parents, qui ne demandoient qu'à s'en défaire : ordonnons que si aucune vouloit entrer en votre congrégation, elle soit interrogée, etc. »

Les noms les plus doux et les plus miséricordieux servoient à couvrir les erreurs passées de ces pécheresses. On les appeloit les *filles du Bon Pasteur,* ou les *filles de la Madeleine,* pour désigner leur retour au bercail et le pardon qui les attendoit. Elles ne prononçoient que des vœux simples; on tâchoit même de les marier quand elles le désiroient, et on leur assuroit une petite dot. Afin qu'elles n'eussent que des idées de pureté autour d'elles, elles étoient vêtues de blanc, d'où on les nommoit aussi *filles blanches*. Dans quelques villes on leur mettoit une couronne sur la tête et l'on chantoit *Veni, sponsa Christi*: « Venez, épouse du Christ. » Ces contrastes étoient touchants, et cette délicatesse bien digne d'une religion qui sait secourir sans offenser, et ménager les foiblesses du cœur humain, tout en l'arrachant à ses vices. A l'hôpital du Saint-Esprit, à Rome, il est défendu de suivre les personnes qui déposent les orphelins à la porte du Père-Universel.

Il y a dans la société des malheureux qu'on n'aperçoit pas, parce que, descendus de parents honnêtes, mais indigents, ils sont obligés de garder les dehors de l'aisance dans les privations de la pauvreté; il n'y a guère de situation plus cruelle : le cœur est blessé de toutes parts, et pour peu qu'on ait l'âme élevée, la vie n'est qu'une longue souffrance. Que deviendront les malheureuses demoiselles nées dans de telles familles? Iront-elles chez des parents riches et hautains se soumettre à toutes sortes de mépris, ou embrasseront-elles des métiers que les préjugés sociaux et leur délicatesse naturelle leur défendent? La religion a trouvé le remède. *Notre-Dame de Miséricorde* ouvre à ces femmes sensibles ses pieuses et respectables solitudes. Il y a quelques années que nous n'aurions osé parler de Saint-Cyr, car il étoit alors convenu que de pauvres filles nobles ne méritoient ni asile ni pitié.

Dieu a différentes voies pour appeler à lui ses serviteurs. Le capitaine Caraffa sollicitoit à Naples la récompense des services militaires qu'il avoit rendus à la couronne d'Espagne. Un jour, comme il se rendoit au palais, il entre par hasard dans l'église d'un monastère. Une jeune religieuse chantoit; il fut touché jusqu'aux larmes de la douceur de sa voix : il jugea que le service de Dieu doit être plein de délices, puisqu'il donne de tels accents à ceux qui lui ont consacré leurs jours. Il retourne à l'instant chez lui, jette au feu ses certificats de service, se coupe les cheveux, embrasse la vie monastique, et fonde l'ordre des *Ouvriers pieux*, qui s'occupe en général du soulagement des infirmités humaines. Cet ordre fit d'abord peu de progrès, parce que, dans une peste qui survint à Naples, les religieux moururent tous en assistant les pestiférés, à l'exception de deux prêtres et de trois clercs.

Pierre de Bétancourt, frère de l'ordre de Saint-François, étant à Guatimala, ville et province de l'Amérique espagnole, fut touché du sort des esclaves qui n'avoient aucun lieu de refuge pendant leurs maladies. Ayant obtenu par aumône le don d'une chétive maison où il tenoit auparavant une école pour les pauvres, il bâtit lui-même u e espèce d'infirmerie, qu'il recouvrit de paille, dans le dessein d'y retirer les esclaves qui manquoient d'abri. Il ne tarda pas à rencontrer une femme nègre, estropiée, abandonnée par son maître. Aussitôt le saint religieux charge l'esclave sur ses épaules, et, tout glorieux de son fardeau, il le porte à cette méchante cabane qu'il appeloit son hôpital. Il alloit courant toute la ville afin d'obtenir quelques secours pour sa négresse. Elle ne survécut pas longtemps à tant de charité, mais en répandant ses dernières larmes elle promit à son gardien des récompenses célestes, qu'il a sans doute obtenues.

Plusieurs riches, attendris par ses vertus, donnèrent des fonds à Bétancourt, qui vit la chaumière de la femme nègre se changer en un hôpital magnifique. Ce religieux mourut jeune; l'amour de l'humanité avoit consumé son cœur. Aussitôt que le bruit de son trépas se fut répandu, les pauvres et les esclaves se précipitèrent à l'hôpital pour voir encore une fois leur bienfaiteur. Ils baisoient ses pieds, ils coupoient des morceaux de ses habits; ils l'eussent déchiré pour en emporter quelques reliques, si l'on n'eût mis des gardes à son cercueil: on eût cru que c'étoit le corps d'un tyran qu'on défendoit contre la haine des peuples, et c'étoit un pauvre moine qu'on déroboit à leur amour.

L'ordre du frère Bétancourt se répandit après lui; l'Amérique entière se couvrit de ses hôpitaux, desservis par des religieux qui prirent le nom de *Bethléémites*. Telle étoit la formule de leurs vœux : « Moi, frère..., je fais vœu de pauvreté, de chasteté et d'hospitalité, et m'oblige de servir les pauvres convalescents, *encore bien qu'ils soient infidèles et attaqués de maladies contagieuses*[1]. »

Si la religion nous a attendus sur le sommet des montagnes, elle est aussi descendue dans les entrailles de la terre, loin de la lumière du jour, afin d'y chercher des infortunés. Les frères Bethléémites ont des espèces d'hôpitaux jusqu'au fond des mines du Pérou et du Mexique. Le christianisme s'est efforcé de réparer au Nouveau-Monde les maux que les hommes y ont faits, et dont on l'a si injustement accusé d'être l'auteur. Le docteur Robertson, Anglois, protestant et même ministre presbytérien, a pleinement justifié sur ce point l'Église romaine : « C'est avec plus d'injustice encore, dit-il, que beaucoup d'écrivains ont attribué à l'esprit d'intolérance de la religion romaine la destruction des Américains, et ont accusé les ecclésiastiques espagnols d'avoir excité leurs compatriotes à massacrer ces peuples innocents comme des idolâtres et des ennemis de Dieu. Les premiers

---

1. HÉLYOT, t. III, p. 366.

missionnaires, quoique simples et sans lettres, étoient des hommes
pieux ; ils épousèrent de bonne heure la cause des Indiens, et défendirent ce peuple contre les calomnies dont s'efforcèrent de le noircir
les conquérants, qui le représentoient comme incapable de se former
jamais à la vie sociale et de comprendre les principes de la religion,
et comme une espèce imparfaite d'hommes que la nature avoit marquée
du sceau de la servitude. Ce que j'ai dit du zèle constant des missionnaires espagnols pour la défense et la protection du troupeau
commis à leurs soins les montre sous un point de vue digne de leurs
fonctions ; ils furent des ministres de paix pour les Indiens, et s'efforcèrent toujours d'arracher la verge de fer des mains de leurs oppresseurs.
C'est à leur puissante médiation que les Américains durent tous les
règlements qui tendoient à adoucir la rigueur de leur sort. Les Indiens
regardent encore les ecclésiastiques, tant séculiers que réguliers, dans
les établissements espagnols, comme leurs défenseurs naturels, et
c'est à eux qu'ils ont recours pour repousser les exactions et les
violences auxquelles ils sont encore exposés[1]. »

Le passage est formel, et d'autant plus décisif, qu'avant d'en venir
à cette conclusion le ministre protestant fournit les preuves qui ont
déterminé son opinion. Il cite les plaidoyers des Dominicains pour les
Caraïbes, car ce n'étoit pas Las Casas seul qui prenoit leur défense !
c'étoit son ordre entier, et le reste des ecclésiastiques espagnols. Le
docteur anglois joint à cela les bulles des papes, les ordonnances des
rois, accordées à la sollicitation du clergé, pour adoucir le sort des
Américains et mettre un frein à la cruauté des colons.

Au reste, le silence que la philosophie a gardé sur ce passage de
Robertson est bien remarquable. On cite tout de cet auteur, hors le
fait qui présente sous un jour nouveau la conquête de l'Amérique
et qui détruit une des plus atroces calomnies dont l'histoire se soit
rendue coupable. Les sophistes ont voulu rejeter sur la religion un
crime que non-seulement la religion n'a pas commis, mais dont
elle a eu horreur : c'est ainsi que les tyrans ont souvent accusé leur
victime[2].

1. *Hist. de l'Amérique*, t. IV, liv. VIII, p. 142-3, trad. franç., édit. in-8°, 1780.
2. Voyez la note LVI, à la fin du volume.
On trouvera le morceau de Robertson tout entier à la fin de ce volume, ainsi
qu'une explication sur le massacre d'Irlande et sur la Saint-Barthélemy ; le passage
de l'écrivain anglois étoit trop long pour être inséré ici. Il ne laisse rien à désirer, et
il fait tomber les bras d'étonnement à ceux qui n'ont pas été accoutumés aux déclamations des philosophes sur les massacres du Nouveau-Monde. Il ne s'agit pas de
savoir si des monstres ont fait brûler des hommes en l'honneur des douze apôtres,
mais si c'est la *religion* qui a *provoqué* ces horreurs, ou si c'est elle qui les a *dénoncées*

CHAPITRE III.

HÔTEL-DIEU, SŒURS GRISES.

Nous venons à ce moment où la religion a voulu, comme d'un seul coup et sous un seul point de vue, montrer qu'il n'y a pas de souffrances humaines qu'elle n'ose envisager ni de misère au-dessus de son amour.

La fondation de l'Hôtel-Dieu remonte à saint Landry, huitième évêque de Paris. Les bâtiments en furent successivement augmentés par le chapitre de Notre-Dame, propriétaire de l'hôpital, par saint Louis, par le chancelier Duprat et par Henri IV; en sorte qu'on peut dire que cette retraite de tous les maux s'élargissoit à mesure que les maux se multiplioient, et que la charité croissoit à l'égal des douleurs.

L'hôpital étoit desservi dans le principe par des religieux et des religieuses sous la règle de Saint-Augustin, mais depuis longtemps les religieuses seules y sont restées. « Le cardinal de Vitry, dit Hélyot, a voulu sans doute parler des religieuses de l'hôtel-Dieu, lorsqu'il dit qu'il y en avoit qui, se faisant violence, souffroient avec joie et sans répugnance l'aspect hideux de toutes les misères humaines, et qu'il lui sembloit qu'aucun genre de pénitence ne pouvoit être comparé à cette espèce de martyre.

« Il n'y a personne, continue l'auteur que nous citons, qui, en voyant les religieuses de l'hôtel-Dieu non-seulement panser, nettoyer les malades, faire leurs lits, mais encore au plus fort de l'hiver casser la glace de la rivière qui passe au milieu de cet hôpital, et y entrer jusqu'à la moitié du corps pour laver leurs linges pleins d'ordures et de vilenies, ne les regarde comme autant de saintes victimes qui, par un excès d'amour et de charité pour secourir leur prochain, courent volontiers à la mort qu'elles affrontent, pour ainsi dire, au milieu de tant de puanteur et d'infection causées par le grand nombre des malades. »

Nous ne doutons point des vertus qu'inspire la philosophie; mais elles seront encore bien plus frappantes pour le vulgaire, ces vertus, quand la philosophie nous aura montré de pareils dévouements: Et cependant la naïveté de la peinture d'Hélyot est loin de donner une idée complète des sacrifices de ces femmes chrétiennes : cet historien

---

à l'exécration de la postérité. Un seul prêtre osa justifier les Espagnols ; il faut voir, dans ROBERTSON, comme il fut traité par le clergé et quels cris d'indignation il excita.

ne parle ni de l'abandon des plaisirs de la vie, ni de la perte de la jeunesse et de la beauté, ni du renoncement à une famille, à un époux, à l'espoir d'une postérité ; il ne parle point de tous les sacrifices du cœur, des plus doux sentiments de l'âme étouffés, hors la pitié qui, au milieu de tant de douleurs, devient un tourment de plus.

Eh bien, nous avons vu les malades, les mourants près de passer, se soulever sur leur couche, et, faisant un dernier effort, accabler d'injures les femmes angéliques qui les servoient. Et pourquoi ? parce qu'elles étoient chrétiennes ! Eh, malheureux ! qui vous serviroit, si ce n'étoit des chrétiennes ? D'autres filles, semblables à celles-ci, et qui méritoient des autels, ont été publiquement *fouettées*, nous ne déguiserons point le mot. Après un pareil retour pour tant de bienfaits, qui eût voulu encore retourner auprès des misérables ? Qui ? elles ! ces femmes ! elles-mêmes ! Elles ont volé au premier signal, ou plutôt elles n'ont jamais quitté leur poste. Voyez ici réunies la nature humaine religieuse et la nature humaine impie, et jugez-les.

La sœur grise ne renfermoit pas toujours ses vertus, ainsi que les filles de l'hôtel-Dieu, dans l'intérieur d'un lieu pestiféré ; elle les répandoit au dehors comme un parfum dans les campagnes ; elle alloit chercher le cultivateur infirme dans sa chaumière. Qu'il étoit touchant de voir une femme jeune, belle et compatissante, exercer au nom de Dieu, près de l'homme rustique, la profession de médecin ! On nous montroit dernièrement, près d'un moulin, sous des saules, dans une prairie, une petite maison qu'avoient occupée trois sœurs grises. C'étoit de cet asile champêtre qu'elles partoient à toutes les heures de la nuit et du jour pour secourir les laboureurs. On remarquoit en elles, comme dans toutes leurs sœurs, cet air de propreté et de contentement qui annonce que le corps et l'âme sont également exempts de souillures ; elles étoient pleines de douceur, mais toutefois sans manquer de fermeté pour soutenir la vue des maux et pour se faire obéir des malades. Elles excelloient à rétablir les membres brisés par des chutes ou par ces accidents si communs chez les paysans. Mais ce qui étoit d'un prix inestimable, c'est que la sœur grise ne manquoit pas de dire un mot de Dieu à l'oreille du nourricier de la patrie, et que jamais la morale ne trouva de formes plus divines pour se glisser dans le cœur humain.

Tandis que ces filles hospitalières étonnoient par leur charité ceux même qui étoient accoutumés à ces actes sublimes, il se passoit dans Paris d'autres merveilles : de grandes dames s'exiloient de la ville et de la cour et partoient pour le Canada. Elles alloient sans doute acquérir des habitations, réparer une fortune délabrée et jeter les fondements d'une vaste propriété? Ce n'étoit pas là leur but : elles alloient, au milieu des forêts et des guerres sanglantes, fonder des hôpitaux pour des sauvages ennemis.

En Europe, nous tirons le canon en signe d'allégresse pour annoncer la destruction de plusieurs milliers d'hommes ; mais dans les établissements nouveaux et lointains, où l'on est plus près du malheur et de la nature, on ne se réjouit que de ce qui mérite en effet des bénédictions, c'est-à-dire des actes de bienfaisance et d'humanité. Trois pauvres hospitalières, conduites par madame de La Peltrie, descendent sur les rives canadiennes, et voilà toute la colonie troublée de joie.

« Le jour de l'arrivée de personnes si ardemment désirées, dit Charlevoix, fut pour toute la ville un jour de fête; tous les travaux cessèrent et les boutiques furent fermées. Le gouverneur reçut les héroïnes sur le rivage à la tête de ses troupes, qui étoient sous les armes, et au bruit du canon ; après les premiers compliments il les mena, au milieu des acclamations du peuple, à l'église, où le *Te Deum* fut chanté...

« Ces saintes filles, de leur côté, et leur généreuse conductrice, voulurent, dans le premier transport de leur joie, baiser une terre après laquelle elles avoient si longtemps soupiré, qu'elles se promettoient bien d'arroser de leurs sueurs et qu'elles ne désespéroient pas même de teindre de leur sang. Les François mêlés avec les sauvages, les infidèles mêmes confondus avec les chrétiens, ne se lassoient point, et continuèrent plusieurs jours à faire retentir tout de leurs cris d'allégresse, et donnèrent mille bénédictions à celui qui seul peut inspirer tant de force et de courage aux personnes les plus foibles. A la vue des cabanes sauvages où l'on mena les religieuses le lendemain de leur arrivée, elles se trouvèrent saisies d'un nouveau transport de joie : la pauvreté et la malpropreté qui y régnoient ne les rebutèrent point, et des objets si capables de ralentir leur zèle ne le rendirent que plus vif : elles témoignèrent une grande impatience d'entrer dans l'exercice de leurs fonctions.

« Madame de La Peltrie, qui n'avoit jamais désiré d'être riche et qui s'étoit faite pauvre d'un si bon cœur pour Jésus-Christ, ne s'épargnoit en rien pour le salut des âmes. Son zèle la porta même à cultiver la terre de ses propres mains pour avoir de quoi soulager les pauvres néophytes. Elle se dépouilla en peu de jours de ce qu'elle avoit réservé pour son usage, jusqu'à se réduire à manquer du nécessaire pour vêtir les enfants qu'on lui présentoit presque nus; et toute sa vie, qui fut assez longue, ne fut qu'un tissu d'actions les plus héroïques de la charité [1]. »

---

[1]. *Hist. de la Nouv.-France*, liv. v, p. 207, t. I, in-4º.

Trouve-t-on dans l'histoire ancienne rien qui soit aussi touchant, rien qui fasse couler des larmes d'attendrissement aussi douces, aussi pures?

CHAPITRE IV.

ENFANTS-TROUVÉS, DAMES DE LA CHARITÉ, TRAITS DE BIENFAISANCE.

Il faut maintenant écouter un moment saint Justin le Philosophe. Dans sa première apologie adressée à l'empereur, il parle ainsi :

« On expose les enfants sous votre empire. Des personnes élèvent ensuite ces enfants pour les prostituer. On ne rencontre par toutes les nations que des enfants destinés aux plus exécrables usages et qu'on nourrit comme des troupeaux de bêtes; vous levez un tribut sur ces enfants..., et toutefois ceux qui abusent de ces petits innocents, outre le crime qu'ils commettent envers Dieu, peuvent par hasard abuser de leurs propres enfants... Pour nous autres chrétiens, détestant ces horreurs, nous ne nous marions que pour élever notre famille, où nous renonçons au mariage pour vivre dans la chasteté [1]. »

Voilà donc les hôpitaux que le polythéisme élevoit aux orphelins. O vénérable Vincent de Paul! où étois-tu? où étois-tu, pour dire aux dames de Rome, comme à ces pieuses Françoises qui t'assistoient dans tes œuvres : « Or sus, mesdames, voyez si vous voulez délaisser à votre tour ces petits innocents, dont vous êtes devenues les mères selon la grâce, après qu'ils ont été abandonnés par leur mère selon la nature? » Mais c'est en vain que nous demandons *l'homme de miséricorde* à des cultes idolâtres.

Le siècle a pardonné le christianisme à saint Vincent de Paul; on a vu la philosophie pleurer à son histoire. On sait que, gardien de troupeaux, puis esclave à Tunis, il devint un prêtre illustre par sa science et par ses œuvres; on sait qu'il est le fondateur de l'hôpital des Enfants-Trouvés, de celui des Pauvres-Vieillards, de l'hôpital des Galériens de Marseille, du collége des prêtres de la Mission, des confréries de charité dans les paroisses, des compagnies de dames pour le service de l'hôtel-Dieu, des filles de la charité, servantes des malades, et enfin des retraites pour ceux qui désirent choisir un état de vie et qui ne sont pas encore déterminés. Où la charité va-t-elle prendre toutes ses institutions, toute sa prévoyance!

---

1. S. JUSTINI *Oper.*, 1742, p. 60 et 61.

Saint Vincent de Paul fut puissamment secondé par Mlle Legras, qui, de concert avec lui, établit les Sœurs de la Charité. Elle eut aussi la direction de l'hôpital du nom de Jésus, qui, d'abord fondé pour quarante pauvres, a été l'origine de l'hôpital général de Paris. Pour emblème et pour récompense d'une vie consumée dans les travaux les plus pénibles, Mlle Legras demanda qu'on mît sur son tombeau une petite croix avec ces mots : *Spes mea*. Sa volonté fut faite.

Ainsi de pieuses familles se disputoient, au nom du Christ, le plaisir de faire du bien aux hommes. La femme du chancelier de France et Mme Fouquet étoient de la congrégation des Dames de la Charité. Elles avoient chacune leur jour pour aller instruire et exhorter les malades, leur parler des choses nécessaires au salut d'une manière touchante et familière. D'autres dames recevoient les aumônes, d'autres avoient soin du linge, des meubles, des pauvres, etc. Un auteur dit que plus de sept cents calvinistes rentrèrent dans le sein de l'Église romaine parce qu'ils reconnurent la vérité de sa doctrine dans *les productions d'une charité si ardente et si étendue*. Saintes dames de Miramion, de Chantal, de La Peltrie, de Lamoignon, vos œuvres ont été pacifiques! Les pauvres ont accompagné vos cercueils; ils les ont arrachés à ceux qui les portoient pour les porter eux-mêmes; vos funérailles retentissoient de leurs gémissements, et l'on eût cru que tous les cœurs bienfaisants étoient passés sur la terre parce que vous veniez de mourir.

Terminons par une remarque essentielle cet article des institutions du christianisme en faveur de l'humanité souffrante [1]. On dit que sur le mont Saint-Bernard un air trop vif use les ressorts de la respiration, et qu'on y vit rarement plus de dix ans; ainsi, le moine qui s'enferme dans l'hospice peut calculer à peu près le nombre de jours qu'il restera sur la terre; tout ce qu'il gagne au service ingrat des hommes, c'est de connoître le moment de la mort, qui est caché au reste des humains. On assure que presque toutes les filles de l'hôtel-Dieu ont habituellement une petite fièvre qui les consume et qui provient de l'atmosphère corrompue où elles vivent; les religieux qui habitent les mines du Nouveau-Monde, au fond desquelles ils ont établi des hospices dans une nuit éternelle pour les infortunés Indiens, ces religieux abrègent aussi leur existence; ils sont empoisonnés par la vapeur métallique; enfin, les Pères qui s'enferment dans les bagnes pestiférés de Constantinople se dévouent au martyre le plus prompt.

Le lecteur nous le pardonnera si nous supprimons ici les réflexions; nous avouons notre incapacité à trouver des louanges dignes de telles

---

1. Voyez la note LVII, à la fin du volume.

œuvres : des pleurs et de l'admiration sont tout ce qui nous reste. Qu'ils sont à plaindre, ceux qui veulent détruire la religion et qui ne goûtent pas la douceur des fruits de l'Évangile ! « Le stoïcisme ne nous a donné qu'un Épictète, dit Voltaire, et la philosophie chrétienne forme des milliers d'Épictètes qui ne savent pas qu'ils le sont et dont la vertu est poussée jusqu'à ignorer leur vertu même [1]. »

CHAPITRE V.

ÉDUCATION. — ÉCOLES, COLLÉGES, UNIVERSITÉS, BÉNÉDICTINS ET JÉSUITES.

Consacrer sa vie à soulager nos douleurs est le premier des bienfaits ; le second est de nous éclairer. Ce sont encore des prêtres *superstitieux* qui nous ont guéris de notre ignorance, et qui depuis dix siècles se sont ensevelis dans la poussière des écoles pour nous tirer de la barbarie. Ils ne craignoient pas la lumière, puisqu'ils nous en ouvroient les sources ; ils ne songeoient qu'à nous faire partager ces clartés qu'ils avoient recueillies, au péril de leurs jours, dans les débris de Rome et de la Grèce.

Le Bénédictin qui savoit tout, le Jésuite qui connoissoit la science et le monde, l'Oratorien, le docteur de l'université, méritent peut-être moins notre reconnoissance que ces humbles Frères qui s'étoient consacrés à l'enseignement gratuit des pauvres. « *Les clercs réguliers des écoles pieuses* s'obligeoient à montrer, par charité, *à lire, à écrire au petit peuple, en commençant par l'a, b, c, à compter, à calculer, et même à tenir les livres chez les marchands et dans les bureaux.* Ils enseignent encore non-seulement la rhétorique et les langues latine et grecque, mais, dans les villes, ils tiennent aussi des écoles de philosophie et de théologie scolastique et morale, de mathématiques, de fortifications et de géométrie... Lorsque les écoliers sortent de classe, ils vont par bandes chez leurs parents, où ils sont conduits par un religieux, de peur qu'ils ne s'amusent par les rues à jouer et à perdre leur temps [2]. »

La naïveté du style fait toujours grand plaisir, mais quand elle s'unit, pour ainsi dire, à la naïveté des bienfaits, elle devient aussi admirable qu'attendrissante.

Après ces premières écoles fondées par la charité chrétienne, nous

---

1. *Corresp. gén.*, t. III, p. 222.   2. Hélyot, t. IV, p. 307.

trouvons les congrégations savantes vouées aux lettres et à l'éducation de la jeunesse par des articles exprès de leur institut. Tels sont les religieux de Saint-Basile, en Espagne, qui n'ont pas moins de quatre colléges par province. Ils en possédoient un à Soissons, en France, et un autre à Paris : c'étoit le collége de Beauvais, fondé par le cardinal Jean de Dorman. Dès le IX* siècle, Tours, Corbeil, Fontenelle, Fuldes, Saint-Gall, Saint-Denis, Saint-Germain d'Auxerre, Ferrière, Aniane, et en Italie, le Mont-Cassin, étoient des écoles fameuses [1]. Les *clercs de la vie commune*, aux Pays-Bas, s'occupoient de la collation des originaux dans les bibliothèques et du rétablissement du texte des manuscrits.

Toutes les universités de l'Europe ont été établies ou par des princes religieux, ou par des évêques, ou par des prêtres, et toutes ont été dirigées par des ordres chrétiens. Cette fameuse université de Paris, d'où la lumière s'est répandue sur l'Europe moderne, étoit composée de quatre facultés. Son origine remontoit jusqu'à Charlemagne, jusqu'à ces temps où, luttant seul contre la barbarie, le moine Alcuin vouloit faire de la France une *Athènes chrétienne* [2]. C'est là qu'avoient enseigné Budé, Casaubon, Grenan, Rollin, Coffin, Le Beau ; c'est là que s'étoient formés Abailard, Amyot, De Thou, Boileau. En Angleterre, Cambridge a vu Newton sortir de son sein, et Oxford présente, avec les noms de Bacon et de Thomas Morus, sa bibliothèque persane, ses manuscrits d'Homère, ses marbres d'Arundel et ses éditions des classiques ; Glasgow et Édimbourg, en Écosse; Leipzig, Jena, Tubingue, en Allemagne; Leyde, Utrecht et Louvain, aux Pays-Bas; Gandie, Alcala et Salamanque, en Espagne : tous ces foyers des lumières attestent les immenses travaux du christianisme. Mais deux ordres ont particulièrement cultivé les lettres, les Bénédictins et les Jésuites.

L'an 540 de notre ère, saint Benoît jeta au Mont-Cassin, en Italie, les fondements de l'ordre célèbre qui devoit, par une triple gloire, convertir l'Europe, défricher ses déserts et rallumer dans son sein le flambeau des sciences [3].

Les Bénédictins, et surtout ceux de la congrégation de Saint-Maur, établie en France vers l'an 543, nous ont donné ces hommes dont le savoir est devenu proverbial, et qui ont retrouvé, avec des peines infi-

---

1. FLEURY, *Hist. eccl.*, t. X, liv. XLVI, p. 34.
2. *Id., ibid.*, t. X, liv. XLV, p. 32.
3. L'Angleterre, la Frise et l'Allemagne reconnoissent pour leurs apôtres S. Augustin de Cantorbéry, S. Willibord et S. Boniface, tous trois sortis de l'institut de saint Benoît.

nies, les manuscrits antiques ensevelis dans la poudre des monastères. Leur entreprise littéraire la plus effrayante (car l'on peut parler ainsi), c'est l'édition complète des Pères de l'Église. S'il est difficile de faire imprimer un seul volume correctement dans sa propre langue, qu'on juge ce que c'est qu'une révision entière des Pères grecs et latins, qui forment plus de cent cinquante volumes *in-folio* : l'imagination peut à peine embrasser ces travaux énormes. Rappeler Ruinart, Lobineau, Calmet, Tassin, Lami, d'Acheri, Martène, Mabillon, Montfaucon, c'est rappeler des prodiges de sciences.

On ne peut s'empêcher de regretter ces corps enseignants, uniquement occupés de recherches littéraires et de l'éducation de la jeunesse. Après une révolution qui a relâché les liens de la morale et interrompu le cours des études, une société à la fois religieuse et savante porteroit un remède assuré à la source de nos maux. Dans les autres formes d'institut, il ne peut y avoir ce travail régulier, cette laborieuse application au même sujet, qui règnent parmi des solitaires, et qui, continués sans interruption pendant plusieurs siècles, finissent par enfanter des miracles.

Les Bénédictins étoient des savants, et les Jésuites des gens de lettres : les uns et les autres furent à la société religieuse ce qu'étoient au monde deux illustres académies.

L'ordre des Jésuites étoit divisé en trois degrés, *écoliers approuvés, coadjuteurs formés* et *profès*. Le postulant étoit d'abord éprouvé par dix ans de noviciat, pendant lesquels on exerçoit sa mémoire, sans lui permettre de s'attacher à aucune étude particulière : c'étoit pour connoître où le portoit son génie. Au bout de ce temps, il servoit les malades pendant un mois dans un hôpital, et faisoit un pèlerinage à pied en demandant l'aumône : par là on prétendoit l'accoutumer au spectacle des douleurs humaines et le préparer aux fatigues des missions.

Il achevoit alors de fortes ou de brillantes études. N'avoit-il que les grâces de la Société et cette vie élégante qui plaît au monde, on le mettoit en vue dans la capitale, on le poussoit à la cour et chez les grands. Possédoit-il le génie de la solitude, on le retenoit dans les bibliothèques et dans l'intérieur de la Compagnie. S'il s'annonçoit comme orateur, la chaire s'ouvroit à son éloquence ; s'il avoit l'esprit clair, juste et patient, il devenoit professeur dans les colléges ; s'il étoit ardent, intrépide, plein de zèle et de foi, il alloit mourir sous le fer du mahométan ou du sauvage ; enfin, s'il montroit les talents propres à gouverner les hommes, le Paraguay l'appeloit dans ses forêts, ou l'Ordre à la tête de ses maisons.

Le général de la Compagnie résidoit à Rome. Les Pères provinciaux, en Europe, étoient obligés de correspondre avec lui une fois par mois. Les chefs des missions étrangères lui écrivoient toutes les fois que les vaisseaux ou les caravanes traversoient les solitudes du monde. Il y avoit en outre, pour les cas pressants, des missionnaires qui se rendoient de Pékin à Rome, de Rome en Perse, en Turquie, en Éthiopie, au Paraguay ou dans quelque autre partie de la terre.

L'Europe savante a fait une perte irréparable dans les Jésuites. L'éducation ne s'est jamais bien relevée depuis leur chute. Ils étoient singulièrement agréables à la jeunesse ; leurs manières polies ôtoient à leurs leçons ce ton pédantesque qui rebute l'enfance. Comme la plupart de leurs professeurs étoient des hommes de lettres recherchés dans le monde, les jeunes gens ne se croyoient avec eux que dans une illustre académie. Ils avoient su établir entre leurs écoliers de différentes fortunes une sorte de patronage qui tournoit au profit des sciences. Ces liens, formés dans l'âge où le cœur s'ouvre aux sentiments généreux, ne se brisoient plus dans la suite, et établissoient entre le prince et l'homme de lettres ces antiques et nobles amitiés qui existoient entre les Scipions et les Lélius.

Ils ménageoient encore ces vénérables relations de disciples et de maître, si chères aux écoles de Platon et de Pythagore. Ils s'enorgueillissoient du grand homme dont ils avoient préparé le génie, et réclamoient une partie de sa gloire. Voltaire dédiant sa *Mérope* au père Porée et l'appelant son *cher maître* est une de ces choses aimables que l'éducation moderne ne présente plus. Naturalistes, chimistes, botanistes, mathématiciens, mécaniciens, astronomes, poëtes, historiens, traducteurs, antiquaires, journalistes, il n'y a pas une branche des sciences que les Jésuites n'aient cultivée avec éclat. Bourdaloue rappeloit l'éloquence romaine, Brumoy introduisoit la France au théâtre des Grecs, Gresset marchoit sur les traces de Molière ; Lecomte, Parennin, Charlevoix, Ducerceau, Sanadon, Duhalde, Noël, Bouhours, Daniel, Tournemine, Maimbourg, Larue, Jouvency, Rapin, Vanière, Commire, Sirmond, Bougeant, Petau, ont laissé des noms qui ne sont pas sans honneur. Que peut-on reprocher aux Jésuites ? Un peu d'ambition, si naturel au génie. « Il sera toujours beau, dit Montesquieu en parlant de ces Pères, de gouverner les hommes en les rendant heureux. » Pesez la masse du bien que les Jésuites ont fait ; souvenez-vous des écrivains célèbres que leur corps a donnés à la France ou de ceux qui se sont formés dans leurs écoles ; rappelez-vous les royaumes entiers qu'ils ont conquis à notre commerce par leur habileté, leurs sueurs et leur sang ; repassez dans votre mémoire les miracles de leurs missions au Canada, au Paraguay, à la Chine, et vous verrez que le peu de mal dont on les accuse ne balance pas un moment les services qu'ils ont rendus à la société.

CHAPITRE VI.

PAPES ET COUR DE ROME, DÉCOUVERTES MODERNES, ETC.

Avant de passer aux services que l'Église a rendus à l'agriculture, rappelons ce que les papes ont fait pour les sciences et les beaux-arts. Tandis que les ordres supérieurs travailloient dans toute l'Europe à l'éducation de la jeunesse, à la découverte des manuscrits, à l'explication de l'antiquité, les pontifes romains, prodiguant aux savants les récompenses et jusqu'aux honneurs du sacerdoce, étoient le principe de ce mouvement général vers les lumières. Certes, c'est une grande gloire pour l'Église qu'un pape ait donné son nom au siècle qui commence l'ère de l'Europe civilisée, et qui, s'élevant du milieu des ruines de la Grèce, emprunta ses clartés du siècle d'Alexandre pour les réfléchir sur le siècle de Louis.

Ceux qui représentent le christianisme comme arrêtant le progrès des lumières contredisent manifestement les témoignages historiques. Partout la civilisation a marché sur les pas de l'Évangile, au contraire des religions de Mahomet, de Brama et de Confucius, qui ont borné les progrès de la société et forcé l'homme à vieillir dans son enfance.

Rome chrétienne étoit comme un grand port qui recueilloit tous les débris des naufrages des arts. Constantinople tombe sous le joug des Turcs : aussitôt l'Église ouvre mille retraites honorables aux illustres fugitifs de Byzance et d'Athènes. L'imprimerie, proscrite en France, trouve une retraite en Italie. Des cardinaux épuisent leurs fortunes à fouiller les ruines de la Grèce et à acquérir des manuscrits. Le siècle de Léon X avoit paru si beau au savant abbé Barthélemi, qu'il l'avoit d'abord préféré à celui de Périclès pour sujet de son grand ouvrage : c'étoit dans l'Italie chrétienne qu'il prétendoit conduire un moderne Anacharsis.

« A Rome, dit-il, mon voyageur voit Michel-Ange élevant la coupole de Saint-Pierre; Raphael peignant les galeries du Vatican; Sadolet et Bembe, depuis cardinaux, remplissant alors auprès de Léon X la place de secrétaires; Le Trissin donnant la première représentation de *Sophonisbe*, première tragédie composée par un moderne; Béroald, bibliothécaire du Vatican, s'occupant à publier les *Annales* de Tacite, qu'on venoit de découvrir en Westphalie et que Léon X avoit acquises pour la somme de cinq cents ducats d'or ; le même pape proposant des places aux savants de toutes les nations qui viendroient résider dans ses États, et des récompenses distinguées à ceux qui lui apporteroient des manuscrits inconnus… Partout s'organisoient des universités, des colléges, des imprimeries pour toutes sortes de langues et de sciences, des bibliothèques sans cesse enrichies des ouvrages qu'on y publioit et des manuscrits nouvellement apportés des pays où l'ignorance avoit conservé son empire. Les académies se multiplioient tellement qu'à Ferrare on en comptoit dix à douze ; à Bologne, environ quatorze ; à Sienne, seize. Elles avoient pour objet les sciences, les belles-lettres, les langues, l'histoire, les arts. Dans deux de ces académies, dont l'une étoit simplement dévouée à Platon et l'autre à son disciple Aristote, étoient discutées les opinions de l'ancienne philosophie et pressenties celles de la philosophie moderne. A Bologne ainsi qu'à Venise, une de ces sociétés veilloit sur l'imprimerie, sur la beauté du papier, la fonte des caractères, la correction des épreuves, et sur tout ce qui pouvoit contribuer à la perfection des éditions nouvelles… Dans chaque État, les capitales, et même des villes moins considérables, étoient extrêmement avides d'instruction et de gloire : elles offroient presque toutes aux astronomes des observatoires, aux anatomistes des amphithéâtres, aux naturalistes des jardins de plantes, à tous les gens de lettres des collections de livres, de médailles et de monuments antiques ; à tous les genres de connoissances des marques éclatantes de considération, de reconnoissance et de respect… Les progrès des arts favorisoient le goût des spectacles et de la magnificence. L'étude de l'histoire et des monuments des Grecs et des Romains inspiroit des idées de décence, d'ensemble et de perfection qu'on n'avoit point eues jusque alors. Julien de Médicis, frère de Léon X, ayant été proclamé citoyen romain, cette proclamation fut accompagnée de jeux publics, et, sur un vaste théâtre construit exprès dans la place du Capitole, on représenta pendant deux jours une comédie de Plaute, dont la musique et l'appareil extraordinaire excitèrent une admiration générale. »

Les successeurs de Léon X ne laissèrent point s'éteindre cette noble ardeur pour les travaux du génie. Les évêques pacifiques de Rome rassembloient dans leurs *villa* les précieux débris des âges. Dans les palais des Borghèse et des Farnèse le voyageur admiroit les chefs-d'œuvre de Praxitèle et de Phidias ; c'étoient des papes qui achetoient au poids de l'or les statues de l'Hercule et de l'Apollon ; c'étoient des papes qui, pour conserver les ruines trop insultées de l'antiquité, les couvroient du manteau de la religion. Qui n'admirera la pieuse industrie de ce pontife qui plaça des images chrétiennes sur les beaux débris des Thermes de Dioclétien? Le Panthéon n'existeroit plus s'il n'eût été consacré par le culte des apôtres, et la colonne Trajane ne seroit pas debout si la statue de saint Pierre ne l'eût couronnée.

Cet esprit conservateur se faisoit remarquer dans tous les ordres de l'Église. Tandis que les dépouilles qui ornoient le Vatican surpassoient les richesses des anciens temples, de pauvres religieux protégeoient dans l'enceinte de leurs monastères les ruines des maisons de Tibur et de Tusculum et promenoient l'étranger dans les jardins de Cicéron et d'Horace. Un Chartreux vous montroit le laurier qui croît sur la tombe de Virgile, et un pape couronnoit le Tasse au Capitole.

Ainsi depuis quinze cents ans l'Église protégeoit les sciences et les arts; son zèle ne s'étoit ralenti à aucune époque. Si dans le VIIIe siècle le moine Alcuin enseigne la grammaire à Charlemagne, dans le XVIIIe *un autre moine industrieux et patient* [1] trouve un moyen de dérouler les manuscrits d'Herculanum; si en 740 Grégoire de Tours décrit les antiquités des Gaules, en 1754 le chanoine Mozzochi explique les tables législatives d'Héraclée. La plupart des découvertes qui ont changé le système du monde civilisé ont été faites par des membres de l'Église. L'invention de la poudre à canon, et peut-être celle du télescope, sont dues au moine Roger Bacon; d'autres attribuent la découverte de la poudre au moine allemand Berthold Schwartz; les bombes ont été inventées par Galen, évêque de Munster; le diacre Flavio de Gioia, Napolitain, a trouvé la boussole; le moine Despina les lunettes, et Pacificus, archevêque de Vérone, ou le pape Silvestre II, l'horloge à roues. Que de savants, dont nous avons déjà nommé un grand nombre dans le cours de cet ouvrage, ont illustré les cloîtres ou ajouté de la considération aux chaires éminentes de l'Église! Que d'écrivains célèbres! que d'hommes de lettres distingués! que d'illustres voyageurs! que de mathématiciens, de naturalistes, de chimistes, d'astronomes, d'antiquaires! que d'orateurs fameux! que d'hommes d'État renommés! Parler de Suger, de Ximenès, d'Albéroni, de Richelieu, de Mazarin, de Fleury, n'est-ce pas rappeler à la fois les plus grands ministres et les plus grandes choses de l'Europe moderne?

Au moment même où nous traçons ce rapide tableau des bienfaits de l'Église, l'Italie en deuil rend un témoignage touchant d'amour et de reconnoissance à la dépouille mortelle de Pie VI [2]. La capitale du

---

1. Barthélemi, *Voyage en Italie*.   2. En l'année 1800.

monde chrétien attend le cercueil du pontife infortuné qui, par des travaux dignes d'Auguste et de Marc-Aurèle, a desséché des marais infects, retrouvé le chemin des consuls romains et réparé les aqueducs des premiers monarques de Rome. Pour dernier trait de cet amour des arts si naturel aux chefs de l'Église, le successeur de Pie VI, en même temps qu'il rend la paix aux fidèles, trouve encore dans sa noble indigence des moyens de remplacer par de nouvelles statues les chefs-d'œuvre que Rome, tutrice des beaux-arts, a cédés à l'héritière d'Athènes.

Après tout, les progrès des lettres étoient inséparables des progrès de la religion, puisque c'étoit dans la langue d'Homère et de Virgile que les Pères expliquoient les principes de la foi ; le sang des martyrs, qui fut la semence des chrétiens, fit croître aussi le laurier de l'orateur et du poëte.

Rome chrétienne a été pour le monde moderne ce que Rome païenne fut pour le monde antique, le lien universel ; cette capitale des nations remplit toutes les conditions de sa destinée, et semble véritablement la *Ville éternelle*. Il viendra peut-être un temps où l'on trouvera que c'étoit pourtant une grande idée, une magnifique institution que celle du trône pontifical. Le père spirituel, placé au milieu des peuples, unissoit ensemble les diverses parties de la chrétienté. Quel beau rôle que celui d'un pape vraiment animé de l'esprit apostolique ! Pasteur général du troupeau, il peut ou contenir les fidèles dans les devoirs ou les défendre de l'oppression. Ses États, assez grands pour lui donner l'indépendance, trop petits pour qu'on ait rien à craindre de ses efforts, ne lui laissent que la puissance de l'opinion ; puissance admirable quand elle n'embrasse dans son empire que des œuvres de paix, de bienfaisance et de charité.

Le mal passager que quelques mauvais papes ont fait a disparu avec eux ; mais nous ressentons encore tous les jours l'influence des biens immenses et inestimables que le monde entier doit à la cour de Rome. Cette cour s'est presque toujours montrée supérieure à son siècle. Elle avoit des idées de législation, de droit public ; elle connoissoit les beaux-arts, les sciences, la politesse, lorsque tout étoit plongé dans les ténèbres des institutions gothiques ; elle ne se réservoit pas exclusivement la lumière, elle la répandoit sur tous ; elle faisoit tomber les barrières que les préjugés élèvent entre les nations ; elle cherchoit à adoucir nos mœurs, à nous tirer de notre ignorance, à nous arracher à nos coutumes grossières ou féroces. Les papes parmi nos ancêtres furent des missionnaires des arts envoyés à des barbares, des législateurs chez des sauvages. « Le règne seul de Charlemagne, dit Voltaire, eut une lueur de politesse, qui fut probablement le fruit du voyage de Rome. »

C'est donc une chose assez généralement reconnue que l'Europe doit au saint-siége sa civilisation, une partie de ses meilleures lois et presque toutes ses sciences et ses arts. Les souverains pontifes vont maintenant chercher d'autres moyens d'être utiles aux hommes : une nouvelle carrière les attend, et nous avons des présages qu'ils la rempliront avec gloire. Rome est remontée à cette pauvreté évangélique qui faisoit tout son trésor dans les anciens jours. Par une conformité remarquable, il y a des gentils à convertir, des peuples à rappeler à l'unité, des haines à éteindre, des larmes à essuyer, des plaies à fermer et qui demandent tous les baumes de la religion. Si Rome comprend bien sa position, jamais elle n'a eu devant elle de plus grandes espérances et de plus brillantes destinées. Nous disons des espérances, car nous comptons les tribulations au nombre des désirs de l'Église de Jésus-Christ. Le monde dégénéré appelle une seconde publication de l'Évangile; le christianisme se renouvelle, et sort victorieux du plus terrible des assauts que l'enfer lui ait encore livrés. Qui sait si ce que nous avons pris pour la chute de l'Église n'est pas sa réédification! Elle périssoit dans la richesse et dans le repos ; elle ne se souvenoit plus de la croix : la croix a reparu, elle sera sauvée.

CHAPITRE VII.

AGRICULTURE.

C'est au clergé séculier et régulier que nous devons encore le renouvellement de l'agriculture en Europe, comme nous lui devons la fondation des colléges et des hôpitaux. Défrichements des terres, ouverture des chemins, agrandissements des hameaux et des villes, établissements des messageries et des auberges, arts et métiers, manufactures, commerce intérieur et extérieur, lois civiles et politiques, tout enfin nous vient originairement de l'Église. Nos pères étoient des barbares, à qui le christianisme étoit obligé d'enseigner jusqu'à l'art de se nourrir.

La plupart des concessions faites aux monastères dans les premiers siècles de l'Église étoient des terres vagues, que les moines cultivoient de leurs propres mains. Des forêts sauvages, des marais impraticables, de vastes landes furent la source de ces richesses que nous avons tant reprochées au clergé.

Tandis que les chanoines Prémontrés labouroient les solitudes de la Pologne et une portion de la forêt de Coucy en France, les Bénédictins fertilisoient nos bruyères. Molesme, Colan et Cîteaux, qui se couvrent aujourd'hui de vignes et de moissons, étoient des lieux semés de ronces et d'épines, où les premiers religieux habitoient sous des huttes de feuillages, comme les Américains au milieu de leurs défrichements.

Saint Bernard et ses disciples fécondèrent les vallées stériles que leur abandonna Thibaut, comte de Champagne. Fontevrault fut une véritable colonie établie par Robert d'Arbrissel dans un pays désert, sur les confins de l'Anjou et de la Bretagne. Des familles entières cherchèrent un asile sous la direction de ces Bénédictins : il s'y forma des monastères de veuves, de filles, de laïques, d'infirmes et de vieux soldats. Tous devinrent cultivateurs, à l'exemple des Pères, qui abattoient eux-mêmes les arbres, guidoient la charrue, semoient les grains et couronnoient cette partie de la France de ces belles moissons qu'elle n'avoit point encore portées.

La colonie fut bientôt obligée de verser au dehors une partie de ses habitants et de céder à d'autres solitudes le superflu de ses mains laborieuses. Raoul de la Futaye, compagnon de Robert, s'établit dans la forêt du Nid-du-Merle, et Vital, autre bénédictin, dans les bois de Savigny. La forêt de l'Orges, dans le diocèse d'Angers, Chaufournois, aujourd'hui Chantenois, en Touraine ; Bellay, dans la même province ; la Puie, en Poitou ; l'Encloître, dans la forêt de Gironde ; Gaisne, à quelques lieues de Loudun ; Luçon, dans les bois du même nom ; la Lande, dans les landes de Garnache ; la Madeleine, sur la Loire ; Bourbon, en Limousin ; Cadouin, en Périgord ; enfin Haute-Bruyère, près de Paris, furent autant de colonies de Fontevrault, et qui pour la plupart, d'incultes qu'elles étoient, se changèrent en opulentes campagnes.

Nous fatiguerions le lecteur si nous entreprenions de nommer tous les sillons que la charrue des Bénédictins a tracés dans les Gaules sauvages. Maurecourt, Longpré, Fontaine, le Charme, Colinance, Foici, Bellomer, Cousanie, Sauvement, les Épines, Eube, Vanassel, Pons, Charles, Vairville et cent autres lieux dans la Bretagne, l'Anjou, le Berry, l'Auvergne, la Gascogne, le Languedoc, la Guienne, attestent leurs immenses travaux. Saint Colomban fit fleurir le désert de Vauge ; des filles bénédictines même, à l'exemple des Pères de leur ordre, se consacrèrent à la culture ; celles de Montreuil-les-Dames « s'occupoient, dit Herman, à coudre, à filer, à défricher les épines de la forêt, à l'imitation de Laon et de tous les religieux de Clairvaux[1]. »

---

1. *De Miracul.*, lib. III, cap. XVII.

En Espagne, les Bénédictins déployèrent la même activité. Ils achetèrent des terres en friche au bord du Tage, près de Tolède, et ils fondèrent le couvent de Venghalia, après avoir planté en vignes et en orangers tout le pays d'alentour.

Le Mont-Cassin, en Italie, n'étoit qu'une profonde solitude : lorsque saint Benoît s'y retira, le pays changea de face en peu de temps, et l'abbaye nouvelle devint si opulente par ses travaux, qu'elle fut en état de se défendre, en 1057, contre les Normands, qui lui firent la guerre.

Saint Boniface, avec les religieux de son ordre, commença toutes les cultures dans les quatre évêchés de Bavière. Les Bénédictins de Fulde défrichèrent, entre la Hesse, la Franconie et la Thuringe, un terrain du diamètre de huit mille pas géométriques, ce qui donnoit vingt-quatre mille pas, ou seize lieues de circonférence ; ils comptèrent bientôt jusqu'à dix-huit mille métairies, tant en Bavière qu'en Souabe. Les moines de Saint-Benoît-Polironne, près de Mantoue, employèrent au labourage plus de trois mille bœufs.

Remarquons, en outre, que la règle, presque générale, qui interdisoit l'usage de la viande aux ordres monastiques vint sans doute, en premier lieu, d'un principe d'économie rurale. Les sociétés religieuses étant alors fort multipliées, tant d'hommes qui ne vivoient que de poissons, d'œufs, de lait et de légumes, durent favoriser singulièrement la propagation des races de bestiaux. Ainsi nos campagnes, aujourd'hui si florissantes, sont en partie redevables de leurs moissons et de leurs troupeaux au travail des moines et à leur frugalité.

De plus, l'exemple, qui est souvent peu de chose en morale, parce que les passions en détruisent les bons effets, exerce une grande puissance sur le côté matériel de la vie. Le spectacle de plusieurs milliers de religieux cultivant la terre mina peu à peu ces préjugés barbares qui attachoient le mépris à l'art qui nourrit les hommes. Le paysan apprit dans les monastères à retourner la glèbe et à fertiliser le sillon. Le baron commença à chercher dans son champ des trésors plus certains que ceux qu'il se procuroit par les armes. Les moines furent donc réellement les pères de l'agriculture, et comme laboureurs eux-mêmes, et comme les premiers maîtres de nos laboureurs.

Ils n'avoient point perdu de nos jours ce génie utile. Les plus belles cultures, les paysans les plus riches, les mieux nourris et les moins vexés, les équipages champêtres les plus parfaits, les troupeaux les plus gras, les fermes les mieux entretenues se trouvoient dans les abbayes. Ce n'étoit pas là, ce nous semble, un sujet de reproches à faire au clergé.

CHAPITRE VIII.

VILLES ET VILLAGES, PONTS, GRANDS CHEMINS, ETC.

Mais si le clergé a défriché l'Europe sauvage, il a aussi multiplié nos hameaux, accru et embelli nos villes. Divers quartiers de Paris, tels que ceux de Sainte-Geneviève et de Saint-Germain-l'Auxerrois, se sont élevés en partie aux frais des abbayes du même nom[1]. En général, partout où il se trouvoit un monastère, là se formoit un village : la *Chaise-Dieu*, *Abbeville* et plusieurs autres lieux, portent encore dans leurs noms la marque de leur origine. La ville de Saint-Sauveur, au pied du Mont-Cassin, en Italie, et les bourgs environnants, sont l'ouvrage des religieux de Saint-Benoît. A Fulde, à Mayence, dans tous les cercles ecclésiastiques de l'Allemagne, en Prusse, en Pologne, en Suisse, en Espagne, en Angleterre, une foule de cités ont eu pour fondateurs des ordres monastiques ou militaires. Les villes qui sont sorties le plus tôt de la barbarie sont celles mêmes qui ont été soumises à des princes ecclésiastiques. L'Europe doit la moitié de ses monuments et de ses fondations utiles à la munificence des cardinaux, des abbés et des évêques.

Mais on dira peut-être que ces travaux n'attestent que la richesse immense de l'Église.

Nous savons qu'on cherche toujours à atténuer les services : l'homme hait la reconnoissance. Le clergé a trouvé des terres incultes : il y a fait croître des moissons. Devenu opulent par son propre travail, il a appliqué ses revenus à des monuments publics. Quand vous lui reprochez des biens si nobles et dans leur emploi et dans leur source, vous l'accusez à la fois du crime de deux bienfaits.

L'Europe entière n'avoit ni chemins ni auberges; ses forêts étoient remplies de voleurs et d'assassins ; ses lois étoient impuissantes, ou plutôt il n'y avoit point de lois : la religion seule, comme une grande colonne élevée au milieu des ruines gothiques, offroit des abris et un point de communication aux hommes.

Sous la seconde race de nos rois, la France étant tombée dans l'anarchie la plus profonde, les voyageurs étoient surtout arrêtés, dépouillés et massacrés aux passages des rivières. Des moines habiles et courageux entreprirent de remédier à ces maux. Ils formèrent entre eux une compagnie, sous le nom d'*Hospitaliers pontifes* ou *faiseurs de*

---

1. *Histoire de la ville de Paris.*

ponts. Ils s'obligeoient, par leur institut, à prêter main-forte aux voyageurs, à réparer les chemins publics, à construire des ponts et à loger des étrangers dans des hospices qu'ils élevèrent au bord des rivières. Ils se fixèrent d'abord sur la Durance, dans un endroit dangereux appelé *Maupas* ou *Mauvais-pas,* et qui, grâce à ces généreux moines, prit bientôt le nom de *Bon-pas,* qu'il porte encore aujourd'hui. C'est cet ordre qui a bâti le pont du Rhône à Avignon. On sait que les messageries et les postes, perfectionnées par Louis XI, furent d'abord établies par l'université de Paris.

Sur une rude et haute montagne du Rouergue, couverte de neige et de brouillards pendant huit mois de l'année, on aperçoit un monastère, bâti, vers l'an 1120, par Alard, vicomte de Flandre. Ce seigneur, revenant d'un pèlerinage, fut attaqué dans ce lieu par des voleurs; il fit vœu, s'il se sauvoit de leurs mains, de fonder dans ce désert un hôpital pour les voyageurs et de chasser les brigands de la montagne. Étant échappé au péril, il fut fidèle à ses engagements, et l'hôpital d'Abrac ou d'Aubrac s'éleva *in loco horroris et vastæ solitudinis,* comme le porte l'acte de fondation. Alard y établit des prêtres pour le service de l'église, des chevaliers hospitaliers pour escorter les voyageurs et des dames de qualité pour laver les pieds des pèlerins, faire leurs lits et prendre soin de leurs vêtements.

Dans les siècles de barbarie, les pèlerinages étoient fort utiles; ce principe religieux, qui attiroit les hommes hors de leurs foyers, servoit puissamment au progrès de la civilisation et des lumières. Dans l'année du grand jubilé [1], on ne reçut pas moins de quatre cent quarante mille cinq cents étrangers à l'hôpital de Saint-Philippe de Néri, à Rome; chacun d'eux fut nourri, logé et défrayé entièrement pendant trois jours.

Il n'y avoit point de pèlerin qui ne revînt dans son village avec quelque préjugé de moins et quelque idée de plus. Tout se balance dans les siècles : certaines classes riches de la société voyagent peut-être à présent plus qu'autrefois, mais, d'une autre part, le paysan est plus sédentaire. La guerre l'appeloit sous la bannière de son seigneur et la religion dans les pays lointains. Si nous pouvions revoir un de ces anciens vassaux que nous nous représentons comme une espèce d'esclave stupide, peut-être serions-nous surpris de lui trouver plus de bon sens et d'instruction qu'au paysan libre d'aujourd'hui.

Avant de partir pour les royaumes étrangers, le voyageur s'adressoit à son évêque, qui lui donnoit une lettre apostolique avec laquelle

---

1. En 1600.

L'HOSPITALITÉ AU COUVENT.

il passoit en sûreté dans toute la chrétienté. La forme de ces lettres varioit selon le rang et la profession du porteur, d'où on les appeloit *formatæ*. Ainsi, la religion n'étoit occupée qu'à renouer les fils sociaux que la barbarie rompoit sans cesse.

En général, les monastères étoient des hôtelleries où les étrangers trouvoient en passant le vivre et le couvert. Cette hospitalité, qu'on admire chez les anciens et dont on voit encore les restes en Orient, étoit en honneur chez nos religieux : plusieurs d'entre eux, sous le nom d'*hospitaliers,* se consacrèrent particulièrement à cette vertu touchante. Elle se manifestoit, comme aux jours d'Abraham, dans toute sa beauté antique, par le lavement des pieds, la flamme du foyer et les douceurs du repas et de la couche. Si le voyageur étoit pauvre, on lui donnoit des habits, des vivres et quelque argent pour se rendre à un autre monastère, où il recevait les mêmes secours. Les dames, montées sur leur palefroi ; les preux, cherchant aventures ; les rois, égarés à la chasse, frappoient, au milieu de la nuit, à la porte des vieilles abbayes, et venoient partager l'hospitalité qu'on donnoit à l'obscur pèlerin. Quelquefois deux chevaliers ennemis s'y rencontroient ensemble et se faisoient joyeuse réception jusqu'au lever du soleil, où, le fer à la main, ils maintenoient l'un contre l'autre la supériorité de leurs dames et de leurs patries. Boucicault, au retour de la croisade de Prusse, logeant dans un monastère avec plusieurs chevaliers anglois, soutint seul contre tous qu'un chevalier écossois, attaqué par eux dans les bois, avoit été traîtreusement mis à mort.

Dans ces hôtelleries de la religion, on croyoit faire beaucoup d'honneur à un prince quand on lui proposoit de rendre quelques soins aux pauvres qui s'y trouvoient par hasard avec lui. Le cardinal de Bourbon, revenant de conduire l'infortunée Élisabeth en Espagne, s'arrêta à l'hôpital de Roncevaux, dans les Pyrénées ; il servit à table trois cents pèlerins, et donna à chacun d'eux trois réaux pour continuer leur voyage. Le Poussin est un des derniers voyageurs qui aient profité de cette coutume chrétienne ; il alloit à Rome, de monastère en monastère, peignant des tableaux d'autel pour prix de l'hospitalité qu'il recevoit et renouvelant ainsi chez les peintres l'aventure d'Homère.

CHAPITRE IX.

ARTS ET MÉTIERS, COMMERCE.

Rien n'est plus contraire à la vérité historique que de se représenter les premiers moines comme des hommes oisifs, qui vivoient dans l'abondance aux dépens des superstitions humaines. D'abord cette abondance n'étoit rien moins que réelle. L'ordre, par ses travaux, pouvoit être devenu riche, mais il est certain que le religieux vivoit très-durement. Toutes ces délicatesses du cloître, si exagérées, se réduisoient, même de nos jours, à une étroite cellule, des pratiques désagréables et une table fort simple, pour ne rien dire de plus. Ensuite il est très-faux que les moines ne fussent que de pieux fainéants ; quand leurs nombreux hospices, leurs colléges, leurs bibliothèques, leurs cultures et tous les autres services dont nous avons parlé, n'auroient pas suffi pour occuper leurs loisirs, ils avoient encore trouvé bien d'autres manières d'être utiles ; ils se consacroient aux arts mécaniques et étendoient le commerce au dehors et au dedans de l'Europe.

La congrégation du tiers ordre de Saint-François, appelée des *Bons-Fieux*, faisoit des draps et des galons en même temps qu'elle montroit à lire aux enfants des pauvres et qu'elle prenoit soin des malades. La compagnie des *Pauvres Frères cordonniers et tailleurs* étoit instituée dans le même esprit. Le couvent des Hiéronymites, en Espagne, avoit dans son sein plusieurs manufactures. La plupart des premiers religieux étoient maçons aussi bien que laboureurs. Les Bénédictins bâtissoient leurs maisons de leurs propres mains, comme on le voit par l'histoire des couvents du Mont-Cassin, de ceux de Fontevrault et de plusieurs autres.

Quant au commerce intérieur, beaucoup de foires et de marchés appartenoient aux abbayes et avoient été établis par elles. La célèbre foire du *Landyt*, à Saint-Denis, devoit sa naissance à l'université de Paris. Les religieuses filoient une grande partie des toiles de l'Europe. Les bières de Flandre et la plupart des vins fins de l'Archipel, de la Hongrie, de l'Italie, de la France et de l'Espagne, étoient faits par les congrégations religieuses ; l'exportation et l'importation des grains, soit pour l'étranger, soit pour les armées, dépendoient encore en partie des grands propriétaires ecclésiastiques. Les églises faisoient valoir le parchemin, la cire, le lin, la soie, les marbres, l'orfévrerie, les manufactures en laine, les tapisseries et les matières premières d'or et d'argent ; elles seules, dans les temps barbares, procuroient quelque travail aux artistes, qu'elles faisoient venir exprès de l'Italie et jusque du fond de la Grèce. Les religieux eux-mêmes cultivoient les beaux-arts et étoient les peintres, les sculpteurs et les architectes de l'âge gothique. Si leurs ouvrages nous paroissent grossiers aujourd'hui, n'oublions pas qu'ils forment l'anneau où les siècles antiques viennent se rattacher aux siècles modernes ; que sans eux la chaîne de la tradition des lettres et des arts eût été totalement interrompue : il ne faut pas que la délicatesse de notre goût nous mène à l'ingratitude.

A l'exception de cette petite partie du Nord comprise dans la ligne des villes anséatiques, le commerce extérieur se faisoit autrefois par la Méditerranée. Les Grecs et les Arabes nous apportoient les marchandises de l'Orient, qu'ils chargeoient à Alexandrie. Mais les croisades firent passer entre les mains des Francs cette source de richesses. « Les conquêtes des Croisés, dit l'abbé Fleury, leur assurèrent la liberté du commerce pour les marchandises de la Grèce, de Syrie et d'Égypte, et par conséquent pour celles des Indes, qui ne venoient point encore en Europe par d'autres routes[1]. »

Le docteur Robertson, dans son excellent ouvrage sur le commerce des anciens et des modernes aux Indes orientales, confirme, par les détails les plus curieux, ce qu'avance ici l'abbé Fleury. Gênes, Venise, Pise, Florence et Marseille durent leurs richesses et leur puissance à ces entreprises d'un zèle exagéré, que le véritable esprit du christianisme a condamnées depuis longtemps[2]. Mais enfin on ne peut se dissimuler que la marine et le commerce moderne ne soient nés de ces fameuses expéditions. Ce qu'il y eut de bon en elles appartient à la religion, le reste aux passions humaines. D'ailleurs, si les Croisés ont eu tort de vouloir arracher l'Égypte et la Syrie aux Sarrasins, ne gémissons donc plus quand nous voyons ces belles contrées en proie à ces Turcs, qui semblent arrêter la peste et la barbarie sur la patrie de Phidias et d'Euripide. Quel mal y auroit-il si l'Égypte étoit depuis saint Louis une colonie de la France, et si les descendants des chevaliers françois régnoient à Constantinople, à Athènes, à Damas, à Tripoli, à Carthage, à Tyr, à Jérusalem ?

Au reste, quand le christianisme a marché *seul* aux expéditions lointaines, on a pu juger que les désordres des croisades n'étoient pas venus de lui, mais de l'emportement des hommes. Nos missionnaires nous ont ouvert des sources de commerce pour lesquelles ils n'ont

---

1. *Hist. ecclés.*, t. XVIII, sixième disc., p. 20. 2. *Vid.* Fleury, *loc. cit.*

versé de sang que le leur, dont, à la vérité, ils ont été prodigues. Nous renvoyons le lecteur à ce que nous avons dit sur ce sujet au livre *des Missions*.

CHAPITRE X.

DES LOIS CIVILES ET CRIMINELLES.

Rechercher quelle a été l'influence du christianisme sur les lois et sur les gouvernements, comme nous l'avons fait pour la morale et pour la poésie, seroit le sujet d'un fort bel ouvrage. Nous indiquerons seulement la route, et nous offrirons quelques résultats, afin d'additionner la somme des bienfaits de la religion.

Il suffit d'ouvrir au hasard les conciles, le droit canonique, les bulles et les rescrits de la cour de Rome, pour se convaincre que nos anciennes lois recueillies dans les capitulaires de Charlemagne, dans les formules de Marculfe, dans les ordonnances des rois de France, ont emprunté une foule de règlements à l'Église, ou plutôt qu'elles ont été rédigées en partie par de savants prêtres ou des assemblées d'ecclésiastiques.

De temps immémorial les évêques et les métropolitains ont eu des droits assez considérables en matière civile. Ils étoient chargés de la promulgation des ordonnances impériales relatives à la tranquillité publique; on les prenoit pour arbitres dans les procès : c'étoient des espèces de juges de paix naturels que la religion avoit donnés aux hommes. Les empereurs chrétiens, trouvant cette coutume établie, la jugèrent si salutaire [1], qu'ils la confirmèrent par des articles de leurs codes. Chaque gradué, depuis le sous-diacre jusqu'au souverain pontife, exerçoit une petite juridiction, de sorte que l'esprit religieux agissoit par mille points et de mille manières sur les lois. Mais cette influence étoit-elle favorable ou dangereuse aux citoyens? Nous croyons qu'elle étoit favorable.

D'abord, dans tout ce qui s'appelle *administration*, la sagesse du clergé a constamment été reconnue, même des écrivains les plus opposés au christianisme [2]. Lorsqu'un État est tranquille, les hommes ne font pas le mal pour le seul plaisir de le faire. Quel intérêt un concile pouvoit-il avoir à porter une loi inique touchant l'ordre des successions ou les conditions d'un mariage? Ou pourquoi un official ou un simple

---

[1] Eus., *de Vit. Const.*, lib. xv, cap. xxvii; Sozom., lib. i, cap. ix; *Cod. Justin.*, lib. i, tit. iv, leg. 7. — [2] Voyez Voltaire, dans l'*Essai sur les Mœurs*.

prêtre admis à prononcer sur un point de droit auroit-il prévariqué ? S'il est vrai que l'éducation et les principes qui nous sont inculqués dans la jeunesse influent sur notre caractère, des ministres de l'Évangile devoient être en général guidés par un conseil de douceur et d'impartialité ; mettons, si l'on veut, une restriction, et disons dans tout ce qui ne regardoit pas ou leur ordre ou leurs personnes. D'ailleurs, l'esprit de corps, qui peut être mauvais dans l'ensemble, est toujours bon dans la partie. Il est à présumer qu'un membre d'une grande société religieuse se distinguera plutôt par sa droiture dans une place civile que par ses prévarications, ne fût-ce que pour la gloire de son ordre et le joug que cet ordre lui impose.

De plus, les conciles étoient composés de prélats de tous les pays, et partant ils avoient l'immense avantage d'être comme étrangers aux peuples pour lesquels ils faisoient des lois. Ces haines, ces amours, ces préjugés feudataires qui accompagnent ordinairement le législateur étoient inconnus aux Pères des conciles. Un évêque françois avoit assez de lumières touchant sa patrie pour combattre un canon qui en blessoit les mœurs, mais il n'avoit pas assez de pouvoir sur des prélats italiens, espagnols, anglois, pour leur faire adopter un règlement injuste ; libre dans le bien, sa position le bornoit dans le mal. C'est Machiavel, ce nous semble, qui propose de faire rédiger la constitution d'un État par un étranger. Mais cet étranger pourroit être ou gagné par intérêt, ou ignorant du génie de la nation dont il fixeroit le gouvernement ; deux grands inconvénients que le concile n'avoit pas, puisqu'il étoit à la fois au-dessus de la corruption par ses richesses et instruit des inclinations particulières des royaumes par les divers membres qui le composoient.

L'Église prenant toujours la morale pour base, de préférence à la politique (comme on le voit par les questions de rapt, de divorce, d'adultère), ses ordonnances doivent avoir un fonds naturel de rectitude et d'universalité. En effet, la plupart des canons ne sont point relatifs à telle ou telle contrée ; ils comprennent toute la chrétienté. La charité, le pardon des offenses formant tout le christianisme et étant spécialement recommandés dans le sacerdoce, l'action de ce caractère sacré sur les mœurs doit participer de ces vertus. L'histoire nous offre sans cesse le prêtre priant pour le malheureux, demandant grâce pour le coupable ou intercédant pour l'innocent. Le droit d'asile dans les églises, tout abusif qu'il pouvoit être, est néanmoins une grande preuve de la tolérance que l'esprit religieux avoit introduite dans la justice criminelle. Les Dominicains furent animés par cette pitié évangélique lorsqu'ils dénoncèrent avec tant de force les cruautés des Espagnols dans le Nouveau-Monde. Enfin, comme notre code a été formé dans des temps de barbarie, le prêtre étant le seul homme qui eût alors quelques lettres, il ne pouvoit porter dans les lois qu'une influence heureuse et des lumières qui manquoient au reste des citoyens.

On trouve un bel exemple de l'esprit de justice que le christianisme tendoit à introduire dans nos tribunaux. Saint Ambroise observe que si en matière criminelle les évêques sont obligés par leur caractère d'implorer la clémence du magistrat, ils ne doivent jamais intervenir dans les causes civiles qui ne sont pas portées à leur propre juridiction; « car, dit-il, vous ne pouvez solliciter pour une des parties sans nuire à l'autre et vous rendre peut-être coupable d'une grande injustice [1]. »

Admirable esprit de la religion !

La modération de saint Chrysostome n'est pas moins remarquable : « Dieu, dit ce grand saint, a permis à un homme de renvoyer sa femme pour cause d'adultère, mais non pas pour cause d'*idolâtrie* [2]. » Selon le droit romain, les infâmes ne pouvoient être juges. Saint Ambroise et saint Grégoire poussent encore plus loin cette belle loi, *car ils ne veulent pas que ceux qui ont commis* de grandes fautes *demeurent juges, de peur qu'ils ne se condamnent eux-mêmes en condamnant les autres* [3].

En matière criminelle, le prélat se récusoit, parce que la religion a horreur du sang. Saint Augustin obtint par ses prières la vie des Circumcellions, convaincus d'avoir assassiné des prêtres catholiques. Le concile de Sardique fait même une loi aux évêques d'interposer leur médiation dans les sentences d'exil et de bannissement [4]. Ainsi le malheureux devoit à cette charité chrétienne non-seulement la vie, mais, ce qui est bien plus précieux encore, la douceur de respirer son air natal.

Ces autres dispositions de notre jurisprudence criminelle sont tirées du droit canonique : « 1° On ne doit point condamner un absent, qui peut avoir des moyens légitimes de défense. 2° L'accusateur et le juge ne peuvent servir de témoins. 3° Les grands criminels ne peuvent être accusateurs [5]. 4° En quelque dignité qu'une personne soit constituée, sa seule déposition ne peut suffire pour condamner un accusé [6]. »

On peut voir dans Héricourt la suite de ces lois, qui confirment ce que nous avons avancé, savoir que nous devons les meilleures dispo-

---

1. Ambros., *de Offic.*, lib. III, cap. III.   2. *In cap.* Isaï. 3.
3. Héricourt, *Lois eccl.*, p. 760, quest. VIII.   4. *Conc. Sard.*, can. XVII.
5. Cet admirable canon n'étoit pas suivi dans nos lois.   6. Hén., *loc. cit. et seq.*

sitions de notre code civil et criminel au droit canonique. Ce droit est en général beaucoup plus doux que nos lois, et nous avons repoussé sur plusieurs points son indulgence chrétienne. Par exemple, le septième concile de Carthage décide que quand il y a plusieurs chefs d'accusation, si l'accusateur ne peut prouver le premier chef, il ne doit point être admis à la preuve des autres ; nos coutumes en ont ordonné autrement.

Cette grande obligation que notre système civil doit aux règlements du christianisme est une chose très-grave, très-peu observée et pourtant très-digne de l'être[1].

Enfin, les juridictions seigneuriales, sous la féodalité, furent de nécessité moins vexatoires dans la dépendance des abbayes et des prélatures que sous le ressort d'un comte ou d'un baron. Le seigneur ecclésiastique étoit tenu à de certaines vertus que le guerrier ne se croyoit pas obligé de pratiquer. Les abbés cessèrent promptement de marcher à l'armée, et leurs vassaux devinrent de paisibles laboureurs. Saint Benoît d'Aniane, réformateur des Bénédictins en France, recevoit les terres qu'on lui offroit, mais il ne vouloit point accepter les *serfs* ; il leur rendoit sur-le-champ la liberté[2] : cet exemple de magnanimité au milieu du xe siècle est bien frappant ; et c'est un *moine* qui l'a donné!

CHAPITRE XI.

POLITIQUE ET GOUVERNEMENT.

La coutume qui accordoit le premier rang au clergé dans les assemblées des nations modernes tenoit au grand principe religieux que l'antiquité entière regardoit comme le fondement de l'existence politique. Je ne sais, dit Cicéron, si anéantir la piété envers les dieux ce ne seroit point aussi anéantir la bonne foi, la société du genre humain et la plus excellente des vertus, la justice[3] : « *Haud scio an, pietate adversus deos sublata, fides etiam, et societas humani generis, et una excellentissima virtus, justitia, tollatur.* »

Puisqu'on avoit cru jusqu'à nos jours que la religion est la base de la société civile, ne faisons pas un crime à nos pères d'avoir pensé comme Platon, Aristote, Cicéron, Plutarque, et d'avoir mis l'autel et ses ministres au degré le plus éminent de l'ordre social.

---

1. Montesquieu et le docteur Robertson en ont dit quelques mots.
2. Hélyot.   3. *De Nat. Deor.*, I, II.

Mais si personne ne nous conteste sur ce point l'influence de l'Église dans le corps politique, on soutiendra peut-être que cette influence a été funeste au bonheur public et à la liberté. Nous ne ferons qu'une réflexion sur ce vaste et profond sujet : remontons un instant aux principes généraux d'où il faut toujours partir quand on veut atteindre à quelque vérité.

La nature, au moral et au physique, semble n'employer qu'un seul moyen de création : c'est de mêler, pour produire, la force et la douceur. Son énergie paraît résider dans la loi générale des contrastes. Si elle joint la violence à la violence ou la foiblesse à la foiblesse, loin de former quelque chose, elle détruit par excès ou par défaut. Toutes les législations de l'antiquité offrent ce système d'opposition qui enfante le corps politique.

Cette vérité une fois reconnue, il faut chercher les points d'opposition : il nous semble que les deux principaux résident, l'un dans les mœurs du peuple, l'autre dans les institutions à donner à ce peuple. S'il est d'un caractère timide et foible, que sa constitution soit hardie et robuste; s'il est fier, impétueux, inconstant, que son gouvernement soit doux, modéré, invariable. Ainsi la théocratie ne fut pas bonne aux Égyptiens : elle les asservit sans leur donner les vertus qui leur manquoient; c'étoit une nation pacifique : il lui falloit des institutions militaires.

L'influence sacerdotale, au contraire, produisit à Rome des effets admirables : cette reine du monde dut sa grandeur à Numa, qui sut placer la religion au premier rang chez un peuple de guerriers : qui ne craint pas les hommes doit craindre les dieux.

Ce que nous venons de dire du Romain s'applique au François; il n'a pas besoin d'être excité, mais d'être retenu. On parle du danger de la théocratie; mais chez quelle nation belliqueuse un prêtre a-t-il conduit l'homme à la servitude?

C'est donc de ce grand principe général qu'il faut partir pour considérer l'influence du clergé dans notre ancienne constitution, et non pas de quelques détails particuliers, locaux et accidentels. Toutes ces déclamations contre la richesse de l'Église, contre son ambition, sont de petites vues d'un sujet immense; c'est considérer à peine la surface des objets, et ne pas jeter un coup d'œil ferme dans leurs profondeurs. Le christianisme étoit dans notre corps politique comme ces instruments religieux dont les Spartiates se servoient dans les batailles, moins pour animer le soldat que pour modérer son ardeur.

Si l'on consulte l'histoire de nos états généraux, on verra que le clergé a toujours rempli ce beau rôle de modérateur. Il calmoit, il adoucissoit les esprits; il prévenoit les résolutions extrêmes. L'Église avoit seule de l'instruction et de l'expérience, quand des barons hautains et d'ignorantes communes ne connoissoient que les factions et une obéissance absolue; elle seule, par l'habitude des synodes et des conciles, savoit parler et délibérer; elle seule avoit de la dignité, lorsque tout en manquoit autour d'elle. Nous la voyons tour à tour s'opposer aux excès du peuple, présenter de libres remontrances aux rois et braver la colère des nobles. La supériorité de ses lumières, son génie conciliant, sa mission de paix, la nature même de ses intérêts, devoient lui donner en politique des idées généreuses qui manquoient aux deux autres ordres. Placée entre ceux-ci, elle avoit tout à craindre des grands, et rien des communes, dont elle devenoit par cette seule raison le défenseur naturel. Aussi la voit-on, dans les moments de troubles, voter de préférence avec les dernières. La chose la plus vénérable qu'offroient nos anciens états généraux étoit ce banc de vieux évêques qui, la mitre en tête et la crosse à la main, plaidoient tour à tour la cause du peuple contre les grands et celle du souverain contre des seigneurs factieux.

Ces prélats furent souvent la victime de leur dévouement. La haine des nobles contre le clergé fut si grande au commencement du xiiie siècle, que saint Dominique se vit contraint de prêcher une espèce de croisade pour arracher les biens de l'Église aux barons qui les avoient envahis. Plusieurs évêques furent massacrés par les nobles ou emprisonnés par la cour. Ils subissoient tour à tour les vengeances monarchiques, aristocratiques et populaires.

Si vous voulez considérer plus en grand l'influence du christianisme sur l'existence politique des peuples de l'Europe, vous verrez qu'il prévenoit les famines et sauvoit nos ancêtres de leurs propres fureurs, en proclamant ces paix appelées *paix de Dieu*, pendant lesquelles on recueilloit les moissons et les vendanges. Dans les commotions publiques souvent les papes se montrèrent comme de très-grands princes. Ce sont eux qui, en réveillant les rois, sonnant l'alarme et faisant des ligues ont empêché l'Occident de devenir la proie des Turcs. Ce seul service rendu au monde par l'Église mériteroit des autels.

Des hommes indignes du nom de chrétiens égorgeoient les peuples du Nouveau-Monde, et la cour de Rome fulminoit des bulles pour prévenir ces atrocités[1]. L'esclavage étoit reconnu légitime, et l'Église ne reconnoissoit point d'esclaves[2] parmi ses enfants. Les excès mêmes

---

1. La fameuse bulle de Paul III.
2. Le décret de Constantin, qui déclare libre tout esclave qui embrasse le christianisme.

de la cour de Rome ont servi à répandre les principes généraux du droit des peuples. Lorsque les papes mettoient les royaumes en interdit, lorsqu'ils forçoient les empereurs à venir rendre compte de leur conduite au saint-siége, ils s'arrogeoient sans doute un pouvoir qu'ils n'avoient pas ; mais en blessant la majesté du trône ils faisoient peut-être du bien à l'humanité. Les rois devenoient plus circonspects ; ils sentoient qu'ils avoient un frein et le peuple une égide. Les rescrits des pontifes ne manquoient jamais de mêler la voix des nations et l'intérêt général des hommes aux plaintes particulières. « *Il nous est venu des rapports que Philippe, Ferdinand, Henri opprimoit son peuple,* etc. » Tel étoit à peu près le début de tous ces arrêts de la cour de Rome.

S'il existoit au milieu de l'Europe un tribunal qui jugeât, au nom de Dieu, les nations et les monarques, et qui prévînt les guerres et les révolutions, ce tribunal seroit le chef-d'œuvre de la politique et le dernier degré de la perfection sociale : les papes, par l'influence qu'ils exerçoient sur le monde chrétien, ont été au moment de réaliser ce beau songe.

Montesquieu a fort bien prouvé que le christianisme est opposé d'esprit et de conseil au pouvoir arbitraire, *et que ses principes font plus que l'honneur dans les monarchies, la vertu dans les républiques et la crainte dans les États despotiques.* N'existe-t-il pas d'ailleurs des républiques chrétiennes qui paroissent même plus attachées à leur religion que les monarchies ? N'est-ce pas encore sous la loi évangélique que s'est formé ce gouvernement dont l'excellence paroissoit telle au plus grave des historiens [1], qu'il le croyoit impraticable pour les hommes ? « Dans toutes les nations, dit Tacite, c'est le peuple, ou les nobles, ou un seul qui gouverne ; une forme de gouvernement qui se composeroit à la fois des trois autres est une brillante chimère, etc. [2]

Tacite ne pouvoit pas deviner que cette espèce de miracle s'accompliroit un jour chez des sauvages dont il nous a laissé l'histoire [3]. Les passions, sous le polythéisme, auroient bientôt renversé un gouvernement qui ne se conserve que par la justesse des contre-poids. Le phénomène de son existence étoit réservé à une religion qui, en maintenant l'équilibre moral le plus parfait, permet d'établir la plus parfaite balance politique.

Montesquieu a vu le principe du gouvernement anglois dans les forêts de la Germanie : il étoit peut-être plus simple de le découvrir

---

1. Il faut se souvenir que ceci étoit écrit sous Buonaparte. L'auteur semble annoncer ici la Charte de Louis XVIII. Ses opinions constitutionnelles, comme on le voit, datent de loin. — 2. Tac., *Ann.*, lib. IV, xxxiii. — 3. *In Vit. Agric.*

dans la division des trois ordres ; division connue de toutes les grandes monarchies de l'Europe moderne. L'Angleterre a commencé, comme la France et l'Espagne, par ses états généraux : l'Espagne passa à une monarchie absolue, la France à une monarchie tempérée, et l'Angleterre à une monarchie mixte. Ce qu'il y a de remarquable, c'est que les *cortès* de la première jouissoient de plusieurs priviléges que n'avoient pas les *états généraux* de la seconde et les *parlements* de la troisième, et que le peuple le plus libre est tombé sous le gouvernement le plus absolu. D'une autre part, les Anglois, qui étoient presque réduits en servitude, se rapprochèrent de l'indépendance, et les François, qui n'étoient ni très-libres ni très-asservis, demeurèrent à peu près au même point.

Enfin, ce fut une grande et féconde idée politique que cette division des trois ordres. Totalement ignorée des anciens, elle a produit chez les modernes le système représentatif, qu'on peut mettre au nombre de ces trois ou quatre découvertes qui ont créé un autre univers. Et qu'il soit encore dit à la gloire de notre religion que le système représentatif découle en partie des institutions ecclésiastiques, d'abord parce que l'Église en offrit la première image dans ses conciles, composés du *souverain pontife,* des *prélats* et des *députés du bas clergé,* et ensuite parce que les prêtres chrétiens ne s'étant pas séparés de l'État ont donné naissance à un nouvel ordre de citoyens, qui par sa réunion aux deux autres a entraîné la représentation du corps politique.

Nous ne devons pas négliger une remarque qui vient à l'appui des faits précédents, et qui prouve que le génie évangélique est éminemment favorable à la liberté. La religion chrétienne établit en dogme l'égalité morale, la seule qu'on puisse prêcher sans bouleverser le monde. Le polythéisme cherchoit-il à Rome à persuader au patricien qu'il n'étoit pas d'une poussière plus noble que le plébéien ? Quel pontife eût osé faire retentir de telles paroles aux oreilles de Néron et de Tibère ? On eût bientôt vu le corps du lévite imprudent exposé aux gémonies. C'est cependant de telles leçons que les potentats chrétiens reçoivent tous les jours dans cette chaire si justement appelée la chaire de vérité.

En général, le christianisme est surtout admirable pour avoir converti l'*homme physique* en l'*homme moral.* Tous les grands principes de Rome et de la Grèce, l'égalité, la liberté, se trouvent dans notre religion, mais appliqués à l'âme et au génie et considérés sous des rapports sublimes.

Les conseils de l'Évangile forment le véritable philosophe, et ses préceptes le véritable citoyen. Il n'y a pas un petit peuple chrétien chez lequel il ne soit plus doux de vivre que chez le peuple antique le plus fameux, excepté Athènes, qui fut charmante, mais horriblement injuste. Il y a une paix intérieure dans les nations modernes, un exercice continuel des plus tranquilles vertus, qu'on ne vit point régner au bord de l'Ilissus et du Tibre. Si la république de Brutus ou la monarchie d'Auguste sortoit tout à coup de la poudre, nous aurions horreur de la vie romaine. Il ne faut que se représenter les jeux de la déesse Flore et cette boucherie continuelle de gladiateurs pour sentir l'énorme différence que l'Évangile a mise entre nous et les païens; le dernier des chrétiens, honnête homme, est plus *moral* que le premier des philosophes de l'antiquité.

« Enfin, dit Montesquieu, nous devons au christianisme, et dans le gouvernement un certain droit politique, et dans la guerre un certain droit des gens que la nature humaine ne sauroit assez reconnoître.

« C'est ce droit qui fait que parmi nous la victoire laisse aux peuples vaincus ces grandes choses : la vie, la liberté, les lois, les biens, et toujours la religion, quand on ne s'aveugle pas soi-même [1]. »

Ajoutons, pour couronner tant de bienfaits, un bienfait qui devroit être écrit en lettres d'or dans les annales de la philosophie :

L'ABOLITION DE L'ESCLAVAGE.

CHAPITRE XII.

RÉCAPITULATION GÉNÉRALE.

Ce n'est pas sans éprouver une sorte de crainte que nous touchons à la fin de notre ouvrage. Les graves idées qui nous l'ont fait entreprendre, la dangereuse ambition que nous avons eue de déterminer, autant qu'il dépendoit de nous, la question sur le christianisme, toutes ces considérations nous alarment. Il est difficile de découvrir jusqu'à quel point Dieu approuve que des hommes prennent dans leurs débiles mains la cause de son éternité; se fassent les avocats du Créateur au tribunal de la créature et cherchent à justifier par des raisons humaines ces conseils qui ont donné naissance à l'univers. Ce n'est donc qu'avec une défiance extrême, trop motivée par l'insuffi-

---

1. *Esprit des Lois,* liv. XXIV, chap. III.

sance de nos talents, que nous offrons ici la récapitulation générale de cet ouvrage.

Toute religion a des mystères; toute la nature est un secret.

Les mystères chrétiens sont les plus beaux possibles : ils sont l'archétype du système de l'homme et du monde.

Les sacrements sont une législation morale et des tableaux pleins de poésie.

La foi est une force, la charité un amour, l'espérance toute une félicité, ou, comme parle la religion, toute une vertu.

Les lois de Dieu sont le code le plus parfait de la justice naturelle.

La chute de notre premier père est une tradition universelle.

On peut en trouver une preuve nouvelle dans la constitution de l'homme moral, qui contredit la constitution générale des êtres.

La défense de toucher au fruit de science est un commandement sublime, et le seul qui fût digne de Dieu.

Toutes les prétendues preuves de l'antiquité de la terre peuvent être combattues.

Dogme de l'existence de Dieu démontré par les merveilles de l'univers; dessein visible de la Providence dans les animaux; enchantement de la nature.

La seule morale prouve l'immortalité de l'âme. L'homme désire le bonheur, et il est le seul être qui ne puisse l'obtenir : il y a donc une félicité au delà de la vie, car on ne désire point ce qui n'est pas.

Le système de l'athéisme n'est fondé que sur des exceptions : ce n'est point le corps qui agit sur l'âme, c'est l'âme qui agit sur le corps. L'homme ne suit point les règles générales de la matière; il diminue où l'animal augmente.

L'athéisme n'est bon à personne, ni à l'infortuné, auquel il ravit l'espérance, ni à l'heureux dont il dessèche le bonheur, ni au soldat, qu'il rend timide, ni à la femme, dont il flétrit la beauté et la tendresse, ni à la mère, qui peut perdre son fils, ni aux chefs des hommes, qui n'ont pas de plus sûr garant de la fidélité des peuples que la religion.

Les châtiments et les récompenses que le christianisme dénonce ou promet dans une autre vie s'accordent avec la raison et la nature de l'âme.

En poésie, les caractères sont plus beaux, et les passions plus énergiques sous la religion chrétienne qu'ils ne l'étoient sous le polythéisme. Celui-ci ne présentoit point de partie dramatique, point de combats des penchants naturels et des vertus.

La mythologie rapetissoit la nature, et les anciens, par cette raison, n'avoient point de poésie descriptive. Le christianisme rend au désert et ses tableaux et ses solitudes.

Le *merveilleux* chrétien peut soutenir le parallèle avec le *merveilleux* de la fable. Les anciens fondent leur poésie sur Homère, et les chrétiens sur la Bible; et les beautés de la Bible surpassent les beautés d'Homère.

C'est au christianisme que les beaux-arts doivent leur renaissance et leur perfection.

En philosophie, il ne s'oppose à aucune vérité naturelle. S'il a quelquefois combattu les sciences, il a suivi l'esprit de son siècle et l'opinion des plus grands législateurs de l'antiquité.

En histoire, nous fussions demeurés inférieurs aux anciens sans le caractère nouveau d'images, de réflexions et de pensées qu'a fait naître la religion chrétienne: l'éloquence moderne fournit la même observation.

Restes des beaux-arts, solitudes des monastères, charmes des ruines, gracieuses dévotions du peuple, harmonies du cœur, de la religion et des déserts, c'est ce qui conduit à l'examen du culte.

Partout dans le culte chrétien la pompe et la majesté sont unies aux intentions morales, aux prières touchantes ou sublimes. Le sépulcre vit et s'anime dans notre religion : depuis le laboureur qui repose au cimetière champêtre jusqu'au roi couché à Saint-Denis, tout dort dans une poussière poétique. Job et David, appuyés sur le tombeau du chrétien, chantent tour à tour la mort aux portes de l'éternité.

Nous venons de voir ce que les hommes doivent au clergé séculier et régulier, aux institutions, au génie du christianisme.

Si Shoonbeck, Bonnani, Giustiniani et Hélyot avoient mis plus d'ordre dans leurs laborieuses recherches, nous pourrions donner ici le catalogue complet des services rendus par la religion à l'humanité. Nous commencerions par faire la liste des calamités qui accablent l'âme ou le corps de l'homme, et nous placerions sous chaque douleur l'ordre chrétien qui se dévoue au soulagement de cette douleur. Ce n'est point une exagération : un homme peut penser telle misère qu'il voudra, et il y a mille à parier contre un que la religion a deviné sa pensée et préparé le remède. Voici ce que nous avons trouvé après un calcul aussi exact que nous l'avons pu faire.

On compte à peu près sur la surface de l'Europe chrétienne quatre mille trois cents villes et villages.

Sur ces quatre mille trois cents villes et villages, trois mille deux cent quatre-vingt-quatorze sont de la première, de la seconde, de la troisième et de la quatrième grandeur.

En accordant un hôpital à chacune de ces trois mille deux cent quatre-vingt-quatorze villes (calcul au-dessous de la vérité), vous aurez trois mille deux cent quatre-vingt-quatorze hôpitaux, presque tous institués par le génie du christianisme, dotés sur les biens de l'Église et desservis par des ordres religieux.

Prenant une moyenne proportionnelle et donnant seulement cent lits à chacun de ces hôpitaux, ou, si l'on veut, cinquante lits pour deux malades, vous verrez que la religion, indépendamment de la foule immense de pauvres qu'elle nourrit, soulage et entretient par jour, depuis plus de mille ans, environ trois cent vingt-neuf mille quatre cents hommes.

Sur un relevé des colléges et des universités, on trouve à peu près les mêmes calculs, et l'on peut admettre hardiment qu'elle enseigne au moins trois cent mille jeunes gens dans les divers États de la chrétienté[1].

Nous ne faisons point entrer ici en ligne de compte les hôpitaux et les colléges chrétiens dans les trois autres parties du monde, ni l'éducation des filles par les religieuses.

Maintenant il faut ajouter à ces résultats le dictionnaire des hommes célèbres sortis du sein de l'Église, et qui forment à peu près les deux tiers des grands hommes des siècles modernes : il faut dire, comme nous l'avons montré, que le renouvellement des sciences, des arts et des lettres, est dû à l'Église; que la plupart des grandes découvertes modernes, telles que la poudre à canon, l'horloge, les lunettes, la boussole, et en politique le système représentatif, lui appartiennent; que l'agriculture, le commerce, les lois et le gouvernement lui ont des obligations immenses; que ses missions ont porté les sciences et les arts chez des peuples civilisés et les lois chez des peuples sauvages; que sa chevalerie a puissamment contribué à sauver l'Europe d'une invasion de nouveaux barbares; que le genre humain lui doit :

Le culte d'un seul Dieu;

Le dogme plus fixe de l'existence de cet Être suprême;

La doctrine moins vague et plus certaine de l'immortalité de l'âme, ainsi que celle des peines et des récompenses dans une autre vie;

Une plus grande humanité chez les hommes;

Une vertu tout entière, et qui vaut seule toutes les autres, la charité;

---

1. On a mis sous les yeux du lecteur les bases de tous ces calculs, que l'on a laissés exprès infiniment au-dessous de la vérité.

Voyez la note LVIII, à la fin du volume.

Un droit politique et un droit des gens inconnus des peuples antiques, et par-dessus tout cela l'abolition de l'esclavage.

Qui ne seroit pas convaincu de la beauté et de la grandeur du christianisme? Qui n'est écrasé par cette effrayante masse de bienfaits?

CHAPITRE XIII.

QUEL SEROIT AUJOURD'HUI L'ÉTAT DE LA SOCIÉTÉ, SI LE CHRISTIANISME N'EUT POINT PARU SUR LA TERRE. CONJECTURES. — CONCLUSION.

Nous terminerons cet ouvrage par l'examen de l'importante question qui fait le titre de ce dernier chapitre : en tâchant de découvrir ce que nous serions probablement aujourd'hui si le christianisme n'eût pas paru sur la terre, nous apprendrons à mieux apprécier ce que nous devons à cette religion divine.

Auguste parvint à l'empire par des crimes et régna sous la forme des vertus. Il succédoit à un conquérant, et pour se distinguer il fut tranquille.

Ne pouvant être un grand homme, il vouloit être un prince heureux. Il donna beaucoup de repos à ses sujets : un immense foyer de corruption s'assoupit; ce calme fut appelé prospérité. Auguste eut le génie des circonstances : c'est celui qui recueille les fruits que le véritable génie a préparés; il le suit et ne l'accompagne pas toujours.

Tibère méprisa trop les hommes, et surtout leur fit trop voir ce mépris. Le seul sentiment dans lequel il mit de la franchise étoit le seul où il eût dû dissimuler; mais c'étoit un cri de joie qu'il ne pouvoit s'empêcher de pousser, en trouvant le peuple et le sénat romain au-dessous même de la bassesse de son propre cœur.

Lorsqu'on vit ce peuple-roi se prosterner devant Claude et adorer le fils d'Enobarbus, on put juger qu'on l'avoit honoré en gardant avec lui quelque mesure. Rome aima Néron. Longtemps après la mort de ce tyran, ses fantômes faisoient tressaillir l'empire de joie et d'espérance. C'est ici qu'il faut s'arrêter pour contempler les mœurs romaines. Ni Titus, ni Antonin, ni Marc-Aurèle, ne purent en changer le fond : un Dieu seul le pouvoit.

Le peuple romain fut toujours un peuple horrible : on ne tombe point dans les vices qu'il fit éclater sous ses maîtres sans une certaine perversité naturelle et quelque défaut de naissance dans le cœur. Athènes corrompue ne fut jamais exécrable : dans les fers, elle ne, songea qu'à jouir. Elle trouva que ses vainqueurs ne lui avoient pas tout ôté, puisqu'ils lui avoient laissé le temple des Muses.

Quand Rome eut des vertus, ce furent des vertus contre nature. Le premier Brutus égorge ses fils et le second assassine son père. Il y a des vertus de position qu'on prend trop facilement pour des vertus générales, et qui ne sont que des résultats locaux. Rome libre fut d'abord frugale, parce qu'elle étoit pauvre; courageuse, parce que ses institutions lui mettoient le fer à la main et qu'elle sortoit d'une caverne de brigands. Elle étoit d'ailleurs féroce, injuste, avare, luxurieuse : elle n'eut de beau que son génie, son caractère fut odieux.

Les décemvirs la foulent aux pieds. Marius verse à volonté le sang des nobles et Sylla celui du peuple; pour dernière insulte celui-ci abjure publiquement la dictature. Les conjurés de Catilina s'engagent à massacrer leurs propres pères[1], et se font un jeu de renverser cette majesté romaine que Jugurtha se propose d'acheter[2]. Viennent les triumvirs et leurs proscriptions : Auguste ordonne au père et au fils de s'entre-tuer[3], et le père et le fils s'entre-tuent. Le sénat se montre trop vil, même pour Tibère[4]. Le dieu Néron a des temples. Sans parler de ces délateurs sortis des premières familles patriciennes; sans montrer les chefs d'une même conjuration, se dénonçant et s'égorgeant les uns les autres[5]; sans représenter des philosophes discourant sur la vertu au milieu des débauches de Néron, Sénèque excusant un parricide, Burrhus[6] le louant et pleurant à la fois; sans rechercher sous Galba, Vitellius, Domitien, Commode, ces actes de lâcheté qu'on a lus cent fois et qui étonnent toujours, un seul trait nous peindra l'infamie romaine : Plautien, ministre de Sévère, en mariant sa fille au fils aîné de l'empereur, fit mutiler cent Romains libres, dont quelques-uns étoient mariés et pères de famille, « afin, dit l'historien, que sa fille eût à sa suite des eunuques dignes d'une reine d'Orient[7]. »

A cette lâcheté de caractère joignez une épouvantable corruption de mœurs. Le grave Caton vient pour assister aux prostitutions des jeux de Flore. Sa femme Marcia étant enceinte, il la cède à Hortensius; quelque temps après Hortensius meurt, et ayant laissé Marcia héritière de tous ses biens, Caton la reprend au préjudice du fils d'Hortensius.

---

1. *Sed filii familiarum, quorum ex nobilitate maxuma pars erat, interficerent.* (SALLUST., *in Catil.*, XLIV.)   2. SALLUST., *in Bell. Jugurth.*
3. SUET., *in Aug.*, et AMM. ALEX.   4. TACIT., *Ann.*   5. *Id., ib.*, lib. xv, 56, 57.
6. TACIT., *Ann.*, lib. XIV, 15. Papinien, jurisconsulte et préfet du prétoire, qui ne se piquoit pas de philosophie, répondit à Caracalla, qui lui ordonnoit de justifier le meurtre de son frère Géta : « Il est plus aisé de commettre un parricide que de le justifier. » (*Hist. Aug.*)   7. DION., lib. LXXVI, p. 1271.

Cicéron se sépare de Térentia pour épouser Publilia sa pupille. Sénèque nous apprend qu'il y avoit des femmes qui ne comptoient plus leurs années par consuls, mais par le nombre de leurs maris [1]. Tibère invente les *scellarii* et les *spintriæ*; Néron épouse publiquement l'affranchi Pythagore [2] et Héliogabale célèbre ses noces avec Hiéroclès [3].

Ce fut ce même Néron, déjà tant de fois cité, qui institua les fêtes Juvénales. Les chevaliers, les sénateurs et les femmes du premier rang étoient obligés de monter sur le théâtre, à l'exemple de l'empereur, et de chanter des chansons dissolues en copiant les gestes des histrions [4]. Pour le repas de Tigellin, sur l'étang d'Agrippa, on avoit bâti des maisons au bord du lac, où les plus illustres Romaines étoient placées vis-à-vis de courtisanes toutes nues. A l'entrée de la nuit, tout fut illuminé [5], afin que les débauches eussent un sens de plus et un voile de moins.

La mort faisoit une partie essentielle de ces divertissements antiques. Elle étoit là pour contraste et pour rehaussement des plaisirs de la vie. Afin d'égayer le repas, on faisoit venir des gladiateurs avec des courtisanes et des joueurs de flûte. En sortant des bras d'une infâme, on alloit voir une bête féroce boire du sang humain : de la vue d'une prostitution on passoit au spectacle des convulsions d'un homme expirant. Quel peuple que celui-là, qui avoit placé l'opprobre à la naissance et à la mort, et élevé sur un théâtre les deux grands mystères de la nature pour déshonorer d'un seul coup tout l'ouvrage de Dieu!

Les esclaves qui travailloient à la terre avoient constamment les fers aux pieds; pour toute nourriture on leur donnoit un peu de pain, d'eau et de sel; la nuit on les renfermoit dans des souterrains qui ne recevoient d'air que par une lucarne pratiquée à la voûte de ces cachots. Il y avoit une loi qui défendoit de tuer les lions d'Afrique, réservés pour les spectacles de Rome. Un paysan qui eût disputé sa vie contre un de ces animaux eût été sévèrement puni [6]. Quand un malheureux périssoit dans l'arène, déchiré par une panthère ou percé par les bois d'un cerf, certains malades couroient se baigner dans son sang et le recevoir sur leurs lèvres avides [7]. Caligula souhaitoit que le peuple romain n'eût qu'une seule tête, pour l'abattre d'un seul coup [8]. Ce même empereur, en attendant les jeux du Cirque, nourrissoit les lions de chair humaine, et Néron fut sur le point de faire manger des

---

1. *De Benefic.*, III, 16.
2. Tacit., *Ann.*, XV, 37.
3. Dion, lib. XXIX, p. 1363; *Hist. Aug.*, 10.
4. Tacit., *Ann.*, XIV, 15.
5. *Id., ib.*, XV, 37.
6. *Cod. Theod.*, t. VI, p. 92.
7. Tert., *Apologet.*
8. Suet., *in Vit.*

hommes tout vivants à un Égyptien connu par sa voracité[1]. Titus, pour célébrer la fête de son père Vespasien, donna trois mille Juifs à dévorer aux bêtes[2]. On conseilloit à Tibère de faire mourir un de ses anciens amis qui languissoit en prison : « Je ne me suis pas réconcilié avec lui, » répondit le tyran par un mot qui respire tout le génie de Rome.

C'étoit une chose assez ordinaire qu'on égorgeât cinq mille, six mille, dix mille, vingt mille personnes de tout rang, de tout sexe et de tout âge, sur un soupçon de l'empereur[3], et les parents des victimes ornoient leurs maisons de feuillages, baisoient les mains du *dieu* et assistoient à ses fêtes. La fille de Séjan, âgée de neuf ans, qui disoit qu'*elle ne le feroit plus* et qui demandoit qu'*on lui donnât le fouet*[4] lorsqu'on la conduisoit en prison, fut violée par le bourreau avant d'être étranglée par lui : tant ces vertueux Romains avoient de respect pour les *lois!* On vit sous Claude (et Tacite le rapporte comme un beau spectacle[5]) dix-neuf mille hommes s'égorger sur le lac Fucin pour l'amusement de la populace romaine : avant d'en venir aux mains, les combattants saluèrent l'empereur : *Ave, imperator, morituri te salutant!* « César, ceux qui vont mourir te saluent! » Mot aussi lâche qu'il est touchant.

C'est l'extinction absolue du sens moral qui donnoit aux Romains cette facilité de mourir qu'on a si follement admirée. Les suicides sont toujours communs chez les peuples corrompus. L'homme réduit à l'instinct de la brute meurt indifféremment comme elle. Nous ne parlerons point des autres vices des Romains de l'infanticide autorisé par une loi de Romulus, et confirmé par celle des Douze Tables, de l'avarice sordide de ce peuple fameux. Scaptius avait prêté quelques fonds au sénat de Salamine. Le sénat n'ayant pu le rembourser au terme fixé, Scaptius le tint si longtemps assiégé par des cavaliers, que plusieurs sénateurs moururent de faim. Le stoïque Brutus, ayant quelque affaire commune avec ce concussionnaire, s'intéresse pour lui auprès de Cicéron, qui ne peut s'empêcher d'en être indigné[6].

Si donc les Romains tombèrent dans la servitude, ils ne durent s'en prendre qu'à leurs mœurs. C'est la bassesse qui produit d'abord la tyrannie, et, par une juste réaction, la tyrannie prolonge ensuite la

---

1. Suet., *in Calig. et Ner.*
2. Joseph., *de Bell. Jud.*, lib. vii.
3. Tacit., *Ann.*, lib. xv; Dion, lib. lxxvii, p. 1290; Herod., lib. iv, p. 150.
4. Tacit., *Ann.*, lib. v, 9.   5. *Id., ib.*, xii, 56.
6. L'intérêt de la somme étoit de quatre pour cent par mois. (*Vid.* Cicer., *Epist. ad Att.*, lib. vi, epist. ii.)

bassesse. Ne nous plaignons plus de l'état actuel de la société : le peuple moderne le plus corrompu est un peuple de sages auprès des nations païennes.

Quand on supposeroit un instant que l'ordre politique des anciens fût plus beau que le nôtre, leur ordre moral n'approcha jamais de celui que le christianisme a fait naître parmi nous. Et comme enfin la morale est en dernier lieu la base de toute institution sociale, jamais nous n'arriverons à la dépravation de l'antiquité tandis que nous serons chrétiens.

Lorsque les liens politiques furent brisés à Rome et dans la Grèce, quel frein resta-t-il aux hommes? Le culte de tant de divinités infâmes pouvoit-il maintenir des mœurs que les lois ne soutenoient plus? Loin de remédier à la corruption, il en devint un des agents les plus puissants. Par un excès de misère qui fait frémir, l'idée de l'existence des dieux, qui nourrit la vertu chez les hommes, entretenoit les vices parmi les païens, et sembloit éterniser le crime, en lui donnant un principe d'éternelle durée.

Des traditions nous sont restées de la méchanceté des hommes et des catastrophes terribles qui n'ont jamais manqué de suivre la corruption des mœurs. Ne seroit-il pas possible que Dieu eût combiné l'ordre physique et moral de l'univers de manière qu'un bouleversement dans le dernier entraînât des changements nécessaires dans l'autre, et que les grands crimes amenassent naturellement les grandes révolutions? La pensée agit sur le corps d'une manière inexplicable ; l'homme est peut-être la pensée du grand corps de l'univers. Cela simplifieroit beaucoup la nature et agrandiroit prodigieusement la sphère de l'homme ; ce seroit aussi une clef pour l'explication des miracles, qui rentreroient dans le cours ordinaire des choses. Que les déluges, les embrasements, le renversement des États eussent leurs causes secrètes dans les vices de l'homme; que le crime et le châtiment fussent les deux poids moteurs placés dans les deux bassins de la balance morale et physique du monde, la correspondance seroit belle, et ne feroit qu'un tout d'une création qui semble double au premier coup d'œil.

Il se peut donc faire que la corruption de l'empire romain ait attiré du fond de leurs déserts les barbares qui, sans connoître la mission qu'ils avoient de détruire, s'étoient appelés par instinct *le fléau de Dieu*[1]. Que fût devenu le monde si la grande arche du christianisme n'eût sauvé les restes du genre humain de ce nouveau déluge? Quelle

---

1. Voyez la note LIX, à la fin du volume.

chance restoit-il à la postérité? où les lumières se fussent-elles conservées?

Les prêtres du polythéisme ne formoient point un corps d'hommes lettrés, hors en Perse et en Égypte; mais les mages et les prêtres égyptiens, qui d'ailleurs ne communiquoient point leurs sciences au vulgaire, n'existoient déjà plus en corps lors de l'invasion des barbares. Quant aux sectes philosophiques d'Athènes et d'Alexandrie, elles se renfermoient presque entièrement dans ces deux villes, et consistoient tout au plus en quelques centaines de rhéteurs, qui eussent été égorgés avec le reste des citoyens.

Point d'esprit de prosélytisme chez les anciens; aucune ardeur pour enseigner; point de retraite au désert pour y vivre avec Dieu et pour y sauver les sciences. Quel pontife de Jupiter eût marché au-devant d'Attila pour l'arrêter? Quel lévite eût persuadé à un Alaric de retirer ses troupes de Rome? Les barbares qui entroient dans l'empire étoient déjà à demi chrétiens; mais voyons-les marcher sous la bannière sanglante du dieu de la Scandinavie ou des Tartares, ne rencontrant sur leur route ni une force d'opinion religieuse qui les oblige à respecter quelque chose, ni un fonds de mœurs qui commence à se renouveler chez les Romains par le christianisme : n'en doutons point, ils eussent tout détruit. Ce fut même le projet d'Alaric : « Je sens en moi, disoit ce roi barbare, quelque chose qui me porte à brûler Rome. » C'est un homme monté sur des ruines et qui paroît gigantesque.

Des différents peuples qui envahirent l'empire, les Goths semblent avoir eu le génie le moins dévastateur. Théodoric, vainqueur d'Odoacre, fut un grand prince; mais il étoit chrétien, mais Boëce, son premier ministre, étoit un homme de lettres chrétien : cela trompe toutes les conjectures. Qu'eussent fait les Goths *idolâtres?* Ils auroient sans doute tout renversé comme les autres barbares. D'ailleurs ils se corrompirent très-vite, et si au lieu de vénérer Jésus-Christ ils s'étoient mis à adorer Priape, Vénus et Bacchus, quel effroyable mélange ne fût-il point résulté de la religion sanglante d'Odin et des fables dissolues de la Grèce!

Le polythéisme étoit si peu propre à conserver quelque chose, qu'il tomboit lui-même en ruine de toutes parts, et que Maximin voulut lui faire prendre les formes chrétiennes pour le soutenir. Ce César établit dans chaque province un lévite qui correspondoit à l'évêque, un grand-prêtre qui représentoit le métropolitain[1]. Julien fonda des

---

1. Eus., lib. XIII, cap. XIV; lib. IX, cap. II-VIII.

couvents de païens, et fit prêcher les ministres de Baal dans leurs temples. Cet échafaudage, imité du christianisme, se brisa bientôt, parce qu'il n'étoit pas soutenu par un esprit de vertu et ne s'appuyoit pas sur les mœurs.

La seule classe des vaincus respectée par les barbares fut celle des prêtres et des religieux. Les monastères devinrent autant de foyers où le feu sacré des arts se conserva avec la langue grecque et la langue latine. Les premiers citoyens de Rome et d'Athènes, s'étant réfugiés dans le sacerdoce chrétien, évitèrent ainsi la mort ou l'esclavage auquel ils eussent été condamnés avec le reste du peuple.

On peut juger de l'abîme où nous serions plongés aujourd'hui si les barbares avoient surpris le monde sous le polythéisme, par l'état actuel des nations où le christianisme s'est éteint. Nous serions tous des esclaves turcs ou quelque chose de pis encore; car le mahométisme a du moins un fonds de morale, qu'il tient de la religion chrétienne, dont il n'est, après tout, qu'une secte très-éloignée. Mais, de même que le premier Ismael fut ennemi de l'antique Jacob, le second est le persécuteur de la nouvelle.

Il est donc très-probable que sans le christianisme le naufrage de la société et des lumières eût été total. On ne peut calculer combien de siècles eussent été nécessaires au genre humain pour sortir de l'ignorance et de la barbarie corrompue dans lesquelles il se fût trouvé enseveli. Il ne falloit rien moins qu'un corps immense de solitaires répandus dans les trois parties du globe, et travaillant de concert à la même fin, pour conserver ces étincelles qui ont rallumé chez les modernes le flambeau des sciences. Encore une fois, aucun ordre politique, philosophique ou religieux du paganisme n'eût pu rendre ce service inappréciable, au défaut de la religion chrétienne. Les écrits des anciens, se trouvant dispersés dans les monastères, échappèrent en partie aux ravages des Goths. Enfin, le polythéisme n'étoit point, comme le christianisme, une espèce de religion *lettrée,* si nous osons nous exprimer ainsi, parce qu'il ne joignoit point, comme lui, la métaphysique et la morale aux dogmes religieux. La nécessité où les prêtres chrétiens se trouvèrent de publier eux-mêmes des livres, soit pour propager la foi, soit pour combattre l'hérésie, a puissamment servi à la conservation et à la renaissance des lumières.

Dans toutes les hypothèses imaginables, on trouve toujours que l'Évangile a prévenu la destruction de la société; car, en supposant qu'il n'eût point paru sur la terre, et que, d'un autre côté, les barbares fussent demeurés dans leurs forêts, le monde romain, pourrissant dans ses mœurs, étoit menacé d'une dissolution épouvantable.

Les esclaves se fussent-ils soulevés? Mais ils étoient aussi pervers que leurs maîtres; ils partageoient les mêmes plaisirs et la même honte; ils avoient la même religion, et cette religion passionnée détruisoit toute espérance de changement dans les principes moraux. Les lumières n'avançoient plus, elles reculoient; les arts tomboient en décadence. La philosophie ne servoit qu'à répandre une sorte d'impiété, qui, sans conduire à la destruction des idoles, produisoit les crimes et les malheurs de l'athéisme dans les grands, en laissant aux petits ceux de la superstition. Le genre humain avoit-il fait des progrès parce que Néron ne croyoit plus aux dieux du Capitole [1] et qu'il souilloit par mépris les statues des dieux?

Tacite prétend qu'il y avoit encore des mœurs au fond des provinces [2]; mais ces provinces commençoient à devenir chrétiennes [3], et nous raisonnons dans la supposition que le christianisme n'eût pas été connu, et que les barbares ne fussent pas sortis de leurs déserts. Quant aux armées romaines, qui vraisemblablement auroient démembré l'empire, les soldats en étoient aussi corrompus que le reste des citoyens, et l'eussent été bien davantage s'ils n'avoient été recrutés par les Goths et les Germains. Tout ce que l'on peut conjecturer, c'est qu'après de longues guerres civiles et un soulèvement général qui eût duré plusieurs siècles, la race humaine se fût trouvée réduite à quelques hommes errants sur des ruines. Mais que d'années n'eût-il point fallu à ce nouvel arbre des peuples pour étendre ses rameaux sur tant de débris! Combien de temps les sciences, oubliées ou perdues, n'eussent-elles point mis à renaître, et dans quel état d'enfance la société ne seroit-elle point encore aujourd'hui!

De même que le christianisme a sauvé la société d'une destruction totale, en convertissant les barbares et en recueillant les débris de la civilisation et des arts, de même il eût sauvé le monde romain de sa propre corruption, si ce monde n'eût point succombé sous des armes étrangères: une religion seule peut renouveler un peuple dans ses sources. Déjà celle du Christ rétablissoit toutes les bases morales.

---

1. TACIT., *Ann.*, lib. XIV; SUET., *in Ner. Religionum usquequaque contemptor, præter unius deæ Syriæ. Hanc mox ita sprevit, ut urina contaminaret.*

2. TACIT., *Ann.*, lib. XVI, 5.

3. DIONYS. et IGNAT., *Epist. ap. Eus.*, IV, 23; CHRYS., *Op.*, t. VII, p. 658 et 810, édit. Savil.; PLIN., epist. X; LUCIAN., *in Alexandro*, c. XXV. Pline, dans sa fameuse lettre ici citée, se plaint que les temples sont déserts et qu'on ne trouve plus d'acheteurs pour les victimes sacrées, etc.

Les anciens admettoient l'infanticide et la dissolution du lien du mariage, qui n'est en effet que le premier lien social ; leur probité et leur justice étoient relatives à la patrie : elles ne passoient pas les limites de leurs pays. Les peuples en corps avoient d'autres principes que le citoyen en particulier. La pudeur et l'humanité n'étoient pas mises au rang des vertus. La classe la plus nombreuse étoit esclave ; les sociétés flottoient éternellement entre l'anarchie populaire et le despotisme : voilà les maux auxquels le christianisme apportoit un remède certain, comme il l'a prouvé en délivrant de ces maux les sociétés modernes. L'excès même des premières austérités des chrétiens étoit nécessaire ; il falloit qu'il y eût des martyrs de la chasteté, quand il y avoit des prostitutions publiques ; des pénitents couverts de cendre et de cilice, quand la loi autorisoit les plus grands crimes contre les mœurs ; des héros de la charité, quand il y avoit des monstres de barbarie ; enfin, pour arracher tout un peuple corrompu aux vils combats du cirque et de l'arène, il falloit que la religion eût, pour ainsi dire, ses athlètes et ses spectacles dans les déserts de la Thébaïde.

Jésus-Christ peut donc en toute vérité être appelé, dans le sens matériel, le *Sauveur du monde,* comme il l'est dans le sens spirituel. Son passage sur la terre est, humainement parlant, le plus grand événement qui soit jamais arrivé chez les hommes, puisque c'est à partir de la prédication de l'Évangile que la face du monde a été renouvelée. Le moment de la venue du Fils de l'Homme est bien remarquable : un peu plus tôt, sa morale n'étoit pas absolument nécessaire ; les peuples se soutenoient encore par leurs anciennes lois ; un peu plus tard, ce divin Messie n'eût paru qu'après le naufrage de la société.

Nous nous piquons de philosophie dans ce siècle, mais certes la légèreté avec laquelle nous traitons les institutions chrétiennes n'est rien moins que philosophique. L'Évangile, sous tous les rapports, a changé les hommes ; il leur a fait faire un pas immense vers la perfection. Considérez-le comme une grande institution religieuse en qui la race humaine a été régénérée, alors toutes les petites objections, toutes les chicanes de l'impiété disparoissent. Il est certain que les nations païennes étoient dans une espèce d'enfance morale par rapport à ce que nous sommes aujourd'hui : de beaux traits de justice échappés à quelques peuples anciens ne détruisent pas cette vérité et n'altèrent pas le fond des choses. Le christianisme nous a indubitablement apporté de nouvelles lumières : c'est le culte qui convient à un peuple mûri par le temps ; c'est, si nous osons parler ainsi, la religion naturelle à l'âge présent du monde, comme le règne des figures convenoit au berceau d'Israel. Au ciel elle n'a placé qu'un Dieu ; sur la terre elle a aboli l'esclavage. D'une autre part, si vous regardez ses mystères, ainsi que nous l'avons fait, comme l'archétype des lois de la nature, il n'y aura en cela rien d'affligeant pour un grand esprit : les vérités du christianisme, loin de demander la soumission de la raison, en réclament au contraire l'exercice le plus sublime.

Cette remarque est si juste, la religion chrétienne, qu'on a voulu faire passer pour la religion des barbares, est si bien le culte des philosophes, qu'on peut dire que Platon l'avoit presque devinée. Non-seulement la morale, mais encore la doctrine du disciple de Socrate, a des rapports frappants avec celle de l'Évangile. Dacier la résume ainsi :

« Platon prouve que le Verbe a arrangé et rendu visible cet univers ; que la connoissance de ce Verbe fait mener ici-bas une vie heureuse et procure la félicité après la mort ;

« Que l'âme est immortelle ; que les morts ressusciteront ; qu'il y aura un dernier jugement des bons et des méchants, où l'on ne paroîtra qu'avec ses vertus ou ses vices, qui seront la cause du bonheur ou du malheur éternel.

« Enfin, ajoute le savant traducteur, Platon avoit une idée si grande et si vraie de la souveraine justice, et il connoissoit si parfaitement la corruption des hommes, qu'il a fait voir que si un homme souverainement juste venoit sur la terre, il trouveroit tant d'opposition dans le monde qu'il seroit mis en prison, bafoué, fouetté et enfin CRUCIFIÉ par ceux qui, étant pleins d'injustice, passeroient cependant pour justes [1]. »

Les détracteurs du christianisme sont dans une position dont il leur est difficile de ne pas reconnoître la fausseté : s'ils prétendent que la religion du Christ est un culte formé par des Goths et des Vandales, on leur prouve aisément que les écoles de la Grèce ont eu des notions assez distinctes des dogmes chrétiens ; s'ils soutiennent, au contraire, que la doctrine évangélique n'est que la doctrine *philosophique* des anciens, pourquoi donc ces philosophes la rejettent-ils ? Ceux même qui ne voient dans le christianisme que d'antiques allégories du ciel, des planètes, des signes, etc., ne détruisent pas la grandeur de cette religion : il en résulteroit toujours qu'elle seroit profonde et magnifique dans ses mystères, antique et sacrée dans ses traditions, lesquelles, par cette nouvelle route, iroient encore se perdre au berceau

---

1. DACIER, *Discours sur Platon*, p. 22.

du monde. Chose étrange, sans doute, que toutes les interprétations de l'incrédulité ne puissent parvenir à donner quelque chose de petit ou de médiocre au christianisme !

Quant à la morale évangélique, tout le monde convient de sa beauté ; plus elle sera connue et pratiquée, plus les hommes seront éclairés sur leur bonheur et leurs véritables intérêts. La science politique est extrêmement bornée : le dernier degré de perfection où elle puisse atteindre est le système représentatif, né, comme nous l'avons montré, du christianisme ; mais une *religion* dont les préceptes sont un code de morale et de vertu est une institution qui peut suppléer à tout et devenir, entre les mains des saints et des sages, un moyen universel de félicité. Peut-être un jour les diverses formes de gouvernement, hors le despotisme, paroîtront-elles indifférentes, et l'on s'en tiendra aux simples lois morales et religieuses, qui sont le fond permanent des sociétés et le véritable gouvernement des hommes.

Ceux qui raisonnent sur l'antiquité et qui voudroient nous ramener à ses institutions oublient toujours que l'ordre social n'est plus ni ne peut être le même. Au défaut d'une grande puissance morale, une grande force coercitive est du moins nécessaire parmi les hommes. Dans les républiques de l'antiquité, la foule, comme on le sait, étoit esclave ; l'homme qui laboure la terre appartenoit à un autre homme : il y avoit des *peuples*, il n'y avoit point de *nations*.

Le polythéisme, religion imparfaite de toutes les manières, pouvoit donc convenir à cet état imparfait de la société, parce que chaque maître étoit une espèce de magistrat absolu, dont le despotisme terrible contenoit l'esclavage dans le devoir et suppléoit par des fers à ce qui manquoit à la force morale religieuse : le paganisme, n'ayant pas assez d'excellence pour rendre le pauvre vertueux, étoit obligé de le laisser traiter comme un malfaiteur.

Mais dans l'ordre présent des choses, pourrez-vous réprimer une masse énorme de paysans libres et éloignés de l'œil du magistrat ; pourrez-vous, dans les faubourgs d'une grande capitale, prévenir les crimes d'une populace indépendante sans une religion qui prêche les devoirs et la vertu à toutes les conditions de la vie ? Détruisez le culte évangélique, et il vous faudra dans chaque village une police, des prisons et des bourreaux. Si jamais, par un retour inouï, les autels des dieux passionnés du paganisme se relevoient chez les peuples modernes, si dans un ordre de société où la servitude est abolie on alloit adorer *Mercure le voleur* et *Vénus la prostituée*, c'en seroit fait du genre humain.

Et c'est ici la grande erreur de ceux qui louent le polythéisme d'avoir séparé les forces morales des forces religieuses, et qui blâment en même temps le christianisme d'avoir suivi un système opposé. Ils ne s'aperçoivent pas que le paganisme s'adressoit à un immense troupeau d'esclaves, que par conséquent il devoit craindre d'éclairer la race humaine, qu'il devoit tout donner aux sens et ne rien faire pour l'éducation de l'âme : le christianisme, au contraire, qui vouloit détruire la servitude, dut révéler aux hommes la dignité de leur nature et leur enseigner les dogmes de la raison et de la vertu. On peut dire que le culte évangélique est le culte d'un peuple libre, par cela seul qu'il unit la morale à la religion.

Il est temps enfin de s'effrayer sur l'état où nous avons vécu depuis quelques années. Qu'on songe à la race qui s'élève dans nos villes et dans nos campagnes, à tous ces enfants qui, nés pendant la révolution, n'ont jamais entendu parler ni de Dieu, ni de l'immortalité de leur âme, ni des peines ou des récompenses qui les attendent dans une autre vie ; qu'on songe à ce que peut devenir une pareille génération, si l'on ne se hâte d'appliquer le remède sur la plaie : déjà se manifestent les symptômes les plus alarmants, et l'âge de l'innocence a été souillé de plusieurs crimes[1]. Que la philosophie qui ne peut, après tout, pénétrer chez le pauvre, se contente d'habiter les salons du riche, et qu'elle laisse au moins les chaumières à la religion ; ou plutôt que, mieux dirigée et plus digne de son nom, elle fasse tomber elle-même les barrières qu'elle avoit voulu élever entre l'homme et son créateur.

Appuyons nos dernières conclusions sur des autorités qui ne seront pas suspectes à la philosophie.

« Un peu de philosophie, dit Bacon, éloigne de la religion, et beaucoup de philosophie y ramène ; personne ne nie qu'il y ait un Dieu, si ce n'est celui à qui il importe qu'il n'y en ait point. »

Selon Montesquieu, « dire que la religion n'est pas un motif réprimant parce qu'elle ne réprime pas toujours, c'est dire que les lois civiles ne sont pas un motif réprimant non plus... La question n'est pas de savoir s'il vaudroit mieux qu'un certain homme ou qu'un certain peuple n'eût point de religion que d'abuser de celle qu'il a, mais de savoir quel est le moindre mal que l'on abuse quelquefois de la religion ou qu'il n'y en ait point du tout parmi les hommes[2]. »

---

1. Les papiers publics retentissent des crimes commis par de petits malheureux de onze ou douze ans. Il faut que le danger soit bien grave, puisque les paysans eux-mêmes se plaignent des vices de leurs enfants.

2. MONTESQ., *Esprit des Lois*, liv. XXIV, chap. II.

« L'histoire de Sabbacon, dit l'homme célèbre que nous continuons de citer, est admirable. Le dieu de Thèbes lui apparut en songe, et lui ordonna de faire mourir tous les prêtres de l'Égypte ; il jugea que les dieux n'avoient plus pour agréable qu'il régnât, puisqu'ils lui ordonnoient des choses si contraires à leur volonté ordinaire, et il se retira en Éthiopie[1]. »

« Enfin, s'écrie J.-J. Rousseau, fuyez ceux qui, sous prétexte d'expliquer la nature, sèment dans le cœur des hommes de désolantes doctrines, et dont le scepticisme apparent est cent fois plus affirmatif et plus dogmatique que le ton décidé de leurs adversaires. Sous le hautain prétexte qu'eux seuls sont éclairés, vrais, de bonne foi, ils nous soumettent impérieusement à leurs décisions tranchantes, et prétendent nous donner pour les vrais principes des choses les inintelligibles systèmes qu'ils ont bâtis dans leur imagination. Du reste, renversant, détruisant, foulant aux pieds tout ce que les hommes respectent, ils ôtent aux affligés la dernière consolation de leur misère, aux puissants et aux riches le seul frein de leurs passions ; ils arrachent au fond des cœurs le remords du crime, l'espoir de la vertu, et se vantent encore d'être les bienfaiteurs du genre humain. Jamais, disent-ils, la vérité n'est nuisible aux hommes : je le crois comme eux, et c'est, à mon avis, une grande preuve que ce qu'ils enseignent n'est pas la vérité.

« Un des sophismes les plus familiers au parti philosophiste est d'opposer un peuple supposé de bons philosophes à un peuple de mauvais chrétiens : comme si un peuple de vrais philosophes étoit plus facile à faire qu'un peuple de vrais chrétiens. Je ne sais si, parmi les individus, l'un est plus facile à trouver que l'autre, mais je sais bien que dès qu'il est question du peuple, il en faut supposer qui abuseront de la philosophie sans religion, comme les nôtres abusent de la religion sans philosophie ; et cela me paroît changer beaucoup l'état de la question.

« D'ailleurs, il est aisé d'étaler de belles maximes dans des livres ; mais la question est de savoir si elles tiennent bien à la doctrine, si elles en découlent nécessairement ; et c'est ce qui n'a point paru jusqu'ici. Reste à savoir encore si la philosophie, à son aise et sur le trône, commanderoit bien à la gloriole, à l'intérêt, à l'ambition, aux petites passions de l'homme, et *si elle pratiqueroit cette humanité si douce qu'elle nous vante la plume à la main.*

« PAR LES PRINCIPES, LA PHILOSOPHIE NE PEUT FAIRE AUCUN BIEN QUE LA

---

1. *Id.*, liv. XXIV, chap. IV.

QUATRIÈME PARTIE. 539

RELIGION NE LE FASSE ENCORE MIEUX ; ET LA RELIGION EN FAIT BEAUCOUP
QUE LA PHILOSOPHIE NE SAUROIT FAIRE.

« Nos gouvernements modernes doivent incontestablement au christianisme leur plus solide autorité et leurs révolutions moins fréquentes : il les a rendus eux-mêmes moins sanguinaires ; cela se prouve par le fait, en les comparant aux gouvernements anciens. La religion, mieux connue, écartant le fanatisme, a donné plus de douceur aux mœurs chrétiennes. *Ce changement n'est point l'ouvrage des lettres;* car partout où elles ont brillé l'humanité n'en a pas été plus respectée : les cruautés des Athéniens, des Égyptiens, des empereurs de Rome, des Chinois, en font foi. Que d'œuvres de miséricorde sont l'ouvrage de l'Évangile ! »

Pour nous, nous sommes convaincu que le christianisme sortira triomphant de l'épreuve terrible qui vient de le purifier ; ce qui nous le persuade, c'est qu'il soutient parfaitement l'examen de la raison et que plus on le sonde, plus on y trouve de profondeur. Ses mystères expliquent l'homme et la nature ; ses œuvres appuient ses préceptes ; sa charité, sous mille formes, a remplacé la cruauté des anciens ; il n'a rien perdu des pompes antiques, et son culte satisfait davantage le cœur et la pensée ; nous lui devons tout, lettres, sciences, agriculture, beaux-arts ; il joint la morale à la religion et l'homme à Dieu : Jésus-Christ, sauveur de l'homme moral, l'est encore de l'homme physique ; il est arrivé comme un grand événement heureux pour contrebalancer le déluge des barbares et la corruption générale des mœurs. Quand on nieroit même au christianisme ses preuves surnaturelles, il resteroit encore dans la sublimité de sa morale, dans l'immensité de ses bienfaits, dans la beauté de ses pompes, de quoi prouver suffisamment qu'il est le culte le plus divin et le plus pur que jamais les hommes aient pratiqué.

« A ceux qui ont de la répugnance pour la religion, dit Pascal, il faut commencer par leur montrer qu'elle n'est point contraire à la raison ; ensuite qu'elle est vénérable, et en donner respect ; après, la rendre aimable et faire souhaiter qu'elle fût vraie ; et puis montrer par des preuves incontestables qu'elle est vraie ; faire voir son antiquité et sa sainteté par sa grandeur et son élévation. »

Telle est la route que ce grand homme a tracée, et que nous avons essayé de suivre. Nous n'avons pas employé les arguments ordinaires des apologistes du christianisme, mais un autre enchaînement de preuves nous amène toutefois à la même conclusion ; elle sera la conclusion de cet ouvrage :

Le christianisme est parfait : les hommes sont imparfaits.

Or, une conséquence parfaite ne peut sortir d'un principe imparfait.

Le christianisme n'est donc pas venu des hommes.

S'il n'est pas venu des hommes, il ne peut être venu que de Dieu.

S'il est venu de Dieu, les hommes n'ont pu le connoître que par révélation.

Donc le christianisme est une religion révélée.

FIN DU GÉNIE DU CHRISTIANISME.

NOTES
ET ÉCLAIRCISSEMENTS.

NOTE I, PAGE 8.

L'*Encyclopédie* est un fort mauvais ouvrage; c'est l'opinion de Voltaire lui-même.

« J'ai vu par hasard quelques articles de ceux qui se font, comme moi, les garçons de cette grande boutique : ce sont, pour la plupart, des dissertations sans méthode. On vient d'imprimer dans un journal l'article *Femme,* qu'on tourne horriblement en ridicule. Je ne peux croire que vous ayez souffert un tel article dans un ouvrage si sérieux : *Chloé presse du genou un petit-maître et chiffonne les dentelles d'un autre :* il semble que cet article soit fait pour le laquais de Gil Blas.

« J'ai vu *Enthousiasme*, qui est meilleur, mais on n'a que faire d'un si long discours pour savoir que l'enthousiasme doit être gouverné par la raison. Le lecteur veut savoir d'où vient ce mot, pourquoi les anciens le consacrèrent à la divination, à la poésie, à l'éloquence, au zèle de la superstition; le lecteur veut des exemples de ce transport secret de l'âme appelé enthousiasme; ensuite il est permis de dire que la raison, qui préside à tout, doit aussi conduire ce transport. Enfin, je ne voudrais dans votre *Dictionnaire* que vérité et méthode. Je ne me soucie pas qu'on me donne son avis particulier sur la *comédie;* je veux qu'on m'en apprenne la naissance et les progrès chez chaque nation : voilà ce qui plaît, voilà ce qui instruit. On ne lit point ces petites déclamations dans lesquelles un auteur ne donne que ses propres idées, qui ne sont qu'un sujet de dispute. » *Correspondance de Voltaire et de d'Alembert*, tome Ier, page 19, édit. in-8°, de Beaumarchais. (Lettre du 13 novembre 1756.)

Page 25. « Vous m'encouragez à vous représenter en général qu'on se plaint de la longueur des dissertations vagues et sans méthode que plusieurs personnes vous fournissent pour se faire valoir; il faut songer à l'ouvrage, et non à soi. Pourquoi n'avez-vous pas recommandé une espèce de protocole à ceux qui vous servent : étymologie, définitions, exemples, raison, clarté et brièveté? Je n'ai vu qu'une douzaine d'articles, mais je n'y ai rien trouvé de tout cela. » (22 décembre 1756.)

Page 62. « Je cherche, dans les articles dont vous me chargez, à ne rien dire que de nécessaire, et je crains de n'en pas dire assez; d'un autre côté, je crains de tomber dans la déclamation.

« Il me paroît qu'on vous a donné plusieurs articles remplis de ce défaut; il me revient toujours qu'on s'en plaint beaucoup. Le lecteur ne veut qu'être instruit, et il ne l'est point du tout par les dissertations vagues et puériles, qui pour la plupart renferment des paradoxes, des idées hasardées, dont le contraire est souvent vrai, des phrases ampoulées, des exclamations qu'on siffleroit dans une académie de province. » (29 décembre 1757.)

D'Alembert, dans le discours à la tête du troisième volume de l'*Encyclopédie*, et Diderot, dans le cinquième volume, article *Encyclopédie*, ont fait eux-mêmes la satire la plus amère de leur ouvrage.

NOTE II, PAGE 34.

Il est curieux de rapprocher de ce fragment de l'*Apologie* de saint Justin le tableau des mœurs des chrétiens que l'on trouve dans la fameuse lettre de Pline le jeune à Trajan. Cette lettre, ainsi que la réponse de l'empereur, prouve que l'innocence des chrétiens étoit parfaitement reconnue et que leur *foi* étoit leur seul crime. On y voit aussi la merveilleuse rapidité de la propagation de l'Évangile, puisque dès lors dans une partie de l'empire *les temples étoient presque déserts*. Pline écrivoit cette lettre un an ou deux après la mort de saint Jean l'Évangéliste, et environ quarante ans avant que saint Justin publiât son *Apologie*.

Quoique cette lettre soit extrêmement connue, on a cru qu'il ne seroit pas hors de propos de l'insérer ici.

Pline, proconsul dans la Bithynie et le Pont, à l'empereur Trajan.

« Je me fais une religion, seigneur, de vous exposer mes scrupules; car qui peut mieux me déterminer ou m'instruire? Je n'ai jamais assisté à l'instruction et au jugement du procès d'aucun chrétien : ainsi, je ne sais sur quoi tombe l'information que l'on fait contre eux, ni jusqu'où on doit porter leur punition. J'hésite beaucoup sur la différence des âges. Faut-il les assujettir tous à la peine, sans distinguer les plus jeunes des plus âgés? Doit-on pardonner à celui qui se repent? ou est-il inutile de renoncer au christianisme quand une fois on l'a embrassé? Est-ce le nom seul que l'on punit en eux, ou sont-ce les crimes attachés à ce nom? Cependant, voici la règle que j'ai suivie dans les accusations intentées devant moi contre les chrétiens. Je les ai interrogés s'ils étoient chrétiens : ceux qui l'ont avoué, je les ai interrogés une seconde et une troisième fois, et les ai menacés du supplice. Quand ils ont persisté, je les y ai envoyés; car, de quelque nature que fût ce qu'ils confessoient, j'ai cru que l'on ne pouvoit manquer à punir en eux leur désobéissance et leur invincible opiniâtreté. Il y en a eu d'autres, entêtés de la même folie, que j'ai réservés pour envoyer à Rome, parce qu'ils sont citoyens romains. Dans la suite, ce crime venant à se répandre, comme il arrive ordinairement, il s'en est présenté de plusieurs espèces. On m'a mis entre les mains un mémoire sans nom d'auteur, où l'on accuse d'être chrétiens différentes personnes qui nient de l'être et de l'avoir jamais été. Ils ont, en ma présence, et dans les termes que je leur prescrivois, invoqué les dieux, et offert de l'encens et du vin à votre image, que j'avois fait apporter exprès avec des statues de nos divinités; ils se sont encore emportés en imprécations contre le Christ : c'est à quoi, dit-on, l'on ne peut jamais forcer ceux qui sont véritablement chrétiens. J'ai donc cru qu'il les falloit absoudre. D'autres, déférés par un dénonciateur, ont d'abord reconnus qu'ils étoient chrétiens et aussitôt après ils l'ont nié, déclarant que véritablement ils l'avoient été, mais qu'ils ont cessé de l'être, les uns il y avoit plus de trois ans, les autres depuis un plus grand nombre d'années, quelques-uns depuis plus de vingt. Tous ces gens-là ont adoré votre image et les statues des dieux; tous ont chargé le Christ de malédictions. Ils assuroient que toute leur erreur ou leur faute avoit été renfermée dans ces points : qu'à un jour marqué ils s'assembloient avant le lever du soleil, et chantoient tour à tour des vers à la louange du Christ, comme s'il eût été Dieu; qu'ils s'engageoient par serment, non à quelque crime, mais à ne point commettre le vol ni l'adultère, à ne point manquer à leur promesse, à ne point nier un dépôt; qu'après cela, ils avoient coutume de se séparer, et ensuite de se rassembler pour manger en commun des mets innocents; qu'ils avoient cessé de le faire depuis mon édit, par lequel, selon vos ordres, j'avois défendu toutes sortes d'assemblées. Cela m'a fait juger d'autant plus nécessaire d'arracher la vérité par la force des tourments à des filles esclaves qu'ils disoient être dans le ministère de leur culte, mais je n'y ai découvert qu'une mauvaise superstition portée à l'excès, et par cette raison j'ai tout suspendu pour vous demander vos ordres. L'affaire m'a paru digne de vos réflexions, par la multitude de ceux qui sont enveloppés dans ce péril; car un très-grand nombre de personnes de tout âge, de tout ordre, de tout sexe, sont et seront tous les jours impliquées dans cette accusation. Ce mal contagieux n'a pas seulement infecté les villes, il a gagné les villages et les campagnes. Je crois pourtant que l'on y peut remédier et qu'il peut être arrêté. Ce qu'il y a de certain, c'est que les temples qui étoient presque déserts sont fréquentés, et que les sacrifices longtemps négligés recommencent : on vend partout des victimes qui trouvoient auparavant peu d'acheteurs. De là on peut juger quelle quantité de gens peuvent être ramenés de leur égarement, si l'on fait grâce au repentir. »

L'empereur lui fit cette réponse :

Trajan à Pline

« Vous avez, mon très-cher Pline, suivi la voie que vous deviez dans l'instruction du procès des chrétiens qui vous ont été déférés, car il n'est pas possible d'établir une forme certaine et générale dans cette sorte d'affaire : il ne faut pas en faire perquisition. S'ils sont accusés et convaincus, il les faut punir ; si pourtant l'accusé nie qu'il soit chrétien et qu'il le prouve par sa conduite, je veux dire en invoquant les dieux, il faut pardonner à son repentir, de quelque soupçon qu'il ait été auparavant chargé. Au reste, dans nul genre de crime l'on ne doit recevoir des dénonciations qui ne sont souscrites de personne, car cela est d'un pernicieux exemple et très-éloigné de nos maximes. »

NOTE III, PAGE 35.

On peut encore voir un résultat bien effroyable de l'excès de population à la Chine, où l'on est obligé de jeter pour ainsi dire les enfants aux pourceaux. Plus on examine la question, plus on est porté à croire que Jésus-Christ fit un acte digne du législateur universel, en invitant quelques hommes, par son exemple, à vivre dans la chasteté. Le libertinage a pu sans doute profiter du conseil de saint Paul pour voiler des excès attentatoires à la société, et des esprits superficiels ont pu prendre l'abus pour le défaut du conseil même ; mais de quoi la corruption n'abuse-t-elle pas ? et de quelle institution un génie médiocre, qui n'embrasse pas toutes les parties d'un objet, ne peut-il pas trouver à médire ? D'ailleurs, sans les solitaires chrétiens qui parurent dans le monde trois cents ans après le Messie, que seroient devenus les lettres, les sciences et les arts ? Enfin, les économistes modernes confirment eux-mêmes l'opinion que j'ai avancée, puisqu'ils prétendent (et entre autres Arthur Young) que les grandes propriétés sont plus favorables que les petites à tous les genres de culture, la vigne peut-être exceptée. Or, dans tout pays peu livré au commerce et essentiellement agricole, si la population est excessive, les propriétés seront nécessairement très-divisées, ou bien ce pays sera exposé à d'éternelles révolutions, à moins toutefois que le paysan ne soit esclave comme chez les anciens, ou serf comme en Russie et dans une partie de l'Allemagne.

NOTE IV, PAGE 49.

M. de Ramsay, Écossais, passa de la religion anglicane au socinianisme, de là au pur déisme, et il tomba enfin dans un pyrrhonisme universel. Il vint chercher la vérité auprès de Fénelon, qui le convertit au christianisme et à la religion catholique. C'est M. de Ramsay lui-même qui nous a conservé le précieux entretien dont sa conversion fut le fruit. Nous en citerons la partie dans laquelle Fénelon fixe les bornes *de la raison et de la foi*. Il avoit prouvé à M. de Ramsay l'authenticité des livres saints, et lui avoit montré la beauté de la morale qu'ils contiennent. « Mais, monseigneur, reprit M. de Ramsay (c'est lui-même qui parle), pourquoi trouve-t-on dans la Bible un contraste si choquant de vérités lumineuses et de dogmes obscurs? Je voudrois bien séparer les idées sublimes dont vous venez de me parler d'avec ce que les prêtres appellent *mystères*. » Il me répondit ainsi : « Pourquoi rejeter tant de lumières qui consolent le cœur parce qu'elles sont mêlées d'ombres qui humilient l'esprit? La vraie religion ne doit-elle pas élever et abattre l'homme, lui montrer tout ensemble sa grandeur et sa foiblesse? Vous n'avez pas encore une idée assez étendue du christianisme. Il n'est pas seulement une loi sainte qui purifie le cœur, il est aussi une sagesse mystérieuse qui dompte l'esprit. C'est un sacrifice continuel de tout soi-même en hommage à la souveraine raison. En pratiquant sa *morale*, on renonce aux plaisirs pour l'amour de la beauté suprême. En croyant ses *mystères*, on immole ses idées par respect pour la vérité éternelle. Sans ce double sacrifice des *pensées* et des *passions*, l'holocauste est imparfait, notre victime est défectueuse. C'est par là que l'homme tout entier disparoît et s'évanouit devant l'*Être des êtres*. *Il ne s'agit pas d'examiner s'il est nécessaire que Dieu nous révèle ainsi des mystères pour humilier notre esprit ; il s'agit de savoir s'il en a révélé ou non. S'il a parlé à sa créature, l'obéissance et l'amour sont inséparables. Le christianisme est un fait. Puisque vous ne doutez plus des preuves de ce fait, il ne s'agit plus de choisir ce qu'on croira et ce qu'on ne croira pas.* Toutes les difficultés dont vous avez rassemblé des exemples s'évanouissent dès qu'on a l'esprit guéri de la présomption. Alors on n'a nulle peine à croire qu'il y ait dans la nature divine et dans la conduite de sa providence une profondeur impénétrable à notre foible raison. L'Être infini doit être incompréhensible à la créature. D'un côté, on voit un législateur dont la loi est tout à fait divine, qui prouve sa mission par des faits miraculeux dont on ne sauroit douter par des raisons aussi fortes que celles qu'on a de les croire. D'un autre côté, on trouve plusieurs mystères qui nous choquent. Que faire entre ces deux extrémités embarrassantes d'une révélation claire et d'un obscur incompréhensible? On ne trouve de ressource que dans le sacrifice de l'esprit, et ce sacrifice est une partie du culte dû au souverain Être.

« *Dieu n'a-t-il point des connoissances infinies que nous n'avons point? Quand il en découvre quelques-unes par une voie naturelle, il ne s'agit plus d'examiner le comment de ces mystères, mais la certitude de leur révélation.* Ils nous paroissent incompatibles, sans l'être en effet ; et cette incompatibilité apparente vient de la petitesse de notre esprit, qui n'a pas de connoissances assez étendues pour voir la liaison de nos idées naturelles avec ces vérités surnaturelles. »

NOTE V, page 55.

La Polyglotte d'Antoine Vitré donne, Vulgate : *Ego sum Dominus Deus tuus.*

Septante : Ἐγὼ εἰμὶ Κύριος ὁ Θεὸς σοῦ.

Latin du texte chaldaïque : *Ego Dominus tuus.*

La Polyglotte de Walton porte, Vulgate et Septante, comme ci-dessus.

Latin de la version syriaque : *Ego sum Dominus Deus tuus.*

Version latine interlignée sur l'hébreu : *Et e terra Ægypti eduxi te, qui tuus Dominus Deus ego.*

Latin de l'hébreu samaritain : *Ego sum Dominus Deus tuus.*

Latin de la version arabe : *Ego sum Dominus Deus tuus.*

NOTE VI, page 58.

Les vérités de l'Écriture se retrouvent jusque chez les sauvages du Nouveau-Monde.

« Vous avez pu voir, dit Charlevoix, dans la fable d'Atahensié chassée du ciel, quelques vestiges de l'histoire de la première femme exilée du paradis terrestre, en punition de sa désobéissance, et la tradition du déluge aussi bien que l'arche dans laquelle Noé se sauva avec sa famille. Cette circonstance m'empêche d'adhérer au sentiment du père d'Acosta, qui prétend que cette tradition ne regarde pas le déluge universel, mais un déluge particulier à l'Amérique. En effet, les Algonquins et presque tous les peuples qui parlent leur langue, supposant la création du premier homme, disent que sa postérité ayant péri presque tout entière par une inondation générale, un nommé *Messou* (d'autres l'appellent *Saketchack*), qui vit toute la terre abîmée sous les eaux par le débordement d'un lac, envoya un corbeau au fond de cet abîme pour lui en rapporter de la terre; que ce corbeau ayant mal fait sa commission, il y envoya un rat musqué, qui y réussit mieux; que de ce peu de terre que l'animal lui avoit apporté, il rétablit le monde dans son premier état; qu'il tira des flèches contre les troncs des arbres qui paroissoient encore, et que ces flèches se changèrent en branches; qu'il fit plusieurs autres merveilles, et que, par reconnoissance du service que lui avoit rendu le rat musqué, il épousa une femelle de son espèce, dont il eut des enfants qui repeuplèrent le monde; qu'il avoit communiqué son immortalité à un certain sauvage, et la lui avoit donnée dans un petit paquet, en lui défendant de l'ouvrir, sous peine de perdre un don si précieux. »

Le père Bouchet, dans sa lettre à l'évêque d'Avranches, donne les détails les plus curieux sur les rapports des fables indiennes avec les principales vérités de notre religion et les traditions de l'Écriture : les *Mémoires de la Société angloise* de Calcutta confirment tout ce que dit ici le savant missionnaire françois :

« La plupart des Indiens assurent que ce grand nombre de divinités qu'ils adorent aujourd'hui ne sont que des dieux subalternes et soumis au souverain Être, qui est également le Seigneur des dieux et des hommes. Ce grand Dieu, disent-ils, est infiniment élevé au-dessus de tous les êtres, et cette distance infinie empêchoit qu'il eût aucun commerce avec de foibles créatures. Quelle proportion en effet, continuent-ils, entre un être infiniment parfait et des êtres créés, remplis comme nous d'imperfections et de foiblesse? C'est pour cela même, selon eux, que *Parabaravastou* (c'est le *Dieu suprême*) a créé trois dieux inférieurs, savoir : *Bruma*, *Wishnou* et *Routren*. Il a donné au premier la puissance de créer, au second le pouvoir de conserver, et au troisième le droit de détruire.

« Mais ces trois dieux qu'adorent les Indiens sont, au sentiment de leurs savants, les enfants d'une femme qu'ils appellent *Parachatti*, c'est-à-dire la *Puissance suprême*. Si l'on réduisoit cette fable à ce qu'elle étoit dans son origine, on y découvriroit aisément la vérité, tout obscurcie qu'elle est par les idées ridicules que l'esprit de mensonge y a ajoutées.

« Les premiers Indiens ne vouloient dire autre chose, sinon que tout ce qui se fait dans le monde, soit par la création qu'ils attribuent à *Bruma*, soit par la conservation qui est le partage de *Wishnou*, soit enfin par les différents changements qui sont l'ouvrage de *Routren*, vient uniquement de la puissance absolue du *Parabaravastou*, ou du Dieu suprême. Ces esprits charnels ont fait ensuite une femme de leur *Parachatti*, et lui ont donné trois enfants, qui ne sont que les principaux effets de la toute-puissance. En effet *chatti*, en langue indienne, signifie puissance, et *para*, suprême ou absolue.

« Cette idée qu'ont les Indiens d'un être infiniment supérieur aux autres divinités marque au moins que leurs anciens n'adoroient effectivement qu'un Dieu, et que le *polythéisme* ne s'est introduit parmi eux que de la manière dont il s'est répandu dans tous les pays idolâtres.

« Je ne prétends pas, monseigneur, que cette première connoissance prouve d'une manière bien évidente le commerce des Indiens avec les Égyptiens ou avec les Juifs. Je sais que sans un tel secours l'auteur de la nature a gravé cette vérité fondamentale dans l'esprit de tous les hommes, et qu'elle ne s'altère chez eux que par le déréglement et la corruption de leur cœur. C'est pour la même raison que je ne vous dis rien de ce que les Indiens ont pensé sur l'immortalité de nos âmes et sur plusieurs autres vérités semblables.

« Je m'imagine cependant que vous ne serez pas fâché de savoir comment nos Indiens trouvent expliquée, dans leurs auteurs, la ressemblance de l'homme avec le souverain Être. Voici ce qu'un savant brahme m'a assuré avoir tiré sur ce sujet d'un de leurs plus anciens livres. Imaginez-vous, dit cet auteur, un million de grands vases tous remplis d'eau, sur lesquels le soleil répand les rayons de sa lumière : ce bel astre, quoique unique, se multiplie en quelque sorte et se peint tout entier en un moment dans chacun de ces vases; on en voit partout une image très-ressemblante. Nos corps sont ces vases remplis d'eau; le soleil est la figure du souverain Être, et l'image du soleil, peinte dans chacun de ces vases, nous représente assez naturellement notre âme créée à la ressemblance de Dieu même.

« Je passe, monseigneur, à quelques traits plus marqués et plus propres à satisfaire un discernement aussi exquis que le vôtre : trouvez bon que je vous raconte ici simplement les choses telles que je les ai apprises; il me seroit fort inutile, en écrivant à un aussi savant prélat que vous, d'y mêler des réflexions particulières.

« Les Indiens, comme j'ai eu l'honneur de vous le dire, croient que *Bruma* est celui des trois dieux subalternes qui a reçu du Dieu suprême la puissance de créer. Ce fut donc *Bruma* qui créa le premier homme; mais ce qui fait à mon sujet, c'est que *Bruma* forma l'homme du limon de la terre encore toute récente. Il eut, à la vérité, quelque peine à finir son ouvrage : il y revint à plusieurs fois, et ce ne fut qu'à la troisième tentative que ses mesures se trouvèrent justes.

La fable a ajouté cette dernière circonstance à la vérité; et il n'est pas surprenant qu'un Dieu du second ordre ait eu besoin d'apprentissage pour créer l'homme dans la parfaite proportion de toutes les parties où nous le voyons. Mais si les Indiens s'en étoient tenus à ce que la nature et probablement le commerce des Juifs leur avoient enseigné de l'unité de Dieu, ils se seroient aussi contentés de ce qu'ils avoient appris par la même voie de la création de l'homme. Ils se seroient bornés à dire, comme ils font après l'Écriture Sainte, que l'homme fut formé du limon de la terre tout nouvellement sortie des mains du Créateur.

« Ce n'est pas tout, monseigneur, l'homme une fois créé par *Bruma*, avec la peine dont je vous ai parlé, le nouveau créateur fut d'autant plus charmé de sa créature, qu'elle lui avoit plus coûté à perfectionner. Il s'agit maintenant de la placer dans une habitation digne d'elle.

« L'Écriture est magnifique dans la description qu'elle nous fait du paradis terrestre. Les Indiens ne le sont guère moins dans les peintures qu'ils nous tracent de leur *Chorcam* : c'est selon eux un jardin de délices, où tous les fruits se trouvent en abondance; on y voit même un arbre dont les fruits communiqueroient l'immortalité s'il étoit permis d'en manger. Il seroit bien étrange que des gens qui n'auroient jamais entendu parler du paradis terrestre en eussent fait sans le savoir une peinture si ressemblante.

« Ce qu'il y a de merveilleux, monseigneur, c'est que les dieux inférieurs, qui dès la création du monde se multiplièrent à l'infini, n'avoient pas ou du moins n'étoient pas sûrs d'avoir le privilége de l'immortalité, dont ils se seroient cependant fort accommodés. Voici une histoire que les Indiens racontent à cette occasion. Cette histoire, toute fabuleuse qu'elle est, n'a point

ET ÉCLAIRCISSEMENTS. 549

assurément d'autre origine que la doctrine des Hébreux, et peut-être même celle des chrétiens.

« Les dieux, disent nos Indiens, tentèrent toutes sortes de voies pour parvenir à l'immortalité. A force de chercher, ils s'avisèrent d'avoir recours à l'arbre de vie qui étoit dans le *Chorcam*. Ce moyen leur réussit, et en mangeant de temps en temps des fruits de cet arbre, ils se conservèrent le précieux trésor qu'ils ont tant d'intérêt de ne pas perdre. Un fameux serpent, nommé *Cheien*, s'aperçut que l'arbre de vie avoit été découvert par les dieux du second ordre; comme apparemment on avoit confié à ses soins la garde de cet arbre, il conçut une si grande colère de la surprise qu'on lui avoit faite, qu'il répandit sur-le-champ une grande quantité de poison : toute la terre s'en ressentit, et pas un homme ne devoit échapper aux atteintes de ce poison mortel. Mais le dieu *Chiven* eut pitié de la nature humaine : il parut sous la forme d'un homme, et avala sans façon tout le venin dont le malicieux serpent avoit infecté l'univers.

« Vous voyez, monseigneur, qu'à mesure que nous avançons les choses s'éclaircissent toujours un peu. Ayez la patience d'écouter une nouvelle fable que je vais vous raconter; car certainement je me tromperois si je m'engageois à vous dire quelque chose de plus sérieux : vous n'aurez pas de peine à y démêler l'histoire du déluge et les principales circonstances que nous en rapporte l'Écriture.

« Le dieu *Routren* (c'est le grand destructeur des êtres créés) prit un jour la résolution de noyer tous les hommes, dont il prétendoit avoir lieu de n'être pas content. Son dessein ne put être si secret qu'il ne fût pressenti par *Wishnou*, conservateur des créatures. Vous verrez, monseigneur, qu'elles lui eurent dans cette rencontre une obligation bien essentielle. Il découvrit donc précisément le jour auquel le déluge devoit arriver. Son pouvoir ne s'étendoit pas jusqu'à suspendre l'exécution des projets du dieu *Routren*, mais aussi sa qualité de dieu conservateur des choses créées lui donnoit droit d'en empêcher, s'il y avoit moyen, l'effet le plus pernicieux; et voici la manière dont il s'y prit :

« Il apparut un jour à *Sattiavarti*, son grand confident, et l'avertit en secret qu'il y auroit bientôt un déluge universel, que la terre seroit inondée et que *Routren* ne prétendoit rien moins que d'y faire périr tous les hommes et tous les animaux; il l'assura cependant qu'il n'y avoit rien à craindre pour lui, et qu'en dépit de *Routren* il trouveroit bien moyen de le conserver et de se ménager à soi-même ce qui lui seroit nécessaire pour repeupler le monde. Son dessein étoit de faire paroître une barque merveilleuse au moment que *Routren* s'y attendroit le moins, d'y enfermer une bonne provision d'au moins huit cent quarante millions d'âmes et de semences d'êtres. Il falloit au reste que *Sattiavarti* se trouvât au temps du déluge sur une certaine montagne fort haute, qu'il eut soin de lui faire bien reconnoître. Quelque temps après, *Sattiavarti*, comme on le lui avoit prédit, aperçut une multitude infinie de nuages qui s'assembloient : il vit avec tranquillité l'orage se former sur la tête des hommes coupables; il tomba du ciel la plus horrible pluie qu'on vit jamais. Les rivières s'enflèrent et se répandirent avec rapidité sur toute la surface de la terre; la mer franchit ses bornes, et, se mêlant avec les fleuves débordés, couvrit en peu de temps les montagnes les plus élevées : arbres, animaux, hommes, villes, royaumes, tout fut submergé; tous les êtres animés périrent et furent détruits.

Cependant *Sattiavarti*, avec quelques-uns de ses pénitents, s'étoit retiré sur la montagne; il y attendoit le secours dont le dieu l'avoit assuré : il ne laissa pas d'avoir quelques moments de frayeur. L'eau, qui prenoit toujours de nouvelles forces et qui s'approchoit insensiblement de sa retraite, lui donnoit de temps en temps de terribles alarmes; mais dans l'instant qu'il se croyoit perdu, il vit paroître la barque qui devoit le sauver. Il y entra incontinent avec les dévots de sa suite : les huit cent quarante millions d'âmes et de semences d'êtres s'y trouvèrent renfermés.

« La difficulté étoit de conduire la barque et de la contenir contre l'impétuosité des flots, qui étoient dans une furieuse agitation. Le dieu *Wishnou* eut soin d'y pourvoir, car sur-le-champ il se fit poisson, et il se servit de sa queue comme d'un gouvernail pour diriger le vaisseau. Le dieu poisson et pilote fit une manœuvre si habile, que *Sattiavarti* attendit fort en repos dans son asile que les eaux s'écoulassent de dessus la surface de la terre.

« La chose est claire, comme vous voyez, monseigneur, et il ne faut pas être bien pénétrant pour apercevoir dans ce récit, mêlé de fables et des plus bizarres imaginations, ce que les livres sacrés nous apprennent du déluge, de l'arche et de la conservation de Noé avec sa famille.

« Nos Indiens n'en sont pas demeurés là, et, après avoir défiguré Noé sous le nom de *Sattiavarti*, ils pourroient bien avoir mis sur le compte de *Bruma* les aventures les plus singulières de l'histoire d'Abrahám. En voici quelques traits, monseigneur, qui me paroissent fort ressemblants.

« La conformité du nom pourroit d'abord appuyer mes conjectures : il est visible que de *Bruma* à Abraham il n'y a pas beaucoup de chemin à faire, et il seroit à souhaiter que nos savants en matière d'étymologies n'en eussent point adopté de moins raisonnables et de plus forcées.

« Ce *Bruma*, dont le nom est si semblable à celui d'Abraham, étoit marié à une femme que tous les Indiens nomment *Sarasvadi*. Vous jugerez, monseigneur, du poids que le nom de cette femme ajoute à ma première conjecture. Les deux dernières syllabes du mot *Sarasvadi* sont dans la langue indienne une terminaison honorifique : ainsi *vadi* répond assez bien à notre mot françois *madame*. Cette terminaison se trouve dans plusieurs noms de femmes distinguées, par exemple dans celui de *Parvadi*, femme de *Routren* : il est dès lors évident que les deux premières syllabes du mot *Sarasvadi*, qui font proprement le nom tout entier de la femme de *Bruma*, se réduisent à *Sara*, qui est le nom de *Sara*, femme d'Abraham.

« Il y a cependant quelque chose de plus singulier : *Bruma*, chez les Indiens, comme Abraham chez les Juifs, a été le chef de plusieurs *castes* ou tribus différentes. Les deux peuples se rencontrent même fort juste sur le nombre de ces tribus. A *Tichirapali*, où est maintenant le plus fameux temple de l'Inde, on célèbre tous les ans une fête dans laquelle un vénérable vieillard mène devant soi douze enfants qui représentent, disent les Indiens, les douze chefs des principales castes. Il est vrai que quelques docteurs croient que ce vieillard tient dans cette cérémonie la place de *Wishnou;* mais ce n'est pas l'opinion commune des savants ni du peuple, qui disent communément que *Bruma* est le chef de toutes les tribus.

« Quoi qu'il en soit, monseigneur, je ne crois pas que pour reconnoître dans la doctrine des Indiens celle des anciens Hébreux il soit nécessaire que tout se rencontre parfaitement conforme de part et d'autre. Les Indiens partagent souvent à différentes personnes ce que l'Écriture nous raconte d'une seule, ou bien rassemblent dans une seule ce que l'Écriture divise dans plusieurs; mais cette différence, loin de détruire nos conjectures, doit servir, ce me semble, à les appuyer, et je crois qu'une ressemblance trop affectée ne seroit bonne qu'à les rendre suspectes.

« Cela supposé, monseigneur, je continue à vous raconter ce que les Indiens ont tiré de l'histoire d'Abraham, soit qu'ils l'attribuent à *Bruma,* soit qu'ils en fassent honneur à quelque autre de leurs dieux ou de leurs héros.

« Les Indiens honorent la mémoire d'un de leurs pénitents qui, comme le patriarche Abraham, se mit en devoir de sacrifier son fils à un des dieux du pays. Ce dieu lui avoit demandé cette victime, mais il se contenta de la bonne volonté du père, et ne souffrit pas qu'il en vînt jusqu'à l'exécution. Il y en a pourtant qui disent que l'enfant fut mis à mort, mais que ce dieu le ressuscita.

« J'ai trouvé une coutume qui m'a surpris dans une des castes qui sont aux Indes : c'est celle qu'on nomme la caste des voleurs. N'allez pas croire, monseigneur, que parce qu'il y a parmi ces peuples une tribu entière de voleurs tous ceux qui font cet *honorable* métier soient rassemblés dans un corps particulier, et qu'ils aient pour voler un privilége à l'exclusion de tout autre : cela veut dire seulement que tous les Indiens de cette caste volent effectivement avec une extrême licence ; mais, par malheur, ils ne sont pas les seuls dont il faille se défier.

« Après cet éclaircissement, qui m'a paru nécessaire, je reviens à mon histoire. J'ai donc trouvé que dans une caste on garde la cérémonie de la circoncision ; mais elle ne se fait pas dès l'enfance, c'est environ à l'âge de vingt ans; tous même n'y sont pas sujets, et il n'y a que les principaux de la caste qui s'y soumettent : cet usage est fort ancien, et il seroit difficile de découvrir d'où leur est venue cette coutume, au milieu d'un peuple entièrement idolâtre.

« Vous avez vu, monseigneur, l'histoire du déluge et de Noë dans *Wishnou* et dans *Sattiavârti;* celle d'Abraham dans *Bruma* et dans *Wishnou;* vous verrez encore avec plaisir celle de Moïse dans les mêmes dieux, et je suis persuadé que vous la trouverez encore moins altérée que les précédentes.

« Rien ne me paraît plus ressemblant à Moïse que le *Wishnou* des Indiens, métamorphosé en *Crichnen,* car d'abord *crichnen,* en langue indienne, signifie *noir:* c'est pour faire entendre que *Crichnen* est venu d'un pays où les habitants sont de cette couleur. Les Indiens ajoutent qu'un des plus proches parents de *Crichnen* fut exposé, dès son enfance, dans un petit berceau sur une grande rivière, où il fut dans un danger évident de périr : on l'en tira, et comme c'étoit un fort bel enfant, on l'apporta à une grande princesse, qui le fit nourrir avec soin, et qui se chargea ensuite de son éducation.

« Je ne sais pourquoi les Indiens se sont avisés d'appliquer cet événement à un des parents de *Crichnen* plutôt qu'à *Crichnen* même. Que faire à cela, monseigneur? Il faut bien vous dire les choses telles qu'elles sont; et pour rendre les aventures plus ressemblantes je n'irai pas vous déguiser la vérité. Ce ne fut donc point *Crichnen*, mais un de ses parents, qui fut élevé au palais d'une grande princesse : en cela la comparaison avec Moïse se trouve défectueuse; voici de quoi réparer un peu ce défaut.

« Dès que *Crichnen* fut né, on l'exposa aussi sur un grand fleuve, afin de le soustraire à la colère du roi, qui attendoit le moment de sa naissance pour le faire mourir : le fleuve s'entr'ouvrit par respect, et ne voulut pas incommoder de ses eaux un dépôt si précieux. On retira l'enfant de cet endroit périlleux, et il fut élevé parmi des bergers; il se maria dans la suite avec les filles de ces bergers, et il garda longtemps les troupeaux de ses beaux-pères. Il se distingua bientôt parmi tous ses compagnons, qui le choisirent pour leur chef. Il fit alors des choses merveilleuses en faveur des troupeaux et de ceux qui les gardoient : il fit mourir le roi qui leur avoit déclaré une cruelle guerre; il fut poursuivi par ses ennemis, et comme il ne se trouva pas en état de résister, il se retira vers la mer; elle lui ouvrit un chemin à travers son sein, dans lequel elle enveloppa ceux qui le poursuivoient : ce fut par ce moyen qu'il échappa aux tourments qu'on lui préparoit.

« Qui pourroit douter après cela, monseigneur, que les Indiens n'aient connu Moïse sous le nom de *Wishnou* métamorphosé en *Crichnen*? Mais à la connoissance de ce fameux conducteur du peuple de Dieu ils ont joint celle de plusieurs coutumes qu'il a décrites dans ses livres et plusieurs lois qu'il a publiées et dont l'observation s'est conservée après lui.

« Parmi ces coutumes, que les Indiens ne peuvent avoir tirées que des Juifs, et qui persévèrent encore aujourd'hui dans le pays, je compte, monseigneur, les bains fréquents, les purifications, une horreur extrême pour les cadavres, par l'attouchement desquels ils se croient souillés, l'ordre différent et la distinction des castes, la loi inviolable qui défend les mariages hors de sa tribu ou de sa caste particulière. Je ne finirois point, monseigneur, si je voulois épuiser ce détail : je m'attache à quelques remarques qui ne sont pas tout à fait si communes dans les livres des savants.

« J'ai connu un brahme très-habile parmi les Indiens, qui m'a raconté l'histoire suivante, dont il ne comprenoit pas lui-même le sens tandis qu'il est demeuré dans les ténèbres de l'idolâtrie. Les Indiens font un sacrifice nommé *ekiam* (c'est le plus célèbre de tous ceux qui se font aux Indes) : on y sacrifie un mouton; on y récite une espèce de prière dans laquelle on dit à haute voix ces paroles : *Quand sera-ce que le Sauveur naîtra? Quand sera-ce que le Rédempteur paroîtra?*

« Ce sacrifice d'un mouton me paroît avoir beaucoup de rapport avec celui de l'agneau pascal; car il faut remarquer sur cela, monseigneur, que comme les Juifs étoient tous obligés de manger leur part de la victime, aussi les brahmes, quoiqu'ils ne puissent manger de viande, sont cependant dispensés de leur abstinence au jour du sacrifice de l'*ekiam*, et sont obligés par la loi de manger du mouton qu'on immole et que les brahmes partagent entre eux.

« Plusieurs Indiens adorent le feu : leurs dieux mêmes ont immolé des victimes à cet élément : il y a un précepte particulier pour le sacrifice d'*Oman*, par lequel il est ordonné de conserver toujours le feu et de ne le laisser jamais éteindre : celui qui assiste à l'*Ekiam* doit tous les matins et tous les soirs mettre du bois au feu pour l'entretenir. Ce soin scrupuleux répond assez juste au commandement porté dans le Lévitique, cap. vi, v. 12 et 13 : *Ignis in altare semper ardebit, quem nutriet sacerdos, subjiciens ligna mane per singulos dies.* Les Indiens ont fait quelque chose de plus en considération du feu : ils se précipitent eux-mêmes au milieu des flammes. Vous jugerez comme moi, monseigneur, qu'ils auroient beaucoup mieux fait de ne point ajouter cette cruelle cérémonie à ce que les Juifs leur avoient appris sur cette matière.

Les Indiens ont encore une fort grande idée des serpents : ils croient que ces animaux ont quelque chose de divin et que leur vue porte bonheur. Ainsi plusieurs adorent les serpents et leur rendent les plus profonds respects; mais ces animaux, peu reconnoissants, ne laissent pas de mordre cruellement leurs adorateurs. Si le serpent d'airain que Moïse montra au peuple de Dieu, et qui guérissoit par sa seule vue, eût été aussi cruel que les serpents animés des Indes, je doute fort que les Juifs eussent jamais été tentés de l'adorer.

« Ajoutons enfin, monseigneur, la charité que les Indiens ont pour leurs esclaves : ils les traitent presque comme leurs propres enfants; ils ont grand soin de les bien élever; ils les pourvoient de tout libéralement; rien ne leur manque, soit pour leur vêtement, soit pour la nourriture; ils les marient, et presque toujours ils leur rendent la liberté. Ne semble-t-il pas que ce soit aux Indiens, comme aux Israélites, que Moïse ait adressé sur cet article les préceptes que nous lisons dans le Lévitique?

« Quelle apparence y a-t-il donc, monseigneur, que les Indiens n'aient pas eu autrefois quelque connoissance de la loi de Moïse? Ce qu'ils disent encore de leur loi et de *Bruma*, leur législateur, détruit, ce me semble, d'une manière évidente, ce qui pourroit rester de doute sur cette matière.

« *Bruma* a donné la loi aux hommes. C'est ce *Vedam* ou *Livre de la loi* que les Indiens regardent comme infaillible : c'est, selon eux, la pure parole de Dieu dictée par l'*Abadam*, c'est-à-dire par celui qui ne peut se tromper et qui dit essentiellement la vérité. Le *Vedam*, ou la loi des Indiens, est divisé en quatre parties, mais, au sentiment de plusieurs doctes Indiens, il y en avoit anciennement une cinquième, qui a péri par l'injure des temps et qu'il a été impossible de recouvrer.

« Les Indiens ont une estime inconcevable pour la loi qu'ils ont reçue de leur *Bruma*. Le profond respect avec lequel ils l'entendent prononcer, le choix des personnes propres à en faire la lecture, les préparatifs qu'on y doit apporter, cent autres circonstances semblables, sont parfaitement conformes à ce que nous savons des Juifs par rapport à la loi sainte et à Moïse, qui la leur a annoncée.

« Le malheur est, monseigneur, que le respect des Indiens pour la loi va jusqu'à nous en faire un mystère impénétrable; j'en ai cependant assez appris par quelques docteurs pour vous faire voir que les livres de la loi du prétendu *Bruma* sont une imitation du Pentateuque de Moïse.

« La première partie du *Vedam*, qu'ils appellent *Irroucouvedam*, traite de la première cause et de la manière dont le monde a été créé. Ce qu'ils m'en ont dit de plus singulier par rapport à notre sujet, c'est qu'au commencement il n'y avoit que Dieu et l'eau, et que Dieu étoit porté sur les eaux. La ressemblance de ce trait avec le premier chapitre de la Genèse n'est pas difficile à remarquer.

« J'ai appris de plusieurs brahmes que dans le troisième livre, qu'ils nomment *Samavedam*, il y a quantité de préceptes de morale. Cet enseignement a paru avoir beaucoup de rapport avec les préceptes moraux répandus dans l'Exode.

« Le quatrième livre, qu'ils appellent *Adaranavedam*, contient les différents sacrifices qu'on doit offrir, les qualités requises dans les victimes, la manière de bâtir les temples et les diverses fêtes que l'on doit célébrer. Ce peut être là, sans trop deviner, une idée prise sur les livres du Lévitique et du Deutéronome.

« Enfin, monseigneur, de peur qu'il ne manque quelque chose au parallèle, comme ce fut sur la fameuse montagne de Sinaï que Moïse reçut la loi, ce fut aussi sur la célèbre montagne de *Mahamerou* que *Bruma* se trouva avec le *Vedam* des Indiens. Cette montagne des Indes est celle que les Grecs ont appelée *Meros*, où ils disent que Bacchus est né, et qui a été le séjour des dieux. Les Indiens disent encore aujourd'hui que cette montagne est l'endroit où sont placés leurs *Chorcams* ou les différents paradis qu'ils reconnoissent.

« N'est-il pas juste, monseigneur, qu'après avoir parlé assez longtemps de Moïse et de la loi, nous disions aussi quelques mots de Marie, sœur de ce grand prophète? Je me trompe beaucoup, ou son histoire n'a pas été tout à fait inconnue à nos Indiens.

« L'Écriture nous dit de Marie qu'après le passage miraculeux de la mer Rouge elle assembla les femmes israélites, elle prit des instruments de musique et se mit à danser avec ses compagnes et à chanter les louanges du Tout-Puissant. Voici un trait assez semblable que les Indiens racontent de leur fameuse *Lakcoumi*. Cette femme, aussi bien que Marie sœur de Moïse, sortit de la mer par une espèce de miracle. Elle ne fut pas plus tôt échappée au danger où elle avoit été de périr, qu'elle fit un bal magnifique, dans lequel tous les dieux et toutes les déesses dansèrent au son des instruments.

« Il me seroit aisé, monseigneur, en quittant les livres de Moïse, de parcourir les autres livres historiques de l'Écriture et de trouver dans la tradition de nos Indiens de quoi continuer ma comparaison ; mais je craindrois qu'une trop grande exactitude ne vous fatiguât : je me contenterai de vous raconter encore une ou deux histoires qui m'ont le plus frappé et qui font le plus à mon sujet.

« La première qui se présente à moi est celle que les Indiens débitent sous le nom d'*Arichandiren*. C'est un roi de l'Inde fort ancien, et qui, au nom et à quelques circonstances près, est, à le bien prendre, le Job de l'Écriture.

« Les dieux se réunirent un jour dans leur *Chorcam*, ou, si nous l'aimons mieux, dans le paradis des délices. *Devendiren*, le dieu de la gloire, présidoit à cette illustre assemblée : il s'y trouva une foule de dieux et de déesses ; les plus fameux pénitents y eurent aussi leur place, et surtout les sept principaux anachorètes.

« Après quelques discours indifférents, on proposa cette question : Si parmi les hommes il se trouve un prince sans défaut. Presque tous soutinrent qu'il n'y en avoit pas un seul qui ne fût sujet à de grands vices, et *Vichouva-Moutren* se mit à la tête de ce parti : mais le célèbre *Vachichten* prit un sentiment contraire, et soutint fortement que le roi *Arichandiren*, son disciple, étoit un prince parfait. *Vichouva-Moutren*, qui, du génie impérieux dont il est, n'aime pas à se voir contredit, se mit en grande colère, et assura les dieux qu'il sauroit bien leur faire connoître les défauts de ce prétendu prince parfait, si on vouloit le lui abandonner.

« Le défi fut accepté par *Vachichten*, et l'on convint que celui des deux qui auroit le dessous céderoit à l'autre tous les mérites qu'il avoit pu acquérir par une longue pénitence. Le pauvre roi *Arichandiren* fut la victime de cette dispute. *Vichouva-Moutren* le mit à toutes sortes d'épreuves : il le réduisit à la plus extrême pauvreté ; il le dépouilla de son royaume ; il fit périr le seul fils qu'il eût ; il lui enleva sa femme *Chandirandi*.

« Malgré tant de digrâces, le prince se soutint toujours dans la pratique de la vertu avec une égalité d'âme dont n'auroient pas été capables les dieux mêmes qui l'éprouvoient avec si peu de ménagements : aussi l'en récompensèrent-ils avec la plus grande magnificence. Les dieux l'embrassèrent l'un après l'autre ; il n'y eut pas jusqu'aux déesses qui lui firent leurs compliments. On lui rendit sa femme et on ressuscita son fils. Ainsi *Vichouva-Moutren* céda, suivant la convention, tous ses mérites à *Vachichten*, qui en fit présent au roi *Arichandiren* ; et le vaincu alla, fort à regret, recommencer une longue pénitence pour faire, s'il y avoit moyen, bonne provision de nouveaux mérites.

« La seconde histoire qui me reste à vous raconter, monseigneur, a quelque chose de plus funeste, et ressemble encore mieux à un trait de l'histoire de Samson que la fable d'*Arichandiren* ne ressemble à l'histoire de Job.

« Les Indiens assurent donc que leur dieu *Ramen* entreprit un jour de conquérir Ceylan, et voici le stratagème dont ce conquérant, tout dieu qu'il étoit, jugea à propos de se servir. Il leva une armée de singes, et leur donna pour général un singe distingué, qu'ils nomment *Anouman;* il lui fit envelopper la queue de plusieurs pièces de toile, sur lesquelles on versa de grands vases d'huile; on y mit le feu, et ce singe courant par les campagnes, au milieu des blés, des bois, des bourgades et des villes, porta l'incendie partout : il brûla tout ce qui se trouva sur sa route et réduisit en cendres l'île presque tout entière. Après une telle expédition, la conquête n'en devoit pas être fort difficile, et il n'étoit pas nécessaire d'être un dieu bien puissant pour en venir à bout.

« Je me suis peut-être trop arrêté, monseigneur, sur la conformité de la doctrine des Indiens avec celle du peuple de Dieu; j'en serai quitte pour abréger un peu ce qui me resteroit à vous dire sur un second point que j'étois résolu de soumettre, comme le premier, à vos lumières et à votre pénétration; je me bornerai à quelques réflexions assez courtes, qui me persuadent que les Indiens les plus avancés dans les terres ont eu, dès les premiers temps de l'Église, la connoissance de la religion chrétienne, et qu'eux aussi bien que les habitants de la côte ont reçu les instructions de saint Thomas et des premiers disciples des apôtres.

« Je commence par l'idée confuse que les Indiens conservent encore de l'adorable Trinité qui leur fut autrefois prêchée. Je vous ai parlé, monseigneur, des trois principaux dieux des Indiens, *Bruma*, *Wishnou* et *Routren*. La plupart des gentils disent, à la vérité, que ce sont trois divinités différentes et effectivement séparées. Mais plusieurs *nianigneuls*, ou hommes spirituels, assurent que ces trois dieux, séparés en apparence, ne font réellement qu'un seul dieu : que ce dieu s'appelle *Bruma* lorsqu'il crée et qu'il exerce sa toute-puissance; qu'il s'appelle *Wishnou* lorsqu'il conserve les êtres créés et qu'il donne les marques de sa bonté, et qu'enfin il prend le nom de *Routren* lorsqu'il détruit les villes, qu'il châtie les coupables et qu'il fait sentir les effets de sa juste colère.

« Il n'y a que quelques années qu'un brahme expliquoit ainsi ce qu'il concevoit de la fameuse Trinité des païens. Il faut, disoit-il, se représenter Dieu et ses trois noms différents qui répondent à ses trois principaux attributs, à peu près sous l'idée de ces piramydes triangulaires qu'on voit élevées devant la porte de quelques temples.

« Vous jugez bien, monseigneur, que je ne prétends pas vous dire que cette imagination des Indiens réponde fort juste à la vérité que les chrétiens reconnoissent; mais au moins fait-elle comprendre qu'ils ont eu autrefois des lumières plus pures, et qu'elles se sont obscurcies par la difficulté que renferme un mystère si fort au-dessus de la foible raison des hommes.

« Les fables ont encore plus de part dans ce qui regarde le mystère de l'incarnation, mais, du reste, tous les Indiens conviennent que Dieu s'est incarné plusieurs fois. Presque tous s'accordent à attribuer ces incarnations à *Wishnou*, le second dieu de leur Trinité. Et jamais ce dieu ne s'est incarné, selon eux, qu'en qualité de sauveur et de libérateur des hommes.

« J'abrège, comme vous le voyez, monseigneur, autant qu'il m'est possible, et je passe à ce qui regarde nos sacrements. Les Indiens disent que le bain pris dans certaines rivières efface entièrement les péchés, et que cette eau mystérieuse lave non-seulement les corps, mais purifie aussi les âmes d'une manière admirable. Ne seroit-ce point là un reste de l'idée qu'on leur auroit donnée du saint baptême?

« Je n'avois rien remarqué sur la divine Eucharistie; mais un brahme converti me fit faire attention, il y a quelques années, à une circonstance assez considérable pour avoir ici sa place. Les restes des sacrifices et le riz qu'on distribue à manger dans les temples conservent chez les Indiens le nom de *prajadam*. Ce mot indien signifie en notre langue *divine grâce*, et c'est ce que nous exprimons par le terme grec *Eucharistie*.

« Il y a quelque chose de plus marqué sur la confession, et je crois, monseigneur, devoir y donner un peu plus d'étendue.

« C'est une espèce de maxime parmi les Indiens que celui qui confessera son péché en recevra le pardon. *Cheira param chounal Tiroum*. Ils célèbrent une fête tous les ans pendant laquelle ils vont se confesser, sur le bord d'une rivière, afin que leurs péchés soient entièrement effacés. Dans le fameux sacrifice, *Ekiam*, la femme de celui qui y préside est obligée de se confesser, de descendre dans le détail des fautes les plus humiliantes et de déclarer jusqu'au nombre de ses péchés. »

NOTE VII, PAGE 69.

« La chronologie n'est qu'un amas de vessies remplies de vent; tous ceux qui ont cru y marcher sur un terrain solide sont tombés. Nous avons aujourd'hui quatre-vingts systèmes, dont il n'y a pas un de vrai.

« Les Babyloniens disoient: Nous comptons quatre cent soixante-treize mille années d'observations célestes. Vient un Parisien qui leur dit: Votre compte est juste; vos années étoient d'un jour solaire; elles reviennent à mille deux cent quatre-vingt-dix-sept des nôtres, depuis Atlas, roi d'Afrique, grand astronome, jusqu'à l'arrivée d'Alexandre à Babylone. . . . . .
. . . .

« Il falloit seulement que ce nouveau venu de Paris dît aux Chaldéens: Vous êtes des exagérateurs, et nos ancêtres des ignorants; les nations sont sujettes à trop de révolutions pour conserver des quatre mille sept cent trente-six siècles de calculs astronomiques; et quant au roi des Maures, Atlas, personne ne sait en quel temps il a vécu. Pythagore avoit autant de raison de prétendre avoir été coq que vous de vous vanter de l'art d'observation. »
(VOLTAIRE, *Questions encyclopéd.*, t. III, p. 59, art. *Chronolog.*)

NOTE VIII, page 75.

Il est clair d'abord, et pour mille raisons, qu'on ne peut attribuer aux sauvages actuels de l'Amérique les ouvrages des rives du Scioto. En outre, toutes les peuplades racontent uniformément que quand leurs aïeux arrivèrent dans l'Ouest pour s'établir dans la solitude, ils y trouvèrent les ruines telles que nous les voyons aujourd'hui.

Seroient-ce des monuments mexicains? Mais on n'a rien trouvé de semblable au Mexique ni même au Pérou; mais ces monuments paroissent avoir exigé le fer et des arts plus avancés qu'ils ne l'étoient dans les deux empires du Nouveau-Monde; enfin la domination de Montézume ne s'étendoit pas si loin à l'Orient, puisque, quand les Natchez et les Chicassas quittèrent le Nouveau-Mexique, vers le commencement du XVIe siècle, ils ne rencontrèrent sur les bords du *Meschacebé*[1] que des hordes vagabondes et libres.

On a voulu donner ces espèces de fortifications à Ferdinand de Soto. Quelle apparence que cet Espagnol, suivi d'une poignée d'aventuriers, et qui n'a passé que trois ans dans les Florides, ait jamais eu assez de bras et de loisir pour élever ces énormes ouvrages? D'ailleurs, la forme des tombeaux et même de plusieurs parties des ruines contredit les mœurs et les arts européens. Ensuite c'est un fait certain que le conquérant de la Floride n'a pas pénétré plus avant que Chattafallai, village des Chicassas, sur l'une des branches de la Maubile. Enfin ces monuments prennent leurs racines dans des jours beaucoup plus reculés que ceux où l'on a découvert l'Amérique. Nous avons vu sur ces ruines un chêne décrépit qui avoit poussé sur les débris d'un autre chêne tombé à ses pieds, et dont il ne restoit plus que l'écorce; celui-ci, à son tour, s'étoit élevé sur un troisième, et ce troisième sur un quatrième. L'emplacement des deux derniers se marquoit encore par l'intersection de deux cercles d'un aubier rouge et pétrifié, qu'on découvroit à fleur de terre, en écartant un épais humus composé de feuilles et de mousses. Accordez seulement trois siècles de vie à ces quatre chênes successifs, et voilà une époque de douze cents années que la nature a gravée sur ces ruines.

Si nous poursuivons cette dissertation historique (qui toutefois ne conclut rien en faveur de l'antiquité des hommes), nous verrons qu'on ne peut former aucun système raisonnable sur le peuple qui a élevé ces anciens monuments. Les chroniques des Welches parlent d'un certain Madoc, fils d'un prince de Galles, qui, mécontent de son pays, s'embarqua en 1170, fit voile à l'ouest en laissant l'Irlande au nord, découvrit une contrée fertile, revint en Angleterre, d'où il repartit avec douze vaisseaux pour la terre qu'il avoit trouvée. On prétend qu'il existe encore, avec les sources du Missouri, des sauvages blancs

---

1. Père barbu des fleuves, vrai nom du Mississipi ou Méchassipi. On peut voir sur ce que nous disons ici : Duprat, Charlevoix, etc., et les derniers voyageurs en Amérique, tels que Bertram, Imley, etc.

Nous parlons aussi d'après ce que nous avons appris nous-même sur les lieux.

qui parlent le celte et qui sont chrétiens. Que Madoc et sa colonie, supposé qu'ils aient abordé au Nouveau-Monde, n'aient pu construire les immenses ouvrages de l'Ohio, c'est, je pense, ce qui n'a pas besoin de discussion.

Vers le milieu du ix⁰ siècle, les Danois, alors grands navigateurs, découvrirent l'Islande, d'où ils passèrent à une terre à l'ouest, qu'ils nommèrent *Vinland*[1], à cause de la quantité de vignes dont les bois étoient remplis. On ne peut guère douter que ce continent ne fût l'Amérique, et que les Esquimaux du Labrador ne soient les descendants des aventuriers danois. On veut aussi que les Gaulois aient abordé au Nouveau-Monde; mais ni les Scandinaves, ni les Celtes de l'Armorique ou de la Neustrie n'ont laissé de monuments semblables à ceux dont nous recherchons maintenant les fondateurs.

Si des peuples modernes on passe aux peuples anciens, on dira peut-être que les Phéniciens ou les Carthaginois, dans leur commerce à la Bétique, aux îles Britanniques ou Cassitérides, et le long de la côte occidentale d'Afrique[2], ont été jetés par les vents au Nouveau-Monde: il y a même des auteurs qui prétendent que les Carthaginois y avoient des colonies régulières, lesquelles furent abandonnées dans la suite par un effet de la politique du sénat.

Si les choses ont été ainsi, pourquoi donc n'a-t-on retrouvé aucune trace des mœurs phéniciennes chez les Caraïbes, les sauvages de la Guiane, du Paraguay ou même des Florides? Pourquoi les ruines dont il est ici question sont-elles dans l'intérieur de l'Amérique du Nord plutôt que dans l'Amérique méridionale, sur la côte opposée à la côte d'Afrique?

D'autres auteurs réclament la préférence pour les Juifs, et veulent que l'Orphir des Écritures ait été placé dans les Indes occidentales. Colomb disoit même avoir vu les restes des fourneaux de Salomon dans les mines de Cibao. On pourroit ajouter à cela que plusieurs coutumes des sauvages semblent être d'origine judaïque, telles que celles de ne point briser les os de la victime dans les repas sacrés, de manger toute l'hostie, d'avoir des retraites ou des *huttes de purification* pour les femmes. Malheureusement ces inductions sont peu de chose; car on pourroit demander alors comment il se fait que la langue et les divinités huronnes soient grecques plutôt que juives. N'est-il pas étrange qu'*Ares-Koui* ait été le dieu de la guerre dans la citadelle d'Athènes et dans le fort d'un Iroquois? Enfin, les critiques les plus judicieux ne laissent aucun jour à faire passer les Israélites à la Louisiane, car ils démontrent assez clairement qu'Orphir étoit sur la côte d'Afrique[3].

Les Égyptiens sont donc le dernier peuple dont il nous reste à examiner les droits[4]. Ils ouvrirent, fermèrent et reprirent tour à tour le commerce de la Trapobane, par le golfe Persique. Ont-ils connu le quatrième continent et peut-on leur attribuer les monuments du Nouveau-Monde?

1. Mall., *Intr. à l'Hist. du Dan.*
2. *Vid.* Strab., Ptol., Hann., *Perip.*, d'Anville, etc., etc.
3. *Vid.* Saur., d'Anvil.
4. Si nous ne parlons point des Grecs (et surtout des habitants de l'île de Rhodes), quoiqu'ils soient devenus d'assez habiles navigateurs, c'est qu'ils sortirent rarement de la Méditerranée.

Nous répondons que les ruines de l'Ohio ne sont point d'architecture égyptienne; que les ossements qu'on trouve dans ces ruines ne sont point embaumés; que les squelettes y sont couchés et non debout ou assis. Ensuite, par quel incompréhensible hasard ne rencontre-t-on aucun de ces anciens ouvrages, depuis le rivage de la mer jusqu'aux Alleghanys? et pourquoi sont-ils tous cachés derrière cette chaîne de montagnes? De quelque peuple que vous supposiez la colonie établie en Amérique, avant d'avoir pénétré, dans un espace de plus de quatre cents lieues, jusqu'aux fleuves où se voient ces monuments, il faut que cette colonie ait d'abord habité la plaine qui s'étend de la base des monts aux grèves de l'Atlantique. Toutefois on pourroit dire avec quelque vraisemblance que l'ancien rivage de l'Océan étoit au pied même des Apalaches et des Alleghanys, et que la Pensylvanie, le Maryland, la Virginie, la Caroline, la Géorgie et les Florides, sont des plages nouvellement abandonnées par les eaux.

NOTE IX, PAGE 80.

Fréret a fait la même chose pour les Chinois, et M. Bailly a réduit pareillement la chronologie de ces derniers, ainsi que celle des Égyptiens et des Chaldéens, au calcul des Septante. Ces auteurs ne peuvent être soupçonnés de partialité en faveur de notre opinion. (*Vid.* BAILLY, t. I.)

NOTE X, PAGE 83.

Buffon, qui voulut accorder son système avec la Genèse, avoit reculé l'origine du monde, considérant chacun des six jours de Moïse comme un long écoulement de siècles; mais il faut convenir que ces raisonnements ne donnent pas un grand poids à ses conjectures. Il est inutile de revenir sur ce système, que les premières notions de physique et de chimie ruinent de fond en comble, et sur la formation de la Terre détachée de la masse du Soleil par le choc oblique d'une comète et soumise tout à coup aux lois de gravitation des corps célestes; le refroidissement graduel de la Terre, qui suppose dans le globe la même homogénéité que dans le boulet de canon qui avoit servi à l'expérience; la formation des montagnes du premier ordre, qui suppose encore la transmutation de la terre argileuse en terre siliceuse, etc.

On pourroit grossir cette liste de systèmes qui, après tout, ne sont que des *systèmes*. Ils se sont détruits entre eux, et pour un esprit droit ils n'ont jamais rien prouvé contre l'Écriture. (Voyez l'admirable *Commentaire de la Genèse* par M. de Luc et les *Lettres* du savant Euler.)

NOTE XI, PAGE 85.

Je donnerai ici ces preuves métaphysiques de l'existence de Dieu et de l'immortalité de l'âme, pour compléter ce que j'ai dit sur ce grand sujet.

Toutes les preuves abstraites de l'existence de Dieu se tirent de ces trois sources : la *matière*, le *mouvement*, la *pensée*.

LA MATIÈRE.

PREMIÈRE PROPOSITION. — QUELQUE CHOSE A EXISTÉ DE TOUTE ÉTERNITÉ.
Preuves. Par la raison que quelque chose existe. Dieu ou matière, peu importe à présent.

SECONDE PROPOSITION. 1. *Quelque chose a existé de toute éternité*, 2. **ET CET ÊTRE EXISTANT EST INDÉPENDANT ET IMMUABLE.**
Preuves. Il faudroit autrement qu'il y eût une succession infinie de causes et d'effets sans cause première, ce qui est contradictoire. On le prouve.

Parce que si la série d'êtres indépendants est UNE et TOUTE, elle ne peut avoir au dehors une cause de son existence *successive,* puisqu'elle comprend *tout.* Or,

Il est évident que chaque être, dans la chaîne progressive, n'a pas au dedans de soi la cause efficiente de son existence, puisqu'il est produit par un être *précédent.* Contradiction manifeste.

Objection. On dit : C'est la nécessité qui fait que cette chaîne d'êtres existe.

Réponse. Des êtres *dépendant* les uns des autres peuvent *exister* ou *n'exister pas.* Il n'y a pas de *nécessité* : donc la cause de cette existence est déterminée par *rien*. (Absurdité.) Donc il doit y avoir de toute éternité un Être indépendant et immuable, cause première de la génération des êtres.

TROISIÈME PROPOSITION. 1. *Quelque chose a existé de toute éternité.* 2. *Cet être existant est indépendant et immuable,* 3. **ET NE PEUT ÊTRE LA MATIÈRE.**
Première preuve. Si cela étoit, la matière existeroit *nécessairement* et par elle-même : la seule supposition qu'elle n'existe pas seroit une contradiction dans les termes. Or, il est prouvé

Que le mode de son existence n'est pas de cette nature, puisqu'on peut concevoir, sans contradiction, qu'elle (la matière) pourroit ne pas exister, ou être toute autre chose que ce qu'elle est. En effet,

Ce caillou que vous roulez sous votre pied n'existe pas *nécessairement,* puisque vous le concevez fort bien ou anéanti, ou de toute autre espèce, sans qu'il en arrive aucun changement dans l'univers. Ainsi, d'objet en objet, vous verrez, clair comme le jour, que l'existence de la matière n'est pas de *nécessité.*

Seconde preuve. En outre, on ne peut pas se figurer la durée éternelle de la matière de la même manière qu'on entend celle de Dieu : celui-ci, par la simplicité et la non-étendue de sa substance, se fait concevoir à la pensée comme existant à la fois dans le passé, le présent et l'avenir. Mais la durée de la matière ne peut être que progressive, puisqu'elle a l'étendue et les dimensions des corps, et qu'elle se perpétue par destructions et générations : elle n'existe plus pour la minute écoulée, et comme l'homme, elle avance dans l'avenir en perdant le passé.

Or, si l'éternité est successive, comme elle l'est démonstrativement dans le cas de la matière, elle enferme des *siècles infinis* :

Or des *siècles infinis* ne peuvent être *épuisés*, ou ils ne seroient pas *infinis* :

Donc l'éternité de la matière étant successive, cette matière ne pourroit être venue jusqu'à nos jours, puisqu'il faudroit supposer qu'elle eût franchi des siècles *infinis*, et que des siècles *infinis* qui pourroient se *franchir* ne seroient point infinis [1].

Troisième preuve. S'il n'y a que la matière dans la nature, et que cette matière n'existe pas de *nécessité* (ce qui implique déjà contradiction), qui est-ce qui fait durer les êtres?

S'il n'y a pas une puissance *nécessaire* qui conserve tout par sa seule vertu ou sa seule volonté, la cohésion des parties des corps est impossible. Mon bras doit tomber en poussière, si les atomes dont il est formé ne sont sans cesse forcés de se tenir ensemble, ou même s'ils ne sont sans cesse créés [2]. Or, cette puissance *nécessaire* ne peut être la matière, puisqu'elle n'existe pas de *nécessité* et qu'elle n'a pas elle-même la cohésion des parties. Enfin, cette volonté conservatrice ne peut émaner de la matière, puisque la matière est un être purement passif et sans volonté.

Concluons que l'être primitif, indépendant et immuable, ne peut être la matière.

QUATRIÈME PROPOSITION. 1. *Quelque chose a existé de toute éternité.* 2. *Cet être existant est indépendant et immuable*; 3. *il ne peut être la matière*; 4. IL EST NÉCESSAIREMENT UNIQUE.

Première preuve. Si deux principes *indépendants* existent ensemble, on concevra que l'un peut également exister seul, puisqu'il n'est pas de la *même* nature que l'autre : d'où il résulte que ni l'un ni l'autre de ces principes n'existe *nécessairement*. Que devient donc la matière et l'être quelconque démontré existant de toute éternité, par la seule raison que quelque chose existe à présent?

Seconde preuve. Si deux principes existent ensemble, qui est-ce qui a arrangé la matière?

Ce ne peut être *Dieu*, parce qu'il ne connoît point *l'autre principe* et n'a aucun droit sur lui [3].

Si la matière est incréée, Dieu ne peut la mouvoir ni en former aucune chose, car Dieu ne peut l'arranger sagement sans la connoître; il ne peut la connoître s'il ne l'a pas créée, puisque étant un principe *indépendant* par lui-même, il ne peut tirer ses connoissances que de lui; rien ne peut agir en lui ni l'éclairer [4].

---

1. ABBADIE.   2. DESCARTES.   3. BAYLE, art. *Anaxim.*   4. MALEBRANCHE.

Ainsi s'évanouit cet épouvantail de l'école des athées : *Ex nihilo nihil fit*. Si Dieu *existe*, la matière n'est pas *éternelle*, et la création est *obligée*. Si vous supposez que Dieu *n'existe pas*, vous rentrez dans le cercle de nos propositions.

L'être existant de toute éternité est donc nécessairement unique [1].

CINQUIÈME PROPOSITION. 1. *Quelque chose a existé de toute éternité*. 2. *Cet être existant est indépendant et immuable ;* 3. *il ne peut être la matière ;* 4. *il est nécessairement unique ;* 5. IL N'EST POINT UN AGENT AVEUGLE, SANS CHOIX ET SANS VOLONTÉ.

Preuves. Si la cause suprême est sans liberté, une chose qui n'existe pas dans le moment actuel n'a jamais pu exister ; car si la puissance de la cause suprême vient de l'enchaînement necessaire des êtres, tout ce qui existe existe par une nécessité rigoureuse : alors, si cette nécessité est de *rigueur*, comment se trouve-t-il un temps où cette chose n'existoit pas ?

Que si on rapporte cette nécessité d'existence à une certaine époque de la succession des temps, c'est complétement déraisonner. Dans le cas d'une existence d'*absolue* nécessité, il n'y a point de *succession* de temps. Les temps sont UN et TOUT.

Ensuite, il n'y a dans le monde aucune apparence d'une nécessité *absolue*. Chacun peut concevoir les choses d'une tout autre manière et dans un ordre tout différent de ce qu'elles sont ; mais on aperçoit une nécessité de *convenances* relatives aux lois de l'harmonie et de la beauté. Cette nécessité du *meilleur possible* dans les êtres est fort digne d'une cause intelligente et très-compatible avec sa liberté.

De plus, l'être intelligent prouve encore sa liberté par les causes finales. Aucun athée ne s'avise de soutenir à présent, comme jadis Épicure, que l'œil n'est pas formé pour voir et l'oreille pour entendre. Il suffiroit de renvoyer cet incrédule aux anatomistes.

Enfin, si la cause première agit par nécessité, aucun *effet* de cette cause ne sera *fini*. Une nature qui agit *nécessairement* agit de *toute sa puissance*. Or, une nature *infinie*, agissant à la fois de toutes parts et de toute sa puissance, ne peut jamais *compléter* un être, puisqu'elle y ajouteroit *sans fin* en raison de son *infinité* : il n'y auroit donc point d'objet fini dans l'univers, ce qui est visiblement absurde.

Donc la cause première n'est point un agent aveugle, sans choix et sans volonté.

SIXIÈME PROPOSITION. 1. *Quelque chose a existé de toute éternité*. 2. *Cet être existant est indépendant et immuable ;* 3. *il ne peut être la matière ;* 4. *il est nécessairement unique ;* 5. *il n'est point un agent aveugle, sans choix et sans volonté ;* 6. IL POSSÈDE UNE PUISSANCE INFINIE.

Preuves. Cette puissance ne peut s'étendre que sur deux espèces d'êtres,

---

[1]. La seule objection qu'on pourroit me faire ici se tireroit du spinosisme, qui admet l'unité de Dieu et de la matière ; mais on sait combien cette opinion est absurde. On peut voir BAYLE, art. *Spinosa*.

qui constituent toutes les choses, savoir : les être matériels et les êtres immatériels.

Par rapport aux premiers, nous avons vu que la *cause nécessairement unique* doit avoir créé la matière et conséquemment en être la maîtresse absolue.

Quant aux derniers, nous prouverons ailleurs que Dieu a pu seul les créer, lorsque nous examinerons la nature de la pensée de l'homme.

SEPTIÈME ET DERNIÈRE PROPOSITION. *1. Quelque chose a existé de toute éternité. 2. Cet être existant est indépendant et immuable; 3. il ne peut être la matière; 4. il est nécessairement unique; 5. il n'est point un agent aveugle, sans choix et sans volonté; 6. il possède une puissance infinie; 7.* ET IL EST INFINIMENT SAGE, BON, JUSTE, etc.

Preuves. Cela se démontre *a priori*,

1° Parce qu'un être parfaitement intelligent doit connoître ses propres facultés, et qu'étant infini en puissance, rien ne peut l'empêcher de faire ce qui est le meilleur et le plus sage ;

2° Parce que l'être infini connoissant toutes les convenances et toutes les relations des choses, n'étant jamais détourné de la vérité par les passions, la force ou l'ignorance, il doit toujours agir conformément aux propriétés des choses.

A posteriori, les preuves de la bonté, de la sagesse et de la justice de Dieu se tirent de la beauté de l'univers.

Récapitulation :

1° Quelque chose a existé de toute éternité. — 2° Cette chose existante est immuable et indépendante. — 3° Elle n'est pas la matière. — 4° Elle est unique. — 5° Elle n'est point un agent aveugle. — 6° Elle est toute-puissante. — 7° Elle est souverainement sage, bonne et juste.

Voilà Dieu.

DU MOUVEMENT.

D'où vient le MOUVEMENT de la MATIÈRE ?

Premier syllogisme (genre positif).

Ou ce mouvement lui est essentiel, ou il lui est communiqué. Si le mouvement est *essentiel* à la matière, c'est une nécessité pour elle que ses parties soient toujours en mouvement : or, l'expérience la plus commune démontre qu'il y a des corps en repos : donc le mouvement n'est pas essentiel à la matière : donc il lui est communiqué.

Second syllogisme (genre destructif).

Si le mouvement est *essentiel* à la matière, toutes ses parties doivent tendre sans cesse également de tous côtés : or,

De l'éternel mouvement résulte l'éternel repos : donc

Tout est en repos dans l'univers (*absurde*).

Troisième syllogisme (genre démonstratif).

Le mouvement, par sa nature connue, n'a aucune régularité ; il s'exerce dans toutes les dimensions et dans toutes les vitesses ; il s'échappe par la tangente, coupe par la sécante, se plonge par la perpendiculaire, se roule par le cercle, se glisse par l'ellipse et la parabole ; il se communique par le choc ; il prend des directions nouvelles, selon l'opposition ou la réflexion des corps : or,

Les lois motrices des astres, du Soleil et des planètes s'accomplissent dans une inaltérable régularité géométrique : donc ces lois d'un mouvement permanent et régulier ne peuvent être engendrées par le mouvement confus et désordonné de la matière.

Il suit de ces trois syllogismes que le mouvement n'est point essentiel à la matière :

1° Parce qu'il y a des corps en repos ;

2° Parce que l'universel mouvement seroit le repos universel, ce qui choque l'expérience ;

3° Parce que le mouvement irrégulier de la matière ne peut jamais être admis comme créateur de l'*ordre*, de l'univers. Une cause ne peut pas produire un effet dont elle n'a pas en elle-même le principe, puisqu'il y auroit alors un effet sans cause ; un composé ne peut pas avoir des vertus qui ne sont pas dans ses éléments simples. Enfin, si le mouvement étoit une qualité résidant dans la matière ou dans l'arrangement de ses parties, depuis le temps que les plus habiles mécaniciens cherchent le mouvement perpétuel, n'est-il pas plus que probable qu'ils auroient trouvé la machine propre à le mettre en évidence ? Mais l'expérience a démontré jusqu'à présent qu'il falloit un moteur étranger.

On doit conclure de ces arguments qu'il existe quelque part, *hors* de la matière, un mobile universel, premier agent du mouvement, à la fois immuable et dans un mouvement éternel.

Voilà Dieu.

ÉCLAIRCISSEMENTS SUR CES DERNIÈRES PREUVES TOUCHANT LE MOUVEMENT.

Le mouvement de la matière fournissant une preuve sans réplique en faveur de l'existence de Dieu, il sera bon d'y jeter encore quelque lumière.

Pour démontrer l'impossibilité de la formation des mondes par le mouvement et le hasard, Cicéron tire des lettres de l'alphabet cette objection si connue :

« Ne dois-je pas m'étonner, dit-il[1], qu'il y ait un homme qui se persuade que de certains corps solides et indivisibles se meuvent d'eux-mêmes par leur poids naturel, et que de leur concours fortuit s'est fait un monde d'une si grande beauté ? Quiconque croit cela possible, pourquoi ne croiroit-il pas que si l'on jetoit à terre quantité de caractères d'or ou de quelque matière que ce fût, qui représentassent les vingt-et-une lettres, ils pourroient tomber arrangés dans un tel ordre, qu'ils formeroient lisiblement les Annales d'Ennius ? Je doute si le hasard rencontreroit assez juste pour en faire un seul

---

[1]. *De Nat. Deor.*, II, 37, trad. de d'Olivet.

vers. Mais ces gens-là, comment assurent-ils que des corpuscules qui n'ont point de couleur, point de qualité, point de sentiment, qui ne font que voltiger au gré du hasard, ont fait ce monde-ci, ou plutôt en font à chaque moment d'innombrables qui en remplacent d'autres? Quoi! si le concours des atomes peut faire un monde, ne pourroit-il pas faire des choses bien plus aisées, un portique, un temple, une maison, une ville? »

Cette absurdité, qui frappoit si justement l'orateur romain, a aussi été relevée par Bayle. Nous aimons à citer Bayle aux athées. « Ce dialecticien (c'est Leibnitz qui parle) passe aisément du blanc au noir; il s'accommode de tout ce qui lui convient pour combattre l'adversaire qu'il a en tête, n'ayant pour but que d'embarrasser les philosophes et de faire voir la foiblesse de notre raison. Jamais Arcésilas et Carnéades n'ont soutenu le pour et le contre avec plus d'esprit et d'*éloquence*[1]. »

Voici donc ce que dit Bayle sur la nécessité d'une cause intelligente[2]:

« Puisque, de l'aveu de toutes les sectes, les lois du mouvement ne sont pas capables de produire, je ne dirai pas un moulin, une horloge, mais le plus grossier instrument qui se voit dans la boutique d'un serrurier, comment seroient-elles capables de produire le corps d'un chien ou même une rose et une grenade? Recourir aux astres ou aux formes substantielles, c'est un pitoyable asile. Il faut ici une cause qui ait l'idée de son ouvrage et qui connoisse les moyens de le construire : tout cela est nécessaire à ceux qui font une montre et un vaisseau, à plus forte raison se doit-il trouver dans ce qui fait l'organisation des êtres vivants. »

A la note R de l'article Démocrite, il s'exprime ainsi :

« En quittant le droit chemin, qui est le système d'un Dieu créateur libre du monde, il faut nécessairement tomber dans la multiplicité des principes; il faut reconnoître entre eux des antipathies et des sympathies, les supposer indépendants les uns des autres, quant à l'existence et à la vertu d'agir, mais capables néanmoins de s'entre-nuire par l'action et la réaction. Ne demandez pas pourquoi en certaines rencontres l'effet de la réaction est plutôt ceci que cela, car on ne peut donner raison des propriétés d'une chose que lorsqu'elle a été faite librement par une cause qui a eu ses raisons et ses motifs en la produisant. »

Crouzas, qui cite ce passage à la huitième section de son examen du pyrrhonisme, ajoute[3]:

« Quand on supposeroit les atomes éternels et en mouvement de toute éternité, on pourroit bien en conclure qu'en s'approchant ils formeroient de certaines masses, et, si vous voulez encore, que ces masses seroient propres à produire de certains effets. Mais de là il y a infiniment loin à supposer que ces masses, formées par le concours fortuit des atomes, auroient pris un agencement régulier et que les propriétés des unes auroient été précisément telles qu'il falloit pour l'usage des autres. »

1. Leibn., *Théodic.*, part. III, § 353. On sait ce que c'est que l'éloquence de Bayle, mais il faut pardonner ce jugement à Leibnitz.   2. Art. *Sennert.*, note C.
3. Page 426.

« Que l'on ploie dix billets numérotés, l'un par le chiffre 1, le second par le chiffre 2 : combien de reprises ne faudroit-il pas pour les tirer, sans choix, dans un tel ordre, que le numéro 1 vînt précisément le premier, le numéro 2 le second, et ainsi jusqu'au 10 ?

« S'il y en avoit vingt, le cas ne seroit pas seulement deux fois plus difficile, mais incomparablement plus, comme le démontrent ceux qui ont étudié la doctrine abstraite des combinaisons. Cinq choses mélangées 2 à 2 donnent 15 combinaisons; à 3, 35; à 4, 70; à 5, 126; à 6, 218; à 7, 330.

« La difficulté de ranger plusieurs choses, sans le secours du discernement, dans un ordre croissant avec le nombre de ces choses, devient toujours plus grande dans une proportion qui va si fort en augmentant. Pour donner un arrangement, sans le secours de l'intelligence et du choix, à une infinité de parties en désordre, il faudroit surmonter des difficultés infiniment infinies. Quelle étendue d'intelligence ne seroit pas nécessaire pour ranger dans un grand ordre, dans un ordre exquis, dans un ordre qui se soutînt, une infinité de choses dont chacune hors de sa place seroit une cause de désordre ! Prenez autant de lettres qu'il y en a dans une ligne; agencez les billets où elles sont écrites, une seule par billet, sans les voir : à peine, après avoir épuisé votre vie en tentatives, viendriez-vous une fois à bout de les ranger à faire lire cette ligne. La difficulté sera beaucoup plus que double s'il faut ainsi venir à bout d'agencer les expressions de deux lignes : où n'iroit point la difficulté de les ranger, sans le secours du discernement, dans l'ordre où elles sont dans une page entière ? Leurs agencements fortuits iroient-ils enfin à composer un livre ? Une cause infinie en perfection peut seule lever les obstacles qui naissent d'une confusion infinie.

« J'ajouterai ici un exemple aisé de la variété et de la multiplicité des combinaisons. A et b se combinent en deux manières, ab, ba; abc, en six, ab, ac, ba, bc, ca, cb, et cela sans être répétées ; $abcd$, en vingt-quatre, $abcd$, $abdc$, $acbd$, $acdb$, $adbc$, $adcb$; en voilà six : il y en aura autant si l'on commence par b, autant par c, autant par d.

« Une infinité combinée 2 à 2 iroit à l'infini : combinée 3 à 3, encore à l'infini et à un plus grand infini ; combinées toutes ensemble, à une infinité d'infinies manières. Quelles sources de confusions, quelle infinité de dérangements, et à combien d'infinies manières ne montent pas les chaos et les confusions possibles ! Si cette confusion ne se change pas tout d'un coup en régularité, elle subsistera, car quelque léger principe de régularité seroit bientôt détruit par les chocs de l'infinie confusion restante.

« Dire que dans la suite infinie des temps la combinaison régulière a enfin eu son tour, ce seroit supposer une infinie régularité dans la confusion, puisque ce seroit supposer que toutes les combinaisons différentes à l'infini se seroient succédé par ordre, et que par là la combinaison régulière auroit paru dans sa place et en auroit eu une assignée dans cette succession, où elles se présentoient par ordre, comme si une intelligence en avoit fait les agencements, les essais et les revues. »

Ces raisonnements sont d'une grande force, et précisément comme les demandent les esprits positifs, c'est-à-dire des raisonnements mathématiques. Il y a des athées qui ont l'ingénuité de croire que ce n'est que dans leur secte qu'on démontre par A + B, et que les pauvres chrétiens sont réduits à l'*imagination* pour toute ressource. C'est bien quelque chose pourtant que cette imagination, et il y a tel profane qui auroit la témérité de croire qu'il est plus difficile d'écrire une seule belle page de pensées morales ou de sentiments que de compiler des volumes entiers d'abstractions. Quoi qu'il en soit, ces incrédules ne savent donc pas que Leibnitz a prouvé Dieu géométriquement dans sa Théodicée? Ils ne savent donc pas qu'on a emprunté d'Huygens, de Keil, de Marcalle et de cent autres, des théorèmes rigoureux pour établir l'existence d'un Être suprême? Platon n'appeloit Dieu que l'*éternel géomètre*, et c'est l'art d'Archimède qui a fourni la plus belle et la plus puissante image de Dieu, *le triangle inscrit au cercle*.

Newton a posé ainsi l'axiome fondamental de la mécanique:

« *Quand un corps est en repos ou en mouvement, il ne cesse jamais de rester en repos ou de se mouvoir en ligne droite avec la même force, sans qu'elle reçoive aucune augmentation ou aucune diminution, à moins que quelque autre force, venant à agir sur lui, n'y cause du changement.* »

Le médecin Nieuwentyt, raisonnant sur cet axiome, dans son livre *de l'Existence de Dieu démontrée par les merveilles de la nature*, fait cette curieuse observation [1]:

« Lorsqu'un petit corps qui ne sera pas si grand qu'une petite boule de la grosseur, par exemple, d'un grain de sable très-petit, après avoir reçu une chiquenaude, va heurter contre un corps que nous supposerons aussi gros que tout le globe de la Terre, ou, si vous voulez, mille fois plus grand, pourvu que ni l'un ni l'autre n'ait pas de ressort, il s'ensuit, dis-je, que ce grand corps sera entraîné avec le grain de sable en ligne droite; et à moins que quelque force ou quelque obstacle n'intervienne et n'arrête ce mouvement, la force d'une seule chiquenaude suffira pour faire mouvoir continuellement en ligne droite ce grand corps et le petit grain de sable tout ensemble; et si dans leur route ils rencontroient cent mille autres corps, chacun un million de fois plus grand que la Terre, ils les entraîneroient tous avec cette petite force, sans qu'il y en eût jamais aucun en état de prendre une autre direction.

« Que ceci soit vrai, quelque merveilleux qu'il paroisse, c'est une chose que les mathématiciens ne sauroient nier. Misérables pyrrhoniens, qui espérez, en déduisant nécessairement les lois de la nature l'une de l'autre, d'éluder les preuves de la Providence divine! misérables pyrrhoniens, montrez-nous par vos principes si vous pouvez en aucune manière comprendre, non pas qu'une pareille chose arrive continuellement (car les mathématiques leur montreront ceci), mais comment et de quelle manière agit la force de ce petit grain de sable, de sorte que, pour peu qu'il pousse ces corps prodigieux, il les met non-seulement en mouvement, mais il les y conserve sans jamais cesser. »

---

1. Liv. III, chap. III, p. 541.

Telle est la remarque de cet excellent homme, qui, avec Hippocrate et Galien, avoit reconnu dans la merveilleuse machine de notre corps la main d'une intelligence divine.

Enfin, le docteur Hancock se sert d'une comparaison frappante pour faire sentir l'absurdité de ceux qui attribuent l'ordre de l'univers au concours fortuit des atomes.

« Supposons, dit-il [1], que tous les hommes qu'il y a sur la terre fussent aveugles, et que dans cet état il leur fût ordonné de se rendre dans les plaines de la *Mésopotamie* : combien de siècles leur faudroit-il pour trouver cette route et pour venir à leur commun rendez-vous ? Y arriveroient-ils même jamais, quelque immense que fût leur durée ? Cela seroit pourtant infiniment plus facile à faire pour des hommes qu'il ne l'a été aux *atomes* de *Démocrite* d'exécuter l'ouvrage qu'il leur attribue. Posé cependant que ce concours si heureux ne leur ait pas été impossible, comment est-il arrivé qu'il n'ait plus rien produit de nouveau, ou que le même hasard qui les assembla pour former l'univers ne les ait pas dissipés pour le détruire ? Dira-t-on que c'est un principe d'*attraction* et de *gravitation* qui les retient ainsi dans leur situation primitive ? Mais ce principe d'*attraction* et de *gravitation* est ou *antérieur* ou *postérieur* à la formation de l'univers. S'il est antérieur, comment est-ce que l'activité en étoit suspendue ? et s'il est postérieur, quelle en est l'origine, et ne doit-elle pas venir d'ailleurs que de la matière, qui de sa nature est susceptible de se mouvoir en tous sens ? Si l'on dit d'ailleurs que c'est la *nature* qui se maintient d'elle-même dans cet état permanent, on ne peut entendre par ce terme, dans le système de *Démocrite*, que le *concours fortuit*, et l'on sent d'abord que cela ne suffit pas plus pour rendre raison de la conservation du monde que pour celle de sa formation. »

Pour se tirer des difficultés insurmontables qui résultent de la formation du monde par le mouvement de la matière, Spinosa, d'après Straton, a soutenu qu'il n'y a dans l'univers qu'une seule substance ; que cette substance est Dieu à la fois esprit et matière, possédant l'attribut de la pensée et de l'étendue. Ainsi, mon pied, ma main, un caillou, tous les accidents physiques et moraux, toutes les saletés de la nature sont des parties de Dieu. Rare et admirable divinité, sortie toute formée et sans douleur du cerveau d'un incrédule ! Les païens avoient bien attaché des dieux aux objets les plus vils de la terre, mais il n'appartenoit qu'à un athée de déifier en une seule et éternelle substance tous les crimes et toutes les immondices de l'univers. Il se passe d'étranges choses dans l'intérieur de ces hommes que Dieu a éloignés de lui, et les plus habiles gens trouveroient malaisé d'expliquer les mouvements du cœur d'un athée. On peut voir comment Bayle, Clarke, Leibnitz, Crouzas, etc., ont renversé le spinosisme, qui est en même temps le plus impie et le plus insoutenable des systèmes.

Anaximandre, par une autre folie, vouloit que les *formes* et les *qualités*, provenues de la matière eussent arrangé l'univers.

---

[1]. HANCOCK, *On the Exist. of God.*, sect. v, trad. franç.

D'un autre côté, les stoïciens supposoient des *formes plastiques*, destituées d'intelligence et pourtant distinctes de la matière. A la vérité quelques-uns les dérivoient de Dieu et ne les avoient imaginées que pour expliquer l'action d'un être immatériel sur des êtres matériels.

Qu'est-il besoin d'appeler les mépris du lecteur sur ces rêveries philosophiques? Elles ont été combattues par les incrédules eux-mêmes.

Il ne reste donc plus à faire valoir que la loi banale de la *nécessité*. On s'en sert d'autant plus volontiers, qu'on ne sait ce que c'est, et qu'en lâchant ce grand mot on se croit dispensé de l'expliquer. Mais cette terrible nécessité est-elle une chose créée ou incréée? Si elle est créée, qui est-ce qui en est le créateur? Si elle est incréée, cette nécessité qui arrange tout, qui produit tout dans un si bel ordre, qui est une, indivisible, sans étendue, est-elle autre que Dieu?

LA PENSÉE.

D'OÙ VIENT LA PENSÉE DE L'HOMME, ET QUELLE EST LA NATURE DE CETTE PENSÉE?

Elle ne peut être que *matière*, *mouvement* ou *repos*, la *chose* même, ou les deux *accidents* de cette *chose*, puisqu'il n'y a dans l'univers que *matière mouvement et repos*.

Que la *pensée* n'est pas *matérielle*, cela parle de soi.

Que la *pensée* n'est pas le *repos* de la matière, cela est encore prouvé, puisqu'au contraire la *pensée* est un *mouvement*.

La *pensée* est donc un *mouvement*. Est-elle le *mouvement matériel* ou l'*effet du mouvement matériel*?

Examinons.

Si la pensée est l'*effet* du mouvement ou le *mouvement* lui-même, elle doit ressembler à cet *effet* de mouvement ou à ce mouvement. Or,

Le *mouvement* rompt, désunit, déplace: la *pensée* ne fait rien de tout cela:

Elle touche les corps sans les séparer, sans les mouvoir.

Le *mouvement* lui-même est aussi un déplacement. Un corps qui se meut change de disposition, s'arrange d'une autre manière, occupe une autre place, acquiert d'autres proportions: la *pensée* ne fait rien de tout cela:

Elle se meut sans cesser d'être en repos et sans quitter son siége; elle n'a ni dimension, ni localité, ni forme.

Le *mouvement* a sa mesure et ses degrés: la *pensée*, au contraire, est *indivisible*. Il n'y a point de moitié, de quart, de fraction de *pensée*: une *pensée* est une.

Le *mouvement* de la matière a des bornes qui l'empêchent de s'étendre au delà de certains espaces:

La *pensée* n'a d'autres champs que l'infini. Or, comment concevoir qu'un atome, parti de mon cerveau avec la rapidité de la *pensée*, atteigne au même instant le ciel et l'enfer, et pourtant sans quitter mon cerveau? car, s'il en étoit ainsi, ma pensée subsisteroit hors de moi et ne seroit plus moi. Qui auroit donné à cet atome cette force immense de mouvement, incomparablement plus grande que celle qui entraîne tous les corps célestes? Comment un si chétif insecte que l'homme auroit-il une pareille puissance *physique?*

Le *mouvement* ne peut agir qu'au présent.

Le passé et l'avenir sont également du ressort de la *pensée.* L'espérance, par exemple, ne peut être qu'un mouvement futur : et comment un mouvement *futur matériel* existe-t-il au *présent?*

La pensée ne peut donc être le mouvement matériel. En est-elle l'*effet?*

La pensée ne peut être l'*effet* du mouvement, parce qu'un effet ne peut être plus noble que sa cause, une conséquence plus puissante qu'un principe. Or, que la *pensée* soit plus noble et plus forte que ce *mouvement*, qui ne le voit du premier coup d'œil; puisque la pensée connoît ce *mouvement* et que ce *mouvement* ne la connoît pas, puisque la *pensée* parcourt, dans la plus petite fraction de temps, des espaces que ce *mouvement* ne pourroit franchir que dans des milliers de siècles?

Que si l'on dit à présent que la pensée n'est ni un *mouvement* ni un *effet* de mouvement *intérieur* dans mon cerveau, mais un ébranlement produit par un mouvement *extérieur*, c'est seulement retourner les termes de la proposition, car il est encore peut-être plus absurde d'imaginer que tel atome émané de la lumière d'une étoile descende dans la vitesse de la *pensée*, pour choquer telle partie de mon cerveau, tandis que d'autres millions de *mouvements* viennent en même temps l'assaillir de tous côtés. Par la seule loi de la pesanteur, un atome tombé du Soleil sur ma tête me réduiroit en poussière. Objecter que la gravité n'existe plus pour les parties extrêmement ténues de la matière, ce seroit se moquer des gens, en voulant appliquer ce principe physique à la théorie de la pensée. Examinez donc un peu ce qui arriveroit dans votre entendement toutes les fois que vous pensez, si votre *pensée* étoit le *mouvement* matériel ou un *effet* de ce mouvement. Une petite portion de votre cervelle se détache, et s'en va roulant de tel côté, ce qui vous donne telle idée. Cet atome est long ou rond, large ou étroit, mince ou épais : et vous voilà, en conséquence de cette figure du hasard, obligé d'être triste ou gai, insensé ou sage. Mais comme l'homme pense à mille choses à la fois, quel chaos, quel dérangement dans sa tête! Une *pensée sublime*, sous la forme d'un embryon blanc ou bleu, en traversant votre entendement, rencontre une autre *pensée rouge* qui l'arrête. D'autres *idées* surviennent, se heurtent, etc.

Ce n'est pas là toute la difficulté, car si le *mouvement* est la *pensée*, le *mouvement* est un *principe pensant*. Or, dans ce cas, le flot qui roule, le pied qui marche, la pierre qui tombe, pensent. Vous dites que je pense en raison d'un ébranlement produit dans une certaine partie de mon cerveau : d'accord; mais cette partie de mon cerveau qui s'ébranle n'est pas d'une autre nature que les éléments de l'univers. C'est de l'eau, de la terre, de l'air ou du feu, ou, si vous aimez mieux parler comme la physique du jour, c'est de l'oxygène, de l'hydrogène, etc. Amalgamez ces principes tout comme il vous plaira, ils resteront toujours tels par leur essence. Or, de leur mélange tel quel comment ferez-vous naître la *pensée*, si le *principe* de cette pensée n'est pas renfermé dans les *éléments* qui la composent? Vous ne voulez pas déraisonner et dire qu'un *composé* a des effets qui ne sont pas dans des *simples*, et qu'un accident peut être provenu sans cause : vous serez donc réduit à vous jeter dans une autre absurdité, et à dire que les éléments de la matière *pensent* en *certains cas*. Comment se fait-il alors que ces éléments, qui se trouvent combinés de tant de manières, ne répètent pas quelquefois *hors de l'homme* l'effet de la pensée?

Disons donc, car on ne peut le nier sans folie, que la *pensée* n'est ni la *matière* ni le *mouvement*. Si l'on veut absolument que le *mouvement* fasse une des conditions de la *pensée*, du moins est-il certain que cette pensée n'est pas le mouvement lui-même, mais quelque chose qui *se joint* ou *s'applique* au mouvement, puisqu'il est indubitable qu'*il y a des mouvements qui ne pensent pas*.

Venons à la grande conclusion :

Si la *pensée* est différente (comme elle l'est) de la *matière* et du *mouvement* matériel, qu'est-elle, et d'où vient-elle?

Comme elle n'existoit pas chez moi avant que je fusse créé, elle a donc été produite.

Si elle a été produite, elle l'a été nécessairement par quelque chose *hors de la matière*, puisque nous avons reconnu que la *matière* n'a pas le *principe pensant*.

Cette chose, placée hors de la matière qui a produit ma *pensée*, ne peut être qu'une chose encore *plus excellente* que ma pensée, quoique la pensée de l'homme soit ce qu'il y a de plus beau dans l'univers : un principe est plus puissant que son effet.

Ma pensée étant indivisible est immortelle, par l'axiome reçu de tous les philosophes, qu'une chose ne se dissout que par la divisibilité de ses parties.

Or, la *cause* qui a produit ma *pensée* est donc *indivisible* comme elle : elle est donc *immortelle* comme elle.

Mais comme cette *cause* étoit avant ma *pensée*, cette *cause* a elle-même été produite, ou elle est de *toute éternité*.

Si elle a été produite, où est son principe? Si vous me montrez ce principe, quel est le principe de ce principe?

Ainsi, vous élevant sans fin, vous arrivez au premier anneau ; Dieu montre sa face au fond des ombres de l'éternité : notre âme est la chaîne immortelle qu'il nous a tendue pour remonter jusqu'à lui.

C'est ainsi que la pensée de l'homme prouve irrévocablement l'existence de la Divinité, de même qu'à son tour l'existence de cette Divinité démontre l'existence de l'immortalité de l'âme, puisque Dieu ne peut être, s'il est injuste, et que l'homme, jeté sur la terre pour couler des jours infortunés et mourir, n'annonceroit que le caprice d'un affreux tyran. Ceci doit nous donner la plus haute opinion de notre nature; car qu'est-ce qu'un être dont Dieu est la preuve, et qui est à son tour la preuve de Dieu? L'Écriture a-t-elle parlé trop magnifiquement de cet être-là? « *Quand l'univers écraseroit l'homme*, dit Pascal, *l'homme seroit encore plus grand que l'univers, car il sentiroit que l'univers l'écrase, et l'univers ne le sentiroit pas.* »

Il faut donc admettre que s'il y a un Dieu, ses perfections prouvent que l'homme a une âme immortelle, et, *vice versa*, conclure, de l'excellence de l'âme humaine et des malheurs de ce monde, que Dieu existe de nécessité.

QUELQUES AUTRES PREUVES DE L'IMMORTALITÉ DE L'AME.

La science est éternelle : donc le siége de la science, l'âme, doit être immortel.

La raison et l'âme ne sont qu'un : or, la raison est immuable et éternelle.

La matière ne peut cesser d'être sans un acte immédiat de la volonté de Dieu ; elle demeure toujours, rien ne se crée, rien ne s'anéantit : or, la vie étant l'essence de l'âme, l'âme ne peut en être privée.

L'âme n'est point l'arrangement des parties du corps, puisque plus on la dégage des sens, plus on a de facilité à comprendre les choses[1].

Le concevant se présente toujours avant le concevable.

Nous éprouvons d'abord qu'il existe des idées ; nous comprenons un objet sans le voir, nos sens nous en assurent ensuite. Ce sont les idées abstraites qui font les abstractions des choses. Le mouvement, par exemple, ne seroit pas le mouvement, sans la comparaison que l'esprit fait du présent au passé. L'âme et ses opérations se montrent donc toujours les premières, et les corps ne viennent qu'ensuite. Ce fait, d'une vérité rigoureuse, est contraire au rapport des sens, qui ne voient que la matière ou qui passent de celle-ci à l'esprit, au lieu de descendre de l'esprit au corps. Or, si l'âme se retrouve partout séparée de la matière, elle a donc une existence réelle[2] : donc, etc., etc.

De cette preuve de l'existence de l'âme, et conséquemment de son immortalité, nous allons faire naître cette autre preuve :

Le monde métaphysique n'existe point dans la nature-matière.

Les nombres, comme la pensée les considère, sont hors de la nature, où il ne peut y avoir que des unités. Cet incompréhensible mystère des appositions de chiffres, qui fournissent des quantités abstraites, croissant ou diminuant dans des rapports donnés, ce mystère, disons-nous, n'est point dans l'ordre physique. Or donc, le monde métaphysique étant placé hors de la matière, ce monde doit être ou un univers intellectuel existant à part, ou seulement une modification de l'âme. Dans les deux cas, l'immortalité de l'âme est prouvée, car l'homme purement matériel ne pourroit concevoir hors de la matière un monde métaphysique et éternel, ni encore moins avoir au dedans de lui quelque chose qui renfermât un monde de pensées abstraites et de vérités éternelles.

« Par l'esprit humain, dit Cicéron[3], tel qu'il est, nous devons juger qu'il y a quelque autre intelligence supérieure et divine ; car *d'où viendroit à l'homme,* dit Socrate dans Xénophon, *l'entendement dont il est doué ?* On voit que c'est à un peu de terre, d'eau, de feu et d'air, que nous devons les parties solides de notre corps, la chaleur et l'humidité qui y sont répandues,

---

1. SAINT AUGUSTIN, *de Immort. Anim.*   2. *Phedon de Mos.*
3. *De Nat. Deor.*, II, 7, 6, trad. de D'OLIVET.

le souffle même qui nous anime. Mais, ce qui est bien au-dessus de tout cela, j'entends la raison, et, pour le dire en plusieurs termes, l'esprit, le jugement, la pensée, la prudence, où l'avons-nous prise ?

« On ne peut absolument trouver sur la terre[1] l'origine des âmes : car il n'y a rien dans les âmes qui soit mixte et composé ; rien qui paroisse venir de la terre, de l'eau, de l'air ou du feu. Tous ces éléments n'ont rien qui fasse la mémoire, l'intelligence, la réflexion ; rien qui puisse rappeler le passé, prévoir l'avenir, embrasser le présent. Jamais on ne trouvera d'où l'homme reçoit ses divines qualités, à moins que de remonter à un Dieu. Par conséquent, l'âme est d'une nature singulière, qui n'a rien de commun avec les éléments que nous connoissons. Quelle que soit donc la nature d'un être qui a sentiment, intelligence, volonté, principe de vie, cet être-là est céleste, il est divin, et dès là immortel.

« Je comprends bien, ce me semble[2], de quoi et comment ont été produits le sang, la bile, la pituite, les os, les nerfs, les veines, et généralement tout notre corps, tel qu'il est. L'âme elle-même, si ce n'étoit autre chose dans nous que le principe de la vie, me paroîtroit un effet purement naturel, comme ce qui fait vivre à leur manière la vigne et l'arbre. Et si l'âme humaine n'avoit en partage que l'instinct de se porter à ce qui lui convient et de fuir ce qui ne lui convient pas, elle n'auroit rien de plus que les bêtes.

« Mais ces propriétés sont, premièrement, une mémoire capable de renfermer en elle-même une infinité de choses.

« Voyons ce qui fait la mémoire[3] et d'où elle procède. Ce n'est certainement ni du cœur, ni du cerveau, ni du sang, ni des atomes. Je ne sais si notre âme est de feu ou d'air, et je ne rougis point, comme d'autres, d'avouer que j'ignore ce qu'en effet j'ignore. Mais qu'elle soit divine, j'en jurerois, si dans une matière obscure je pouvois parler affirmativement : car enfin, je vous le demande, la mémoire vous paroît-elle n'être qu'un assemblage de parties terrestres, qu'un amas d'air grossier et nébuleux ? Si vous ne savez ce qu'elle est, du moins vous voyez de quoi elle est capable. Eh bien, dirons-nous qu'il y a dans notre âme une espèce de réservoir, où les choses que nous confions à notre mémoire se versent comme dans un vase ? Proposition absurde : car peut-on se figurer que l'âme seroit d'une forme à loger un réservoir si profond ? Dirons-nous que l'on grave dans l'âme comme sur la cire, et qu'ainsi le souvenir est l'empreinte, la trace de ce qui a été gravé dans l'âme ? Mais des paroles et des idées peuvent-elles laisser des traces ? Et quel espace ne faudroit-il pas, d'ailleurs, pour tant de traces différentes ?

« Qu'est-ce que cette autre faculté qui s'étudie à découvrir ce qu'il y a de caché et qui se nomme intelligence, génie ? Jugez-vous qu'il n'y fût entré que du terrestre et du corruptible dans la composition de cet homme qui le premier imposa un nom à chaque chose ? Pythagore trouvoit à cela une sagesse infinie. Regardez-vous comme pétri de limon ou celui qui a

---

1. *Frag. de Consol.* 2. *Tuscul.*, 1, 24 et 25. 3. *Ibid.*, 1, 24 et 25.

rassemblé les hommes et leur a inspiré de vivre en société, ou celui qui dans un petit nombre de caractères a renfermé tous les sons que la voix forme, et dont la diversité paroissoit inépuisable, ou celui qui a observé comment se meuvent les planètes, et qu'elles sont tantôt rétrogrades, tantôt stationnaires? Tous étoient de grands hommes, ainsi que d'autres encore plus anciens, qui enseignèrent à se nourrir de blé, à se vêtir, à se faire des habitations, à se procurer les besoins de la vie, à se précautionner contre les bêtes féroces ; c'est par eux que nous fûmes apprivoisés et civilisés. Des arts nécessaires on passa ensuite aux beaux-arts. On trouva pour charmer l'oreille les règles de l'harmonie. On étudia les étoiles, tant celles qui sont fixes que celles qui sont appelées errantes, quoiqu'elles ne le soient pas. Quiconque découvrit les diverses révolutions des astres fit voir par là que son esprit tenoit de celui qui les a formés dans le ciel. »

NOTE XII, PAGE 447.

« Mais si tout ce que nous avons dit concernant les sens ne suffit pas pour convaincre un incrédule, avançons encore un peu, et faisons voir que les bornes même dans lesquelles l'étendue du pouvoir de nos sens extérieurs se trouve renfermée contribuent aussi à nous rendre plus heureux que si leur pouvoir s'étendoit beaucoup plus loin, comme cela s'est trouvé dans ces derniers siècles, avec le secours de certains instruments.

« Supposons que nos yeux aient le pouvoir de distinguer les objets qu'ils ne sauroient voir sans le microscope : il est vrai qu'ils nous feroient voir un monde de créatures nouvelles; une goutte d'eau dans laquelle on auroit fait tremper du poivre, ou une goutte de vinaigre, ou de matière séminale, nous paroîtroit comme un lac ou une rivière pleine de poissons ; l'écume des liqueurs puantes et corrompues nous paroîtroit un champ couvert de fleurs et de plantes; le fromage paroîtroit un composé de grosses araignées couvertes de poil; il en seroit de même à proportion d'une infinité d'autres choses : mais il est aussi aisé de concevoir le dégoût que la vue de ces insectes produiroit pour beaucoup de choses, qui d'ailleurs sont très-bonnes et très-utiles en elles-mêmes. J'ai vu des personnes faire des éclats de rire à la vue des petits animaux qui s'offrent dans un morceau de fromage par le moyen d'un microscope, et retirer vitement leurs mains lorsque quelqu'un de ces insectes venoit à tomber, de crainte qu'il ne tombât sur elles; mais d'autres faisoient des réflexions plus sérieuses sur la sagesse de Dieu, qui a bien voulu cacher ces choses aux yeux des ignorants et des personnes craintives, et les manifester à d'autres par le moyen des microscopes, afin que les moyens nécessaires ne manquassent point à ceux qui tâchent de pénétrer dans ses merveilles.

« Les philosophes incrédules oseroient-ils jamais souhaiter que leurs yeux eussent les propriétés des meilleurs microscopes, supposé qu'ils en connussent la nature et le fondement? et se croiroient-ils plus heureux en voyant des objets si petits qui grossiroient jusqu'à ce point-là, tandis qu'en même temps tout ce qui leur tomberoit sous les yeux n'occuperoit pas plus d'espace qu'un grain de sable? Ils ne sauroient voir aucun objet distinctement, à moins qu'ils ne fussent à une très-petite distance de l'œil, à un ou deux pouces, par exemple. Quant aux autres objets plus éloignés, comme les hommes, les bêtes, les arbres et les plantes, pour ne rien dire du soleil, de la lune et des étoiles, ces corps où brille la majesté de l'Être suprême, ils leur seroient entièrement invisibles, ou ils ne les verroient que dans une grande confusion, si tout cela se trouvoit ainsi, et si nos yeux tout seuls pouvoient pénétrer aussi avant que lorsqu'ils sont armés de bons microscopes. Tous ceux qui en ont fait l'expérience conviennent que par leur moyen on peut voir des corps composés d'un millier de petites parties : d'où il s'ensuit que, pour bien voir chaque chose jusqu'à ses particules primitives, la vue doit encore s'étendre infiniment plus loin qu'elle ne s'étend avec le secours des meilleurs microscopes.

« D'un autre côté, supposons que nos yeux soient de grands télescopes, semblables à ceux dont nous nous servons pour observer tant de nouvelles étoiles dans les cieux et pour faire tant de découvertes dans le Soleil, la Lune et les étoiles, ils seroient encore sujets à cet inconvénient : c'est qu'ils ne seroient presque d'aucun usage pour voir les objets qui nous environnent, et ils nous priveroient aussi de la vue des autres objets qui sont sur terre, parce que nous verrions les vapeurs et les exhalaisons qui s'élèvent continuellement, et qui, comme des nuages épais, nous cacheroient tous les autres objets visibles : cela n'est que trop connu de ceux qui se servent de ces instruments.

« De même, si l'odorat étoit aussi fin et aussi délicat dans les hommes qu'il paroit l'être dans de certains chiens de chasse, il n'est personne, il n'est aucune créature qui pût nous joindre; et il nous seroit impossible de passer par les endroits où elles auroient passé sans ressentir de fortes impressions des corpuscules qui en partent : mille distractions partageroient malgré nous notre attention; et lorsque nous serions forcés de nous appliquer à des objets plus relevés, nous serions obligés de nous fixer à des choses méprisables.

« Si notre langue étoit d'un tissu si délicat qu'elle nous fît éprouver autant de goût dans les choses qui n'en ont presque pas que dans celles dont le goût est aussi fort que celui des ragoûts ou des épiceries, il n'est personne qui n'avouât que cela seul suffiroit pour nous rendre les aliments très-désagréables, après que nous en aurions mangé seulement deux ou trois fois.

« L'oreille pourroit-elle distinguer tous les sons avec la même exactitude qu'elle les distingue à présent lorsque, par le moyen d'un porte-voix, quelqu'un parle doucement dans son extrémité la plus évasée, ou feroit-on plus d'attention à un grand nombre de choses? On n'en feroit certainement pas plus que lorsque nous nous trouvons au milieu d'un bruit confus et d'un grand nombre de voix, au milieu du bruit des tambours et du canon. Ceux qui ont été témoins des inconvénients que souffrent les malades qui ont l'ouïe trop fine n'auront pas de peine à être convaincus de cette vérité.

« Si dans toutes les parties de notre corps le toucher étoit aussi délicat que dans les endroits extrêmement sensibles et dans les membranes des yeux, ne faut-il pas avouer que nous serions bien malheureux, et que nous souffririons de grandes douleurs, lors même qu'une plume très-légère nous toucheroit?

« Enfin, peut-on réfléchir sur tout cela sans reconnoître la bonté de celui qui en est l'auteur, qui non-seulement nous a donné des organes aussi nobles que nos sens extérieurs, sans quoi il ne seroit pas à préférer à un morceau de bois, mais qui a même, par un effet de son adorable sagesse, renfermé nos sens dans de certaines bornes sans lesquelles ils ne nous auroient servi que d'embarras et il nous auroit été impossible d'examiner mille objets de plus grande conséquence? » (Nieuwentyt, *Exist. de Dieu*, liv. I, chap. III, p. 131.)

NOTE XIII, PAGE 160.

« Les véritables philosophes n'auroient pas prétendu, comme l'auteur du *Système de la Nature*, que le jésuite Needham eût créé des anguilles et que Dieu n'avoit pu créer l'homme. Needham ne leur auroit pas paru philosophe, et l'auteur du *Système de la Nature* n'eût été regardé que comme un discoureur par l'empereur Marc-Aurèle. » (*Questions encycl.*, t. VI, art. Philosoph.)

Dans un autre endroit, combattant les athées, il dit à propos des sauvages qu'on croyoit sans dieu :

« Mais on peut insister, on peut dire : Ils vivent en société, et ils sont sans dieu : donc on peut vivre en société sans religion.

« En ce cas, je répondrai que les loups vivent ainsi, et que ce n'est pas une société qu'un assemblage de barbares anthropophages tels que vous les supposez : et je vous demanderai toujours si quand vous avez prêté votre argent à quelqu'un de votre société, vous voudriez que ni votre débiteur, ni votre procureur, ni votre notaire, ni votre juge, ne crussent en Dieu. » (*Ib.*, t. II, art. Ath.)

Tout cet article sur l'athéisme mérite d'être parcouru. En poétique, Voltaire montre le même mépris de toutes ces vaines théories qui troublent le monde. « Je n'aime pas le gouvernement de la canaille, » répète-t-il en cent endroits. (Voyez les *Lettres au roi de Prusse*.) Ses plaisanteries sur les républiques populacières, son indignation contre les excès des peuples, tout enfin dans ses ouvrages prouve qu'il haïssoit de bonne foi les charlatans de la philosophie.

C'est ici le lieu de mettre sous les yeux du lecteur un certain nombre de passages tirés de la *Correspondance* de Voltaire, qui prouvent que je n'ai pas trop hasardé lorsque j'ai dit qu'il haïssoit secrètement les sophistes. Du moins, l'on sera forcé de conclure (si on n'est pas convaincu) que Voltaire ayant soutenu éternellement le *pour* et le *contre* et varié sans cesse dans ses sentiments, son opinion en morale, en philosophie et en religion doit être comptée pour peu de chose.

Année 1766.

« *Contre les philosophes et le philosophisme.* Je n'ai rien de commun avec les philosophes modernes que cette horreur pour le fanatisme intolérant. » (*Corresp. gén.*, t. X, p. 337.)

Année 1741.

« La supériorité qu'une physique sèche et abstraite a usurpée sur les belles-lettres commence à m'indigner. Nous avions il y a cinquante ans de bien plus grands hommes en physique et en géométrie qu'aujourd'hui, et à peine parloit-on d'eux. Les choses ont bien changé. J'ai aimé la physique tant qu'elle n'a point voulu dominer sur la poésie : à présent qu'elle a écrasé tous les arts, je ne veux plus la regarder que comme un tyran de mauvaise compagnie. Je viendrai à Paris faire abjuration entre vos mains. Je ne veux plus d'autre étude que celle qui peut rendre la société plus agréable et le déclin de la vie plus doux. On ne sauroit parler physique un quart d'heure et s'entendre. On peut parler poésie, musique, histoire, littérature, tout le long du jour, etc. » (*Corresp. gén.*, t. III, p. 170.)

« Les mathématiques sont fort belles; mais, hors une vingtaine de théorèmes utiles pour la mécanique et l'astronomie, le reste n'est qu'une curiosité fatigante. » (T. IX, p. 484.)

A Damilaville.

« J'entends par *peuple* la populace qui n'a que ses bras pour vivre. Je doute que cet ordre de citoyens ait jamais le temps ni la capacité de s'instruire; ils mourroient de faim avant de devenir philosophes. Il me paroit essentiel qu'il y ait des gueux ignorants. Si vous faisiez valoir comme moi une terre et si vous aviez des charrues, vous seriez bien de mon avis. » (T. X, p. 396.)

« J'ai lu quelque chose d'une Antiquité dévoilée, ou plutôt très-voilée. L'auteur commence par le déluge et finit toujours par le chaos : j'aime mieux, mon cher confrère, un seul de vos contes que tout ce fatras. » (T. X, p. 409.)

Année 1766.

« Je serois très-fâché de l'avoir fait (*le Christianisme dévoilé*), **non-seulement** comme académicien, mais comme philosophe, et encore plus comme **citoyen**. Il est entièrement opposé à mes principes. Ce livre conduit à l'athéisme, que je déteste. J'ai toujours regardé l'athéisme comme le plus grand égarement de la raison, parce qu'il est aussi ridicule de dire que l'arrangement du monde ne prouve pas un artisan suprême qu'il seroit impertinent de dire qu'une horloge ne prouve pas un horloger.

« Je ne réprouve pas moins ce livre comme citoyen; l'auteur paroît trop ennemi des puissances. Des hommes qui penseroient comme lui ne formeroient qu'une anarchie.

« Ma coutume est d'écrire sur la marge de mes livres ce que je pense d'eux : vous verrez, quand vous daignerez venir à Ferney, les marges du *Christianisme dévoilé* chargées de remarques, qui prouvent que l'auteur s'est trompé sur les faits les plus essentiels. » (*Corresp. gén.*, t. XI, p. 143.)

Année 1762. A Damilaville.

« Les frères doivent toujours respecter la morale et le trône. La morale est trop blessée dans le livre d'Helvétius, et le trône est trop peu respecté dans le livre qui lui est dédié. » (*Le Despotisme oriental.*)

Il dit plus haut en parlant de ce même ouvrage : « On dira que l'auteur veut qu'on ne soit gouverné ni par Dieu ni par les hommes. » (T. VIII, p. 148.)

Année 1768. A M. de Villevieille.

« Mon cher marquis, il n'y a rien de bon dans l'athéisme. Ce système est fort mauvais dans le physique et dans le moral. Un honnête homme peut fort bien s'élever contre la superstition et contre le fanatisme; il peut détester la persécution; il rend service au genre humain s'il répand les principes de la tolérance : mais quel service peut-il rendre s'il répand l'athéisme? Les hommes en seront-ils plus vertueux, pour ne pas reconnoître un Dieu qui ordonne la vertu? Non, sans doute. Je veux que les princes et leurs ministres en reconnoissent un, et même un Dieu qui punisse et qui pardonne. Sans ce frein, je les regarderai comme des animaux féroces, qui à la vérité ne me mangeront pas quand ils sortiront d'un bon repas, et qu'ils digéreront doucement sur un canapé avec leurs maîtresses, mais qui certainement me mangeront s'ils me rencontrent sous leurs griffes quand ils auront faim, et qui, après m'avoir mangé, ne croiront pas seulement avoir fait une mauvaise action. » (T. XII, p. 349.)

Année 1749.

« Je ne suis point du tout de l'avis de Saunderson, qui nie un Dieu parce qu'il est né aveugle. Je me trompe peut-être, mais j'aurois à sa place reconnu un être très-intelligent, qui m'auroit donné tant de suppléments de la vue; et en apercevant, par la pensée, des rapports infinis dans toutes les choses, j'aurois soupçonné un ouvrier infiniment habile. Il est fort impertinent de deviner qui il est et pourquoi il a fait tout ce qui existe, mais il me paroît bien hardi de nier qu'il est. » (*Coresp. gén.*, t. IV, p. 14.)

Année 1753.

« Il me paroît absurde de faire dépendre l'existence de Dieu d'a plus b, divisé par z.

« Où en seroit le genre humain s'il falloit étudier la dynamique et l'astronomie pour connoître l'Être suprême? Celui qui nous a créés tous doit être manifesté à tous, et les preuves les plus communes sont les meilleures, par la raison qu'elles sont les plus communes; il ne faut que des yeux et point d'algèbre pour voir le jour. » (*Corresp. gén.*, t. IV, p. 463.)

« Mille principes se dérobent à nos recherches parce que tous les secrets du Créateur ne sont pas faits pour nous. On a imaginé que la nature agit toujours par le chemin le plus court, qu'elle emploie le moins de force et la plus grande économie possible : mais que répondroient les partisans de cette opinion à ceux qui leur feroient voir que nos bras exercent une force de près de cinquante livres pour lever un poids d'une seule livre; que le cœur en exerce une immense pour exprimer une goutte de sang; qu'une carpe fait des milliers d'œufs pour produire une ou deux carpes; qu'un chêne donne un nombre innombrable de glands, qui souvent ne font pas naître un seul chêne? Je crois toujours, comme je vous le mandois il y a longtemps, qu'il y a plus de profusion que d'économie dans la nature. » (T. IV, p. 463.)

NOTE XIV, PAGE 161.

Comme la philosophie du jour loue précisément le polythéisme d'avoir fait cette séparation, et blâme le christianisme d'avoir uni les forces morales aux forces religieuses, je ne croyois pas que cette proposition pût être attaquée. Cependant un homme de beaucoup d'esprit et de goût, et à qui l'on doit toute déférence, a paru douter de l'assertion. Il m'a objecté la personnification des êtres moraux, comme la sagesse dans Minerve, etc.

Il me semble, sauf erreur, que les personnifications ne prouvent pas que la morale fût unie à la religion dans le polythéisme. Sans doute, en adorant tous les vices divinisés, on adoroit aussi les vertus, mais le prêtre enseignoit-il la morale dans les temples et chez les pauvres ? son ministère consistoit-il à consoler les malheureux par l'espoir d'une autre vie, à inviter le pauvre à la vertu, le riche à la charité ? Que s'il y avoit quelque morale attachée au culte de la déesse de *la Justice*, de *la Sagesse*, cette morale n'étoit-elle pas presque absolument détruite, et surtout pour le peuple, par le culte des plus infâmes divinités ? Tout ce qu'on pourroit dire, c'est qu'il y avoit quelques sentences gravées sur le frontispice et sur les murs des temples, et qu'en général le prêtre et le législateur recommandoient au peuple la crainte des dieux. Mais cela ne suffit pas pour prouver que *la profession de la morale* fût essentiellement liée au polythéisme, quand tout démontre au contraire qu'elle en étoit séparée.

Les moralités qu'on trouve dans Homère sont presque toujours indépendantes de l'action céleste : c'est une simple réflexion que le poëte fait sur l'événement qu'il raconte ou la catastrophe qu'il décrit. S'il personnifie les remords, la colère divine, etc., s'il peint le coupable au Tartare et le juste aux Champs-Élysées, ce sont sans doute de belles fictions, mais qui ne constituent pas un code moral attaché au polythéisme comme l'Évangile l'est à la religion chrétienne. Otez l'Évangile à Jésus-Christ, et le christianisme n'existe plus ; enlevez aux anciens l'allégorie de Minerve, de Thémis, de Némésis, et le polythéisme existe encore. Il est certain, d'ailleurs, qu'un culte qui n'admet qu'un seul Dieu doit s'unir étroitement à la morale parce qu'il est uni à la vérité ; tandis qu'un culte qui reconnoît la pluralité des dieux s'écarte nécessairement de la morale en se rapprochant de l'erreur.

Quant à ceux qui font un crime au christianisme d'avoir ajouté la force morale à la force religieuse, ils trouveront ma réponse dans le dernier chapitre de cet ouvrage, où je montre qu'*au défaut de l'esclavage antique les peuples modernes doivent avoir un frein puissant dans leur religion.*

NOTE XV, PAGE 208.

Voici quelques fragments que nous avons retenus de mémoire, et qui semblent être échappés à un poëte grec tant ils sont pleins du goût de l'antiquité :

> Accours, jeune Chromis, je t'aime et je suis belle,
> Blanche comme Diane et légère comme elle ;
> Comme elle grande et fière ; et les bergers, le soir,
> Lorsque, les yeux baissés, je passe sans les voir,
> Doutent si je ne suis qu'une simple mortelle,
> Et, me suivant des yeux, disent : « Comme elle est belle ! »
> Néère, ne va point te confier aux flots,
> De peur d'être déesse, et que les matelots
> N'invoquent, au milieu de la tourmente amère,
> La blanche Galatée et la blanche Néère.

Une autre idylle intitulée *le Malade,* trop longue pour être citée, est pleine des beautés les plus touchantes. Le fragment qui suit est d'un genre différent : par la mélancolie dont il est empreint on diroit qu'André Chénier, en le composant, avoit un pressentiment de sa destinée :

> Souvent, las d'être esclave et de boire la lie
> De ce calice amer que l'on nomme la vie ;
> Las du mépris des sots qui suit la pauvreté,

> Je regarde la tombe, asile souhaité;
> Je souris à la mort volontaire et prochaine;
> Je la prie, en pleurant, d'oser rompre ma chaîne.
> Le fer libérateur qui perceroit mon sein
> Déjà frappe mes yeux et frémit sous ma main.
> . . . .
> Et puis mon cœur s'écoute et s'ouvre à la foiblesse :
> Mes parents, mes amis, l'avenir, ma jeunesse,
> Mes écrits imparfaits, car à ses propres yeux
> L'homme sait se cacher d'un voile spécieux.
> A quelque noir destin qu'elle soit asservie,
> D'une étreinte invincible il embrasse la vie,
> Et va chercher bien loin, plutôt que de mourir,
> Quelque prétexte ami pour vivre et pour souffrir.
> Il a souffert, il souffre : aveugle d'espérance,
> Il se traîne au tombeau de souffrance en souffrance;
> Et la mort, de nos maux ce remède si doux,
> Lui semble un nouveau mal, le plus cruel de tous.

Les écrits de ce jeune homme, ses connoissances variées, son courage, sa noble proposition à M. de Malesherbes, ses malheurs et sa mort, tout sert à répandre le plus vif intérêt sur sa mémoire. Il est remarquable que la France a perdu, sur la fin du dernier siècle, trois beaux talents à leur aurore : Malfilâtre, Gilbert et André Chénier; les deux premiers sont morts de misère, le troisième a péri sur l'échafaud.

NOTE XVI, PAGE 220.

Nous ne voulons qu'éclaircir ce mot *descriptif*, afin qu'on ne l'interprète pas dans un sens différent de celui que nous lui donnons. Quelques personnes ont été choquées de notre assertion, faute d'avoir bien compris ce que nous voulions dire. Certainement les poëtes de l'antiquité ont des morceaux *descriptifs;* il seroit absurde de le nier, surtout si l'on donne la plus grande extension à l'expression, et qu'on entende par là des descriptions de vêtements, de repas, d'armées, de cérémonies, etc., etc.; mais ce genre de *description* est totalement différent du nôtre; en général, les anciens ont peint les *mœurs*, nous peignons les *choses;* Virgile décrit la *maison rustique*, Théocrite les *bergers*, et Thomson les *bois* et les *déserts*. Quand les Grecs et les Latins ont dit quelques mots d'un paysage, ce n'a jamais été que pour y placer des personnages et faire rapidement un fond de tableau; mais ils n'ont jamais représenté nuement, comme nous, les fleuves, les montagnes et les forêts : c'est tout ce que nous prétendons dire ici. Peut-être objectera-t-on que les anciens avoient raison de regarder la poésie descriptive comme l'objet *accessoire*, et non comme l'objet *principal* du tableau; je le pense aussi, et l'on a fait de nos jours un étrange abus du genre descriptif; mais il n'en est pas moins vrai que c'est un moyen de plus entre nos mains, et qu'il a étendu la sphère des images poétiques, sans nous priver de la peinture des mœurs et des passions, telle qu'elle existoit pour les anciens.

NOTE XVII, PAGE 225.

POÉSIES SANSKRITES. *Sacontala.*

Écoutez, ô vous arbres de cette forêt sacrée ! écoutez, et pleurez le départ de Sacontala pour le palais de l'époux ! Sacontala, celle qui ne buvoit point l'onde pure avant d'avoir arrosé vos tiges ; celle qui, par tendresse pour vous, ne détacha jamais une seule feuille de votre aimable verdure, quoique ses beaux cheveux en demandassent une guirlande ; celle qui mettoit le plus grand de tous ses plaisirs dans cette saison qui entremêle de fleurs vos flexibles rameaux !

Chœur des Nymphes des bois.

Puissent toutes les prospérités accompagner ses pas ! puissent les brises légères disperser, pour ses délices, la poussière odorante des fleurs ! puissent les lacs d'une eau claire et verdoyante sous les feuilles du lotos la rafraîchir dans sa marche ! puissent de doux ombrages la défendre des rayons brûlants du soleil ! (*Robertson's Indie.*)

POÉSIE ERSE. *Chant des Bardes; First Bard.*

Night is dull and dark; the clouds rest on the hills; no star with green trembling beam : no moon looks from the sky. I hear the blast in the wood, but I hear it distant far. The stream of the valley murmurs, but its murmur is sullen and sad. From the tree at the grave of the dead, the longhowling owl is heard. I see a dim form on the plain ! It is a ghost ! It fades, it flies. Some funeral shall pass this way. The meteor marks the path.

The distant dog is howling from the hut of the hill; the stag lies on the mountain moss : the hind is at his side. She hears the wind in his branchy horns. She starts, but lies again.

The roe is in the clift of the rock. The heathcock's head is beneath his wing. No beast, no bird is abroad, but the owl and the howling fox. She on a leafless tree, he in a cloud on the hill.

Dark, panting, trembling, sad, the traveller has lost his way. Through shrubs, through thorns, he goes, along the gurgling rill; he fears the rocks and the fen. He fears the ghost of night. The old tree groans to the blast. The falling branch resounds. The wind drives the withered burs, clung together, along the grass. It is the light tread of a ghost! he trembles amidst the night.

Dark, dusky, howling is night, cloudy, windy and full of ghosts! the dead are abroad! my friends, receive me from the night. (*Ossian.*)

NOTE XVIII, page 239.

IMITATION DE VOLTAIRE.

Toi sur qui mon tyran prodigue ses bienfaits,
Soleil! astre de feu, jour heureux que je hais,
Jour qui fais mon supplice et dont mes yeux s'étonnent
Toi qui sembles le dieu des cieux qui t'environnent,
Devant qui tout éclat disparoît et s'enfuit,
Qui fait pâlir le front des astres de la nuit;
Image du Très-Haut qui régla ta carrière,
Hélas! j'eusse autrefois éclipsé ta lumière!
Sur la voûte des cieux élevé plus que toi,
Le trône où tu t'assieds s'abaissoit devant moi;
Je suis tombé : l'orgueil m'a plongé dans l'abîme.
Hélas! je suis ingrat, c'est là mon plus grand crime;
J'osai me révolter contre mon Créateur :
C'est peu de me créer, il fut mon bienfaiteur.
Il m'aimoit; j'ai forcé sa justice éternelle
D'appesantir son bras sur ma tête rebelle;
Je l'ai rendu barbare en sa sévérité;
Il punit à jamais, et je l'ai mérité.
Mais si le repentir pouvoit obtenir grâce!...
Non, rien ne fléchira ma haine et mon audace;
Non, je déteste un maître, et sans doute il vaut mieux
Régner dans les enfers qu'obéir dans les cieux.

NOTE XIX, page 253.

Le Dante a répandu quelques beaux traits dans son *Purgatoire*, mais son imagination, si féconde dans les tourments de *l'Enfer*, n'a plus la même abondance quand il faut peindre des peines mêlées de quelques joies. Cependant cette aurore qu'il trouve au sortir du Tartare, cette lumière qu'il voit passer rapidement sur la mer, ont du vague et de la fraîcheur :

> Dolce color d' oriental zaffiro,
> Che s' accoglieva nel sereno aspetto
> Dell' aer puro infino al primo giro,
>
> Agli occhi miei ricominciò diletto
> Tosto ch' io usci' fuor dell' aura morta
> Che m' avea contristati gli occhi e 'l petto.

Lo bel pianeta ch' ad amar conforta
Faceva tutto rider l' oriente,
Velando i pesci ch' erano in sua scorta.

Io mi volsi a man destra e posi mente
All' altro polo, e vidi quattro stelle
Non viste mai fuor ch' alla prima gente.

Goder pareva 'l ciel di lor fiammelle.
O settentrional vedovo sito,
Poi che privato se' di mirar quelle!

Com' io da loro sguardo fui partito,
Un poco me volgendo all' altro polo,
Là onde 'l Carro già era sparito;

Vidi presso di me un veglio solo
Degno di tanta reverenza in vista,
Che più non dee a padre alcun figliuolo.

Lunga la barba e di pel bianco mista
Portava a' suoi capegli simigliante
De' quai cadeva al petto doppia lista.

Li raggi delle quattro luci sante
Fregiavan sì la sua faccia di lume
Ch' io 'l vedea come 'l sol fosse davante.

. . . .
. . . .
. . . .

Venimmo poi in sul lito diserto
Che mai non vide navicar sue acque
Uom che di ritornar sia poscia sperto.

. . . .
. . . .
. . . .

Già era il sole all' orizzonte giunto,
Lo cui meridian cerchio coverchia
Gerusalem col suo più alto punto;

E la notte, ch' opposita a lui cerchia
Uscia di Gange fuor con le bilance
Che le caggion di man quando soverchia

Sì che le bianche e le vermiglie guance,
Là, dov' io era, della bella Aurora
Per troppa etade divenivan rance.

Noi eravam lunghesso 'l mare ancora,
Come gente che pensa a suo cammino,
Che va col cuore e col corpo dimora :

> Ed ecco, qual su 'l presso del mattino
> Per li grossi vapor Marte rosseggia
> Giù nel ponente sopra 'l suol marino,
>
> Cotal m' apparve, s' io ancor lo veggia,
> Un lume per lo mar venir sì ratto
> Che 'l muover suo nessun volar pareggia;
>
> Dal qual com' io un poco ebbi ritratto
> L' occhio per dimandar lo duca mio,
> Rividil più lucente e maggior fatto.
>
> (*Purgatorio di* DANTE, canto I e II.)

NOTE XX, PAGE 260.

FRAGMENT DU SERMENT DE BOSSUET SUR LE BONHEUR DU CIEL.

Si l'apôtre saint Paul a dit [1] que les fidèles sont un spectacle au monde, aux anges et aux hommes, nous pouvons encore ajouter qu'ils sont un spectacle à Dieu même. Nous apprenons de Moïse que ce grand et sage architecte, diligent contemplateur de son propre ouvrage, à mesure qu'il bâtissoit ce bel édifice du monde, en admiroit toutes les parties [2] : « *Vidit Deus lucem quod esset bona :* Dieu vit que la lumière étoit bonne; » qu'en ayant composé le tout, parce qu'en effet la beauté de l'architecture paroît dans le tout et dans l'assemblage plus encore que dans les parties détachées, il avoit encore enchéri et l'avoit trouvé parfaitement beau [3] : *Et erant valde bona,* et enfin qu'il s'étoit contenté lui-même en considérant dans ses créatures les traits de sa sagesse et l'effusion de sa bonté. Mais comme le juste et l'homme de bien est le miracle de sa grâce et le chef-d'œuvre de sa main puissante, il est aussi le spectacle le plus agréable à ses yeux [4] : « *Oculi Domini super justos ;* Les yeux de Dieu, dit le saint psalmiste, sont attachés sur les justes, » non-seulement parce qu'il veille sur eux pour les protéger, mais encore parce qu'il aime à les regarder du plus haut des cieux comme le plus cher objet de ses complaisances [5]. « N'avez-vous point vu, dit-il, mon serviteur Job, comme il est droit et juste, et craignant Dieu, comme il évite le mal avec soin et n'a point son semblable sur la terre? »

Que le soldat est heureux qui combat ainsi sous les yeux de son capitaine et de son roi, à qui sa valeur invincible prépare un si beau spectacle! Que si les justes sont le spectacle de Dieu, il veut aussi à son tour être leur spectacle; comme il se plaît à les voir, il veut aussi qu'ils le voient : il les ravit par la claire vue de son éternelle beauté et leur montre à découvert sa vérité même dans une lumière si pure qu'elle dissipe toutes les ténèbres et tous les nuages. . . . .

1. *Cor.*, IV, 6. 2. *Gen.*, I, 4. 3. *Id.*, I, 31.
4. *Psalm.* XXXIII, 15. 5. JOB, I, 8.

Mais, mes frères, ce n'est pas à moi de publier ces merveilles, pendant que le Saint-Esprit nous représente si vivement la joie triomphante de la céleste Jérusalem par la bouche du prophète Isaïe. « Je créerai, dit le Seigneur, un nouveau ciel et une nouvelle terre, et toutes les angoisses seront oubliées et ne reviendront jamais : mais vous vous réjouirez, et votre âme nagera dans la joie durant toute l'éternité dans les choses que je crée pour votre bonheur : car je ferai que Jérusalem sera toute transportée d'allégresse et que son peuple sera dans le ravissement, et moi-même je me réjouirai en Jérusalem, et je triompherai de joie dans la félicité de mon peuple [1]. »

Voilà de quelle manière le Saint-Esprit nous représente les joies de ses enfants bienheureux. Puis, se tournant à ceux qui sont sur la terre, à l'Église militante, il les invite, en ces termes, à prendre part aux transports de la sainte et triomphante Jérusalem : « Réjouissez-vous, dit-il, avec elle, ô vous qui l'aimez! réjouissez-vous avec elle d'une grande joie, et sucez avec elle par une foi vive la mamelle de ses consolations divines, afin que vous abondiez en délices spirituelles, parce que le Seigneur a dit : Je ferai couler sur elle un fleuve de paix; et ce torrent se débordera avec abondance : toutes les nations de la terre y auront part; et avec la même tendresse qu'une mère caresse son enfant, ainsi je vous consolerai, dit le Seigneur [2]. »

Quel cœur seroit insensible à ses divines tendresses? Aspirons à ces joies célestes, qui seront d'autant plus touchantes qu'elles seront accompagnées d'un parfait repos, parce que nous ne les pouvons jamais perdre. (*Sermons de Bossuet*, t. III.) (*Note de l'Éditeur.*)

NOTE XXI, PAGE 265.

On sera bien aise de trouver ici le beau morceau de Bossuet sur saint Paul... « Afin que vous compreniez quel est donc ce prédicateur, destiné par la Providence pour confondre la sagesse humaine, écoutez la description que j'en ai tirée de lui-même dans la première épître aux Corinthiens.

« Trois choses contribuent ordinairement à rendre un orateur agréable et efficace : la personne de celui qui parle, la beauté des choses qu'il traite, la

---

[1]. Oblivioni traditæ sunt angustiæ priores, et non ascendent super cor. Gaudebitis et exultabitis usque in sempiternum, in his quæ ego creo. Quia ecce ego creo Jerusalem exultationem, et populum ejus gaudium. Et exultabo in Jerusalem, et gaudebo in populo meo.
(Is., LXV, 16 et suiv.)

[2]. Lætamini cum Jerusalem, et exultate in ea omnes qui diligitis eam; gaudete cum ea gaudio... Ut sugatis et repleamini ab ubere consolationis ejus; ut mulgeatis et deliciis affluatis ab omnimoda gloria ejus. Quia hæc dicit Dominus : Ecce ego declinabo super eam quasi fluvium pacis, et quasi torrentem inundantem gloriam gentium... Quomodo si cui mater blandiatur, ita ego consolabor vos.
(Is., LXVI, 10 et suiv.)

manière ingénieuse dont il les explique; et la raison en est évidente, car l'estime de l'orateur prépare une attention favorable, les belles choses nourrissent l'esprit, et l'adresse de les expliquer d'une manière qui plaise les fait doucement entrer dans le cœur. Mais de la manière que se représente le prédicateur dont je parle, il est bien aisé de juger qu'il n'a aucun de ces avantages.

« Et premièrement, chrétiens, si vous regardez son extérieur, il avoue lui-même que sa mine n'est pas relevée[1] : *Præsentia corporis infirma;* et si vous considérez sa condition, il est méprisable et réduit à gagner sa vie par l'exercice d'un art mécanique. De là vient qu'il dit aux Corinthiens : « J'ai été au milieu de vous avec beaucoup de crainte et d'infirmité[2] : » d'où il est aisé de comprendre combien sa personne étoit méprisable. Chrétiens, quel prédicateur pour convertir tant de nations !

« Mais peut-être que sa doctrine sera si plausible et si belle, qu'elle donnera du crédit à cet homme si méprisé. Non, il n'en est pas de la sorte : « Il ne sait, dit-il, autre chose que son maître crucifié[3] : « *Non judicavi me scire aliquid inter vos, nisi Jesum Christum, et hunc crucifixum,* » c'est-à-dire qu'il ne sait rien que ce qui choque, que ce qui scandalise, que ce qui paroit folie et extravagance. Comment donc peut-il espérer que ses auditeurs soient persuadés ? Mais, grand Paul ! si la doctrine que vous annoncez est si étrange et si difficile, cherchez du moins des termes polis, couvrez des fleurs de la rhétorique cette face hideuse de votre Évangile, et adoucissez son austérité par les charmes de votre éloquence. A Dieu ne plaise, répond ce grand homme, que je mêle la sagesse humaine à la sagesse du Fils de Dieu ; c'est la volonté de mon Maître que mes paroles ne soient pas moins rudes que ma doctrine paroît incroyable[4] : *Non in persuasibilibus humanæ sapientiæ verbis...* Saint Paul rejette tous les artifices de la rhétorique. Son discours, bien loin de couler avec cette douceur agréable, avec cette égalité tempérée que nous admirons dans les orateurs, paroît inégal et sans suite à ceux qui ne l'ont pas assez pénétré ; et les délicats de la terre, qui ont, disent-ils, les oreilles fines, sont offensés de la dureté de son style irrégulier. Mais, mes frères, n'en rougissons pas. Le discours de l'Apôtre est simple, mais ses pensées sont toutes divines. S'il ignore la rhétorique, s'il méprise la philosophie, Jésus-Christ lui tient lieu de tout ; et son nom, qu'il a toujours à la bouche, ses mystères, qu'il traite si divinement, rendront sa simplicité toute-puissante. Il ira, cet ignorant dans l'art de bien dire, avec cette locution rude, avec cette phrase qui sent l'étranger, il ira en cette Grèce polie, la mère des philosophes et des orateurs, et, malgré la résistance du monde, il y établira plus d'églises que Platon n'y a gagné de disciples par cette éloquence qu'on a crue divine. Il prêchera Jésus dans Athènes, et le plus savant de ses sénateurs passera de l'Aréopage en l'école de ce barbare. Il poussera encore plus loin ses conquêtes, il abattra aux pieds du Sauveur la majesté des faisceaux romains en

---

1. *Cor.*, x, 10.
2. Et ego in infirmitate et timore multo fui apud vos. (I *Cor.*, 2, 3.)
3. *Cor.* ii.   4. *Ibid.*, iv.

la personne d'un proconsul, et il fera trembler dans leurs tribunaux les juges devant lesquels on le cite. Rome même entendra sa voix, et un jour cette ville maîtresse se tiendra plus honorée d'une lettre du style de Paul adressée à ses citoyens que de tant de fameuses harangues qu'elle a entendues de son Cicéron.

« Et d'où vient cela, chrétiens? C'est que Paul a des moyens pour persuader que la Grèce n'enseigne pas et que Rome n'a pas appris. Une puissance surnaturelle, qui se plaît de relever ce que les superbes méprisent, s'est répandue et mêlée dans l'auguste simplicité de ses paroles. De là vient que nous admirons dans ses admirables épîtres une certaine vertu plus qu'humaine, qui persuade contre les règles, ou plutôt qui ne persuade pas tant qu'elle captive les entendements, qui ne flatte pas les oreilles, mais qui porte ses coups droit au cœur. De même qu'on voit un grand fleuve qui retient encore, coulant dans la plaine, cette force violente et impétueuse qu'il avoit acquise aux montagnes d'où il tire son origine, ainsi cette vertu céleste, qui est contenue dans les écrits de saint Paul, même dans cette simplicité de style, conserve toute la vigueur qu'elle apporte du ciel, d'où elle descend.

« C'est par cette vertu divine que la simplicité de l'Apôtre a assujetti toutes choses. Elle a renversé les idoles, établi la croix de Jésus, persuadé à un million d'hommes de mourir pour en défendre la gloire; enfin, dans ses admirables épîtres, elle a expliqué de si grands secrets, qu'on a vu les plus sublimes esprits, après s'être exercés longtemps dans les plus hautes spéculations où pouvoit aller la philosophie, descendre de cette vaine hauteur où ils se croyoient élevés, pour apprendre à bégayer humblement dans l'école de Jésus-Christ, sous la discipline de Paul... »

NOTE XXII, PAGE 225 et 287.

Voici le catalogue de Pline :

PEINTRES DES TROIS GRANDES ÉCOLES, IONIQUE, SICYONIENNE ET ATTIQUE.

Polygnote de Thasos peignit un Guerrier avec son bouclier. Il peignit, de plus, le temple de Delphes et le portique d'Athènes, en concurrence avec Mylon.

Apollodore d'Athènes : Un Prêtre en adoration; Ajax tout enflammé des feux de la foudre.

Zeuxis : Une Alcmène; un dieu Pan; une Pénélope; un Jupiter assis sur son trône, et entouré des dieux, qui sont debout; Hercule enfant, étouffant deux serpents, en présence d'Amphitryon et d'Alcmène, qui pâlit d'effroi; Junon Lacinienne; le Tableau des Raisins; une Hélène et un Marsyas.

Parrhasius : Le Rideau; le peuple d'Athènes personnifié; le Thésée; Méléagre; Hercule et Persée; le Grand-Prêtre de Cybèle; une Nourrice crétoise avec son enfant; un Philoctète; un dieu Bacchus; deux enfants accompagnés de la Vertu; un Pontife assisté d'un jeune garçon qui tient une boîte d'encens, et qui a une couronne de fleurs sur la tête; un Coureur armé, courant dans la lice; un autre Coureur armé, déposant ses armes à la fin de la course; un Énée; un Achille; un Agamemnon; un Ulysse; un Ajax disputant à Ulysse l'armure d'Achille.

Timanthe : Sacrifice d'Iphigénie; Polyphème endormi, dont de petits satyres mesurent le pouce avec un thyrse.

Pamphile : Un combat devant la ville de Phlius; une Victoire des Athéniens; Ulysse dans son vaisseau.

Échion : Un Bacchus; la Tragédie et la Comédie personnifiées; une Sémiramis; une Vieille qui porte deux lampes devant une nouvelle Mariée.

Apelles : Campaspe nue, sous les traits de Vénus Anadyomène; le roi Antigone; Alexandre tenant un foudre; la Pompe de Mégabyse, pontife de Diane; Clitus partant pour la guerre et prenant son casque des mains de son écuyer; un Habron, ou homme efféminé; un Ménandre, roi de Carie; un Ancée; un Gorgosthène le tragédien; les Dioscures; Alexandre et la Victoire; Bellone enchaînée au char d'Alexandre; un Héros nu; un Cheval; un Néoptolème combattant à cheval contre les Perses; Archéloüs avec sa femme et sa fille; Antigonus armé; Diane dansant avec de jeunes filles; les trois tableaux connus sous les noms de l'*Éclair*, du *Tonnerre*, de la *Foudre*.

Aristide de Thèbes : Une ville prise d'assaut, et pour sujet une Mère blessée et mourante; Bataille contre les Perses; des Quadriges en course; un Suppliant; des Chasseurs avec leur gibier; le Portrait du peintre Léontion; Biblis; Bacchus et Ariane; un Tragédien accompagné d'un jeune garçon; un vieillard qui montre à un enfant à jouer de la lyre; un Malade.

Protogène : Le Lialyssus; un Satyre mourant d'amour; un Cydippe; un Tlépolème; un Philisque méditant; un Athlète; le Roi Antigonus; la Mère d'Aristote; un Alexandre; un Pan.

Asclépiodore : Les douze grands Dieux.

Nicomaque : L'Enlèvement de Proserpine; une Victoire s'élevant dans les airs sur un char; un Ulysse; un Apollon; une Diane; une Cybèle assise sur un lion; des Bacchantes et des Satyres; la Scylla.

Philoxène d'Érétrie : La Bataille d'Alexandre contre Darius; trois Silènes.

GENRE GROTESQUE ET PEINTURE A FRESQUE.

Ici Pline parle de Pyréicus, qui peignit, dans une grande perfection, des boutiques de barbier, de cordonniers, des ânes, etc. C'est l'école flamande. Il dit ensuite qu'Auguste fit représenter sur les murs des palais et des temples des paysages et des marines. Parmi les peintures à fresque de ce genre, la plus célèbre étoit connue sous le nom de *Marachers*. C'étoient des paysans à l'entrée d'un village, faisant prix avec des femmes pour les porter sur leurs épaules à travers une mare, etc. Ce sont les seuls paysages dont il soit fait mention dans l'antiquité, et encore n'étoit-ce que des peintures à fresque. Nous reviendrons dans une autre note sur ce sujet.

PEINTURE ENCAUSTIQUE.

Pausanias de Sicyone : L'Hémérésios, ou l'Enfant; Glycère assise et couronnée de fleurs; une Hecatombe.

Euphranor : Un Combat équestre; les douze Dieux; Thésée; un Ulysse contrefaisant l'insensé; un Guerrier remettant son épée dans le fourreau.

Cydias : Les Argonautes.

Antidotas : Le Champion armé du bouclier; le Lutteur et le Joueur de flûte.

Nicias Athénien : Une Forêt; Némée personnifiée; un Bacchus; l'Hyacinthe; une Diane; le Tombeau de Mégabyse; la Nécromancie d'Homère; Calypso, Io et Andromède; Alexandre; Calypso assise.

Athénion : Un Philarque; un Syngénicon; un Achille déguisé en fille; un Palefrenier avec un cheval.

Limonaque de Byzance : Ajax; Médée; Oreste; Iphigénie en Tauride; un Lécythion, ou maître à voltiger; une Famille noble; une Gorgone.

Aristolaüs : Un Épaminondas; un Périclès; une Médée; la Vertu; Thésée; le Peuple Athénien personnifié; une Hécatombe.

Socrate : Les Filles d'Esculape, Hygie, Églé, Panacée, Laso; Œnos ou le Cordier fainéant.

Antiphile : L'Enfant soufflant le feu; les Fileuses au fuseau; la Chasse du roi Ptolémée, et le Satyre aux aguets.

Aristophon : Ancée blessé par le sanglier de Calydon; un tableau allégorique de Priam et d'Ulysse.

Artémon : Danaé et les Corsaires; la reine Stratonice; Hercule et Déjanire; Hercule au mont Œta; Laomédon.

Pline continue à nommer environ une quarantaine de peintres inférieurs, dont il ne cite que quelques tableaux. (PLINE, liv. XXXV.)

Nous n'avons à opposer à ce catalogue que celui que tous les lecteurs peuvent se procurer au *Muséum*. Nous observerons seulement que la plupart de ces tableaux antiques sont des portraits ou des tableaux d'histoire, et que, pour être impartial, il ne faut mettre en parallèle avec des sujets chrétiens que des sujets mythologiques.

NOTE XXIII, PAGE 288.

Le catalogue que Pline nous a laissé des tableaux de l'antiquité n'offre pas un seul tableau de paysage, si l'on en excepte les peintures à fresque. Il se peut faire que quelques-uns des tableaux des grands maîtres eussent un arbre, un rocher, un coin de vallon ou de forêt, un courant d'eau dans le second ou troisième plan, mais cela ne constitue pas le paysage proprement dit, et tel que nous l'ont donné les Lorrain et les Berghem.

Dans les antiquités d'Herculanum on n'a rien trouvé qui pût porter à croire que l'ancienne école de peinture eût des paysagistes. On voit seulement, dans le *Télèphe*, une femme assise, couronnée de guirlandes, appuyée sur un panier rempli d'épis, de fruits et de fleurs. Hercule est vu par le dos, debout devant elle, et une biche allaite un enfant à ses pieds. Un Faune joue de la flûte dans l'éloignement, et une femme ailée fait le fond de la figure d'Hercule. Cette composition est gracieuse, mais ce n'est pas là encore le véritable paysage, le paysage *nu*, représentant seulement un accident de la nature.

Quoique Vitruve prétende qu'Anaxagore et Démocrite avoient parlé de la perspective en traitant de la scène grecque, on peut encore douter que les anciens connussent cette partie de l'art, sans laquelle toutefois il ne peut y avoir de paysage. Le dessin des sujets d'Herculanum est sec, et tient beaucoup de la sculpture et des bas-reliefs. Les ombres, d'un rouge mêlé de noir, sont également épaisses depuis le haut jusqu'au bas de la figure, et conséquemment ne font point fuir les objets. Les fruits mêmes, les fleurs et les vases manquent de perspective, et le contour supérieur de ces derniers ne répond pas au même horizon que leur base. Enfin, tous ces sujets, tirés de la fable, que l'on trouve dans les ruines d'Herculanum, prouvent que la mythologie déroboit aux peintres le vrai paysage, comme elle cachoit aux poëtes la vraie nature.

Les voûtes des thermes de Titus, dont Raphael étudia les peintures, ne représentoient que des personnages.

Quelques empereurs iconoclastes avoient permis de dessiner des *fleurs* et des *oiseaux* sur les murs des églises de Constantinople. Les Égyptiens, qui avoient la mythologie grecque et latine, avec beaucoup d'autres divinités, n'ont point su rendre la nature. Quelques-unes de leurs peintures, que l'on voit encore sur les murailles de leurs temples, ne s'élèvent guère, pour la composition, au delà du *faire* des Chinois.

Le père Sicard, parlant d'un petit temple situé au milieu des grottes de la Thébaïde, dit : « La voûte, les murailles, le dedans, le dehors, tout est peint, mais avec des couleurs si brillantes et si douces, qu'il faut les avoir vues pour le croire.

« Au côté droit, on voit un homme debout, avec une canne de chaque main, appuyé sur un crocodile, et une fille auprès de lui, ayant une canne à la main.

« On voit, à gauche de la porte, un homme pareillement debout et appuyé sur un crocodile, tenant une épée de la main droite, et de la gauche une torche allumée. Au dedans du temple des fleurs de toutes couleurs, des instruments de différents arts et d'autres figures grotesques et emblématiques, y sont dépeints. On y voit aussi d'un autre côté une chasse où tous les oiseaux qui aiment le Nil sont pris d'un seul coup de rets et de l'autre on y voit une pêche où les poissons de cette rivière sont enveloppés dans un seul filet, etc. » (*Lett. édif.*, t. V, p. 144.)

Pour trouver des *paysages* chez les anciens, il faudroit avoir recours aux mosaïques ; encore ces paysages sont-ils tous historiés. La fameuse mosaïque du palais des princes Barberins à Palestrine représente dans sa partie supérieure un pays de montagnes, avec des chasseurs et des animaux ; dans la partie inférieure, le Nil qui serpente autour de plusieurs petites îles. Des Égyptiens poursuivent des crocodiles ; des Égyptiennes sont couchées sous des berceaux ; une femme offre une palme à un guerrier, etc.

Il y a bien loin de tout cela aux paysages de Claude le Lorrain.

NOTE XXIV, PAGE 297.

L'abbé Barthélemy trouva le prélat Baïardi occupé à répondre à des moines de Calabre qui l'avoient consulté sur le système de Copernic. « Le prélat répondoit longuement et savamment à leurs questions, exposoit les lois de la gravitation, s'élevoit contre l'imposture de nos sens, et finissoit par conseiller aux moines de ne pas troubler les cendres de Copernic. » (*Voyage en Italie.*)

NOTE XXV, PAGE 314.

On se refuse presque à croire que quelques-unes de ces notes soient de Voltaire, tant elles sont au-dessous de lui. Mais on ne peut s'empêcher d'être révolté à chaque instant de la mauvaise foi des éditeurs et des louanges qu'ils se donnent entre eux. Qui croiroit, à moins de l'avoir vu imprimé, que dans une *notule*, faite sur une *note*, on appelle le commentateur *le Secrétaire de Marc-Aurèle*, et Pascal *le Secrétaire de Port-Royal?* Dans cent autres endroits on force les idées de Pascal pour le faire passer pour athée. Par exemple, lorsqu'il dit que *la raison de l'homme seule ne peut arriver à une démonstration parfaite de l'existence de Dieu*, on triomphe, on s'écrie qu'il est beau de voir Voltaire prendre le parti de Dieu contre Pascal. En vérité, c'est bien se jouer du sens commun et compter sur la bonhomie du lecteur.

N'est-il pas évident que Pascal raisonne en *chrétien* qui veut presser l'argument de la *nécessité d'une révélation?* Il y a d'ailleurs quelque chose de pis que tout cela dans cette édition commentée. Il ne nous est pas démontré que les *Pensées nouvelles* qu'on y a ajoutées ne soient pas au moins dénaturées, pour ne rien dire de plus. Ce qui autorise à le croire, c'est qu'on s'est permis de retrancher plusieurs des anciennes, et qu'on a souvent divisé les autres, sous prétexte que le premier ordre étoit arbitraire, de manière à ce qu'elles ne donnent plus le même sens. On conçoit combien il est aisé d'altérer un passage en rompant la chaîne des idées, et en séparant deux membres de phrase pour en faire deux sens complets. Il y a une adresse, une ruse, une intention cachée dans cette édition, qui l'auroient rendue dangereuse, si les notes n'avoient heureusement détruit tout le fruit qu'on s'en étoit promis.

NOTE XXVI, page 316.

Outre les projets de réforme et d'amélioration qui sont venus à la connoissance du public, on prétend que l'on a trouvé depuis la révolution, dans les anciens papiers du ministère, une foule de projets proposés dans le conseil de Louis XIV, entre autres celui de reculer les frontières de la France jusqu'au Rhin et de s'emparer de l'Égypte. Quant aux monuments et aux travaux pour l'embellissement de Paris, ils paroissent avoir tous été discutés. On vouloit achever le Louvre, faire venir des eaux, découvrir les quais de la Cité, etc.

Des raisons d'économie ou quelque autre motif arrêtèrent apparemment les entreprises. Ce siècle avoit tant fait, qu'il falloit bien qu'il laissât quelque chose à faire à l'avenir.

NOTE XXVII, page 326.

Je répondrai par un seul fait à toutes les objections qu'on peut me faire contre l'ancienne censure. N'est-ce pas en France que tous les ouvrages contre la religion ont été composés, vendus et publiés, et souvent même imprimés? Et les grands eux-mêmes n'étoient-ils pas les premiers à les faire valoir et à les protéger? Dans ce cas, la censure n'étoit donc qu'une mesure dérisoire, puisqu'elle n'a jamais pu empêcher un livre de paroître ni un auteur d'écrire librement sa pensée sur toute espèce de sujet : après tout, le plus grand mal qui pouvoit arriver à un écrivain étoit d'aller passer quelques mois à la Bastille, d'où il sortoit bientôt avec les honneurs d'une persécution qui quelquefois étoit son seul titre à la célébrité.

NOTE XXVIII, page 331.

L'auteur du *Génie de l'Homme*, M. de Chènedollé, a reproduit en très-beaux vers quelques traits de ce chapitre, dans un des plus brillants morceaux de ses *Études poétiques*, intitulé Bossuet.

> Ainsi quand, défenseur d'Athène,
> Au plus redoutable des rois,
> Jadis l'impétueux et libre Démosthène
> Lançoit, brûlant d'éclairs, les foudres de sa voix;
> Ou quand, par l'art de la vengeance,
> Armé d'une double puissance,
> Il réclamoit le prix de la couronne d'or,
> Et pressant son rival du poids de son génie,

Sous son éloquence infinie
L'accabloit plus terrible encor,

Bouillant de verve et de pensée,
Et fort de ses expressions,
L'orateur sur la foule autour de lui pressée
Promenoit à son gré toutes les passions.
A la Grèce entière assemblée,
Muette, et ravie et troublée,
De sa foudre il faisoit sentir les traits vainqueurs ;
Et de l'art agrandi redoublant les miracles,
Tonnoit, renversoit les obstacles,
Et triomphoit de tous les cœurs.

Tel, et plus éloquent encore,
Bossuet parut parmi nous,
Quand, s'annonçant au nom du grand Dieu qu'il adore,
De sa parole aux rois il fit sentir les coups.
Dès qu'à la tribune sacrée,
De ses vieux défauts épurée,
Il monte étincelant de génie et d'ardeur,
Des grands talents soudain la palme ceint sa tête,
Et l'art dont il fait sa conquête
Luit d'une plus vive splendeur.

Toujours sublime et magnifique,
Soit que, plein de nobles douleurs,
Il nous montre un abîme où fut un trône antique,
Et d'une grande reine étale les malheurs ;
Soit lorsque entr'ouvrant le ciel même
Il peint le monarque suprême
Courbant tous les États sous d'immuables lois,
Et de sa main terrible ébranlant les couronnes,
Secouant et brisant les trônes,
Et donnant des leçons aux rois !

Mais de quelle mélancolie
Il frappe et saisit tous les cœurs,
Lorsque attristant notre âme, et sombre et recueillie,
Au cercueil d'Henriette il invoque nos pleurs !
Et comme il peint cette princesse,
Riche de grâce et de jeunesse,
Tout à coup arrêtée au sein du plus beau sort,
Et des sommets riants d'une gloire croissante,
Et d'une santé florissante,
Tombant dans les bras de la mort !

Voyez, *à ce coup de tonnerre* [1],
Comme il méprise nos grandeurs,

---

1. Expression même de Bossuet.

De ce qu'on crut pompeux sur notre triste terre
Comme il voit en pitié les trompeuses splendeurs !
  Du plus haut des cieux élancée
  Sa vaste et sublime pensée
Redescend et s'assied sur les bords d'un cercueil,
Et là, dans la muette et commune poussière
  D'une voix redoutable et fière
  Des rois il terrasse l'orgueil.

  Castillan si fier de tes armes,
  Quoi ! tu fuis aux champs de Rocroi !
Ton intrépide cœur, étranger aux alarmes,
Vient donc aussi d'apprendre à connoître l'effroi !
  Quel précoce amant de la gloire,
  Dans ses yeux portant la victoire,
Rompt tes vieux bataillons jusqu'alors si vaillants,
Et de tant de soldats, en ce combat funeste,
  Laisse à peine échapper un reste
  Qu'il promet aux plaines de Lens [1] ?

  C'est Condé qui dans la carrière
  Entre pour la première fois ;
C'est lui dont Bossuet peint la fougue guerrière,
Couronnée à vingt ans par les plus hauts exploits.
  Oh ! comme l'orateur s'enflamme !
  Du jeune Enghien à la grande âme
Comme il suit tous les pas, de carnage fumants !
Ce n'est plus un tableau, c'est la bataille même,
  Bossuet, dont ton art suprême
  Reproduit tous les mouvements !

  Comme une aigle aux ailes immenses,
  Agile habitante des cieux,
Franchit en un instant les plus vastes distances,
Parcourt tout de son vol et voit tout de ses yeux,
  Tel, à son gré changeant de place,
  Bossuet à notre œil retrace
Sparte, Athènes, Memphis aux destins éclatants ;
Tel il passe, escorté de leurs grandes images,
  Avec la majesté des âges
  Et la rapidité du temps [2].

  Oui, s'il parut jamais sublime,
  C'est lorsque armé de son flambeau,
Interprète inspiré des siècles qu'il ranime,
Des États écroulés il sonde le tombeau ;
  C'est lorsqu'en sa douleur profonde,
  Pour fermer le convoi du monde,

1. *Oraison funèbre du grand Condé.*
2. *Disc. sur l'Hist. univ.*, IIIe partie, intitulée *les Empires*.

Il scelle le cercueil de l'empire romain,
Et qu'il élève alors ses accents prophétiques
A travers les débris antiques
Et la foudre du genre humain!

(*Note de l'Éditeur.*)

NOTE XXIX, PAGE 339.

On jugera de l'éloquence de saint Chrysostome par ces deux morceaux, traduits ou extraits par Rollin, dans son *Traité des Études*, t. II, ch. II, p. 493.

EXTRAIT DU DISCOURS DE SAINT CHRYSOSTOME SUR LA DISGRACE D'EUTROPE.

Eutrope étoit un favori tout-puissant auprès de l'empereur Arcade, et qui gouvernoit absolument l'esprit de son maître. Ce prince, aussi foible à soutenir ses ministres qu'imprudent à les élever, se vit obligé malgré lui d'abandonner son favori. En un moment Eutrope tomba du comble de la grandeur dans l'extrémité de la misère. Il ne trouva de ressource que dans la pieuse générosité de saint Jean Chrysostome, qu'il avoit souvent maltraité, et dans l'asile sacré des autels, qu'il s'étoit efforcé d'abolir par diverses lois, et où il se réfugia dans son malheur. Le lendemain, jour destiné à la célébration des saints mystères, le peuple accourut en foule dans l'église pour y voir dans Eutrope une image éclatante de la foiblesse des hommes et du néant des grandeurs humaines. Le saint évêque parla sur ce sujet d'une manière si vive et si touchante, qu'il changea la haine et l'aversion qu'il avoit pour Eutrope en compassion, et fit fondre en larmes tout son auditoire. Il faut se souvenir que le caractère de saint Chrysostome étoit de parler aux grands et aux puissants, même dans le temps de leur plus grande prospérité, avec une force et une liberté vraiment épiscopales.

« Si l'on a dû jamais s'écrier : *Vanité des vanités, et tout n'est que vanité*, certainement c'est dans la conjoncture présente. Où est maintenant cet éclat des plus hautes dignités ? Où sont ces marques d'honneur et de distinction ? Qu'est devenu cet appareil des festins et des jours de réjouissance ? Où se sont terminées ses acclamations si fréquentes et ses flatteries si outrées de tout un peuple assemblé dans le Cirque pour assister au spectacle ? Un seul coup de vent a dépouillé cet arbre superbe de toutes ses feuilles, et, après l'avoir ébranlé jusque dans ses racines, l'a arraché en un moment de la terre. Où sont ces faux amis, ces vils adulateurs, ces parasites si empressés à faire leur cour et à témoigner par leurs actions et leurs paroles un servile dévouement ? Tout cela a disparu, et s'est évanoui comme un songe, comme une fleur, comme une ombre. Nous ne pouvons donc trop répéter cette sentence du Saint-Esprit : *Vanité des vanités, et tout n'est que vanité*. Elle devroit être écrite en caractères éclatants dans toutes les places publiques, aux portes des maisons, dans toutes nos chambres; mais elle devroit encore bien plus être gravée dans nos cœurs, et faire le continuel sujet de nos entretiens.

« N'avois-je pas raison, dit saint Chrysostome en s'adressant à Eutrope, de vous représenter l'inconstance et la fragilité de vos richesses? Vous connoissez maintenant, par votre expérience, que comme des esclaves fugitifs elles vous ont abandonné, et qu'elles sont même en quelque sorte devenues perfides et homicides à votre égard, puisqu'elles sont la principale cause de votre désastre. Je vous répétois souvent que vous deviez faire plus de cas de mes reproches, quelque amers qu'ils vous parussent, que de ces fades louanges dont vos flatteurs ne cessoient de vous accabler, parce que *les blessures que fait celui qui aime valent mieux que les baisers trompeurs de celui qui hait.* Avois-je tort de vous parler ainsi? Que sont devenus tous ces courtisans? Ils se sont retirés; ils ont renoncé à votre amitié; ils ne songent qu'à leur sûreté, à leurs intérêts, aux dépens même des vôtres. Il n'en est pas ainsi de nous. Nous avons souffert vos emportements dans votre élévation; et dans votre chute nous vous soutenons de tout notre pouvoir. L'Église, à qui vous avez fait la guerre, ouvre son sein pour vous recevoir, et les théâtres, objet éternel de vos complaisances, qui nous ont si souvent attiré votre indignation, vous ont abandonné et trahi.

« Je ne parle pas ainsi pour insulter au malheur de celui qui est tombé, ni pour rouvrir et aigrir des plaies encore toutes sanglantes, mais pour soutenir ceux qui sont debout et leur faire éviter de pareils maux. Et le moyen de les éviter, c'est de se bien convaincre de la fragilité et de la vanité des grandeurs humaines. De les appeler une fleur, une herbe, une fumée, un songe, ce n'est pas encore en dire assez, puisqu'elles sont au-dessous même du néant. Nous en avons une preuve bien sensible devant les yeux. Qui jamais est parvenu à une plus haute élévation? N'avoit-il pas des biens immenses? Lui manquoit-il quelque dignité? N'étoit-il pas craint et redouté de tout l'Empire? Et maintenant, plus abandonné et plus tremblant que les derniers des malheureux, que les plus vils esclaves, que les prisonniers enfermés dans de noirs cachots, n'ayant devant les yeux que les épées préparées contre lui, que les tourments et les bourreaux, privé de la lumière du jour au milieu du jour même, il attend à chaque moment la mort, et ne la perd point de vue.

« Vous fûtes témoins hier, quand on vint du palais pour le tirer d'ici par force, comment il courut aux vases sacrés, tremblant de tout le corps, le visage pâle et défait, faisant à peine entendre une foible voix entrecoupée de sanglots, et plus mort que vif. Je le répète encore, ce n'est point pour insulter à sa chute que je dis tout ceci, mais pour vous attendrir sur ses maux et pour vous inspirer des sentiments de clémence et de compassion à son égard.

« Mais, disent quelques personnes dures et impitoyables, qui même nous savent mauvais gré de lui avoir ouvert l'asile de l'Église, n'est-ce pas cet homme-là qui en a été le plus cruel ennemi et qui a fermé cet asile sacré par diverses lois? Cela est vrai, répond saint Chrysostome; et ce doit être pour nous un motif bien pressant pour glorifier Dieu de ce qu'il oblige un ennemi si formidable de venir rendre lui-même hommage et à la puissance de l'Église et à sa clémence : à sa puissance, puisque c'est la guerre qu'il lui a faite qui lui a attiré sa disgrâce; à sa clémence, puisque, malgré tous les maux qu'elle en a reçus, oubliant tout le passé, elle lui ouvre son sein, elle le cache sous ses ailes, elle le couvre de sa protection comme d'un bouclier, et le reçoit dans l'asile sacré des autels, que lui-même avoit plusieurs fois entrepris d'abolir. Il n'y a point de victoires, point de trophées, qui pussent faire tant d'honneur à l'Église. Une telle générosité, dont elle seule est capable, couvre de honte et les Juifs et les infidèles. Accorder hautement sa protection à un ennemi déclaré, tombé dans la disgrâce, abandonné de tous, devenu l'objet du mépris et de la haine publique ; montrer à son égard une tendresse plus que maternelle; s'opposer en même temps et à la colère du prince et à l'aveugle fureur du peuple : voilà ce qui fait la gloire de notre sainte religion.

« Vous dites avec indignation qu'il a fermé cet asile par diverses lois. O homme! qui que vous soyez, vous est-il donc permis de vous souvenir des injures qu'on vous a faites? Ne sommes-nous pas les serviteurs d'un Dieu crucifié, qui dit en expirant : *Mon Père, pardonnez-leur, car ils ne savent ce qu'ils font?* Et cet homme, prosterné au pied des autels et exposé en spectacle à tout l'univers, ne vient-il pas lui-même abroger ses lois et en reconnoître l'injustice? Quel honneur pour cet autel, et combien est-il devenu terrible et respectable depuis qu'à nos yeux il tient ce lion enchaîné! C'est ainsi que ce qui rehausse l'éclat et l'image d'un prince n'est pas qu'il soit assis sur un trône, revêtu de pourpre et ceint du diadème, mais qu'il foule aux pieds les barbares vaincus et captifs.

« Je vois dans notre temple une assemblée aussi nombreuse qu'à la grande fête de Pâques. Quelle leçon pour tous que le spectacle qui vous occupe maintenant, et combien le silence même de cet homme, réduit en l'état où vous le voyez, est-il plus éloquent que tous nos discours! Le riche, en entrant ici, n'a qu'à ouvrir les yeux pour reconnoître la vérité de cette parole : *Toute chair n'est que de l'herbe, et toute sa gloire est comme la fleur des champs. L'herbe s'est séchée, la fleur est tombée, parce que le Seigneur l'a frappée de son souffle.* Et le pauvre apprend ici à juger de son état tout autrement qu'il ne fait, et, loin de se plaindre, à savoir même bon gré à sa pauvreté, qui lui tient lieu d'asile, de port, de citadelle, en le mettant en repos et en sûreté, et le délivrant des craintes et des alarmes dont il voit que les richesses sont la cause et l'origine. »

Le but qu'avoit saint Chrysostome en tenant tout ce discours n'étoit pas seulement d'instruire son peuple, mais de l'attendrir par le récit des maux dont il lui faisoit une peinture si vive. Aussi eut-il la consolation, comme je l'ai dit, de faire fondre en larmes tout son auditoire, quelque aversion qu'on eût pour Eutrope, qu'on regardoit avec raison comme l'auteur de tous les maux publics et particuliers. Quand il s'en aperçut il continua ainsi : « Ai-je calmé vos esprits? Ai-je chassé la colère? Ai-je éteint l'inhumanité?

Ai-je excité la compassion ? Oui, sans doute, et l'état où je vous vois, et ces larmes qui coulent de vos yeux en sont de bons garants. Puisque vos cœurs sont attendris et qu'une ardente charité en a fondu la glace et amolli la dureté, allons donc tous ensemble nous jeter aux pieds de l'empereur, ou plutôt prions le Dieu de miséricorde de l'adoucir, en sorte qu'il nous accorde la grâce entière. »

Ce discours eut son effet, et saint Chrysostome sauva la vie à Eutrope. Mais quelques jours après, ayant eu l'imprudence de sortir de l'église pour se sauver, il fut pris et banni en Chypre, d'où on le tira dans la suite pour lui faire son procès à Chalcédoine, et il fut décapité.

EXTRAIT TIRÉ DU PREMIER LIVRE DU SACERDOCE.

Saint Chrysostome avoit un ami intime nommé Basile, qui lui avoit persuadé de quitter la maison de sa mère pour mener avec lui une vie solitaire et retirée. « Dès que cette mère désolée eut appris cette nouvelle, elle me prit la main, dit saint Chrysostome, me mena dans sa chambre, et, m'ayant fait asseoir auprès d'elle sur le même lit où elle m'avoit mis au monde, elle commença à pleurer et à me parler en des termes qui me donnèrent encore plus de pitié que ses larmes. « Mon fils, me dit-elle, Dieu n'a pas voulu que je jouisse longtemps de la vertu de votre père. Sa mort, qui suivit de près les douleurs que j'avois endurées pour vous mettre au monde, vous rendit orphelin et me laissa veuve plus tôt qu'il n'eût été utile à l'un et à l'autre. J'ai souffert toutes les peines et toutes les incommodités du veuvage, lesquelles certes ne peuvent être comprises par les personnes qui ne les ont point éprouvées. Il n'y a point de discours qui puisse représenter le trouble et l'orage où se voit une jeune femme qui ne vient que de sortir de la maison de son père, qui ne sait point les affaires, et qui, étant plongée dans l'affliction, doit prendre de nouveaux soins, dont la foiblesse de son âge et celle de son sexe sont peu capables. Il faut qu'elle supplée à la négligence de ses serviteurs et se garde de leur malice ; qu'elle se défende des mauvais desseins de ses proches ; qu'elle souffre constamment les injures des partisans et l'insolence et la barbarie qu'ils exercent dans la levée des impôts.

« Quand un père en mourant laisse des enfants, si c'est une fille, je sais que c'est beaucoup de peine et de soin pour une veuve : ce soin néanmoins est supportable, en ce qu'il n'est pas mêlé de crainte ni de dépense. Mais si c'est un fils, l'éducation en est bien plus difficile, et c'est un sujet continuel d'appréhensions et de soins, sans parler de ce qu'il coûte pour le faire bien instruire. Tous ces maux pourtant ne m'ont point portée à me remarier. Je suis demeurée ferme parmi ces orages et ces tempêtes, et, me confiant surtout en la grâce de Dieu, je me suis résolue de souffrir tous ces troubles que le veuvage apporte avec soi.

« Mais ma seule consolation dans ces misères a été de vous voir sans cesse et de contempler dans votre visage l'image vivante et le portrait fidèle de mon mari mort : consolation qui a commencé dès votre enfance, lorsque vous ne saviez pas encore parler, qui est le temps où les pères et les mères reçoivent plus de plaisirs de leurs enfants.

« Je ne vous ai point aussi donné sujet de me dire que, à la vérité, j'ai soutenu avec courage les maux de ma condition présente, mais aussi que j'ai diminué le bien de votre père pour me tirer de ces incommodités, qui est un malheur que je sais arriver souvent aux pupilles; car je vous ai conservé tout ce qu'il vous a laissé, quoique je n'aie rien épargné de tout ce qui vous a été nécessaire pour votre éducation. J'ai pris ces dépenses sur mon bien et sur ce que j'ai eu de mon père en mariage : ce que je ne vous dis pas, mon fils, dans la vue de vous reprocher les obligations que vous m'avez. Pour tout cela je ne vous demande qu'une grâce : ne me rendez pas veuve une seconde fois. Ne rouvrez pas une plaie qui commençoit à se fermer. Attendez au moins le jour de ma mort : peut-être n'est-il pas éloigné. Ceux qui sont jeunes peuvent espérer de vieillir, mais à mon âge je n'ai plus que la mort à attendre. Quand vous m'aurez ensevelie dans le tombeau de votre père et que vous aurez réuni mes os à ses cendres, entreprenez alors d'aussi longs voyages et naviguez sur telle mer que vous voudrez, personne ne vous en empêchera. Mais pendant que je respire encore supportez ma présence et ne vous ennuyez point de vivre avec moi. N'attirez pas sur vous l'indignation de Dieu en causant une douleur si sensible à une mère qui ne l'a point méritée. Si je songe à vous engager dans les soins du monde et que je veuille vous obliger de prendre la conduite de mes affaires, qui sont les vôtres, n'ayez plus d'égard, j'y consens, ni aux lois de la nature, ni aux peines que j'ai essuyées pour vous élever, ni au respect que vous devez à une mère, ni à aucun autre motif pareil : fuyez-moi comme l'ennemi de votre repos, comme une personne qui vous tend des piéges dangereux. Mais si je fais tout ce qui dépend de moi afin que vous puissiez vivre dans une parfaite tranquillité, que cette considération pour le moins vous retienne, si toutes les autres sont inutiles. Quelque grand nombre d'amis que vous ayez, nul ne vous laissera vivre avec autant de liberté que je fais. Aussi n'y en a-t-il point qui ait la même passion que moi pour votre avancement et pour votre bien. »

Saint Chrysostome ne put résister à un discours si touchant, et, quelque sollicitation que Basile son ami continuât toujours à lui faire, il ne put se résoudre à quitter une mère si pleine de tendresse pour lui et si digne d'être aimée.

L'antiquité païenne peut-elle nous fournir un discours plus beau, plus vif, plus tendre, plus éloquent que celui-ci, mais de cette éloquence simple et naturelle, qui passe infiniment tout ce que l'art le plus étudié pourroit avoir de plus brillant? Y a-t-il dans tout ce discours aucune pensée recherchée, aucun tour extraordinaire ou affecté? Ne voit-on pas que tout y coule de source, et que c'est la nature même qui l'a dicté? Mais ce que j'admire le plus, c'est la retenue inconcevable d'une mère affligée à l'excès et pénétrée de douleur, à qui, dans un état si violent, il n'échappe pas un seul mot ni d'emportement, ni même de plainte contre l'auteur de ses peines et de ses alarmes, soit par respect pour la vertu de Basile, soit par la crainte d'irriter son fils, qu'elle ne songeoit qu'à gagner et à attendrir.

NOTE XXX, PAGE 343.

« C'est au grand talent, dit M. de La Harpe, qu'il est donné de réveiller la froideur et de peindre l'indifférence; et lorsque l'exemple s'y joint (heureusement encore tous nos prédicateurs illustres ont eu cet avantage), il est certain que le ministère de la parole n'a nulle part plus de puissance et de dignité que dans la chaire. Partout ailleurs, c'est un homme qui parle à des hommes; ici, c'est un être d'une autre espèce : élevé entre le ciel et la terre, c'est un médiateur que Dieu place entre la créature et lui. Indépendant des considérations du siècle, il annonce les oracles de l'éternité. Le lieu même d'où il parle, celui où on l'écoute, confond et fait disparoître toutes les grandeurs pour ne laisser sentir que la sienne. Les rois s'humilient comme le peuple devant son tribunal, et n'y viennent que pour être instruits. Tout ce qui l'environne ajoute un nouveau poids à sa parole : sa voix retentit dans l'étendue d'une enceinte sacrée et dans le silence d'un recueillement universel. S'il atteste Dieu, Dieu est présent sur les autels; s'il annonce le néant de la vie, la mort est auprès de lui pour lui rendre témoignage et montrer à ceux qui l'écoutent qu'ils sont assis sur des tombeaux.

« Ne doutons pas que les objets extérieurs, l'appareil des temples et des cérémonies, n'influent beaucoup sur les hommes et n'agissent sur eux avant l'orateur, pourvu qu'il n'en détruise pas l'effet. Représentons-nous Massillon dans la chaire, prêt à faire l'oraison funèbre de Louis XIV, jetant d'abord les yeux autour de lui et les fixant quelque temps sur cette pompe lugubre et imposante qui suit les rois jusque dans ces asiles de mort où il n'y a que des cercueils et des cendres, les baissant ensuite un moment avec l'air de la méditation, puis les relevant vers le ciel et prononçant ces mots d'une voix ferme et grave : *Dieu seul est grand, mes frères!* Quel exorde renfermé dans une seule parole accompagnée de cette action! comme elle devient sublime par le spectacle qui entoure l'orateur! comme ce seul mot anéantit tout ce qui n'est pas Dieu! »

L'auteur d'une *Épître à M. de Chateaubriand*, publiée en 1809, avoit placé dans ses vers un tableau du siècle de Louis le Grand, où l'on reconnoîtra une imitation de ce passage : *Comme on voit le soleil*, disoit-il,

> Comme on voit le soleil, ce monarque des mondes,
> A l'approche du soir s'incliner vers les ondes,
> Des forêts et des monts colorer le penchant
> Et de ses feux encore embraser le couchant,
> Tel Louis, atteignant la vieillesse glacée,

Conservoit les débris de sa gloire passée,
Et de la royauté déposant le fardeau,
Grand par ses souvenirs, descendoit au tombeau.
Turenne n'étoit plus, mais, rival de sa gloire,
Villars sous nos drapeaux ramenoit la victoire,
Et Denain avoit vu du haut de ses remparts
L'Anglois épouvanté s'enfuir de toutes parts.
Corneille avoit fini sa brillante carrière,
Melpomène aux douleurs se livroit tout entière;
Mais Rousseau, n'écoutant que ses nobles transports,
Enfantoit chaque jour de plus brillants accords
Et savoit allier, dans son heureuse audace,
La harpe de David et la lyre d'Horace.
Fénelon, sage aimable et rival de Nestor,
Instruisoit Télémaque aux leçons de Mentor;
Bossuet adressoit, dans sa mâle éloquence,
A l'ombre de Condé les regrets de la France,
Et dans nos temples saints sa redoutable voix
Au nom seul du Seigneur faisoit trembler les rois;
Fléchier, moins énergique et non moins plein de charmes,
Sur Turenne au tombeau faisoit verser des larmes;
Et lorsqu'en des instants de regrets et de deuil,
Les chrétiens de Louis entouroient le cercueil,
Quand la nef des lieux saints répétoit leurs cantiques,
Massillon écoutoit ces chœurs mélancoliques,
Et sa voix, s'animant à ce lugubre chant,
Faisoit tonner ces mots : Chrétiens! Dieu seul est grand!
(*Note de l'Éditeur.*)

NOTE XXXI, PAGE 349.

LICHTENSTEIN.

Les Encyclopédistes sont une secte de soi-disant philosophes, formée de nos jours; ils se croient supérieurs à tout ce que l'antiquité a produit en ce genre. A l'effronterie des cyniques ils joignent la noble impudence de débiter tous les paradoxes qui leur tombent dans l'esprit; ils se targuent de géométrie et soutiennent que ceux qui n'ont pas étudié cette science ont l'esprit faux; que par conséquent ils ont seuls le don de bien raisonner : leurs discours les plus communs sont farcis de termes scientifiques. Ils diront, par exemple, que telles lois sont sagement établies en raison inverse du carré des distances; que telle puissance, prête à former une alliance avec une autre, se sent attirer à elle par l'effet de l'attraction, et que bientôt les deux nations seront assimilées. Si on leur propose une promenade, c'est le problème d'une courbe à résoudre. S'ils ont une colique néphrétique, ils s'en guérissent par les règles de l'hydrostatique. Si une puce les a mordus, ce sont des infiniment petits du premier ordre qui les incommodent. S'ils font une chute, c'est pour avoir perdu le centre de gravité. Si quelque folliculaire a l'audace de les attaquer, ils le noient dans un déluge d'encre et d'injures ; ce crime de lèse-philosophie est irrémissible.

EUGÈNE.

Mais quel rapport ont ces fous avec notre nom, avec le jugement qu'on porte de nous?

LICHTENSTEIN.

Beaucoup plus que vous ne croyez, parce qu'ils dénigrent toutes les sciences, hors celle de leurs calculs. Les poésies sont des frivolités dont il faut exclure les fables ; un poëte ne doit rimer avec énergie que les équations algébriques. Pour l'histoire, ils veulent qu'on l'étudie à rebours, à commencer de nos temps pour remonter avant le déluge. Les gouvernements, ils les réforment tous : la France doit devenir un État républicain, dont un géomètre sera le législateur, et que des géomètres gouverneront en soumettant toutes les opérations de la nouvelle république au calcul infinitésimal. Cette république conservera une paix constante et se soutiendra sans armée... Ils affectent tous une sainte horreur pour la guerre... S'ils haïssent les armées et les généraux qui se rendent célèbres, cela ne les empêche pas de se battre à coups de plume et de se dire souvent des grossièretés dignes des halles ; et s'ils avoient des troupes, ils les feroient marcher les unes contre les autres... En leur style, ces beaux propos s'appellent des libertés philosophiques ; il faut penser tout haut, toute vérité est bonne à dire, et comme, selon leur sens, ils sont seuls les dépositaires des vérités, ils croient pouvoir débiter toutes les extravagances qui leur viennent dans l'esprit, sûrs d'être applaudis.

MARLBOROUGH.

Apparemment qu'il n'y a plus en Europe de Petites-Maisons : s'il en restoit, mon avis seroit d'y loger ces messieurs, pour qu'ils fussent les législateurs des fous leurs semblables.

EUGÈNE.

Mon avis seroit de leur donner à gouverner une province qui méritât d'être châtiée : ils apprendroient par leur expérience, après qu'ils y auroient tout mis sens dessus dessous, qu'ils sont des ignorants, que la critique est aisée, mais l'art difficile, et surtout qu'on s'expose à dire force sottises quand on se mêle de parler de ce qu'on n'entend pas.

LICHTENSTEIN.

Des présomptueux n'avouent jamais qu'ils ont tort. Selon leurs principes, le sage ne se trompe jamais ; il est le seul éclairé, de lui doit émaner la lumière qui dissipe les sombres vapeurs dans lesquelles croupit le vulgaire imbécile et aveugle : aussi Dieu sait comment ils l'éclairent. Tantôt c'est en lui découvrant l'origine des préjugés, tantôt c'est un livre sur l'esprit, tantôt le système de la nature ; cela ne finit point. Un tas de polissons, soit par air ou par mode, se comptent parmi leurs disciples ; ils affectent de les copier et s'érigent en sous-précepteurs du genre humain ; et comme il est plus facile de dire des injures que d'alléguer des raisons, le ton de leurs élèves est de se déchaîner indécemment en toute occasion contre les militaires.

EUGÈNE.

Un fat trouve toujours un plus fat qui l'admire : mais les militaires souffrent-ils les injures tranquillement ?

LICHTENSTEIN.

Ils laissent aboyer ces roquets, et continuent leur chemin.

MARLBOROUGH.

Mais pourquoi cet acharnement contre la plus noble des professions, contre celle sous l'abri de laquelle les autres peuvent s'exercer en paix ?

LICHTENSTEIN.

Comme ils sont tous très-ignorants dans l'art de la guerre, ils croient rendre cet art méprisable en le déprimant ; mais, comme je vous l'ai dit, ils décrient généralement toutes les sciences, et ils élèvent la seule géométrie sur ces débris, pour anéantir toute gloire étrangère et la concentrer uniquement sur leurs personnes.

MARLBOROUGH.

Mais nous n'avons méprisé ni la philosophie, ni la géométrie, ni les belles-lettres, et nous nous sommes contentés d'avoir du mérite dans notre genre.

EUGÈNE.

J'ai plus fait. A Vienne j'ai protégé tous les savants, et les ai distingués lors même que personne n'en faisoit aucun cas.

LICHTENSTEIN.

Je le crois bien, c'est que vous étiez de grands hommes, et ces soi-disant philosophes ne sont que des polissons, dont la vanité voudroit jouer un rôle : cela n'empêche pas que les injures si souvent répétées ne fassent du tort à la mémoire des grands hommes. On croit que raisonner hardiment de travers, c'est être philosophe, et qu'avancer des paradoxes, c'est emporter la palme. Combien n'ai-je pas entendu, par de ridicules propos, condamner vos plus belles actions et vous traiter d'hommes qui avoient usurpé une réputation dans un siècle d'ignorance qui manquoit de vrais appréciateurs du mérite !

MARLBOROUGH.

Notre siècle, un siècle d'ignorance ! ah ! je n'y tiens plus.

LICHTENSTEIN.

Le siècle présent est celui des philosophes.

(OEuvres de Frédéric II.)

NOTE XXXII, PAGE 350.

PORTRAITS DE J.-J. ROUSSEAU ET DE VOLTAIR

PAR LA HARPE.

. . . .
Deux surtout, dont le nom, les talents, l'éloquence,
Faisant aimer l'erreur ont fondé sa puissance,
Préparèrent de loin des maux inattendus
Dont ils auroient frémi s'ils les avoient prévus.
Oui, je le crois, témoins de leur affreux ouvrage,
Ils auroient des François désavoué la rage.
Vaine et tardive excuse aux fautes de l'orgueil !
Qui prend le gouvernail doit connoître l'écueil.
La foiblesse réclame un pardon légitime ;
Mais de tout grand pouvoir l'abus est un grand crime.
Par les dons de l'esprit placés aux premiers rangs,
Ils ont parlé d'en haut aux peuples ignorants ;
Leur voix montoit au ciel pour y porter la guerre ;
Leur parole hardie a parcouru la terre.
Tous deux ont entrepris d'ôter au genre humain
Le joug sacré qu'un Dieu n'imposa pas en vain ;
Et des coups que ce Dieu frappe pour les confondre,
Au monde, leur disciple, ils auront à répondre.
Leurs noms, toujours chargés de reproches nouveaux,
Commenceront toujours le récit de nos maux.
Ils ont frayé la route à ce peuple rebelle ·
De leurs tristes succès la honte est immortelle.

L'un qui, dès sa jeunesse errant et rebuté,
Nourrit dans les affronts son orgueil révolté,
Sur l'horizon des arts sinistre météore,
Marqua par le scandale une tardive aurore,
Et pour premier essai d'un talent imposteur
Calomnia les arts, ses seuls titres d'honneur,
D'un moderne cynique affecta l'arrogance,
Du paradoxe altier orna l'extravagance,
Ennoblit le sophisme et cria *vérité*.
Mais par quel art honteux s'est-il accrédité ?
Courtisan de l'envie, il la sert, la caresse,
Va dans les derniers rangs en flatter la bassesse,
Jusques aux fondements de la société
Il a porté la faux de son *égalité* ;
Il sema, fit germer, chez un peuple volage,
Cet esprit novateur, le monstre de notre âge,
Qui couvrira l'Europe et de sang et de deuil.
Rousseau fut parmi nous l'apôtre de l'orgueil :
Il vanta son enfance à Genève nourrie,
Et pour venger un livre il troubla sa patrie,

Tandis qu'en ses écrits, par un autre travers,
Sur sa ville chétive il régloit l'univers.
J'admire ses talents, j'en déteste l'usage ;
Sa parole est un feu, mais un feu qui ravage,
Dont les sombres lueurs brillent sur des débris.
Tout, jusqu'aux vérités, trompe dans ses écrits ;
Et du faux et du vrai ce mélange adultère
Est d'un sophiste adroit le premier caractère.
Tour à tour apostat de l'une et l'autre loi,
Admirant l'Évangile et réprouvant la foi,
Chrétien, déiste, armé contre Genève et Rome,
Il épuise à lui seul l'inconstance de l'homme,
Demande une statue, implore une prison ;
Et l'amour-propre enfin, égarant sa raison,
Frappe ses derniers ans du plus triste délire :
Il fuit le monde entier qui contre lui conspire,
Il se confesse au monde, et, toujours plein de soi,
Dit hautement à Dieu : *Nul n'est meilleur que moi.*

L'autre, encor plus fameux, plus éclatant génie,
Fut pour nous soixante ans le dieu de l'harmonie.
Ceint de tous les lauriers, fait pour tous les succès,
Voltaire a de son nom fait un titre aux François.
Il nous a vendu cher ce brillant héritage,
Quand, libre en son exil, rassuré par son âge,
De son esprit fougueux l'essor indépendant
Prit sur l'esprit du siècle un si haut ascendant ;
Quand son ambition, toujours plus indocile,
Prétendit détrôner le Dieu de l'Évangile,
Voltaire dans Ferney, son bruyant arsenal,
Secouoit sur l'Europe un magique fanal
Que pour embraser tout trente ans on a vu luire.
Par lui l'impiété, puissante pour détruire,
Ébranla, d'un effort aveugle et furieux,
Les trônes de la terre appuyés dans les cieux.
Ce flexible Protée étoit né pour séduire :
Fort de tous les talents, et de plaire et de nuire,
Il sut multiplier son fertile poison ;
Armé du ridicule, éludant la raison,
Prodiguant le mensonge et le sel et l'injure,
De cent masques divers il revêt l'imposture,
Impose à l'ignorant, insulte à l'homme instruit ;
Il sut jusqu'au vulgaire abaisser son esprit,
Faire du vice un jeu, du scandale une école.
Grâce à lui, le blasphème, et piquant et frivole,
Circuloit embelli des traits de la gaîté ;
Au bon sens il ôta sa vieille autorité,
Repoussa l'examen, fit rougir du scrupule,
Et mit au premier rang le titre d'incrédule.

NOTE XXXIII, PAGE 351.

Voici ce que Montesquieu écrivoit en 1752 à l'abbé de Guasco : « Huart veut faire une nouvelle édition des *Lettres Persanes*, mais il y a quelques *juvenilia* que je voudrois auparavant retoucher. »

Sous ce passage on trouve cette note de l'éditeur :

« Il a dit à quelques amis que s'il avoit eu à donner actuellement ces Lettres, il en auroit omis quelques-unes dans lesquelles le feu de la jeunesse l'avoit transporté; qu'obligé par son père de passer toute la journée sur le code, il s'en trouvoit le soir si excédé, que pour s'amuser il se mettoit à composer une Lettre persane, et que cela couloit de sa plume sans étude. » (*OEuvres de Montesquieu*, t. VII, p. 233.)

NOTE XXXIV, PAGE 352.

Voltaire, que j'aime à citer aux incrédules, pensoit ainsi sur le siècle de Louis XIV et sur le nôtre. Voici plusieurs passages de ses lettres (où l'on doit toujours chercher ses sentiments intimes) qui le prouvent assez.

« C'est Racine qui est véritablement grand, et d'autant plus grand, qu'il ne paroît jamais chercher à l'être. C'est l'auteur d'*Athalie* qui est l'homme parfait. (*Correspond. gén.*, t. VIII, p. 465.)

« J'avois cru que Racine seroit ma consolation, mais il est mon désespoir. C'est le comble de l'insolence de faire une tragédie après ce grand homme. Aussi après lui je ne connois que de mauvaises pièces, et avant lui que quelques bonnes scènes. (*Ibid.*, t. VIII, p. 467.)

« Je ne peux me plaindre de la bonté avec laquelle vous parlez d'un *Brutus* et d'un *Orphelin*; j'avouerai même qu'il y a quelques beautés dans ces deux ouvrages; mais encore une fois vive Jean (Racine)! plus on le lit, et plus on lui découvre un talent unique soutenu par toutes les finesses de l'art : en un mot, s'il y a quelque chose sur la terre qui approche de la perfection, c'est Jean. » (*Ibid.*, t. VIII, p. 501.)

« La mode est aujourd'hui de mépriser Colbert et Louis XIV; cette mode passera, et ces deux hommes resteront à la postérité avec Boileau. » (*Ibid.*, t. XV, p. 108.)

« Je prouverois bien que les choses passables de ce temps-ci sont toutes puisées dans les bons écrits du siècle de Louis XIV. Nos mauvais livres sont moins mauvais que les mauvais que l'on faisoit du temps de Boileau, de Racine et de Molière, parce que dans ces plats ouvrages d'aujourd'hui il y a toujours quelques morceaux tirés visiblement des auteurs du règne du bon goût. Nous ressemblons à des voleurs qui changent et qui ornent ridiculement les habits qu'ils ont dérobés, de peur qu'on ne les reconnoisse. A cette friponnerie s'est jointe la rage de la dissertation et celle du paradoxe ; le tout compose une impertinence qui est d'un ennui mortel. » (*Ibid.*, t. XIII, p. 219.)

« Accoutumez-vous à la disette des talents en tous genres, à l'esprit devenu commun et au génie devenu rare, à une inondation de livres sur la guerre pour être battus, sur les finances pour n'avoir pas un sou, sur la population pour manquer de recrues et de cultivateurs, et sur tous les arts pour ne réussir dans aucun. » (*Ibid.*, t. VI, p. 391.)

Enfin, Voltaire a dit, dans sa belle Lettre à milord Hervey, tout ce qu'on a répété moins bien et redit mille fois depuis sur le siècle de Louis XIV. Voici cette Lettre à milord Hervey, en 1740 :

Année 1740.

« ... Mais surtout, milord, soyez moins fâché contre moi de ce que j'appelle le siècle dernier le siècle de Louis XIV. Je sais bien que Louis XIV n'a pas eu l'honneur d'être le maître ni le bienfaiteur d'un Bayle, d'un Newton, d'un Halley, d'un Addison, d'un Dryden ; mais dans le siècle qu'on nomme de Léon X, ce pape avoit-il tout fait ? N'y avoit-il pas d'autres princes qui contribuèrent à polir et à éclairer le genre humain ? Cependant, le nom de Léon X a prévalu, parce qu'il encouragea les arts plus qu'aucun autre. Eh ! quel roi a donc en cela rendu plus de services à l'humanité que Louis XIV ? quel roi a répandu plus de bienfaits, a marqué plus de goût, s'est signalé par de plus beaux établissements ? Il n'a pas fait tout ce qu'il pouvoit faire, sans doute, parce qu'il étoit homme, mais il a fait plus qu'aucun autre, parce qu'il étoit un grand homme : ma plus forte raison pour l'estimer beaucoup, c'est qu'avec des fautes connues il a plus de réputation qu'aucun de ses contemporains ; c'est que, malgré un million d'hommes dont il a privé la France, et qui tous ont été intéressés à le décrier, toute l'Europe l'estime et le met au rang des plus grands et des meilleurs monarques.

« Nommez-moi donc, milord, un souverain qui ait attiré chez lui plus d'étrangers habiles et qui ait plus encouragé le mérite dans ses sujets. Soixante savants de l'Europe reçurent à la fois des récompenses de lui, étonnés d'en être connus.

« *Quoique le roi ne soit pas votre souverain*, leur écrivoit M. de Colbert, *il veut être votre bienfaiteur ; il m'a commandé de vous envoyer la lettre de change ci-jointe comme un gage de son estime.* Un Bohémien, un Danois, recevoient de ces lettres datées de Versailles. *Guillemini* bâtit à Florence une maison des bienfaits de Louis XIV ; il mit le nom de ce roi sur le frontispice, et vous ne voulez pas qu'il soit à la tête du siècle dont je parle !

« Ce qu'il a fait dans son royaume doit servir à jamais d'exemple. Il chargea de l'éducation de son fils et de son petit-fils les plus éloquents et les plus savants hommes de l'Europe. Il eut l'attention de placer trois enfants de Pierre Corneille, deux dans les troupes, et l'autre dans l'Église ; il excita le mérite naissant de Racine par un présent considérable pour un jeune homme inconnu et sans bien ; et quand ce génie se fut perfectionné, ces talents, qui souvent sont l'exclusion de la fortune, firent la sienne. Il eut plus que de la fortune, il eut la faveur et quelquefois la familiarité d'un maître dont un regard étoit un bienfait. Il étoit, en 1688 et 1689, de ces voyages de Marly tant brigués par les courtisans ; il couchoit dans la chambre du roi pendant ses maladies et lui lisoit ces chefs-d'œuvre d'éloquence et de poésie qui décoroient ce beau règne.

Cette faveur, accordée avec discernement, est ce qui produit l'émulation et qui échauffe les grands génies. C'est beaucoup de faire des fondations, c'est quelque chose de les soutenir ; mais s'en tenir à ces établissements, c'est souvent préparer les mêmes asiles pour l'homme inutile et pour le grand homme, c'est recevoir dans la même ruche l'abeille et le frelon.

« Louis XIV songeoit à tout : il protégeoit les académies et distinguoit ceux qui se signaloient ; il ne prodiguoit point sa faveur à un genre de mérite à l'exclusion des autres, comme tant de princes, qui favorisent non ce qui est beau, mais ce qui leur plaît; la physique et l'étude de l'antiquité attirèrent son attention. Elle ne se ralentit pas même dans les guerres qu'il soutenoit contre l'Europe, car en bâtissant trois cents citadelles, en faisant marcher quatre cent mille soldats, il faisoit élever l'Observatoire et tracer une méridienne d'un bout du royaume à l'autre, ouvrage unique dans le monde. Il faisoit imprimer dans son palais les traductions des bons auteurs grecs et latins ; il envoyoit des géomètres et des physiciens au fond de l'Afrique et de l'Amérique chercher de nouvelles connoissances. Songez, milord, que sans le voyage et les expériences de ceux qu'il envoya à Cayenne en 1672, et sans les mesures de M. Picard, jamais Newton n'eût fait ses découvertes sur l'attraction. Regardez, je vous prie, un Cassini et un Huyghens, qui renoncent tous deux à leur patrie, qu'ils honorent, pour venir en France jouir de l'estime et des bienfaits de Louis XIV. Et pensez-vous que les Anglois mêmes ne lui aient pas obligation ? Dites-moi, je vous prie, dans quelle cour Charles II puisa tant de politesse et tant de goût ? Les bons auteurs de Louis XIV n'ont-ils pas été vos modèles ? n'est-ce pas d'eux que votre sage Addison, l'homme de votre nation qui avoit le goût le plus sûr, a tiré souvent ses excellentes critiques ? L'évêque Burnet avoue que ce goût acquis en France par les courtisans de Charles II réforma chez vous jusqu'à la chaire, malgré la différence de nos religions : tant la saine raison a partout d'empire! Dites-moi si les bons livres de ce temps n'ont pas servi à l'éducation de tous les princes de l'Empire? Dans quelles cours d'Allemagne n'a-t-on pas vu des théâtres françois ? Quel prince ne tâchoit pas d'imiter Louis XIV ? Quelle nation ne suivoit pas alors les modes de la France ?

« Vous m'apportez, milord, l'exemple de *Pierre le Grand,* qui a fait naître les arts dans son pays et qui est le créateur d'une nation nouvelle; vous me dites cependant que son siècle ne sera pas appelé dans l'Europe le siècle du czar *Pierre :* vous en concluez que je ne dois pas appeler le siècle passé le siècle de Louis XIV. Il me semble que la différence est bien palpable. Le czar *Pierre* s'est instruit chez les autres peuples ; il a porté leurs arts chez lui, mais Louis XIV a instruit les nations : tout, jusqu'à ses fautes, leur a été utile. Les protestants qui ont quitté ses États ont porté chez vous-mêmes une industrie qui faisoit la richesse de la France. Comptez-vous pour rien tant de manufactures de soie et de cristaux? Ces dernières furent perfectionnées chez vous par nos réfugiés, et nous avons perdu ce que vous avez acquis.

« Enfin, la langue françoise, milord, est devenue presque la langue universelle. A qui en est-on redevable? étoit-elle aussi étendue du temps de Henri IV? Non sans doute : on ne connoissoit que l'italien et l'espagnol. Ce sont nos excellents écrivains qui ont fait ce changement; mais qui a protégé, employé, encouragé ces excellents écrivains? C'étoit M. de Colbert, me direz-vous; je l'avoue, et je prétends bien que le ministre doit partager la gloire du maître. Mais qu'eût fait un Colbert sous un autre prince? sous votre roi Guillaume, qui n'aimoit rien, sous le roi d'Espagne Charles II, sous tant d'autres souverains?

« Croiriez-vous, milord, que Louis XIV a réformé le goût de la cour en plus d'un genre? Il choisit Lulli pour son musicien, et ôta le privilége à Lambert, parce que Lambert étoit un homme médiocre et Lulli un homme supérieur. Il savoit distinguer l'esprit du génie; il donnoit à Quinault les sujets de ses opéras; il dirigeoit les peintures de Le Brun; il soutenoit Boileau, Racine et Molière contre leurs ennemis; il encourageoit les arts utiles comme les beaux-arts, et toujours en connoissance de cause; il prêtoit de l'argent à Van-Robais pour ses manufactures; il avançoit des millions à la Compagnie des Indes, qu'il avoit formée; il donnoit des pensions aux savants et aux braves officiers. Non-seulement il s'est fait de grandes choses sous son règne, mais c'est lui qui les faisoit. Souffrez donc, milord, que je tâche d'élever à sa gloire un monument que je consacre encore plus à l'utilité du genre humain.

« Je ne considère pas seulement Louis XIV parce qu'il a fait du bien aux François, mais parce qu'il a fait du bien aux hommes : c'est comme homme et non comme sujet que j'écris; je veux peindre le dernier siècle, et non pas simplement un prince. Je suis las des histoires où il n'est question que des aventures d'un roi, comme s'il existoit seul, ou que rien n'existât que par rapport à lui; en un mot, c'est encore plus d'un grand siècle que d'un grand roi que j'écris l'histoire.

« Pellisson eût écrit plus éloquemment que moi, mais il étoit courtisan, et il étoit payé. Je ne suis ni l'un ni l'autre : c'est à moi qu'il appartient de dire la vérité. »

(*Corresp. gén.*, t. III, p. 53.)

NOTE XXXV, PAGE 354.

M. l'abbé Fleury, dans ses *Mœurs des Chrétiens*, pense que les anciens monastères sont bâtis sur le plan des maisons romaines, telles qu'elles sont décrites dans Vitruve et dans Palladio. « L'église, dit-il, qu'on trouve la première, afin que l'entrée en soit libre aux séculiers, semble tenir lieu de cette première salle que les Romains appeloient *atrium* : de là on passoit dans une cour environnée de galeries couvertes, à qui l'on donnoit le nom de *péristyle*; c'est justement le cloître où l'on entre de l'église, et d'où l'on va ensuite dans les autres pièces, comme le chapitre, qui est l'*exèdre* des anciens; le réfectoire, qui est le *triclinium*, et le jardin, qui est derrière tout le reste, comme il étoit aux maisons antiques.

NOTE XXXVI, PAGE 362.

On trouve dans un poëme de M. Alex. Soumet, intitulé l'*Incrédulité*, entre autres imitations du *Génie du Christianisme*, ce fragment sur les ruines des monuments chrétiens :

« Hé ! qui n'a parcouru d'un pas mélancolique
Le dôme abandonné, la vieille basilique,
Où devant l'Éternel s'inclinoient ses aïeux?
Ces débris éloquents, ce seuil religieux,
Ce seuil où tant de fois, le front dans la poussière,
Gémit le Repentir, espéra la Prière ;
Ce long rang de tombeaux que la mousse a couvert,
Ces vases mutilés et ce comble entr'ouvert,
Du Temps et de la Mort tout proclame l'empire :
Frappé de son néant, l'homme observe et soupire.
L'Imagination à ces murs dévastés
Rend leur encens, leur culte et leurs solennités,
A travers tout un siècle écoute les cantiques
Que la Religion chantoit sous ces portiques.
Là rougissoit l'Hymen ; ici l'adolescent,
Beau comme son offrande et comme elle innocent,
Consacroit au Seigneur, modeste tributaire,
De jeunes fleurs, des fruits, prémices de la terre.
Mais tout a disparu, le Temps a fait un pas :
Où sourioit l'Enfance est assis le Trépas ;
L'herbe croît sur l'autel ; l'oiseau des funérailles
De son cri prophétique attriste ces murailles.
Seulement, quelquefois un cénobite en deuil
Y vient de son ami visiter le cercueil ;
C'est lui : le souvenir vers ces lieux le ramène ;
De tombeaux en tombeaux sa douleur se promène.
Parmi des ossements et des marbres brisés,
Témoins de ses regrets, de ses pleurs arrosés,
Il creuse, sans pâlir, sa retraite dernière.
L'aquilon de minuit se mêle à sa prière,
Et le cloître attentif en redit les accents.

« A ces restes sacrés, à ces murs vieillissants,
Quel pouvoir inconnu malgré moi m'intéresse?

C'est la Religion ; oui, cette enchanteresse
Se plaît à nous unir d'un nœud mystérieux
A tous les monuments consacrés par les cieux.
Le tombeau du martyr, le rocher, la retraite,
Où dans un long exil vieillit l'anachorète,
Tout parle à notre cœur ; et toi, signe sacré,
Des chrétiens et du monde à l'envi révéré,
Croix modeste, quel est ton ineffable empire?
Tes muettes leçons aux mortels semblent dire :
« Un Dieu périt pour vous, n'oubliez point ses lois. »
Ton aspect imprévu rendit plus d'une fois
La paix au repentir, des pleurs à la souffrance,
Au crime le remords, au malheur l'espérance. »

(Note de l'éditeur.)

NOTE XXXVII, page 363.

Voici encore un fragment poétique emprunté aux harmonies du *Génie du Christianisme;* il est extrait d'un poëme de M. F. de Barqueville, intitulé les *Cloîtres en ruines :*

. . . .
Voici l'humble cellule où, vers l'éternité,
S'élançoit chaque jour l'ardente piété :
Ici son cœur à Dieu confioit ses alarmes;
Cet autel fut souvent arrosé de ses larmes.
Ces murs, encor noircis d'un deuil religieux,
Répétèrent souvent ses cantiques pieux;
Elle-même attachoit aux pilastres antiques
D'un saint ou d'un martyr les modestes reliques,
Dans cet étroit enclos cultivoit quelques fleurs,
Image de son âme et de ses chastes mœurs.
Quels souvenirs surtout rappelle à ma pensée
Cette cloche jadis dans les airs balancée!
Que de fois de l'airain les terribles accents
De l'athée endurci firent frémir les sens,
Alors qu'au sein des nuits leur funèbre harmonie
Annonçoit qu'un mortel alloit quitter la vie!
Écoutez le récit des crédules hameaux :
Un fantôme, à minuit, dans la vieille chapelle,
Par d'affreux tintements a troublé leur repos,
Et chaque nuit amène une terreur nouvelle.
Au point du jour l'oiseau, par son chant matinal,
Du champêtre labeur donnoit-il le signal,
Soudain retentissoit la cloche vigilante :
Dans le temple accouroit la foule impatiente ;
Femmes, enfants, venoient au pied du saint autel
Pour la moisson naissante implorer l'Éternel.

NOTE XXXVIII, PAGE 365.

AUTRE FRAGMENT DES CLOITRES EN RUINES.

. . . . . . , ...
Mais de plus fiers débris appellent mes pinceaux...
Courons vers ces rochers, noir berceau des orages,
Aux bords de cette mer si féconde en naufrages,
Dont le fils de Fingal a chanté les héros.
Là, d'antiques forêts, un vallon solitaire,
Où le daim vagabond paît l'herbe des tombeaux,
Quelques sapins épars, un torrent dont les eaux
Roulent avec fracas à travers la bruyère;
Le tonnerre grondant sous un ciel nébuleux,
Et des vents et des flots le sauvage murmure;
Aux gothiques débris d'un cloître ténébreux
La fougère mêlant sa funèbre parure,
Tout enchante mes sens, tout en ces sombres lieux
D'une sublime horreur épouvante mes yeux.
L'imagination, de ses rapides ailes,
Embrasse de ces monts les neiges éternelles
Et les peuple bientôt de mille souvenirs.
Son regard suit encor ces pieux solitaires
Errant sous les arceaux de leurs noirs monastères,
Dans la brise du soir elle entend leurs soupirs;
En silence elle écoute, immobile, rêveuse,
De l'orgue qui gémit la plainte harmonieuse :
Il lui semble qu'au loin d'invisibles concerts
S'élèvent, emportés dans le vague des airs,
Et de l'autel brisé relevant l'édifice,
A l'Éternel encore elle offre un sacrifice.

(*Note de l'Éditeur.*)

NOTE XXXIX, PAGE 375

Les offices ont emprunté leurs noms de la division du jour chez les Romains.

La première partie du jour s'appeloit *Prima;* la seconde, *Tertia;* la troisième, *Sexta;* la quatrième *Nona,* parce qu'elles commençoient à la première, la troisième, la sixième et la neuvième heure. La première veille s'appeloit *Vespera,* soir.

NOTE XL, page 382.

« Autrefois je disois la messe avec la légèreté qu'on met à la longue aux choses les plus graves quand on les fait trop souvent. Depuis mes nouveaux principes, je la célèbre avec plus de vénération : je me pénètre de la majesté de l'Être Suprême, de sa présence, de l'insuffisance de l'esprit humain, qui conçoit si peu ce qui se rapporte à son auteur. En songeant que je lui porte les vœux du peuple sous une forme prescrite, je suis avec soin tous les rites ; je récite attentivement, je m'applique à n'omettre jamais ni le moindre mot ni la moindre cérémonie. Quand j'approche du moment de la consécration, je me recueille pour la faire avec toutes les dispositions qu'exigent l'Église et la grandeur du sacrement ; je tâche d'anéantir ma raison devant la suprême Intelligence. Je me dis : Qui es-tu pour mesurer la puissance infinie ? Je prononce avec respect les mots sacramentaux, et je donne à leur effet toute la foi qui dépend de moi. Quoi qu'il en soit de ce mystère inconcevable, je ne crains pas qu'au jour du jugement je sois puni pour l'avoir jamais profané dans mon cœur. »

(ROUSSEAU, *Émile*, t. III.)

NOTE XLI, page 385.

« Les absurdes rigoristes en religion ne connoissent pas l'effet des cérémonies extérieures sur le peuple. Ils n'ont jamais vu notre adoration de la croix le Vendredi-Saint, l'enthousiasme de la multitude à la procession de la Fête-Dieu, enthousiasme qui me gagne moi-même quelquefois. Je n'ai vu jamais cette longue file de prêtres en habits sacerdotaux, ces jeunes acolytes vêtus de leurs aubes blanches, ceints de leur large ceinture bleue, et jetant des fleurs devant le Saint-Sacrement ; cette foule qui les précède et qui les suit dans un silence religieux ; tant d'hommes le front prosterné contre la terre ; je n'ai jamais entendu ce chant grave et pathétique entonné par les prêtres et répondu affectueusement par une infinité de voix d'homme, de femmes, de jeunes filles et d'enfants, sans que mes entrailles ne s'en soient émues, n'en aient tressailli, et que les larmes ne m'en soient venues aux yeux. Il y a là-dedans je ne sais quoi de sombre, de mélancolique. J'ai connu un peintre protestant qui avoit fait un long séjour à Rome, et qui convenoit qu'il n'avoit jamais vu le souverain pontife officier dans Saint-Pierre, au milieu des cardinaux et de toute la prélature romaine, sans devenir catholique. . . .
. . . .
Supprimez tous les symboles sensibles, et le reste se réduira bientôt à un galimatias métaphysique, qui prendra autant de formes et de tournures bizarres qu'il y aura de têtes. »

(DIDEROT, *Essai sur la Peinture.*)

NOTE XLII, page 385.

LA FÊTE-DIEU DANS UN HAMEAU[1],
PAR M. DE LA RENAUDIÈRE.

Quand du brûlant Cancer les fécondes chaleurs
Jaunissent les moissons et colorent les fleurs,
Belle de tous ses dons, la brillante nature
Revêt avec orgueil l'éclat de sa parure,
Et l'Été sur son trône, au milieu de sa cour,
Apparoît, rayonnant de tous les feux du jour.
Dans les champs fortunés qu'embellit sa présence,
Tout assure un plaisir ou promet l'abondance.
L'homme, rempli d'espoir dans ces jours radieux,
Élève un chant d'amour vers la voûte des cieux ;
Et la religion se parant de guirlandes,
Au roi de l'univers apporte ses offrandes.
Eloigné des cités, dans le calme des champs,
Oh ! combien me charmoient ces hommages touchants !
Ces lieux semblent porter à la reconnoissance.
Tout d'un ciel bienfaisant y montre la puissance :
Nos vœux y sont plus purs, tout y peint la candeur,
Et la bouche y dit mieux ce qu'a senti le cœur.
Le tableau séduisant de la pompe champêtre
A mon œil enchanté semble encore apparoître ;
Je revois la douceur des fêtes des hameaux,
Et cette heureuse image appelle mes pinceaux.

Déjà l'astre du jour, poursuivant sa carrière,
Laissoit tomber sur nous des torrents de lumière,
Et dans un ciel d'azur s'avançoit radieux ;
Près du temple, à l'entour des tombes des aïeux,
Qui, dépouillant leur deuil, couvertes de verdure,
Sembloient de l'espérance accueillir la parure,
Le hameau s'assembloit en groupe séparé.
Oh ! comme avec délices, en ce jour désiré,
Il revoit tout l'éclat des fêtes solennelles
Que proscrivit l'athée et ses lois criminelles !
Comme alors, éprouvant un plaisir enchanteur,
La foule avec transport accueillit son pasteur !
Il alloit revêtir ses parures sacrées,
Dans un coupable oubli trop longtemps demeurées !

[1] L'auteur de ce petit poëme avoit traité ce sujet d'après ses propres idées, ou plutôt d'après celles que lui avoit inspirées la vue d'une procession à C... Quelques pensées, en petit nombre, se sont trouvées être celles que M. de Chateaubriand a exprimées. Cette pièce avoit déjà paru dans le *Mercure* du 2 juillet 1808 ; la version que nous donnons ici contient quelques additions qui nous ont été communiquées par l'auteur. (*Note de l'Éditeur.*)

Tel, au trépas ravi, l'heureux convalescent
Jette sur la nature un coup d'œil caressant ;
Tel l'antique pasteur, recouvrant sa patrie,
Aux plus doux sentiments ouvre une âme attendrie.
Pendant nos jours de deuil et nos maux passagers,
Dix ans d'exil coulés sur des bords étrangers
Payèrent ses vertus et surtout son courage.
Souvent il demandoit, sur un lointain rivage,
L'église où du Très-Haut il chantoit les faveurs,
Où son discours sans art captivoit tous les cœurs,
Le jardin qu'il planta, ses amis de l'enfance,
Son simple presbytère et sa modeste aisance.
Hé bien, il les revoit, ces objets désirés :
Son âme oublie alors tous les maux endurés,
Et malgré leurs rigueurs et son sort moins prospère,
Il fait pétrir encor le pain de la misère.
Bientôt l'airain bruyant, dans les airs entendu,
Annonça du départ le moment attendu ;
Le hameau s'avançoit partagé sur deux files.
Fuyez loin de ces lieux, faste brillant des villes :
Là ne se montroient pas ces tissus précieux ;
L'or, l'opale, l'azur n'y frappoient point les yeux ;
Des bouquets sans parfum, enfants de l'imposture,
N'y chargeoient point l'autel du Dieu de la nature,
Et des puissants du jour l'orgueilleuse grandeur
N'y venoit point du luxe étaler la splendeur.
Combien je préférois la pompe du village !
Modeste, sans apprêts, et même un peu sauvage,
Sa vue attendrissoit le cœur religieux.
D'abord des laboureurs, vieux enfants de ces lieux,
Au front chauve attestant leur utile existence,
Sans ordre s'avançoient et prioient en silence.
Le cortége pieux, non loin, à mes regards
Se montroit précédé des sacrés étendards ;
Le feuillage bientôt le couvroit de son ombre.
Dans un sentier profond, asile frais et sombre,
La foule se pressoit sur les pas de son Dieu
Et de ses chants sacrés venoit remplir ce lieu.
Devant le Roi des rois, sous ces vertes feuillées,
Les jeunes villageois de roses effeuillées
Sur la terre à l'envi parsemoient les couleurs ;
Et, mêlant son parfum à celui de ces fleurs,
L'encens, qui de Saba fit l'antique opulence,
Comme un nuage au loin qui dans l'air se balance,
S'élevoit lentement et planoit sur les champs.
Aux voix des laboureurs entremêlant leurs chants,
Les oiseaux s'unissoient à ces pompes rustiques,
Et, de son palais d'or embrasant les portiques,
Le soleil, couronné d'une immense splendeur,
Sur ces arbres touffus arrêtoit son ardeur.

J'aimois, j'aimois à voir ce peuple des villages
Sous la feuille des bois, ainsi qu'aux premiers âges,
Célébrant l'Éternel et lui portant ses vœux.
Ils ne demandoient pas, ces hommes vertueux,
L'éclat de nos palais, le luxe de nos villes
Et nos plaisirs bruyants et nos grandeurs serviles.
« Bénissez, disoient-ils, nos troupeaux et nos blés,
« Que nos enfants un jour, près de nous rassemblés,
« Sur l'hiver de nos ans répandent quelques charmes;
« Que leur destin jamais ne provoque nos larmes ;
« Et, simples dans nos goûts, heureux d'être chéris,
« Toujours de nos vergers que nos cœurs soient épris. »
De sa pompe sacrée alors la troupe sainte
Du modeste hameau vint réjouir l'enceinte.
Quel spectacle touchant s'offroit à mes regards!
Retenus par les ans, quelques foibles vieillards,
Adorant l'Éternel au seuil de leurs chaumières,
Regrettoient leur printemps et leurs forces premières.
Consolez-vous, vieillards : vos champs fertilisés,
Vos jours laborieux dans les travaux usés,
Votre âme, qui toujours, fermée à la vengeance,
Consola le malheur, accueillit l'indigence,
De l'asile des cieux vous promet la douceur.
Mais déjà tout ici vous offre le bonheur;
Vos fils, à votre aspect redoublant d'allégresse,
D'un sourire d'amour charment votre vieillesse :
Ce sourire d'amour a calmé vos douleurs.
Au retour de la fête, au déclin des chaleurs,
Alors que l'horizon, moins brûlant et plus sombre,
Se bordera de pourpre, avant-coureur de l'ombre,
Et que le vent du soir glissera dans les bois,
Ils viendront, réunis devant vos humbles toits,
De l'amour filial épuiser les délices ;
Leurs jeux s'embelliront sous vos heureux auspices,
Et du vieux patriarche, en ces jours enchantés,
Vous croirez retrouver les douces voluptés.
Je vous quitte : la fête à la suivre m'engage.
Non loin, couvert de lierre et rembruni par l'âge,
Un chêne vénérable étendoit ses rameaux.
Là, dès le point du jour les vierges des hameaux
Elevoient sous son ombre un trône de verdure ;
La mousse en longs festons en formoit la bordure,
Le lis aux deux côtés balançoit sa blancheur,
Et la rose, en bouquet, y montroit sa fraîcheur :
L'Éternel sur ce trône, orné par l'innocence,
Devoit quelques instants reposer sa puissance.
A l'aspect de ces lieux, je sentis dans mon cœur
Couler d'un calme pur la secrète douceur,
Et ma pensée, alors tranquille et solitaire,
Pour un monde meilleur abandonnoit la terre.

Alors, faisant cesser ce calme solennel,
Le hameau lentement environna l'autel.
Avec quel saint respect le pasteur du village,
Seul, et foulant les fleurs qui couvrent son passage,
Porte le Roi des rois et l'élève à nos yeux
Sous l'emblème immortel d'un pain mystérieux !
La foule tout à coup, prosternée en silence,
Du Roi de l'univers adora la présence.
Chacun crut que son Dieu descendoit dans son cœur,
Non ce maître irrité, ce monarque vengeur,
Qui doit au dernier jour, s'armant d'un front sévère,
Au fracas de la foudre apparoître à la terre,
Et, juge sans pardon, au monde épouvanté
De ses arrêts divins proclamer l'équité,
Mais un Dieu tempérant tout l'éclat dont il brille,
Tel qu'un père adoré se montre à sa famille,
Accueillant l'infortune et portant dans les cœurs
L'espoir d'un meilleur sort et l'oubli des douleurs.

Vers le séjour antique où se plaît la Prière
Le hameau dirigeoit sa modeste bannière.
Quel groupe harmonieux, marchant confusément,
Non loin du dais sacré se montre en ce moment ?
J'aperçois, de respect et d'amour entourées,
Les mères du hameau de leurs enfants parées.
Tout sourit à leurs yeux dans ce jour de bonheur,
Et leurs yeux laissent voir les plaisirs de leur cœur.
Là de jeunes beautés, de lin blanc revêtues,
Unissant à l'envi leurs grâces ingénues,
Semblent à l'œil charmé reproduire en ce jour
Ces anges embellis d'innocence et d'amour.
Toutes suivoient le Dieu que fêtoit la nature ;
Leur voix comme leur cœur ignoroit l'imposture ;
La Piété fidèle, aux charmes si touchants,
Par leur bouche exhaloit la douceur de ses chants,
Et, portés dans les airs jusqu'aux divins portiques,
Ces chants sembloient s'unir aux célestes cantiques.
Bientôt du temple saint le cortége pieux
En foule vint remplir les murs religieux,
Et bientôt commença l'auguste sacrifice :
Ce mystère d'amour qui rend le ciel propice,
Qui peut même des morts abréger la douleur,
Des pompes de ce jour termina la splendeur.

NOTE XLIII, page 388.

L'auteur du poëme de *la Pitié*, Jacques Delille, n'a pas dédaigné d'emprunter aussi quelques traits au chapitre sur la fête *des Rogations*.

> Enfin on la revoit dans la saison nouvelle,
> Cette solennité si joyeuse et si belle,
> Où la religion, par un culte pieux,
> Seconde des hameaux les soins laborieux ;
> Et dès que mai sourit les agrestes peuplades
> Reprennent dans les champs leurs longues promenades.
> A peine de nos cours le chantre matinal
> De cette grande fête a donné le signal,
> Femmes, enfants, vieillards, rustique caravane,
> En foule ont déserté le château, la cabane.
> A la porte du temple, avec ordre rangé,
> En deux files déjà le peuple est partagé.
> Enfin paroît du lieu le curé respectable,
> Et du troupeau chéri le pasteur charitable.
> Lui-même il a réglé l'ordre de ce beau jour,
> La route, les repos, le départ, le retour.
> Ils partent : des zéphyrs l'haleine printanière
> Souffle et vient se jouer dans leur riche bannière ;
> Puis vient la croix d'argent, et leur plus cher trésor,
> Leur patron, enfermé dans sa chapelle d'or,
> Jadis martyr, apôtre, ou pontife des Gaules.
> Sous ce poids précieux fléchissent leurs épaules.
> De leurs aubes de lin et de leurs blancs surplis
> Le vent frais du matin fait voltiger les plis ;
> La chape aux bosses d'or, la ceinture de soie,
> Dans les champs étonnés en pompe se déploie ;
> Et de la piété l'imposant appareil
> Vient s'embellir encore aux rayons du soleil.
> Le chef de la prière et l'âme de la fête,
> Le pontife sacré, marche et brille à leur tête,
> Murmure son bréviaire, ou, renforçant ses sons,
> Entonne avec éclat des hymnes, des répons.
> Chacun charme à son gré le saint itinéraire :
> Dans ses dévotes mains l'un a pris son rosaire ;
> Du chapelet pendant l'autre parcourt les grains ;
> Un autre, tour à tour invoquant tous les saints,
> Pour obtenir des cieux une faveur plus grande,
> Épuise tous les noms de la vieille légende ;
> L'autre, dans la ferveur de ses pieux accès,
> Du prophète royal entonne les versets.
> Leurs prières, leurs vœux, leurs hymnes se confondent.
> L'Olympe en retentit, les coteaux leur répondent ;
> Et du creux des rochers, des vallons et des bois,

L'écho sonore écoute et répète leurs voix ;
Leurs chants montent ensemble à la céleste voûte.
Ils marchent : l'aubépine a parfumé leur route ;
On côtoie en chantant le fleuve, le ruisseau ;
Un nuage de fleurs pleut de chaque arbrisseau,
Et leurs pieds, en glissant sur la terre arrosée,
En liquides rubis dispersent la rosée.
On franchit les forêts, les taillis, les buissons,
Et la verte pelouse et les jaunes moissons.
Quelquefois, au sommet d'une haute colline
Qui sur les champs voisins avec orgueil domine,
L'homme du ciel étend ses vénérables mains ;
Pour la grappe naissante et pour les jeunes grains
Il invoque le ciel. Comme la fraîche ondée
Baigne, en tombant des cieux, la terre fécondée,
Sur les fruits et les blés nouvellement éclos
Les bénédictions descendent à grands flots.
Les coteaux, les vallons, les champs se réjouissent,
Le feuillage verdit, les fleurs s'épanouissent ;
Devant eux, autour d'eux, tout semble prospérer,
L'espoir guide leurs pas : prier, c'est espérer.
L'Espérance au front gai plane sur les campagnes,
Sur le creux des vallons, sur le front des montagnes.
Trouvent-ils en chemin, sous un chêne, un ormeau,
Une chapelle agreste, un patron du hameau...
Là s'arrêtent leurs pas ; le simulacre antique
Reçoit leurs simples vœux et leur hymne rustique.
La nuit vient : on repart, et jusques au réveil
Des songes fortunés vont bercer leur sommeil ;
Un rêve heureux remplit leurs celliers et leurs granges
D'abondantes moissons, de fertiles vendanges ;
Et jusques à l'aurore ils pressent, assoupis,
Des oreillers de fleurs et des chevets d'épis.
Ils pensent voir les fruits, les gerbes qu'ils attendent,
Et jouissent déjà des trésors qu'ils demandent.
O riant Chanonat ! ô fortuné séjour !
Je croirai voir encor ces beaux lieux, ce beau jour,
Où, fier d'accompagner le saint pèlerinage,
Enfant, je me mêlois aux enfants du village !
Hélas ! depuis longtemps je n'ai vu ces tableaux !

(*Note de l'Éditeur.*)

NOTE XLIV, page 397.

Les *Feralia* des anciens Romains différoient de notre *Jour des Morts* en ce qu'elles ne se célébroient qu'à la mémoire des citoyens morts dans l'année. Elles commençoient le 18 du mois de février, et duroient onze jours consécutifs. Pendant tout ce temps les mariages étoient interdits, les sacrifices suspendus, les statues des dieux voilées et les temples fermés. Nos services anniversaires, ceux du septième, du neuvième et du quarantième jour, nous viennent des Romains, qui les tenoient eux-mêmes des Grecs. Ceux-ci avoient ἐναγίσματα, les obsèques et les offrandes qu'on faisoit pour les âmes aux dieux infernaux; νεκύσια, les funérailles; ταρχύματα, les enterrements; ἔννατα, la neuvaine; ensuite les Triacades et Triacontades, le trentième jour.

Les Latins avoient *Justa, Exsequiæ, Inferiæ, Parentationes, Novendialia, Denicalia, Februa, Feralia.*

Quand le mourant étoit près d'expirer, son ami, ou son plus proche parent, posoit sa bouche sur la sienne pour recueillir son dernier soupir; ensuite le corps étoit livré aux *pollincteurs*, aux *libitinaires*, aux *vespilles*, aux *désignateurs*, chargés de le laver, de l'embaumer, de le porter au sépulcre ou au bûcher avec les cérémonies accoutumées. Les pontifes et les prêtres marchoient devant le convoi, où l'on portoit les tableaux des ancêtres du mort, des couronnes et des trophées. Deux chœurs, l'un chantant des airs vifs et gais, l'autre des airs lents et tristes, précédoient la pompe. Les anciens philosophes se figuroient que l'âme (qu'ils disoient n'être qu'une harmonie) remontoit au bruit de ces concerts funèbres dans l'Olympe, pour y jouir de la mélodie des cieux, dont elle étoit une émanation (*Vid.* MACROBE sur *le Songe de Scipion*). Le corps étoit déposé au sépulcre ou dans l'urne funéraire, et l'on prononçoit sur lui le dernier adieu: *Vale, vale, vale! Nos te ordine quo natura permiserit sequemur!*

Le lecteur trouvera ici avec plaisir une citation du beau poëme de M. de Fontanes sur *le Jour des Morts dans une campagne*

>Déjà du haut des cieux le cruel Sagittaire
>Avoit tendu son arc et ravageoit la terre;
>Les coteaux et les champs, et les prés défleuris,
>N'offroient de toutes parts que de vastes débris:
>Novembre avoit compté sa première journée.
>Seul alors, et témoin du déclin de l'année,
>Heureux de mon repos, je vivois dans les champs.
>Et quel poëte épris de leurs tableaux touchants,
>Quel sensible mortel des scènes de l'automne
>N'a chéri quelquefois la beauté monotone!
>Oh! comme avec plaisir la rêveuse douleur
>Le soir foule à pas lents ces vallons sans couleur,
>Cherche les bois jaunis, et se plaît au murmure
>Du vent qui fait tomber leur dernière verdure!
>Ce bruit sourd a pour moi je ne sais quel attrait.
>Tout à coup si j'entends s'agiter la forêt,
>D'un ami qui n'est plus la voix longtemps chérie
>Me semble murmurer dans la feuille flétrie.
>Aussi c'est dans ce temps que tout marche au cercueil,
>Que la Religion prend un habit de deuil;
>Elle en est plus auguste, et sa grandeur divine
>Croît encore à l'aspect de ce monde en ruine.

Aujourd'hui, ramenant un usage pieux,
Sa voix rouvroit l'asile où dorment nos aïeux.
Hélas! ce souvenir frappe encor ma pensée.

L'aurore paroissoit; la cloche balancée,
Mêlant un son lugubre aux sifflements du nord,
Annonçoit dans les airs la fête de la Mort.
Vieillards, femmes, enfants, accouroient vers le temple.
Là préside un mortel dont la voix et l'exemple
Maintiennent dans la paix ses heureuses tribus,
Un prêtre, ami des lois et zélé sans abus,
Qui, peu jaloux d'un nom, d'une orgueilleuse mitre,
Aimé de son troupeau, ne veut point d'autre titre,
Et, des apôtres saints fidèle imitateur,
A mérité comme eux ce doux nom de pasteur.
Jamais dans ses discours une fausse sagesse
Des fêtes du hameau n'attrista l'allégresse.
Il est pauvre, et nourrit le pauvre consolé;
Près du lit des vieillards quelquefois appelé,
Il accourt, et sa voix, pour calmer leur souffrance,
Fait descendre auprès d'eux la paisible espérance.
« Mon frère, de la mort ne craignez point les coups,
« Vous remontez vers Dieu, Dieu s'avance vers vous. »
Le mourant se console, et sans terreur expire.
Lorsque de ses travaux l'homme des champs respire,
Qu'il laisse avec le bœuf reposer le sillon,
Ce pontife sans art, rustique Fénelon,
Nous lit du Dieu qu'il sert les touchantes paroles.
Il ne réveille pas ces combats des écoles;
Ces tristes questions qu'agitèrent en vain
Et Thomas, et Prosper, et Pélage, et Calvin.
Toutefois, en ce jour de grâce et de vengeance,
A ces enfants chéris que charmoit sa présence,
Et loin d'armer contre eux le céleste courroux,
Il rappela l'objet qui les rassembloit tous;
Il sut par l'espérance adoucir la tristesse.

« Hier, dit-il, nos chants, nos hymnes d'allégresse
« Célébroient à l'envi ces morts victorieux
« Dont le zèle enflammé sut conquérir les cieux.
« Pour les mânes plaintifs, à la douleur en proie,
« Nous pleurons aujourd'hui; notre deuil est leur joie:
« La puissante prière a droit de soulager
« Tous ceux qu'éprouve encore un tourment passager.
« Allons donc visiter leur funèbre demeure.
« L'homme, hélas! s'en approche, y descend à toute heure.

« Consolons-nous pourtant : un céleste rayon
« Percera des tombeaux la sombre région.
« Oui, tous ses habitants, sous leur forme première,

« S'éveilleront surpris de revoir la lumière :
« Et moi, puissé-je alors vers un monde nouveau
« En triomphe à mon Dieu ramener mon troupeau! »

Il dit, et prépara l'auguste sacrifice.
Tantôt ses bras tendus rendoient le ciel propice;
Tantôt il adoroit humblement incliné.
O moment solennel! Ce peuple prosterné;
Ce temple dont la mousse a couvert les portiques;
Ses vieux murs, son jour sombre et ses vitraux gothiques;
Cette lampe d'airain qui, dans l'antiquité
Symbole du soleil et de l'éternité,
Luit devant le Très-Haut, jour et nuit suspendue;
La majesté d'un Dieu parmi nous descendue;
Les pleurs, les vœux, l'encens, qui montent vers l'autel,
Et de jeunes beautés qui, sous l'œil maternel,
Adoucissent encor, par leur voix innocente,
De la religion la pompe attendrissante;
Cet orgue qui se tait, ce silence pieux,
L'invisible union de la terre et des cieux,
Tout enflamme, agrandit, émeut l'homme sensible;
Il croit avoir franchi ce monde inaccessible
Où, sur des harpes d'or, l'immortel séraphin
Aux pieds de Jéhovah chante l'hymne sans fin.
C'est alors que sans peine un Dieu se fait entendre.
Il se cache au savant, se révèle au cœur tendre;
Il doit moins se prouver qu'il ne doit se sentir.
Mais du temple à grands flots se hâtoit de sortir
La foule, qui déjà, par groupe séparée,
Vers le séjour des morts s'avançoit éplorée;
L'étendard de la croix marchoit devant nos pas.
Nos chants majestueux, consacrés au trépas,
Se mêloient à ce bruit précurseur des tempêtes;
Des nuages obscurs s'étendoient sur nos têtes.
Et nos fronts attristés, nos funèbres concerts
Se conformoient au deuil et des champs et des airs.

Cependant du trépas on atteignoit l'asile.
L'if, et le buis lugubre, et le lierre stérile,
Et la ronce, alentour croissent de toutes parts;
On y voit s'élever quelques tilleuls épars;
Le vent court en sifflant sur leur cime flétrie;
Non loin s'égare un fleuve; et mon âme attendrie
Vit dans le double aspect des tombes et des flots
L'éternel mouvement et l'éternel repos.

Avec quel saint transport tout ce peuple champêtre,
Honorant ses aïeux, aimoit à reconnoître
La pierre ou le gazon qui cachoit leurs débris!
Il nomme, il croit revoir tous ceux qu'il a chéris.

Mais, hélas ! dans nos murs, de l'ami le plus tendre
Où peut l'œil incertain redemander la cendre?
Les morts en sont bannis, leurs droits sont violés,
Et leurs restes sans gloire au hasard sont mêlés.
Ah ! déjà contre nous j'entends frémir leurs mânes.
Tremblons ! malheur au temps, aux nations profanes,
Chez qui, dans tous les cœurs, affoibli par degré,
Le culte des tombeaux cesse d'être sacré !
Les morts ici du moins n'ont pas reçu d'outrage;
Ils conservent en paix leur antique héritage.
Leurs noms ne chargent point des marbres fastueux;
Un pâtre, un laboureur, un fermier vertueux,
Sous ces pierres sans art tranquillement sommeille.
Elles couvrent peut-être un Turenne, un Corneille,
Qui dans l'ombre a vécu, de lui-même ignoré.
Eh bien, si, de la foule autrefois séparé,
Illustre dans les camps, ou sublime au théâtre,
Son nom charmoit encor l'univers idolâtre,
Aujourd'hui son sommeil en seroit-il plus doux ?

De ce nom, de ce bruit dont l'homme est si jaloux,
Combien auprès des morts j'oubliois les chimères !
Ils réveilloient en moi des pensées plus austères.
Quel spectacle ! D'abord un sourd gémissement
Sur le fatal enclos erra confusément.
Bientôt les vœux, les cris, les sanglots retentissent;
Tous les yeux sont en pleurs, toutes les voix gémissent,
Seulement j'aperçois une jeune beauté
Dont la douleur se tait et veut fuir la clarté.
Ses larmes cependant coulent en dépit d'elle;
Son œil est égaré, son pied tremble et chancelle;
Hélas ! elle a perdu l'amant qu'elle adoroit,
Que son cœur pour époux se choisit en secret :
Son cœur promet encor de n'être point parjure.

Une veuve, non loin de ce tronc sans verdure,
Regrettoit un époux; tandis qu'à ses côtés
Un enfant qui n'a vu qu'à peine trois étés,
Ignorant son malheur, pleuroit aussi comme elle.
Là d'un fils qui mourut en suçant la mamelle
Une mère au destin reprochoit le trépas,
Et sur la pierre étroite elle attachoit ses bras.
Ici des laboureurs, au front chargé de rides,
Tremblants, agenouillés, sur des feuilles arides,
Venoient encor prier, s'attendrir dans ces lieux,
Où les redemandoit la voix de leurs aïeux.

Quelques vieillards surtout, d'une voix languissante,
Embrassoient tour à tour une tombe récente :
C'étoit celle d'Hombert, d'un mortel respecté,

Qui depuis neuf soleils en ces lieux fut porté.
Il a vécu cent ans, il fut cent ans utile.
Des fermes d'alentour le sol rendu fertile,
Les arbres qu'il planta, les heureux qu'il a faits,
A ses derniers neveux conteront ses bienfaits.
Souvent on les vanta dans nos longues soirées,
Lorsqu'un hiver fameux désoloit nos contrées,
. . . .
Et que le grand Louis, dans son palais en deuil,
Vaincu, pleuroit trop tard les fautes de l'orgueil,
Hombert, dans l'âge heureux qu'embellit l'espérance,
Déjà d'un premier fils bénissoit la naissance.
Le rigoureux janvier, ramenant l'aquilon,
Détruit tous les trésors qu'attendoit le sillon :
Sur les champs dévastés la mort seule domine ;
Deux mois dans nos climats la hideuse Famine
Courut seule et muette, en dévorant toujours.
Hombert désespéré, sa femme sans secours,
Voyoient le monstre affreux menacer leur asile ;
Ils pleuroient sur leur fils, leur fils dormoit tranquille.
O courage ! ô vertu ! renfermant ses douleurs,
Hombert pour la sauver fuit une épouse en pleurs.
Soldat, il prend un glaive, il s'exile loin d'elle ;
Mais du milieu des camps sa tendresse fidèle
A sa femme, à son fils, se hâtoit d'envoyer
Ce salaire indigent noble fruit du guerrier.
On dit que de Villars il mérita l'estime ;
Et même sous les yeux de ce chef magnanime,
Aux bataillons d'Eugène il ravit un drapeau.
La paix revint, alors il revit son hameau,
Et pour le soc paisible oublia son armure.

Son exemple, éclairant une aveugle culture,
Apprit à féconder ces domaines ingrats.
Ce rempart tutélaire, élevé par son bras,
Du fleuve débordé contient les eaux rebelles.
Que de fois il calma les naissantes querelles !
Lui seul para ces monts de leurs premiers raisins ;
Et même il transplanta sur les mûriers voisins
Ce ver laborieux qui s'entoure en silence
Des fragiles réseaux filés pour l'opulence.
Tu méritois sans doute, ô vieillard généreux,
Les honneurs de ce jour, nos regrets et nos vœux :
Aussi le prêtre saint, guidant la pompe auguste,
S'arrêta tout à coup près des cendres du juste.
Là retentit le chant qui délivre les morts.
C'en est fait ! et trois fois dans ses pieux transports
Le peuple a parcouru l'enceinte sépulcrale ;
L'homme sacré trois fois y jeta l'eau lustrale,
Et l'écho de la tombe, aux mânes satisfaits,

Répéta sourdement : *Qu'ils reposent en paix!*
Tout se tut ; et soudain, ô fortuné présage !
Le ciel vit s'éloigner les fureurs de l'orage ;
Et brillant, au milieu des brouillards entr'ouverts,
Le soleil jusqu'au soir consola l'univers.

(*Note de l'Éditeur.*)

NOTE XLV, PAGE 405.

« Au-dessus de Brig, la vallée se transforme en un étroit et inabordable précipice dont le Rhône occupe et ravage le fond. La route s'élève sur les montagnes septentrionales, et l'on s'enfonce dans la plus sauvage des solitudes ; les Alpes n'offrent rien de plus lugubre. On marche deux heures sans rencontrer la moindre trace d'habitation, le long d'un sentier dangereux, ombragé par de sombres forêts et suspendu sur un précipice dont la vue ne sauroit pénétrer l'obscure profondeur. Ce passage est célèbre par des meurtres, et plusieurs têtes exposées sur des piques étoient, lorsque je le traversai, la digne décoration de son affreux paysage. On atteint enfin le village de *Lax*, situé dans le lieu le plus désert et le plus écarté de cette contrée. Le sol sur lequel il est bâti penche rapidement vers le précipice, du fond duquel s'élève le sourd mugissement du Rhône. Sur l'autre bord de cet abîme on voit un hameau dans une situation pareille ; les deux églises sont opposées l'une à l'autre, et du cimetière de l'une j'entendois successivement le chant des deux paroisses, qui sembloient se répondre. Que ceux qui connoissent la triste et grave harmonie des cantiques allemands les imaginent chantés dans ce lieu, accompagnés par le murmure éloigné du torrent et le frémissement du sapin. »
(*Lettres sur la Suisse*, de Williams Coxe, t. II, *note de* M. Ramond.)

NOTE XLVI, PAGE 409.

MONUMENTS DÉTRUITS DANS L'ABBAYE DE SAINT-DENIS, LES 6, 7 ET 8 AOUT 1793.

Nous donnerons ici au lecteur des notes bien précieuses sur les exhumations de Saint-Denis : elles ont été prises par un religieux de cette abbaye, témoin oculaire de ces exhumations.

SITUATION DES TOMBEAUX

Dans le sanctuaire, du côté de l'épître.

Le tombeau du roi Dagobert Ier, mort en 638, et les deux statues de pierre de liais, l'une couchée, l'autre en pied, et celle de la reine Nanthilde, sa femme, en pied.

On a été obligé de briser la statue couchée de Dagobert, parce qu'elle faisoit partie du massif du tombeau et du mur; on a conservé le reste du tombeau, qui représente la vision d'un ermite, au sujet de ce que l'on dit être arrivé à l'âme de Dagobert après sa mort, parce que ce morceau de sculpture peut servir à l'histoire de l'art et à celle de l'esprit humain.

Dans la croisée du chœur, du côté de l'épître, le long des grilles.

Le tombeau de Clovis II, fils de Dagobert, mort en 662.
Ce tombeau étoit en pierre de liais.
Celui de Charles Martel, père de Pépin, mort en 741. Il étoit en pierre. Celui de Pépin, son fils, premier roi de la deuxième race, mort en 768. A côté, celui de Berthe ou Bertrade, sa femme, morte en 783.

Du côté de l'évangile, le long des grilles.

Le tombeau de Carloman, fils de Pépin et frère de Charlemagne, mort en 771, et celui d'Hermentrude, femme de Charles le Chauve, à côté, laquelle mourut en 869. Ces deux tombeaux en pierre.

Du côté de l'épître.

Le tombeau de Louis III, fils de Louis le Bègue, mort en 882, et celui de Carloman, frère de Louis III, mort en 884. L'un et l'autre en pierre.

Du côté de l'évangile.

Le tombeau d'Eudes le Grand, oncle de Hugues Capet, mort en 898, et celui de Hugues Capet, mort en 996.
Celui de Henri Ier, mort en 1060; de Louis VI, dit le Gros, mort en 1137, et celui de Philippe, fils aîné de Louis le Gros, couronné du vivant de son père, mort en 1131.
Celui de Constance de Castille, seconde femme de Louis VII, dit le Jeune, morte en 1159.
Tous ces monuments étoient en pierre, et avoient été construits sous le règne de saint Louis, au XIIIe siècle. Ils contenoient chacun deux petits cercueils de pierre, d'environ trois pieds de long, recouverts d'une pierre en dos d'âne, où étoient renfermées les cendres de ces princes et princesses.
Tous les monuments qui suivoient étoient de marbre, à l'exception de deux qu'on aura soin de remarquer : ils avoient été construits dans le siècle où ont vécu les personnages dont ils contenoient les cendres.

ET ÉCLAIRCISSEMENTS.

Dans la croisée du chœur, du côté de l'épître.

Le tombeau de Philippe le Hardi, mort en 1285, et celui d'Isabelle d'Aragon, sa femme, morte en 1272. Ces deux tombeaux étoient creux, et contenoient chacun un coffre de plomb, d'environ trois pieds de long sur huit pouces de haut. Ils renfermoient les cendres de ces deux époux.

Celui de Philippe IV, dit le Bel, mort en 1314.

Côté de l'évangile.

Louis X, dit le Hutin, mort en 1316, et celui de son fils posthume (Jean, que la plupart des historiens ne comptent pas au nombre des rois de France), mort la même année que son père, et quatre jours après sa naissance, pendant lequel temps il porta le titre de roi.

Aux pieds de Louis le Hutin, Jeanne, reine de Navarre, sa fille, morte en 1349.

Dans le sanctuaire, du côté de l'évangile.

Philippe V, dit le Long, mort le 3 janvier 1321, avec le cœur de sa femme, Jeanne de Bourgogne, morte le 21 janvier 1329; Charles IV, dit le Bel, mort en 1328, et Jeanne d'Évreux, sa femme, morte en 1370.

Chapelle de Notre-Dame-la-Blanche, du côté de l'épître.

Blanche, fille de Charles le Bel, duchesse d'Orléans, morte en 1392, et Marie, sa sœur, morte en 1341; plus bas, deux effigies de ces deux princesses, en pierre, adossées aux piliers de l'entrée de la chapelle.

Dans le sanctuaire de cette chapelle, côté de l'évangile.

Philippe de Valois, mort en 1350, et Jeanne de Bourgogne, sa première femme, morte en 1348.

Blanche de Navarre, sa deuxième femme, morte en 1398. Jeanne, fille de Philippe de Valois et de Blanche, morte en 1373; plus bas, deux effigies, en pierre, de Blanche et Jeanne, adossées aux piliers du bas de a dite chapelle.

Chapelle de Saint-Jean-Baptiste, dite des Charles.

Charles V, surnommé le Sage, mort en 1380, et Jeanne de Bourbon, sa femme, morte en 1378.

Charles VI, mort en 1422, et Isabeau de Bavière, sa femme, morte en 1435.

Charles VII, mort en 1461, et Marie d'Anjou, sa femme, morte en 1463.

Revenus dans le sanctuaire, du côté du maître autel, côté de l'évangile, le roi Jean, mort en Angleterre, prisonnier, en 1364.

Au bas du sanctuaire et des degrés, du côté de l'évangile, le massif du monument de Charles VIII, mort en 1498, dont l'effigie et les quatre anges qui étoient aux quatre coins avoient été retirés en 1792, a été démoli le 8 août 1793.

Dans la chapelle de Notre-Dame-la-Blanche étoient les deux effigies, en marbre blanc, de Henri II, mort en 1559, et de Catherine de Médicis, sa femme, morte en 1589; l'un et l'autre revêtus de leurs habits royaux, couchés sur un lit recouvert de lames de cuivre doré, aux chiffres de l'un et de l'autre et ornés de fleurs de lis. Dans la chapelle des Charles, le tombeau de Bertrand Du Guesclin, mort en 1380.

Nota. Ce tombeau, qui n'avoit pas été compris dans le décret, avoit été détruit par les ouvriers le 7 août, mais on a rapporté son effigie dans la chapelle de Turenne, en attendant qu'il fût transporté à sa destination.

Nota. Les cendres des rois et reines, renfermées dans les cercueils de pierre ou de plomb des tombeaux creux mentionnés ci-dessus, ont été déposées, comme il a été dit ci-devant, dans l'endroit où avoit été érigée la tour des Valois, attenant à la croisée de l'église, du côté du septentrion, servant alors de cimetière. Ce magnifique monument avoit été détruit en 1719.

L'on n'a trouvé que très-peu de chose dans les cercueils des tombeaux creux; il y avoit un peu de fil d'or faux dans celui de Pépin. Chaque cercueil contenoit la simple inscription du nom sur une lame de plomb, et la plupart de ces lames étoient fort endommagées par la rouille.

Ces inscriptions, ainsi que les coffres de plomb de Philippe le Hardi et d'Isabelle d'Aragon, ont été transportés à l'hôtel de ville, et ensuite à la fonte. Ce qu'on a trouvé de plus remarquable est le sceau d'argent, de forme ogive, de Constance de Castille, deuxième femme de Louis VII, dit le Jeune, morte en 1160; il pèse trois onces et demie; on l'a déposé à la municipalité pour être remis au cabinet des antiques de la Bibliothèque du Roi.

Le nombre des monuments détruits du 6 au 8 août 1793 au soir, qu'on a fini la destruction, monte à cinquante-et-un : ainsi, en trois jours, on a détruit l'ouvrage de douze siècles.

P. S. Le tombeau du maréchal de Turenne, qui avoit été conservé intact, fut démoli en avril 1796 et transporté aux Petits-Augustins, au faubourg Saint-Germain, à Paris, où l'on rassemble tous les monuments qui méritent d'être conservés pour les arts.

L'église, qui étoit toute couverte en plomb, ne fut découverte et le plomb porté à Paris qu'en 1795, mais le 6 septembre 1796 on a apporté de la tuile et de l'ardoise de Paris pour, dit-on, la recouvrir, afin de conserver ce magnifique monument.

Les superbes grilles de fer faites en 1702, par un nommé Pierre Denys, très-habile serrurier, ont été déposées et transportées à la bibliothèque du collége Mazarin, à Paris, en juillet 1796.

Ce même serrurier avoit fait de pareilles grilles pour l'abbaye de Chelles, lorsque Mme d'Orléans en étoit abbesse.

EXTRACTION DES CORPS DES ROIS, REINES, PRINCES ET PRINCESSES,
AINSI QUE DES AUTRES GRANDS PERSONNAGES QUI ÉTOIENT ENTERRÉS
DANS L'ÉGLISE DE L'ABBAYE DE SAINT-DENIS EN FRANCE,
FAITE EN OCTOBRE 1793.

Le samedi 12 octobre 1793, on a ouvert le caveau des Bourbons, du côté des chapelles souterraines, et on a commencé par en tirer le cercueil du roi Henri IV, mort le 14 mai 1610, âgé de cinquante-sept ans.

Remarques. Son corps s'est trouvé bien conservé, et les traits du visage parfaitement reconnoissables. Il est resté dans le passage des chapelles basses, enveloppé de son suaire, également bien conservé. Chacun a eu la liberté de le voir jusqu'au lundi matin 14, qu'on l'a porté dans le chœur, au bas des marches du sanctuaire, où il est resté jusqu'à deux heures après midi, qu'on l'a déposé dans le cimetière dit des Valois, ainsi qu'il a été ci-devant dit, dans une grande fosse creusée dans le bas dudit cimetière, à droite, du côté du nord.

Le lundi 14 octobre 1793.

Ce jour, après le dîner des ouvriers, vers les trois heures après midi, on continua l'extraction des autres cercueils des Bourbons :

Celui de Louis XIII, mort en 1643, âgé de quarante-deux ans;

Celui de Louis XIV, mort en 1715, âgé de soixante-dix-sept ans;

De Marie de Médicis, deuxième femme de Henri IV, morte en 1642, âgée de soixante-huit ans;

D'Anne d'Autriche, femme de Louis XIII, morte en 1666, âgée de soixante-quatre ans;

De Marie-Thérèse, infante d'Espagne, épouse de Louis XIV, morte en 1683, âgée de quarante-cinq ans;

De Louis, dauphin, fils de Louis XIV, mort en 1711, âgé de près de cinquante ans.

Remarques. Quelques-uns de ces corps étoient bien conservés, surtout celui de Louis XIII, reconnoissable à sa moustache; Louis XIV l'étoit aussi par ses grands traits, mais il étoit noir comme de l'encre. Les autres corps, et surtout celui du grand dauphin, étoient en putréfaction liquide.

Le mardi 15 octobre 1793

Vers les sept heures du matin, on a repris et continué l'extraction des cercueils des Bourbons par celui de Marie Leczinska, princesse de Pologne, épouse de Louis XV, morte en 1768, âgée de soixante-cinq ans;

Celui de Marie-Anne-Christine-Victoire de Bavière, épouse de Louis, grand-dauphin, morte en 1690, âgée de trente ans;

De Louis, duc de Bourgogne, fils de Louis, grand-dauphin, mort en 1712, âgé de trente ans;

De Marie-Adélaïde de Savoie, épouse de Louis, duc de Bourgogne, morte en 1712, âgée de vingt-six ans;

De Louis, duc de Bretagne, premier fils de Louis, duc de Bourgogne, mort en 1705, âgé de neuf mois et dix-neuf jours;

De Louis, duc de Bretagne, second fils du duc de Bourgogne, mort en 1712, âgé de six ans;

De Marie-Thérèse d'Espagne, première femme de Louis, dauphin, fils de Louis XV, morte en 1746, âgée de vingt ans;

De Xavier de France, duc d'Aquitaine, second fils de Louis, dauphin, mort le 22 février 1754, âgé de cinq mois et demi;

De Marie-Zéphyrine de France, fille de Louis, dauphin, morte le 27 avril 1748, âgée de vingt-et-un mois;

De N., duc d'Anjou, fils de Louis XV, mort le 7 avril 1733, âgé de deux ans sept mois trois jours.

On a aussi retiré du caveau les cœurs de Louis, dauphin, fils de Louis XV, mort à Fontainebleau, le 20 décembre 1765, et de Marie-Josèphe de Saxe, son épouse, morte le 13 mars 1767.

Nota. Leurs corps avoient été enterrés dans l'église cathédrale de Sens, ainsi qu'ils l'avoient demandé.

Remarques. Le plomb en figure de cœur a été mis de côté, et ce qu'il contenoit a été porté au cimetière et jeté dans la fosse commune avec tous les cadavres des Bourbons. Les cœurs des Bourbons étoient recouverts d'autres de vermeil ou argent doré, et surmontés chacun d'une couronne aussi d'argent doré. Les cœurs d'argent et leurs couronnes ont été déposés à la municipalité, et le plomb a été remis aux commissaires aux plombs.

Ensuite on alla prendre les autres cercueils à mesure qu'ils se présentoient à droite et à gauche.

Le premier fut celui d'Anne-Henriette de France, fille de Louis XV, morte le 10 février 1752, âgée de vingt-quatre ans cinq mois vingt-sept jours;

De Louise-Marie de France, fille de Louis XV, morte le 27 février 1733, âgée de quatre ans et demi;

De Louise-Élisabeth de France, fille de Louis XV, mariée au duc de Parme, morte à Versailles, le 6 décembre 1759, âgée de trente-deux ans trois mois et vingt-deux jours;

De Louis-Joseph-Xavier de France, duc de Bourgogne, fils de Louis, dauphin, frère aîné de Louis XVI, mort le 22 mars 1761, âgé de neuf à dix ans;

De N. d'Orléans, second fils d'Henri IV, mort en 1611, âgé de quatre ans;

De Marie de Bourbon de Montpensier, première femme de Gaston, fils de Henri IV, morte en 1627, âgée de vingt-deux ans;

De Gaston Jean-Baptiste, duc d'Orléans, fils de Henri IV, mort en 1660, âgé de cinquante-deux ans;

De Marie-Louise d'Orléans, duchesse de Montpensier, fille de Gaston et de Marie de Bourbon, morte en 1693, âgée de soixante-six ans;

De Marguerite de Lorraine, seconde femme de Gaston, morte le 3 avril 1672, âgée de cinquante-huit ans;

ET ÉCLAIRCISSEMENTS.

De Jean-Gaston d'Orléans, fils de Gaston Jean-Baptiste et de Marguerite de Lorraine, mort le 10 août 1652, à l'âge de deux ans;

De Marie-Anne d'Orléans, fille de Gaston et de Marguerite de Lorraine, morte le 17 août 1656, à l'âge de quatre ans.

Nota. Rien n'a été remarquable dans l'extraction des cercueils faite dans la journée du mardi 15 octobre 1793 : la plupart de ces corps étoient en putréfaction; il en sortoit une vapeur noire et épaisse, d'une odeur infecte, qu'on chassoit à force de vinaigre et de poudre qu'on eut la précaution de brûler, ce qui n'empêcha pas les ouvriers de gagner des dévoiements et des fièvres, qui n'ont pas eu de mauvaises suites.

Le mercredi 16 octobre 1793.

Vers les sept heures du matin, on a continué l'extraction des corps et cercueils du caveau des Bourbons. On a commencé par celui de Henriette-Marie de France, fille de Henri IV et épouse de l'infortuné Charles Ier, roi d'Angleterre, morte en 1669, âgée de soixante ans; et on a continué par celui de Henriette-Anne Stuart, fille dudit Charles Ier et première femme de Monsieur, frère unique de Louis XIV, morte en 1670, âgée de vingt-six ans;

De Philippe d'Orléans, dit Monsieur, frère unique de Louis XIV, mort en 1701, âgé de soixante-et-un ans;

D'Élisabeth-Charlotte de Bavière, seconde femme de Monsieur, morte en 1722, âgée de soixante-dix ans;

De Charles, duc de Berry, petit-fils de Louis XIV, mort en 1714, âgé de vingt-huit ans;

De Marie-Louise-Élisabeth d'Orléans, fille du duc régent du royaume, épouse de Charles, duc de Berry, morte en 1719, âgée de vingt-quatre ans;

De Philippe d'Orléans, petit-fils de France, régent du royaume sous la minorité de Louis XV, mort le jeudi 2 décembre 1723, âgé de quarante-neuf ans;

D'Anne-Élisabeth de France, fille aînée de Louis XIV, morte le 30 décembre 1662, laquelle n'a vécu que quarante-deux jours;

De Marie-Anne de France, seconde fille de Louis XIV, morte le 28 décembre 1664, âgée de quarante-et-un jours;

De Philippe, duc d'Anjou, fils de Louis XIV, mort le 10 juillet 1671, âgé de trois ans;

De Louis, duc d'Anjou, frère du précédent, mort le 4 novembre 1672, lequel n'a vécu que quatre mois et dix-sept jours;

De Marie-Thérèse de France, troisième fille de Louis XIV, morte le 1er mars 1672, âgée de cinq ans;

De Philippe-Charles d'Orléans, fils de Monsieur, mort le 8 décembre 1666, âgé de deux ans six mois;

De N., fille de Monsieur, morte en naissant, en 1665;

D'Alexandre-Louis d'Orléans, duc de Valois, fils de Monsieur, mort le 15 mars 1676, âgé de trois ans;

De Charles de Berry, duc d'Alençon, fils du duc de Berry, mort le 16 avril 1718, âgé de vingt-et-un jours;

De N. de Berry, fille du duc de Berry, morte en naissant, le 21 juillet 1711;

De Marie-Louise-Élisabeth, fille du duc de Berry, morte en 1714, douze heures après sa naissance;

De Sophie de France, sixième fille de Louis XV, et tante de Louis XVI, morte le 5 mars 1782, âgée de quarante-sept ans sept mois et quatre jours.

De N. de France, dite *d'Angoulême*, fille du comte d'Artois, frère de Louis XVI, morte le 23 juin 1783, âgée de cinq mois et seize jours;

De MADEMOISELLE, fille du comte d'Artois, frère de Louis XVI, morte le 23 juin 1783, âgée de sept ans trois mois et un jour;

De Sophie-Hélène de France, fille de Louis XVI, morte le 19 juin 1787, âgée de onze mois dix jours;

De Louis-Joseph-Xavier, dauphin, fils de Louis XVI, mort à Meudon, le 4 juin 1789, âgé de sept ans sept mois et treize jours.

Suite du mercredi 16 octobre 1793.

A onze heures du matin, dans le moment où la reine Marie-Antoinette d'Autriche, femme de Louis XVI, eut la tête tranchée, on enleva le cercueil de Louis XV, mort le 10 mai 1774, âgé de soixante-quatre ans.

Remarques. Il étoit à l'entrée du caveau, sur un banc ou massif de pierre, élevé à la hauteur d'environ deux pieds, au côté droit, en entrant, dans une espèce de niche pratiquée dans l'épaisseur du mur : c'étoit là qu'étoit déposé le corps du dernier roi, en attendant que son successeur vînt pour le remplacer, et alors on le portoit à son rang dans le caveau.

On n'a ouvert le cercueil de Louis XV que dans le cimetière, sur le bord de la fosse. Le corps retiré du cercueil de plomb, bien enveloppé de linges et de bandelettes, paroissoit tout entier et bien conservé; mais dégagé de tout ce qui l'enveloppoit, il n'offroit pas la figure d'un cadavre; tout le corps tomba en putréfaction, et il en sortit une odeur si infecte, qu'il ne fut pas possible de rester présent : on brûla de la poudre, on tira plusieurs coups de fusil pour purifier l'air. On le jeta bien vite dans la fosse, sur un lit de chaux vive, et on le couvrit encore de terre et de chaux.

Autre remarque. Les entrailles des princes et princesses étoient aussi dans le caveau, dans des seaux de plomb déposés sous les tréteaux de fer qui portoient leurs cercueils : on les porta au cimetière : on jeta les entrailles dans la fosse commune. Les seaux de plomb furent mis de côté, pour être portés, comme tous les autres, à la fonderie qu'on venoit d'établir dans le cimetière même pour fondre le plomb à mesure qu'on en trouvoit.

Vers les trois heures après midi, on a ouvert, dans la chapelle dite des Charles, le caveau de Charles V, mort en 1380, âgé de quarante-deux ans, et celui de Jeanne de Bourbon son épouse, morte en 1378, âgée de quarante ans.

Charles de France, mort enfant en 1386, âgé de trois mois, étoit inhumé aux pieds du roi Charles V, son aïeul. Ses petits os, tout à fait desséchés, étoient dans un cercueil de plomb. Sa tombe, en cuivre, étoit sous le marchepied de l'autel.

Isabelle de France, fille de Charles V, morte quelques jours après sa mère; Jeanne de Bourbon, morte en 1373, âgée de cinq ans, et Jeanne de France, sa sœur, morte en 1366, âgée de six mois et quatorze jours, étoient inhumées dans la même chapelle, à côté de leurs père et mère. On ne trouva que leurs os, sans cercueils de plomb, mais quelques planches de bois pourri.

Remarques. On a trouvé dans le cercueil de Charles V une couronne de vermeil bien conservée, une main de justice d'argent et un sceptre de cinq pieds de long, surmonté de feuilles d'acanthe d'argent, bien doré, dont l'or avoit conservé tout son éclat.

Dans le cercueil de Jeanne de Bourbon, son épouse, on a trouvé un reste de couronne, un anneau d'or, les débris de bracelets ou chaînons, un fuseau ou quenouille de bois doré, à demi pourri, des souliers de forme fort pointue, en partie consommés, brodés en or et en argent.

Les corps de Charles V et de Jeanne de Bourbon sa femme, de Charles VI et de sa femme, de Charles VII et de sa femme, retirés de leurs cercueils, ont été portés dans la fosse des Bourbons; après quoi, cette fosse a été couverte de terre, et on en a fait une autre à gauche de celle des Bourbons dans le fond du cimetière, où on a déposé les autres corps trouvés dans l'église.

Le jeudi 17 octobre 1793, du matin, on a fouillé dans le tombeau de Charles VI, mort en 1422, âgé de cinquante-quatre ans, et dans celui d'Isabeau de Bavière, sa femme, morte en 1435; on n'a trouvé dans leurs cercueils que des ossements desséchés : leur caveau avoit été enfoncé lors de la démolition du mois d'août dernier. On mit en pièces et en morceaux leurs belles statues de marbre, et on pilla ce qui pouvoit être précieux dans leurs cercueils.

Le tombeau de Charles VII, mort en 1461, âgé de cinquante-huit ans, et celui de Marie d'Anjou, sa femme, morte en 1463, avoient aussi été enfoncés et pillés. On n'a trouvé dans leurs cercueils qu'un reste de couronne et de sceptre d'argent doré.

Remarques. Une singularité de l'embaumement du corps de Charles VII, c'est qu'on y avoit parsemé du vif-argent, qui avoit conservé toute sa fluidité. On a observé la même singularité dans quelques autres embaumements de corps du quatorzième et du quinzième siècle.

Le même jour, 17 octobre 1793, l'après-dînée, dans la chapelle de Saint-Hippolyte, on a fait l'extraction de deux cercueils de plomb, de Blanche de Navarre, seconde femme de Philippe de Valois, morte en 1391, et de Jeanne de France leur fille, morte en 1371, âgée de vingt ans. On n'a pas trouvé la tête de cette dernière; elle a été vraisemblablement dérobée il y a quelques années lors d'une réparation faite à l'ouverture du caveau.

On a ensuite fait l'ouverture du caveau de Henri II, qui étoit fort petit : on en tira d'abord deux cœurs, un gros, et l'autre moindre : on ne sait de qui ils viennent, étant sans inscriptions; ensuite quatre cercueils : 1° celui de Marguerite de France, femme de Henri IV, morte le 27 mai 1615, âgée de soixante-deux ans; 2° celui de François, duc d'Alençon, quatrième fils de Henri II, mort en 1584, âgé de trente ans; 3° celui de François II, qui n'a régné qu'un an et demi, et qui mourut le 5 décembre 1560, âgé de dix-sept ans; 4° d'une fille de Charles IX, nommée Élisabeth de France, morte le 2 avril 1578, âgée de six ans.

Avant la nuit on a ouvert le caveau de Charles VIII, mort en 1498, âgé de vingt-huit ans. Son cercueil de plomb étoit posé sur des tréteaux ou barres de fer : on n'a trouvé que des os presque desséchés.

Le vendredi 18 octobre 1793, vers les sept heures du matin, on a continué l'extraction des cercueils du caveau de Henri II, et on en a tiré quatre grands cercueils : celui de Henri II, mort le 10 juillet 1559, âgé de quarante ans et quelques mois; de Catherine de Médicis sa femme, morte le 5 janvier 1589, âgée de soixante-dix ans; de Charles IX, mort en 1574, âgé de vingt-quatre ans; de Henri III, mort le 2 août 1589, âgé de trente-huit ans.

Celui de Louis, duc d'Orléans, second fils de Henri II, mort au berceau.

De Jeanne de France et de Victoire de France, toutes deux filles de Henri II, mortes en bas âge.

Remarques. Ces cercueils étoient posés les uns sur les autres sur trois lignes : au premier rang, à main gauche en entrant, étoient les cercueils de Henri II, de Catherine de Médicis, sa femme et de Louis d'Orléans leur second fils; le cercueil de Henri II étoit posé sur des barres de fer, et les deux autres sur celui de Henri II.

Au second rang, au milieu du caveau, étoient quatre autres cercueils placés les uns sur les autres, et les deux cœurs ci-dessus mentionnés étoient posés dessus.

Au troisième rang, à main droite, du côté du chœur, se trouvoient quatre cercueils : celui de Charles IX, porté sur des barres de fer, en portoit un grand (celui de Henri III) et deux petits.

Sous les tréteaux ou barres de fer étoient posés les cercueils de plomb. Il y avoit beaucoup d'ossements; ce sont probablement des ossements trouvés dans cet endroit lorsqu'en 1719 on a fouillé pour faire le nouveau caveau des Valois, qui étoit avant construit dans l'endroit même où on a déposé les restes des princes et princesses au fur et à mesure qu'on en a découvert.

Le même jour, 18 octobre 1793, on est descendu dans le caveau de Louis XII, mort en 1515, âgé de cinquante-trois ans. Anne de Bretagne, son épouse, morte en 1514, âgée de trente-sept ans, étoit dans le même caveau, à côté de lui : on a trouvé sur leurs cercueils deux couronnes de cuivre doré.

Dans le chœur, sous la croisée septentrionale, on a ouvert le tombeau de Jeanne de France, reine de Navarre, fille de Louis X, dit le Hutin, morte en 1349, âgée de trente-huit ans. Elle étoit enterrée aux pieds de son père, sans caveau : une pierre creuse, tapissée de plomb intérieurement, et couverte d'une autre pierre toute plate, renfermoit ses ossements; on n'a trouvé dans son cercueil qu'une couronne de cuivre doré.

Louis X, dit le Hutin, n'avoit pas non plus de cercueil de plomb, ni de caveau : une pierre creuse, en forme d'auge, tapissée en dedans de lames de plomb, renfermoit ses os desséchés, avec un reste de sceptre et de couronne de cuivre rongé par la rouille; il étoit mort en 1316, âgé de près de vingt-sept ans.

Le petit roi Jean, son fils posthume, étoit à côté de son père, dans une petite tombe ou auge de pierre, revêtue de plomb, n'ayant vécu que quatre jours.

Près du tombeau de Louis X, étoit enterré, dans un simple cercueil de pierre, Hugues, dit le Grand, comte de Paris, mort en 956, père de Hugues Capet, chef de la race des Capétiens. On n'a trouvé que ses os, presque en poussière.

On a été ensuite au milieu du chœur découvrir la fosse de Charles le Chauve, mort en 877, âgé de cinquante-quatre ans. On n'a trouvé, bien avant dans la terre, qu'une espèce d'auge en pierre, dans laquelle étoit un petit coffre, qui contenoit le reste de ses cendres. Il étoit mort de poison en deçà du Mont-Cenis, sur les confins de la Savoie, dans une chaumière du village de Brios, à son retour de Rome. Son corps fut mis en dépôt au prieuré de Mantui, du diocèse de Dijon, d'où il fut transporté sept ans après à Saint-Denis.

Le samedi 19 octobre 1793, la sépulture de Philippe, comte de Boulogne, fils de Philippe-Auguste, mort en 1223, n'a rien donné de remarquable, sinon la place de la tête du prince, creusée dans son cercueil de pierre.

Nous remarquerons la même chose pour celui de Dagobert.

Le cercueil de pierre, en forme d'auge, d'Alphonse de Poitiers, frère de saint Louis, mort en 1271, ne contenoit que des cendres; ses cheveux étoient bien conservés. Mais ce qui peut être remarquable, c'est que le dessous de la pierre qui couvroit son cercueil étoit tacheté, coloré et veiné de jaune et de blanc comme du marbre : les exhalaisons fortes du cadavre ont dû produire cet effet.

Le corps de Philippe-Auguste, mort en 1223, étoit entièrement consommé : la pierre taillé en dos d'âne qui couvroit le cercueil de pierre étoit arrondie du côté de la tête.

Le corps de Louis VIII, père de saint Louis, mort le 8 novembre 1226, âgé de quarante ans, s'est trouvé aussi presque consommé. Sur la pierre qui couvroit son cercueil étoit sculptée une croix en demi-relief : on n'y a trouvé qu'un reste de sceptre de bois pourri; son diadème, qui n'étoit qu'une bande d'étoffe tissue en or, avec une grande calotte d'une étoffe satinée, assez bien conservée. Le corps avoit été enveloppé dans un drap ou suaire tissu d'or; on en trouva encore des morceaux assez bien conservés.

Remarques. Son corps ainsi enseveli avoit été recousu dans un cuir fort épais qui étoit bien conservé.

Il est le seul que nous ayons trouvé enveloppé dans un cuir. Il est vraisemblable qu'on ne l'a fait pour lui que pour que son cadavre n'exhalât pas au dehors de mauvaise odeur dans le transport qu'on en fit de Montpensier en Auvergne, où il mourut à son retour de la guerre contre les Albigeois.

On fouilla au milieu du chœur, au bas des marches du sanctuaire, sous une tombe de cuivre, pour trouver le corps de Marguerite de Provence, femme de saint Louis, morte en 1295. On creusa bien avant en terre sans rien trouver : enfin on découvrit, à gauche de la place où étoit sa tombe, une auge de pierre remplie de gravats, parmi lesquels étoient une rotule et deux petits os.

Dans la chapelle de Notre-Dame-la-Blanche, on a ouvert le caveau de Marie de France, fille de Charles IV, dit le Bel, morte en 1341, et de Blanche sa sœur, duchesse d'Orléans, morte en 1392. Le caveau étoit rempli de décombres, sans corps et sans cercueils.

En continuant la fouille dans le chœur, on a trouvé, à côté du tombeau de Louis VIII, celui où avoit été déposé saint Louis, mort en 1270. Il étoit plus court et moins large que les autres ; les ossements en avoient été retirés lors de sa canonisation, en 1297.

Nota. La raison pour laquelle son cercueil étoit moins large et moins long que les autres, c'est que, suivant les historiens, ses chairs furent portées en Sicile : ainsi on n'a rapporté à Saint-Denis que les os, pour lesquels il a fallu un cercueil moins grand que pour le corps entier.

On a ensuite décarrelé le haut du chœur pour découvrir les autres cercueils cachés sous terre. On a trouvé celui de Philippe le Bel, mort en 1314, âgé de quarante-six ans. Ce cercueil étoit de pierre, recouvert d'une large dalle. Il n'y avoit pas d'autre cercueil que la pierre, creusée en forme d'auge et plus large à la tête qu'aux pieds, et tapissée en dedans d'une lame de plomb, et une forte et large lame aussi de plomb, scellée sur les barres de fer qui fermoient le tombeau. Le squelette étoit tout entier : on a trouvé un anneau d'or, un sceptre de cuivre doré, de cinq pieds de long, terminé par une touffe de feuillage sur laquelle étoit représenté un oiseau aussi de cuivre doré.

Le soir, à la lumière, on a ouvert le tombeau de pierre du roi Dagobert, mort en 638. Il avoit plus de six pieds de long : la pierre étoit creusée pour recevoir la tête, qui étoit séparée du corps. On a trouvé un coffre de bois d'environ deux pieds de long, garni en dedans de plomb, qui renfermoit les os de ce prince et ceux de Nanthilde, sa femme, morte en 642. Les ossements étoient enveloppés dans une étoffe de soie, séparés les uns des autres par une planche intermédiaire, qui partageoit le coffre en deux parties. Sur un des côtés de ce coffre étoit une lame de plomb, avec cette inscription :

HIC JACET CORPUS DAGOBERTI.

Sur l'autre côté, une lame de plomb portoit :

HIC JACET CORPUS NANTHILDIS.

On n'a pas trouvé la tête de la reine Nanthilde. Il est probable qu'elle sera restée dans l'endroit de sa première sépulture, lorsque saint Louis les fit retirer pour les placer dans le tombeau qu'il leur fit élever dans le lieu où il se voit aujourd'hui.

Dimanche 20 octobre 1793.

On a travaillé à détacher le plomb qui couvroit le dedans du tombeau de pierre de Philippe le Bel. On a refouillé auprès de la sépulture de saint Louis, dans l'espérance d'y trouver le corps de Marguerite de Provence, sa femme : on n'a rien trouvé qu'une auge de pierre sans couverture, remplie de terre et de gravats.

Dans cet endroit devoit être aussi le corps de Jean Tristan, comte de Nevers, fils de saint Louis, mort en 1270, quelques jours avant son père, près de Carthage en Afrique.

Dans la chapelle dite *des Charles,* on a retiré le cercueil de plomb de Bertrand Du Guesclin, mort en 1380. Son squelette étoit tout entier, la tête bien conservée, les os bien propres et tout à fait desséchés. Auprès de lui étoit le tombeau de Bureau de La Rivière, mort en 1400. Il n'avoit que trois pieds de long; on en a retiré le cercueil de plomb.

Après bien des recherches, on a trouvé l'entrée du caveau de François Ier, mort en 1547, âgé de cinquante-deux ans.

Ce caveau étoit grand et bien voûté; il contenoit six corps renfermés dans des cercueils de plomb, posés sur des barres de fer : celui de François Ier; celui de Louise de Savoie, sa mère, morte en 1531; de Claudine de France, sa femme, morte en 1524, âgée de vingt-cinq ans; de François, dauphin, mort en 1536, âgé de dix-neuf ans; de Charles, son frère, duc d'Orléans, mort en 1544, âgé de vingt-trois ans, et celui de Charlotte, sa sœur, morte en 1524, âgée de huit ans.

Tous ces corps étoient en pourriture et en putréfaction liquide, et exhaloient une odeur insupportable; une eau noire couloit à travers leurs cercueils de plomb dans le transport qu'on en fit au cimetière.

On a repris la fouille dans la croisée méridionale du chœur; on a trouvé une auge ou tombe de pierre remplie de gravats. C'étoit le tombeau de Pierre Baucaire, chambellan de saint Louis, mort en 1270.

Sur le soir, on a trouvé, près de la grille du côté du midi, le tombeau de Matthieu de Vendôme, abbé de Saint-Denis et régent du royaume sous saint Louis et sous son fils Philippe le Hardi; il n'avoit pas de cercueil, ni de pierre, ni de plomb; il avoit été mis en terre dans un cercueil de bois, dont on trouva encore des morceaux de planches pourries. Le corps étoit entièrement consommé : on n'a trouvé que le haut de sa crosse de cuivre doré et quelques lambeaux de riche étoffe, ce qui marque qu'il avoit été enseveli avec ses plus riches ornements d'abbé. Il étoit mort en 1286, le 5 septembre, au commencement du règne de Philippe le Bel.

Le lundi 21 octobre 1793.

Au milieu de la croisée du chœur, on a levé le marbre qui couvroit le petit caveau où on avoit déposé, au mois d'août 1791, les ossements et cendres de six princes et une princesse de la famille de saint Louis, transférés en cette église, de l'abbaye de Royaumont, où ils étoient enterrés; les cendres et ossements ont été retirés de leurs coffres ou cercueils de plomb, et portés au cimetière dans la seconde fosse commune, où Philippe-Auguste, Louis VIII, François Ier et toute sa famille avoient été portés.

Dans l'après-midi, on a commencé à fouiller dans le sanctuaire, à côté du grand autel, à gauche, pour trouver les cercueils de Philippe le Long, mort en 1322; de Charles IV, dit le Bel, mort en 1328; de Jeanne d'Évreux, troisième femme de Charles IV, morte en 1370; de Philippe de Valois, mort en 1350, âgé de cinquante-sept ans; de Jeanne de Bourgogne, femme de Philippe de Valois, morte en 1348, et celui du roi Jean, mort en 1364.

Le mardi 22 octobre 1793.

Dans la chapelle des Charles, le long du mur de l'escalier qui conduit au chevet, on a trouvé deux cercueils l'un sur l'autre : celui de dessus, de pierre carrée, renfermoit le corps d'Arnaud Guillem de Barbazan, mort en 1431, premier chambellan de Charles VII; celui de dessous, couvert de lames de plomb, contenoit le corps de Louis de Sancerre, connétable sous Charles VI, mort en 1402, âgé de soixante ans; sa tête étoit encore garnie de cheveux longs et partagés en deux cadenettes, bien tressées.

On a levé ensuite la pierre perpendiculaire qui couvroit les tombeaux en pierre de l'abbé Suger et de l'abbé Troon; le premier, mort en 1151, et le second en 1221 : on n'y a trouvé que des os presque en poussière.

On a continué la fouille dans le sanctuaire, du côté de l'évangile, et on a découvert, bien avant en terre, une grande pierre plate qui couvroit les tombeaux de Philippe le Long et des autres.

On s'en tint là, et, pour finir la journée, on alla dans la chapelle dite *du Lépreux*, lever la tombe de Sédille de Sainte-Croix, morte en 1380, femme de Jean Pastourelle, conseiller du roi Charles V : on n'a trouvé que des ossements consommés.

Le mercredi 23 octobre 1793.

On a repris, du matin, le travail qu'on avoit laissé la veille, pour la découverte des tombeaux du sanctuaire.

On trouva d'abord celui de Philippe de Valois, qui étoit de pierre, tapissé intérieurement de plomb, fermé par une forte lame de même métal, soudée sur des barres de fer; le tout recouvert d'une longue et large pierre plate : on a trouvé une couronne et un sceptre surmonté d'un oiseau de cuivre doré.

Plus près de l'autel, on a trouvé le tombeau de Jeanne de Bourgogne, première femme de Philippe de Valois; on y a trouvé son anneau d'argent, un reste de quenouille ou fuseau et des os desséchés.

Le jeudi 24 octobre.

A gauche de Philippe de Valois étoit Charles le Bel. Son tombeau étoit construit comme celui de Philippe de Valois; on y a trouvé une couronne d'argent doré, un sceptre de cuivre doré, haut de près de sept pieds, un anneau d'argent, un reste de main de justice, un bâton de bois d'ébène, un oreiller de plomb pour reposer la tête; le corps étoit desséché.

Le vendredi 25 octobre.

Le tombeau de Jeanne d'Évreux avoit été remué, la tombe étoit brisée en trois morceaux, et la lame de plomb qui fermoit le cercueil étoit détachée; on ne trouva que des os détachés sans la tête; on ne fit pas d'information; il y avoit néanmoins apparence qu'on étoit venu, dans la nuit précédente, dépouiller ce tombeau.

Au milieu, on trouva le tombeau en pierre de Philippe le Long; son squelette étoit bien conservé, avec une couronne d'argent doré enrichie de pierreries, une agrafe de son manteau en losange, avec une autre plus petite, aussi d'argent, partie de sa ceinture d'étoffe satinée, avec une boucle d'argent doré et un sceptre de cuivre doré. Au pied de son cercueil étoit un petit caveau où étoit le cœur de Jeanne de Bourgogne, femme de Philippe de Valois, renfermé dans une cassette de bois presque pourri; l'inscription étoit sur une lame de cuivre.

On a aussi découvert le tombeau du roi Jean, mort en 1364, en Angleterre, âgé de cinquante-quatre ans : on y a trouvé une couronne, un sceptre fort haut, mais brisé, une main de justice, le tout d'argent doré. Son squelette étoit entier. Quelques jours après, les ouvriers, avec le commissaire aux plombs, ont été au couvent des Carmélites faire l'extraction du cercueil de madame Louise de France, fille de Louis XV, morte le 23 décembre 1787, âgée de cinquante ans et environ six mois. Ils l'ont apporté dans le cimetière, et le corps a été déposé dans la fosse commune; il étoit tout entier, mais en pleine putréfaction; ses habits de carmélite étoient très-bien conservés.

Dans la nuit du 11 au 12 septembre 1793, par ordre du département, en présence du commissaire du district et de la municipalité de Saint-Denis, on a enlevé du trésor tout ce qui y étoit, châsses, reliques, etc.; tout a été mis dans de grandes caisses de bois, ainsi que tous les riches ornements de l'église, et le tout est parti dans des chariots pour la Convention, en grand appareil et grand cortége de la garde des habitants de la ville, le 13, vers les dix heures du matin.

Supplément.

Le 18 janvier 1794, le tombeau de François Ier étant démoli, il fut aisé d'ouvrir celui de Marguerite, comtesse de Flandre, fille de Philippe le Long et femme de Louis, comte de Flandre, morte en 1382, âgée de soixante-six ans; elle étoit dans un caveau assez bien construit; son cercueil de plomb étoit posé sur des barres de fer : on n'y trouva que des os bien conservés et quelques restes de planches de bois de châtaignier. Mais on n'a pas trouvé la sépulture du cardinal de Retz, dit le Coadjuteur, mort en 1679, âgé de soixante-six ans, non plus que celle de plusieurs autres grands personnages.

NOTE XLVII, page 411.

CHAPITRE DE JÉSUS-CHRIST, ET DE SA VIE.

« A moins qu'il ne plaise à Dieu de vous envoyer quelqu'un pour vous instruire de sa part, n'espérez pas de réussir jamais dans le dessein de réformer les mœurs des hommes. » (PLATON, *Apologie de Socrate.*)

Le même philosophe, après avoir prouvé que la piété est la chose du monde la plus désirable, ajoute : *Mais qui sera en état de l'enseigner, si Dieu ne lui sert de guide ?* (Dialogue intitulé EPINOMIS.) (*Note de l'Éditeur.*)

NOTE XLVIII, page 413.

Lisez, dans la seconde partie du *Discours sur l'Histoire universelle*, l'admirable morceau sur *Jésus-Christ et sa doctrine*. (*Note de l'Éditeur.*)

NOTE XLIX, page 414.

Le docteur Robertson a rendu justice à Voltaire, en disant que cet homme universel n'a pas été un historien aussi infidèle qu'on le pense généralement. Nous croyons, comme lui, que Voltaire n'a pas toujours cité faux ; mais il est certain qu'il a beaucoup omis, car nous n'oserions dire beaucoup ignoré. Il a donné, de plus aux passages originaux un tour particulier, pour leur faire dire toute autre chose qu'ils ne disent en effet. C'est le moyen d'être tout à la fois exact et merveilleusement infidèle. Dans ses deux admirables histoires de Louis XIV et de Charles XII, Voltaire n'a pas eu besoin d'avoir recours à ce moyen ; mais dans son Histoire générale, qui n'est qu'une longue injure au christianisme, il s'est cru permis d'employer toutes sortes d'armes contre l'ennemi. Tantôt il nie formellement, tantôt il affirme d'un ton positif ; ensuite il mutile et défigure les faits. Il avance sans hésiter qu'*il n'y eut aucune hiérarchie pendant près de cent ans parmi les chrétiens*. Il ne donne aucun garant de cette étrange assertion ; il se contente de dire : *Il est reconnu, l'on rit aujourd'hui.*

Selon cet auteur, on n'a sur la succession de saint Pierre que la liste *frauduleuse d'un livre apocryphe*, intitulé le *Pontificat de Damase*[1]. Or, il nous reste un traité de saint Irénée sur les hérésies, où le Père de l'Église gallicane *donne en entier* la succession des papes, depuis les apôtres[2]. Il en compte douze jusqu'à son temps. On place l'année de la naissance de saint Irénée environ cent vingt ans après Jésus-Christ. Il avoit été disciple de Papias et de saint

---

1. *Essai sur les Mœurs des Nations*, chap. VIII. 2. Lib. III, cap. III.

Polycarpe, eux-mêmes disciples de saint Jean l'Évangéliste. Il étoit donc témoin presque oculaire des premiers papes. Il nomme saint Lin après saint Pierre, et nous apprend que c'est de ce même Lin que parle saint Paul dans son épître à Timothée[1]. Comment Voltaire ou ceux qui l'aidoient dans son travail n'ont-ils pas craint (s'ils n'ont pas ignoré) cette foudroyante autorité? Si l'on en croit l'*Essai sur les Mœurs*, on n'auroit jamais entendu parler de Lin : et voilà que ce premier successeur du chef de l'Église est nommé par les apôtres eux-mêmes!

NOTE L, PAGE 415.

FRAGMENT DU SERMON DE BOSSUET SUR L'UNITÉ DE L'ÉGLISE, PRONONCÉ A L'OUVERTURE DE L'ASSEMBLÉE DU CLERGÉ DE 1682.

Nous trouverons dans l'Évangile que Jésus-Christ, voulant commencer le mystère de l'unité dans son Église, parmi tous les disciples en choisit douze, mais que, voulant consommer le mystère de l'unité dans la même Église, parmi les douze il en choisit un... Qu'on ne dise point, qu'on ne pense point que ce ministère de saint Pierre finisse avec lui : ce qui doit servir de soutien à une Église éternelle ne peut jamais avoir de fin. Pierre vivra dans ses successeurs; Pierre parlera toujours dans sa chaire : c'est ce que disent les Pères; c'est ce que confirment six cent trente évêques au concile de Chalcédoine.

...Et qui ne sait ce qu'a chanté le grand saint Prosper, il y a plus de douze cents ans : *Rome, le siège de Pierre, devenue sous ce titre le chef de l'ordre pastoral dans tout l'univers, s'assujettit par la religion ce qu'elle n'a pu subjuguer par les armes?* Que volontiers nous répétons ce sacré cantique d'un Père de l'Église gallicane! C'est le cantique de la paix, où, dans la grandeur de Rome, l'unité de toute l'Église est célébrée.

...Jésus-Christ poursuit son dessein, et après avoir dit à Pierre, éternel prédicateur de la foi : *Tu es Pierre, et sur cette pierre je bâtirai mon Église*, il ajoute : *Et je te donnerai les clefs du royaume des cieux*. Toi qui as la prérogative de la prédication de la *foi*, tu auras aussi les clefs qui désignent l'autorité du gouvernement. *Ce que tu lieras sur la terre sera lié dans le ciel, et ce que tu délieras sur la terre sera délié dans le ciel*. Tout est soumis à ces clefs : tout, mes frères, rois et peuples, pasteurs et troupeaux. Nous le publions avec joie, car nous aimons l'unité, et nous tenons à gloire notre obéissance. C'est à Pierre qu'il est ordonné premièrement d'*aimer plus que tous les autres* apôtres, et ensuite de *paître* et gouverner tout, *et les agneaux et les brebis*, et les petits et les mères, et les pasteurs mêmes : pasteurs à l'égard des peuples, et brebis à l'égard de Pierre, ils honorent en lui Jésus-Christ... *(Note de l'Éditeur.)*

---

1. Ep. IX, cap. IV, v. 21.

NOTE LI, page 417.

Il va presque jusqu'à nier les persécutions sous Néron. Il avance qu'aucun des césars n'inquiéta les chrétiens jusqu'à Domitien. « Il étoit aussi injuste, dit-il, d'imputer cet accident (l'incendie de Rome) au christianisme qu'à l'empereur (Néron); ni lui, ni les chrétiens, ni les Juifs, n'avoient aucun intérêt à brûler Rome; mais il falloit apaiser le peuple, qui se souleyoit contre des étrangers, également haïs des Romains et des Juifs. On abandonna quelques infortunés à la *vengeance* publique. (Quelle vengeance, s'ils n'étoient pas coupables!) Il semble qu'on n'auroit pas dû compter parmi les persécutions faites à leur foi cette violence passagère. Elle n'avoit rien de commun avec leur religion, qu'*on ne connoissoit pas* (nous allons entendre Tacite), et que les Romains confondoient avec le judaïsme, protégé par les lois autant que méprisé[1]. » Voilà peut-être un des passages historiques les plus étranges qui soient jamais échappés à la plume d'un auteur.

Voltaire n'avoit-il jamais lu ni Suétone ni Tacite? Il nie l'existence ou l'authenticité des inscriptions trouvées en Espagne, où Néron est remercié *d'avoir aboli dans la province une superstition nouvelle.* Quant à l'existence de ces inscriptions, on en voit une à Oxford : *Neroni Claud. Cais. Aug. Max. ob provinc. latronib. et his qui novam generi hum. superstition. inculcab. purgat.* Et pour ce qui regarde l'inscription elle-même, on ne voit pas pourquoi Voltaire doute que cette nouvelle superstition soit la religion chrétienne. Ce sont les propres paroles de Suétone : *Afflicti suppliciis christiani, genus hominum superstitionis novœ ac maleficœ*[2].

Le passage de Tacite va nous apprendre maintenant quelle fut *cette violence passagère* exercée très-sciemment, non sur les *juifs*, mais sur les *chrétiens*.

« Pour détruire les bruits, Néron chercha des coupables, et fit souffrir les plus cruelles tortures à des malheureux, abhorrés pour leurs infamies, qu'on appeloit vulgairement *chrétiens*. Le Christ, qui leur donna son nom, avoit été condamné au supplice, sous Tibère, par le procurateur Ponce-Pilate, ce qui réprima pour un moment cette exécrable superstition. Mais bientôt le torrent se déborda de nouveau, non-seulement dans la Judée, où il avoit pris sa source, mais jusque dans Rome même, où viennent enfin se rendre et se grossir tous les égouts de l'univers. On commença par se saisir de ceux qui s'avouèrent chrétiens, et ensuite, sur leurs dépositions, d'une *multitude immense*, qui fut moins convaincue d'avoir incendié Rome que de haïr le genre humain; et à leur supplice on ajoutoit la dérision : on les enveloppoit de peaux de bêtes, pour les faire dévorer par les chiens; on les attachoit en croix ou l'on enduisoit leur corps de résine, et l'on s'en servoit la nuit pour s'éclairer. Néron avoit cédé ses propres jardins pour ce spectacle, et dans le même temps il donnoit des jeux au cirque, se mêlant parmi le peuple

---

1. *Essai sur les Mœurs*, chap. III.   2. Suet., *in Nero*.

en habit de cocher, ou conduisant les chars. Aussi, quoique coupables et dignes des derniers supplices, on se sentoit ému de compassion pour ces victimes qui sembloient immolées moins au bien public qu'aux passe-temps d'un barbare[1]. »

Les mouvements de compassion dont Tacite semble saisi à la fin de ce tableau contrastent bien tristement avec un auteur chrétien qui cherche à affoiblir la pitié pour les victimes. On voit que Tacite désigne nettement les chrétiens; il ne les confond point avec les Juifs, puisqu'il raconte leur origine et que, d'ailleurs, en parlant du siége de Jérusalem, il fait, dans un autre endroit, l'histoire des Hébreux et de la religion de Moïse. On devine pourtant ce qui fait avancer à Voltaire que les Romains croyoient persécuter des Juifs en persécutant les fidèles. C'est sans doute cette phrase : *Moins convaincus d'avoir incendié Rome que de hair le genre humain*, que l'auteur de l'*Essai* a interprétée des Juifs et non des chrétiens. Or, il ne s'est pas aperçu qu'il faisoit l'éloge de ces derniers, tout en les voulant priver de la pitié du lecteur. « C'est une grande gloire pour les chrétiens, dit Bossuet, d'avoir eu pour premier persécuteur le persécuteur du genre humain. » L'article de Voltaire nous fait faire un triste retour sur cet esprit de parti qui divise tous les hommes et étouffe chez eux les sentiments naturels. Que le ciel nous préserve de ces horribles haines d'opinion, puisqu'elles rendent si injuste!

NOTE LII, PAGE 431.

M. de Cl..., obligé de fuir pendant la terreur avec un de ses frères, entra dans l'armée de Condé ; après y avoir servi honorablement jusqu'à la paix, il se résolut de quitter le monde. Il passa en Espagne, se retira dans un couvent de Trappistes, y prit l'habit de l'ordre, et mourut peu de temps après avoir prononcé ses vœux : il avoit écrit plusieurs lettres à sa famille et à ses amis pendant son voyage en Espagne et son noviciat chez les Trappistes. Ce sont ces lettres que l'on donne ici. On n'a rien voulu y changer; on y verra une peinture fidèle de la vie de ces religieux, dont les mœurs ne sont déjà plus pour nous que des traditions historiques. Dans ces feuilles, écrites sans art, il règne souvent une grande élévation de sentiments, et toujours une naïveté d'autant plus précieuse qu'elle appartient au génie françois et qu'elle se perd de plus en plus parmi nous. Le sujet de ces lettres se lie au souvenir de tous nos malheurs : elles représentent un jeune et brave François chassé de sa famille par la révolution, et s'immolant dans la solitude, victime volontaire offerte à l'Éternel pour racheter les maux et les impiétés de la patrie : ainsi saint Jérôme, au fond de sa grotte, tâchoit, en versant des torrents de larmes et en élevant ses mains vers le ciel, de retarder la chute de l'empire romain. Cette correspondance offre donc une petite histoire complète, qui a

---

[1]. TACITE, *Ann.*, lib. xv, 44, traduction de M. Dureau-Delamalle, 2ᵉ éd., t. III, p. 291.

son commencement, son milieu et sa fin. Je ne doute point que, si on la publioit comme un simple roman, elle n'eût le plus grand succès. Cependant elle ne renferme aucune aventure : c'est un homme qui s'entretient avec ses amis et qui leur rend compte de ses pensées. Où donc est le charme de ces lettres? Dans la religion. Nouvelle preuve qui vient à l'appui des principes que j'ai essayé d'établir dans mon ouvrage.

A MM. DE B..., SES COMPAGNONS D'ÉMIGRATION, A BARCELONNE.

15 mars 1799.

Mon dernier voyage, mes chers amis (c'est celui de Madrid), a été très agréable. J'ai passé à Aranjuez, où étoit la famille royale. J'ai resté cinq jours à Madrid, autant à Saragosse, où j'ai eu l'avantage de visiter Notre-Dame-du-Pilar. J'ai eu plus de plaisir à parcourir l'Espagne que je n'en avois eu à parcourir les autres pays. On a l'avantage d'y voyager à meilleur marché que nulle part que je connoisse. Je n'ai rien perdu de mes effets, quoique je sois très-peu soigneux; on trouve ici beaucoup de braves gens qui savent exercer la charité. On épargne beaucoup en portant avec soi un sac qu'on remplit chaque soir de paille pour se coucher : mais je n'ai plus de goût à parler de tout cela. J'ai dit adieu aux montagnes et aux lieux champêtres. J'ai renoncé à tous mes plans de voyage sur la terre pour commencer celui de l'éternité. Me voici depuis neuf jours à la Trappe de Sainte-Suzanne, où j'ai résolu, avec la grâce de Dieu, de finir mes jours. J'ai moins de mérite qu'un autre à souffrir les peines du corps, vu l'habitude que je m'en étais faite par *épicuréisme.*

On ne mène pas ici une vie de fainéant : on se lève à une heure et demie du matin, on prie Dieu ou on fait des lectures pieuses jusqu'à cinq; puis commence le travail, qui ne cesse que vers les quatre heures et demie du soir, qu'on rompt le jeûne : je parle pour les frères convers, dont je fais nombre; les Pères, qui travaillent aussi beaucoup, quittent les champs aux heures marquées, pour se rendre au chœur, où ils chantent l'office de la Sainte-Vierge, l'office ordinaire et celui des morts. Nous autres frères, nous interrompons aussi notre travail pour faire nos prières par intervalles, ce qui s'exécute sur le lieu. On ne passe guère une demi-heure sans que l'ancien ne frappe des mains pour nous avertir d'élever nos pensées vers le ciel, ce qui adoucit beaucoup toutes les peines; on se ressouvient qu'on travaille pour un maître qui ne nous fera pas attendre notre salaire au temps marqué.

J'ai vu mourir un de nos Pères. Ah! si vous saviez quelle consolation on a dans ce moment de la mort! Quel jour de triomphe! Notre révérend Père abbé demanda à l'agonisant : « *Hé bien, êtes-vous fâché maintenant d'avoir un peu souffert?* » Je vous avoue, à ma honte, que je me suis senti quelquefois envie de mourir, comme ces soldats lâches qui désirent leur congé avant le temps. Sainte Marie Égyptienne fit quarante ans pénitence; elle étoit moins coupable que moi, et il y a mille ans qu'elle se repose dans la gloire.

Priez pour moi, mes chers amis, afin que nous puissions nous retrouver au grand jour.

Faites savoir, je vous prie, au cher Hippolyte et à mes sœurs le parti que j'ai pris. Je leur écrirai dans six semaines, et ils peuvent m'écrire à l'adresse que je vous donnerai.

Nous sommes ici soixante-dix, tant Espagnols que François, et cependant la maison est très-pauvre : voilà pourquoi je veux faire venir les 300 livres. D'ailleurs, quoique, avec la grâce de Dieu, j'espère persister dans ma résolution, j'ai un an pour sortir.

Vous pouvez donc écrire au révérend père abbé de la Trappe de Sainte-Suzanne, par Alcaniz à Maëlla, pour le frère Charles Cl.

(Vous aurez soin de mettre en tête de la lettre *Espana*, et après Maëlla, *en Aragon*.)

LETTRE ÉCRITE A SES FRÈRES ET SŒURS EN FRANCE.

Première semaine de l'âques 1799.

Me voici à Sainte-Suzanne depuis le premier lundi de carême; c'est un couvent de Trappistes, où je compte finir mes jours : j'ai déjà éprouvé tout ce qu'il y a de plus austère dans le cours de l'année. On ne se lève jamais plus tard qu'à une heure et demie du matin; au premier coup de cloche on se rend à l'église; les frères convers, dont je fais nombre sous le nom de Fr. J. Climaque, sortent à deux heures et demie pour aller étudier les psaumes ou faire quelque autre lecture spirituelle; à quatre heures on rentre à l'église jusqu'à cinq heures, que commence le travail. On s'occupe dans un atelier jusqu'au jour; alors on prend une pioche large et une étroite, puis on va en ordre travailler, ce qui dure quelquefois jusqu'à trois heures de l'après-midi. On se rapproche ensuite du couvent, où l'on reprend le travail dans l'atelier, en attendant quatre heures et un quart, heure à laquelle sonne le dîner. En se levant de table, on va processionnellement à l'église, en récitant le *Miserere;* l'on en sort en récitant le *De profundis*, et l'on retourne au travail dans l'atelier. Là on carde, on file, on fait du drap et autres choses, chacun selon son talent. Tout ce dont nous nous servons doit se faire dans la maison, par les mains des frères, autant que cela est possible ; chacun doit gagner sa vie à la sueur de son front, faisant profession d'être pauvre et de n'être à charge à personne, donnant au contraire l'hospitalité à gens de tout état qui viennent nous voir; cependant, nous n'avons que deux attelages de mules, et environ deux cents brebis et quelques chèvres, qui vont paître dans les montagnes arides qui nous environnent. Ce ne peut être que par les soins d'une providence particulière que soixante-dix personnes vivent avec si peu de chose, sans compter une foule d'étrangers qui viennent de toutes parts, et auxquels on donne du pain blanc et tout ce que nous pouvons leur donner en maigre apprêté à l'huile ou au beurre, dont nous ne faisons pas usage. Notre pain, s'il est de froment, ne doit avoir passé qu'une fois par le crible, et la farine doit être employée comme elle sort du moulin. Comme je suis maladroit pour filer dans l'atelier, je trie les fèves ou lentilles de nos repas.

Le riz ne se trie pas de même, et tout se mange sans autre accommodage que cuit à l'eau et au sel.

A cinq heures trois quarts, on va au cloître lire ou prier Dieu jusqu'à six heures. Il se fait une lecture que tout le monde écoute. La lecture finie, les Pères entrent à l'église pour dire Complies. Le Père maître, qui est un ancien moine de Sept-Fonds, distribue le travail aux frères, à mesure qu'ils entrent dans l'église; après Complies, on sonne une cloche qui réunit tout le monde pour chanter *Salve, Regina*, ce qui dure un quart d'heure. Le chant en est très beau, et cela seul délasse de tous les travaux de la journée; vient ensuite un demi-quart d'heure d'adoration. A sept heures un quart, on dit le *Sub tuum præsidium*; cela fait, tous les individus de la maison vont se prosterner à la file dans le cloître, et là, couchés sur la terre, comme le roi David, ils disent le *Miserere* dans un grand silence : cette dernière cérémonie me paroît sublime : l'homme ne me semble jamais mieux à sa place que lorsqu'il s'humilie devant son auteur. Enfin, le révérend Père abbé se lève, et, placé sur la porte de l'église, il donne l'eau bénite à tous sans exception, jusqu'au dernier des novices. Arrivés au dortoir, on se met à genoux au pied de son lit, jusqu'à ce qu'on entende une petite cloche, qui est le signal pour se coucher, ce qui se fait à sept heures et demie.

Il y a ensuite une infinité de petites contradictions qui, venant sans cesse à la rencontre des habitudes, inquiètent dans les premiers jours. On ne doit jamais, par exemple, s'appuyer si l'on est assis, ni s'asseoir si on est fatigué, pour le seul fait de se reposer : c'est que l'homme est né pour travailler dans ce monde, et qu'il ne doit attendre de repos qu'arrivé au terme de son pèlerinage. On perd ainsi toute propriété sur son corps : si l'on se blesse d'une manière un peu grave, il faut s'aller accuser à genoux, tout comme lorsqu'on brise un vase de terre, et cela sans parler; il suffit de montrer le sang qui coule ou les fragments de la chose brisée. Puis il y a le chapitre des fautes : on doit s'accuser à haute voix des fautes purement matérielles; en outre, il y a souvent quelque frère qui vous proclame, en dénonçant des fautes que vous avez commises par ignorance ou autrement. Je serois trop long si je disois tout le reste.

A la vérité le temps du Carême est ce qu'il y a de plus austère; hors de là je crois qu'on ne dîne jamais plus tard que deux heures : j'ai commencé par ce temps de pénitence; j'ai fait comme les coureurs qui s'exercent d'abord avec des souliers de plomb. Il me semble maintenant que nous menons une vie de Sybarites, et en vérité nous pouvons dire : Hélas ! que nous faisons peu de choses en comparaison de ce qu'ont fait les saints ! Quand je pense aux entreprises des aventuriers américains, à leur passage de la mer Atlantique à la mer du Sud, à travers l'isthme de Panama, et ce qu'ils ont dû souffrir pour se faire un chemin à travers les arbres et les ronces, qui n'avoient cessé de s'entrelacer depuis l'origine du monde, à ce qu'ils ont éprouvé dans ces vallées désertes sous les feux de l'équateur, passant de là tout à coup sur des glaciers, et tout cela par le seul désir de s'emparer de l'or des Indiens; en considérant tous ces vains efforts pour des biens trompeurs, et sachant d'ailleurs que l'espérance de ceux qui travaillent pour Dieu ne sera pas frustrée, on doit s'écrier : Hélas ! que nous faisons ici-bas peu de choses pour le ciel !

Nous sentons tous cette vérité, et il y a sûrement des frères qui embrasseroient toute espèce de pénitence; mais on ne peut pas faire la moindre austérité sans une permission expresse, et elle est rarement accordée, parce qu'étant pauvres, il faut conserver ses forces pour travailler. Si quelquefois, appuyé debout contre un mur, je sommeille, il y a bientôt quelque frère charitable qui me tire de ce sommeil; je crois l'entendre me dire : « Tu te reposeras à la maison paternelle, *in domum œternitatis*. » Pendant ce travail, soit au champ, soit à la maison, de temps à autre le plus ancien frappe des mains, et alors dans un grand silence, pendant cinq ou six minutes, chacun peut porter ses regards vers le ciel : cela suffit pour adoucir le froid de l'hiver et les chaleurs de l'été. Il faut en être témoin pour se faire une idée du contentement, de la jubilation de tout le monde; rien ne prouve mieux le bonheur de cette vie que ce qu'ont fait les Trappistes pour se réunir après leur expulsion de France, et la quantité de couvents de cet ordre qui se sont formés jusque dans le Canada. Ici nous sommes environ soixante-dix, et on refuse tous les jours des gens qui demandent à être reçus. Certes, j'ai eu assez de peine pour y parvenir; mais heureusement je suis venu ici sans avoir écrit, comme on le fait ordinairement, ne connoissant personne, me confiant en la protection de la sainte Vierge, à qui je m'étois adressé avant de partir de Cordoue. Je ne me suis pas rebuté du premier refus, parce que je sais bien qu'après tout le révérend Père abbé n'est pas le *vrai* maître; aussi, après quelques jours, il entra dans ma chambre, et après m'avoir embrassé, il me dit : « Désormais regardez-moi comme votre frère; je me ferois conscience de renvoyer quelqu'un qui se sauve du monde pour venir travailler à son salut. »

En effet, par la grâce de Dieu, c'est le seul motif qui m'a pressé de prendre ce parti. J'y étois résolu environ trois mois avant de sortir de France; mais où, et comment parvenir à ce que je désirois? Je n'en savois rien. Il n'y a que quatre pas de Barcelonne ici, mais les chemins les plus courts ne sont pas toujours ceux de la Providence; il entroit apparemment dans les desseins de Dieu que j'allasse d'abord à Cordoue, à travers un des plus beaux pays de la nature, les royaumes de Valence, de Murcie, de Grenade : je n'ai jamais rien vu de plus charmant que l'Andalousie. Plus j'avançois, plus je sentois augmenter le désir de voir d'autres contrées, d'autres pays. Ayant rencontré, aux environs de Tarragone, un officier suisse que j'avois connu dans le Valais, il me porta mon sac sur son cheval, et nous fîmes journée ensemble. Je ne sais comment, étant venu à parler de *Val-Sainte*, et comment ces pauvres Pères avoient été obligés de passer en Russie, l'officier me dit qu'ils avoient formé une colonie en Aragon : aussitôt je me résolus de tourner mes pas vers ce côté, et je commençai ce long chemin, que j'ai fait seul, de nuit et de jour, à travers les montagnes qui se pressent avant d'arriver à Tortone; on y fait souvent cinq ou six lieues sans rencontrer personne, et l'on voit çà et là une multitude de croix qui annoncent la triste fin de quelque voyageur

Les pays que je voyois, soit sauvages ou riants, me donnoient des idées agréables ou me jetoient dans une de ces mélancolies qui plaisent par les différents sentiments qui viennent s'y associer. Je ne crois pas avoir jamais fait de voyage avec plus de confiance ni avec plus de plaisir ; je n'ai trouvé que des gens honnêtes, bons et charitables. Il n'y a rien de plus gai qu'une auberge espagnole, par la foule de gens qui s'y rencontrent. Je suspendois mon sac à un clou sans le moindre souci : le prix du pain et de la viande étant fixé, les pauvres voyageurs comme moi ne peuvent pas être trompés ; d'ailleurs, je n'ai jamais rencontré de peuple moins intéressé ; les servantes refusoient opiniâtrement de recevoir ma petite rétribution, et souvent des voituriers ont porté mon sac pendant plusieurs jours sans vouloir rien accepter. Enfin, j'estime extrêmement ce peuple, qui s'estime lui-même, qui ne va pas servir chez les autres nations et qui a conservé un caractère vraiment original. On parle beaucoup du libertinage qui règne ici : je crois qu'il y en a moins qu'en notre pays. Et puis, que de braves gens ! Il n'y auroit pas moins de martyrs ici qu'en France, s'il étoit possible d'y détruire la religion. Je doute qu'on l'entreprenne encore ; il faut auparavant que le libertinage de l'esprit passe au cœur, et les Espagnols sont bien loin de là. Les grands suivent la religion comme les petits, et, quoiqu'ils soient très-fiers, à l'église il y a une égalité parfaite : la duchesse s'y assied par terre auprès de sa servante. L'église est ordinairement le plus bel édifice du lieu. Elle est tenue très-proprement ; le pavé en est couvert de nattes, au moins dans l'Andalousie. Les lampes, qui brûlent jour et nuit, y sont par milliers. Dans une petite chapelle de la Sainte Vierge, il y a quelquefois jusqu'à dix à onze lampes allumées. Quoiqu'il y ait une quantité immense de ruches d'abeilles qu'on abandonne au milieu des montagnes les plus désertes, on tire de la cire de France, de l'Afrique et de l'Amérique.

Voilà déjà une forte digression. J'ai écrit le détail de mes voyages aux B. et aux Bo. Je ne sais si ces derniers ont reçu mes lettres ; je leur avois marqué de vous les faire passer, si c'étoit possible ; cela vous auroit peut-être amusés.

J'arrivai un jour, dans une campagne déserte, à une porte superbe, seul reste d'une grande ville, et qui ne peut être qu'un ouvrage des Romains : le grand chemin moderne passe dessous. Je m'arrêtai à considérer cette porte, qui est sûrement là depuis deux mille ans. Il me vint dans la pensée que cette ville avoit été habitée par des gens qui, à la fleur de leur âge, voyoient la mort comme une chose très-éloignée, ou n'y pensoient pas du tout ; qu'il y avoit sûrement eu dans cette ville des partis et des hommes acharnés les uns contre les autres ; et voilà que depuis des siècles leurs cendres s'élèvent confondues dans un même tourbillon. J'ai vu aussi Morviedro, où étoit bâtie Sagonte ; et, réfléchissant sur la vanité du temps, je n'ai plus songé qu'à l'éternité. Qu'est-ce que cela me fera, dans vingt ou trente ans, qu'on m'ait dépouillé de ma fortune à l'occasion d'une persécution contre les chrétiens ? Saint Paul ermite, ayant été dénoncé par son beau-frère, se retira dans un désert, abandonnant à son dénonciateur de très-grandes richesses ; mais, comme dit saint

Jérôme, qui n'aimeroit mieux aujourd'hui avoir porté la pauvre tunique de Paul avec ses mérites que la pourpre des rois avec leurs peines et leurs tourments? Toutes ces réflexions réunies me déterminèrent à venir sans délai me réfugier ici, renonçant à tout projet de course ultérieure, espérant, si j'ai le bonheur d'aller au ciel après avoir fait pénitence, de voir de là toutes les régions de la terre.

Je n'ai pas encore souffert le plus petit mal d'estomac ni éprouvé d'autres peines, qu'un peu de froid le matin en allant au champ. Cependant l'avant-dernier vendredi du Carême, je fus commandé pour aller nettoyer l'étable des brebis. Après avoir fait, depuis la pointe du jour jusque vers les deux heures et demie, un travail très-rude, je pensois à me rapprocher du couvent, lorsqu'on m'envoya à la montagne chercher de l'herbe. Je ne fus de retour qu'à quatre heures un quart, pour rompre le jeûne; j'eus une hémorragie assez forte le soir, et puis tous les matins à mon ordinaire. Perdant plus qu'une nourriture peu substantielle ne pouvoit réparer, j'allois tous les jours m'affoiblissant, lorsque enfin Pâques est venu : depuis ce temps, on dîne à onze heures et demie, on fait une bonne collation à six; on travaille aussi beaucoup moins, de sorte que je me suis remis sur-le-champ. Le jour de Pâques nous eûmes pour dîner une bouillie de farine de maïs, du riz au lait et des noix pour dessert. L'archevêque d'Auch, qui étoit venu donner des ordres à plusieurs de nos Pères, dîna au réfectoire. Le soir nous eûmes du raisiné et des raisins secs. Nous pouvons manger du laitage de nos brebis jusqu'à la Pentecôte. Quant à la quantité de nourriture, il ne m'est jamais arrivé de finir tout ce qu'on me donne. Je crois être celui de la communauté qui mange le plus doucement. Pour tout le reste, je suis très-content d'être ici; la règle est sévère, mais les supérieurs sont la charité même. On accuse notre révérend Père d'être trop bon; je ne trouve pas que ce soit un défaut, ou c'est celui des saints. Il n'a d'autre privilége que de se lever plus tôt et de se coucher plus tard. C'est toujours le hasard qui place son écuelle devant lui : un lit comme les autres, deux planches réunies et un coussin de paille, pas plus de chambre que moi. Il n'a qu'un parloir, où ceux qui ont quelque peine, soit de l'âme ou du corps, vont chercher une consolation, et on la trouve. Une chose que m'avoit dite en arrivant le Père qui reçoit les étrangers, je l'éprouve déjà : sans jamais se parler, on est plein d'amitié les uns pour les autres; si quelqu'un se relâche, on a du chagrin; on prie pour lui; on l'avertit avec la plus grande douceur; et si on est forcé de le renvoyer, ou qu'il veuille s'en aller lui-même, on lui rend tout ce qu'il a apporté, ne retenant pas une obole pour sa nourriture ou ses habits, et on fait tout ce qu'on peut pour qu'il s'en aille content. Lorsque le père, la mère ou quelque frère d'un religieux meurt, si la famille a soin d'écrire au révérend Père, toute la communauté prie pour le défunt, mais personne ne sait qui cela regarde en propre. Ainsi, cher frère, lorsque le bon Dieu vous appellera à lui, que cela vous soit une consolation dans ces derniers moments

Ce qui me détermine à rester ici d'une manière décisive, c'est qu'il ne faut pas de vocation particulière pour y vivre; ce n'est pas comme dans les autres couvents ; nous sommes, à proprement parler, des laboureurs qui vivent du travail de leurs mains, réunis, comme dans les premiers siècles de l'Église, pour servir Dieu dans un esprit de charité, suivant le précepte de notre Sauveur, qui dit au jeune homme : *Abandonnez tout pour me suivre*, sans lui demander s'il avoit la vocation. Une autre chose qui suffiroit pour me déterminer, c'est que notre maison est sous la protection particulière de la Vierge. Dès que nous entrons à l'église, on récite l'*Ave, Maria*, prosterné contre terre, le front appuyé sur le revers de la main. La sainte Vierge est au maître-autel, peinte entre deux anges et les yeux élevés vers le ciel : je n'ai jamais rien vu de représenté si noblement : cet autel avoit été couvert tout le Carême ; quel plaisir nous ressentîmes tous le samedi saint au soir, au *Salve, Regina*, lorsque le voile fut levé et toute l'église illuminée ! Je suis persuadé que l'archevêque d'Auch partagea notre joie : j'avois reçu sa bénédiction.

Certainement, après tout ce que je vous ai dit, je ne désire rien tant que de mourir ici, et cela bientôt pour ne pas augmenter le nombre de mes fautes. Mais si on me renvoyoit par défaut de santé (mes hémorragies pouvant me faire traîner une vie foible et inutile, là où l'on aime les gens qui travaillent), je prendrois le parti que j'avois toujours eu en vue depuis quatorze ou quinze ans : c'est d'acheter une petite maison et un champ, et de vivre là à la sueur de mon front, tous les hommes y étant condamnés : je me fixerai en Espagne, ne pouvant pas revenir en France sans inquiéter mes amis. D'ailleurs, dans ce pays-ci, on donne du terrain à très-bon marché, et mille écus suffiroient, je pense, à mon établissement. Je tirerai toujours un grand profit d'être venu ici apprendre à faire pénitence et à ne compter pour rien un corps destiné à devenir incessamment poussière, pour sauver mon âme, qui est éternelle.

Au reste, ni l'habit, ni la maison ne rend vertueux : les mauvais anges péchèrent dans le sein de Dieu même, et Adam dans le paradis terrestre. Je sens bien que je n'en vaux pas davantage pour être dans cette sainte congrégation : en théorie, je désire souffrir, parce que notre Sauveur nous a montré le chemin des souffrances comme l'unique pour conduire à la gloire ; mais en pratique, lorsque j'ai froid je cherche le soleil, et si j'ai trop chaud, je me réfugie à l'ombre. Envoyez-moi mon extrait de baptême d'ici au 19 mars. Je compte vous écrire encore une autre fois, dans trois mois : on peut le faire toute l'année du noviciat. Adieu, mes chers frères ; adieu à tous mes amis, particulièrement à Z., à C. et à Flo.; ceux-là sont de la famille.

P. S. Il y a près de quarante jours que ma lettre est commencée, et je sens de plus en plus combien grande a été la miséricorde du Seigneur envers moi, en me tirant de la voie large pour me conduire ici. Quand, après avoir lu la vie de sainte Marie d'Égypte, je me déterminai à suivre le parti que j'ai pris, ma résolution étoit ferme, mais je ne savois pas encore à quoi je m'engageois. Aujourd'hui je le sais, et je vois bien qu'une pareille grâce n'a pu m'être acquise qu'au prix du sang de celui qui nous a rachetés tous, et qui ne cherche que le salut du pécheur... J'ai fait une aumône de trois cents livres à la maison de la Trappe, au nom de mes trois sœurs et de mes trois frères : ce me sera une grande consolation, si je persévère, comme je l'espère, d'entendre tant de gens prier pour ma famille; si je m'en vais, ce qu'à Dieu ne plaise, il me reste encore trois cents livres, montre, etc... Adieu, chers frères, chères sœurs. Ne vous souvenez plus de moi que dans vos prières, car je suis mort pour vous, et je désire ne plus vous revoir qu'au jour de la résurrection. Soyez charitables, faites du bien à ceux même qui ont cherché à vous nuire, car l'aumône est comme un second baptême, qui efface les péchés, et un moyen presque infaillible de mériter le ciel. Ainsi, dépouillez-vous en faveur des pauvres : c'est en faveur de Jésus-Christ que vous vous dépouillerez, et il aura pitié de vous. Puissiez-vous être persuadés de ce que je vous dis! Adieu! 2 juin 1799.

BILLET INSÉRÉ DANS LA MÊME LETTRE POUR SA NIÈCE, AGÉE DE SEPT ANS, QUI RESTOIT AUPRÈS DE SA GRAND'MÈRE MATERNELLE PENDANT L'ÉMIGRATION DE SON PÈRE.

Chère T..., embrasse tout le monde à F... de ma part, bien des deux bras, et porte tout ton cœur sur tes lèvres, afin que tu puisses remplir cette commission selon mes désirs. Je t'envoie une image de Notre-Dame de la Trappe; va la placer à la chapelle; ne manque pas d'aller dire tous les jours un *Ave, Maria*, devant cette image. Quand tu sauras le *Salve, Regina*, tu le réciteras bien dévotement, et tu gagneras quatre-vingts jours d'indulgence pour chaque fois. Comme j'ai appris que ton oncle *aîné* étoit marié, dans le cas qu'il reste à L..., je t'en envoie deux, pour que tu lui en donnes une, en le priant de la mettre aussi à la chapelle. Je suis persuadé qu'on suivra chez lui le bel exemple que sa mère donne chaque jour à F... Tu lui diras : C'est ainsi, cher oncle, que vous attirerez sur vous et vos enfants les bénédictions du ciel, et après avoir joui de toute prospérité dans ce monde, vous serez comblé d'un bonheur éternel dans l'autre. Après cela, embrasse-le bien tendrement, et ta mission sera finie. Adieu, chère T..., permets-moi de t'embrasser, quoique avec une barbe d'environ deux mois, elle ne t'atteindra pas. Adieu encore, chère T..., sois bien pieuse, et tu es assurée de ne point périr.

FRAGMENT D'UNE LETTRE DU MOIS D'AVRIL 1800, A SON FRÈRE, COMPAGNON D'ÉMIGRATION.

Je ne suis point au courant de ce qui se passe. Ce ne m'est pas une privation : la pièce est trop longue pour espérer d'en voir la fin; la mort elle-même baissera bientôt la toile pour nous. Ah, mon frère, puissions-nous avoir le bonheur d'entrer au ciel! Que de choses ne verrons-nous pas alors! Espérons en celui qui a pris sur lui les péchés du monde et qui par sa mort nous donna la vie... S'il me reste quelque chose, je désire qu'on fasse bâtir une chapelle dédiée à Notre-Dame des Sept-Douleurs, dans l'arrondissement de la maison paternelle, selon le projet que nous en fîmes sur la route de Munich. Vous vous rappelez le plaisir que nous avions, après avoir traversé des pays protestants, de trouver enfin le signe du salut, le seul espoir du pécheur. Sitôt que la police ne s'y opposera plus, hâtez-vous de faire élever des croix, pour la consolation des voyageurs, avec des siéges pour les gens fatigués et une inscription comme en Bavière : *Ihr Müden, ruhet euch aus* : « Vous qui êtes fatigués, reposez-vous. » Qu'il soit fondé douze messes par an, le premier samedi de chaque mois, pour le repos de l'âme de mon père, et puis pour toute la famille. J'étois dans l'usage de faire dire une messe tous les mois pour mon père : en attendant que la chapelle se fasse, je prie M... (son frère prêtre) de remplir mon engagement.

BILLET A SES SŒURS, JOINT A UNE AUTRE LETTRE ÉCRITE A SON FRÈRE.

Ma lettre auroit dû être partie depuis quelque temps ; je crains qu'elle ne trouve plus mon frère en R... Nous sommes à cueillir des olives par un vent du nord très-froid ; ce qui fait un peu souffrir. Je suis devenu très-frileux, ce que j'attribue à la laine que j'ai sur la peau. La veille de la Pentecôte, je ne pus réchauffer mes pieds de tout le jour, quoique nous portions tous des chaussons de molleton ; je sens aussi quelquefois froid à la tête, malgré mes deux capuchons. Du reste, mes hémorragies ont beaucoup diminué, et j'ai repris mes forces... Plus on souffre pour Dieu, plus on est heureux par l'opinion de gagner le ciel, et on se réjouit en pensant que la vie de l'homme est comme la fleur des champs. Bientôt nous ne serons plus, chères sœurs, et nos neveux sauront à peine que nous avons existé. Voici un des grands avantages de la vie religieuse : c'est que tout ce qui annonce la dissolution prochaine et le tombeau cause autant de joie qu'on est attristé dans le monde par tout ce qui en rappelle le souvenir. Ne soyez pas gens du monde, et que la certitude de la mort vous console au milieu de toutes les peines qui pourroient vous survenir. C'est là le port de tous les vrais serviteurs de Dieu ; c'est là qu'ils entreront dans la joie de leur Seigneur. Écoutez donc cette voix qui crie du ciel : *Heureux ceux qui meurent dans le Seigneur !* Chère Rosalie, et toi, cher filleul, puisque nous ne devons plus nous revoir dans ce monde, tâchons de nous retrouver dans l'autre.

6 décembre 1800.

FRAGMENT D'UNE LETTRE A SES SŒURS, DU 1ᵉʳ FÉVRIER 1801.

Je vais vous donner, mes chères sœurs, une idée de la maison où je dois probablement finir mes jours. En 1693, les François, ayant pénétré en Aragon, prirent le château de Maëlla et vinrent à l'abbaye de Sainte-Suzanne, qu'ils saccagèrent. Ce couvent, abandonné depuis plus d'un siècle, tomboit en ruines, lorsque dom Jérosime d'Alcantara, notre abbé, y est arrivé avec cinq ou six autres pauvres religieux. Les aumônes sont venues de toutes parts : les gens du peuple, n'ayant pas d'autre chose à donner, ont prêté leurs bras, et bientôt la maison a été assez bien réparée pour des hommes qui doivent vivre dans une entière abnégation d'eux-mêmes. Il n'y a pas de mendiant en Espagne qui se nourrisse aussi mal et qui ne soit mieux pour ce qui regarde le bien-être du corps; cependant on y est heureux par l'espérance, et il n'y en a pas un qui voulût changer son état contre un empire. Dans ce monde, la mort qui se hâte vient confondre l'empereur et le moine : chacun s'en va n'emportant que ses œuvres; alors on est bien aise d'avoir semé au milieu des larmes; le mal est passé, la joie lui succède pour l'éternité. Je regarde comme une grande grâce d'être arrivé assez à temps pour avoir part aux travaux et aux peines qui suivent un nouvel établissement.

J'ai gardé les brebis avec une vingtaine de chèvres; le maître berger voulut un jour me quitter pour aller chercher quelques agneaux : je ne sais si je rêvois au premier âge du monde, lorsque tout étoit commun : des cris qui venoient de loin me firent apercevoir que mon troupeau étoit dans les vignes; je criai aussi, je lançai des pierres, les chèvres gagnèrent un coteau voisin, et le reste suivit. Le berger, voyant cette belle conduite, me demanda : *Si in mi tiera era pastor*[1]. J'ai été depuis garder les moutons avec un petit frère de quinze ou seize ans; il a une figure douce, telle que devoit être celle du bon Abel. Il me laissa errer de coteau en coteau; je le menai à près d'une lieue du couvent.

En Espagne, les seigneurs font de grandes aumônes. On a augmenté notre labourage, de manière que, quoique nous soyons très-nombreux, je crois qu'en bien travaillant nous pourrons vivre sans secours d'étrangers, sans compter la foule de curieux et de pauvres que nous hébergeons. Je vous donne tous ces détails pour vous faire voir combien le bon Dieu a béni cet établissement : c'est ce que nous faisoit remarquer dernièrement notre abbé, qui est François, quoique sa famille soit originaire d'Espagne.

FRAGMENT D'UNE LETTRE A SES SŒURS, DU 10 MARS 1801.

Que vous êtes heureuses, mes chères sœurs, de voir les églises se rouvrir! Profitez-en, soyez reconnoissantes, réjouissez-vous en Dieu, qui ne cesse de vous protéger... Mon parti est bien pris, me voici fixé jusqu'à la mort; je souffre quelquefois, mais cette chère espérance que le bon Dieu a mise dans mon âme vient tous les soirs adoucir mes peines; et lorsque je me rappelle la promesse que fit notre Sauveur à saint Pierre pour tous ceux qui renonceront aux biens de ce monde pour le suivre, d'où me vient ce bonheur, me dis-je, que j'ai été appelé à suivre un si grand maître, qui donne le ciel pour un peu de terre? Quelquefois le souvenir des péchés de ma vie passée m'inquiète; je sens bien que je n'ai encore rien fait pour satisfaire à une si grande dette, puis je me tranquillise en lisant cette belle méditation de saint Augustin : « Le souvenir de mes iniquités pourroit me faire désespérer si le

---

[1]. Si j'étois berger dans mon pays.

Verbe de Dieu ne se fût fait chair et n'eût habité parmi nous; mais maintenant je n'ose plus désespérer, parce que si, lorsque nous étions ennemis, nous avons été réconciliés, etc., etc. » Il est impossible de ne pas reprendre courage. Procurez-vous ce livre de Méditations, Soliloques et Manuel de saint Augustin. Toute personne qui sert Dieu ne peut lire qu'avec transport ces belles peintures de la Jérusalem céleste. Quel puissant aiguillon pour s'animer à faire quelque chose pour notre Sauveur, qui par sa mort nous mérite une si belle vie! Lisez le *Traité de l'amour de Dieu*, de saint François de Sales : c'est un des livres qui m'ont fait le plus de plaisir en ma vie, quoique je l'aie u en espagnol.

FRAGMENT D'UNE LETTRE A SES FRÈRES, SAMEDI DE PAQUES 1801.

Après-demain, mes chers frères, je ferai ma profession... Je suis étonné de me trouver si fort un dernier jour de carême. C'est bien différent du premier, où je fis un dur apprentissage. Les commencements d'une chose nouvelle sont d'ordinaire pénibles, parce qu'on n'en sent pas tous les rapports; ensuite peu à peu l'habitude semble changer la nature des choses, et on est étonné de faire avec facilité ce qui avoit coûté d'abord tant de peine : c'est ce qui m'arrive. Vous avez dû être étonnés que j'aie embrassé un état qui m'enchaîne, moi qui ai toujours aimé l'indépendance, cette liberté de courir et de m'agiter. Depuis quelques années, quoique j'eusse une existence aussi agréable que ma position me le pût permettre, je me sentois inquiet, j'avois quelquefois du dégoût pour la vie. Enfin, en lisant la Vie de sainte Marie d'Égypte, je me sentis touché de la consolation qu'on trouve lorsqu'on se voue entièrement au service de Dieu, de manière que je pris dès lors la ferme résolution d'embrasser l'état dans lequel je suis à la veille d'entrer sans retour... Vous me parlez de vos affaires. Souvenez-vous que vous êtes frères, tous bons chrétiens. Vous n'appréciez pas assez ce titre, si vous avez besoin d'un tiers pour vous arranger sur vos intérêts respectifs. Ne refroidissez pas l'amitié par des comptes : entre frères tout doit se faire par un à peu près. Que les plus riches aident aux plus pauvres. Qu'il est doux de s'aimer entre frères et de se réunir pour parler de la vie future et de Dieu, qui est lui-même la parfaite charité!... Prions la sainte Vierge, prions-la, cette bonne mère, qu'elle nous réunisse tous au ciel, avec mon père, ma mère, mes sœurs, qui y sont déjà et qui prient de leur côté. Nous ne sommes pas comme les païens, qui à la mort de leurs proches se désolent. Pour nous, réjouissons-nous dans le Seigneur, qui ne nous sépare que pour peu de temps. Adieu, mes frères, adieu! Priez pour moi.

FRAGMENT D'UNE LETTRE A SA BELLE-SŒUR, DU JOUR DE PAQUES 1801.

A la veille de me vouer entièrement au silence, ma très-chère sœur, je viens vous faire mes derniers adieux. En quittant Paris, vous fûtes la seule que je pus embrasser... Je ne sais pas où sont mes oncles : si par hasard ils sont à votre portée, renouvelez-leur tous les sentiments d'un neveu qui ne pourra plus traverser les monts.

S'il plaît au bon Dieu, j'aurai demain le bonheur de faire mes vœux, ainsi qu'un jeune prêtre françois qui a un air bien distingué : sa figure et sa voix portent l'empreinte de la piété.

Ma lettre ne devant partir que samedi, ma profession faite, j'y ajouterai une croix comme on en met sur la tombe des morts.

Adieu encore ma sœur et mes frères ; ne cessons de prier notre Sauveur qu'il veuille bien nous réunir à son côté droit au grand jour de la résurrection.

†

La famille avoit demandé un certificat de profession pour obtenir le bienfait de l'amnistie accordé par le premier consul. Elle espéroit que la mort civile du Trappiste seroit considérée comme ayant le même effet que la mort naturelle. La lettre qui suit, écrite par un religieux de la Trappe, dispensa de faire cette nouvelle demande à la bienfaisance du gouvernement.

LETTRE DU PÈRE... A LA FAMILLE.

GLOIRE A DIEU.

Au monastère de Sainte-Suzanne de N.-D. de la Trappe
le 28 du mois d'août de 1802.

« MONSIEUR,

« Nous vous envoyons, comme vous le demandez, un certificat de la profession de monsieur votre frère dans ce monastère, légalisé par notre notaire royal ; nous y en ajoutons un autre, qui vous surprendra et ne laissera pas de vous affliger, en vous apprenant que monsieur votre frère mourut neuf mois après sa profession, et que le bon Dieu le retira de ce misérable monde pour le couronner dans le ciel. Les sentiments de religion dont vous êtes pénétré, monsieur, me donnent tout lieu d'espérer que votre première tristesse sera bientôt convertie en une vraie joie, quand vous saurez quelques circonstances de la vie sainte de monsieur votre frère et de la mort précieuse qu'il a faite. Non, monsieur, ne doutez pas un instant que Dieu ne lui ait fait miséricorde et qu'il ne l'ait reçu dans le sein de sa gloire : ainsi, ne pleurez point sa mort, mais enviez plutôt son heureux sort, et priez-le d'être votre protecteur auprès du Seigneur pour vous obtenir le même bonheur. Monsieur votre frère vint dans ce monastère après avoir parcouru une partie de l'Espagne ; il se présenta à l'hôtellerie, et déclara son désir d'entrer parmi nous. La pauvreté de la maison et le grand nombre de religieux qui la composoient ne nous permettoient guère de recevoir de nouveaux sujets ; on lui fit beaucoup de difficultés pour l'admettre, et on finit par lui dire qu'on ne pouvoit pas le recevoir. Mais la main de Dieu, qui l'avoit conduit, le soutint dans toutes ces épreuves, et lui donna le courage de tout vaincre par sa patience et sa persévérance à demander son admission. Enfin, notre révérend Père abbé, qui est plein de bonté et de tendresse, voyant sa constance, lui dit qu'il le recevroit pour frère convers. Monsieur votre frère, qui ne cherchoit que Dieu et le salut de son âme, accepta la condition, et de suite entra aux exercices de la communauté. Il a été l'exemple et l'édification de tous dans la maison. Son humilité étoit grande et profonde, son obéissance prompte, docile et aveugle, embrassant tous les commandements avec joie et avec une soumission d'enfant. Sa patience étoit à toute épreuve, et sa charité à l'égard de ses frères tendre, constante et ardente. Il a pratiqué les autres vertus dans le même degré de perfection; la pauvreté étoit son amie particulière; il vivoit dans un dépouillement entier de toutes choses : aussi le bon Dieu, qui voyoit la bonne disposition de son cœur, couronna bientôt ses vertus, et écouta les désirs ardents qu'il avoit de mourir pour ne plus l'offenser, disoit-il, et jouir plus tôt de sa divine présence. Il fut attaqué d'une hydropisie qui lui fit souffrir pendant environ quatre mois tout ce que cette maladie a de plus douloureux et de plus cruel; mais avec quelle patience et quelle résignation à la sainte volonté de Dieu n'a-t-il pas souffert ses maux! Il voyoit venir sa fin avec un grand contentement et une paix d'âme profonde. Il ne cessoit de témoigner sa reconnoissance au Seigneur de l'avoir conduit dans cette maison de pénitence, où il avoit trouvé tant de moyens de satisfaire à sa divine justice pour tous ses péchés et pour se préparer à recevoir ses miséricordes, dans lesquelles il avoit une pleine confiance. Je me rappelle qu'étant couché sur la cendre et la paille, sur laquelle il consomma son sacrifice, il prenoit la main de notre révérend Père abbé, avec un amour qui attendrissoit toute la communauté, qui étoit présente. « Que mon bonheur est grand! disoit-il : vous êtes l'auteur de mon salut, vous m'avez ouvert les portes du monastère, et par cela même celles du ciel; sans vous je me serois perdu misérablement dans le monde; je prierai le bon Dieu de récompenser votre grande charité à mon égard. » Il reçut tous les sacrements au milieu de l'église, selon l'usage de notre ordre : quelques jours avant sa mort, il demanda pardon aux Frères de tout ce qui avoit pu les offenser dans sa conduite, et les pria de lui obtenir une sainte mort par le secours de leurs prières.

« Il vous aimoit tous bien tendrement; il parloit souvent de vous tous à son Père-maître : celui-ci, le veillant la nuit qu'il mourut, le vit, un instant avant d'entrer dans l'agonie, plus recueilli qu'à l'ordinaire, et lui demandant s'il alloit plus mal : « Mes moments s'avancent, dit-il; je viens de prier pour tous mes frères et sœurs, qui m'aiment beaucoup, ajouta-t-il; et bientôt après nous le remîmes sur la paille et la cendre, où, après six heures d'une agonie paisible et tranquille, il remit son âme entre les mains de Jésus-Christ, le 4 de janvier de la présente année. Unissons-nous ensemble, monsieur, pour bénir Dieu et le remercier des miséricordes dont il a usé à l'égard de monsieur votre frère, et prions-le sans cesse de nous accorder les mêmes grâces, afin de nous unir à lui dans le ciel pour l'adorer éternellement avec ses anges. *Amen, amen, amen.* »

NOTE LIII, PAGE 439.

L'auteur, qui trace dans ce quatrième livre un tableau si complet des travaux de nos missionnaires dans l'Inde, à la Chine et en Amérique, s'étoit peu étendu sur les missions du Levant ; il s'est reproché cette omission dans l'*Itinéraire de Paris à Jérusalem ;* et comme il nous paroît convenable que le *Génie du Christianisme* renferme tout ce qui a rapport aux missions, nous avons pensé que le lecteur retrouveroit ici avec plaisir le fragment de l'*Itinéraire* qui concerne les missions du Levant.

« . . . . Enfin, nous allâmes au couvent françois rendre à l'unique religieux qui l'occupe la visite qu'il m'avoit faite. J'ai déjà dit que le couvent de nos missionnaires comprend dans ses dépendances le monument choragique de Lysicrates. Ce fut à ce dernier monument que j'achevai de payer mon tribut d'admiration aux ruines d'Athènes.

« Cette élégante production du génie des Grecs fut connue des premiers voyageurs sous le nom de *Fanari tou Demosthenis*. « Dans la maison qu'ont achetée depuis peu les pères Capucins, dit le jésuite Babin, en 1672, il y a une antiquité bien remarquable et qui, depuis le temps de Démosthène, est demeurée en son entier : on l'appelle ordinairement *la Lanterne de Démosthènes*. »

« On a reconnu depuis, et Spon le premier, que c'est un monument choragique élevé par Lysicrates dans la rue des Trépieds. M. Legrand en exposa le modèle en terre cuite dans la cour du Louvre, il y a quelques années ; ce modèle étoit fort ressemblant ; seulement l'architecte, pour donner sans doute plus d'élégance à son travail, avoit supprimé le mur circulaire qui remplit les entre-colonnes dans le monument original.

« Certainement ce n'est pas un des jeux les moins étonnants de la fortune que d'avoir logé un Capucin dans le monument choragique de Lysicrates mais ce qui au premier coup d'œil peut paroître bizarre devient touchant et respectable quand on pense aux heureux effets de nos missions, quand on songe qu'un religieux françois donnoit à Athènes l'hospitalité à Chandler, tandis qu'un autre religieux françois secouroit d'autres voyageurs à la Chine, au Canada, dans les déserts de l'Afrique et de la Tartarie.

« Les Francs à Athènes, dit Spon, n'ont que la chapelle des Capucins, qui
« est au *Fanari tou Demosthenis*. Il n'y avoit, lorsque nous étions à Athènes,
« que le père Séraphin, très-honnête homme, à qui un Turc de la garnison prit
« un jour sa ceinture de corde, soit par malice, ou par un effet de débauche,
« l'ayant rencontré sur le chemin du port Lion, d'où il revenoit seul de voir
« quelques François d'une tartane qui y étoit à l'ancre.

« Les pères Jésuites étoient à Athènes avant les Capucins, et n'en ont
« jamais été chassés ; ils ne se sont retirés à Négrepont que parce qu'ils y ont
« plus d'occupation et qu'il y a plus de Francs qu'à Athènes. Leur hospice
« étoit presque à l'extrémité de la ville, du côté de la maison de l'archevêque.
« Pour ce qui est des Capucins, ils sont établis à Athènes depuis l'année 1653,

« et le père Simon acheta le *Fanari* en 1669, y ayant eu d'autres religieux de
« son ordre avant lui dans la ville. »

« C'est donc à ces missions, si longtemps décriées, que nous devons
encore nos premières notions sur la Grèce antique. Aucun voyageur n'avoit
quitté ses foyers pour visiter le Parthénon, que déjà des religieux exilés sur
ces ruines fameuses, nouveaux dieux hospitaliers, attendoient l'antiquaire
et l'artiste. Les savants demandoient ce qu'étoit devenue la ville de Cécrops;
et il y avoit à Paris, au noviciat de Saint-Jacques, un père Barnabé, et à
Compiègne un père Simon, qui auroient pu leur en donner des nouvelles;
mais ils ne faisoient point parade de leur savoir : retirés au pied du crucifix,
ils cachoient dans l'humilité du cloître ce qu'ils avoient appris, et surtout
ce qu'ils avoient souffert pendant vingt ans au milieu des débris d'Athènes.

« Les Capucins françois, dit La Guilletière, qui ont été appelés à la mis-
« sion de la Morée par la congrégation *de Propaganda Fide,* ont leur principale
« résidence à Napoli, à cause que les galères des beys y vont hiverner et
« qu'elles y sont ordinairement depuis le mois de novembre jusqu'à la fête de
« saint Georges, qui est le jour où elles se remettent en mer : elles sont rem-
« plies de forçats chrétiens qui ont besoin d'être instruits et encouragés, et
« c'est à quoi s'occupe avec autant de zèle que de fruit le père Barnabé, de
« Paris, qui est présentement supérieur de la mission d'Athènes et de la
« Morée. »

« Mais si ces religieux, revenus de Sparte et d'Athènes, étoient si modestes
dans leurs cloîtres, peut-être étoit-ce faute d'avoir bien senti ce que la
Grèce a de merveilleux dans ses souvenirs? Peut-être manquoient-ils aussi
de l'instruction nécessaire? Écoutons le père Babin, jésuite; nous lui devons
la première relation que nous ayons d'Athènes :

« Vous pourriez, dit-il, trouver dans plusieurs livres la description de
« Rome, de Constantinople, de Jérusalem et des autres villes les plus considé-
« rables du monde, telles qu'elles sont présentement; mais je ne sais pas quel
« livre décrit Athènes telle que je l'ai vue, et l'on ne pourroit trouver cette
« ville, si on la cherchoit comme elle est représentée dans Pausanias et quel-
« ques autres anciens auteurs; mais vous la verrez ici au même état qu'elle
« est aujourd'hui, qui est tel que parmi ses ruines elle ne laisse pas pourtant
« d'inspirer un certain respect pour elle, tant aux personnes pieuses qui en
« voient les églises qu'aux savants qui la reconnoissent pour la mère des
« sciences, et aux personnes guerrières et généreuses qui la considèrent
« comme le champ de Mars et le théâtre où les plus grands conquérants de
« l'antiquité ont signalé leur valeur et ont fait paroître avec éclat leur force,
« leur courage et leur industrie; et ces ruines sont enfin précieuses pour mar-
« quer sa première noblesse et pour faire voir qu'elle a été autrefois l'objet
« de l'admiration de l'univers.

« Pour moi, je vous avoue que d'aussi loin que je la découvris de dessus la
« mer, avec des lunettes de longue vue, et que je vis quantité de grandes
« colonnes de marbre qui paroissent de loin et rendent témoignage de son
« ancienne magnificence, je me sentis touché de quelque respect pour elle. »

« Le missionnaire passe ensuite à la description des monuments : plus heureux que nous, il avoit vu le Parthénon dans son entier.

« Enfin, cette pitié pour les Grecs, ces idées philanthropiques que nous nous vantons de porter dans nos voyages, étoient-elles donc inconnues des religieux ? Écoutons encore le père Babin :

« Que si Solon disoit autrefois à un de ses amis, en regardant de dessus
« une montagne cette grande ville et ce grand nombre de magnifiques palais
« de marbre qu'il considéroit, que ce n'étoit qu'un grand mais riche hôpital,
« rempli d'autant de misérables que cette ville contenoit d'habitants, j'aurois
« bien plus sujet de parler de la sorte et de dire que cette ville, rebâtie des
« ruines de ses anciens palais, n'est plus qu'un grand et pauvre hôpital qui
« contient autant de misérables que l'on y voit de chrétiens. »

« On me pardonnera de m'être étendu sur ce sujet. Aucun voyageur avant moi, Spon excepté, n'a rendu justice à ces missions d'Athènes, si intéressantes pour un François. *Moi-même je les ai oubliées dans le* GÉNIE DU CHRISTIANISME. Chandler parle à peine du religieux qui lui donna l'hospitalité, et je ne sais même s'il daigne le nommer une seule fois. Dieu merci ! je suis au-dessus de ces petits scrupules. Quand on m'a obligé, je le dis ; ensuite je ne rougis point pour l'art et ne trouve point le monument de Lysicrates déshonoré parce qu'il fait partie du couvent d'un Capucin. Le chrétien qui conserve ce monument, en le consacrant aux œuvres de la charité, me semble tout aussi respectable que le païen qui l'éleva en mémoire d'une victoire remportée dans un chœur de musique. »   (*Note de l'Éditeur.*)

NOTE LIV, PAGE 446.

MISSIONS DE LA CHINE.

Lord Mackartney, malgré ses préjugés religieux et nationaux, rend un témoignage bien remarquable en faveur de nos missionnaires :

« Les missionnaires partagent avec zèle un soin si rempli d'humanité (celui de recueillir les enfants exposés après leur naissance). Ils se hâtent de baptiser ceux qui conservent le moindre signe de vie, afin, comme ils le disent, de sauver l'âme de ces êtres innocents. Un de ces pieux ecclésiastiques, qui n'avoit nul penchant à exagérer le mal, avoua qu'à Pékin on exposoit chaque année environ deux mille enfants, dont un grand nombre périssoit. Les missionnaires prennent soin de tous ceux qu'ils peuvent conserver à la vie. Ils les élèvent dans les principes rigoureux et fervents du christianisme, et quelques-uns de ces disciples se rendent ensuite utiles à leur religion en travaillant à y convertir leurs compatriotes.

« Les conversions s'opèrent ordinairement parmi les pauvres, qui dans tous les pays composent la classe la plus nombreuse. Les charités que les missionnaires font, autant qu'ils peuvent, préviennent en faveur de la doctrine qu'ils prêchent. Quelques Chinois ne se conforment peut-être qu'en apparence a cette doctrine, à cause des bienfaits qu'elle leur vaut, mais leurs enfants deviennent des chrétiens sincères. D'ailleurs, on a toujours plus d'accès auprès des pauvres, et ils sont plus touchés du zèle désintéressé des étrangers qui viennent du bout de la terre pour les sauver.

« C'est un spectacle singulier en effet pour toutes les classes de spectateurs que de voir des hommes, animés par des motifs différents de ceux de la plupart des actions humaines, quittant pour jamais leur patrie et leurs amis et se consacrant pour le reste de leur vie au soin de travailler à changer le dogme d'un peuple qu'ils n'ont jamais vu. En poursuivant leurs desseins, ils courent toutes sortes de risques, ils souffrent toutes espèces de persécutions et renoncent à tous les agréments. Mais à force d'adresse, de talent, de persévérance, d'humilité, d'application à des études étrangères à leur première éducation, et en cultivant des arts entièrement nouveaux pour eux, ils parviennent à se faire connaître et protéger. Ils triomphent du malheur d'être étrangers dans un pays où la plupart des étrangers sont proscrits et où c'est un crime que d'avoir abandonné le tombeau de ses pères. Ils obtiennent enfin des établissements nécessaires à la propagation de leur foi, sans employer leur influence à se procurer aucun avantage personnel.

« Des missionnaires de différentes nations ont eu la permission de bâtir à Pékin quatre couvents, avec des églises qui y sont jointes ; il y en a même quelqu'un dans les limites du palais impérial. Ils ont des terres dans le voisinage de la ville, et on assure que les Jésuites ont possédé, dans la cité et dans les faubourgs, plusieurs maisons dont le revenu servoit seulement à favoriser l'objet de la mission. Ils ont souvent, par des actes charitables, fait des prosélytes et secouru les malheureux. » (*Voyage dans l'intérieur de la Chine et en Tartarie, fait dans les années 1792, 1793 et 1794, par lord Mackartney, ambassadeur du roi d'Angleterre auprès de l'empereur de la Chine*, t. II, p. 383.) (*Note de l'Éditeur.*)

NOTE LV, PAGE 477.

Lorsque nous avons parlé, dans la troisième partie, des beaux sujets de l'histoire moderne qui pourroient devenir intéressants s'ils étoient traités par une main habile, l'*Histoire des Croisades*, de M. Michaud, n'avoit pas encore paru. Nous avons déjà exprimé notre pensée ailleurs sur cet excellent ouvrage[1] ; en voici un fragment qui vient à l'appui de ce que nous avons dit sur les avantages que l'Europe a retirés de l'institution de la chevalerie :

« La chevalerie étoit connue dans l'Occident avant les croisades : ces guerres, qui sembloient avoir le même but que la chevalerie, celui de défendre les opprimés, de servir la cause de Dieu et de combattre les infidèles, donnèrent à cette institution plus d'éclat et de consistance, une direction plus étendue et plus salutaire.

« La religion, qui se mêloit à toutes les institutions et à toutes les passions

---

1. *Mélanges littéraires.*

du moyen âge, épura les sentiments des chevaliers et les éleva jusqu'à l'enthousiasme de la vertu. Le christianisme prêtoit à la chevalerie ses cérémonies et ses emblèmes et tempéroit par la douceur de ses maximes l'aspérité des mœurs guerrières.

« La piété, la bravoure, la modestie, étoient les qualités distinctives de la chevalerie : *Servez Dieu, et il vous aidera; soyez doux et courtois à tout gentilhomme en ôtant de vous tout orgueil; ne soyez flatteur ni rapporteur, car telles manières de gens ne viennent pas à grande perfection. Soyez loyal en faits et dires; tenez votre parole, soyez secourable à pauvres et orphelins, et Dieu vous le guerdonnera.*

« Ce qu'il y avoit de plus admirable dans l'esprit de cette institution, c'étoit l'entière abnégation de soi-même, cette loyauté qui faisoit un devoir à chaque guerrier d'oublier sa propre gloire pour ne publier que les hauts faits de ses compagnons d'armes. Les *vaillances* d'un chevalier étoient sa fortune, sa vie, *et celui qui les taisoit étoit ravisseur des biens d'autrui*. Rien ne paroissoit plus répréhensible que de se louer soi-même. *Si l'écuyer*, dit le code des preux, *a vaine gloire de ce qu'il a fait, il n'est pas digne d'être chevalier*. Un historien des croisades nous offre un exemple singulier de cette vertu, qui n'est pas tout à fait l'humilité et qu'on pourroit appeler *la pudeur de la gloire*, lorsqu'il nous représente Tancrède s'arrêtant sur le champ de bataille et faisant jurer à son écuyer de garder à jamais le silence sur ses exploits.

« La plus cruelle injure qu'on pût faire à un chevalier, c'étoit de l'accuser de mensonge. Le manque de fidélité, le parjure, passoient pour les plus honteux des crimes. Quand l'innocence opprimée imploroit le secours d'un chevalier, malheur à celui qui ne répondoit point à cet appel! L'opprobre suivoit toute offense envers le foible, toute agression envers l'homme désarmé.

« L'esprit de la chevalerie entretenoit et fortifioit parmi les guerriers les sentiments généreux qu'avoit fait naître l'esprit militaire de la féodalité : le dévouement au souverain étoit la première vertu, ou plutôt le premier devoir d'un chevalier. Ainsi, dans chaque État de l'Europe s'élevoit une jeune milice toujours prête à combattre, toujours prête à s'immoler pour le prince et pour la patrie comme pour la cause de l'innocence et de la justice.

« Un des caractères les plus remarquables de la chevalerie, celui qui excite aujourd'hui le plus notre curiosité et notre surprise, c'est l'alliance des sentiments religieux et de la galanterie. La dévotion et l'amour, tel étoit le mobile des chevaliers : *Dieu et les Dames*, telle étoit leur devise.

« Pour avoir une idée des mœurs de la chevalerie, il suffit de jeter les yeux sur les tournois, qui lui durent leur origine, et qui étoient comme les écoles de la courtoisie et les fêtes de la bravoure. A cette époque, la noblesse se trouvoit dispersée et restoit isolée dans les châteaux. Les tournois lui donnoient l'occasion de se rassembler, et c'est dans ces réunions brillantes qu'on rappeloit la mémoire des anciens preux, que la jeunesse les prenoit pour modèles et se formoit aux vertus chevaleresques en recevant le prix des mains de la beauté.

« Comme les dames étoient les juges des actions et de la bravoure des chevaliers, elles exercèrent un empire absolu sur l'âme des guerriers; et je n'ai pas besoin de dire ce que cet ascendant du sexe le plus doux put donner de charme à l'héroïsme des preux et des paladins. L'Europe commença à sortir de la barbarie du moment où le plus foible commanda au plus fort, où l'amour de la gloire, où les plus mobiles sentiments du cœur, les plus tendres affections de l'âme, tout ce qui constitue la force morale de la société, put triompher de toute autre force.

« Louis IX, prisonnier en Égypte, répond aux Sarrasins qu'il ne veut rien faire sans la reine Marguerite, *qui est sa dame*. Les Orientaux ne pouvoient comprendre une pareille déférence; et c'est parce qu'ils ne comprenoient point cette délicatesse qu'ils sont restés si loin des peuples de l'Europe pour la noblesse des sentiments et l'élégance des mœurs et des manières.

« On avoit vu dans l'antiquité des héros qui couroient le monde pour le délivrer des fléaux et des monstres, mais ces héros n'avoient pour mobile ni la religion, qui élève l'âme, ni cette courtoisie qui adoucit les mœurs. Ils connoissoient l'amitié, témoin Thésée et Pirithoüs, Hercule et Lycas, mais ils ne connoissoient point la délicatesse de l'amour. Les poëtes anciens se plaisent à nous représenter les infortunes de quelques héroïnes délaissées par des guerriers, mais dans leurs touchantes peintures il n'échappe jamais à leur muse attendrie la moindre expression de blâme contre les héros qui faisoient ainsi couler les larmes de la beauté. Dans le moyen âge, et d'après les mœurs de la chevalerie, un guerrier qui auroit imité la conduite de Thésée envers Ariane, celle du fils d'Anchise envers Didon, n'eût pas manqué d'encourir le reproche de félonie.

« Une autre différence entre l'esprit de l'antiquité et les sentiments des modernes, c'est que chez les anciens l'amour passoit pour amollir le courage des héros, et qu'au temps de la chevalerie les femmes, qui étoient juges de la valeur, rappeloient sans cesse dans l'âme des guerriers l'enthousiasme de la vertu et l'amour de la gloire. On trouve dans Alain Chartier une conversation entre plusieurs dames exprimant leurs sentiments sur la conduite de leurs chevaliers qui s'étoient trouvés à la bataille d'Azincourt. Un de ces chevaliers avoit cherché son salut dans la fuite, et la dame de ses pensées s'écrie : *Selon la loi d'amour, je l'aurois mieux aimé mort que vif*. Dans la première croisade, Adèle, comtesse de Blois, écrivoit à son mari, qui étoit parti pour l'Orient avec Godefroi de Bouillon : *Gardez-vous bien de mériter les reproches des braves*. Comme le comte de Blois étoit revenu en Europe avant la reprise de Jérusalem, sa femme le fit rougir de cette désertion, et le força de repartir pour la Palestine, où il combattit vaillamment et trouva une mort glorieuse. Ainsi l'esprit et les sentiments de la chevalerie n'enfantoient pas moins de prodiges que le plus ardent patriotisme dans l'antique Lacédémone; et ces prodiges paroissoient si simples, si naturels, que les chroniqueurs du moyen âge ne les rapportent qu'en passant et sans en témoigner la moindre surprise.

« Cette institution, si ingénieusement appelée *Fontaine de courtoisie, et qui de Dieu vient*, est bien plus admirable encore sous l'influence toute-puissante des idées religieuses. La charité chrétienne réclame toutes les affections du chevalier et lui demande un dévouement perpétuel pour la défense des pèlerins et le soin des malades. Ce fut ainsi que s'établirent les ordres de Saint-Jean et du Temple, celui des chevaliers Teutoniques et plusieurs autres, tous institués pour combattre les Sarrasins et soulager les misères humaines. Les infidèles admiroient leurs vertus autant qu'ils redoutoient leur bravoure. Rien n'est plus touchant que le spectacle des nobles chevaliers qu'on voyoit tour à tour sur le champ de bataille et dans l'asile des douleurs, tantôt la terreur de l'ennemi, tantôt la consolation de tous ceux qui souffroient. Ce que les paladins de l'Occident faisoient pour la beauté, les chevaliers de la Palestine le faisoient pour la pauvreté et pour le malheur. Les uns dévouoient leur vie à la dame de leurs pensées; les autres la dévouoient aux pauvres et aux infirmes. Le grand-maître de l'ordre militaire de Saint-Jean prenoit le titre de *Gardien des pauvres de Jésus-Christ,* et les chevaliers appeloient les malades et les pauvres *nos seigneurs.* Une chose plus incroyable, le grand-maître de l'ordre de Saint-Lazare, institué pour la guérison et le soulagement de la lepre, devoit être pris parmi les lépreux. Ainsi la charité des chevaliers, pour entrer plus avant dans les misères humaines, avoit ennobli en quelque sorte ce qu'il y a de plus dégoûtant dans les maladies de l'homme. Ce grand-maître de Saint-Lazare, qui doit avoir lui-même les infirmités qu'il est appelé à soulager dans les autres, n'imite-t-il pas, autant qu'on peut le faire sur la terre, l'exemple du Fils de Dieu qui revêtit une forme humaine pour délivrer l'humanit?

« On pourroit croire qu'il y avoit de l'ostentation dans une si grande charité : mais le christianisme, comme nous l'avons déjà dit, avoit dompté l'orgueil des guerriers, et ce fut là sans doute un des plus beaux miracles de la religion au moyen âge. Tous ceux qui visitoient alors la Terre Sainte ne pouvoient se lasser d'admirer dans les chevaliers du Temple, de Saint-Jean, de Saint-Lazare, leur résignation à souffrir toutes les peines de la vie, leur soumission à toutes les rigueurs de la discipline et leur docilité à la moindre volonté de leur chef. Pendant le séjour de saint Louis en Palestine, les Hospitaliers ayant eu une querelle avec quelques croisés qui chassoient sur le mont Carmel, ceux-ci portèrent leur plainte au grand-maître. Le chef de l'hôpital manda devant lui les frères qui avoient fait outrage aux croisés, et, pour les punir, les condamna à manger à terre sur leurs manteaux. *Advint,* dit le sire de Joinville, *que je me trouvai présent avec les chevaliers qui s'étoient plaints, et requismes du maistre qu'il fist lever les frères de dessus leurs manteaux, ce qu'il cuida refuser.* Ainsi la rigueur des cloîtres et l'humilité austère des cénobites n'avoient rien de repoussant pour des guerriers : tels étoient les héros qu'avoient formés la religion et l'esprit des croisades. Je sais qu'on peut tourner en ridicule cette soumission et cette humilité dans des hommes accoutumés à manier les armes, mais une philosophie éclairée se plaît à y reconnoître l'heureuse influence des idées religieuses sur les mœurs d'une société livrée à des passions barbares. Dans un siècle où la colère et l'orgueil auroient pu porter des guerriers à tous les excès, quel plus doux spectacle pour l'humanité que celui de la valeur qui s'humilioit et de la force qui s'oublioit elle-même !

« Nous savons qu'on abusa quelquefois de l'esprit de la chevalerie, et que ses belles maximes ne dirigèrent pas la conduite de tous les chevaliers. Nous avons raconté dans l'*Histoire des Croisades* les longues discordes que suscita la jalousie entre les deux ordres de Saint-Jean et du Temple ; nous avons parlé des vices qu'on reprochoit aux Templiers vers la fin des guerres saintes ; nous pourrions parler encore des travers de la chevalerie errante : mais notre tâche est ici de faire l'histoire des institutions, et non point celle des passions humaines. Quoi qu'on puisse penser de la corruption des hommes, il sera toujours vrai de dire que la chevalerie, alliée à l'esprit de courtoisie et à l'esprit du christianisme, a réveillé dans le cœur humain des vertus et des sentiments ignorés des anciens. Ce qui prouveroit que dans le moyen âge tout n'étoit pas barbare, c'est que l'institution de la chevalerie obtint dès sa naissance l'estime et l'admiration de toute la chrétienté. Il n'étoit point de gentilhomme qui ne voulût être chevalier : les princes et les rois s'honoroient d'appartenir à la chevalerie. C'est là que des guerriers venoient prendre des leçons de politesse, de bravoure et d'humanité ; admirable école, où la victoire déposoit son orgueil, la grandeur ses superbes dédains, où ceux qui avoient la richesse et le pouvoir venoient apprendre à en user avec modération et générosité !

« Comme l'éducation des peuples se formoit sur l'exemple des premières classes de la société, les généreux sentiments de la chevalerie se répandirent peu à peu dans tous les rangs, et se mêlèrent au caractère des nations européennes ; peu à peu il s'élevoit contre ceux qui manquoient à leurs devoirs de chevaliers une opinion générale plus sévère que les lois elles-mêmes, qui étoit comme le code de l'honneur, comme le cri de la conscience publique. Que ne devoit-on pas espérer d'un état de société où tous les discours qu'on tenoit dans les camps, dans les tournois, dans toutes les assemblées de guerriers, se réduisoient à ces paroles : *Malheur à qui oublie les promesses qu'il a faites à la religion, à la patrie, à l'amour vertueux ! Malheur à qui trahit son Dieu, son roi ou sa dame !*

« Lorsque l'institution de la chevalerie tomba par l'abus qu'on en fit, et surtout par une suite de changements survenus dans le système militaire de l'Europe, il resta encore aux sociétés européennes quelques sentiments qu'elle avoit inspirés, de même qu'il reste à ceux qui ont oublié la religion dans laquelle ils sont nés quelque chose de ses préceptes, et surtout des profondes impressions qu'ils en reçurent dans leur enfance. Au temps de la chevalerie, le prix des bonnes actions étoit la gloire et l'honneur. Cette monnoie, qui est si utile aux peuples et qui ne leur coûte rien, n'a pas laissé d'avoir quelque cours dans les siècles suivants : tel est l'effet d'un glorieux souvenir, que les marques et les distinctions de la chevalerie servent encore de nos jours à récompenser le mérite et la bravoure. . . . .

« Pour mieux faire sentir tout le bien que devoient apporter avec elles les guerres saintes, nous avons examiné ailleurs ce qui seroit arrivé si elles avoient eu tout le succès qu'elles pouvoient avoir; qu'on fasse maintenant une autre hypothèse, et que notre pensée s'arrête un moment sur l'état où se seroit trouvée l'Europe sans les expéditions que l'Occident renouvela tant de fois contre les nations de l'Asie et de l'Afrique. Dans le xie siècle, plusieurs contrées européennes étoient envahies; les autres étoient menacées par les Sarrasins. Quels moyens de défense avoit alors la république chrétienne, où les États étoient livrés à la licence, troublés par la discorde, plongés dans la barbarie? Si la chrétienté, comme le remarque M. de Bonald, ne fût sortie alors par toutes ses portes, et à plusieurs reprises, pour attaquer un ennemi formidable, ne doit-on pas croire que cet ennemi eût profité de l'inaction des peuples chrétiens, qu'il les eût surpris au milieu de leurs divisions et les eût subjugués les uns après les autres? Qui de nous ne frémit d'horreur en pensant que la France, l'Allemagne, l'Angleterre et l'Italie, pouvoient éprouver le sort de la Grèce et de la Palestine? »

(*Histoire des Croisades*, Paris, 1822, t. V, p. 239-51, 328.)

NOTE LVI, PAGE 492.

Nous prions le lecteur de lire avec attention ce fameux passage du docteur Robertson.

PREMIER FRAGMENT.

« Du moment qu'on envoya en Amérique des ecclésiastiques pour instruire et convertir les naturels, ils supposèrent que la rigueur avec laquelle on traitoit ce peuple rendoit leur ministère presque inutile. Les missionnaires, se conformant à l'esprit de douceur de la religion qu'ils venoient annoncer, s'élevèrent aussitôt contre les maximes de leurs compatriotes à l'égard des Indiens et condamnèrent les *repartimientos*, ou ces distributions par lesquelles on les livroit en esclaves à leurs conquérants, comme des actes aussi contraires à l'équité naturelle et aux préceptes du christianisme qu'à la saine politique. Les Dominicains, à qui l'instruction des Américains fut d'abord confiée, furent les plus ardents à attaquer ces distributions. En 1511, Montesimo, un de leurs plus célèbres prédicateurs, déclama contre cet usage dans la grande église de Saint-Domingue avec toute l'impétuosité d'une éloquence populaire. Don Diego Colomb, les principaux officiers de la colonie et tous les laïques qui avoient entendu ce sermon, se plaignirent du moine à ses supérieurs, mais ceux-ci, loin de le condamner, approuvèrent sa doctrine comme également pieuse et convenable aux circonstances.

« Les Dominicains, sans égard pour ces considérations de politique et d'intérêt personnel, ne voulurent se relâcher en rien de la sévérité de leur doctrine, et refusèrent même d'absoudre et d'admettre à la communion ceux de leurs compatriotes qui tenoient des Indiens en servitude[1]. Les deux parties s'adressèrent au roi pour avoir sa décision sur un objet de si grande importance. Ferdinand nomma une commission de son conseil privé, à laquelle il joignit quelques-uns des plus habiles jurisconsultes et théologiens, pour entendre les députés d'Hispaniola, chargés de défendre leurs opinions respectives. Après une longue discussion, la partie spéculative de la controverse fut décidée en faveur des Dominicains, et les Indiens furent déclarés un peuple libre, fait pour jouir de tous les droits naturels de l'homme; mais, malgré cette décision, les *repartimientos* continuèrent de se faire dans la même forme qu'auparavant[2]. Comme le jugement de la commission reconnoissoit le principe sur lequel les Dominicains fondoient leur opinion, il étoit peu propre à les convaincre et à les réduire au silence. Enfin, pour rétablir la tranquillité dans la colonie alarmée par les remontrances et les censures de ces religieux, Ferdinand publia un décret de son conseil privé, duquel il résultoit, qu'après un mûr examen de la bulle apostolique et des autres titres qui assuroient les droits de la couronne de Castille sur ses possessions dans le Nouveau-Monde, la servitude des Indiens étoit autorisée par les lois divines et humaines; qu'à moins qu'ils ne fussent soumis à l'autorité des Espagnols et forcés de résider sous leur inspection, il seroit impossible de les arracher à l'idolâtrie et de les instruire dans les principes de la foi chrétienne; qu'on ne devoit plus avoir aucun scrupule sur la légitimité des *repartimientos*, attendu que le roi et son conseil en prenoient le risque sur leur conscience; qu'en conséquence les Dominicains et les moines des autres ordres devoient s'interdire à l'avenir les invectives que l'excès d'un zèle charitable, mais peu éclairé, leur avoit fait proférer contre cet usage[3].

« Ferdinand, voulant faire connoître clairement l'intention où il étoit de faire exécuter ce décret, accorda de nouvelles concessions d'Indiens à plusieurs de ses courtisans[4]. Mais, afin de ne pas paroître oublier entièrement les droits de l'humanité, il publia un édit par lequel il tâcha de pourvoir à ce que les Indiens fussent traités doucement sous le joug auquel il les assujettissoit; il régla la nature du travail qu'ils seroient obligés de faire; il prescrivit la manière dont ils devoient être vêtus et nourris et fit des règlements relatifs à leur instruction dans les principes du christianisme[5].

« Mais les Dominicains, qui jugeoient de l'avenir par la connoissance qu'ils avoient du passé, sentirent bientôt l'insuffisance de ces précautions, et prétendirent que tant que les individus auroient intérêt de traiter les Indiens avec rigueur, aucun règlement public ne pourroit rendre leur servitude douce ni même tolérable. Ils jugèrent qu'il seroit inutile de consumer leur temps et leurs forces à essayer de communiquer les vérités sublimes de

---

1. Oviedo, lib. II, cap. VI, p. 97.
2. Herrera, *Decad.* I, lib. VIII, cap. XII; lib. IX, cap. V.
3. *Id., ib.,* lib. IX, cap. XIV.
4. Voyez la note XXV (dans Robertson, I, 387).
5. Herrera, *Decad.* I, lib. IX, cap. XIV.

l'Évangile à des hommes dont l'âme étoit abattue et l'esprit affoibli par l'oppression. Quelques-uns de ces missionnaires, découragés, demandèrent à leurs supérieurs la permission de passer sur le continent, pour y remplir l'objet de leur mission parmi ceux des Indiens qui n'étoient pas encore corrompus par l'exemple des Espagnols ni prévenus par leurs cruautés contre les dogmes du christianisme. Ceux qui restèrent à Hispaniola continuèrent de faire des remontrances avec une fermeté décente contre la servitude des Indiens.

« Les opérations violentes d'Albuquerque, qui venoit d'être chargé du partage des Indiens, rallumèrent le zèle des Dominicains contre les *repartimientos* et suscitèrent à ce peuple opprimé un avocat doué du courage, des talents et de l'activité necessaires pour défendre une cause si désespérée. Cet homme zélé fut Barthélemy de Las Casas, natif de Séville, et l'un des ecclésiastiques qui accompagnèrent Colomb au second voyage des Espagnols, lorsqu'on voulut commencer un établissement dans l'île d'Hispaniola. Il avoit adopté de bonne heure l'opinion dominante parmi ses confrères les Dominicains, qui regardoient comme une injustice de réduire les Indiens en servitude ; et pour montrer sa sincérité et sa conviction, il avoit renoncé à la portion d'Indiens qui lui étoit échue lors du partage qu'on en avoit fait entre les conquérants, et avoit déclaré qu'il pleureroit toujours la faute dont il s'étoit rendu coupable en exerçant pendant un moment sur ses frères cette domination impie [1]. Dès lors il fut le patron déclaré des Indiens, et par son courage à les défendre, aussi bien que par le respect qu'inspiroient ses talents et son caractère, il eut souvent le bonheur d'arrêter les excès de ses compatriotes. Il s'éleva vivement contre les opérations d'Albuquerque, et, s'apercevant bientôt que l'intérêt du gouverneur le rendoit sourd à toutes les sollicitations, il n'abandonna pas pour cela la malheureuse nation dont il avoit épousé la cause. Il partit pour l'Espagne avec la ferme espérance qu'il ouvriroit les yeux et toucheroit le cœur de Ferdinand en lui faisant le tableau de l'oppression que souffroient ses nouveaux sujets [2].

« Il obtint facilement une audience du roi, dont la santé étoit fort affoiblie. Il mit sous ses yeux, avec autant de liberté que d'éloquence, les effets funestes des *repartimientos* dans le Nouveau-Monde, lui reprochant avec courage d'avoir autorisé ces mesures impies, qui avoient porté la misère et la destruction sur une race nombreuse d'hommes innocents que la Providence avoit confiés à ses soins. Ferdinand, dont l'esprit étoit affoibli par la maladie, fut vivement frappé de ce reproche d'impiété, qu'il auroit méprisé dans d'autres circonstances. Il écouta le discours de Las Casas avec les marques d'un grand repentir, et promit de s'occuper sérieusement des moyens de réparer les maux dont on se plaignoit. Mais la mort l'empêcha d'exécuter cette résolution.

1. Fr. Aug. Davila, *Hist. de la Fundacion de la Provincia de S. Jago en Mexico*, p. 303-304 ; Herrera, *Decad.* i, lib. x, cap. xii.

2. Herrera, *Decad.* i, lib. x, cap. xii ; *Decad.* ii, lib. i, cap. ii ; Davila, Padilla, *Hist.*, p. 304.

Charles d'Autriche, à qui la couronne d'Espagne passoit, faisoit alors sa résidence dans ses États des Pays-Bas. Las Casas, avec son ardeur accoutumée, se préparoit à partir pour la Flandre, dans la vue de prévenir le jeune monarque, lorsque le cardinal Ximenès, devenu régent de Castille, lui ordonna de renoncer à ce voyage et lui promit d'écouter lui-même ses plaintes.

« Le cardinal pesa la matière avec l'attention que méritoit son importance; et comme son esprit ardent aimoit les projets les plus hardis et peu communs, celui qu'il adopta très-promptement étonna les ministres espagnols, accoutumés aux lenteurs et aux formalités de l'administration. Sans égard ni aux droits que réclamoit Don Diego Colomb, ni aux règles établies par le feu roi, il se détermina à envoyer en Amérique trois surintendants de toutes les colonies avec l'autorité suffisante pour décider en dernier ressort la grande question de la liberté des Indiens, après qu'ils auroient examiné sur les lieux toutes les circonstances. Le choix de ces surintendants étoit délicat. Tous les laïques, tant ceux qui étoient établis en Amérique que ceux qui avoient été consultés comme membres de l'administration de ce département, avoient déclaré leur opinion et pensoient que les Espagnols ne pouvoient conserver leur établissement au Nouveau-Monde à moins qu'on ne leur permît de retenir les Indiens dans la servitude. Ximenès crut donc qu'il ne pouvoit compter sur leur impartialité, et se détermina à donner sa confiance à des ecclésiastiques. Mais, comme d'un autre côté les Dominicains et les Franciscains avoient adopté des sentiments contraires, il exclut ces deux ordres religieux. Il fit tomber son choix sur les moines appelés Hiéronymites, communauté peu nombreuse en Espagne, mais qui y jouissoit d'une grande considération. D'après le conseil de leur général, et de concert avec Las Casas, il choisit parmi eux trois sujets qu'il jugea dignes de cet important emploi. Il leur associa Zuazo, jurisconsulte d'une probité distinguée, auquel il donna tout pouvoir de régler l'administration de la justice dans les colonies. Las Casas fut chargé de les accompagner, avec le titre de protecteur des Indiens[1].

« Confier un pouvoir assez étendu pour changer en un moment tout le système du gouvernement du Nouveau-Monde à quatre personnes que leur état et leur condition n'appeloient pas à de si hauts emplois parut à Zapata et aux autres ministres du dernier roi une démarche si extraordinaire et si dangereuse qu'ils refusèrent d'expédier les ordres nécessaires pour l'exécution; mais Ximenès n'étoit pas disposé à souffrir patiemment qu'on mît aucun obstacle à ses projets. Il envoya chercher les ministres, leur parla d'un ton si haut et les effraya tellement qu'ils obéirent sur-le-champ[2]. Les surintendants, leur associé Zuazo et Las Casas, mirent à la voile pour Saint-Domingue. A leur arrivée, le premier usage qu'ils firent de leur autorité fut de mettre en liberté tous les Indiens qui avoient été donnés aux courtisans espagnols et à toute personne non résidant en Amérique. Cet acte de vigueur, joint à ce qu'on avoit appris d'Espagne sur l'objet de leur commission, répandit une alarme géné-

---

1. HERRERA, *Decad.* II, lib. II, cap. III.   2. *Ibid.*, cap. VI.

rale. Les colons conclurent qu'on alloit leur enlever en un moment tous les bras avec lesquels ils conduisoient leurs travaux, et que leur ruine étoit inévitable. Mais les Pères de Saint-Jérôme se conduisirent avec tant de précaution et de prudence que les craintes furent bientôt dissipées.

« Ils montrèrent dans toute leur administration une connoissance du monde et des affaires qu'on n'acquiert guère dans le cloître, et une modération et une douceur encore plus rares parmi les hommes accoutumés à l'austérité d'une vie monastique. Ils écoutèrent tout le monde, ils comparèrent les informations qu'ils avoient recueillies, et, après une mûre délibération, ils demeurèrent persuadés que l'état de la colonie rendoit impraticable le plan de Las Casas, vers lequel penchoit le cardinal. Ils se convainquirent que les Espagnols établis en Amérique étoient en trop petit nombre pour pouvoir exploiter les mines déjà ouvertes et cultiver le pays; que pour ces deux genres de travaux ils ne pouvoient se passer des Indiens; que si on leur ôtoit ce secours il faudroit abandonner les conquêtes, ou au moins perdre tous les avantages qu'on en retireroit; qu'il n'y avoit aucun motif assez puissant pour faire surmonter aux Indiens rendus libres leur aversion naturelle pour toute espèce de travail, et qu'il falloit l'autorité d'un maître pour les y forcer; que si on ne les tenoit pas sous une discipline toujours vigilante, leur indolence et leur indifférence naturelles ne leur permettroient jamais de recevoir l'instruction chrétienne ni d'observer les pratiques de la religion. D'après tous ces motifs, ils trouvèrent nécessaire de tolérer les *repartimientos* et l'esclavage des Américains. Ils s'efforcèrent en même temps de prévenir les funestes effets de cette tolérance et d'assurer aux Indiens le meilleur traitement qu'on pût concilier avec l'état de servitude. Pour cela ils renouvelèrent les premiers règlements, y en ajoutèrent de nouveaux, ne négligèrent aucune des précautions qui pouvoient diminuer la pesanteur du joug; enfin ils employèrent leur autorité, leur exemple et leurs exhortations, à inspirer à leurs compatriotes des sentiments d'équité et de douceur pour ces Indiens dont l'industrie leur étoit nécessaire. Zuazo, dans son département, seconda les efforts des surintendants. Il réforma les cours de justice dans la vue de rendre leurs décisions plus équitables et plus promptes, et fit divers règlements pour mettre sur un meilleur pied la police intérieure de la colonie. Tous les Espagnols du Nouveau-Monde témoignèrent leur satisfaction de la conduite de Zuazo et de ses associés, et admirèrent la hardiesse de Ximenès, qui s'étoit écarté si fort des routes ordinaires dans la formation de son plan, et sa sagacité dans le choix des personnes à qui il avoit donné sa confiance, et qui s'en étoient rendues dignes par leur sagesse, leur modération et leur désintéressement[1].

« Las Casas seul étoit mécontent. Les considérations qui avoient déterminé les surintendants ne faisoient aucune impression sur lui. Le parti qu'ils prenoient de conformer leurs règlements à l'état de la colonie lui paroissoit l'ouvrage d'une politique mondaine et timide, qui consacroit une injustice parce qu'elle étoit avantageuse. Il prétendoit que les Indiens étoient libres par le

---

1. HERRERA, *Decad.* II, lib. II, cap. XV; REMESAL, *Hist. gen.*, lib. II, cap. XIV, XV, XVI.

droit de nature, et, comme leur protecteur, il sommoit les surintendants de ne pas les dépouiller du privilége commun de l'humanité. Les surintendants reçurent ses remontrances les plus âpres sans émotion et sans s'écarter en rien de leur plan. Les colons espagnols ne furent pas si modérés à son égard, et il fut souvent en danger d'être mis en pièces pour la fermeté avec laquelle il insistoit sur une demande qui leur étoit si odieuse. Las Casas, pour se mettre à l'abri de leur fureur, fut obligé de chercher un asile dans un couvent, et, voyant que tous ses efforts en Amérique étoient sans effet, il partit pour l'Europe avec la ferme résolution de ne pas abandonner la défense d'un peuple qu'il regardoit comme victime d'une cruelle oppression [1].

« S'il eût trouvé dans Ximenès la même vigueur d'esprit que ce ministre mettoit ordinairement aux affaires, il eût été vraisemblablement fort mal reçu. Mais le cardinal étoit atteint d'une maladie mortelle et se préparoit à remettre l'autorité dans les mains du jeune roi, qu'on attendoit de jour en jour des Pays-Bas. Charles arriva, prit possession du gouvernement, et, par la mort de Ximenès, perdit un ministre qui auroit mérité sa confiance par sa droiture et ses talents. Beaucoup de seigneurs flamands avoient accompagné leur souverain en Espagne. L'attachement naturel de Charles pour ses compatriotes l'engageoit à les consulter sur toutes les affaires de son nouveau royaume, et ces étrangers montrèrent un empressement indiscret à se mêler de tout et à s'emparer de presque toutes les parties de l'administration [2]. La direction des affaires d'Amérique étoit un objet trop séduisant pour leur échapper. Las Casas remarqua leur crédit naissant. Quoique les hommes à projets soient communément trop ardents pour se conduire avec beaucoup d'adresse, celui-ci étoit doué de cette activité infatigable qui réussit quelquefois mieux que l'esprit le plus délié. Il fit sa cour aux Flamands avec beaucoup d'assiduité. Il mit sous leurs yeux l'absurdité de toutes les maximes adoptées jusque là dans le gouvernement de l'Amérique et particulièrement les vices des dispositions faites par Ximenès. La mémoire de Ferdinand étoit odieuse aux Flamands. La vertu et les talents de Ximenès avoient été pour eux des motifs de jalousie. Ils désiroient vivement de trouver des prétextes plausibles pour condamner les mesures du ministre et du défunt monarque et pour décrier la politique de l'un et de l'autre. Les amis de Don Diego Colomb, aussi bien que les courtisans espagnols qui avoient eu à se plaindre de l'administration du cardinal, se joignirent à Las Casas pour désapprouver la commission des surintendants en Amérique. Cette union de tant de passions et d'intérêts divers devint si puissante que les Hiéronymites et Zuazo furent rappelés. Rodrigue de Figueroa, jurisconsulte estimé, fut nommé premier juge de l'île et reçut des instructions nouvelles d'après les instances de Las Casas, pour examiner encore avec la plus grande attention la question importante élevée entre cet ecclésiastique et les colons, relativement à la manière dont on devoit traiter

---

1. HERRERA, *Decad.* II, lib. II, cap. XVI.
2. *Histoire de Charles Quint.*

les Indiens. Il étoit autorisé, en attendant, à faire tout ce qui seroit possible pour soulager leurs maux et prévenir leur entière destruction[1].

« Ce fut tout ce que le zèle de Las Casas put obtenir alors en faveur des Indiens. L'impossibilité de faire faire aux colonies aucun progrès, à moins que les colons espagnols ne pussent forcer les Américains au travail, étoit une objection insurmontable à l'exécution de son plan de liberté. Pour écarter cet obstacle, Las Casas proposa d'acheter, dans les établissements des Portugais à la côte d'Afrique, un nombre suffisant de noirs, et de les transporter en Amérique, où on les employeroit comme esclaves au travail des mines et à la culture du sol. Les premiers avantages que les Portugais avoient retirés de leurs découvertes en Afrique leur avoient été procurés par la vente des esclaves. Plusieurs circonstances concouroient à faire revivre cet odieux commerce, aboli depuis longtemps en Europe, et aussi contraire aux sentiments de l'humanité qu'aux principes de la religion. Dès l'an 1503, on avoit envoyé en Amérique un petit nombre d'esclaves nègres[2]. En 1511, Ferdinand avoit permis qu'on y en portât en plus grande quantité[3]. On trouva que cette espèce d'hommes étoit plus robuste que les Américains, plus capable de résister à une grande fatigue et plus patiente sous le joug de la servitude. On calculoit que le travail d'un noir équivaloit à celui de quatre Américains[4]. Le cardinal Ximenès avoit été pressé de permettre et d'encourager ce commerce, proposition qu'il avoit rejetée avec fermeté, parce qu'il avoit senti combien il étoit injuste de réduire une race d'hommes en esclavage, en délibérant sur les moyens de rendre la liberté à une autre[5]. Mais Las Casas, inconséquent comme le sont les esprits qui se portent avec une impétuosité opiniâtre vers une opinion favorite, étoit incapable de faire cette réflexion. Pendant qu'il combattoit avec tant de chaleur pour la liberté des habitants du Nouveau-Monde, il travailloit à rendre esclaves ceux d'une autre partie; et, dans la chaleur de son zèle pour sauver les Américains du joug, il prononçoit sans scrupule qu'il étoit juste et utile d'en imposer un plus pesant encore sur les Africains. Malheureusement pour ces derniers, le plan de Las Casas fut adopté. Charles accorda à un de ses courtisans flamands le privilége exclusif d'importer en Amérique quatre mille noirs. Celui-ci vendit son privilége pour vingt-cinq mille ducats à des marchands génois, qui les premiers établirent avec une forme régulière en Afrique et en Amérique ce commerce d'hommes, qui a reçu depuis de si grands accroissements[6].

« Mais les marchands génois, conduisant leurs opérations avec l'avidité ordinaire aux monopoleurs, demandèrent bientôt des prix si exorbitants des noirs qu'ils portoient à Hispaniola, qu'on y en vendit trop peu pour améliorer l'état de la colonie. Las Casas, dont le zèle étoit aussi inventif qu'infatigable, eut recours à un autre expédient pour soulager les Indiens. Il avoit observé

---

1. HERRERA, Decad. II, lib. II, cap. XVI, XIX, XXI; l. III, c. VII, VIII.
2. Id., Decad. I, lib. V, cap. XII.
3. Id., ibid., lib. VIII, cap. IX.
4. Id., ibid., lib. IX, cap. V.
5. Id., Decad. II, lib. II, cap. VIII.
6. Id., Decad. I, lib. II, cap. XX.

que le plus grand nombre de ceux qui jusque là s'étoient établis en Amérique étoient des soldats ou des matelots employés à la découverte ou à la conquête de ces régions, des fils de familles nobles, attirés par l'espoir de s'enrichir promptement, ou des aventuriers sans ressource et forcés d'abandonner leur patrie par leurs crimes ou leur indigence. A la place de ces hommes avides, sans mœurs, incapables de l'industrie persévérante et de l'économie nécessaire dans l'établissement d'une colonie, il proposa d'envoyer à Hispaniola et dans les autres îles un nombre suffisant de cultivateurs et d'artisans, à qui on donneroit des encouragements pour s'y transporter, persuadés que de tels hommes, accoutumés à la fatigue, seroient en état de soutenir des travaux dont les Américains étoient incapables par la foiblesse de leur constitution, et que bientôt ils deviendroient eux-mêmes, par la culture, de riches et d'utiles citoyens. Mais quoiqu'on eût grand besoin d'une nouvelle recrue d'habitants à Hispaniola, où la petite vérole venoit de se répandre et d'emporter un nombre considérable d'Indiens, ce projet, quoique favorisé par les ministres flamands, fut traversé par l'évêque de Burgos, que Las Casas trouvoit toujours en son chemin [1].

« Las Casas commença alors à désespérer de faire aucun bien aux Indiens dans les établissements déjà formés. Le mal étoit trop invétéré pour céder aux remèdes. Mais on faisoit tous les jours des découvertes nouvelles dans le continent, qui donnoient de hautes idées de sa population et de son étendue. Dans toutes ces régions, il n'y avoit encore qu'une seule colonie très-foible, et si l'on en exceptoit un petit espace sur l'isthme de Darien, les naturels étoient maîtres de tout le pays. C'étoit là un champ nouveau et plus étendu pour le zèle et l'humanité de Las Casas, qui se flattoit de pouvoir empêcher qu'on n'y introduisît le pernicieux système d'administration qu'il n'avoit pu détruire dans des lieux où il étoit déjà tout établi. Plein de ces espérances, il sollicita une concession de la partie qui s'étend le long de la côte, depuis le golfe de Paria jusqu'à la frontière occidentale de cette province, aujourd'hui connue sous le nom de Sainte-Marthe. Il proposa d'y établir une colonie formée de cultivateurs, d'artisans et d'ecclésiastiques. Il s'engagea à civiliser, dans l'espace de deux ans, dix mille Indiens, et à les instruire assez bien dans les arts utiles pour pouvoir tirer de leurs travaux et de leur industrie un revenu de quinze mille ducats au profit de la couronne. Il promettoit aussi qu'en dix ans sa colonie auroit fait assez de progrès pour rendre au gouvernement soixante mille ducats par an. Il stipula qu'aucun navigateur ou soldat ne pourroit s'y établir et qu'aucun Espagnol n'y mettroit les pieds sans sa permission. Il alla même jusqu'à vouloir que les gens qu'il emmèneroit eussent un habillement particulier, différent de celui des Espagnols, afin que les Indiens de ces districts ne les crussent pas de la même race d'hommes qui avoient apporté tant de calamités à l'Amérique [2]. Par ce plan, dont je ne donne qu'une légère esquisse, il paroit clairement que les idées de Las Casas sur la manière de civiliser et de traiter les Indiens étoient fort

---

1. HERRERA, *Decad.* II, lib. II, cap. XXI.   2. *Id., ibid.*, lib. IV, cap. II.

semblables à celles que les jésuites ont suivies depuis dans leurs grandes entreprises sur l'autre partie du même continent. Las Casas supposoit que les Européens, employant l'ascendant que leur donnoient une intelligence supérieure et de plus grands progrès dans les sciences et les arts, pourroient conduire par degrés l'esprit des Américains à goûter ces moyens de bonheur dont ils étoient dépourvus, leur faire cultiver les arts de l'homme en société et les rendre capables de jouir des avantages de la vie civile.

« L'évêque de Burgos et le conseil des Indes regardèrent le plan de Las Casas non-seulement comme chimérique, mais comme extrêmement dangereux. Ils pensoient que l'esprit des Américains étoit si naturellement borné et leur indolence si excessive, qu'on ne réussiroit jamais à les instruire ni à leur faire faire aucun progrès. Ils prétendoient qu'il seroit fort imprudent de donner une autorité si grande sur un pays de mille milles de côtes à un enthousiaste visionnaire et présomptueux, étranger aux affaires et sans connoissance de l'art du gouvernement. Las Casas, qui s'attendoit bien à cette résistance, ne se découragea pas. Il eut recours encore aux Flamands, qui favorisèrent ses vues auprès de Charles Quint avec beaucoup de zèle, précisément parce que les ministres espagnols les avoient rejetées. Ils déterminèrent le monarque, qui venoit d'être élevé à l'Empire, à renvoyer l'examen de cette affaire à un certain nombre de membres de son conseil privé ; et comme Las Casas récusoit tous les membres du conseil des Indes, comme prévenus et intéressés, tous furent exclus. La décision des juges choisis à la recommandation des Flamands fut entièrement conforme aux sentiments de ces derniers. On approuva beaucoup le nouveau plan, et l'on donna des ordres pour le mettre à exécution, mais en restreignant le territoire accordé à Las Casas à trois cents milles le long de la côte de Cumana, d'où il lui seroit libre de s'étendre dans les parties intérieures du pays[1].

« Cette décision trouva des censeurs. Presque tous ceux qui avoient été en Amérique la blâmoient et soutenoient leur opinion avec tant de confiance et par des raisons si plausibles, qu'on crut devoir s'arrêter et examiner de nouveau la question avec plus de soin. Charles lui-même, quoique accoutumé dans sa jeunesse à suivre les sentiments de ses ministres avec une déférence et une soumission qui n'annonçoient pas la vigueur et la fermeté d'esprit qu'il montra dans un âge plus mûr, commença à soupçonner que la chaleur que les Flamands mettoient dans toutes les affaires relatives à l'Amérique avoit pour principe quelque motif dont il devoit se défier ; il déclara qu'il étoit déterminé à approfondir lui-même la question agitée depuis si longtemps sur le caractère des Américains et sur la manière la plus convenable de les traiter. Il se présenta bientôt une circonstance qui rendoit cette discussion plus facile. Quevedo, évêque du Darien, qui avoit accompagné Pedrarias sur le continent en 1513, venoit de prendre terre à Barcelonne, où la cour faisoit sa résidence. On sut bientôt que ses sentiments étoient diffé-

---

[1]. GOMERA, *Hist. gen.*, cap. LXXVII ; HERRERA, *Decad.* II, lib. IV, cap. III ; OVIEDO, lib. XIX, cap. V.

rents de ceux de Las Casas, et Charles imagina assez naturellement qu'en écoutant et en comparant les raisons des deux personnages respectables qui, par un long séjour en Amérique, avoient eu le temps nécessaire pour observer les mœurs du peuple qu'il s'agissoit de faire connoître, il seroit en état de découvrir lequel des deux avoit formé son opinion avec plus de justesse et de discernement.

« On désigna pour cet examen un jour fixe et une audience solennelle. L'empereur parut avec une pompe extraordinaire, et se plaça sur un trône dans la grande salle de son palais. Ses courtisans l'environnoient. Don Diego Colomb, amiral des Indes, fut appelé. L'évêque du Darien fut interpellé de dire le premier son avis. Son discours ne fut pas long. Il commença par déplorer les malheurs de l'Amérique et la destruction d'un grand nombre de ses habitants, qu'il reconnut être en partie l'effet de l'excessive dureté et de l'imprudence des Espagnols; mais il déclara que tous les habitants du Nouveau-Monde qu'il avoit observés, soit dans le continent, soit dans les îles, lui avoient paru une espèce d'hommes destinés à la servitude par l'infériorité de leur intelligence et de leurs talents naturels, et qu'il seroit impossible de les instruire ni de leur faire faire aucun progrès vers la civilisation si on ne les tenoit pas sous l'autorité continuelle d'un maître. Las Casas s'étendit davantage, et défendit son sentiment avec plus de chaleur. Il s'éleva avec indignation contre l'idée qu'il y eût aucune race d'hommes nés pour la servitude, et attaqua cette opinion comme irréligieuse et inhumaine. Il assura que les Américains ne manquoient pas d'intelligence; qu'elle n'avoit besoin que d'être cultivée, et qu'ils étoient capables d'apprendre les principes de la religion et de se former à l'industrie et aux arts de la vie sociale; que leur douceur et leur timidité naturelle les rendant soumis et dociles, on pouvoit les conduire et les former, pourvu qu'on ne les traitât pas durement. Il protesta que, dans le plan qu'il avoit proposé, ses vues étoient pures et désintéressées, et que, quelques avantages qui dussent revenir de leur exécution à la couronne de Castille, il n'avoit jamais demandé et ne demanderoit jamais aucune récompense de ses travaux.

« Charles, après avoir entendu les deux plaidoyers et consulté ses ministres, ne se crut pas encore assez bien instruit pour prendre une résolution générale relativement à la condition des Américains; mais comme il avoit une entière confiance en la probité de Las Casas, et que l'évêque du Darien lui-même convenoit que l'affaire étoit assez importante pour qu'on pût essayer le plan proposé, il céda à Las Casas, par des lettres patentes, la partie de la côte de Cumana dont nous avons fait mention plus haut, avec tout pouvoir d'y établir une colonie d'après le plan qu'il avoit proposé [1].

« Las Casas pressa les préparatifs de son voyage avec son ardeur accoutumée; mais, soit par son inexpérience dans ce genre d'affaires, soit par l'opposition secrète de la noblesse espagnole, qui craignoit que l'émigration de tant de

---

1. HERRERA, *Decad.* II, lib. IV, cap. III, IV, V; ANGENSOLA, *Ann. de Aragon.*, 74, 97; REMESAL, *Hist. gen.*, lib. II, cap. XIX, XX.

personnes ne leur enlevât un grand nombre d'hommes industrieux et utiles, occupés de la culture de leurs terres, il ne put déterminer qu'environ deux cents cultivateurs ou artisans à l'accompagner à Cumana.

« Rien cependant ne put amortir son zèle. Il mit à la voile avec cette petite troupe, à peine suffisante pour prendre possession du vaste territoire qu'on lui accordoit, et avec laquelle il étoit impossible de réussir à en civiliser les habitants. Le premier endroit où il toucha fut l'île de Porto-Rico. Là il eut connoissance d'un nouvel obstacle à l'exécution de son plan, plus difficile à surmonter qu'aucun de ceux qu'il eût rencontrés jusque alors. Lorsqu'il avoit quitté l'Amérique en 1517, les Espagnols n'avoient presque aucun commerce avec le continent, si l'on excepte les pays voisins du golfe de Darien. Mais tous les genres de travaux s'affoiblissant de jour en jour à Hispaniola par la destruction rapide des naturels du pays, les Espagnols manquoient de bras pour continuer les entreprises déjà formées, et ce besoin les avoit fait recourir à tous les expédients qu'ils pouvoient imaginer pour y suppléer. On leur avoit porté beaucoup de nègres; mais le prix en étoit monté si haut, que la plupart des colons ne pouvoient y atteindre. Pour se procurer des esclaves à meilleur marché, quelques-uns d'entre eux armèrent des vaisseaux, et se mirent à croiser le long des côtes du continent. Dans les lieux où ils étoient inférieurs en force, ils commerçoient avec les naturels, et leur donnoient des quincailleries d'Europe pour les plaques d'or qui servoient d'ornements à ces peuples; mais partout où ils pouvoient surprendre les Indiens ou l'emporter sur eux à force ouverte, ils les enlevoient et les vendoient à Hispaniola[1]. Cette piraterie étoit accompagnée des plus grandes atrocités. Le nom espagnol devint en horreur sur tout le continent. Dès qu'un vaisseau paroissoit, les habitants fuyoient dans les bois ou couroient au rivage en armes, pour repousser ces cruels ennemis de leur tranquillité. Quelquefois ils forçoient les Espagnols à se retirer avec précipitation, ou ils leur coupoient la retraite. Dans la violence de leur ressentiment, ils massacrèrent deux missionnaires dominicains que le zèle avoit portés à s'établir dans la province de Cumana[2]. Le meurtre de ces personnes révérées pour la sainteté de leur vie excita la plus vive indignation parmi les colons d'Hispaniola, qui, au milieu de la licence de leurs mœurs et de la cruauté de leurs actions, étoient pleins d'un zèle ardent pour la religion et d'un respect superstitieux pour ses ministres; ils résolurent de punir ce crime d'une manière qui pût servir d'exemple, non-seulement sur ceux qui l'avoient commis, mais sur toute la nation entière. Pour l'exécution de ce projet, ils donnèrent le commandement de cinq vaisseaux et trois cents hommes à Diego Ocampo, avec ordre de détruire par le fer et par le feu tout le pays de Cumana et d'en faire les habitants esclaves pour être transportés à Hispaniola. Las Casas trouva à Porto-Rico cette escadre faisant voile vers le continent, et Ocampo ayant refusé de différer son voyage, il comprit qu'il lui

---

1. HERRERA, *Decad.* III, lib. II, cap. III.
2. OVIEDO, *Hist.*, lib. XIX, cap. III.

seroit impossible de tenter l'exécution de son plan de paix dans un pays qui alloit être le théâtre de la guerre et de la désolation[1].

Dans l'espérance d'apporter quelque remède aux suites funestes de ce malheureux incident, il s'embarqua pour Saint-Domingue, laissant ceux qui l'avoient suivi cantonnés parmi les colons de Porto-Rico. Plusieurs circonstances concoururent à le faire recevoir fort mal à Hispaniola. En travaillant à soulager les Indiens, il avoit censuré la conduite de ses compatriotes, les colons d'Hispaniola, avec tant de sévérité, qu'il leur étoit devenu universellement odieux. Ils regardoient le succès de sa tentative comme devant entraîner leur ruine. Ils attendoient de grandes recrues de Cumana, et ces espérances s'évanouissoient si Las Casas parvenoit à y établir sa colonie. Figueroa, en conséquence d'un plan formé en Espagne pour déterminer le degré d'intelligence et de docilité des Indiens, avoit fait une expérience qui paroissoit décisive contre le système de Las Casas. Il en avoit rassemblé à Hispaniola un assez grand nombre, et les avoit établis dans deux villages, leur laissant une entière liberté et les abandonnant à leur propre conduite; mais ces Indiens, accoutumés à un genre de vie extrêmement différent, hors d'état de prendre en si peu de temps de nouvelles habitudes, et d'ailleurs découragés par leur malheur particulier et par celui de leur patrie, se donnèrent si peu de peine pour cultiver le terrain qu'on leur avoit donné, parurent si incapables des soins et de la prévoyance nécessaires pour fournir à leurs propres besoins, et si éloignés de tout ordre et de tout travail régulier, que les Espagnols en conclurent qu'il étoit impossible de les former à mener une vie sociale, et qu'il falloit les regarder comme des enfants qui avoient besoin d'être continuellement sous la tutelle des Européens, si supérieurs à eux en sagesse et en sagacité[2].

« Malgré la réunion de toutes ces circonstances, qui armoient si fortement contre ses mesures ceux mêmes à qui il s'adressoit pour les mettre à exécution, Las Casas, par son activité et sa persévérance, par quelques condescendances et beaucoup de menaces, obtint à la fin un petit corps de troupes pour protéger sa colonie au premier moment de son établissement. Mais, à son retour à Porto-Rico, il trouva que les maladies lui avoient déjà enlevé beaucoup de ses gens, et les autres, ayant trouvé quelque occupation dans l'île, refusèrent de le suivre. Cependant, avec ce qui lui restoit de monde, il fit voile vers Cumana. Ocampo avoit exécuté sa commission dans cette province avec tant de barbarie, il avoit massacré ou envoyé en esclavage à Hispaniola un si grand nombre d'Indiens, que tout ce qui restoit de ces malheureux s'étoit enfui dans les bois, et que l'établissement formé à Tolède, se trouvant dans un pays désert, touchoit à sa destruction. Ce fut cependant dans ce même endroit que Las Casas fut obligé de placer le chef-lieu de sa colonie. Abandonné, et par les troupes qu'on lui avoit données pour le protéger, et par le détachement d'Ocampo, qui avoit prévu les calamités auxquelles il devoit s'at-

---

1. Herrera, *Decad.* II, lib. IX, cap. VIII, IX.
2. *Id., ibid.*, lib. X, cap. V.

tendre dans un poste aussi misérable, il prit les précautions qu'il jugea les meilleures pour la sûreté et la subsistance de ses colons ; mais comme elles étoient encore bien insuffisantes, il retourna à Hispaniola solliciter des secours plus puissants, afin de sauver des hommes que leur confiance en lui avoit engagés à courir de si grands dangers. Bientôt après son départ, les naturels du pays ayant reconnu la foiblesse des Espagnols, s'assemblèrent secrètement, les attaquèrent avec la furie naturelle à des hommes réduits au désespoir par les barbaries qu'on avoit exercées contre eux, en firent périr un grand nombre, et forcèrent le reste à se retirer à l'île de Cubagna. La petite colonie qui étoit établie pour la pêche des perles partagea la terreur panique dont les fugitifs étoient saisis et abandonna l'île. Enfin il ne resta pas un seul Espagnol dans aucune partie du continent ou des îles adjacentes, depuis le golfe du Paria jusqu'aux confins du Darien. Accablé par cette succession de désastres et voyant l'issue malheureuse de tous ses grands projets, Las Casas n'osa plus se montrer ; il s'enferma dans le couvent des Dominicains à Saint-Domingue et prit bientôt après l'habit de cet ordre[1].

« Quoique la destruction de la colonie de Cumana ne soit arrivée que l'an 1521, je n'ai pas voulu interrompre le récit des négociations de Las Casas depuis leur origine jusqu'à leur issue. Son système fut l'objet d'une longue et sérieuse discussion ; et quoique ses tentatives en faveur des Américains opprimés n'aient pas été suivies du succès qu'il s'en promettoit (sans doute avec trop de confiance), soit par son imprudence, soit par la haine active de ses ennemis, elles donnèrent lieu à divers règlements qui furent de quelque utilité à ces malheureuses nations. » (*Hist. d'Amér.*, liv. III.)

SECOND FRAGMENT.

« Il alloit (Cortez) détruire leurs autels et renverser leurs idoles avec la même violence qu'à Zempoalla, si le père Barthélemy d'Olmedo, aumônier de l'armée, n'avoit arrêté l'impétuosité de son zèle. Le religieux lui représenta l'imprudence d'une telle démarche dans une grande ville remplie d'un peuple également superstitieux et guerrier, avec lequel les Espagnols venoient de s'allier. Il déclara que ce qui s'étoit fait à Zempoalla lui avoit toujours paru injuste ; que la religion ne devoit pas être prêchée le fer à la main ni les infidèles convertis par la violence ; qu'il falloit employer d'autres armes pour cette conquête : l'instruction, qui éclaire les esprits et les bons exemples, qui captivent les cœurs ; que ce n'étoit que par ces moyens qu'on pouvoit engager les hommes à renoncer à leurs erreurs et à embrasser la vérité. — Au XVIe siècle, dans un temps où les droits de la conscience étoient si mal connus de tout le monde chrétien, où le nom de tolérance étoit même ignoré, on est étonné de trouver un moine espagnol au nombre des premiers défenseurs de

---

1. HERRERA, *Decad.* II, lib. X, cap. V ; *Decad.* III, lib. II, cap. III, IV, V ; OVIEDO, *Hist.*, lib. XIX, cap. V ; GOMERA, cap. LXXVII ; DAVILA, PADILLA, lib. I, cap. XCVII ; REMESAL, *Hist. gen.*, lib. II, cap. XXII, XXIII.

la liberté religieuse et des premiers improbateurs de la persécution. Les remontrances de cet ecclésiastique, aussi vertueux que sage, firent impression sur l'esprit de Cortez. Il laissa les Tlascalans continuer l'exercice libre de leur religion, en exigeant seulement qu'ils renonçassent à sacrifier des victimes humaines. » (*Hist. d'Amér.*, liv. V.)

Robertson, après avoir prouvé que la dépopulation de l'Amérique ne peut être attribuée à la politique du gouvernement espagnol, passe à ce morceau que nous avons cité dans le texte.

« C'est avec plus *d'injustice* encore que beaucoup d'écrivains ont attribué à l'esprit d'intolérance de la religion romaine la destruction des Américains, etc. »

Et enfin ailleurs, en parlant des Indiens, il dit : « Quoique Paul III, par sa fameuse bulle donnée en 1537, ait déclaré les Indiens créatures raisonnables, ayant droit à tous les priviléges du christianisme, néanmoins, après deux siècles durant lesquels ils ont été membres de l'Église, ils ont fait si peu de progrès, qu'à peine en trouve-t-on quelques-uns qui aient une portion d'intelligence suffisante pour être regardés comme dignes de participer à l'Eucharistie. D'après cette idée de leur incapacité et de leur ignorance en matière de religion, lorsque le zèle de Philippe lui fit établir l'inquisition en Amérique, en 1570, les Indiens furent déclarés exempts de la juridiction de ce sévère tribunal, et ils sont demeurés soumis à l'inspection de leurs évêques diocésains. » (T. V, p. 205.)

Si l'on pèse avec attention et impartialité tous les faits avancés par le docteur *presbytérien*, si l'on se rappelle en même temps les nombreux hôpitaux fondés pour les Indiens du Nouveau-Monde, les admirables missions du Paraguay, etc., on sera convaincu qu'il n'y a jamais eu de plus atroce calomnie que celle qui attribue à la religion chrétienne la destruction des habitants du Nouveau-Monde.

MASSACRE D'IRLANDE.

Des inimitiés nationales, bien plus encore que des haines religieuses, produisirent en 1641 le fameux massacre d'Irlande. Depuis longtemps opprimés par les Anglois, dépouillés de leurs terres, tourmentés dans leurs mœurs, leurs habitudes et leur religion, réduits presque à la condition d'esclaves par des maîtres hautains et tyranniques, les Irlandois, poussés au désespoir, eurent enfin recours à la vengeance ; ils ne furent pas même les agresseurs dans cette horrible tragédie, et on avoit commencé à les égorger avant qu'ils se déterminassent à répandre le sang.

M. Millon, dans ses *Recherches sur l'Irlande* (imprimées à la suite du *Voyage d'Arthur Young*), a recueilli des faits intéressants, qu'il sera bon de mettre ici sous les yeux du lecteur.

Quelques Irlandois s'étant soulevés, par une suite de ce système d'oppression qui pesoit sur leur malheureuse patrie, le conseil anglois d'Irlande envoie des troupes contre eux avec ordre de les exterminer.

« *Les officiers*, dit Castelhaven (dont M. Millon cite ici les propres paroles),

les officiers et les soldats, peu attentifs à distinguer les rebelles sujets, tuèrent indistinctement, dans bien des endroits, hommes, femmes et enfants; ce procédé irrita les rebelles et les porta à commettre les mêmes cruautés sur les Anglois[1]. »
D'après le passage du comte Castelhaven, il paroît que les Anglois avoient commencé la scène par ordre de leur chef, et que le crime des Irlandois étoit d'avoir suivi un exemple barbare[2].

« *Je ne puis croire*, ajoute Castelhaven, *qu'il y ait eu alors en Irlande, hors des villes murées, la dixième partie des sujets britanniques rapportés par le chevalier Temple et autres écrivains comme massacrés par les Irlandois. Il est clair que cet auteur répète jusqu'à deux ou trois fois, en divers endroits, les mêmes personnes avec les mêmes circonstances, et qu'il fait mention de quelques centaines d'individus comme massacrés alors qui ont vécu encore plusieurs années après, et quelques-uns jusqu'à notre temps : il est donc juste que, malgré les clameurs mal fondées de certaines personnes, qui s'écrient contre les Irlandois sans dire un mot de la rébellion fomentée chez eux, je rende justice à la nation irlandoise, et que je déclare que les chefs de cette nation n'eurent jamais intention d'autoriser les cruautés qu'on y avoit exercées.* »

« L'exemple des Écossois qui s'étoient insurgés fut en partie cause de la révolte des Irlandois, déjà mécontents; ils se voyoient à la veille d'être forcés, ou de renoncer à leur religion, ou d'abandonner leur patrie : une pétition des protestants d'Irlande, signée de plusieurs milliers d'entre eux et adressée au parlement d'Angleterre, justifioit leur crainte; on se vantoit déjà publiquement qu'avant un an il n'y auroit pas un seul papiste en Irlande. Cette adresse produisit son effet en Angleterre : Charles Ier ayant remis, par une condescendance forcée, les affaires d'Irlande entre les mains du parlement, cette assemblée fit une ordonnance qui tendoit à l'extirpation totale des Irlandois, et déclara qu'elle ne consentiroit jamais à aucune tolérance de la religion papiste en Irlande, ni dans aucun autre des États britanniques. Le même parlement ordonna ensuite qu'on assignât à des aventuriers anglois, moyennant une certaine somme d'argent, deux millions cinq cent mille acres de terres profitables en Irlande, non compris les marais, les bois et les montagnes stériles, et cela dans le temps où les propriétaires de terre engagés dans la révolte étoient en très-petit nombre. Il falloit donc, pour satisfaire l'engagement pris avec ces aventuriers, déposséder une infinité d'honnêtes gens qui n'avoient jamais troublé la tranquillité publique.

« Les Irlandois, principalement ceux d'Ulster, n'avoient pas oublié l'injuste confiscation de six comtés faite sur eux il n'y avoit pas encore quarante ans; ils regardoient les propriétaires actuels comme des usurpateurs, et, leur douleur ayant dégénéré en vengeance, ils se saisirent des maisons, des troupeaux et des effets de ces nouveaux venus, et les beaux édifices et les habitations commodes que ces colons avoient fait construire sur les terres de ces propriétaires furent ou rasés ou consumés par le feu[3]. »

---

1. Which procedure exasperated the rebels, and induced them to commit the like cruelties upon the English.   2. MA-GEOGHEGAN.   3. MA-GEOGHEGAN.

Telles furent les premières hostilités commises par les Irlandois sur les Anglois; il n'étoit pas encore question de massacres : les Anglois, dit Ma-Geoghegan, furent les premiers agresseurs; leur exemple fut suivi trop exactement par les catholiques de l'Ulster, et la contagion se répandit bientôt par tout le royaume; il ne s'agissoit pas d'une querelle particulière, c'étoit une antipathie et une haine nationale entre les deux peuples, savoir, les Irlandois catholiques et les Anglois protestants... Voilà l'origine de cette malheureuse guerre qui coûta tant de sang; voilà les causes du soulèvement des Irlandois en 1641, lequel fut suivi d'un horrible massacre. Ma-Geoghegan assure comme une chose certaine qu'il y eut six fois plus de catholiques que de protestants massacrés dans cette occasion : 1° parce que les premiers étoient dispersés dans les campagnes, et par conséquent exposés à la furie d'un ennemi impitoyable, au lieu que les derniers demeuroient pour la plupart dans des villes murées et dans des châteaux qui les mirent à couvert de la fureur d'une populace effrénée; et ceux d'entre eux qui habitoient dans les campagnes se retirèrent au premier bruit dans les villes et places fortes, où ils restèrent pendant la guerre; quelques-uns retournèrent en Angleterre ou en Écosse, de sorte qu'il n'en périt que fort peu, excepté ceux qui avoient été exposés à la première furie des révoltés. Les garnisons angloises, sur ces entrefaites, massacrèrent les gens de la campagne sans distinction d'âge ni de sexe; 2° le nombre des catholiques exécutés à mort par les Cromwelliens pour cause de massacre fut si petit, qu'il étoit impossible qu'ils eussent pu tuer un si prodigieux nombre de protestants [1].

« L'Irlande ayant été réduite, il y fut établi une haute cour de justice pour la recherche des meurtres commis sur les protestants dans le cours de la guerre. On ne put convaincre d'y avoir eu part que cent quarante catholiques, la plupart du bas peuple, quoique leurs ennemis fussent leurs juges et qu'on eût suborné des témoins pour les trouver coupables; et, des cent quarante, plusieurs protestèrent de leur innocence, étant près de périr. S'il eût été question de faire les mêmes recherches contre les protestants et d'admettre les preuves juridiques des catholiques, il est incontestable que, sur dix parlementaires d'Irlande, neuf auroient été trouvés coupables devant un tribunal équitable [2]. »

(*Recherches sur l'Irlande*, par M. Millon, 2 vol. de la traduction du *Voyage d'Arthur Young en Irlande*.)

Ainsi l'on voit que les passions des hommes, des haines et des intérêts souvent très-étrangers à la religion, ont produit les énormités sanglantes qu'on a rejetées sur un culte qui ne prêche que la paix et l'humanité. Que diroit la philosophie si on l'accusoit aujourd'hui d'avoir élevé les échafauds de Robespierre ? N'est-ce pas en empruntant son langage qu'on a égorgé tant de victimes innocentes, comme on a pu abuser du nom de la religion pour commettre des crimes ? Combien ne peut-on pas reprocher d'actes de cruauté et d'intolérance à ces mêmes protestants qui se vantent de pratiquer

---

1. *Ireland's Case.*   2. *Ibid.*

seuls la philosophie du christianisme? Les lois contre les catholiques d'Irlande, appelées lois de découvertes (*laws of discovery*), égalent en oppression et surpassent en immoralité tout ce qu'on a jamais reproché à l'Église romaine.

Par ces lois,

1° Tout le corps des catholiques romains est entièrement désarmé;

2° Ils sont déclarés incapables d'acquérir des terres;

3° Les substitutions sont annulées, et elles sont partagées également entre es enfants;

4° Si un enfant abjure la religion catholique, il hérite de tout le bien, quoiqu'il soit le plus jeune;

5° Si le fils abjure sa religion, le père n'a aucun pouvoir sur son propre bien, mais il perçoit une pension sur ce bien, qui passe à son fils;

6° Aucun catholique ne peut faire un bail pour plus de trente-et-un ans;

7° Si la rente d'un catholique est moins des deux tiers de la valeur du bien, le dénonciateur aura le profit du bail;

8° Les prêtres qui célébreront la messe seront déportés, et s'ils reviennent, pendus;

9° Si un catholique possède un cheval valant plus de cinq livres sterling, il sera confisqué au profit du dénonciateur;

10° Par une disposition du lord Hardwick, les catholiques sont déclarés incapables de prêter de l'argent à hypothèque[1].

Il est bien remarquable que cette loi ne fut portée que cinq ou six ans après la mort du roi Guillaume, c'est-à-dire lorsque tous les troubles d'Irlande étoient apaisés, et lorsque l'Angleterre étoit à son plus haut point de lumière, de civilisation et de prospérité.

Il ne faut pas croire que, même dans ces temps de fermentation où les meilleurs esprits sont quelquefois entraînés dans des excès, il ne faut pas croire que les vrais catholiques approuvassent les fureurs du parti qui se servoit de leur nom. La Saint-Barthélemy trouva des larmes, même à la cour de Médicis, même dans la couche de Charles IX.

« J'ai ouï raconter, dit Brantôme, qu'au massacre de la Saint-Barthélemy la royne Isabelle n'en sachant rien, ni mesme senti le moindre vent du monde, s'en alla coucher à sa mode accoustumée, et ne s'estant esveillée qu'au matin, on lui dit à son réveil le beau mystère qui se jouoit : Hélas! dit-elle, le roy mon mari le sait-il? — Oui, madame, respondit-on : c'est lui-mesme qui le fait faire. — O mon Dieu! s'écria-t-elle, qu'est cecy, et quels conseillers sont ceux-là qui lui ont donné tels advis? Mon Dieu, je te supplie et te requiers de lui vouloir pardonner : car, si tu n'en as pitié, j'ai grand'peur que ceste offense ne lui soit pas pardonnée; et soudain demanda ses Heures, et se mit en oraison, et à prier Dieu la larme à l'œil. Que l'on considère, je vous prie, la bonté et la sagesse de cette royne, de n'approuver point une telle feste ni le jeu qui s'y celebra; encore qu'elle eust grand sujet de désirer la totale extermination et de M. l'amiral et de tous ceux de sa reli-

---

[1]. *Voyage d'Arthur Young.*

gion, d'autant qu'ils estoient contraires du tout à la sienne, qu'elle adoroit et honoroit plus que toute chose au monde, et de l'autre côté, qu'elle voyoit combien ils troubloient l'estat du roy son seigneur et mari. »

(*Mémoires de Brantôme*, t. II, édit. de Leyde, 1599.)

NOTE LVII, PAGE 497.

« Le sommet du Saint-Gothard est une plate-forme de granit, nue, entourée de quelques rochers médiocrement élevés, de formes très-irrégulières, qui arrêtent la vue en tous sens et la bornent à la plus affreuse des solitudes. Trois petits lacs et le triste hospice des Capucins interrompent seuls l'uniformité de ce désert, où l'on ne trouve pas la moindre trace de végétation ; c'est une chose nouvelle et surprenante pour un habitant de la plaine que le silence absolu qui règne sur cette plate-forme : on n'entend pas le moindre murmure ; le vent qui traverse les cieux ne rencontre point ici un feuillage ; seulement, lorsqu'il est impétueux, il gémit d'une manière lugubre contre les pointes de rochers qui le divisent. Ce seroit en vain qu'en gravissant les sommets abordables qui environnent ce désert on espéreroit se transporter par la vue dans des contrées habitables : on ne voit au-dessous de soi qu'un chaos de rochers et de torrents ; on ne distingue au loin que des pointes arides et couvertes de neiges éternelles, perçant le nuage qui flotte sur les vallées et qui les couvre d'un voile souvent impénétrable ; rien de ce qui existe au delà ne parvient aux regards, excepté un ciel d'un bleu noir, qui, descendant bien au-dessous de l'horizon, termine de tous côtés le tableau et semble être une mer immense qui environne cet amas de montagnes.

« Les malheureux Capucins qui habitent l'hospice sont pendant neuf mois de l'année ensevelis dans des neiges qui souvent dans l'espace d'une nuit s'élèvent à la hauteur de leur toit et bouchent toutes les entrées du couvent. Alors il faut se frayer un passage par les fenêtres supérieures, qui servent de portes. On juge que le froid et la faim sont des fléaux auxquels ils sont fréquemment exposés, et que s'il existe des cénobites qui aient droit aux aumônes, ce sont ceux-là. »

NOTE DE LA TRADUCTION DES LETTRES DE COXE SUR LA SUISSE, PAR M. RAMOND.

Les hôpitaux militaires viennent originairement des Bénédictins. Chaque couvent de cet ordre nourrissoit un ancien soldat et lui donnoit une retraite pour le reste de ses jours. Louis XIV, en réunissant ces diverses fondations en une seule, en forma l'Hôtel des Invalides. Ainsi, c'est encore la religion de paix qui a fondé l'asile de nos vieux guerriers.

ET ÉCLAIRCISSEMENTS.

NOTE LVIII, PAGE 525.

Il est très-difficile de donner un relevé exact des colléges et des hôpitaux, parce que les différentes statistiques sont très-incomplètes, et les géographies omettent une foule de détails : les unes donnent la population d'un État sans donner le nombre des villes; les autres comptent les paroisses et oublient les cités. Les cartes surchargées de noms de lieu multiplient les bourgs, les châteaux, les villages. Le grand travail sur les provinces de la France commencé sous Louis XIV n'a point malheureusement été achevé. Les cartes de Cassini, qui seroient d'un grand secours, sont aussi demeurées incomplètes.

Les histoires particulières des provinces négligent en général la statistique, pour parler des anciennes guerres, des barons, des droits de telle ville et de tel bourg. A peine trouvez-vous quelques fondations perdues dans un fatras de choses inutiles. Les historiens ecclésiastiques, à leur tour, se circonscrivent dans leur sujet, et passent rapidement sur les faits d'un intérêt général. Quoi qu'il en soit, au milieu de cette confusion, nous avons tâché de saisir quelques résultats, dont nous allons mettre les tableaux sous les yeux des lecteurs.

EXTRAIT DE LA PARTIE ECCLÉSIASTIQUE DE LA STATISTIQUE DE M. DE BEAUFORT.

FRANCE.

18 Archevêchés.
117 Évêchés.
11 Évêques pour les missions, etc.
16 Chefs d'Ordres ou Congrégations.
366,000 Ecclésiastiques.
34,498 Paroisses.
4,644 Annexes.
800 Chapitres et Collégiales.
36 Académies.
24 Universités.

ÉTATS HÉRÉDITAIRES D'AUTRICHE.

5 Archevêchés.
15 Évêchés.
6 Universités.
6 Colléges.

GRAND-DUCHÉ DE TOSCANE.

3 Archevêchés.
2 Évêchés.
2 Universités.

RUSSIE.

30 Archevêchés et Évêchés grecs.
68,000 Ecclésiastiques.
18,319 Paroisses-Cathédrales.
4 Universités.

ESPAGNE.

8 Archevêchés.
15 Évêchés.
117 Églises.
19,683 Paroisses.
27 Universités.

ANGLETERRE.

2 Archevêchés.
25 Évêchés.
9,684 Paroisses.

IRLANDE.

4 Archevêchés.
19 Évêchés.
44 Doyennés.
2,293 Paroisses.

ÉCOSSE.

13 Synodes.
98 Presbytères.
938 Paroisses.

PRUSSE.

4 Chapitres.
2 Couvents d'hommes, dont un luthérien.
1 Évêque catholique.
1 Cathédrale.
6 Universités.

PORTUGAL.

1 Patriarche.
5 Archevêques.
19 Évêques.
3,343 Paroisses.
2 Universités.

LES DEUX SICILES. — NAPLES.

23 Archevêchés.
145 Évêchés.

SICILE.

3 Archevêchés.
4 Universités.
Les couvents sont tenus d'avoir des écoles gratuites.

SARDAIGNE.

3 Archevêchés.
26 Évêchés.
50 Abbayes.
7 Universités.

ÉTAT ECCLÉSIASTIQUE.

3 Archevêchés.
5 Évêchés.

SUÈDE.

1 Archevêché.
14 Évêchés.
2,538 Paroisses.
1,381 Pastorats.
3 Universités.
10 Colléges.

DANEMARK.

12 Évêchés.
2 Universités.

POLOGNE.

3 Archevêchés.
6 Évêchés.
4 Universités.

VENISE.

1 Patriarcat.
4 Archevêques.
31 Évêques.
1 Université à Padoue.

HOLLANDE.

6 Universités et plusieurs sociétés littéraires, beaucoup de monastères catholiques des deux sexes.

SUISSE.

4 Évêques suffragants de l'Archev. de Besançon.
1 Université à Bâle.

PALATINAT DE BAVIÈRE.

Plusieurs Académies.
1 Archevêché.
4 Évêchés.
2 Universités.
1 Académie des sciences.

SAXE.

1 Chapitre catholique.
3 Couvents de filles.
3 Universités.
5 Colléges presbytériens.
1 Académie des sciences.

HANOVRE.

750 Paroisses luthériennes.
14 Communautés.
1 Collégiale catholique.

1 Couvent et plusieurs autres églises.
L'Université de Gœttingue.

WURTEMBERG.

Le Consistoire luthérien.
14 Prélatures ou abbayes.

1 Université et plusieurs Colléges.

LANDGRAVIAT DE HESSE-CASSEL.

2 Universités.
1 Académie des sciences.

On voit qu'il n'est pas question des hôpitaux et des fondations de charité dans ce tableau. Le mot de *collége* y est employé vaguement et dans un sens collectif. On sent bien, par exemple, qu'il y a plus de six colléges dans les États héréditaires d'Autriche, et que l'auteur a voulu désigner seulement des espèces d'Universités inférieures à celles qui portent ordinairement ce nom.

En faisant le dépouillement de l'ouvrage du frère Hélyot, nous avons trouvé le résultat suivant pour les chefs-lieux d'hôpitaux en Europe :

Religieux de Saint-Antoine de Viennois. Chefs-lieux d'hôpitaux.

En France........................	5
En Italie.........................	4
En Allemagne...................	4
Religieux non réformés de cet ordre........................	»
Hôpitaux inconnus.............	»

Chanoines réguliers de l'hôpital de Roncevaux.

Roncevaux......................	1
Ortie.............................	1
Plusieurs hôpitaux indépendants, inconnus.....................	»

Ordre du Saint-Esprit de Montpellier.

Rome.............................	2
Bergerac........................	1
Troyes...........................	1
Plusieurs inconnus.............	»

RELIGIEUX PORTE-CROIX.

MONASTÈRES-HÔPITAUX.

En Italie........................	200
En France.......................	7
A reporter......	226

Report........	226
En Allemagne...................	9
En Bohême.....................	15

Chanoines et Chanoinesses de Saint-Jacques-de-l'Épée.

En Espagne....................	20

Religieuses Hospitalières, ordre de Saint-Augustin.

Hôtel-Dieu à Paris.............	1
Saint-Louis.....................	1
Moulins.........................	1

Frères de la Charité de Saint-Jean-de-Dieu.

Espagne et Italie...............	18
France...........................	24

Religieuses Hospitalières de la Charité de N.-D.

France...........................	12

Religieuses Hospitalières de Loches.

France...........................	18
Italie............................	12
A reporter......	357

Report	357

Religieuses Hospitalières de l'ordre de Saint-Jean-de-Jérusalem en France.

Beaulieu	1
Sieux	1

Dames de la Charité, fondées par saint Vincent-de-Paul.

France, Pologne et Pays-Bas	280
Dirigent de plus à Paris l'hôpital du nom de Jésus, devenu l'hôpital général	1
Les deux maisons des Enfants-Trouvés	2
Le Séminaire vis-à-vis de Saint-Lazare	»
L'Hôtel des Invalides	1
Les Incurables	1
Les Petites-Maisons	1

Filles Hospitalières de Sainte-Marthe, en France.

Beaune	1
Châlons	1
Dijon	1
Langres	1
Plusieurs autres en Bourgogne, inconnus	»

Chanoinesses Hospitalières en France.

Sainte-Catherine, à Paris	1
Saint-Gervais, *ibid*	1

Filles-Dieu.

Paris, rue Saint-Denis	1
Orléans	1

Filles Hospitalières en France.

Beauvais	1
Noyon	1
Abbeville	1
Amiens	1
Pontoise	1
A reporter	658

Report	658
Cambrai	3
Menin	1

Tiers ordre de Saint-François-les-Bons-Fieux.

Armentières	1
Lille	1
Dunkerque	1
Bergue	1
Ypres	1

Sœurs-Grises.

Chefs-lieux d'hôpitaux	23

Brugelettes et Frères Infirmiers, Minimes, en Espagne.

Burgos	1
Guadalaxara	1
Murcie, Nazara	1
Belmonte	1
Tolède	1
Talavera	1
Pampelune	1
Saragosse	1
Valladolid	1
Medina del Campo	1
Lisbonne	2
Evora	1
Malines, en France	1

Filles Hospitalières de Saint-Thomas-de-Villeneuve, en France.

En Bretagne	13
A Paris	1

Filles de Saint-Joseph.

Belley	1
Lyon	1
Grenoble	1
Embrun	1
Gap	1
Sisteron	1
Viviers	1
Uzès	1

Filles de Miramion.

Paris	3
Total des hôpitaux dans les chefs-lieux d'hôpitaux	720

sœur *hospitalière* veille aux besoins du soldat mourant, ici la sœur *grise* cherche l'infortune dans les réduits les plus secrets, non loin les sœurs *de la Miséricorde* reçoivent dans leurs bras la fille prostituée, avec des paroles qui lui laissent le repentir et lui permettent l'espérance. La piété fonde les hospices, dote les colléges, dirige avec gloire tous les travaux de l'éducation ; protège dans les monastères les arts qui fuient devant les barbares ; conserve et explique les vieux manuscrits dépositaires de tout le génie des anciens, sans lesquels nous serions si peu de chose ; parcourt l'Europe en versant les bienfaits ; défriche partout les terres arides, et, en multipliant les moissons, multiplie enfin le peuple des campagnes. Mais voici un plus grand spectacle. Du fond de leurs cellules des hommes intrépides volent à de saintes conquêtes. Ils courent à travers tous les dangers jusqu'aux extrémités de la terre, et se la partagent pour *gagner des âmes*, c'est-à-dire pour civiliser des hommes. Les uns s'exposent aux feux des bûchers parmi les hordes errantes du Canada ; leurs vertus subjuguent les Barbares et maintiennent après un siècle, dans ces contrées qui ont passé sous le joug de l'Angleterre, le respect et l'amour du nom françois. Ceux-ci descendent sur les sables où fut Carthage, pour redemander à un peuple féroce des captifs qu'ils n'ont jamais vus, mais qu'ils regardent comme leurs frères ; ils ont même quelquefois poussé l'héroïsme jusqu'à prendre la place du prisonnier que leurs dons ne suffisoient pas à racheter. Ces héros d'une espèce toute nouvelle poussent encore plus loin, s'il est possible, l'enthousiasme de l'humanité. Ils s'enferment dans des bagnes infects ; ils veillent près du lit des pestiférés et s'exposent mille fois à mourir pour consoler des mourants. Enfin, les miracles des anciennes législations se renouvellent, et le génie de Lycurgue et de Numa semble être redescendu, après trois mille ans, dans les bois du Paraguay.

Je ne puis me refuser encore au plaisir de citer quelques fragments sur les missions des Jésuites dans ce pays, qu'ils gouvernèrent avec tant de gloire.

« Arrivés à *Buenos-Ayres*, etc. (Voyez p. 449).

Il n'est pas besoin de faire sentir le charme et la nouveauté de ces peintures, mais il est bon d'observer qu'à l'égard du gouvernement paternel des Jésuites le défenseur du christianisme ne dit rien que Montesquieu ne confirme et que Raynal, dans ces derniers temps, n'ait été contraint d'avouer. Je rapporterai les propres mots de ce dernier :

« Lorsqu'en 1768 les missions du Paraguay sortirent des mains des Jésuites, elles étoient arrivées à un point de civilisation le plus grand peut-être où on puisse conduire les nations nouvelles. On y observoit les lois. Il y régnoit une police exacte. Les mœurs y étoient pures. Une heureuse fraternité y unissoit tous les cœurs. Tous les arts de nécessité y étoient perfectionnés ; on en connoissoit plusieurs d'agréables. L'abondance y étoit universelle, etc., etc.[1] »

En développant l'influence des vertus du christianisme sur les sociétés qu'il a renouvelées, l'auteur s'est aperçu que cette religion a plus ou moins imprimé son génie dans toutes les littératures modernes, et qu'elle y a porté de nouvelles richesses, dont on peut faire encore un heureux emploi. Cette observation a fait naître une espèce de poétique chrétienne, qui peut être considérée comme la seconde partie de cet ouvrage ; mais il y a tant de points de vue à saisir et tant de questions délicates à traiter dans un pareil sujet, qu'on en rendra compte une autre fois.

Le christianisme a donné de nouveaux freins et de nouveaux aiguillons au cœur humain. C'est sous ce point de vue que l'auteur envisage dans les arts, et surtout dans la poésie des peuples modernes, les effets de toutes les passions. Lui-même a voulu peindre leur vague et leur inconstance dans le cœur d'un jeune homme qu'il appelle *René*, et qui ne sait où fixer ses inquiétudes. Ce roman est compris dans les études poétiques de la dernière partie. On y retrouve tout le talent qu'on aime dans *Atala*. On parlera des études poétiques dans un second extrait de cet ouvrage, qui paroît avec tant d'éclat et sous de si heureux auspices.

SECOND EXTRAIT[2].

Quand un talent original paroît pour la première fois, il jette toujours un grand éclat. Ses ennemis ne sont point encore rassemblés, et leur voix ne peut imposer silence à l'enthousiasme. Mais quand ce même talent agrandi se développe dans une composition plus vaste et plus difficile, ses juges deviennent plus sévères et ses succès sont plus disputés : c'est que la haine a eu le temps de prendre ses mesures et de protester contre l'admiration publique. Tous les écrivains faits pour obtenir la gloire sont condamnés à cette épreuve nécessaire, qui doit plus les enorgueillir que les décourager : ils doivent surtout s'attendre à de longs combats, s'ils ont attaqué le système d'une fac-

---

1. *Histoire philosophique des Deux Indes*, t. IV, p. 323, édition de 1780.
2. Ce second extrait ne parut qu'après les critiques de la *Décade philosophique*.
(*Note des Éditeurs.*)

tion dominante : car on leur fait expier alors, et la supériorité de leur talent, et l'audace de leurs opinions.

Ces remarques s'appliquent naturellement à l'auteur du *Génie du Christianisme*. Les beautés d'*Atala*, son premier essai, ont été vivement senties. La sévérité des censeurs, en relevant avec amertume quelques défauts si faciles à corriger, n'a pu affoiblir l'effet de cette production d'un genre tout nouveau. La critique a donc réuni tous ses efforts contre le second ouvrage du même écrivain, et cette fois elle a pu se promettre quelques avantages, puisqu'elle a pour auxiliaires toutes les opinions anti-religieuses de ce xviiie siècle, qui d'un bout de l'Europe à l'autre, et surtout au milieu de la France, a déchaîné tant d'ennemis contre le christianisme.

On a d'abord attaqué le plan suivi par l'auteur.

Plusieurs de ceux qui n'avoient jamais jugé nos dogmes religieux que sur les bouffonneries du *docteur Zapata et des aumôniers du roi de Prusse*[1], ont tout à coup changé de langage. Ils ne contestent plus à la doctrine et aux pompes de l'Église romaine leurs effets touchants et sublimes; ils conviennent que l'éloquence et la poésie en peuvent tirer de puissantes émotions et de riches tableaux. Mais, après cet aveu remarquable, quelques-uns, prenant le ton d'un zèle au moins équivoque, ajoutent qu'il ne faut pas développer avec trop d'éclat les beautés poétiques du christianisme, de peur d'ôter à ses dogmes et à sa morale leur importance et leur gravité. Ils affectent de craindre que l'imagination ne répande à la fois ses enchantements et ses erreurs sur une doctrine qui doit édifier plutôt que plaire.

Parmi ces critiques, il est sans doute quelques hommes vraiment pieux et de bonne foi : c'est à eux surtout qu'il faut répondre. J'ose croire que leur sévérité sera désarmée après quelques réflexions que je leur soumets.

Les arguments théologiques, les savantes controverses, les instructions édifiantes, pouvoient suffire à des siècles éminemment religieux. Des traités austères, tels que ceux de *Nicole* et d'*Abbadie*, étoient lus avec empressement par les mêmes hommes qui goûtoient le mieux le génie et les grâces de Racine et de La Fontaine, leurs contemporains. Alors, dans les cercles de la ville et parmi les intrigues de la cour, dans le sénat et dans l'armée, on agitoit les mêmes questions que dans l'Église. Il ne faut point s'en étonner : la religion chrétienne à cette époque sembloit à tous l'objet le plus important. Le petit nombre de ceux qui osoient l'attaquer dans ses premières bases n'obtenoit que

---

1. Voyez la collection des *Œuvres de Voltaire* et sa *Bible expliquée*, etc.

le mépris ou l'horreur. Le nom du Dieu qui l'avoit fondée imprimoit une égale vénération à toutes les sectes rivales dont elle étoit la mère, et qui combattoient dans son sein. Ces sectes, divisées sur quelques points, s'accordoient sur les dogmes fondamentaux. Leurs disputes avoient, en conséquence, ce caractère et ces mouvements passionnés que mettent toujours dans leurs débats les membres d'une famille divisée. Rappelez-vous en effet les anecdotes de ces jours célèbres; voyez dans le palais de la duchesse de Longueville les redoutables chefs de Port-Royal méditer de nouvelles attaques contre les Jésuites rassemblés à Versailles, sous la protection du Père Lachaise. La France étoit attentive à ces querelles, et se décidoit pour l'un ou pour l'autre parti. Apprenoit-on que le ministre Claude et l'évêque de Meaux étoient en présence, on contemploit avec curiosité l'approche des deux athlètes, et tous les cœurs s'intéressoient au dénoûment du combat; car la renommée publioit que le prix du vainqueur devoit être la conversion de quelques personnages fameux. Le salut de Turenne (on parloit ainsi dans ce temps-là), le salut de Turenne étoit attaché peut-être à cette grande conférence; et ne sait-on pas que la dévotion de cet illustre capitaine devint aussi fameuse que sa valeur, et que ses soldats racontoient ses actes de piété comme ses victoires?

Mais ce n'étoit pas seulement au sein de la France que les esprits étoient si fort émus par ces spectacles et ces luttes théologiques : ce goût étoit celui de l'Europe entière. Leibnitz et Newton, dignes tous deux de se disputer les plus belles découvertes de la géométrie moderne, s'honoroient d'inscrire leur nom parmi ceux des défenseurs du christianisme. Leibnitz en vouloit réunir toutes les communions; Newton, en éclairant les ténèbres de la chronologie, confirmoit celle de Moïse. Si, par exemple, on voyoit paroître un livre tel que l'*Histoire des Variations*, toute la république chrétienne étoit émue. Rome jetoit des cris d'admiration et de joie, tandis que des bords de la Tamise et du fond des marais de la Hollande on entendoit s'élever les clameurs injurieuses du calvinisme qui se débattoit sans cesse sous les foudres de Bossuet et qui en étoit sans cesse écrasé.

Aujourd'hui les plus effrayantes catastrophes nous trouvent insensibles; on foule indifféremment les débris des trônes et des empires : alors les ruines d'un monastère qu'avoient illustré le nom de Pascal et les vertus de quelques filles pieuses excitoient un attendrissement universel. Que dis-je? la peur de déplaire à Louis XIV n'empêchoit point ses favoris de plaindre et d'honorer le docteur Arnauld, exilé par son ordre. Racine et Boileau, tout courtisans qu'on les suppose, adressoient des vers et des éloges à cet illustre opprimé, et même ils osoient les lire devant le monarque, dont la grande âme pardonnoit cette noble franchise. Ainsi les plus petits événements, quand ils tenoient au christianisme, avoient quelque chose de respectable et de sacré. L'esprit de la religion étoit partout, dans l'État et dans la famille, dans le cœur et dans les discours, dans toutes les affaires sérieuses et jusque dans les jeux domestiques. En voulez-vous de nombreux exemples? parcourez les *Lettres de madame de Sévigné*.

Cette femme illustre vit dans sa terre des *Rochers*, au fond de la Bretagne et loin de tout ce qu'elle aime. Elle veut échapper à l'ennui de la solitude et retrouver dans ses lectures le charme des sociétés de Paris. Eh bien! quels sont les ouvrages que son goût préfère? Elle choisit les *Essais de Morale* de Nicole. Elle a pour lecteur son fils, qui revient de l'armée. Ce jeune homme, dont l'esprit et les grâces s'étoient fait remarquer de *Ninon*, juge très-bien le janséniste *Nicole*; et dans ces soirées studieuses qu'il passe à côté de la plus aimable des mères, il oublie les séductions de cette *Champmeslé* qu'il avoit aimée et dont la voix étoit, dit-on, aussi tendre que les vers du poëte qui fut son maître. Observez bien que Mme de Sévigné, dans toutes ses lettres à sa fille, parle avec admiration des *Essais de Morale*, et qu'en écrivant à *Pauline*, sa petite-fille, elle répète avec cette expression vive et heureuse qui lui appartient : « *Si vous n'aimez pas ces solides lectures, votre goût aura toujours les pâles couleurs.* » Dans une autre occasion, elle se trouve à *Baville*, chez le président *de Lamoignon*, au milieu de la société la plus polie et la plus éclairée. Quel est celui qu'elle distingue dans ce choix de la bonne compagnie du plus brillant de tous les siècles? *Un homme d'un esprit charmant et d'une facilité fort aimable.* Je rapporte ses propres expressions. Mais devinez quel est cet homme? C'est le Père *Bourdaloue*.

Certes, quand les traités de *Nicole* et les conversations de *Bourdaloue* font les délices des femmes les plus renommées par leur esprit et par leur beauté, les apologistes du christianisme n'ont pas besoin de relever son prix et son éclat aux yeux de l'imagination : il est facile d'attirer l'attention et le respect, dès qu'on parle d'une doctrine qui fait le fond habituel des pensées et des sentiments de tout un peuple. Mais quand cette doctrine, en proie aux dérisions d'un siècle entier, perd la plus grande partie de son influence, il faut pour la rétablir apprendre d'abord au vulgaire que ce qu'on lui peignit comme ridicule est plein de charme et de majesté. Quand on défigura la religion sous tant d'indignes travestissements, on doit venger sa beauté méconnue et l'offrir à l'admiration. Lorsqu'on ne cessa de montrer le christianisme comme un culte inepte et barbare, qui a longtemps abruti les peuples, n'est-il pas juste de prouver que les peuples lui doivent les plus beaux développements de la civilisation?

C'est la tâche importante que M. de Chateaubriand s'est imposée. Il a su la remplir avec gloire. Le genre de ses adversaires a déterminé le choix de ses armes. Fort de son talent et de sa cause, il rend à l'incrédulité tous ses dédains, et lui reproche surtout d'avoir affoibli les facultés de l'esprit humain, qu'elle se vante d'avoir agrandies. « Il y a eu, dit-il, dans notre âge, etc. » (Voyez p. 351).

C'est ainsi que le talent de l'auteur est profondément empreint à chaque page de son livre. Ce talent est reconnu de ceux qui le jugent avec le plus de rigueur; mais, en s'appesantissant sur les défauts qu'on remarque dans quelques phrases, ils ont passé bien légèrement sur les beautés qui éclatent dans des livres entiers. Quand le pinceau est si neuf et si abondant, on pardonne des traits superflus, incorrects ou trop hardis. Que de fois, et surtout dans la quatrième partie, l'expression égale la grandeur du sujet! C'est là qu'elle est touchante comme les bienfaits du christianisme et riche comme ses merveilles. Au reste, cette quatrième partie a réuni tous les suffrages, et dans toutes les autres on trouve un grand nombre de morceaux du même éclat. On a déjà cité dans le premier extrait plusieurs descriptions du culte romain. Ces fragments suffisent pour justifier nos éloges. Il reste à faire connoître la partie critique de l'ouvrage, où l'auteur a opposé les chefs-d'œuvre littéraires des siècles chrétiens à ceux de l'antiquité païenne et le génie des Grecs à celui des Hébreux. Je choisis le parallèle des beautés d'Homère et de la Bible. Ce rapprochement fut indiqué plus d'une fois par des hommes pieux; le grave Fleury lui-même, dans son savant ouvrage sur *les Mœurs des Israélites*, semble retrouver quelquefois les crayons d'Homère et la grâce naïve des scènes de l'*Odyssée*. Aussi Fénelon aimoit-il beaucoup ce livre de Fleury. M. de Chateaubriand, à son tour, me paroît avoir saisi des rapports nouveaux dans ces deux monuments du premier âge. Voici comme il les juge :

« Nos termes de comparaison, etc. » (Voyez p. 267 et suiv.).

Il y a dans ces remarques, si je ne me trompe, un mélange d'imagination, de sentiment et de finesse qu'il est bien rare de trouver dans les poétiques les plus vantées. Les vues critiques de l'auteur, dans d'autres chapitres encore, me paroissent avoir les plus féconds résultats et la plus piquante nouveauté. Il prouve très-bien que le christianisme, en perfectionnant les idées morales, fournit à la poésie moderne une espèce de *beau idéal* que ne pouvoient connoître les anciens. Je crois qu'à beaucoup d'égards son opinion est fondée.

Pour se convaincre qu'Hélyot ne parle ici que des chefs-lieux des hôpitaux desservis par les différents ordres monastiques, il suffit de remarquer qu'aucune capitale, excepté Paris, n'est nommée dans ce tableau, et qu'il y a telle métropole qui contient jusqu'à vingt et trente hospices. Ces maisons centrales des ordres hospitaliers ont étendu des branches autour d'elles, et ces branches ne sont indiquées dans la plupart des auteurs que par des *etc.*

Il est presque impossible de rien dire de certain sur le nombre des colléges en Europe : les auteurs en parlent à peine. On voit seulement que les religieux de Saint-Basile en Espagne n'ont pas moins de quatre colléges par province; que toutes les congrégations bénédictines enseignoient; que les *provinces* des Jésuites embrassoient toute l'Europe ; que les Universités avoient des multitudes d'écoles et de colléges dépendants, etc.; et quand, d'après les statistiques des divers temps, nous avons avancé que le christianisme enseignoit 300,000 élèves, nous sommes certainement resté au-dessous de la vérité.

C'est d'après le calcul suivant, tiré des diverses géographies, et en particulier de celle de Guthrie, que nous avons donné 3,294 villes en Europe, en accordant à chacune de ces villes un hôpital.

	Villes.		Villes.
Norvège....................	20	*Report*........	1,283
Danemark propre.............	31	Toscane.....................	22
Suède.......................	75	États de l'Église.............	36
Russie d'Europe.............	83	Royaume de Naples...........	60
Écosse......................	103	Royaume de Sicile............	17
Angleterre..................	552	Corse et autres îles...........	21
Irlande.....................	39	France, en y comprenant son nouveau territoire.................	960
Espagne.....................	208	Prusse.....................	30
Portugal....................	51	Pologne.....................	40
Piémont.....................	37	Hongrie.....................	67
République Italique..........	43	Transylvanie.................	8
République de Saint-Marin.....	1	Gallicie.....................	16
États Vénitiens et duché de Parme.	23	République Helvétique.........	91
République Ligurienne.........	15	Allemagne...................	643
République de Lucques.........	2		
A reporter......	1,283		3,294

NOTE LIX, PAGE 530.

C'est cette corruption de l'empire romain qui a attiré du fond de leurs déserts les barbares, qui, sans connoître la mission qu'ils avoient de détruire, s'étoient appelés par instinct le fléau de Dieu.

Salvien, prêtre de Marseille [1], qu'on a appelé *le Jérémie du cinquième siècle,*

1. Il paroit certain, d'après les lettres qui nous restent de Salvien, qu'il étoit de Trèves, et d'une des premières familles de cette ville. A l'époque de l'invasion des

écrivit ses livres de *la Providence* [1] pour prouver à ses contemporains qu'ils avoient tort d'accuser le ciel et qu'ils méritoient tous les malheurs dont ils étoient accablés.

« Quel châtiment, dit-il, ne mérite pas le corps de l'empire, dont une partie outrage Dieu par le débordement de ses mœurs, et l'autre joint l'erreur aux plus honteux excès?

« Pour ce qui est des mœurs, pouvons-nous le disputer aux Goths et aux Vandales? Et, pour commencer par la reine des vertus, la charité, tous les barbares, au moins de la même nation, s'aiment réciproquement, au lieu que les Romains s'entre-déchirent... Aussi voit-on tous les jours des sujets de l'empire aller chercher chez les barbares un asile contre l'inhumanité des Romains. Malgré la différence de mœurs, la diversité du langage, et, si j'ose le dire, malgré l'odeur infecte qu'exhalent le corps et les habits de ces peuples étrangers [2], ils prennent le parti de vivre avec eux et de se soumettre à leur domination, plutôt que de se voir continuellement exposés aux injustes et tyranniques violences de leurs compatriotes.

« ... Nous ne gardons aucune des lois de l'équité, et nous trouvons mauvais que Dieu nous rende justice. En quel pays du monde voit-on des désordres pareils à ceux qui règnent aujourd'hui parmi le Romains? Les Francs ne donnent pas dans cet excès; les Huns en ignorent la pratique; il ne se passe rien de semblable ni chez les Vandales ni chez les Goths... Que dire davantage? Les richesses d'autrefois nous ont échappé des mains, et, réduits à la dernière misère, nous ne pensons qu'à de vains amusements. La pauvreté range enfin les prodigues à la raison, et corrige les débauchés; mais pour nous, nous sommes des prodigues et des débauchés d'une espèce toute particulière : la disette n'empêche pas nos désordres.

« ... Qui le croiroit? Carthage est investie, déjà les barbares en battent les murailles; on n'entend autour de cette malheureuse ville que le bruit des armes, et durant ce temps-là des habitants de Carthage sont au cirque, tout occupés à goûter le plaisir insensé de voir s'entr'égorger des athlètes en fureur; d'autres sont au théâtre, et là ils se repaissent d'infamies. Tandis qu'on égorge leurs concitoyens hors de la ville, ils se livrent au dedans à la dissolution... Le bruit des combattants et des applaudissements du cirque, les tristes accents des mourants et les clameurs insensées des spectateurs se mêlent ensemble; et dans cette étrange confusion, à peine peut-on distinguer

---

barbares, il alla s'établir à l'autre extrémité des Gaules avec sa femme, Palladie, et sa fille, Auspiciole : il se fixa à Marseille, où il perdit son épouse, et se fit prêtre. Saint Hilaire d'Arles, son contemporain, le qualifioit d'*homme excellent* et de *très-heureux serviteur de Jésus-Christ*.

1. *De Gubernatione Dei et de justo Dei præsentique judicio.*
2. *Et quamvis ab his ad quos confugiunt discrepent ritu, discrepent lingua, ipso etiam, ut ita dicam, corporum atque induviarum barbaricarum fetore dissentiant, malunt tamen in barbaria pati cultum dissimilem quam in Romanis injustitiam sævientem.* (*De Gub. Dei,* lib. v.)

les cris lugubres des malheureuses victimes qu'on immole sur le champ de bataille d'avec les huées dont le reste du peuple fait retentir les amphithéâtres. N'est-ce pas là forcer Dieu et le contraindre à punir? Peut-être ce Dieu de bonté vouloit-il suspendre l'effet de sa juste indignation, et Carthage lui a fait violence pour l'obliger à la perdre sans ressource.

« Mais à quoi bon chercher si loin des exemples? N'avons-nous pas vu, dans les Gaules, presque tous les hommes les plus élevés en dignité devenir, par l'adversité, pires qu'ils n'étoient auparavant? N'ai-je pas vu moi-même la noblesse la plus distinguée de Trèves, quoique ruinée de fond en comble, dans un état plus déplorable par rapport aux mœurs que par rapport aux biens de la vie? car il leur restoit encore quelque chose des débris de leur fortune, au lieu qu'il ne leur restoit plus rien des mœurs chrétiennes[1].

« ... N'est-ce pas la destinée des peuples soumis à l'empire romain de prier plutôt que de se corriger? Il faut qu'ils cessent d'être pour cesser d'être vicieux. En faut-il d'autres preuves que l'exemple de la capitale des Gaules[2]? Ruinée jusqu'à trois fois de fond en comble, n'est-elle pas plus débordée que jamais? J'ai vu moi-même, pénétré d'horreur, la terre jonchée de corps morts. J'ai vu les cadavres nus, déchirés, exposés aux oiseaux et aux chiens : l'air en étoit infecté, et la mort s'exhaloit, pour ainsi dire, de la mort même. Qu'arriva-t-il pourtant? O prodige de folie, et qui pourroit se l'imaginer! une partie de la noblesse, sauvée des ruines de Trèves, pour remédier au mal, demanda aux empereurs d'y rétablir les jeux du cirque...

« ... Pense-t-on au cirque quand on est menacé de la servitude? ne songe-t-on qu'à rire quand on n'attend que le coup de la mort?... Ne diroit-on pas que tous les sujets de l'empire ont mangé de cette espèce de poison qui fait rire et qui tue? Ils vont rendre l'âme, et ils rient! Aussi nos ris sont-ils partout suivis de larmes, et nous sentons dès à présent la vérité de ces paroles du Sauveur : *Malheur à vous qui riez, car vous pleurerez!* » (Luc, VI, 25.)   (*De la Providence*, l. V, VI et VII.)

Le cardinal Bellarmin fait remarquer que le zèle de Salvien pour la réformation des mœurs lui avoit fait trop généraliser la peinture qu'il fait des vices de son siècle. Tillemont fait une observation semblable : il dit que la corruption ne pouvoit pas être si universelle dans un temps où il y avoit encore tant de saints évêques. Le livre de Salvien parut en 439. Douze ans auparavant saint Augustin avoit publié, sur le même sujet, son grand ouvrage de

---

1. *Sed quid ego loquor de longe positis et quasi in alio orbe submotis, cum sciam etiam in solo patrio atque in civitatibus Gallicanis omnes fere præcelsiores viros calamitatibus suis factos fuisse pejores? Vidi siquidem ego ipse Treveros domi nobiles, dignitate sublimes, licet jam spoliatos atque vastatos, minus tamen eversos rebus fuisse quam moribus. Quamvis etiam depopulatis jam atque nudatis aliquid supererat de substantia, nihil tamen de disciplina.* (*De Gub. Dei*, lib. VI, in-8°, ed. tert., cum notis Baluz. p. 139.)

2. Trèves. Cette ville étoit la résidence du préfet des Gaules, et les empereurs y faisoient leur séjour ordinaire quand ils s'arrêtoient dans les provinces en deçà du Rhin et des Alpes.

la *Cité de Dieu*, qu'il avoit commencé en 413, après la prise de Rome par Alaric. A la profondeur des pensées, à la parfaite justesse des vues, on reconnoît dans ce livre le plus beau génie de l'antiquité chrétienne.

Les païens attribuoient les malheurs de l'empire à l'abandon du culte des dieux, et les chrétiens foibles ou corrompus en prenoient occasion d'accuser la Providence. Saint Augustin remplit le double objet de répondre aux reproches des uns, d'éclairer et de consoler les autres. Il montre aux païens, en parcourant l'histoire depuis la ruine de Troie, que les anciens empires, comme ceux des Assyriens et des Égyptiens, avoient péri, quoiqu'ils n'eussent pas cessé d'être fidèles au culte des dieux; il rappelle particulièrement aux Romains ce que leurs pères avoient souffert lors de l'incendie de Rome par les Gaulois, pendant la seconde guerre Punique, et surtout du temps des proscriptions de Marius et de Sylla. Il fait voir que ce dernier avoit été bien plus cruel que les Goths; que ceux-ci avoient du moins épargné tous ceux qui s'étoient réfugiés dans les basiliques des apôtres et les tombeaux des martyrs, protection qu'on n'avoit jamais vue, dans toute l'antiquité, procurée par les temples des dieux, et qu'ainsi, en accusant la religion chrétienne, ils se rendoient encore coupables d'ingratitude. Il leur dit ensuite que leur perte avoit pour principe la corruption de leurs mœurs, dont il fait remonter l'époque à la construction du premier amphithéâtre, que Scipion Nasica voulut en vain empêcher; corruption que Salluste a peinte avec tant de force, et qui faisoit dire à Cicéron, dans son traité de *la République*[1], écrit soixante ans avant Jésus-Christ, qu'*il comptoit l'État de Rome comme déjà ruiné par la chute des anciennes mœurs.*

Saint Augustin dit aux chrétiens que les gens de bien commettent toujours beaucoup de fautes ici-bas qui méritent des punitions temporelles, mais que les vrais disciples de Jésus-Christ ne regardoient pas comme des maux la perte des biens, l'exil, la captivité, ni la mort même, et qu'ils n'espéroient le bonheur que dans la *cité* du ciel, qui est leur véritable patrie.

Cet ouvrage n'est que le développement de la fameuse lettre que le saint docteur avoit écrite, lors de la prise de Rome, au tribun Marcellin, secrétaire impérial en Afrique. Peu de temps après, ce même Marcellin fut calomnieusement accusé d'être entré dans une conspiration contre l'empereur, et il fut condamné à perdre la tête, ainsi que son frère Appringius. Comme ils étoient ensemble en prison, Appringius dit un jour à Marcellin : « Si je souffre ceci pour mes péchés, vous dont je connois la vie si chrétienne, comment l'avez-vous mérité ? — Quand ma vie, dit Marcellin, seroit telle que vous le dites, *croyez-vous que Dieu me fasse une petite grâce de punir ici mes péchés et de ne les pas réserver au jugement futur*[2] ? »   (*Note de l'Éditeur.*)

---

1. Fragment conservé dans la *Cité de Dieu*, liv. II, chap. XXI.
2. *Parvumne, inquit, mihi existimas conferri divinitus beneficium (si tamen hoc testimonium tuum de vita mea verum est), ut quod patior, etiamsi usque ad effusionem sanguinis patiar, ibi peccata mea puniantur, nec mihi ad futurum judicium reserventur?* (S. Aug., *ad Cæcilianum*, ep. CLI.)

NOTE LX, page 709.

Il est curieux de voir comment un Faidyt traite un Fénelon dans sa *Télémacomanie* : « S'il faut juger du Télémaque, dit-il, par le feu et l'ardeur avec laquelle ce livre est recherché, c'est le plus excellent de tous les livres. Jamais on ne tira tant d'exemplaires d'aucun ouvrage, jamais on ne fit tant d'éditions d'un même livre, jamais écrit n'a été lu par tant de gens. Mais, comme les fées du jeune Perrault, et les pasquinades de Le Noble, et les mamans-joies de madame Demurat, et les comédies d'Arlequin, ou le théâtre Italien, qui sont certainement des livres fort méprisables, ont été lus et courus par plus de gens et réimprimés plus de fois que Télémaque, il faut compter pour peu de chose l'avidité avec laquelle il a été recherché, etc... Le profond respect que j'ai pour le caractère et pour le mérite personnel de M. de Cambrai me fait rougir de honte pour lui d'apprendre qu'un tel ouvrage soit parti de sa plume et que de la même main dont il offre tous les jours sur l'autel au Dieu vivant le calice adorable qui contient le sang de Jésus-Christ, le prix de la rédemption de l'univers, il ait présenté à boire à ces mêmes âmes qui en ont été rachetées la coupe du vin empoisonné de la prostituée de Babylone... Je n'ai presque vu autre chose dans les premiers tomes du *Télémaque* de M. de Cambrai que des peintures vives et naturelles de la beauté des nymphes et des naïades, et de celle de leur parure et de leur ajustement, de leur danse, de leurs chansons, de leurs jeux, de leurs divertissements, de leur chasse, de leurs intrigues à se faire aimer, et de la bonne grâce avec laquelle elles nagent toutes nues aux yeux d'un jeune homme pour l'enflammer. La grotte enchantée de Calypso, la troupe galante des jeunes filles qui l'accompagnent partout, leur étude à plaire, leur application à se parer, les soins assidus et officieux qu'elles rendent au beau Télémaque, les discours que leur maîtresse, encore plus amoureuse qu'elles, lui tient, les charmes de la jeune Eucharis, les avances qu'elle fait à son amoureux, les rendez-vous dans un bois, les tête-à-tête sur l'herbe, les parties de chasse, les festins, le bon vin et le précieux nectar dont elles enivrent leur hôte, la descente de Vénus dans un char doré et léger, traîné par des colombes, accompagnée de son petit Amour; enfin la description de l'île de Chypre et des plaisirs de toutes les sortes qui sont permis en ce charmant pays, aussi bien que les fréquents exemples de toute la jeunesse, qui, sous l'autorité des lois et sans le moindre obstacle de la pudeur, s'y livre impunément à toutes sortes de voluptés et de dissolutions, occupent une bonne partie du premier et du second tome du roman de votre prélat, Madame.. Est-il possible que M. de Cambrai, qui est si éclairé, n'ait pas prévu tant de funestes suites qui proviendront de son livre?... A quoi peuvent servir après cela toutes les belles instructions de morale et de vertu chrétienne et évangélique que M. de Cambrai fait donner par Mentor à son Télémaque? N'est-ce pas mêler Dieu avec le démon, Jésus-Christ avec Bélial, la lumière avec les ténèbres, comme dit saint Paul, et faire un mélange ridicule et monstrueux de la religion chrétienne avec la païenne, et des idoles avec la divinité ? » (*Télémacomanie, ou la censure et critique du roman intitulé Les Aventures, etc.*, 1 vol. in-12 de 500 pages, édit. de 1700, pag. 1-2-3-6-461-462.) On voit que dans tous les temps les dénonciations et les insinuations odieuses ont fait une partie essentielle de l'art de certains critiques. Le reste de la *Télémacomanie* est du même ton. Faidyt *prouve* que Fénelon ne sait pas sa langue, qu'il est d'une ignorance profonde en histoire, qu'il fait toujours, par exemple, Idoménée petit-fils de Minos, fils de Jupiter, tandis qu'il n'étoit que son arrière-petit-fils; il *montre* que l'archevêque de Cambrai n'entend pas Homère, que son roman (qui est un chef-d'œuvre de composition) est pitoyablement composé, notamment le dénoûment, que lui, Faidyt, trouve ridicule, etc., etc. Encore ce misérable, qui avoit aussi insulté Bossuet et l'avoit appelé l'âne de Balaam, se défend-il d'être l'auteur d'une *critique brutale et séditieuse*, qui avoit paru depuis quelque temps contre le *Télémaque*; il est fort scandalisé qu'on lui attribue *cet infâme libelle* : il vouloit parler apparemment de la *critique générale du Télémaque*, de Gueudeville. Il faut convenir qu'on a peu le droit de se plaindre de la rigueur de la censure lorsqu'on voit de pareilles insultes prodiguées à des ouvrages dont le temps a consacré la beauté; mais il faut convenir aussi que ces critiques sont des refuges dangereux pour l'amour-propre des auteurs modernes, et qu'elles offrent trop de consolation à la médiocrité.

NOTE LXI, page 711.

Epist. *ad Magnum*. Il nomme, avec son érudition accoutumée, tous les auteurs qui ont défendu la religion et les mystères par des idées philosophiques, en commençant à saint Paul, qui cite des vers de Ménandre [1] et d'Épiménide [2], jusqu'au prêtre Juvencus, qui, sous le règne de Constantin, écrivit en vers l'histoire de Jésus-Christ, « sans craindre, ajoute saint Jérôme, que la poésie diminuât quelque chose de la majesté de l'Évangile [3]. »

NOTE LXII, page 712.

Le passage grec est formel :

Ὁ μὲν γὰρ εὐθὺς, γραμματικὸς ἅτε, τὴν τέχνην γραμματικὴν χριστιανικῷ, τύπῳ συνέταττε· τά τε Μωϋσέως βιβλία διὰ τοῦ ἡρωϊκοῦ λεγομένου μέτρου μετέβαλε, καὶ ὅσα κατὰ τὴν παλαιὰν διαθήκην ἐν ἱστορίας τύπῳ συγγέγραπται· καὶ τοῦτο μὲν τῷ δακτυλικῷ μέτρῳ συνέταττε· τοῦτο δὲ καὶ τῷ τῆς τραγῳδίας τύπῳ δραματικῶς ἐξειργάζετο· καὶ παντὶ μέτρῳ ῥυθμικῷ ἐχρῆτο, ὅπως ἂν μηδεὶς τρόπος τῆς ἑλληνικῆς γλώττης τοῖς Χριστιανοῖς ἀνήκοος ᾖ· Ὁ δὲ νεώτερος Ἀπολλινάριος, εὖ πρὸς τὸ λέγειν παρεσκευασμένος, τὰ Εὐαγγέλια καὶ τὰ ἀποστολικὰ δόγματα ἐν τύπῳ διαλόγων ἐξέθετο, κατὰ καὶ Πλάτων παρ' Ἕλλησιν.

1. *Cor.*, xv, 33.   2. *Tit.*, i, 12.   3. *Epist. ad Magn.*, *loc. cit.*

(Socrat., lib. III, c. XVI, p. 154, *ex editione Valesii.* Paris., ann. 1686.) Sozomène, qui attribue tout au fils, dit qu'il fit l'histoire des Juifs, jusqu'à Saül, en vingt-quatre poëmes, qu'il marqua des vingt-quatre lettres grecques de l'alphabet, comme Homère; qu'il imita Ménandre par des comédies, Euripide par des tragédies, et Pindare par des odes, prenant le sujet de ces ouvrages dans l'Écriture Sainte. Les chrétiens chantoient souvent ses vers au lieu des hymnes sacrés, car il avoit composé des chansons pieuses de toutes les sortes pour les jours de fête ou de travail. Il adressa à Julien même et aux philosophes de ce temps un discours intitulé : *De la Vérité*, et dans lequel il défendoit le christianisme par des raisons purement humaines.

Voici le texte :

Ἡνίκα δὴ Ἀπολλινάριος οὗτος εἰς καιρὸν τῇ πολυμαθίᾳ καὶ τῇ φύσει χρησάμενος, ἀντὶ μὲν τῆς Ὁμήρου ποιήσεως, ἐν ἔπεσιν ἡρῴοις τὴν ἑβραϊκὴν ἀρχαιολογίαν συνεγράψατο μέχρι τῆς τοῦ Σαοὺλ βασιλείας, καὶ εἰς εἰκοσιτέσσαρα μέρη τὴν πᾶσαν γραμματείαν διεῖλεν, ἑκάστῳ τόμῳ προσηγορίαν θέμενος ὁμώνυμον τοῖς παρ' Ἕλλησι στοιχείοις κατὰ τὸν τούτων ἀριθμὸν καὶ τὴν τάξιν. Ἐπραγματεύσατο δὲ καὶ τοῖς Μενάνδρου δράμασιν εἰκασμένας κωμῳδίας· καὶ τὴν Εὐριπίδου τραγῳδίαν, καὶ τὴν Πινδάρου λύραν ἐμιμήσατο. Et ailleurs : Ἄνδρες τε παρὰ τοὺς πότους καὶ ἐν ἔργοις, καὶ γυναῖκες παρὰ τοὺς ἱστοὺς τὰ αὐτοῦ μέλη ἔψαλλον. (Soz., lib. V, c. XVIII, p. 506; lib. VI, c. XXV, p. 545, *ex editione Valesii.* Paris, ann. 1686. *Voy.* aussi Fleury, *Hist. eccl.*, t. IV, liv. XV, p. 12; Paris, 1724; et Tillemont, *Mémoires eccl.*, tom. VII, art. 6, p. 12, et art. 17, p. 634; Paris, 1706.) Un laïque, nommé Origène, publia de son côté quelques traités en faveur de la religion, et saint Amphiloque écrivit en vers à Séleucus pour l'engager à étudier à la fois les belles-lettres et les mystères de la religion. (Saint Basil., ép. 384, p. 377; saint Jean Damasc., p. 190.)

NOTE LXIII, PAGE 712.

Fleury, *Hist. eccl.*, t. IV, liv. XIX, p. 557. La philosophie a été *scandalisée* de la manière *philosophique*, morale et même poétique, dont l'auteur a parlé des mystères, sans faire attention que beaucoup de Pères de l'Église en ont eux-mêmes parlé ainsi, et qu'il n'a fait que répéter les raisonnements de ces grands hommes. Origène avoit écrit neuf livres de *Stromates*, où il confirmoit, dit saint Jérôme, tous les dogmes de notre religion par l'autorité de Platon, d'Aristote, de Numénius et de Cornutus (*Epist. ad Magn.*). Saint Grégoire de Nysse mêle la philosophie à la théologie, et se sert des raisons des philosophes dans l'explication des mystères; il suit Platon et Aristote pour les principes et Origène pour l'allégorie. Qu'auroient donc dit les critiques si l'auteur avoit fait, comme saint Grégoire de Nazianze, des espèces de stances sur la grâce, le libre arbitre, l'invocation des Saints, la Trinité, le Saint-Esprit, la présence réelle, etc.? Le poëme soixante-dixième, composé en vers hexamètres et intitulé *Les Secrets de saint Grégoire*, contient, dans huit chapitres, tout ce que la théologie a de plus sublime et de plus important. Saint Grégoire a chanté jusqu'à la primauté de l'Église de Rome :

Τούτων δὲ πίστις, ἡ μὲν ἦν ἐκ πλείονος,
Καὶ νῦν ἔτ' ἐστὶν εὔδρομος, τὴν ἑσπέραν
Πᾶσαν δέουσα τῷ σωτηρίῳ λόγῳ,
Καθὼς δίκαιον τὴν πρόεδρον τῶν ὅλων,
Ὅλην σέβουσαν τὴν Θεοῦ συμφωνίαν.

Fides vetustæ recta erat jam antiquitus,
Et recta perstat nunc item nexu pio,
Quodcumque labens sol videt devinciens :
Ut universi præsidem mundi decet,
Totam colit quæ Numinis concordiam.

« De toute antiquité la foi de Rome a été droite, et elle persiste dans cette droiture, cette Rome qui lie par la parole du salut (τῷ σωτηρίῳ λόγῳ, *salutari verbo*, et non pas *nexu pio*) tout ce qu'éclaire le soleil couchant, comme il convenoit à cette Église, qui occupe le premier rang entre les Églises du monde et qui révère la parfaite union qui subsiste en Dieu. » Voilà certes des sujets assez sérieux mis en vers par un évêque. L'auteur du *Génie du Christianisme* n'a parlé que des beaux effets de la religion employée dans la poésie : saint Grégoire de Nazianze va bien plus loin, car il ose faire de véritables allégories sur des sujets pieux. Rollin nous donne aussi le précis d'un poëme de ce Père : « Un songe qu'eut saint Grégoire dans sa plus tendre jeunesse, et dont il nous a laissé en vers une élégante description, contribua beaucoup à lui inspirer de tels sentiments (des sentiments d'innocence). Pendant qu'il dormoit, il crut voir deux vierges de même âge et d'une égale beauté, vêtues d'une manière modeste et sans aucune de ces parures que recherchent les personnes du siècle. Elles avoient les yeux baissés en terre et le visage couvert d'un voile qui n'empêchoit pas qu'on entrevît la rougeur que répandoit sur leurs joues une pudeur virginale. Leur vue, ajoute le saint, me remplit de joie, car elles me paroissoient avoir quelque chose au-dessus de l'humain. Elles, de leur côté, m'embrassèrent et me caressèrent comme un enfant qu'elles aimoient tendrement ; et quand je leur demandai qui elles étoient, elles me dirent, l'une qu'elle étoit *la pureté*, et l'autre *la continence*, toutes deux les compagnes de Jésus-Christ, et les amies de ceux qui renoncent au mariage pour mener une vie céleste ; elles m'exhortoient d'unir mon cœur et mon esprit au leur, afin que, m'ayant rempli de l'éclat de la virginité, elles pussent se présenter devant la lumière de la Trinité immortelle. Après ces paroles, elles s'envolèrent au ciel, et mes yeux les suivirent le plus loin qu'ils purent. » (*Traité des Études*, t. IV, p. 674.) A l'exemple de ce grand saint, Fénelon lui-même, dans son *Éducation des Filles*, a fait des descriptions charmantes des sacrements. Il veut que pour instruire les enfants on choisisse dans les histoires (de la religion) « tout ce qui en donne les images les plus riantes et les plus magnifiques, parce qu'il faut employer tout pour faire en sorte que les enfants trouvent la religion belle, aimable et auguste, au lieu qu'ils se la représentent d'ordinaire comme quelque chose de triste et de languissant. » Tant d'exemples, tant d'autorités fameuses ont-ils été ignorés des critiques ?

NOTE LXIV, PAGE 712.

On sait que Sannazar a fait dans ce poëme un mélange ridicule de la fable et de la religion. Cependant il fut honoré pour ce poëme de deux brefs des papes Léon X et Clément VII ; ce qui prouve que l'Église a été dans tous les temps plus indulgente que la philosophie moderne, et que la charité chrétienne aime mieux juger un ouvrage par le bien que par le mal qui s'y trouve. La traduction de *Théagène et Chariclée* valut à Amyot l'abbaye de Bellozane.

NOTE LXV, PAGE 717.

They are extremely fond of grapes, and will climb to the top of the highest trees in quest of them. *Carver's Travels through the interior parts of north America,* p. 443, *third edition. London, 1784.*

The bear in America is considered no as a fierce, carnivorous, but as an useful animal ; it feeds in Florida upon grapes. *John Bartram, Description of east Flor., third edition. London, 1760.*

« Il aime surtout (l'ours) le raisin ; et comme toutes les forêts sont remplies de vignes qui s'élèvent jusqu'à la cime des plus hauts arbres, il ne fait aucune difficulté d'y grimper. » CHARLEVOIX, *Voyage dans l'Amérique septentrionale*, t. IV, lettre 44, p. 175, édit. de Paris, 1744. Imley dit en propres termes que les ours s'enivrent de raisin (*intoxicated with grapes*), et qu'on profite de cette circonstance pour les prendre à la chasse. C'est d'ailleurs un fait connu de toute l'Amérique.

Quand on trouve dans un auteur une circonstance extraordinaire qui ne fait pas beauté en elle-même et qui ne sert qu'à donner la ressemblance au tableau, si cet auteur a d'ailleurs montré quelque sens commun, il seroit naturel de supposer qu'il n'a pas inventé cette circonstance et qu'il ne fait que rapporter une chose réelle, bien qu'elle soit peu connue. Rien n'empêche qu'on ne trouve *Atala* une méchante production ; mais du moins la nature américaine y est peinte avec la plus scrupuleuse exactitude. C'est une justice que lui rendent tous les voyageurs qui ont visité la Louisiane et les Florides. Je connois deux traductions angloises d'*Atala* ; elles sont parvenues toutes deux en Amérique ; les papiers publics ont annoncé en outre une troisième traduction, publiée à Philadelphie avec succès. Si les tableaux de cette histoire eussent manqué de vérité, auroient-ils réussi chez un peuple qui pouvoit dire à chaque pas : Ce ne sont pas là nos fleuves, nos montagnes, nos forêts ? Atala est retournée au désert, et il semble que sa patrie l'a reconnue pour véritable enfant de la solitude.

FIN DES NOTES ET ÉCLAIRCISSEMENTS.

DÉFENSE
DU
GÉNIE DU CHRISTIANISME[1].

Il n'y a peut-être qu'une réponse noble pour un auteur attaqué, le silence : c'est le plus sûr moyen de s'honorer dans l'opinion publique.

Si un livre est bon, la critique tombe ; s'il est mauvais, l'apologie ne le justifie pas.

Convaincu de ces vérités, l'auteur du *Génie du Christianisme* s'étoit promis de ne jamais répondre aux critiques : jusqu'à présent il avoit tenu sa résolution.

Il a supporté sans orgueil et sans découragement les éloges et les insultes : les premiers sont souvent prodigués à la médiocrité, les secondes au mérite.

Il a vu avec indifférence certains critiques passer de l'injure à la calomnie, soit qu'ils aient pris le silence de l'auteur pour du mépris, soit qu'ils n'aient pu lui pardonner l'offense qu'ils lui avoient faite en vain.

Les honnêtes gens vont donc demander pourquoi l'auteur rompt le silence, pourquoi il s'écarte de la règle qu'il s'étoit prescrite ?

Parce qu'il est visible que, sous prétexte d'attaquer l'auteur, on veut maintenant anéantir le peu de bien qu'a pu faire l'ouvrage.

Parce que ce n'est ni sa personne ni ses talents, vrais ou supposés, que l'auteur va défendre, mais le livre lui-même ; et ce livre, il ne le défendra pas comme ouvrage *littéraire*, mais comme ouvrage *religieux*.

Le *Génie du Christianisme* a été reçu du public avec quelque indul-

---

1. On sent bien que les critiques dont il est question dans la *Défense* ne sont pas *ceux* qui ont mis de la décence ou de la bonne foi dans leurs censures : à ceux-là je ne dois que des remercîments.

gence. A ce symptôme d'un changement dans l'opinion, l'esprit de sophisme s'est alarmé ; il a cru voir s'approcher le terme de sa trop longue faveur. Il a eu recours à toutes les armes ; il a pris tous les déguisements, jusqu'à se couvrir du manteau de la religion pour frapper un livre écrit en faveur de cette religion même.

Il n'est donc plus permis à l'auteur de se taire. Le même esprit qui lui a inspiré son livre le force aujourd'hui à le défendre. Il est assez clair que les critiques dont il est question dans cette défense n'ont pas été de bonne foi dans leur censure : ils ont feint de se méprendre sur le but de l'ouvrage ; ils ont crié à la profanation ; ils se sont donné garde de voir que l'auteur ne parloit de la grandeur, de la beauté, de la poésie même du christianisme, que parce qu'on ne parloit depuis cinquante ans que de la petitesse, du ridicule et de la barbarie de cette religion. Quand il aura développé les raisons qui lui ont fait entreprendre son ouvrage, quand il aura désigné l'espèce de lecteurs à qui cet ouvrage est particulièrement adressé, il espère qu'on cessera de méconnoître ses intentions et l'objet de son travail. L'auteur ne croit pas pouvoir donner une plus grande preuve de son dévouement à la cause qu'il a défendue qu'en répondant aujourd'hui à des critiques, malgré la répugnance qu'il s'est toujours sentie pour ces controverses.

Il va considérer le *sujet*, le *plan* et les *détails* du *Génie du Christianisme*.

SUJET DE L'OUVRAGE.

On a d'abord demandé si l'auteur avoit le droit de faire cet ouvrage.

Cette question est sérieuse ou dérisoire. Si elle est sérieuse, le critique ne se montre pas fort instruit de son sujet.

Qui ne sait que dans les temps difficiles tout chrétien est prêtre et confesseur de Jésus-Christ[1] ? La plupart des apologies de la religion chrétienne ont été écrites par des laïques. Aristide, saint Justin, Minucius Félix, Arnobe et Lactance étoient-ils prêtres ? Il est probable que saint Prosper ne fut jamais engagé dans l'état ecclésiastique ; cependant il défendit la foi contre les erreurs des semi-pélagiens : l'Église cite tous les jours ses ouvrages à l'appui de sa doctrine. Quand Nestorius débita son hérésie, il fut combattu par Eusèbe, depuis évêque de Dorylée, mais qui n'étoit alors qu'un simple avocat. Origène n'avoit point encore reçu les ordres lorsqu'il expliqua l'Écriture dans la Pales-

---

1. S. Hieron., *Dial. c. Lucif.*

tine, à la sollicitation même des prélats de cette province. Démétrius, évêque d'Alexandrie, qui étoit jaloux d'Origène, se plaignit de ses discours comme d'une nouveauté. Alexandre, évêque de Jérusalem, et Théoctiste de Césarée, répondirent « que c'étoit une coutume ancienne et générale dans l'Église de voir des évêques se servir indifféremment de ceux qui avoient de la piété et quelque talent pour la parole ». Tous les siècles offrent les mêmes exemples. Quand Pascal entreprit sa sublime apologie du christianisme; quand La Bruyère écrivit si éloquemment contre les *esprits forts*; quand Leibnitz défendit les principaux dogmes de la foi; quand Newton donna son explication d'un livre saint; quand Montesquieu fit ses beaux chapitres de l'*Esprit des Lois* en faveur du culte évangélique, a-t-on demandé s'ils étoient prêtres? Des poëtes même ont mêlé leur voix à la voix de ces puissants apologistes, et le fils de Racine a défendu en vers harmonieux la religion qui avoit inspiré *Athalie* à son père.

Mais si jamais de simples laïques ont dû prendre en main cette cause sacrée, c'est sans doute dans l'espèce d'apologie que l'auteur du *Génie du Christianisme* a embrassée; genre de défense que commandoit impérieusement le genre d'attaque, et qui (vu l'esprit des temps) étoit peut-être le seul dont on pût se promettre quelque succès. En effet, une pareille apologie ne devoit être entreprise que par un laïque. Un ecclésiastique n'auroit pu, sans blesser toutes les convenances, considérer la religion dans ses rapports purement humains, et lire, pour les réfuter, tant de satires calomnieuses, de libelles impies et de romans obscènes.

Disons la vérité : les critiques qui ont fait cette objection en connoissoient bien la frivolité, mais ils espéroient s'opposer par cette voie détournée aux bons effets qui pouvoient résulter du livre. Ils vouloient faire naître des doutes sur la compétence de l'auteur, afin de diviser l'opinion et d'effrayer des personnes simples qui peuvent se laisser tromper à l'apparente bonne foi d'une critique. Que les consciences timorées se rassurent, ou plutôt qu'elles examinent bien avant de s'alarmer si ces censeurs scrupuleux qui accusent l'auteur de *porter la main à l'encensoir*, qui montrent une si grande tendresse, de si vives inquiétudes pour la religion, ne seroient point des hommes connus par leur mépris ou leur indifférence pour elle. Quelle dérision ! *Tales sunt hominum mentes*.

La seconde objection que l'on fait au *Génie du Christianisme* a le même but que la première, mais elle est plus dangereuse, parce qu'elle tend à confondre toutes les idées, à obscurcir une chose fort claire, et surtout à faire prendre le change au lecteur sur le véritable objet du livre.

Les mêmes critiques, toujours zélés pour la prospérité de la religion, disent :

« On ne doit pas parler de la religion sous les rapports purement humains, ni considérer ses beautés littéraires et poétiques. C'est nuire à la religion même, c'est en ravaler la dignité, c'est toucher au voile du sanctuaire, c'est profaner l'arche sainte, etc., etc. Pourquoi l'auteur ne s'est-il pas contenté d'employer les raisonnements de la théologie? Pourquoi ne s'est-il pas servi de cette logique sévère qui ne met que des idées saines dans la tête des enfants, confirme dans la foi le chrétien édifie le prêtre, et satisfait le docteur? »

Cette objection est, pour ainsi dire, la seule que fassent les critiques; elle est la base de toutes leurs censures, soit qu'ils parlent du *sujet*, du *plan* ou des *détails* de l'ouvrage. Ils ne veulent jamais entrer dans l'esprit de l'auteur, en sorte qu'il peut leur dire : « On croiroit que le critique a juré de n'être jamais au fait de l'état de la question et de n'entendre pas un seul des passages qu'il attaque[1]. »

Toute la force de l'argument, quant à la *dernière partie* de l'objection, se réduit à ceci :

« L'auteur a voulu considérer le christianisme dans ses relations avec la poésie, les beaux-arts, l'éloquence, la littérature; il a voulu montrer en outre tout ce que les hommes doivent à cette religion sous les rapports moraux, civils et politiques. Avec un tel projet, il n'a pas fait un livre de théologie; il n'a pas défendu ce qu'il ne vouloit pas défendre; il ne s'est pas adressé à des lecteurs auxquels il ne vouloit pas s'adresser : donc il est coupable d'*avoir fait* précisément ce qu'*il vouloit faire*. »

Mais en supposant que l'auteur ait atteint *son but*, devoit-il chercher ce *but*?

Ceci ramène la *première partie* de l'objection, tant de fois répétée, qu'*il ne faut pas envisager la religion sous le rapport de ses simples beautés humaines, morales, poétiques : c'est en ravaler la dignité*, etc., etc.

L'auteur va tâcher d'éclaircir ce point principal de la question dans les paragraphes suivants.

I. D'abord l'auteur n'*attaque* pas, il *défend* ; il n'a pas *cherché* le but, le but lui a été offert : ceci change d'un seul coup l'état de la question et fait tomber la critique. L'auteur ne vient pas vanter de

---

[1]. MONTESQUIEU, *Défense de l'Esprit des Lois.*

propos délibéré une religion chérie, admirée et respectée de tous, mais une religion haïe, méprisée et couverte de ridicule par les sophistes. Il n'y a pas de doute que le *Génie du Christianisme* eût été un ouvrage fort déplacé au siècle de Louis XIV, et le critique qui observe que Massillon n'eût pas publié une pareille apologie a dit une grande vérité. Certes, l'auteur n'auroit jamais songé à écrire son livre s'il n'eût existé des poëmes, des romans, des livres de toutes les sortes où le christianisme est exposé à la dérision des lecteurs. Mais puisque ces poëmes, ces romans existent, il est nécessaire d'arracher la religion aux sarcasmes de l'impiété; mais puisqu'on a dit et écrit de toutes parts que le christianisme est *barbare, ridicule, ennemi des arts et du génie,* il est essentiel de prouver qu'il n'est ni barbare, ni ridicule, ni ennemi des arts et du génie, et que ce qui semble petit, ignoble, de mauvais goût, sans charmes et sans tendresse sous la plume du scandale, peut être grand, noble, simple, dramatique et divin sous la plume de l'homme religieux.

II. S'il n'est pas permis de défendre la religion sous le rapport de sa beauté, pour ainsi dire, humaine; si l'on ne doit pas faire ses efforts pour empêcher le ridicule de s'attacher à ses institutions sublimes, il y aura donc toujours un côté de cette religion qui restera à découvert? Là tous les coups seront portés; là vous serez surpris sans défense, vous périrez par là. N'est-ce pas ce qui a déjà pensé vous arriver? N'est-ce pas avec des grotesques et des plaisanteries que Voltaire est parvenu à ébranler les bases mêmes de la foi? Répondrez-vous par de la théologie et des syllogismes à des contes licencieux et à des folies? Des argumentations en forme empêcheront-elles un monde frivole d'être séduit par des vers piquants ou écarté des autels par la crainte du ridicule? Ignorez-vous que chez la nation françoise un bon mot, une impiété d'un tour agréable, *felix culpa,* ont plus de pouvoir que des volumes de raisonnement et de métaphysique? Persuadez à la jeunesse qu'un honnête homme peut être chrétien sans être un sot; ôtez-lui de l'esprit qu'il n'y a que des capucins et des imbéciles qui puissent croire à la religion, votre cause sera bientôt gagnée : il sera temps alors, pour achever la victoire, de vous présenter avec des raisons théologiques; mais commencez par vous faire lire. Ce dont vous avez besoin d'abord, c'est d'un ouvrage religieux qui soit pour ainsi dire populaire. Vous voudriez conduire votre malade d'un seul trait au haut d'une montagne escarpée, et il peut à peine marcher! Montrez-lui donc à chaque pas des objets variés et agréables; permettez-lui de s'arrêter pour cueillir les fleurs qui s'offriront sur sa route, et de repos en repos il arrivera au sommet.

III. L'auteur n'a pas écrit seulement son apologie pour les *écoliers*, pour les *chrétiens*, pour les *prêtres*, pour les *docteurs*[1] : il l'a écrite surtout pour les *gens de lettres* et pour le *monde*; c'est ce qui a été dit plus haut, c'est ce qui est impliqué dans les deux derniers paragraphes. Si l'on ne part point de cette base, que l'on feigne toujours de méconnoître la classe de lecteurs à qui le *Génie du Christianisme* est particulièrement adressé, il est assez clair qu'on ne doit rien comprendre à l'ouvrage. Cet ouvrage a été fait pour être lu de l'homme de lettres le plus incrédule, du jeune homme le plus léger, avec la même facilité que le premier feuillette un livre impie, le second un roman dangereux. Vous voulez donc, s'écrient ces rigoristes si bien intentionnés pour la religion chrétienne, vous voulez donc faire de la religion une chose de mode? Hé! plût à Dieu qu'elle fût à la mode, cette divine religion, dans ce sens que la mode est l'opinion du monde! Cela favoriseroit peut-être, il est vrai, quelques hypocrisies particulières; mais il est certain, d'une autre part, que la morale publique y gagneroit. Le riche ne mettroit plus son amour-propre à corrompre le pauvre, le maître à pervertir le domestique, le père à donner des leçons d'athéisme à ses enfants; la pratique du culte mèneroit à la croyance du dogme, et l'on verroit renaître, avec la piété, le siècle des mœurs et des vertus.

IV. Voltaire, en attaquant le christianisme, connoissoit trop bien les hommes pour ne pas chercher à s'emparer de cette opinion qu'on appelle l'*opinion du monde*; aussi employa-t-il tous ses talents à faire une espèce de *bon ton* de l'impiété. Il y réussit en rendant la religion ridicule aux yeux des gens frivoles. C'est ce ridicule que l'auteur du *Génie du Christianisme* a cherché à effacer; c'est le but de tout son travail, le but qu'il ne faut jamais perdre de vue si l'on veut juger son ouvrage avec impartialité. Mais l'auteur l'a-t-il effacé, ce ridicule? Ce n'est pas là la question. Il faut demander : A-t-il fait tous ses efforts pour l'effacer? Sachez-lui gré de ce qu'il a entrepris, non de ce qu'il a exécuté. *Permitte divis cætera*. Il ne défend rien de son livre, hors l'idée qui en fait la base. Considérer le christianisme dans ses rapports avec les sociétés humaines; montrer quel changement il a apporté dans la raison et les passions de l'homme, comment il

---

1. Et pourtant ce ne sont ni les vrais chrétiens, ni les docteurs de Sorbonne, mais les *philosophes* (comme nous l'avons déjà dit), qui se montrent si *scrupuleux* sur l'ouvrage : c'est ce qu'il ne faut pas oublier. (*Note de l'Auteur.*)

a civilisé les peuples gothiques, comment il a modifié le génie des arts et des lettres, comment il a dirigé l'esprit et les mœurs des nations modernes, en un mot, découvrir tout ce que cette religion a de merveilleux dans ses relations poétiques, morales, politiques, historiques, etc., cela semblera toujours à l'auteur un des plus beaux sujets d'ouvrage que l'on puisse imaginer. Quant à la manière dont il a exécuté son ouvrage, il l'abandonne à la critique.

V. Mais ce n'est pas ici le lieu d'affecter une modestie, toujours suspecte chez les auteurs modernes, qui ne trompe personne. La cause est trop grande, l'intérêt trop pressant, pour ne pas s'élever au-dessus de toutes les considérations de convenance et de respect humain. Or, si l'auteur compte le nombre des suffrages et l'autorité de ces suffrages, il ne peut se persuader qu'il ait tout à fait manqué le but de son livre. Qu'on prenne un tableau impie, qu'on le place auprès d'un tableau religieux composé sur le même sujet et tiré du *Génie du Christianisme,* on ose avancer que ce dernier tableau, tout imparfait qu'il puisse être, affoiblira le dangereux effet du premier : tant a de force la simple vérité rapprochée du plus brillant mensonge ! Voltaire, par exemple, s'est souvent moqué des religieux : eh bien, mettez auprès de ses burlesques peintures le morceau des Missions, celui où l'on peint les ordres des Hospitaliers secourant le voyageur dans les déserts, le chapitre où l'on voit des moines se consacrant aux hôpitaux, assistant les pestiférés dans les bagnes ou accompagnant le criminel à l'échafaud : quelle ironie ne sera pas désarmée, quel sourire ne se convertira pas en larmes ? Répondez aux reproches d'ignorance que l'on fait au culte des chrétiens par les travaux immenses de ces religieux, qui ont sauvé les manuscrits de l'antiquité ; répondez aux accusations de mauvais goût et de barbarie par les ouvrages de Bossuet et de Fénelon ; opposez aux caricatures des saints et des anges les effets sublimes du christianisme dans la partie dramatique de la poésie, dans l'éloquence et les beaux-arts, et dites si l'impression du ridicule pourra longtemps subsister. Quand l'auteur n'auroit fait que mettre à l'aise l'amour-propre des gens du monde, quand il n'auroit eu que le succès de dérouler sous les yeux d'un siècle incrédule une série de tableaux religieux, sans dégoûter ce siècle, il croiroit encore n'avoir pas été inutile à la cause de la religion.

VI. Pressés par cette vérité, qu'ils ont trop d'esprit pour ne pas sentir, et qui fait peut-être le motif secret de leurs alarmes, les critiques ont recours à un autre subterfuge ; ils disent : « Eh ! qui vous nie que le christianisme, comme toute autre religion, n'ait des beautés

poétiques et morales, que ses cérémonies ne soient pompeuses, etc.? »
Qui le nie? Vous, vous-mêmes qui naguère encore faisiez des choses
saintes l'objet de vos moqueries ; vous qui, ne pouvant plus vous
refuser à l'évidence des preuves, n'avez d'autre ressource que de dire
que personne n'attaque ce que l'auteur défend. Vous avouez maintenant qu'il y a des choses excellentes dans les institutions monastiques ; vous vous attendrissez sur les moines du Saint-Bernard, sur
les missionnaires du Paraguay, sur les filles de la Charité ; vous
confessez que les idées religieuses sont nécessaires aux effets dramatiques ; que la morale de l'Évangile, en opposant une barrière aux passions, en a tout à la fois épuré la flamme et redoublé l'énergie ;
vous reconnoissez que le christianisme a sauvé les lettres et les arts
de l'inondation des barbares, que lui seul vous a transmis la langue
et les écrits de Rome et de la Grèce, qu'il a fondé vos colléges,
bâti ou embelli vos cités, modéré le despotisme de vos gouvernements, rédigé vos lois civiles, adouci vos lois criminelles, policé et
même défriché l'Europe moderne : conveniez-vous de tout cela avant
la publication d'un ouvrage, très-imparfait sans doute, mais qui pourtant a rassemblé sous un seul point de vue ces importantes vérités?

VII. On a déjà fait remarquer la tendre sollicitude des critiques
pour la pureté de la religion : on devoit donc s'attendre qu'ils se for-
maliseroient des deux épisodes que l'auteur a introduits dans son
livre. Cette délicatesse des critiques rentre dans la grande objection
qu'ils ont fait valoir contre tout l'ouvrage, et elle se détruit par la
réponse générale que l'on vient de faire à cette objection. Encore
une fois, l'auteur a dû combattre des poëmes et des romans impies
avec des poëmes et des romans pieux ; il s'est couvert des mêmes
armes dont il voyoit l'ennemi revêtu : c'étoit une conséquence naturelle et nécessaire du genre d'apologie qu'il avoit choisi. Il a cherché
à donner l'exemple avec le précepte : dans la partie théorique de son
ouvrage, il avoit dit que la religion embellit notre existence, corrige
les passions sans les éteindre, jette un intérêt singulier sur tous les
sujets où elle est employée ; il avoit dit que sa doctrine et son culte
se mêlent merveilleusement aux émotions du cœur et aux scènes de
la nature, qu'elle est enfin la seule ressource dans les grands malheurs de la vie : il ne suffisoit pas d'avancer tout cela, il falloit
encore le prouver. C'est ce que l'auteur a essayé de faire dans les
deux épisodes de son livre. Ces épisodes étoient, en outre, une
amorce préparée à l'espèce de lecteurs pour qui l'ouvrage est spécialement écrit. L'auteur avoit-il donc si mal connu le cœur humain,
lorsqu'il a tendu ce piége innocent aux incrédules? Et n'est-il pas

probable que tel lecteur n'eût jamais ouvert le *Génie du Christianisme* s'il n'y avoit cherché *René* et *Atala*[1]?

> Sa che la corre il mondo, ove più versi
> Delle sue dolcezze il lusinghier Parnaso,
> E che'l vero, condito in molli versi,
> I più schivi alettando, ha persuaso.

VIII. Tout ce qu'un critique impartial, qui veut entrer dans l'esprit de l'ouvrage, étoit en droit d'exiger de l'auteur, c'est que les épisodes de cet ouvrage eussent une tendance visible à faire aimer la religion et à en démontrer l'utilité. Or, la nécessité des cloîtres pour certains malheurs de la vie, et ceux-là même qui sont les plus grands, la puissance d'une religion qui peut seule fermer des plaies que tous les baumes de la terre ne sauroient guérir, ne sont-elles pas invinciblement prouvées dans l'histoire de René? L'auteur y combat, en outre, le travers particulier des jeunes gens du siècle, le travers qui mène directement au suicide. C'est J.-J. Rousseau qui introduisit le premier parmi nous ces rêveries si désastreuses et si coupables. En s'isolant des hommes, en s'abandonnant à ses songes, il a fait croire à une foule de jeunes gens qu'il est beau de se jeter ainsi dans le *vague* de la vie. Le roman de *Werther* a développé depuis ce germe de poison. L'auteur du *Génie du Christianisme*, obligé de faire entrer dans le cadre de son apologie quelques tableaux pour l'imagination, a voulu dénoncer cette espèce de vice nouveau et peindre les funestes conséquences de l'amour outré de la solitude. Les couvents offroient autrefois des retraites à ces âmes contemplatives que la nature appelle impérieusement aux méditations. Elles y trouvoient auprès de Dieu de quoi remplir le vide qu'elles sentent en elles-mêmes et souvent l'occasion d'exercer de rares et sublimes vertus. Mais depuis la destruction des monastères et les progrès de l'incrédulité, on doit s'attendre à voir se multiplier au milieu de la société (comme il est arrivé en Angleterre) des espèces de solitaires tout à la fois passionnés et philosophes, qui, ne pouvant ni renoncer aux vices du siècle ni aimer ce siècle, prendront la haine des hommes pour de l'élévation de génie, renonceront à tout devoir divin et humain, se nourriront à l'écart des plus vaines chimères, et se plongeront de plus en plus dans une misanthropie orgueilleuse qui les conduira à la folie ou à la mort.

Afin d'inspirer plus d'éloignement pour ces rêveries criminelles,

---

1. Voyez, dans la préface nouvelle du *Génie du Christianisme*, ce qui a déterminé l'auteur à placer ces épisodes dans un volume à part.

l'auteur a pensé qu'il devoit prendre la punition de René dans le cercle de ces malheurs épouvantables qui appartiennent moins à l'individu qu'à la famille de l'homme, et que les anciens attribuoient à la fatalité. L'auteur eût choisi le sujet de Phèdre s'il n'eût été traité par Racine : il ne restoit que celui d'Érope et de Thyeste[1] chez les Grecs, ou d'Amnon et de Thamar chez les Hébreux[2] ; et bien que ce sujet ait été aussi transporté sur notre scène[3], il est toutefois moins connu que le premier. Peut-être aussi s'applique-t-il mieux au caractère que l'auteur a voulu peindre. En effet, les folles rêveries de René commencent le mal, et ses extravagances l'achèvent ; par les premières, il égare l'imagination d'une foible femme ; par les dernières, en voulant attenter à ses jours, il oblige cette infortunée à se réunir à lui : ainsi le malheur naît du sujet, et la punition sort de la faute.

Il ne restoit qu'à sanctifier par le christianisme cette catastrophe empruntée à la fois de l'antiquité païenne et de l'antiquité sacrée. L'auteur, même alors, n'eut pas tout à faire, car il trouva cette histoire presque naturalisée chrétienne dans une vieille ballade de pèlerin que les paysans chantent encore dans plusieurs provinces[4]. Ce n'est pas par les maximes répandues dans un ouvrage, mais par l'impression que cet ouvrage laisse au fond de l'âme, que l'on doit juger de sa moralité. Or, la sorte d'épouvante et de mystère qui règne dans l'épisode de *René* serre et contriste le cœur sans y exciter d'émotion criminelle. Il ne faut pas perdre de vue qu'Amélie meurt heureuse et guérie, et que René finit misérablement. Ainsi le vrai coupable est puni, tandis que sa trop foible victime, remettant son âme blessée entre les mains de *celui qui retourne le malade sur sa couche*, sent renaître une joie ineffable du fond même des tristesses de son cœur. Au reste, le discours du père Souël ne laisse aucun doute sur le but et les moralités religieuses de l'histoire de *René*.

IX. A l'égard d'*Atala*, on en a tant fait de commentaires, qu'il seroit superflu de s'y arrêter. On se contentera d'observer que les critiques qui ont jugé le plus sévèrement cette histoire ont reconnu toutefois qu'elle *faisoit aimer la religion chrétienne*, et cela suffit à l'auteur. En vain s'appesantiroit-on sur quelques tableaux ; il n'en semble pas moins vrai que le public a vu sans trop de peine le vieux missionnaire,

---

1. Sen., *in Atr. et Th.* Voyez aussi Canacé et Macareus, et Caune et Byblis dans les *Métamorphoses* et dans les *Héroïdes* d'Ovide.
2. *Reg.*, 13, 14. 3. Dans l'*Abufar* de M. Ducis.
4.
C'est le chevalier des Landes,
Malheureux chevalier, etc.

tout prêtre qu'il est, et qu'il a aimé dans cet épisode indien la description des cérémonies de notre culte. C'est *Atala* qui a annoncé et qui peut-être a fait lire le *Génie du Christianisme*; cette sauvage a réveillé dans un certain monde les idées chrétiennes et rapporté pour ce monde la religion du père Aubry des déserts où elle étoit exilée.

X. Au reste, cette idée d'appeler l'imagination au secours des principes religieux n'est pas nouvelle. N'avons-nous pas eu de nos jours *le comte de Valmont, ou les égarements de la raison?* Le père Marin, minime, n'a-t-il pas cherché à introduire les vérités chrétiennes dans les cœurs incrédules, en les faisant entrer déguisées sous les voiles de la fiction[1]? Plus anciennement encore, Pierre Camus, évêque de Belley, prélat connu par l'austérité de ses mœurs, écrivit une foule de romans pieux[2] pour combattre l'influence des romans de d'Urfé. Il y a bien plus : ce fut saint François de Sales lui-même qui lui conseilla d'entreprendre ce genre d'apologie, par pitié pour les gens du monde et pour les rappeler à la religion en la leur présentant sous des ornements qu'ils connoissoient. Ainsi Paul *se rendoit foible avec les foibles pour gagner les foibles*[3]. Ceux qui condamnent l'auteur voudroient donc qu'il eût été plus scrupuleux que l'auteur du *Comte de Valmont*, que le père Marin, que Pierre Camus, que saint François de Sales, qu'Héliodore[4], évêque de Tricca, qu'Amyot[5], grand-aumônier de France, ou qu'un autre prélat fameux, qui, pour donner des leçons de vertu à un prince, et à un prince *chrétien*, n'a pas craint de représenter le trouble des passions avec autant de vérité que d'énergie? Il est vrai que les Faidyt et les Gueudeville reprochèrent aussi à Fénelon la peinture des amours d'*Eucharis*, mais leurs critiques sont aujourd'hui oubliées[6] : le *Télémaque* est devenu un livre classique entre les mains de la jeunesse; personne ne songe plus à faire un crime à l'archevêque de Cambray d'avoir voulu guérir les passions par le tableau du désordre des passions, pas plus qu'on ne reproche à saint Augustin et à saint Jérôme d'avoir peint si vivement leurs propres foiblesses et les charmes de l'amour.

XI. Mais ces censeurs qui savent tout sans doute, puisqu'ils jugent

---

1. Nous avons de lui dix romans pieux fort répandus : *Adélaïde de Witzbury, ou la pieuse pensionnaire, Virginie, ou la vierge chrétienne; le Baron de Van-Hesden, ou la république des incrédules; Farfalla, ou la comédienne convertie,* etc.

2. *Dorothée, Alcine, Daphnide, Hyacinthe,* etc.   3. *Cor.*, 9, 22.

4. Auteur de *Théagène et Chariclée*. On sait que l'histoire ridicule rapportée par Nicéphore au sujet de ce roman est dénuée de toute vérité. Socrate, Photius et les autres auteurs ne disent pas un mot de la prétendue déposition de l'évêque de Tricca.

5. Traducteur de *Théagène et Chariclée* et de *Daphnis et Chloe*.

6. Voyez la note LX, p. 693.

l'auteur de si haut, ont-ils réellement cru que cette manière de défendre la religion, en la rendant douce et touchante pour le cœur, en la parant même des charmes de la poésie, fût une chose si inouïe, si extraordinaire? « Qui oseroit dire, s'écrie saint Augustin, que la vérité doit demeurer désarmée contre le mensonge, et qu'il sera permis aux ennemis de la foi d'effrayer les fidèles par des paroles fortes, et de les réjouir par des rencontres d'esprit agréables, mais que les catholiques ne doivent écrire qu'avec une froideur de style qui endorme les lecteurs? » C'est un sévère disciple de Port-Royal qui traduit ce passage de saint Augustin; c'est Pascal lui-même, et il ajoute à l'endroit cité[1] « qu'il y a deux choses dans les vérités de notre religion, une beauté divine, qui les rend *aimables*, et une sainte majesté, qui les rend vénérables. » Pour démontrer que les preuves rigoureuses ne sont pas toujours celles qu'on doit employer en matière de religion, il dit ailleurs (dans ses *Pensées*) *que le cœur a ses raisons que la raison ne connoît point*[2]. Le grand Arnauld, chef de cette école austère du christianisme, combat à son tour[3] l'académicien Du Bois, qui prétendoit aussi qu'on ne doit pas faire servir l'éloquence humaine à prouver les vérités de la religion. Ramsay, dans sa *Vie de Fénelon*, parlant du *Traité de l'Existence de Dieu* par cet illustre prélat, observe que M. de Cambray savoit que la plaie de la plupart de ceux qui doutent vient, non de leur esprit, mais de leur cœur, et qu'*il faut donc répandre partout des sentiments pour toucher, pour intéresser, pour saisir le cœur*[4]. » Raymond de Sébonde a laissé un ouvrage écrit à peu près dans les mêmes vues que le *Génie du Christianisme*; Montaigne a pris la défense de cet auteur contre ceux qui avancent *que les chrestiens se font tort de vouloir appuyer leur créance par des raisons humaines*[5]. « C'est la foy seule qui embrasse vivement et certainement les hauts mystères de notre religion. Mais ce n'est pas à dire que ce ne soit une très-belle et très-louable entreprise d'accommoder encore au service de notre foy les outils naturels et humains que Dieu nous a donnez... Il n'est occupation ni desseins plus dignes d'un homme chrétien que de viser par tous ses estudes et pensemens à embellir, estendre et amplifier la vérité de sa créance[6]. »

L'auteur ne finiroit point s'il vouloit citer tous les écrivains qui ont

---

1. *Lettres provinciales*, lettre XIe.
2. *Pensées de Pascal*, chap. XXVIII.
3. Dans un petit traité intitulé : *Réflexions sur l'Éloquence des Prédicateurs*.
4. *Hist. de la Vie de Fénelon*, p. 193.
5. *Essais* de MONTAIGNE, t. IV, liv. II, chap. XII, p. 172.
6. *Id., ibid.*, p. 174.

été de son opinion sur la nécessité de rendre la religion aimable, et tous les livres où l'imagination, les beaux-arts et la poésie ont été employés comme un moyen d'arriver à ce but. Un ordre tout entier de religieux connus par leur piété, leur aménité et leur science du monde, s'est occupé pendant plusieurs siècles de cette unique idée. Ah! sans doute aucun genre d'éloquence ne peut être interdit à cette sagesse *qui ouvre la bouche des muets*[1] *et qui rend diserte la langue des petits enfants.* Il nous reste une lettre de saint Jérôme où ce Père se justifie d'avoir employé l'érudition païenne à la défense de la doctrine des chrétiens[2]. Saint Ambroise eût-il donné saint Augustin à l'Église, s'il n'eût fait usage de tous les charmes de l'élocution? « Augustin, encore tout enchanté de l'éloquence profane, dit Rollin, ne cherchoit dans les prédications de saint Ambroise que les agréments du discours et non la solidité des choses, mais il n'étoit pas en son pouvoir de faire cette séparation. » Et n'est-ce pas sur les ailes de l'imagination que saint Augustin s'est élevé à son tour jusqu'à la *Cité de Dieu?* Ce Père ne fait point de difficulté de dire qu'on doit ravir aux païens leur éloquence, en leur laissant leurs mensonges, afin de l'appliquer à la prédication de l'Évangile, comme Israel emporta l'or des Égyptiens sans toucher à leurs idoles, pour embellir l'arche sainte[3]. C'étoit une vérité si unanimement reconnue des Pères, qu'il est bon d'appeler l'imagination au secours des idées religieuses, que ces saints hommes ont été jusqu'à penser que Dieu s'étoit servi de la poétique philosophie de Platon pour amener l'esprit humain à la croyance des dogmes du christianisme.

XII. Mais il y a un fait historique qui prouve invinciblement la méprise étrange où les critiques sont tombés lorsqu'ils ont cru l'auteur coupable d'innovation dans la manière dont il a défendu le christianisme. Lorsque Julien, entouré de ses sophistes, attaqua la religion avec les armes de la plaisanterie, comme on l'a fait de nos jours; quand il défendit aux *Galiléens* d'enseigner[4] et même d'apprendre les belles lettres; quand il dépouilla les autels du Christ, dans l'espoir d'ébranler la fidélité des prêtres ou de les réduire à l'avilissement de la pauvreté, plusieurs fidèles élevèrent la voix pour repousser les sarcasmes de l'impiété et pour défendre la beauté de la religion chrétienne. Apollinaire le père, selon l'historien Socrate, mit en vers héroïques

---

1. *Sapientia aperuit os mutorum et linguas infantium fecit disertas.*
2. Voyez la note LXI, p. 694.
3. *De Doct. chr.*, lib. II, n° 7.
4. Nous avons encore l'édit de Julien. JUL., p. 42. *Vid.* GREG. NAZ., or. III, cap. IV; AMM., lib. XXII.

tous les livres de Moïse, et composa des tragédies et des comédies sur les autres livres de l'Écriture. Apollinaire le fils écrivit des dialogues à l'imitation de Platon, et il renferma dans ces dialogues la morale de l'Évangile et les préceptes des Apôtres [1]. Enfin, ce Père de l'Église surnommé par excellence *le Théologien*, Grégoire de Nazianze, combattit aussi les sophistes avec les armes du poëte. Il fit une tragédie de la mort de Jésus-Christ, que nous avons encore. Il mit en vers la morale, les dogmes et les mystères mêmes de la religion chrétienne [2]. L'historien de sa vie affirme positivement que ce saint illustre ne se livra à son talent poétique que pour défendre le christianisme contre la dérision de l'impiété [3]; c'est aussi l'opinion du sage Fleury. « Saint Grégoire, dit-il, vouloit donner à ceux qui aiment la poésie et la musique des sujets utiles pour se divertir, et ne pas laisser aux païens l'avantage de croire qu'ils fussent les seuls qui pussent réussir dans les belles-lettres [4]. »

Cette espèce d'apologie poétique de la religion a été continuée, presque sans interruption, depuis Julien jusqu'à nos jours. Elle prit une nouvelle force à la renaissance des lettres : Sannazar écrivit son poëme *de Partu Virginis* [5], et Vida son poëme de la vie de Jésus-Christ (*Christiade*) [6]; Buchanan donna ses tragédies de *Jephté* et de *Saint Jean-Baptiste*. *La Jérusalem délivrée*, *le Paradis perdu*, *Polyeucte*, *Esther*, *Athalie*, sont devenus depuis de véritables apologies en faveur de la beauté de la religion. Enfin Bossuet, dans le second chapitre de sa préface intitulée *De Grandiloquentia et suavitate Psalmorum*; Fleury, dans son traité *Des Poésies sacrées*; Rollin, dans son chapitre *De l'Éloquence de l'Écriture*; Lowth, dans son excellent livre *De sacra Poesi Hebræorum*; tous se sont complu à faire admirer la grâce et la magnificence de la religion. Quel besoin d'ailleurs y a-t-il d'appuyer de tant d'exemples ce que le seul bon sens suffit pour enseigner? Dès lors que l'on a voulu rendre la religion ridicule, il est tout simple de montrer qu'elle est belle. Eh quoi! Dieu lui-même nous auroit fait annoncer son Église par des poëtes inspirés; il se seroit servi pour nous peindre les grâces de l'*Épouse* des plus beaux accords de la harpe du roi-prophète, et

---

1. Voyez la note LXII, p. 694.
2. L'abbé de Billy a recueilli cent quarante-sept poëmes de ce Père, à qui saint Jérôme et Suidas attribuent plus de trente mille vers pieux.
3. *Naz. Vit.*, p. 12.   4. Voyez la note LXIII, p. 695.
5. Voyez la note LXIV, p. 697.
6. Dont on a retenu ce vers sur le dernier soupir du Christ :

Supremamque auram, ponens caput, expiravit.

nous, nous ne pourrions dire les charmes de *celle qui vient du Liban*[1], *qui regarde des montagnes de Sanir et d'Hermon*[2], *qui se montre comme l'aurore*[3], *qui est belle comme la lune, et dont la taille est semblable à un palmier*[4] ! La Jérusalem nouvelle que saint Jean vit s'élever du désert *étoit toute brillante de clarté*.

> Peuples de la terre, chantez,
> Jérusalem renaît plus charmante et plus belle[5] !

Oui, *chantons-la* sans crainte, cette religion sublime ; défendons-la contre la dérision, faisons valoir toutes ses beautés, comme au temps de Julien ; et puisque des siècles semblables ont ramené à nos autels des insultes pareilles, employons contre les modernes sophistes le même genre d'apologie que les Grégoire et les Apollinaire employoient contre les Maxime et les Libanius.

PLAN DE L'OUVRAGE.

L'auteur ne peut pas parler *d'après lui-même* du plan de son ouvrage, comme il a parlé du fond de son sujet ; car un plan est une chose de l'art, qui a ses lois, et pour lesquelles on est obligé de s'en rapporter à la décision des maîtres. Ainsi, en rappelant les critiques qui désapprouvent le plan de son livre, l'auteur sera forcé de compter aussi les voix qui lui sont favorables.

Or, s'il se fait une illusion sur son plan, et qu'il ne le croie pas tout à fait défectueux, ne doit-on pas excuser un peu en lui cette illusion, puisqu'elle semble être aussi le partage de quelques écrivains dont la supériorité en critique n'est contestée de personne ? Ces écrivains ont bien voulu donner leur approbation publique à l'ouvrage ; M. de La Harpe l'avoit pareillement jugé avec indulgence. Une telle autorité est trop précieuse à l'auteur pour qu'il manque à s'en prévaloir, dût-il se faire accuser de vanité. Ce grand critique avoit donc repris pour le *Génie du Christianisme* le projet qu'il avoit eu longtemps pour *Atala*[6] : il vouloit composer la *Défense* que l'auteur

---

1. *Veni de Libano, sponsa mea.* (*Cant.*, cap. IV, p. 8.)
2. *De vertice Sanir et Hermon.* (*Id., ib.*)
3. *Quasi aurora consurgens, pulchra ut luna.* (*Id.*, cap. VI, p. 9.)
4. *Statura tua assimilata est palmœ.* (*Cant.*, cap. VI, p. 7.)   5. *Athalie.*
6. Je connoissois à peine M. de La Harpe dans ce temps-là, mais, ayant entendu parler de son dessein, je le fis prier par ses amis de ne point répondre à la critique de

est réduit à composer lui-même aujourd'hui : celui-ci eût été sûr de triompher, s'il eût été secondé par un homme aussi habile, mais la Providence a voulu le priver de ce puissant secours et de ce glorieux suffrage.

Si l'auteur passe des critiques qui semblent l'approuver aux critiques qui le condamnent, il a beau lire et relire leurs censures, il n'y trouve rien qui puisse l'éclairer : il n'y voit rien de précis, rien de déterminé ; ce sont partout des expressions vagues ou ironiques. Mais, au lieu de juger l'auteur si superbement, les critiques ne devroient-ils pas avoir pitié de sa foiblesse, lui montrer les vices de son plan, lui enseigner les remèdes? « Ce qui résulte de tant de critiques amères, dit M. de Montesquieu dans sa *Défense,* c'est que l'auteur n'a point fait son ouvrage suivant le plan et les vues de ses critiques, et que si ses critiques avoient fait un ouvrage sur le même sujet, ils y auroient mis un grand nombre de choses qu'ils savent [1]. »

Puisque ces critiques refusent (sans doute parce que cela n'en vaut pas la peine) de montrer l'inconvénient attaché au plan, ou plutôt au sujet du *Génie du Christianisme,* l'auteur va lui-même essayer de le découvrir.

Quand on veut considérer la religion chrétienne ou le génie du christianisme sous toutes ses faces, on s'aperçoit que ce sujet offre deux parties très-distinctes :

1° Le christianisme proprement dit, à savoir ses dogmes, sa doctrine et son culte ; et sous ce dernier rapport se rangent aussi ses bienfaits et ses institutions morales et politiques ;

2° La poétique du christianisme ou l'influence de cette religion sur la poésie, les beaux-arts, l'éloquence, l'histoire, la philosophie, la littérature en général ; ce qui mène aussi à considérer les changements que le christianisme a apportés dans les passions de l'homme et dans le développement de l'esprit humain.

L'inconvénient du sujet est donc le *manque d'unité*, et cet inconvénient est inévitable. En vain pour le faire disparoître l'auteur a essayé d'autres combinaisons de chapitres et de parties dans les deux éditions qu'il a supprimées. Après s'être obstiné longtemps à chercher le plan le plus régulier, il lui a paru en dernier résultat qu'il s'agissoit bien moins, pour le but qu'il se proposoit, de faire un

---

M. l'abbé Morellet. Toute glorieuse qu'eût été pour moi une défense d'*Atala* par M. de La Harpe, je crus avec raison que j'étois trop peu de chose pour exciter une controverse entre deux écrivains célèbres.

1. *Défense de l'Esprit des Lois.*

ouvrage extrêmement méthodique, que de porter un grand coup au cœur et de frapper vivement l'imagination. Ainsi, au lieu de s'attacher à l'ordre des sujets, comme il l'avoit fait d'abord, il a préféré l'ordre des preuves. Les preuves de sentiment sont renfermées dans le premier volume, où l'on traite du charme et de la grandeur des mystères, de l'existence de Dieu, etc.; les preuves pour l'esprit et l'imagination remplissent le second et le troisième volume, consacrés à la *poétique*; enfin, ces mêmes preuves pour le cœur, l'esprit et l'imagination, réunies aux preuves pour la raison, c'est-à-dire aux preuves de fait, occupent le quatrième volume, et terminent l'ouvrage. Cette gradation de preuves sembloit promettre d'établir une progression d'intérêt dans le *Génie du Christianisme* : il paroît que le jugement du public a confirmé cette espérance de l'auteur. Or, si l'intérêt va croissant de volume en volume, le plan du livre ne sauroit être tout à fait vicieux.

Qu'il soit permis à l'auteur de faire remarquer une chose de plus. Malgré *les écarts de son imagination*, perd-il souvent de vue son sujet dans son ouvrage? Il en appelle au critique impartial : quel est le chapitre, quelle est, pour ainsi dire, la page où l'objet du livre ne soit pas reproduit [1]? Or, dans une apologie du christianisme, où l'on ne veut que montrer au lecteur la beauté de cette religion, peut-on dire que le plan de cette apologie est essentiellement défectueux, si, dans les choses les plus directes comme dans les plus éloignées, on a fait reparoître partout la grandeur de Dieu, les merveilles de la Providence, l'influence, les charmes et les bienfaits des dogmes, de la doctrine et du culte de Jésus-Christ?

En général on se hâte un peu trop de prononcer sur le plan d'un livre. Si ce plan ne se déroule pas d'abord aux yeux des critiques comme ils l'ont conçu sur le titre de l'ouvrage, ils le condamnent impitoyablement. Mais ces critiques ne voient pas ou ne se donnent pas la peine de voir que si le plan qu'ils imaginent étoit exécuté, il auroit peut-être une foule d'inconvénients qui le rendroient encore moins bon que celui que l'auteur a suivi.

Quand un écrivain n'a pas composé son ouvrage avec précipitation; quand il y a employé plusieurs années; quand il a consulté les livres et les hommes, et qu'il n'a rejeté aucun conseil, aucune critique; quand il a recommencé plusieurs fois son travail d'un bout à l'autre; quand il a livré deux fois aux flammes son ouvrage tout imprimé, ce

---

[1]. Cette vérité a été reconnue par le critique même qui s'est le plus élevé contre l'ouvrage.

ne seroit que justice de supposer qu'il a peut-être aussi bien vu son sujet que le critique qui, sur une lecture rapide, condamne d'un mot un plan médité pendant des années. Que l'on donne toute autre forme au *Génie du Christianisme*, et l'on ose assurer que l'ensemble des beautés de la religion, l'accumulation des preuves aux derniers chapitres, la force de la conclusion générale, auront beaucoup moins d'éclat et seront beaucoup moins frappants que dans l'ordre où le livre est actuellement disposé. On ose encore avancer qu'il n'y a point de grand monument en prose dans la langue françoise (le *Télémaque* et les ouvrages historiques exceptés) dont le plan ne soit exposé à autant d'objections que l'on en peut faire au plan de l'auteur. Que d'arbitraire dans la distribution des parties et des sujets de nos livres les plus beaux et les plus utiles! Et certainement (si l'on peut comparer un chef-d'œuvre à une œuvre très-imparfaite), l'admirable *Esprit des Lois* est une composition qui n'a peut-être pas plus de régularité que l'ouvrage dont on essaye de justifier le plan dans cette défense. Toutefois la méthode étoit encore plus nécessaire au sujet traité par Montesquieu qu'à celui dont l'auteur du *Génie du Christianisme* a tenté une si foible ébauche.

DÉTAILS DE L'OUVRAGE.

Venons maintenant aux critiques de détail.

On ne peut s'empêcher d'observer d'abord que la plupart de ces critiques tombent sur le premier et sur le second volume. Les censeurs ont marqué un singulier dégoût pour le troisième et le quatrième. Ils les passent presque toujours sous silence. L'auteur doit-il s'en attrister ou s'en réjouir? Seroit-ce qu'il n'y a rien à redire sur ces deux volumes, ou qu'ils ne laissent rien à dire?

On s'est donc presque uniquement attaché à combattre quelques opinions littéraires particulières à l'auteur et répandues dans le second volume[1], opinions qui, après tout, sont d'une petite importance, et qui peuvent être reçues ou rejetées sans qu'on en puisse rien conclure contre le fond de l'ouvrage; il faut ajouter à la liste de ces graves reproches une douzaine d'expressions véritablement répréhensibles, et que l'on a fait disparoître dans les nouvelles éditions.

Quant à quelques phrases dont on a détourné le sens (par un art si merveilleux et si nouveau) pour y trouver d'indécentes allusions,

---

1. Encore n'a-t-on fait que répéter les observations judicieuses et polies qui avoient paru à ce sujet dans quelques journaux accrédités.

comment éviter ce malheur, et quel remède y apporter? « Un auteur, c'est La Bruyère qui le dit, un auteur n'est pas obligé de remplir son esprit de toutes les extravagances, de toutes les saletés, de tous les mauvais mots qu'on peut dire et de toutes les ineptes applications que l'on peut faire au sujet de quelques endroits de son ouvrage, et encore moins de les supprimer; il est convaincu que, quelque scrupuleuse exactitude qu'on ait dans sa manière d'écrire, la raillerie froide des mauvais plaisants est un mal inévitable, et que les meilleures choses ne leur servent souvent qu'à leur faire rencontrer une sottise[1]. »

L'auteur a beaucoup cité dans son livre, mais il paroît encore qu'il eût dû citer davantage. Par une fatalité singulière, il est presque toujours arrivé qu'en voulant blâmer l'auteur les critiques ont compromis leur mémoire. Ils ne veulent pas que l'auteur dise : *déchirer le rideau des mondes et laisser voir les abîmes de l'éternité*; et ces expressions sont de Tertullien[2] : ils soulignent *le puits de l'abîme* et le cheval *pâle de la mort,* apparemment comme étant une vision de l'auteur; et ils ont oublié que ce sont des images de l'Apocalypse[3]; ils rient des tours gothiques *coiffées de nuages* ; et ils ne voient pas que l'auteur traduit littéralement un vers de Shakespeare[4]; ils croient que les *ours enivrés de raisins* sont une circonstance inventée par l'auteur; et l'auteur n'est ici qu'historien fidèle[5]; l'Esquimau qui s'embarque sur un rocher de glace leur paroît une imagination bizarre; et c'est un fait rapporté par Charlevoix[6]; le crocodile qui *pond un œuf* est une expression d'Hérodote[7]; *ruse de la sagesse* appartient à la Bible[8], etc. Un cri-

---

1. *Caract.* de La Bruyère.
2. *Cum ergo finis et limes medius, qui interhiat, adfuerit, ut etiam mundi ipsius species transferatur æque temporalis, quæ illi dispositioni æternitatis aulæi vice oppansa est.* (*Apolog.*, cap. xlviii.)
3. *Equus pallidus,* cap. vi, v. 8; *Puteus abyssi,* cap. ix, v. 2.
4. The clouds-capt towers, the gorgeous palaces, etc.
(*In the Temp.*)

Delille avoit dit, dans *les Jardins,* en parlant des rochers :

J'aime à voir leur front chauve et leur tête sauvage
Se coiffer de verdure et s'entourer d'ombrage.

J'ai cependant mis dans les dernières éditions, *couronnées d'un chapiteau de nuages.*
5. Voyez la note LXV, p. 697.
6. « Croiroit-on que sur ces glaces énormes on rencontre des hommes qui s'y sont embarqués exprès? On assure pourtant qu'on y a plus d'une fois aperçu des Esquimaux, etc. » (*Histoire de la Nouvelle-France,* t. II, liv. x, p. 293, édition de Paris, 1744.)
7. Τίκτει μὲν γὰρ ᾠὰ ἐν γῇ, καὶ ἐκλέπει. (Herod., lib. ii, cap. lxviii.)
8. *Astutias sapientiæ.* (*Eccl.*, cap. i, v. 6.)

tique prétend qu'il faut traduire l'épithète d'Homère, ἡδυεπής, appliquée à Nestor, par Nestor *au doux langage*. Mais ἡδυεπής ne voulut jamais dire *au doux langage*. Rollin traduit à peu près comme l'auteur du *Génie du Christianisme,* Nestor, *cette bouche éloquente*[1], d'après le texte grec, et non d'après la leçon latine du Scoliaste, *Suaviloquus,* que le critique a visiblement suivie.

Au reste, l'auteur a déjà dit qu'il ne prétendoit pas défendre des talents qu'il n'a pas sans doute, mais il ne peut s'empêcher d'observer que tant de petites remarques sur un long ouvrage ne servent qu'à dégoûter un auteur sans l'éclairer; c'est la réflexion que Montesquieu fait lui-même dans ce passage de sa *Défense :*

« Les gens qui veulent tout enseigner empêchent beaucoup d'apprendre; il n'y a point de génie qu'on ne rétrécisse lorsqu'on l'enveloppera d'un million de scrupules vains : avez-vous les meilleures intentions du monde, on vous forcera vous-même d'en douter. Vous ne pouvez plus être occupé à bien dire quand vous êtes effrayé par la crainte de dire mal, et qu'au lieu de suivre votre pensée, vous ne vous occupez que des termes qui peuvent échapper à la subtilité des critiques. On vient nous mettre un bandeau sur la tête pour nous dire à chaque mot : Prenez garde de tomber : vous voulez parler comme vous, je veux que vous parliez comme moi. Va-t-on prendre l'essor, ils vous arrêtent par la manche. A-t-on de la force et de la vie, on vous l'ôte à coups d'épingle. Vous élevez-vous un peu, voilà des gens qui prennent leur pied ou leur toise, lèvent la tête, et vous crient de descendre pour vous mesurer... Il n'y a ni science ni littérature qui puisse résister à ce pédantisme[2]. »

C'est bien plus encore quand on y joint les dénonciations et les calomnies. Mais l'auteur les pardonne aux critiques; il conçoit que cela peut faire partie de leur plan, et ils ont le droit de réclamer pour leur ouvrage l'indulgence que l'auteur demande pour le sien. Cependant que revient-il de tant de censures multipliées, où l'on n'aperçoit que l'envie de nuire à l'ouvrage et à l'auteur, et jamais un goût impartial de critique? Que l'on provoque des hommes que leurs principes retenoient dans le silence, et qui, forcés de descendre dans l'arène, peuvent y paroître quelquefois avec des armes qu'on ne leur soupçonnoit pas.

1. *Traité des Études,* t. I, p. 375, *de la lecture d'Homère.*
2. *Défense de l'Esprit de Lois,* IIIe partie.

EXTRAITS CRITIQUES

DU

GÉNIE DU CHRISTIANISME

PAR M. DE FONTANES.

PREMIER EXTRAIT.

Cet ouvrage longtemps attendu, et commencé dans des jours d'oppression et de douleur, paroît quand tous les maux se réparent et quand toutes les persécutions finissent. Il ne pouvoit être publié dans des circonstances plus favorables. C'étoit à l'époque où la tyrannie renversoit tous les monuments religieux, c'étoit au bruit de tous les blasphèmes, et pour ainsi dire en présence de l'athéisme triomphant, que l'auteur se plaisoit à retracer les augustes souvenirs de la religion. Celui qui dans ce temps-là, sur les ruines des temples du christianisme, en rappeloit l'ancienne gloire, eût-il pu deviner qu'à peine arrivé au terme de son travail, il verroit se rouvrir ces mêmes temples? Certes, nous osons l'affirmer, la prédiction d'un tel événement eût excité la rage ou le mépris de ceux qui gouvernoient alors la France, et qui se vantoient d'anéantir par leurs lois les croyances religieuses que la nature et l'habitude ont si profondément gravées dans les cœurs. Mais, en dépit de toutes les menaces et de toutes les injures, l'opinion préparoit ce retour salutaire, et le nouvel orateur du christianisme va retrouver tout ce qu'il regrettoit. Du fond de la solitude où son imagination s'étoit réfugiée, il entendoit naguère la chute de nos autels. Il peut assister maintenant à leurs solennités renouvelées. La religion, dont la majesté s'est accrue par ses souffrances, revient d'un long exil dans ses sanctuaires déserts, au milieu de la victoire et de la paix dont elle affermit l'ouvrage. Toutes les consolations l'accompagnent, les haines et les douleurs s'apaisent à sa présence. Les vœux qu'elle formoit depuis douze cents ans pour la prospérité de cet empire seront encore entendus, et son autorité confirmera les nouvelles grandeurs de la France, au nom du Dieu qui, chez toutes les nations, est le premier auteur de tout pouvoir, le plus sûr appui de la morale, et par conséquent le seul gage de la félicité publique.

On accueillera donc avec un intérêt universel le jeune écrivain qui ose rétablir l'autorité des ancêtres et les traditions des âges. Son entreprise doit plaire à tous et n'alarmer personne ; car il s'occupe encore plus d'attacher l'âme que de forcer la conviction. Il cherche les tableaux sublimes plus que les raisonnements victorieux : il sent et ne dispute pas ; il veut unir tous les cœurs par le charme des mêmes émotions, et non séparer les esprits par des controverses interminables ; en un mot, on diroit que le premier livre offert en hommage à la religion renaissante fut inspiré par cet esprit de paix qui vient de rapprocher toutes les consciences.

On sent trop que le plan d'un pareil ouvrage doit différer suivant l'esprit des siècles, le genre des lecteurs et les facultés de l'écrivain. Le zèle et le talent peuvent prendre des routes opposées pour arriver au même but.

Le génie audacieux de Pascal vouloit abattre l'incrédule sous les luttes du raisonnement. Sûr de lui-même, il osoit se mesurer avec l'orgueil de la raison humaine ; et, quoiqu'il sût bien que cet orgueil est infini, l'athlète chrétien se sentoit assez fort pour le terrasser. Mais le seul Pascal pouvoit exécuter le plan qu'il avoit conçu, et la mort l'a frappé malheureusement au pied de l'édifice qu'il commençoit avec tant de grandeur. Racine le fils s'est traîné foiblement sur le dessein tracé par un si grand maître. Il a mêlé dans son poëme les méditations de Pascal et de Bossuet. Mais sa Muse, si j'ose le dire, a été comme abattue en présence de ces deux grands hommes, et n'a pu porter tout le poids de leurs pensées. Il ébauche ce qu'ils ont peint ; il n'est qu'élégant lorsqu'ils sont sublimes, mais il n'en est pas moins un versificateur très-habile, et plus d'une fois on croit entendre dans les vers du poëme de *la Religion* les sons affoiblis de cette lyre qui nous charme dans *Esther* et dans *Athalie*.

L'auteur du *Génie du Christianisme* n'a point suivi la même route que ses prédécesseurs. Il n'a point voulu rassembler les preuves théologiques de la religion, mais le tableau de ses bienfaits ; il appelle à son secours le sentiment et non l'argumentation. Il veut faire aimer tout ce qui est utile. Tel est le plan, comme nous avons pu le saisir dans une première lecture faite à la hâte. C'est ainsi qu'il s'explique lui-même :

« Nous osons croire, etc. » (Voyez p. 10).

Les espérances que donne ce début ne sont point trompeuses. A quelque page qu'on s'arrête, on est touché par d'aimables rêveries ou frappé par de grandes images. Il ne faut jamais oublier que cet ouvrage est moins fait pour les docteurs que pour les poëtes. Ceux qu'avoient prévenus les plaisanteries de l'incrédulité moderne s'étonneront de leur erreur en découvrant les beautés du système religieux : elles sont toutes développées par l'auteur.

Il considère, dans sa première partie, les mystères du christianisme. Plus une religion est mystérieuse, et plus elle est conforme à la nature humaine. Notre imagination aime surtout ce qu'elle devine, et croit découvrir davantage quand elle ne voit rien qu'à demi. Il montre ensuite les sacrements institués pour les divers besoins de l'homme, depuis la naissance jusqu'à la mort. C'est par eux que le chrétien communique sans cesse avec le ciel et qu'il voit tous les préceptes de la morale sous des images sensibles. Bravons de froids sarcasmes, et ne craignons point de citer, en présence d'une philosophie dédaigneuse, ces descriptions si nouvelles et si touchantes. Voici, par exemple, comme l'auteur peint le sacrement de l'Extrême-Onction.

(Voyez p. 44).

Les peintres avoient souvent représenté ces scènes religieuses ; et mêmes les sacrements du Poussin sont au nombre de ses chefs-d'œuvre. Les hommes les moins crédules aiment ces images dans la peinture : elles doivent donc leur plaire aussi dans une description éloquente.

Continuons le développement de cet ouvrage, et que les lecteurs songent qu'un tel sujet a son langage propre et ses expressions consacrées.

Les mystères sont les spectacles de la foi. Les sacrements expliquent par des bienfaits visibles les propriétés cachées des mystères. En dernière analyse, tous les dogmes révélés ne servent qu'à confirmer ceux de l'immortalité de l'âme et de l'existence de Dieu, qui ne seroient point suffisamment attestées par les merveilles de la nature. Cependant l'auteur est loin de négliger les preuves qui se tirent des harmonies du ciel et de la terre ; on croit même que cette partie de son ouvrage est une de celles qui auront le succès le plus universel. Il a du moins un avantage réel sur ceux qui décrivent ordinairement la nature. Au lieu des livres et des cabinets, il a eu pour écoles et pour spectacles les mers, les montagnes et les forêts du Nouveau-Monde. De là viennent peut-être la richesse et la naïveté de quelques-uns de ses tableaux, dessinés devant le modèle.

Mais si le christianisme, à travers la sainte obscurité de ses mystères, frappe si puissamment l'imagination, quels effets ne doit-il pas encore aux pompes de son culte extérieur! Ici les tableaux se succèdent en foule, et le choix seroit difficile.

Tantôt l'auteur remonte à l'antiquité des fêtes chrétiennes; tantôt il peint leur caractère sublime ou tendre, joyeux ou funèbre, consolant ou terrible, qui se varie avec toutes les scènes de l'année et de la vie humaine auxquelles il est approprié. Il suit les solennités religieuses dans la ville et dans les champs, dans les cathédrales fameuses et dans l'église rustique, sur les tombes de marbre qui remplissent Westminster ou Saint-Denis, et sur le gazon qui couvre les sépultures du hameau.

Les rites du christianisme sont souvent tournés en ridicule, et ceux du paganisme, au contraire, inspirent le plus vif enthousiasme. Cependant les plus belles cérémonies de l'antiquité se conservent encore dans notre religion, qui les a seulement dirigées vers une fin plus digne de l'homme. Tel est, par exemple, le jour des Rogations.

Ce jour rappelle absolument la fête de l'antique Cérès, qui rassembla, dit-on, les premiers hommes en société, autour de la première moisson. Tibulle a décrit en vers charmants cette pompe champêtre comme elle existoit chez les Romains. On trouve aussi la même description dans le *Génie du Christianisme*. Les gens de goût ne seront peut-être pas fâchés de comparer quelques traits des deux tableaux, et de juger ainsi l'esprit de deux cultes séparés par dix-huit siècles.

Tibulle *invite d'abord Cérès et Bacchus à ceindre leurs fronts d'épis dorés et de grappes rougies. Il veut que les champs reposent avec le laboureur.*

> Bacche, veni, dulcisque tuis et cornibus uva
> Pendeat; et spicis tempora cinge, Ceres.
> Luce sacra requiescat humus, requiescat arator, etc.

Et pourquoi commande-t-il ce repos sacré? Parce que *tel est l'usage antique.*

> Ritus ut a prisco traditus exstat avo.

Remarquez bien que les chantres aimables de l'amour, comme les plus sages législateurs, attestent aussi les pratiques du vieux temps.

Au reste, Tibulle est un casuiste très-sévère. Il veut qu'on *vienne* avec un cœur chaste aux fêtes publiques. Il repousse d'un ton indigné tous ceux qui la veille n'ont pas oublié Vénus :

> Vos quoque abesse procul jubeo, discedite ab aris,
> Queis tulit hesterna gaudia nocte Venus.

Il nous apprend ailleurs que dans ces grandes solennités Délie se condamnoit à la retraite. Il la peint consultant tous les jours les prêtres d'Isis, les devins juifs, les augures latins : il parle autant de la piété crédule que de l'amour de sa maîtresse ; et c'est pour cela qu'il la chérissoit peut-être. Dans tous les temps et dans tous les pays, le culte de l'Amour est un peu superstitieux ; quand il cesse de l'être, tous ses enchantements sont finis.

« Dieux de nos pères ! s'écrie le poëte, nous purifions nos champs et nos pasteurs. Écartez tous les maux de nos foyers ! »

> Dii patrii ! purgamus agros, purgamus agrestes :
> Vos mala de nostris pellite limitibus.

Mais, pour mériter la faveur des dieux des champs, il a soin de reconnoître et de chanter les bienfaits dont ils ont déjà comblé les hommes.

« Ces dieux instruisirent nos ancêtres à calmer leur faim par des aliments plus doux que le gland des forêts, à couvrir une cabane de chaume et de feuillage, à soumettre au joug les taureaux et à suspendre le chariot sur la roue. Alors les fruits sauvages furent dédaignés. On greffa le pommier, et les jardins s'abreuvèrent d'une eau fertile, etc. »

> His vita magistris
> Desuevit querna pellere glande famem.
> Illi etiam tauros primi docuisse feruntur
> Servitium, et plaustro supposuisse rotam.
> Tunc victus abiere feri, tunc insita pomus,
> Tunc bibit irriguas fertilis hortus aquas.

Cette harmonie est pleine de grâce. Les vers de Tibulle retentissent doucement à l'oreille, comme les vents frais et les douces pluies de la saison qu'il décrit. Mais tant de gravité religieuse ne dure pas longtemps. Le poëte élégiaque reprend bientôt son caractère. Il place le berceau de l'Amour dans les champs, au milieu des troupeaux et des cavales indomptées. De là il lui fait blesser l'adolescent et le vieillard ; et, cédant de plus en plus au délire qui l'emporte, *il peint la jeune fille qui trompe ses surveillants et qui, d'une main incertaine et d'un pied suspendu par la crainte, cherche la route qui doit la conduire au lit de son amant.*

> Hoc duce, custodes furtim transgressa jacentes,
> Ad juvenem tenebris sola puella venit,
> Et pedibus prætentat iter suspensa timore,
> Explorat cæcas cui manus ante vias.

Ce petit tableau est achevé, mais le culte de la chaste Cérès est déjà bien loin. Quand Tibulle écrivit ces vers, Délie sortoit vraisemblablement de sa retraite pieuse et revenoit auprès de lui. Le poëte au moins se hâte de faire descendre la troupe des Songes et le Sommeil avec ses ailes rembrunies.

> Postque venit tacitus fuscis circumdatus alis
> Somnus, et incerto Somnia nigra pede.

Nous avons vu les jeux de l'imagination de Tibulle; voyons maintenant les graves tableaux du christianisme, et jugeons s'ils n'ont pas aussi leur charme particulier. (Voyez p. 387 à 388).

L'esprit du christianisme n'a-t-il pas mis dans cette dernière peinture, outre l'avantage moral, quelque chose de plus tendre et de plus attachant? Quelle institution dans les villages romains pouvoit ressembler à celle de ce bon curé qui veille entre le temple du Dieu vivant et la demeure des morts? La marche religieuse *dans ces chemins ombragés et coupés profondément par la roue des chars rustiques* n'est-elle pas d'une grande vérité? N'aime-t-on pas *ces voix inconnues qui s'élèvent dans le silence des bois,* et qui semblent être celles des génies ministres de la fécondité? Ne rêve-t-on pas délicieusement à la voix de ce *rossignol* qui chante les beaux jours non loin des *vieillards* qui regardent un tombeau? Je ne crois pas qu'on attribue ces jugements aux illusions de l'amitié. J'en appelle à tous ceux qui, ayant reçu plus de lumière que moi, voudront examiner sans aucun esprit de secte et de prévention.

Nous avons abandonné la marche de l'auteur pour admirer ses beautés. Il faut la reprendre et la suivre jusqu'au bout.

Si la religion est auguste et touchante dans ses mystères et dans ses cérémonies, elle l'est bien plus encore dans les dévouements magnanimes et dans les vertus extraordinaires qu'elle inspire. C'est là que le sujet donne de nouvelles forces à la voix de l'auteur; il peint la religion occupée à placer, en quelque sorte, sur toutes les routes du malheur, des sentinelles vigilantes, pour l'épier et le secourir. Ici la

Racine avoue lui-même qu'il n'auroit pu faire supporter son Andromaque, si, comme dans Euripide, elle eût tremblé pour *Molossus* et non pour *Astyanax*, pour le fils de *Pyrrhus* et non pour celui d'*Hector*. *On ne croit point*, dit-il très-bien, *qu'elle doive aimer un autre mari que le premier* [1]. Virgile l'avoit déjà senti confusément, et, dans le troisième livre de l'*Énéide*, il cherche à sauver, autant qu'il peut, l'honneur d'Andromaque. Elle rougit et baisse les yeux devant Énée, qui débarque en Épire :

> Dejecit vultum et demissa voce locuta est, etc.

Puis, d'une voix embarrassée, elle raconte que le fils d'Achille, en la quittant pour Hermione, l'a fait épouser au troyen Hélénus :

> Me famulam famuloque Heleno transmisit habendam, etc.

Mais, en dépit de cette rougeur et de cet embarras que lui donne Virgile, la veuve d'Hector ne paroît point assez justifiée à J.-B. Rousseau, qui la cite auprès de la matrone d'Éphèse, dans une ode charmante :

> Andromaque, en moins d'un lustre,
> Remplaça deux fois Hector.

Racine s'est bien gardé de suivre en tout les traditions connues. Chez lui Andromaque ressemble précisément à ces veuves des premiers siècles chrétiens, où l'idée d'un second mariage eût semblé profane et presque coupable ; à ces *Paules* et à ces *Marcelles*, qui, retirées dans un cloître, indifférentes à tous les spectacles du monde et toujours vêtues de deuil, ne regardoient plus que le tombeau de l'époux à qui elles avoient promis leur foi, et le ciel où leurs premiers nœuds devoient se rejoindre éternellement. Il est donc vrai que le caractère de la veuve d'Hector, en prenant les couleurs sévères du christianisme, devient plus pur et plus touchant que dans l'antiquité même.

Sous l'empire d'une religion qui commande au désir tant de sacrifices, il doit y avoir plus de luttes entre le devoir et les passions. Dès lors le génie qui les observe saura peindre avec des traits plus déchirants les combats du cœur, ses foiblesses et ses remords. Ainsi donc, à génie égal, un poëte élevé comme Racine dans la plus sévère école du christianisme peindra le repentir de Phèdre criminelle avec une

---

1. Voyez la préface d'*Andromaque*.

énergie que ne peuvent inspirer les dogmes d'une religion moins réprimante. Les orages d'une âme pieuse et tendre à la fois, qui est tour à tour partagée entre Dieu et son amant, une Héloïse que les souvenirs de la volupté poursuivent dans le sein de la pénitence, une Zaïre éprise de l'objet que son culte lui ordonne de haïr, le cloître et le monde, les illusions de la terre et les menaces du ciel, tous ces contrastes si dramatiques sont des beautés particulières au christianisme. Il donne non-seulement des nuances plus fortes à la peinture des passions déjà connues, mais il les enrichit encore de caractères absolument nouveaux.

Ceux qui savent étudier dans les mœurs des peuples et des siècles le caractère des différentes littératures, les critiques dont le coup d'œil a quelque étendue, avoueront sans doute cette influence de nos opinions religieuses sur le talent de nos plus illustres écrivains. Mais peut-être on ne trouvera pas la même justesse dans toutes les observations de M. de Chateaubriand, ou du moins quelques-unes ne seront admises qu'avec des restrictions nécessaires. On lui accordera difficilement que les machines poétiques tirées du christianisme puissent avoir le même effet que celles de la mythologie. Il est vrai qu'il ne se dissimule point les objections qui se présentent contre ce système.

« Nous avons à combattre, dit-il, un des plus anciens préjugés de l'école. Toutes les autorités sont contre nous, et l'on peut nous citer vingt vers de l'*Art poétique* qui nous condamnent. » Après cet aveu, il compare sous le point de vue poétique le Ciel des chrétiens à l'Olympe, le Tartare à notre Enfer, nos anges aux dieux subalternes du paganisme et nos saints à ses demi-dieux.

On ne peut sans doute assigner de bornes au génie. Ce que Boileau jugeoit impraticable sera peut-être tenté quelque jour avec succès. Milton, à qui le goût fait tant de reproches, montre pourtant jusqu'à quel point la majesté des livres saints élève l'imagination poétique. Mais est-ce assez pour justifier l'opinion de ceux qui

> Pensent faire agir Dieu, les saints et les prophètes,
> Comme les dieux éclos du cerveau des poëtes?

En effet, si Milton est sublime, ce n'est point quand il peint la Divinité reposant dans elle-même et jouissant de sa propre gloire au milieu des chœurs célestes qui la chantent éternellement. Alors le poëte est gêné par la précision des dogmes théologiques, et son enthousiasme se refroidit. C'est dans le caractère de Satan qu'il s'est élevé au-dessus de lui-même. On en devine bientôt la raison : c'est que Satan, déchiré par l'orgueil et le remords, par les sentiments opposés de sa misère présente et de son antique gloire, a précisément, et même à un plus haut degré, toutes les passions des dieux de la mythologie. C'est un sujet rebelle qui rugit dans sa chaîne ; c'est un roi détrôné qui médite de nouvelles vengeances ; en un mot, c'est, avec des traits plus hardis, un Encelade frappé de la foudre, un Prométhée qui défie encore Jupiter sur le roc où l'enchaîne la nécessité. Quelques traits de ce personnage avaient été indiqués dans les prophètes, mais d'une manière assez vague pour que l'auteur moderne, en le peignant, eût toute la liberté nécessaire à l'invention poétique. Satan, tel qu'il est conçu par Milton, ne prouve donc rien contre ces vers de Boileau :

> De la foi d'un chrétien les mystères terribles
> D'*ornements égayés* ne sont point susceptibles.

Remarquez bien cette expression d'*ornements égayés*. Boileau l'a placée encore plus haut, en parlant de l'effet heureux des fables anciennes dans la poésie épique :

> Ainsi, dans cet amas de nobles fictions,
> Le poëte s'*égaye* en mille inventions,
> Orne, élève, *embellit*, *agrandit* toutes choses,
> Et trouve sous sa main des fleurs toujours écloses.

Mais ces fleurs ne croissent que sur les autels d'une religion douce et riante. La majesté du christianisme est trop sévère pour souffrir de tels ornements. Si on veut l'*embellir*, on la dégrade. Comment *agrandir* ce qui est infini ? Comment *égayer* une religion qui a révélé toutes les misères de l'homme ? D'ailleurs, le christianisme a des traditions précises et des dogmes invariables, dont ne s'accommode point un art qui ne vit que de fictions. Si la mythologie fut si favorable aux poëtes, c'est qu'elle étoit pour eux la source éternelle des ingénieux mensonges. Homère, Hésiode, Ovide, racontent souvent, avec des circonstances très-diverses, les généalogies et les aventures de leurs dieux. La variété de leurs récits favorise singulièrement l'essor et l'indépendance de l'imagination. Ces dieux qu'elle enfanta se prêtent à tous ses caprices, et se multiplient même quand il lui plaît. Longtemps après Homère, Apulée raconte la fable de Psyché : soudain Vénus a une rivale, et l'Olympe une déesse de plus. On sent que de telles licences sont interdites dans une religion où tout doit inspirer le respect et combattre les sens, où les faits et la doctrine sont immuables comme la vérité.

Mais si la gravité du christianisme ne peut descendre jusqu'aux jeux de la mythologie, celle-ci, au contraire, prenant toutes les formes du génie poétique dont elle est la fille, peut imiter les effets majestueux du christianisme [1]. Je suppose qu'on eût un poëme épique de Platon, qui, comme on sait, voulut dans sa jeunesse être le rival d'Homère, et qui ne fut le premier des philosophes qu'après avoir essayé vainement d'être le premier des poëtes : croit-on qu'il n'eût pas su introduire dans les fictions mythologiques quelques-unes de ces idées sublimes qui sembloient presque chrétiennes aux premiers Pères de l'Église [2] ? Et ce que Platon n'a pas fait, ne fut-il pas exécuté plus d'une fois par Fénelon ? L'Élysée, par exemple, tel qu'il est peint dans le *Télémaque,* n'appartient point au système du paganisme, mais à celui d'une religion qui n'admet qu'une joie sainte et des voluptés pures comme elle [3]. M. de Chateaubriand l'observe lui-même avec d'autres critiques. On retrouve en effet dans cette description les élans passionnés d'une âme tendre qui portoit l'amour divin jusqu'à l'excès ; mais ce morceau n'est pas le seul où l'auteur a répandu l'esprit du christianisme. Je n'en indiquerai qu'un autre exemple.

Le fils d'Ulysse, séparé quelque temps de Minerve, qui le conduit sous la figure de Mentor, est seul dans l'île de Chypre en proie à toutes les séductions de Vénus et de son âge ; il est prêt à succomber. Tout à coup, au fond d'un bocage, paroît la figure austère de ce même Mentor, qui crie d'une voix forte à son élève : *Fuyez cette terre dangereuse.* Les accents de la Divinité cachée rendent au cœur amolli du jeune homme son courage et ses vertus. Il se réjouit de retrouver enfin l'ami qu'il regrette depuis si longtemps ; mais Mentor lui annonce qu'il faut se quitter encore, et lui parle en ces mots :

« Le cruel Métophis, qui me fit esclave avec vous en Égypte, me vendit à des Arabes. Ceux-ci étant allés à Damas en Syrie, pour leur commerce, voulurent se défaire de moi, croyant tirer une grande somme d'un voyageur nommé Hazael, qui cherchoit un esclave grec. Hazael m'attend ; adieu, cher Télémaque : un esclave qui craint les dieux doit suivre fidèlement son maître. »

---

1. On peut douter de cela, surtout dans l'éloquence et dans la poésie dramatique.
(*Note des Éditeurs.*)

2. Sans doute un beau génie comme Platon auroit pu spiritualiser la mythologie, mais sa divine imagination, en atteignant aux grandes idées métaphysiques, seroit, par cela même, sortie de l'ordre des idées mythologiques ; elle seroit devenue presque chrétienne. L'auteur auroit donc pu réclamer en sa faveur l'exemple que le critique veut citer contre lui. (*Note des Éditeurs.*)

3. Voyez la note suivante.

Il y a des beautés de plusieurs genres dans cet épisode. Tout le monde remarquera sans peine que Minerve ne vient point secourir Télémaque quand il est captif aux extrémités de l'Égypte, ou quand il combat Adraste au milieu de tous les dangers. C'est contre la volupté seule qu'elle accourt le défendre; c'est alors qu'il en a le plus grand besoin. Une telle allégorie est belle sans doute, mais le reste cache des vérités plus sublimes encore. La fille du maître des dieux, la Sagesse divine elle-même, se soumet sans murmure à tous les opprobres de la servitude, et les ennoblit par une pieuse résignation. N'est-ce pas déguiser sous des noms mythologiques ce qu'il y a de plus élevé dans la théologie chrétienne[1]? et quelles plus grandes leçons peuvent être données au roi que veut instruire Minerve! Elle lui apprend le respect qu'il doit à tous les hommes, en les montrant tous égaux devant le ciel, et surtout en acceptant elle-même les plus viles fonctions de la société. Mais lorsqu'elle réprime avec tant de soin l'orgueil de la puissance souveraine, voyez comme elle apaise les ressentiments séditieux de la mauvaise fortune, en inspirant à l'esclave la crainte des dieux qui récompenseront sa fidélité. Peut-on expliquer sous des images plus heureuses toute l'harmonie sociale et les devoirs réciproques des divers états qui l'entretiennent? Ah! sans doute ces instructions puisées à la source du *vrai* et du *beau* sont dignes d'avoir pour interprète Minerve même, c'est-à-dire l'intelligence qui gouverne l'univers. Comparez à cette morale, si utile et si touchante, les maximes d'éducation qu'a trop répandues le style véhément et passionné de J.-J. Rousseau; lisez sans prévention *Émile* et *Télémaque,* et jugez la philosophie des deux siècles, indépendamment de tous les autres mérites de Fénelon.

On peut conclure de ces réflexions que dans le merveilleux de l'épopée tous les avantages poétiques sont en faveur des fables anciennes, puisqu'elles sont toujours plus riantes que le christianisme, et peuvent quelquefois être aussi graves que lui.

M. de Chateaubriand fait encore d'autres reproches à la mythologie, et l'on ne dira pas qu'il la condamne par défaut d'imagination, car il en prodigue toutes les richesses dans le morceau suivant :

« Le plus grand et le premier vice de la mythologie, etc. » (Voyez p. 220).

Je crois qu'en répandant sur ce chapitre l'éclat des plus vives images, l'auteur a confondu quelques objets qu'il faut distinguer.

---

[1]. Oserons-nous faire remarquer que ces exemples sont plus en faveur du système que soutient l'auteur que favorables à l'opinion du critique? (*Note des Éditeurs.*)

Les esprits tournés à la contemplation religieuse doivent sans doute se passionner pour tous les grands spectacles qui leur parlent de la puissance divine. Une piété tendre et vive peut accroître encore cet enthousiasme qui saisit le poëte à la vue des cieux, des mers et des campagnes; je sais même que certains tableaux du christianisme s'associent très-heureusement aux scènes de la nature, et surtout à celles qui ont un caractère majestueux, touchant ou sublime. Le désert où sont ensevelies Thèbes, Palmyre et Babylone me frappera d'une plus profonde émotion si j'y vois la pénitence et la prière à genoux sur des ruines, si dans quelques décombres de ces villes agitées autrefois par toutes les passions un anachorète vit en paix avec Dieu, et médite sur la mort aux mêmes lieux où tant de grandeurs coupables ont disparu. Le solitaire qui attend le lever du soleil sur le sommet du Liban me rendra plus sensible à la merveille de la lumière et de la création renaissante s'il répète, au retour du matin, le cantique où David célébroit les œuvres de Dieu sur la même montagne. C'est alors que les cieux et le firmament, *qui racontent la gloire de l'Éternel*[1], auront pour moi plus de grandeur que ceux où se promène le char d'Apollon. Mais il ne faut rien exagérer : plus le christianisme est sublime, moins il lui faut chercher des beautés qui ne sont pas les siennes, et dont il n'a pas besoin. Est-il vrai, par exemple, que *lui seul, en chassant les Faunes, les Satyres et les Nymphes, ait rendu aux grottes leur silence et aux bois leur rêverie? qu'il ait exhaussé le dôme des forêts et qu'il les ait remplies d'une divinité immense, etc., etc.?* Mais les bois du Druide n'avoient-ils pas ce caractère solennel et sacré? Ne sait-on pas que l'ancien peuple celte n'avoit que des dieux immatériels et invisibles, et qu'il donnoit ordinairement leur nom à l'endroit le plus caché des forêts, comme nous l'apprend Tacite? Il n'adoroit qu'en esprit ce lieu plein d'une majesté cachée, et n'osoit même y lever les yeux : *lucos ac nemora consecrant, deorumque nominibus appellant secretum illud quod sola reverentia vident*[2]. Or, malgré

---

[1]. *Cœli enarrant gloriam Dei.*   [2]. *De moribus Germanorum.*

M. de Chateaubriand ne veut pas prouver ici que la religion chrétienne est la source de la poésie descriptive, mais que la mythologie détruisoit ce genre de poésie, et comme le critique, il apporte pour preuve que les peuples qui ne connoissoient pas la mythologie avoient une poésie descriptive. Voici les propres paroles de l'auteur :

« Quant à ces dieux vagues que les anciens plaçoient dans les bois déserts et sur les sites agrestes, ils étoient d'un bel effet sans doute, mais ils ne tenoient plus au système mythologique : l'esprit humain retomboit ici dans la religion naturelle. Ce que le voyageur tremblant adoroit en passant dans ces solitudes étoit quelque chose d'*ignoré*, quelque chose dont il ne savoit point le nom, et qu'il appeloit la *divinité du lieu;* quelquefois il lui donnoit le nom de Pan, et Pan étoit le *Dieu universel*. Ces

tous les anathèmes que prononce M. de Chateaubriand contre la mythologie, je pense qu'un homme né avec un aussi beau talent que le sien eût pu trouver le même enthousiasme et les mêmes rêveries dans ces bois de Delphes où les antres, les trépieds et les chênes étoient prophétiques. La fable ne disoit-elle pas que deux aigles, envoyés par Jupiter et partis des extrémités du monde, en volant avec une égale vitesse, s'étoient rencontrés au milieu de l'univers, dans l'endroit même où le temple de Delphes avoit été bâti ? C'étoit là que la divinité, toujours présente, recevoit les hommages de toutes les nations ; c'est de là qu'elle jetoit un coup d'œil égal sur toutes les parties de la terre soumise à son empire. D'aussi belles traditions pouvoient sans doute inspirer le poëte, et ce lieu chéri des Muses étoit, comme on voit, sous l'influence immédiate du ciel. Des crayons vulgaires ont trop usé, j'en conviens, les images mythologiques ; mais le peintre aimera toujours l'attitude de ce fleuve appuyé sur son urne couronnée de fruits. Et que d'idées morales les anciens savoient attacher à ces emblèmes poétiques ! Inachus étoit un roi bienfaisant, ami de son peuple, dont il étoit aimé. Près d'expirer, il demande aux dieux de rendre sa mort utile à ses sujets. Les dieux exaucent sa prière : ils le changent en fleuve, et sous cette nouvelle forme ses eaux versent encore l'abondance au pays dont ses vertus avoient fait le bonheur. De telles fables feront toujours les délices du genre humain. M. de Chateaubriand a trop de sentiment et d'imagination pour briser l'urne d'Inachus et pour ne pas aimer sa métamorphose.

Quant à la poésie descriptive, les anciens n'en ont jamais fait un genre à part ; ils l'ont sagement mêlée au tissu d'une composition épique ou didactique. Je crois qu'à cet égard ils méritent des éloges et non des reproches [1]. Mais cette question mériteroit un article tout

grandes émotions qu'inspire la nature sauvage n'ont point cessé d'exister, et les bois conservent encore pour nous leur formidable divinité.

« Enfin, il est si vrai que l'*allégorie physique* ou *les dieux de la fable* détruisoient les charmes de la nature, que les anciens n'ont point eu de vrais peintres de paysage, par la même raison qu'ils n'avoient point de poésie descriptive. Or, chez les autres peuples idolâtres, qui ont ignoré le système mythologique, cette poésie a plus ou moins été connue ; c'est ce que prouvent les poëmes sanskrits, les contes arabes, les Edda, les chansons des nègres et des sauvages. Mais, comme les nations infidèles ont toujours mêlé leur fausse religion (et par conséquent leur mauvais goût) à leurs ouvrages, ce n'est que sous le christianisme qu'on a su peindre la nature dans sa vérité. »

(*Note des Éditeurs.*)

1. C'est ce que dit l'auteur lui-même dans une de ses notes.

« Nous ne voulons qu'éclaircir ce mot *descriptif*, afin qu'on ne l'interprète pas dans un sens différent de celui que nous lui donnons. Quelques personnes ont été choquées de notre assertion, faute d'avoir bien compris ce que nous voulions dire.

entier, et celui-ci est déjà trop long. Au reste, le progrès des sciences naturelles, plus que le christianisme, a dû nécessairement agrandir pour les modernes le spectacle des phénomènes de la nature[1]. Quand le télescope de Galilée et d'Herschel recule les immensités du ciel, il faut bien que l'Olympe s'abaisse ; et c'est alors que la Muse de l'épopée, s'égarant avec Newton

> Dans des soleils sans nombre et des mondes sans fin,

s'écrie avec un enthousiasme digne de ces nouveaux prodiges :

> Par delà tous ces cieux le Dieu des cieux réside.

Mais si tout le monde n'aperçoit pas également les beautés poétiques du christianisme, personne ne conteste ses bienfaits, et c'est en les peignant que l'auteur est surtout admirable. On me saura gré de citer encore la peinture d'un religieux allant annoncer la sentence aux criminels dans les prisons.

« On a vu, dit-il, dans ces actes de dévouement, etc. » (Voyez p. 434).

Le lecteur impartial ne trouvera point qu'on ait trop loué l'ouvrage qui renferme de pareilles beautés. Les opinions courageusement professées par l'auteur lui obtiendront encore plus d'estime que son rare talent. Il est juste en effet que la faveur publique environne les écri-

---

Certainement les poëtes de l'antiquité ont des morceaux *descriptifs*; il seroit absurde de le nier, surtout si l'on donne la plus grande extension à l'expression, et qu'on entende par là des descriptions de vêtements, de repas, d'armées, de cérémonies, etc., etc.; mais ce genre de *description* est totalement différent du nôtre : en général, les anciens ont peint les *mœurs*, nous peignons les *choses*; Virgile décrit la *maison rustique*, Théocrite les *bergers*, et Thomson les *bois* et les *déserts*. Quand les Grecs et les Latins ont dit quelques mots d'un paysage, ce n'a jamais été que pour y placer des personnages et faire rapidement un fond de tableau ; mais ils n'ont jamais représenté nûment, comme nous, les fleuves, les montagnes et les forêts : c'est tout ce que nous prétendons dire ici. Peut-être objectera-t-on que les anciens avoient raison de regarder la poésie descriptive comme l'objet *accessoire*, et non comme l'objet *principal* du tableau ; je le pense aussi, et l'on a fait de nos jours un étrange abus du genre descriptif, mais il n'en est pas moins vrai que c'est un moyen de plus entre nos mains, et qu'il a étendu la sphère des images poétiques, sans nous priver de la peinture des mœurs et des passions, telle qu'elle existoit pour les anciens. »

(*Note des Éditeurs.*)

1. Cela est vrai, mais parce que la religion des chrétiens ne s'oppose pas à ces connoissances physiques, tandis que chez les anciens, quoiqu'il y eût certainement de grands géomètres, la mythologie ou la religion des peuples étoit un obstacle invincible à voir la nature telle qu'elle est.

(*Note des Éditeurs.*)

vains qui remettent en honneur les principes sur lesquels repose l'ordre social. C'est ainsi qu'en Angleterre, après les ravages produits par les funestes doctrines de *Hobbes*, de *Collins* et de *Toland*, on accueillit avec enthousiasme les livres où le docteur *Clarke* développa les preuves de l'existence de Dieu et de l'immortalité de l'âme. Les Anglois, tout pleins encore des souvenirs de la guerre civile et longtemps divisés par les controverses politiques, se réunirent tous pour bénir l'écrivain qui leur donnoit des espérances éternelles, et qui venoit enfin justifier cette Providence qu'avoient fait méconnoître à quelques-uns les succès du crime et le long règne de l'anarchie.

L'empereur Marc-Aurèle, en remerciant les dieux de tous les bienfaits qu'ils avoient répandus sur lui dès ses premières années, met au nombre de leurs plus grandes faveurs son peu de goût pour les fausses sciences de son siècle. *Une grande marque de soin des Immortels pour moi, c'est*, ajoute-t-il, *qu'ayant eu une très-grande passion pour la philosophie, je ne suis tombé entre les mains d'aucun sophiste, que je ne me suis point amusé à lire leurs livres ni à démêler les vaines subtilités de leurs raisonnements.* Heureux dorénavant les souverains et les peuples qui pourront se rendre le même témoignage ! A mesure que les écrits des sophistes auront moins de partisans, l'auteur du *Génie du Christianisme* en trouvera davantage. Au reste, il a déjà eu la double gloire de soulever contre lui et des critiques obscurs et des critiques distingués. Ces derniers sont, à mon sens, ceux dont il doit être le plus fier. Un ouvrage n'est point encore éprouvé quand il triomphe des censures de Visé et de Subligny ; mais sa gloire est complète quand il résiste aux dégoûts de Sévigné et aux épigrammes de Fontenelle.

Il ne m'appartient point de marquer le rang de cet ouvrage ; mais les hommes dont je respecte l'autorité pensent que le *Génie du Christianisme* est une production d'un caractère original que ses beautés feront vivre, un monument à jamais honorable pour la main qui l'éleva et pour le commencement du xixe siècle qui l'a vu naître.

FONTANES.

FIN.

TABLE.

	Pages
Préface	1

PREMIÈRE PARTIE.

DOGMES ET DOCTRINE.

LIVRE I.

MYSTÈRES ET SACREMENTS.

Chapitre I. Introduction	5
Chap. II. De la nature du Mystère	11
Chap. III. Des Mystères chrétiens. — De la Trinité	13
Chap. IV. De la Rédemption	17
Chap. V. De l'Incarnation	23
Chap. VI. Les Sacrements. — Le Baptême et la Confession	24
Chap. VII. De la Communion	27
Chap. VIII. La Confirmation, l'Ordre et le Mariage	34
Chap. IX. Sur le Sacrement de l'Ordre	36
Chap. X. Le Mariage	39
Chap. XI. L'Extrême-Onction	44

LIVRE II.

VERTUS ET LOIS MORALES.

Chapitre I. Vices et Vertus selon la Religion	46
Chap. II. De la Foi	47
Chap. III. De l'Espérance et de la Charité	49
Chap. IV. Des Lois morales, ou du Décalogue	54

LIVRE III.

VÉRITÉS DES ÉCRITURES ; CHUTE DE L'HOMME.

Pages

CHAPITRE I. Supériorité de la tradition de Moïse sur toutes les autres cosmogonies.. 58
CHAP. II. Chute de l'Homme ; le Serpent ; un mot hébreu............ 61
CHAP. III. Constitution primitive de l'Homme..................... 64

LIVRE IV.

SUITE DES VÉRITÉS DES ÉCRITURES. OBJECTIONS CONTRE LE SYSTÈME DE MOÏSE.

CHAPITRE I. Chronologie.. 68
CHAP. II. Logographie et faits historiques........................ 70
CHAP. III. Astronomie.. 76
CHAP. IV. Histoire naturelle ; Déluge............................. 80
CHAP. V. Jeunesse et Vieillesse de la Terre....................... 82

LIVRE V.

EXISTENCE DE DIEU PROUVÉE PAR LES MERVEILLES DE LA NATURE.

CHAPITRE I. Objet de ce Livre.................................... 85
CHAP. II. Spectacle général de l'Univers......................... 86
CHAP. III. Organisation des Animaux et des Plantes............... 88
CHAP. IV. Instinct des Animaux................................... 91
CHAP. V. Chant des Oiseaux ; qu'il est fait pour l'homme. Loi relative au cri des Animaux.. 93
CHAP. VI. Nids des Oiseaux....................................... 95
CHAP. VII. Migration des Oiseaux................................. 97
CHAP. VIII. Oiseaux des mers ; comment utiles à l'homme.......... 100
CHAP. IX. Suite des Migrations. — Quadrupèdes................... 104
CHAP. X. Amphibies et Reptiles................................... 106
CHAP. XI. Des Plantes et de leurs Migrations..................... 110
CHAP. XII. Deux perspectives de la Nature........................ 112
CHAP. XIII. L'Homme physique..................................... 115
CHAP. XIV. Instinct de la Patrie................................. 117

LIVRE VI.

IMMORTALITÉ DE L'AME PROUVÉE PAR LA MORALE ET LE SENTIMENT.

CHAPITRE I. Désir de bonheur dans l'Homme....................... 123
CHAP. II. Du Remords et de la Conscience........................ 126

TABLE.

	Pages
Chap. III. Qu'il n'y a point de morale s'il n'y a point d'autre vie.....	128
Chap. IV. De quelques objections...........................	129
Chap. V. Danger et inutilité de l'Athéisme......................	133
Chap. VI. Fin des dogmes du Christianisme. — État des peines et des récompenses dans une autre vie. Élysée antique, etc.............	138
Chap. VII. Jugement dernier................................	140
Chap. VIII. Bonheur des Justes..............................	142

DEUXIÈME PARTIE.

POÉTIQUE DU CHRISTIANISME.

LIVRE I.

VUE GÉNÉRALE DES ÉPOPÉES CHRÉTIENNES.

Chapitre I. Que la poétique du Christianisme se divise en trois branches : Poésie, Beaux-Arts, Littérature....................	144
Chap. II. Vue générale des Poëmes où le merveilleux du Christianisme remplace la Mythologie. — L'Enfer du Dante. — La Jérusalem délivrée.	145
Chap. III. Paradis perdu...................................	148
Chap. IV. De quelques Poëmes françois et étrangers...............	153
Chap. V. La Henriade.....................................	156

LIVRE II.

POÉSIE DANS SES RAPPORTS AVEC LES HOMMES. CARACTÈRES.

Chapitre I. Caractères naturels.............................	161
Chap. II. Des Époux. — Ulysse et Pénélope....................	162
Chap. III. Suite des Époux. — Adam et Ève....................	165
Chap. IV. Le Père. — Priam...............................	170
Chap. V. Suite du Père. — Lusignan..........................	173
Chap. VI. La Mère. — Andromaque..........................	174
Chap. VII. Le Fils. — Guzman..............................	177
Chap. VIII. La Fille. — Iphigénie............................	180
Chap. IX. Caractères sociaux. — Le Prêtre.....................	182
Chap. X. Suite du Prêtre. — La Sibylle. — Joad.................	183
Chap. XI. Le Guerrier. — Définition du beau idéal................	188
Chap. XII. Suite du Guerrier................................	190

TABLE.

LIVRE III.
SUITE DE LA POÉSIE DANS SES RAPPORTS AVEC LES HOMMES. PASSIONS.

Pages

Chapitre I. Que le Christianisme a changé les rapports des passions en changeant les bases du vice et de la vertu.................... 194
Chap. II. Amour passionné. — Didon........................... 196
Chap. III. La Phèdre de Racine................................. 199
Chap. IV. Julie d'Étange; Clémentine........................... 201
Chap. V. Héloïse et Abeilard.................................... 203
Chap. VI. Amour champêtre. — Le Cyclope et Galatée............ 206
Chap. VII. Paul et Virginie..................................... 209
Chap. VIII. La Religion chrétienne considérée elle-même comme passion. 212
Chap. IX. Du vague des Passions................................ 218

LIVRE IV.
DU MERVEILLEUX, OU DE LA POÉSIE DANS SES RAPPORTS AVEC LES ÊTRES SURNATURELS.

Chapitre I. Que la Mythologie rapetissoit la nature; que les Anciens n'avoient point de poésie proprement dite descriptive.............. 220
Chap. II. De l'Allégorie.. 223
Chap. III. Partie historique de la Poésie descriptive chez les modernes. 225
Chap. IV. Si les divinités du paganisme ont poétiquement la supériorité sur les divinités chrétiennes..................................... 228
Chap. V. Caractère du vrai Dieu................................. 231
Chap. VI. Des Esprits de ténèbres............................... 233
Chap. VII. Des Saints... 234
Chap. VIII. Des Anges... 237
Chap. IX. Application des principes établis dans les chapitres précédents. — Caractère de Satan..................................... 238
Chap. X. Machines poétiques. — Vénus dans les bois de Carthage; Raphael au berceau d'Éden..................................... 241
Chap. XI. Suite des machines poétiques. — Songe d'Énée; songe d'Athalie.. 243
Chap. XII. Suite des machines poétiques. — Voyage des dieux homériques; Satan allant à la découverte de la création................. 246
Chap. XIII. L'Enfer chrétien.................................... 248
Chap. XIV. Parallèle de l'Enfer et du Tartare. — Entrée de l'Averne; Porte de l'Enfer du Dante; Didon; Françoise de Rimini; Tourments des coupables... 249
Chap. XV. Du Purgatoire.. 253
Chap. XVI. Le Paradis.. 254

TABLE.

LIVRE V.

LA BIBLE ET HOMÈRE.

Pages

CHAPITRE I. De l'Écriture et de son excellence.................... 258
CHAP. II. Qu'il y a trois styles principaux dans l'Écriture.......... 259
CHAP. III. Parallèle de la Bible et d'Homère.— Termes de comparaison. 265
CHAP. IV. Suite du parallèle de la Bible et d'Homère. — Exemples.... 270

TROISIÈME PARTIE

BEAUX-ARTS ET LITTÉRATURE.

LIVRE I.

BEAUX-ARTS.

CHAPITRE I. Musique. De l'influence du Christianisme dans la musique. 281
CHAP. II. Du Chant grégorien.................................. 283
CHAP. III. Partie historique de la Peinture chez les modernes........ 285
CHAP. IV. Des sujets de Tableaux............................... 287
CHAP. V. Sculpture.. 289
CHAP. VI. Architecture. — Hôtel des Invalides.................... 290
CHAP. VII. Versailles... 291
CHAP. VIII. Des Églises gothiques............................... 292

LIVRE II.

PHILOSOPHIE.

CHAPITRE I. Astronomie et Mathématiques....................... 295
CHAP. II. Chimie et Histoire naturelle........................... 303
CHAP. III. Des Philosophes chrétiens. — Métaphysiciens............ 308
CHAP. IV. Suite des Philosophes chrétiens. — Publicistes........... 310
CHAP. V. Moralistes. — La Bruyère.............................. 311
CHAP. VI. Suite des Moralistes.................................. 313

LIVRE III.

HISTOIRE.

CHAPITRE I. Du Christianisme dans la manière d'écrire l'histoire...... 318
CHAP. II. Causes générales qui ont empêché les écrivains modernes de réussir dans l'histoire. Première cause : Beautés des sujets antiques. 320

Chap. III. Seconde cause : Les Anciens ont épuisé tous les genres d'histoire, hors le genre chrétien.. 322
Chap. IV. Pourquoi les François n'ont que des Mémoires............ 324
Chap. V. Beau côté de l'Histoire moderne........................ 327
Chap. VI. Voltaire historien....................................... 328
Chap. VII. Philippe de Commines et Rollin....................... 330
Chap. VIII. Bossuet historien..................................... 334

LIVRE IV.

ÉLOQUENCE.

Chapitre I. Du Christianisme dans l'éloquence.................... 334
Chap. II. Des Orateurs. Les Pères de l'Église.................... 336
Chap. III. Massillon... 341
Chap. IV. Bossuet orateur.. 343
Chap. V. Que l'incrédulité est la principale cause de la décadence du goût et du génie... 347

LIVRE V.

HARMONIES DE LA RELIGION CHRÉTIENNE AVEC LES SCÈNES DE LA NATURE ET LES PASSIONS DU CŒUR HUMAIN.

Chapitre I. Division des harmonies............................... 353
Chap. II. Harmonies physiques. — Sites des monuments religieux; Couvents maronites, cophtes, etc................................. 353
Chap. III. Les ruines en général. — Qu'il y en a de deux espèces.... 360
Chap. IV. Effet pittoresque des ruines. — Ruines de Palmyre, d'Égypte, etc... 362
Chap. V. Ruines des monuments chrétiens......................... 364
Chap. VI. Harmonies morales. — Dévotions populaires............ 365

QUATRIÈME PARTIE.

CULTE.

LIVRE I.

ÉGLISES, ORNEMENTS, CHANTS, PRIÈRES, SOLENNITÉS, ETC.

Chapitre I. Des Cloches.. 370
Chap. II. Du vêtement des prêtres et des ornements de l'Église...... 372

TABLE.

	Pages
CHAP. III. Des chants et des prières..................................	374
CHAP. IV. Des solennités de l'Église. — Du Dimanche..............	379
CHAP. V. Explication de la Messe......................................	381
CHAP. VI. Cérémonies et prières de la Messe........................	382
CHAP. VII. Fête-Dieu..	385
CHAP. VIII. Des Rogations..	387
CHAP. IX. De quelques Fêtes chrétiennes. — Les Rois, Noël, etc......	388
CHAP. X. Funérailles. — Pompes funèbres des grands..............	391
CHAP. XI. Funérailles du guerrier.—Convois des riches, Coutumes, etc.	392
CHAP. XII. Des Prières pour les Morts...............................	394

LIVRE II.

TOMBEAUX.

CHAPITRE I. Tombeaux antiques. — L'Egypte.....................	398
CHAP. II. Les Grecs et les Romains................................	399
CHAP. III. Tombeaux modernes. — La Chine et la Turquie..........	399
CHAP. IV. La Calédonie ou l'ancienne Écosse.....................	400
CHAP. V. Otaïti..	401
CHAP. VI. Tombeaux chrétiens.......................................	402
CHAP. VII. Cimetières de campagne................................	404
CHAP. VIII. Tombeaux dans les Églises.............................	405
CHAP. IX. Saint-Denis...	407

LIVRE III.

VUE GÉNÉRALE DU CLERGÉ.

CHAPITRE I. De Jésus-Christ et de sa vie.........................	410
CHAP. II. Clergé séculier. — Hiérarchie...........................	414
CHAP. III. Clergé régulier. — Origine de la vie monastique........	421
CHAP. IV. Des Constitutions monastiques..........................	425
CHAP. V. Tableau des mœurs et de la vie religieuse. — Moines, cophtes, maronites, etc...	428
CHAP. VI. Trappistes, chartreux, sœurs de Sainte-Claire, Pères de la Rédemption, missionnaires, filles de la Charité, etc..............	430

LIVRE IV.

MISSIONS.

	Pages
CHAPITRE I. Idée générale des Missions.........................	435
CHAP. II. Missions du Levant................................	440
CHAP. III. Missions de la Chine.............................	443
CHAP. IV. Missions du Paraguay. — Conversion des sauvages.......	447
CHAP. V. Suite des Missions du Paraguay. — République chrétienne. Bonheur des Indiens..	450
CHAP. VI. Missions de la Guiane.............................	457
CHAP. VII. Missions des Antilles............................	459
CHAP. VIII. Missions de la Nouvelle-France....................	462
CHAP. IX. Fin des Missions..................................	469

LIVRE V.

ORDRES MILITAIRES DE CHEVALERIE.

CHAPITRE I. Chevaliers de Malte..............................	471
CHAP. II. Ordre Teutonique..................................	474
CHAP. III. Chevaliers de Calatrave et de Saint-Jacques-de-l'Épée, en Espagne...	475
CHAP. IV. Vie et mœurs des Chevaliers.......................	477

LIVRE VI.

SERVICES RENDUS A LA SOCIÉTÉ PAR LE CLERGÉ ET LA RELIGION CHRÉTIENNE EN GÉNÉRAL.

CHAPITRE I. Immensité des bienfaits du Christianisme.............	487
CHAP. II. Hôpitaux...	488
CHAP. III. Hôtel-Dieu, Sœurs grises.........................	493
CHAP. IV. Enfants-Trouvés, Dames de la Charité, Traits de bienfaisance.	496
CHAP. V. Éducation. — Écoles, Colléges, Universités; Bénédictins et Jésuites...	498
CHAP. VI. Papes et cour de Rome, Découvertes modernes, etc........	502
CHAP. VII. Agriculture......................................	506
CHAP. VIII. Villes et Villages, Ponts, grands Chemins, etc.......	509
CHAP. IX. Arts et Métiers, Commerce.........................	512
CHAP. X. Des Lois civiles et criminelles.....................	514
CHAP. XI. Politique et Gouvernement.........................	517

TABLE.

	Pages.
CHAP. XII. Récapitulation générale..............................	522
CHAP. XIII. Quel seroit aujourd'hui l'état de la société si le Christianisme n'eût point paru sur la terre. — Conjectures. — Conclusion...	526
Notes et éclaircissements..	541
DÉFENSE DU GÉNIE DU CHRISTIANISME........................	699
Sujet de l'ouvrage..	700
Plan de l'ouvrage..	713
Détails de l'ouvrage...	716
REMARQUES CRITIQUES. — Extraits critiques du Génie du Christianisme, par M. de Fontanes. — Premier extrait.......................	719
Second extrait...	726

FIN DE LA TABLE.

PARIS. — IMPRIMERIE DE J. CLAYE, RUE SAINT-BENOIT, 7.

www.ingramcontent.com/pod-product-compliance
Lightning Source LLC
Chambersburg PA
CBHW060901300426
44112CB00011B/1291